TILMAN NAGEL

Was ist der Islam?

Was ist der Islam?

Grundzüge einer Weltreligion

Von

Tilman Nagel

Duncker & Humblot · Berlin

Bibliografische Information der Deutschen Nationalbibliothek

Die Deutsche Nationalbibliothek verzeichnet diese Publikation in der Deutschen Nationalbibliografie; detaillierte bibliografische Daten sind im Internet über http://dnb.d-nb.de abrufbar.

Umschlag: Gazergah, Fliesenmosaik im Mausoleum des Ansari
(© Roland and Sabrina Michaud / akg-images)

Fremddatenübernahme: L101 Mediengestaltung, Fürstenwalde
Druck: CPI buchbücher.de gmbh, Birkach
Printed in Germany

ISBN 978-3-428-15228-5 (Print)
ISBN 978-3-428-55228-3 (E-Book)
ISBN 978-3-428-85228-4 (Print & E-Book)

Gedruckt auf alterungsbeständigem (säurefreiem) Papier
entsprechend ISO 9706 ♾

Internet: http://www.duncker-humblot.de

Vorwort

Seit einem halben Jahrhundert widmet sich der Verfasser dieser Zeilen der Aufgabe, Kenntnisse vom Islam zu vermitteln, sei es im akademischen Unterricht, sei es in Vorträgen, die der Öffentlichkeit zugänglich sind. Zu einem Teil der Allgemeinbildung sind die Grundzüge der islamischen Religion und Geschichte in Deutschland bislang nicht geworden – sofern Allgemeinbildung überhaupt noch als eine Aufgabe des Unterrichtswesens auf all seinen Ebenen geduldet wird. Was sich in den vergangenen fünfzig Jahren jedoch verändert hat, das sind die Erwartungen, die die Zuhörer hegen. In den sechziger Jahren des letzten Jahrhunderts herrschte nahezu unangefochten das verklärte Bild von den Muslimen, das sich bis in die Zeit Lessings zurückverfolgen läßt. Vor allem aber speiste sich damals die überaus positive Einstellung gegenüber dem Islam aus der gehobenen Unterhaltungsliteratur, für die der Name Karl May (1842–1912) steht. Die von ihm erdichteten muslimischen Gestalten verfügen über die Fähigkeit, den des Orients unkundigen Europäer durch die Fährnisse jener Weltgegend zu lotsen. Was hat es mit jenem Orient auf sich, mit seinen Sitten, seiner Religion, seiner Geschichte? Solche Fragen bewegten die Zuhörer. Es war ausgemacht, daß von einer vergehenden, wenn nicht bereits vergangenen Welt die Rede war. Die existierenden islamischen Länder, das brauchte nicht eigens erwähnt zu werden, hatten den Weg zum Nationalstaat nach westlichem Muster eingeschlagen. Allenfalls der Ost-West-Konflikt überlagerte diese „natürliche" Entwicklung und versah sie für den politisch Interessierten mit einem Fragezeichen: Man konnte nicht voraussagen, für welche Seite jene Länder Partei ergreifen würden.

Fünfzig Jahre später ist die verklärende Sicht auf den Islam keineswegs verschwunden, und immer noch behauptet sich die Gewißheit, daß die islamische Welt auf dem Weg zu Demokratie, Parlamentarismus usw. sei. Jedenfalls ist dies im tagtäglichen Nachrichtenrauschen der gleichbleibende Grundton. Er liefert die Rechtfertigung für Interventionen, wenn es einmal nicht so läuft, wie erwartet, er verurteilt Ereignisse, die sich in eine unerwünschte Richtung auszuwirken drohen. Seit den siebziger Jahren drängt sich in diese simple Szenerie ein Mitspieler, den man zuvor, wie angedeutet, für tot gehalten hatte: der Islam selber, oder besser: Bewegungen mit machtpolitischem Durchsetzungswillen, die ihre Legitimität mit den Kernaussagen des Islams begründen, nicht aber mit dem westlichen Staats- und Gesellschaftsmodell. Dessen Verfechter sehen sich nicht zuletzt wegen der kaum beschränkten muslimischen Zuwanderung in Erklärungsnöte gebracht. Wie vor fünfzig Jahren bewegt die Besucher von Vortragsveranstaltungen zum Islam das Interesse an seiner Geschichte, seinem Weltverständnis, seinen Glaubenslehren. Aber es sind besorgte Fragen hinzugekommen: „Was bedeutet der Islam *für uns*? Können islamische Länder unsere zuverlässigen Partner sein? Werden wir den muslimischen Einwanderern zuliebe auf unsere freiheitliche säkulare Grundordnung in Teilen verzichten müssen? Und wenn der Islam mit den Fundamenten unseres Gemeinwesens kompatibel ist, wie uns ja immer wieder versichert wird, warum werden diese Fundamente in keinem islamischen Land beachtet?"

Die politisch korrekte Antwort – mit der sich das Publikum aber nicht mehr immer beschwichtigen läßt – ist von zweierlei Art. Erstens sei darauf zu verweisen, daß erst der westliche Imperialismus wegen der Leiden, die er der islamischen Welt gebracht habe, eine durchaus legitime Feindseligkeit gegen die westliche Zivilisation verursacht habe. Zweitens sei es unzulässig, zur Erklärung dieser Feindseligkeit in die islamische Religions- und Geistesgeschichte der vorkolonialen Epochen zurückzublicken. Muslimische Selbstzeugnisse aus früheren Zeiten, die in der Gegenwart von Muslimen zur Bekräftigung ihres Anspruchs auf künftige Weltgeltung ihrer Religion und zur Ermunterung des Kampfes für dieses Ziel herangezogen werden, dürfe man nicht zur Beschreibung der Gedankenwelt des Islams verwenden. Denn diese ist eben durch das Leiden am westlichen Imperialismus bestimmt.

Den Anhängern dieses engen Zirkelschlusses ist die intime Kenntnis des islamischen Schrifttums, des heutigen wie des älteren, ein Dorn im Auge.[1] Denn solche Kenntnis sprengt jenen engen Zirkelschluß, für dessen Gültigkeit sich keine wissenschaftlichen, sondern allein pseudomoralische Begründungen finden lassen. Den Islam, so lautet die wichtigste Konsequenz aus jener Freistellung der Islamforschung von der Mühsal des Quellenstudiums, gebe es gar nicht, sondern nur die vielen Privatislame der muslimischen Individuen. Daher seien die Bedenken gegen eine Islamisierung der freiheitlichen säkularen Gesellschaft gegenstandslos. Wenngleich es den Islam als eine Gesamtheit also nicht gibt, so ist es doch politisch korrekt, ihn insgesamt als friedlich, tolerant und für die westliche Vorstellung von Demokratie aufgeschlossen zu charakteriseren. Aussagen des Korans und des Hadith, die zuhauf in eine ganz andere Richtung weisen, dürften nicht geltend gemacht

---

[1] Diese Kenntnis sei geeignet, „Vorurteile" über den Islam hervorzubingen; Unkenntnis ist mithin eine Tugend. Die Aussagen der Quellen ernstzunehmen und mit machtpolitischen Bestrebungen oder gesellschaftlichen Gegebenheiten in Beziehung zu setzen, zeuge zudem von einem unwissenschaftlichen „Essentialismus", lautet der zweite ad nauseam wiederholte Topos der politisch korrekten Islambetrachtung. Beide Topoi bieten den unschätzbaren Vorteil, daß man quellenbasierte Forschungen, wenn sie einem nicht passen, gar nicht erst zu lesen braucht.

werden. Diese Textgattungen seien so vieldeutig, daß man leicht etwas anderes, Passenderes herauslesen könne.

Die vorliegenden „Grundzüge einer Weltreligion" setzen sich über diese ideologischen Anweisungen hinweg. Sie sollen auf die besorgten Fragen die Antworten geben, die man von einem Wissenschaftler erwarten darf. Die „Grundzüge" fußen zum einen auf den Ergebnissen einer jahrzehntelangen akademischen Lehrtätigkeit, insbesondere auf den Überblicksvorlesungen zur Geschichte des Islams, zur islamischen Theologie, zur Scharia, zum Sufismus. Desweiteren stützen sie sich auf viele wissenschaftliche Publikationen, fremde wie eigene, die jenen Kernthemen der islamischen Zivilisation gewidmet sind. Sie befassen sich mit der gesamten Zeitspanne der islamischen Geschichte. Denn es gilt, die in ihr obwaltenden religiösen, machtpolitischen und gesellschaftlichen Leitideen und deren sich wandelnde Ausprägungen in den Blick zu nehmen. Enge, vielfältige Beziehungen bestehen zudem zwischen den „Grundzügen" und meiner umfangreichen Studie „Die erdrückende Last des ewig Gültigen. Der sunnitische Islam in dreißig Portraitskizzen".[2]

Nicht unerwähnt bleibe die langjährige Mitarbeit in Gremien, die sich mit den Schwierigkeiten der Eingliederung von Muslimen in unser freiheitliches, säkulares Gemeinwesen auseinanderzusetzen hatten (u. a. in der Lehrplankommission für den islamischen Religionsunterricht am Landesinstitut für Schule und Weiterbildung in Soest; in der ersten Deutschen Islamkonferenz). Diese zum Teil recht mühsame und insgesamt enttäuschende Arbeit schärfte den Blick für die enge Verflechtung von islamischem Gedankengut einerseits und skeptischer bis schroff ablehnender Haltung gegenüber der freiheitlich-demokratischen Grundordnung andererseits. Die Hohlheit und Unredlichkeit der knapp beschriebenen ideologisierten Islambetrachtung offenbart sich in solchem Zusammenhang besonders erschreckend. Nicht zu Unrecht hat man jene politisch korrekte, von der großen Mehrheit der Angehörigen der politisch-medialen Klasse eingeforderte Beschönigung des Islams, die in Wahrheit auf seine Geringschätzung hinausläuft, mit „Elfenbeintürmen auf Sand" verglichen.[3]

Kurz einige Worte zum vorliegenden Buch: Die Reihenfolge der Kapitel ist keinen tieferen Überlegungen geschuldet. Um das Studium zu erleichtern, sind die einzelnen Teile durch Querverweise vielfach miteinander verbunden. Da die einzelnen Teile in sich selber verständlich sein sollen, läßt sich die Wiederholung mancher Aussagen nicht völlig vermeiden. Diese sind aber

---

2 Dieses Buch erscheint ebenfalls 2018 bei Duncker & Humblot.

3 Martin Kramer: Ivory Towers on Sand. The failure of Middle East studies in America, Washington 1986. Vgl. im übrigen das zwanzigste Kapitel (Was ist Islamwissenschaft?).

jeweils in einen anderen Zusammenhang eingebettet. Ein thematischer Index soll die Benutzung erleichtern. Wenn es inhaltlich möglich ist, beginnt jede der Informationen mit den einschlägigen Aussagen des Korans und des Hadith. Sie werden in der islamischen Welt wie auch in der islamischen „Diaspora“ nach wie vor als die Grundlage der jeweiligen Themen betrachtet; denn nach wie vor müssen sich alle für die islamische Daseinsordnung, für die Politik, die Theologie und die Weltanschauung bedeutsamen Aussagen auf diese beiden Textgattungen zurückführen lassen. Dies ist einer der wichtigsten Grundzüge, in denen sich der Islam von der westlichen Zivilisation radikal unterscheidet. Politisch korrekt ist es, in diesem Zusammenhang darauf zu verweisen, daß auch in der Präambel westlicher Verfassungen ein Gottesbezug vorkomme. Es ist aber keineswegs so, daß das Alte und das Neue Testament in westlichen Verfassungen als eine oder die eine Quelle der Gesetzgebung ausgewiesen würden und daß Kirchenvertreter anhand von Aussagen der beiden Testamente die Rechtmäßigkeit der Ergebnisse der Beratungen des Parlaments überprüften.

Mit diesem Beispiel sind wir schon mitten in die Thematik der Grundzüge des Islams hineingeraten.[4] Es ist das Ziel dieses Buches, den Leser gerade auf die erheblichen Differenzen aufmerksam zu machen, die zwischen der Weltauffassung des Muslims und derjenigen des jeglichen überindividuellen Bezug zum Transzendenten leugnenden zeitgenössischen Europäers bestehen. Um dem nun fälligen „Nani“-Einwand – „*n*icht *a*lle, *n*icht *i*mmer“ – zuvorzukommen: Mir ist bewußt, daß es Muslime gibt, die sich gänzlich der westlichen, individualistischen Auffassung von Religion angepaßt haben, und mir ist ebenso bewußt, daß es Christen gibt, die der Botschaft Jesu mehr Einfluß auf die Gesellschaft und die Tagespolitik verschaffen möchten. Durch diese Ausnahmen wird aber nicht der Inhalt dessen widerlegt, worum es in den „Grundzügen“ geht. Ihr Ziel ist es, Voraussetzungen für eine Auseinandersetzung mit dem Islam zu schaffen, die diesen als einen Gegner unseres Gemeinwesens ernstnimmt. Diejenigen, die von Amts wegen für die Geltung der freiheitlichen Grundordnung eintreten müssen, und alle Bürger, denen deren unangefochtene Geltung am Herzen liegt, benötigen klare Vorstellungen von dem geistigen Ringen, dem sie sich zu stellen haben.

17. Juli 2017 *Tilman Nagel*

---

[4] Vgl. das achte Kapitel (Was sind Imamat, Kalifat und Sultanat?), V.

Inhaltsverzeichnis

Drittes Kapitel

Wer war Mohammed? 83

Viertes Kapitel

Was ist der Koran? 111

Fünftes Kapitel

Was ist das Hadith? 141

Sechstes Kapitel

Was ist die Scharia?   172

Siebtes Kapitel

Was lehrt der Islam über das Jenseits?   204

Achtes Kapitel

Was sind Imamat, Kalifat und Sultanat?   234

Neuntes Kapitel

Was ist der Dschihad?   268

Zehntes Kapitel

Was sind Sunniten?   300

Elftes Kapitel

Was sind Schiiten?

Zwölftes Kapitel

Was versteht der Muslim unter Religion?
Die Riten des Islams

Dreizehntes Kapitel

Wie sieht der Islam den Menschen?

Vierzehntes Kapitel

Was ist Sufismus?   427

Fünfzehntes Kapitel

Was ist islamischer Rationalismus?   460

Erstes Kapitel

Was ist der Islam?

I. Grundsätzliches

Der Islam ist eine leidenschaftlich missionierende[1] monotheistische Universalreligion, deren Anhängerzahl Ende 2015 auf 1,6 Milliarden Menschen geschätzt wurde. Sein Hauptverbreitungsgebiet sind die tropischen und subtropischen Regionen Asiens und Afrikas. Durch Zuwanderung sind in einigen europäischen Ländern bedeutende islamische Minderheiten entstanden.

Der Islam erhebt den Anspruch, für jeden Menschen die einzig wahre und ewig gültige Beziehung zum Göttlichen zu stiften. Dieses stellt man sich als den einen niemals ruhenden Schöpfergott Allah[2] vor, der das Diesseits fortwährend nach seinem souveränen Ratschluß gestaltet und der zum Dank dafür unablässig anzubeten und zu verehren ist. Durch solche Verehrung eröffnet sich der Mensch, der die Einsheit und Einzigartigkeit dieses Schöpfergottes bezeugt, die Aussicht auf das vollkommene Glück in dieser Welt und im Jenseits. Denn Allah bevorzugt die Gemeinschaft der Muslime schon in dieser Welt auf vielfache Weise. Wenn er am Ende aller Zeiten sein gegenwärtiges Schöpfungshandeln einstellt, wird er alle Menschen, die je gelebt haben, aufs neue erschaffen, um über sie zu Gericht zu sitzen. Die Muslime haben die Aussicht, in das Paradies zu gelangen, den Andersgläubigen und erst recht den Gottlosen droht die Hölle.[3]

Damit der Mensch weiß, wie er Allah gemäß dessen Willen anzubeten und zu verehren und darüber hinaus das diesseitige Leben zu führen hat, berief Allah Propheten, zuletzt den größten unter ihnen: Mohammed (569–632).[4] Dieser überbrachte den Menschen den Koran, Allahs wortwörtliche Rede. Der Koran lehrt die Muslime, die Menschen also, die die Einsheit und Einzigartigkeit Allahs bezeugen, nicht nur die Grundzüge des zu befolgenden göttlichen Gesetzeswillens. Er zeigt ihnen auch, welche Vorstellungen über die Welt, die fortlaufend durch Allah geschaffen wird, diesem einen Schöpfer

---

[1] Vgl. neuntes Kapitel (Was ist der Dschihad?) und achtzehntes Kapitel (Wie sieht der Islam die Nichtmuslime?).

[2] Vgl. hierzu zweites Kapitel (Wer ist Allah? Über den Gottesbegriff des Islams).

[3] Vgl. hierzu siebtes Kapitel (Was lehrt der Islam über das Jenseits?).

[4] Vgl. hierzu drittes Kapitel (Wer war Mohammed?).

genehm und daher die einzig richtigen sind.[5] Angesichts der Vielgestaltigkeit des Diesseits wäre der Muslim allerdings überfordert, wenn er einzig aus dem Koran erfahren könnte, wie er sich in jeder denkbaren Lebenslage gemäß dem Willen Allahs verhalten soll und wie er jede Erscheinung der Welt und jede diesbezügliche Ansicht zu beurteilen hat. Diese Schwierigkeit vermag der Muslim jedoch zu lösen, indem er das Hadith zu Rate zieht, das Korpus der zahlreichen Überlieferungen vom durch Allah geleiteten Reden und Handeln des Propheten.[6] Auf der Grundlage des Korans und des Hadith errichteten die Muslime die Scharia, ein System von Normen, welches alle Lebensregungen und alle Gedanken des Menschen der Bewertung durch Allah unterwirft.[7] In der Scharia und in der durch sie geregelten Ritenerfüllung findet die große Mehrheit der Muslime ihre Daseinsmitte.

Der Islam ist ferner dadurch gekennzeichnet, daß er seit seinen Anfängen, schon seit Mohammed, als ein Gemeinwesen in Erscheinung tritt, das über die Glaubenden Macht ausübt, um den kollektiven Vollzug der Pflichtriten und die Befolgung des Gesetzeswillens Allahs zu gewährleisten. Der Islam hat sich also nicht in bestehenden politischen Gebilden entwickelt und diese über einen längeren Zeitraum hin von innen her seinen Lehren angepaßt, wie man dies beispielsweise mit Bezug auf das Christentum an der allmählichen Christianisierung des Römischen Reiches beobachten kann. Der Islam tritt in der Geschichte stets als ein Herrschaftsgebilde eigener Art auf, das den Anspruch erhebt, mit der Ausbreitung der Botschaft des Propheten zugleich einen Umsturz der bestehenden gesellschaftlichen und politischen Gegebenheiten herbeizuführen und eine spezifisch islamische, d. h. an der Scharia ausgerichtete Machtausübung zu etablieren.[8]

Die gegenwärtige politische Ordnung der Welt orientiert sich am Prinzip des Territorialstaates, das der westlichen Kultur entstammt und den islamischen politischen Ordnungsvorstellungen zuwiderläuft. Die „Organisation für islamische Zusammenarbeit", die 1969 gegründet wurde und heute (Ende 2015) 56 Staaten umfaßt, soll der westlichen politischen Kultur entgegenwirken.[9] Sie soll u. a. eine die Staatsgrenzen übersteigende islamische Solidarität fördern und die Anstrengungen der Muslime zur Wahrung ihrer Würde und zur Sicherung der islamischen heiligen Stätten koordinieren.[10] Diesen Zielen

---

[5] Vgl. hierzu viertes Kapitel (Was ist der Koran?).

[6] Vgl. hierzu fünftes Kapitel (Was ist das Hadith?), sowie elftes Kapitel (Was sind Schiiten?).

[7] Vgl. hierzu sechstes Kapitel (Was ist die Scharia?).

[8] Vgl. hierzu achtes Kapitel (Was sind Imamat, Kalifat und Sultanat?).

[9] Hierzu neuntes Kapitel (Was ist der Dschihad?).

[10] Dieses Ziel impliziert den Kampf der Muslime gegen Israel, da Jerusalem zu diesen Stätten zählt.

entsprechend hat eine islamische Umsturzbewegung wie die „Moro National Liberation Front“, die für die Errichtung islamischer Herrschaft auf den philippinischen Inseln kämpft, seit 1977 einen Beobachterstatus.

II. Grundzüge des Islams

1. Einleitung

In seinem 1999 erschienenen Buch *Allahs Schatten über Atatürk* berichtet Peter Scholl-Latour von einem Besuch beim usbekischen Großmufti. Beiläufig sei sein Blick auf eine Landkarte gefallen, die in dessen Arbeitszimmer hing. Sie stellte die islamische Welt dar. Länder, in denen es nennenswerte islamische Minderheiten gibt, waren dem „Gebiet des Islams“[11] zugeschlagen. Durch grüne Schraffierung waren die Missionsländer kenntlich gemacht: „Hoffnungsvolle Territorien künftiger Bekehrung“, unter anderen Deutschland, Frankreich, die Vereinigten Staaten.[12] Aus der Sicht des Muslims durchlebt die Menschheit wieder eine der Phasen der raschen Ausbreitung seiner Religion, wie es sie in der Geschichte schon mehrfach gegeben hat, und keine dieser Phasen war frei von Gewalt gegen Andersgläubige.

Daß die Menschen, auf die sich diese Bekehrungsbestrebungen richten, von den Grundzügen der Botschaft, die ihnen als ihre neue, die einzig richtige Daseinsordnung angetragen wird, fast nichts wissen, war stets ein wesentlicher Faktor des Erfolgs des Islams. Zu den Strategien der Verbreitung gehört deswegen, daß man die Frage, was der Islam eigentlich sei, zunächst möglichst ins Leere gehen läßt. So empfiehlt schon al-Ġazālī (gest. 1111), einer der berühmtesten muslimischen Theologen, Konvertiten zu strengster Erfüllung der Ritualpflichten zu zwingen.[13] Erst wenn ihnen deren Ausübung in Fleisch und Blut übergegangen ist, könne man sie, sofern sie dafür überhaupt aufgeschlossen seien, mit der Dogmatik und mit den Fundamenten der Scharia bekanntmachen.[14]

Fragen nach den Lehren des Islams lösen heute meist eine Gegenfrage aus: „Von welchem Islam wollen Sie denn reden? Es gibt unendlich viele Richtungen!“ Man hofft, daß der Frager nun vermutet, es komme im Islam genau so wenig auf die Lehre an wie in dem weitgehend entkirchlichten Taufschein-

---

11 Vgl. achtzehntes Kapitel (Wie sieht der Islam die Nichtmuslime?).

12 Peter Scholl-Latour: Allahs Schatten über Atatürk, 254.

13 Vgl. zwölftes Kapitel (Was versteht der Muslim unter Religion?), die Riten der Muslime.

14 al-Ġazālī: Ilǧām al-ʿāmm, ed. M. M. al-Baġdādī, Beirut 1985, zitiert in Annemarie Schimmel u.a.: Der Islam III, Stuttgart 1990, 5 (Religionen der Menschheit 25,3. Islamische Kultur – Zeitgenössische Strömungen, Volksfrömmigkeit).

christentum. Nur daß der Muslim noch freier als der moderne Christ sei, wird man ihm sagen; denn im Christentum werde das Verhältnis zu Gott durch die Priesterschaft vermittelt. Im Islam gibt es keine Priester, und deshalb stehe der Einzelne ganz in *eigener* Verantwortung vor Allah, seinem Schöpfer – Islam als die endgültige religiöse Emanzipation des Menschen, Islam als die zeitgemäße Form schlechthin einer jeglichen Gottesverehrung.

Lassen wir uns durch den Hinweis auf die unendlich vielen „Islame" nicht ins Bockshorn jagen! Er dient gerade nicht der Unterrichtung des Fragers, sondern ist in Wahrheit ein gesprächstaktischer Einwand, der den Gefragten von der Last einer sachgerechten Antwort befreien soll, einer Antwort, die die Vorstellung von der islamischen Emanzipierung des Menschen vor Gott allzu rasch als ein Trugbild entlarven würde. Fragen wir also: „Was ist der Islam?" Die Antworten, die wir erhalten werden, liegen diesseits der großen islamischen Glaubensrichtungen, der Schiiten und Sunniten[15], gelten also für die Muslime allgemein.

2. Der Begriff „Islam" und seine Bedeutung

In den Konversationslexika erhalten wir meistens die Antwort, Islam sei die Unterwerfung des Menschen unter Allah bzw. unter den Willen Allahs. Diese Antwort ist nicht völlig falsch, aber sie verfehlt doch Entscheidendes, das für ein Verständnis des Wesens dieser Religion unentbehrlich ist. „Islam" ist das Verbalnomen – wir würden sagen: der Infinitiv – eines transitiven arabischen Verbums der Bedeutung „vollständig weggeben", „im Stich lassen" (arab.: *aslama*). Verbunden wird dieses Verbum mit dem Objekt „das Gesicht", verstanden als ein bildlicher Ausdruck für die gesamte Person des Menschen. Dieser übergibt „sein Gesicht", mithin sich selber, vorbehaltlos Allah, und dieser Akt des Weggebens heißt „Islam". In diesem Sinne liest man beispielsweise in Sure 4, Vers 125: „Wer hätte eine bessere Daseinsordnung als derjenige, der sein Gesicht vorbehaltlos Allah übergibt und dabei recht handelt und der Kultgemeinschaft Abrahams, eines Hanifen,[16] folgt? Allah erwählte sich Abraham zum Freund!" Mit den Begriffen „Daseinsordnung"[17] – arabisch *dīn* – und „Kultgemeinschaft"[18] – arabisch *milla* – enthält dieser Vers neben dem Verbum „weggeben" zwei weitere für

[15] Hierzu zehntes Kapitel (Was sind Sunniten?) und elftes Kapitel (Was sind Schiiten?).

[16] Über diesen Begriff siehe unten, 27 f. Ich gebe das Wort auch mit „Gottsucher" wieder.

[17] Vgl. hierzu sechstes Kapitel (Was ist die Scharia?).

[18] Vgl. hierzu unten, 39 sowie achtes Kapitel (Was sind Imamat, Kalifat und Sultanat?).

das Verständnis des Islams grundlegende Begriffe, auf die unten kurz einzugehen ist. Vorerst bleiben wir bei dem Wort „Islam“ und seiner Bedeutung.[19]

Es wird in den Suren der medinensischen Periode des Wirkens Mohammeds (622–632) im Sinne einer Abgrenzung von den beiden konkurrierenden Religionen, dem Judentum und dem Christentum, verwendet. So liest man in Sure 2, die anderthalb Jahre nach der 622 erfolgten Vertreibung Mohammeds aus Mekka entstand, Juden und Christen seien sich dessen sicher, daß nur sie nach dem Weltgericht das Paradies betreten würden (Vers 111). „Aber nein! Wer sein Gesicht vorbehaltlos Allah übergibt und dabei recht handelt, dem steht bei seinem Herrn sein Lohn bereit!“ Es sind die Muslime, die sich vor dem Jüngsten Tag nicht zu fürchten brauchen. Die Lehren der Juden und der Christen können überdies nicht wahr sein, da beide miteinander zerstritten sind. Allah wird über sie am Jüngsten Tag sein Urteil fällen (Vers 112 f.). Denn sie haben mit den Botschaften, die frühere Propheten ihnen einst überbrachten, ihr mutwilliges Spiel getrieben und nicht bedacht, daß diese Botschaften die eine ewige Wahrheit enthielten (Sure 2, 213).

Nur dann wandert man entsprechend dem Willen Allahs durch das irdische Dasein, wenn man ein „Muslim“ ist, d. h. jemand, der das Gesicht Allah überantwortet und diese Lebenshaltung ununterbrochen bewahrt. Was bedeutet das? Wieder und wieder preist der Koran Allah als den unentwegt tätigen Schöpfer, dem der Mensch und überhaupt alles, was das Diesseits ist, seine Existenz verdankt, und zwar in jedem Augenblick des Daseins. Der Koran kennt keine Parallele zum biblischen Schöpfungsbericht, in dem geschildert wird, wie Gott „am Anfang“ die Welt schuf. Die Welt ist vielmehr immer, in jedem Moment ihrer Zeit, unmittelbar durch Allahs allumfassendes Schöpfungshandeln bestimmt. *Er* ist der in sich selber Bestehende, alles, was fortwährend geschaffen wird, hat in sich selber kein Bestehen, es ist in jedem Augenblick davon abhängig, daß Allah ihm ein Bestehen, ein Dasein, verleiht. Dies bringt der Koran z. B. im sogenannten Thronvers (Sure 2, 255) zum Ausdruck, und zwar wiederum in deutlicher Abgrenzung zur jüdischen bzw. christlichen Vorstellung, die besagt, daß Gott am siebten Tag geruht und damit seinem Schöpfungswerk ein gewisses Maß an eigener Beständigkeit zugemessen hat: „Allah! Es gibt keinen Gott außer ihm, dem Lebendigen, in sich selber Bestehenden! Weder Schlummer noch Schlaf ergreifen ihn. Ihm gehört, was in den Himmeln und auf der Erde ist. Wer könnte sich erkühnen, bei ihm Fürsprache einzulegen, es sei denn, mit seiner Erlaubnis. Er weiß (ohnehin), was vor (den Geschöpfen) und was hinter ihnen ist, sie aber erfassen von seinem Wissen nichts, es sei denn, er wollte es! Sein Fußschemel umschließt die Himmel und die Erde. Beides zu erhalten ist ihm keine Last. Er ist der Hohe, Gewaltige!“ (vgl. Sure 55, 29).

---

[19] Zwölftes Kapitel (Was versteht der Muslim unter Religion?), IV. 2.

Es liegt nahe, daß islamische Theologen den Gedanken formulierten, daß das Diesseits, so, wie es ist, die beste aller möglichen Welten sei, eben weil sie das fortwährende Werk Allahs sei. Schon der Koran klagt jedoch an vielen Stellen darüber, daß der Mensch diesen Sachverhalt, insbesondere seine eigene Handlungsohnmacht,[20] nicht in der ganzen Tragweite begreife. Vielmehr vermeine er, aus sich selber heraus etwas bewirken, schaffen zu können, oder, schlimmer noch, er schreibe seine Leistungen und sein Lebensgeschick irgendwelchen Kräften oder Gottheiten zu, die er sich durch Opfergaben gewogen zu machen hoffe. So tadelt Abraham seinen Vater, weil dieser Götzenbilder verehrt, die weder sehen noch hören, weder sprechen noch handeln können. Er, Abraham, habe von Allah das Wissen von der Verfehltheit des Götzenkultes erhalten; es sei der Satan, der die Menschen zu solchen Irrtümern verführe (Sure 19, 41–50). Auch wird im Koran erzählt, daß Abraham die Götzenbilder zerschlug, mit Ausnahme des größten; denn die Götzenanbeter sollten meinen, dieses habe den Schaden angerichtet. Für kurze Zeit schien es, als ließen sich die Ungläubigen durch dieses Gleichnis belehren, aber als sie erkannten, daß Abraham den Frevel begangen hatte, kehrten sie zu ihren Ansichten zurück (Sure 21, 51–67). Angesichts der Lehre, daß Allah in jedem Augenblick alles schafft und bestimmt, kann es keine schwerere Verfehlung geben als eine derartige „Beigesellung“: Dem Einen und Einzigen Allah stellt man andere angeblich aus sich selber heraus wirkende Kräfte an die Seite – und verläßt dadurch den „Islam“, die vorbehaltlose Weggabe der eigenen Person an Allah.

Immer wieder verfallen die Menschen, unachtsam, wie sie sind, in diesen Fehler der „Beigesellung“. Wie kann man dieser Gefahr begegnen? Durch den Vollzug der Riten, die Allah den Muslimen zur Pflicht macht. Sie alle verfolgen den Zweck, die Glaubenden in der Lebenshaltung der vorbehaltlosen Hingewandtheit zu Allah zu bewahren, vor ihm, dem Einen und Schöpfer, stehend, von Angesicht zu Angesicht. Insbesondere das rituelle Gebet, das seit frühislamischer Zeit fünfmal am Tag zu vollziehen ist, hält den Muslim im Islam fest. Seine Zeitpunkte sind so gewählt, daß ein jedes einen bestimmten Abschnitt des Tageslaufs dieser Hingewandtheit unterwirft: vom Mittag bis zum Nachmittag, vom Nachmittag bis zum Versinken der Sonnenscheibe unter den Horizont; von da an bis zum vollständigen Eintritt der Dunkelheit, von da an bis zur Morgendämmerung. Das dann zu vollziehende Morgengebet überbrückt die Stunden bis zum Mittag. Die Bewegungsabläufe und die Formeln, die zu sprechen sind, sind im Ritualrecht festgelegt und bilden einen weitläufigen Gegenstand islamischer Gelehrsamkeit.[21]

---

[20] Vgl. dreizehntes Kapitel (Wie sieht der Islam den Menschen?).

[21] Zu den sogenannten fünf Säulen des Islams vgl. das zwölfte Kapitel (Was versteht der Muslim unter Religion?).

Das schon im Koran verwendete Wort für das rituelle Gebet, *ṣalāh*, ist aus dem Christlich-Syrischen entlehnt, wo es soviel wie „Verbeugung“ bedeutet. Befremdlich wirkt auf den ersten Blick die im Koran bezeugte Vorstellung, auch Allah vollziehe, zumindest gegen seinen Propheten Mohammed, eine solche Verbeugung (Sure 33, 56). Dieser Gedanke entspricht jedoch vollkommen dem koranischen Verständnis vom gottgefälligen Verhältnis, das zwischen Allah und seinen Geschöpfen obwaltet. So wird auch der Akt der Buße, der Umkehr nach einer Verfehlung der „Beigesellung“, als eine von Allah ins Werk gesetzte erneute gegenseitige Zuwendung verstanden. In Sure 9 ist beispielsweise davon die Rede, daß die Beduinen und die „Heuchler“, Medinenser, die nur vorgeben, Mohammed zu unterstützen, ihren eigenen Kopf durchsetzen wollen und dadurch den Islam verlassen. Es könne sein, daß Allah sie bestrafen werde. Aber ebenso sei denkbar, daß er sich ihnen wieder zuwende, ja, er nehme ihre Hinwendung zu ihm an, wie er selber derjenige sei, der sich stets den Geschöpfen zuwende (Vers 104 und 106). Im rituellen Gebet in seinem eben beschriebenen Sinn, der Bewahrung der gegenseitigen Zugewandtheit von Schöpfer und Geschöpf, haben denn auch bereits die frühen Muslime das wesentliche Merkmal gesehen, das sie von allen anderen Religionen unterscheidet und sie zugleich bei allen machtpolitischen oder dogmatischen Zwistigkeiten eint: Sie sind diejenigen, die das rituelle Gebet vollziehen, arabisch *al-muṣallūn*.

3. Die Daseinsordnung

Kommen wir jetzt zum ersten Mal wieder auf Sure 4, Vers 125, zurück! „Wer hätte eine bessere *Daseinsordnung* als derjenige, der sein Gesicht vorbehaltlos Allah übergibt und dabei recht handelt und der Kultgemeinschaft Abrahams, eines Hanifen, folgt?“ lautete die rhetorische Frage, deren Antwort „Niemand!“ dem Zuhörer in den Mund gelegt ist. Was aber heißt „Daseinsordnung“? Das hier auftauchende arabische Wort *dīn* wird meistens leichtfertig mit „Religion“ übersetzt. Das gibt, obwohl nicht direkt falsch, zu schwerwiegenden Mißverständnissen Anlaß. Denn natürlich verstehen die Muslime, sofern sie sich nicht mit der westlichen säkularisierten Kultur vertraut gemacht und auf sie eingelassen haben – und das ist unter ihnen eine verschwindende Minderheit – unter dem Begriff „Religion“ etwas ganz anderes als der seinem Glauben weitgehend entfremdete Durchschnitteuropäer der Gegenwart.[22] Und auch mit dem christlichen Begriff von Religion deckt sich der Inhalt von *dīn* nur zum Teil.

Man kann sich den Unterschied am einfachsten daran verdeutlichen, daß der Christ nicht als solcher geboren wird, sondern durch die Taufe in die

---

[22] Vgl. ebd.

Gemeinde Jesu Christi aufgenommen wird. Durch das Credo, dessen Bedeutung ihm im Konfirmanden- bzw. Kommunionsunterricht erschlossen wird und das er in der Konfirmation bzw. Firmung bekräftigt, unterscheidet er sich von den Nichtchristen. Anders der Muslim: Er versteht sich seit dem Augenblick, in dem er gezeugt wird, als einen Teil bzw. als einen Zugehörigen des fortwährend durch Allah geschaffen werdenden Diesseits, der besten denkbaren Welt. Er ist, da er ja ein Geschöpf Allahs ist und dessen allumfassender Bestimmung unterliegt, in der einzigen durch Gewißheit gekennzeichneten Beziehung zum Transzendenten geborgen[23] und braucht das Heil – die Christen sagen: die Erlösung – nicht erst zu erhoffen bzw. durch einen immer wieder zu bekennenden Glauben oder durch Werke der „Gerechtigkeit" zu erwerben. „Ihr Leute!" läßt Mohammed Allah in Sure 22, Vers 5, sagen, „solltet ihr an der Auferweckung der Toten (am Ende der Zeiten) zweifeln, (dann hört): Wir schufen euch aus Erde, dann aber aus einem Samentropfen, dann aus einem Blutgerinnsel, dann aus einer Leibesfrucht, wohlgestaltet oder mißgestaltet, um euch Klarheit zu geben, und bergen euch im Mutterleib nach unserem Belieben bis zu einer festgelegten Frist. Dann holen wir euch als Säugling hervor, dann sollt ihr die Reife erreichen. Einige werden bald abberufen, anderen ist das Erreichen eines jämmerlichen Greisenalters beschieden, so daß sie, nachdem sie Wissen gehabt haben, gar nichts mehr wissen. Du siehst im übrigen, wie die Erde erstarrt ist, aber wenn wir auf sie Wasser hinabsenden, regt sie sich, gedeiht und treibt allerlei herrliche Arten von Früchten hervor."[24]

Wie in einem Brennpunkt faßt dieser Vers das Schöpfungshandeln Allahs zusammen: Nach der kurzen Erinnerung an die Schaffung Adams aus Lehm, von der wir noch hören werden, geht Mohammed sogleich zum tagtäglich zu beobachtenden Wirken Allahs über. Allah läßt jedes Kind im Mutterleib heranreifen und hat auch schon dessen Lebensschicksal bestimmt. Alles ist sein Werk. Mohammed verwendet dieses Argument aber nicht nur, um Allah als den alles Lenkenden zu zeigen, sondern auch mit einem zweiten Ziel. Am Ende der Zeiten wird Allah das Diesseits, das er so lange in Gang gehalten hat, zerstören. Danach wird er jeden Menschen neu schaffen, um über ihn zu Gericht zu sitzen. Er wird ihn dem Paradies oder der Hölle zuweisen. Die

[23] Ein arabisch-islamisches Wort, das den religionswissenschaftlichen Begriff des Heils bzw. des Heilszustandes wiedergäbe, findet sich nicht. Denn von einer existentiellen Gefährdung des Heils kann angesichts der Überzeugung, alle Vorgänge im Diesseits seien unmittelbar zu Allah, nicht die Rede sein. Mit „Heil" bezeichne ich die Immunität gegen die Verführungskünste des Satans, die im übrigen stets mit Billigung durch Allah eingesetzt werden und zum Verlust des Paradieses führen können (Sure 15, 39–43).

[24] Vgl. hierzu den spezifisch islamischen Begriff der Barmherzigkeit: zweites Kapitel (Wer ist Allah?), II, und viertes Kapitel (Was ist der Koran?), II. 3.

heidnischen Mekkaner nahmen Mohammed das nicht ab und beharrten, es gebe nur dieses eine Leben (Sure 6, 29; Sure 23, 37; Sure 45, 24–26) und niemand werde in einem Jenseits von ihnen Rechenschaft fordern. Wie Allah jedes Jahr die verdorrte Erde zu neuem Leben erweckt, so auch vor dem Weltgericht die längst verstorbenen Menschen: Sein Schöpfungshandeln übersteigt die Vorstellungskraft seiner Geschöpfe. Die Androhung des Weltgerichts und die Möglichkeit der Verdammnis scheinen in einem offenkundigen Widerspruch zu dem Dogma zu stehen, daß die fortwährend durch Allah so und nicht anders geschaffen werdende Welt prinzipiell im Heil ist.

Es sei aber nicht vergessen, daß der „Islam", die vorbehaltlose Hinwendung des Gesichts zu Allah, die durch den Vollzug der Riten auf Dauer gestellt wird, die eine Handlung[25] des Menschen ist, mit der er der Tatsache Ausdruck verleiht, daß er in jedem Augenblick des Daseins unmittelbar von Allah abhängt. Diese Handlung ist freilich auch nicht ein selbstbestimmtes Werk des Menschen, sondern wird durch Allah gewirkt. Im Hadith, den nach Mohammeds Tod entstandenen Aussagen über seine vermeintlichen oder tatsächlichen Worte und Taten, endet die der zitierten Koranstelle nachempfundene Schilderung des Heranwachsens der Leibesfrucht dann auch mit der Vorherbestimmung des Jenseitsschicksals: zur Hölle verdammt oder glückselig im Paradies. Allah selber schafft mithin das Böse, wider ihn Gerichtete, und auch dies gehört zur besten aller möglichen Welten. Wie ist dies zu verstehen? Mohammed war kein systematischer Denker, und die islamischen Theologen haben sich hierüber seit mehr als tausend Jahren den Kopf zerbrochen, ohne zu einer überzeugenden Lösung zu gelangen. Ich werde auf diese Debatten an dieser Stelle[26] nicht eingehen, sondern die grundsätzlichen Gedanken vortragen, die der Koran zu diesem Thema bietet und die bis auf den heutigen Tag von der erdrückenden Mehrheit der Muslime geteilt werden.

Die Riten haben das Ziel, den Menschen im „Islam" festzuhalten. Wer das Gesicht zu Allah wendet und dabei recht handelt, ist im Besitz der besten Daseinsordnung, hörten wir. Recht handeln meint nach der Ansicht der meisten muslimischen Kommentatoren nicht etwa eine an ethischen Maßstäben orientierte Bewältigung des irdischen Daseins, sondern den pünktlichen und fehlerfreien Ritenvollzug, der, wie schon gesagt wurde, im Idealfall den gesamten Tageslauf vor das Angesicht Allahs stellt und dadurch jegliche Mißdeutung menschlichen Tuns im Sinne einer eigenen Leistung verhindert. Das Regelwerk, dessen Beachtung diesen heilserfüllten Zustand des Muslims gewährleistet, heißt *dīn*, ein Begriff, der wie schon erwähnt, irreführend mit

---

[25] Vgl. fünftes Kapitel (Was ist das Hadith?), I. und III. 1.

[26] Vgl. hierzu zweites Kapitel (Wer ist Allah?) und dreizehntes Kapitel (Wie sieht der Islam den Menschen?).

Religion wiedergegeben wird und den ich als die gottgegebene Daseinsordnung bezeichne.

Die Konkretisierung dieser Daseinsordnung nennt man die Scharia, ein Begriff, den Mohammed in dieser Bedeutung noch nicht kannte. Es wird etwa vier Jahrhunderte dauern, bis sie voll ausgebildet ist. Sie umfaßt dann das gesamte Ritualrecht, ferner die zwischenmenschlichen Beziehungen, worunter das Vertragsrecht im weitesten Sinne verstanden wird, sowie die Strafen und Bußen. Seit dem 11. Jahrhundert regelt sie auch die Höflichkeit gegen Allah, d.h. die allgemeine Sittlichkeit und das Reden und Denken, nimmt also einen totalitären Charakter an.[27]

Aber ich bleibe bei der Bedeutung des Wortes *dīn* im koranischen Zusammenhang. Die konkreten Bestimmungen der gottgegebenen Daseinsordnung lassen sich dem Koran nur in Rudimenten entnehmen, Allerdings beschreibt er sie in einer Weise, die für den Islam in allen seinen Erscheinungsformen kennzeichnend ist. Es war vorhin von Sure 2, Vers 255, die Rede, dem in der muslimischen Frömmigkeit unzählige Male zitierten und in seiner spirituellen Tiefe ergründeten Thronvers. Er endet mit den Sätzen: „Sein Fußschemel umschließt die Himmel und die Erde. Beides zu erhalten, ist ihm keine Last. Er ist der Hohe, Gewaltige!“ Diese Gedanken setzt Mohammed wie folgt fort (Vers 256 f.): „In der Daseinsordnung gibt es kein Zwingen. Denn der rechte Weg ist nun klar vom Irrtum unterschieden. Wer nunmehr nicht an das Götzentum glaubt, sondern an Allah, der hat den sichersten Halt ergriffen, der sich nicht auflösen wird. Allah hört und weiß alles!“ Allah geleitet die Glaubenden aus der Finsternis ins Licht,[28] wohingegen das Götzentum seine Adepten in die ewige Höllenpein führt. Die mekkanischen Heiden, so hören wir des öfteren, pflegten ihre Götzenbilder um Fürsprache bei Allah, ihrer obersten Gottheit, anzuflehen. Damit muß es nun ein Ende haben. Denn es gilt jetzt die gottgegebene Daseinsordnung, in der es kein Zwingen gibt, weil sie vollkommen auf das von Allah fortwährend ins Werk gesetzte Schöpfungshandeln abgestimmt ist; jegliche Art von Beigesellung hat sich ein für allemal erledigt.

Was Mohammed mit dem Fehlen von Zwang[29] in der durch ihn verkündeten Daseinsordnung meint, wird uns klar, sobald wir wieder seine Vorstellungen vom Judentum und vom Christentum in Augenschein nehmen, gegen die er, wie vorhin angemerkt, mit den Worten des Thronverses polemisiert.

---

[27] Sechstes Kapitel (Was ist die Scharia?).

[28] Sowohl die Sunniten als auch besonders die Schiiten sprechen bildlich von der durch Allah gewährten Rechtleitung als von einem Licht. Vgl. das zehnte und das elfte Kapitel.

[29] Vgl. neunzehntes Kapitel (Was lehrt der Islam über die Frauen und die Ehe?), I. 2.

Durch Mose und durch Jesus sei einst auch den Juden und den Christen die wahre Daseinsordnung verkündet worden. Aber sie hätten sie verfälscht, indem sie sie durch Erschwernisse ergänzt hätten, die Allah gar nicht gewünscht habe. Mohammed befreie die Juden von den komplizierten Speisegeboten (Sure 7, 157) und die Christen vom Mönchtum; in beiden Religionen würden zudem die Gelehrten und die Mönche so sehr verehrt, daß der Islam, die ausschließliche Hingewandtheit zu Allah, in Frage gestellt sei, ja, Ezra, den Schreiber, und den Messias betrachte man sogar als Götter (Sure 9, 30–33). Hierdurch werde die mit dem ununterbrochenen Schöpfungshandeln Allahs harmonierende Daseinsordnung zum Nachteil der Glaubenden verändert. Es besteht somit ein als Zwang bezeichnetes Spannungsverhältnis zwischen dem natürlichen, jedem Menschen durch Allah anerschaffenen Wesen und den Formen der jüdischen bzw. christlichen Gottesverehrung. Die Annahme der von Mohammed gepredigten Daseinsordnung ist deshalb in Wahrheit die Rückkehr zu der ursprünglich von Allah erlassenen, noch nicht durch einen solchen von Menschen ersonnenen Zwang entstellten Lebensweise. Mohammed suchte mit diesen Aussagen Anschluß an die Gottsucher seiner Zeit, an die Hanifen.[30] Diese lehnten die Vielgötterei ab und suchten nach einer eigenen Daseins- und Kultordnung, die allerdings nicht die jüdische oder die christliche sein durfte. Denn auf das überkommene Pilgerwesen mit seinen Tieropfern wollten sie nicht verzichten. Abraham war für die Ḥanīfen der erste, der ihre Ideen im Kultus verwirklichte. Indem Abraham nun durch den Propheten des Islams zu der herausragenden Vorläufergestalt erhoben wird, stilisiert dieser sich zum Erfüller der ḥanīfischen Hoffnungen, was allerdings nicht von allen damaligen Anhängern des Gottsuchertums anerkannt wurde.

In Abraham beginnt Mohammed also den ersten Muslim zu sehen. Abraham ist es, der zusammen mit seinem Sohn Ismael in Mekka die Kaaba errichtet, den Mittelpunkt des Allah geweihten Kultes. Laut Koran flehte Abraham, Allah möge bewirken, daß er, Abraham, und sein Sohn standhafte Bekunder des Islams blieben und daß aus ihrer Nachkommenschaft eine Gemeinde erwachse, die demselben Kult anhänge. „Zeig uns unsere Riten und kehre dich zu uns! Denn du bist derjenige, der sich stets (den Geschöpfen) zukehrt, du bist der Barmherzige!" – Nebenbei bemerkt, wird an dieser Stelle des Korans für „sich jemandem zuwenden" das Verbum *tāba* verwendet, das, vom Menschen ausgesagt, die durch Allah gewirkte bußfertige Umkehr des Menschen zu Ihm meint, die hier, wie auch sonst oft, supplementär und koinzident zur Hinwendung Allahs zum Menschen verstanden wird. Dies ist ein

---

30 Zum Begriff siehe im folgenden. Vgl. Tilman Nagel: Mohammed. Leben und Legende, München 2008, 162–175; ders.: Mohammed. Zwanzig Kapitel über den Propheten der Muslime, München 2010, viertes bis sechstes Kapitel.

weiteres Beispiel für die vorhin angesprochene Gegenseitigkeit der Zuwendung von Geschöpf und Schöpfer als den Inbegriff des „Islams". – „Unser Herr!" fleht Abraham weiter, „berufe unter (diesen Nachkommen) einen Gesandten, der ihnen deine Verse vorträgt und sie das Buch und die Weisheit[31] lehrt sowie sie läutert ..." Wer die Kultgemeinschaft Abrahams verschmähe, sei ein Tor. Denn Allah habe Abraham im Diesseits erwählt, und auch im Jenseits gehöre er zu den Frommen. „Einst sagte der Herr zu Abraham: ‚Wende (arab.: *aslim*) (vorbehaltlos)!' und er erwiderte: ‚Ich wende (vorbehaltlos) (das Gesicht) zum Herrn der Welten!'" Mohammeds Widersacher beharren: „Seid Juden oder Christen, dann geht ihr den rechten Weg!" Darauf soll Mohammed laut Allahs Anweisung antworten: „Nein, (folgt) der Kultgemeinschaft Abrahams, denn dieser war ein Hanif und gehörte nicht zu den Beigesellern!" (Sure 2, 127–135). Abraham lebte lange vor Mose und vor Jesus, und deshalb ist die durch Mohammed erneuerte abrahamische, die authentische Kultgemeinschaft allen späteren überlegen. Abraham war weder Jude, noch Christ, sondern eben ein Ḥanīf, kein Beigeseller, und am engsten dürfen sich mit ihm diejenigen verbunden fühlen, die sich zu seinen Lebzeiten ihm anschlossen, sowie „dieser Prophet und diejenigen, die in den Glauben eintraten" (Sure 3, 67 f.).

Hier ist eine Zwischenbemerkung erforderlich. Das Wort Ḥanīf stammt aus dem Christlich-Syrischen, wo es Heide bedeutet. Im Arabien der Zeit Mohammeds bezeichnete man mit diesem Wort einen Angehörigen einer Frömmigkeitsströmung, die die Vielgötterei der Mehrheit der Zeitgenossen ablehnte, sich aber nicht entschließen konnte, das Judentum oder das Christentum anzunehmen. Das wurde eben erwähnt. Wie schon für das frühe Christentum Abraham die Gestalt war, die einen Anschluß an die Botschaft Jesu ermöglichte, ohne zuvor Jude zu werden und ohne sich auf die Befolgung des mosaischen Gesetzes zu verpflichten,[32] so auch für die Ḥanīfen: Der von ihnen erinnerte Abraham erschloß den Heiden die monotheistische Gottesverehrung, ohne daß von ihnen ein Übertritt, ein Bekenntnis zu einer der beiden „Schriftreligionen", verlangt worden wäre. Denn eines wollten die Ḥanīfen nicht: Sie wollten nicht auf das heidnische Tieropfer verzichten; sie meinten, die Juden und Christen hätten sich wegen eines solchen Verzichts den Zorn Gottes zugezogen.[33] Der Islam, der solche Opfer fordert (Sure 22, 31–33), ist vor Allah die einzige Daseinsordnung, die zählt, versichert ihnen

---

31 Zu „Weisheit" und „Wissen" vgl. fünftes Kapitel (Was ist das Hadith?), sowie sechstes Kapitel (Was ist die Scharia?).

32 Erik Aurelius: „Durch Glauben gehorsam – durch Werke gerecht" Der Streit um Abraham im Neuen Testament, in Kratz/Nagel (Hgg.): „Abraham, unser Vater". Die gemeinsamen Wurzeln von Judentum, Christentum und Islam, Göttingen 2003, 98–111, hier: 105–111.

33 Tilman Nagel: Mohammed. Leben und Legende, München 2008, 165, 291 f.

Mohammed; auch die „Schriftbesitzer“ hätten diese Botschaft erhalten. Sie hätten sich über sie zerstritten; sie und die „Beigeseller“ sollten schleunigst wieder das Gesicht vorbehaltlos Allah zuwenden (vgl. Sure 3, 19 f.).

Man könnte viele weitere Koranverse beibringen, in denen mittelbar oder unmittelbar der Anspruch erhoben wird, der Islam sei die eine, unveränderte und unveränderliche Daseinsordnung, in die die Juden und Christen zurückkehren und die die Heiden bedingungslos annehmen müßten, wie aus der vorhin zitierten Stelle Sure 2, Vers 256 f., hervorgeht. Die frühen arabisch-islamischen Grammatiker und Lexikographen, die sich ernsthaft mit dem befaßten, was über die vorislamischen Araber überliefert wurde, charakterisierten die Hanifen als Araber, die beschnitten waren und zur Kaaba pilgerten; auch sollen sie die rituelle Waschung vollzogen haben.[34] „Richte das Gesicht auf die Daseinsordnung wie ein Gottsucher! Das ist die Beschaffenheit (arab.: *al-fiṭra*), in der Allah die Menschen schafft. Es gibt keinen Ersatz für Allahs Schaffen! Das ist die ewig bestehende Daseinsordnung, die meisten Menschen aber wissen das nicht!“ (Sure 30, 30). Daß Allah alle Menschen als Hanifen schafft, findet man auch im Prophetenhadith.[35] Allerdings verwarf Mohammed asketische Strömungen innerhalb des Hanifentums: Sein Islam ist das „großzügige Hanifentum“ (arab.: *al-ḥanīfīja as-samḥa*); schließlich lehnt er ja auch das Mönchtum und die strengen jüdischen Speisegebote ab.[36] Wie ein Gottsucher, ein Araber, der sich vom heidnischen Götzenkult abgewendet hat und nun nach dem durch den einen Schöpfer erlassenen unverfälschten Ritualgesetz verlangt,[37] soll man sich den Lehren Mohammeds anschließen. Denn jeder Mensch, den Allah schafft, ist zu dieser wahren Daseinsordnung hin veranlagt.[38] Es gibt keinen Menschen, der von sich aus zum Judentum, zum Christentum oder Heidentum geschaffen wäre! Verkürzt gesagt, jeder Mensch wird als Muslim geboren; es sind seine Eltern oder andere schlechte Einflüsse, die ihn gemäß Allahs unauslotbarem Ratschluß aus der wahren Daseinsordnung herausreißen.

---

34 al-Murtaḍā az-Zabīdī: Tāǧ al-ʿarūs, zitiert in Lane: An Arabic-English Lexicon, s.v. ḥanīf.

35 Muslim b. al-Ḥaǧǧāǧ: Ṣaḥīḥ, al-ǧanna 63.

36 Tilman Nagel: Mohammed. Leben und Legende, München 2008, 166.

37 Vgl. hierzu drittes Kapitel (Wer war Mohammed?).

38 Vgl. hierzu dreizehntes Kapitel (Wie sieht der Islam den Menschen?), II, sowie fünfzehntes Kapitel (Was ist islamischer Rationalismus?), III. 1.

4. Allah, der eine Gott der Gemeinwesenreligion

„Das Ende des Opferkults“ ist eine tiefschürfende Studie über die Wandlungen des Religiösen in der Spätantike überschrieben.[39] Der Mensch der Antike wurde in die Kulte hineingeboren, deren sich das Gemeinwesen widmete, dem er meist ebenfalls von Geburt an angehörte. Diese Kulte, in denen Opferhandlungen wesentlich waren, sollten die Gewogenheit der Gottheiten sicherstellen, die durch das Gemeinwesen verehrt wurden. Überdies war es in höchstem Maße ratsam, auch jenen übernatürlichen Kräften zu opfern, die das Wohl der engeren Gemeinschaft des Einzelnen, seiner Sippe, seines Hauses, seines Gesindes, gewährleisteten. Diese überkommene Religiosität löste sich in der Spätantike allmählich auf. Selbst Männer, die noch in den alten Bräuchen lebten, stellten sich die Frage, ob die Götter wirklich Opfer verlangten; konnten sich die Unsterblichen tatsächlich am Blut eines geschlachteten Stiers erfreuen? Der Sinn der Tieropfer wurde bezweifelt. Insbesondere das spätantike Judentum und das sich aus diesem heraus entwickelnde Christentum lehnten derartige Opfer ab, zumal sie auch die Verehrung der zahlreichen übernatürlichen Numina zugunsten der Anbetung des Einen Schöpfergottes verwarfen.

Der byzantinische Kaiser Konstans II. (reg. 641–668) verfügte die Einstellung der öffentlichen Opferzeremonien.[40] Diese Verordnung bildet den Kontrast zu dem, was der Koran verkündet; denn dem Hanifentum war es der Inbegriff religiöser Praxis, zu einem Heiligtum – wie der Kaaba – zu pilgern und dort die mitgeführten geschmückten Opfertiere zu schlachten.[41] Im selben Sinn sagt Mohammed, Allah habe die Opfertiere zu den charakteristischen Merkmalen des ihm zu widmenden Kultes erhoben. Zwar sei ihm nicht an dem Fleisch gelegen. Er nehme das Opfer jedoch als einen Dank für die Rechtleitung entgegen (Sure 22, 36 f.). In der frühmedinensischen Sure 2, die die Überschrift „Die Kuh“ erhalten hat, erläutert Mohammed, daß sich die Juden einst geweigert hätten, eine Kuh zu schlachten, die Allah von ihnen als ein Opfer gefordert habe. Erst als Mose ihnen genau beschrieben habe, wie das Tier beschaffen sein solle, hätten sie sich dazu bereitgefunden; „fast hätten sie es nicht getan“ (Sure 2, 67–71). Wegen derartigen Ungehorsams zürne und fluche Allah den Juden und Christen. Den Zorn und den Fluch Allahs hätten aber die Hanifen, die auf der Suche nach der richtigen Ritualpraxis gewesen seien, nicht auf sich laden wollen. Deshalb seien sie weder

[39] Guy G. Stroumsa: Das Ende des Opferkultes. Die religiösen Mutationen der Spätantike, Berlin 2011.

[40] Ebd., 87.

[41] Tilman Nagel: „Der erste Muslim.“ Abraham in Mekka, in: R. G. Kratz (Hg.) „Abraham, unser Vater“ Die gemeinsamen Wurzeln von Judentum, Christentum und Islam, Göttingen 2003 (133–149), 141 f.

für das Judentum, noch für das Christentum zu gewinnen gewesen. Mohammed präsentiert sich daher als der durch Allah berufene Sachwalter aller Hanifen und somit auch des ersten unter ihnen, Abrahams: Einer besseren Daseinsordnung als derjenigen, die Allah Abraham schenkte und die er nun Mohammed auferlegt, kann man sich nicht anschließen (Sure 2, 124–141; Sure 4, 125).

Abraham, der Hanif, ist in Mohammeds Augen ein für allemal das Vorbild für den Weg zum wahren Eingottglauben. Im Koran erzählt er davon in Sure 6, die gegen Ende seines Wirkens in Mekka entstand. Abraham tadelt seinen Vater Azar, da dieser Götzenbilder anstelle des einen Allah anbetet. In den Himmel blickend, vermutet Abraham zuerst in einem großen Stern, dann im Mond und zuletzt in der Sonne den einen Herrn, den er sucht, den Einen niemals ruhenden Schöpfer, dem man nichts und niemanden beigesellen kann. Doch jedes der Gestirne geht unter, keines ist bleibend, keines kann daher der Eine sein. Indem Abraham das zu Bewußtsein kommt, spricht er: „Ich wende jetzt mein Gesicht zu dem, der die Himmel und die Erde geschaffen hat. Ich tue dies als ein Hanif, ich bin kein ‚Beigeseller'!" (Vers 79). Doch nicht der eigenen Einsicht verdankt Abraham diese Erkenntnis, er gewinnt sie, weil Allah ihn „rechtleitet" (Vers 77). Zur „Beigesellung" hat Allah nämlich niemandem eine Vollmacht erteilt (Vers 81), und deshalb ist die „Beigesellung" falsch, nicht etwa wegen einer Einsicht, zu der ein Mensch selbständig vordringt. Vor diese Episode schiebt der Koran einen Vers ein, der verhindern soll, daß man auf diese irrige Meinung verfällt: „So zeigen wir (d. h. Allah) Abraham (unser) Walten über die Himmel und die Erde, und (wir zeigen es ihm), damit er einer von denen sei, die Gewißheit erlangen" (Vers 75).

Wesentliche Topoi dieser Darstellung finden sich bei dem Juden Philo von Alexandrien, einem Zeitgenossen Jesu und wichtigen Ideengeber der christlichen Kirchenväter. Er erzählt, wie Abraham auf Geheiß Gottes Chaldäa verläßt, nach Charran und schließlich nach Kanaan wandert. Philo legt diesen Weg als das erfolgreiche Ringen um die wahre Gotteserkenntnis aus, die Abraham in zwei Etappen gewinnt. Die Chaldäer hätten angenommen, daß außerhalb der materiellen Phänomene nichts die Ursache eines anderen sein könne. Allein aus dem Umlauf der Gestirne resultierten das Gute und das Böse, daß einem jeden zuteil werde. Indem Abraham das Land der Chaldäer verläßt, erkennt er, daß es keineswegs die Gestirne sind, die das Diesseits lenken; koranisch gesprochen, gibt er die „Beigesellung" auf. Bei Philo erfolgt nun in Charran der zweite, nach seiner Überzeugung unentbehrliche Schritt auf dem Weg zur Gotteserkenntnis: Abraham begreift, daß das Werk des Schöpfergottes so verfaßt ist, daß dem Menschen die jenseits des Materiellen liegende Einsicht in gut und böse sowie ein ihr entsprechendes Handeln abverlangt werden. In Kanaan kommt sie zur Reife; denn, sein Denkvermögen nutzend, wendet sich Abraham zu sich selber zurück. Es ist nämlich unmöglich, daß jemand zur Erkenntnis des seienden Gottes gelange, während er noch stärker durch die sinnliche Wahrnehmung als durch die Reflexion bewegt wird.[42]

Der Koran beendet den Weg Abrahams, noch ehe dieser Charran erreicht.[43] Die selbstverantwortete denkende Wendung zum Immateriellen und die ethische Bewertung des Handelns unterbleiben. Mit dieser Einsicht wird es uns möglich, den Inhalt des Begriffs Islam genauer zu erfassen. Der Mensch befindet sich, wie die islamische Theologie später sagen wird, in der besten aller Welten, denn da sie ja nicht nur „am Anfang" von Allah geschaffen wurde, sondern fortwährend durch ihn in allen Einzelheiten gestaltet wird – es gibt keine Kräfte und Mächte außer ihm –, muß es so sein. Islam meint, diesen Sachverhalt ohne Wenn und Aber zu bezeugen, ganz so wie Allah selber es laut Sure 3, Vers 18, tut: „Allah bezeugt, daß es keinen Gott außer ihm gibt, ebenso bezeugen es die Engel und alle, die das (offenbarte, schon Adam übertragene) Wissen haben."[44] Mittelbar haben wir hier den ersten Teil der *šahāda*, der islamischen Glaubensbezeugung, vor uns, die nicht mit einem Bekenntnis, dem Ergebnis einer von den materiellen Erscheinungen absehenden Glaubenseinsicht, zu verwechseln ist, wie sie Abraham erst in Charran und Kanaan gelang.

Der Islam ist daher keine Bekenntnisreligion. Man wird nicht Muslim, indem man ein Credo ablegt, über dessen Gültigkeit eine Institution wacht. Allahs fortwährendes Schöpfungshandeln läßt sich ohne vorherige Reflexion an der Natur ablesen – Allah sendet Regen, das Verdorrte wird belebt, es dient den Menschen zur Nahrung – und genauso am Heranreifen der Leibesfrucht: Jeder Mensch wird als ein winziges Element dieses Schöpfungshandelns geboren (Sure 22, 5 und Sure 23, 14), somit als jemand, der unmittelbar zu Allah ist, diesem das Gesicht zuwendend, in der ursprünglichen Geschaffenheit, also als Muslim. Niemand kann diese Art der Geschaffenheit (arab.: *al-fiṭra*) austauschen (Sure 30, 30). Auch sein Lebens- und sein Jenseitsschicksal hat Allah bereits entschieden, und so mag es sein, daß gemäß Allahs Ratschluß die Eltern das neugeborene Kind zu einem Juden oder Christen erziehen und dadurch die vorausbestimmte Verdammnis eintreten

---

[42] Philo von Alexandrien: Die Werke in deutscher Übersetzung, edd. Cohn und andere, 2. Auflage Berlin 1962, V, §§ 176–179. Vgl. meinen Aufsatz „Juden, Christen und Muslime. Religionsgeschichtliche Betrachtungen", in: Sidney H. Griffith/Sven Grebenstein (Hgg.): Christsein in der islamischen Welt. Festschrift für Martin Tamcke zum 60. Geburtstag, Wiesbaden 2015, 39–64.

[43] Vgl. fünfzehntes Kapitel (Was ist islamischer Rationalismus?), I. 2. und III. 1.

[44] Zur Ein-Gott-Bezeugung vgl. auch das sechzehnte Kapitel (Was ist Salafismus (reformierter Islam)?).

lassen. Prinzipiell ist der Islam daher die Religion des die gesamte Menschheit umfassenden Gemeinwesens.[45]

Religionsgeschichtlich betrachtet, zeigt sich der Islam als ein Glaube, der hinter die schon gut erforschten Tendenzen spätantiker Religiosität zur Individualisierung zurückgeht. Er ist eine grundsätzlich den ganzen Weltkreis einschließende Gemeinwesenreligion, der jeder Mensch vom Augenblick der Zeugung an zuzurechnen ist. Ursprünglich waren die Menschen eine einzige Gemeinschaft heißt es in Sure 2, Vers 213, und Mohammed, der sich in ebendieser Sure als den neuen Abraham zu erkennen gibt, verfolgt, indem er den Islam verkündet, das Ziel, diesen Zustand wiederherzustellen. Denn jedem Menschen, der durch Allah im Mutterleib herangebildet wird, ist diese geschöpfliche Bindung an Allah, die *fitra*, eigen,[46] die niemand abändern kann (Sure 30, 30). Selbst wenn zu einer anderen Religion fehlgeleitete Eltern ihr Kind zu deren Bekenner heranziehen, dann wird dieser Kern davon nicht berührt, genau wie in ihnen dieser wahre Kern nur verdeckt, nicht aber zerstört wurde. Von einer selbst zu verantwortenden Ausrichtung und Bewertung des Handelns als gut oder böse bzw. von der Pflicht, eigenständig gut und böse zu erkennen, ist dementsprechend im Koran nicht die Rede. Handeln bedeutet vielmehr, dem Islam, der Auslieferung der Person an den Einen, Dauer zu verleihen.

Dies nötigt uns, ein letztes Mal in die spätantike Religionsgeschichte zu blicken. Der Hanif Abraham, der Freund Allahs, steht offensichtlich für eine andere Art des Ein-Gott-Glaubens, als sie sich im spätantiken Judentum und, auf diesem aufbauend, im Christentum herausbildet. Für Philo wie für die Kirchenväter ist wahre Gotteserkenntnis wie selbstverständlich an die Versittlichung der Weltauslegung geknüpft. Wahre Gotteserkenntnis sei nur bei gleichzeitiger Übung von Tugend und Gerechtigkeit möglich, sagt beispiels-

[45] Der Begriff „civil religion", den Jacques Waardenburg auf den Islam anwendet, ist ursprünglich auf die Verhältnisse in den Vereinigten Staaten von Amerika geprägt und nicht mit dem von Stroumsa verwendeten identisch. Die Waardenburgsche „civil religion" meint eine Religiosität, die säkularen Zielen dient; sie wird vor allem als ein Bindemittel zwischen Personen gedacht, deren Glaubenstiefe höchst unterschiedlich sein kann (Islam. Historical, Social and Political Perspectives, Berlin/New York 2002, 214–223). Dies trifft auf den Islam bis zu einem gewissen Grade zu. Der große Unterschied zur amerikanischen „civil religion" besteht jedoch darin, daß der Muslim, mag er die Ritualpflichten praktizieren oder nicht, sich im Besitz der Rechtleitung weiß, die mittels des Korans und mittels des Vorbildes des Propheten in einer Weise gestaltend in seinen Lebenszuschnitt und sein Weltverständnis eingreift, wie es der zweckgerichteten Religiosität der amerikanischen „civil religion" nicht möglich ist. Um dieses spezifisch islamische „Eingreifen" der Rechtleitung geht es in den vorliegenden Informationen über den Islam.

[46] Vgl. achtzehntes Kapitel (Wie sieht der Islam die Nichtmuslime?), III. 3.

weise Justin der Märtyrer (2. Jahrhundert).[47] Sichtbar wird die durch das spätantike Judentum ausgelöste und durch das Christentum vorangetriebene Abkehr von überkommenen Konzepten des Göttlichen und seines Verhältnisses zum Menschen in der berühmten Streitschrift des Origenes (gest. 254) gegen Celsus (zweite Hälfte des 2. Jahrhunderts n. Chr.), einen Apologeten der tradierten Religion. Die Ausführungen Origenes' vermögen unseren Gegenstand unter mehreren Gesichtspunkten zu erhellen. Celsus ist der Meinung, die Initiierung des Kosmos, die in seinen Augen nicht mit dem Schöpfungsbericht des Alten Testaments gleichzusetzen ist, sei ein Werk, das der höchsten Gottheit würdig sei; denn dieser Kosmos sei vollkommen, allem sei der angemessene Platz zugewiesen. Die Gottheit sorge für den Fortgang ihres vollkommenen Werkes, dessen künftiger Abbruch unverständlich sei. Die Linearität des Geschichtsverlaufs, beginnend mit dem Schöpfungsakt und endend mit der Vernichtung des Diesseits und dem Weltgericht, vermag Celsus mit seiner Idee eines überzeitlichen Zusammenwirkens des Göttlichen mit dem Irdischen nicht zu vereinbaren. Den Kosmos stellt sich Celsus als ein Gebilde vor, das unter dem höchsten *numen* wie ein Beamtenstaat organisiert ist. Über diesem *numen* nachgeordnete Kräfte wird das Gebilde in Gang gehalten und gelenkt. An der Spitze der von der obersten Gottheit gelenkten Kräfte nimmt Celsus die Gestirne an, dann folgen die verschiedenen Klassen der Dämonen. Durch deren Tätigkeit werden die von höchster Stelle ausgehenden Anweisungen bis in den entlegensten Winkel des Kosmos und bis in die einzelnen Gliedmaßen eines jeden Menschen hinein ausgeführt.[48]

Im Gegensatz zum Kosmos des Celsus ist derjenige des Origenes *un*vollkommen und deswegen veränderlich, er befindet sich erst auf dem Weg zur Vollkommenheit.[49] Die Menschen, bei Celsus den kosmischen Kräften ausgeliefert, steigen laut Origenes auf in die dem Höchsten unterstehende Einheitskategorie der Geister, Engel und „Untergötter", die er als die Seelen bezeichnet. Sie allesamt streben zu Gott, zur Erlösung. Sie genießen daher die Willensfreiheit, die den Wesen des Zwangssystems des Celsus fehlt.[50] Jeder Mensch hat bei Origenes einen Anteil an der Vernunftseele, der ihn dazu befähigt, widergöttliche Regungen zu bekämpfen. Siegt er in diesem Kampf, den er als Individuum zu bestehen hat, wird er Gott ähnlich, erringt

---

47 Hans Freiherr von Campenhausen: Griechische Kirchenväter, Stuttgart 1955, 16.

48 Anna Miura-Stange: Celsus und Origenes. Das Gemeinsame ihrer Weltanschauung, Gießen 1926, 84 und 89–93.

49 Vgl. dreizehntes Kapitel (Wie sieht der Islam den Menschen?), II. 1. und II. 5.

50 Miura-Stange, 94 f.

die Gottebenbildlichkeit und damit die Vollendung, die Adam zugedacht war, als Gott ihn schuf.[51]

Der Hanif Abraham ist insofern fest in der nach christlicher Ansicht überholten Religiosität verwurzelt, als er in der materiellen Welt den Beleg für die Existenz Allahs findet. In Sure 6, Vers 75, erfährt der Koranleser, daß dies der richtige Weg zur Gotteserkenntnis ist. Allah führte Abraham diesen Weg, weil er wollte, daß dieser Gewißheit erlange.[52] Das klingt wie eine ausdrückliche Zurückweisung der in Judentum und Christentum für unentbehrlich gehaltenen Wendung des Erkennenden nach innen nebst einer sittlichen Fundierung der Einsicht in das Wesen Gottes.[53] Was erkannt wurde, die Einsheit Allahs, bleibt für Abraham etwas Äußerliches: Hätte Allah eine Vollmacht zum Götzenkult herabgesandt, dann würde Abraham Idole anbeten (Sure 6, 81).

5. Der Ursprung des Unislamischen

Wie aber kann Allah es zulassen, daß fehlgeleitete Eltern ihr Kind von der Geschaffenheit zum Islam hin abbringen, wie kann er zulassen, daß es überhaupt „unislamische" Eltern gibt? Auch hierauf erteilt der Koran eine einfache Antwort, die ganz anders lautet, als der Christ sich das vorstellt. Eine Urschuld kennt der Islam nicht; sie kann es nicht geben, denn jeder Mensch wird, wie wir eben gehört haben, als Muslim geboren. Daß er nicht im Bewußtsein seines fortlaufenden Geschaffenwerdens durch Allah verharrt, ist Einwirkungen zuzuschreiben, die nicht in seiner Macht liegen. Ohnehin hat Allah doch den Verlauf des diesseitigen Lebens und das Jenseitsschicksal schon vor der Geburt eines jeden Menschen festgelegt. Ja, nach islamischer Vorstellung registrierte Allah den gesamten künftigen Weltenlauf, bevor er überhaupt mit dem Schöpfungshandeln begann, mittels eines Schreibrohrs auf einer in seiner Gegenwart verwahrten Tafel. Zu den Eintragungen gehört übrigens auch der Koran, den er allen Propheten, zuletzt Mohammed, offenbart hat (Sure 85, 22). Aus dem Vorherbestimmten gibt es keine Befreiung, keine Erlösung, und folglich kennt der Islam auch keinen an die Glaubenden auszuteilenden Gnadenschatz und keine Organisation, die diesen verwalten könnte. Mittelbar schafft Allah demnach auch das Widerislamische. Wie dies zu verstehen ist, erklärt der Koran an mehreren Stellen.

---

51 Adolf von Harnack: Lehrbuch der Dogmengeschichte, erster Band: Die Entstehung des kirchlichen Dogmas, Nachdruck Darmstadt 1980, 680. Die Vorstellung von der Gottebenbildlichkeit des Menschen fehlt im Islam.

52 Vgl. fünfzehntes Kapitel (Was ist islamischer Rationalismus?), III. 3.

53 Vgl. dreizehntes Kapitel (Wie sieht der Islam den Menschen?).

Folgendes wird uns in Sure 7, Vers 11 bis 25 mitgeteilt: Allah schuf Adam. Noch ehe er der Gestalt den Geist einhauchte, befahl er den Engeln, sich vor dem leblosen Gebilde niederzuwerfen. Alle gehorchten dem Befehl bis auf den Satan. Durch Allah deswegen zur Rede gestellt, rechtfertigte er sich damit, daß dieser Adam aus Lehm, er aber aus Feuer geschaffen worden sei; Feuer sei ein edlerer Stoff als Lehm. Allah verweist ihn des Paradieses, gesteht ihm aber zu, künftighin die Menschen zum Ungehorsam gegen ihren Schöpfer zu verführen. In der nächsten Szene treffen wir den Satan doch wieder im Paradies an. Adam, inzwischen vollendet, und seine namenlose Gefährtin sind seine ersten Opfer. Er beschwatzt sie, von der verbotenen Frucht zu kosten, worauf sie alle drei auf die Erde verbannt werden. Die gleiche Geschichte findet sich in Sure 15, Vers 26 bis 47. Der Satan verweigert Adam die von Allah befohlene Ehrenbezeigung und wirft dem erzürnten Schöpfer vor, er habe ihn in die Irre geführt. Dies wird in der Regel so verstanden, daß sich der Satan dessen bewußt gewesen sei, daß die verehrende Geste gegen ein Geschöpf, die „Beigesellung“ mithin, der schwerste denkbare Verstoß gegen den Islam sei. Er habe somit einen logischen Schluß gezogen und dementsprechend gehandelt. Gegenüber Allah ist ein solches Verhalten aber der schlimmste Hochmut. Gegen Allahs Anordnungen kann man keine Argumente des Verstandes vorbringen.

Es ist erhellend, von hier aus einen Blick auf die Vertreibung des Menschenpaares aus dem Paradies zu werfen, wie sie im Buch Genesis erzählt wird. Die Früchte vom Baum in der Mitte des Paradieses dürfen Adam und Eva nicht essen; bei einem Verstoß gegen dieses Verbot müssen sie sterben. Keineswegs werde das die Folge sein, flüstert die Schlange Eva zu. Vielmehr „werden euch die Augen aufgetan, und ihr werdet sein wie Gott, wissend, was gut und was böse ist!“ (Gen 3, 4 f.). Mit diesem Wissen wird der Mensch sein Erdendasein fristen müssen. Dagegen ist es im Koran der Satan, der zur Mißachtung des Verbots rät: „Euer Herr hat euch diesen Baum nur deshalb untersagt, weil ihr sonst Engel würdet oder das ewige Leben erlangtet!“ (Sure 7, 20). Der biblische Gedanke an die Fähigkeit, zwischen gut und böse zu unterscheiden, fehlt im Koran.[54] Stattdessen „empfing (Adam) von seinem Herrn Worte, wodurch dieser sich ihm wieder zuwandte (*tāba*), denn (Allah), der Barmherzige, wendet sich stets (der Schöpfung) zu“ (Sure 2, 37). Weder überläßt Allah die Menschen den Schlüssen des eigenen Verstandes, noch setzt er sie schutzlos den Täuschungen des Satans aus: Die Propheten, als deren erster Adam gilt, nehmen von ihrem Schöpfer Botschaften entgegen, die ihnen den Weg durch das Diesseits weisen.

---

[54] Vgl. zweites Kapitel (Wer ist Allah?), III.; fünfzehntes Kapitel (Was ist islamischer Rationalismus?).

Die Episode in Sure 15, in der sich der Satan auf seine eigene Erkenntnis verläßt und dabei fehlgeht (vgl. auch Sure 7, 12f.), sowie die begütigende Botschaft von den Worten, die Allah Adam im Augenblick der Verstoßung aus dem Paradies übermittelte (Sure 2, 37f.), sind von grundsätzlicher Bedeutung für das Verständnis der Daseinsordnung. Diese, die göttliche Rechtleitung (Sure 2, 38), ist als ein Korpus von Befehlen und Anweisungen Allahs aufzufassen, das den Menschen von der Last befreit, selber zwischen gut und böse unterscheiden zu müssen. Alle diese Befehle und Anweisungen gehen entweder unmittelbar auf Allah zurück, sofern sie im Koran stehen, oder mittelbar, sofern sie im Hadith verbürgt sind, d. h. in den Berichten vom durch Allah geleiteten Reden und Handeln Mohammeds. Da dies so ist, können die Bestimmungen der Daseinsordnung nicht durch den Verstand des Menschen ergründet, geschweige denn verändert, ergänzt oder verworfen werden. Es mag sein, daß manche schariatische Normen mit den Zweckmäßigkeitserwägungen des Menschen konform gehen. Das ist aber nur dem Scheine nach der Fall. So mag das Verbot des Verzehrs von Schweinefleisch der Gesundheit des Menschen nützen; das Verbot gilt aber allein, weil Allah es als einen Teil der Daseinsordnung festgelegt hat.[55] Die Regelungen des Rituals entziehen sich ohnehin jedem Versuch einer rationalen Deutung. Man kann nicht herausfinden, warum Allah am Tag fünf Pflichtgebete fordert, nicht aber vier oder sechs. Deshalb zeigt sich in der getreuen Erfüllung dieser Pflichten am eindrücklichsten der Gehorsam des Muslims gegen Allah.

Die Furcht vor den Täuschungskünsten des Satans und deren Abwehr sind Kernthemen der muslimischen Frömmigkeit, zumal da die drohenden Schrecknisse der Grabespein und der Höllenstrafen im Koran und im Hadith mit den greulichsten Motiven ausgeschmückt werden.[56] Und es kann durchaus sein, daß jemand sein Leben lang wie ein künftiger Paradiesbewohner handelt; hat Allah ihn für die Hölle vorgesehen, dann wird er es so fügen, daß der Betreffende unmittelbar vor dem Tod gegen die Daseinsordnung verstößt, so daß er im Jüngsten Gericht der Verdammnis anheimfällt. Diese These von der sogenannten Abschlußhandlung[57] ist vor allem den Sterbenden ein Anlaß zu heftiger Angst.

Rechtes Handeln, und damit kommen wir wieder auf Sure 4, Vers 125, zurück, ist stets im engen Zusammenhang mit der Wendung des Gesichts ganz auf Allah hin zu verstehen. Beides, der Islam im ursprünglichen Sinn des Begriffs, und rechtes Handeln bilden eine Einheit. Wer das Gesicht voll-

---

[55] Dies ist ein Beispiel, mit dem man Konvertiten das Wesen der Scharia erklärt.

[56] Vgl. hierzu siebtes Kapitel (Was lehrt der Islam über das Jenseits?).

[57] Vgl. hierzu zweites Kapitel (Wer ist Allah?).

ständig auf den Einen ausgerichtet hat, übertritt nicht die Daseinsordnung. Das rituelle Gebet unterbindet sogar unziemliche Worte und Regungen, heißt es sinngemäß in Sure 29, Vers 45. Allahs fortwährend zu gedenken, sei aber noch gewichtiger.[58] Während der fünf Zeitspannen im Tageslauf, in denen man das rituelle Gebet vollzieht, also vor Allah von Angesicht zu Angesicht steht, kann der Satan einen nicht anrühren, vorausgesetzt, man hat vor jedem Gebet im stillen die Absichtserklärung (arab.: *an-nīja*) formuliert. Denn mit ihr stellt man sicher, daß man der Aufgabe, zu der Allah die Dämonen und die Menschen schafft, nämlich ihn zu verehren (Sure 51, 56), bewußt nachkommt und dem Satan die Gelegenheit versperrt, einem falsche Absichten zu unterschieben, wie dies selbst den Propheten ab und an widerfahren sein soll (Sure 22, 52). Das nach einer entsprechenden Absichtserklärung[59] durchgeführte rituelle Gebet ist das Minimum an Schutz, das sich der Muslim verschaffen kann. Richtet er in der übrigen Zeit sein ganzes Sinnen und Trachten auf Allah aus und bemüht er sich, bei allen Tätigkeiten Allah vor sich zu sehen, Höflichkeit gegen ihn zu üben, dann mag es gelingen, den Satan von sich fernzuhalten. Die theologisch begründete Ungewißheit über das Jenseitsschicksal ist freilich nicht zu beheben, wenn auch die volkstümliche Auslegung des Islams die Gewißheit nährt, daß einem Muslim in jedem Fall die Hölle erspart bleibt.

Recht handeln, so ist zusammenzufassen, bedeutet, die von Allah für seine Geschöpfe vorgesehene Daseinsordnung peinlich genau zu befolgen. Aus eigenem Antrieb Erwägungen über die Bewertung einer Tat als gut oder böse anzustellen, ist ein Akt des Hochmuts gegen Allah und führt allzu leicht in die Irre. Strömungen, die dies trotzdem versuchten, hat es in den ersten Jahrhunderten der islamischen Geschichte gegeben. Aber angesichts der großen Entlastung, die dem Menschen die Befreiung von der Unterscheidung zwischen gut und böse bringt, blieben ihre Verfechter stets eine Minderheit.[60] Denn was zählt, ist einzig das „Befehlen dessen, was zu billigen ist, und das Verbieten des Verwerflichen“ (arab.: *al-amr bil-maʿrūf wan-nahj ʿan al-munkar*), das Befolgen der göttlichen Gebote, die Mohammed den Menschen überbrachte (Sure 7, 157).

---

58 Vgl. hierzu zwölftes Kapitel (Was versteht der Muslim unter Religion?) sowie vierzehnte Kapitel (Was ist Sufismus?).

59 Vgl. dreizehntes Kapitel (Wie sieht der Islam den Menschen?).

60 Vgl. hierzu fünfzehntes Kapitel (Was ist islamischer Rationalismus?).

6. Die „beste Gemeinschaft“ und ihre selbstgezeugte Radikalisierung

Damit erinnere ich zum letzten Mal an Sure 4, Vers 125. Wer den Islam praktiziert, der folgt der Kultgemeinschaft Abrahams, hieß es dort, und in Sure 2 wurde uns mitgeteilt, daß sich Mohammed als der neue Abraham verstand, dessen Anhänger schon der Urvater Abraham der Barmherzigkeit Allahs anempfohlen habe. Im Koran ist zwar davon die Rede, daß am Tag des Gerichts jeder Mensch auf sich alleine gestellt vor Allahs Richterstuhl tritt (vgl. Sure 6, 94), aber die Endzeitszenerie, schon die koranische, setzt voraus, daß die Auferweckten in Gruppen um ihre jeweiligen Propheten geschart das Urteil erwarten (vgl. Sure 10, 47). Diejenige Mohammeds ist natürlich die mit Abstand größte, ihm gewährt Allah zudem das Vorrecht, sich als Fürsprecher für alle seine Anhänger einzusetzen. Der durch Allah berufene letzte Prophet bildet, wie vorher schon Abraham, die einende Mitte einer Kultgemeinschaft (arab.: *al-milla*) im Diesseits wie auch am Tag des Gerichts.[61] Die mohammedsche wird alle Menschen umfassen, die seit dem Auftreten des letzten Propheten Muslime geworden sind. Bis zum Jüngsten Tag muß die mohammedsche Kultgemeinschaft mit dem einen auf Allah ausgerichteten Gemeinwesen (arab.: *al-umma*) identisch geworden sein, dessen Herbeiführung die Muslime ihren Kampfesmut widmen müssen. Nach koranischem Geschichtsverständnis traten schon vor Mohammeds Geburt niemals mehrere Propheten zugleich auf. Die Einheit der Glaubenden war vor Mohammed daher potentiell gegeben; nachdem der Prophet des Islams im Auftrag Allahs die „beste Gemeinschaft“ (Sure 3, 110) ins Leben gerufen hat, muß diese Einheit dank dem Wirken der Muslime Realität werden und die gesamte Menschheit umfassen.[62]

Die Gesellschaft, in der Mohammed wirkte, war in Stämme und Stammesverbände unterteilt. Die Grenze des als Geburtsgemeinschaft aufgefaßten Stammes war zugleich die Grenze des geltenden Rechts und der anerkannten ethischen Normen. Recht und Ethik waren nicht in Kraft, wenn es um das Verhalten gegenüber Mitgliedern fremder Stämme ging, es sei denn, es wären gerade Zweckbündnisse in Kraft oder ein Individuum, das etwa wegen einer Blutschuld die Mitglieder des eigenen Stammes fürchten mußte, bäte bei einem anderen Stamm um vorübergehenden Schutz. Der Islam bewahrt diese Einstellung zum Fremden, überträgt sie jedoch auf die Kultgemeinschaft. Diese, die islamische, ist ihren spezifischen, durch Allah gestifteten

---

61 Vgl. hierzu siebtes Kapitel (Was lehrt der Islam über das Jenseits?).

62 Vgl. neuntes Kapitel (Was ist der Dschihad?), ferner siebzehntes Kapitel (Wovon berichten die „großen Erzählungen“ des Islams?) sowie achtzehntes Kapitel (Wie sieht der Islam die Nichtmuslime?).

Regeln unterworfen. Sie duldet gegenüber den Mitgliedern anderer Kultgemeinschaften, etwa den Juden oder Christen, kein Verhältnis von gleich zu gleich. Begründet wird diese Ablehnung durch die Lehre, man vertrete die durch Allah selber gestiftete Daseinsordnung, wohingegen die Bekenner der sogenannten Schriftreligionen, in Mohammeds Augen vor allem die Juden und die Christen, diese ursprüngliche Daseinsordnung schuldhaft verfälscht hätten. Ihnen ist innerhalb der Kultgemeinschaft des neuen Abraham und unter der „wahren" Daseinsordnung die Rolle von Sondergruppen vorbehalten, die mit einem minderen Recht ausgestattet und zum Aussterben verurteilt sind. Wie wir aus Sure 2, Vers 256, wissen, bleibt den Heiden angesichts der nun offenkundig gewordenen „Wahrheit" ohnehin nichts anderes, als sich dieser zu beugen, wenn sie nicht ihr Leben verwirken wollen. Abmachungen, die man mit heidnischen Stämmen getroffen hat, können nach dem Belieben „Allahs und seines Gesandten" aufgekündigt werden (vgl. Sure 9, 1–5). Denn die Heiden bleiben hinter dem ihnen durch Allah anerschaffenen Menschentum zurück.[63]

Was in den ersten Abschnitten über die Bedeutung des Begriffs „Islam", über die Daseinsordnung und über die Möglichkeit, in der von Allah jedem Menschen anerschaffenen, der islamischen Heilsbestimmtheit zu bleiben, ausgeführt wurde, ist nicht vom Individuum her gedacht, sondern stets von der Gemeinschaft aus. An sie muß man sich halten, mahnt ein vielzitiertes Hadith; wer die Gemeinschaft verläßt, und sei es irrtümlich, den ergreift der Satan, gleich wie der Wolf das Schaf reißt, das sich aus der Herde absonderte. Wesentlich ist, daß sich die Kultgemeinschaft nach der Hedschra in Medina als eine Kampfgemeinschaft konstituiert, als die Kampfgemeinschaft der „Gläubigen".[64] Der Koran unterscheidet nunmehr nämlich zwischen dem Islam als der bloßen Ritenerfüllung einerseits und dem Glauben andererseits. Diesen hat man erst dann bekundet, wenn man die heidnische Stammesgemeinschaft, in die hinein man geboren wurde, verlassen hat und nach Medina „ausgewandert" ist. Diesen Vorgang, den Bruch mit der eigenen Geburtsgemeinschaft, nennt man die Hedschra. Man tritt in eine neuartige Gemeinschaft ein, nämlich in die durch den Islam bestimmte. Ohne allen Vorbehalt und für immer unterstellt man sich dem Propheten, der um die Durchsetzung seiner Ziele willen, nämlich der Herrschaft „Allahs und seines Gesandten", Krieg führt. Beduinen, die diesen Schritt nicht vollziehen können, weil sie bei ihrem Vieh bleiben und auf der Suche nach Weidegründen umherwandern müssen, hält Mohammed entgegen, sie dürften sich nicht rühmen, Gläubige zu sein; sie hätten lediglich den Islam angenommen (Sure 49, 14). Aus der Kultgemeinschaft (arab.: *al-milla*) wird so die Gemeinschaft (arab.: *al-umma*)

---

[63] Vgl. dreizehntes Kapitel (Wie sieht der Islam den Menschen?).

[64] Vgl. hierzu drittes Kapitel (Wer war Mohammed?).

der „wahren", kampfbereiten „Gläubigen", die der in Sure 73, Vers 20, ausgesprochenen Aufforderung nachkommen, die Riten zu erfüllen und Allah ein gutes Darlehen zu geben, dessen Wert sie, um ein Vielfaches vermehrt, zurückerhalten werden (z. B. Sure 5, 12): Ihnen wird das Paradies in Aussicht gestellt.

Als Mohammed aus Mekka vertrieben worden war (Sure 47, 13),[65] hatte man ihn auch von der Teilnahme an den alljährlichen dortigen Pilgerriten ausgeschlossen. Er hatte sie nach Maßgabe seines Eingottglaubens umgestalten wollen, was das Verhältnis seines Stammes, der Quraiš, zu anderen Stämmen erheblich gestört hatte. Von Medina aus entsandte er Streifscharen, die zunächst nur aus „Auswanderern" bestanden. Sie sollten mekkanische Karawanen angreifen und so den führenden Klanen seiner einstigen Wirkungsstätte Schaden zufügen. Bald aber gelang es ihm, auch Medinenser, die Muslime geworden waren, für die Teilnahme an solchen Unternehmungen zu gewinnen; die Aussicht auf Beute war allzu verlockend. Mohammed rechtfertigte diese Maßnahmen damit, daß die Mekkaner ihn, den Vertriebenen, von der Teilnahme an den alljährlichen Wallfahrtsriten ausschlossen.[66]

Sure 2, Vers 190 bis 193, enthält die Aufforderung, gegen Mekka zu den Waffen zu greifen und nötigenfalls kämpfend auch in das Schutzgebiet um das Heiligtum einzudringen, wo dem Herkommen nach ein friedfertiges Verhalten geboten ist. Nachdem Mohammed bei der Örtlichkeit Badr einen Sieg über eine mekkanische Karawane errungen hatte, führt er in Sure 8, Vers 74, aus: „Diejenigen, die gläubig geworden und ausgewandert sind und um Allahs willen den Dschihad führen, sowie diejenigen, die (erstere in Medina) aufgenommen und unterstützt haben, das sind die wahren Gläubigen." Ihnen werde großer Lohn zuteil werden. Denn, wie er einige Jahre später in Sure 59, Vers 6 und 7, darlegt, alles Land und alle darauf befindlichen Güter, die Allah seinem Gesandten nach einem Sieg über die Andersgläubigen, in diesem Fall ein jüdischer Stamm im Gebiet von Medina, „zurückholt", gehören den Mitgliedern der Kampfgemeinschaft. Diese charakterisiert Mohammed, nachdem er im Januar 630 Mekka in Besitz genommen hat, in Sure 9, Vers 111 wie folgt: „Allah kaufte den Gläubigen das Leben und das Vermögen ab um den Preis des Paradieses. Sie kämpfen nun um seinetwillen, sie töten und werden getötet. (Das Paradies) gilt als ein wahres Versprechen, dessen Erfüllung ihm gemäß Tora, Evangelium und Koran obliegt, und wer würde sein Versprechen getreuer erfüllen als Allah? So freut euch über den Handel, den ihr mit ihm abgeschlossen habt! Das ist der gewaltige Gewinn!"

---

65 Auf sich selber bezogen, spricht Mohammed im Koran nicht von einer Hedschra.

66 Vgl. hierzu drittes Kapitel (Wer war Mohammed?).

Ohne Bezugnahme auf das Kriegführen hat Mohammed seine Anhängerschaft schon einige Jahre vorher in Sure 3, Vers 110, gerühmt: „Ihr seid die beste Gemeinschaft (arab.: *al-umma*), die für die Menschen gestiftet wurde. Ihr gebietet, was recht ist, und verbietet das Verwerfliche" – ihr seid mithin im Besitz der wahren Daseinsordnung – „und glaubt an Allah. Wenn die Schriftbesitzer in den Glauben einträten, wäre es besser für sie. Es gibt zwar einige Gläubige unter ihnen, die meisten aber sind Frevler." Es gibt selten eine Freitagspredigt, in der nicht dieser Koranvers oder andere ähnlichen Inhalts den Zuhörern nahegebracht werden.

Die Verquickung von diesseitigem und jenseitigem Lohn für die „wahren Gläubigen" ist ein wesentlicher Beweggrund für die in der islamischen Geschichte immer wieder zu beobachtende endogene Radikalisierung. Natürlich war die „beste Gemeinschaft" nicht über die ganze islamische Geschichte hinweg als eine Kampfgemeinschaft zu verwirklichen. Schon etwa 30 Jahre nach Mohammeds Tod erlahmte der Dschihad zur Ausbreitung des islamischen Herrschaftsgebiets; die Feldzüge führten in immer fernere Weltgegenden, der Ertrag deckte nicht mehr den Aufwand. Es etablierte sich eine islamische Machtausübung, die sich notgedrungen auf diese Umstände einstellte. Sie war aber und ist seitdem ständig der Gefahr ausgesetzt, daß man von innen ihre Legitimität bestreitet, da sie sich nicht hinreichend um die Ausbreitung des Islams kümmere. Denn auch die Ritengemeinschaft der *muṣallūn*,[67] die von der Mehrheit der Muslime nunmehr als der Inbegriff islamischer Staatlichkeit angesehen wird,[68] darf sich wenigstens formal nicht ganz von jenem Vorbild der Kampfgemeinschaft verabschieden. Die schariatischen Bestimmungen über die Verhältnisse der islamischen Glaubensgemeinschaft zu andersgläubigen Machtgebilden entstammten der medinensischen Zeit und den Jahrzehnten unmittelbar danach. Sie galten und gelten als durch Allah und durch das Vorbild des Propheten gerechtfertigt und daher als ewig gültige Handlungsanweisungen, denen *jegliche* Form islamischer Staatlichkeit Genüge zu tun habe. So durchzieht die Geschichte islamischer Staatsgebilde eine fortwährende Auseinandersetzung mit Kräften, die Sure 49, Vers 14, und weitere einschlägige Aussagen des Hadith und des Korans beim Wort nehmen und, gegen die Obrigkeit revoltierend, die Muslime von neuem zu einer Kampfgemeinschaft medinensischen Zuschnitts umformen möchten. Der Bezug auf die medinensische Urgemeinde wird vielfach schon durch die Selbstbezeichnung solcher Gruppierungen hervorgehoben. So nannte sich eine Gruppierung im Ägypten der Zeit Mubaraks „Gemeinschaft des Für-Ungläubig-Erklärens und der Hedschra": Die in

---

[67] D. h. derjenigen, „die das rituelle Gebet (arab.: *aṣ-ṣalāh*) ausüben", vgl. zwölftes Kapitel (Was versteht der Muslim unter Religion?), I.

[68] Vgl. hierzu achtes Kapitel (Was sind Imamat, Kalifat und Sultanat?).

Ägypten vorherrschenden Verhältnisse entsprächen wegen ihres „unislamischen“ Charakters denjenigen des heidnischen Mekka; jeder Gläubige müsse die Mehrheit der Ägypter für Ungläubige erklären, er müsse sich aus der Gesellschaft absondern und den Kampf gegen sie aufnehmen, um die medinensische Urgemeinde wiederherzustellen.[69] Da sich solche Bewegungen auf dieselben autoritativen Texte stützen wie der islamische Staat als solcher, ist von der Warte der übrigen Muslime im Rahmen der für unabdingbar geltenden schariatischen Bestimmungen kaum gegen sie zu argumentieren. Es kommt hinzu, daß die Scharia Einzelnen durchaus das Recht, ja die Pflicht zuspricht, gegen eine islamische Obrigkeit vorzugehen, die ihre schariatischen Aufgaben vernachlässigt. Hier zeigen sich die Nachteile des gegenüber Andersgläubigen vielgerühmten Fehlens eines Klerus bzw. einer irgendwie gearteten Lehrautorität.

7. Der „Aufruf“ zum Islam, die *da'wa*

Muslime behaupten gegenüber Christen oft, anders als im Christentum gebe es bei ihnen keine Missionierung. Dem arabischen Wortsinne nach ist das richtig. Die christliche Mission heißt auf arabisch *at-tabšīr*, abgeleitet von *al-bušrā*, der „frohen Botschaft“; *at-tabšīr* bedeutet im genauen Wortsinn die Ausbreitung des Evangeliums, und die gibt es im Islam naturgemäß nicht. Stattdessen gehört es zu den durch die Scharia geforderten Pflichten eines jeden Muslims, Glaubensbrüder zu einer schariagerechten Lebensführung anzuhalten, „zu gebieten, was recht ist, und das Verwerfliche zu verbieten“ (vgl. Sure 7, 157).[70] Darüber hinaus obliegt es ihnen, Andersgläubige zur Annahme des Islams aufzufordern, sie zum Islam zu rufen (arab.: *ad-da'wa*), der nach muslimischen Vorstellungen naturgegebenen Gottesverehrung, die durch Allah für die gesamte durch ihn geschaffen werdende Welt vorgesehen ist. Der Eintritt in den Islam bedeutet daher die Ausbreitung des Friedens, wie denn die Eroberungskriege der Muslime nichts als Verteidigungskriege waren und sind, und zwar zur Erfüllung der Verteidigungspflicht gegen Kräfte, die sich der natürlichen Ausbreitung des Islams widersetzen.[71]

Jeder Muslim hat, wie eben gesagt, die natürliche Ausbreitung des Islams zu fördern. In dieser Hinsicht kursieren unter Andersgläubigen tiefgreifende Mißverständnisse. Die muslimische Lehrerin, die an einer deutschen allgemeinbildenden Schule ihren Unterricht im Kopftuch abhält, mag dies aus

[69] Vgl. hierzu sechzehntes Kapitel (Was ist Salafismus (reformierter Islam)?).

[70] Vgl. hierzu drittes Kapitel (Wer war Mohammed?).

[71] Vgl. hierzu neuntes Kapitel (Was ist der Dschihad?), achtzehntes Kapitel (Wie sieht der Islam die Nichtmuslime?) und zwölftes Kapitel (Was versteht der Muslim unter Religion?), IV. 2.

innerer Überzeugung tun, für die muslimischen Schüler und Eltern ist dies ein Zeichen dafür, daß sie ihrer Pflicht zur *daʿwa* nachkommt, und eine Anregung, es ihr gleichzutun. Ein Imam, der von einer Kirchengemeinde eingeladen wird, über den Islam zu referieren, fühlt sich selbstverständlich gedrängt, nur Dinge vorzutragen, die den Islam bei seinen Zuhörern im besten Licht erscheinen lassen. So ist es hier in Europa durchaus üblich, daß von Sure 2, Vers 256, nur ein winziges Bruchstück vorgetragen wird: „Es gibt kein Zwingen *im* Glauben/*in* der Religion" und hieraus hergeleitet wird, Mohammed habe die Religionsfreiheit gepredigt. Es wird vorgetäuscht, daß hier der moderne europäische Begriff von Religion gemeint sei und daß der Sinn laute: „Es gibt keinen Zwang *zu* einer bestimmten Religion." Das steht allerdings nicht im Text, und sobald man diesen weiterliest, wird einem klar, daß es in Wahrheit um die nachdrückliche an die Heiden gerichtete Forderung geht, sich zum Islam zu bekehren, zu der wahren Daseinsordnung. – In der islamischen Welt bewertet man übrigens diese Umdeutung des koranischen Texts als eine „Verfälschung",[72] aber man duldet sie, weil sie dem Ansehen des Islams bei den westlichen Nichtmuslimen nutzt.

Ein anderes oft praktiziertes Beispiel für die *daʿwa* ist das Zitatfragment aus Sure 5, Vers 48: „Wir (d.h. Allah) haben jedem unter euch einen eigenen Weg und eine eigene Denkweise gegeben. Wenn Allah es gewollt hätte, hätte er euch zu einer einzigen Glaubensgemeinschaft gemacht. Er will euch aber mit dem, was er euch gab, auf die Probe stellen. Darum lauft zu den guten Dingen um die Wette!" Dies sei ein weiterer Beleg für die Religionsfreiheit, die Mohammed verkündet habe. Nach einer Passage, in der Mohammed aufgefordert wird, gemäß der offenbarten Daseinsordnung zu verfahren, liest man in Vers 51: „Ihr, die ihr Gläubige geworden seid! Nehmt euch weder die Juden noch die Christen zu Freunden! Sie sind nur untereinander befreundet! Wenn jemand von euch für ihre Belange eintritt, so gehört er schon zu ihnen. Allah leitet die Missetäter nicht recht!" Unter anderem im Antwortschreiben etlicher muslimischer Gelehrter auf die Regensburger Rede Benedikts XVI. wurde aus dem obigen Bruchstück von Vers 48 die grenzenlose Toleranz des Islams abgeleitet.

Diese wird freilich, trotz gegenteiligen Beteuerungen, nur als eine Toleranz zum Islam hin aufgefaßt, eben zu der einzigen dem Menschen gemäßen Ritual- und Daseinsordnung. Vom Islam weg, zu einer anderen Religion überzutreten, wird als ein in jedem Fall zu unterbindender Schritt in die falsche Entwicklungsrichtung verstanden. Sollte der „Apostat" nicht widerrufen, hat er nach einem bekannten Hadith das Leben verwirkt. Dem Nichtmuslim erscheint dies als eine heute nicht mehr hinnehmbare Verletzung der

---

[72] Tilman Nagel: Angst vor Allah?, Auseinandersetzungen mit dem Islam, Berlin 2014, 367f.

Menschenrechte, und deshalb gibt es inzwischen auch eine für die *daʿwa* nutzbare Auslegung: Die Todesstrafe werde nicht wegen des Religionswechsels verhängt, denn im Islam gibt es angeblich „keinen Zwang in der Religion“, wie wir bereits wissen. Sie sei eine Bestrafung des Hochverrats, den sich der Delinquent zuschulden kommen lasse; bliebe sein Schritt ungeahndet, könnte es Nachahmer geben, wodurch die Interessen der „besten Gemeinschaft“ berührt würden, deren Bestand und Wachstum Allah den Muslimen ans Herz gelegt hat.[73] Bohrende Fragen sind nicht zu stellen. Stattdessen wird dem Muslim von Kindesbeinen an die Überzeugung vermittelt, er habe Anteil an dem großen gottgefälligen Werk der Ausmerzung aller falschen, nachabrahamischen Daseinsordnungen.[74] Darum hat er das Verhältnis zu seiner Umgebung so zu gestalten, daß er stets die schariatische Pflicht des Gebietens und Verbietens (Sure 7, 157) erfüllt. Er hat den Ruf zum Islam nie verstummen zu lassen, der der wahren Daseinsordnung innerhalb der Gemeinschaft der Muslime wie auch unter den Andersgläubigen und Ungläubigen vorbehaltlose Geltung verschafft. Zu welchen Mitteln er dabei greift, ob dies nur mit dem Herzen, mit Worten oder mit Gewalt geschieht, ist nach einem Prophetenwort in sein Belieben gestellt. Indem der Islam jeden Muslim ständig an der Verwirklichung der Daseinsordnung beteiligt, wird er seit der Mitte des 19. Jahrhunderts von muslimischen Gelehrten als die rationale Religion schlechthin interpretiert.[75] Der Verstand zwinge zu dem Schluß, daß die Daseinsordnung, da von Allah stammend, wahr und vollkommen sei, und daraus folge wiederum mit Notwendigkeit, daß sie in die Praxis umzusetzen sei: Der Islam ist die Religion bzw. Daseinsordnung für die zum Gebrauch des Verstandes gereifte Menschheit. Diese Vorstellung ist heute muslimisches Gemeingut.

8. Die „großen Erzählungen“

Aber nicht nur die am verdienstvollsten in Gemeinschaft vollzogenen Riten sowie die wahrgenommenen Pflichten des „Gebietens, was recht ist, und des Verbietens des Verwerflichen“ und des „Rufs zum Islam“ spornen zu einem Dasein im Islam an, sondern auch die „großen Erzählungen“, die das Leben des Muslims begleiten. Sie sind merkwürdigerweise weithin unbe-

---

73 Vgl. ebd., 321–324.

74 Zum Konzept der sogenannten „abrahamitischen Religionen“ und seiner Funktion für den öffentlichen Diskurs in nichtislamischen Ländern vgl. meinen Aufsatz „Juden, Christen und Muslime. Religionsgeschichtliche Betrachtungen“, in: Griffith/Grebenstein (Hgg.): Christsein in der islamischen Welt, Festschrift Martin Tamcke, Wiesbaden 2015, 39–64.

75 Vgl. hierzu fünfzehntes Kapitel (Was ist islamischer Rationalismus?) und sechzehntes Kapitel (Was ist Salafismus (reformierter Islam)?).

kannt und spielen in der Islamforschung kaum eine Rolle. Ich nenne nur zwei Beispiele. Einen breiten Raum nimmt auch in der heutigen erbaulichen Literatur die Erzählung von Mohammeds Nachtreise nach Jerusalem und von seinem Aufstieg in die sieben Himmel ein. Sie geht auf zwei Visionen zurück, die Mohammed anderthalb und ein Jahr vor der Vertreibung aus Mekka gehabt haben soll. Die gängige Fassung stammt aus dem späten 7. Jahrhundert und lautet so: Eines Nachts wird Mohammed von Gabriel geweckt; dieser heißt ihn ein Reittier besteigen, das ihn in Windeseile nach Jerusalem versetzt. Von dort trägt es ihn in die sieben Himmel hinauf. In jedem wird er von einem seiner Vorgänger begrüßt, im obersten, wir ahnen es, von Abraham. Allah erlegt Mohammed und seiner Gemeinde fünfzig Pflichtgebete am Tag auf, was Mose ein bißchen viel findet. Er schickt Mohammed mehrfach zu Allah zurück, und es gelingt dem Propheten der Muslime, Allah fünfundvierzig abzuhandeln. Die Bekräftigung der Wahrheit der wichtigsten muslimischen Ritualhandlung ist die Aufgabe dieser Erzählung, an die im übrigen weitere Motive angelagert sind, die gegenüber allen anderen Religionen die uneinholbare Überlegenheit des Islams hervorheben.

Noch prägender sind die Gedichte, die während der zwölftägigen Feiern der Geburt Mohammeds vorgetragen werden. Das bekannteste stammt aus dem 13. Jahrhundert, in dem diese Feiern aufkamen. Noch bevor Allahs bis jetzt andauerndes Schöpfungshandeln einsetzte, schuf er den kosmischen Mohammed, den Makrokosmos, der unverzüglich der ihm zugedachten Pflicht nachkam, Allah anzubeten (vgl. Sure 51, 56). Nach einem vor aller Zeit gefaßten Plan brachte bzw. bringt Allah das Diesseits ins Dasein, jedes Einzelwesen zu dem von ihm vorgesehenen Termin. Dies war der erste Äon, in dem Allah bereits Propheten berief. Diese verkündeten die wahre Daseinsordnung, jedoch vergeblich, und Allah ließ sich die Vernichtung der ungläubigen, störrischen Völkerschaften angelegen sein. Dann wurde Mohammed geboren, der zweite Äon brach an: In unübertrefflicher Klarheit verkündete Allah durch den Mund Mohammeds nun letztmalig die göttliche Daseinsordnung. In diesem bis zur vollständigen Islamisierung des Diesseits fortdauernden Äon darf sich niemand mehr dem Islam entziehen. Freilich ist es nicht mehr Allah, der die Widerspenstigen vernichtet. Das obliegt nun den Muslimen, denen der Tod im Dschihad durch den sofortigen Einlaß ins Paradies entgolten wird, vorausgesetzt, sie rotten die Nichtmuslime nur um Allahs willen aus, ohne einen Gedanken an irdischen Gewinn. Im Zusammenhang mit solchen Vorstellungen enthalten heutige Gedichte zum Geburtstag des Propheten vielfach Anspielungen auf machtpolitische Ziele gegenwärtiger Wortführer der islamischen Welt.[76]

---

[76] Vgl. hierzu drittes Kapitel (Wer war Mohammed?) und siebzehntes Kapitel (Wovon berichten die „großen Erzählungen“ des Islams?).

III. Die häufigsten Irrtümer über den Islam

1. „Islam ist Friede“

Diese sehr weit verbreitete Behauptung treibt mit dem gutgläubigen Bürger, der sich naturgemäß mit den Grundregeln des semitischen Sprachbaus nicht auskennt, ein böses Spiel. Das arabische Wort *as-salām*, das soviel wie Unversehrtheit bedeutet und im machtpolitisch-religiösen Sinn die durch die Verkündigungen und durch die gesellschaftlichen und militärischen Maßnahmen Mohammeds und seiner Nachfolger hergestellte Herrschaft Allahs meint, wird willkürlich als „Friede“ im westlichen, säkularisierten Sinn ausgelegt. Es soll mithin die Abwesenheit von Gewalt, Unterdrückung oder Zwang bedeuten.[77] Indem man das Wort *as-salām* zu einem Bestandteil des Worts *al-islām* erklärt, gelangt man zu der Gleichung „Islam ist Friede“. Das Verbum *aslama*, dessen Bedeutung oben erläutert wurde,[78] spielt aber keineswegs auf „Unversehrtheit“ an, obwohl es unter rein lexikalischen Gesichtspunkten derselben Wurzel *s-l-m* zuzuordnen ist wie das Nomen *as-salām*. Die Behauptung „Islam ist Friede“ dient einzig dem Zweck, die Tatsache zu verschleiern, daß seit dem Beginn der islamischen Geschichte der islamischen Daseinsordnung und mit ihr verbunden die islamische Machtausübung auch mit Waffengewalt und mit Drohungen durchgesetzt worden sind. Muḥammad ʿAbduh (1849–1905), der wirkmächtige Ideengeber des modernen sunnitischen Islams, stellt ausdrücklich fest, daß die Ausübung von Gewalt gegen Andersgläubige, die sich der islamischen Botschaft widersetzen, dafür zeuge, daß sich der Islam an die Menschheit im Stadium ihrer Reife wende und die Emotionalität, die für das Christentum charakteristisch sei, hinter sich gelassen habe.[79]

2. „Der Islam ist die religiöse Toleranz an sich“

Der Topos von der angeblichen Toleranz des Islams bezieht sich auf die Tatsache, daß den „Bekennern der Schriftreligionen“ (arab.: *ahl al-kitāb*) im islamischen Gemeinwesen „Schutz“ (arab.: *aḏ-ḏimma*) gewährt wird. Dieser „Schutz“ besteht darin, daß man ihnen das Recht auf eine – möglichst im Verborgenen auszuübende – Religionspraxis sowie das Recht auf Leben und Eigentum gibt. Hierbei wird stets vorausgesetzt, daß die „Schützlinge“ einen

---

77 Für „Frieden“ im „weltlichen“ Sinn hat das Arabische andere Wörter.

78 Vgl. oben, 20.

79 Vgl. hierzu das dritte, achte, neunte und siebzehnte Kapitel. Über diesbezüglichen Ideen Muḥammad ʿAbduhs vgl. Tilman Nagel: Die erdrückende Last des ewig Gültigen. Der sunnitische Islam in dreißig Portraitskizzen, Kapitel XXV.

gesellschaftlich und politisch minderen Rang bekleiden und daß das Aussterben ihrer Religionen zu fördern ist. Die sogenannten „ʿumarschen Bedingungen", eine auf den zweiten Kalifen ʿUmar b. al-Ḫaṭṭāb (reg. 634–644) zurückgeführte Zusammenstellung entsprechender Regelungen,[80] ist von der islamischen Staatsrechtslehre nie widerrufen worden und wird zum Teil bis auf den heutigen Tag angewendet.[81] Religiöse Toleranz wird von den islamischen Gelehrten nur als eine Toleranz zum Islam hin verstanden; im islamischen Gemeinwesen haben die Muslime stets die gesellschaftlich und rechtlich Bevorzugten zu sein. Der Austritt aus dem Islam wird mit dem Tode bedroht. Denn wer den Islam verläßt, der gibt die von Allah allen Menschen auferlegte Art der Gottesverehrung auf und verfällt einem unvollständigen Menschsein.[82] Angesichts der in der Gegenwart von Nichtmuslimen vorgetragenen Kritik an der Bedrohung des Austritts aus dem Islam mit dem Tod und wegen des Wunsches, den Islam für tolerant auszugeben, hat man in jüngster Zeit argumentiert, es sei nicht der Austritt aus dem Islam – ein „religiöser" Vorgang –, der mit dem Tod bedroht werde, sondern das schlechte, den Zusammenhalt des islamischen Gemeinwesens gefährdende Verhalten – eine „weltliche" Angelegenheit –, dem man mit der Androhung der Todesstrafe vorbeugen müsse. Nirgendwo bleibe der Hochverrat straffrei.[83]

3. „Der Islam enthält Judentum und Christentum in sich" und „Der Islam ist die Religion des Verstandes"

Seit den Arbeiten von Ignaz Goldziher (1850–1921) ist es in der westlichen Islamwissenschaft eine für unanfechtbar genommene Ansicht, daß der Islam nichts weiter als das Zeugnis eines ungelenken Eklektizismus sei. Schon Mohammed habe sich seine Botschaft aus jüdischen und christlichen Versatzstücken zusammengebastelt, und in den Jahrzehnten nach seinem Tod, in denen das Hadith entstand, habe sich der islamische Eklektizismus „zu reicher Ergiebigkeit" entfaltet.[84] Das gleiche liest man in dem 2010 im

---

80 Der früheste Textbeleg stammt aus der mittleren Omaijadenzeit (um 700 n. Chr.); Übersetzung bei Tilman Nagel: Das islamische Recht. Eine Einführung, Westhofen 2001, 98f.

81 Über Einzelheiten unterrichtet die umfangreiche Studie von Bat Ye'or: Der Niedergang des orientalischen Christentums unter dem Islam (7.–20. Jahrhundert). Zwischen Dschihad und *Dhimmitude*, Gräfelfing 2002. Ferner neuntes Kapitel (Was ist der Dschihad?) und achtzehntes Kapitel (Wie sieht der Islam die Nichtmuslime?).

82 Vgl. dreizehntes Kapitel (Wie sieht der Islam den Menschen?).

83 Tilman Nagel: Angst vor Allah? Auseinandersetzungen mit dem Islam, Berlin 2014, 322–324.

84 Ignaz Goldziher: Vorlesungen über den Islam, 2., von Franz Babinger umgearbeitete Auflage, Heidelberg 1925, 40; vgl. Richard Hartmann: Die Religion des Islam, Berlin 1944, 11–13. Vgl. das zwanzigste Kapitel (Was ist Islamwissenschaft?).

„Verlag der Weltreligionen" veröffentlichtem Werk *Der Koran als Text der Spätantike*. Der Koran müsse „aus dem Kontext des essentiell <anderen> und daher beliebig Deutbaren" herausgelöst werden, um als ein europäischer Text identifiziert zu werden, sei Europa doch ebenso wie der Koran aus dem Judentum und dem Christentum hervorgegangen.[85] Geblendet von den zahlreichen Zeugnissen jüdischer und christlicher Überlieferung, weigert man sich, im Koran und im entstehenden Islam eine Gegebenheit *sui generis* zu sehen, nicht zuletzt auch deshalb, weil das Festhalten an der Fiktion dreier abrahamitischer und daher vermeintlich eng verwandter Religionen zugleich dem Wunschtraum einer problemfreien Eingliederung der Muslime in unsere Gesellschaft Plausibilität verleiht. Also darf es eine eigenständige religiöse Mitte des Islams nicht geben.

Der Islam ist in der Chronologie der „abrahamitischen" Religionen die letzte. Deswegen umschließe er die beiden älteren, das Judentum und das Christentum. Man postuliert, daß die Menschheit einen Weg durch das Diesseits wandle, dessen Ziel die reine monotheistische Gottesverehrung sei, wie der Islam sie lehre. Den Hintergrund dieser Anschauung bildet die islamische Lehre von der Aufeinanderfolge der Propheten seit Adam; als deren letzter gilt Mohammed, der als „Siegel der Propheten" die Verkündungen seiner Vorgänger beglaubigt. In der zweiten Hälfte des 19. Jahrhunderts sahen sich einige der wenigen islamischen Gelehrten, die mit dem Gedankengut des Westens in Berührung gekommen waren, zu einer Überbietung des westlichen Überlegenheitsanspruchs gedrängt: Der Islam als die zuletzt offenbarte monotheistische Religion sei für die Menschheit in ihrem höchstmöglichen Reifegrad bestimmt; es entspreche dem notwendigen Schluß des Verstandes, sich der im Koran vorliegenden wörtlichen Rede Allahs zu unterwerfen, da diese, von Allah stammend, wahr sein müsse, eben weil sie von Allah komme, der grundsätzlich nicht lüge. Der Islam berufe sich demnach auf den Verstand des Menschen, wohingegen das Christentum dagegen die Emotionen anspreche.[86] Noch ältere Erscheinungsformen der Religiosität, etwa diejenigen der Antike, erschöpften sich in der Verehrung von Heroen und seien daher am weitesten vom reinen Monotheismus, vom Islam, entfernt.

Dieses vor allem von dem Ägypter Muḥammad ʿAbduh propagierte Drei-Stufen-Modell der Religionsgeschichte der Menschheit läßt sich leicht mit dem von dem französischen Orientalisten Louis Massignon (1883–1962) ersonnenen Konzept der „abrahamitischen" Religionen verbinden. Massignon, dessen geistige Heimat der französische Laizismus des ausgehenden 19. Jahrhunderts gewesen war, hatte in einem Erweckungserlebnis zum Katholizis-

---

[85] Angelika Neuwirth: Der Koran als Text der Spätantike. Ein europäischer Zugang, Berlin 2010, 23.

[86] Vgl. fünfzehntes Kapitel (Was ist islamischer Rationalismus?).

mus gefunden. Diesen aber interpretierte er als eine der Arten des Glaubens an sich, die gleichberechtigt neben der jüdischen und der islamischen stehe; ihnen allen sei das Vorbild Abrahams gemeinsam, dessen Glaube so fest gewesen sei, daß er dem göttlichen Befehl, den Sohn zu opfern, zu gehorchen bereit gewesen sei. In islamischer Sicht ist die von Massignon intendierte Gleichheit der drei „abrahamitischen" Religionen in das Schema einer schrittweisen Höherentwicklung der Religiosität des Menschen einzuordnen. Im Koran ist doch unmißverständlich davon die Rede, daß in Mohammed der zweite Abraham berufen worden ist, der den von den Juden und Christen verfremdeten Islam wiederherstellt (Sure 2, 124–130). Mose und Jesus lebten nach Abraham (Sure 3, 67), und ihre Gemeinschaften wichen vom wahren Islam ab. Insofern als die koranische Botschaft auf jüdisches und christliches Erzählgut zurückgreift, dieses aber in der unmittelbar von Allah stammenden und daher richtigen Fassung den Menschen übermittelt, umfaßt der Islam das Judentum und das Christentum. So lautet der islamische Anspruch, mit dem sich z. B. die christlichen Kirchen in dem von ihnen angeregten und geförderten Dialog mit den Muslimen konfrontiert sehen. Indem sich Christen das Schlagwort von den „abrahamitischen" Religionen zueigen machen, bekräftigen sie ungewollt den das Judentum und das Christentum als minderrangig bewertenden Überlegenheitsanspruch des Islams.

4. „Der Islam ist die natürliche Form der Religiosität des Menschen"

Indem der Koran in Sure 30, Vers 30, verkündet, daß jeder Mensch in der Erschaffenheit zu Allah hin (arab.: *al-fiṭra*), mithin als Muslim, geboren wird, befindet er sich in der einzig wahren, mit seiner Natur harmonierenden Daseinsordnung. Jeglicher Schritt von dieser Ordnung weg zerstört diese ursprünglich gegebene Harmonie, da er unvermeidlich in eine durch Zwang charakterisierte Daseinsordnung führt. Indessen spricht die Tatsache, daß die islamische Daseinsordnung und Machtausübung immer wieder mit Waffengewalt etabliert und aufrechterhalten wurden und werden, gegen die „Natürlichkeit" dieser Religion. Es kommt jedoch ein weiterer wesentlicher Gesichtspunkt hinzu: Die Scharia wird als das gottgegebene Regelwerk aufgefaßt, das den Menschen im Zustand der Knechtung (arab.: *at-ta'abbud*) durch Allah festhält. Dies ist vor allem die Aufgabe der rituellen Bestimmungen, des Kerngebiets der Scharia. Diese können nicht durch den Verstand des Menschen erschlossen werden und zeigen deshalb ganz deutlich, daß es einen allein durch unbedingten Gehorsam zu überbrückenden Abstand zwischen dem Wesen des Menschen und der islamischen Daseinsordnung gibt.[87]

---

[87] Vgl. sechstes Kapitel (Was ist die Scharia?).

Die Aufgabe des Verstandes, mit dem Allah den Menschen begnadet hat, besteht einzig darin, den Menschen dazu zu bewegen, sich in den Knechtsstatus zu fügen und dann darauf zu verzichten, über Sinn und Zweck der Bestimmungen der Daseinsordnung nachzudenken.

5. „Mit dem Islam hat der Islamismus nichts zu tun"

Es ist klar geworden, das die behandelten Irrtümer aus dem Wunsch entstanden sind, den Islam für eine mit unserem freiheitlichen Gemeinwesen zu vereinbarende Religion auszugeben. Es werden bei dieser Thematik Wunschvorstellungen sichtbar, die in den westlichen Gesellschaften vorherrschen[88] und die man auf islamischer Seite gerne aufgreift, um die eigenen Machtinteressen zu fördern. Diesem Zweck dient gleichsam als Generalklausel die Behauptung: „Mit dem Islam hat das (nämlich alles Unangenehme) nichts zu tun!" Man müsse vielmehr genau zwischen dem Islam, einer privaten Religionspraxis, und dem Islamismus, dem „Mißbrauch" des Islams zu politischen Zwecken, unterscheiden. Letzterer sei ein neuzeitliches Phänomen und durch die Leiden der islamischen Welt unter dem westlichen Kolonialismus, durch mannigfaltige Benachteiligungen und Behinderungen, kurz: durch eine kaum zu tilgende westliche Schuld ausgelöst worden.[89] Selbst wenn in diesen Behauptungen ein Körnchen Wahrheit steckt, so ist doch hervorzuheben, daß Mohammed in einem berühmten Hadith den Muslimen freistellt, ob sie die Pflicht, das Billigenswerte zu befehlen und das Verwerfliche zu verbieten, mit dem Herzen, mit Worten oder mit Taten erfüllen wollen. Muslime, die es mit dem Herzen oder mit Worten tun,[90] haben keine Argumente gegen ihre Glaubensgenossen, die zu eben diesem Zweck zu den Waffen greifen.

---

88 Vgl. zwölftes Kapitel (Was versteht der Muslim unter Religion?).

89 Vgl. hierzu zwanzigstes Kapitel (Was ist Islamwissenschaft?).

90 Vgl. Muslim b. al-Ḥaǧǧāǧ: Ṣaḥīḥ, īmān Nr. 78. Vgl. ferner sechzehntes Kapitel (Was ist Salafismus (reformierter Islam)?).

Zweites Kapitel

Wer ist Allah? Das Gottesverständnis des Islams

I. Grundsätzliches

Den Islam versteht man gewöhnlich als die monotheistische Religion schlechthin. Die Muslime seien die Menschen, die unablässig die Einheit[1] Allahs bezeugten (arab.: *at-tauḥīd*) und darüber hinaus in ihrem gesamten Dasein die sich aus dieser Bezeugung ergebenden lebenspraktischen Folgerungen zögen. Diese schlössen das richtige Denken ein, nämlich eine dem strengen Monotheismus verpflichtete Theologie und Metaphysik. Diese Ansicht stülpt der muslimischen Religiosität, wie sie in einem umfangreichen und vielschichtigen Schrifttum bezeugt ist, eine in der europäischen Aufklärung aufgekommene Auslegung des Monotheismus über.[2] Diese begreift Gott als einen mit den Dingen dieser Welt nicht mehr unmittelbar befaßten Daseinsgrund. Gott sei ein einziger, dessen Wesen von den Vorstellungen der Menschen, die in dieser Welt befangen sind, niemals erfaßt werden könne. Es wird sich zeigen, daß solche Ideen tatsächlich in der islamischen Theologie anklingen. Der durch die Muslime verehrte Allah ist jedoch von ganz anderer Art.

Als Standardbeleg für den reinen Monotheismus des Islams führt man die 112. Sure an. Mohammed nimmt von Allah den Befehl entgegen: „Sprich: ‚Er ist Allah, ein einziger. Allah ist der Festgefügte. Er hat nicht gezeugt und wurde nicht gezeugt. Niemand ist ihm ebenbürtig.‘ “ Diese Charakterisierung hebt zum einen auf die Einheit Allahs ab und betont zum anderen, daß diese Einheit notwendigerweise eine Beschaffenheit voraussetzt, die sich ganz und gar von derjenigen alles Nichtgöttlichen unterscheidet: Allah ist in sich fest gefügt und nicht in einzelne Glieder oder Elemente aufzuspalten, er ist durch und durch Gott, an oder in ihm ist nichts, was einem irdischen Sein

---

[1] In der Regel wird im Deutschen in unscharfer Weise von der *Einheit* Allahs geredet. Gewiß geht es bei dieser Thematik auch um die Vorstellung, daß Allah von einer einheitlichen, d. h. nicht aus mehreren Elementen zusammengesetzten und daher einheitlichen, Beschaffenheit ist. In der islamischen Theologie ist diese Aussage jedoch eine Behauptung, die aus der in der Sache vorgängigen Lehre folgt, daß Allah der einzige Gott, die einzige transzendente Macht ist. Weder eine Zweiheit, noch gar eine Vielheit solcher Mächte sei denkbar, sondern eben nur deren *Einsheit*.

[2] Vgl. zwanzigstes Kapitel (Was ist Islamwissenschaft?).

entspräche.[3] Das bedeutet weiterhin, daß über ihn keine auf die irdischen Wesen zutreffenden Aussagen gemacht werden dürfen: Zeugung und Geburt gelten für ihn nicht. Hiermit ist eine klare Grenze zu christlichen und auch zu jüdischen Gottesvorstellungen gezogen, wie Mohammed sie sah. Der strenge – und deswegen in islamischer Sicht der wahre – Monotheismus läßt sich dahingehend zusammenfassen, daß es nichts gibt, was Allah gliche (Sure 42, 11), in welcher Hinsicht auch immer.

Die Einsheit Allahs ist die wichtigste Gegebenheit überhaupt, die alles, was nicht Er ist, der ganze Kosmos mithin, zur Kenntnis nehmen und bezeugen muß. Allah selber tut dies, desgleichen die Engel und alle Wesen, denen das Wissen zuteil wurde (Sure 3, 18).[4] Allah ist somit selber der Quell des Wissens von der Beschaffenheit des Kosmos, und Er selber macht den Engeln und allen übrigen wissenden Geschöpfen vor, was für sie aus diesem Wissen folgt: die Bezeugung, daß es nichts gibt, was Allah gleichkäme. Jedoch bereits ohne ein solches Wissen, das in der Welt zu verbreiten die Propheten berufen werden, sollte der mit dem Verstand begabte Mensch jene wichtigste Gegebenheit erfassen: „Euer Gott ist ein einziger Gott. Es gibt keinen außer Ihm, dem Barmherzigen, dem Erbarmungsreichen! Im Schaffen der Himmel und der Erde, in der Aufeinanderfolge von Nacht und Tag, in dem Schiff, das über das Meer (Güter) bewegt, die euch Nutzen bringen, in dem Regen, den Allah vom Himmel herabströmen läßt, um damit das Land zu beleben, nachdem es erstorben war, in den Tieren jeglicher Art, die Er auf (dem Land) ausbreitet, in dem Wind, den Er wehen läßt, in den Wolken, die zwischen Himmel und Erde dienstbar sind, in alldem liegen doch Zeichen für Leute, die den Verstand zu nutzen vermögen!“ (Sure 2, 163 f.). Der eine Allah schafft und bestimmt alles Geschehen in der Welt, und die mit dem Verstand begabten Geschöpfe – es sind die Dämonen und die Menschen – sollten, sofern sie ihr Dasein in dieser Welt erwägen, die Einsheit Allahs begreifen und nach dessen Vorbild bezeugen.[5]

In Sure 50, Vers 15, möchte Mohammed den Mekkanern den Gedanken nahebringen, daß es Allah, der sie ein erstes Mal schuf, nämlich zu ihrem jetzigen Leben, ein Leichtes sein wird, sie am Ende der Zeiten ein zweites Mal zu schaffen, um über sie zu Gericht zu sitzen. Die Mekkaner hören diese Botschaft gar nicht gerne, aber, so läßt der Prophet Allah fortfahren, „wir haben den Menschen geschaffen und wissen daher, was er sich selber einflüstert, denn wir sind ihm näher als die Halsschlagader“ (Vers 16). Der vom Kosmos, von allen Geschöpfen wesensmäßig so unendlich Unterschiedene kennt gleichwohl jeden noch so verborgenen Gedanken dieser Geschöpfe.

---

[3] Vgl. vierzehntes Kapitel (Was ist Sufismus?), II. 2.

[4] Vgl. erstes Kapitel (Was ist der Islam?), II. 3., gegen Ende.

[5] Ebd., II. 2.

Soweit seine Propheten betroffen sind, zumal Mohammed, der letzte und bedeutungsvollste unter ihnen, tritt er sogar in Zwiegespräche mit ihnen ein und rät ihnen, wie sie sich in für sie unangenehmen Situationen verhalten sollen. Zahlreich sind die Stellen im Koran, an denen Allah seinem Propheten aufträgt: „Sprich zu deinen Feinden so und so!" „Sprich: ‚Ihr Leute der Schrift![6] Grollt ihr uns denn wegen einer anderen Sache als allein deswegen, weil wir an Allah glauben und an das, was zu uns herabgesandt wurde, sowie an das, was schon früher herabgesandt wurde?' Die meisten von euch sind Frevler! Sprich: ‚Soll ich euch Kunde geben von etwas, das bei Allah noch schlimmere Folgen haben wird? Wen Allah verflucht, wem er zürnt, Leute, von denen er etliche in Affen und Schweine verwandelte,[7] desgleichen, wer den Götzen anbetet, diese alle haben Schlimmeres zu gewärtigen, denn sie irren noch weiter vom rechten Weg ab'" (Sure 5, 59 f.). Auch die eingangs zitierte 112. Sure gibt sich als eine Aussage, die ausdrücklich von Allah befohlen wurde.

Wenn es um das Wohl seines Propheten Mohammed geht, ist sich Allah nicht zu schade, selbst in Haremszänkereien schlichtend einzugreifen. „Prophet! Wieso versagst du dir, nur um deine Gattinnen zu beruhigen, was Allah dir doch erlaubte?" Mit diesen Worten beginnt Sure 66. Mohammed hatte einer seiner Ehefrauen geschworen, er werde sich des Geschlechtsverkehrs mit seiner koptischen Sklavin enthalten. Sklavinnen haben ihrem Eigentümer zur Verfügung zu stehen. Daher war ein solcher Eid unzulässig. Allah befreit seinen Gesandten aus dem Dilemma, indem er ihm versichert, der Eid sei gegenstandslos gewesen.

Grundsätzlich ist Allah von der Welt, die er fortwährend schafft und dadurch im Dasein hält, verschieden. Diese Verschiedenheit liegt laut Sure 112 darin begründet, daß Allah von einheitlich göttlicher Konsistenz ist und deswegen mit der Welt, mit dem, was er fortwährend schafft, seinsmäßig nichts gemeinsam hat. Unüberbrückbar weit ist der Abstand zwischen ihm, der einen alles vermögenden, alles lenkenden, alles wahrnehmenden Macht einerseits und der Welt andererseits. Auch der Mensch tritt wegen der seinsmäßigen Verschiedenheit, die zwischen Allah und allem Geschaffenen herrscht, von sich selber aus in keine Beziehung zu Ihm. Die Umkehr (arab.: *at-tauba*), die den Menschen nach einem Verstoß gegen den göttlichen Willen wieder in die

---

[6] Im Koran sind fast ausschließlich die Juden und Christen gemeint, denen Mohammed unterstellt, sie hätten durch Mose bzw. durch Jesus die „wahre Offenbarungsschrift" übermittelt bekommen, sie jedoch verfälscht.

[7] Gemeint sind die Juden. Laut Sure 2, Vers 65 und laut Sure 7, Vers 166, wurden Juden, die das Gebot der Sabbatruhe übertraten, auf diese Weise bestraft. Zur möglichen Herkunft dieses Motivs vgl. Heinrich Speyer: Die biblischen Erzählungen im Qoran, Darmstadt 1961, 313 f.

durch Allah gewünschte Beziehung zu Ihm setzt, wird durch Allah selber ausgelöst; die entsprechende Wendung des Menschen zu Ihm geschieht gleichzeitig mit der göttlichen Handlung. Der Mensch muß wissen, daß Allah ihn fortwährend beobachtet, um ihn, sobald er nach dem Ende der Zeiten von neuem geschaffen worden sein wird, dem Paradies oder der Hölle zuzuweisen.

Anders als das höchste *numen* der heidnischen Spätantike duldet der eine und einzige Gott Allah keine ihm untergebenen übernatürlichen Instanzen, die gemäß seinem Willen den Weltenlauf lenken und die Befehle bis in die von ihm entfernteste Erscheinung hinab ausführen. Allah bewirkt alles selber, er ist die in einer Person zusammengefaßte Gesamtheit alles Transzendenten und alles im Diesseits Wirkenden, mag es dem Menschen begreiflich sein oder nicht.[8]

II. Allah im Koran

Die grundsätzlichen islamischen Aussagen über Allah, die auf die reinste überhaupt denkbare Form des Monotheismus hinauslaufen sollen, sind freilich nur bei oberflächlicher Betrachtung ohne Widerspruch zu einem solchen idealen Monotheismus. Gewiß heißt es, daß Allah nichts Geschaffenem vergleichbar sei. Bei allem seinsmäßigen Abstand von dieser Welt ist er jedoch ununterbrochen mit ihr befaßt, nicht nur, indem er sie fortwährend schafft, sondern auch, indem er alles in ihr wahrnimmt (vgl. Sure 42, 11). Läßt man dies gelten, dann kann er dieser Welt nicht gänzlich transzendent sein. Ihm muß eine schwer auf den Begriff zu bringende Immanenz zugeschrieben werden. Richten wir den Blick noch einmal auf Sure 112, die als die strengste Formulierung der göttlichen Transzendenz gilt.

Die Korankommentatoren sprechen von zwei Anlässen, aus denen diese Sure offenbart worden sein könnte. Die mekkanischen Heiden hätten wissen wollen, welches die Genealogie des von Mohammed angebeteten höchsten Herrn sei; sie nahmen Verwandtschaftsverhältnisse zwischen den an den verschiedenen Kultorten der Arabischen Halbinsel verehrten Gottheiten an. Auf Allahs Anweisung belehrte sie der Prophet, daß Allah ein einziger sei. Er ist kein Familienoberhaupt, er hat keine Töchter, die man nach mekkanischer Sitte um Hilfe anflehen kann. Zu einem anderen Zeitpunkt hätten die Heiden oder die Juden Mohammed gefragt, woraus dieser Allah bestehe. Er ist der Festgefügte (arab.: *aṣ-ṣamad*), lautete die Antwort, nicht hohl, sondern durch und durch von dem einen Wesen, das allein ihm, dem Gott, zukommt. Als ein Hinweis auf eine negative Theologie – Allah sind alle die Eigenschaften abzusprechen, die den Menschen bzw. alles Geschaffene ausmachen – wurde

[8] Vgl. erstes Kapitel (Was ist der Islam?), II. 3. und II. 4.

dieser Begriff aufgefaßt. Eine solche unanschauliche Vorstellung befriedigte viele Muslime jedoch nicht. Sie fanden Überlieferungen, die besagen, daß das Wort „der Festgefügte" auch den mächtigen Herrn bedeuten könne, bei dem die Schwächeren Schutz und Hilfe suchen, den Herrn, auf dessen Großmut man zählt.[9] „Der Herr" wird Allah tatsächlich viele Male im Koran genannt. Wie ein Herrscher sitzt Allah auf seinem Thron, um die Welt, das Resultat seines fortwährenden Schöpfungshandelns, zu gestalten und zu lenken. „Preise den Namen deines höchsten Herrn, der schafft und dann gerade ausrichtet, der das Maß bestimmt und dann rechtleitet, der das Gras der Weide hervortreibt und es dann zu staubfarbenem Kraut verdorren läßt", beginnt die frühe Sure 87.

Ein Wesen ohne Abstammung und ohne Kinder, das war eine Zumutung. Aber sie wird entscheidend gemildert durch die Versicherung, daß es dieser Eine ist, aus dessen Wirken alles entsteht und auch wieder vergeht: ein Herr, auf dessen Großmut die Bedürftigen rechnen und dessen Zorn man fürchten muß. Für ein von allem, worin sich diese Welt zeigt, abstrahiertes Gottesverständnis bietet der Koran nur wenige Belege. Im Gegenteil, der im und mit dem Diesseits tätige Allah ist so vorherrschend, daß der Widerspruch zu dem ganz und gar unanschaulichen Bild von Allah, das sich aus Sure 112 herleiten ließe, erst der späteren Theologie ein Stein des Anstoßes werden konnte. Mohammed und seinem Anhang stand der freigebige, aber auch zürnende große Herr vor Augen, der Fürst, der sie mit Gaben reich bedenkt, da sie doch ihm in Anerkennung seiner überwältigenden Macht ihre Person überantworteten, der sie aber auch vernichten könnte, ohne ihnen Rechenschaft zu schulden.

Der Koran quillt über an Zeugnissen hierfür. Als ein Beispiel sei die 55. Sure herangezogen, die die Überschrift „Der Barmherzige" erhalten hat. „/1/Der Barmherzige! /2/Er lehrte den Koran.[10] /3/Er schuf den Menschen. /4/Er brachte ihm bei, sich deutlich auszudrücken. /5/Sonne und Mond dienen der Zeitrechnung. /6/Sterne und Bäume werfen sich vor ihm nieder.[11] /7/Den Himmel erhob er und stellte die Waage auf.[12] /8/Weicht

---

[9] Einzelheiten findet man z.B. bei Muḥammad b. Ǧarīr aṭ-Ṭabarī: Ǧāmiʿ al-bajān fī tafsīr (āj) al-qurʾān und bei Faḫr ad-Dīn ar-Rāzī: Mafātīḥ al-ġaib, jeweils zu Sure 112.

[10] Nach islamischer Vorstellung vollendete Allah die Schaffung Adams nicht damit, daß er ihm den Geist einhauchte, sondern indem er ihn „alle Namen lehrte", ihm also alles Wissen zur Verfügung stellte, das überhaupt für den Menschen vorgesehen ist. Vgl. hierzu dreizehntes Kapitel (Wie sieht der Islam den Menschen?).

[11] Alles, was geschaffen wird, befindet sich in der Anbetung Allahs. Vgl. hierzu sechstes Kapitel (Was ist die Scharia?) und zwölftes Kapitel (Was versteht der Muslim unter Religion?).

[12] Nach den meisten Korankommentatoren ist dies eine Anspielung auf die durch Allahs Daseinsordnung verbürgte Gerechtigkeit.

nicht von dem ab, was die Waage anzeigt! /9/Wiegt gerecht ab und verfälscht nicht die Waage! /10/Die Erde legte er für die Menschen hin. /11/Auf ihr gibt es Obst und Datteln mit Blütenhüllen. /12/Und Getreide auf Halmen und wohlriechende Kräuter. /13/Welche Wohltaten eures Herrn wollt ihr beide (d.h. ihr Dämonen und ihr Menschen) denn leugnen? /14/Er schuf den Menschen aus Ton wie Töpferware /15/und die Dschinnen aus einem Feuergemisch. /16/Welche der Wohltaten eures Herrn wollt ihr beide denn leugnen? /17/Der Herr der beiden Ostgegenden und der beiden Westgegenden! /18/Welche der Wohltaten eures Herrn wollt ihr beiden denn leugnen ..." Allah läßt die Menschen nicht im Zweifel über das, was für sie aus der Tatsache, daß sie von ihm geschaffen werden, folgt: In seiner offenbarten Rede, im Koran, teilt er ihnen mit, wie sie sich in dem Diesseits, das durch ihn, den niemals ruhenden Allah, hervorgebracht wird, zu verhalten haben. Sie haben die Gerechtigkeit der Ergebnisse des göttlichen Schöpfungshandelns zu würdigen und ihr Dasein demgemäß zu gestalten. Gerechtigkeit ist der Maßstab, genau ist die Waage zu beachten. Anderenfalls fielen die Menschen aus dem Islam und glitten in die Beigesellung ab, in das Götzentum (arab.: *aṭ-ṭāġūt*).[13] Der Materie und den Pflanzen ist ein Herausfallen aus dem Islam unmöglich, sie verharren ihrem Wesen gemäß in der Verehrung Allahs. Nicht so die Menschen und die Dämonen: Sie vermögen Verstandesschlüsse zu ziehen und die Ergebnisse klar darzulegen. Immer wieder werden sie darum gemahnt, nur ja nicht Allahs Schöpfungshandeln zu leugnen, mithin den Frevel der Beigesellung zu begehen. Ihnen ist aufgegeben, die geschilderten Wohltaten in der einzig wahren Weise auszulegen und ihr Dasein danach auszurichten.

Mohammed verzichtet auf eine ausführliche Beschreibung der Wohltaten. Er nennt das Meer und die Perlen und Korallen, die man darin finden kann; die Schiffe, die das Meer befahren, unterstehen Allahs Bestimmen. Aber „alles auf der (Erde) wird vergehen. /27/Es bleibt allein das Antlitz deines Herrn, das voller Majestät und verehrungswürdig ist. /28/ Welche Wohltaten eures Herrn wollt ihr beide denn leugnen? /29/Ihn bitten alle, die in den Himmeln und auf der Erde sind, Tag für Tag ist er tätig! /30/ Welche Wohltaten eures Herrn wollt ihr beide denn leugnen? /31/(Am Tag des Gerichts jedoch) werden wir für euch frei sein, ihr Leichten und ihr Schweren. /32/Welche Wohltaten eures Herrn wollt ihr beide denn leugnen? /33/Ihr Dschinnen und ihr Menschen alle! Wenn ihr durch die Länder des Himmels und der Erde eilen könnt (um mir zu entkommen?), dann tut es doch! Aber ihr könnt es nicht, es sei denn mit meiner Vollmacht! /34/ Welche Wohltaten

[13] Vgl. erstes Kapitel (Was ist der Islam?), II. 1. und II. 2. Das Abweichen von der Waage, mithin ein Verstoß gegen die gottgegebene Daseinsordnung, wird mit derselben Wortwurzel *ṭ-ġ-w* bezeichnet, aus der der Begriff „Götzentum" gebildet ist.

eures Herrn wollt ihr beide denn leugnen? /35/Rauchloses Feuer und flüssiges Messing wird man auf euch hinabgießen, und ihr könnt euch nicht dagegen wehren. /36/Welche Wohltaten eures Herrn wollt ihr beide denn leugnen? /37/Wenn sich der Himmel spaltet und rosig wie frisch abgezogene Haut erscheint! /38/Welche Wohltaten eures Herrn wollt ihr beide denn leugnen? /39/An jenem Tag braucht man weder Menschen noch Dschinnen eigens nach ihren Verfehlungen zu fragen. /40/Welche Wohltaten eures Herrn wollt ihr beide denn leugnen? /41/Denn man erkennt die Übeltäter schon an ihrem Mal,[14] man ergreift sie an den Locken und an den Füßen. /42/ Welche Wohltaten eures Herrn wollt ihr beide denn leugnen? ...“ Es folgen nun in weiteren 36 Versen einige aphoristische Angaben zu den Schrecknissen der Hölle, denen die Missetäter auf ewig ausgesetzt sein werden. Ganz anders wird das Jenseitslos der Muslime sein. Sie werden die Freuden des Paradieses genießen, Mädchen „mit keusch niedergeschlagenem Blick, die zuvor weder von einem Menschen noch von einem Dschinn berührt worden sind“ (Vers 56). Solche Verheißungen geben noch häufig den Anlaß zu der rhetorischen Frage, die die ganze Sure durchzieht: „Welche Wohltaten eures Herrn wollt ihr beide denn leugnen?“

„Tag für Tag ist Allah tätig“, lautet der 29. Vers. Diese Tätigkeit, die das gesamte Dasein des Menschen, ja des geschaffen werdenden Kosmos überhaupt bestimmt, wird als ein ständiges „Wohltun“ begriffen.[15] Und das ist es doch auch! Denn gäbe es nicht Allahs nimmermüdes Schöpfungshandeln, dann wäre – nichts! Somit ist, was immer er auch in jedem Augenblick ins Werk setzt, auf jeden Fall von seiner Barmherzigkeit zu sprechen, selbst wenn es den Menschen und den Dschinnen höchst widerwärtig und grausam vorkommen mag. Schon in Sure 87 klang die Ambivalenz des göttlichen Schöpfungshandelns an: Allah läßt das Gras grünen und dann auch verdorren. Allah gibt den Tod und gibt das Leben, heißt es in der gleichfalls frühen Sure 53 im 44. Vers. Es ist ein stetiger Wechsel, Geben und Nehmen, Gedeihen und Verwelken.[16] Mit dem christlichen Begriff der Barmherzigkeit hat der koranische (arab.: *ar-raḥma*) wenig gemein. Denn was Allah nach seinem vor aller Zeit gefaßten Plan durchführt, muß dem Menschen nicht durchweg angenehm und nützlich sein oder von einer liebenden Hinwendung des vollkommenen Schöpfers zum unvollkommenen Geschöpf zeugen. Die Wünsche

---

[14] Gemeint ist: Man erkennt sie daran, daß ihnen das Mal fehlt, das die Muslime auf der Stirn tragen, nämlich die Schwiele, die die Folge der zahllosen Niederwerfungen ist (at-Tirmiḏī: Sunan, ǧumʿa Nr. 74).

[15] Auch die von den Menschen hergestellten Gegenstände gehören zu den von Allah geschaffen werdenden Dingen, vgl. drittes Kapitel (Wer war Mohammed?), II. 4. sowie siebzehntes Kapitel (Wovon berichten die „großen Erzählungen“ des Islams?), IV. 2.

[16] Vgl. hierzu viertes Kapitel (Was ist der Koran?), II. 3.

des Menschen haben für Allah keine Gültigkeit. Was der Mensch, der Allah die eigene Person ganz anheimstellt und hierdurch zum Muslim wird, einzig von diesem Allah weiß, ist dessen unergründliche Unabhängigkeit von allem und jedem, was dem Menschen in seinem Gesichtskreis als begreiflich und ausrechenbar erscheinen mag. Und er weiß, daß alles, was Allah schaffend ins Dasein bringt, gerecht ist, denn mit welcher Begründung wollte der Mensch von Allahs Handeln das Gegenteil behaupten? Der Thronvers (Sure 2, 255) gibt diese Einsicht, die viel eher ein durch die Betrachtung der Natur und durch die Erwägung des Lebensschicksals immer aufs neue genährtes Ahnen ist, in einer für den Muslim unübertrefflichen Weise wieder.[17]

Man hat in der Islamforschung darüber gestritten, ob Allah als der gütige Schöpfergott im Koran zeitlich vor dem strafenden Endzeitrichter erscheine oder umgekehrt.[18] Diese Diskussion ist müßig. Man könnte genauso lange und ergebnislos darüber räsonieren, ob der Göttervater Zeus zunächst als ein Freund der Menschen und dann als ihr Widersacher aufgetreten sei oder ob nicht einiges für eine gegenteilige Abfolge spreche. Die ethischen Kategorien gut und böse treffen auf ihn nicht zu und ebenso wenig auf Allah und sein Vorgehen mit seinem Schöpfungswerk. Allah enthüllt sich dem Menschen einmal in all seiner anziehenden, schönen Erscheinung (arab.: *al-ǧamāl*), ein anderes Mal in furchterregender, abweisender Majestät (arab.: *al-ǧalāl*) und Strenge, wird man im Sufismus lehren[19] – auch in dieser Hinsicht unterliegt Allahs Vorgehen einem ständigen Wechsel.

Doch nicht nur für Allah, auch für den Muslim bleiben gut und böse am Ende aus dem Spiel, wie denn im Koran Adam und Eva nach dem Verzehr der verbotenen Frucht die Einsicht in diesen Unterschied erspart wird.[20] Was indessen für jeden Muslim, nach islamischer Überzeugung für jeden Menschen, von unermeßlicher, den ständigen Wechsel durchbrechender Tragweite ist, das ist der Gegensatz zwischen dem Islam und dem Unglauben (arab.: *al-kufr*). Als Gegensatz zwischen der vorbehaltlosen Auslieferung der eigenen Person an Allah und der frevelhaften „Beigesellung" wird er an anderer Stelle beschrieben.[21] Jetzt fällt er uns als die Opposition von Dankbarkeit und Undankbarkeit in den Blick. Sure 16 ist ein hymnisches Lob der Fürsorge, die Allah den Menschen angedeihen läßt. Allerdings bedenkt Allah nicht jeden in gleicher Weise, und es ist nicht zu erwarten, daß die von Allah Begünstigten ihren reichen Lebensunterhalt mit ihren Sklaven teilen, so daß diese mit ihren Her-

---

[17] Vgl. erstes Kapitel (Was ist der Islam?), II. 1.

[18] Rudi Paret: Mohammed und der Koran, Stuttgart 1957, 69–71.

[19] Vgl. hierzu vierzehntes Kapitel (Was ist Sufismus?).

[20] Vgl. erste Kapitel (Was ist der Islam?), II. 2. und dreizehntes Kapitel (Wie sieht der Islam den Menschen?).

[21] Vgl. erstes Kapitel (Was ist der Islam?), II. 2.

ren gleich wären; trotzdem kann man nicht abstreiten, daß Allah Gnadengaben verschenkt (Vers 71). „Allah hat euch aus eurer Mitte Gattinnen gegeben, und von ihnen her Söhne und Enkel, und er gewährte euch rituell unbedenklichen Unterhalt. Wollen sie nun etwa an das Nichtige glauben (nämlich an die Götzen) und Allah für seine Gnadengaben Undank erweisen? Beten sie nun anstelle Allahs etwas an, das ihnen weder aus den Himmeln noch auf der Erde Unterhalt verschaffen kann …?" (Vers 72 f.). Undank, die Verhehlung der Tatsache, daß man sein Dasein einzig dank der Barmherzigkeit Allahs – in der am Beispiel von Sure 55 gezeigten umfassenden Bedeutung des Begriffs – zu fristen vermag, ist nichts anderes als Unglaube. Die Juden und die Christen erhalten durch Mohammed ein offenbartes Buch, das die ihnen durch Mose bzw. Jesus überbrachten Schriften bestätigt. „Aber als zu ihnen jetzt (auf diese Weise) kam, was sie (doch schon) kannten, waren sie undankbar dafür" oder: „glaubten sie nicht daran. Darum komme der Fluch Allahs über die Undankbaren!" oder: „die Ungläubigen!" (Sure 2, 89).

Allahs das menschliche Vorstellungsvermögen überschreitende Barmherzigkeit erschöpft sich nicht in der ständigen Schaffung des Kosmos und in der Bestimmung des Verlaufs eines jeden Lebens, sie tritt auch in seinen Gesetzesworten in Erscheinung, die der Koran in der Wendung des „Befehlens, was zu billigen ist, und des Verbietens des Verwerflichen" (arab.: *al-amr bil-maʿrūf wan-nahj ʿan al-munkar*) zusammenfaßt.[22] Allahs Gesetzesrede harmoniert nahtlos mit seinem Schöpfungshandeln. Wer sich an die aus ihr folgenden Regelungen hält, wird daher nie irgendeine Beschwerlichkeit empfinden. Das verspricht Sure 2, Vers 256, den Muslimen: „In der Daseinsordnung (arab.: *ad-dīn*) gibt es kein Zwingen. Denn der rechte Weg ist nun klar vom Irrtum unterschieden." Mohammed hat die einzig wahre, ewig gültige Daseinsordnung von Allah empfangen, was die Juden und Christen, wie eben gehört, nicht zugestehen wollen. „Wer nunmehr nicht an das Götzentum (arab.: *aṭ-ṭāġūt*) glaubt, sondern an Allah, der hat den sichersten Halt ergriffen, der sich nicht auflösen wird. Allah hört und weiß alles!". Die Heiden sind dem Götzendienst verfallen, sie verbringen ihr ganzes Leben in der „Beigesellung", in der Abgewandtheit von Allah. Doch auch die Juden und die Christen haben sich von der reinen Hingewandtheit zu Allah wegbewegt, die ihnen Mose und Jesus gemäß der „Schrift" abgefordert hatten. Die Juden ersannen Speisegebote (Sure 3, 93), die auf ein Zwingen hinauslaufen, das es in der wahren Daseinsordnung nicht gibt, genauso wenig wie das Mönchtum, das die Christen erfanden. Die authentische Daseinsordnung, die dank Mohammeds Prophetentum wieder zur Verfügung steht, bedeutet deswegen für die Juden wie die Christen eine erhebliche Verringerung der Lasten (Sure 7, 157). Noch wichtiger ist es freilich, daß sie aus dem Irrtum der

---

[22] Vgl. erstes Kapitel (Was ist der Islam?), II. 3. und II. 5.

„Beigesellung“ errettet werden. Denn die Juden sähen, so meint Mohammed, Ezra den Schreiber für einen Sohn Allahs an, die Christen Jesus.[23] Freilich sagten sie das nur so obenhin. In Wirklichkeit fügten sie sich den verderblichen Lehren ihrer Rabbiner und Mönche! Denn wie anders soll man sich ein solch aberwitziges Abweichen von der ja auch ihnen einst offenbarten Wahrheit erklären (Sure 9, 30–33)?[24]

Indem Allah die einzig unabhängige Kraft im von ihm geschaffen werdenden Kosmos ist und indem er in seiner auf diesen Sachverhalt zugeschnittenen Rede die für die Verstandesbegabten verpflichtenden Regeln bekanntgibt, ist er der eigentliche Machthaber in der Gemeinschaft (arab.: *al-umma*) der Muslime. Mohammed ist sein Sprachrohr, sein augenblicklicher Mittelsmann im Diesseits. „Ihr, die ihr an Allah, seinen Gesandten und an das Buch glaubt, das er seinem Gesandten offenbarte, sowie an das Buch, das er vorher herabsandte! Wer nicht an Allah, seine Engel, seine Bücher und an den Jüngsten Tag glaubt, der hat sich in einen schweren Irrtum verstrickt“ (Sure 4, 136). Allah, sein Gesandter, das Buch samt den Fassungen, die Allah schon vor Mohammed herabsandte, etwa an Mose oder Jesus, bilden die Lebensmitte einer Gemeinschaft, deren Band die ihr zufließenden göttlichen Gnadengaben und der Gehorsam sind (Sure 4, 69 und 80). Das Kennzeichen dieser Gemeinschaft ist das Fehlen von Zwistigkeiten, diese würden zum Scheitern führen (Sure 8, 46). Darum gilt: „Ihr, die ihr glaubt! Gehorcht Allah und gehorcht dem Gesandten! Solltet ihr über etwas in Streit geraten, dann legt es Allah und dem Gesandten vor, sofern ihr (wirklich) an Allah und den Jüngsten Tag glaubt!“ (Sure 4, 59).

Nach Mohammeds Vorstellung ist es allein das gottgegebene Gesetz, das die Menschheit zu einem friedlichen Zusammenleben bewegen kann. In dunklen Andeutungen spricht Mohammed in Sure 5, Vers 27 bis 32 von Kains Brudermord. Um die Wiederholung einer solchen Untat zu unterbinden, schärfte Allah den Israeliten ein: „Wer einen Menschen tötet, ohne daß eine Blutschuld zu begleichen oder eine auf Erden begangene Untat zu bestrafen wäre, der hat gleichsam alle Menschen getötet …“ (Vers 32). So war es damals, jetzt aber – Sure 5 spricht von der Vollendung der islamischen Daseinsordnung (Vers 3) – lautet die klare Bestimmung: „Die Bestrafung derjenigen, die gegen Allah und

[23] Mohammed unterstellt, daß man Ezra und Jesus ein göttliches Wesen zugeschrieben habe, weil man sie als Gesetzgeber habe mißbrauchen wollen. Ein solcher muß nämlich übermenschlicher Natur sein; davon war Mohammed überzeugt. Vgl. auch das elfte Kapitel (Was sind Schiiten?).

[24] Gegen das christliche Dogma der Gottessohnschaft polemisiert Mohammed an vielen weiteren Stellen im Koran. Das Thema ist schon häufig behandelt worden. Vielfältige polemische bzw. politisch korrekte Tendenzen überwuchern inzwischen das einschlägige Schrifttum. Ich empfehle daher zur sachgerechten Orientierung die ältere Studie von Claus Schedl: Muhammad und Jesus, Wien 1978.

seinen Gesandten Krieg führen und Unheil im Lande stiften, (besteht darin), daß sie getötet oder gekreuzigt werden oder daß man ihnen die Hände und die Füße überkreuz abschlägt oder daß man sie aus dem Lande vertreibt. Dies gereicht ihnen zur Entehrung im Diesseits, und im Jenseits steht ihnen eine furchtbare Strafe bevor" (Vers 33).[25] Was Mohammed verteidigt, indem er die Muslime auffordert ihm zu gehorchen, ist schließlich kein diesseitiges, menschengemachtes Gemeinwesen. Es ist vielmehr die Herrschaft Allahs, die einzige legitime Machtausübung, die es in dem von ihm geschaffen werdenden Kosmos geben kann. Mohammed faßt diese Glaubensüberzeugung in den Begriff der durch Allah gesetzten Grenzen (arab.: Pl. *ḥudūd Allāh*), denen man sich nicht nähern darf (vgl. Sure 57, 4).

Wenn man ein Resümee ziehen soll, so ist festzuhalten: Mohammed beschreibt Allah in Sure 112 zwar als den radikal und prinzipiell in seinem Wesen von allem, was er fortwährend schafft, Unterschiedenen. Aber dieses theologische Konzept wird nicht nur nicht durchgehalten, es wird gar nicht mit Inhalt gefüllt. Vielmehr zeichnet Mohammed seinen Anhängern eine Gottheit, die unablässig alle Vorgänge im Diesseits schafft, ohne an irgendwelche Voraussetzungen gebunden zu sein, und das ist Allah nicht einmal eine Last. Was Mohammed vorschwebt, ist eine von Allah, dem einzigen Machtzentrum, aus allumfassend gelenkte Welt; diese Lenkung ist keinerlei durch den Menschen zu entschlüsselnden ethischen Maßstäben verpflichtet: Allahu akbar - Allah ist größer als dies alles! Gewiß ist nur, daß das Schöpfungsgeschehen als ein Wechsel von aus der Sicht des Menschen positiven und negativen Vorgängen zu verstehen ist, die in ihrer Gesamtheit Allahs Barmherzigkeit zeigen. Daraus ergibt sich die Pflicht zur Dankbarkeit, mithin zum Glauben an Allah, wie eben dargelegt wurde.

Es fragt sich freilich, wie der Mensch, dessen Dasein gänzlich dem göttlichen Bestimmen unterworfen ist, den Glauben, die Dankbarkeit für eben dieses Bestimmen, während seines ganzen Lebens aufrechterhalten soll. Denn weder gemäß dem Koran, noch nach der Meinung der Sunniten und der meisten Schiiten besitzt er die hierzu nötigen Fähigkeiten. Das Konzept einer Weltgeschichte, das einen mit der Schöpfung beginnenden und mit dem Gericht endenden linearen Zeitverlauf voraussetzt, sieht jedoch vor, daß jeder Mensch seinen kleinen Zeitabschnitt dazu nutzt, so viel Verdienst anzusammeln, daß ihn der höchste Richter in das Paradies einziehen läßt. Zu einem linearen Geschichtsverlauf mit einer Gerichtsszene „am Ende" paßt mithin der ganz und gar durch Allah gelenkte Mensch nicht. Indem Mohammed ungefähr im Jahre 620, d.h. etwa zwei Jahre vor seiner Vertreibung aus

[25] Vgl. sechstes Kapitel (Was ist die Scharia?) und achtes Kapitel (Was sind Imamat, Kalifat und Sultanat?), desweiteren zwölftes Kapitel (Was versteht der Muslim unter Religion?).

Mekka, in seine Verkündigungen die Formel vom „Befehlen des Billigenswerten und Verbieten des Verwerflichen“ einfügt, belädt er sein Gottesverständnis mit einer schwerwiegenden Unstimmigkeit. Diese Formel weist nämlich auf die Eigenverantwortlichkeit des Menschen hin, dem man nunmehr abverlangt, sein Dasein in Beachtung des gottgegebenen Gesetzes zu gestalten. Die gänzliche Abhängigkeit des Menschen vom fortwährenden und nicht in die Kategorien „gut“ und „böse“ zu bannenden Schöpfungshandeln widerruft der Koran jedoch nicht. Im islamischen Rationalismus hat man diese grobe Unstimmigkeit in der Gotteslehre des Korans erkannt und versucht, sie durch die Einführung einer Willensfreiheit des Menschen zu beheben. Aber der großen Mehrheit widerstrebte es, die religiöse Botschaft des Islams von Grund auf zu verändern, und daher blieben der Rationalismus und die mit ihm verbundene Idee der Eigenverantwortlichkeit des Menschen für sein Handeln die Sache einer kleinen Minderheit.[26]

Auch der sunnitische Theologe Faḫr ad-Dīn ar-Rāzī (gest. 1210) bemerkte, daß in der Tat die Annahme eines linearen Geschichtsverlaufs mit dem Bild des von seinem Thron herab ununterbrochen das Diesseits lenkenden und beherrschenden Allah nicht zu vereinbaren sei. Ar-Rāzī will den Schöpfungsbericht des Alten Testaments nur insofern gelten lassen, als durch ihn schon die alten heidnischen Araber auf einen Schöpfergott verwiesen worden seien. Wie der Koran zeige, gehe Allah aber mit der Welt ganz anders vor als der Gott, von dem die Juden sprächen.[27] In der Tat finden sich im Koran nur dürftige Andeutungen zum Thema der Schöpfung „am Anfang“, während das vielfältige Räsonieren über Gottes Sechs-Tage-Werk im jüdischen und christlichen Denken äußerst fruchtbare Folgen zeitigte. Indem sich Allah um das Wohl der Muslime kümmert und ihnen die Möglichkeit der Selbstverantwortung nimmt, zeigt er sich als ein allmächtiger Herrscher, dessen Gesetze seiner Fürsorge entsprechen. Daher kommt es für den Muslim darauf an, ihm und seinem diesseitigen Mittelsmann, dem Propheten, ohne zu widersprechen zu gehorchen, vor allem beim Vollzug der Pflichtriten, die ihn immer wieder vor Allahs Antlitz stellen.[28] Dann hat er die Aussicht, am großen Gerichtstag als Lohn das Paradies zu gewinnen und nicht zu denen zu zählen, die Allah schafft, um mit ihnen die Hölle zu füllen (Sure 11, 119). Hier und jetzt und aus dem Blickwinkel des Diesseitigen eine Entscheidung zwischen gut und böse, richtig und falsch zu fällen, steht nicht in der Macht der verstandesbegabten Geschöpfe, der Dämonen und der Menschen.

---

[26] Vgl. fünfzehntes Kapitel (Was ist islamischer Rationalismus?).

[27] Faḫr ad-Dīn ar-Rāzī: Mafātīḥ al-ġaib, zu Sure 7, Vers 54. Vgl. siebtes Kapitel (Was lehrt der Islam über das Jenseits?), II. 4.

[28] Vgl. erstes Kapitel (Was ist der Islam?), II. 4., viertes Kapitel (Was ist der Koran?), II. 4. und zwölftes Kapitel (Was versteht der Muslim unter Religion?).

III. Wie ist Allah im Geschaffenwerdenden gegenwärtig?

Für Mohammed war es gewiß bequem, jede seiner Maßnahmen, mit denen er die Herrschaft über die wachsende Zahl seiner Anhänger festigte, mit der Berufung auf Allah zu rechtfertigen. Gegen Ende seines Lebens aufkeimender Widerstand unter den Medinensern wurde mit Pressionen erstickt, die ebenfalls im Namen Allahs erfolgten.[29] Dank der Person des Propheten und seiner unmittelbaren Beziehung zu Allah, die in den Augen der meisten Gefolgsleute eine Tatsache war, war Allah im Alltag der „besten Gemeinschaft" (Sure 3, 110) stets gegenwärtig. Wie das nach Mohammeds Tod sein würde, daran dachte man zu seinen Lebzeiten wahrscheinlich nicht.

Nach Mohammeds Ableben im Jahre 632 sahen sich die Stämme auf der Arabischen Halbinsel, die zu ihm in der letzten Zeit in ein Loyalitätsverhältnis nach dem überkommenen, auf die Person des Mächtigen bezogenen Muster getreten waren, der eingegangenen Verpflichtungen ledig. Allenfalls wollten sie die Riten, die man ihnen gerade beigebracht hatte, weiterhin ausführen. Aber daß man ihnen im Namen jenes Allah Tribute (arab.: Pl. *aṣ-ṣadaqāt*) abverlangte, mit denen sie sich von der Teilnahme am Dschihad[30] freizukaufen hatten, das verstanden sie nicht. Daß die Herrschaft Allahs, des nimmermüden Schöpfers alles dessen, was im Diesseits ist, eben auch sämtliche Bereiche des Daseins erfaßt, war ihnen noch nicht einsichtig. Auch die Medinenser werden sich dieser Konsequenzen aus dem Islam noch nicht in der ganzen Tragweite bewußt gewesen sein. Die kriegerischen Ereignisse, die sie zwangen, inneren Streit hintanzustellen, führten bis 634 dazu, daß das Regime in Medina seine Macht über große Teile der Halbinsel festigte. Die zu diesem Zweck ergriffenen kriegerischen Maßnahmen gingen unmerklich in weit ausgreifende Raubzüge über, die nach Osten hin, gegen Iran, besonders erfolgreich waren, aber auch das schon weitgehend arabisierte Syrien in Mitleidenschaft zogen und für immer der byzantinischen Herrschaft entrissen. Ab 640 wurden Ägypten und danach ganz Nordafrika zum Streifgebiet arabischer Krieger. Die reiche Beute und die dem bebauten Land abgewonnenen Erträge führten den arabisch-muslimischen Scharen schnell weitere Kämpfer zu, sowohl aus dem beduinischen Milieu Arabiens, als auch später aus der Bevölkerung der eher flüchtig ausgeraubten als eroberten Gebiete außerhalb der Halbinsel.

Allerdings ging bereits zweieinhalb Jahrzehnte nach Mohammeds Tod die schöne Zeit des Plünderns beweglicher Güter und des Aneignens der Erträge

---

[29] Tilman Nagel: Mohammed. Leben und Legende, München 2008, 452–465; ders.: Mohammed. Zwanzig Kapitel über den Propheten der Muslime, München 2010, zwölftes Kapitel.

[30] Vgl. neuntes Kapitel (Was ist der Dschihad?).

von fremder Hand bestellten Landes zu Ende. Die Kriegszüge führten in immer fernere Weltgegenden, die Kosten stiegen und der Gewinn wurde schmäler. Immer dringlicher wurde die Aufgabe, die ausgedehnte Landmasse in tatsächliche islamische Eroberungen umzugestalten, d.h. eine Machtausübung aufzubauen, die in plausibler Weise die Vorstellungen zum Ausdruck brachte, die Mohammed in Medina verkündet hatte und von denen Allahs Rede, der Koran, sprach. Das war nicht die Aufgabe von Jahrzehnten, sondern von Jahrhunderten, wie in unterschiedlichem Zusammenhang dazulegen ist.[31] Mit Blick auf das jetzige Thema stellt sich die Frage nach dem Los des koranischen Gottesverständnisses, dessen Grundzüge die enge Selbstbezogenheit des Propheten und seiner Glaubenden allenthalben erkennen lassen. Wie konnte es sich in der Konfrontation mit den religiösen Lehren der Bewohner der eroberten Länder behaupten? Es mußten Wege gefunden werden, wie man Fragen abwehrte, die Menschen aufwarfen, denen der Koran nichts galt und die zudem auf eine lange Tradition subtilen theologischen Argumentierens zurückgreifen konnten.

Wie schon gesagt wurde, löst der Koran den in Sure 112 erhobenen Anspruch, die unbedingte Einsheit und wesensmäßige Einheitlichkeit Allahs zu verkünden, nicht streng ein. Denn Allah ist mit seinem Schöpfungshandeln auf vielfältige Weise in das Diesseits verstrickt, nicht zuletzt durch den Koran selber, der für Allahs wörtliche, also in die vorliegenden arabischen Laute gefaßte Rede (arab.: *al-kalām*) gelten soll. Wie hat man sich den Übergang des göttlichen Seins in das geschaffen werdende vorzustellen? Kann das göttliche Sein sich in irdischen Lauten manifestieren? In der Frömmigkeit der Mehrheit der Muslime bestand ein solches Problem nicht, denn war es nicht der Botenengel Gabriel gewesen, der Mohammed die göttlichen Worte überbracht hatte? Daß die Frage hierdurch nur verschoben war – da ja auch Gabriel zum geschaffen werdenden Sein zu zählen ist –, beunruhigte die Mehrheit nicht. Sie vertraute ohnehin darauf, daß das Gegenüber von Allah und Mensch, das während des rituellen Gebets statthat, als ein krafthaltiges Hereinragen des Transzendenten in das Immanente zu deuten sei, das der Muslim sich auch bei anderen Gelegenheiten des Tageslaufs durch das Aussprechen bestimmter dem Koran entlehnter Formeln zunutze machen kann. In den Vorstufen des Hadith, die seit dem ausgehenden 7. Jahrhundert belegbar sind, läßt sich diese Vorstellung nachweisen.[32] Was aber, wenn man den Gedanken der seinsmäßigen Unterschiedenheit Allahs von allem Geschaffenwerdenden ernstnahm?

Mit einem Mann namens Ǧahm b. Ṣafwān, der in der ersten Hälfte des 8. Jahrhunderts lebte, verbindet die Geschichte der islamischen Theologie

---

[31] Vgl. hierzu besonders das sechste Kapitel (Was ist die Scharia?) und das achte Kapitel (Was sind Imamat, Kalifat und Sultanat?).

[32] Vgl. fünftes Kapitel (Was ist das Hadith?).

das Aufbringen dieses Problems. Wie es heißt, ist er am Oxus mit Vertretern des damals dort blühenden Buddhismus in Berührung gekommen, die mit dem als Person vorgestellten Schöpfergott der Muslime wenig anfangen konnten. Sie wollten wissen, wie Ǧahms Allah denn beschaffen sei, und er habe geantwortet, dieser sei gleich der Luft in und mit jedem Ding. Wie aber kann etwas wie die Luft oder gar diese selber eine personale Schöpfermacht sein und wie kann deren Rede, die doch nur in den von Menschen auswendig gelernten, nachgesprochenen oder niedergeschriebenen Worten vergegenwärtigt wird, das schöpfende göttliche Sein repräsentieren? Wenn Allah ein ubiquitäres, von den Erscheinungen des Diesseits seinsmäßig unterschiedenes Prinzip ist, wie Sure 112 dies nahelegt, dann kann der Koran, seine Rede, nur das Wesen des Geschaffenwerdenden aufweisen und keinesfalls als Erscheinungsort des göttlichen Seins fungieren. Ǧahm soll vor eben dieser Schlußfolgerung nicht zurückgeschreckt sein, und noch ein halbes Jahrhundert nach ihm jagt es einem Mann aus der zu solcher Kühnheit nicht bereiten Mehrheit einen Schauer über den Rücken: „Der Koran ist Allahs Rede (und deshalb wie Allah nicht geschaffen). Allah verfluche Ǧahm und jeden, der dessen Meinung vertritt. (Ǧahm) war ein Ungläubiger und ein Leugner. Vierzig Tage unterließ er das (rituelle) Gebet und behauptete, er suche sich eine (andere) Daseinsordnung und daß er Zweifel am Islam hege.“[33]

Es wird hieran deutlich, wie wichtig für den Islam im eigentlichen Sinn[34] des Wortes ein wie auch immer auf den Begriff gebrachtes Innewohnen des Göttlichen im Diesseits ist: Der die muslimische Identität stiftende Gemeinschaftsritus setzt es stillschweigend voraus, und daher ist die ganze gottgegebene Daseinsordnung (arab.: *ad-dīn*) auf die Immanenz Allahs in seinem Schöpfungshandeln angewiesen. Man versteht, warum sich Theologen abmühten, den strengen Monotheismus von Sure 112 zu entschärfen, wie vorhin gezeigt wurde. Doch nicht nur Ǧahms angeblich von Buddhisten angeregte Ansichten gefährdeten die Grundlagen der muslimischen Existenz; der Koran selber, dessen Inhalt inzwischen Andersgläubigen bekannt geworden war, und der Islam überhaupt boten Anlaß zu scharfer Kritik. Ibn al-Muqaffaʿ (gest. 758/9), ein hochgebildeter Iraner, der sich das Arabische angeeignet hatte und den muslimischen Herren als Schreiber diente, verfaßte eine in Teilen erhaltene Schmähschrift, in der er den Islam als eine abscheuliche, verstandeswidrige Torheit charakterisierte. Insbesondere das koranische Gottesbild sei eine Zumutung. Da könne man nachlesen, daß Allah auf seinem Thron sitze, einmal aber von ihm herabgestiegen sei und sich Mohammed so weit genähert habe, daß er nur noch zwei Bogenspannweiten von ihm ent-

[33] Zitiert in Tilman Nagel: Im Offenkundigen das Verborgene. Die Heilszusage des sunnitischen Islams, Göttingen 2002, 245.

[34] Vgl. erstes Kapitel (Was ist der Islam?), II. 2. und 3.

fernt gewesen sei (Sure 53, 9). Dieser Allah dulde, daß sich seine eigenen Geschöpfe gegen ihn auflehnten und ihn belauschten; er müsse sie eigenhändig verjagen, indem er brennende Klumpen gegen sie schleudere (Sure 15, 18). Zudem habe Allah dem von ihm selber geschaffenen Widersacher die Möglichkeit eingeräumt, bis zum Jüngsten Tag die Menschen zum Ungehorsam gegen ihren Schöpfer zu verführen (Sure 15, 39–41).[35] Konnte die eine Gottheit derart abstruse Dinge von sich selber sagen, wie dies im Koran zu lesen ist? Für jemanden, der wie Ibn al-Muqaffaʿ in der dualistischen Tradition aufgewachsen war und das Weltgeschehen als einen Kampf zwischen den beiden gleichursprünglichen Prinzipien Gut und Böse deutete, waren solche Vorstellungen abwegig. Ibn al-Muqaffaʿ trat zwar zum Islam über, doch wird es einen nicht wundern, daß man ihn bezichtigte, den Koran persifliert und dadurch dessen göttlichen Seinscharakter *ad absurdum* geführt zu haben. Im besten Mannesalter stehend, wurde er deswegen hingerichtet. Denn konnte man die Muslime ärger herausfordern als mit dem Verdacht, daß der Koran keineswegs die Rede des einen Allschöpfers sei, sondern die – noch nicht einmal gute – Hervorbringung eines Mannes aus einer barbarischen Weltgegend?

Viele Iraner, die notgedrungen den Islam angenommen hatten, waren sich ihrer kulturellen Überlegenheit über den in Arabien entstandenen Islam gewiß. Was Ibn al-Muqaffaʿ und Leute seines Schlages gegen den Islam und dessen Vorstellungen von Allah vorzubringen hatten, löste bei einigen Muslimen ein Nachdenken aus. Konnte man den Anwürfen nicht ihre Durchschlagskraft nehmen, indem man behauptete, die anstößigen Partien des Korans seien nicht im Wortsinn, sondern übertragen aufzufassen? Allah rede von sich selber in Begriffen, die aus der Erfahrungswelt der Menschen übernommen waren. Was er aber dadurch anzudeuten beabsichtige, sei seine alles Vorstellungsvermögen übersteigende göttliche Allmacht, desgleichen sein Allwissen usw. Wenn es etwa in Sure 3, Vers 73, heißt: „… Die Huld liegt in der Hand Allahs, er gibt sie, wem er will …“ dann drängt es sich auf, daß an Allahs uneingeschränkte Verfügungsgewalt gedacht ist. Dieses Verfahren läßt sich, freilich nicht immer ohne Haarspalterei, auf den ganzen Koran anwenden, und man hat, wie es scheint, alle jene Anwürfe entkräftet. Allerdings verwandelt sich Allah unter diesen Bemühungen unbeabsichtigt in ein impersonales Wirkungsprinzip, wie Ǧahm b. Ṣafwān es gelehrt hatte. Ihm sagt man im übrigen nach, ebenfalls die Methode der „Entleerung“ (arab.: *at-taʿṭīl*) des Gottesbegriffs angewandt zu haben. Die menschenhafte Redeweise von Allah aus dem Koran wegzuinterpretieren, bedeutete unweigerlich das Eingeständnis, daß der Wortlaut des Korans, obzwar von Allah

[35] M. Guidi: La lotta tra l'islam e il manicheismo, Rom 1927, arabischer Text, 17, 20, 22, 32–37. Vgl. fünfzehntes Kapitel (Was ist islamischer Rationalismus?), III. 2.

stammend, eine für eine bestimmte Gegend dieser Welt, den Hedschas, und für einen bestimmten geschichtlichen Augenblick, die Zeit Mohammeds, geschaffene Rede sei. Sie verkörpere daher nicht jenes von allem geschaffen werdenden Sein so grundsätzlich unterschiedene göttliche Sein, sie sei nicht überzeitlich, und sie sei ebenso wenig mit magischer Spiritualität behaftet. Das Denken der „Ǧahmiten", wie man diese Richtung nannte, machte mit der Aussage von Sure 112 ernst, Allah – und nichts sonst – ist von einer einheitlichen und unvergleichlichen Beschaffenheit. Einheitlich, das meinte auch: die Einsheit bewahrend. Denn mußte nicht aus der Annahme, die Eigenschaften wie „hörend", „sehend" usw., mit denen sich Allah im Koran charakterisiert, seien im geschaffen werdenden Diesseits gegenwärtige Wirkungen Allahs, zu schließen sein, Allah gliedere sich in verschiedene ewige Kräfte bzw. Fähigkeiten auf? Das hieß doch, zu Ende gedacht, nicht nur die Einheitlichkeit des Wesens Allahs, sondern sogar seine Einsheit in Frage zu stellen.

Die Ǧahmiten konnten sich dank ihrer Methode der Wegdeutung der Anthropomorphismen des Korans als die wahren Verfechter des Dogmas von der Einsheit (arab.: *at-tauḥīd*) Allahs sehen. Allerdings durfte man nicht die Verzweiflung vergessen, die den Namensgeber der Strömung einst erfaßt hatte, als ihm bewußt geworden war, was aus einer solchen Entheiligung des Geschaffenwerdenden, aus dem Herausdrängen der Wirkkraft des als Person begriffenen Allah aus dem Diesseits folgte: Der Muslim verliert sein Gegenüber; Islam meint nun, das Gesicht, die Person, vorbehaltlos einem undefinierbaren, abstrakten Prinzip anheimzugeben. Indem dies geschieht bzw. stillschweigend vorausgesetzt wird, öffnet sich der bisher von der konkreten, dem Geschaffenwerdenden immanenten Bestimmungsmacht Allahs ausgefüllte Raum des Diesseits und wird frei, entweder für den Geisterglauben – oder für ein selbstbestimmtes Handeln des Menschen. In den Quellenzeugnissen, die vorwiegend die Ansichten einer gebildeten Schicht widerspiegeln, kann der Geisterglaube keine Anziehungskraft entfalten: Die Furcht vor dem Frevel der „Beigesellung" war zu groß. Aber daß aus der Verwässerung der göttlichen Bestimmungsmacht eine Aufwertung der Selbstverantwortung des Muslims folgte, das im Koran nicht vorgesehene Wissen, was gut und was böse ist,[36] war nicht zu umgehen. Wenn die Einheitlichkeit und Einsheit Allahs, seine absolute Transzendenz, das höchste Prinzip der Theologie war, dann war der Mensch in seinem Tun und Lassen auf sich selber gestellt; die Gesetze der Daseinsordnung hatte er in eigener Verantwortung zu erfüllen. Niemand werde am Jüngsten Tag die Last eines anderen tragen, kündigt Allah in Sure 53, Vers 38, an (vgl. Sure 17, 15). Das besagte zwar keineswegs,

36 Vgl. erstes Kapitel (Was ist der Islam?), II. 5.

daß von einer in eigenverantwortlichem Handeln angehäuften Last die Rede war, aber man konnte diesen Satz in einem solchen Sinn auslegen.[37]

Inwieweit der Mensch die ihm auferlegten Gesetze befolgte, das würde Allah genau registrieren, wofür man im Koran deutliche Belege finden konnte (z.B. Sure 84, 7–15).[38] Das Tatenverzeichnis eines jeden Menschen genau prüfend, würde Allah in vollkommener Gerechtigkeit urteilen. Einzig und allein auf die Erfüllung des Gesetzes durfte sich der Muslim allerdings nicht verlassen, denn selbst wenn er das in seinem Erdenleben fortwährend anstreben sollte, so war doch mit Ereignissen oder Hindernissen außerhalb seiner Macht zu rechnen, die seine guten Absichten vereiteln würden. Irgendwie war doch immer ein fremdes, Allah zuzuschreibendes Bestimmen im Spiel. Darum konnte die Selbstverantwortung nur unter der Voraussetzung gelten, daß Allah stets „das Tauglichste" (arab.: *al-aṣlaḥ*), d h. die zur Erfüllung des Gesetzes unabdingbaren Gegebenheiten, schaffe. Neben der strikten Einsheit und Einheitlichkeit Allahs war die mit dem Dogma der Tauglichkeit des Geschaffenwerdenden zusammenhängende Lehre von seiner absoluten Gerechtigkeit (arab.: *al-ʿadl*) das zweite Merkmal des frühen islamischen Rationalismus, dessen Verfechter seit dem 9. Jahrhundert mit dem Namen Muʿtaziliten bezeichnet wurden. Sie bildeten eine vielfältig untergliederbare Strömung, die stets in der Minderheit blieb. Bevor sie im 11. Jahrhundert fast völlig verschwand, vermittelte sie den Glaubenslehren der Mehrheit folgenreiche, wenn auch nicht eben gern aufgegriffene Ideen.[39]

IV. Die Eigenschaften und die Namen Allahs

Der Koran, unzählige Male rezitiert und als Allahs ureigene Rede aufgefaßt, zeugt entgegen den Lehren der Muʿtaziliten sehr wohl dafür, daß Allah selber, auf welche Art auch immer, in seinem Schöpfungshandeln gegenwärtig ist; und wie sollte er, der Allmächtige, alles von ihm selber geschaffen werdende Geschehen nicht nach Maßgabe seines unergründlichen Ratschlusses bestimmen? Das war doch dem Koran zu entnehmen und auch, vielleicht mit noch mehr Entschiedenheit, dem Hadith,[40] dessen Autorität die Muʿtaziliten bezeichnenderweise leugneten. Daß Allah, der unermüdlich tätige Schöpfer, alles im Diesseits lenke, war daher in Abrissen der islamischen Glaubensansichten, die seit dem ausgehenden 8. Jahrhundert außerhalb der entstehenden Muʿtazila formuliert wurden, eine ausgemachte Sache.

---

37 Vgl. viertes Kapitel (Was ist der Koran?), II. 2.

38 Vgl. siebtes Kapitel (Was lehrt der Islam über das Jenseits?).

39 Vgl. hierzu dreizehntes Kapitel (Wie sieht den Islam den Menschen?) und fünfzehntes Kapitel (Was ist islamischer Rationalismus?).

40 Vgl. fünftes Kapitel (Was ist das Hadith?).

Zumal im frühen Sunnitentum lehrte man, daß der Mensch an die göttliche Bestimmung glauben müsse, „bedeute sie für ihn Gutes oder Böses, Süßes oder Bitteres“. Man muß wissen, das alles, was einen trifft, einen keinesfalls hätte verfehlen können und umgekehrt, denn „dies alles geschieht nach einem Ratschluß, den Allah faßt“. Der Glaube, so heißt es weiter, bestehe im Wort und im Handeln: Ein Wort ohne Handeln ist fruchtlos; ein Handeln und ein Wort ohne Absicht sind fruchtlos; ein Wort und ein Handeln mit Absicht bleiben fruchtlos, wenn nicht die *sunna*[41] berücksichtigt wird.[42] Es stellt sich das Problem, welche Möglichkeiten des Handelns dem Menschen angesichts des fortwährenden von Allah bestimmten Schöpfungsprozesses überhaupt bleiben: Ist der Mensch gänzlich unfrei und damit auch ohne Verantwortung für die Taten, die Allah durch ihn wirkt, oder läßt Allah ihm wenigstens etwas Spielraum? Letzteres war die Ansicht der Muʿtaziliten, die deswegen dem Menschen auch ein bestimmtes Maß an Eigenverantwortlichkeit aufbürdeten, was wiederum die im Koran nicht vorgesehe Fähigkeit, zwischen Gut und Böse zu unterscheiden, voraussetzt. Wenn, wie eben gesagt wurde, der Glaube in Wort und Handeln besteht und letzteres, durch Allah vorausbestimmt, gemäß der *sunna* erfolgt, dann verlangt der gewöhnliche Ablauf des Daseins dem Muslim kein Nachdenken über eine eigene Verantwortung ab, geschweige denn über das Wesen von Gut und Böse. Konfliktfälle sind nicht vorgesehen. Der Mensch soll den Islam bezeugen – das ist mit dem Wort gemeint – und das darf nicht ohne die entsprechende Handlung verhallen. Ohne den Vollzug der Ritualpflichten und ohne Beachtung der übrigen Bereiche der Daseinsordnung ist man nicht gläubig.[43] Wenn man vor einer jeden Handlung, zähle sie zum Ritus oder zur sonstigen Lebensfristung, im stillen die Absicht formuliert, den Regelungen der Daseinsordnung gehorchen zu wollen, dann entledigt man sich bewußt der Verantwortung für das Ergebnis, das keineswegs immer diesen Regelungen entsprechen wird, sondern gemäß der Vorherbestimmung Allahs ausfällt. „Die Taten werden (von Allah) nach den Absichten (beurteilt)“, lautet ein weitverbreiteter Mohammed in den Mund gelegter Satz. Die Absicht (arab.: *an-nīja*), vor allen nur denkbaren Handlungen der Gottesverehrung und des Alltags ausgesprochen, befreit den Muslim von allen Skrupeln, die ein Mißlingen und die etwaigen schlimmen Folgen auslösen könnten. Daß alles, was sich der Muslim vornimmt, mit der *sunna*, dem im Hadith verbürgten normsetzenden Vorbild

---

41 Vgl. hierzu zehntes Kapitel (Was sind Sunniten?), aber auch elftes (Was sind Schiiten?).

42 So steht es beispielsweise im Musnad von al-Ḥumaidī (ed. Ḥabīb ar-Raḥmān al-Aʿẓamī, 2 Bde., Beirut 1961, II, 546). Zum Begriff „Musnad“ vgl. fünftes Kapitel (Was ist das Hadith?), I.

43 Vgl. erstes Kapitel (Was ist der Islam?), die Darlegungen über Sure 4, Vers 125.

des Propheten, übereinstimmen soll, bedeutet eine weitere Entlastung von eigener Verantwortung.[44]

Allah muß daher gemäß den Vorstellungen der Mehrheit der Muslime außerordentlich eng, ja bis in alle Einzelheiten mit den Vorgängen im Diesseits beschäftigt sein. Seine Allwissenheit und sein unbegrenztes Bestimmen beziehen sich doch auf die kleinsten Kleinigkeiten, etwa auf die Haremsquerelen Mohammeds, wie wir eingangs hörten. Wenn man Allah nach ǧahmitischer Manier als ein allgemeines schöpferisches Prinzip betrachtete, dann war das alles andere als wahrscheinlich. Die Frage nach der Einsheit Allahs harrte allerdings einer plausiblen Antwort. Denn daß der nimmermüde Allah im Koran und im Hadith manche Züge eines Menschen trug und zudem mit zahlreichen Attributen bedacht wurde, die sich auf das Wohl und Wehe des Menschen beziehen – der Gebende, der Verweigernde, der Nützende, der Schadende usw. –, war offensichtlich. Es ist hier nicht der Ort, auch nur annäherungsweise die verschlungenen Pfade theologischer und metaphysischer Debatten nachzuzeichnen, von denen die Quellen uns berichten.[45] Die muʿtazilitische „Entleerung" des Gottesbegriffes blieb wie bereits angemerkt, für die große Mehrheit unannehmbar.

Gewiß konnte man sich mit dem Grundsatz weiterhelfen, daß Allah im Koran nun einmal so von sich rede, wie er von sich rede, und auch die Äußerungen, die dem Propheten im Hadith zugeschrieben werden, sind ja durch Allahs Autorität gerechtfertigt. Wenn Allah sein Vorgehen in und mit der Schöpfung in Begriffen schildert, die dem Bereich des Geschaffenwerdenden angehören, dann hat der Muslim das hinzunehmen, ohne sich darüber den Kopf zu zerbrechen, wie das zu interpretieren sei. Vor allem im Hadith fanden sich viele Anthropomorphismen, die Befremden erregten, wenn man das Dogma von der Einsheit und der einheitlich göttlichen Natur Allahs genau bedachte. „Alle Herzen der Nachkommen Adams liegen wie ein einziges zwischen zwei Fingern des Barmherzigen. Er wendet sie, wohin es ihm beliebt", soll Mohammed gesagt und dann ausgerufen haben: „O Allah, der du die Herzen wendest, wende sie zum Gehorsam gegen dich!"[46] Wie hätte man eine solche Äußerung des Propheten für ein Zeichen des Unglaubens erklären dürfen?[47]

---

44 Vgl. dreizehntes Kapitel (Wie sieht der Islam den Menschen?), II. 3.

45 Eine Sammlung und Interpretation einschlägiger Texte bietet Josef van Ess: Theologie und Gesellschaft im 2. und 3. Jahrhundert Hidschra, 6 Bde., Berlin 1991–1996.

46 Muslim b. al-Ḥaǧǧāǧ: Ṣaḥīḥ, qadar 17; Aḥmad b. Ḥanbal: Musnad, ed. Aḥmad Muḥammad Šākir, Nr. 6569 und 6610.

47 Die Muʿtaziliten verwarfen die Autorität des Hadith grundsätzlich und traten daher in einen schroffen Gegensatz zu den Sunniten, Vgl. das zehnte und das fünfzehnte Kapitel.

Einer tragbaren Lösung des Problems der Eigenschaften Allahs, die einerseits seine Einsheit und Wesensverschiedenheit vom Geschaffenwerdenden, andererseits seine wirkende Gegenwärtigkeit im Geschaffenwerdenden miteinander verknüpfte, kam man näher, als man lernte, Allah und sein Schöpfungshandeln vom Gegensatz zwischen dem schaffenden (arab.: *al-ḫāliq*) und dem geschaffen werdenden (arab.: *al-maḫlūq*) Sein her in den Blick zu nehmen. Man konnte voraussetzen, daß diese beiden Seinsweisen so scharf gegeneinander abgesetzt seien, daß ein Bereich von Überschneidungen nicht vorstellbar war. Aber da in den Vorgang des Schöpfens unstrittig beide Seiten, der Schöpfer wie das Geschöpf, einbezogen sind, gehören sie zusammen wie die zwei Seiten einer Münze. Ferner konnte man die anthropomorphen Eigenschaften, die Allah sich selber beilegt, als auf das Verstehen des Menschen zugeschnittene Charakterisierungen des göttlichen Vorgehens in und mit der Schöpfung erklären; in Wahrheit sei nicht an eine Vielheit vergöttlichter Wirkungsbereiche gedacht, sondern an Allahs seinsmäßig einförmiges schöpferisches Wesen, das sich dem Menschen freilich in verschiedenartigen Erscheinungsweisen offenbare.

Alles, was im Diesseits ins Dasein tritt, muß durch eine außerhalb seiner selbst liegende Gegebenheit oder Macht ins Dasein gebracht werden; es hat mithin einen Anfang, der durch eine allem Diesseitigen seinsmäßig überlegene Kraft gesetzt wird. So lautet die stillschweigend geltend gemachte Voraussetzung dieser islamischen Gotteslehre. Vorausgesetzt wird ferner, daß die Ursache schon einen Augenblick vor der Schaffung ihrer Wirkung geschaffen worden sein muß. Die gleichzeitige Gegebenheit einer durch Allah geschaffenen Ursache und der ja auch durch ihn zu schaffenden Wirkung ist nicht vorstellbar. Mit Bezug auf die Wirkung der Ursache wäre in einem solchen Fall die Souveränität des Schöpfers angefochten, der die betreffende Wirkung der gegebenen Ursache ja auch nicht eintreten lassen kann.

Erneut stoßen wir hier auf die von Faḫr ad-Dīn ar-Rāzī diagnostizierte Problematik des Einsetzens und des Abbrechens des Schöpfungshandelns Allahs. Der Mensch, der als winziges Teilchen des Diesseits bemerkt, wie Allah von seinem Thron herab die Verhältnisse des jeweiligen Augenblicks gestaltet, kann nicht wissen, warum im Augenblick davor andere Verhältnisse herrschten, und er kann nicht wissen, was im nächsten Augenblick sein wird. Der Schöpfungsbericht des Alten Testaments schildert ein Handeln Gottes, das auf eine dem Menschen erkennbare Zukunft gerichtet ist: Adam benennt die Tiere, die Gott ihm vorführt, und nimmt sie dadurch für seine künftige Lebensfristung in Besitz. Das Schöpfen „am Anfang“ setzt ein gewisses Maß an Eigenverantwortung der Geschöpfe voraus. Das durch Allah geschaffen werdende und in jedem Augenblick bestimmte Geschöpf ist demgegenüber je in den Verhältnissen eines jeden Augenblicks gefangen, deren Kette dieses Dasein ausmacht. Das wiederum bedingt die bange Frage, was sein wird, wenn Allah spätestens nach dem Weltgericht sein Schöpfungshandeln einstellen wird, um bis in alle Ewigkeit wieder bei sich selber zu sein. Sind die ewige Höllenpein und die ewigen Paradieseswonnen gar nicht „wahr“, ist diese stetige Erinnerung an den linearen Geschichtsverlauf nichts als eine Täuschung?[48] Das ewige Jenseits kann nicht „wahr“ sein, wenn alles nur in dem Augenblick besteht, für den Allahs Schöpferkraft ihm dieses Bestehen verleiht.

Der islamische Kosmos, das Geschaffenwerdende, ist niemals ohne Ihn, den einen dem Kosmos seinsmäßig überlegenen Schöpfer, denkbar. Nur solange Allah die Welt nach seinem unergründbaren Ratschluß bestehen läßt, existiert sie. Allah ohne die von ihm geschaffen werdende Welt ist hingegen durchaus denkbar. Ja, es ist die Glaubensüberzeugung der Muslime, daß Allah von Ewigkeit her existierte, zu einem von ihm gewählten Zeitpunkt mit dem Schöpfungshandeln begann und es zu einem ebenso durch ihn souverän bestimmten Zeitpunkt abbrechen wird. Allah kommt, im Gegensatz zum geschaffen werdenden Diesseits, anfangslose wie auch endlose Ewigkeit zu. Denn er existiert in sich selber, ist also auf keine fremde Kraft angewiesen, die ihn ins Dasein hätte bringen müssen und im Dasein erhielte. Er ist zudem ohne zeitliche oder räumliche Umgrenzung und kann auch nicht wie das Geschaffenwerdende als aufgliederbar gedacht werden.[49] In Allahs einförmigem, einheitlichem Sein treten, mit dem Fassungsvermögen des Menschen erwogen, insgesamt sechs Erscheinungsweisen auf, die man als endlos ewige, überzeitliche Eigenschaften bezeichnet: Allahs Wissen, Leben, Wollen, Hören, Sehen und seine Rede. Es sind dies die durch den Verstand des Menschen auf den Begriff gebrachten Einzelaspekte seines in Wahrheit unzergliederbaren Schöpfertums. Wie aber können diese Aspekte ewig sein, wo doch die Botschaft des Korans lautet, daß alles Diesseitige vergänglich ist (Sure 55, 26)? Die Antwort, Allah habe sie eben von einem durch ihn willkürlich bestimmten Augenblick an zum Ausdruck bringen wollen, befriedigt wenig, ist aber die einzig mögliche.

Von den sechs überzeitlichen Aspekten, die auf Allahs unbegreiflich mächtiges Wesen hindeuten und die er während der Jahrtausende seines Schöpfungshandelns zur Geltung bringt, sind streng die „Namen“ zu unterscheiden, durch die die Aktualisierungen dieser Aspekte in der Zeit zum Ausdruck gebracht werden, z. B. der Schöpfende, der Ernährende, der Beschenkende. Ferner gehören hierher Benennungen Allahs, die eine außerhalb seiner liegende, durch ihn geschaffen werdende zeitliche Gegebenheit voraussetzen, etwa „der Angebetete“ oder „der, dem man dankt“. Alle Anbetung, die das

[48] Vgl. fünfzehntes Kapitel (Was ist islamischer Rationalismus?).

[49] Vgl. zur Seinsohnmacht des Geschaffenwerdenden auch das dreizehnte Kapitel (Was lehrt der Islam über den Menschen?).

Diesseits leistet, ist Allah gewidmet, aber die Eigenschaft „der Angebetete" ist nur so lange gültig, wie die Welt besteht. Es gebe törichte Leute, die nichts begreifen, nichts sehen, nichts hören, für die Hölle habe Allah sie geschaffen, befindet Mohammed. „Allah hat die ‚Schönen Namen' (arab.: Pl. *al-asmā' al-ḥusnā*), ruft ihn mit ihnen an! Und beachtet die nicht, die betreffs seiner Namen eine verwerfliche Haltung beziehen. Ihnen wird man entgelten, was sie taten!" (Sure 7, 179 f.).[50] In diesen Namen erfaßt der Verstand des Menschen Allahs Schöpfungshandeln, sie sind der Inbegriff der ständigen Zuwendung Allahs zum Kosmos, von der der Koran jenseits aller monotheistischen Spekulationen immer wieder spricht, wie am Beginn dieser kleinen Studie gezeigt wurde. So ist es verständlich, daß die „Schönen Namen" Allahs in der Volksfrömmigkeit hochgeschätzt und auch mit magischem Inhalt aufgeladen werden. Ihre Zahl, so heißt es beträgt neunundneunzig, sie sind aus dem Koran und dem Hadith hergeleitet. Es finden sich unterschiedliche Listen, die allerdings in wesentlichen Passagen übereinstimmen.[51] Streng wurde die Unterscheidung zwischen den Wesenseigenschaften Allahs, die von Ewigkeit zu Ewigkeit seine „festgefügte" Einheitlichkeit ausmachen, und jenen, die Manifestationen und Spiegelungen seines im Schöpfungshandeln aktualisierten Wesens sind, dabei nicht durchgehalten. Auch von einem hundertsten Namen hört man; es ist der gewaltigste Name Allahs, den er nur wenigen Auserwählten bekanntgibt.

V. Das absolute und das konditionierte Sein

Die muʿtazilitische Entleerung des Gottesbegriffs war vier Jahrhunderte nach dem Tod Mohammeds abgewehrt. Der im Koran allenthalben spürbaren Gegenwärtigkeit Allahs in seinem Schöpfungshandeln war Genüge getan, was für die Frömmigkeit der breiten Masse das Wichtigste war. Was kümmerten sie die subtilen Überlegungen der Theologen, wenn sie sich nur des Beistands des Einen versichern konnten! Die Theologen waren durchweg jedoch zugleich Kenner der Scharia, und in dieser Eigenschaft konnten sie mit dem Kompromiß, den sie mit Bezug auf das Wesen Allahs gefunden hatten, nicht zufrieden sein. Allah war der ganz Andere geblieben und seinsmäßig von seinem Werk getrennt. Diese Distanz ließ es plausibel erscheinen, daß er die Menschen am Jüngsten Tag „objektiv" beurteilen werde. Doch zugleich reicht sein Schöpfungshandeln bis in jede kleinste Lebensäußerung

---

[50] Betreffs der Eigenschaften Allahs beziehe ich mich im wesentlichen auf die einschlägigen Passagen in ʿAbd al-Qāhir al-Baġdādīs Kitāb uṣūl ad-dīn (gedruckt in Istanbul 1928).

[51] Zur Literatur über dieses Thema vgl. Daniel Gimaret: Les noms divins en Islam, Paris 1988.

seiner Geschöpfe hinein, wofür gerade seine „Schönen Namen“ zeugen. Welchen Sinn kann die Scharia, deren Bestimmungen mit verbissenem Ernst dem Koran und dem Hadith abgerungen werden, unter dieser Voraussetzung überhaupt haben? Mit anderen Worten: Was der Theologe erarbeitet, tritt in einen offenkundigen Widerspruch zu den Einsichten des Schariagelehrten, der doch auf einem Mindestmaß an Eigenverantwortlichkeit des Menschen beharren muß, wenn denn die göttlichen Vorschriften, die er ermittelt, mehr sein sollen als leere Worte.[52]

Muḥammad al-Ġazālī (gest. 1111) erkannte klar, daß man die Lehre von der Einsheit Allahs neu durchdenken mußte, um jenem Dilemma zu entkommen. Daß Allah ein radikal anderes Sein aufweise als die Schöpfung, daran durfte man nicht zweifeln, ebenso wenig an seiner allumfassenden Bestimmungsmacht. Indessen lehrt die Lebenserfahrung, daß man nicht ernten wird, ohne vorher den Acker zu bestellen. Zahllos sind die Beispiele für vom Menschen ausgehende Handlungen, ohne die bestimmte Ziele nicht zu erreichen sind. Das konnte doch nichts anderes bedeuten, als daß Allah zwar das Diesseits von Augenblick zu Augenblick gemäß seinem souveränen Ratschluß schafft, daß er dabei allerdings gewisse Gewohnheiten befolgt. Erst diese Gewohnheiten Allahs sind es, die dem Menschen das Diesseits als ein stimmiges Ganzes erscheinen lassen. Es ist die Sache des glaubenden Muslims, vertrauensvoll mit den Gewohnheiten Allahs zu rechnen, wohl wissend freilich, daß auf jede Aussaat gemäß göttlicher Fügung auch eine Mißernte folgen kann: Nicht die durch den Menschen vorgenommene Aussaat bringt die Ernte hervor, sondern einzig Allah.

Ferner bemerkte al-Ġazālī, daß selbst ein vertieftes Wissen von der Scharia noch keineswegs garantiert, daß ein solcher Wissender ein schariagemäßes, gottgefälliges Leben führt. Damit ein solches Dasein Wirklichkeit werde, müsse nach der Aneignung des Wissens im Herzen das Licht der göttlichen Rechtleitung aufleuchten. Diese werde keineswegs durch die scharfsinnige gelehrte Auslegung von Koran und Hadith bewirkt, sondern werde dem Glaubenden zuteil, nachdem er geschaut hat, wer der Quell jener Aussagen ist. Denn diese Aussagen und das im Diesseits wahrnehmbare Schöpfungshandeln sind doch nur Veranschaulichungen der nicht an Zeit und Raum gebundenen Äußerungen des vollkommenen Wesens Allahs. Dem Diesseits, dem Offenkundigen (arab.: *aš-šahāda*), ist demnach ein ebenfalls geschaffen werdender, jedoch noch nicht mit den diesseitigen Merkmalen behafteter Seinsbereich vorgelagert, den al-Ġazālī das Verborgene (arab.: *al-ġaib*) nennt. Dieser Begriff ist dem Koran entlehnt; Sure 2, Vers 3, stellt fest, daß

52 Vgl. hierzu sechstes Kapitel (Was ist die Scharia?), dreizehntes Kapitel (Wie sieht der Islam den Menschen?) und fünfzehntes Kapitel (Was ist islamischer Rationalismus?).

die Gottesfürchtigen an das Verborgene glauben. Wenn man die Theologie auf dem Gegensatz zwischen Allah, dem schaffenden, und dem Kosmos, dem geschaffen werdenden Sein aufbaut, dann hat man für das Verborgene schwerlich eine Verwendung; denn der Schöpfer und das Geschaffenwerdende sind zwei aufeinander bezogene Gegebenheiten, zwischen die keine dritte paßt. Jetzt aber, seitdem es um die Sinnhaftigkeit des göttlichen Schöpfungshandelns geht, ist die Rede vom verborgenen Seinsbereich nützlich: Die im linearen Zeitverlauf liegende Forderung einer ethischen Wertung des am Menschen geschehenden gottgewirkten Handelns wird dem Scheine nach erfüllbar: Was in dieser Welt böse und widersinnig anmutet, darf auch so gewertet und benannt werden. Es hat seinen wahren Grund jedoch nicht in einer Handlungsfreiheit des verstandesbegabten Geschöpfes, sondern in durch Allah geschaffen werdenden Gegebenheiten im Verborgenen, die der zum Schauen Begabte wahrzunehmen und zu deuten vermag.[53] Mit Blick auf Allahs noch nicht von den Trübungen des diesseitigen Seins beeinträchtigtes Bestimmen im Verborgenen kann man die durch Allah geschaffen werdende Welt als die beste aller möglichen bezeichnen, auch wenn sie hier und jetzt mangelhaft erscheint, auch wenn z. B. die vom Menschen ausgebrachte Saat verdirbt oder ein Glaubender die Scharia verletzt.

Al-Ġazālīs Konzept der Gewohnheiten Allahs schließt das Geschaffenwerdende für den forschenden und urteilenden Geist des Menschen auf. Das Schöpfungsgeschehen ist jetzt nicht mehr eine regellose Aufeinanderfolge zahlloser, unbegreiflicher Setzungen Allahs, sondern ein Gefüge von Gründen und Begründetem, wobei die letzte Ursache, Allah, unergründbar bleibt. Denn er konnte jederzeit auch entgegen seiner Gewohnheit zu Werke gehen. Überdies waren die Gründe sehr unterschiedlicher Art. Sie konnten dem nahekommen, was wir ein Naturgesetz nennen, sie konnten aber auch der Lebenswirklichkeit des Menschen angehören: Da wir eines Tages ernten müssen, um uns zu ernähren, müssen wir säen. Und, wie dargelegt, kann Allah in jedem Fall die vom Menschen gemeinhin wahrgenommene Kausalverknüpfung aufheben bzw. nicht erfüllen. Sowohl die Stiftung dieser Verknüpfung als auch deren Durchbrechung gelten al-Ġazālī als Zeugnisse der Weisheit (arab.: *al-ḥikma*), die Allahs Vorgehen mit dem Geschaffenwerdenden auszeichnet. Die Weisheit Allahs zu erkennen und zu rühmen, ist daher die tiefsinnigste Art der Verehrung Allahs. Deswegen war es folgerichtig, daß al-Ġazālī in seiner Studie über die „innere Unstimmigkeit der antiken Naturphilosophie“ deren Nutzlosigkeit hervorzuheben suchte. Die nach Zahl und Maß die geschaffen werdende Welt erforschenden Gelehrten verwickelten sich mit ihren Hypothesen oft in Widersprüche. Es gelte jedoch, der Weisheit des niemals ruhenden Allah innezuwerden. Dazu brauche man keine „wis-

---

[53] Vgl. hierzu vierzehntes Kapitel (Was ist Sufismus?).

senschaftlichen“ Einsichten, zumal diese kein widerspruchsfreies Gottesverständnis zu vermitteln vermöchten.

Anders dachte man im islamischen Westen. Man betonte dort um die Wende zum 11. Jahrhundert, daß Allahs Schöpfungshandeln streng deterministisch erfolge. Aber man glaubte, sich dessen sicher zu sein, daß die Determinierung nach Maß, Zahl und Kraft beschrieben werden könne. Muḥammad b. Tūmart (gest. um 1130), der Gründer der Almohadenbewegung, schärfte seinen Anhängern diese Ideen in Lehrbriefen ein. So erklärt es sich, daß Averroes (gest. 1198) Unterstützung für die Ausarbeitung seines großen Aristoteleskommentar fand und überdies in einer Gegenschrift al-Ġazālīs Abwertung der Naturphilosophie zu widerlegen unternahm.[54]

Eines hatten al-Ġazālī und Ibn Tūmart bzw. Averroes gemein, wenn sie auch sonst gegeneinanderstanden: Die Weisheit, die in Allahs Schöpfungshandeln sichtbar wird und die Ausrechenbarkeit dieses Handelns bedingen beide eine erhebliche Aufwertung des diesseitigen Seins. Dieses ist nicht mehr das Geschaffenwerdende, das jeder eigenen Mächtigkeit entbehrt und deswegen dem schaffenden Allah unendlich unterlegen ist. Das Geschaffenwerdende und der Schaffende haben, wie man nun erkennt, etwas gemeinsam, nämlich die Existenz: Allah ist die absolute Existenz (arab.: *al-wuǧūd al-muṭlaq*), das, was er fortwährend schafft, ist die gemäß seiner Weisheit bzw. nach Maß und Zahl konditionierte Existenz (arab: *al-wuǧūd al-muqaijad*).[55] Stimmiger noch als mittels der „Schönen Namen“ ist mit diesem Konzept Allah als der Eine, vom diesseitigen Sein Unterschiedene in seinem Schöpfungswerk gegenwärtig. Was dem Leser des Korans als ein Widerspruch auffällt, der postulierte strenge, reine Monotheismus einerseits und die ständige Befaßtheit Allahs mit der Welt und vor allem mit dem Menschen andererseits – hier ist das einander Ausschließende in einer plausiblen Weise zusammengefügt. Gewichtiger noch ist die Tatsache, daß die Einführung des verborgenen Seinsbereichs in die metaphysische Spekulation zwar das Nachdenken über die Gesetzeskonformität des Handelns des Menschen plausibel macht und damit der Linearität des Zeitverlaufs scheinbar Genüge gibt, gleichwohl jedoch Allah als den einzigen Ausgangspunkt dieses Handelns nicht in Frage stellt. Die ab dem 11. Jahrhundert in die Theologie Einzug haltende Argumentation mit Allah als dem notwendigen und der Schöpfung mit dem möglichen Sein ist dem Gegensatz von absoluter und konditionierter Existenz konzeptuell verwandt, sie hat aber nicht die Auswirkungen wie die erstere nach sich ziehen können, wie nun auszuführen ist.

---

[54] Vgl. fünfzehntes Kapitel (Was ist islamischer Rationalismus?).

[55] Tilman Nagel: Im Offenkundigen das Verborgene. Die Heilszusage des sunnitischen Islams, Göttingen 2002, 105–116.

VI. Komplementarität und Koinzidenz

Die Entdeckung des Verborgenen für die Theologie machte eine ganz neue Vermessung der Beziehung zwischen Allah einerseits und seinem Werk andererseits möglich. Im verborgenen Seinsbereich manifestiert sich Allahs Schöpfungshandeln in der Vorstufe zur Diesseitigkeit der Resultate, mit der dieses im offenkundigen Seinsbereich Wirklichkeit wird. Mit seinen fünf Sinnen vermag der Mensch allein diese Resultate wahrzunehmen. Der den fünf Sinnen unzugängliche verborgene Seinsbereich, in dem alles, was Allah je zu schaffen beabsichtigt, unabhängig von dem ihm durch Allah zugedachten Ort und ebenso unabhängig von dem durch Allah bestimmten Zeitpunkt gegenwärtig ist, kann nur von wenigen Menschen erkundet werden, denen Allah die Gabe des Schauens bzw. des „Schmeckens" (arab.: *aḏ-ḏauq*) geschenkt hat. Sie werden dank dieser Fähigkeit der göttlichen Weisheit inne und sind deshalb in der Lage, ihren Glaubensgenossen Vergangenes wie Zukünftiges als die Wirklichkeit dieser Weisheit zu deuten. Die Schrecklichkeit der Welt, in der die Muslime leben und die doch laut al-Ġazālī die beste aller möglichen ist, wird aus dem Bewußtsein gedrängt. Denn diese Schrecklichkeit ist doch nur der dem gewöhnlichen Glaubenden allein sichtbaren Oberfläche einer von Stürmen gepeitschten See zu vergleichen, unter der die Wassermassen in erhabener und unanfechtbarer Ruhe verharren. Es sei daran erinnert, daß der Koran Allahs Schöpfungshandeln an und für sich als Barmherzigkeit versteht, als eine Aneinanderreihung von Wohltaten, die für den einzelnen Menschen durchaus verderblich und vernichtend sein können (Sure 55). Die Barmherzigkeit Allahs ist nichts anderes als eine Bezeichnung für die Glaubensüberzeugung, daß der Eine unermüdlich tätig ist, wofür ihm der ständige Dank des Muslims zusteht. Je geschmeidiger der Muslim sich in Beachtung der Daseinsordnung diesem Schöpfungshandeln einfügt, desto größer darf seine Hoffnung sein, daß dieses Handeln zu seinen Gunsten ausschlägt.

Die tosende See, der offenkundige Seinsbereich, und die stillen Wassermassen darunter, der Verborgene Seinsbereich, sind keine trennbaren Gegebenheiten. Sie sind gemeinsam vorhanden, solange das Schöpfungshandeln Allahs anhält. Indem der Sufismus eine Vertiefung der Schariatreue durch das bis ins Selbstquälerische vorangetriebene Gottesgedenken (vgl. Sure 29, 45) anstrebt, wie an anderer Stelle ausführlich dargelegt wird,[56] vermag sich das Bewußtsein gegen die Wahrnehmung des Offenkundigen zu verschließen und stattdessen dem Schauen des Verborgenen zu öffnen. Die Sufis sprechen vom Entwerden in Allah, das, gemäß einem berühmten von Mohammed selber bezeugten Gotteswort damit enden kann, daß der Glaubende für eine

---

[56] Vgl. vierzehntes Kapitel (Was ist Sufismus?).

kurze Zeitspanne zum Auge und Ohr Allahs wird: Er erkennt nicht mehr nur, daß Allah die Ausgangskraft alles dessen ist, wodurch das Diesseits konstituiert wird – diese Erkenntnis sollte jeder Muslim erringen –, sondern er wird dessen inne, daß in allem, was ist, Allah selber aufscheint. Anders gesagt: In den Augenblicken des Entwerdens in Allah wird dem Schauenden zur Gewißheit, daß Allah zu dem Geschaffenwerdenden komplementär ist. Auch drängt sich ihm die Einsicht auf, daß Allah mit dem Geschaffenwerdenden koinzident ist.

Ibn ʿArabī (gest. 1240) ist der muslimische Denker, der in dieser Art des Nachsinnens über Allah am kühnsten voranschritt und seine Erkenntnisse in einem breiten Œuvre den Glaubensgenossen mitteilte. Die Tatsache, daß es das Diesseits gibt, erklärt er als das Resultat des Wunsches des Einen, sich selber in seiner dem Menschen unvorstellbaren Seinsfülle wahrzunehmen. Die Selbstwahrnehmung wäre Allah auch ohne den Umweg über das Geschaffenwerdende möglich gewesen. Aber es kam Allah darauf an, seine Seinsfülle, die zum Offenbarwerden drängt, auch tatsächlich zur Erscheinung zu bringen. Das ist der eigentliche Grund für das Schöpfungshandeln, das sich im Offenkundigen zeigt. Das Offenkundige ist das Substrat, in dem er sich spiegelt, und da es durch seinen Geist durchdrungen ist, schaut Allah im Geschaffenwerdenden sich selber. „(Er) ist der Schöpfer der Himmel und der Erde. Euch und eure Herdentiere schafft er in Paaren und breitet euch (in der Welt) aus. Es gibt nichts, was ihm gleichkäme! Er ist allhörend, allsehend!“ (Sure 42, 11). Diese Worte sind in Ibn ʿArabīs Theologie der Schlüssel zum richtigen, islamischen Gottesverständnis: Von Allah rührt die Schöpfung her, die von solcher Art ist, daß sie sich in der ganzen Welt manifestiert: Der Aspekt der göttlichen Barmherzigkeit klingt hier an. Aber die nicht zu überschätzende Bedeutung dieses Verses liegt für Ibn ʿArabī in dem Wort „Es gibt nichts, was ihm gleichkäme“. Er versteht sie so: Es existiert nichts außer Ihm, alles, was ist, ist Er.[57]

Man hat Ibn ʿArabī vorgeworfen, er lehre die „Einsheit der Existenz“ (arab.: *waḥdat al-wuǧūd*) und verschmelze in geradezu widersinniger Weise Allah mit seinem Schöpfungswerk, verfechte mithin einen unzulässigen Pantheismus. Liest man Ibn ʿArabī sorgfältig, dann bemerkt man, daß eben dies keineswegs das Ziel seiner Überlegungen ist. Denn Ibn ʿArabī denkt das Verhältnis zwischen Allah und der Welt vom Islam im ursprünglichen Sinn her: Das Geschaffenwerdende ist doch zu nichts anderem da, als Allah den größtmöglichen Dienst zu erweisen, nämlich die Selbsterkenntnis zu ermöglichen. Unter diesem Gesichtspunkt durchdenkt Ibn ʿArabī die Ritualpflichten des Muslims, in deren Vollzug der Abstand zwischen dem Geschöpf und dem Schöpfer unübersehbar deutlich zur Erscheinung kommt. Nicht die Metaphysik, die Unter-

---

[57] Nagel: Im Offenkundigen das Verborgene, 478.

scheidung zwischen dem absoluten und dem konditionierten Sein, zählt, sondern der schariatische Abstand zwischen dem Herrn und dem Diener, der durch den Begriff Islam grundsätzlich mitgemeint ist und den der Koran in Sure 51, Vers 56, hervorhebt: „Ich habe die Dämonen und die Menschen nur geschaffen, damit sie mich verehren" oder „mir dienen".

Daß Ibn ʿArabī so konsequent war, den Dienst, den die Schöpfung dem sich selbst anschauenden und in stetem Schöpfungshandeln begriffenen Allah leistet, auch auf Allah, den *Gesetzgeber*, auszudehnen, machte seine Lehren für die große Mehrzahl der Schariagelehrten unannehmbar. In einem Streit mit den mekkanischen „Beigesellern" sagt Mohammed: „Ich vertraue auf Allah, meinen und euren Herrn! Es gibt kein Tier, das er nicht beim Schopfe hielte! Mein Herr ist auf einer geraden Straße!" (Sure 11, 56). Jedes Lebewesen ist keinen Augenblick auf sich selber gestellt. Da Allah es am Schopfe hält, kann es nicht in die Irre gehen, es ist stets auf der ihm bestimmten geraden Straße. Diese mag zu Verstößen gegen die Scharia führen, gleichwohl ist es die für das jeweilige Lebewesen durch Allah vorgesehene und daher „gerade" Straße: Nur durch die Verfehlungen, die manche Menschen gegen Allahs Bestimmungen begehen, erfährt sich Allah als Gesetzgeber; auch dieser Aspekt seiner Seinsfülle wird im Zuge seiner Selbstanschauung sichtbar.

Ibn ʿArabīs Denken löste einen bis in die Gegenwart andauernden Zwist unter den Gelehrten aus. Die einen sahen in ihm den Zerstörer der auf der Erfüllung der Scharia beruhenden Frömmigkeit. Andere meinten, er sei der Vollender des Islams, weil er wie niemand vor ihm die unauflösbare Abhängigkeit des Geschöpfes von seinem Schöpfer in den Mittelpunkt seiner Ausführungen gerückt und die Auswirkungen dieser Abhängigkeit dem Muslim vor Augen gestellt habe: Der ganze Daseinsvollzug ist nichts weiter als die existentielle Erfüllung von Sure 51, Vers 56. Der Lohn dafür offenbart sich in der Unmöglichkeit des Geschaffenwerdenden, aus der Bindung an den Schöpfer zu fallen.

VII. Resümee

Nur im theologischen Konzept, das Sure 112 enthält, verficht der Koran einen strengen Monotheismus. So, wie die Anhänger der herkömmlichen antiken Götterverehrung die Christen des Atheismus ziehen, weil diese nicht den vielen für die Naturerscheinungen und das Lebensschicksal des Einzelnen wie des Gemeinwesens zuständigen Gottheiten opferten, stiftete auch Mohammeds Vereinigung jeglicher Anbetung auf den einen Allah Unfrieden (vgl. Sure 53). Indem Mohammed jedoch die Funktionen der heidnischen Gottheiten nicht antastete, sondern Allah übertrug, ersparte er sich selber und den Muslimen die Herausbildung eines Gottesbegriffs, wie er in Sure 112 anklingt: Allah als eine Gottheit, die nicht wegen ihrer ständigen Fürsorge für die Menschen verehrt werden will, sondern die man anbetet, weil sie der Ursprung eines geistigen Prozesses ist, in dem der Mensch zur Einsicht in die eigene Verantwortung für sein Dasein und in dessen ethische Grundbedingungen reift. In Sure 6, Vers 74 bis 83, erzählt Mohammed, wie Abraham unter Allahs Anleitung von der Verehrung der Gestirne zur Verehrung des einen Allah gelangt. Mohammed und die Hanifen bedienen sich zur Erläuterung dieses Vorgangs der Motive der spätantiken jüdischen Abraham-Auslegung: Abraham verläßt das Chaldäa des Sternenglaubens und findet den Weg nach Kanaan, zur geläuterten Gottesverehrung. Diese Wanderung führt über Charran, wo Abraham lernt, den Blick nach innen, von der Welt der Erscheinungen abzuwenden. Erst wenn man unabhängig von den Sinneseindrücken sich selber erkannt hat, wird man zur Erkenntnis des wahren Gottes vordringen. Der koranische Abraham verläßt zwar Chaldäa, kommt aber nicht nach Charran, geschweige denn nach Kanaan.[58] Der vom Geschehen im Diesseits unabhängige Monotheismus der Sure 112, der den Heiden wie ein Atheismus vorkommen müßte, bleibt ein uneingelöstes Versprechen. Im Begriff der Barmherzigkeit Allahs bündelt Mohammed vielmehr die Funktionen der heidnischen Gottheiten. Sie erweitern sich von dem Augenblick an, in dem Mohammed sich auch als Allahs Propheten versteht, zu den Worten eines Ratgebers, der die jeweiligen Probleme und Situationen durchschaut und in einer für seinen Schützling erfreulichen Weise deutet.

Von solchen Zeugnissen her eine monotheistische Theologie zu entwikkeln, die, wenn sie nicht im Pantheismus enden, sondern Allah als ein personenhaftes Gegenüber der Schöpfung, insbesondere des Menschen, plausibel machen soll, ist eine kaum lösbare Aufgabe. Entweder verflüchtigt sich die Gestalt des Einen zu einem nicht konkret erfahrbaren Wirkungsprinzip, oder aber man drängt das Handeln Allahs so weit aus dieser von ihm geschaffen werdenden Welt, daß die göttliche Fürsorge für den Muslim zu einem Schemen wird. Selbst der Koran, der eindrücklichste Beleg für die Zuwendung Allahs zum Menschen, löst sich unter solchen Vorgaben zu einem geschaffenen, d.h. irdischen, rein innerweltlich zu verstehenden Regelwerk auf, das die Menschen auch selber hätten ersinnen können. Dem entsprach ein von allen Analogien zum Menschlichen entleertes Gottesbild: Allah schafft zwar nach wie vor die Welt, also die Rahmenbedingungen, unter denen der Mensch sich nach Maßgabe des seinem Verstand entsprechenden Gesetzes zu bewähren hat. Aber der Mensch, auch der Muslim, darf nicht auf eine Beziehung

[58] Tilman Nagel: Juden, Christen und Muslime. Religionsgeschichtliche Betrachtungen, in: Griffith/Grebenstein (Hgg.): Christsein in der islamischen Welt. Festschrift für Martin Tamcke, Wiesbaden 2015, 39–64, hier 40–48.

gegenseitiger Hinwendung hoffen, wie sie den Islam eigentlich ausmacht. Allah zeigt sich vor allem als der strenge, jedoch gerechte Endzeitrichter.[59]

Soll der Islam, wie der Koran ihn auffaßt, Bestand haben, nämlich als die Anheimgabe der Person des Glaubenden an die alles bestimmende Kraft „Allah“, dann müssen die Muslime danach trachten, diese eine Kraft im Schöpfungsgeschehen festzuhalten. Um dies zu erreichen, beschreitet man im Laufe der Geschichte unterschiedliche Wege. Man lernt, zwischen den Eigenschaften zu unterscheiden, die, nicht gegeneinander abgrenzbar, das dem Geschaffenwerdenden unendlich überlegene Wesen von Ewigkeit zu Ewigkeit ausmachen, und jenen, die als Beleg für diese Überlegenheit während der Zeitspanne des Schöpfungshandelns dem Menschen erkennbar sind. Seine „Schönen Namen“, die vor allem die muslimische Frömmigkeit beschäftigen, bilden den kultpraktischen Aspekt dieser Theologie.

Andere theologische Konzepte der Verankerung der göttlichen Gegenwärtigkeit im Schöpfungsgeschehen machen sich die koranischen Rede vom verborgenen Seinsbereich zunutze und stoßen zur Annahme einer Komplementarität und Koinzidenz Allahs mit der Welt vor, vermeiden jedoch den Pantheismus, indem sie dem Geschaffenwerdenden den Status des der Selbsterkenntnis Allahs Dienenden zuweisen.

Die islamischen Reformbestrebungen, die im 14. Jahrhundert n. Chr. beginnen und im 18. Jahrhundert ihre kühnste Ausprägung erhalten, lehnen derartige Thesen schroff ab. Denn wird in ihnen nicht die Einsheit Allahs als des personenhaften, aber seinsmäßig unendlich mächtigen Gegenübers des Menschen verwässert? Ein eigenes monotheistisches Konzept entwickeln sie jedoch nicht. Sie entwinden sich der Problematik, indem sie die Aufmerksamkeit der Glaubenden mit allem Nachdruck auf die Erfüllung der schariatischen Glaubenspflichten und auf die zielstrebige Islamisierung der Welt lenken.[60]

---

[59] Vgl. hierzu siebtes Kapitel (Was lehrt der Islam über das Jenseits?) und fünfzehntes Kapitel (Was ist islamischer Rationalismus?).

[60] Vgl. hierzu sechzehntes Kapitel (Was ist Salafismus (reformierter Islam)?).

Drittes Kapitel

Wer war Mohammed?

I. Grundsätzliches

Mohammed (569–632 n. Chr.) ist der Gründer des Islams. Er wurde im Hedschas in der Nähe von Mekka geboren. In dieser um ein Pilgerheiligtum herum entstandenen Siedlung, in der sein Stamm, die Quraišiten, das Sagen hatte, verbrachte er die ersten fünf Jahrzehnte seines Lebens. Nach muslimischer Überlieferung wurde er um 610 von Allah zum Gesandten berufen und mit der Aufgabe betraut, seine Landsleute zur Aufgabe der Vielgötterei aufzufordern; stattdessen sollten sie bezeugen, daß es nur einen einzigen Gott, nämlich Allah, gebe. Diesen allein sollten sie verehren und anbeten. Denn er stelle ihnen in niemals nachlassender Fürsorge das Diesseits zur Verfügung. Sie seien Allah deswegen zu ständigen Dankesbekundungen verpflichtet. Diese zu versäumen, sei ein Zeichen von Unglauben. Am Ende der Zeiten werde Allah die Toten auferwecken und über alle Menschen zu Gericht sitzen. Die Undankbaren, die Ungläubigen, werde Allah zu ewiger Höllenpein verdammen, diejenigen, die ihn verehrten und ihm ständigen Dank zollten, würden sich der Wonnen des Paradieses erfreuen.

Der durch den Koran und durch zahlreiche andersartige arabische Quellen gut bezeugte Lebensweg des Verkünders des Islams weist im Jahr 622 einen schroffen Bruch auf. Schon einige Jahre vorher hatte er begonnen, sich auch als Prophet Allahs auszugeben. In dieser Eigenschaft sei ihm aufgetragen, in Allahs Namen das „Billigenswerte zu befehlen und das Verwerfliche zu verbieten", mit anderen Worten: Mohammed behauptete von da an, er müsse den Mekkanern, ja, allen Arabern, die dem Willen Allahs entsprechende Daseinsordnung auferlegen. Mohammeds Verlautbarungen betrafen nun nicht mehr allein die Gottesvorstellungen und Allahs einem ständigen Wechsel unterliegendes Schöpfungshandeln,[1] sondern liefen auf eine völlige Umorientierung der Lebensverhältnisse und vor allem auch der Kultpraxis hinaus. Letztere war für Mekka, einen Ort ohne eigene Subsistenzmittel (Sure 14, 37), von entscheidender Bedeutung. Der ungestörte, seit alters her eingespielte Ablauf der Pilgerriten, die den in der Kaaba angebeteten Gottheiten

1 Vgl. hierzu zweites Kapitel (Wer ist Allah?), II., und viertes Kapitel (Was ist der Koran?), II. 3.

galten, sicherte den Mekkanern die Lebensgrundlage. Sie beschlossen, den Störenfried zu vertreiben. Dies geschah im Jahre 622.

Mohammed floh in das Oasengebiet von Medina, wohin seine Familie seit langem enge verwandtschaftliche Verbindungen unterhielt und das er selber im Knabenalter besucht haben soll. Dort gelang es ihm, sich zum Herrn einer Gemeinde von Anhängern seiner Verkündungen aufzuschwingen. Die Vertreibung aus Mekka hatte zur Folge, daß er vom Besuch der dortigen alljährlichen Wallfahrtsriten ausgeschlossen war. Die kriegerischen Unternehmungen, mit denen er für sich und seine Gefolgsleute eine Beteiligung erzwingen wollte, entwickelten sich zu einem wechselvollen Konflikt mit Mekka, der im Januar 630 zu seinen Gunsten ausging. Er konnte in Mekka einziehen. Schon zu diesem Zeitpunkt hatten die Streifscharen der „Gläubigen" etliche Regionen der Arabischen Halbinsel unter ihre Herrschaft gebracht. Indem derartige Kriegszüge ungehemmt fortgesetzt wurden, waren bei Mohammeds Tod im Jahre 632 bereits große Gebiete der Halbinsel seiner Macht unterworfen, und die ersten Gefechte mit byzantinischen Vasallenfürsten im Gebiet des heutigen Jordanien hatten ebenfalls schon stattgefunden. Sieht man von einigen retardierenden Momenten ab, so beginnt die kriegerische Ausbreitung des Islams schon zu Lebzeiten Mohammeds.[2]

Für den Muslim ist Mohammed das Vorbild schlechthin. Er ist es, den Allah sich zum Gesandten erwählte und dann zusätzlich mit der Aufgabe eines Propheten betraute. Daß muslimische Biographien Mohammeds schon seit der frühesten Zeit reich mit Motiven von Heiligenviten durchsetzt sind, ist nicht erstaunlich. Je weiter die Jahre des Anfangs, vor allem jene der triumphierenden Kampfgemeinschaft von Medina, in die ferne Vergangenheit zu entschwinden drohten, desto stärker wurde das Bedürfnis, sich der Belege für Mohammeds Erwähltheit zu versichern, und desto mehr Belege wurden auch entdeckt. Sie waren auch bitter nötig; denn Mohammed war der einzige Bürge für die Wahrheit und Vollständigkeit der durch ihn den Menschen übermittelten Gottesrede und darüber hinaus der richtigen, von Allah approbierten Übertragung des Inhalts dieser Rede in das Dasein der Muslime. Dies betraf sowohl den kultischen Aspekt des muslimischen Lebens als auch dessen alltagspraktische Seite. Der Gedanke, daß der Prophet sündlos und unfehlbar gewesen sei, bringt sich nach und nach in den Beschreibungen seines Lebens zur Geltung, man denkt darüber nach, mit welchen Strafen man Personen belegen muß, die über Mohammed etwas Nachteiliges sagen. Denn ließe man dergleichen zu, dann geriete das ganze Gebäude des Islams ins Wanken, eben weil es ja einzig und allein auf Mohammeds Autorität ruht – ohne ihn kein Koran, d.h. keine Kenntnis von Allahs

---

[2] Vgl. neuntes Kapitel (Was ist der Dschihad?).

Wirken und Wollen, ohne Mohammed kein Wissen von der zu praktizierenden Daseinsordnung![3]

Man hat deshalb in der Islamwissenschaft die Auffassung vertreten, es sei unmöglich, sich ein Bild von der geschichtlichen Gestalt Mohammeds zu machen. Denn die vorhandenen Quellen zeichneten ihn so, wie man ihn etwa ab dem 9. Jahrhundert habe auffassen wollen. Die Muslime hätten sich nicht mehr für den geschichtlichen Mohammed interessiert, sondern in ihm einzig den von Allah erwählten Gesandten gesehen, dessen Worte und Taten das zu legitimieren hätten, was man nun unter dem Inhalt seiner Botschaft verstanden habe. Ja, einzelne Islamforscher erklärten den Koran selber zu einem Text, der gar nicht einer bestimmten Person zugeschrieben werden könne, sondern über einen längeren Zeitraum hinweg innerhalb eines „sektiererischen" Kreises zusammengefügt worden sei.[4] Allerdings hat man dem reichen zur Verfügung stehenden Quellenmaterial keine Belege für eine solche Gemeinschaft und ihr Wirken abgewinnen können. Der Koran gibt indessen, wenn man ihn genau liest, zahlreiche Hinweise auf den inneren Entwicklungsgang desjenigen, der ihn verkündete, wie auch auf die wechselnden historischen Umstände, unter denen er dies tat. Dabei handelt es sich vielfach um Umstände, die der hagiographischen Auslegung seines Lebens widersprechen – und daher den Muslimen ganz unangenehm sind. Denn ihr Bild von Mohammed erfordert, daß er vom Tag der Berufung an die eine immer und unter allen Umständen gleiche und einförmige Wahrheit verkündet habe.

II. Das Leben des geschichtlichen Mohammed

1. Name und Herkunft

Die arabische Gesellschaft, in die hinein Mohammed geboren wurde, definierte die Position und die Bedeutung eines Mannes durch seine Abstammung in der männlichen Linie.[5] Blickt man in muslimische Biographien Mohammeds, so wird einem zuallererst seine Genealogie bis hin zu Abraham dargelegt. Die Namen der Vorväter höherer Ordnung sind natürlich fiktiv, aber sie sind für den Historiker nicht ohne Belang. Wie es die Genealogen der Omaijadenzeit schafften, Mohammed über Ismael mit Abraham zu verbinden, kann hier außer Betracht bleiben. Wichtig ist Quṣaij, sein Ahnherr in der fünften Generation. Denn dieser ist laut der mekkanischen Stadtsage der

---

[3] Zu dieser Thematik vgl. Tilman Nagel: Allahs Liebling. Ursprung und Erscheinungsformen des Mohammedglaubens, München 2008. Vgl. ferner das vierte, fünfte, sechste, achte, zehnte und elfte Kapitel.

[4] Viertes Kapitel (Was ist der Koran?).

[5] Vgl. neunzehntes Kapitel (Was lehrt der Islam über die Frauen und die Ehe?).

erste Quraišite gewesen, der die Ansiedlung um die Kaaba in seinen Besitz gebracht haben soll. Mohammed stammt in gerader väterlicher Linie von ihm ab.

Quṣaijs Sohn ʿAbd Manāf soll das Pilgerwesen, von dem Mekka lebte, streng organisiert haben. Wie man erzählt, legte er die Grenzen des heiligen Bezirks fest, in dem eine Friedenspflicht galt, und forderte seine Stammesgenossen auf, sich dauerhaft darin anzusiedeln, nämlich unmittelbar an dem mekkanischen Wallfahrtsheiligtum, der Kaaba. Dies war ungewöhnlich, da die meisten anderen Pilgerorte auf der Halbinsel nur während der jeweiligen Festtage bewohnt und ansonsten verwaist waren. Überdies erneuerte Quṣaij das in Verfall geratene Kultgebäude. Um einen ordnungsgemäßen Ablauf der Riten zu gewährleisten, übertrug er seinen Söhnen bestimmte Aufgaben. So war Hāšim, der Urgroßvater Mohammeds, für die Speisung der Wallfahrer zuständig.[6] Zu Mohammeds Lebzeiten und bis weit in die islamische Geschichte hinein bildeten von Söhnen ʿAbd Manāfs abstammende Klane untereinander verfeindete Parteiungen, ein Umstand, der für das Verständnis vor allem der frühen islamischen Geschichte grundlegend ist und seine Auswirkungen bis in die Gegenwart hat.[7]

Quṣaij soll aus dem Norden, aus dem südlichen palästinensischen Raum, in den Hedschas eingewandert sein. Die Verbindungen der mekkanischen Quraišiten in dieses Gebiet sind gut bezeugt. Von Hāšim heißt es, daß er als junger Mann eine Reise nach Gaza unternahm, die ihn über das heutige Medina führte. Dort zeugte er mit einer Frau aus dem Klan der Banū ʿAdī b. an-Naǧǧār einen Sohn, ʿAbd al-Muṭṭalib, den er aber nie kennenlernte, da er in Gaza verstarb. Erst als Knabe gelangte ʿAbd al-Muṭṭalib nach Mekka. Auch dessen Sohn ʿAbdallāh, Mohammeds Vater, muß enge Beziehungen nach Medina unterhalten haben. Er starb dort bald nach Mohammeds Geburt, das Grab wurde noch in der frühen Abbasidenzeit (9. Jahrhundert) gezeigt.

Mohammeds mit *Abū*, d. i. „Vater von“, gebildeter Beiname lautete Abū l-Qāsim, was nicht heißt, daß er einen Sohn namens al-Qāsim gehabt hätte. Solche Beinamen wurden im vertrauten Umgang verwendet. Aufmerksamkeit verdient hingegen der Name Mohammed, was „der Gepriesene“ bedeutet. Dieser Name gehörte nicht zu den althergebrachten. Die arabische Geschichtserinnerung kennt einige wenige Männer, die schon vor dem künftigen Gesandten Allahs so gerufen worden sein sollen. Einer der Gatten jener Frau aus Medina, die ʿAbd al-Muṭṭalib gebar, soll diesen Namen getragen haben.[8] Auch

---

[6] Näheres siehe bei Tilman Nagel: Mohammed. Leben und Legende, München 2008 (fortan MLL), 38–68; ders., Mohammed. Zwanzig Kapitel über den Propheten der Muslime, München 2010 (fortan Zw. Kap.), erstes Kapitel.

[7] Vgl. elftes Kapitel (Was sind Schiiten?).

[8] MLL, 100 und 181.

der Name von Mohammeds Vater, ʿAbdallāh, „Knecht Allahs", deutet auf das Eindringen einer fremden religiösen Überlieferung nach Arabien. Weit verbreitet waren mit *ʿAbd*, „Knecht des", gebildete Personennamen, deren zweites Element eine der vielen altarabischen Gottheiten ist, z. B. ʿAbd al-ʿUzzā, „Knecht der Venus". Mohammed wird später Konvertiten umbenennen, die einen solchen auf die Vielgötterei verweisenden Namen haben.

Über ʿAbd al-Muṭṭalib berichten die Quellen, daß er Mekka enger mit der Gestalt Abrahams zu verbinden bestrebt gewesen sei. Zu einem im 4. Jahrhundert n. Chr. bezeugten Abraham-Heiligtum in Hebron gehörte ein Brunnen, in den die Pilger Weihegaben zu werfen pflegten. ʿAbd al-Muṭṭalib, so wird überliefert, empfing in einem Traum den Befehl, nahe bei der Kaaba einen Brunnen zu graben. Die Mekkaner wußten nicht, was sie davon halten sollten. Um die Wahrheit des Befehls zu bekräftigen, schwor er, er werde den zehnten Sohn opfern, der ihm geboren werde. Man ahnt, daß dies ʿAbdallāh, der künftige Vater des Gottesgesandten war. Ein Wink der an der Kaaba verehrten Gottheit Hubal verschaffte ʿAbd al-Muṭṭalib jedoch die Gewißheit, daß die Schlachtung von einhundert Kamelen ihn von dem Gelübde befreien werde.[9]

Mohammed gehörte somit zu einem der wichtigen quraišitischen Klane. Sein Vater und Großvater werden mit Indizien für eine in das heidnische Arabien eindringende hochreligiöse Überlieferung zusammengebracht, wofür sich im Koran erhellende Belege finden.[10] Zudem scheinen sich ʿAbd al-Muṭṭalib und seine Familie viel darauf zugute gehalten zu haben, daß ein Angriff aus Südarabien scheiterte, der womöglich das Aufblühen Mekkas behindern, wenn nicht unterbinden sollte (vgl. Sure 105). Sie schrieben diesen Ausgang der Angelegenheit dem unerschütterlichen Vertrauen ʿAbd al-Muṭṭalibs auf den höchsten Herrn der Kaaba, auf Allah, zu. Rivalisierende Sippen meinten freilich, die Nachfahren Hāšims hätten sich in anstößiger Weise an den Gütern bereichert, die das vermutlich einer schweren Seuche erlegene südarabische Heer zurückgelassen habe. Das Scheitern des Vorstoßes nach Mekka fällt in das 882. Jahr der seleukidischen Ära (Herbst 570 bis Herbst 571). In Mekka folgte man jedoch einer anderen Zeitrechnung. Man datierte nach den Regierungsjahren der sasanidischen Herrscher. Mohammed soll im 38. Regierungsjahr Chosrau Anuschirwans das Licht der Welt erblickt haben, das vom Sommer 568 bis zum Sommer 569 reicht. Da Mohammed im ersten Frühlingsmonat geboren worden sein soll, wäre 569 das richtige Datum. Dies stimmt mit der Angabe überein, daß er bei seinem Tode im Jahre 632 n. Chr. 63 Sonnenjahre vollendet hatte. Die Verknüpfung seiner Geburt mit dem Untergang des südarabischen Heeres ist als spätere Propa-

---

9 MLL, 79.

10 Vgl. dazu das vierte Kapitel (Was ist der Koran?), II. 2. und II. 3.

ganda der ʿAbd al-Muṭṭalib-Sippe zu werten: Die Verbindungen ʿAbd al-Muṭṭalibs zum Herrn der Kaaba bewahrten Mekka vor dem Untergang, und zugleich betrat der große Mann die Bühne, der alle Welt lehren sollte, daß Mekka und die Kaaba der Nabel des Diesseits und der Dreh- und Angelpunkt der von Allah gelenkten Weltgeschichte seien.[11]

2. Früheste Zeugnisse des Wirkens Mohammeds

Mohammed wurde höchstwahrscheinlich nicht in Mekka geboren. Er ging aus einer uxorilokalen Verbindung[12] hervor, die ʿAbd al-Muṭṭalib zwischen ʿAbdallāh, Mohammeds Vater, und einer Frau herbeigeführt hatte, deren Mutter eine Ḫuzāʿitin war, also jenem Stamm angehörte, dem von den Quraišiten die Vorherrschaft über das mekkanische Heiligtum entrissen worden war. – Auch unter den Ḫuzāʿiten soll es die Neigung gegeben haben, die Vielgötterei aufzugeben. Als Mohammed in Mekka in diesem Sinne zu predigen begann, schrieb man das seiner ḫuzāʿitischen Herkunft zu,[13] vielleicht um der Gefahr vorzubeugen, seine Äußerungen könnten für die mekkanischen Verhältnisse irgendeine Bedeutung gewinnen. – Mohammeds Verbindungen zu den Ḫuzāʿiten sollten sich später, als er nach Medina vertrieben worden war und den Mekkanern den Kampf angesagt hatte, als nützlich erweisen.

Über Mohammeds Kindheit weiß man fast nichts. Der Säugling wurde einer Amme anvertraut, der Mohammed bis in das Mannesalter eine Zuneigung bewahrt haben soll. Sein Vater starb, wie schon angedeutet, in Medina. Etliche Jahre später, Mohammed war schon ein Knabe, nahm ihn seine Mutter mit dorthin, wo er die Verwandten seines Großvaters ʿAbd al-Muṭṭalib kennengelernt haben wird. Auf der Rückreise verstarb seine Mutter, so daß er von da an Vollwaise war. Abū Ṭālib, einer der Brüder seines Vaters, nahm sich Mohammeds an und stärkte ihm auch Jahrzehnte später noch den Rükken, als er wegen seiner Lehren den Haß der einflußreichen mekkanischen Klane auf sich zog. Denn Mekka konnte nur unter der Voraussetzung ein blühendes Pilgerheiligtum sein, daß mächtige Stammesverbände untereinander Frieden hielten. Dem Herkommen wurde das durch deren Bindung an den polytheistischen mekkanischen Kult gewährleistet. In der unmittelbaren Nachbarschaft Mekkas befanden sich im übrigen weitere Kultorte, für die die Quraišiten nicht zuständig waren. Der Eingottglaube, den Mohammed verkündigte, hätte nicht nur eine tiefgreifende Umdeutung der Riten erfordert. Durchdrungen von der Überzeugung, es könne für den einen Allah nur einen

---

11 MLL, 68–72; Zw.Kap., zweites Kapitel.

12 Vgl. hierzu neunzehntes Kapitel (Was lehrt der Islam über die Frauen und die Ehe?), I. 1.

13 MLL, 120.

einzigen Kult geben, stellte Mohammed die fremde Zuständigkeit für die Örtlichkeiten in Mekkas Umgebung in Frage, was für die quraišitischen Mächtigen höchst unangenehm war. Denn Mohammed forderte durch diesen Tabubruch nicht nur jene fremden Stämme heraus und gefährdete dadurch die eingespielten Regelungen, die den Ablauf der Pilgerriten an der Kaaba und in ihrer Umgebung ermöglichten. Die von Mohammed durch seine Verkündigungen verursachte innermekkanische Uneinigkeit schmälerte zudem das Ansehen der Quraišiten.

Mit dieser Abschweifung sind wir den Ereignissen, die es jetzt zu schildern gilt, weit vorausgeeilt. Sie ist jedoch sinnvoll, da sie uns einen Hinweis auf den Charakter der Lebenswirklichkeit gibt, in der Mohammed zum Mann reifte. Das Pilgerwesen fand seinen alljährlichen Höhepunkt am Beginn des letzten Monats des Mondjahres. Schon die genaue Festlegung des Datums war eine heikle Angelegenheit. Denn die Monate richteten sich nach dem Lauf des Mondes, die Jahre wurden jedoch nach dem Sonnenlauf gerechnet. Dies war notwendig, da Mekka nicht das einzige Pilgerheiligtum Arabiens war, sondern ein Glied innerhalb einer größeren Anzahl ähnlicher Orte, die jeweils zu einer bestimmten Jahreszeit aufgesucht wurden. Es war folglich etwa alle drei Jahre in die nach dem Lauf des Mondes bemessenen Monate ein Schaltmonat einzufügen, um wieder zu einer ungefähren Übereinstimmung mit dem Sonnenjahr zu gelangen. Zudem mußte dieser Schaltmonat von den dem mekkanischen Heiligtum ergebenen Stämmen akzeptiert werden, weil sich nach ihm die während der Pilgerzeit einzuhaltende Friedenspflicht richtete.

Als Mohammed im Jahre 630 Mekka eingenommen hat, erklärt er den Schaltmonat für ein schändliches Überbleibsel des Heidentums, dessen Abschaffung Allah wünsche (Sure 9, 36 f.).[14] Da seine Macht von Medina aus bereits über weite Teile der Halbinsel reicht, entzieht er mit der Einführung des reinen Mondkalenders den konkurrierenden Pilgerstätten die Daseinsgrundlage. Diese Maßnahme zeigt zum einen, wie eng sein Denken mit den mekkanischen Gegebenheiten verwoben bleibt. Zum anderen ist sie als ein Beleg dafür zu werten, daß er die militärische Niederlage seiner quraišitischen Feinde in einen Triumph ihrer langgehegten Machtinteressen umzumünzen versteht, was nicht zuletzt den Fortbestand seines Werkes in den auf seinen Tod folgenden Wirren begreiflich macht.

Mohammed wuchs in einem Milieu auf, dem die Einteilung der Menschen in solche, die dem mekkanischen Heiligtum und seinem Schutzbezirk gegenüber loyal gesonnen waren und sich beim Vollzug der Pilgerriten den strengen

---

14 Über die Verwurzelung dieser Maßnahme in der von ihm verkündeten Botschaft vom Schöpfungshandeln Allahs vgl. das zweite Kapitel (Wer ist Allah?), II., sowie das vierte Kapitel (Was ist der Koran?), II. 3.

quraišitischen Gepflogenheiten beugten, und solche, die wenig darauf gaben, eine grundlegende Tatsache des Daseins war. Dieser Umstand lebt im Islam fort und prägt den schroffen Gegensatz zwischen den Muslimen und allen übrigen Menschen, jenen, die nicht die rituellen Gebete vollziehen.[15] Bevor Mohammed sein Berufungserlebnis durchlitt, nahm er wie selbstverständlich an den vorgeschriebenen mekkanischen Bräuchen teil. Dazu zählte die Partnerschaft mit einem Nichtquraišiten, der, sobald er sich zum Vollzug der Riten einstellte, mit reinen Gewändern versehen werden mußte, in denen er die Kaaba umschritt. Wer über keine reinen Gewänder verfügte, vollzog den Umgang nackend. Mohammeds Ritualpartner ist übrigens namentlich bekannt.

Überdies gehörte Mohammed dem quraišitischen Kultbund an, dessen Namen man mit „die Strengen" wiedergeben kann. Seitdem Mohammed begonnen hatte, seine Botschaft zu verkünden, wurden die Regeln der „Strengen" obsolet. In Sure 2, Vers 189, stößt man auf die seltsam anmutende Bemerkung, die Frömmigkeit bestehe nicht darin, daß man sein Haus von hinten betrete, sondern in der Gottesfürchtigkeit. Die „Strengen" büßten während der Pilgertage durch diesen Brauch den gegen die an der Kaaba verehrte Gottheit gerichteten Affront Quṣaijs ab, der, wie es heißt, als erster im heiligen Bezirk habe Häuser errichten lassen. Quṣaij hatte mithin zu eigener Bequemlichkeit zwischen sich und die Gottheit selbstgemachte Gebilde gesetzt. Da der Islam seinem Anspruche nach den Menschen in die eine lautere, ursprüngliche Verbindung[16] zu Allah, den unermüdlich Schaffenden, stellt,[17] ist die islamische Daseinsordnung (arab.: *ad-dīn*) von allem Zwanghaften frei (Sure 2, 256). Wahrt man die rituelle Reinheit und befleißigt man sich der Gottesfurcht, dann sind alle Abweichungen vom Alltäglichen unnötig. Daher tadelt das Hadith Muslime, die unbekleidet die Riten an der Kaaba vollziehen.[18] Die Nacktheit hatte die rituelle Reinheit der den Kult Ausübenden verbürgen sollen; diese Annahme ist nun jedoch gegenstandslos. Denn

---

[15] „Diejenigen, die das rituelle Gebet (arab.: *aṣ-ṣalāh*) vollziehen", *al-muṣallūn*, ist eine alle Glaubensrichtungen einbeziehende Bezeichnung für die Muslime. Das rituelle Gebet, die Verbeugung gegen Allah, die Allah mit einer gleichartigen Geste erwidert, ist die in eine rituelle Bewegung übertragene Grundtatsache des Islams (vgl. Informationen über den Islam 1, 6 und 13).

[16] Wie Mohammed später ausführen wird, haben Juden und Christen die „natürliche" Beziehung zu ihrem Schöpfer beispielsweise durch komplizierte Speisegebote und durch das Mönchtum kontaminiert, vgl. das erste Kapitel und das dreizehnte Kapitel.

[17] Wenn man keinen quraišitischen Ritualpartner hatte, mußte man seine Gewänder ablegen und die Kaaba nackend umkreisen. Man zeigte sich demnach den in der Kaaba verehrten Gottheiten im Naturzustand, der durch rituell reine Kleidung offenbar nicht beeinträchtig wurde.

[18] Siehe z.B. Aḥmad b. Ḥanbal: Musnad, Bd. I, Kairo 1949, Nr. 594; al-Buḫārī: Ṣaḥīḥ, ṣalāh Nr. 2.

Mohammed erkennt, daß auch die Zivilisationsgüter durch Allah geschaffen werden; sofern die Kleidung rein ist, darf sie bei der Verehrung Allahs angelegt werden (vgl. Sure 7, 31 f. und Sure 74, 4). Ein Rest der ursprünglichen Bräuche hat sich freilich auch im Islam erhalten: Das Pilgergewand darf nicht genäht sein; Maßnahmen der Körperpflege wie das Schneiden der Fingernägel sind während der Pilgertage untersagt.

In den Sinnzusammenhang der Begegnung mit der Gottheit in einem reinen Zustand gehören nun die Verse, die laut islamischer Koranchronologie die ersten sind, die Mohammed übermittelt wurden: „Der du dich (in dein Gewand) gehüllt hast! Steh auf und warne! Preise deinen Herrn! Reinige deine Kleider! Meide den Schmutz!" (Sure 74, 1–5). Mohammed vollzieht eine Geste der Abwehr gegen die Worte, die eine höhere Macht an ihn richtet; er zieht sich das Gewand über den Kopf. Der Herr, von dem er sich angesprochen glaubt, ist die höchste der an der Kaaba verehrten Gottheiten, den schon die Heiden als den Gott, arabisch *al-ilāh*, verkürzt Allah, bezeichnen. Dieser Allah fordert Lobpreisungen und die Verehrung in reiner Kleidung, und zwar stets, denn einen Bezug zu den Pilgerriten enthalten die Worte nicht. Es ist möglich, daß die „Meidung des Schmutzes" auf einen Gedanken anspielt, der in der koranischen Verkündigung und später in der islamischen Frömmigkeit allgegenwärtig sein wird: Man soll sich nicht sich nicht mehr Güter aneignen, als Allah für einen vorherbestimmt hat; ein solcher „eigenmächtiger" Erwerb ist unrein und muß durch die Erlegung einer Läuterungsgabe (arab.: *az-zakāh*) gesühnt werden. Die auf die zitierten Verse folgenden Sätze legen einen solchen Sinn nahe: Man solle großzügig spenden, ohne dabei einen Überschuß an Gegengaben zu erwarten.

Die rituelle Reinheit oder vielmehr die Verstetigung der rituellen Reinheit über die Ausnahmesituation der Wallfahrtstage hinaus sind jedoch Mohammeds erste Sorge. Die Mekkaner jedenfalls verstanden ihn so und bezeichneten ihn, womöglich mit spöttischem Unterton, als einen Ṣābi'er. Man hat in diesem Wort den Namen einer in Palästina wirkenden gnostischen Gemeinschaft erkannt. Dem Gnostiker ist aufgetragen, sich durch eine Lebensführung in Reinheit ein glückseliges Jenseits zu erstreiten. Insofern ist auch die von Mohammed ausgesprochene Warnung zu verstehen: Man darf die Gelegenheiten zum Erwerb von Reinheit nicht ungenutzt verstreichen lassen. Vom Islam ist in den frühesten Zeugnissen des Korans noch nicht die Rede. Sich Mohammed anzuschließen, nannten die Mekkaner mit dem Verbum *taṣabba'a*, „ein Sabi'er werden". In abschätziger Weise scheint Mohammed auch dann noch als „Ṣābi'er" bezeichnet worden zu sein, als er sich längst zum Anführer der Muslime aufgeschwungen hatte und für Mekka eine ernste Gefahr geworden war.[19]

[19] MLL, 110–117.

3. Künder der Einheit[20] Allahs

Für das Verständnis des Lebensschicksals Mohammeds während der Jahre, in denen in ihm das Bewußtsein zum Durchbruch kam, er sei zum letztmaligen Künder der einen religiösen Wahrheit berufen worden, ist ein kurzer Blick auf seine Position innerhalb der quraišitischen Klane unerläßlich. Wie schon erwähnt, war er in der Obhut seines Onkels Abū Ṭālib aufgewachsen, der, selbst als Mohammed zum Mann geworden war, noch die schützende Hand über ihn hielt. Die Ehe, die Mohammed einging, zeigt deutlich, daß sein Ansehen nicht besonders groß war. Abū Ṭālib weigerte sich nämlich, ihm seine Tochter Umm Hāniʾ zur Ehefrau zu geben; er verheiratete sie lieber mit einem Mann aus einer einflußreichen, angesehenen Sippe.[21] Mohammed mußte wie sein Vater eine uxorilokale Verbindung[22] eingehen, und zwar mit Ḫadīǧa bt. Ḫuwailid, einer Witwe aus der Sippe der Banū Asad b. ʿAbd al-ʿUzzā. Diese Sippe genoß bei den übrigen Klanen keinen guten Ruf. Denn Ḫadīǧas Vetter ʿUṯmān b. al-Ḥuwairiṯ stand in dem Verdacht, die Einbeziehung Mekkas in die byzantinische Interessensphäre betrieben zu haben, während man sich in Mekka viel darauf zugute hielt, frei von jeglichen Tributpflichten zu sein.[23] Indizien für eine Hinneigung Mohammeds zu Byzanz gibt es etliche,[24] selbst die Einnahme Mekkas im Jahre 630 könnte, zumindest auch, mit einer Verschiebung der Machtverhältnisse in Arabien vom sasanidischen Iran hin zu Byzanz zusammenhängen.[25] Aus der Ehe mit Ḫadīǧa gingen mehrere Töchter hervor, von denen Fāṭima als die spätere Ehefrau von Mohammeds Vetter ʿAlī b. abī Ṭālib in der frühen Geschichte des Islams Aufmerksamkeit erregte.[26] Abū Ṭālib, der sich nie für die Lehren seines Mündels erwärmte, sowie Ḫadīǧa gaben Mohammed immerhin so viel Rückhalt, daß man, anders als im Falle mancher seiner Anhänger, seine Person nicht antastete. Als beide um 620 starben, veränderten sich jedoch die Umstände, unter denen er bis dahin hatte den Islam verkünden können.

Kehren wir zur Geschichte der mohammedschen Offenbarungen zurück! Nach islamischer Überlieferung trat nach den ersten Verkündigungen eine etwa dreijährige Unterbrechung in den Eingebungen ein. Danach sei es die

---

20 Vgl. zweites Kapitel (Wer ist Allah?), I.

21 MLL, 104.

22 Vgl. neunzehntes Kapitel (Was lehrt der Islam über die Frauen und die Ehe?), I.

23 MLL, 75.

24 Manfred Götz: Zum historischen Hintergrund von Sure 30, 1–5, in: Festschrift Werner Caskel, Leiden 1968, 111–120.

25 MLL, 402.

26 Vgl. hierzu elftes Kapitel (Was sind Schiiten?).

Sure 53 oder die Sure 87 gewesen, die er vorgetragen habe. Betrachtet man den Inhalt dieser beiden Suren genauer, fällt eine gewichtige Verschiebung des Schwerpunkts ins Auge. Beiden Texten ist Mohammeds Versicherung gemeinsam, was er verkünde, sei die Aussage des Herrn oder seines Gesandten, keineswegs seien es eigene Fabeleien. Die Mekkaner sollten ihn nicht als einen Schwätzer abtun. Denn was er vorzutragen habe, sei für sie von höchstem Gewicht. Sure 53 enthält eine noch ganz rohe Beschreibung des von ihm verkündeten Eingottglaubens: Die vermeintlichen Töchter Allahs, die von den Mekkanern angebetet werden, sind nichts weiter als Namen; nur wenn Allah es wollte, könnten sie bei ihm ein gutes Wort für irgendjemanden einlegen. Denn Allah gehört alles im Diesseits, er bestimmt alles, was geschieht, so daß bei der Abrechnung am Ende der Zeiten niemand für die Missetaten eines anderen geradestehen muß. Was Mohammed vorträgt, findet sich schon in den Schriftstücken, die Abraham und Mose empfingen (so auch Sure 87, letzter Vers).[27] Allah schafft jeden Menschen im Mutterleib, und am Ende der Zeiten ein zweites Mal, um über ihn zu Gericht zu sitzen. Er straft die Ungläubigen bereits im Diesseits, wofür es mahnende Beispiele gibt: Die Menschen, die nicht auf Noah hörten, die Bewohner von Sodom, die altarabischen Völkerschaften der ʿĀd und der Ṯamūd. Allahs Gewalt ist so groß, daß er sogar der Herr des Hundssterns ist. Sure 87 schweigt sich über solche Themen aus, sondern hebt nur hervor, daß die Verkündigungen als Mahnung für alle die zu verstehen seien, die einen geraden Weg durch das Diesseits wandern wollten, schließt dann aber mit einer abrupten Wende zum Gegenteil: „Aber ihr wollt nicht, es sei denn Allah wollte es, der Herr der Menschen." In diesen Worten darf man Mohammeds Enttäuschung über die Erfolglosigkeit seiner Mahnungen sehen.

Der Herr, von dem sich Mohammed angerufen fühlt, lenkt alles, auch das Wollen der Menschen. Es hängt nicht vom einzelnen Menschen ab, ob er auf dem Weg der Selbstläuterung vorankommt (vgl. Sure 74, 37), wie die gnostischen Lehren meinten. Alles unterliegt dem göttlichen Ratschluß. Denn Allah ist auch der Herr des Hundssterns (Sure 53, 49). Diese Bemerkung spielt auf Mohammeds ḫuzāʿitische Vorfahren an, die einen nicht durch biblische Vorbilder gestützten Weg zum Monotheismus eingeschlagen hatten. Der Hundsstern galt ihnen als die eine Kraft, von der alle übrigen Gestirne abhängig waren. Mit der Bemerkung, Allah sei auch der Herr des Hundssterns, weist Mohammed den Verdacht zurück, er wiederhole lediglich die Ansichten eines seiner Ahnen mütterlicherseits, eines Angehörigen jenes Stammes, dessen

[27] Wahrscheinlich eine Anspielungen auf das „Buch der Jubiläen", vgl. Tilman Nagel: „Der erste Muslim". Abraham in Mekka, in: Reinhard G. Kratz (Hg.), „Abraham, unser Vater". Die gemeinsamen Wurzeln von Judentum, Christentum und Islam, Göttingen 2004, 138.

unrechtmäßige Herrschaft über Mekka nach quraišitischer Auffassung von Quṣaij beseitigt worden war.

Die Themen, die in Sure 53 und Sure 87 anklingen, werden in den nächsten Jahren vielfältig variiert. Sie bilden den Kern der Botschaft Mohammeds, der sich selber nunmehr als den Gesandten[28] Allahs zu verstehen beginnt. Wir wissen nicht, ob, und falls ja, inwieweit Mohammed in seiner gnostischen Phase die dieser Gedankenwelt wahlverwandte Auffassung teilte, die Schöpfung sei das Werk eines bösartigen Schöpfers, des Demiurgen. Die gnostische Religiosität wertet das Diesseits ab und lehrt Wege, auf denen man dieser als ein Gefängnis empfundenen Welt entkommen kann. Der Eingottglaube, den Mohammed nunmehr predigt, bedeutet jedenfalls gegenüber allen gnostischen Vorstellungen vom Unwert der Welt deren außerordentliche Aufwertung. Sie ist keineswegs das Machwerk des Demiurgen, sondern das fortwährend vor sich gehende Schaffen des Einen. Mit List und Tücke (Sure 7, 183; Sure 68, 45) weiß freilich auch Allah gegen diejenigen vorzugehen, die seine Boten ablehnen; Allah ist der geschickteste Ränkeschmied (Sure 3, 54; Sure 8, 30).

Zahlreich sind die Passagen im Koran, die Allah, den alleinigen Schöpfer, rühmen und in Abrede stellen, daß ihm in diesem Geschäft jemand zur Seite treten könnte. So spricht Mohammed in Sure 27 seine mekkanischen Gegner an: „/59/ Sprich: ‚Preis sei Allah und Friede seinen Knechten, die er auserwählte! Ist Allah besser oder sind es diejenigen, die ihr ihm beigesellt? /60/ Oder jemand, der die Himmel und die Erde geschaffen hat und für euch Wasser vom Himmel herabschickte?‘ Hiermit ließen wir prachtvolle Gärten sprießen. Euch war es nicht möglich, deren Bäume wachsen zu lassen. Gibt es also einen Gott neben Allah? Aber nein, (die Heiden) sind Leute, die ihm andere gleichsetzen! /61/ ‚Oder der, der die Erde fest gegründet hat, in ihre Zwischenräume Flüsse leitete, ihr tiefverwurzelte Berge einpflanzte und zwischen den beiden Meeren eine Barriere schuf?‘ Gibt es also einen Gott neben Allah? Doch nein, die meisten von ihnen wissen nicht Bescheid! /62/ ‚Oder der, der dem in Not Geratenen antwortet, wenn dieser ihn ruft, das Übel von ihm nimmt und euch zu Statthaltern auf Erden macht?‘ Gibt es also einen Gott neben Allah? Wie wenig laßt ihr euch mahnen! /63/ ‚Oder der, der euch in der Finsternis zu Lande und zu Wasser geleitet und den Wind als Freudenbotschaft vor seiner Barmherzigkeit aussendet?‘ Gibt es einen Gott neben Allah? Hocherhaben ist er über die, die man ihm beigesellt! /64/ ‚Oder der, der die Geschöpfe ein erstes Mal schafft und sie dereinst wieder

---

[28] Die Vorstellung, der Gesandte des (guten, jenseits der geschaffenen Welt wesenden) Gottes zu sein, könnte laut Kurt Rudolph (Die Anfänge Mohammeds im Lichte der Religionsgeschichte, in: Festschrift Walter Baetke, Weimar 1966, 298–326) dem Manichäismus entlehnt sein.

in diesen Zustand versetzt? Der euch aus dem Himmel und von der Erde euren Unterhalt schenkt?‘ Gibt es einen Gott neben Allah? Sprich darum: ‚Zeigt euren Beweis her, wenn ihr glaubt, die Wahrheit zu sagen!‘“ Nicht mehrere oder gar viele Gottheiten sind am fortwährenden Schöpfungsgeschehen beteiligt. Es ist einzig das Werk Allahs. Was er hervorbringt, ist ein Zeichen von Barmherzigkeit, etwa der Regen, der durch den Wind angekündigt wird.

Doch Allahs Handeln ist, wie Mohammed schon in seinen frühesten Äußerungen über den Schöpfer unterstreicht, ambivalent.[29] Da ihm der Widerpart fehlt, ist auch das für den Menschen Unangenehme, Negative Allahs Werk. Er gibt das Leben wie auch den Tod, Lachen wie Weinen, heißt es schon in Sure 53, Vers 43 f., und in Sure 87 sagt Mohammed im gleichen Sinn, daß Allah das Gras der Weide hervorsprießen, aber auch wieder verdorren läßt (Vers 4 und 5). Beides sind Aspekte seiner allumfassenden Barmherzigkeit. Sie ist das Thema der 55. Sure.[30] Die Dämonen und die Menschen, die beiden mit dem Verstand begnadeten Gattungen unter den Geschöpfen, sind verpflichtet, sich diese Barmherzigkeit in ihren unterschiedlichen Facetten bewußt zu machen. Anders verhält es sich mit den übrigen Geschöpfen, etwa mit den Sternen und den Bäumen: Sie verharren während ihrer diesseitigen Existenz, bildlich gesprochen, in der Prosternation (arab.: *as-suğūd*), der Körperhaltung der Anbetung Allahs (Sure 55, 6). Menschen und Dämonen vermögen die aller Schöpfung zugedachte Pflicht der fortwährenden Verehrung des Einen nicht triebhaft zu erfüllen, sondern nur, indem sie sich dank einem Verstandesschluß hierfür entscheiden. Damit sie ihn in der richtigen Weise ziehen, lehrte Allah sie den Koran. Aber auch aus dem Ablauf des Schöpfungsgeschehens können die Verständigen das Richtmaß ihres Urteilens ableiten: aus dem Lauf der Gestirne die rechte Zeit, aus der Waage das rechte Maß im Gütertausch. Der Mensch hüte sich, davon abzuweichen! Wie sollten die beiden verstandesbegabten Gattungen unter den Geschöpfen wohl in Abrede stellen, daß alles, was der Barmherzige wirkt, Wohltaten sind?

Nur mit Allahs Vollmacht könnten Menschen und Dämonen straflos gegen das Schöpfungshandeln Allahs vorgehen. Anderenfalls verfallen sie einer schweren Strafe, die sie nicht abwehren können „Welche der Wohltaten eures Herrn wollt ihr beide denn leugnen?“ (Sure 55, 33–36). Hart und unnachsichtig wird der Barmherzige am Tag des Gerichts über diejenigen urteilen, die den Verstand nicht zu dem erwünschten Zweck genutzt haben, sich das

---

[29] Zum ständigen Wechsel der positiven und negativen Aspekte des Schöpfungshandelns Allahs vgl. das zweites Kapitel (Wer ist Allah?), II. Wie sich dieser stete Wechsel im Koran selber niederschlägt, ist im vierten Kapitel (Was ist der Koran?), II. 3. nachzulesen.

[30] Zu Sure 55 vgl. auch das zweite Kapitel (Wer ist Allah?), II.

unablässige Rühmen des Einen zur Pflicht zu machen. Sie brauchen nicht eigens nach ihrem Frevel gefragt zu werden. Sie haben sich auf eigene Einsichten verlassen und abgestritten, daß es eine Auferweckung, ein Endgericht und die Hölle gebe. Zu ewiger Strafe wird Allah sie dorthin verbannen. „Welche der Wohltaten eures Herrn wollt ihr beide denn leugnen?“ (Vers 37–45). Denen aber, die die Lehren beherzigen, die aus dem Handeln Allahs mittels der Schöpfung und aus dem Koran zu ziehen sind, werden die Freuden des Paradieses genießen. „Welche der Wohltaten eures Herrn wollt ihr beide denn leugnen? Voll Segen ist der Name deines Herrn, des erhabenen, verehrungswürdigen!“ (Vers 46–78).

Was der Gesandte Allahs verkündet, das ist den Mekkanern, die ihm nicht glauben, zunächst allenfalls ein Ärgernis. Im schlimmsten Fall spotten sie über ihn oder treiben ihren Mutwillen mit ihm, wenn sie ihn in sein Gebet versunken antreffen. Die meisten halten es nicht für möglich, daß es eine Auferstehung, ein Gericht und ein Fortleben im Jenseits gibt. In Sure 55 klang dieses Thema an. Von einer Verfolgung Mohammeds kann man in aber seinen mekkanischen Jahren lange Zeit nicht sprechen. Anders als manche seiner frühen Anhänger, die unter dem Status von Unfreien litten und daher Übergriffen ausgesetzt waren, wagte man nicht, entschlossen gegen ihn vorzugehen und glaubte vermutlich auch nicht, dafür einen Grund zu haben. Aus den zahlreichen Nachrichten über diese Jahre geht allerdings hervor, daß Mohammeds Predigen die alten Konflikte zwischen den quraišitischen Sippen anheizten. Überdies war es eine beunruhigende Tatsache, daß seine Worte geeignet waren, die hergebrachte Loyalität, die man der eigenen Sippe schuldete, zu verwischen. Wer sich Mohammeds Lehren öffnete, der schien zu einer Art von Ausnahmestellung jenseits der ererbten Klanfreundschaften und Klanfeindschaften abzudriften.

Aus der Rückschau ist natürlich Mohammed die Figur, die in allen diesen Geschehnissen die Fäden in der Hand hält. Er soll es gewesen sein, der einigen seiner Anhänger, die sich bedrängt fühlten, empfahl, in das christliche Äthiopien auszuwandern, wo man für ihre Riten der Gottesverehrung Verständnis aufbringen werde. Wie man aus der Affäre um die „satanischen Verse“ weiß, ging es vor allem um die Niederwerfung (arab.: *as-suǧūd*) während des Gebets, die die heidnischen Mekkaner anstößig fanden, die in manchen christlichen Liturgien aber bei der Darbietung von Leib und Blut des Herrn üblich war. Der Verlust von wehrfähigen Männern war für die Mekkaner freilich unangenehm, und so vereinbarten Mohammed und seine Gegner einen Kompromiß: Sie billigten die Niederwerfung, vermutlich als ein Element der an der Kaaba zu vollziehenden Riten, wohingegen Mohammed sich dazu verstand, die in Sure 53 erwähnten Töchter Allahs als Gottheiten anzuerkennen, die in eigener Machtvollkommenheit für die sie Anrufenden bei Allah Fürbitte einlegen konnten. Ein Teil der Ausgewanderten begab sich daraufhin auf die Rückreise, erfuhr aber, daß Mohammed diese Vereinbarung widerrufen habe. Wie es heißt, wendeten sich einige von ihnen wieder nach Äthiopien, weitere mekkanische Anhänger des mohammedschen Gebetsritus, der die allem Geschaffenwerdenden angemessene Anbetungshaltung immer aufs neue herbeiführt, folgten ihnen.[31]

4. Mohammed als Prophet und seine Vertreibung nach Medina

In der Affäre um die „satanischen Verse" wird ein neues Selbstverständnis Mohammeds sichtbar, das sich im Laufe seines Wirkens als Gesandter Allahs aufgebaut hat. Wie diese Entwicklung vor sich gegangen ist, läßt sich nicht chronologisch genau nachzeichnen. Jedoch pocht er immer stärker darauf, daß der eine Allah, den er verkündet, von den mit dem Verstand begnadeten Geschöpfen auch eine klar benennbare Verhaltensweise fordert, in der sie ihre pflichtgemäße Anbetung zum Ausdruck bringen. So soll es künftighin ausgeschlossen sein, unbekleidet die Kaaba zu umkreisen. Denn auch die Gewänder, die man anlegt, sind ja Gnadengaben Allahs (Sure 7, 26–33)[32] und nicht etwa eigenmächtig von den Menschen hergestellte Mittel, die den allumfassenden Charakter göttlichen Schöpfungshandelns überdekken könnten. Unter diesem Gesichtspunkt ist es auch absurd, während der Pilgertage, in denen man unter besonders scharfer Beobachtung Allahs steht, die Häuser von hinten zu betreten (Sure 2, 189), wie schon erwähnt wurde. Die mohammedsche Gotteslehre in den Alltag zu übertragen, verlangt daher den heidnischen Mekkanern eine tiefgreifende Veränderung ihrer Lebensweise ab.

In Mekka wurde bekannt, daß der Negus die Flüchtlinge gut aufgenommen habe. Mit einer baldigen Rückkehr war nicht zu rechnen. Warum hatte Mohammed jenen Kompromiß verworfen? Aus der Rückschau nimmt man als Grund seine Glaubensstärke in Anspruch, aber das ist vermutlich Legende. Zweierlei Sachverhalte lassen sich ins Feld führen: Zum einen bemühte er sich um die Unterstützung durch die Ḥanīfen, Männer, die ihren Weg zum Monotheismus gefunden hatten, aber davon überzeugt waren, daß das Judentum und das Christentum nicht die Religion waren, die sie suchten. Wie zahlreich diese Gruppe in Mekka war, wissen wir nicht. Im quraišitischen Klan der Banū ʿAdī b. Kaʿb, dem der zweite Nachfolger Mohammeds ʿUmar

---

[31] MLL, 122 und 187–221; Mohammeds „Entschuldigung" für den Kompromiß: Sure 22, 52–55.

[32] Dieser Passus schließt sich an die Geschichte von der Vertreibung Adams und Evas aus dem Paradies an, die erfolgte, *bevor* Adam und Eva ihre Nacktheit als einen Grund zur Schamhaftigkeit erkannten (Sure 7, 26).

b. al-Ḫaṭṭāb angehörte, hatte es schon vor Mohammed jemanden gegeben, der wegen seiner religiösen Ansichten den Kaabakult hatte verändern wollen und deswegen aus Mekka vertrieben worden war. Männer mit vergleichbarer Gesinnung würde Mohammed nie und nimmer von seiner Botschaft haben überzeugen können, wenn er sich auf die Vielgötterei eingelassen hätte. Vieles von dem, was er über Gestalten des Alten Testaments vortrug, verdankte er zudem der ḥanīfischen Dichtung. Wollte er Ansehen gewinnen und Einfluß auf die mekkanischen Belange, dann gab es für ihn wohl kaum eine andere Möglichkeit, als mit dem fortzufahren, was er begonnen hatte, und alles daran zu setzen, sich zum Wortführer des Ḥanīfentums aufzuschwingen, freilich eines Ḥanīfentums, in dem die zu streng asketischer Lebensführung drängenden Grundsätze gemildert waren: „Allah berief mich zur (Verkündigung) des großzügigen Ḥanīfentums, nicht des Mönchtums" soll er gesagt haben.[33]

Der zweite Sachverhalt, der ihm die Zurückweisung der Vereinbarung nahelegte, war die Klansolidarität. Die Banū Hāšim zählten zu den bedeutendsten Sippen in Mekka, gegen ihn allein würde man nicht vorgehen. Dessen war er sich sicher, und es sind Aussprüche von ihm überliefert, die von keinerlei Verständnis für die Anhänger zeugen, die wegen ihres niedrigen gesellschaftlichen Ranges Drangsalierungen ausgesetzt waren (mit Bezug auf die Zeit nach der Hedschra: Sure 4, 97–99). Ihn allein traf dann auch nicht der Zorn der Mekkaner, sondern die Banū Hāšim insgesamt nebst einem anderen kleinen Klan, der seit langem mit ihnen verbündet war. Sie wurden geächtet und aus dem gewöhnlichen Leben Mekkas ausgeschlossen. Sie hatten sich in einem von der Siedlung abgeschotteten Gebiet aufzuhalten, das als die „Schlucht Abū Ṭālibs" bezeichnet wird. Nach der überlieferten Chronologie begann die Ächtung am ersten Tag des Monat Muḥarram des siebten Jahres nach Mohammeds Berufung. Es zeigte sich, daß sie nicht über einen langen Zeitraum hinweg streng aufrechterhalten werden konnte. Denn die Hāšimiten bildeten keine homogene Gruppierung; durch Ehen waren viele von ihnen mit Personen aus anderen Klanen verbunden, so daß eine Isolierung der Familien, die mit dem Störenfried Mohammed verwandt waren, mißlang. Ernst wurde es für Mohammed erst, als gegen Ende des zehnten Jahres nach seiner Berufung seine Ehefrau Ḫadīǧa und dann auch sein Onkel Abū Ṭālib starben. Ein anderer Onkel, ʿAbd al-ʿUzzā b. ʿAbd al-Muṭṭalib, der Mohammed alles andere als freundlich gesonnen war, erkannte, daß es jetzt seine Pflicht sei, den unbeliebten Neffen vor Übergriffen in Schutz zu nehmen. Er riet jedoch Mohammed an, Mekka zu verlassen.[34]

---

33 Vgl. erstes Kapitel (Was ist der Islam?), II. 2. MLL, 166; ZwKap., fünftes und sechstes Kapitel.

34 MLL, 235.

Mohammed folgte dieser Empfehlung. Er wanderte nach aṭ-Ṭāʾif, der wohlhabenden Nebenbuhlerin Mekkas. Dieser Ort, der übrigens mit Mauern geschützt gewesen sein soll, besaß ebenfalls ein Pilgerheiligtum, so daß Mohammed hoffen mochte, ähnliche Voraussetzungen für seine Mission anzutreffen. Allerdings hatten quraišitische Klane, die mit den Hāšimiten verfeindet waren, Landbesitz bei aṭ-Ṭāʾif, so daß man Mohammed dort nicht willkommen hieß. Er mußte nach Mekka zurückkehren und war nun bei seinen Gegnern vollends in Mißkredit geraten. In dieser Lage war es für ihn nicht leicht, jemanden zu finden, der ihm Schutz gewährte. Die Uneinigkeit der quraišitischen Klane schlug jedoch zu Mohammeds Gunsten aus, und er durfte vorerst zum letzten Mal die Vorzüge der heidnischen Stammessolidarität genießen.[35]

Gefährdet, wie er war, gab er in seinen Verlautbarungen doch nicht klein bei, sondern warf ziemlich unverblümt die Frage nach der Macht in Mekka auf, die nach seiner Auffassung wegen des von ihm verkündeten Monotheismus unabweisbar war. Im Koran hat er deutliche Zeugnisse hierfür gegeben. Sure 7 enthält einige der schlagendsten. Der 31. Vers, in dem er die Vollziehung der Riten in unbekleidetem Zustand untersagt, mithin eine neue Verhaltensregel fordert, wurde schon erwähnt. Die Stiftung neuer Regeln ist nach seiner Ansicht das Charakteristikum, das seine bisherigen Offenbarungen von den jetzt einsetzenden unterscheidet. Allahs Barmherzigkeit werde, das verspricht er im 157. Vers, all jenen zuteil, die „dem Gesandten, dem heidnischen Propheten, folgen, den sie bei sich in der Tora und im Evangelium niedergeschrieben finden. Er befiehlt ihnen das Billigenswerte und verbietet ihnen das Verwerfliche, erlaubt ihnen das (rituell) Einwandfreie, untersagt ihnen die (rituell) schlechten Dinge und nimmt von ihnen ihre drückende Verpflichtung und die Fesseln, die auf ihnen lasteten. Diejenigen, die an ihn glauben, ihn stärken und unterstützen und dem Licht folgen, das mit ihm herabgesandt wurde, werden folglich die Glückseligen sein".[36] „Das Billigenswerte befehlen, das Verwerfliche verbieten", das ist die Formel, mit der er fortan seine neue, zusätzliche Aufgabe, diejenige eines Propheten, zusammenfaßt. Sie hat er für alle Menschen auszuführen, auch für Juden und Christen, denen er die Erschwernisse abnimmt, die sie sich eigenmächtig und gegen Allahs Willen auferlegt haben, nämlich die komplizierten Speisevorschriften und das Mönchtum. Deswegen sei von ihm schon in der Tora und im Evangelium die Rede, behauptet er.

Wie der Koran an etlichen Stellen belegt, ließen sich viele Mekkaner von Mohammeds erweitertem Geltungsanspruch nicht beeindrucken, zumal damit

[35] Ebd., 243 f.

[36] Vgl. hierzu neunzehntes Kapitel (Was lehrt der Islam über die Frauen und die Ehe?), I. 2.

ja, wie bereits angedeutet, eine tiefgreifende Umwälzung ihres Daseins verbunden gewesen wäre. Im Gegenteil, sie hielten Mohammed für einen Zauberer, der manchen Menschen die Sinne verwirre, und fragten, warum sein Allah ihm nicht reiche Gaben herabsende. Im übrigen sei es befremdlich daß dieser Allah einen ganz gewöhnlichen Menschen mit einer so wichtigen Mission betraue (Sure 25, 4–8). Ihnen fällt auch auf, daß Mohammed den Wortlaut seiner Verkündigungen nachträglich ändert, und sie verlangen von ihm, er solle den Koran in Form von Papyrusblättern vorweisen. Mohammed erwidert mit dem schwachen Argument, sie würden, selbst wenn er es täte, nur das glauben, was ihnen zusage (Sure 6, 91). Auch weist er darauf hin, daß Allahs Worte so zahlreich sind, daß die diesseitigen Mittel des Niederschreibens nie ausreichen würden, um sie vollständig zu erfassen (Sure 31, 27).[37]

Als Gesandter hatte Mohammed eine Botschaft zu übermitteln, die man eingrenzen konnte; der Prophet, der „das Billigenswerte befiehlt und das Verwerfliche verbietet", muß die Ausführungsbestimmungen der Botschaft darlegen, und das kann er schwerlich auf einer Anzahl von Papyrusblättern. Die Mekkaner würden ihm nicht glauben, selbst wenn er in den Himmel hinaufstiege, meint Mohammed in Sure 17, Vers 93. Mit diesen resignierenden Worten läßt Mohammed die Vision anklingen, die ihm nach der überlieferten Datierung achtzehn Monate vor der Vertreibung sein Prophetentum am wirksamsten beglaubigen sollte: Er wurde, als er an der Kaaba schlummerte, sanft aufgeweckt und durch die sieben Schichten des Himmels emporgeführt. Dabei kam er an den früheren Propheten vorbei, die ihn freudig begrüßten. Auf den Rat Moses hörend, handelte er Allah 45 von den ursprünglich geforderten fünfzig täglichen Pflichtgebeten ab, so daß die Muslime auf ausdrücklichen Befehl Allahs – und nicht nach eigenem Entschluß – fünf zu verrichten haben.[38]

Sure 7 verdient nicht zuletzt deshalb Aufmerksamkeit, weil sie zeigt, wie angespannt Mohammeds Beziehungen zu den führenden Klanen Mekkas nun waren. Trotzdem scheute er sich nicht, ihnen mit dem Verlust der Macht zu drohen.[39] Er erzählt, wie Mose vor den Pharao tritt, den Prototypen eines „Beigesellers", der seine eigenen Kräfte höher einschätzt als Allahs Schöpfungshandeln. Durch die Wunder, die Mose in der Gegenwart des Pharao wirkt, werden einige seiner Würdenträger bekehrt, was letzteren zu dem empörten Ausruf veranlaßt: „Ihr seid in den Glauben an Mose eingetreten, bevor ich es erlaubte. Dies sind Ränke, die ihr in der Stadt geschmiedet habt,

---

[37] Vgl. hierzu viertes Kapitel (Was ist der Koran?).

[38] Zu Einzelheiten vgl. meinen Aufsatz „Mohammeds Himmelfahrt und Nachtreise. Wie Mohammed seine Mission legitimierte", in: Religionen unterwegs, 22. Jahrgang, Heft 1, März 2016, 4–10.

[39] Vgl. achtzehntes Kapitel (Wie sieht der Islam die Nichtmuslime?), I. 1.

um ihre Bewohner aus ihr zu vertreiben!" Die ungläubigen Ägypter leugneten hartnäckig die Gefahr, in der sie schwebten: „So schickten wir über sie die Flut, die Heuschrecken, Läuse, Frösche, das Blut – (alles) klare Zeichen. Sie aber blieben hochmütig … Dann rächten wir uns an ihnen und ersäuften sie im Meer … Den zuvor für schwach Befundenen gaben wir den Osten und den Westen des Landes als ihr Erbteil" (Sure 7, Vers 104–137).[40]

Die Ratsversammlung des Pharao, die von Mohammed mit demselben Wort benannt wird wie die mekkanische, öffnet sich nicht der Botschaft des Gottesgesandten und Propheten Mose und wird mit dem Untergang bestraft. Mohammed drohte den feindlich gesonnenen Mekkanern, sie würden die gleiche Strafe erleiden (Sure 8, 32 f.) wie einst die Äthiopier, die sich zu Zeit seines Großvaters ʿAbd al-Muṭṭalib der Kaaba hatten bemächtigen wollen und in einem Steinhagel vernichtet worden waren (Sure 105). Der Rat seines Onkels ʿAbd al-ʿUzzā b. ʿAbd al-Muṭṭalib, sich anderswo eine Bleibe zu suchen, war in jenen letzten Jahren, die Mohammed in Mekka verbrachte, schon auf fruchtbaren Boden gefallen. Unter den Möglichkeiten, die Mohammed in Erwägung zog, war Medina die anziehendste, denn mit dem Stammesverband der Ḫazraǧiten war er, wie schon dargelegt, verwandt. Etliche von ihnen fühlten sich von seinen Lehren angesprochen, traten während der Pilgertage mit ihm in Verbindung und sagten ihm während einer Begegnung an der Örtlichkeit ʿAqaba zu, sich seinen aus dem Eingottglauben folgenden Verhaltensweisen zu unterwerfen. Die Wendung „der heidnische Prophet" bzw. „der zu den Heiden entsandte Prophet" ist vermutlich ein Echo dieser Geschehnisse. Denn die Ḫazraǧiten, „Heiden", waren damals in einem Krieg den jüdischen Stämmen Medinas unterlegen, die sich mit dem rivalisierenden arabischen Stammesverband der Ausiten vereint hatten. Von den Juden wurden die Araber nicht für voll genommen (vgl. Sure 3, 75), eben weil letztere Heiden, hebräisch *ummōt*, waren. Ein unter den Heiden berufener Prophet (arab.: *an-nabī al-ummī*) werde diesen Makel beheben, mag man sich unter den Ḫazraǧiten gedacht haben, die sowohl beim ersten als auch beim zweiten ʿAqaba-Treffen die große Mehrheit unter den Medinensern ausmachten, die sich den Lehren Mohammeds verpflichteten.[41] So entstand in Medina eine kleine Gemeinde, die Mohammeds Lehren in die Tat umsetzen wollte. Dieser entsandte Koranleser dorthin und ließ die Mitglieder im muslimischen Gebetsritus unterweisen.

Schon bevor für Mohammed die Lage in Mekka zu gefährlich wurde, entschlossen sich Männer, die mit seinen ḥanīfischen Lehren sympathisierten, nach Medina zu gehen. In der überlieferten Prophetenvita ist davon die Rede, daß dies mit Mohammed ausdrücklicher Zustimmung geschehen sei. Das ist

---

40 Zw.Kap., sechstes Kapitel.

41 MLL, 250–269; Zw.Kap., siebtes und achtes Kapitel.

wenig wahrscheinlich, da sie nicht von ḫazraǧitischen, sondern von ausitischen Sippen aufgenommen wurden. Als Mohammed in Medina eintraf, soll er zunächst bei jenen mekkanischen Flüchtlingen Quartier bezogen, bald danach, sich einem Wink Allahs überlassend, jedoch zu den mit ihm verschwägerten Ḫazraǧiten weitergezogen sein.[42] Sobald er sich zum Herrn von Medina aufgeschwungen hatte, setzte er alles daran, seine Verwandten zu Lasten der Ausiten und der mit ihnen verbundenen jüdischen Stämme zu begünstigen, vermutlich um die Niederlage wettzumachen, die die Ḫazraǧiten einige Jahre vor seiner Ankunft gegen ihre Rivalen erlitten hatten.

5. Der Anführer der Kampfgemeinschaft der Gläubigen

Die islamische Prophetenvita faßt die zehn Jahre des Wirkens Mohammeds in Medina unter dem Begriff der Kriegszüge (arab.: Pl. *al-maġāzī*) zusammen.[43] Wesentlich neue Aspekte gewinnt seine Botschaft nun nicht mehr. Wie sich in Sure 7 andeutet, steht fortan, nach seiner Vertreibung (Sure 47, 13), der Kampf um die Rückkehr nach Mekka im Mittelpunkt seiner Bestrebungen. In Sure 2, die ungefähr anderthalb Jahre nach der Vertreibung entstand,[44] geht es zunächst um das Recht, an den alljährlichen mekkanischen Pilgerriten teilzunehmen, das ihm, dem Vertriebenen, verwehrt wurde. In den Versen 190 bis 193 befiehlt er seinen Anhängern, für die Verwirklichung dieses Zieles mit allen Mittel zu kämpfen, allerdings, wenn der Feind geschlagen ist, unnötige Grausamkeiten zu vermeiden. Um der von ihm verkündeten wahren Daseinsordnung willen darf freilich auch das in der unmittelbaren Umgebung der Kaaba geltende Friedensgebot verletzt werden. Erst wenn niemand mehr einen Muslim in seinen Überzeugungen wankend machen will, ist der Kampf zu Ende.

Unter Mißachtung des Gastrechts, das er bei den arabischen Stämmen Medinas genoß, hatte er schon bald nach seiner Ankunft aus mekkanischen Flüchtlingen gebildete Streifscharen ausgeschickt, die ihn über die mekkanischen Verhältnisse unterrichten und vermutlich auch seine Feinde beunruhigen sollten. Desgleichen ließ er das Siedlungsgebiet der Ḫuzāʿiten erkunden, mit denen er, wie erinnerlich, über seine Mutter verwandt war. Die am Rande der Tihama entlangziehenden Karawanen aus Palästina mußten diese Region passieren; sie würden eine leichte Beute sein, hoffte Mohammed, der für sich und seinen Anhang Mittel zur Lebensfristung benötigte. Die Aussicht auf

---

[42] MLL, 271.

[43] Vgl. siebzehntes Kapitel (Wovon berichten die „großen Erzählungen" des Islams?).

[44] Über ihren Inhalt und ihre Bedeutung für den Machtanspruch Mohammeds vgl. das vierte Kapitel (Was ist der Koran?), II. 4. und III.

reiche Beute bewegte auch Ḫazraǧiten und Ausiten zum Mitmachen. Der Anführer der mekkanischen Karawane, der man auflauern wollte, bekam jedoch rechtzeitig Wind von der Gefahr, beschleunigte die Reise und bat zudem die Mekkaner, ihm eine kampffähige Karawane entgegenzusenden. Die beiden mekkanischen Karawanen verfehlten einander. So kam es, daß Mohammed bei der Örtlichkeit Badr nicht auf die Handelskarawane, sondern auf zum Kampf gerüstete Mekkaner traf. In einem blutigen Gemetzel gewann er mit knapper Not die Oberhand.

Der Sieg bei Badr im Jahre 624, den die muslimische Propaganda zu dem ersten, gottgewollten Triumph über die Ungläubigen und zum Vorbild für den muslimischen Kampf um den Sieg der wahren Daseinsordnung aufbauscht, hatte für Mohammed fürs erste unangenehme Folgen. Hätte er als der Prophet nicht wissen müssen, daß man nicht, wie er versprochen hatte, vor einem leichten, aber reich entlohnten Erfolg stand? In Sure 8 versucht er, den Willen Allahs, der im unerwarteten Lauf der Dinge zum Ausdruck gekommen sei, zu seinen Gunsten zu deuten und rühmt die Kampfgemeinschaft der wahrhaft Gläubigen, die sich aus den mekkanischen Auswanderern und ihren medinensischen Helfern zusammensetze (Sure 8, 72 und 74). Diese Gemeinschaft zu preisen, war auch dringend geboten, denn Mohammed mußte gewärtigen, daß die Mekkaner die Angelegenheit nicht auf sich beruhen lassen würden. Und die Medinenser waren fortan wohl oder übel mit von der Partie, in die sie sich durch Mohammed, dem sie nichts weiter als den herkömmlichen Fremdenschutz gewährt hatten, hineingezogen sahen. Es verwundert nicht, daß etliche unter ihnen sich aus dieser Verstrickung zu lösen versuchten, allerdings vergeblich. Es fehlte ihnen an Entschlossenheit, sich des Eindringlings zu entledigen. Im Koran beschimpft Mohammed diese Besonnenen als Heuchler, und er verfügte auch über hinreichend gewaltbereite Anhänger, die die Opponenten einschüchterten oder umbrachten. Die jüdischen Stämme Medinas hielten von dem Eindringling und seinem Prophetentum naturgemäß nicht viel. Mohammed verdächtigte sie bei passenden Gelegenheiten, heimlich mit den Mekkanern im Bunde zu stehen, und rechtfertigte hiermit, daß er sie teils vertrieb, teils in die Sklaverei verkaufte, teils tötete.[45]

Knappe sechs Jahre, bis zum Januar 630, dauerten die kriegerischen Auseinandersetzungen mit Mekka. Dabei kamen Mohammed und seine Gläubigen zweimal in höchste Bedrängnis, nämlich 625, als ein mekkanisches Heer

---

[45] Eine Vereinbarung über die Stellung der zum Judentum übergetretenen Mitglieder der *arabischen* Stämme wird in der Literatur oft zu einer „Verfassung“ stilisiert, die eine Gleichbehandlung der Andersgläubigen verfügt habe. Das hat in den Quellen nicht die geringste Grundlage. Vgl. MLL, 342–350, 359, 366–370; Zw.Kap., zehntes Kapitel.

weit in das Gebiet von Medina eindrang und Mohammed selber in Lebensgefahr geraten sein soll, sowie während des sogenannten Grabenkrieges im Jahre 627. Die Mekkaner hatten damals ein breites Bündnis arabischer Stämme, von Mohammed „die Parteiungen" genannt (vgl. Sure 33), zusammengeschmiedet und Mohammed in einem Teil von Medina, den er durch einen Graben hatte sichern lassen, belagert. Die Kämpfe zogen sich jedoch ergebnislos hin, und es scheint vor allem am Mangel an Viehfutter gelegen zu haben, daß die Koalition der Feinde auseinanderfiel. Mohammed nutzte den unverhofften Erfolg, um die jüdischen Stämme, die er des geheimen Einverständnisses mit den Mekkanern zieh, zu vertreiben bzw. zu enteignen, die wehrfähigen Männer umzubringen und die Frauen und Kinder als Sklaven zu verkaufen.[46]

Mit der Verkündung von Sure 33 „Die Parteiungen", nämlich der uneinigen arabischen Stämme, denen die „Partei Allahs" (arab.: *ḥizb Allāh*) gegenübersteht – mit Sure 33 feiert sich Mohammed als den Propheten, der über jeglichen irdischen Verwandtschaftsgrad hinaus den Gläubigen nahesteht (Vers 6); aber selbst Allah ist mit ihm so eng verbunden, daß Er und die Engel zu Mohammed gewandt die rituelle Beugung des Gebets vollziehen, worin die Gläubigen Allah und den Engeln nacheifern sollen (Vers 56). In solcher Stimmung der Auserwähltheit glaubt sich Mohammed in der Lage, von Bewaffneten begleitet, mit einer größeren Anzahl von Anhängern nach Mekka ziehen und die Erlaubnis zum Vollzug der Pilgerriten erzwingen zu können. Überläufer, die die Sache des heidnischen Mekka rechtzeitig verloren gaben, werden ihn in diesem Entschluß bestärkt haben. Aber noch war es nicht so weit. Bei al-Ḥudaibīja am Rande des mekkanischen *ḥaram*-Gebietes[47] traten ihm führende Persönlichkeiten der Stadt in den Weg, und zur Enttäuschung vieler seiner Gefolgsleute ließ sich Mohammed auf einen Kompromiß ein: Für zehn Jahre sollte zwischen Mekka und ihm Friede herrschen; im kommenden Jahr werde er Mekka betreten dürfen, um die Riten an der Kaaba auszuführen; Personen, die aus Mekka zu ihm die Seite wechseln, werde er zurückschicken, während die Mekkaner im gegenteiligen Fall dies nicht tun müßten.[48]

In den Reihen Mohammeds löste dieses Abkommen beträchtlichen Unmut aus; man unterstellte ihm, jetzt, wo der endgültige Triumph zum Greifen nahe sei, neige er den Quraišiten zu und stelle sich blind gegen die Verdienste, die die medinensischen Helfer um seine Sache erworben hätten. Dieser Riß, der hier zum ersten Mal spürbar wird, wird bis an Mohammeds Lebens-

---

[46] Zw.Kap., neuntes und zehntes Kapitel; MLL, 368–373.

[47] Das Mekka umgebende Gebiet, in dem unter anderem das Kämpfen verboten ist.

[48] MLL, 378 f.

ende nicht gekittet werden und wird sich bis in die ferne islamische Geschichte hinein auswirken. Ein Raubzug nach Ḫaibar, in ein Oasengebiet nördlich von Medina, in dem ebenfalls jüdische Stämme das Sagen hatten, diente wahrscheinlich dem Zweck, die Gemüter zu beruhigen. Das im Jahre 628 geschlossene Abkommen von al-Ḥudaibīja hatte ohnehin nicht allzu lange Bestand. Zwar führte er im darauf folgenden Jahr, wie ihm zugesagt worden war, die Pilgerriten durch, aber dann fand sich bald ein Grund, es für null und nichtig zu erklären. Mohammed bereitete sich auf einen Feldzug gegen Mekka vor. Als er im Januar 630 vor der Stadt erschien, zeigte es sich, daß die wichtigsten Anführer der Quraišiten anderen Sinnes geworden waren. Man ermöglichte ihm die kampflose Inbesitznahme Mekkas. Von der islamischen Historiographie wird dies Ereignis, wie nicht anders zu erwarten, als ein gewaltiger Triumph gefeiert. Mit Mohammeds Einzug in Mekka siegte, wie schon seit langem absehbar gewesen sei, der gottgewollte Glaube über das widergöttliche Heidentum, dessen Vertreter im letzten Augenblick nun auch den Weg zur Wahrheit beschreiten. Mohammed, in dieser Stunde des unwiderruflichen Erfolgs milde gestimmt, vergibt den meisten seiner ehemaligen Feinde, nur wenige, denen er besonders heftig zürnt, läßt er umbringen.[49]

Wenn man freilich die vielen überlieferten Details zur Kenntnis nimmt, ergibt sich ein anderes Bild. Sicher fühlte er sich in Mekka nicht; aus Angst vor Übergriffen vollzog er in Mekka nur den verkürzten Gebetsritus, wie er auf Reisen oder Feldzügen üblich war. Er bestellte einen gerade erst bekehrten Quraišiten zu seinem Statthalter und verließ Mekka, indem er sich in den Dienst quraišitischer Interessen stellte. Dieser Sachverhalt lenkt den Blick auf die größeren machtpolitischen Zusammenhänge, die seine Einnahme Mekkas begünstigten. Mohammed war durch seine Ehe mit Ḫadīǧa einem Klan verbunden, der für eine Annäherung an das Byzantinische Reich eingetreten war und deswegen von den übrigen Quraišiten gemieden wurde, die sich auf die Sasaniden orientierten. Diese hatten 613 Damaskus und ein Jahr später Jerusalem erobert und waren seither die vorherrschende Macht im palästinischen Raum, zu dem die Quraišiten enge Beziehungen unterhielten. In Sure 30, Vers 2 bis 5, spricht Mohammed die Hoffnung aus, daß sich das Blatt wieder wenden werde. Das war nun geschehen. Der byzantinische Kaiser Heraklius vertrieb die Iraner aus Palästina und Syrien, was Mohammed bekannt war. Im selben Jahr, als er bei al-Ḥudaibīja mit den Mekkanern verhandelte, wurde einer seiner Gesandten in Hims/Emesa durch den byzantinischen Kaiser empfangen.[50] Und weiteres hatte sich geändert, was für die Geschehnisse um Mekka im Winter 629 auf 630 noch wichtiger war. Bei al-Ḥudaibīja war einer

---

49 MLL, 425.
50 Ebd., 375.

der mekkanischen Unterhändler ein Mann von den Banū Ṯaqīf, den Herren von aṭ-Ṭāʾif, gewesen, die seit langem mit der Sippe des ʿAbd Šams, des mit den Hāšimiten verfeindeten Zweiges der Nachkommen ʿAbd Manāfs, zusammengingen.[51] Den Ṯaqafiten kann daher die Nachgiebigkeit gegen Mohammed nicht gefallen haben. Im Januar 630 jedenfalls brachte Mohammed die mekkanischen Quraišiten hinter sich, indem er unmittelbar nach seiner Inbesitznahme Mekkas gemeinsam mit ihnen unter Einsatz seiner medinensischen Krieger einen Feldzug gegen aṭ-Ṭāʾif und einen mit den Ṯaqafiten verbündeten Stammesbund unternahm. Einen großen Sieg konnte er nicht feiern, aṭ-Ṭāʾif war nicht zu erobern. Aber es fiel immerhin reiche Beute an, bei deren Verteilung er die Spätbekehrten begünstigte, da „ihre Herzen gewonnen werden" sollten (vgl. Sure 9, 60). Der Riß, von dem vorhin die Rede war, vertiefte sich; der Islam sei quraišitisch geworden, meinten diejenigen, die über Jahre Mohammeds Kampf gegen die quraišitische Elite zu ihrer Sache gemacht hatten. Freilich verfolgten die Unzufriedenen, auf der einen Seite die frühen Auswanderer, deren angeblich unerschütterliche Loyalität gegenüber Mohammed eine Fiktion ist,[52] auf der anderen die medinensischen „Helfer" (arab.: Pl. *al-anṣār*), ganz unterschiedliche Ziele, was unmittelbar nach Mohammeds Tod an den Tag treten sollte.[53]

Vorerst aber konnte sich Mohammed im Glanz des unbezwingbaren Machthabers sonnen, wie es im alten Arabien schon etliche gegeben hatte, und die arabischen Stämme handelten, wie sie es auch vorher schon in solcher Lage getan hatten: Wenn sie es für notwendig erachteten, schickten sie einige ihrer Vornehmen zu dem starken Mann, versicherten ihn ihrer Ergebenheit und lebten nach Möglichkeit ihr gewohntes unabhängiges Leben weiter. Von Dauer waren derartige Ansätze zu einer die Stämme übergreifenden Herrschaft nicht gewesen, es sei denn, die beiden um Einfluß in Arabien ringenden Großmächte, das Byzantinische Reich und das Reich der Sasaniden, hätten ihre Hände im Spiel gehabt. Das war diesmal nicht der Fall. Nachdem Mohammed Mekka formal seinem Einflußbereich einverleibt und die führenden Persönlichkeiten seiner quraišitischen ehemaligen Feinde durch den gemeinsamen Feldzug gegen aṭ-Ṭāʾif für sich eingenommen hatte, begab er sich nach Medina zurück, wo er dann nach dem herkömmlichen Verhaltensmuster die Ergebenheitsadressen zahlreicher Stämme empfing. Zeigten sich einige unter ihnen verstockt, so wußte er durch Drohungen ihren Eifer zu wecken. Mohammed versuchte allerdings, der Ergebenheit Dauer zu verleihen. Aus den überlieferten Schreiben, die er den Delegationen auf die Heimreise mitgab, ging hervor, daß sie Muslime geworden seien; da

[51] Ebd., 72.

[52] Über die Prophetengenossen vgl. das fünfte Kapitel (Was ist das Hadith?), I.

[53] Vgl. hierzu das zehnte und das elfte Kapitel.

sie, anders als die kampfbereiten Gläubigen in Medina, nicht unmittelbar für von ihm angeordnete Feldzüge zur Verfügung standen, ordnete er ihnen bewährte Männer bei, die in seinem Auftrag bei dem betreffenden Stamm Abgaben (arab. Pl. *aṣ-ṣadaqāt*, vgl. Sure 9, 60) einziehen und deren Erlös zur Stärkung der „islamischen" Solidarität innerhalb dieses Stammes verwenden sollten.[54] Die Kriege zur Verteidigung des islamischen Gemeinwesens von Medina verwandelten sich in Kriege zur Ausbreitung des Islams, wie er es in der berüchtigten Sure 9, etwa ein Jahr vor seinem Tod entstanden, ganz unverblümt bekräftigt (z.B. Vers 1–5, Vers 29, Vers 69–72, Vers 111). Dabei hatte er vor allem die Arabische Halbinsel im Auge, aber in den Quellen findet man Hinweise darauf, daß er Konflikte mit den beiden Großmächten nicht scheuen würde, in deren Grenzzonen in Syrien und im Irak arabische Stämme lebten.[55]

Die Medinenser, vermutlich die Mehrheit unter seinen Gefolgsleuten, verspürten nach den Erfahrungen, die sie im Zusammenhang mit Mohammeds Einnahme Mekkas hatten machen können, nicht die geringste Lust, weiter für seine nicht enden wollenden Feldzüge zur Verfügung zu stehen. Sie, die sich Mohammeds Kommando schwerlich entziehen konnten, lehnten es ab, daß er nun, da doch sein erklärtes Ziel erreicht war, davon redete, daß der Dschihad fortdauern werde.[56] Wütend läßt der Prophet Allah, sein Alter Ego, in der 631 entstandenen 9. Sure über die sogenannten Heuchler herziehen, die den kürzlich angeordneten Kriegszügen fernblieben (Vers 100–112). Diese Bösewichte verweigerten ihm nicht nur den Gehorsam, sie schufen sich sogar einen eigenen Gebetsplatz, eine „Gegenmoschee", was Allah besonders verwerflich findet (Vers 107–109). Sie taten dies gerade an dem Ort, an dem sich die ersten mekkanischen Auswanderer gesammelt hatten und an dem Mohammed, nachdem er nach Medina vertrieben worden war, wegen eines Hinweises Allahs nicht hatte bleiben wollen. Mohammed verfügte indessen über genügend Gefolgsleute, um einen Feldzug in byzantinisches Gebiet vorbereiten zu lassen. Die Truppe war zum Abmarsch bereit, als er Anfang Juni 632 nach einer kurzen, schweren Erkrankung starb.

Er hinterließ ein Gemeinwesen, das wegen der übergroßen, rasch errungenen machtpolitischen Erfolge im Inneren zerrissen war. Wie am Beispiel der „Gegenmoschee" erkennbar, stand die von ihm eingeführte rituelle Verehrung Allahs nicht in Frage, wohl aber sein Anspruch auf Unterwerfung unter seine Herrschaft, den er aus der Ritentreue wie selbstverständlich herleitete.[57]

---

[54] MLL, 383–401.

[55] Ebd., 431 f. Ferner neuntes Kapitel (Was ist der Dschihad?) und elftes Kapitel (Was sind Schiiten?), III. 1.

[56] MLL, 429–464; Zw.Kap., zwölftes Kapitel.

[57] Vgl. achtes Kapitel (Was sind Imamat, Kalifat und Sultanat?).

Seine Nachfolger erkannten, daß sie auf der innigen Verquickung der Leitung der Riten mit der zunächst vor allem militärisch verstandenen Machtausübung bestehen mußten, wenn das islamische Gemeinwesen, laut Koran das beste, das je unter den Menschen gestiftet wurde (Sure 3, 104 und 110), den Tod des Gründers überdauern sollte.[58]

III. Mohammed in der muslimischen Geschichte

1. Mohammeds Unfehlbarkeit

Die Ereignisgeschichte des Wirkens Mohammeds, auf die der westliche Historiker seine Aufmerksamkeit richtet, um auf deren Grundlage die anderen Aspekte des entstehenden wie des späteren Islams auszuloten, interessiert den Muslim allenfalls insofern, als sie die göttliche Sendung und den einmaligen, allen übrigen Menschen überlegenen Rang des Propheten zu bestätigen vermag. So werden Mohammeds medinensische Kriegszüge, unter die man auch von ihm gegen einzelne Widersacher initiierte Meuchelmorde rechnet, schon im ausgehenden 8. Jahrhundert als Beweis für die von Allah gewährte Unterstützung und folglich auch für die Wahrheit des Islams verstanden.[59] Je mehr Zeit nach dem Tod Mohammeds verging, desto mehr durch Allah gefügte Wunder vermochte man in den Überlieferungen über sein Leben zu erkennen: Es bestand für den glaubenseifrigen Muslim aus lauter „Beweisen des Prophetentums". Der bedeutende Hadithgelehrte al-Baihaqī (gest. 1066) schuf ein vielbändiges Werk zu diesem Thema, das alles, was ein Muslim über die Vita Mohammeds wissen sollte, als einen solchen Beweis wertete. Der diesem Gegenstand gewidmete Gelehrteneifer dauert bis in die Gegenwart an. Ein umfangreiches, für den nichtmuslimischen Leser freilich bedrückendes Zeugnis hiervon ist die monumentale „Encyclopedia of Seerah" (d. i. arab. *as-sīra*, der Lebensweg Mohammeds), die in den siebziger Jahren des vergangenen Jahrhunderts von einem „Muslim School Trust" in London herausgegeben wurde. Der rechtgeleitete Prophet zeigt sich in allen nur denkbaren Belangen sämtlichen Menschen haushoch überlegen.[60]

Da Mohammed letzten Endes der einzige Zeuge für die Wahrheit und Vollständigkeit der von ihm übermittelten göttlichen Rede, des Korans ist und auch die einzige Autorität des Allahs Willen entsprechenden Daseins, wie es

---

[58] Vgl. zehntes Kapitel (Was sind Sunniten?) und elftes Kapitel (Was sind Schiiten?).

[59] Tilman Nagel: Allahs Liebling. Ursprung und Erscheinungsformen des Mohammedglaubens, München 2008, 87–89.

[60] Zw.Kap., zwanzigstes Kapitel.

im Hadith verbürgt ist,[61] ergibt sich die Notwendigkeit, aus den Überlieferungen über sein Leben die absolute Sündlosigkeit herauszulesen, die wiederum der Beweis für die Unfehlbarkeit Mohammeds in allen seinen Äußerungen und Handlungen sein muß. Weder für eine Aussage des Korans noch des Hadith' kann man innerweltliche, d.h. von Menschen ersonnene Argumente vorbringen. Denn würde man solche Argumente anerkennen, hieße das nichts weniger, als Argumente und Entscheidungen als legitim zu werten, die nicht auf Allah zurückgehen. Um dem vorzubeugen, ist es Pflicht, über Mohammed nur Dinge zu denken und zu reden, die seine Autorität bekräftigen; Aussagen, die geeignet sind, auch nur bei Belanglosigkeiten seine Autorität anzutasten, sind mit schwersten Strafen zu bedrohen. Denn was bliebe vom Islam, wenn Mohammed nicht mehr glaubwürdig wäre?[62]

2. Der Geburtstag des Propheten

Seit dem frühen 13. Jahrhundert feiern die Sunniten das Fest des Geburtstags des Propheten. Es setzt den Glauben an die Sündlosigkeit und Unfehlbarkeit Mohammeds voraus und überträgt ihn in die Volksfrömmigkeit. Mohammed erscheint in zweierlei Seinsweisen. In der ersten, noch nicht mit den fünf Sinnen erfaßbaren und noch nicht der Zeit unterworfenen Welt fungiert er als der Beginn des göttlichen Schöpfungshandelns überhaupt. Es setzte ein, indem Allah diesen noch nicht dem Diesseits angehörenden Mohammed schuf, der sogleich den Daseinszweck der späteren Dämonen und Menschen zu erfüllen begann, indem er Allah anbetete (vgl. Sure 51, 56). Erst hiernach begann Allah mit dem diesseitigen, zeitlichen, sinnlich wahrnehmbaren Schöpfungshandeln. Im ersten Äon dieser Welt pflegte er Propheten auszusenden, die den Menschen auszurichten hatten, daß sie die Pflicht, ihn anzubeten, ordnungsgemäß zu erfüllen hätten. Doch immer wieder glaubte man den Propheten nicht, und Allah sah sich genötigt, die Ungläubigen zu vernichten, wie in den Straflegenden des Korans, z.B. in Sure 26, nachzulesen ist.

Mit der Geburt Mohammeds, dem Beginn des zweiten Äons, trat die endgültige Wende zur gottgewollten Wahrheit ein. Denn der Prophet, der nun in die sinnlich wahrnehmbare Existenz übergewechselt war, verkündete letztmalig den Willen Allahs, und zwar in aller Klarheit. Niemand hat nun noch einen Grund, der Wahrheit, dem Islam, fernzubleiben. Mohammed unternahm es daher, anders als seine Vorgänger im Prophetenamt, eigenhändig für den Triumph des Islams zu streiten. Alle Muslime haben diesem Beispiel zu fol-

---

61 Vgl. viertes Kapitel (Was ist der Koran?) und fünftes Kapitel (Was ist das Hadith?).

62 Allahs Liebling, 146–197.

gen und die Menschheit zum Islam zu bekehren, und zwar durchaus auch mit Waffengewalt. Dies ist der Inhalt der zum Teil seit dem 13. Jahrhundert überlieferten, zum Teil auch aktuell verfaßten Gedichte, die alljährlich zu den mehrtägigen Festlichkeiten vorgetragen werden: Mohammed sorgte vorbildlich für die Ausbreitung des Islams, eine Handlungsweise, wie sie ihm als dem ersten Menschen des zweiten Äons seinem Wesen gemäß eigen war. Seinem Beispiel folgen, heißt, den Triumph des Islams zu vollenden.[63]

[63] Vgl. siebzehntes Kapitel (Wovon berichten die „großen Erzählungen" des Islams?).

Viertes Kapitel

Was ist der Koran?

I. Grundsätzliches

Der Koran ist die heilige Schrift der Muslime. Das arabische Wort *qur'ān*, „Lesung" bzw. „Rezitation", verweist auf die wesentliche Art und Weise, in der dieser Text bis auf den heutigen Tag unter den Muslimen gegenwärtig ist, nämlich als vorgetragene Rede. Der Koran entfaltet seine seit 1400 Jahren ungeschmälerte Wirkung auf den Muslim nicht, indem dieser ihn still für sich studiert, sondern indem er einer Rezitation lauscht oder während des Vollzugs der Pflichtriten selber einzelne Verse spricht. Das Radio und das Fernsehen kommen seit Jahrzehnten dem Wunsch der Glaubenden nach, sich in die göttliche Rede zu versenken, Virtuosen des Koranvortrags geben ihre Künste zu Gehör und reißen die Zuhörer aus ihrem Alltag fort. Der Koran ist darüber hinaus *der* Bildungsstoff des Muslims. Man lernt zumindest einige Suren auswendig, man veranstaltet Rezitationswettbewerbe, desgleichen Wettkämpfe in der Fertigkeit, den Koran auswendig zu beherrschen: Den Teilnehmern werden beliebige Verse oder Bruchstücke von Versen genannt, von denen aus sie wortgetreu im Text fortfahren müssen. Auch Kinder treten hierbei auf. Der Tag, an dem ein Kind unter Beweis stellt, daß es ein *ḥāfiẓ* geworden ist, d.h. den Koran vollständig aus dem Gedächtnis aufzusagen vermag, ist für die ganze Familie ein Freudentag. Die für den zeitgenössischen Europäer gänzlich unverständliche Auffassung von Wort bzw. Rede, die sich hinter solchen Bräuchen verbirgt, wird uns in diesem Kapitel immer wieder beschäftigen. Wir werden ihr auch auf anderen Sachgebieten häufig begegnen.

Doch betrachten wir zunächst die schlichten Fakten! Der Koran ist in 114 Abschnitte von sehr unterschiedlichem Umfang, sogenannte Suren, eingeteilt. Eine jede Sure besteht aus Versen, die ebenfalls unterschiedlich lang sein können und keinem metrischen System folgen. Zwei oder mehr Verse enden jedoch auf einen Reim, weswegen man von Reimprosa spricht. Die Gesamtzahl der Verse wird in der von der al-Azhar-Hochschule in Kairo lizenzierten Ausgabe mit 6236 angegeben.

Anders als die Evangelien, die nach Jesu Kreuzestod zusammengestellte Berichte sind, ist der Koran in unmittelbarer Verbindung mit dem Auftreten Mohammeds als des Gesandten Allahs entstanden, das sich von 609 bis 632 erstreckte. Allerdings stehen die Suren im heutigen Koran nicht in der chronologischen Reihenfolge. Sie sind vielmehr in absteigender Länge angeordnet: Sure 2 ist die längste, am Ende stehen die kürzesten. Die in Medina entstandene erste Sure „die Eröffnende", faßt in überaus treffender Weise die Lehren des Islams zusammen und wurde zu Recht dem gesamten Korpus vorangestellt.[1] Es gab nach Mohammeds Tod verschiedene Reihungen der Suren, es gelang jedoch dem dritten Kalifen ʿUṯmān b. ʿAffān (reg. 644–656), die bis heute gültige als die verbindliche durchzusetzen.

Bis auf Sure 9 beginnen alle Suren mit der *basmala*, d.h. mit der Formel „Im Namen Allahs, des Barmherzigen, der Erbarmen erweist" (arab.: *bismi 'l-lāh ar-raḥmān ar-raḥīm*). Diese auch sonst im islamischen Kult wie im Alltag allgegenwärtigen Worte zählen freilich nicht zum offenbarten Text, sie gehören nicht zu den 6236 Versen des Korans. Wann Mohammed die Benutzung dieser Formel vorschrieb, ist unbekannt. In Sure 27, die aus der mekkanischen Zeit seines Wirkens (609–622) stammt, wird erzählt, daß Salomo der Königin von Saba eine Botschaft überbringen läßt, die mit ebendiesen Worten beginnt (Vers 30). Sie waren jedenfalls für den Gesandten Allahs charakteristisch und werden bis auf den heutigen Tag über Schriftstücke aus muslimischer Feder gesetzt, deren Inhalt jenseits rein privater Mitteilungen liegt. Die heidnisch-mekkanische Einleitung wichtiger Schriftstücke lautete hingegen „In deinem Namen, o Allah!",[2] enthielt mithin keinen Hinweis auf Allahs fortwährendes Schöpfungshandeln, den Kern der mohammedschen Verkündigung, der in dem Begriff der Barmherzigkeit zusammengefaßt ist.[3] Wenn Muslime den Koran zitieren, nennen sie die betreffende Sure nicht bei der Nummer, die sie in der unter dem Kalifen ʿUṯmān b. ʿAffān (reg. 644–656) für verbindlich erklärten Reihung hat. Sie verwenden stattdessen ein schon in frühester Zeit üblich gewordenes Stichwort, das als kennzeichnend für den Inhalt der betreffenden Sure empfunden wird. So spricht man im obigen Fall nicht von Sure 27, sondern von der Sure „Die Ameisen". Salomo nämlich zieht mit seinem riesigen Heer aus Menschen, Dämonen und Vögeln durch das Tal der Ameisen. Eine von ihnen rät ihren Gefährtinnen, sie sollten sich rasch in ihre Behausungen zurückziehen, um nicht von den Scharen Salomos zermalmt zu werden, ohne daß diese das überhaupt bemerken. Salomo vernahm diese Worte, mußte darüber lächeln und bat Allah, ihn mit der gleichen Ergebenheit zu begnaden (Vers 17–20).

---

[1] Tilman Nagel: Mohammed. Zwanzig Kapitel über den Propheten der Muslime, München 2010, 115.

[2] Ders.: Mohammed. Leben und Legende, München 2008, 378.

[3] Sein Inhalt entspricht keineswegs dem heutigen westlichen Sinn des Wortes, vgl. das zweite Kapitel (Wer ist Allah?), II. Siehe ferner unten, II. 3.

Zu Mohammeds Zeit kursierten die mit solchen Namen gekennzeichneten Suren als eigenständige Texte. Während seiner mekkanischen Jahre wurde sich Mohammed darüber klar, daß er seine Verkündigungen in schriftlicher Form, als „Buch“ (arab.: *al-kitāb*), vorweisen müsse. Denn die Mekkaner forderten ein göttliches Zeichen, das Mohammeds Anspruch, der Gesandte Allahs zu sein, bestätigen sollte. Als Mohammed ihnen daraufhin entgegenhielt, er verfüge doch über das vom Himmel zu ihm herabgesandte Buch, ließen seine Feinde das nicht gelten (Sure 29, 51). Doch selbst wenn Allah ihm ein aus Papyrusblättern gefertigtes Buch schickte, könnte das die Mekkaner nicht von der Wahrheit seiner Sendung überzeugen; sie würden darin nichts weiter als eben Papyrusblätter sehen, die er herbeigezaubert habe (Sure 6, 7). Mohammed beharrte trotzdem darauf, daß seine Offenbarungen ein aus dem Himmel stammendes Buch ausmachten. Entsprechende Einleitungen finden sich vor zwanzig Suren aus mekkanischer Zeit, desgleichen noch vor den frühmedinesischen Suren 2 und 3; in Medina wurden den Suren 12 und 13, die in Mekka entstanden waren, derartige Einführungsverse vorangestellt.

Aus diesen Umständen folgt überdies, daß zu Mohammeds Lebzeiten manche Suren durch Einleitungsverse ergänzt und vermutlich auch sonst revidiert wurden. Einige Koranausgaben teilen dem Leser nicht nur mit, ob eine Sure in Mekka oder Medina „herabgesandt“ wurde, sondern benennen auch die Verse, die Mohammed in Medina in eine ältere, also mekkanische Sure einfügte. Dieses Vorgehen hängt damit zusammen, daß sich Mohammed in Mekka ab einem bestimmten Zeitpunkt nicht mehr nur als den Gesandten Allahs sah, sondern zusätzlich als dessen Propheten, der die Aufgabe zu übernehmen habe, „das Billigenswerte zu befehlen und das Verwerfliche zu verbieten“. Er lehrte von da an die Menschen nicht mehr nur, daß Allah der in jedem Augenblick alles schaffende und bestimmende Gott sei, sondern auch, welche gottgewollte Daseinsordnung (arab.: *ad-dīn*) aus dieser Lehre folge.[4] In den medinensischen Suren herrscht diese Thematik vor, wenngleich die ältere immer wieder anklingt.

---

[4] Vgl. zweites Kapitel (Wer ist Allah?), II. und drittes Kapitel (Wer war Mohammed?), II. 2. Zu Einzelheiten vgl. meine Arbeit „Medinensische Einschübe in mekkanischen Suren“, Abhandlungen der Akademie der Wissenschaften in Göttingen 1995, Phil.-Hist. Klasse, 3. Folge, Nr. 211, 113–127.

II. Der Inhalt des Korans

1. Die ältesten Texte

Die ersten Sätze, die Mohammed offenbart worden sein sollen, stehen in Sure 74, Vers 1 bis 5. Sie lauten: „/1/ Der du dich mit dem Gewand zugedeckt hast! /2/ Steh auf und warne! /3/ Und deinen Herrn, den rühme! /4/ Und dein Gewand, das reinige! /5/ Und die Unreinheit, die meide!“ Mohammed, der dem mekkanischen Kultbund der „Strengen“ angehörte,[5] empfängt von „seinem Herrn“, der an der Kaaba verehrten höchsten Gottheit Allah, den Befehl, die rituelle Reinheit, die beim Umkreisen des Heiligtums zur Pilgerzeit einzuhalten ist, auf Dauer zu stellen. Der höchste Herr will nicht nur bei dieser Gelegenheit, sondern immer durch einen Menschen in reiner Kleidung angebetet werden. Möglicherweise spielt der 5. Vers auf die Vorstellung an, daß die rituelle Reinheit sich in einer Reinheit des Lebenswandels überhaupt niederschlagen solle. Denn Allah hat auf die Menschen acht und wird über sie am Ende der Zeiten zu Gericht sitzen.

Den meisten Mekkanern war jedoch der Gedanke an eine Auferweckung der Toten und an eine Rechenschaftspflicht vor Allah gänzlich fremd. Zu den frühesten Texten des Korans zählen daher Offenbarungen, in denen Mohammed in der Art der Äußerungen der Wahrsager die Lehren, die ihn von seinen Zeitgenossen unterscheiden, mit Schwüren zu bekräftigen sucht. Wie diese Wahrsager, so spricht auch er dank Eingebungen, nur daß seine Quelle nicht irgendein Dämon ist, sondern der höchste Herr. „/1/ Bei denen, die schnaubend dahinrennen! /2/ Bei denen, die die Funken stieben lassen! /3/ Bei denen, die morgens angreifen /4/ und dabei Staub aufwirbeln /5/ und plötzlich mitten in einer Schar stehen!“ Mit solchen Eiden beginnt Sure 100. Mehrfach (Sure 77 und 79) spielt Mohammed im Koran auf Pferde als Boten Allahs an, doch wird dieses Bild von der Vorstellung überlagert, es seien Engel, die diese Aufgabe übernähmen (Sure 51; nicht mehr der ältesten Phase zuzurechnen: Sure 37).[6] Und dies ist die Botschaft von Sure 100: „/6/ Der Mensch ist wirklich undankbar gegen seinen Herrn. /7/ Der Mensch ist selber Zeuge hierfür: /8/ Heftig begehrt er irdische Güter. /9/ Weiß er denn nicht: Wenn nach oben gekehrt wird, was in den Gräbern ist, /10/ und wenn zum Vorschein gebracht wird, was in den Herzen der Menschen verborgen ist, /11/ an jenem Tag wird ihr Herr genau über sie Bescheid wissen!“

---

5 Vgl. drittes Kapitel (Wer war Mohammed?), II. 2.

6 Vgl. Mohammed. Leben und Legende, 134.

2. Der Beginn des Nachdenkens über Allah

Die Warnung vor dem Spott über die Auferweckung und das Endgericht bleibt ein wesentliches Motiv des Korans. Nicht daran zu glauben, wird von Mohammed als Undankbarkeit gegen Allah aufgefaßt, der sich in seiner Vorstellung recht bald vom „höchsten Herrn“ zum einzigen Herrn wandelt. Da Mohammed mit seinem nunmehrigen Monotheismus die heidnischen Mekkaner nicht mehr nur moralisch diskreditiert, sondern ihre religiösen Überzeugungen angreift, begegnet man im Koran fortan auch theologischen Überlegungen.

Während sich Mohammed in den ältesten Texten des Korans von einer höheren Macht ergriffen fühlt, gegen die er sich zunächst zur Wehr setzt,[7] glaubt er bald darauf, fortwährend durch Allah angesprochen zu werden. Indem er die empfangenen Botschaften Dritten mitteilt, beruft er sich darauf, Allah oder dessen Boten geschaut zu haben. „/2/ Euer Gefährte geht nicht in die Irre und ist nicht fehlgeleitet. /3/ Er redet nicht nach Belieben. /4/ Vielmehr ist es reine Eingebung, die ihm eingegeben wird! /5/ Jemand mit starken Kräften hat sie ihn gelehrt, /6/ jemand mit Macht. Aufrecht stand er, /7/ als er sich am oberen Horizont zeigte. /8/ Dann näherte er sich, ließ sich herab. /9/ Zwei Bogenspannweiten nah stand er oder näher! /10/ Er gab seinem Knecht ein, was er ihm eingab. /11/ Das Herz erlügt nicht, was es sah. /12/ Wollt ihr (eurem Gefährten) bestreiten, was er sieht? /13/ Und noch ein zweites Mal sah er ihn herabkommen …“ Diesen Versen der 53. Sure ist die 81. an die Seite zu stellen. Sie beginnt mit der Schilderung des Anbruchs des Weltendes.[8] Jeder Mensch weiß dann, welche Werke er in seinem Leben vollbracht hat. Diese Warnung ist die Rede eines Boten, der großen Einfluß beim Herrn des Thrones hat, „/21/ eines Boten, dem man gehorcht und der vertrauenswürdig ist. /22/ Euer Gefährte ist nicht von Dämonen besessen! /23/ Er schaute ihn deutlich am Horizont!“ Die Dämonen, so glaubte Mohammed, lauschten heimlich, was bei Allah besprochen wurde, und was sie aufschnappten, das bliesen sie den Wahrsagern ein. Damit habe es nun ein Ende, fortan vertreibe man sie (Sure 72, 8 f.), versicherte Mohammed in anderem Zusammenhang. Was er vorträgt, kann demnach nur das sein, was ihm ein zuverlässiger Bote übermittelt: „/27/ Es ist nichts als eine Mahnung für die Menschen, /28/ für alle unter euch, die einen geraden Lebenswandel wünschen. /29/ Freilich könnt ihr nur wünschen, sofern auch Allah, der Herr der Welten, wünscht.“

---

[7] Auch die Berufungsgeschichten anderer Propheten berichten von einer derartigen Reaktion.

[8] Näheres hierzu und zur Herkunft der Motive, mit denen Mohammed den Weltuntergang schildert, siehe siebtes Kapitel (Was lehrt der Islam über das Jenseits?).

Aus sich heraus vermag der Mensch nichts. Auch die verborgensten Regungen folgen Allahs Ratschluß. So stellt Mohammed in Sure 53, Vers 26, fest, daß selbst die Fürsprache, die ein Engel bei Allah für irgendjemanden einlegen würde, nutzlos wäre, wenn Allah diesen Engel nicht hierzu bevollmächtigt hätte. Das große, im Koran tausendfach abgewandelte Thema der „Beigesellung" (arab.: *aš-širk*) klingt hier an. Der Mensch vermeint, selber etwas ausrichten zu können oder jemand anderen als Allah als Unterstützer zu gewinnen. Doch alle derartigen Bemühungen sind sinnlos: „Es gibt keine Macht noch Kraft außer bei Allah, dem Gewaltigen!" wie es in einem unendlich oft wiederholten geflügelten Wort heißt. In eindringlichen Worten beschwört Mohammed in Sure 53 diese, wie er meint, höchste Wahrheit: Allah teilt dem Menschen den Tod zu und das Leben; Allah macht ihn lachen und weinen; Allah verleiht den Reichtum. Allah bildet ihn im Mutterleib heran, er allein kennt jedermanns Lebensschicksal. Den Menschen enthüllt er davon nur so viel, wie ihm beliebt. Gleichwohl dürfen sie sicher sein, daß am Jüngsten Tag niemand die Last eines anderen wird tragen müssen. Alle Mächte und Kräfte, die man ihm „beigesellt", sind nichts als Schemen. Freilich sind die Mekkaner nicht die ersten, die diese Botschaft verwerfen. Dies taten schon die Leute Noahs und die Bewohner Sodoms, desgleichen die altarabischen Stämme der ʿĀd und der Ṯamūd. Schrecklich waren die Strafen die Allah über sie verhängte. Den Heutigen sollten sie zur Mahnung gereichen. Sie sollten sich lieber nicht spöttisch abwenden, sondern sich in Anbetung vor Allah niederwerfen (Sure 53, 26–62).[9]

Ausgefeilt sind die Argumente keineswegs, mit denen Mohammed den Ein-Gott-Glauben verficht. Überhaupt zeigt der ganze Koran in dieser Hinsicht erhebliche Schwächen. Mohammed setzt auf die Wirkung der Bilder und der Gefühle, die seine Worte hervorrufen, auf den „Zauber", den er, wie seine Feinde klagten, auf die leicht verführbare Jugend auszuüben vermochte.[10] Hierbei bediente er sich sehr oft der Straflegenden: Im Alten Testament erwähnte Gestalten warnen ihre Mitmenschen vor einem sorglosen, die Abrechnung am Jüngsten Tag aus den Augen verlierenden Lebenswandel; man verspottet die Mahner und tut ihnen manchen Tort an, schließlich greift Allah ein und straft die Ungläubigen schwer, ja, vernichtet sie. In dieses Schema, in dem sich Mohammeds Situation in Mekka widerspiegelt,[11] werden im übrigen nicht nur der jüdischen bzw. christlichen Überlieferung entlehnte Erzählmotive gepreßt, sondern auch Legenden arabischen Ursprungs, die von untergegangenen Stämmen handeln. Für Mohammed waren dies alles keine

---

[9] Vgl. drittes Kapitel (Wer ist Allah?), III.

[10] Mohammed. Leben und Legende, 135f.

[11] Vgl. drittes Kapitel (Wer war Mohammed?), ferner siebzehntes Kapitel (Wovon berichten die „großen Erzählungen" des Islams?), III. 1.

bloßen Schauermärchen; überall in Arabien traf man auf die Ruinen untergegangener Kulturen – unbestreitbare Zeugnisse für die Ernsthaftigkeit seiner Warnungen: „Geht im Lande umher und schaut euch an, welches Ende es mit den Leugnern genommen hat!" heißt es mehrfach (mekkanisch: Sure 6, 11; Sure 16, 36; Sure 27, 69; Sure 30, 42; medinensisch: Sure 3, 137).

Sure 26 ist eine Aneinanderreihung solcher stereotypen Straflegenden. Ein kurzer Auszug mag dies verdeutlichen. „105/ Die Leute Noahs ziehen die Gesandten der Lüge. /106/ Einst sprach ihr Bruder Noah zu ihnen: ‚Wollt ihr nicht gottesfürchtig sein? /107/ Ich bin ein vertrauenswürdiger Gesandter an euch. /108/ Daher fürchtet Allah und gehorcht mir! /109/ Ich erbitte von euch keinen Lohn. Mich zu belohnen, obliegt dem Herrn der Welten! /110/ So fürchtet denn Allah und gehorcht mir!' /111/ Sie entgegneten: ‚Dir sollen wir Glauben schenken? Dir schlossen sich doch nur die Niedrigen an!' /112/ (Noah) sagte: ‚Ich habe kein Wissen von alldem, was sie taten. /113/ Sie zur Rechenschaft zu ziehen, ist die Sache meines Herrn. Wenn ihr das nur merken würdet! /114/ Die Glaubenden aber will ich nicht fortjagen.[12] /115/ Ich bin nichts weiter als ein klarer Warner.' /116/ Sie sprachen: ‚Noah, wenn du nicht aufhörst, werden wir dich gewiß steinigen.' /117/ Er sagte: ‚Mein Herr! Meine Leute ziehen mich der Lüge! /118/ Darum öffne zwischen mir und ihnen die Schleusen des Himmels, aber rette mich und die Glaubenden mit mir!' /119/ Da erretteten wir ihn und diejenigen, die mit ihm waren, auf einem vollbeladenen Schiff. /120/ Die übrigen ertränkten wir danach. /121/ Darin liegt ein Zeichen, aber die meisten glauben nicht. /122/ Dein Herr ist der Mächtige, Barmherzige! /123/ Die ʿĀd ziehen die Gesandten der Lüge. /124/ Einst sprach ihr Bruder Hūd zu ihnen: ‚Wollt ihr nicht gottesfürchtig sein? /125/ Ich bin ein vertrauenswürdiger Gesandter an euch. /126/ Darum fürchtet Allah und gehorcht mir! /127/ Ich erbitte von euch keinen Lohn. Mich zu belohnen, obliegt dem Herrn der Welten! /128/ Ihr erbaut also auf jeglicher Anhöhe ein Wunderzeichen, um eure Eitelkeit zu befriedigen? /129/ Ihr legt euch Bauwerke zu und erhofft euch (auf diese Weise) ewige Dauer? /130/ Wenn ihr eure Kraft spielen laßt, dann wie Gewalttäter![13] /131/ Darum fürchtet Allah und gehorcht mir! /132/ Und fürchtet den, der euch, wie ihr wißt, versorgt, /133/ euch mit Vieh und Söhnen versorgt, /134/ mit Gärten und Quellen! /135/ Ich fürchte für euch die Strafe eines schrecklichen Tages!' /136/ Sie entgegneten: ‚Es ist uns gleich, ob du uns mahnst oder nicht! /137/ (Was wir tun), war schon der Brauch der Altvorderen. /138/ Wir werden keinesfalls bestraft werden!' /139 So ziehen

---

12 Noah will sie nicht fortjagen, auch wenn sie nur zu den am geringsten Geschätzten gehören.

13 Wie Menschen, die nicht beachten, daß alle Kraft und Macht einzig bei Allah liegt.

sie (Hūd) der Lüge. Deshalb vernichteten wir sie. Darin liegt ein Zeichen, aber die meisten glauben nicht.“ Die Personen und die Schauplätze wechseln, desgleichen die Handlungen, aber gemeint ist stets das mahnende Beispiel, das sich verallgemeinern läßt und daher für eine Deutung der Situation Mohammeds taugt, und ebendeshalb, wie Mohammed hofft, auch für eine Deutung der Situation der zweifelnden oder ihn sogar ablehnenden Mekkaner.

3. Die Verschriftlichung der Eingebungen

„/1/Trage vor im Namen deines Herrn, der schafft, /2/ der den Menschen aus einem Blutklumpen schafft! /3/ Trage vor! Denn dein Herr ist der Edelmütigste, /4/ der das Schreibrohr (zu nutzen) gelehrt hat, /5/ den Menschen gelehrt hat, was dieser nicht wußte!“ Mit diesen Worten beginnt Sure 96, die als die erste Sure, nicht als die erste Eingebung, gekennzeichnet wird. „Sure“ meint bereits in mekkanischer Zeit einen Text, der in sich abgeschlossen ist und daher vorgezeigt und mit Texten ähnlicher Art verglichen werden kann (vgl. Sure 10, 38 und Sure 11, 13). Die übrigen elf Verse von Sure 96 spielen auf die Bedrängnis an, die Mohammed – hier als „ein Diener (Allahs)“ bezeichnet – zu erdulden hat, wenn er das rituelle Gebet verrichtet. Doch er darf nicht klein beigeben. Allah wird seine Peiniger bestrafen. Er aber möge sich beharrlich vor Allah niederwerfen und sich so dem Einen annähern.

Die ersten Verse von Sure 96 legitimieren, ja fordern den Gebrauch des Schreibrohrs. Die Eingebungen sollen schriftlich niedergelegt werden, vermutlich weil das Mohammed in seinen Auseinandersetzungen stärken könnte. „/11/ Was wohl, wenn (der gepeinigte Mohammed) rechtgeleitet ist /12/ oder die Gottesfurcht anbefiehlt? /13/ Und was wohl, wenn (sein Gegner) ihn der Lüge zeiht und sich abwendet? /14/ Weiß er denn nicht, daß Allah (alles) sieht?“ Doch nicht allein dem Gesandten Allahs mochte die schriftliche Fassung der Eingebungen nutzen. Da dessen Anhängerschaft wuchs, mußte sie auch ohne sein Beisein über das verfügen, was er vorgetragen hatte. Daher mag es sein, daß sich die eben zitierten Verse 11 bis 14 von Sure 96 gar nicht auf ihn, sondern auf einen beliebigen „Diener Allahs“ beziehen.

Welche Veränderung sich in der Auffassung Mohammeds von seiner Berufung in seinen frühen mekkanischen Jahren vollzieht, ohne daß man sie chronologisch genau beschreiben könnte, zeigt sich am Wandel der Bedeutung des Wortes *kitāb*, „Niedergeschriebenes“, „Schriftstück“, „Buch“. In den Suren der frühen Zeit taucht dieses Wort in der Bedeutung „in Allahs Gegenwart geführtes Tatenregister“ auf. „Wem (am Tag des Gerichts) sein *kitāb* in die rechte Hand gelegt wird, mit dem wird auf leichte Weise abgerechnet“, anders aber verhält es sich mit demjenigen, „dem man sein *kitāb* hinter dem Rücken aushändigt"; er weiß nun, daß ihn die Hölle erwartet (Sure 84, 7–15; ähnlich Sure 69, 19–37). Desweiteren findet sich die Vorstellung, daß für jede Religionsgemeinschaft ein solches Verzeichnis geführt werde, so daß die Aburteilung kollektiv erfolgt (vgl. z.B. Sure 39, 68–70). Dieser Gedanke gewinnt mit der Zeit die Oberhand, so daß sich aus ihm die Szene entwickelt, in der Mohammed als Fürsprecher für alle Muslime auftritt.[14]

Daneben hat das Wort *kitāb* noch einen anderen Sinn. Es meint das durch Allah angelegte Verzeichnis aller Geschehnisse, die er während seines Schöpfungshandelns, also während des Bestehens der Welt, jeweils zu dem von ihm bestimmten Zeitpunkt „schaffen" wird. Allah kennt das Verborgene in den Himmeln und auf der Erde; er übersieht nicht das geringste Stäubchen; „es gibt nichts, was nicht in einer klaren Schrift niedergelegt wäre" (Sure 34, 3; vgl. Sure 6, 59 und Sure 11, 6). „Schrift" ist für Mohammed mithin das Sinnbild dafür, daß Allahs Schöpfungshandeln wohlgeordnet abläuft, weswegen die Hoffnung der Heiden, ihr Tun könnte unbemerkt bleiben, trügerisch ist. Was der einzelne tut, was die Gemeinschaft vollbringt, der er angehört, alles, was geschieht, ist Allah in jedem Augenblick und erst recht am Tag des Gerichts bewußt.

Ein weiterer und für Mohammed und den Islam wesentlicher Aspekt des bewußten Schöpfungshandelns Allahs ist die „Schrift", die in Gestalt des Korans Mohammed eingegeben bzw. zu ihm herabgesandt wurde. Schon vor Mohammeds Zeit wurde zu anderen Völkern die „Schrift" hinabgesandt, aber sie begriffen nicht, daß mittels ihrer die Rechtleitung verbürgt wird. „Denjenigen, die nicht geglaubt und (andere) vom Weg Allahs abgehalten haben, werden wir zu ihrer (diesseitigen) Bestrafung noch eine weitere (jenseitige) hinzufügen, weil sie Unheil stifteten." Am Jüngsten Tag werden jene Gesandten, die doch stets aus der Mitte ihrer Völker erwählt wurden, als Zeugen Allahs auftreten und beeiden, daß sie einst ihren Auftrag ausführten. „Wir haben dich als Zeugen gegen diese hier (d.h. die Mekkaner) berufen und die ‚Schrift' auf dich herabgesandt, und zwar als Erläuterung für alles und als Rechtleitung, als (Zeichen) von Barmherzigkeit und als Frohbotschaft für die Muslime" (Sure 16, 88f.). Zudem kristallisiert sich gegen Ende des mekkanischen Wirkens die Vorstellung heraus, daß die „Schrift", die nach Meinung der Heiden nur den Juden und den Christen, nicht aber ihnen „herabgesandt" worden sei, etwas ist, das man studieren kann (Sure 6, 155–157). Es ist mithin als ein „Buch" gedacht, wie denn die Juden und die Christen ihr „Buch" haben.

Wie schon in im einführenden Kapitel über das Grundsätzliche gesagt wurde, sind etliche Suren, die in dieser Zeit entstehen, mit einleitenden Ver-

---

14 Vgl. siebtes Kapitel (Was lehrt der Islam über das Jenseits?).

sen versehen, die den folgenden Text als einen Ausschnitt aus der klaren, deutlichen „Schrift“ ankündigen (mekkanisch: Sure 7, 10–15, 18, 26–28, 31, 32, 39–41, 43–46; medinensisch: Sure 2 und 3). Außer in den Fällen von Sure 12 und 13, denen eine solche Einleitung erst in Medina hinzugefügt wurde, ist sie stets schon in Mekka nach der Entstehung der betreffenden Sure dem Text vorangestellt worden. Mohammed war demnach auf dem Weg, ein der Tora und den Evangelien vergleichbares „Buch“ zu schaffen.[15] Von beiden hatte er allerdings keine klare Vorstellung. Und damit kommen wir noch einmal zu Sure 16, Vers 89, zurück: eine „Erläuterung für alles“, eine „Rechtleitung“, ein Zeichen von „Barmherzigkeit“ und eine „Frohbotschaft für die Muslime“. Mohammed sieht die in „irdische“ Schriftform gebrachten Eingebungen genau als das an, was Allahs allumfassendes Wissen ausmacht, wie eben dargelegt wurde. Ganz deutlich wird dies in den Versen 2 bis 4 von Sure 43 ausgesprochen: „Bei der klaren Schrift! Wir (d.h. Allah) haben sie zu einer arabischen ‚Lesung‘ (*qurʾān*) gemacht, hoffentlich versteht ihr (sie)! Sie (d.h. die klare Schrift oder die arabische Lesung) ist bei uns in der Mutter der Schrift (enthalten) und ist wahrhaft erhaben und weise.“

Vor solchen einleitenden Versen stehen oft Konsonantenverbindungen, die, anders als die *basmala*, zum offenbarten Text gerechnet werden; darüber hinaus finden sie sich auch vor einigen Suren, denen einleitende Hinweise auf die „Schrift“ oder das „Buch“ fehlen.[16] In diesen Buchstaben hat man Abkürzungen erkannt, die die betreffenden Suren als Bestandteile eines Korpus markieren, das den Muslimen die wesentlichen Erscheinungsformen des göttlichen Schöpfungshandelns nahebringt. Hierzu gehören auch die für die Menschen negativen Geschehnisse wie Untergang und Vernichtung, wie in anderem Zusammenhang am Beispiel von Sure 55 gezeigt wird.[17] Ebenso wie der Mond im Laufe eines Monats bis zum Erreichen seiner Fülle zunimmt und dann wieder zum Neumond abnimmt, so eignen Allahs Schöpfungshandeln, wenn man es unverfälscht von eigenen Überlegungen und Wünschen betrachtet, die aufbauenden wie auch die zerstörenden, vernichtenden Aspekte in stetem Wechsel.[18]

---

[15] Vgl. meine Untersuchung „Medinensische Einschübe in mekkanischen Suren“, Göttingen 1995 (Abhandlungen der Akademie der Wissenschaften zu Göttingen, philologisch-historische Klasse, dritte Folge, Nr. 211), 113–119.

[16] Vor neunundzwanzig Suren sind sie überliefert; es sind dies die mekkanischen Suren 7, 10, 11, 12, 13, 14, 15, 19, 20, 26, 27, 28, 29, 30, 31, 32, 36, 38, 40, 41, 42, 43, 44, 45, 46, 50, 68 sowie die beiden medinensischen Suren 2 und 3.

[17] Vgl. zweites Kapitel (Wer ist Allah?), II.

[18] Diese Thematik wird von Dieter Ferchl in seinem Buch „Neunundzwanzig Suren oder ein früher Koran“, Steyerberg 2013, grundlegend behandelt. Zu den hier genannten Einzelheiten vgl. ders.: Die Deutung der „rätselhaften Buchstaben“ des Korans, Steyerberg 2003, 103–113. Vgl. auch zweites Kapitel (Wer ist Allah?), VII.

Kehren wir zu Sure 43 zurück, die als ein Beispiel für die in Schriftform gebrachte „Lesung“ dienen soll! Ihr erster Vers ist die Markierung „Ḥā'-Mīm“, die für das heiße Wasser (*ḥamīm*) steht, das die Ungläubigen in der Hölle zu trinken bekommen (vgl. Sure 6, 70). Das Kernthema der Sure ist demnach das strafende Handeln Allahs (vgl. Sure 55, 33–45).[19] Ihre Adressaten sind die Mekkaner, die Allahs Gesandten verspotten. Sie tun dies, obwohl sie genau wissen, daß sie alles, was ihr Leben ausmacht, einzig Allah verdanken. Geradezu absurd ist es, daß sie Allah Töchter zuschreiben, denen sie Verehrung zollen (Vers 16–20; vgl. Sure 53, 19–30). Die Mekkaner mißachten den Warner Mohammed. Allah hat ihnen den Satan an die Seite gestellt, und so wird es mit ihnen ein schlimmes Ende nehmen, wie es auch mit den Menschen geschah, die von Abraham, Mose und Jesus vergeblich gewarnt worden waren. Dereinst, wenn sie die Qualen der Hölle erleiden, werden sie flehen, es möge sie der Tod ereilen; doch werden sie für immer den Torturen ausgesetzt sein (Vers 76f.). Angefügt ist eine Polemik gegen die Christen, die der Meinung seien, Allah habe sich ein Kind geschaffen. Sie treiben mit der Wahrheit ihr böses Spiel und werden am Jüngsten Tag das Urteil Allahs entgegennehmen müssen (Vers 81–83). Die Ungläubigen wissen sehr wohl, daß Allah sie schafft, aber sie bezeugen nicht die Wahrheit. Mohammed möge Nachsicht walten lassen, sie werden schon sehen, welches Ende es mit ihnen nehmen wird (Vers 87–89).

Die verschriftlichte „Lesung“ ist allein in Mohammeds Vorstellung der Tora und den Evangelien vergleichbar. In Wirklichkeit weist sie einen ganz anderen Charakter auf. Sie soll – unter Verwendung von Versatzstücken aus der jüdischen und christlichen Überlieferung – die Zuhörer dazu bewegen, den allumfassenden Charakter des Schöpfungshandelns Allahs nicht nur einzuräumen, sondern auch als Grundlage ihres Daseins und ihrer Weltauffassung anzuerkennen. Diesem Schöpfungshandeln muß der Kult entsprechen: Er darf keine Gegebenheiten aufweisen, die nach Mohammeds Ansicht als menschengemacht von Allah verworfen werden, weil sie die Sicht auf dessen Schöpfungshandeln trüben. Hierzu gehören etwa die heidnischen Bräuche, während der Pilgersaison die Wohnstätte nicht durch die Tür zu betreten oder die Kaaba nackt zu umschreiten.[20] Denn auch die Güter der Zivilisation werden durch Allah geschaffen (Sure 7, 32), werden also von den Menschen mit vollem Recht genutzt. Ein äußerstes Maß an Unglauben offenbaren aber diejenigen, die den Zwölfmonatszyklus der Pilgersaison durch Einschieben eines Schaltmonats immer wieder dem Sonnenjahr anpassen. Das sagt Mohammed, nachdem er im Jahre 630 die Macht über Mekka errungen hat: In

---

[19] Die Strafen ereilen die Dämonen und Menschen, die versuchen, ohne Allahs Vollmacht, also eigenmächtig, zu handeln (Vers 33).

[20] Vgl. drittes Kapitel (Wer war Mohammed?), II. 2.

der „Schrift Allahs“ hat das Jahr grundsätzlich nur zwölf Monate (Sure 9, 36 f.). Die damit verordnete Einführung des reinen Mondkalenders hat nicht nur zur Folge, daß Mekka aus dem auf der Arabischen Halbinsel eingespielten und am Sonnenkalender orientierten Pilgerwesen hinausfällt und dieses nach der islamischen Machtergreifung monopolisiert; der Mondkalender entspricht vielmehr dem Wesen des durch Mohammed verkündeten Islams. Die in ständigem Wechsel aufeinanderfolgenden Phasen des Mondes – zunehmend, abnehmend – sind die jedermann sichtbaren Zeichen des göttlichen Schöpfungshandelns, seiner allumfassenden Barmherzigkeit.[21]

4. Die Daseinsordnung

Mohammeds Vorstellungen vom zyklisch geordneten Schöpfungshandeln Allahs, ablesbar an den Phasen des Mondes, sollten durch das „Buch“ verbreitet werden. Mittels der vielfach wiederholten Bezeugung, daß es keinen Gott außer Allah gebe (vgl. Sure 3, 18), und mittels eines dieser Aussage angepaßten Ritus[22] sollten diese Vorstellungen zum Gemeingut der Muslime werden. Daß sie den drohenden Ankündigungen eines Weltendes und Weltgerichts widersprechen, die nur bei Annahme eines linearen Weltenlaufs plausibel sind, blieb unbeachtet[23] und wurde für Mohammed noch nicht zu einem Problem. Die Forderung, unentwegt Dankbarkeit zu bekunden und jegliche „Beigesellung“ zu unterlassen, enthielt im übrigen noch keine konkreten an den Glaubenden gerichteten Aufforderungen zu einem bestimmten Handeln. Auch die kultische Verehrung des Einen war noch nicht in den Einzelheiten geregelt. Mit anderen Worten: Dem zyklisch aufgefaßten allbestimmenden göttlichen Schöpfungshandeln trat noch nicht die Idee des zu belohnenden Gesetzesgehorsams entgegen, die dem Endgericht einen über Dank und Undank hinausgehenden Entscheidungsgegenstand zuwies.

Seit dem Augenblick, in dem Mohammed das Prophetentum beanspruchte, mithin gegen Ende seiner mekkanischen Zeit,[24] veränderte sich jedoch der Charakter der Eingebungen. Sie wandten sich einer neuen Thematik zu, nämlich dem göttlichen Gesetzeswillen. Die Annahme, dieser harmoniere völlig mit dem Schöpfungshandeln, überdeckte die eben angedeutete Widersprüch-

---

21 Vgl. hierzu Ferchl, Neunundzwanzig Suren, 225–229, 271 f.

22 Vgl. zwölftes Kapitel (Was versteht der Muslim unter Religion?).

23 Wie sollten Paradies und Hölle existieren, ohne daß Allah sein Schöpfungshandeln fortsetzte? Die Lehre von der Geschaffenheit und Endlichkeit der Welt erforderte aber einen Abbruch des Schöpfungshandelns. Vgl. hierzu zweites Kapitel (Wer ist Allah?), II. und III. sowie siebtes Kapitel (Was lehrt der Islam über das Jenseits?).

24 Tilman Nagel: Mohammed. Leben und Legende, München 2008, 179.

lichkeit. Den Juden und Christen Manipulationen an den gottgegebenen Vorschriften zu unterstellen, etwa die Verschärfung der Speisegebote oder die Vergöttlichung der Rabbiner und Mönche, war eine Art Vorwärtsverteidigung, mit der Mohammed Fragen nach den Spannungen unterbinden konnte, die zwischen dem vollständigen Geschaffenwerden des Diesseits und des Lebensschicksals einerseits und der angekündigten Rechenschaftspflicht am Ende der Zeiten andererseits obwalten. Was jedoch Kopfzerbrechen bereitete, war der Inhalt der göttlichen Eingebungen, der sich in dem Augenblick einer neuen Thematik zuwenden mußten, in dem Mohammed für sich das Prophetentum beanspruchte, also behauptete, einen – angeblich mit dem Schöpfungshandeln harmonierenden – Gesetzeswillen Allahs zu übermitteln. Daß der Weltenlauf bis in die Kleinigkeiten durch Allah geschaffen werde und hiermit auch die Früchte der Zivilisation gemeint seien, ließ sich leicht durch immer wieder neue Verweise auf die Natur und auf das Schicksal des Menschen „belegen". Aber wie sollte das unüberschaubar mannigfaltige Dasein des Menschen in einen überschaubaren „göttlichen" Regelungstext gebannt werden,[25] der sich zudem ein ums andere Mal auf die bis dahin bestehenden – und nun, da nicht göttlichen Ursprungs, grundsätzlich obsoleten – Sitten und Rechtsbräuche beziehen mußte?

Indem sich Mohammed auf seine gottgegebene Vollmacht berief, glaubte er, die Fragen seiner Adressaten und Feinde beantwortet zu haben: Er war, so verbreitete man jetzt, in den obersten Himmel entrückt worden, die Bestimmungen der nunmehr auf ihren wahren Kern zurückgeführten Daseinsordnung waren durch die Autorität Allahs gedeckt.[26] Es findet sich im 27. Vers von Sure 31, die zu den neunundzwanzig das zyklische Schöpfungshandeln verdeutlichenden gehört, bereits eine in Medina hinzugefügte Erläuterung, die die unendliche Fülle der göttlichen Rede betont. Sie folgt dem oft wiederholten Hinweis, daß dem rühmenswerten Allah, der an sich selber Genügen hat, alles in den Himmeln und auf der Erde gehört: „Wären alle Bäume auf der Erde Schreibrohre und wäre das Meer, das von sieben dahinterliegenden gespeist wird, (Tinte), dann wären die Worte Allahs noch nicht erschöpft." Ebenfalls als ein medinensischer Einschub erscheint der gleiche Gedanke in Sure 18, Vers 109.[27] Sure 2 und Sure 3, die in Medina entstehen und wegen ihrer Einleitungsverse zu jenen neunundzwanzig zählen, widmen sich nicht mehr in erster Linie dem Schöpfungshandeln, sondern dem Gesetzeswort Allahs. In Sure 2 wird ein Teil der nunmehr gültigen Daseinsordnung

---

[25] Ohne daß sie Mohammed bewußt geworden wäre, kündigt sich hier die Problematik der Scharia an. Vgl. sechstes Kapitel (Was ist die Scharia?) und vierzehntes Kapitel (Was ist Sufismus?), III. 3.

[26] Vgl. drittes Kapitel (Wer war Mohammed?).

[27] Nagel, Medinensische Einschübe, 52 und 69.

als ein Teil der göttlichen Gesetzesrede dargestellt, in Sure 3 wird die diesbezügliche Polemik gegen die Juden und die Christen verschärft und der in Sure 2 propagierte Anspruch, die wahre, die abrahamische Glaubensgemeinschaft wiederbelebt zu haben, vertieft: Abraham war weder Jude noch Christ, er lebte vor Mose und Jesus (Vers 67); die wiedergegründete abrahamische Gemeinschaft, diejenige Mohammeds, ist die beste, die je von Allah gestiftet wurde; für die „Schriftbesitzer", die Juden und Christen, wäre es am besten, sie träten ihr unverzüglich bei (Vers 110).

Die schroffe Ablehnung von Judentum und Christentum war nicht zuletzt deshalb nötig, weil Mohammed wegen des Mangels an konkreten religiös fundierten „Gesetzen" in vielfältiger Weise auf Anleihen vor allem beim Judentum angewiesen war. Insbesondere Sure 2, „Die Kuh", quillt über von Belegen hierfür.[28] „Die Kuh" ist für Mohammed freilich auch das Symbol für den jüdischen Ungehorsam. Die Juden hatten sich dem Wunsch Allahs nach einem Tieropfer widersetzen wollen (Vers 67–71) und sich dadurch den Zorn des Einen zugezogen, zumal sie auch die Botschaften seiner Propheten zurückgewiesen hatten (Vers 61).[29] Nach der Vorstellung der heidnischen Gottsucher waren Judentum und Christentum aber gerade deswegen keine wahren Daseinsordnungen, weil in ihnen das Tieropfer fehlte.

Nunmehr aber ist, wie Mohammed meint, die wahre Daseinsordnung offensichtlich geworden. Einen Grund, noch am Heidentum festzuhalten, gibt es nicht mehr. Denn was könnte besser sein als die von ihm überbrachten göttlichen Vorschriften, denen dank der Harmonie mit dem Schöpfungsgeschehen nichts Zwanghaftes innewohnt (Vers 256)?[30] Immer wieder äußert sich der Koran in Medina zu Regelungen, die Allah erlasse. In Sure 5, vielleicht der spätesten, findet sich mitten in einer längeren Passage über Speisegebote die Bemerkung: „Heute habe ich eure Daseinsordnung vervollständigt und meine Gnade an euch vollendet. Ich bin damit einverstanden, daß ihr den Islam als Daseinsordnung habt" (Vers 3). Dabei ist sich Mohammed dessen bewußt, daß das, was Allah ihn lehrt, wirksamer als die jüdischen, in seiner Sicht die verfälschten, Gesetze sei. Nach einer Anspielung auf den Brudermord Kains heißt es: „Daher schrieben wir den Kindern Israels vor, daß, wenn jemand einen Menschen tötet, und zwar nicht als Vollzug der Blutrache oder zur Strafe für ein Unheil, das jener anrichtete, dies für so

---

[28] Bertram Schmitz: Der Koran: Sure 2 „Die Kuh". Ein religionshistorischer Kommentar, Stuttgart 2009, 229–335.

[29] Mohammed. Leben und Legende, 290 f.

[30] Vgl. auch Sure 22, Vers 78: Die abrahamische Daseinsordnung enthält nichts Bedrückendes, weswegen die Forderung, zu deren Verbreitung den Dschihad zu führen, nicht unbillig ist.

schlimm gelten soll, als hätte er alle Menschen getötet ..." (Vers 32).[31] Jetzt aber, in der wieder eingesetzten echten Daseinsordnung sind strengere Maßstäbe anzuwenden: „Die Bestrafung derjenigen, die gegen Allah und seinen Gesandten Krieg führen und Unheil im Lande stiften, (besteht darin), daß sie getötet oder gekreuzigt werden oder daß man ihnen die Hände und die Füße überkreuz abschlägt oder daß man sie aus dem Lande vertreibt.[32] Dies gereicht ihnen zur Entehrung im Diesseits, und im Jenseits steht ihnen eine furchtbare Strafe bevor" (Vers 33).

III. Der Koran als Spiegel des Wirkens Mohammeds

„Allah und sein Gesandter" werden in den medinensischen Suren ein ums andere Mal genannt. Während in den mekkanischen die Person Mohammeds nur mittelbar gegenwärtig ist, nämlich unter der Maske der früheren Gesandten, wie vorhin erörtert wurde, so tritt er in den medinensischen Suren häufig unmittelbar als Allahs Schützling und Günstling in Erscheinung. In Sure 7 sind es noch die Gespräche zwischen Mose auf der einen Seite und dem Pharao und seinen Gefolgsleuten auf der anderen, mit denen Mohammed den Mekkanern den Verlust ihrer Macht ankündigt.[33] In der medinensischen Sure 2 läßt er Allah unverblümt aussprechen, worauf es ihm jetzt ankommt, wo er von den mekkanischen Pilgerriten ausgeschlossen ist: Unter Einsatz von Waffengewalt will er seine Teilnahme erzwingen (Vers 190–193).

Mit Skrupellosigkeit, aber auch mit Geschick überredete Mohammed die Medinenser, die ihn nach dem Gewohnheitsrecht als Gast aufgenommen hatten, einer mekkanischen Karawane aufzulauern, sie zu überfallen und leichte Beute zu machen. Umstände, die nicht in seiner Hand lagen, führten jedoch dazu, daß er stattdessen auf einen zum Kampf gerüsteten Trupp stieß, den die Mekkaner ihrer Karawane zu deren Schutz entgegengeschickt hatten. Den Medinensern gelang es, in einem blutigen Gefecht bei der Örtlichkeit Badr die Oberhand zu behalten. Später wurde dieser Sieg in den entscheidenden Triumph umgedeutet, mit denen Allah zu erkennen gegeben habe, daß er stets die Partei der Kämpfer für seine Sache ergreife. In Wahrheit hatte Mohammeds Ansehen gelitten, denn hätte er als Prophet nicht wissen müssen, mit wem er es zu tun haben würde?

In Sure 8 bemüht er sich, diese Scharte auszuwetzen; sie ist die Grundlage der späteren Heroisierung der Badr-Kämpfer, vor allem aber der für die Sa-

---

[31] Dieser Vers wird vor allem seit dem 11. September 2001 gern zitiert, um Unkundigen vorzugaukeln, der Islam verbiete grundsätzlich das Töten eines Menschen.

[32] Zu den „koranischen" Strafen vgl. sechstes Kapitel (Was ist die Scharia?).

[33] Vgl. drittes Kapitel (Wer war Mohammed?), II. 4.

che Allahs Gefallenen. Den Anlaß der Sure bildete die Frage, wie die Kriegsbeute zu verteilen sei. Ein Fünftel davon falle „Allah und dem Gesandten“ zu sowie dessen Verwandten und anderen Personen, die durch den Übertritt zum Islam in Not geraten seien (Vers 41). Doch schon in den Versen vor dieser wichtigsten Aussage der Sure äußert sich Mohammed sprunghaft und in Andeutungen, wie es seine Art ist, über das Geschehen. Unter den Glaubenden in Medina herrschte Uneinigkeit darüber, ob man den Überfall wagen solle. Aus der Rückschau behauptet Mohammed, Allah habe ihnen versprochen, daß sie nur einer der beiden mekkanischen Truppen begegnen würden, entweder der Handelskarawane oder den zu deren Schutz ausgesendeten mekkanischen Kämpfern. Natürlich hätten die Glaubenden gehofft, es werde die Handelskarawane sein, aber Allah habe durch den – äußerst mühsam errungenen – Sieg über die gut gerüstete Streitmacht der Wahrheit zum Triumph verholfen (Vers 5–8): Nach menschlichen Erwägungen hätte Mohammed unterliegen müssen, aber daß Mohammed die Schlacht gewann, ist der Beweis dafür, daß Allah ihn unterstützt. Hier stoßen wir auf den Ausgangspunkt der Badr-Legende, der in nichts anderem zu suchen ist als in Mohammeds Bestreben, seinen peinlichen Irrtum zu verschleiern. Denn nach den übereinstimmenden Berichten wußte er nichts von den mekkanischen Maßnahmen zur Abwehr des Überfalls. Allah wollte den Sieg der Glaubenden; deshalb schickte er Engel zu deren Unterstützung, und nicht die Glaubenden selber schossen ihre Pfeile gegen die Feinde, sondern in Wirklichkeit war es Allah. Er bestraft alle schwer, die gegen „Allah und seinen Gesandten“ angehen (Verse 9–24).

Um diese Überzeugung, immer wieder zu einer Drohung gegen die Nichtmuslime zugespitzt, kreisen Mohammeds hierauf folgende Worte, und auch nach der Aussage zur Beuteteilung bleibt er bei diesem Thema. Schon in Vers 12 hat er sich dazu hinreißen lassen, die von den Engeln unterstützten muslimischen Krieger zum Köpfen der Feinde aufzufordern; zumindest sollten sie den Ungläubigen die Fingerspitzen abschlagen, um sie fortan daran zu hindern, den Bogen zu spannen. Nun aber, im zweiten Teil der Sure, läßt Mohammed seiner Wut freien Lauf: Ungläubige sind die schlimmste Gattung Vieh. Sie halten nämlich die Abmachungen mit Mohammed nicht ein. Es gilt, sie mit allen Mitteln einzuschüchtern. Der Bestrafung durch Allah werden sie nicht entkommen (Vers 55–60)!

Nachdem Mohammed in bedrückender Weise seiner Erregung über das vergangene Geschehen in angeblichen Worten Allahs Luft gemacht hat, wendet er sich noch einmal dem Thema der Nutzbarmachung des Sieges zu: Erst wenn die Schlacht wirklich geschlagen ist, darf man Gefangene machen, um Lösegeld zu erpressen. Bei Badr hatten manche Muslime anscheinend vor der Zeit an dieses schöne Geschäft gedacht. Für diesmal will Allah jedoch Milde walten lassen; wer sich in den Besitz von Lösegeld brachte, mag es behalten (Vers 67–69). In den letzten Versen beschwört Mohammed die feste Verbundenheit der mekkanischen Auswanderer mit den medinensischen Helfern: Diese beiden Gruppen sind die „wahren Gläubigen“, sie bilden die Gemeinschaft derjenigen, die für den Sieg des Islams Krieg führen, ihnen sagt Allah eine besonders reiche Belohnung im Paradies zu (Vers 72–75).

Weit entfernt sind wir, wie an diesem Beispiel sichtbar wird, nun von den Suren, die sich mit Allahs zyklischem Schöpfungshandeln befassen. Wenn es um das wechselnde Geschick Mohammeds und seiner Anhänger in ihrem Kampf um das Überleben geht, um den von Allah geförderten und beabsichtigten Triumph der „besten Gemeinschaft, die je auf Erden gestiftet wurde“ (Sure 3, 110), dann ist jedes Ereignis, jede Wendung der Dinge, unter diesem Gesichtspunkt nicht nur zu kommentieren, das Geschehen an sich ist – wegen der Harmonie von Schöpfungshandeln und Gesetzesrede – als ein Beleg dieser „Wahrheit“ auszugeben, und es sind, wo immer es im Augenblick angebracht erscheint, aus dem Geschehen göttliche Normen abzuleiten. Im Prinzip sind sie als göttliche Wahrheiten unabhängig von den Ereignissen gültig, in deren Zusammenhang sie formuliert werden. Doch läßt sich diese Maxime nicht durchhalten. Die Schariagelehrsamkeit wird mit diesem Sachverhalt zu ringen haben.

Vorerst freilich nimmt man es hin, wenn Mohammed sich sogar sein anstößiges Eigeninteresse als durch Allah gewollt rechtfertigen läßt. Mohammeds Adoptivsohn Zaid b. Ḥāriṯa, ein Geschenk seiner ersten Gattin Ḫadīǧa, war mit einer gewissen Zainab bt. Ǧaḥš verheiratet. Eines Tages, im Jahre 4 nach der Hedschra (625/6), erblickte Mohammed sie unverschleiert und verfiel auf der Stelle ihren Reizen. Er drängte seinen Adoptivsohn, sich von ihr zu trennen, und ehelichte sie danach. Die Ehefrau des eigenen Sohnes zu heiraten, war freilich ein Verstoß gegen die guten Sitten. Nachdem im Jahre 627 im sogenannten Grabenkrieg der letzte großangelegte Angriff der Mekkaner auf Medina gescheitert war, verkündigte Mohammed die 33. Sure, einen Triumphgesang, in dem er die Einmaligkeit seiner Person feierte: Er ist über alle Menschen hinausgehoben dergestalt, daß er niemandes Vater sei, also auch nicht seines Adoptivsohnes, vielmehr sei er von Allah zum „Siegel der Propheten“ bestellt worden (Vers 40), zum Beglaubiger der Botschaften aller seiner Vorgänger. Mit dieser Bemerkung war eine allgemeine Aussage getroffen: Mohammed hat bei Allah einen einzigartigen Rang inne. Zugleich aber rechtfertigte ihm Allah selber den Bruch des Herkommens in der Affäre um Zainab bt. Ǧaḥš. Mohammeds persönliche Anliegen und als normativ aufzufassende Äußerungen gehen in den medinensischen Teilen des Korans eine kaum je sauber aufzulösende Mischung ein. Der glaubensfeste Muslim scheint die hierin verborgene Problematik nicht zu bemerken und gibt sich meistens empört, wenn man ihn auf die Befremdlichkeit dieser Mischung anspricht.

IV. Die Kraft der koranischen Rede

1. Die Kunst der Rezitation

Der Koran ist eine „Lesung", nicht eine stille, in die sich der einzelne versenken soll, sondern eine hörbare, eine Rezitation. Mohammed selber empfiehlt sie am Beginn von Sure 73, wo er zu sich selber sagt: „Stell dich hin, fast die ganze Nacht über, oder die halbe oder etwas weniger oder etwas mehr, und rezitiere die Lesung in bedächtiger Weise!" (Vers 2–4). Auch eine sorgfältig artikulierte Rezitation könnte gemeint sein. Jedenfalls wird deutlich, daß der Vortrag des Korans eines Zeitabschnittes bedarf, der, wie Vers 7 andeutet, frei von den Zerstreuungen ist, die durch die Alltagsgeschäfte bedingt sind. Um zu jeder beliebigen Tageszeit den Koran vorzutragen, ist es üblich, zunächst die *basmala* zu sprechen und dann mit der Formel „Ich nehme Zuflucht bei Allah vor dem Satan, den man mit Steinen verjage!"[34] für die Zeit der Rezitation einen von den Einflüsterungen des Bösen freien Raum herzustellen.

In Anlehnung an den eben zitierten Koranvers ist es empfehlenswert, daß man den Koran im Stehen vortrage, insbesondere während des rituellen Gebets, das laut Sure 29, Vers 45, den Menschen dagegen feit, Schändlichkeiten zu begehen. – Der Ritenvollzug stellt den Muslim vor Allah, so daß er sich in einer ungetrübten Verbindung zu seinem Schöpfer befindet.[35] – Wer den Koran rezitiert, soll sich im Zustand der rituellen Reinheit befinden. Empfehlenswert ist es, sich dabei nach Mekka zu wenden, also die Gebetsrichtung aufzusuchen.[36] An bestimmten Stellen stößt man am Rand des Textes auf den Vermerk: „Niederwerfung." Wenn der Rezitierende dorthin gelangt, soll er wie im rituellen Gebet eine Prosternation vollziehen, um sich mit dieser Geste in die Verehrung Allahs einzubeziehen, die von der Schöpfung, abgesehen von den Dämonen und den Menschen, ohnehin ständig unbewußt verrichtet wird.[37] Diese Markierungen im Korantext bieten die Gelegenheit, dem Daseinszweck der Dämonen und der Menschen, nämlich Allah bewußt zu verehren (Sure 51,

---

[34] Wie dies während der mekkanischen Pilgerriten bei Mina geschieht.

[35] Vgl. zwölftes Kapitel (Was versteht der Muslim unter Religion?).

[36] Der Umgang mit dem Koran ist für den glaubenseifrigen Muslim mit zahlreichen Tabus belegt, deren Verletzung, z. B. das Verbrennen mit Koranversen bedruckten Papiers, noch heute zu wütenden, gewalttätigen Protesten führen kann. Eine Abhandlung des Hadithgelehrten an-Nawawī (gest. 1277) über diese Tabus wurde ins Deutsche übersetzt und wird von einem auf Konvertitenliteratur spezialisierten Verlag vertrieben (Der rechte Umgang mit dem Koran, aus dem Arabischen übertragen von Frank Bubenheim, Spohr/Larnaka 2008). Vgl. zwölftes Kapitel (Was versteht der Muslim unter Religion?), II. 1.

[37] Zu dieser Thematik vgl. das vierzehnte Kapitel (Was ist Sufismus?).

56), gerecht zu werden. „Diejenigen in der Gegenwart Allahs (nämlich die Engel) sind nicht zu stolz, ihn zu verehren. Sie preisen ihn und werfen sich vor ihm nieder“, heißt es beispielsweise in Sure 7, Vers 206. Die an den Rezitierenden gerichtete Aufforderung, es ihnen gleichzutun, will dazu anhalten, sich in den Seinsmodus aller Kreatur, den Islam, einzufügen. Immer wieder den Koran zu rezitieren, vermehrt das religiöse Verdienst des Muslims. Um ihm dies zu erleichtern, erscheinen ebenfalls am Rand Markierungen, die den Text in sechzig Abschnitte gliedern. Sie legen die Textpartien fest, die jeweils im Zusammenhang vorgetragen werden sollten.

Die Rezitation kann in unterschiedlichen Arten erfolgen. So gibt es eine schnelle, die vor allem dazu dienen soll, den Koran zu memorieren; sie wird aber auch in Gemeinschaften geübt, die sich der Vertiefung des Islams ihrer Mitglieder verschrieben haben. Hingegen besteht die Kunst der bedächtigen, genau artikulierten Rezitation (arab.: *at-taǧwīd*) zum einen darin, daß die Konsonanten des Arabischen, die für Nichtaraber eine Herausforderung darstellen können, sauber ausgesprochen und die in manchen Konsonantenverbindungen obligatorischen Assimilationen beachtet werden. Überdies sind an vielen Stellen Wiederholungen vorgesehen, und es ist geregelt, wo nach einer solchen Wiederholung wieder einzusetzen ist. Auf diese Weise gelingt es, die Empfindungen der Zuhörer, die den Wortlaut und den Inhalt schon viele Male vernommen haben, stets von neuem zu erregen. Das Ziel dieser Vortragskunst wird erreicht, wenn die Zuhörer vor Zerknirschung über eigene Unzulänglichkeiten und aus Furcht vor den angedrohten und ausgemalten Höllenstrafen schluchzen und weinen. Aber auch laut geäußerte Empörung über das Handeln der Ungläubigen läßt sich beobachten. Der Konflikt zwischen den Glaubenden und den Ungläubigen, wie ihn beispielsweise Sure 43 schildert,[38] wird auf diese Weise dem Scheine nach in die Erfahrungswelt der Zuhörer hineingedrängt, sie erleben ihn gleichsam zusammen mit Mohammed – und natürlich als dessen Parteigänger – bei jeder Rezitation dieses Textes noch einmal. Die gleiche Vortragskunst und die gleiche Wirkung gelten selbstverständlich auch für jene medinensischen Teile des Korans, in denen wie in Sure 8 Mohammeds subjektive und höchst fragwürdige Sicht auf ein bestimmtes Ereignis dargestellt wird. Der Muslim, der emotional an diese Darstellung gefesselt wird, erlebt, da er ja nicht zu den als dummes Vieh geschmähten Feinden gehört, sich selber als ein Glied in der Schar der Wahrheitsbesitzer und erliegt einem Überlegenheitsrausch.[39] Auch wenn

---

[38] Die Mekkaner streiten die allumfassende Schöpferkraft Allahs ab; auch Mose und Jesus wurden zurückgewiesen. Mohammed darf sich nicht darüber grämen, daß ihm das gleiche widerfährt. Auch die Mekkaner werden in der Zukunft die Macht Allahs zu spüren bekommen.

[39] Navid Kermani subsumiert in seinem Buch „Gott ist schön“ (1. Auflage München 1999) die Spielarten des „Hörens“ des Korans unter dem Begriff des ästhetischen

dieser abgeklungen ist, wird der Glaubende schwerlich bereit sein, das, was der Text eigentlich besagt, einer kritischen Prüfung zu unterziehen.

Die koranische Rede, für den Muslim: Allahs Rede, ist nach seiner Ansicht weit mehr ist als ein Text, der Informationen übermittelt. Es leuchtet daher ein, daß der Koran nicht in eine fremde Sprache übersetzt werden kann. Allah hat sich nun einmal gegenüber dem letzten seiner Propheten auf arabisch geäußert. Aber das ist nur das vordergründige Argument. Der Koran ist ein Teilaspekt des göttlichen Schöpfungshandelns. Deshalb ist es nicht möglich, ihn ohne Beschädigung oder gar Vernichtung dieser Eigenschaft in eine andere Sprache zu übersetzen: Das Ergebnis wäre ein von Menschen gemachter Text, dem die entscheidende Eigenschaft abgehen müßte. Wie könnten beispielsweise solche menschengemachten Worte im rituellen Gebet, das den Muslim in eine unvermittelte Beziehung zu Allah stellt, als angemessen betrachtet und verwendet werden? Daher lernt z. B. der Türke den *arabischen* Text auswendig und unterrichtet sich über den Inhalt nicht etwa aus einer Übersetzung, sondern aus einem *meal* (von arabisch *ma'āl*), einer „Sinnwiedergabe".

2. Die magische Eigenschaft des Korans

Bevor man den Koran rezitiert, soll man sich gegen die Machinationen des Satans schützen. Mit seinen beiden letzten Suren gibt der Koran selber dem Muslim das Mittel hierzu an die Hand. Sie empfehlen ihm, vor allem Unheil, das Allah schafft, bei ihm selber Schutz zu suchen: vor Weibern, die einen verhexen, vor Neidern, vor Menschen und Dämonen, die einem Böses einflüstern. Die Heilkraft koranischer Worte ist ein häufiges Thema der Überlieferungen vom Reden und Handeln Mohammeds. Da sei einmal ein eben zum Islam Bekehrter auf dem Heimweg bei Leuten vorbeigekommen sein, unter denen sich ein in Eisen gefesselter Wahnsinniger befunden habe. Durch das Rezitieren der Eröffnungssure habe ihn der Muslim geheilt; zum Dank dafür habe man ihm einhundert Schafe geschenkt. Ob er diese Belohnung wohl annehmen dürfe, habe der Neumuslim danach von Mohammed wissen wollen. Wenn zur Heilung nur die Worte der 1. Sure gesprochen worden seien, dann habe es sich um einen „wahren" Zauber gehandelt und die Belohung sei unbedenklich, habe Mohammed entschieden.[40]

Erlebens. Dem muslimischen Intellektuellen, der den Koran und die von ihm ausgehende „Vergewaltigung" der Vernunft für den in der westlichen Kultur heimischen Menschen akzeptabel machen möchte, mag der Begriff des Ästhetischen für diesen Zweck geeignet erscheinen. Es geht dem Rezitator und dem muslimischen Hörer aber nicht um den Genuß der schönen Rede Allahs. Wie Kermani selber mit Zitaten belegt, erlebt sich der Muslim bei der Rezitation gleichsam an der Stelle des Propheten (218), ein Sachverhalt, den der Begriff des ästhetischen Erlebens nicht einfängt.

[40] Abū Dā'ūd: Sunan, ṭibb 19, Nr. 3896.

Wenn die Besprechung von Kranken mit Worten des Korans erfolgt, handelt es sich um einen erlaubten Zauber, eben weil niemand anders als Allah angerufen wird; es ist mithin kein Akt der „Beigesellung". Dies wird vielfach bekräftigt. Wenn man beispielsweise fürchtet, während des Schlafes könnte einen ein Skorpion stechen, dann spreche man: „Ich nehme meine Zuflucht bei den vollkommenen Worten Allahs vor dem Bösen, das er schafft."[41] In den vollkommenen Worten Allahs finden die Größe und die Allmacht Allahs ihren nach muslimischer Einschätzung unübertrefflichen Ausdruck. Neben der Eröffnungssure werden u. a. der Thronvers (Sure 2, 255) und der 18. Vers aus Sure 3 genannt: „Allah bezeugt, daß es außer ihm keinen Gott gibt ..." Auch die letzten drei Verse der 23. Sure gehören hierher: „Erhaben ist Allah, der wahre König, es gibt keinen Gott außer ihm, dem Herrn des edlen Thrones! ..." Desgleichen die letzten Verse von Sure 59, die ebenfalls die Einzigkeit Allahs preisen und ausrufen: „Ihm gebühren die ‚Schönen Namen'" (arab.: Pl. *al-asmāʾ al-ḥusnā*).[42] Auf diesem Vers errichtet man in der islamischen Volksfrömmigkeit das Gebäude der „neunundneunzig Namen Allahs", zusammengestellt aus den Attributen und Ehrenbezeichnungen, die Allah im Koran hat bzw. die er sich nach islamischer Lehre dort selber gibt, Namen, die nicht nur das Nachsinnen über seine Erhabenheit und Allmacht leiten, sondern diese Allmacht auch den Alltagsanliegen der Glaubenden nutzbar machen sollen. Die schon mehrfach angedeutete Verquickung von Allahs Schöpfungshandeln mit seiner Rede tritt hier besonders klar zutage.

„Ich wurde zur (Verkündung) der Gesamtheit des (göttlichen) Redens berufen", soll Mohammed behauptet haben, wie ihm und seinen Anhängern denn auch die gesamte Erde als Gebetsplatz diene; zusammen mit der Erlaubnis, im Krieg Beute zu machen, durch die Verbreitung von Schrecken zu siegen und im Gericht bei Allah für die Muslime Fürsprache einzulegen, seien dies die Vorrechte, die Allah unter all den Propheten einzig Mohammed eingeräumt habe.[43] Mittels der Koranrezitation den Zugang zum Propheten zu finden, an seinem Leben und Erleben teilzuhaben, bedeutet eben auch, bruchlos in das durch Allah in Gang gehaltene Schöpfungsgeschehen eingefügt und daher gegen die Schädigungen geschützt zu sein, die dadurch ausgelöst werden, daß man sich vom Satan zur Beigesellung verleiten läßt.[44]

---

41 Ebd., Nr. 3898.

42 Tilman Nagel: Wirkende Worte. Das Hadith und die Metaphysik, in: Rippin/Tottoli (Hgg.): Islamicae Litterae. Scripta Claudio Gilliot Septuagesimum Quintum diem Natalem Celebranti Dicata, Leiden/Boston 2015, 180–212, hier 183. Vgl. zweites Kapitel (Wer ist Allah?).

43 Vgl. z. B. Muslim b. al-Ḥaǧǧāǧ: Ṣaḥīḥ masāǧid 5, Variante ebd., 6.

44 Die Magie, sofern sie sich auf die Allmacht Allahs beruft, ist daher ein legitimer Bereich islamischer Religionsausübung. Manfred Ullmann gibt in seinem Buch „Die Natur- und Geheimwissenschaft im Islam" (Leiden/Köln 1972) einen Überblick über

Mohammed selber soll einigen seiner Anhänger als ein Vermächtnis folgendes gesagt haben: „Ich bin Mohammed, der zu den Heiden entsandte Prophet. Nach meinem Tod gibt es keinen Propheten (mehr). Mir wurden die eröffnenden Teile der (göttlichen) Rede gegeben wie die schließenden, (also) die Gesamtheit. Ich erfuhr die Anzahl der Höllenwächter und der Träger des Thrones. Um meinetwillen erlangt man die Verzeihung (Allahs), ich werde (vor Leid) bewahrt, desgleichen meine Gemeinde. Darum hört und gehorcht, solange ich unter euch bin. Aber wenn ich tot bin, dann haltet euch an das Buch Allahs, erlaubt das, was es erlaubt, verbietet, was es verbietet!“[45] Dieses Hadith gehört in das späte 7. Jahrhundert, in die Zeit, in der sich das Sunnitentum herausbildet.[46] Es belehrt uns beispielhaft über die stillschweigend anerkannten Voraussetzungen, unter denen die islamische Korangelehrsamkeit seit damals arbeitet: Das „Buch“ ist wesentlich mehr als die niedergeschriebene Information über Allahs Schöpfertum und seinen Gesetzeswillen; es ist der zuverlässigste Vermittler der göttlichen Rechtleitung und vermag den zeitlichen Abstand zur Gemeinde des Propheten vergessen zu machen.

V. Aspekte der muslimischen Korangelehrsamkeit

1. Die Erarbeitung eines allgemein anerkannten Textes

Es gibt eine Überlieferung, die besagt, der Koran sei unter dem dritten Kalifen ʿUṯmān b. ʿAffān (reg. 644–656) aus zahlreichen kleinen Textfragmenten zusammengestückelt worden. Jedenfalls wird diese Überlieferung dahingehend mißverstanden. Angesichts des sprunghaften, oft verwirrenden Charakters des Textes erscheint eine solche Annahme plausibel. Sie wird allerdings durch eine genaue Lektüre des Textes widerlegt. Der Koran wird schon in Mekka sehr wohl durch größere Zusammenhänge geprägt.[47] Allerdings griff Mohammed, seitdem er sich als Propheten verstand, immer wieder in den bereits gefestigten Wortlaut ein, wie oben geschildert wurde. Als der zweite Kalif ʿUmar b. al-Ḫaṭṭāb (reg. 634–644) die Vereinigung der als einzelne Texte umlaufenden Suren zu einem einzigen Korpus in Auftrag gab, waren derartige Arbeiten bereits auf privater Ebene in Gang gekommen.

---

die sehr umfangreiche Überlieferung zu diesem Thema, ohne freilich auf die magische Verwendung des Korans bzw. einzelner Wörter des Korans eigens einzugehen.

45 Aḥmad b. Ḥanbal: Musnad, ed. Aḥmad Muḥammad Šākir, Kairo 1949–, X, 107, Nr. 6606.

46 Vgl. dazu das fünfte Kapitel (Was ist das Hadith?) und das zehnte Kapitel (Was sind Sunniten?).

47 Vgl. hierzu insbesondere die Arbeit von Angelika Neuwirth: Studien zur Komposition der mekkanischen Suren, Berlin 1981.

ʿUmar schwebte eine vereinheitlichte Fassung vor, die die Aussprache des Arabischen zum Standard erhob, wie sie bei dem genealogischen Verbund der Muḍar-Araber, zu dem die Quraišiten, der Stamm Mohammeds, gerechnet wurden, gang und gäbe war. Überdies war nach ʿUmars Vorstellung das Vorliegen des Textes in schriftlicher Fassung der entscheidende Unterschied zu Aussagen über die mohammedsche Gemeinde, die nun in größerer Zahl von jüngeren Prophetengefährten kolportiert wurden.[48] Die Arbeit am Standardtext des Korans, die auch endgültig die Reihung der Suren festlegte,[49] wurde unter ʿUmars Nachfolger ʿUṯmān abgeschlossen, der Maßnahmen in die Wege leitete, um diese Fassung des Korans als die einzig gültige durchzusetzen. Nur nach ihr sollte sich die Rezitation in den Moscheen richten, die ja die Kristallisationspunkte der islamischen Machtausübung bildeten.

Wie die historischen Quellen erzählen, sollen „ʿuṯmānsche" Korane in die Metropolen islamischer Herrschaft geschickt worden sein, um die Einheitlichkeit des Kultus zu gewährleisten. An manchen Orten bewahrt man Koranexemplare, die für „ʿuṯmānisch" erklärt, aber vermutlich viel später angefertigt wurden. Vom „ʿuṯmānschen" Text abweichende Lesarten blieben jedoch bekannt und wurden von der aufkommenden islamischen Korangelehrsamkeit dokumentiert. Schwerwiegende inhaltliche Differenzen finden sich allerdings nicht darunter.[50] Selbst die Theologen, die ab dem 9. Jahrhundert tiefgreifende Kontroversen auf Kernbereichen des islamischen Welt- und Gottesverständnisses ausfochten,[51] zweifelten nicht die Autorität des „ʿuṯmānschen" Korans an, sondern verstiegen sich eher in abwegige Ausdeutungen. Diese Geltungskraft ist vor allem dadurch zu erklären, daß die seit Mohammeds

---

[48] Tilman Nagel: Mohammed. Leben und Legende, München 2008, 529–539, vgl. 682–684. Einige wenige Koranverse kursierten, ohne daß sie einer bestimmten Sure zugeordnet gewesen wären. In diesen Fällen sah man darauf, daß sie möglichst in schriftlicher Form auf einem Stück Beschreibmaterial nachgewiesen werden konnten. Indem man annahm, daß die Fertigkeit des Schreibens im Arabien Mohammeds kaum bekannt gewesen und die Überlieferung von den Schreibern Mohammeds Fiktion sei, kam man in der europäischen Forschung zu der Auffassung, der Koran sei nachträglich überwiegend aus derartigen Fragmenten zusammengesetzt worden. Diese aus den Quellen nicht zu verifizierende These ist die wichtigste Stütze für die heute vielfach propagierte These, einen Propheten namens Mohammed habe es nie gegeben und der Koran sei zwischen dem 7. und 9. Jahrhundert in einem christlich-sektiererischen Milieu entstanden (so zuerst John Wansbrough: Quranic Studies, Oxford 1977, sowie ders.: The Sectarian Milieu, Oxford 1978).

[49] Vgl. oben, 111.

[50] G. Bergsträßer/O. Pretzl: Die Geschichte des Korantexts, Leipzig 1938 (= Theodor Nöldeke. Geschichte des Qorāns, zweite, völlig umgearbeitete Auflage, dritter Teil), 57–103.

[51] Vgl. hierzu zweites Kapitel (Wer ist Allah?), dreizehntes Kapitel (Wie sieht der Islam den Menschen?) sowie fünfzehntes Kapitel (Was ist islamischer Rationalismus?).

Zeiten übliche Gegenwärtigkeit der „Lesung“ im Kultus gravierenden Änderungen des Textes entgegenwirkte.

Die Korangelehrsamkeit kennt gleichwohl unterschiedliche Lesarten des „ʿuṯmānschen“ Korans. Sie haben sich in den ersten Jahrzehnten seiner Weitergabe eingeschlichen und wurden sorgfältig registriert. Sie beziehen sich vielfach auf die Orthographie sowie auf die unterschiedliche Aussprache bestimmter Lautgruppen. Im 10. Jahrhundert galten sieben solcher Lesarten als kanonisch. Koranunterricht hieß nun, den Koran in einer dieser Lesarten bis in die Feinheiten zu erlernen. Während des Vortrags nach freier Wahl zwischen ihnen hin und herzuspringen, ist nicht erlaubt. Die höchste Stufe der Korangelehrsamkeit hat man erklommen, wenn man alle sieben Lesarten des „ʿuṯmānschen“ Korans beherrscht. Diese Verfestigung hat zu einem völlig anderen Umgang mit dem heiligen Text geführt, als er im Christentum üblich ist. Varianten gegeneinander abzuwägen, um auf diese Weise einem ursprünglich Gemeinten und womöglich im Laufe der Geschichte Verdeckten auf die Spur zu kommen, eine Exegese im historisch-kritischen Sinn, ist unter diesen Gegebenheiten nicht zu erwarten. Denn die Rezitationskunst wertet die Lesarten als unantastbare Voraussetzungen ihrer Tätigkeit. Sie kümmert sich nicht um den Aufweis eines ursprünglich gemeinten Sinnes, sondern läßt sich, wie schon hervorgehoben wurde, die Einbeziehung des Vortragenden und der Hörer in das Erleben des Propheten angelegen sein. Solche Einbeziehung geschieht insofern, als der Rezitator und die Zuhörer von dem Eindruck überwältigt werden, ihre jeweils obwaltenden Lebensumstände seien durch das im Koran bezeugte Erleben Mohammeds mitgemeint. Das Hier und Heute und das Einst des Lebensgeschickes Mohammeds verschmelzen zu einem Sachverhalt, der im Empfinden des Glaubenden ein einziger ist. Im Koran ist schließlich von Mohammed und seiner Gemeinde nicht als von etwas Vergangenem die Rede, sondern als von etwas nach wie vor Gegebenem, Gegenwärtigem.

2. Die Kommentierung des Korans

Der Beschaffenheit des Korans als eines mit göttlicher Kraft aufgeladenen Textes schränkte, wie schon ausgeführt, die Möglichkeit des Übersetzens stark ein, desgleichen den Impuls zu einer historisch-kritischen Exegese. Den nichtarabischen Muslimen mußte und muß der Koran in der arabischen Originalsprache beigebracht werden. Sie sprechen also die arabischen Wörter nach, ohne daß sie über deren Semantik und den durch die Grammatik definierten Sinnzusammenhang Bescheid zu wissen brauchen. So pauken sich die türkischen Kinder den in die Lateinschrift transkribierten arabischen Text ein. Trotzdem fragten die Wißbegierigen der unterworfenen Völker nach dem Inhalt dessen, was sie beispielsweise beim Ritenvollzug nachzusprechen hatten. Das führte früh zu einer Blüte der arabischen Sprachwissenschaft, in der vor allem Nichtaraber Großes leisteten. Ohne deren Erkenntnisse wären die semantisch-grammatische Durchdringung des Inhalts des Korans und die Bewahrung seiner Sprache selbst unter den Arabern nicht möglich gewesen.

Unter den Korankommentatoren, die die semantischen und grammatischen Schwierigkeiten nicht nur für Nichtaraber, sondern auch für arabische Muslime zu beheben unternahmen, ragt az-Zamaḫšarī (gest. 1144) aus Chorezm hervor, dessen Werk, der „Aufdecker der verborgenen Wahrheiten der Offenbarung“, auch heute noch gern benutzt wird. In Sure 30, Vers 30, spricht Mohammed davon, daß jeder Mensch zum Islam hin bzw. als Muslim geschaffen werde. „Richte dein Gesicht auf die Daseinsordnung wie ein Gottsucher (arab.: *al-ḥanīf*)!“[52] Der nun folgende Hinweis auf die Geschaffenheit (arab.: *al-fiṭra*) steht im Koran im Akkusativ, was az-Zamaḫšarī der Grammatik nach als eine Aufforderung versteht: „(Bewahrt) die von Allah verliehene *fiṭra*!“ Da sich dieser Begriff nur an dieser Stelle im Koran findet, erachtet az-Zamaḫšarī eine Klärung der Bedeutung für notwendig: die Art, in der Allah etwas schafft. Das meine, Allah schaffe die Menschen mit der Befähigung zum Eingottglauben (arab.: *at-tauḥīd*) und zur Befolgung der wahren Daseinsordnung, also des Islams; in ihnen sei die Gabe angelegt, sich nicht vom Islam zu entfernen, da er dem Verstand entspreche und mit dessen richtigem Gebrauch übereinstimme.[53] Blieben sie ohne allen Einfluß von außerhalb, d. h. ohne einen Gottesgesandten oder Propheten, würden sie trotzdem keine andere Daseinsordnung als den Islam wählen. Daß Satane in Dämonen- oder Menschengestalt sie verführen könnten, sei allerdings möglich (vgl. Sure 15, 39–42). Nun sei noch eine grammatische Schwierigkeit zu bedenken, erläutert az-Zamaḫšarī: Der 31. Vers von Sure 30 sei syntaktisch dem vorausgehenden untergeordnet, der mit einem Imperativ im Singular beginne: „Richte dein Gesicht …!“, setze aber trotzdem mit einem Partizip im Plural ein: „(als solche), die sich Allah bußfertig zuwenden …“ Was bedeute dieser Bruch in der Konstruktion? Gewiß sei am Anfang Mohammed angesprochen, denn er ist der Gesandte, dessen überragender Rang durch Allah hierdurch betont werde; mit dem Gesandten sei aber stets auch dessen Gemeinde (arab.: *al-umma*) gemeint. Somit ist der Bruch nicht nur entschuldigt, sondern enthüllt sogar einen tiefen Sinn.[54]

Neben der grammatischen Analyse des Textes zum Zwecke der Freilegung eines nicht sogleich ins Auge fallenden Sinnes gibt es zwei Haupttypen der muslimischen Koraninterpretation, den *tafsīr* und den *ta'wīl*. Der erstere

---

[52] Vgl. erstes Kapitel (Was ist der Islam?), II. 2.

[53] Vgl. hierzu fünfzehntes Kapitel (Was ist islamischer Rationalismus?).

[54] Az-Zamaḫšarī: al-Kaššāf ʿan ġawāmiḍ ḥaqāʾiq at-tanzīl, 4. Bde., Beirut o. J., III, 479.

nennt eine Koranstelle und führt dann unterschiedliche Meinungen betreffs deren Bedeutung an, wobei die Urheber der Meinungen stets genannt werden. Gerade auch Zitate aus dem Hadith[55] finden sich in dieser Gattung häufig. Der *tafsīr*, der in der Regel recht umfangreich ist, erweist sich somit als eine Fundgrube der islamischen Geistesgeschichte, zumal man auch einander widersprechende Ansichten nebst den Personen, die sie vertraten, anzuführen pflegt. Der *taʾwīl* hingegen bezeichnet eine frei assoziierende Auslegung, die häufig von Gelehrten genutzt wird, die sich nicht dem im Überlieferten geborgenen Strom islamischen Denkens anvertrauen wollen.[56]

Als Beispiel für den *tafsīr* wähle ich einen Ausschnitt aus den Aussagen, die Muḥammad b. Ǧarīr aṭ-Ṭabarī (gest. 923), einer der bedeutendsten und einflußreichsten Vertreter dieses Genres, dem 30. Vers von Sure 30 gewidmet hat. Aṭ-Ṭabarī weist zunächst in eigenen Worten darauf hin, daß Allah die Menschen als eine einzige Gemeinschaft (vgl. Sure 2, 213), nämlich als Muslime, geschaffen habe; schon bevor die Propheten ausgesandt worden seien, habe Allah alle Menschen schwören lassen, daß sie ihn allein als ihren Herrn anerkennten (Sure 7, 172). Deshalb sage Allah in Sure 30, Vers 30: „Es gibt keine Möglichkeit der Veränderung der Schöpfung Allahs!“ nämlich keine Veränderung der gottgegebenen Daseinsordnung, d.h. eine solche Veränderung wäre weder ersprießlich, noch statthaft. Nun führt aṭ-Ṭabarī eine Anzahl von Gelehrten an, deren dahingehende Meinung, zum Teil über mehrere Generationen hinweg, verbürgt werde. Dann zitiert er eine andere Auslegung: Die Unveränderbarkeit der Schöpfung Allahs sei auf die Tiere zu beziehen; diese dürften beispielsweise nicht kastriert werden. Daß aṭ-Ṭabarī die erstgenannte, am häufigsten verbürgte Auslegung vorzieht, wird bei der vollständigen Lektüre der Passage über Sure 30, Vers 30, klar, aber auf eine argumentative Begründung seiner Meinung verzichtet er.

Der unabhängig von der Fülle des Überlieferten errungenen Einsicht in den Inhalt des Korans, mithin dem *taʾwīl*, zuzuordnen ist der Kommentar von Saijid Quṭb (hingerichtet 1966), einem Ägypter, der als Lehrer und Schulinspektor tätig war. In den vierziger Jahren des vorigen Jahrhunderts begann er, sich in Publikationen über den Islam zu äußern. Ein Aufenthalt in den Vereinigten Staaten festigte in ihm die Überzeugung, daß die westliche Zivilisation verderblich sei und daß der Islam die Lösung aller so unlösbar erscheinenden Probleme biete. Saijid Quṭb schloß sich den Muslimbrüdern an und wurde rasch zu deren bedeutendstem Publizisten. Er büßte seine Parteinahme mit dem Tode. Doch wurde sein Kommentar, „Unter den Schatten des Korans“, rasch einer der einflußreichsten im zeitgenössischen Islam.

---

55 Das Verhältnis zwischen Koran und Hadith wird im fünften Kapitel (Was ist das Hadith?) des näheren behandelt.

56 Vgl. fünfzehntes Kapitel (Was ist islamischer Rationalismus?), III. 3.

In Saijid Quṭbs Schriften nimmt die *fiṭra*, die Geschaffenheit des Menschen durch Allah und auf den Islam hin, breiten Raum ein, denn worauf dieser Begriff ziele, das sei die universale Geltung des Islams. Es ist aber keineswegs so, daß Saijid Quṭb bei Sure 30, Vers 30, besonders lange verweilte. Weshalb seine Auslegung unsere Aufmerksamkeit verdient, ist vielmehr die Weite seines Blicks: Er bemüht sich darum, den Sinn der Komposition der gesamten 30. Sure zu erfassen, in der der 30. Vers den Dreh- und Angelpunkt bilde. Im ersten Teil, den Versen 1 bis 29, werden die Menschen aufgefordert, über das Schöpfungsgeschehen in den Himmeln und auf der Erde nachzudenken: Dies alles und auch, was zwischen Himmel und Erde liege, schaffe Allah „in der Wahrheit" (Vers 8), was Saijid Quṭb als einen deutlichen Hinweis darauf verstehen will, daß der diesseitigen Schöpfung eine zweite, nämlich die Neuschöpfung zum Zwecke der Abrechnung, folgen werde. Dieser Zusammenhang ist die Wahrheit, die zu erkennen Allah die Menschen auffordert. Man brauche doch nur im Lande umherzuwandern, um die Spuren der Tätigkeit der untergegangenen Völker zu betrachten: Sie hätten ihren Propheten keinen Glauben geschenkt (Vers 8 f.). Dann der 30. Vers: „Richte dein Gesicht auf die Daseinsordnung ..." Der Mensch nämlich ist unbeständig und benötigt feste Maßstäbe. Davon handelt laut Saijid Quṭb der zweite Teil der Sure: Allah wiederholt die Aufforderung: „Geht im Lande umher ..." (Vers 42) und danach wieder die Mahnung: „Richte dein Gesicht auf die Daseinsordnung! ... Es gibt keine Möglichkeit der Veränderung der Schöpfung Allahs!" Mit diesen Worten stelle der Koran eine Verknüpfung zwischen der *fiṭra* der Seele des Menschen und der Natur dieser Daseinsordnung her: Beide seien von Allah gemacht; beide stimmten daher mit dem Gesetz des Seins überein und seien gemäß dessen Natur und Ausrichtung miteinander koordiniert. „Allah, der das Herz des Menschen schuf, ist derselbe, der diese Daseinsordnung herabsandte, um diesem Herzen Halt zu geben, es zu lenken, es von Krankheit zu heilen und vor Abweichung zu bewahren. Er weiß am besten, wen er schafft, er ist gütig und kundig." Sollte also das Herz von der ihm durch Allah anerschaffenen Art, von der *fiṭra*, wegstreben, dann wird einzig diese Daseinsordnung Abhilfe bringen, eben weil sie vollkommen mit der *fiṭra* des durch Allah geschaffen werdenden Kosmos harmoniert.

3. Mohammeds Beglaubigungswunder

Indem Saijid Quṭb seinen Blick von dem einzelnen Vers abkehrt und aufzuzeigen versucht, wie sich die Analyse der Reihung der angesprochenen Themen für die Klärung des Hauptgegenstandes der Sure fruchtbar machen läßt, streift er ein wesentliches Gebiet der muslimischen Korangelehrsamkeit, nämlich die Enthüllung des Wundercharakters des Korans. Nicht nur der

30. Vers von Sure 30 teilt dem Glaubenden mit, daß der Islam die einzige dem Wesen des geschaffen werdenden Menschen affine Daseinsordnung ist, da sie völlig mit seiner Natur übereinstimmt. Es ist der Aufbau der ganzen Sure, der im Zuhörer die Einsicht in diesen Sachverhalt aufleuchten läßt und ihn schließlich, nach vielfacher Wiederholung der Rezitation, in seinem Bewußtsein als eine unanfechtbare Wahrheit verankert.[57]

Schon den Mekkanern ist diese besondere Wirksamkeit der mohammedschen „Lesung“ aufgefallen. Sie meinten, wenn Mohammed tatsächlich ein Gesandter Allahs sei, müsse er Wunder tun (Sure 17, 90f. und Sure 25, 8), so wie er es selber über Mose berichtete: Dieser hatte einen Stab auf die Erde geworfen, den Allah in eine Schlange verwandelte, und durch dieses Wunder war Mose als der von Allah erwählte Sprecher vor aller Augen beglaubigt worden (vgl. Sure 7, 109–121). Mohammed fehlte eine solche Beglaubigung, und so verfiel er auf den Gedanken, die „Lesung“ selber für das Wunder zu erklären, nach dem die Zweifler fragten. Er forderte die Mekkaner auf, doch selber mehrere oder wenigstens eine Sure zu dichten, die den von ihm verkündeten an Sprachkraft gleichkäme (z.B. Sure 2, 23 und Sure 11, 13). Die Mekkaner hätten sich gescheut, diese Herausforderung anzunehmen.[58] Auf diese Episoden gründet man die Lehre von der Unnachahmbarkeit (arab.: *al-i'ǧāz*) des Korans. Eben wegen dieser Unnachahmbarkeit muß er übermenschlicher, also göttlicher Herkunft sein, und eben deshalb ist er das Wunder, das die Berufung Mohammeds beglaubigt. Mohammeds Prophetentum anzuerkennen, heißt darum, zugleich den Koran als die unmittelbare Rede Allahs anzuerkennen; deren göttlicher Charakter steht fest, eben weil sie von Menschen nicht nachgemacht werden könne.[59]

Was diese Behauptung aber im einzelnen meine, beschäftigt die Korangelehrsamkeit immer wieder. Hierbei sind zwei Auffassungen voneinander zu unterscheiden. Die eine, die dem Rationalismus des 9. Jahrhunderts zuzurechnen ist, zielt darauf ab, nicht nur den Muslimen, sondern gerade auch Andersgläubigen die göttliche Herkunft des Korans zu „beweisen“. Sie bemüht sich zu zeigen, daß die koranische Ausdrucksweise dem von Allah gewirkten Schöpfungshandeln vollständig entspricht. Diese bruchlose Übereinstimmung von Benennung und Benanntem hat nicht nur die einzelnen im Koran verwendeten Begriffe im Auge, sondern auch alle Aspekte der Grammatik und Poetik. Die Verfechter dieser Meinung sind davon überzeugt, daß man mit Argumenten des Verstandes dem Nichtaraber und dem Nichtmuslim

---

[57] Saijid Quṭb: Fī ẓilāl al-qur'ān, 10. Auflage, Beirut/Kairo 1982, Teil XXI, 2755f., 2767.

[58] Matthias Radscheit: Die koranische Herausforderung, Berlin 1996 (Islamkundliche Untersuchungen 198).

[59] Vgl. fünfzehntes Kapitel (Was ist islamischer Rationalismus?).

auseinandersetzen kann, daß nur im Arabischen das angemessen Gesagte die Wirklichkeit, über die es ausgesagt wird, „wahr“ wiederzugeben in der Lage ist. Im von Allah formulierten Koran ist diese Möglichkeit Wirklichkeit geworden. Allah habe zu eben diesem Zweck das Arabische geschaffen; alle anderen Sprachen, die er schuf, vermöchten dies nicht.

Diese Lehre von der Unnachahmbarkeit des Korans wurde freilich von der großen Mehrheit der Muslime verworfen. Denn sie setzte doch voraus, daß der Koran, Allahs Rede, ebenso ein geschaffenes Sein sei wie alles übrige, das er laufend hervorbringt und wieder vernichtet. Mochte man mit dem Erkunden der Übereinstimmung von Benennung und Benanntem zwar eine Plattform gefunden haben, auf der man mit jedermann über den Koran räsonieren konnte, so mußte man aber als Zugeständnis etwas Wesentliches preisgeben: die übernatürliche Wirksamkeit der Rede Allahs. Damit diese Kraft gewahrt blieb, mußte man die koranische Rede dem schaffenden, ungeschaffenen Sein Allahs zuschlagen. Dies war die Lösung des Sunnitentums, das bis zum 11. Jahrhundert die Mehrheit unter den Muslimen gewann.[60] Das Ringen um die Plausibilität des Korans als des Beglaubigungswunders Mohammeds rührte mithin an die Grundfesten des Islams, denn es mußte die Frage beantwortet werden, inwieweit der in ständigem Schöpfungshandeln begriffene Allah selber wesensmäßig in seinem Werk gegenwärtig sei. Die allgemein anerkannte strenge Zweiteilung des Seienden in das ungeschaffene, schaffende, also Allah, und das geschaffen werdende, also die Welt, sein Werk, machte es erforderlich, den Koran dem ungeschaffenen Sein zuzuschlagen, damit er nicht seine numinose Mächtigkeit einbüßte. Auf die sprachliche Analyse des Korans verzichtete man nicht, aber man führte wieder Allah als den eigentlichen Handelnden ein: Es war seinem Wirken geschuldet, daß sich niemand bereit fand, die von Mohammed ausgesprochene Herausforderung anzunehmen. Der Wundercharakter des Korans ergibt sich aber nicht allein aus der Ausdrucksweise, sondern vor allem daraus, daß Mohammed Dinge über die Vergangenheit und Zukunft verkündet, die er selber gar nicht hat wissen können.[61] Damit ist eine enge Zirkelhaftigkeit der Argumentation für den Wundercharakter des Korans etabliert, der man seither nicht hat entrinnen können.

---

60 Vgl. zehntes Kapitel (Was sind Sunniten?) und fünfzehntes Kapitel (Was ist islamischer Rationalismus?).

61 Zu dieser Thematik vgl. Tilman Nagel: Allahs Liebling. Ursprung und Erscheinungsformen des Mohammedglaubens, München 2008, 85–103.

Anhang: Koranübersetzungen

Es sind zahlreiche Übersetzungen des Korans ins Deutsche im Umlauf. Grundsätzlich mit Vorbehalt sollte man diejenigen betrachten, die von muslimischen Verbänden oder von bestimmten Glaubensrichtungen wie den Salafisten oder der Ahmadija-Bewegung herausgegeben werden. Wie alle Muslime betrachten sie, wie vorhin gesagt wurde, den Koran als die ewig-wahre Interpretation der Zeitumstände, unter denen sie jetzt gerade leben. Diese Haltung verführt dazu, nicht den eigentlichen Sinn wiederzugeben, sondern denjenigen, den der Koran nach der Meinung der betreffenden Herausgeber heute haben sollte.

Zwei Übersetzungen, die europäischen wissenschaftlichen Standards gerecht werden, sind zu empfehlen. An erster Stelle sei genannt „Der Koran. Übersetzung von Rudi Paret“, zuerst Stuttgart 1962, später mehrere Taschenbuchausgaben. Paret legt nicht einfach eine Verdeutschung des Textes vor, sondern eine leicht kommentierte Fassung. Er fügt durch Klammern kenntlich gemachte, meist nur aus wenigen Wörtern bestehende Bemerkungen dort in den Text ein, wo es ihm zur Klärung des Inhalts ratsam erscheint. Hierbei greift er nicht auf die muslimischen Kommentare zurück, die an den Koran ein eigenes Vorverständnis herantragen könnten, sondern sucht dunkle Ausdrücke durch das Heranziehen koranischer Parallelen und Analogien aufzuhellen. Auf den mit der Materie nicht vertrauten Leser macht dieses Verfahren oft einen verwirrenden Eindruck. Mit dieser Art der Darstellung bricht „Der Koran. Neu übertragen von Hartmut Bobzin“, München 2010. Bobzins Übersetzung folgt möglichst genau dem Sprachgefüge des Korans und verbannt allenfalls notwendige Erläuterungen seiner Wiedergabe in den Anhang.

Wie es bei vielen westlichen Islamwissenschaftlern gängige Praxis ist, stößt man sowohl bei Paret als auch bei Bobzin vereinzelt auf die Unsitte, Wendungen des Korans, die beim Leser Befremden auslösen könnten, zu entschärfen.[62] So ist in Sure 8, Vers 12, nicht davon die Rede, man solle den Feinden „auf jeden Finger schlagen“ (so Paret), sondern die Finger abschlagen, nämlich damit sie fürderhin nicht mehr den Bogen spannen können. Die Feststellung „Die Männer stehen über den Frauen“ (Sure 4, 34) erscheint bei Bobzin als „Die Männer stehen für die Frauen ein …“. Das klingt in den Ohren des heutigen Westlers etwas netter und beschönigt ein wenig den minderen Rang, den der Koran den Frauen anweist.[63]

---

[62] Vgl. zwanzigstes Kapitel (Was ist Islamwissenschaft?).

[63] Vgl. neunzehntes Kapitel (Was lehrt der Islam über die Frauen und die Ehe?).

Fünftes Kapitel

Was ist das Hadith?

I. Grundsätzliches

Hadith nennt man die für den Islam kennzeichnende Literaturgattung, die der fundamentalen Lehre Genüge verschafft, daß Allah das Diesseits fortlaufend hervorbringt und daß der Koran, die „Lesung" bzw. die durch Mohammed vorgetragene Rede Allahs, einen Aspekt dieses Schöpfungshandelns darstellt.[1] Anders als der Koran, den man zu Papier zu bringen vermochte, sind freilich Allahs Worte viel zu zahlreich, als daß man sie in ein Buch hineinzwängen könnte. Auf diesen Umstand verweist Mohammed, sobald ihm gegen Ende seines Wirkens in Mekka zu Bewußtsein kommt, daß er nicht nur zum Gesandten Allahs berufen worden sei, der den Menschen Allahs Schöpfertum und die daraus folgende Dankesschuld der Geschöpfe zu verkünden habe (Sure 18, 109 und Sure 31, 27). Mohammed ist sich nunmehr auch dessen gewiß, daß er als Prophet zum „Befehlen dessen, was zu billigen ist, und zum Verbieten des Verwerflichen" aufzufordern habe (Sure 7, 157). Mit anderen Worten: Er hat den Menschen die göttliche Rechtleitung (arab.: *al-hudā*) zu vermitteln. Die medinensischen Suren enthalten daher nicht nur zahlreiche konkrete Normen, sondern legen immer wieder dar, daß Mohammed, selbst wenn sein Vorgehen seinen Anhängern bisweilen befremdlich erschien, stets dieser Rechtleitung folgte (vgl. z.B. Sure 8).[2]

Die Literaturgattung des Hadith ist der Ausdruck des nach dem Tode Mohammeds aufkommenden Wunsches, die durch ihn übermittelte Rechtleitung unter den Muslimen gegenwärtig zu halten. Zwar wird Mohammeds Wirken durch die Rezitation des Korans immer wieder verlebendigt, aber eben nur in den Situationen, von denen der Koran handelt. Die Daseinsordnung (arab.: *ad-dīn*), der der Muslim zu folgen hat,[3] ist zwar einerseits durch Allah im Koran erschöpfend dargelegt (Sure 16, 89). Andererseits ist das Schöpfungs-

---

[1] Über die für den Islam charakteristische Gegenwärtigkeit des Transzendenten im durch Allah geschaffen werdenden Diesseits vgl. das zweite Kapitel (Wer ist Allah?).

[2] Vgl. drittel Kapitel (Wer war Mohammed?) und viertes Kapitel (Was ist der Koran?).

[3] Noch einmal ist auf die Koranverse Sure 18, 109 und Sure 31, 37 zu verweisen. Vgl. erstes Kapitel (Was ist der Islam?) und sechstes Kapitel (Was ist die Scharia?).

handeln Allahs so vielschichtig, daß auch seine Rede aus der Sicht des Menschen jeden Umfang sprengt, wie Mohammed selber andeutet.[4] Wie immer man diesen Widerspruch auflösen mag: Es klafft eine Lücke zwischen dem Verlangen nach der lebendigen, durch Mohammed verkündeten Rechtleitung einerseits und der inhaltlichen Beschränktheit des durch die Koranrezitation vermittelten Erlebens des Wirkens „Allahs und seines Gesandten" andererseits. Im Verlauf der ersten drei Jahrhunderte der islamischen Geschichte wird diese Lücke durch das Hadith geschlossen.

Das Wort Hadith (arab.: *al-ḥadīṯ*) bedeutet soviel wie Erzähltes, Bericht. Im islamischen Zusammenhang meint es zum einen die Gesamtheit der einer bestimmten Form genügenden Überlieferungen über Mohammeds Leben, über sein Handeln, Denken, Reden und Gewährenlassen. Zum anderen bezeichnet das Wort auch die einzelne dieser Überlieferungen. Diese hat aus zwei Teilen zu bestehen, nämlich aus einer Tradentenkette (arab.: *al-isnād*) und dem eigentlichen Text (arab.: *al-matn*). Die Tradentenkette beginnt im Idealfall mit der Person, die das betreffende Hadith vorträgt oder niederschreibt, und nennt in chronologischer Reihung die Überlieferer bis hinauf zu dem Prophetengefährten, der die berichtete Handlungsweise oder Aussage Mohammeds, mithin den Text, den zweiten Teil des Hadithes, verbürgt. Ein Beispiel mag dies veranschaulichen:

(*Isnād*) Es erzählte mir Hārūn b. Saʿīd al-Ailī – es erzählte uns Ibn Wahb – es teilte mir ʿAmr b. al-Ḥāriṯ b. Muḥammad b. ʿAbd ar-Raḥmān b. Naufal mit auf Autorität von ʿUrwa b. az-Zubair, und dieser auf Autorität vonʿĀʾiša, der Gattin des Propheten, daß sie sagte:

(*Matn*) „Der Prophet pflegte seinen Kopf aus der Moschee zu mir herauszustrekken, obwohl er sich dort rituell aufhielt, und ich wusch ihm den Kopf, obwohl ich an der Monatsblutung litt."[5]

Die Tradentenkette, zu der unten noch einiges zu sagen ist, wird durch den Autor der Hadithsammlung, in diesem Falle durch Muslim b. al-Ḥaǧǧāǧ (gest. 875), über dessen Gewährsmann Hārūn b. Saʿīd al-Ailī bis auf ʿĀʾiša (ca. 613–678) zurückgeführt. ʿĀʾiša galt im entstehenden Sunnitentum, also gegen 700, als eine der beliebtesten Autoritäten, da sie in Mohammeds letzten Lebensjahren stets um ihn gewesen sei. Im zitierten Beispiel wird die Kenntnis der Topographie des alten Medina vorausgesetzt: Die Wohnräume der Ehefrauen Mohammeds sollen unmittelbar auf die Moschee hinausgegangen sein. Diese war damals noch nichts weiter als ein umgrenzter und mit einem Reisigdach notdürftig gegen die Hitze geschützter Platz. Während eines rituellen Aufenthalts auf dem Gebetsplatz bzw. in der Moschee, der eine über das Pflichtmaß hinausgehende Annäherung an Allah bezweckt, ist es

---

4 Vgl. viertes Kapitel (Was ist der Koran?), II. 4.

5 Muslim b. al-Ḥaǧǧāǧ: Ṣaḥīḥ, ḥaiḍ Nr. 8.

nicht erlaubt, sich zur Erfüllung irgendwelcher Wünsche anderswohin zu begeben. Um sich von seiner Ehefrau den Kopf waschen zu lassen, mußte Mohammed ihn bei ʿĀʾiša zur Tür hineinstrecken. Auf diese Weise unterbrach er nicht den rituellen Aufenthalt, und das nicht einmal, obwohl ʿĀʾiša zu jenem Zeitpunkt unrein war! Es hätte also vieles dafür gesprochen, sich nicht von ihr berühren zu lassen, damit die eigene Reinheit nicht gefährdet werde. Gemäß dem rechtgeleiteten Verhalten Mohammeds wird dem Muslim die Gewißheit übermittelt, daß diese Sorge in einem solchen Fall unbegründet ist, auch wenn der Koran diesbezüglich nichts sagt. Die Rechtleitung erscheint nicht als eine abstrakte Norm, sondern als eine jedem Muslim nachvollziehbare Szene.

Was die Hadithgelehrten der Reihung und den Namen der Bürgen entnehmen und was diese Reihung dem Religionshistoriker verrät, untersuchen wir an anderem Ort.[6] Jetzt mag der Hinweis genügen, daß der *isnād* nicht gleichzeitig mit dem Hadith entstand, sondern erst ab der Mitte des 8. Jahrhunderts obligatorisch wurde. Als man um dieselbe Zeit umfangreiche Sammlungen einzelner Hadithe zusammenzustellen begann,[7] benutzte man ihn als Ordnungshilfe. Man trug alle Hadithe, die auf einen bestimmten Genossen Mohammeds oder auf eine seiner Gattinnen als den ersten Zeugen nach Mohammed zurückgehen, in einem Text zusammen, den man *musnad*, „das Gestützte" nannte. Das obige Hadith wäre demnach in den *musnad ʿĀʾiša* einzureihen, in das von ihr „Gestützte".

Indem man nun um 800 entdeckte, daß das Hadith unersetzliche Dienste bei der Islamisierung des Rechtswesens leisten konnte,[8] drängte sich den Gelehrten die Einsicht auf, daß das *musnad*-System höchst unpraktisch war. Man benötigte den Stoff in einer nach Sachgesichtspunkten gestalteten Gliederung. Überdies ging es nicht mehr an, alles, was unter einem Namen umlief, aufzuhäufen. Denn man mußte bedenken, daß die nun ebenfalls entstehende „Wissenschaft von den Männern" eingesehen hatte, daß unter den Tradenten viele nicht als zuverlässig eingeschätzt werden durften. Hierfür konnte es unterschiedliche Gründe geben, beispielsweise eine im Alter eingetretene Gedächtnisschwäche oder die Sympathie für eine Glaubensrichtung, die der Mehrheit der Sunniten[9] suspekt war. Kurz, es galt, nur die Hadithe auszuwählen, die über einen „gesunden" *isnād* zum frühesten Bürgen führten.

---

[6] Vgl. unten, II. 2.

[7] Die Technik der Papierherstellung wurde um diese Zeit aus China übernommen, so daß ein – gegenüber dem Papyrus recht haltbarer, gegenüber dem Pergament recht leichter – Beschreibstoff die Anfertigung großer Textcorpora erleichterte.

[8] Vgl. sechstes Kapitel (Was ist die Scharia?).

[9] Vergleichbares gilt mutatis mutandis für die Schiiten. Siehe das elfte Kapitel (Was sind Schiiten?).

Aḥmad b. Ḥanbal (gest. 855) schuf das letzte große *musnad*-Werk. Es enthält mehr als 20 000 Hadithe, geordnet nach den ältesten Zeugen. Eine halbe Generation nach ihm erarbeiteten Muḥammad b. Ismāʿīl al-Buḫārī (gest. 870) und Muslim b. al-Ḥaǧǧāǧ ihre Sammlungen des „gesunden" Hadith. Sie kommen mit einem Bruchteil an Überlieferungen aus, grob geschätzt mit einem Drittel.[10] Sie bieten den Stoff jedoch nach Sachthemen gegliedert dar, was dazu beigetragen haben mag, daß sie bei den Sunniten eine ganz besondere Wertschätzung errangen: Es sind *die* beiden „gesunden" Kompendien. Im sunnitischen Islam setzten sich vier weitere Sammlungen als zuverlässige Quellen des Hadith durch, nämlich diejenigen des Abū Dāʾūd (gest. 888/9), des at-Tirmiḏī (gest 892/3), des Ibn Māǧa (gest. 896) und des an-Nasāʾī (gest. 912/3); die Sunniten sprechen deswegen, sobald sie den Kanon der autoritativen Hadithsammlungen im Auge haben, von den „sechs Büchern". Auch die Schiiten beginnen im ausgehenden 9. Jahrhundert die von ihnen als echt anerkannten Hadithe nach Sachthemen geordnet aufzulisten. Ein Beispiel hierfür ist das nur zu einem Siebtel erhaltene Werk „Die guten Seiten (des Schiitentums)" von al-Barqī (gest. um 890), das zugleich als eine Auseinandersetzung mit den Sunniten und dem islamischen Rationalismus konzipiert ist.[11] Die angesehenste, sehr umfangreiche schiitische Sammlung stammt von al-Kulainī (gest. 941). Diese dürren Daten mögen an dieser Stelle genügen, um zu zeigen, daß im 9. und 10. Jahrhundert sich die Auffassung Bahn bricht, daß dem Muslim ein Dasein ohne eine alle Bereiche der Lebenswirklichkeit absichernde göttliche Rechtleitung unmöglich ist. Verstanden wird dieses Dasein von der Grundbefindlichkeit des Glaubenden her: Er steht dem in unablässigem Schöpfungshandeln begriffenen Allah als der zur ebenso unablässigen Verehrung (arab.: *al-ʿibāda*) Verpflichtete gegenüber, in einem unüberwindbaren Knechtsstatus mithin (vgl. Sure 51, 56).

Ein Blick in das Inhaltsverzeichnis einer der thematisch geordneten Hadithsammlungen, es sei diejenige al-Buḫārīs gewählt, gibt einen erhellenden Eindruck von den Gegenstandsbereichen, auf denen der damalige islamische Gelehrte nach der göttlichen Rechtleitung suchte. Von den insgesamt 97 Kapiteln bieten die ersten drei eine Art Propädeutik. Sie schildern den „Beginn der Eingebungen", also des Vorgangs, in dessen Verlauf der Koran herabgesandt wurde, der aber sich darin nicht erschöpfte, sondern im rechtgeleiteten normativen Reden und Handeln Mohammeds seine Ergänzung

10 Wenn man die mehrfachen Nennungen ein und desselben Hadithes herausrechnet, kommt man für al-Buḫārī angeblich nur auf 2762 Überlieferungen (Ignaz Goldziher. A Short History of Classical Arabic Literature, Hildesheim 1966, 42).

11 Vgl. zehntes Kapitel (Was sind Sunniten?), elftes Kapitel (Was sind Schiiten?) und fünfzehntes Kapitel (Was ist islamischer Rationalismus?).

fand. Hieran schließt sich die sunnitische Definition des Glaubens an. Dieser besteht zum einen aus dem Islam, nämlich aus dem Aussprechen der zweigliedrigen Bezeugungsformel, zum anderen aus einem Tun,[12] wie dies aus der Lehre von den fünf Säulen folgt, auf denen der Islam beruhe. Diese sind die Bezeugung, daß es keinen Gott außer Allah gebe und daß Mohammed dessen Gesandter sei, ferner das rituelle Gebet, die Läuterungsgabe, das Ramadanfasten und die Pilgerfahrt nach Mekka. Der Glaube bekundet sich in zusätzlichen Verhaltensweisen und Einstellungen zum Dasein, die sich gemäß einem bekannten Hadith in über sechzig Sparten aufgliedern lassen, darunter etwa die demütige Scheu vor Allah oder das Meiden jeglichen Aufmuckens und jeglicher Anfechtung. Damit nun die Lehren des Korans, der Islam und der Glaube, im gewünschten Maß Frucht bringen können, bedarf es des „Wissens" (arab.: *al-ʿilm*). Es wird in der Form des Korans weitergegeben, aber eben auch in der Form des Hadithes, und ist dem durch Allah gesandten Regen zu vergleichen.[13] Wenn das „Wissen" gegen das Ende der Zeiten hin aufgehoben wird, dann werden, wie Mohammed einem Frager mit einer Geste verdeutlicht haben soll, Mord und Totschlag herrschen.[14]

Die nächsten dreißig Kapitel widmen sich den Einzelheiten der „fünf Säulen des Islams", eingeschlossen die Bestimmungen über den Verlust und die Wiederherstellung der rituellen Reinheit. Erst die Beachtung dieser Bestimmungen verleiht ja dem Vollzug der Pflichten der „fünf Säulen" Gültigkeit: Allah rechnet sie auf das Jenseitsguthaben des Muslims an.[15] Bei der Ausführung des Gebets, des Ramadanfastens und der Pilgerfahrt und bei der Einziehung der Läuterungsgabe sind zahlreiche Einzelheiten zu bedenken, desgleichen beim freiwilligen rituellen Aufenthalt an einem Gebetsort, wovon das eingangs zitierte Hadith handelt. Es folgen 25 Kapitel, die im weitesten Sinne Geschäftsbeziehungen erörtern. Hierher gehören auch der Dschihad, die Beuteteilung sowie die Kopfsteuer, die den besiegten Andersgläubigen abzuverlangen ist. Dann nimmt al-Buḫārī den Kosmos in den Blick und zeigt, wie dieser von Allah geschaffen wurde und wird und wie im Kosmos dank den Propheten, insbesondere dank dem Kampfesmut des letzten unter ihnen und seiner Gefolgsleute, stets die mit dem Schöpfungshandeln harmonierende Rede Allahs gegenwärtig ist. Bestimmungen über die Ehe sowie über eine Reihe weiterer für den Daseinsvollzug wichtiger Themen, etwa über Eide und Bußleistungen, über die Erbteilung, den Umgang mit Apostaten usw. folgen nun. Ein Ordnungsprinzip ist nicht mehr zu erkennen. Es

---

[12] Vgl. das erste Kapitel (Was ist der Islam?) und die dortigen Ausführungen zu Sure 4, Vers 125.

[13] al-Buḫārī: Ṣaḥīḥ, ʿilm 17.

[14] Ebd., 21.

[15] Vgl. zwölftes Kapitel (Was versteht der Muslim unter Religion?).

finden sich Kapitel über die Grenzen, die Allah dem Verhalten seiner Gemeinde setzt und deren Verletzung die Souveränität des Schöpfers antastet, wie auch über erstrangige theologische Fragen wie die Einsheit Allahs und die Reichweite seiner Bestimmungsmacht (arab.: *al-qadar*). Die Bezeugung der Einsheit bleibt nur möglich, wenn man unbeirrt am Koran und an der *sunna* des Propheten festhält. Eine unerläßliche Voraussetzung hierfür ist, daß selbst die Hadithe, die nur ein einziger Überlieferer verbürgt, als „Wissen" anzuerkennen sind, wie doch auch der Prophet nur einzelne Männer aussandte, um heidnische Stämme über den Islam belehren zu lassen. Daß al-Buḫārī es für notwendig erachtete, ein solches Kapitel in seine Sammlung der „gesunden" Hadithe einzufügen, belegt, daß die Anerkennung des „Wissens" nicht zwingend eingefordert werden kann, sondern letzten Endes von der Vorentscheidung desjenigen abhängt, der diese Anerkennung ausspricht.

Nicht erst die europäische Islamwissenschaft hat den Finger in diese Wunde gelegt.[16] Schon die Verfechter des islamischen Rationalismus, dessen Blütezeit in das 9. und frühe 10. Jahrhundert fällt, waren sich darüber im klaren, daß weder den Prophetengefährten und erst recht nicht den nachfolgenden Generationen von Experten der Überlieferung die Funktion zugeschrieben werden dürfe, die man für sie, am auffälligsten im Sunnitentum, in Anspruch nahm, nämlich die Vergegenwärtigung der Urgemeinde zu garantieren. Die Prophetengenossen müßten dann in ähnlicher Weise sündlos und unfehlbar gewesen sein wie Mohammed selber. Aḥmad b. Ḥanbal postulierte dergleichen jedoch ausdrücklich: Man dürfe über die Altvorderen nichts Nachteiliges sagen, obwohl von vielen unter ihnen durchaus tadelnswerte Handlungen bekannt waren. Im Hadith die Quelle gottgegebenen „Wissens" zu suchen, deren Wasser gleich dem Regen das islamische Gemeinwesen zum Blühen bringe, setzte demnach schon damals ein beträchtliches Maß kollektiver Autosuggestion voraus. Die Geschichte dieser Literaturgattung ist mithin die Geschichte dieser Autosuggestion, die allerdings in der Koranrezitation und ihrer Funktion der Vergegenwärtigung der Lebenssituationen Mohammeds[17] eine zuverlässige Stütze hat.

---

[16] Ignaz Goldziher: Muhammedanische Studien, Erster Theil: Über die Entwicklung des Hadith, Halle 1888.

[17] Vgl. viertes Kapitel (Was ist der Koran?), IV. 1., sowie zehntes Kapitel (Was sind Sunniten?), II.

II. Die Hadithgelehrsamkeit

1. Vorformen des Hadith

Seit der Mitte des 8. Jahrhunderts wird die im vorigen Kapitel an einem Beispiel dargestellte Form des Hadith, bestehend aus Tradentenkette und eigentlichem Text, der übliche, alles beherrschende Standard. Da schriftliche Zeugnisse der Hadithüberlieferung aus der Zeit davor fehlen, muß man versuchen, aus dem später schriftlich weitergegebenen Material sowie aus den Angaben der muslimischen Hadithgelehrsamkeit Rückschlüsse auf den voraufgehenden Befund zu ziehen. Aufmerksamkeit verdient eine Aussage des syrischen Gelehrten Ibn Šihāb az-Zuhrī (gest. 742), des angeblichen Erfinders des *isnād*s. Sie wird in einer Abhandlung des sunnitischen Gelehrten al-Baihaqī (gest. 1066) über die Namen und Eigenschaften Allahs zitiert. Es geht um den Sinn des 51. Verses von Sure 42: Allah spricht zu niemandem unmittelbar, sondern nur durch einen Vorhang verdeckt oder mittels Eingebung (arab.: *al-waḥj*) oder indem er einen Boten aussendet. Zu Mose redete Allah, hinter einem Vorhang den Blicken entzogen. Eingebung hingegen sei, was Allah dem Herzen eines Propheten einflöße; einiges davon pflanze Allah dem Herzen fest ein, und der betreffende Prophet lege dies in aller Deutlichkeit dar: Das sei Eingebung durch Allah und zugleich Allahs Rede (arab.: *al-kalām*) im Wortlaut. Az-Zuhrī hat hier den Koran im Sinn, denn er fährt fort: „Zur (Eingebung) gehört darüber hinaus (weiteres), das keiner seiner Propheten gegenüber jemandem ausspricht, das vielmehr ein Geheimnis und verborgen zwischen Allah und seinen Gesandten bleibt. Zur (Eingebung) gehört jedoch auch einiges, was die Propheten als Rede aussprechen, aber niemandem aufschreiben und auch nicht aufzuschreiben befehlen. Indessen geben sie es den Menschen als Erzählung weiter (*juḥaddiṯūna bi-hī n-nās ḥadīṯ^an^*) und legen ihnen dar, daß Allah ihnen auftrug, es den Menschen zu erläutern und mitzuteilen. Zur Eingebung gehört schließlich einiges, was Allah Boten, die ihm belieben, anvertraut, und diese geben es den Herzen der durch Allah erwählten Gesandten ein", wie Gabriel es im Falle Mohammeds tat (Sure 2, 97).[18]

Allah richtet seine Rede niemals unmittelbar an seine Gesandten; er ist entweder hinter einem Vorhang verborgen oder er sendet einen Boten. Es gibt ferner eine dritte Art der Übermittlung, nämlich die unmittelbare Eingebung. Az-Zuhrīs Beispiel ist der Koran. Die Eingebung umfaßt nach seiner Ansicht auch Aussagen Allahs, die teils ein Geheimnis zwischen Allah und dem Propheten bleiben, teils aber von diesem auf Allahs Geheiß verkündet werden. Es handelt sich dann allerdings nicht um die unmittelbare Rede Al-

---

[18] al-Baihaqī: Kitāb al-asmā' waṣ-ṣifāt, Beirut o. J., 257.

lahs, sondern um eine nicht niederzuschreibende Mitteilung, die der Prophet anscheinend mit eigenen Worten formuliert. Da deren Inhalt jedoch genauso wie der Koran auf Aussagen Allahs zurückzuführen ist, wird in diesen mündlich weitergereichten Worten in gleicher Weise das Wirken Allahs gegenwärtig wie im Koran. Eben deshalb ist es nur folgerichtig, daß derjenige, der sie nach Mohammeds Tod vorträgt, den Nachweis der Wirksamkeit des Erzählten antritt, indem er die mündliche Übertragung des Erzählten von Person zu Person belegt.

Die Sätze az-Zuhrīs sind unter einem weiteren Gesichtspunkt aufschlußreich, der nicht übergangen werden soll. Für ihn ist es noch kein Problem, daß Mohammed im Koran seiner Gemeinde nicht alle Worte Allahs mitgeteilt, also einige verschwiegen haben könnte. Erst wenn sich die Lehre von der Sündlosigkeit und Unfehlbarkeit Mohammeds ausgebildet hat, kann dergleichen Verhalten nicht mehr geduldet werden.[19] Denn jetzt ist alles, was man über die Daseinsordnung zu wissen glaubt, einzig von seiner Person abhängig. Az-Zuhrīs obige Feststellung paßt übrigens nahtlos zu der Nachricht, daß der Kalif ʿUmar b. al-Ḫaṭṭāb (reg. 634–644) nur schriftlich fixierte Texte in das unter seinem Nachfolger ʿUṯmān (reg. 644–656) vollendete Korpus des Korans einzufügen erlaubte und die Niederschrift von mündlich kursierenden – angeblichen – Aussagen Mohammeds verbot.[20] Nach der späteren sunnitischen Lehre, von der az-Zuhrī noch nichts wissen konnte, ist es undenkbar, daß der Prophet Mitteilungen Allahs, Eingebungen mithin, für sich behalten haben könnte. Mohammed hätte in einem solchen Fall den Muslimen ein Argument zugespielt, mit dem sie sich am Jüngsten Tag gegen den Vorwurf Allahs verwahren könnten, sie hätten wissentlich Allahs Daseinsordnung verletzt (vgl. Sure 4, 165); denn diese wäre ihnen ja wegen Mohammeds Schweigen über manche Eingebungen nicht vollständig bekannt geworden.

Az-Zuhrī kennt zudem noch keine Hierarchisierung der auf Allahs Eingebungen zurückgeführten Aussagen Mohammeds. Sowohl die im Koran verschriftlichten als auch die mündlich weitergetragenen haben für ihn den Rang und die Autorität göttlicher Mitteilungen. Indem im ausgehenden 8. und im 9. Jahrhundert die Scharia entsteht, erwacht das Verlangen nach schärferer Definition des Autoritätsgrades der Quellen, aus denen die Bestimmungen herzuleiten sind. Die für az-Zuhrī unproblematische Gleichwertigkeit von

---

[19] Vgl. den im 10. Jahrhundert entbrennenden Streit zwischen Sunniten und Schiiten über die angebliche Unvollständigkeit des Korans, der das Vorliegen der schiitischen Imamlehren voraussetzt, also tatsächlich nicht in die frühe Zeit gehört. Eine Übersicht über die schiitische Überlieferung zu angeblich von den Sunniten unterdrückten Koranpassagen bietet W. St. C. Tisdall: *Shi'ah additions to the Koran*, in: The Moslem World 3/1913, 227–241. Vgl. ferner Rainer Brunner: Die Schia und die Koranfälschung, Würzburg 2001.

[20] Tilman Nagel: Mohammed. Leben und Legende, München 2008, 533 f.

Koran und Hadith wird aufgehoben. Es entsteht die Theorie der Rangfolge der autoritativen Aussagen Allahs, in der der Koran den Platz vor dem Hadith zugewiesen bekommt. Schon der Koran allein enthalte, wie in Sure 16, Vers 89, dargelegt wird, „alles“, das Hadith dagegen gewinnt die Funktion der „alles“ auslegenden Weisheit (arab.: *al-ḥikma*) (z.B. Sure 2, 129). Die Entstehung der Scharia fördert somit die klare Scheidung zwischen den Aussagen des Korans einerseits, die durch den Propheten ohne die geringsten Abstriche an die Glaubenden weitergegeben worden sein müssen, und den Aussagen des Hadith andererseits, denen man Mitteilungen über den unter der göttlichen Rechtleitung stehenden Mohammed entnimmt. Die Thematik dieser Mitteilungen hängt von den Lebenssituationen ab, die Mohammed durchläuft, hat in der Sache daher einen anderen Hintergrund als die, wie man nun voraussetzt, von vornherein auf Vollständigkeit angelegte wortwörtliche göttliche Rede.[21]

Zu az-Zuhrīs Zeit gibt es die Scharia noch nicht. Ihn beschäftigt jedoch die Frage, wie die Tatsache zu deuten ist, daß Aussagen umlaufen, die ähnlich dem Koran die Gegenwärtigkeit des Transzendenten im Diesseitigen bezeugen. So sollen demjenigen, der einhundertmal am Tag die Worte „Preis sei Allah und durch sein Lob (sei er gerühmt)!“ spricht, alle Verfehlungen vergeben sein. Vier weitverbreitete Formeln des Lobes Allahs können zahlreiche böse Taten tilgen und ebenso viele gute ersetzen. Empfohlen wird das Rezitieren der „vollkommenen Worte Allahs“ (arab.: *kalimāt Allāh at-tāmma/at-tāmmāt*), kurzer Passagen aus dem Koran, die die Majestät und die Schöpferkraft des Einen herausstreichen (z.B. Sure 2, 1–3, 163f., 255; Sure 3, Vers 18; Sure 7, Vers 54; Sure 23, 116–118).[22] Im frühen 8. Jahrhundert war es bereits üblich geworden, solche Worte auf Amulette zu schreiben.[23] Als krafthaltig schätzte man vermutlich auch die Worte ein, die man unter dem Kalifen ʿAbd al-Malik (reg. 685–705) im Felsendom anbrachte. Auch sie bilden eine Zusammenstellung von kurzen koranischen Aussagen, die durch freiformulierte Fügungen zusammengehalten werden, ohne daß man die Worte des Korans, wie es später üblich wurde, von den anderen deutlich abgesetzt hätte.[24] Az-Zuhrī stellte sich nun die Frage, wie das Vorhandensein solcher Aussagen und die ihnen unterstellte Wirksamkeit zu begreifen seien. Um dies zu klären, muß man ein wenig ausholen.

---

21 Vgl. sechstes Kapitel (Was ist die Scharia?).

22 Vgl. fünfzehntes Kapitel (Was ist islamischer Rationalismus?), III. 2.

23 Tilman Nagel: Wirkende Worte. Das Hadith und die Metaphysik, in: Rippin/Tottoli (Hgg.) Books and Written Culture of the Islamic World. Studies Presented to Claude Gilliot ..., Leiden 2015, 181–216, hier 183f.

24 Tilman Nagel: Die Inschriften des Felsendoms und das islamische Glaubensbekenntnis – der Koran und die Anfänge des Hadith, in: Arabica XLVII/2000, 329–365, hier 333–335.

In az-Zuhrīs Lebenszeit fällt das Kalifat ʿUmar b. ʿAbd al-ʿAzīzʾ (reg. 717–720), des ersten Herrschers, der sich um die Sammlung der Prophetenüberlieferung kümmerte. Spuren der Tätigkeit der von ihm beauftragten Gelehrten mögen sich in den späteren Sammlungen erhalten haben, sind aber noch nicht systematisch gesucht, geschweige denn untersucht worden. Soviel man aus den Quellen erschließen kann, handelte es sich um Texte ohne Überlieferungsketten. In der *musnad*-Sammlung des Mekkaners ʿAbdallāh b. az-Zubair al-Ḥumaidī (gest. 834/5) findet sich ein Hadith, das hierauf hindeutet. Al-Ḥumaidī bekam von Sufjān b. ʿUjaina (gest. 814), einem in der Entwicklung des Hadith höchst einflußreichen Mann, die folgende Überlieferung erzählt, die Sufjān hinwiederum durch az-Zuhrī erzählt worden war: Letzterer sagte: „Mir berichtete ʿAṭāʾ b. Jazīd al-Laiṯī auf Autorität von Abū Aijūb al-Anṣārī: Der Gesandte Allahs sagte: ‚Wendet euch beim Verrichten der Notdurft nicht der Gebetsrichtung zu und kehrt auch nicht den Rücken gegen sie! Dreht euch nach Osten oder Westen!‘ Abū Aijūb ergänzte: ‚Wir gelangten nach Syrien und bemerkten Aborte in der Gebetsrichtung. Also wandten wir uns weg und baten Allah um Verzeihung.‘ “ Man machte Sufjān darauf aufmerksam, daß der mekkanische Tradent Nāfiʿ b. ʿUmar diese Überlieferung nicht mit einem *isnād* versehe. Sufjān verteidigte sich: „Die Mekkaner erhielten ein Schriftstück, das Ḥumaid (b. Qais) (gest. 747/8) aus Syrien mitbrachte, wo er es auf Autorität von az-Zuhrī niedergeschrieben hatte. Dieses Schriftstück gelangte zu (dem bekannten mekkanischen Gelehrten) Ibn Ǧuraiǧ (gest. 767). Die Mekkaner legten das Schriftstück az-Zuhrī zur Überprüfung vor. Ich aber habe (das in Rede stehende Hadith) tatsächlich von az-Zuhrī *gehört*.“[25]

In der Sammlung des „gesunden“ Hadith al-Buḫārīs stoßen wir auf denselben Text; diesmal will ihn der medinensische Gelehrte Ibn abī Ḏiʾb (gest. 775) von az-Zuhrī erzählt bekommen haben.[26] Es fehlen allerdings die Aussage Abū Aijūbs über seine Erfahrungen in Syrien sowie jegliche Bemerkung über die Verbindung zwischen az-Zuhrī und Ibn abī Ḏiʾb, dem nächstjüngerenen Tradenten. In der einschlägigen Literatur über die Verhältnisse der Überlieferer zueinander wird man jedoch sogleich fündig, und man sieht sich mit der gleichen Problematik wie eben konfrontiert: Unter den Tradenten des ausgehenden 8. und beginnenden 9. Jahrhunderts debattierte man darüber, ob Ibn abī Ḏiʾb das, was er von az-Zuhrī überlieferte, auch wirklich *gehört* habe. Nein, meinte ein bekannter Kenner der Materie, allerdings habe er es az-Zuhrī zur Prüfung vorgelegt. Insofern sei alles, was Ibn abī Ḏiʾb von az-Zuhrī überliefere, zuverlässig. Man wußte dann auch einen Grund dafür, daß

---

[25] ʿAbdallāh b. az-Zubair al-Ḥumaidī: Musnad, ed. Ḥabīb ar-Raḥmān al-Aʿẓamī, Beirut o. J. (1961), Nr. 378.

[26] : al-Buḫārī; Ṣaḥīḥ, wuḍūʾ Nr. 11.

az-Zuhrī ihm nichts „erzählte": Ibn abī D̲i'b war mit ihm in Streit geraten, weshalb er schwor, er wolle ihm nichts „erzählen"; Ibn abī D̲i'b bereute später den Zwist und bat az-Zuhrī, er möge ihm doch wenigsten schriftlich etwas von seinen Hadithen übermitteln; az-Zuhrī erfüllte die Bitte, Ibn abī D̲i'b aber „erzählte" die ihm auf diese Weise zur Verfügung gestellten Hadithe, als wären sie ihm von az-Zuhrī „erzählt" worden.[27]

Daß Allahs Worte im Diesseits nicht zu Ende gehen, war Mohammed zur Gewißheit geworden, als er erkannt hatte, daß er nicht nur der Gesandte Allahs sei, sondern auch dessen Prophet, der „befiehlt, was zu billigen ist, und das Verwerfliche verbietet".[28] Die Rechtleitung, die Allah übermittelt, ist kein zu einem Gesetzestext geronnener Normenkatalog, sie ist vielmehr ein mit Allahs Schöpfungshandeln harmonierender Vorgang der „Wissensübermittlung", der mit dem Tode Mohammeds abbrach. Gleichwohl konnte Allahs Rede weiterhin als krafthaltig erfahren werden. Zudem stößt man auf vereinzelte Zeugnisse von Sammlungen, deren Inhalt im weitesten Sinn als „Rechtleitung" aufzufassen ist.

Für az-Zuhrī beruht im „Erzählen" die Antwort auf die Frage, die ihn beschäftigt. Im „Erzählen", in der durch das Nachsprechen der Worte des Propheten erneuerten Entstehungsszene, erneuert sich auch die Wirksamkeit der von ihm einst gesprochenen Worte. „Erzählte" Überlieferungen sind die Belege für ein „Erzählen" des Propheten, das Eingebungen zum Inhalt hatte, die nach Allahs Ratschluß nicht in das „Buch", den Koran, eingingen. Der numinose Charakter, der solchen Texten zugesprochen wurde, garantierte für die nach wie vor gegebene Lebendigkeit der Vermittlung der Rechtleitung, wie sie in der Urgemeinde nach muslimischer Ansicht bestanden hat und wie sie durch die Koranrezitation immer wieder aufgerufen werden kann.[29] Als Voraussetzung hierfür fordert az-Zuhrī das „Erzählen", eine mit dem Ziel der Übergabe von wirkendem „Wissen" – nicht von Information[30] – zwischen dem Tradierenden und dem Empfangenden erfolgende Handlung, die durch eine Überliefererkette, den *isnād*, zu dokumentieren ist.

---

[27] Ibn Ḥağar al-ʿAsqalānī: Tahd̲īb at-tahd̲īb, Haidarabad 1908, IX, 305–307, Nr. 503.

[28] Vgl. drittes Kapitel (Wer war Mohammed?) und viertes Kapitel (Was ist der Koran?).

[29] Vgl. viertes Kapitel (Was ist der Koran?), IV.

[30] Für die die papierene Weitergabe allemal reicht. Der verschriftlichte Koran ist keine Widerlegung dieser Aussage. Er ist nämlich die Grundlage der lautgetreuen Rezitation, die im übrigen nicht die wirkenden Worte Mohammeds, sondern nach dem Glauben der Muslime Allahs Rede wiedergibt.

2. Die Tradentenkette

Kehren wir nun noch einmal zu dem Hadith zurück, an dem wir im ersten Kapitel die wesentlichen formalen Eigenschaften des einzelnen Elementes dieser für den Islam charakteristischen Literaturgattung aufzeigten! Die Tradentenkette, so sagten wir eben, hat die Aufgabe, im spätgeborenen Zuhörer das Empfinden zu wecken und zu festigen, er sei Zeuge jenes Augenblicks, in dem ʿĀʾiša erzählt, wie ihr durch Mohammed ein winziger Ausschnitt der göttlichen Rechtleitung übermittelt wurde. Es sind nicht die über einen schariarechtlichen Sachverhalt informierenden Aussagen eines Überlieferers, die an den Zeitgenossen Muslim b. al-Ḥaǧǧāǧs und dann an diesen selber gelangen, sondern es sind die Worte der jüngsten Ehefrau des Propheten, die die beiden Gelehrten des 9. Jahrhunderts hören. Deswegen wird dem Spätgeborenen mittels der Tradentenkette die jeweils mündliche Weitergabe von einem Glied zum anderen zugesichert. Näheres entnimmt der Kenner den *termini technici*, die zwischen den einzelnen Gliedern der Kette stehen. „Es erzählte mir/uns" (arab.: *ḥaddaṯa-nī/nā*) steht für eine im Lehrvortrag stattgehabte Weitergabe vom älteren zum jüngeren Gewährsmann. In der ab dem 9. Jahrhundert vollständig ausgebildeten Hadithgelehrsamkeit ist dies die erstrebenswerteste Art der Weitergabe eines Hadithes – man beachte, daß der Begriff *ḥadīṯ* und die Wendung „es erzählte mir/uns" aus derselben Wortwurzel *ḥ-d-ṯ* gebildet sind: Es geht um das Erzählen des Selbsterlebten. Zwischen Hārūn b. Saʿīd al-Ailī bzw. Ibn Wahb und ʿAmr b. al-Ḥāriṯ b. Muḥammad b. ʿAbd ar-Raḥmān b. Naufal ist eine solche erstrangige Verbürgung nicht bezeugt, darum die Formel „es teilte mir … mit" (arab.: *aḫbara-nī*), ein Ausdruck, der die Assoziation der Nachricht (arab.: *al-ḫabar*) hervorruft und daher nicht auf eine wörtliche Wiedergabe zielt, diese freilich nicht ausschließt. Die Benachrichtigung ʿAmr b. al-Ḥāriṯ' erfolgte „auf Autorität von" ʿUrwa, der seinerseits „auf Autorität von" ʿĀʾiša die Worte weitergibt. Deren Zuständigkeit in allem, was Mohammed betrifft, braucht nicht erwähnt zu werden. Was aber bedeutet „auf Autorität von …"? Es ist die schwächste Art der Verbürgung, im Arabischen wiedergegeben mit der Präposition *ʿan*, die nach Erkenntnis der arabischen Grammatiker die Bedeutung der Getrenntheit hat bzw. der Benachbarung, die ja auch eine Getrenntheit impliziert,[31] keinesfalls aber die der unmittelbaren Einbezogenheit, in unserem Fall in ein Erzählen des Bürgen.

Der Hadithgelehrte erschließt sich den Inhalt der Überliefererketten, indem er die darin erwähnten Personen in den durch die „Wissenschaft von den Männern" zusammengetragenen Nachschlagewerken aufsucht. Über Hārūn

---

31 W. Wright: A Grammar of the Arabic Language, Translated from the German of Caspari, Neuausgabe Cambridge 1962, II, 144.

b. Saʿīd al-Ailī (786/7–867) finden wir dort, daß er sich in Altkairo niederließ, wo er zum Kreis des berühmten Gelehrten (ʿAbdallāh) Ibn Wahb (gest. 813) gehörte. Wie dieser soll auch Hārūn die Hadithkunde für die Einsicht (arab.: *al-fiqh*) in die lebenspraktischen Konsequenzen der göttlichen Rede und der Überlieferung, für die im Entstehen begriffene Schariagelehrsamkeit mithin,[32] fruchtbar gemacht haben. Ferner erfahren wir, daß die Koryphäen der „Männerkritik" des 9. und 10. Jahrhunderts seine Überlieferungstätigkeit recht gut beurteilten. Unter den Tradenten, von denen Ibn Wahb überlieferte, wird ʿAmr b. al-Ḥāriṯ (gest. 766) an erster Stelle genannt. Ibn Wahb und andere Fachkollegen betrachteten ʿAmr als den Mann, der sich um die Verbreitung des „Wissens" in Ägypten das größte Verdienst erworben habe. ʿAmr b. al-Ḥāriṯ ist aber keineswegs, wie in Muslims Text angegeben, der Enkel eines gewissen Muḥammad b. ʿAbd ar-Raḥmān b. Naufal gewesen. Vielmehr muß es heißen, daß ʿAmr b. al-Ḥāriṯ die Überlieferung von jenem Muḥammad b. ʿAbd ar-Raḥmān b. Naufal (gest. wahrscheinlich um 750) übernommen habe. Dieser war in der fünften Generation ein Nachfahre eines Bruders von Ḫadīǧa bt. Ḫuwailid, der ersten Ehefrau Mohammeds. Als Knabe verwaist, war Muḥammad b. ʿAbd ar-Raḥmān b. Naufal von seinem Onkel ʿUrwa b. az-Zubair (b. al-ʿAuwām b. Ḫuwailid) (gest. ca. 712) in Pflege genommen worden, auf dessen Autorität er in unserem Beispiel die Aussage ʿĀʾišas weitergibt.

Was ergibt diese Untersuchung der Überliefererkette? Der Hadithgelehrte wird ihr entnehmen, daß ab dem späten 8. Jahrhundert eine erstklassige, dem besonderen Charakter des Hadith gerecht werdende Weitergabe erfolgt ist. In der Zeit davor muß man sich mit einem „es teilte mir ... mit" begnügen und dann, noch weiter in die Vergangenheit zurückgreifend, mit dem Ausdruck „auf Autorität von ...". Wenn man sich ins Gedächtnis ruft, was das Hadith eigentlich sein will, die authentische Vergegenwärtigung der medinensischen Urgemeinde und des Wirkens des Propheten in ihr und daher die sichere Verbürgung der göttlichen Rechtleitung, dann würde man eher erwarten, daß es umgekehrt wäre: *ḥaddaṯa-nā* zwischen den frühesten Gliedern der Kette, *ʿan* allenfalls unter den späteren. Die Überliefererkette wurde aber erst im 8. Jahrhundert üblich.

Az-Zuhrīs Annahme des Vorhandenseins eines erzählten, nicht verschriftlichen Fundus göttlicher Eingebungen verleiht den aufkommenden Sammlungen von außerkoranischen Texten der Rechtleitung eine plausible Begründung, wenn sie auch das Fehlen des „Erzählens" zwischen den frühesten Tradenten nicht zu erklären vermag. Dieser Umstand wird uns gleich beschäftigen. Wirklich auf Mohammed zurückgehend oder ihm und der Urgemeinde nur zugeschrieben, kristallisierte sich in islamischen Metropolen ein

---

32 Vgl. sechstes Kapitel (Was ist die Scharia?).

„Wissen“ heraus. Dies geschah unter anderem in Medina, wo die Erinnerung an den Propheten mit vielen Gegenständen und Örtlichkeiten verknüpft war, sowie unter den Nachkommen des az-Zubair, eines Neffen Ḫadīǧas. ʿUrwa b. az-Zubairs älterer Bruder ʿAbdallāh hatte von Mekka aus vergeblich dem Aufstieg der Omaijaden getrotzt: Als in Mekka herrschender Kalif (684–692) hatte er sich vor allem auf die Nachkommen der herausragenden frühen Prophetengefährten verlassen. Das Scheitern des Machtstrebens ʿAbdallāhs begriffen die Nachkommen ʿUrwas, der während der letzten Lebensjahre ʿĀʾišas eine umfassende Kenntnis von deren Erinnerungen an Mohammed erlangt haben soll, als eine Erniedrigung: Das „Wissen“, über das die Zubairiden verfügten, hätte sie, die eng mit Mohammed verwandt waren, zu den führenden Persönlichkeiten des muslimischen Gemeinwesens erheben müssen! Aber die Herrschaft des „Wissens“ würde kommen.[33] Dies ist aus dem Blickwinkel späterer Jahrzehnte gesagt, als in der Tat die Vorstellung, ein auf Mohammed zurückgehendes „Wissen“ solle die islamische Machtausübung prägen, weite Verbreitung fand. So fungiert der in der Überlieferkette erwähnte Muḥammad b. ʿAbd ar-Raḥmān b. Naufal als der Übermittler der von ʿUrwa gesammelten Überlieferungen nach Ägypten, wo er kurz vor seinem Tod eingetroffen sein soll. Die Aussagen hierzu sind jedoch widersprüchlich.[34]

Die Analyse der Überliefererkette führt zu der Einsicht, daß gerade zwischen den frühen Gliedern eine Verbürgung, die dem Zweck der Literaturgattung Hadith gerecht würde, nicht nachzuweisen ist.[35] Bei den meisten Hadithen käme man zu einem gleichlautenden Ergebnis. Wurde die ein Miterleben hervorbringende „erzählte“ Übertragung erst dann erforderlich, als dem Hadith die Eigenschaft zugesprochen wurde, es verlebendige die Rechtleitung? Unter den im Namen des Prophetengenossen Abū Huraira (gest. ca. 677) umlaufenden Hadithen fügte Aḥmad b. Ḥanbal seinem großen *Musnad* eine Sammlung von 136 Überlieferungen ein, die ein gewisser Hammām b. Munabbih (gest. ca. 719) zusammengetragen hatte. Dieser stellt vor das erste der von Abū Huraira verbürgten Hadithe den Satz: „Dies ist, was uns Abū Huraira auf Autorität des Propheten erzählte.“ Jede Überlieferung beginnt danach unmittelbar mit „der Gesandte Allahs sagte …“ oder „Abū l-Qāsim[36] sagte …“. Die Themen reichen vom Ende der Zeiten – „das ‚Wissen‘ wird

[33] Ibn Ḥaǧar al-ʿAsqalānī: Tahḏīb at-tahḏīb, VII, 182, Nr. 351.

[34] Ebd., IX, 308, Nr. 506.

[35] Etliche der von Abū Huraira zusammengetragenen Überlieferungen werden mit der Formel eingeleitet: „Er (d.h. der Tradent) gelangt mit diesem (Wort) zum Propheten“, führt es also auf ihn zurück. Aḥmad b. Ḥanbal: Musnad, ed. Aḥmad Muḥammad Šākir, Nrr. 7282, 7284, 7291, 7296, 7302, 7307). Diese Formel wurde auch von Abū Hurairas Zeitgenossen ʿAbdallāh b. ʿUmar verwendet (z.B. ebd., Nr. 5581).

[36] Die mit „Abū“ gebildete sogenannte *kunja* Mohammeds.

weggenommen; Wirren und tödliche Streitereien werden um sich greifen"[37] – bis hin zu den schützenden Wirkungen der Riten – „der Teufel flieht, sobald der Gebetsruf ertönt, und damit er ihn nicht hören muß, läßt er einen lauten Wind fahren. Gleich nach dem Verklingen des Gebetsrufs kehrt er zurück", um den Menschen vom Gebet abzulenken. Es handelt sich, wenn man eine knappe Zusammenfassung des Inhalts wagen soll, um Lebensweisheiten, die sich an einem Islam orientieren, der im Ritenvollzug seinen Schwerpunkt findet.[38] Die Texte sind durchweg so kurz und kahl wie der vorhin zitierte, den Ibn abī Ḏiʾb auf schriftlichem Weg von az-Zuhrī empfangen haben will. Wie erinnerlich, war die Fassung desselben Hadithes, die az-Zuhrī Sufjān b.ʿUjaina „erzählt" haben soll, um eine Bemerkung des als Bürgen auftretenden Prophetengefährten Abū Aijūb ergänzt.

Was auf den ersten Blick wie ein belangloses Detail erscheint, ist in Wahrheit ein wesentlicher Sachverhalt in der Geschichte des Hadith und dient der Sicherung seiner Funktion als der Vergegenwärtigung der nicht in den Koran eingegangenen, von Mohammed laut az-Zuhrī den Glaubenden lediglich „erzählten" Rechtleitung. Wir können nicht wissen, ob Mohammed die von Hammām b. Munabbih gesammelten und auf Abū Hurairas Autorität gegründeten Aussprüche wirklich getan hat. Es genügt, daß dies geglaubt wurde. Dieser Glaube benötigte jedoch Stützen, und diese schuf man sich in den ersten Jahrzehnten des 8. Jahrhunderts. Dafür noch ein Beispiel! Sufjān b. ʿUjaina sagte: Es erzählte uns ʿĀṣim b. Kulaib (gest. 754, man beachte, daß zwischen dessen Todesjahr und demjenigen Sufjāns sechzig Jahre liegen), der (das folgende) von Ibn abī Mūsā hörte, der sagte: „Ich hörte ʿAlī (b. abī Ṭālib), als er Abū Mūsā[39] um eines Auftrags willen fortschickte, (zu diesem) sagen: ‚Der Gesandte Allahs sprach zu mir: ʿAlī, bitte Allah um die Rechtleitung und um Treffsicherheit. Mit Rechtleitung meine ich, den richtigen Weg zu gehen, und mit Treffsicherheit, den Pfeil ins Ziel zu schießen. Dann verbot mir (d.h. ʿAlī) der Gesandte Allahs …, daß ich meinen Siegelring an diesen oder diesen Finger stecke, und deutete auf den Zeige- und den Mittelfinger.'" Sufjān berief sich bei diesem Hadith auf Abū Mūsās Sohn Abū Bakr; als man ihn deswegen kritisierte und einwandte, es handle sich doch in Wahrheit um Abū Mūsās Sohn Abū Burda, meinte Sufjān, dann solle man eben den beanstandeten Namen weglassen und einfach von einem Sohn Abū Mūsās sprechen.[40] In seinem Handbuch der Hadithgelehrsamkeit schreibt

[37] Vgl. siebtes Kapitel (Was lehrt der Islam über das Jenseits?).

[38] Aḥmad b. Ḥanbal: Musnad, ed. Aḥmad Muḥammad Šākir, Nrr. 8100–8235. Zitiert wurden die Nummern 8121, 8124. Zum Inhalt vgl. zwölftes Kapitel (Was versteht der Muslim unter Religion?).

[39] Einer der Statthalter ʿAlīs.

[40] al-Ḥumaidī, Nr. 52.

al-Ḥākim an-Naisābūrī (gest. 1014/5), die Tradenten der zweiten Hälfte des 7. Jahrhunderts hätten Überlieferungen gern mit dem Hinweis eingeleitet, NN habe einen Prophetengenossen gefragt und dann die entsprechende Antwort erhalten. Man habe dies getan, um die Menschen zu Allah zu rufen. Die unrechtmäßige Inanspruchnahme von Bürgen sei gang und gäbe gewesen, aber er, al-Ḥākim, wolle sich über dieses Thema nicht ausführlich äußern, „um das Hadith und seine Tradenten nicht bloßzustellen".[41]

Man versuchte demnach mit verschiedenen Mitteln, von der kahlen Sentenz wegzukommen. Sie sollte in „erzählter" Weise weitergegeben worden sein, und wo das nicht nachträglich zu erreichen war, schuf man durch die Inanspruchnahme von Gewährsleuten aus der Verwandtschaft des Propheten[42] – ʿUrwa b. az-Zubair, ʿĀʾiša – oder aus dem Kreis seiner Gefährten – Abū Aijūb al-Anṣārī, Abū Mūsā – eine Atmosphäre der Beteiligung am Geschehen in der Urgemeinde, ähnlich wie sie *mutatis mutandis* durch die Rezitation des Korans hervorgebracht werden soll.[43] Zu Lebzeiten az-Zuhrīs beginnt die Klassifizierung der Modalitäten der Tradierung, im Idealfall „erzählt", ansonsten „mitgeteilt" oder „auf Autorität von". Zu Lebzeiten Sufjān b.ʿUjainas war sie bereits Standard. Denn anderenfalls hätte man ihn nicht dafür kritisiert, daß er immer wieder gegen diese Regeln verstoßen habe: Ihm hätten „es erzählte mir", „es teilte mir … mit" und „ich hörte" gleichviel gegolten, wirft man ihm vor.[44]

3. Das „Wissen" und das „gesunde" Hadith

Es liegt nahe, daß eine Überliefererkette, die mit wenigen Gliedern einen möglichst großen Zeitraum überbrückt, als besonders schätzenswert angesehen wird. Nur wenige Personen stehen bei einem „hohen" *isnād* zwischen der Urgemeinde und dem Spätgeborenen, dem das tatsächliche Erleben der Übermittlung der Rechtleitung durch Mohammed für immer versagt ist. Al-Ḥākim an-Naisābūrī betont in seiner Einführung in die Hadithgelehrsamkeit jedoch, daß ein „hoher" *isnād* keineswegs durch die geringe Zahl der Kettenglieder bis zu Mohammed definiert sei, sondern durch die geringe Zahl an Tradenten, die den Spätgeborenen, also beispielsweise den dem vierten Jahrhundert nach der Hedschra angehörenden al-Ḥākim, mit einer der Größen der in ihr Reifestadium eintretenden Hadithgelehrsamkeit verbindet. Er

41 Tilman Nagel: Hadith – oder: Die Vernichtung der Geschichte, in: XXV. Deutscher Orientalistentag, Vorträge, Stuttgart 1994, 118–128, hier 121–123.

42 Die Schiiten berufen sich vor allem auf Mohammeds Vetter und Schwiegersohn ʿAlī und dessen Nachkommen; vgl. das elfte Kapitel (Was sind Schiiten?).

43 Vgl. viertes Kapitel (Was ist der Koran?).

44 al-Buḫārī: Ṣaḥīḥ, ʿilm Nr. 4.

nennt Männer, die nach seiner Meinung einschlägig sind. Sie alle wirkten in der zweiten Hälfte des 8. Jahrhunderts, sind also Zeitgenossen Sufjān b. ʿUjainas.[45]

Mit anderen Worten: Die Epoche zwischen 750 und 800 ist der Zeitraum, in dem sich in einer Schar von Gelehrten die Überzeugung herausbildet, man sei im Besitz einer großen Anzahl von Überlieferungen, die durch „Erzählen" weiterzugeben sind und dem Empfänger die Einbezogenheit in die Urgemeinde suggerieren. Diese Überzeugung war so stark, daß man beschwerliche Reisen zum Zwecke der „Suche nach ‚Wissen'" auf sich nahm, nur um ein Hadith, dessen Inhalt man schon kannte, von einem Tradenten „erzählt" zu bekommen, der in dem Ruf stand, selber auf diese Weise in den Besitz der betreffenden Überlieferung gelangt zu sein. Die bloße Kenntnisnahme einer Nachricht über Mohammed und die Urgemeinde, mochte der Inhalt auch „wahr" sein, genügte nicht. Der Inhalt mußte im Rahmen der Einbezogenheit in das Erleben der Rechtleitung empfangen worden sein und mußte in „erzählter", die Beteiligtheit am ursprünglichen Wort bewahrender Weise weitergegeben werden. Der an Sufjān b. ʿUjaina getadelte laxe Umgang mit den formalen Kriterien des Tradierens zeigt, daß frommer Betrug geübt wurde, um das vorzuweisen, was vorzuweisen sein sollte. Aber er belegt zugleich etwas viel Gewichtigeres: Die wirkmächtige Autosuggestion der Hadithkenner, tatsächlich an einem solchen Erleben teilzuhaben, läßt den Vorwurf des Betrugs ins Leere gehen.

Zur selben Zeit erweiterte sich das Interesse am Hadith. Die Überlieferungen zu kennen, war nicht mehr allein das Ziel persönlichen Glaubenseifers, sondern schützte das „Wissen", das man als für das islamische Gemeinwesen grundlegend betrachtete und dessen Verlust laut Abū Huraira das Ende der Zeiten ankündigte. Die Abbasiden hatten die Vernichtung des Kalifats der Damaszener Omaijaden damit gerechtfertigt, daß jene ihre Macht auf unislamische Weise ausgeübt hätten; nun sei die Zeit gekommen, daß die enge Verwandtschaft Mohammeds, zu der sich die Abbasiden rechneten, das Szepter in die Hand nehme. Wäre das „Wissen" nicht die ideale Grundlage der Ordnung des islamischen Gemeinwesens? Sufjān b. ʿUjaina erkannte das neue Betätigungsfeld der Hadithkenner und riet ihnen, sich auf ihm einzurichten.[46] Sein Zeitgenosse Wakīʿ b. al-Ǧarrāḥ (gest. 812) war sich freilich darüber im klaren, daß die Verbürgung eines Hadithes exzellent sein müsse, wenn es für die Juristerei taugen sollte. Sie ist schließlich auf hieb- und stichfeste Argumente angewiesen. Nachsicht könne man üben, wenn es allein

---

[45] al-Ḥākim an-Naisābūrī: Maʿrifat ʿulūm al-ḥadīṯ, ed. Muʿaẓẓam Ḥusain, Beirut 1977, 11f. Tilman Nagel: „Authentizität" in der Leben-Mohammed-Forschung, in: Arabica 60/2013, 516–568, hier 536f.

[46] Nagel, 542.

um die Vergegenwärtigung des Milieus der lebendigen Rechtleitung gehe.[47] So wächst dem *isnād* eine neue Funktion zu, nämlich ein Gradmesser für die Richtigkeit des Textes zu sein, Richtigkeit im Sinne der Unverfälschtheit der in ihm enthaltenen Aussage von oder über Mohammed.

Neben dem Koran wurde infolgedessen das vermeintlich einwandfrei verbürgte Denken, Reden und Handeln Mohammeds zum zweiten, unüberschaubar großen Bereich des durch Allah den Muslimen übermittelten „Wissens".[48] Grundlegend wurde dieser Sachverhalt zuerst von Muḥammad b. Idrīs aš-Šāfiʿī (gest. 820) durchdacht. Einschlägig ist der Traktat über die „Summe des ‚Wissens'". Aš-Šāfiʿī betrachtet das Thema unter dem Blickwinkel der Nutzbarkeit des Korans und des Hadith für den Aufbau eines islamischen Rechts, das es zu seinen Lebzeiten noch nicht gab, das jedoch dringend gesucht wurde in einem Reich, dessen erst seit gut einem Jahrhundert unter islamischer Herrschaft stehende Territorien von zwei ganz unterschiedlichen Rechtssystemen geprägt waren, dem römisch-byzantinischen und dem sasanidischen. Doch vor allem, weil der Islam den Anspruch erhob, den Menschen eine eigene, nämlich die bestmögliche Daseinsordnung aufzuerlegen, mußte die Rechtspflege auf dem Koran errichtet werden, sowie eben auf den Überlieferungen, die in diesem Zusammenhang als die Belege für die Verfahrensweise Mohammeds, für seine *sunna*, zu betrachten sind.

Denn wer das Buch Allahs und die darin enthaltenen Bestimmungen als uneingeschränkt gültig anerkenne, der komme nicht umhin, auch die Überlieferungen anzuerkennen, die von wahrheitsliebenden Gelehrten tradiert werden. Diese Überlieferungen, obwohl an Autorität geringer als das Wort Allahs, bezeugen den überragenden Rang Mohammeds, weswegen die Spätgeborenen nicht befugt sind, über den *Inhalt* der Überlieferungen eigene Überlegungen anzustellen. Der kritische Blick hat sich indessen auf die Tradenten zu richten, erläutert aš-Šāfiʿī: „Wir fordern im Falle des Überlieferers mehr als beim Zeugen (vor dem Richter, dessen Unbescholtenheit nachzuweisen ist). Wir lassen (im Prozeß) Zeugenaussagen von Leuten gelten, übernähmen aber von keinem unter diesen eine Überlieferung!" Die Glaubwürdigkeit von Zeugen, die vor Gericht gehört werden, muß stets nachgewiesen werden. Wenn jemand im Vorgang der Hadithweitergabe als glaubwürdig gelten soll, sind an ihn jedoch weit strengere Maßstäbe anzulegen.

---

47 Ebd., 537.

48 Ähnliches spielte sich im Schiitentum ab. Da die Schiiten jedoch davon überzeugt sind, daß die Imame aus der Nachkommenschaft ʿAlī b. abī Ṭālibs einen gewissen Anteil am Charisma des Propheten besitzen, stellte sich ihnen die Frage der Vergegenwärtigung der Rechtleitung anders dar: sie war in der Person der Imame nach Mohammeds Tod noch geraume Zeit gegenwärtig gewesen. Vgl. elftes Kapitel (Was sind Schiiten?).

„Wir finden den Hinweis auf die Wahrheit oder Fehlerhaftigkeit der Überlieferung eines Tradenten bei denjenigen seinesgleichen, die wie er Überlieferungen bewahren, und überdies im Koran und in der *sunna*." Der Zeuge vor Gericht trifft seine Aussage zu einem klar umrissenen Sachverhalt; überdies erfüllt er diese Aufgabe entweder allein oder im Verein mit einer überschaubaren Anzahl weiterer Zeugen. Nicht so der Tradent eines Hadithes: Was er verbürgt, ist ein winziges Element eines durch den Einzelnen schwerlich zu überblickenden, geschweige denn zu beherrschenden Gesamtkomplexes, des „Wissens". Der Koran und die Fülle des Überlieferten, die normative Lebensführung Mohammeds, entfalten ihre bezwingende Kraft, so daß der Einzelne, sollte er Lügen verbreiten wollen, leicht überführt werden kann, hofft aš-Šāfiʿī. „In all dem liegen Hinweise, und dergleichen (zu überprüfen), ist bei Aussagen von Zeugen (vor Gericht) unmöglich." Die in die Form des Hadith eingegangenen Taten und Worte des Propheten stellen daher die Weisheit (arab.: *al-ḥikma*) dar (z.B. Sure 2, 231), die Allah zusammen mit dem „Buch", dem Koran, herabsandte – eine Belehrung über den Sinn des Schöpfungshandelns, deren Weitergabe wahrlich nicht mit den Aussagen eines oder weniger Zeugen vor dem Richter verglichen werden kann. Die numinose Kraft, die in den „vollkommenen Worten Allahs" lag, ist mittels des „Erzählens" nun im Hadith an sich manifest geworden. Dieses hat sich nun zu einer dem Inhalte nach kaum noch fest zu definierenden Gesamtheit von „Wissen" ausgeweitet. Aussagen, die zu dieser Gesamtheit gehören, lassen sich daran erkennen, daß ihnen die Überliefererkette vorangestellt ist.

Weit hat sich aš-Šāfiʿīs Denken schon von der Hadithgelehrsamkeit der zweiten Hälfte des 8. Jahrhunderts entfernt. Die umfassende Kenntnis (arab.: *al-iḥāṭa*) der Lebensumstände der Urgemeinde, die die Tradenten im Idealfall haben, feit sie dagegen, einer Täuschung oder gar Lüge aufzusitzen, glaubt aš-Šāfiʿī.[49] In einem Streitgespräch mit den besten Rechtskennern des Kalifen Hārūn ar-Rašīd (reg. 786–809) soll er durch seine Detailkenntnis des Lebens Mohammeds einen Beweis für seine Ideen geliefert haben.[50] Die Bedeutung des Schritts vom Hadith zur *sunna* des Propheten für die Entstehung der klassischen islamischen Rechtsgelehrsamkeit (arab.: *al-fiqh*) wird an anderer Stelle beschrieben.[51] Hier dient der Blick auf aš-Šāfiʿī dazu, die Aufmerksamkeit auf die geistigen Voraussetzungen zu lenken, unter denen im 9. Jahrhundert die später als kanonisch angesehenen Sammlungen des „gesunden" Hadith entstanden. Der Übergang vom *musnad*-Typ zum Nachschlagewerk, das, nach Sachthemen geordnet, die wesentlichen Bereiche der

---

49 Tilman Nagel: Aš-Šāfiʿīs Konzept des Wissens, in: Festschrift für Werner Ende zum 65. Geburtstag, Würzburg 2002, 307–314.

50 Ders.: Die Festung des Glaubens, München 1988, 201 f.

51 Vgl. sechstes Kapitel (Was ist die Scharia?).

Daseinsordnung abdeckt, hat nicht nur einen praktischen Grund, sondern steht auch für die neue Funktion des Hadith als der umfassenden Quelle für das nunmehr neben dem Koran als normsetzend begriffene Reden und Handeln des Propheten. Beides enthüllt die „Weisheit", die in Allahs Rede verborgen ist und die in der *sunna* Mohammeds sichtbar wird.

Anderthalb Generationen nach aš-Šāfiʿīs Tod entstehen die beiden wichtigsten sunnitischen Sammlungen des „gesunden" Hadith, diejenigen von al-Buḫārī und von Muslim b. al-Ḥaǧǧāǧ. Die Kraft der Autosuggestion, von der vorhin die Rede war, ist voll zur Entfaltung gekommen. Desgleichen ist die „Wissenschaft von den Männern" in Blüte. Al-Buḫārī widmet ihr ein umfangreiches Kompendium, schlicht die „Datierung" genannt, das vermutlich zusammen mit seiner Summe des „gesunden" Hadith entstanden ist. Die über die bloße Unbescholtenheit des Zeugen hinausreichende Qualifikation des Tradenten, von der aš-Šāfiʿī sprach, macht al-Buḫārī hier zum Gegenstand der Untersuchung: Er ermittelt, ob die in einem *isnād* vorkommenden Tradenten miteinander in Verbindung gestanden haben können, nimmt die einzelnen mithin nicht als Individuen wahr, sondern als Elemente in einem Ganzen, und eben deswegen ist nach seiner Überzeugung die Verbürgung von Unwahrem nicht möglich. Bei al-Buḫārī noch nicht dominant, in jüngeren Werken über die Kritik der Gewährsmänner aber allgegenwärtig, sind die Urteile, die andere Tradenten über diejenigen ausgesprochen haben, die die zu untersuchende Überliefererkette bilden: Waren sie sorgfältig oder bisweilen sorglos, vielleicht sogar leichtfertig? Auch zahlreiche vergleichende Bewertungen finden sich, mit denen der heutige Leser wenig oder nichts anfängt: „NNs Hadithe über das rituelle Gebet sind mir lieber als die Hadithe, die PP über das Fasten verbürgt."

Ein Thema taucht in der Beurteilung von Überlieferern des 8. und 9. Jahrhunderts immer wieder auf, nämlich ob der Verdacht zu Recht besteht, daß NN sich mit der Lehre von einer dem Menschen eigenen Bestimmungsmacht (arab.: *al-qadar*)[52] oder mit schiitischen Ideen eingelassen habe. Kann dieser Argwohn nicht ausgeräumt werden, dann kann es sich nicht um einen zuverlässigen Überlieferer der *sunna* des Propheten handeln. Desweiteren disqualifiziert es einen Tradenten, daß er mit den Machthabern, insbesondere mit den omaijadischen Kalifen, auf vertrautem Fuße verkehrt hat. So vermochte, um nur ein Beispiel zu nennen, der angesehene Hadithkenner Jaḥjā b. Maʿīn (775–847/8) nicht der weit verbreiteten Meinung zuzustimmen, daß az-Zuhrī ein wichtiges Glied in der „gesündesten" Überliefererkette sei. Ihm sei nicht nur vorzuhalten, daß er für schriftlich Überliefertes nach einer Überprüfung eine Tradierlizenz zu erteilen pflegte, sondern auch daß er den Omaijaden Dienste geleistet habe; ein Mann wie al-Aʿmaš (ca. 680–767), der

52 Vgl. fünfzehntes Kapitel (Was ist islamischer Rationalismus?).

die Machthaber gemieden habe, sei az-Zuhrī als Tradent vorzuziehen.[53] Sobald die Hadithgelehrsamkeit den *fiqh* erobert haben wird, wird die gegen die Mächtigen gerichtete Pose in diesen Bereich islamischer Geistestätigkeit einsickern und sich in einer notgedrungen oft nur geheuchelten Unabhängigkeit von den Herrschern niederschlagen.[54]

Bei al-Buḫārī ist der dogmatisch einwandfreie Kontext, in dem eine jede Überlieferung stehen muß, aber nicht nur durch den ehrenhaften sunnitischen Charakter der einzelnen Tradenten garantiert. Durch „gesunde" Hadithe, die al-Buḫārī mit den einschlägigen Partien des Korans in Zusammenhang bringt, gibt er dem Zuhörer oder Leser zu verstehen, daß das „Wissen" von der Daseinsordnung einen Bereich des Kosmos, des göttlichen Schöpfungshandelns ausmacht. Inhaltlich kann das „Wissen" nicht von diesem Handeln unterschieden werden, das nach einem durch Allah vor aller Zeit gefaßten Plan verwirklicht wird.[55] Die durch Allah geschaffen werdende Welt, die Lebensschicksale der Menschen in ihr, die Verkündungen der von ihm entsandten Propheten und eben auch die *sunna* des letzten unter ihnen bilden einen einzigen Komplex des durch Allah bestimmten Seienden, was wiederum heißt, daß einzig Allah über *qadar* verfügt. Mit dem Hadith zu arbeiten, die „gesunden" Überlieferungen unter Zehntausenden aufzuspüren, ist daher ein Tun, das einen immer wieder existentiell mit diesem göttlichen *qadar* in Berührung bringt. Schon als ein junger Mann soll al-Buḫārī über 70 000 Hadithe nebst den für ihn bedeutsamen Lebensumständen der Tradenten gekannt haben. Jedesmal, wenn er ein Hadith für wert befunden habe, in seine Sammlung aufgenommen zu werden, habe er zuvor die große rituelle Waschung vollzogen und nach der Einfügung den Gebetsritus.[56]

4. Die numinose Seite der Hadithgelehrsamkeit

Das Tradieren eines Hadithes ist etwas ganz anderes als eine Aussage vor Gericht, in der man bezeugt, dieses oder jenes beobachtet zu haben, hob aš-Šāfiʿī hervor, und eben dieser Einsicht trug al-Buḫārī mit seinem Verhalten Rechnung. Handbücher, die in die Hadithgelehrsamkeit einführen, kommen stets auf dieses Thema zu sprechen. Der eben erwähnte al-Aʿmaš weigerte

---

[53] ʿĀʾiša ʿAbd ar-Raḥmān: Muqaddimat Ibn aṣ-Ṣalāḥ wa-maḥāsin al-iṣṭilāḥ, Kairo 1990, 153.

[54] Vgl. sechstes Kapitel (Was ist die Scharia?) und achtes Kapitel (Was sind Imamat, Kalifat und Sultanat?).

[55] Zu dieser bereits von aš-Šāfiʿī dargelegten Vorstellung vgl. sechstes Kapitel (Was ist die Scharia?), II. 3.

[56] Tilman Nagel: Die erdrückende Last des ewig Gültigen. Der sunnitische Islam in dreißig Portraitskizzen, Nr. VI. Vgl. zwölftes Kapitel (Was versteht der Muslim unter Religion?), II. 1.

sich, einem Gast „nur mal eben“ etwas „Weisheit“ zu tradieren; sein Gesicht verfinsterte sich bei diesem Ansinnen, „als flößte man ihm Senf durch die Nase ein“.[57] Beide Partner einer Übertragung von „Wissen“ müssen auf diesen Vorgang gebührend vorbereitet sein. Denn das Hadith gehört doch nicht zu den Wissensarten des Diesseits, sondern entspringt im Transzendenten, wie Ibn aṣ-Ṣalāḥ (gest. 1245) in seiner Propädeutik des Überlieferungswesens unterstreicht. Wer sich anschicke, ein Hadith zu Gehör zu bringen, der müsse wie vor einer rituellen Handlung die lautere Absicht, Allah zu dienen, bekunden und das Herz von allen irdischen Regungen befreien. Vor allem müsse er aus seinem Geist den Wunsch verbannt haben, durch das Tradieren Ansehen zu gewinnen.Umstritten ist, in welchem Lebensalter man mit dem Überliefern beginnen darf. Manche meinen, man solle ein Alter von fünfzig Jahren erreicht haben; doch gibt es berühmte Ausnahmen wie etwa aš-Šāfiʿī, der bereits Hadithe übermittelte, als seine Lehrer noch am Leben waren. Wenn hingegen die Gedächtniskraft mit dem Vorrücken der Jahre nachlasse, solle man mit dem Überliefern aufhören. Mālik b. Anas (gest. 795) soll sich vor dem Hadithvortrag rituell gereinigt und parfümiert haben. Bedachtsam habe er die Worte ausgesprochen und sei in Zorn geraten, wenn jemand unterdessen laut geworden sei, denn das habe die Rede des Propheten gestört, und Allah habe im Koran ausdrücklich verboten, die Worte des Propheten zu übertönen (Sure 49, 2). Übrigens empfiehlt Ibn aṣ-Ṣalāḥ dem zu Ruhm gekommenen Tradierer, er solle die Hadithe den Zuhörern diktieren und, wenn deren Menge allzu sehr anschwelle, Hilfsdiktierer einsetzen. Diese müßten freilich die Worte des Tradierers haargenau wiedergeben, und dessen „originäre“ Worte müßten von den Mitschreibenden zumindest noch ungefähr gehört werden, wenn eine gültige Überlieferung zustande kommen solle. Auch der das „Wissen“ Suchende hat sich zu läutern, ehe er dem Hadith lauscht. Zuerst soll er bei den Koryphäen seiner Stadt hören, dann aber muß er sich auf die Wanderschaft begeben, um auch andernorts das „Wissen“ zu suchen. Immer fester fügt er sich auf diese Weise in den durch Mohammed in die Gemeinde der Muslime gelenkten göttlichen Wissensstrom ein, was wiederum dazu beiträgt, daß das Unheil, welches ihr zustoßen könnte, abgewehrt wird. Deswegen sind die Wissenssucher davor zu warnen, eine Überlieferung, die sie von einem besonders zuverlässigen, berühmten Tradenten empfangen haben, für sich zu behalten. Ohnehin darf das Hadith keine tote Information bleiben, sondern soll in die Tat umgesetzt werden. Wenn man, nachdem man zweihundert Überlieferungen empfangen hat, nach fünfen von ihnen handelt, dann ist das die angemessene Läuterungsgabe (arab.: *az-zakāh*). Dringend ist im übrigen anzuraten, daß, wer immer in den Besitz von

---

[57] al-Ḫaṭīb al-Baġdādī: Šaraf aṣḥāb al-ḥadīṯ, ed. Mehmed Saîd Hatîboğlu, Ankara 1971, 132, Nr. 312.

Überlieferungen gelangt ist, diese stets von neuem durchdenkt, sie beispielsweise nach den in ihnen enthaltenen schariatischen Vorschriften oder nach dem *musnad*-Prinzip ordnet. Kurz: Wenn man sich auf die Suche nach dem „Wissen“ begeben hat, dann hat man sich auf eine Leidenschaft eingelassen, die einen bis an das Lebensende nicht mehr loslassen darf.[58]

Eine Sittengeschichte der Hadithgelehrsamkeit ist noch nicht geschrieben. Sie würde uns nicht nur eine wesentliche Seite des muslimischen Daseins zugänglich machen, sondern uns vor allem auch die Religion des Islams erschließen. Darüber hinaus würde es möglich, sich vom inneren Zusammenhang der Hauptfelder des muslimischen Geisteslebens wie etwa der Scharia und des Sufismus Rechenschaft zu geben, die wahrheitswidrig als getrennte Sachgebiete betrachtet werden.[59] Es ist mehr als eine kuriose Randerscheinung der islamischen Geschichte, daß man zum Hadithvortrag eines Gelehrten wie Ibn Ḥağar al-ʿAsqalānīs (gest. 1449) sogar Säuglinge mitbrachte, damit sie der Wirkung der Prophetenrede teilhaftig würden, auch wenn sie den Inhalt nicht im mindesten zu begreifen vermochten. Ebensowenig kann es verwundern, daß man noch im 20. Jahrhundert von öffentlichen Lesungen aus dem „gesunden“ Hadith al-Buḫārīs berichtet, durch die Unheil von der islamischen Welt abgewehrt werden sollte.[60]

III. Das Hadith, ein Kernbereich des islamischen Geisteslebens

1. Das Hadith im erbaulichen Schrifttum

Wer „Wissen“ höre, der möge es sich als eine Urkunde denken, die zwischen ihm und seinem Propheten vereinbart wurde, eine Urkunde, die Allah erließ, um Mohammed zu erziehen, und deren Inhalt Mohammed den Glaubenden übermittelte, um sie entsprechend zu erziehen. Diese Ansicht äußerte az-Zuhrī.[61] Zu Lebzeiten al-Buḫārīs hatte sich aber die Nutzung der Überlieferungen zum Zwecke der Erziehung zu den guten islamischen Sitten bereits von ihrer Verwendung zur Schaffung eines islamischen Rechts getrennt. Die Anforderungen an die Bürgen waren im letzteren Falle strenger. Al-Buḫārī

[58] ʿĀʾiša ʿAbd ar-Raḥmān: Muqaddimat Ibn aṣ-Ṣalāḥ wa-maḥāsin al-iṣṭilāḥ, 419–436.

[59] Vgl. sechstes Kapitel (Was ist die Scharia?) sowie vierzehntes Kapitel (Was ist Sufismus?). Die innige Verwobenheit zwischen Scharia, Theologie, Herrschaft und Sufismus behandle ich in dem Buch „Die Festung des Glaubens“, München 1988.

[60] Ignaz Goldziher: Chatm al-Buchari, in: Gesammelte Schriften, Hildesheim 1968, V, 155.

[61] al-Ḥākim an-Naisābūrī, 63 f.

hat denn auch neben dem Kompendium der „gesunden“ Hadithe ein Buch den in Überlieferungen überkommenen Aussagen zur guten Gesittung gewidmet. Es enthält Empfehlungen zum brüderlichen Umgang, wie er unter Muslimen gepflegt werden soll, äußert sich zur Kleidung und zur Ausgestaltung der Wohnstätte, teilt mit, welche auf Allah bezogenen Sätze man beim Erblicken gewisser Naturerscheinungen zu sagen hat, empfiehlt die Beschneidung von Jungen und Mädchen und dergleichen mehr. Indem die Scharia als das wichtigste Gebiet der Anwendung des Hadithes in den Mittelpunkt der muslimischen Gelehrsamkeit tritt, beginnen sich mithin andere Sparten der Überlieferungsgelehrsamkeit herauszubilden. Das Bewußtsein für die gemeinsame Wurzel geht aber nicht verloren.

Im 13. Jahrhundert, in dem Ibn aṣ-Ṣalāḥ seine Propädeutik verfaßte, wirkte einer der erfolgreichsten sunnitischen Kenner der Überlieferung: Abū Zakarjā an-Nawawī (1233–1277). Zwei seiner Schriften haben sich bis in die Gegenwart behaupten können. Es gibt kaum einen in den Elementen des sunnitischen Islams Unterwiesenen, der nicht an-Nawawīs Sammlung der vierzig wichtigsten Hadithe und seine Erbauungsschrift „Die Wiesen der Frommen. Worte des Herrn der Gottesgesandten“ kennte. In den „Wiesen“, denen wir uns zuerst zuwenden, schreitet an-Nawawī die Möglichkeiten ab, die sich dem Muslim eröffnen, der den Weg ins Jenseits als eine ständige Gottesverehrung (arab.: *al-ʿibāda*) (vgl. Sure 51, 56) gestalten will.[62] Jedes der zahlreichen Kapitel beginnt er mit einschlägigen Koranversen und geht dann zu „gesunden“ Hadithen über, die die lebenspraktische Seite des jeweiligen Themas aufschließen, die Aspekte der „Weisheit“, die laut aš-Šāfiʿīs Verweis auf Sure 2, Vers 231, zusammen mit dem „Buch“ durch Allah herabgesandt wurden.

„Kapitel darüber, daß man zornig werden soll, wenn die von der Scharia vorgeschriebenen Gebote des Anstands (gegen Allah) übertreten werden, sowie darüber, daß man für die göttliche Daseinsordnung kämpfen soll“, lautet eine Überschrift. Zwei Koranverse setzen das Leitmotiv: „Wer die Regeln der Ehrfurcht vor Allah hochschätzt, für den ist das in den Augen seines Herrn das Beste“ (Sure 22, 30). „Wenn ihr Allah zum Sieg verhelft, dann verhilft auch er euch zum Sieg und gibt euren Füßen festen Halt“ (Sure 47, 7). Dann schließen sich die Hadithe an, die, den „gesunden“ Sammlungen entnommen, nicht mit dem ganzen *isnād* zitiert zu werden brauchen. Diese Sammlungen sind in an-Nawawīs Augen bereits selber zu heiligen Texten geworden.[63] Ohnehin würde in Mahnpredigten die beabsichtigte Einwirkung auf das Gemüt der Zuhörer durch die Pedanterie der Überliefererketten zer-

---

62 Vgl. zwölftes Kapitel (Was versteht der Muslim unter Religion?).

63 Hierzu vgl. Tilman Nagel: Die erdrückende Last des ewig Gültigen, Kapitel XVI.

stört. So kann an-Nawawī mit dem Rückverweis auf ein kurz zuvor angeführtes Hadith ʿĀʾišas beginnen, in dem sich Mohammed wünscht, Allah möge denjenigen, die ihm einen Tort angetan hätten, Einsicht schenken; dann könne die Bestrafung unterbleiben. Es folgen vier Hadithe, in denen Mohammed beispielhaft die in den Koranversen liegende Weisheit aufdeckt. Der Badr-Kämpfer ʿUqba b. ʿAmr erzählt, wie jemand, der zur Leitung des Morgengebets bestellt ist, wegen eines schnöden Grundes den richtigen Zeitpunkt verpaßt, so daß die Versammelten sich lange gedulden müssen, ehe es vollzogen wird. Mohammed gerät deswegen in heftigen Zorn: „Ihr Leute! Unter euch sind einige, die zum eiligen Vollzug drängen. Wenn also jemand vorbetet, dann soll er es kurz machen, denn hinter ihm beten Große und Kleine und Menschen, die etwas zu tun haben!“ – ʿĀʾiša verbürgt die nächsten beiden Hadithe. Sie erzählt, wie Mohammed von einem Feldzug heimkehrt und bemerkt, daß sie den Eingang ihrer Behausung mit einem Tuch verhängt hat, auf dem Lebewesen abgebildet sind. Rot vor Zorn, zerreißt er den Vorhang: „Am schwersten werden am Jüngsten Tag alle die bestraft, die die Schöpfung Allahs nachahmen!“ – Eine Frau aus einem mächtigen mekkanischen Klan beging einen Diebstahl. Man überredete Usāma, den Sohn von Mohammeds Sklaven Zaid b. Ḥāriṯa, er möge den Propheten milde stimmen, damit der Schuldigen die koranische Strafe (Sure 5, 38) erspart bleibe. Mohammed hielt eine Mahnpredigt: Die früheren Völker seien untergegangen, weil man für die Vornehmen immer wieder Ausnahmen gemacht habe. Das sei nun anders. Selbst wenn seine Tochter Fāṭima etwas stehlen sollte, ließe er ihr die Hand abhacken. – Mohammeds Diener Anas b. Mālik erzählt, daß Mohammed eines Tages in der Gebetsrichtung den Boden mit Auswurf besudelt erblickte. Er erhob sich und entfernte den Unrat, dann sagte er: „Wenn jemand im rituellen Gebet steht, dann hält er mit seinem Herrn Zwiesprache. Sein Herr ist zwischen ihm und der Gebetsrichtung. Niemand darf in diese Richtung spucken, allenfalls nach links oder unter seinen Fuß!“ Dann nahm Mohammed den Saum seines Gewandes, spie hinein, faltete es und sagte dann: „Oder er soll es so machen.“ Dem fügt an-Nawawī hinzu: „Der Befehl, nach links oder unter den Fuß zu speien, gilt nur außerhalb der Moschee; in der Moschee darf man nur in sein Gewand speien.“[64]

Bis ins einzelne führen den Muslim selbst die Benimmregeln in die Gegenwart Mohammeds. Im Koran legte Allah alles dar, was der Mensch zum Wandern durch das Diesseits wissen muß (vgl. Sure 16, 89), im Hadith erfährt man, was dies konkret bedeutet. Aber es ist nicht nötig, die ungeheure Menge des Überlieferten zu überblicken. Vierzig Hadithe genügen, um den richtigen Kurs zu halten. An-Nawawī hat sie ausgewählt und damit die

---

64 an-Nawawī: Rijāḍ aṣ-ṣāliḥīn min kalām saijid al-mursalīn, 2. Auflage Kairo 1979, 312–314.

Schrift geschaffen, die nächst dem Koran im sunnitischen Islam die weiteste Verbreitung gefunden hat. Die „Vierzig Hadithe“ raten zu strenger Erfüllung der Glaubenspflichten und zur Demut vor Allah und seinen Entscheidungen; wenn sich auch noch so viele Feinde zusammentäten, um einem zu schaden, sie vermöchten es nicht, es sei denn, Allah hätte es so bestimmt. Das Studium des Korans und des Hadith verleiht einem eine unerschütterliche Zuversicht (arab.: *as-sakīna*). – Allah hatte sie beispielsweise auf seinen Propheten hinabgesandt, als diesem im Krieg gegen die mit aṭ-Ṭāʾif verbündeten Beduinen eine Niederlage drohte (Sure 9, 26).[65] – Darum gilt es, unter allen Umständen die rituellen Pflichten zu erfüllen, die das rechte Handeln an sich darstellen.[66] An-Nawawī zeigt sich überzeugt, daß man aus eigener Kraft nie und nimmer gegen Allahs Vorherbestimmung etwas ausrichten könne. Gleichwohl ist der Muslim dem Unheil, das Allah ihm schickt, nicht hilflos ausgeliefert. „Ich nehme meine Zuflucht beim Herrn des Frühlichts vor dem Übel, das er schafft!“ (Sure 113, 1 f.) empfiehlt der Koran, und nach einem Prophetenwort wehren Gaben zugunsten der Muslime und der eigenen Verwandtschaft einen schlimmen Tod ab und verwandeln ihn in Glückseligkeit. Vor allem aber entfaltet die Anrufung Allahs eine abwehrende Wirkung: Sie steigt empor und ringt mit dem Übel, das bereits hinabgesandt wurde, und vermag es zurückzustoßen. An-Nawawī entnimmt dieses Versprechen einem Hadith, das nicht in die kanonischen Sammlungen aufgenommen wurde, dessen Aussage in ihnen aber verschiedentlich anklingt.[67] Wer die Botschaft der „Vierzig Hadithe“ beherzigt, der geht einem glücklichen Jenseits entgegen und ist zugleich gegen die Fährnisse des Diesseits gewappnet. Schon am Beginn der Herausbildung der Textgattung Hadith hatten dem Muslim dies die „vollkommenen Worte Allahs“ zugesagt.

2. Das Hadith als das Fundament islamischer Geistestätigkeit

Im späten 8. und frühen 9. Jahrhundert wirkten die Gelehrten, die maßgebend an der Herausbildung des Stoffes beteiligt waren, den ein halbes Jahrhundert später al-Buḫārī als das „gesunde“ Hadith identifizieren sollte. Im 13. Jahrhundert, vielleicht auch schon früher, war man sich unter den Hadithkennern darüber einig, daß die kanonischen Sammlungen, insbesondere die beiden Werke al-Buḫārīs und Muslims, den Rang „heiliger Schriften“ erlangt hatten; die „Wahrheit“ der Überlieferungen, die sie enthielten, konnte nicht

---

[65] Vgl. drittes Kapitel (Wer war Mohammed?), II. 5.

[66] Vgl. die Auseinandersetzung mit Sure 4, Vers 125 im ersten Kapitel (Was ist der Islam?).

[67] L. Pouzet: Le commentaire des Arbaʿūn al-nawawīya, Beirut 1986, 89–95, arabischer Text 19.

mehr in Frage gestellt werden. Was die Gelehrten jedoch brennend interessierte, das waren die Wege, auf denen diese Werke im sunnitischen Islam verbreitet worden waren. Unerschütterlich war inzwischen die Überzeugung, dank dem Hadith, zumindest dank den approbierten Texten, in unmittelbarer Berührung mit der medinensischen Urgemeinde zu stehen.

Für die Beschäftigung mit dem Leben Mohammeds brachte dies schwerwiegende Probleme mit sich. Denn Ibn Isḥāq, der Autor des wichtigsten Referenztextes zu diesem Thema, war bereits 767 gestorben, zählte mithin noch nicht zu den Koryphäen, bei denen „hohe" Überliefererketten zu enden hatten, wie al-Ḥākim an-Naisābūrī darlegte. Ibn Isḥāqs Buch zu studieren, wie es nun einmal vorlag, das war für einen Hadithgelehrten daher nicht ganz einfach. Denn „wahr" konnte doch nur sein, was unter einer „gesunden" Überliefererkette berichtet wurde. Die sucht man bei Ibn Isḥāq naturgemäß vergebens. Daher macht sich der ägyptische Gelehrte Ibn Saijid an-Nās (gest. 1334) daran, dessen Werk zu verbessern: Was dieser berichtet, soll durch Hadithe, die den nunmehr geltenden formalen Bedingungen genügen, „abgesichert" werden.

Zuvor aber muß sich Ibn Saijid an-Nās für die Beschäftigung mit Ibn Isḥāq rechtfertigen. Denn Vertreter jener Gelehrtengeneration nach Ibn Isḥāq hatten an ihm kritisiert, daß sein Stoff nicht nach den Standards abgesichert war, die zu seinen Lebzeiten erst entstanden – und denen auch ein Mann wie Ibn ʿUjaina, der zu jenen „Großen" gerechnet wird, beileibe nicht immer genügte, wie wir vorhin sahen. Ibn Isḥāqs Prophetenbiographie war, wie das von Ibn Saijid an-Nās in seiner Einleitung zusammengetragene Material belegt, ein Ärgernis. Denn ohne Ibn Isḥāqs Leistung konnte man nicht auskommen. Deshalb versuchte man, ihn nach der bereits erwähnten Methode madig zu machen: Er sei ein Anhänger der Schiiten gewesen und habe sich zur Lehre von der Bestimmungsmacht der Menschen bekannt. Eine Vertiefung in diese Zänkereien lohnt sich nicht. Immerhin räumte Aḥmad b. Ḥanbal ein, daß die Überlieferungen über die Kriegszüge Mohammeds ganz passabel seien, doch wegen der Überlieferungen zu „erlaubt" und „verboten" verdiene er Prügel. Ibn Saijid an-Nās vermag besonnene Stimmen beizubringen, die darauf verweisen, daß Ibn Isḥāq doch nicht wegen der für die Scharia tauglichen Aussagen zitiert werde, sondern als Autorität für die Geschichte Mohammeds.[68]

Die Autosuggestion der Hadithgelehrten, sie verfügten über den Zugang zur medinensischen Urgemeinde, verstellt den Blick auf die Aussagen der Geschichtsschreibung, die nicht darauf aus sind, das Vergangene als etwas

---

68 Ibn Saijid an-Nās: ʿUjūn al-aṯar fī funūn al-maġāzī waš-šamāʾil was-sijar, 3. Auflage, Beirut 1982, I, 10–23.

noch Gegenwärtiges heraufzubeschwören, sondern zeigen wollen, unter welchen Voraussetzungen das vergangene Geschehen ablief. Das Hadith hingegen trachtet die Geschichtlichkeit des Vergangenen auszulöschen und das Berichtete als einen Beleg für ein ewiges Jetzt auszugeben. Dies ist die Leitidee, unter der Ibn Saijid an-Nās Ibn Isḥāqs nach dem Maßstab der Hadithgelehrten mangelhaft verbürgten Text bearbeitet. Hierfür nur ein Beispiel! Nach dem Grabenkrieg fühlte sich Mohammed stark genug, seinen mekkanischen Feinden die Zustimmung zum Vollzug der Pilgerriten an der Kaaba abzuzwingen. Er brach mit einer Anhängerschar nach Mekka auf, war allerdings für den Fall, daß man sich ihm widersetzen würde, auch zum Kampf gerüstet. Bei al-Ḫudaibīja, an der Grenze des Haram-Gebietes, machte er jedoch Halt. Aus nicht durchsichtigen Gründen ließ er sich auf Unterhandlungen ein, in deren Verlauf ʿUṯmān b. ʿAffān in die Stadt geschickt wurde. In Mohammeds Lager verbreitete sich das Gerücht, die Mekkaner hätten Mohammeds Emissär erschlagen. Daraufhin ließ Mohammed seine Gefolgsleute den „Huldigungseid des (bedingungslosen) Einverständnisses“ schwören (vgl. Sure 48, 18): Sie würden nicht fliehen, sollte es auch um Leben oder Tod gehen.[69] Ibn Isḥāq beruft sich für den schlichten Bericht von diesem Ereignis auf einen gewissen ʿAbdallāh b. abī Bakr (gest. ca. 750), von dem übrigens auch der uns bekannte az-Zuhrī überliefert haben soll.[70]

Ibn Saijid an-Nās zitiert Ibn Isḥāqs Text wörtlich, fügt dann aber Überlieferungen an, in denen es darum geht, wer als erster jenen Eid geleistet habe. Für die Sunniten ist es nicht leicht zu ertragen, daß ʿUmar b. al-Ḫaṭṭāb (gest. 644), der zweite Kalif und nach sunnitischer Vorstellung der tatkräftigste Unterstützer Mohammeds, nicht unter den ersten war. Bei al-Buḫārī findet Ibn Saijid an-Nās ein Hadith, das diesen Umstand plausibel entschuldigen soll. Unter den „gesunden“ Überlieferungen, die Muslim b. al-Ḥaǧǧāǧ zusammentrug, entdeckt er eine, in der der als Draufgänger geschilderte Prophetengefährte Salama b. al-Akwaʿ der erste ist. Folgt man dem Hinweis und liest dieses Hadith, dann wird klar, was dem späteren Sunniten bei Ibn Isḥāq fehlt: Im Hadith, verbürgt von Salamas Sohn, kommt Salama selber zu Wort; er beschreibt lebendig die Szene, nicht ohne auf die Gegenwart der göttlichen Wirkens zu verweisen. Die Menge der Versammelten – es sollen 1400 gewesen sein – leidet Durst; Mohammed setzt sich auf den Rand eines Brunnen, speit hinein und ruft Allah an, und sogleich sprudelt das Wasser.[71] Desweiteren hat Ibn Saijid an-Nās den Kommentar as-Suhailīs (gest. 1185/6) zu Ibn Isḥāqs Prophetenbiographie ausgewertet. As-Suhailī erörtert freilich nicht

---

[69] Vgl. drittes Kapitel (Wer war Mohammed?), II. 5.

[70] Ibn Hišām: as-Sīra an-nabawja, Kairo 1936, III, 330; Ibn Ḥaǧar al-ʿAsqalānī: Tahḏīb at-tahḏīb, V, 164 f., Nr. 281.

[71] Muslim b. al-Ḥaǧǧāǧ: Ṣaḥīḥ, ǧihād 132.

die Gründe für die Kompromißbereitschaft Mohammeds oder vergleichbare Sachfragen, die den westlichen Historiker beschäftigen würden. Er macht sich vielmehr Gedanken darüber, welche schariatischen Bestimmungen aus Mohammeds Verhalten abzuleiten seien: Wenn sich die Muslime in einer Position der Schwäche befinden, ist es erlaubt, eine Vereinbarung mit den Ungläubigen zu schließen, ohne daß diesen zuvor Tribute abverlangt worden seien.[72]

Wie durch ein Brennglas auf einen Punkt konzentriert findet man in diesem Beispiel die Ergebnisse jahrhundertelanger, bis in die Gegenwart fortdauernder durch das Hadith und seine Wesenszüge geleiteter Geistestätigkeit. Dem Bericht über ein wichtiges Ereignis der Vita Mohammeds werden Hadithe an die Seite gestellt, die dessen Geschichtlichkeit tilgen: Der am Geschehen beteiligte Prophetengenosse[73] versetzt den Hörer in die Szenerie des Huldigungsschwurs, vor deren Beginn sich die Gegenwart Allahs durch ein Wunder kundgibt. Desweiteren eröffnet der geschilderte Vorgang dem Kenner einen Einblick in Allahs überzeitliche Rechtleitung, und das ist es, was die Aufmerksamkeit des Muslims auf sich zu lenken hat, nicht aber die Frage nach den Beweggründen des Handelns des Gesandten Allahs. Denn solche dem Verstand zugänglichen, in seiner Person liegenden Beweggründe gibt es nicht.[74]

Arbeiten wie die eben beschriebene von Ibn Saijid an-Nās nehmen eine Beschäftigung mit dem Hadith vorweg, die in der Gegenwart eine Hochkonjunktur erlebt. Es handelt sich um die Identifizierung (arab.: *at-taḫrīǧ*) der in einem beliebigen Text vollständig oder nur andeutungsweise zitierten Hadithe. Jedes von ihnen wird in allen in der Literatur erwähnten Varianten dokumentiert, desgleichen, sofern vorhanden, unterschiedliche Tradentenketten. Bei einem Buch wie an-Nawawīs „Wiesen der Frommen" füllt eine solche Bearbeitung des Textes zweiundzwanzig dicke Bände. Der nichtmuslimische Leser erhofft sich von derartigen Studien nur wenig oder gar keinen Gewinn. Für den Muslim sind sie hingegen die gar nicht oft genug zu wiederholende Bekräftigung, daß alles Wesentliche bei Allah und Mohammed seinen Ausgang nimmt und daß der heutige Muslim ungeschmälert an der Rechtleitung teilhat.

Nun bestehen an-Nawawīs „Wiesen" ohnehin nur aus Koranzitaten und aus Hadithen, deren Tradentenketten weggelassen wurden. Aber man wendet das Verfahren der Identifizierung der Hadithe auch auf ganz andere Literatur-

---

72 Ibn Saijid an-Nās: II, 155 und 163 f.

73 Zur Heiligung der Prophetengenossen vgl. zehntes Kapitel (Was sind Sunniten?).

74 Vgl. dreizehntes Kapitel (Wie sieht der Islam den Menschen?), II. 4.

gattungen an. So betreibt das irakische „Zentrum für islamische Forschungen und Studien“ ein Projekt, das sämtliche im arabischen grammatischen Schrifttum auffindbaren Hadithe identifizieren soll. Die arabischen Grammatiker hätten das Hadith vernachlässigt; so lautet jedenfalls die gängige Meinung. Auf den ersten großen unter ihnen, Sībawaihi (gest. 793/4), treffe das allerdings zu, erfahren wir: Er habe an einem Sprachfehler gelitten, weswegen sein Studium des Hadith habe scheitern müssen.[75] Folglich sei Sībawaihi zu den Beduinen in die Wüste gezogen und habe dort sein Werk über die Grammatik verfaßt. Bei anderen Grammatikern wird man dagegen schnell fündig. So zitiert, um nur ein willkürlich gewählten Beispiel zu nennen, ein gewisser al-Qarāfī (gest. 1282) in einer Abhandlung über Satzgefüge, die eine Ausnahme ausdrücken, die folgenden Worte Mohammeds: „Mir wurde befohlen, gegen die Menschen zu kämpfen, bis sie sagen: ‚Es gibt keinen Gott außer Allah!‘ Aber wenn sie das sagen, dann schützen sie ihr Blut und ihr Vermögen vor mir, es sei denn wegen eines sich auf (Blut und Vermögen erstreckenden) Anspruchs.“ Der Leser erfährt, wo überall dieser Satz kolportiert wird. Al-Qarāfī erörtert anhand dieses Beispiels, daß die Ausnahme einer affirmierten Aussage „… sie schützen ihr Blut und Vermögen …“ eine Negation impliziere; bestehe demnach ein durch den Islam begründeter Anspruch auf das Blut und das Vermögen der zu unterwerfenden Menschen, dann gelte dieser, obwohl die Betreffenden die Bezeugungsformel des Islams aussprechen. Der Autor kann zwei Hadithe beibringen, in denen Mohammeds Worte so abgewandelt sind, daß sie ohne die Überlegung des Grammatikers „richtig“ aufgefaßt werden.[76]

Die Identifizierung des aus dem Transzendenten uns anwehenden Gnadenhauchs – auf dieses Bild spielt der Titel der in Rede stehenden irakischen Studie an – öffnet den Geist für die Feinheiten der Grammatik, deren weites Feld dank solchen Studien ebenfalls als ein Bereich erscheint, der nicht auf die Tätigkeiten des Menschen zurückgeführt werden kann.[77] Das „Wissen“, das schon Adam vollständig von Allah entgegennahm, liegt im Koran vor, und soweit dies der Fall ist, muß es als durch und durch rein überliefert angesehen werden. Die Worte des Hadith aber sind keine Beglaubigungswunder, sie gehören im Gegensatz zum Koran dem geschaffen werdenden Seinsbereich an. Sie sind daher Entstellungen ausgesetzt, gegen die schon die Prophetengenossen angekämpft hätten, liest man in einer 2007 erschienenen

75 Ihm war demnach das einwandfreie „Nacherzählen“ nicht möglich.

76 Ḫālid Rašīd al-Ǧumailī: Mausūʿat an-nafaḥāt fī taʾlīf wa-taḫrīǧ muʿǧam aḥādīṯ an-nuḥāh, Bagdad 2011, I, 7 und 119f.

77 Mit Arbeiten wie der genannten wird die unter den frühen Grammatikern verbreitete Ansicht delegitimiert, die Sprache gehe auf eine Vereinbarung unter Menschen zurück.

Untersuchung über die Identifizierung des Hadith. Der 1960/1 verstorbene Gelehrte Aḥmad b. Muḥammad aṣ-Ṣiddīq al-Ġimārī sei der erste gewesen, der in der Neuzeit die Bedeutung dieses Themas erkannt und ihm ein Buch gewidmet habe. Die Hilfsmittel, deren man sich bedienen müsse, seien Werke, die nach unterschiedlichen Methoden die Prophetenüberlieferung und die Tradenten klassifizierten. Dieses Schrifttum sei umfangreich und stamme aus der vormodernen Zeit. Es sei unbestritten, daß der Computer die entsagungsvolle Arbeit wesentlich erleichtere.[78]

So wird der Grundüberzeugung der durch Koran und Hadith geprägten Geistesarbeit, man habe eine Angelegenheit endgültig durchschaut, sobald man einen autoritativen Text zitieren könne, unablässig weitere Bekräftigung zuteil. Geistesarbeit beruht im Auffinden einschlägiger Belege aus den autoritativen Texten. Diese Belege sagen dem Muslim, wie der in Rede stehende Sachverhalt zu bewerten ist. Fällt die Bewertung unangenehm aus, kann man versuchen, die Ausgangsfrage und die autoritativen Aussagen so zu arrangieren, daß das gewünschte Resultat immerhin plausibel erscheint. Der einfache Gedanke, den betreffenden Sachverhalt als solchen ernstzunehmen und die autoritativen Texte aus dem Spiel zu lassen, mithin selbständig zu denken, fällt außerordentlich schwer. Zudem genießt man bei solcher Geistesarbeit kaum je das schöne Gefühl des Rechthabens. Bei der Beschäftigung mit der Scharia, mit den Vorstellungen von Staat und Gesellschaft, ja, mit allem, was mit Allahs Walten in Zusammenhang gebracht werden kann – und was hätte nichts damit zu tun? – vermag sich der Muslim diesen Genuß zu verschaffen. Der Preis, den er dafür zahlt, ist freilich hoch.[79]

---

78 Aḥmad b. ʿĀjiš b. ʿAbd al-Laṭīf al-Badr al-Ḥusainī: Uṣūl taḫrīǧ al-ḥadīṯ an-nabawī aš-šarīf, Rijad 2007.

79 Er besteht in der Knebelung der Vernunft zugunsten der Alleinherrschaft des Verstandes. Vgl. fünfzehntes Kapitel (Was ist islamischer Rationalismus?).

Sechstes Kapitel

Was ist die Scharia?

I. Grundsätzliches

Islam bedeutet, die eigene Person vorbehaltlos Allah auszuliefern und ihn als die einzige eigenständig im Universum wirkende Kraft anzubeten und zu verehren. Auf eigene Kräfte zu rechnen oder auf Mächte neben Allah, mithin einen Akt der „Beigesellung" zu begehen, ist die schwerste Verfehlung, die ein Islam-Bezeuger, ein Muslim, begehen kann. Denn Allah ist der Eine, der ständig alles schafft und vernichtet und wieder schafft, auf den allein man demnach das Werden und Vergehen zurückzuführen hat, dem das Diesseits anheimgegeben ist. Daß Allah, solange er gemäß seinem unentschlüsselbaren Ratschluß das Diesseits bestehen läßt, das Werden wie das Vergehen, das dem Menschen Günstige und das ihm Ungünstige schafft, bringt der Koran mit dem Wort „Barmherzigkeit" (arab.: *ar-raḥma*) auf den Begriff. Der „Barmherzigkeit" eignet kein von der Warte des Menschen aus zu bestimmender ethischer Sinn. Allah schafft den Kosmos, damit dieser ihn anbete. Die gesamte Kreatur befindet sich dem ihr von Allah zugedachten Wesen gemäß im Modus der Anbetung; allein die Menschen und die Dämonen, die mit der Gabe des Verstandes ausgezeichnet sind, vermögen sich dem Seinsmodus der Anbetung zu entziehen und dadurch der „Beigesellung" zu verfallen. Allah schafft die Menschen und die Dämonen somit, weil er auch von ihnen angebetet werden will (Sure 51, 56), allerdings aufgrund einer bewußten Entscheidung. Anders gesagt, der gesamte durch Allah fortwährend geschaffen werdende Kosmos befindet sich wesensmäßig im Islam,[1] selbst die Dämonen und die Menschen. Diese beiden Kategorien von Geschöpfen vermögen allerdings die wesensmäßige Anbetungshaltung durch Ungehorsam zu überdecken.[2]

Indessen läßt Allah sie nicht darüber im Ungewissen, wie sie es bewerkstelligen können, immerfort im Islam zu bleiben. Schon Adam ist durch Allah über „alle Namen" unterrichtet worden; er hat demnach das gesamte Wissen empfangen, das dem Menschen erforderlich ist, um stets das Dasein als ein

---

[1] Vgl. hierzu vierzehntes Kapitel (Was ist Sufismus?), II. 3.

[2] Vgl. hierzu erstes Kapitel (Was ist der Islam?) sowie zweites Kapitel (Wer ist Allah?).

Muslim zu bestehen. Trotzdem hat sich Adam danach durch den Satan dazu verführen lassen, von der verbotenen Frucht zu kosten, weil er das ewige Leben begehrte (Sure 7, 20). Der Satan hatte zuvor, als Adam noch nicht durch Allah beseelt gewesen war, die Ausführung des Befehls Allahs verweigert, sich vor der tönernen Form des Urmenschen niederzuwerfen. Er selber nämlich, so hatte der Satan gedacht, bestehe aus Feuer, und das sei ein edlerer Stoff als Lehm (Sure 15, 33). Dieser falsche Gebrauch des Verstandes (arab.: *al-ʿaql*)[3] wurde der Grund für die Verstoßung des Satans aus dem Paradies, bei der er Allah die Zusage abrang, die Menschen künftighin zum Ungehorsam gegen Allah verführen zu dürfen, wie er dies zum ersten Mal im Falle Adams tat und seither immer wieder versucht.

Als Adam und seine im Koran namenlose Frau nach der Übertretung des göttlichen Verbots aus dem Paradies vertrieben wurden, konnte er sogleich von Allah „Worte" entgegennehmen: Adam braucht nicht selber zu entscheiden, was gut und was böse ist; diese Fähigkeit erwarb er durch die Übertretung des göttlichen Verbots nicht. Allah wandte sich ihm vielmehr gleich wieder zu und versprach, den Menschen die Rechtleitung (arab.: *al-hudā*) zu schenken; wer ihr folge, brauche das Jüngste Gericht nicht zu fürchten (Sure 2, 31–38). Die Rechtleitung schlägt sich für den einzelnen Menschen in einer Belastung (arab.: *at-taklīf*) nieder, die er zu tragen hat; die Belastung mit den Vorschriften der Scharia dient dem Zweck, die Überdeckung seiner wesensmäßigen Bezogenheit auf Allah zu verhindern. Der Mythos von der Ausstattung Adams mit dem „Wissen", der für den Islam von grundlegender Bedeutung ist, vermittelt dem Glaubenden nicht nur die Erkenntnis, daß er sich unentwegt vor den Einflüsterungen des Satans zu hüten habe. Er hebt vor allem ins Licht, daß diese Einflüsterungen deswegen so verlockend sind, weil sie auf naheliegenden Verstandesschlüssen fußen, auf dem Gebrauch jener Gabe mithin, durch die Allah die Menschen und die Dämonen vor aller anderen Kreatur auszeichnete. Wer der Rechtleitung folgen will, darf bei keinem Befehl Allahs wie einst der Satan sagen: „Ich falle nicht vor einem Geschöpf nieder – begehe also keinen Akt der ‚Beigesellung' –, zumal ich von edlem Wesen bin." Die Befolgung der Rechtleitung verlangt in jedem Fall die Hintanstellung der eigenen Einsicht, selbst wenn die Befolgung des Gebotenen auf die schlimmste denkbare Verfehlung, eben die „Beigesellung", hinausläuft.

In der Regel ist das natürlich nicht der Fall. Die Rechtleitung, die sich in der gottgegebenen Daseinsordnung (arab.: *ad-dīn*) niederschlägt, harmoniert nämlich grundsätzlich mit dem ununterbrochenen göttlichen Schöpfungshandeln. Sie gilt ausnahmslos für alle Menschen, denn jeder von ihnen hat doch einst, in präexistentem Zustand, Allah zugeschworen, daß er Ihn als seinen

[3] Vgl. fünfzehntes Kapitel (Was ist islamischer Rationalismus?), II.

Herrn anerkenne (Sure 7, 172); er wird durch Allah im Mutterleib gestaltet und kommt als ein Muslim zur Welt.[4] Er ist darauf vorbereitet, als Muslim nach Maßgabe der einzig wahren Daseinsordnung das Diesseits zu durchwandern. Die in ihm wesensmäßig angelegte Affinität zum Islam (arab.: *al-fiṭra*) kann durch die Verführungskünste des Satans oder durch den Satan verdorbener Eltern überdeckt, niemals aber zerstört oder gänzlich ausgelöscht werden (Sure 30, 30). Bleibt die *fiṭra* in uneingeschränkter Wirkung, bleibt der neugeborene Mensch also ein Muslim, dann paßt er sich der wahren, zuletzt durch Mohammed verkündeten Daseinsordnung an. Er nutzt seinen Verstand, um zu erkennen, daß er nicht selber aufgerufen ist, über gut und böse zu befinden, sondern daß er derartige Regungen der „Beigesellung" zu unterdrücken hat. Argumente des Verstandes, eigenmächtig genutzt, können, wie das Beispiel des Satans lehrt, den Menschen aus der Rechtleitung reißen.

Es wird mehrere Jahrhunderte dauern, ehe diese Grundsätze der koranischen Botschaft in die Lebenswirklichkeit des Islams übertragen worden sind. Dann wird es die konkretisierte Daseinsordnung geben, die Scharia, die Mohammed nur höchst allgemein als einen Weg (arab: *aš-šarīʿa*) der Gottesverehrung kennt; ihn zu gehen, ist ihm aufgegeben worden, nachdem die Juden das „Wissen" von der Rechtleitung verfälscht und dadurch vertan hatten (Sure 45, 18). Die koranische Ausgangsbasis für diesen „Neuanfang" bilden in Sure 7 die Verse 157 und 158. In ihnen gibt sich Mohammed, der Gesandte Allahs zugleich als der Prophet zu erkennen, der „das befiehlt, was zu billigen ist, das Verwerfliche verbietet, die rituell einwandfreien Dinge erlaubt und die schlechten untersagt".[5] Was dies konkret heißt, macht fortan einen erheblichen Teil der Offenbarungen aus. So finden sich beispielsweise in der frühmedinensischen Sure 2 Aussagen über die Gebetsrichtung (Vers 144), über die Wallfahrt (Vers 158), Speiseverbote (173), die Wiedervergeltung (Vers 178 f.), das Erbe (Vers180–182), das Fasten (Vers 183–187), den Mondkalender und die Wallfahrt (Vers 189–200), das Spenden (Vers 215 und 268–274) und den Kampf gegen die Ungläubigen (Vers 216–218); desweiteren verbietet Mohammed das Glücksspiel und den Genuß von Wein (Vers 219) sowie die Übervorteilung von Waisen (Vers 220); es folgen Bestimmungen über die Ehe und die Behandlung der Frauen (Vers 221–237); das Zinsnehmen wird verboten (Vers 275–281), Schuldverhältnisse sind schriftlich festzuhalten (Vers 282–284). Oft sind diese Abschnitte nach dem Muster „Man fragt dich nach … Antworte das und das!" aufgebaut: Allah legt seinem Propheten die Details der Daseinsordnung in den Mund.

---

[4] Vgl. zwölftes Kapitel (Was versteht der Muslim unter Religion?) sowie dreizehntes Kapitel (Wie sieht der Islam den Menschen?), II. 2. und II. 5. Ferner vierzehntes Kapitel (Was ist Sufismus?), II. 2.

[5] Vgl. hierzu drittes Kapitel (Wer war Mohammed?).

Alle die in Sure 2 genannten Gegenstände und viele weitere, die Mohammed in jüngeren Suren anspricht, werden später im schariatischen Schrifttum einen wichtigen Platz einnehmen. Da der Koran, die „Lesung", für den Muslim die durch die Rezitationskunst immer wieder mit Leben zu erfüllende Gottes- und Welterfahrung Mohammeds darstellt, sind die „Gesetzesverse" des Korans weit mehr als bloße Informationen über Allahs Vorschriften. Sie sind vielmehr ein Teil seines Wirkens, das sich im von ihm geschaffen werdenden Diesseits manifestiert. Diese islamische Grundüberzeugung findet in dem Augenblick die Möglichkeit ihrer praktischen Erfüllung, da das Hadith als die zunächst unverschriftlicht gebliebene Ergänzung der im Koran verschriftlichten Eingebungen erkannt wird, die Allah seinem Propheten übermittelte.[6] Dank der damit zur Verfügung stehenden schier unbegrenzten Menge an Stoff, der an die im Propheten aktuell gewordene göttliche Rechtleitung geknüpft ist, wächst unter den Gelehrten die Überzeugung, die Scharia sei allzuständig; sie biete die göttlichen Bewertungen einer jeden nur denkbaren Lebensregung der Menschen – und auch der Dämonen: Die Scharia enthält sämtliche Ausführungsbestimmungen der Daseinsordnung. Diese harmoniert mit der im ersten Teil der zweigliedrigen Bezeugungsformel tausendfach beschworenen „Realität": „Es gibt keinen Gott außer Allah!" Allah ist die einzige selbständig und unabhängig wirkende Kraft im Universum, und deshalb ist es angemessen, daß die allzuständige göttliche Rechtleitung im ganzen durch Allah geschaffen werdenden Universum beachtet wird. Diesen Zustand herbeizuführen, ist die Aufgabe eines jeden Muslims, wie beispielsweise Sure 2, Vers 193, fordert: „Kämpft gegen (die Ungläubigen), bis es keine Anfechtung (arab.: *al-fitna*) mehr gibt und die Daseinsordnung (einzig) diejenige Allahs ist! …"[7]

Nach islamischer Auffassung steht die sogenannte „positive Gesetzgebung", die von Menschen ersonnene, verabschiedete und angewendete Rechtsordnung, in einem unüberbrückbaren Gegensatz zur in der Scharia zu Buche geschlagenen göttlichen Rechtleitung. Dies betonte im März 2016 der Rektor der al-Azhar-Hochschule in einer Rede vor Bundestagsabgeordneten: Als Muslim könne man keine Gesetze anerkennen, die von Menschen erfunden worden seien; einen Weg in eine säkularisierte Gesellschaft gebe es für die Muslime nicht. Die Schariagelehrten räumen ein, daß es inhaltliche Übereinstimmungen zwischen „positiven Gesetzen" und Vorschriften der Scharia gebe. Beide Systeme schützten beispielsweise das Eigentum und die körperliche Unversehrtheit. Doch sei eine solche Übereinstimmung nur äußerer

[6] Vgl. hierzu viertes Kapitel (Was ist der Koran?) sowie fünftes Kapitel (Was ist das Hadith?).

[7] Vgl. siebzehntes Kapitel (Wovon berichten die „großen Erzählungen" des Islams?).

Schein. Denn die Scharia umfasse als ihren Hauptteil das Ritualrecht und gestalte somit den eigentlichen Grund für das Dasein der Menschen und der Dämonen, die Anbetung (arab.: *al-ʿibāda*). Wie Allah in Sure 51, Vers 56, verkündet, seien jene beiden Gattungen von Kreaturen ausschließlich zu diesem Zweck geschaffen. Das Ritualrecht aber könne niemals mit dem Verstand eruiert werden. In der Tat gibt es kein rationales Argument für die Fünfzahl der täglichen Pflichtgebete, auch vier oder sechs wären vorstellbar. Allah hat aber fünf angeordnet. – Nebenbei sei bemerkt, daß allen islamischen Machthabern aufgetragen ist, auf ihrem Territorium die Scharia vorbehaltlos durchzusetzen, damit es ein vollgültiges „Gebiet des Islams" sei. Territorien, in denen rechtliche Bestimmungen gelten, die nur dem äußeren Anscheine nach der Scharia entsprechen – z. B. der Schutz des Eigentums –, sind „Gebiete des Krieges", die für den Islam erobert, in muslimischer Sicht: für den Islam „zurückgeholt"[8] werden müssen. Sobald aber die nicht mit dem Verstand ableitbaren Ritualpflichten ausgeführt werden können, befindet sich das betreffende Land, obwohl noch nicht islamischen Machthabern unterstehend, auf dem Weg zum „Gebiet des Islams".

II. Die Geschichte der Scharia

1. Die islamische Auffassung

Die im vorhergehenden Kapitel dargelegten Grundsätze setzen voraus, daß mit dem Auftreten des Propheten Mohammed in dessen Anhängerschaft die Scharia in vollem Umfang gegolten habe und angewendet worden sei. Seine Person und die göttliche Rechtleitung, deren er teilhaftig gewesen sei, hätten dies gewährleistet. Nach seinem Tod hätten nach sunnitischer Lehre seine Gefährten, nach schiitischer nur einige wenige unter ihnen sowie die Imame ʿAlī b. abī Ṭālib und dessen Nachkommen, für das Fortwirken der göttlichen Rechtleitung garantiert. Die Prophetengenossen, so die sunnitische Überzeugung, seien von dem mohammedschen Vorbild derart durchdrungen gewesen, daß sie nicht nur die Anordnungen des Propheten weiterhin treu befolgt hätten. Sie hätten sogar neu auftauchende Fragen ganz spontan in seinem Sinn zu lösen vermocht, so daß man von einer uneingeschränkten Fortdauer der medinensischen Verhältnisse sprechen dürfe. Das gleiche Prinzip postulieren die Schiiten, nur daß sie den von den Sunniten verehrten Prophetengenossen die Fähigkeit der Wahrung der göttlichen Rechtleitung absprechen. Diese seien im Gegenteil in dem Augenblick vom Islam abgefallen, als sie nach

[8] Die Welt ist als eine islamische geschaffen, gehört also rechtmäßig den Muslimen. Denn nur wegen des Wirkens des Satans gibt es Nichtmuslime. Vgl. achtzehntes Kapitel (Wie sieht der Islam die Nichtmuslime?).

Mohammeds Ableben nicht dessen Vetter und Schwiegersohn ʿAlī zum Nachfolger erhoben, sondern mit Abū Bakr jemanden aus ihren Reihen zum „Kalifen“ bestellt hätten. Nur die wenigen Prophetengenossen, die zu ʿAlī gehalten hätten, sowie dieser selber und dessen Söhne und Enkel werden daher von den Schiiten als Fortsetzer der medinensischen Urgemeinde und als Träger der Scharia anerkannt.[9]

Auch die Generation der Söhne der Prophetengenossen, so lehren die Sunniten, sei noch in der Lage gewesen, die Urgemeinde fortzusetzen. Allerdings hätten sich im ausgehenden 7. Jahrhundert die Lebensverhältnisse tiefgreifend geändert. Zum einen sei wegen des Kalifats ʿAlī b. abī Ṭālibs (reg. 656–661) der Streit mit den Schiiten ausgebrochen. Zum anderen seien dank der Erfolge der Eroberungskriege neue Metropolen des Islams entstanden, deren Bewohner nur in seltenen Fällen noch mit Männern aus dem medinensischen Milieu der göttlichen Rechtleitung bekannt gewesen seien. Man habe sich bei der Lenkung des Gemeinwesens, der Erfüllung der Ritualpflichten und bei Problemen des Alltags auf den Koran und auf die *sunna* Mohammeds verlassen. Nach sunnitischer Ansicht sei diese schon damals in der Form des Hadith greifbar gewesen, was ein krasser Anachronismus ist.[10] Für die Sunniten ist dieser Anachronismus jedoch unentbehrlich. Denn sie sind davon überzeugt, daß die göttliche Rechtleitung über den Tod des Propheten hinaus einzig in ihren Reihen gesichert gewesen sei. Trotzdem habe man sich ab und an genötigt gesehen, den Koran bzw. die *sunna* nicht einfach zu zitieren, sondern zur Lösung eines Problems aus den Aussagen dieser autoritativen Quellen selbständige Schlüsse zu ziehen. Das habe man freilich nur sehr ungern getan.

Das 8. und 9. Jahrhundert ist die Epoche, in der man lernte, mit dieser unangenehmen Notwendigkeit so umzugehen, daß eine Verankerung des Rechts des islamischen Reiches in den autoritativen Quellen plausibel erschien. Man gewann die Überzeugung, daß es möglich sei, für jeden nur denkbaren Sachverhalt eine schariatische Bewertung zu finden, obwohl er in diesen Quellen nicht ausdrücklich erwähnt wird. Dieses Verdienst schreiben die Sunniten den Gründern der vier Rechtsschulen zu. Deren frühester, Abū Ḥanīfa (gest. 767), habe eine von der *sunna* vorgegebene Bewertung als Richtmaß gebilligt, wenn diese durch ein auf vielen Wegen überliefertes Hadith verbürgt wird. In anderen Fällen habe er dem juristischen Sachverstand, der sogenannten „Meinung“ (arab.: *ar-raʾj*), Spielraum zugestanden. Der Medinenser Mālik b. Anas (gest. 795) betrachtete dagegen alles als

[9] Einzelheiten vgl. im elften Kapitel (Was sind Schiiten?). Ich konzentriere mich in diesem Teil auf die Sunniten und werde nur vereinzelt auf abweichende schiitische Ansichten eingehen.

[10] Vgl. fünftes Kapitel (Was ist das Hadith?).

sunna, worin die bedeutenden Prophetengenossen übereinstimmten, desgleichen Aussagen, die wichtige Vertreter der nachfolgenden Generation gebilligt hatten. Da in beiden Methoden die Einmütigkeit der *herausragenden* Gelehrten – wer ist das eigentlich? – kaum je sicher festzustellen ist, wandte sich aš-Šāfiʿī (gest. 820) vom inhaltlichen Aspekt der *sunna* ab und erklärte die Überliefererkette für das wesentliche Merkmal der Echtheit einer Bestimmung der *sunna*. Eine Überlieferung enthielt wahre Normen, wenn die Tradentenkette bis zu Mohammed zurückreichte. Der Unterschied zwischen den Hanafiten, Malikiten und Schafiiten besteht demnach in der wachsenden Strenge der Einbindung der Rechtsfindung in den eingangs beschriebenen Komplex des durch Allah zusammen mit seinem Schöpfungshandeln übermittelten Wissens. Die sich auf Aḥmad b. Ḥanbal (gest. 855) berufende Schule der Hanbaliten bemühte sich um eine Steigerung der schafiitischen Rigorosität, indem sie die Diskussionen über die denkbaren Analogien, ohne die aš-Šāfiʿī bei der Projizierung der unübersichtlichen Vielgestaltigkeit der Wirklichkeit auf eine begrenzte Anzahl autoritativer Texte nicht auskam, nach Möglichkeit zu beschneiden suchte.[11]

Vom 10. bis ins 13. Jahrhundert dauerte die Epoche der Systematisierung und häufigen Überarbeitung des Erbes der Schulgründer. Man schuf Kompendien, in denen man den Stoff der Scharia unter Sachgesichtspunkten zusammenstellte. So erleichterte man den praktischen Umgang mit der Scharia und verwandelte sie in einen Lehrstoff, dessen Verfeinerung und Verbreitung sich die im 11. Jahrhundert entstehende Lehrinstitution der Medresse widmete. Schariagelehrte qualifizierten sich dort für eine Tätigkeit als Kadi. Wenn sie keine dieser begehrten Stellen erringen konnten, dann konnten sie als Mufti der Formung der islamischen Gesellschaft und ihrer Mächtigen nach den Maßgaben der Scharia dienen. Die Zeit zwischen der Zerstörung Bagdads durch den Mongolen Hülegü (1258) bis ins späte 19. Jahrhundert ist in den Augen der heutigen Schariagelehrten in der Regel nichts weiter als eine Epoche der Nachahmung (arab.: *at-taqlīd*), in der man sich nicht mehr zu einer eigenständigen Weiterentwicklung (arab.: *al-iǧtihād*) des einmal Erreichten habe aufraffen können. So nimmt es nicht wunder, daß man dem Vordringen der westlichen Weltauffassung und ihrem „positiven" Recht zunächst nur geringen Widerstand entgegensetzen konnte. Inzwischen weiß man aber, daß „das Tor der eigenständigen Weiterentwicklung" niemals geschlossen worden ist. Nicht nach den vier Rechtsschulen getrennt, sondern als eine einzige, in sich einheitliche Tradition soll die Scharia die Gesellschaft und die Machtausübung islamischer Staaten bestimmen und die Ausbreitung des Islams in die anderen Weltgegenden vorantreiben.

---

11 Vgl. sechzehntes Kapitel (Was ist Salafismus (reformierter Islam)?).

2. Die Einsicht (arab.: *al-fiqh*) in die rechtliche Bedeutung des Offenbarten und des Überlieferten

Institutionen der Rechtspflege gab es zu Mohammeds Lebzeiten nicht. Er übte die Macht über seine Anhänger aus, die in Medina bei den gemeinschaftlich durchgeführten Pflichtriten von ihm oder von einem durch ihn bestellten Vertreter ausgeübt wurde. Sollte es unter den Muslimen Streit geben, so sei der Fall „vor Allah und dessen Gesandten" zu bringen (Sure 4, 59), verkündet Mohammed. Wirkliche Entscheidungsbefugnis steht natürlich nur Allah zu (z.B. Sure 2, 113), was aber bedeutet, daß sein Urteil erst am Tag des Gerichts erkennbar werden wird (z.B. Sure 3, 55). Unter solchen Umständen bleibt nichts anderes, als auf die Rechtleitung zu vertrauen, die Mohammed zu vermitteln behauptet. Dies vorausgesetzt, bilden die Muslime eine Gemeinschaft von Menschen, die stets auf Allah hören, Spenden abführen, das rituelle Gebet verrichten, miteinander beratschlagen und sich gegenseitig beistehen, wenn man ihnen Gewalt antut (Sure 42, 37–39). Als nach Mohammeds Tod die Kriege gegen die von Medina abgefallenen Stämme in die zu Anfang so erfolgreichen Eroberungskriege übergegangen waren, hatte man keine Vorstellungen davon, wie man ein Gemeinwesen lenken sollte. Allenfalls in unbestimmten Worten spricht Mohammed in der spätmedinensischen Sure 9 dieses Thema an: Es können niemals alle Glaubenden einer Stammesgemeinschaft nach Medina kommen; wie wäre es aber, wenn sich jeweils einige dorthin begäben, um Einsicht in die Daseinsordnung zu gewinnen? Diese könnten doch nach ihrer Rückkehr die übrigen unterweisen (Vers 122).

Die Muslime, im Koran als die Besitzer der endgültigen Wahrheit gerühmt, als die beste je von Allah gestiftete Gemeinschaft (Sure 3, 110), hatten keine handhabbaren Mittel, um der Gesetzlosigkeit zu steuern, die unter ihrer mit kriegerischen Mitteln aufgerichteten Machtausübung herrschte. Der in Medina, dann in Damaskus residierende Kalif delegierte alle Herrschergewalt den Militärführern in den eroberten Gebieten, die nach Gutdünken verfuhren. Einzig die rituellen Gebete und vor allem der Freitagsgottesdienst, an dem alle männlichen Mitglieder des Gemeinwesens teilnehmen sollen, darf man als Vorstufen von Staatlichkeit betrachten.[12] Um die Militärführer, die formal als Statthalter der Kalifen amtierten, bildete sich ein Kreis von Mitarbeitern. Einige von diesen werden in den Quellen als *qāḍī*, d.h. Vollziehender, bezeichnet. Wie die Quellen zeigen, fällten sie Urteile, ohne daß ein rechtlicher Bezugsrahmen, eine Gesetzessammlung oder ähnliches, vorhanden gewesen wäre. Selbst der Koran spielte in dieser Gerichtsbarkeit keine wesentliche Rolle. So waren die Verhältnisse am Ende der Omaijadenzeit, weswegen es

---

12 Vgl. achtes Kapitel (Was sind Imamat, Kalifat und Sultanat?).

nicht verwundert, daß Ibn al-Muqaffaʿ (hingerichtet 758/9), ein iranischstämmiger Mann in den Diensten der gerade an die Macht gekommenen Abbasiden, über die völlige Rechtunsicherheit Klage führt und dem Kalifen vorschlägt, er möge durch Gelehrte alle im Reich befolgten Rechtsbräuche sammeln lassen und dann kraft seiner höheren Einsicht das Angemessene auswählen und so ein für alle verbindliches Recht schaffen.[13]

Ibn al-Muqaffaʿs Vorschlag wurde nicht verwirklicht. Jedoch unternahmen die Abbasiden Schritte zu einer Vereinheitlichung der Rechtspraxis. So beauftragte Hārūn ar-Rašīd (reg. 786–809) den Kadi Abū Jūsuf (gest. 795), ein Handbuch der fiskalischen Nutzbarmachung des Bodens zusammenzustellen. Abū Jūsuf zweifelt nicht daran, daß die Vorschriften, die hier einschlägig sind, dem Gesetzeswillen Allahs genügen müssen. Denn was immer von den anmaßenden Herrschern der Vergangenheit unter Mißachtung der göttlichen Zustimmung aufgerichtet worden sei, habe keinen Bestand gehabt (Sure 16, 26). Doch es fällt Abū Jūsuf schwer, den in diesen Worten verkündeten Vorsatz durchzuhalten. Das zeigt sich beispielsweise beim Thema des Pachtvertrags. Darf man unbebautes Land unter der Bedingung verpachten, daß ein bestimmter Anteil des künftigen, in der Höhe nicht voraussehbaren Ertrags, etwa ein Drittel, dem Verpächter zusteht? Die Rechtsgelehrten im Hedschas halten dies für „verwerflich“; eine solche Vereinbarung sei fehlerhaft. Sie enthält nämlich ein spekulatives Element: Man weiß nicht, welchen Wert der Ertrag haben wird. Bei Handelsabschlüssen ist die unverzügliche Übereignung der Ware und der abgesprochenen wertgleichen „Gegenleistung“ verpflichtend; denn anderenfalls entstünde bei einer der Parteien eine zumindest vorübergehende ungerechtfertigte Bereicherung, gegen die Mohammed schon in den frühen Teilen des Korans eine Bußabgabe (arab.: *az-zakāh*) fordert. Zusammen mit dem rituellen Gebet bildet sie den Kern der Verhaltensregeln der Muslime.[14] Unbedenklich sei ein solcher Pachtvertrag hingegen, wenn er ein von Obstbäumen oder Dattelpalmen bestandenes Terrain betrifft: In einem solchen Fall läßt sich der zu erwartende Ertrag angesichts der Erfahrungen der vergangenen Jahre abschätzen. In Kufa dagegen meinten diejenigen, die die Verpachtung von Bäumen oder Palmen gestatten, dies gelte auch für unbebautes Land.

Abū Jūsuf findet einen Ausweg aus der Zwickmühle, indem er die Verpachtung zu einer stillen Teilhaberschaft umdeutet, die zulässig ist. Der Verpächter bringt das Land, also Vermögen, in das Geschäft ein, das der Pächter betreibt. Abū Ḥanīfa, Abū Jūsufs Lehrer, habe die Ablehnung von Pachtverträgen der genannten Art mit einem Wort Mohammeds begründet: „Pachte

[13] Tilman Nagel: Staat und Glaubensgemeinschaft im Islam, Zürich/München 1981 I, 160f.

[14] Vgl. zwölftes Kapitel (Was versteht der Muslim unter Religion?).

(einen Garten) nie für etwas, das er hervorbringt!“ Allerdings wisse man auch, daß Mohammed und etliche Prophetengenossen gegen diesen Grundsatz verstoßen hätten. Es zeigt sich an diesem Beispiel, wie die Überlieferung in die juristische Diskussion eindringt; sie ist aber nicht geeignet, eine einheitliche Lehrmeinung zu einer bestimmten Frage hervorzubringen. Abū Jūsuf zieht sie zu Rate, läßt sich von ihr anregen, aber seine Entscheidung ist mehr als ein bloßes Zitat des Überlieferten. Es entspringt seiner eigenen Einsicht (arab.: *ar-raʾj) in den Sachverhalt*, daß er das Verbot des Propheten für so wichtig nimmt, daß er es in einem Analogieschluß auf sämtliche Pachtverträge ausdehnen will und damit zugleich andere, gegenteilige Überlieferungen übergeht.[15]

Schon bei Abū Ḥanīfa bemerkt man ein wachsendes Interesse an den Aussagen des Korans und der Überlieferung. Sie werden als autoritative Quellen betrachtet, die das Gutdünken des Kadis einzuschränken haben. Abū Ḥanīfa hatte freilich selber nie ein Richteramt inne, er beschäftigte sich aus privatem Interesse mit dem Problem der Schaffung einer islamischen Rechtsordnung und geriet in einen Gegensatz zu den Praktikern. Seine Differenzen mit einem kufischen Kadi, die überliefert sind, belegen deutlich, daß er dessen oft ohne Bezug zu einem autoritativen Text gefällte Urteile mißbilligte. Abū Jūsuf und weitere Schüler Abū Ḥanīfas erlangten gegen Ende des 8. Jahrhunderts erheblichen Einfluß auf das nunmehr durch die Kalifen zielstrebig ausgebaute Rechtswesen des Reiches. Es bildete sich die Vorstellung, Abū Ḥanīfa habe die Richtung (arab.: *al-maḏhab*) des islamischen Rechts gegründet, die unter den Abbasiden lange Zeit vorherrschend blieb.

Abū Jūsuf befaßte sich nicht nur für die Bearbeitung des Auftrags des Kalifen mit dem Überlieferten; er trug in einem nach 39 Sachgebieten geordneten Buch über tausend Texte zusammen, die für seine Amtsführung nützlich sein konnten. Dieses Material erfüllte bei weitem nicht die formalen Kriterien der im Entstehen begriffenen Textgattung des Hadith.[16] Viele der von Abū Jūsuf gesammelten Texte beziehen sich nicht auf Mohammed, sondern geben Ansichten berühmter Muslime des ausgehenden 7. und frühen 8. Jahrhunderts wieder.[17] Man darf diesen Stoff als das Ausgangsmaterial rechtlicher Erwägungen verstehen, die nicht mit dem Zitieren einer autoritativen Quelle zu enden brauchten.

Wesentlich enger an die Autorität des Propheten gebunden fühlte sich demgegenüber Abū Jūsufs medinensicher Zeitgenosse Mālik b. Anas (gest. 795). Er und seine Schüler beriefen sich auf die Rechtsbräuche Medinas, in denen

---

15 Tilman Nagel: Das islamische Recht. Eine Einführung, Westhofen 2001, 192–200.

16 Vgl. fünftes Kapitel (Was ist das Hadith?).

17 Beispiele: Tilman Nagel, Das islamische Recht, 196.

Mohammeds Verfahrensweise (arab.: *as-sunna*) noch lebendig sei, während man andernorts in der islamischen Welt sich auf die bloßen Aussagen von Gelehrten verlassen müsse. Māliks in mehreren Fassungen auf uns gekommenes Hauptwerk, das „Hergerichtete", stellt den Versuch dar, alles zusammenzutragen, was in Medina nach der Übereinstimmung (arab.: *al-iǧmāʿ*) der dortigen Gelehrten die durch das Vorbild Mohammeds sanktionierte Rechtspraxis gewesen sei. Das Grundwerk der malikitischen Rechtsschule will demnach mehr sein als eine bloße Sammlung von Überlieferungen unterschiedlicher Herkunft zu bestimmten gerade aktuellen Fragen der Rechtspflege. Das Fahnden nach Präzedenzfällen, wie es Abū Ḥanīfas Schüler, unter ihnen Abū Jūsuf, betrieben, diente dem Zweck, Einsicht (arab.: *al-fiqh*) *in den in der einzelnen Überlieferung verborgenen Sinn* zu gewinnen, diesen unter Einsatz des juristischen Sachverstands auf den Begriff zu bringen und für die Rechtspflege bereitzustellen. Bei Mālik b. Anas schiebt sich die Gestalt des Propheten vor die Betätigung des juristischen Sachverstands: Die Einsicht des Fachmanns wird von der Autorität des vergegenwärtigten Propheten überlagert – es ist das Zeitalter der großen Hadithgelehrten, denen man nachsagen wird, sie hätten die Wahrheit des Überlieferten gewährleistet.[18]

3. Die Scharia

Muḥammad b. Idrīs aš-Šāfiʿī (gest. 820) brachte den Zug seiner Zeit zum Ausdruck, als er in seiner Abhandlung über die „Summe des ‚Wissens'" herausarbeitete, dieses bestehe aus der Schrift und der „Weisheit" (vgl. Sure 2, 231). Hatte der frühe Hadithkenner az-Zuhrī (gest. 742) davon gesprochen, daß Allah seinem Gesandten auch Eingebungen übermittelt habe, die dieser nicht zu einem Teil der Schrift, des Korans, gemacht, sondern seinen Anhängern „erzählt" habe, so identifiziert aš-Šāfiʿī diese „erzählten" Partien nun mit dem Hadith in der zu seinen Lebzeiten sich vollendenden Form. Als die von Allah erwähnte „Weisheit" liegt dieser Stoff nun vor. Dem Koran selber ist zu entnehmen, welche Funktion er auszufüllen hat. In Sure 2, Vers 231, beispielsweise haben „Schrift und ‚Weisheit'" gemeinsam die Aufgabe, den Glaubenden die gottgewollten Regelungen zu erläutern, die bei der Verstoßung der Ehefrau zu beachten sind. Aš-Šāfiʿīs Idee war es, die Rechtspflege des islamischen Reiches auf diesen beiden Gattungen der autoritativen Texte zu erbauen. Denn vermittelten sie nicht die göttliche Rechtleitung genau in der Weise, wie es in der Zeit des Propheten gewesen war? Beim Hören von Koran und Hadith wird doch der Muslim immer wieder zum Zeugen der in der Urgemeinde obwaltenden von Allahs Willen bestimmten Verhältnisse.

---

[18] Vgl. fünftes Kapitel (Was ist das Hadith?), II. 3.

Aš-Šāfiʿī war sich sicher, bis in die kleinsten Kleinigkeiten alle Lebensumstände Mohammeds zu kennen. In einer häufig kolportierten Szene trifft er in Gegenwart des Kalifen Hārūn ar-Rašīd auf Schüler Abū Ḥanīfas, die wie eben dargelegt, sich nur mit Bezug auf juristische Sachthemen um das Überlieferte kümmerten und dabei keineswegs Wert darauf legten, daß die tradierten Aussagen auf Mohammed zurückgehen. Aš-Šāfiʿī stellt die Hanafiten vor dem Herrscher bloß, indem er deren Unkenntnis von den Einzelheiten des siegreichen Einzugs des Propheten in Mekka (Januar 630) aufdeckt.[19] „Wenn mein Lehrer (Abū Ḥanīfa) gewußt hätte, was du weißt, hätte er sich wie ich bekehrt!" bekennt Abū Jūsuf der schafiitischen Legende nach, sobald er von aš-Šāfiʿī darüber belehrt worden ist, daß es im islamischen Rechtswesen auf die Befolgung der Verfahrensweise des Propheten ankomme.[20] Aš-Šāfiʿī beließ es nicht dabei, seine Überzeugungen zu vertreten, er bemühte sich auch, sie theoretisch zu durchdringen, wie sich am Beispiel der „Summe des ‚Wissens'" belegen läßt.[21]

Indem das islamische Recht dem Anspruch genügen soll, die Verhältnisse der medinensischen Urgemeinde festzuhalten und in die jeweilige Gegenwart hinein zu übertragen, wird es zur Scharia, zu einer auf den beiden autoritativen Textgattungen Koran und Hadith beruhenden Deutung und Bewertung alles dessen, was sich im islamischen Reich ereignet, sowie aller Lebensregungen der Muslime. Wie bei dieser Deutung zu verfahren sei, legt aš-Šāfiʿī in seiner berühmten, vermutlich auch von seinen Schülern an einzelnen Stellen bearbeiteten „Abhandlung" dar.

Die Summe dessen, wodurch Allah seinen Geschöpfe den Knechtsstatus Ihm gegenüber zuwies, legte Er auf viererlei Art fest: Erstens als einen eindeutigen koranischen Text (arab.: *an-naṣṣ*); hierher gehören die Ritualpflichten und das Verbot der Unzucht, des Weingenusses usw. Zweitens setzte Er im Koran Pflichten in allgemeinen Formulierungen fest, deren Ausführungsbestimmung Er dem Wort Mohammeds anheimgab, wie etwa die Zahl und die Zeitpunkte der Gebete. Drittens gibt es Vorschriften, die der Gottesgesandte einführte, wobei dieser sich darauf berufen konnte, daß Allah die Glaubenden zum Gehorsam gegen seinen Gesandten verpflichtet habe. Viertens schließlich erlegte Allah den Geschöpfen Bestimmungen auf, nach deren Inhalt sie gemäß eigener Befähigung (arab.: *al-iǧtihād*) zu suchen haben. Dies sind laut aš-Šāfiʿī die vier Quellen schariatischer Normen. Die letzte scheint dem juristischen Sachverstand einen freien Raum zu öffnen. Das ist aber nicht beabsichtigt, wie aš-Šāfiʿī sofort klarstellt. Der Glaubende soll von sich aus die ihm von Allah aufgebürdete Pflicht herausfinden, um so seinen

---

19 Das islamische Recht, 203.

20 Tilman Nagel: Die Festung des Glaubens, München 1988, 201.

21 Vgl. fünftes Kapitel (Was ist das Hadith?), II. 3.

Gehorsam gegen Ihn zu bekunden. Aš-Šāfiʿī beruft sich auf Sure 47, Vers 31, und auf Sure 3, Vers 154, wo die Ungewißheit über das Allah genehme Verhalten als eine durch Allah den Muslimen auferlegte Prüfung verstanden wird, die sie bestehen sollen, nicht aber als eine Aufforderung, freie Entscheidungen zu finden und in die Tat umzusetzen. Als Beispiel dient das in Sure 2, Vers 144, enthaltene Gebot, vor dem Vollzug des rituellen Gebets sich in Richtung Mekka zu wenden. Allah stelle den Muslimen die Hilfsmittel zur Verfügung, in diesem Fall die Sterne, an denen man sich orientieren könne (Sure 6, 97).

Aus den vier Arten der Ermittlung einer schariatischen Bewertung folgt nach aš-Šāfiʿī, daß außer dem Propheten niemand ohne eine Beweisführung (arab.: *al-istidlāl*) mittels eines auf Allah zurückzuführenden autoritativen Textes eine schariatische Aussage treffen kann.[22] Mohammed, der von göttlichen Eingebungen rechtgeleitet war, konnte hierauf verzichten. Alle Normen, denen die Glaubenden nach Mohammeds Tod zu folgen haben, entspringen mithin in der Rede Allahs, die ein Aspekt seines Schöpfungshandelns ist, sowie in der *sunna* Mohammeds, die sich der göttlichen Rechtleitung verdankt, und schließlich in einer Suche des Menschen, die jedoch, wie beispielsweise die Ermittlung der Gebetsrichtung, als ein Gehorsamsakt gegenüber Allah, mit seinem Schöpfungshandeln harmonieren muß.

Breit erörtert aš-Šāfiʿī nun die Belege dafür, daß Allah den Glaubenden befahl, seinem Gesandten zu gehorchen. Dies ist ja auch der wichtigste Stützpfeiler seines Rechtssystems, das innerweltliche Argumente für die Normen ausschließt. Die *sunna* Mohammeds muß nicht zuletzt in Fällen den Ausschlag geben, in denen zwei eindeutige Aussagen des Korans einander widersprechen. Schließlich aber konfrontiert man aš-Šāfiʿī mit der Frage, was denn gelte, wenn es für ein Problem weder eine Aussage des Korans noch ein Hadith gebe. Aš-Šāfiʿī zieht sich auf den Consensus der Gelehrten zurück; zumindest in der Mehrheit würden sie nie von der *sunna* abweichen.[23] Heikel ist allerdings der Analogieschluß (arab.: *al-qijās*). Ziehe man eine Analogie zu einer eindeutigen Aussage des Korans, der *sunna* oder eines Consensus, dann dürfe man in Wahrheit nicht von einem Analogieschluß sprechen, sondern müsse sagen: „(Dieses Ergebnis) ist eine Bestimmung Allahs" bzw. „des Gesandten Allahs". Genau genommen sei der Analogieschluß keine Entscheidung aus eigener Befähigung. „In jedem Ereignis, das auf einen Muslim herabkommt, ist eine notwendigerweise zu beachtende (schariatische) Bewertung (arab.: *al-ḥukm*) enthalten, oder es findet sich darin ein Hinweis (arab.: *ad-dalāla*) auf den Weg zur Wahrheit. (Der Muslim) hat, sofern es sich wirklich

---

[22] aš-Šāfiʿī: ar-Risāla, nach der Handschrift des ar-Rabīʿ b. Sulaimān, ed. Aḥmad Muḥammad Šākir, Kairo 1940, 21–25.

[23] Ebd., 471 f.

um eine Bewertung handelt, dieser zu folgen. Sofern keine (wirkliche Bewertung in dem Ereignis aufscheint), dann ist der Hinweis auf den Weg zur Wahrheit, der (in dem Ereignis liegt), durch die eigene Befähigung zu entschlüsseln. (Der Einsatz) dieser Befähigung ist das Aufstellen einer Analogie.“ Dem Inhalte nach, und darauf möchte aš-Šāfiʿī hinaus, ist die Analogie nicht das Resultat einer selbständigen Entscheidung.

Aš-Šāfiʿī ahnt, daß hier trotzdem eine Schwäche seines Gedankengebäudes zutage treten könnte. Es sei nicht vorstellbar, daß sich die Gelehrten angesichts ihrer umfassenden Kenntnis der eindeutigen Bestimmungen des Korans und der *sunna* über die schariatischen Aussagen zu „erlaubt“ und „verboten“ entzweien könnten, postuliert er. Überdies sei stets nur eine Analogie gefordert, die sich auf das äußerlich Erkennbare erstrecke.[24] Die eigene Befähigung darf nur zum Erreichen eines Zieles eingesetzt werden, das sich aus dem Hinweis ergibt, der in dem zu bewertenden Vorgang selber enthalten ist und dank dem man auf das Ziel zusteuert, warnt aš-Šāfiʿī. In jeder den Menschen nach Allahs Ratschluß betreffenden Gegebenheit ist eine schariatische „Substanz“ verborgen, die mittels des Hinweises aufgedeckt werden kann; auch kann sie durch eine Vergleichung mit einer schariatischen „Substanz“, die in einem anderen Vorgang erkennbar ist, ans Tageslicht kommen. Hieraus folgt laut aš-Šāfiʿī, daß die Beurteilung eines Vorganges nach Gutdünken (arab.: *al-istiḥsān*) unzulässig ist, sofern deren Resultat einer Aussage des Korans oder des Hadith widerspricht. Eine solche Aussage sei es doch gerade, nach der der zur eigenen Suche Befähigte fahnde. Er gleiche jemandem, der von zu Hause abwesend sei, zu seinem Haus zu gelangen suche und entweder spontan darauf losgehe oder sich durch einen Analogieschluß orientiere. Den Analogieschluß vom Zwang zu befreien, am Ende zu einer Aussage der autoritativen Texte zu führen, hieße doch, den Rationalisten, die nicht über das „Wissen“ verfügen, die Erlaubnis zu erteilen, nach eigenem Gutdünken zu urteilen.[25]

In der Vorstellung aš-Šāfiʿīs ist die Scharia ein Rechtssystem, dessen Wertungen sich vollständig auf Allahs Aussagen gründen lassen. Dies ist deswegen möglich, weil Allahs Schöpfungshandeln niemals ohne seine Gesetzesrede vonstatten geht. Die Scharia ist die auf die Lebenspraxis des Glaubenden bezogene Konsequenz des Islams im ursprünglichen, koranischen Sinn des Wortes; die Scharia hat die Aufgabe, den Muslim in der Hingewandtheit zu seinem Schöpfer, in der *fiṭra* (Sure 30, 30), festzuhalten. Die Scharia kann daher die Funktion des einenden Bandes der unter islamischer Machtausübung stehenden Weltteile übernehmen. Die Lehren Abū Ḥanīfas und seiner Schüler sowie die Anstrengungen Hārūn ar-Rašīds zur Schaffung eines die

---

24 Ebd., 476–479.

25 Ebd., 503–505. Vgl. fünfzehntes Kapitel (Was ist islamischer Rationalismus?).

islamische Herrschaft überwölbenden Rechtssystems konnten auf die Länge der Zeit hin nicht gegen die Verheißungen aš-Šāfiʿīs bestehen: Was er zum ersten Mal ausarbeitete, war die umfassende, keinen Freiraum mehr duldende Übertragung des Islams in das Dasein der Muslime. Möglich geworden war sie wegen der zu aš-Šāfiʿīs Lebzeiten eintretenden Ausreifung des Hadith. „Nach eigenem Gutdünken", d.h. nach Maßgabe des juristischen Sachverstands, wie es noch Abū Jūsuf für angemessen hielt, durfte man künftighin rechtliche Probleme und einschlägige Präzedenzfälle nicht mehr erörtern. Streng genommen, gab es keine Präzedenzfälle mehr, sondern nur noch die mit Allahs Schöpfungshandeln koinzidente Gesetzesrede, deren Aussagen notfalls durch Analogieschlüsse zu entbergen waren. Dies wird fortan die wichtigste Beschäftigung der Rechtsgelehrten, der *fiqh* im eigentlichen Sinn. Das bedeutet zugleich, daß die Scharia kein Herrscherrecht sein kann. Die „legale" islamische Rechtsentwicklung, oder besser: die Rechtsaufdeckung, läuft in den Kreisen der Gelehrten (arab.: Pl. *al-ʿulamāʾ*) ab und hat mit der Machtausübung prinzipiell nichts zu tun, wie denn eine vorausschauende, politische und gesellschaftliche Ziele ansteuernde Gesetzgebung der Mächtigen in der Scharia ausgeschlossen ist.[26] Folglich wird jegliche Herrschaft, wenn sie ihre Fortdauer sichern will und daher in die Zukunft plant, im Urteil der Schariagelehrten „pharaonisch" (vgl. Sure 79, 21–26) sein, eben weil ihr nichts anderes bleibt, als gegen die Scharia zu handeln.

4. Die Rechtsschulen und die Schariagelehrsamkeit

Natürlich wurde aš-Šāfiʿīs Lehre von der Scharia nicht sogleich, nachdem seine Schriften bekannt geworden waren, zum Allgemeingut der Muslime. Über Jahrhunderte zog sich der Streit zwischen den Hanafiten und den Schafiiten über den Einsatz der freien Denkfähigkeit zum Lösen schariatischer Probleme hin. Darf man beispielsweise zur Herstellung der rituellen Reinheit, sofern Wasser nicht zur Verfügung steht, auch Essig verwenden? Der Koran schreibt für einen solchen Fall vor, einen hochgelegenen, d.h. trockenen Platz aufzusuchen und sich mit der dort vorgefundenen Erde über das Gesicht und die Hände zu streichen (Sure 5, 6). Die Hanafiten erwogen den Zweck der Reinigung und argumentierten, er werde durch Essig viel besser erfüllt als mit Erde. Die Schafiiten dagegen beharrten auf der Verwendung von Erde, die nun einmal zweifelsfrei im Koran genannt werde. Zweckrationale Erwägungen könnten Allahs ausdrückliche Anordnungen nicht außer Kraft setzen. Hinter diesem scheinbar belanglosen Zwist verbergen sich tiefreichende Meinungsverschiedenheiten über Allahs Vorgehen mit der Welt und über die Gestaltungsmöglichkeiten des Menschen in ihr. Sogar bis zu

---

26 Vgl. achtes Kapitel (Was sind Imamat, Kalifat und Sultanat?).

bürgerkriegsartigen Kämpfen konnten diese Differenzen führen.[27] Die seit dem 10. Jahrhundert anschwellende Literatur über die „Grundlagen der Einsicht" (arab.: *al-fiqh*) in den schariatischen Gehalt der autoritativen Texte vermochte keinen Ausgleich zwischen den theoretischen Positionen der Hanafiten und der die freie Gedankenarbeit stark einschränkenden Schafiiten herbeizuführen. Auf deren Linie schwenkte zudem die sich auf Mālik b. Anas berufende Schule ein, immer freilich mit dem Vorbehalt, daß ihre Orientierung am in Medina noch lebendigen Vorbild Mohammeds zuverlässiger sei als die Vorgehensweise der Schafiiten, die sich auf Überlieferungen stützten, die von Personen verbürgt würden, die dieses Vorbild kaum noch vor Augen gehabt hätten. Aus dem Schafiitentum heraus entwickelte sich eine weitere Art des *fiqh*, die aus der Befähigung zur Suche (arab.: *al-iǧtihād*) des schariatischen Gehalts, der in den durch Allah gewirkten Vorgängen verborgen sei, den Analogieschluß (arab.: *al-qijās*) verbannen wollte. Schon aš-Šāfiʿī hatte ihn ja stark eingeschränkt, um sich von den „Rationalisten" abzugrenzen. Der Sonderrichtung, die Aḥmad b. Ḥanbal (gest. 855) als ihren Gründervater ansah, waren die Spekulationen, die mit dem Aufstellen von Analogien einhergingen, zu unsicher und zu sehr mit den eigenständigen Gedankengängen des Menschen belastet, als daß sie noch stets zu wirklicher Einsicht in den göttlichen Gesetzeswillen hätten führen können. Die Hanbaliten forderten in jedem Fall einen eindeutigen Textbeweis, sei es aus dem Koran, sei es aus der *sunna*.[28]

Die Hanafiten einerseits, die Malikiten, Schafiiten und Hanbaliten andererseits bilden seit dem 11. Jahrhundert das Quartett der vier sunnitischen Rechtsschulen (arab.: *al-maḏhab*, Pl. *al-maḏāhib*). Wie schon erwähnt, läuft ihre Geschichte im Prinzip unabhängig von den islamischen Herrschern ab. Sie entwickeln ein Eigenleben, auf das die Machthaber in vielfältiger Weise Einfluß zu gewinnen trachten; eine dauerhafte institutionelle Verankerung der Schariagelehrsamkeit im islamischen Staatswesen gelingt jedoch nicht. Dieses weist vier voneinander unabhängige, teils einander befehdende Rechtssysteme auf, deren jedes von sich behauptet, in authentischer Weise die Verhältnisse der Urgemeinde in die Gegenwart fortzusetzen. Im 11. Jahrhundert kommt die Medresse als die Lehranstalt auf, in der die „islamischen Wissenschaften" unterrichtet werden: Arabische Grammatik, Koran, Hadith und eben *fiqh*, letzterer aber nicht als ein einheitliches Fach, sondern nach den Rechtsschulen getrennt. Ob dies alle vier sind oder nur eine oder zwei, hängt vom Willen des Stifters ab, der mit dem jeweiligen Machthaber identisch sein kann.

---

27 Tilman Nagel: Die Festung des Glaubens. Triumph und Scheitern des islamischen Rationalismus im 11. Jahrhundert, München 1988.

28 Vgl. hierzu auch das sechzehnte Kapitel (Was ist Salafismus (reformierter Islam)?). Vgl. ferner das vierzehnte Kapitel (Was ist Sufismus?), III. 1.

Das, was man in ein und derselben Frage in jeder Rechtsschule als die Fortsetzung der Urgemeinde ausgab, konnte höchst unterschiedlich ausfallen. In der Theorie sollte sich der einfache Muslim für eine Rechtsschule entscheiden und dann an ihr festhalten. Eine Rosinenpickerei, die sich jeweils das Günstigste, Bequemste aussuchte, war verpönt. Sie wird nicht selten vorgekommen sein. Dennoch muß man sich vor Augen führen, daß der Muslim bis auf den heutigen Tag von einer entsetzlichen Jenseitsfurcht gepeinigt wird.[29] Es ist ihm keineswegs gleichgültig, ob er die rituelle Reinigung, um beim obigen Beispiel zu bleiben, beim Fehlen von Wasser nur mit Erde oder doch auch mit einem anderen Mittel herbeiführen darf. Die Schariakenner hatten sich im Hinblick auf ihr Jenseitsheil abgesichert. Für sie galt, daß sie, selbst wenn eine der Beurteilungen, die sie in Anbetracht der Lehren ihrer Schule abgaben, „falsch" sein und Allah mißfallen sollte, dafür am Jüngsten Tag nicht würden geradestehen müssen, sofern sie sie subjektiv ehrlich erarbeitet hätten. Aber wie sollte sich der Händler verhalten, der nach der einen Rechtsschule die Läuterungsabgabe auf die beim ihm gelagerten Waren stets nach Ablauf des Kalenderjahres, nach der anderen jedoch immer dann abzuführen hatte, sobald er die Waren über einen Zeitraum von einem Jahr auf Lager gehabt hatte? Er hatte keinen Einblick in die gelehrten Erörterungen und mußte sich blind auf die eine oder andere Aussage verlassen. Wie schwer ihm das wurde, zeigt eine Abhandlung aus dem 14. Jahrhundert, die von einem erst spät aufgekommenen, „nichtkanonischen" Ausspruch Mohammeds ausgeht, der besagt, die Uneinigkeit der islamischen Gemeinde in den Sachen der Scharia sei ein Zeichen der Barmherzigkeit Allahs. Man möge sich um die Rechtsunsicherheit nicht sorgen, lautete das Fazit dieser Abhandlung, in der übrigens fast durchgängig die Ansichten der Hanafiten denjenigen der anderen drei Schulen gegenübergestellt werden: Obwohl sich auch die Hanafiten dazu bequemt hatten, den Spielraum der juristischen Entscheidungsfindung zugunsten der autoritativen Texte stark einzuschränken, hatte sich die Erinnerung an die Lehren der Gründer ihrer Schule erhalten.

Wie sehr die Rechtunsicherheit den um sein Jenseitsheil bangenden Muslim bedrückte, belegt ein Lösungsvorschlag aus dem 16. Jahrhundert. Er erhebt das Jenseitsheil zum entscheidenden Gesichtspunkt, der es sogar erlaubt, das Verbot des Rosinenpickens zu umgehen oder besser: zu übersteigen. Die schariatischen Differenzen zu ein und derselben Frage lassen sich, so der Autor, in leicht zu erfüllende Bestimmungen und in strengere einteilen. Auf diese Weise nimmt Allah Rücksicht auf die Konstitution, die er jedem Menschen mit auf den Weg der Einhaltung der Daseinsordnung gibt. Wer erkenne, daß Allah ihm die Kraft zur Beachtung der strengeren Fassung einer Vorschrift verliehen habe, der müsse dementsprechend handeln; wem diese Kraft

---

[29] Vgl. siebtes Kapitel (Was lehrt der Islam über das Jenseits?).

fehle, dürfe sich mit der Einhaltung der milderen Variante begnügen, ohne daß er um ein glückhaftes Jenseits fürchten müsse.[30]

5. Die Scharia und die Machtausübung

Das Verhältnis zwischen der Scharia und den islamischen Formen der Machtausübung wurde bisher nur am Rande berührt.[31] Wie schon skizziert, bedeutete der Siegeszug der Scharia, daß die Herrscher ihren Einfluß auf die inhaltliche Ausgestaltung des Rechts einbüßten. Die autoritativen Texte, auf denen die Scharia zu errichten ist, spiegeln die medinensische Zeit wider – der Koran – oder die Epoche der frühen Eroberungen bis in die zweite Hälfte des 7. Jahrhunderts – das Hadith. Sie kennen folglich ein sich selbst erhaltendes Gemeinwesen allenfalls im Ansatz. Ihre ideelle Basis ist zum einen die sich der Ausbreitung des Islams widmende Schar der Glaubenskämpfer, deren Lebensunterhalt aus der Kriegsbeute bestritten wird und aus den Erträgen des durch Allah für seinen Propheten „zurückgeholten" Landes, für dessen Inbesitznahme die muslimischen Krieger ihre „Reittiere nicht in Galopp zu versetzen brauchten" (Sure 59, 6).[32] Zum anderen wurzeln die autoritativen Texte, insbesondere das Hadith, in der Vorstellung, das Gemeinwesen diene der Erfüllung des Zweckes, zu dem Allah laut Sure 51, Vers 56, „die Dämonen und die Menschen" geschaffen hat, nämlich der Anbetung Allahs.[33] Schariatisch abgesicherte Grundlagen für die Ausübung von Herrschaft in einem Staat mit einem statischen Territorium, die auf eine rationale Nutzung der gegebenen Ressourcen zielen sollte, lassen sich aus solchem Stoff kaum gewinnen. Die nach wie vor allgemein anerkannte Einteilung der Welt in das „Gebiet des Islams", das auf Kosten des „Gebietes des Krieges" fortwährend auszudehnen sei, ist dem Gehalt der autoritativen Texte geschuldet. Um vor den Nichtmuslimen diese Tatsache zu verschleiern, hat man unlängst ein „Gebiet des Vertrags" ersonnen. Dies sind Länder, in denen die Muslime ihren Kult ungehindert ausüben könnten und die sich infolgedessen in einem unkriegerischen Übergang zum „Gebiet des Islams" befinden. Unter den Schariagelehrten ist dieses Konzept allerdings umstritten.[34]

Kurz und gut, alle islamischen Machthaber, die zum Aufbau selbst eines einfachsten „staatlichen" Gefüges mittels Steuern, Zöllen oder anderen Ab-

---

30 Tilman Nagel: Das islamische Recht. Eine Einführung, 284–294.

31 Hierüber unterrichten die Informationen über den Islam 8: Was sind Imamat, Kalifat und Sultanat?

32 Tilman Nagel: Mohammed. Leben und Legende, München 2008, 361, 958; neuntes Kapitel (Was ist der Dschihad?).

33 Zwölftes Kapitel (Was versteht der Muslim unter Religion?).

34 Achtzehntes Kapitel (Wie sieht der Islam die Nichtmuslime?), IV.

gaben Gelder einziehen, die die geringen Hebesätze der Läuterungsgabe übersteigen, stellen sich außerhalb der schariatischen Legalität. Dies ändert sich erst ab dem 11. Jahrhundert. Das Rechtssystem der Scharia ist nun abgeschlossen. Prinzipiell gibt es keine Lebensregung mehr, die nicht einer schariatischen Bewertung unterläge: Man hat gelernt, daß die Scharia auch das weite Feld der Sittlichkeit bestimme, das nicht in die Amtsgewalt des Kadis gegeben werden kann, für das jedoch der Mufti zuständig ist.[35] Das Ideal einer durch und durch islamisch geprägten Gesellschaft nach Maßgabe des vergegenwärtigten Vorbilds der Urgemeinde, von dem die Gelehrten zweihundert Jahre zuvor geträumt hatten, schien nun Wirklichkeit geworden zu sein. Denn die neue Form der Machtausübung, das Sultanat, teilte die Bevölkerung in die breite Masse der Untertanen (arab.: Pl. *ar-raʿājā*) und die herrschende, kriegerische Schicht, die für die Ausweitung des „Gebietes des Islams" kämpfte und zu der nun auch die den Sultan und seine Gehilfen beratenden Gelehrten gehörten.[36]

Der islamische Charakter der Herrschaft schien durch die mit den Mächtigen verbundenen Schariagelehrten einerseits und durch die islamische Formung des Alltags der Untertanen gewährleistet zu sein. Infolgedessen war es hinnehmbar, daß die Mächtigen zur Wahrung ihrer Macht, die ja ihrerseits der Aufrechterhaltung des islamischen Charakters des Alltags dient, und zur kriegerischen Ausdehnung des „Gebietes des Islams", alle nur denkbaren notwendigen Maßnahmen ergriffen. Es entstand ein Bereich letzten Endes despotischer Machtausübung, dessen Regelungen, da dem Islam nützlich, von den Gelehrten legitimiert wurden, obwohl sie nicht aus der Scharia bzw. aus den autoritativen Texten hergeleitet werden konnten.

Einen Erlaß, den ein Herrscher mit diesem Ziel des Erhalts seiner Macht herausgab, bezeichnete man mit dem aus dem Griechischen entlehnten Wort *qānūn*. Der Inhalt konnte in einem krassen Widerspruch zu schariatischen Normen und Bestimmungen stehen. Im Interesse des Herrschers konnten sogar die „Koranischen Strafen"[37] ausgesetzt und für den Fiskus nützlichere Geldstrafen vorgeschrieben werden.[38] Die Rechtswirklichkeit konnte sich demnach erheblich von den schariatischen Vorstellungen unterscheiden. Indessen blieben sich die Schariagelehrten, die sich nicht ganz zu Unrecht als die wahren Führer des islamischen Gemeinwesens betrachteten, dessen be-

---

[35] Vgl. unten, III. 3.

[36] Näheres findet sich bei Tilman Nagel: Raja – ein Schlüsselbegriff islamischer Staatlichkeit und seine Geschichte, in: Reinhard Lauer/Hans Georg Majer (Hgg.): Osmanen und Islam in Südosteuropa, Berlin 2014, 37–102.

[37] Vgl. dazu unten, III.

[38] Fr. Kraelitz-Greifenhorst, Das Kanunname Mehmeds II, in: Mitteilungen zur Osmanischen Geschichte 1/1921, 13–48, hier 35.

wußt, daß eine solche an den Machtinteressen ausgerichtete Staatslenkung (arab.: *as-sijāsa*) illegitim war. Auch sie müsse den Normen der Scharia verpflichtet sein, forderte beispielsweise der hanbalitische Gelehrte Ibn Taimīja (gest. 1328). Die Herrscher deckten derlei Proteste zu, indem sie den Schariakennern zahlreiche Pfründen zuschanzten und ihnen im Protokoll höchste Ränge einräumten.

So spielten sich äußerst unbefriedigende, die fruchtbare Nutzung der reichen Ressourcen der islamischen Welt hemmende, wenn nicht unterbindende Verhältnisse ein. Die staatstragende Rechtspflege durfte offiziell keinen pragmatischen Abstand von der Scharia zulassen, geschweige denn suchen. In den Augen der Schariagelehrten diente somit alles, was die Herrscher seit dem 19. Jahrhundert als Antwort auf die Herausforderungen Europas unternahmen, einzig der Stärkung des unschariatischen Bereichs der Staatslenkung. So wurde 1931 Ibn Taimījas Ruf nach deren Verankerung in der Scharia von dem ägyptischen Gelehrten ʿAbd al-Wahhāb Ḫallāf (gest. 1956) unter anderen Voraussetzungen erneut erhoben: „Schariatische Staatslenkung oder die Ordnung des islamischen Staates auf den Gebieten der Verfassung, der auswärtigen Beziehungen und des Finanzwesens" nannte er seine Schrift.[39]

Als Ḫallāf diesen Mahnruf veröffentlichte, stand die islamische Welt seit etwa einem Jahrhundert unter dem Druck europäischer Staaten, ein Rechtssystem aufzubauen, dessen Gesetze, nach Paragraphen geordnet, eindeutige Regelungen enthielten. Es ging nicht an, daß solche Regelungen nur von wenigen Spezialisten aus den über Jahrhunderte angeschwollenen, mit Kommentaren, Superkommentaren und Glossen überfrachteten Kompendien abgeleitet werden konnten. Es war nicht mehr hinnehmbar, daß zudem die Ergebnisse dieser Schriftgelehrsamkeit von Mal zu Mal in ein und derselben Frage unterschiedlich ausfallen konnten,[40] selbst wenn man stets einen Vertreter ein und derselben Rechtsschule zu Rate gezogen hatte. Die mit der Kritik an diesen Zuständen angemahnte formale Umgestaltung des schariatischen Gedankenguts in ein Paragraphenwerk zog jedoch in den Augen der Muslime schwere inhaltliche Nachteile nach sich: Die in den Kompendien der herkömmlichen Art zwar nur noch undeutliche, aber immerhin doch erahnbare Funktion der Scharia, die von Allah rechtgeleitete Urgemeinde in die Gegenwart hinein zu verlängern, war nicht mehr erkennbar. Die in der Mitte des 19. Jahrhunderts im Osmanischen Reich einsetzenden Bestrebungen, klare Bestimmungen aus dem schariatischen Schrifttum herauszufiltern, zeitigten als folgenreichste Frucht die „Mecelle", ein Sammel-

---

[39] Tilman Nagel: Das islamische Recht, 316.

[40] Zu dieser Thematik vgl. auch das sechzehnte Kapitel (Was ist Salafismus (reformierter Islam)?).

werk von 1861 Paragraphen, die sich auf das Gebiet des Handels- und Wirtschaftsrechts beziehen.

Wenn die „Mecelle“ auch in Teilen der arabischen Welt bis in die Mitte des 20. Jahrhunderts beachtet wurde, so konnte sie doch nicht verhindern, daß in islamische Ländern, mochten sie zu Kolonien geworden oder formal unabhängig geblieben sein, Teile europäischer Rechtsysteme eingepflanzt wurden. Nur so, davon waren die Machthaber und die Kolonialherren überzeugt, könne eine Anpassung an die Erfordernisse der modernen Zeit gelingen. Wie das Beispiel Ḫallāfs belegt, regte sich gegen diese von oben ausgehende grundstürzende Umwandlung der islamischen Daseinsordnung energischer Protest. Die den muslimischen Alltag prägenden Vorschriften über die rituelle Reinheit und den Vollzug der kultischen Pflichten blieben vom Import fremden Rechts unberührt. König Fuad I. (reg. 1917–1936) von Ägypten wollte allerdings auch diesen Teil der Scharia nicht unverändert bestehen lassen. Er berief ein Gremium, das die einschlägigen Vorschriften so zusammenfassen sollte, das man sich zu jedem Gegenstand über die Aussagen einer jeden der vier Rechtsschulen informieren und erkennen konnte, worin sie übereinstimmen. Ein Mitglied der Kommission, ʿAbd ar-Raḥmān al-Ǧazīrī (1882–1941), bearbeitete auf eigene Faust die weiteren Sachgebiete der Scharia nach Maßgabe des königlichen Auftrags und schuf damit das wohl wichtigste Werk, das in der Epoche des Höhepunkts des westlichen Einflusses auf die islamische Welt das herkömmliche Recht für jeden des Lesens Kundigen zugänglich machte. Seitdem von der Mitte der 60er Jahre an die islamischen Länder immer entschiedener ihren islamischen Charakter betonen und in den Verfassungen den Islam für eine der wichtigsten oder für die wichtigste Quelle der Rechtsordnung erklären, sind zwei große enzyklopädische Werke entstanden[41] bzw. im Entstehen begriffen,[42] die in systematischer Form alles darbieten sollen, was je nicht nur in den vier sunnitischen Rechtsschulen, sondern auch bei den Schiiten über die Scharia geäußert wurde. Es soll das Material für die Erfüllung jener Absichtserklärung der Verfassungen bereitgestellt werden. Denn die islamische Welt kann nicht auf den Vorteil verzichten, den die Scharia gegenüber den Rechtsordnungen des Westens biete: Sie stamme unmittelbar von Allah, und dieser sei der niemals versagende Garant dafür, daß alle Menschen gerecht beurteilt und in der Rechtsfindung die Maßstäbe der gottgegebenen Moral beachtet würden.[43]

---

[41] Wizārat al-auqāf (kuweitische herausgebende Institution): al-Mausūʿa al-fiqhīja, 45 Bände, Kuweit 1993–2007.

[42] Wizārat al-auqāf (ägyptische herausgebende Institution): Mausūʿat al-fiqh al-islāmī, Kairo 1966. Vgl. Andreas Neumann: Rechtsgeschichte, Rechtsfindung und Rechtsfortbildung im Islam, Hamburg 2012.

[43] Tilman Nagel: Das islamische Recht, 3 sowie 326–349.

III. Wie funktioniert die Scharia?

1. Bewertungskategorien und Sachgebiete der Scharia

Alle Handlungen, die von einem Muslim im Vollbesitz seiner körperlichen und geistigen Kräfte ausgehen, lassen sich in eine Skala einordnen, deren fünf Werte von „obligatorisch" über „empfehlenswert", „zulässig", „zu verabscheuen" bis „verboten" reichen. Diese Bewertungen (arab.: *al-ḥukm*, Pl. *al-aḥkām*) werden formallogisch definiert. „Obligatorisch" ist eine Handlung, deren Vollzug durch Allah nicht belohnt, deren Unterlassung jedoch bestraft wird; „empfehlenswert" ist eine Handlung, deren Vollzug belohnt, deren Unterlassung aber nicht bestraft wird; jeweils vice versa sind „zu verabscheuen" und „verboten" bestimmt; „zulässig" sind durch Allah weder belohnte noch bestrafte Handlungen. Prinzipiell erfaßt die Scharia damit sämtliche Lebensregungen des Menschen. Sie ist die lebenspraktische Ausformung der islamischen Daseinsordnung und bringt die Grundbefindlichkeit, die *fiṭra*, des Menschen zur Geltung: Er wird, genau wie die Dämonen,[44] allein zum Zwecke der Gottesverehrung geschaffen (Sure 51, 56). Indem er sich dies kraft des ihm durch Allah verliehenen Verstandes unablässig ins Bewußtsein ruft, vermag er nicht daran zu zweifeln, daß er, um seiner *fiṭra* gerecht zu werden, ein mit den schariatischen Bewertungen „belastetes" (arab.: *mukallaf*) Geschöpf ist. Diese „Belastung" kann aus verschiedenen Gründen vorübergehend oder dauerhaft eingeschränkt sein. Man kann wegen eines Gebrechens dauerhaft daran gehindert sein, die Bewegungsabläufe des rituellen Gebets zu vollziehen; dann gelten Ausnahmeregelungen. Man kann diese Hinderung schuldhaft herbeigeführt haben, etwa durch den Genuß von Alkohol; dann wird man durch Allah und dessen diesseitige Obrigkeit bestraft und hat zudem das versäumte Gebet nachzuholen bzw. von der Scharia geforderte Bußleistungen zu erbringen. Grundsätzlich jedoch ist jeder Muslim mit der Einhaltung der „Bewertungen" „belastet". Sie halten ihn im Knechtszustand (arab.: *at-ta'abbud*) vor Allah fest, denn aus eigener Kraft vermag er nichts (vgl. Sure 16, 75).

Diese so einfach anmutenden schariatischen Urteile beziehen sich ausschließlich auf bereits Vorgefallenes, d.h. auf von Allah Gewirktes, mit dem zusammen, wie aš-Šāfiʿī sagte, stets eine „Bewertung" oder ein Hinweis auf eine solche herabkomme. Die islamische Auffassung vom Menschen als einem Erscheinungsort des durch Allah Bestimmten[45] legt nahe, in die juristi-

---

[44] Die als verstandesbegabte Geschöpfe genau wie der Mensch der Scharia unterworfen sind.

[45] Vgl. dreizehntes Kapitel (Wie sieht der Islam den Menschen?) und vierzehntes Kapitel (Was ist Sufismus?).

sche Betrachtung eines Sachverhalts allein die äußerlich erkennbaren Gegebenheiten einzubeziehen. Die Erwägung von Beweggründen, mögen sie nach menschlichem Ermessen einer Handlung vorausliegen oder während ihres Vollzugs wirksam werden, ist irrelevant, da diese Handlung selber wie ihre Voraussetzungen und Begleiterscheinungen von Allah geschaffen werden. Streng genommen, zeigt eine einem Menschen zugeschriebene und nach den gottgegebenen Kategorien der Scharia beurteilte Handlung nur an, wie Allah im jeweiligen Augenblick zu diesem Menschen steht. Läßt er ihn beispielsweise etwas Verbotenes begehen, dann zürnt er ihm. Indem man allein auf das jeweils Gegebene, durch Allah Gewirkte blickt, erschleicht man sich eine wesentliche Erleichterung: Man vermeidet die Konfrontation mit dem unlösbaren Widerspruch, daß ein gänzlich Fremdbestimmter für sein Tun geradestehen soll.[46]

Die fünf „Bewertungen" einer Handlung werden in der Schariagelehrsamkeit verschiedentlich verfeinert. So kann der Pflichtcharakter eines Verhaltens oder Tuns für jedes Mitglied der muslimischen Gemeinschaft gelten; dies trifft beispielsweise auf das Verrichten des rituellen Gebets zu. Man spricht dann von einer jedem Einzelnen obliegenden Pflicht (arab.: *farḍ al-ʿain*). Daneben gibt es Pflichten, deren Erfüllung der Gemeinschaft der Muslime insgesamt aufgetragen ist; sie gelten als erfüllt, wenn eine hinreichende Anzahl von Muslimen sie auf sich nimmt (arab.: *farḍ al-kifāja*). Eine solche Pflicht ist der Dschihad, der jedoch zu einer Individualpflicht wird, sobald das islamische Gemeinwesen in Gefahr gerät. Auch über die Umstände, unter denen jeder Muslim seinen Pflichten nachgeht, hat man sich Gedanken gemacht. Dem einen mag es leicht fallen, dem anderen schwer, und in Rücksicht hierauf mag es für den einen angemessen sein, in höchster Sorgfalt den Verpflichtungen nachzukommen, wohingegen mit einem anderen Nachsicht zu üben ist. Für die Rechtspflege an sich sind ferner Überlegungen zur Rechtsförmigkeit und zur Rechtsgültigkeit einer Handlung bedeutsam.[47]

Die Urgemeinde in Medina war das Gemeinwesen „Allahs und seines Gesandten"; Allah hat die Herrschaft „über die Himmel und die Erde" im eigentlichen Sinn inne (z.B. Sure 48, 13 f.); daraus folgt laut Mohammed für alle Glaubenden, ihm bedingungslos zu gehorchen (z.B. Sure 3, 32). In diesem Gemeinwesen gilt die von Mohammed überbrachte Daseinsordnung, die sich durch ihre Harmonie mit dem göttlichen Schöpfungshandeln vor allen übrigen auszeichnet. In Sure 5, Vers 3, in eine Reihe von Speiseverboten, flicht Mohammed diese Worte Allahs ein: „Heute verzagen die Ungläubigen

[46] Tilman Nagel: Die Festung des Glaubens, München 1988, 214–228. Zur Auffassung der Scharia durch den islamischen Rationalismus vgl. fünfzehntes Kapitel (Was ist islamischer Rationalimus?).

[47] Tilman Nagel: Das islamische Recht, 17–36.

angesichts eurer Daseinsordnung; darum fürchtet nicht (die Ungläubigen), sondern mich! Heute vollende ich für euch eure Daseinsordnung und meine Huld euch gegenüber. Ich bin damit zufrieden, daß ihr den Islam als Daseinsordnung habt." Im Rückblick auf die Daseinsordnung der Juden werden die besonderen Eigenschaften der islamischen offensichtlich: Nachdem Kain Abel ermordet hatte, hatte Allah den „Banū Isrā'īl" eingeschärft, wer einen der Ihrigen töte, töte gleichsam die ganze Menschheit.[48] Nun aber, nachdem Allah etliche Gesandte berufen hat und die Menschen trotzdem die Gesetze überschreiten, gilt: „Die Strafe derjenigen, die Allah und seinen Gesandten bekriegen und im Lande Unheil stiften, besteht darin, daß sie grausam getötet oder gekreuzigt werden oder daß man ihnen die Hände und Füße überkreuz abhackt oder daß sie aus dem Lande verjagt werden. Das gereicht ihnen im Diesseits zur Schande, und im Jenseits steht ihnen eine schwere Strafe bevor" (Sure 5, 32 f.). Die Glaubenden dagegen fürchten Allah und führen den Dschihad auf seinem Pfad; die Ungläubigen können die Jenseitsstrafe selbst mit den größten Anstrengungen nicht abwenden. Im 38. Vers von Sure 5 verfügt Allah daß dem Dieb die Hand abzuschlagen sei. Das islamische Gemeinwesen, in dem die Herrschaft Allahs sich uneingeschränkt entfaltet – schließlich ist es der unverfälschten göttlichen Daseinsordnung verpflichtet –, ist gegen Aufruhr sowie gegen Übergriffe auf das Leben und das Eigentum der Mitglieder streng geschützt. Das Verbot des Glücksspiels und des Genusses von Wein (Sure 5, 90 f.) verhindert zudem das Aufkommen von Streit.

Andere Vorschriften zur Stabilisierung der Gemeinschaft der Glaubenden, etwa Regelungen zur Verteilung von Hinterlassenschaften (Sure 4, 11 f.), zur Verstoßung von Ehefrauen und zur Einhaltung der Wartefrist vor einer Wiederverheiratung (Sure 2, 229–231; vgl. Sure 58, 1–5 und Sure 65, 1), werden im Koran mit dem Begriff der durch Allah gesetzten Grenzen (arab.: *al-ḥadd*, Pl. *al-ḥudūd*) belegt. Sie dürfen auf keinen Fall verletzt werden. Wer sie beachtet, wird in das Paradies hineingelassen, „wer aber gegen Allah und seinen Gesandten ungehorsam ist und (Allahs) Grenzen überschreitet, den stößt Allah in ein Feuer, und zwar für immer" (Sure 4, 13). Aus solchen koranischen Ansätzen entwickelt sich die Vorstellung von den fünf wesentlichen Rechtsgütern, deren Beeinträchtigung die Souveränität Allahs als des eigentlichen Herrschers des islamischen Gemeinwesens antastet. Es sind dies die Zugehörigkeit zum Islam, das Leben, das Eigentum, die Mannesehre und der Verstand. Muslim zu sein, ist die Grundvoraussetzung für die Erfüllung der von Allah den Geschöpfen zugedachten Aufgaben; der Austritt aus dem Is-

[48] Sure 5, Vers 32, wird heute oft von Islamapologeten mißbraucht; sie zitieren ihn, meist unter Auslassung des Hinweises auf die „Banū Isrā'īl", und behaupten, der Koran bzw. der Islam verbiete generell die Tötung von Menschen.

lam wird daher mit dem Tod bestraft. Sure 5, Vers 33, schützt das Leben der Muslime und ihr Gemeinwesen; Sure 5, Vers 38, schützt das Eigentum; die Mannesehre und die Eindeutigkeit der Abstammung werden durch die Bestimmungen über die Verstoßung und Wiederverheiratung der Frauen sowie über die Ahndung der Unzucht gesichert; das Verbot des Alkoholgenusses schließlich bewahrt den Verstand vor Trübung und gewährleistet dadurch, daß die Pflichtriten bei vollem Bewußtsein vollzogen werden. Verletzungen der Souveränität Allahs werden durch die koranischen *ḥadd*-Strafen geahndet. Die fünf wesentlichen Rechtsgüter offenbaren den tiefsten Sinn der Scharia: die beste je gestiftete Gemeinschaft als die durch Allah gelenkte aufrechtzuerhalten, dank deren Fortbestand sein Schöpfungshandeln und seine Gesetzesworte in eins fließen.[49]

2. Das schariatische Schrifttum

Der Siegeszug der Lehranstalt der Medresse, der im 11. Jahrhundert beginnt, fällt mit der Standardisierung des schariatischen Schrifttums zusammen, das von nun an in zwei großen Gattungen verfeinert wird. Die eine beschäftigt sich mit den „Grundlagen" (arab.: Pl. *al-uṣūl*). Hierunter sind die Methoden zu verstehen, mit denen den Aussagen der autoritativen Texte die für den jeweils in Frage stehenden Sachverhalt einschlägige schariatische Einsicht (arab.: *al-fiqh*) abgewonnen werden soll. Diese „rechtstheoretischen" Abhandlungen beschäftigen sich mit semantischen und grammatischen Problemen, beispielsweise mit den unterschiedlichen Bedeutungen, die ein Imperativ haben kann: Sie reichen vom unzweideutigen Befehl bis hin zu einem indirekt ausgesprochenen Verbot nach dem Muster: „Tue das und das, wenn du es nicht lassen kannst, und sei dir der schlimmen Folgen bewußt!" Ein Kerngebiet dieser Literaturgattung ist ferner das Nachdenken über die vielen logischen Formen, die ein Analogieschluß aufweisen kann. Man erkennt sehr wohl, auf welch einen schwankenden Boden man sich mit diesem Verfahren begibt. Da ist es am Ende immer gut, wenn man die Einsichten der Hadithgelehrsamkeit nutzen kann, die einen über die Verbürgungsqualität der für einen bestimmten Fall nutzbaren Überlieferungen unterrichtet und dadurch oft den Ausschlag zwischen mehreren konkurrierenden Meinungen zu geben vermag. Wenn auch die Hanafiten ihre hohe Wertschätzung des juristischen Sachverstands nie ganz verleugneten, so vermochten auch sie sich nicht der immer stärker werdenden Fesselung des Denkens an das Hadith zu entziehen.[50] Ins-

---

[49] Vgl. zu diesem Thema das fünfzehnte Kapitel (Was ist islamischer Rationalismus?), I. Vgl. ferner neunzehntes Kapitel (Was lehrt der Islam über die Frau und die Ehe?), III. 4.

[50] Tilman Nagel: Das islamische Recht, 245–253.

besondere in Streitveranstaltungen, bei denen zwei Gelehrte unter Einhaltung gewisser Konventionen vor einem Publikum um die richtige schariatische Bewertung eines erdachten Sachverhalts kämpften, scheint die Beschlagenheit in der Hadithkunde von Vorteil gewesen zu sein. Daß die vom Gegner vorgebrachte Überlieferung „schwächer" sei als diejenige, die man selber zitierte, wird den Zuhörern eher eingeleuchtet haben als der Nachweis einer Unstimmigkeit in der Logik einer Analogie.[51]

Man darf nicht sagen, daß diese Anstrengungen zur Klärung des Grundsätzlichen für die schariatische Rechtspflege bedeutungslos seien. Wenn die hier erörterten Fälle auch konstruiert waren, so gaben sie doch das Richtmaß für die schariatische Bewertung des wirklichen Daseins ab, wie sie die Werke über die Rechtspraxis, über die von den „Grundlagen" ausgehenden „Zweige" (arab. Pl. *al-furūʿ*), darlegen. Diese Bücher versuchen das gesamte Dasein des Muslims zu erfassen, in Sachthemen aufzugliedern und diese wiederum in Einzelfragen, die dann nach Maßgabe der Grundsätze der jeweiligen Rechtsschule schariatisch bewertet werden. Da diese Werke über Jahrhunderte durch Kadis und Muftis verwendet wurden, sind sie durch Kommentierungen und Glossierungen immer weiter aufgebläht und schließlich recht unübersichtlich geworden. Es ist nicht immer einfach, sich zur Meinung des ursprünglichen Verfassers durchzukämpfen. Das Material liegt nicht nach Paragraphen geordnet vor, doch hat sich eine Konvention der Anordnung des Stoffes herausgebildet. Der erste, weitaus umfangreichste Teil ist der Verehrung (arab.: Pl. *al-ʿibādāt*) Allahs gewidmet, d.h. der rituellen Reinheit als deren Voraussetzung und den rituellen Pflichten und freiwilligen zusätzlichen Handlungen. Der zweite beschäftigt sich mit den Handlungen, die zwischen Menschen ablaufen (arab.: Pl. *al-muʿāmalāt*); das diesen Bereich des Daseins beherrschende schariatische Moment ist der Vertrag, der auf die Gleichheit von Leistung und Gegenleistung abzielt und diesen Ausgleich möglichst schon im Augenblick des rechtsgültigen Abschlusses der Vereinbarung erzielt sehen will, etwa durch den sofortigen Austausch von Ware und ausgehandeltem Preis. Bei einigen Vertragstypen, etwa beim Ehevertrag, ist dies natürlich nicht möglich, aber die Zahlung des Brautgeldes durch den Ehemann begründet im Sinne der schariatischen Vorstellungen seinen Anspruch auf den Gehorsam und die sexuelle Fügsamkeit der Ehefrau. Das dritte große Gebiet der „Zweige" sind die Strafen (arab.: Pl. *al-ʿuqūbāt*) und Bußen. Wie innig im schariatischen Denken Diesseits und Jenseits miteinander verflochten sind, zeigt sich hier besonders klar. Die islamische Obrigkeit, die zur Aufrechterhaltung der gottgewollten Ordnung das Gerichtswesen aufgebaut hat, kann nicht dafür sorgen, daß Verstöße gegen das Ramadanfasten durch die vorgesehenen Bußen getilgt werden. Denn einen Einfluß auf Allahs Ur-

[51] Ders.: Die Festung des Glaubens, München 1988, 214–271.

teil im Endgericht hätte die irdische Buße ohnehin nicht. So bleibt ein Teil der hier vorgetragenen Vorschriften außerhalb der Reichweite der islamischen Justiz, was im übrigen auch auf die Regelungen der rituellen Reinheit und sämtlicher Ritualpflichten zutrifft. Freilich gab und gibt es immer wieder islamische Machthaber, die die Herrschergewalt zur Abhilfe dieses Mangels einsetzen.[52]

Einen ganz flüchtigen Einblick in die Beschaffenheit dieser Literatur sollen uns die Kapitel über das Vorkaufsrecht (arab.: *aš-šufʿa*) gewähren, die sich im „Revidierten" des Schafiiten Abū Isḥāq aš-Šīrāzī (gest. 1083) und in den „Randglossen ‚Abweisung des Verwirrten' des Letzten der Wahrheitsfinder Muḥammad Amīn, des unter dem Namen Ibn ʿĀbidīn (gest. 1836) Berühmten, zu dem Werk ‚Die erlesenen Perlen: Kommentar zur Aufhellung der Blicke' über die Rechtseinsichten des Imams Abū Ḥanīfa an-Nuʿmān" finden. Wir wenden uns zuerst aš-Šīrāzī zu. „Das Vorkaufsrecht besteht zwingend bei einem Grundstück entsprechend dem, was Ǧābir überliefert: ‚Der Gesandte Allahs entschied auf das Vorkaufsrecht bei jedem zusammenhängenden Grundstück, dessen Nutzung sich nicht teilen läßt, oder Garten, den der Eigentümer nicht verkaufen darf, ehe er seinen Teilhaber um Erlaubnis fragt. Wenn (der Teilhaber) will, nimmt er (das Vorkaufsrecht in Anspruch), wenn nicht, dann verzichtet er.'[53] Wenn er es ohne dessen Erlaubnis verkauft, hat der Teilhaber das Anrecht darauf. Denn der Schaden am Grundstück, das nun vereinzelt ist, liegt auf der Seite des Teilhabers. Es steht ihm das Vorkaufsrecht zu, damit der Schaden behoben wird. An anderen, beweglichen Sachen gibt es hingegen kein Vorkaufsrecht, gemäß dem, was Ǧābir überliefert: Der Gesandte Allahs sagte: ‚Es gibt kein Vorkaufsrecht außer an einem bewohnten Grundstück oder einem Garten.' Wenn ein Gebäude oder Pflanzen zusammen mit dem Land verkauft werden, dann gilt das Vorkaufsrecht entsprechend dem, was Ǧābir überliefert: Der Gesandte Allahs sagte: ‚Wer an genutztem Land oder Palmen einen Partner hat, der darf es nicht verkaufen, ehe er seinen Partner um Erlaubnis fragt. Wenn (der Partner) möchte, kauft er es in Ausübung des Vorkaufsrechts), wenn er es nicht will, verzichtet er darauf.' (Das Vorkaufsrecht) wird nämlich wegen der (durch den Verkaufswilligen ausgelösten) Vereinzelung gefordert. (Das zum Verkauf Stehende) ist daher wie ein Grundstück zu beurteilen. Wenn aber (die fruchtbringenden Pflanzen oder die Palmen) getrennt (vom Grundstück) verkauft werden, besteht daran kein Vorkaufsrecht, da dies von einem Platz zum anderen transportiert werden kann."

---

[52] Tilman Nagel: Das islamische Recht, 37–92. Verzeichnis der Kapitel eines *furūʿ*-Werkes, jedoch unter Beschränkung auf „besonders relevante Rechtsfragen": Mathias Rohe: Das islamische Recht. Geschichte und Gegenwart, München 2009, 407–420.

[53] Nämlich zum Nießbrauch; es geht aber nicht in dessen Eigentum über.

Bis hierher bewegt sich aš-Šīrāzī auf dem sicheren Fundament der Hadithe,[54] wie der Schulgründer es vorschrieb. Was aber gilt, wenn die Palmen zusammen mit dem jeweiligen Stück Land auf dem sie stehen, verkauft werden, wobei die freie Fläche dazwischen ausdrücklich von dem Geschäft ausgenommen ist? Muß nun dem Partner ein Vorkaufsrecht zugestanden werden? Die einen sagen, das Vorkaufsrecht sei gegeben, denn es liege ein aus einem eindeutigen Grundsatz hergeleiteter Sonderfall vor. Andere hingegen argumentieren, das Stück Boden, auf dem die Pflanze steht, sei ihr zugehörig. Oder folgender Fall: Der untere Teil eines Hauses hat einen einzigen Eigentümer, das Dach, auf dem man sich aufhalten kann, hat mehrere Eigentümer, von denen einer seinen Anteil verkauft. Wieder gibt es zwei Möglichkeiten: Betrachtet man das Dach als ein eigenständiges Bauwerk, hat der Eigentümer des Erdgeschosses kein Vorkaufsrecht; oder man argumentiert, es sei ein gemeinsam genutztes Grundstück, dann ist das Vorkaufsrecht zu beachten.[55] Aš-Šīrāzī kennt noch weit kompliziertere Sachverhalte, bei denen irgendwelche Ableitungen von den genannten Hadithen kaum noch sinnvoll sind, und so bleiben einander ausschließende Meinungen stehen.

Kommen wir nun zu Ibn ʿĀbidīns Kommentar zu den „Erlesenen Perlen“ des bekannten Rechtsgelehrten Muḥammad b. Aḥmad al-Ḥaṣkafī (gest. 1677), das seinerseits eine Bearbeitung des 1587 von Šams ad-Dīn at-Timurtāšī (gest. 1595) verfaßten Buches „Aufhellung der Blicke“ ist. Al-Ḥaṣkafī schreibt in der Einleitung zu seinem Werk, das Ibn ʿĀbidīn vollständig wiedergibt und mit umfangreichen Anmerkungen versieht, er stütze sich auf die die Gelehrtenwelt in Verlegenheit stürzenden Einsichten at-Timurtāšīs, der sein Wissen dem berühmten Hanafiten Ibn Nuǧaim (gest. 1561/2) verdanke; dieser berufe sich auf den Schulgründer Abū Ḥanīfa, dieser auf den „erwählten“ Propheten, dieser auf Gabriel und dieser „auf den einen und alles bezwingenden Allah“.[56] In pauschaler Weise nehmen die Hanafiten Jahrhunderte nach ihrem Schulgründer ebenfalls den Propheten als die Quelle ihrer Gelehrsamkeit an. Vergessen haben sie die „vorschariatische“ Eigenart ihres *fiqh* jedoch nicht. At-Timurtāšī und nach ihm al-Ḥaṣkafī und Ibn ʿĀbidīn verzichten nämlich auf die Absicherung der Darstellung des Vorkaufsrechts mit den Hadithen, die für den Schafiiten aš-Šīrāzī den Ausgangspunkt aller Überlegungen bilden.

---

[54] Sie finden sich bei al-Buḫārī, šufʿa 1 und 2 und bei Muslim, al-musāqāh 133–135.

[55] Abū Isḥāq aš-Šīrāzī: al-Muhaḏḏab fī fiqh al-Imām aš-Šāfiʿī, 3. Auflage Kairo 1976, I, 494 f.

[56] Ḥāšijat Radd al-muḫtār l-ḫātimat al-muḥaqqiqīn Muḥammad Amīn aš-šahīr bi-ʿbn ʿĀbidīn ʿalā d-durr al-muḫtār šarḥ tanwīr al-abṣār, 2. Auflage Beirut 1979, I, 19–20.

Das Vorkaufsrecht, so beginnt al-Ḥaṣkafī, ist insofern mit der Usurpation verwandt, als es die Inbesitznahme fremden Eigentums ohne die Zustimmung des Eigentümers meint. Diese Erläuterung fehlt bei aš-Šīrāzī; sie hätte seinen Erwägungen von Anfang an die nötige Klarheit verliehen. Gemeinsprachlich, fährt al-Ḥaṣkafī fort, bedeutet das arabische Wort *šufʿa* die Zusammenfügung von zwei zueinander passenden Teilen.[57] Im schariatischen Sinn bezeichnet das Wort die zwangsweise Inbesitznahme eines Grundstücks mit allem Dazugehörigen zu Lasten des Käufers gegen Übertragung eines gleichwertigen Grundstücks oder gegen Erstattung des Preises. Der Grund ist, daß das gekaufte Grundstück wegen Benachbarung oder Teilhaberschaft mit einem anderen zusammenhängt. Dieser Grund gilt unter der Bedingung, daß es sich um ein Grundstück handelt, unten oder oben an einem Hang gelegen, selbst wenn das darüber gelegene nicht durch das untere hindurch betreten werden muß, denn die höher gelegene Immobilie hängt mit der unteren insofern zusammen, als sie sich rechtens über dieser befindet. So lauten die einleitenden Zeilen bei al-Ḥaṣkafī, in denen er at-Timurtāšīs Formulierungen an einigen Stellen der Deutlichkeit halber ergänzt hat. Ibn ʿĀbidīn trägt nun aus weiteren Schariawerken Ergänzungen zusammen, die den sehr knapp und unanschaulich geschriebenen Text durchsichtig machen sollen. Unter Immobilie seien auch ein Weinberg, eine Mühle, ein Brunnen oder das höher gelegene Stück Land zu verstehen, selbst wenn es nicht vom unteren aus betreten werden müsse, wiederholt er. An Gebäuden und Bäumen gebe es dagegen kein Vorkaufsrecht, es sei denn, diese gehörten zu der Immobilie und diese würde zusammen mit dem Recht, sich auf ihr zu befinden, veräußert.[58]

Den Erörterungen zu diesem Gegenstand bis zu ihrem Ende zu folgen, würde sowohl im Falle aš-Šīrāzīs als auch Ibn ʿĀbidīns Dutzende von Seiten füllen. Bei aš-Šīrāzī findet das Vorkaufsrecht nur Anwendung, wenn es sich um ein gemeinsam genutztes Grundstück handelt; ein Prophetenhadith sehe dies vor, bloße Nachbarschaft sei keine hinreichende Voraussetzung. Die Hanafiten lassen die Benachbarung dagegen als Voraussetzung gelten. Auch innerhalb ein und derselben Rechtsschule divergieren die Ansichten erheblich, wie bei aš-Šīrāzī sichtbar wurde. Man legt diese Ausführungen aus der Hand, ist angesichts der Fülle verschiedenartiger Meinungen befremdet und fragt sich, wie auf einer solchen Grundlage bei jeweils gleichen Sachverhalten auch nur annäherungsweise gleiche Urteile hätten gefällt werden können. Daß diese Rechtsunsicherheit ertragen wurde, mag daran liegen, daß die enge Verflechtung zwischen Machtausübung und Rechtspflege, die mit der Herrschaftsform des Sultanats im 11. Jahrhundert eingetreten war, dem einzelnen keine Möglichkeit der Abwehr des Zugriffs der religiös begründeten

[57] Nämlich zu einem Paar (arab.: *aš-šafʿ*).

[58] Ebd., VI, 216f.

Macht bot, es sei denn, er flüchtete sich unter den Schutz eines mächtigen Notablen. Eine systemkonforme Gelegenheit zur Revision gab es nicht. Überdies muß man die Überzeugung in Rechnung stellen, daß die Schariagerichtsbarkeit durch den Propheten eingesetzt worden sei und unmittelbar auf Allah zurückgehe. Die diesbezüglichen Äußerungen al-Ḥaṣkafīs darf man nicht als eine *façon de parler* abtun: Die Fundierung des Rechts in Allahs Gesetzesrede war – und ist – der Eckstein des muslimischen Selbstverständnisses, der Daseinsgrund der „besten Gemeinschaft“ (Sure 3, 110). Ibn ʿĀbidīn führte seine Genealogie auf ʿAlī Zain al-ʿĀbidīn (gest. 712), einen Sohn al-Ḥusain b. ʿAlīs, zurück, und er verstand diese Abstammung, die Zugehörigkeit zur Prophetenfamilie mithin, als eine Verpflichtung, strenger noch als die gewöhnlichen Muslime das Wissen von der Scharia mit dem Handeln zu verbinden. Aufgewachsen im geistigen Milieu der schafiitischen Rechtsschule, schloß er sich eines Tages den Hanafiten an. Eine beeindrukkende Persönlichkeit aus deren Reihen hatte diese Konversion ausgelöst, und in der Sufigemeinschaft der Naqšbandīja pflegte er die für einen Gelehrten jener Zeit nicht unübliche Mohammed-Spiritualität. Er war von der Überzeugung durchdrungen, durch das Studium der großen hanafitischen Lehrwerke dem Ideal der Verknüpfung von Wissen und Handeln näher zu kommen als auf einem anderen Weg.[59]

Darf man diesen islamischen Boden, aus dem die Schariatreue wächst, für nach wie vor fruchtbar halten? Wenn man sich die Gliederung des Artikels über das Vorkaufsrecht ansieht, den die in Kuweit erschienene vielbändige Enzyklopädie bietet, ist man geneigt, dies zu verneinen. Denn er handelt streng systematisch ab, worum es geht: die zwangsweise dem Käufer eines Grundstücks abverlangte Übereignung dieses Grundstück oder das Recht des Partners des Veräußerers, es gegen eine Ersatzleistung vom neuen Eigentümer zurückzufordern. Die Rechtmäßigkeit einer solchen Forderung ist an das Vorliegen bestimmter Gegebenheiten gebunden, zu denen nach Ansicht der Malikiten, Schafiiten und Hanbaliten die Benachbarung nicht zählt; die Hanafiten lassen sie als Grund für das Vorliegen eines Vorkaufsrechts hingegen gelten, da wegen der gemeinsamen Grenze stets eine Betroffenheit des Nachbarn anzunehmen sei. Stützten sich die erstgenannten drei Rechtsschulen auf die uns bereits bekannten Hadithe, so können die Hanafiten ebenfalls eines beibringen, das ihre Ansicht rechtfertigt. Wie in der Schariagelehrsamkeit bei jedem rechtlich zu bewertenden Vorgang üblich, wird das Vorkaufsrecht nun in seine drei konstitutiven Elemente (arab.: *ar-rukn*, Pl. *al-arkān*) zergliedert; sie alle müssen rechtsförmig erfüllt sein, damit man tatsächlich von einem

[59] Tilman Nagel: Autochthone Wurzeln des islamischen Modernismus. Bemerkungen zum Werk des Damaszener Ibn ʿĀbidīn (1784–1836), in: Zeitschrift der Deutschen Morgenländischen Gesellschaft 146/1996, 92–111.

Vorkaufsrecht sprechen kann. Das Vorkaufsrecht kann zudem mit anderen Rechtsinstituten verknüpft werden, etwa mit einer Schenkung, die eine Gegenleistung vorsieht. Von Gewicht ist zudem die Frage, wie zu entscheiden ist, wenn auf einem unter Umgehung des Vorkaufsrechts veräußerten Gelände eine Moschee gebaut wurde. Darf der Inhaber dieses Rechts sie abreißen lassen? Die Meinungen hierzu sind geteilt. Ein weiteres Thema bilden die Arten der Geltendmachung des Vorkaufsrechts. Darf beispielsweise ein *ḏimmī*, ein auf islamischem Territorium geduldeter Nichtmuslim,[60] das Vorkaufsrecht gegen einen Muslim geltend machen? Die Hanbaliten verneinen das; die Scharia räume dieses Recht ein, damit dem Teilhaber Güte widerfahre, Güte aber verdiene nur, wer sich die Scharia zueigen mache und ihr entsprechend handle.

Mit dieser Auffassung steht man aber wieder ganz auf dem Boden islamischer Überzeugungen, und von einer diesen Kontext mißachtenden rein juristischen Zergliederung des Vorkaufsrechts, wie man sie zunächst hatte annehmen können, kann nicht mehr die Rede sein. Doch schon gleich nach der Definition des Begriffes hätte man merken müssen, daß man sich nicht auf der Ebene des rein Juristischen bewegt. Es wird dort als der zuerst am Thema interessierende Sachverhalt die „im Rahmen der Belastung mit dem göttlichen Gesetz stehende Bewertung“ (arab.: *al-ḥukm at-taklīfī*) des Vorkaufsrechts erörtert. Nicht durch den Koran, wohl aber durch die *sunna* und den Konsens sei es legitimiert; die Wahrnehmung sei auf der Skala der fünf „Bewertungen“ unter „zulässig“ eingestuft. Sollte allerdings aus dem Verzicht auf die Wahrnehmung eine Widersetzlichkeit gegen Allah folgen, dann sei es „empfehlenswert“, wenn nicht gar „obligatorisch“. Dies sei der Fall, wenn der Käufer für seinen lasterhaften Lebenswandel bekannt sei.[61]

Damit stoßen wir auf den Grund all dieser Anstrengungen. Denn man kann doch fragen, weswegen man diese Mühen um ein Rechtssystem auf sich nimmt, das seit dem ausgehenden 19. Jahrhundert in den meisten islamischen Ländern schrittweise durch dem europäischen Recht verpflichtete Gesetze abgelöst wurde. Der 1961 erschienene erste Band des damals „Gamāl ʿAbd an-Nāṣir-Enzyklopädie des islamischen *fiqh*“ genannten, inzwischen in „Enzyklopädie des islamischen *fiqh*“[62] umgetauften Mammutwerks der Schariawissenschaft beginnt mit einer sehr guten, detailreichen Einführung. Sie

---

60 Vgl. neuntes Kapitel (Was ist der Dschihad?).

61 Wizārat al-auqāf: al-Mausūʿa al-fiqhīja, Kuwait 1993–2007, Online-Ausgabe, XXVI, 101–127, hier besonders 101–105 und 115 f.

62 Vgl. zu dieser Thematik die Dissertation von Andreas Neumann: Rechtsgeschichte, Rechtsfindung und Rechtsfortbildung im Islam. Enzyklopädien des islamischen Rechts unter besonderer Berücksichtigung Ägyptens und der Nasser-Enzyklopädie, Hamburg 2012.

macht vier Gründe für das Unternehmen geltend: Alle schariatischen Bestimmungen übertragen die islamische Befindlichkeit des Menschen vor Allah, den Knechtszustand (arab.: *at-taʿabbud*), in die Alltagswirklichkeit; deswegen eignet ihnen eine größere Reichweite als dem „positiven" westlichen Recht, das tugendhafte und lasterhafte Verhaltensweisen nur von ihrer materiellen Seite her in den Blick nehme. Inhaltlich überschnitten sich das „positive" und das schariatische Recht vielfach, die schariatischen „Bewertungen" gingen jedoch auf einen gerechten Beobachter zurück, den niemand täuschen könne, was der irdischen Justiz entgehe, werde am Jüngsten Tag berücksichtigt. Der islamische *fiqh* bestehe seit mehr als tausend Jahren unverändert und habe seine Tauglichkeit über alle Epochen und in allen Erdteilen bewiesen, das „positive" Recht hingegen müsse laufend revidiert werden.[63]

Im Jahre 1967 veröffentlichte der ägyptische Rechtgelehrte ʿAlī ʿAlī Manṣūr eine Einführung in die – positive – Gesetzeswissenschaft und in den islamischen *fiqh*. Über vierzig Jahre zuvor hatte er sein Studium der europäischen Rechtswissenschaft an der Universität Kairo abgeschlossen, die als ein westlich ausgerichtetes Gegenstück zur al-Azhar-Hochschule gegründet worden war. Während seiner langen Karriere habe er immer wieder die Unzulänglichkeiten des postiven Rechts wahrnehmen müssen. Nun aber gehörte er dem „Obersten Rat für islamischen Angelegenheiten" an, dem auch die Herausgabe der erwähnten Enzyklopädie übertragen war. „Wir haben im Buch nichts ausgelassen" sage Allah in Sure 6, Vers 38, und in Sure 5, Vers 3, spreche er davon, daß er die Daseinsordnung vollendet habe. Der Islam sei demnach im Besitz der endgültig wahren, der göttlichen Gesetze, die das Wohl des Menschen im Diesseits und im Jenseits gewährleisteten. „Der Kolonialismus erlegte uns jedoch eine Lehrordnung (in den Rechtsfakultäten, Nagel) auf, die uns zwingt, ein Doppelleben zu führen: fromme Muslime zu Hause, säkulare Nachahmer Europas in unserem Studium und in unserer Gesellschaft."[64] Diese Sätze eines im späten 20. Jahrhundert in der arabischen Welt einflußreichen Gelehrten mögen bezeugen, wie stark die Scharia das muslimische Selbstverständnis prägt und ihm einen gegen den Westen gerichteten Grundzug verleiht.

---

63 Tilman Nagel: Das islamische Recht, 337 f.

64 Zitiert in Tilman Nagel: Zu den Grundlagen des islamischen Rechts, Baden-Baden 2012, 7–8 (Veröffentlichungen der Potsdamer Juristischen Gesellschaft 14). Zum Unheilsempfinden, das sich wegen des „Verlusts der Zeitgenossenschaft" unter muslimischen Intellektuellen ausgebreitet hat, vgl. meine Studien „Die erdrückende Last des ewig Gültigen. Der sunnitische Islam in dreißig Portraitskizzen", Nr. XXVII und Nr. XXX.

Siebtes Kapitel

Was lehrt der Islam über das Jenseits?

I. Die Erzählungen über das Ende der Zeiten

1. Der Koran

Daß sich die Muslime viel über das Ende der Zeiten und das Jüngste Gericht sowie über die Qualen der Hölle und die Wonnen des Paradieses zu erzählen wissen, ist den Nichtmuslimen gemeinhin gut bekannt. Aussagen des Korans zu diesem Thema sind vor allem in den frühen Suren anzutreffen. Die Welt, wie sie bis zu ihrem durch Allah festgelegten Ende Bestand hat, wird dann durch ihn vollständig vernichtet werden: „Wenn die Sonne eingerollt wird! Wenn die Sterne getrübt werden! Wenn die Berge von der Stelle gerückt werden! Wenn die hochträchtigen Kamelstuten vernachlässigt werden! Wenn die wilden Tiere zusammengetrieben werden! Wenn die Meere bis zum Überlaufen ansteigen! Wenn die (verstorbenen) Menschen (mit ihren Leibern) gepaart werden![1] Wenn das lebendig begrabene Mädchen[2] gefragt wird, wegen welches Vergehens es getötet wurde! Wenn die Schriftstücke (der Tatenverzeichnisse) entrollt werden! Wenn der Himmel (wie eine Decke) weggezogen wird! Wenn das Höllenfeuer entfacht wird! Wenn das Paradies nahe herangebracht wird! Dann erfährt ein jeder, was er (an Taten) beibringt!" (Sure 81, 1–14). „Die Pochende! Was ist die Pochende? Woher weißt du (d.h. Mohammed), was die Pochende ist? Am Tage, da die Menschen wie verstreute Motten sein werden und die Berge wie gerupfte Wollflocken! Wessen Waagschalen dann schwer wiegen, der wird ein angenehmes Leben haben. Wessen Waagschalen aber leicht wiegen, mit dem geht es in den Abgrund. Woher weißt du, was dieser ist? Sengendes Feuer!" (Sure 101).

---

[1] Ich halte es für plausibel, diese mehrdeutige Formulierung als eine Anspielung auf die Neuschaffung aller Menschen zu verstehen, die nach koranischer Auffassung dem Gericht vorausgehen wird.

[2] Da Mädchen die Kampfkraft der Solidargemeinschaft nicht stärkten, wurden sie bisweilen als unnütz angesehen und nach der Geburt verscharrt. Mohammed verdammte dies scharf, vermutlich, weil es einen verwerflichen Eingriff in Allahs Schöpfungshandeln bedeutete. Vgl. hierzu viertes Kapitel (Was ist der Koran?), II. 3. und neunzehntes Kapitel (Was lehrt der Islam über die Frauen und die Ehe?).

Am Tag des Gerichts wird der Himmel zerspringen, die Erde wird sich auftun und alles ans Licht bringen, was in ihr verborgen ist. Alle Menschen, die je von Allah geschaffen wurden, werden wieder erstehen und vor ihren Herrn treten. „Wem sein Verzeichnis in die rechte Hand gegeben wird, der wird eine leichte Abrechnung erleben und erfreut zu seinesgleichen gelangen. Wem aber sein Verzeichnis hinter seinem Rücken ausgehändigt wird, der wird schreien: ‚Verderben!' Er wird in der Hölle schmoren. Er war unter seinesgleichen frohen Mutes. Denn er vermeinte, er werde nie zurückkehren müssen. Aber weit gefehlt! Sein Herr schaute genau auf ihn!" (Sure 84, 7–15). Wenn man in die Posaune stößt und die Berge eingeebnet werden, dann bricht der Jüngste Tag an. Der Himmel tut sich auf. Oben am Rand stehen die Engel, acht von ihnen tragen den Thron des Herrn. Alle Menschen werden nun zur Rechenschaft gezogen, nichts bleibt verborgen. „Wem dann sein Verzeichnis in die rechte Hand gelegt wird und wer dann sagt: ‚Da, lest mein Verzeichnis! Ich vermutete schon, dereinst meine Abrechung zu erhalten!' der wird ein angenehmes Leben haben in einem hohen Paradiesgarten, dessen Früchte tief herabhängen. ‚Eßt und trinkt und laßt es euch bekommen zum Lohn für eure Taten, die ihr in der Vergangenheit als Vorschuß geleistet habt!' Doch wem sein Verzeichnis in die linke Hand gelegt wird und wer dann ruft: ‚Wäre mir mein Verzeichnis doch nicht gegeben worden! Ich wußte doch gar nicht von meiner Abrechnung! Wäre doch der Tod schon der Schluß gewesen! Mein Vermögen kann mir nichts helfen! Meine ganze Macht ist dahin!' (der hört die Worte): ‚Packt ihn und fesselt ihn in Ketten! Dann laßt ihn in der Hölle braten! Dann knüpft ihn an eine Kette, siebzig Ellen lang! Denn er glaubte nicht an den gewaltigen Allah! Er spornte nicht an zur Speisung der Armen! Darum hat er heute hier keinen Vertrauten, auch keine Speise außer Spülicht, den allein die Frevler zu essen bekommen!' " (Sure 69, 19–37).

Passagen wie diejenigen aus Sure 81 und Sure 69 dienen als wirksame – bzw. von Mohammed für wirksam gehaltene – Drohungen gegen die Mekkaner, die seine Mahnungen nicht ernstnehmen. In Sure 81 fährt er nach der Ankündigung der rückhaltlosen Aufdeckung des Verhaltens eines jeden Menschen fort: „Doch nein! Ich schwöre bei den Planeten, die am Himmel einherziehen und sich wieder verbergen, und bei der Nacht, wenn sie weicht, und beim Morgen, wenn er erstrahlt! Es ist die Rede eines edlen Boten, eines starken mit Einfluß beim Herrn des Thrones, eines Boten, dem man gehorcht und der vertrauenswürdig ist! Euer Gefährte ist nicht von Dämonen besessen. Er schaute ihn deutlich am Horizont. Er enthält (euch) das Verborgene (arab.: *al-ġaib*) nicht vor. Es ist nicht die Rede eines Satans, den man mit Steinen vertreiben muß. Wie könnt ihr das nur glauben? Es ist nichts als eine Mahnung für die Menschen, für alle unter euch, die einen geraden Lebenswandel wünschen. Freilich könnt ihr nur wünschen, sofern Allah, der Herr der Welten, wünscht" (Sure 81, 15–29). Ähnlich setzt Mohammed Sure 69 fort: „Doch nein! Ich schwöre bei dem, was ihr wahrnehmt, und bei dem, was ihr nicht wahrnehmt: Dies ist die Rede eines edlen Boten! Nicht die Rede eines Dichters! Wie wenig glaubt ihr doch! Es ist auch nicht die Rede eines Wahrsagers! Wie wenig laßt ihr euch doch mahnen! Es ist eine Herabsendung des Herrn der Welten! Sollte Mohammed über uns (d.h. über Allah) irgendeinen Schwindel erfinden, dann packten wir ihn an seiner Rechten und durchtrennten ihm die Herzvene! Niemand von euch könnte ihn davor schützen! Es ist eine Mahnrede für die Gottesfürchtigen. Wir wissen, daß einige von euch sie leugnen. Für die Ungläubigen ist sie Anlaß zur Klage. Doch sie ist gewiß wahr. Darum preise den Namen deines gewaltigen Herrn!" (Sure 69, 38–52). Bösartige Dämonen pflegten am Himmelszelt zu lauschen, um einiges von dem aufzuschnappen, was dort erörtert wurde; sie bliesen ihre unvollkommenen und daher unwahren Erkenntnisse dann den Wahrsagern ein, die dergleichen unter den Menschen verbreiteten. Damit hat es jetzt ein Ende, beteuert Mohammed mehrfach (Sure 72, 8f.; Sure 37, 10).

Mohammed beruft sich auf die Schrecknisse des Jüngsten Tages, um den Mekkanern Furcht einzujagen. Sie sollen seinen Worten unbedingt glauben, da sie anderenfalls am Jüngsten Tag zu ewiger Höllenpein verurteilt würden. Für die Mehrzahl der Araber jener Zeit klangen solche Drohungen allerdings merkwürdig, denn sie waren davon überzeugt, daß es für sie mit dem irdischen Dasein sein Bewenden haben werde. Mohammed sei ein Mensch ihresgleichen, der ihnen androhe, daß sie, nachdem sie vermodert seien, wieder zum Leben erweckt würden. Doch „es gibt nur unser diesseitiges Leben. Wir sterben und leben, und wir werden nicht auferweckt!" (Sure 23, 33–38). Mohammed aber malt sich aus, wie es sich mit den Ungläubigen verhalten wird, wenn sie unvermittelt auferweckt werden: „Könntest du sehen, wie es ist, wenn die Frevler mit hängenden Köpfen vor ihrem Herrn stehen (und bitten): ‚Unser Herr, jetzt haben wir gesehen und gehört! Bring uns zurück (ins diesseitige Leben)! Wir wollen fromme Werke tun, denn wir haben jetzt Gewißheit!' ‚Wenn wir wollten, schenkten wir jedem seine Rechtleitung. Aber es wird meine Ankündigung wahr, daß ich die Hölle mit Dämonen und Menschen, mit beiden zusammen, füllen will' " (Sure 32, 12f.; vgl. auch Sure 23, 107).

Paradies und Hölle werden im Koran in lebhaften Worten geschildert, doch sind die verwendeten Bilder nicht sehr zahlreich und wiederholen sich oft. Zwei Beispiele, die die wichtigsten Motive enthalten, mögen genügen. Die Glückseligen liegen auf weichen Ruhebetten einander gegenüber. „Ewig junge Knaben machen bei ihnen die Runde mit Pokalen, Krügen und einem Becher Quellwassers. Doch überkommt einen hiervon weder Kater noch Rausch. Und Obst haben sie ganz nach ihren Wünschen und Fleisch von Geflügel, was immer sie begehren. Und großäugige Paradiesjungfrauen, verborgenen Perlen gleich, als Lohn für ihre Werke! Man hört weder störendes Geschwätz noch Schelten, nur das Wort ‚Frieden, Frieden!' " (Sure 56, 15–

26). Die Hölle wird als ein Gegenbild des Paradieses gezeichnet. Unerträgliche Hitze und alles versengendes Feuer herrschen in ihr. Der Höllenschatten spendet keinerlei Erfrischung, schützt nicht vor den Flammen; im Gegenteil, die Hölle speit riesige Funken, „falben Kamelen gleich" (Sure 77, 30–33). Und nur kochend heißes Wasser von ekligem Geschmack wird den Gepeinigten geboten, und zur Speise dienen ihnen die widerlichen Früchte des Höllenbaumes (Sure 56, 52). Was der Koran über die Hölle erzählt, ist die Verneinung des Paradieses, der für den Menschen negative Aspekt des Schöpfungshandelns Allahs, gleichwie das von Allah bewirkte Verdorren des Grases dem Hervorkeimen aus der Erde gegenübersteht, das ebenfalls auf ihn zurückzuführen ist.[3]

Die koranische Rede vom Jüngsten Gericht und sodann von Paradies und Hölle dient dem Zweck, Mohammed als einen Verkünder göttlicher Eingebungen zu beglaubigen. Die Auferstehung und das Jenseitsschicksal der Menschen für wahr zu halten, ist ein Mittel, mit dem Mohammed das für ihn entscheidende Ziel erreichen möchte, nämlich als der Sprecher des Verborgenen anerkannt zu werden. Er geizt nicht mit dem verborgenen Wissen, das ihm über den Boten mitgeteilt wird (Sure 81, 24).[4] Es soll ein am Ende aller Zeit drohendes Ereignis die Zweifelnden veranlassen, jetzt und fortwährend dem zu gehorchen, was Mohammed als eine Botschaft aus dem Verborgenen mitteilt. Läßt man die eben zitierten Aussagen von Sure 69 Revue passieren, dann kommt man zu dem Ergebnis, daß das drohende Urteil Allahs vom Handeln des Menschen abhängig ist; wie das Urteil ausfallen wird, ist schon daran zu erkennen, in welche Hand dem Menschen das Tatenverzeichnis gelegt wird. Indessen stellt Mohammed in den letzten Versen von Sure 81 klar, daß der Mensch wünschen mag, den geraden Weg zu wandeln; ob ihm dies glücken wird, ist allein die Entscheidung Allahs. Ebenso weist Sure 32 darauf hin, daß Allah alle Geschöpfe „rechtleiten" könnte, aber es ist nun einmal sein Wille, viele Dämonen und Menschen in die Verdammnis zu stoßen. Nur diejenigen, denen es Allah bestimmt hat, ihn eifrig anzubeten, werden nicht die ewige Pein erdulden müssen (Sure 32, 15 f.). Das Jenseitslos steht längst fest, und am Tag des Gerichts wird es sichtbar. Nach der Vernichtung des Diesseits werden sich die Auferstandenen in drei Gruppen getrennt wiederfinden. Diejenigen, die Allah schon im Erdenleben nahestanden, werden auch jetzt bevorzugt behandelt; sie genießen die Wonnen des Paradieses in vollen Zügen. Nur wenige Menschen aus der Gegenwart, meint

---

[3] Vgl. zweites Kapitel (Wer ist Allah?), II. Matthias Radscheit: Der Höllenbaum, in: Tilman Nagel (Hg.): Der Koran und sein religiöses und kulrurelles Umfeld, München 2010, 97–134, hier 107 (Schriften des Historischen Kollegs, Kolloquien 72).

[4] Nach einer Textvariante sagt der Vers aus, daß Mohammed bezüglich der Wahrheit der von ihm verkündeten Worte keinerlei Verfehlung nachgesagt werden könne (aṭ-Ṭabarī: Tafsīr, zu Sure 81, 24).

Mohammed, werden zu jenen Glücklichen gehören. Doch auch die zur Rechten Allahs werden sich nicht beklagen dürfen. Sie verzehren edle Früchte und lassen sich von jungfräulichen, jedoch liebestollen Huris umsorgen. Ganz anders die zur Linken Allahs, die Mohammeds Rede von Auferwekkung und Gericht für Lüge hielten: In Gluthitze müssen sie sich die Bäuche mit ekelerregendem Obst vollschlagen. Dies alles erfährt man in Sure 56, die schließlich wiederum mit der Klage Mohammeds über die Zurückweisung seiner Botschaft ausklingt.

Der Tag des Gerichts erscheint im Koran nicht als der Zielpunkt der Weltgeschichte, auf den der Mensch sich durch einen Allah gefälligen Lebenswandel vorbereiten könnte. Denn der Lebenswandel gestaltet sich nach Allahs fortwährendem Bestimmen, das über den Menschen hinweggeht, ohne daß dieser die Möglichkeit des Eingreifens hätte. Was der Mensch in seinem Erdenleben an sich erfährt, ist das in stetigem Wechsel vor sich gehende Schöpfungshandeln Allahs, das Leben und Tod, Gedeihen und Verwelken erzeugt, ein aus der Sicht des einzelnen Menschen undurchschaubarer Vorgang, der zur Gänze als Wohltat und Barmherzigkeit zu bezeichnen ist. In Sure 55 legt Mohammed hiervon in eindringlichen Worten Zeugnis ab. In Sure 112 findet Mohammed Worte, die man als einen reinen, abstrakten Monotheismus auffassen muß. Liest man den Koran genau, dann muß man gestehen, daß die ununterbrochene Immanenz Allahs in seinem Schöpfungswerk die für den Monotheismus kennzeichnende schroffe Gegenüberstellung von Welt und Gott verwischt.[5] Desgleichen läßt sich nun feststellen, daß der für den Monotheismus charakteristische lineare Verlauf der Weltgeschichte von der Schöpfung bis zum Jüngsten Tag von Mohammed nur als ein Mittel der Drohung genutzt wird. Diese soll die Menschen geneigt machen, Mohammeds fortwährende Mitteilungen aus dem Verborgenen zu billigen und zu befolgen. In Sure 2, der umfangreichen gegen Ende des Jahres 623 entstandenen Zwischenbilanz seines Wirkens, beschreibt er gleich im zweiten Satz die Gottesfürchtigen als die Menschen, die an das Verborgene glauben. Das Jenseits als eine Welt *nach* dem Diesseits und das Verborgene als ein Bereich *neben* dem Diesseits spielen denn auch bei der Thematik „Was lehrt der Islam über das Ende der Zeiten?" immerfort ineinander, wie wir im Fortgang der Untersuchung erkennen werden.

2. Ergänzungen des koranischen Stoffs

Wie die Vorstellung von einem Zielpunkt der Weltgeschichte vorderasiatischen Universalreligionen entlehnt ist, so auch der koranische Stoff über das Jenseits sowie über das Geschehen am Ende und nach dem Ende des Dies-

[5] Vgl. zweites Kapitel (Wer ist Allah?).

seits. Die Schilderung der Zerstörung des Diesseits – der Himmel wird eingerollt, die Meere fließen ab, die Berge werden eingeebnet – zieht Motive heran, die der Melode Romanos im 6. Jahrhundert populär machte.[6] Die Gerichtsszene in Sure 56 ist in vielen Abwandlungen in der Ikonenmalerei dargestellt worden: Jesus sitzt auf dem Thron, der für ihn bereitgestellt wurde (vgl. Sure 69, 17), er scheidet die Auferweckten in diejenigen zur Rechten und diejenigen zur Linken, die in die Hölle stürzen.[7] Die Ausmalung der Freuden des Paradieses orientiert sich an einigen Motiven, die Ephräm der Syrer im 4. Jahrhundert entwarf,[8] gibt diesen aber einen völlig anderen Sinn: Das Leben im Paradies erhebt das, was im Diesseits als unsittlich gälte, zum höchsten Genuß. Eine Wandlung der Seligen nach dem Bilde des Höchsten ist nicht vorgesehen. An dieses Material lagert sich nach Mohammeds Tod vielerlei weiteres an. Dadurch entsteht ein reiches Geflecht von Erzählungen über das Ende der Zeiten und über Paradies und Hölle. Das grundsätzliche Problem des Sinnes eines Gerichts angesichts des ganz und gar durch Allah bestimmten Lebens wird allerdings nicht erörtert.

Im Hadith sind die Spuren der Angst erhalten geblieben, die Mohammed mit seinen Drohungen zumindest bei seinen Anhängern auslöste. Die Schrecknisse beginnen unmittelbar, nachdem der Leichnam in das Grab gelegt worden ist. Die furchtbare Grabespein, vor der selbst der Prophet Allah um Verschonung anflehte, nimmt ihren Anfang, während der Tote noch das Klappern der Sandalen seiner Gefährten hört, die sich auf den Heimweg machen. Zwei Engel von entsetzlichem Äußeren, Munkar und Nakīr, treten an ihn heran und heben ihn in eine sitzende Stellung. „Was hast du von jenem Mann Mohammed gedacht und gesagt?“ fragen sie ihn. Sofern er ein guter Muslim gewesen ist, wird er die richtige Antwort geben können: „Ich bezeuge, daß er Allahs Knecht und Gesandter ist.“ – Vielfach wird hervorgehoben, daß der Anblick der beiden Frager derart furchterregend ist, daß es

---

[6] Solche Motive finden sich vor allem im 23. Hymnus „Auf jegliches Erdbeben und Feuer“ und im 37. Hymnus „Auf die zehn Jungfrauen“ (Romanos Melodos. Die Hymnen, übersetzt und erläutert von Johannes Koder, 2 Bände, Stuttgart 2005/6, I, 273–284 und II, 493–502). Über die weite Verbreitung dieser Hymnen im 6. Jahrhundert s. ebd., I, 22–29. Romanos stammte aus Hims.

[7] Vgl. meinen Aufsatz „Das Christentum und die Anfänge des Islams“, in: Ursula Spuler-Stegemann (Herausgeberin): Feindbild Christentum im Islam, aktualisierte und erweiterte Auflage, Freiburg 2009.

[8] Edmund Beck O. S. B.: Ephraems Hymnen über das Paradies. Übersetzung und Kommentar, Rom 1951. Die Fülle der Früchte (115) ist bei Ephraem aber nicht mit einem ausschweifenden Sexualleben verbunden, wie dies im Koran der Fall ist. Die Paradiesbewohner werden vielmehr vom Sexualtrieb erlöst sein (65). Der Einzug in das Paradies ist nämlich mit einer Neuschaffung des Menschen verbunden: aus dem sarkischen wird der pneumatische „nach dem Bilde Gottes“ (49 f.), dem die sittliche Vollkommenheit eigen ist (69). Vgl. erstes Kapitel (Was ist der Islam?), II. 4.

selbst dem Frömmsten die Sprache verschlägt. – Nun darf der gute Muslim einen Blick auf den Ort im Paradies tun, der ihm vorbehalten ist. Der Ungläubige und der Heuchler werden verlegen eingestehen, sie wüßten nicht, wer Mohammed sei; sie hätten über ihn immer nur das gleiche gesagt wie jedermann. „Mögest du es nie wissen und nie erfahren!" rufen die beiden Engel und schlagen ihn mit dem Eisenhammer, so daß er laut aufschreit. Der ganze Kosmos hört diese Schreie, nur nicht die Dämonen und die Menschen.[9] Einst ritt Mohammed in Begleitung einiger Gefährten auf einem Maultier. Plötzlich scheute das Tier und hätte ihn beinahe abgeworfen. In der Nähe befanden sich einige Gräber. Einer der Begleiter wußte, daß die Toten noch in der Epoche der „Beigesellung" dort bestattet worden waren. Nun belehrte Mohammed seine Gefährten: „Diese (islamische) *umma* wird in den Gräbern geprüft. Würde man euch nicht nebeneinander bestatten, bäte ich Allah, daß er euch von der Grabespein zu hören gebe, was ich davon höre!"[10] Das Maultier, das nicht zu den verstandesbegabten Geschöpfen zählt, vermochte die Schmerzensschreie der Gequälten zu vernehmen, und der Prophet kann das natürlich auch. Er würde es begrüßen, wenn auch seine Glaubensgenossen das hören müßten; sie würden großen Glaubenseifer entfalten. Schriften über die Grabespein und über den unschätzbaren Lohn der im Dschihad Gefallenen, denen sie erspart bleibt, liegen heute in zahlreichen Moscheen aus, so daß der Wunsch des Propheten in gewisser Weise durch Allah erfüllt wurde.

Die Grabesstrafe ist eine schlimme Anfechtung, die den Muslimen bevorsteht. Weit mehr Angst erwecken jedoch die Geschehnisse, die für das Ende der Zeiten angekündigt sind. Viele bewegte daher die bange Frage, wann denn wohl „die Stunde" schlagen werde. Wie später erörtert wird, brachte Mohammed nur zu oft ein von ihm abgelehntes Verhalten, mögliche diesseitige Strafen und jenseitige Qualen in einen Zusammenhang, so daß der Trennstrich zwischen dem Hier und Jetzt und dem Ende der Geschichte verblaßte. Daß er selber an ein baldiges Eintreffen des Jüngsten Tages glaubte,[11] läßt sich aus dem Koran nicht nachweisen. Aber Mohammed vererbte den Muslimen die Gelegenheit, mit der Androhung des Weltendes Machtinteressen zu fördern.[12] Jedenfalls wissen die Muslime, daß man über den Zeitpunkt der „Stunde" nicht spekulieren darf. Dies wird ihnen schon in der berühmten Episode eingeschärft, in der sich Gabriel in Anwesenheit

---

[9] al-Buḫārī: Ṣaḥīḥ, ǧanāʾiz 65.

[10] Muslim b. al-Ḥaǧǧāǧ: Ṣaḥīḥ, ǧanna, 67.

[11] Diese These wurde seit dem Buch von Paul Casanova: Mohammed et la fin du monde. Étude critique sur l'islam primitif, Paris 1911 aufgestellt, wurde aber in der Forschung nicht weiter verfolgt. Sie mißachtet die für Mohammed charakteristische Verschränkung von Jenseits und diesseitigem Seinsbereich.

[12] Vgl. achtes Kapitel (Was sind Imamat, Kalifat und Sultanat?).

zahlreicher Prophetengefährten durch Mohammed im Islam unterweisen läßt. Nur Allah weiß den Zeitpunkt des Endes, und dieses Wissen ist laut Sure 31, Vers 34, dem Menschen so verschlossen wie das Wissen von der Beschaffenheit des im Mutterleib wachsenden Kindes und des ihm bevorstehenden Lebensschicksals. „Aber", so fährt Mohammed in einer seit dem späten 7. Jahrhundert überlieferten Episode fort, „wenn du möchtest, teile ich dir das Wissen von den Vorzeichen mit: Wenn die Magd ihren Herrn gebiert, wenn die Menschen mit Prunkbauten wetteifern und wenn du die Elenden und Barfüßigen über die Bedeutenden Macht gewinnen siehst!"[13]

Dem Jüngsten Tag geht die Verkehrung der gewöhnlichen Verhältnisse voraus. Was in solchen Aussagen zutage tritt, ist ein schwacher Nachhall der religiösen Bräuche, mit denen die alljährliche Wiederherstellung der Weltordnung inszeniert wurde; bevor dies geschehen konnte, mußte sie symbolisch zerstört werden. Rituell wurde der legitime Herrscher entmachtet, an seiner Stelle wurde ein falscher mit allen Ehrenbezeigungen inthronisiert, der ein ausschweifendes Regiment führte, bis er am Ende der Tage des Chaos entmachtet und die wahre Ordnung wieder durchgesetzt wurde.[14] Dem Brauch der zyklisch inszenierten Bezwingung des Chaos, den der Islam nicht kennt, entlehnt das Hadith Motive, mit denen man die schaurigen Lebensumstände vor dem Ende ausmalt. „Zu den Vorzeichen (der ‚Stunde') gehört, daß das Wissen entfernt wird und die Unwissenheit fortbesteht, daß Wein gesoffen und die Hurerei offen betrieben wird." „Die Männer werden verschwinden, es bleiben allein die Weiber übrig, so daß auf fünfzig Frauen nur noch ein Vormund kommen wird." Dies ist der Augenblick, in dem der falsche Herrscher auftreten wird, dessen Gesicht alle erdenklichen Merkmale der Häßlichkeit zeigt. Er wird gegen die Muslime Krieg führen, um sie zu vernichten, aber am Ende unterliegen.[15]

In anderen Hadithen spekuliert man dagegen über das Ende der Zeiten mit Motiven, die sich tatsächlich auf einen Abschluß der irdischen Geschichte beziehen. „Worüber sprecht ihr gerade?" fragte Mohammed, indem er zu einer Gruppe seiner Gefährten trat. „Über die ‚Stunde'" antworteten sie. „Sie wird erst anbrechen, wenn zehn Zeichen erschienen sein werden", belehrte sie der Prophet. Da ist zuerst ein Rauch zu nennen (vgl. Sure 44, 10), der den Ungläubigen den Atem nimmt und die Glaubenden wie ein Schnupfen befällt; dann wird der „große Lügner" (arab.: *ad-dağğāl*) erscheinen, dann

---

[13] Ibn Manẓūr: Muḫtaṣar ta'rīḫ Dimašq, Damaskus 1988, XV, 7f.

[14] A. J. Wensinck: The Semitic New Year and the Origin of Eschatology, in: Acta Orientalia I/1923, 185.

[15] Vgl. meinen Aufsatz „Der islamische Prinz Karneval", in: Diem/Falaturi (Hgg.): XXIV. Deutscher Orientalistentag, Ausgewählte Vorträge, Stuttgart 1990, 247–253. Vgl. auch achtes Kapitel (Was sind Imamat, Kalifat und Sultanat?) und sechzehntes Kapitel (Was ist Salafismus (reformierter Islam)?), I. 1.

das Tier, das Allah aus der Erde hervorbringt, das die Frevler anredet und ihnen ihre Verfehlungen vorhält (vgl. Sure 27, 82);[16] dann wird die Sonne im Westen aufgehen; Jesus, der Sohn der Maria, wird auf die Erde herabsteigen; Gog und Magog werden hervorbrechen; dreimal wird sich der Mond verfinstern, zuerst im Osten, dann im Westen, dann auf der Arabischen Halbinsel; zuletzt wird im Jemen ein Feuer aufflammen und die Menschen an den Ort treiben, wo sie das Urteil Allahs erwarten müssen.[17]

Die beiden Völker Gog und Magog, die viel Unheil stifteten, wurden einst vom „Zwiegehörnten"[18] in einen fernen Winkel der Welt verbannt. Wie in Sure 18 erzählt wird, errichtete er einen mit Metall verstärkten Schutzwall, den sie nicht überwinden konnten; wenn aber der letzte Tag komme, werde Allah diesen Wall zu Staub zerfallen lassen (Vers 93–98). Die schlimmsten Schrecken werden aber durch den „großen Lügner" ausgelöst. Er ist zusammen mit dem auf die Erde herabsteigenden Jesus die Hauptfigur der muslimischen Erzählungen über die Endzeit. „Eines Nachts scheint mir, als wäre ich an der Kaaba," läßt man Mohammed berichten. „Da erblickte ich einen Mann von rötlichbrauner Hautfarbe und so schön, wie du noch nie einen Mann dieser Hautfarbe gesehen hast, mit über die Ohren herabwallendem Haar so schön, wie du es noch nie gesehen hast. Er hatte das Haar naß gekämmt, so daß das Wasser herabtropfte. Er stützte sich auf zwei Männer und umrundete die Kaaba. ‚Wer ist das?' fragte ich und erhielt die Antwort: ‚Der Messias, der Sohn der Maria.' Und plötzlich fiel mein Blick auf einen kraushaarigen Mann mit einem blinden rechten Auge, das wie eine Weinbeere aus dem Gesicht hervorragte. ‚Und wer ist das?' fragte ich. ‚Das ist der Lügenmessias.' "[19] Die Glaubenden bringt er in allerhöchste Gefahr, indem er ihnen vortäuscht, daß das Höllenfeuer erquickendes Wasser sei, so daß sie danach verlangen werden. Sollte der „große Lügner" zu seinen Lebzeiten auftreten, erklärt Mohammed in einem anderen Hadith, dann sei ihm nicht bange um die Muslime, denn er selber werde dessen Schwindeleien widerlegen. Doch später werde jeder Muslim auf sich gestellt sein. Wenn der „große Lügner" erscheint, dann wird er an seinem krausen Haar und seinem hervortretenden rechten Auge zu erkennen sein. Man möge dann unverzüglich die Eingangsworte der 18. Sure rezitieren, einen Lobpreis auf Allah und auf den Koran. Zwischen Syrien und dem Irak werde er erscheinen und nach rechts hin und nach links hin Unheil anrichten. Als man von

---

[16] Vielleicht eine Reminiszenz an Apokalypse des Joannes 17. 12 und 17.

[17] Muslim b. al-Ḥaǧǧāǧ: Ṣaḥīḥ, al-fitan wa-ašrāṭ as-sāʿa 39.

[18] Gemeint ist Alexander der Große. Das Motiv ist den spätantiken Alexandererzählungen entlehnt. Vgl. hierzu siebzehntes Kapitel (Wovon berichten die großen Erzählungen des Islams?), III. 1.

[19] Muslim b. al-Ḥaǧǧāǧ: Ṣaḥīḥ, al-īmān 273.

Mohammed wissen wollte, wie lange der „große Lügner“ auf der Erde bleiben werde, erfuhr man: „Vierzig Tage, ein Tag wie ein Jahr, ein Tag wie ein Monat, ein Tag wie eine Woche, und die übrigen Tage wie die gewöhnlichen.“ Das führt zu der Frage, wie es sich mit den fünf Pflichtgebeten während jenes Tages verhalte, der ein Jahr dauern werde. Am besten solle man während des Jahrtages die Gebetszeiten nach den Stunden abschätzen, die zwischen dem Morgen- und dem Mittagsgebet, dem Mittags- und dem Nachmittagsgebet usw. des gewöhnlichen Tages verfließen und entsprechend seine Ritualpflichten erfüllen. Es reiche auf keinen Fall, während jenes Jahrtages nur fünfmal zu beten.

Rasch wird der „große Lügner“ Wohlstand auf der Erde ausbreiten, einer Regenwolke gleich, die der Wind voranjagt. Die Menschen, die diese Vorteile genießen, werden an ihn glauben; andere, die ihn ablehnen, werden Not leiden. Kommt er an einer Ruinenstätte vorbei, dann ruft er: „Heraus mit deinen Schätzen!“ und diese Schätze werden ihm wie Bienenschwärme folgen. Seltsame Wunder wird er wirken: Er ruft einen kräftigen jungen Mann zu sich, spaltet ihn mit dem Schwert in zwei Teile, ruft ihn wieder herbei, und jener eilt herzu jubelnd und lachend. Während der „Lügner“ seine bösen Spiele treibt, sendet Allah den Messias, den Sohn der Maria, hinab. Er betritt die Erde beim weißen Minarett östlich von Damaskus, in zwei Gewänder gehüllt, die gelb und rot gefärbt sind. Mit den Händen stützt er sich auf die Flügel zweier Engel. Neigt er das Haupt, dann tropft Wasser herab, erhebt er es, dann rieseln Perlen. Jeder Ungläubige, der von seinem Atem getroffen wird, stirbt, und sein Atem reicht so weit wie sein Blick. Er verfolgt den „Lügner“, stellt ihn am Tor von Lydda und tötet ihn. Zu Jesus kommen Leute, die Allah vor dem „Lügner“ schützte. Ihnen beschreibt Jesus den hohen Rang, den sie im Paradies einnehmen werden. Auf Geheiß Allahs bringt Jesus die Diener Allahs auf dem Tiberias überragenden Berg in Sicherheit, denn die Gog und Magog haben sich befreit und überfluten das Land; die ersten von ihnen trinken aus dem See Genezareth und als ihn die letzten erreichen, ist er bereits leer, so zahlreich sind sie. Auf Bitten Jesu schlägt Allah sie mit einer Plage, an der sie alle sterben. Jesus und die Diener Allahs steigen von ihrer Zufluchtsstätte hinab und finden die Ebene angefüllt mit stinkenden Leichnamen. Allah beauftragt große Vögel, die Kadaver fortzuschaffen, dann sendet er einen heftigen Regen, die Erde bringt wieder reichliche Früchte hervor, so daß die Diener Allahs ein üppiges Leben führen. Dann aber umweht sie ein angenehmer Wind, der den Lebensgeist aller Glaubenden, aller Muslime ergreift. Am Leben bleiben nur die bösen Menschen, die schamlos wie die Wildesel miteinander Geschlechtsverkehr treiben. Sie sind es, über die die „Stunde“ hereinbricht.[20]

---

[20] Muslim b. al-Ḥaǧǧāǧ: Ṣaḥīḥ, al-fitan wa-ašrāṭ as-sāʿa 106–110.

Mit Allahs Hilfe wehrt Jesus die Bosheit des „großen Lügners“ und die wider die Ordnung gerichteten Kräfte der Gog und Magog ab, und nun kann der Gerichtstag beginnen, zu dem die Menschen, wie schon gehört, durch ein im Jemen aufloderndes Feuer getrieben werden. Ehe wir uns dem Gerichtstag und dem Auftritt Mohammeds als des Fürsprechers für die Muslime widmen, sei jedoch ein Umstand hervorgehoben, der bei der Erörterung der machtpolitisch-religiösen Grundideen des Islams näher ausgeführt werden muß. Das Erscheinen des „großen Lügners“ stellt den Islam an sich, die gottgegebene Daseinsordnung, in Frage: das Wissen, das Allah zusammen mit seinem Schöpfungshandeln in die Welt bringt, damit die durch die Geschaffenheit (arab.: *al-fiṭra*) zu dem Einen hin ausgezeichnete Menschheit muslimisch sei, wird aus dem Diesseits entfernt. Diese Aufhebung des Wissens, das schon Adam durch Allah verliehen worden war und ihn erst eigentlich zum Menschen gemacht, ja, zur Stellvertreterschaft Allahs befähigt hatte (Sure 2, 30–33), ist die schrecklichste Anfechtung (arab.: *al-fitna*), die überhaupt gedacht werden kann. Jegliche Anfechtung selbst unter dem Einsatz von Waffen zu beenden, ist daher laut Mohammed ein Gebot, dem sich kein Muslim entziehen darf (Sure 2, 191–193). Denn jemanden vom Islam abzubringen, sei schlimmer als ihn zu töten. In dieser Überzeugung wurzelt die im Laufe der islamischen Geschichte häufig in Anspruch genommene Berechtigung, gegen Herrscher zu rebellieren, denen man nachsagt, sie seien nicht hinreichend auf die Durchsetzung der Scharia bedacht. Der „große Lügner“ ist der ins Maßlose gesteigerte Typ eines solchen Machthabers. Sein Gegenspieler ist der „Rechtgeleitete“ (arab.: *al-mahdī*), ein Nachkomme aus der Familie Mohammeds, der am Ende der Zeiten die Welt wieder „mit Gerechtigkeit füllen wird, wie sie mit Unrecht gefüllt worden ist“.[21] Aber auch schon hier und jetzt hat man den Anspruch, der „Rechtgeleitete“ zu sein, auf vielfältige Weise zur Durchsetzung von Machtinteressen genutzt.[22]

Widmen wir uns jetzt den am Tag des Gerichts ihres Urteils harrenden Menschenmassen! Es wird ein schattenloses, kahles Stück Land sein, auf dem sie sich einfinden, Hitze wird sie quälen. Laut Koran stehen sie jeweils hinter ihren Anführern versammelt, nämlich hinter den einst zu ihnen entsandten Propheten, die bezeugen, daß ihnen die Botschaft von der am Ende des Diesseits bevorstehenden Abrechnung übermittelt worden ist (z.B. Sure 4, 41; Sure 10, 47; Sure 17, 71). Mohammeds Gemeinschaft, die Muslime, werden freilich nicht wie die anderen unter den unerquicklichen Umständen zu leiden haben. Denn Mohammed erwartet sie an einem riesigen Becken mit kühlem, süßem, wohlriechendem Wasser, von dem er alle anderen Menschen fortjagt, „wie der

---

21 Muslim b. al-Ḥaǧǧāǧ: Ṣaḥīḥ, al-fitan wa-ašrāṭ as-sāʿa 67–69; Abū Dāʾūd: Sunan, al-mahdī 4–9; vgl. elftes Kapitel (Was sind Schiiten?), I. und III. 1.

22 Vgl. achtes Kapitel (Was sind Imamat, Kalifat und Sultanat?).

Hirte von seiner Kamelherde die fremden Tiere verscheucht". Anders als die Gottesgesandten und Propheten vor ihm, genießt Mohammed das Privileg, für seine Gemeinde bei Allah Fürbitte einzulegen. Sie wird sogar den Muslimen zugute kommen, die schwere Verfehlungen (arab.: Pl. *al-kabāʾir*) auf sich luden.[23] Die Götzenanbeter und auch die Juden und die Christen stürzen in die Hölle. Dann zeigt sich Allah den Glaubenden. Sein Anblick überwältigt sie so sehr, daß es manch einem schwerfällt, die Ablehnung der Beigesellung zu bekunden. Nun entblößt Allah nur eine Wade, und schon wollen sich alle niederwerfen, entsetzt über seine Macht (vgl. Sure 68, 42). Aber nur die ehrlich Glaubenden vermögen die Proskynesis auszuführen. Bei allen, die diese Geste der Verehrung nur aus Furcht oder aus Heuchelei vollziehen wollen, versteift sich das Rückgrat, so daß sie nach hinten stürzen.

Nun schlägt man die Brücke über den Höllenschlund, die mit Dornen und Widerhaken gespickt ist. Die Glaubenden passieren sie in einem Augenblick und ohne Schaden. Andere erleiden Wunden, aber es gelingt ihnen, das rettende Ende zu erreichen, manche aber fallen in den Höllenbrand. Doch Mohammed schwört seinen Gefährten, daß die erretteten Glaubenden durch inständige Bitten Allah erweichen werden, so daß er selbst diejenigen freigeben wird, die keinerlei gute Taten vorweisen können. Sie sind durch das Feuer schon ganz versengt, als sie emporgezogen werden; doch wirft man sie in den Fluß des Lebens, und sie steigen aus ihm heraus „gleich dem vom Sturzbach belebten Keimling". Im Nacken wird ihnen ein Siegel aufgeprägt, damit die Paradiesbewohner sie als die Ihrigen anerkennen. „Herr, du gibst uns mehr als allen übrigen Menschen!" rufen sie dankbar. „Ich gebe euch noch mehr", antwortet Allah, „nämlich mein Wohlgefallen. Niemals mehr werde ich euch zürnen!"[24]

Wie es denjenigen ergeht, die in die Hölle gestürzt sind, hat die nachkoranische islamische Literatur in der zum Zwecke der Abschreckung geboten erscheinenden Drastik beschrieben. So darf Mohammed vor seinem Aufstieg in die sieben Himmel einen Blick in die Hölle tun.[25] „Ich erblickte Männer mit Lefzen, wie die Kamele sie haben. In den Händen hielten sie Feuerbälle wie faustgroße Steine. Diese warfen sie sich in den Mund, und sogleich traten sie am After wieder hervor." Gabriel belehrte Mohammed, jene seien Leute, die sich zu Unrecht das Vermögen von Waisenkindern angeeignet hätten. Die schwersten Strafen verhängt Allah über den Anhang des Pharao; morgens und abends werden sie dem Höllenfeuer ausgesetzt (Sure 40, 45 f.). Auf dem Weg aber, den dabei sie passieren müssen, liegen Männer mit ge-

[23] Abū Dāʾūd: Sunan, as-sunna 20.

[24] Muslim b. al-Ḥaǧǧāǧ: Ṣaḥīḥ, al-īmān 302.

[25] Vgl. seibzehntes Kapitel (Wovon berichten die „großen Erzählungen" des Islams?), II. 2.

waltigen Bäuchen, und über sie trampeln sie hinweg wie wildgewordene Kamele, und jene Männer können sich nicht vom Fleck rühren. Das sind diejenigen, die Wucher trieben, erfährt Mohammed. Wieder andere Männer haben vor sich gutes fettes Fleisch und daneben mageres, stinkendes, und das müssen sie verzehren, denn sie verzichteten auf den Beischlaf mit Frauen, die ihnen erlaubt gewesen wären. Doch auch Frauen finden sich unter den Gequälten; diejenigen, die ihren Ehemännern Bankerte unterschoben, hat man an den Brüsten aufgehängt.[26]

Da die Muslime, wie eben dargelegt wurde, die Hoffnung hegen durften, trotz schwerster Verstöße gegen die Scharia am Ende doch in das Paradies zu gelangen, machte man sich Gedanken über die Verhältnisse, die man dort antreffen würde. Wenn im Koran erzählt wird, daß die Männer im Paradies von Knaben mit Wein und klarem, kühlem Wasser versorgt werden, in welchem Lebensalter betreten es dann die Glückseligen? Dem Hadithkenner Ibn Ḥağar al-Haitamī (gest. 1567) legte man diese Frage vor, und er machte Hadithe ausfindig, in denen sie beantwortet wurde: „Ohne Haare, ohne Bart und mit weißer Haut, die Augenpartie mit Antimon geschwärzt,[27] betreten die Männer das Paradies, dreiunddreißig Jahre alt, in der Gestalt Adams: siebzig Ellen groß und sieben Ellen breit."[28] Adam ist übrigens der einzige, der im Paradies einen Bart tragen wird. In welcher Gestalt aber betreten die Kleinkinder das Paradies? Sie werden in den Zustand der Geschlechtsreife versetzt und heiraten Frauen aus der Mitte der ehemaligen Erdbewohner, aber auch Huris; letztere und die Knaben, die den Männern zu Dienste sind (Sure 56, 17), gehören zu ein und derselben Gattung.[29] Knifflig ist die Frage, ob auch die Frauen der den Glaubenden zugesagten Schau Allahs im Paradies teilhaftig werden. Hier unterscheiden die Gelehrten zwischen dem Erblicken Allahs während des Wartens auf das Urteil. Wie gehört, wird Allah seine Wade entblößen, und das bewirkt schon, daß alle Glaubenden sich niederwerfen wollen; hier sind die Frauen einbezogen. Im Paradies werden sämtliche Propheten und Gesandten und alle Gerechten Allah schauen, sowie alle muslimischen Männer. Da die Musliminnen in Zelten weilen, werden sie nur an den Festtagen die Gelegenheit haben, einen Blick auf Allah zu werfen.[30]

---

[26] Ibn Hišām: as-Sīra an-nabawīja, Kairo 1936, II, 47. Das Kitāb az-zuhd des Asad b. Mūsā (gest. 827) (ed. Raif George Khoury, Wiesbaden 1976) ist eine frühe Zusammenfassung dieses Stoffes. Es beginnt mit einer Höllenbeschreibung und widmet sich dann dem Verlauf des Gerichts.

[27] Das Schönheitsideal der Derwische, wie es auf Miniaturen dargestellt ist.

[28] Nach einer verbreiteten Vorstellung hatte Adam im Paradies diese Statur, die nach der Verstoßung erheblich schrumpfte.

[29] Ibn Ḥağar al-Haitamī: al-Fatāwā l-ḥadītīja, 3. Auflage Kairo 1989, 183 f.

[30] Ebd., 216. Eine farbige Schilderung muslimischer Vorstellungen über die Grabespein, die Auferweckung, das Gericht und über Paradies und Hölle bietet das 2004

II. Das Jenseits und der verborgene Seinsbereich

1. Das Ineinander von Diesseits und Jenseits

Mohammeds Verweis auf den Jüngsten Tag dient dem Zweck, seinen Anspruch zu bekräftigen, durch Allah angeredet und mit der Weitergabe der Rede des Einen beauftragt zu sein. Wie ausgeführt wurde, verwischt sich bei dieser Argumentation der Unterschied zwischen dem einen Endpunkt der durch Allah geleiteten Weltgeschichte und der fortwährenden Gegenwärtigkeit Allahs in seinem Schöpfungshandeln. Die auf die Abrechung in einem Endgericht blickende Sichtweise eines strengen Monotheismus, der dem Menschen die Verantwortung für das irdische Tun und Lassen aufbürdet, wird durch die Überzeugung konterkariert, daß Allah ständig am Werke sei (Sure 2, 255; Sure 55, 29). Er selber ist mit den fünf Sinnen des Menschen nicht wahrzunehmen. Aber alles, was der Mensch um sich herum und an sich selber wahrnimmt, ist ein Beleg für die Gegenwärtigkeit Allahs in seinem Schöpfungswerk. Mohammed führt diesen Gedanken besonders klar in Sure 41 aus. Allah schuf die Welt „am Anfang", doch die Höllenstrafe trifft diejenigen, die vermeinen, damit habe er sein Werk getan. So aber ist es nicht. In der Vergangenheit strafte Allah Völker, die sein ständiges Schaffen und seine hiermit verbundene Rechtleitung leugneten, schon im Diesseits schwer, und im Jenseits werden sie weiter zu leiden haben. Der Lauf der Gestirne, der stetige Wandel der Natur werden von ihm verursacht und geschaffen, weswegen er ständige Verehrung fordern kann. Allah zeigt allen Menschen sowohl durch die Vorgänge in der Welt als auch an ihnen selber, daß Mohammeds Verkündigung die Wahrheit ist (Vers 53 f.): Eine Zeitspanne, in der die Geschöpfe eigenständig handeln könnten, gibt es nicht; das Diesseits mit all seinen vielfältigen Erscheinungen, denen jede eigene Seinsmacht fehlt, ist nichts als ein Zeichen für Allahs Gegenwärtigkeit.

Wenn man sich diese Sicht zueigen macht, dann ist der Jüngste Tag das herausgehobenste Zeichen für die ständige Gegenwärtigkeit Allahs in seinem Werk, und zwischen seinem fortwährenden Wirken und seinem Urteil, das an jenem Tag ergehen wird, besteht ein inniger Zusammenhang. Das Volk der ʿĀd wollte die Zeichen nicht wahrhaben, es wurde durch einen eiskalten Sturm vernichtet, und die Jenseitsstrafe wird noch schändlicher sein (Sure 41, 16). Allahs Schöpfungshandeln kann demnach stets einen diesseitsbezogenen und einen auf die Zeit danach weisenden Aspekt haben. Es kann aber auch sein, daß er Androhungen, die sich zunächst auf eine Zukunft jenseits dieser

---

im Olms-Verlag Hildesheim nachgedruckte Buch von Moritz Wolff: Muhammedanische Eschatologie, nach der Leipziger und Dresdner Handschrift zum ersten Male arabisch und deutsch, Leipzig 1872.

Welt beziehen, schon im Diesseits wahrmacht. Wer über Allah Lügen in Umlauf setzt, der kann nicht glückselig werden, warnt Mohammed; er mag das Diesseits sogar genießen, dann aber wird er zur einer schweren Jenseitsstrafe verurteilt. Selbst wenn es den Frevlern mißfällt, bringt Allah die Wahrheit seiner Rede ans Licht (Sure 10, 69 f. und 82), so geschehen durch den Sieg Moses über die ägyptischen Zauberer. Und auch Mohammed erlebte einen Augenblick, in dem Allah den für das Ende der Zeit vorausgesagten Sieg der Wahrheit schon jetzt bewirkte, selbst wenn es den Frevlern mißfällt (Sure 8, 7), nämlich durch den Triumph bei Badr.

Die Verlegung eines für das Jenseits angekündigten Geschehens in die Gegenwart, die Enteschatologisierung koranischer Verheißungen, ist ein im frühesten Islam bezeugter Vorgang. Im Koran gibt es viele Verse, die über die Uneinigkeit der Gemeinschaften klagen, obwohl zu ihnen Propheten mit der wahren Botschaft Allahs geschickt worden sind. Auch Mohammed muß dergleichen erleben. „Wir sandten dir die Schrift mit der Wahrheit hinab. So verehre nun Allah, indem du aufrichtig der Daseinsordnung folgst! Hat nicht Allah die reine Daseinsordnung? Diejenigen, die sich an seiner Stelle Freunde wählten, (sagen): ‚Wir verehren sie nur, damit sie uns näher an Allah führen.' Allah wird zwischen ihnen über das entscheiden, worüber sie uneins sind ..." (Sure 39, 2 f.). Ebenso verhält es sich mit den Kindern Israel. Sie hatten eine klare Belehrung durch Mose empfangen, entzweiten sich danach aber trotzdem. Wer von ihnen im Recht ist, wird Allah am Jüngsten Tag kundtun (Sure 45, 17). Zu Jesus sprach Allah: „Ich will dich jetzt abberufen und zu mir erhöhen. Ich will dich rein machen, indem du nicht mehr von den Ungläubigen behelligt wirst. Bis zum Tag der Auferstehung will ich diejenigen, die dir folgen, über die Ungläubigen stellen. Dann werdet ihr zu mir zurückgebracht. Dann werde ich unter euch über das entscheiden, worüber ihr uneins seid" (Sure 3, 55). Allahs Gesandter Mohammed, der doch auch zum Propheten berufen wurde, um „das zu befehlen, was zu billigen ist, und um das Verwerfliche zu verbieten",[31] sieht sich genötigt, die dereinstige Entscheidung in die Gegenwart hereinzuholen. Bereits in Sure 2, der Zusammenfassung seiner Lehren am Beginn seines Wirkens in Medina, spricht er dies unverhohlen aus. „Die Menschen waren einst eine einzige Gemeinschaft. Allah schickte zu ihnen die Propheten, die ihnen eine frohe Kunde überbrachten und sie warnten. Mit ihnen sandte er das Buch mit der Wahrheit hinab, damit es zwischen den Menschen über das entscheide, worüber sie sich zerstritten. Nur diejenigen, die das Buch erhalten hatten, zerstritten sich darüber, nachdem ihnen doch deutliche Beweise zur Verfügung gestellt worden waren. Sie lehnten sich in Rechthaberei gegeneinander auf. Dann aber leitete Allah die Glaubenden mit seiner Erlaubnis zur Wahrheit bezüglich

[31] Vgl. drittes Kapitel (Wer war Mohammeds?), III. 4.

dessen, worüber sie sich entzweit hatten. Allah leitet, wen er will, zu einer geraden Straße" (Vers 213).

Mit dem Prophetentum Mohammeds endet der Zeitabschnitt der Verkündigung, in der der Gesandte Allahs nur vor dem Jüngsten Tag warnen und darauf hoffen konnte, daß sich die Wahrheit dessen, was er zu übermitteln hatte, während des Gerichts erweisen werde. Von nun an stellt sich die Wahrheit, die Allah ihm eingibt, hier und jetzt heraus. Die Verse, in denen Mohammed diesen Vorgang auf das Ende der Zeit verlegt, werden aber nicht aus dem Koran getilgt. So kommt es, daß die Inhaber der Macht die Heißsporne, die ihnen die Herrschaft streitig machen wollen, auf das künftige Urteil Allahs vertrösten. Die Rebellen hingegen fordern, die Wahrheit unverzüglich durchzusetzen.[32] Desweiteren nutzen muslimische Dialogfunktionäre gern die Möglichkeit, je nach der Gesprächsituation ein und dieselbe Aussage des Korans für lediglich auf das Jenseits bezogen oder bereits hier und jetzt gültig auszugeben. So soll sich die Aussage des Korans, Allah habe das Land den Unterdrückten „zum Erbteil" gegeben (z.B. Sure 7, 137), ausschließlich auf die Verhältnisse im Jenseits beziehen, während die Verwendung dieser Formulierung in Sure 33, Vers 25 bis 27, zweifelsfrei die Enteignung und Vertreibung medinensischer Juden meint, also auf einen diesseitigen Gewaltakt anspielt, mit dem Mohammed sich und seine Anhängerschaft bereicherte.[33]

2. Der verborgene Seinsbereich

Der Vermengung von auf das Jenseits und auf das Diesseits bezogenen Aussagen des Korans und des Hadith leistet eine Vorstellung Vorschub, die schon mehrfach angesprochen wurde: Neben dem „offenkundigen" (arab.: *aš-šāhid*) Seinsbereich des göttlichen Schöpfungshandelns, den der Mensch mit seinen fünf Sinnen wahrnehmen kann, gibt es auch einen „verborgenen" (arab.: *al-ġā'ib*). Allah ermöglicht es seinen Gesandten und Propheten, in den verborgenen Bereich hineinzuspähen und daher von Dingen oder Vorgängen zu sprechen, die ihrer Wahrnehmung entzogen bleiben. Wie Mohammed wissen sie von den Schicksalen untergegangener Völker, etwa der ʿĀd und der Ṯamūd, die der Koran des öfteren als Beispiele für Ungehorsame und deren Bestrafung nennt (z.B. Sure 26, 123–159). Das Verborgene liegt jenseits der irdischen Geschichte und nimmt seinen Ausgang auf der „wohlverwahrten Tafel" (Sure 85, 22), auf der Allah vor dem Beginn des Schöpfungsvorganges sämtliches Geschehen, das während dessen Verlauf wahr-

32 Vgl. elftes Kapitel (Was sind Schiiten?).

33 Ein Beispiel: Tilman Nagel: Angst vor Allah? Auseinandersetzungen mit dem Islam, Berlin 2014, 368f., 395–399.

nehmbare Wirklichkeit werden wird, bis ins kleinste Detail eingetragen hat.[34] Alle Menschen, die je lebten und leben werden, finden sich dort verzeichnet, nebst dem Beleg, daß sie einst, im vorgeschöpflichen Zustand, Allah die Glaubenstreue zugeschworen haben: „Einst entnahm Allah aus dem Rücken von Söhnen Adams deren Nachkommenschaft und ließ sie zu ihren Lasten Zeugnis ablegen: ‚Bin ich nicht euer Herr?' Sie antworteten: ‚Ja, (das) bezeugen wir!' Am Jüngsten Tag sollt ihr nicht sagen können: ‚Davon hatten wir keine Ahnung!' oder: ‚Unsere Vorväter vor unserer Zeit waren Beigeseller. Wir sind deren Nachfahren. Willst du uns ins Verderben stürzen für etwas, das (jene) Verfechter von Nichtigkeiten taten?'" (Sure 7, 172 f.).[35]

Der verborgene Seinsbereich ist mithin eine Gegebenheit, die dem irdischen Dasein jedes Menschen einen Sinn verleiht, der über die bloße Tatsache des von Augenblick zu Augenblick durch Allah gestifteten Vorhandenseins hinausweist. Der Mensch möge sich stets daran erinnern, daß sein Dasein zwar aus seiner Sicht auf undurchschaubare Weise verläuft, aber im Verborgenen unterliegt ihm unabweislich die göttliche Bestimmung. „(Allah) holt euch des Nachts zu sich und weiß, was ihr tagsüber getrieben habt, dann erweckt er euch am Tag wieder zum Leben, damit eine bestimmte Frist vollendet werde. Dann werdet ihr (endgültig) zu ihm zurückkehren, und er wird euch mitteilen, was ihr tatet. Er hat nämlich bezwingende Macht über seine Knechte, er sendet Wächter über euch. Wenn endlich zu einem von euch der Tod kommt, dann holen unsere Boten den Betreffenden. Sie übersehen dabei nichts" (Sure 6, 60 f.). Durch den Menschen nicht bemerkbar, wird er unablässig aus dem Verborgenen beobachtet, so daß Allah über die geringste Kleinigkeit Bescheid weiß und sie am Jüngsten Tag berücksichtigen wird. Der Glaube an den verborgenen Seinsbereich ist demnach ein wesentlicher Bestandteil des Islams. Ohne diesen Glauben bliebe die vorbehaltlose Auslieferung der Person an den einen Schöpfer ein leeres Wort. Deshalb hebt Sure 2, die Zusammenfassung der Lehren Mohammeds, soweit sie bis in die frühmedinensische Zeit verkündet worden sind, mit folgenden Sätzen an: „Dies ist das Buch, an dem nichts zu bezweifeln ist. Es ist eine Rechtleitung für die Gottesfürchtigen, die an das Verborgene glauben, das rituelle Gebet verrichten und von dem spenden, was wir ihnen als Lebensunterhalt geben …" (Vers 2 f.).

Stillschweigend wird an manchen Stellen des Korans das Vorhandensein des Überweltlichen und dessen Verfügbarkeit angenommen, so etwa, wenn es in Sure 2, Vers 154, heißt: „Sagt nicht über diejenigen, die auf dem Pfade Allahs getötet werden: ‚Tot!' sondern: ‚Lebendig!' Aber ihr merkt es nicht." Nach dem verlustreichen Sieg bei Badr wird Mohammed in Sure 3 noch et-

---

[34] Vgl. vierzehntes Kapitel (Was ist Sufismus?), II. 3.

[35] Vgl. dreizehntes Kapitel (Wie sieht der Islam den Menschen?), II. 2.

was ausführlicher: „Vermeine nicht, daß diejenigen, die auf dem Pfade Allahs getötet wurden, tot seien. Sie sind lebendig, in Gegenwart ihres Herrn, empfangen ihre Speisen und sind glücklich wegen der Huld, die Allah ihnen erzeigte. Sie freuen sich über diejenigen, die sich noch nicht ihnen anschlossen, denn auch diese brauchen sich nicht zu fürchten und müssen nicht betrübt sein" (Vers 169f.) Die Annahme, daß das Paradies und die Hölle erst nach dem Jüngsten Tag mit Menschen angefüllt werden, hat einigen Gelehrten bei der Lektüre dieser Verse Kopfzerbrechen bereitet. Man hat vorgeschlagen, die in ihnen enthaltene Zusage auf die Zukunft nach dem Gericht zu beziehen, aber dann versprächen sie keine besondere Belohnung mehr. Allah erweckt die gefallenen Glaubenskrieger schon jetzt zum Leben, um sie für ihre Taten auszuzeichnen. Wie aber ist das zu verstehen?

Dem islamischen Gelehrten bietet sich ein Verweis auf die Grabespein an. Sie muß jeder Verstorbene durchleiden. Die koranischen Belege für diese Lehre sind zwar nicht sehr befriedigend, aber sie lassen sich in die gewünschte Richtung biegen. So rufen die Ungläubigen in dem Augenblick, in dem Allah sein Urteil über sie spricht: „Herr, zweimal hast du uns sterben lassen, zweimal uns das Leben geschenkt. Jetzt bekennen wir unsere Verfehlungen. Gibt es einen Weg (aus der Hölle) heraus?" (Sure 40, 11). Da Allah nur jemanden sterben lassen kann, der lebt, kann es sich nur um den Tod im Diesseits und um den Tod nach dem Ende der Grabespein handeln, und beide Male schenkt Allah erneut das Leben, nämlich zuerst zum Abbüßen der Grabespein und dann zur Aburteilung am Jüngsten Tag. Gegen diese Auslegung hat man Einwände erhoben, zumal man an Leichen keine Zeichen eines neuen Lebens hat bemerken können. Doch dieses Argument läßt sich leicht entkräften, indem man den Gedanken ins Spiel bringt, daß der Leib des Menschen doch nicht aus dem durch jedermann wahrgenommenen materiellen Gehäuse besteht, sondern von lichthafter (arab.: *nūrānī*) Beschaffenheit ist.[36]

Wie die Grabespein vor sich gehen wird, davon berichtet das erbauliche Schrifttum in aller Breite. Aber schon das Hadith weiß zu diesem Thema viel zu sagen. Sobald der Verstorbene bestattet wurde, wird das Leben in ihn zurückgeführt, und es treten die Engel Munkar und Nakīr herzu, zwei furchteinflößende Gestalten, um ihn streng zu befragen. „Wen hast du angebetet?" „Allah!" „und was sagst von diesem Mann (Mohammed)?" „Er ist Allahs Gesandter und Diener!" Für den Muslim ist das Verhör damit beendet. Dann führt man ihn an einen Ort, von wo aus er die in der Hölle für ihn vorbereitete Behausung erblicken kann. Aber man beruhigt ihn: „Allah hat dich vor dem Höllenfeuer errettet." Nun darf er einmal auf sein künftiges Heim im Paradies schauen, aber man gestattet ihm nicht, diese frohe Kunde seinen

[36] Faḫr ad-Dīn ar-Rāzī: Mafātīḥ al-ġaib, Teil XXVII, 37, zu Sure 40, Vers 11.

Angehörigen mitzuteilen. Der Ungläubige beantwortet die erste Frage mit einem „Ich weiß nicht" und gesteht, daß er über Mohammed nur das gedacht habe, was alle Nichtmuslime gemeint hätten. Mit schwerem Eisenhammer schlägt man ihm auf den Kopf ein, so daß die ganze Schöpfung sein Schreien hört, ausgenommen die Dämonen und die Menschen.[37] Anders natürlich Mohammed: Er vermochte die Schreie der in ihren Gräbern gepeinigten Juden von Medina zu hören.[38]

In Analogie zum Seinsbereich, in dem sich die Grabesqualen abspielen, muß es erst recht einen geben, in dem Allah diejenigen belohnt, die mit der Waffe in der Hand für die Ausbreitung des Islams gekämpft haben und gefallen sind. Denn diese Strafe folgt aus einem Recht, das Allah gegen seinen Diener geltend macht. Umgekehrt folge die Belohnung aus einem Recht, dessen Beachtung der Diener von Allah verlangen könne. Insofern als Allah die Bestrafung nicht auf die Zeit nach dem Jüngsten Gericht verschiebt, sondern schon im Grab vollziehen läßt, liegt die Existenz eines Seinsbereichs nahe, in dem er schon vor dem Gericht die Belohnungen austeilt. In diesem Sinn kann man Sure 3, Vers 170, zitieren: „Sie freuen sich über diejenigen, die sich noch nicht ihnen anschlossen ..." Diese Worte seien „ein Beweis dafür, daß sich das Leben vor der Auferweckung in einem Zwischenbereich (arab.: *al-barzaḫ*) abspielt", meint der große sunnitische Theologe Faḫr ad-Dīn ar-Rāzī (gest. 1210).[39]

3. Die metaphysische Begründung des „Verborgenen"

Die Annahme, die Weltgeschichte verlaufe von der Schöpfung bis zum Jüngsten Gericht und zum danach beginnenden Reich Gottes, ist im Judentum und im Christentum an die Voraussetzung geknüpft, daß der Schöpfer seinen Geschöpfen ein gewisses Maß an Freiheit einräumt. Sie müssen lernen, zwischen gut und böse zu unterscheiden. Immer wieder werden sie gegen die Gebote Gottes verstoßen; Sünde und Erkenntnis lassen sich nicht voneinander trennen, gleichwie es das Los der Geschöpfe ist, Erkenntnis nie ohne Irrtum zu erlangen. Die Möglichkeit des Irrens und des Bösen ist der Preis des selbstverantworteten Handelns, das hier und jetzt ohne die göttliche Rechtleitung ins Werk gesetzt werden muß.

Solche Sorge kennt der Muslim nicht. Obwohl wesensmäßig gar nicht zu selbständigem Handeln bestimmt – die gegenteilige Behauptung wäre „Beigesellung" –, droht ihm allerdings laut Koran am Ende der Zeiten eine Ab-

---

37 Abū Dā'ūd: Sunan, as-sunna 27.

38 Muslim b. al-Ḥaǧǧāǧ: Ṣaḥīḥ, al-ǧanna 69.

39 Faḫr ad-Dīn ar-Rāzī: Mafātīḥ al-ġaib, Teil IV, 133, zu Sure 2, Vers 154.

rechnung. Allah ist jedoch derjenige, der die Taten der Menschen schafft und deshalb eigentlich über sich selber zu Gericht sitzt. Der „offenkundige" Seinsbereich, in dem sich das durch Allah bestimmte Dasein ereignet, ist durch das Überweltliche, „Verborgene", derart angefüllt,[40] daß der Forderung, das Leben gemäß dem linearen Geschichtsverlauf einzurichten, niemals Genüge geschehen wird und grundsätzlich auch nicht Genüge geschehen kann. Indem die Theologie im Benehmen mit der Volksfrömmigkeit dem „verborgenen" Seinsbereich eine weit über den koranischen Sinn des Begriffs hinausreichende Bedeutung erschließt, wird das Unbehagen über das Verfehlen der mit der Linearität verbundenen Daseinsziele aufgefangen und mehr als kompensiert. Die wesentlichen Schritte der Erschließung des „Verborgenen" mit dem eben genannten Ziel müssen jetzt erörtert werden. In den von ar-Rāzī verwendeten Wörtern „lichthaft" und „Zwischenbereich" ist dieses Ziel bereits benannt.

In den kanonischen Hadithsammlungen begegnet das „Verborgene" nur in dem aus Sure 31, Vers 34, hergeleiteten Sinn: Nur Allah kennt die fünf verborgenen Gegebenheiten des Daseins der Menschen, denn nur er weiß, wann die „Stunde" anbricht, nur er hat die Kunde vom Regen, den er herabsenden wird, nur er weiß, was im Mutterleib heranreift, er allein kennt das Lebensschicksal, das jedem Menschen bevorsteht, und auch den Ort, an dem er sterben wird.[41] Im zeitgenössischen Islam leitet man aus diesem Vers ab, daß die Naturwissenschaft das „Verborgene" entschlüsseln dürfe, sofern jene fünf Bereiche unberührt bleiben – und natürlich, sofern die Ergebnisse der Erforschung der Natur mit dem Koran übereinstimmen.[42] Diese Banalisierung des verborgenen Seinsbereichs, nämlich seine Einschränkung auf das Zukünftige, blendet die seit dem 11. Jahrhundert eingetretene Anreicherung dieser Vorstellung aus, weil sie mit dem westlichen Verständnis von Wissenschaft nicht zu vereinbaren ist. Die Rückbindung wissenschaftlicher Einsichten an eine Legitimierung durch den Koran und damit an die Lehre vom unauslotbaren Schöpfungshandeln Allahs nimmt die scheinhafte Freisetzung des Forschergeistes freilich im selben Atemzug wieder zurück.

Bis in das 11. Jahrhundert floß ein breiter Strom naturphilosophischen Gedankenguts in die islamische Welt ein. Für die islamische Gelehrsamkeit, die sich in ihrer das geistige Milieu beherrschenden Mehrheit auf den Inhalt der autoritativen Texte verließ, bargen die aus einer ganz anderen Quelle

---

40 Der Ritenvollzug verfolgt den Zweck, diese Angefülltheit des Daseins mit dem „Überweltlichen" zu erhalten und ständig zu erneuern. Vgl. zwölftes Kapitel (Was versteht der Muslim unter Religion?).

41 Muslim b. al-Ḥaǧǧāǧ: Ṣaḥīḥ, al-īmān 7.

42 Vgl. hierzu Tilman Nagel: Die erdrückende Last des ewig Gültigen, Kapitel XXIX.

stammenden Erkenntnisse eine ernsthafte Herausforderung. Denn die Neigung, auf den ersten Blick unverständliche Phänomene der mit den Sinnen wahrnehmbaren Welt mittel Verweises auf andere, verstandene Phänomene zu erklären, steht in einem krassen Gegensatz zum gänzlich kontingenten Diesseits des göttlichen Schöpfungshandelns. Die ascharitische Theologie, die zum Grundpfeiler des sunnitischen Denkens geworden war, lehnte durch den Verstand des Menschen geknüpfte Kausalitätsbindungen zwischen Erscheinungen des Geschaffenwerdenden kategorisch ab. Es sei einzig die unauslotbare Bestimmungsmacht des Einen, in der die vom Menschen wahrgenommene Welt in jedem Augenblick ihrer Existenz ihren nicht weiter deutbaren Ursprung habe.[43] Die Frage, ob es Dämonen, Satane, Engel gebe, gewöhnlich unsichtbare Wesen mithin, die laut Koran und Hadith bisweilen sichtbar werden und mit den Menschen im offenkundigen Seinsbereich in eine freundliche oder feindliche Beziehung treten können, war ein Thema, bei dessen Erörterung die jeweils völlig unterschiedlich begründeten Ansichten unversöhnlich aufeinanderprallten. „Rationalisten" stritten die Existenz von Dämonen und Satanen ab, während Muslime, die ihre autoritativen Texte für wahr hielten, keinen Zweifel an den Aussagen hierüber hegten. Es ist im Auge zu behalten, daß das kleinste Zugeständnis an die „naturphilosophischen" Einsichten für den Muslim eine Folge haben würde, die ihren Gegenspielern nicht drohte: Die Wahrheit der autoritativen Texte stand für ihn nicht nur in Fragen wie derjenigen nach der Existenz der Dämonen zur Debatte, sie bürgte vor allem für die inzwischen vollständig ausgebaute Scharia, das universale, nicht eingrenzbare Normensystem des Islams.

Vom jungen al-Ġazālī (1058–1111) verlangte man einst Auskunft darüber, wie man das Prophetenwort, der Satan rinne dem Menschen durch die Adern wie das Blut, angesichts der an jedermann zu beobachtenden Körperfunktionen auslegen müsse. Diese Aussage der normativen Texte steht offensichtlich in einem Widerspruch zu den durch den Verstand interpretierbaren Wahrnehmungen. In der Terminologie der islamischen Gelehrten sagte man: Das durch den Verstand Erfaßte (arab.: *al-maʿqūl*) steht in einem Spannungsverhältnis zum durch Tradieren weitergegebenen (arab.: *al-manqūl*) Wissen. Nur auf das letztere darf nach islamischer Sicht überhaupt der Begriff „Wissen" (arab.: *al-ʿilm*) angewendet werden. Wenn also die durch den Verstand auf den Begriff gebrachten Erscheinungen dieser Welt und bestimmte Aussagen der autoritativen Texte nicht miteinander zu vereinbaren sind, dann liegt es nahe, Harmonisierungen herbeizuzwingen, die aber stets auf Kosten der einen oder der anderen Seite gehen. Al-Ġazālī möchte sich daher gar nicht auf eine detaillierte Diskussion einlassen, sondern beharrt darauf, daß stets der „äußere Gehalt des Gehörten" (arab.: *ẓāhir al-masmūʿ*) wahr sei. Von

---

[43] Vgl. hierzu dreizehntes Kapitel (Wie sieht der Islam den Menschen?), II. 4.

asch'aritischer Warte aus ist diese Antwort vollkommen zutreffend. Denn da Allah das Hören in dem Augenblick erschafft, in dem es erfolgt, und da eine Kausalitätsverknüpfung mit vorher gehörten oder sonstwie wahrgenommenen oder bedachten Phänomenen prinzipiell nicht gegeben ist, ist die Wahrheit dessen, was Allah einen hören läßt, unanfechtbar.[44]

Al-Ġazālī gehörte zu den sunnitischen Gelehrten, die sich darüber Rechenschaft zu geben vermochten, daß die asch'aritische Metaphysik im Hinblick auf die Auseinandersetzung mit dem spätantiken naturphilosophischen Erbe nichts anderes leistete als ein angestrengtes Ignorieren. Diese Einsicht war das Nebenergebnis des Erschreckens über eine viel tiefer reichende Unzulänglichkeit nicht nur der Metaphysik, sondern des Sunnitentums überhaupt: Die auf den autoritativen Texten errichtete Scharia verkam, um die Gültigkeit dieser Texte in jedem Fall zu retten, zu einer unwürdigen Spielerei mit Analogieschlüssen, deren Resultate von den Gelehrten, die sie ersannen, selber nicht ernstgenommen wurden. Für al-Ġazālī bedeutete diese bestürzende Erkenntnis, daß das „Wissen", von dem doch die „beste Gemeinschaft" (Sure 3, 110) geformt und beherrscht werden sollte, auf den bisher beschrittenen Wegen nicht wirklich gefunden und noch viel weniger für die islamische Lebenspraxis fruchtbar gemacht werden konnte. In seiner „Belebung der Wissensarten von der Daseinsordnung", dem monumentalen Werk, mit dem er die eigene intellektuelle Krise überwinden wie auch die Gemeinschaft der Muslime aus ihrer Sackgasse herausführen wollte, rüttelte er nicht an den asch'aritischen Prinzipien, unterlegte ihnen aber eine neue Auffassung von der durch Allah von Augenblick zu Augenblick geschaffen werdenden Wirklichkeit.

Alles Diesseitige, Geschaffenwerdende, existiert nur von Augenblick zu Augenblick, wird von einem Moment zum anderen durch Allah nach dessen Ratschluß zusammengefügt, und so auch im nächsten und immer so weiter, bis Allah am Ende der Zeiten sein Schöpfungshandeln einstellen wird. Die diesbezüglichen asch'aritischen Lehrmeinungen gelten. Doch in Allahs Bestimmen läßt sich ein gewisses Maß an Kontinuität und an Verknüpfungen eines Sachverhalts mit einem anderen beobachten. Um Ackerfrüchte zu ernten, läßt Allah die Menschen zunächst pflügen und dann den Samen ausbringen. Dann sendet er Regen oder verweigert ihn: Das Ergebnis der Arbeit, die er in den Menschen schafft, kann nicht mit Sicherheit vorausgesagt werden. Aber gewöhnlich belohnt Allah die Mühen mit einer Ernte. Die alleinige Herrschaft Allahs über alles Geschehen bleibt unangetastet, aber diese Herrschaft ist laut al-Ġazālī von solcher Art, daß die Menschen darauf zu vertrauen vermögen, daß in ihrer Sicht die geschaffen werdenden Verhältnisse eine gewisse Regelhaftigkeit aufweisen.

---

[44] Tilman Nagel: Die erdrückende Last des ewig Gültigen, Kapitel XI. 2.

Freilich erlebt der Mensch immer wieder furchtbare Störungen dieser Regelhaftigkeit, die ebenso wie alles andere Geschehen unmittelbar durch Allah verursacht werden. Ja, man könnte meinen, daß diese Welt mit all ihrem Leid und ihren Heimsuchungen vor allem aus Durchbrechungen der dem Menschen zuträglichen Gewohnheiten Allahs besteht. Eine streng deterministische Lebenshaltung, wie sie für das Sunnitentum kennzeichnend ist,[45] müßte das klaglos und ohne jedes Bemühen um Ergründung hinnehmen. Nun wird aber Allah während des Ritenvollzugs immer von neuem als ein gegenwärtiges Gegenüber erlebt, weswegen ein solcher Verzicht auf jegliches Fragen nur schwer durchzuhalten ist. Innerhalb des Geschaffenwerdenden gibt es keine Möglichkeit, eben dieses Geschaffenwerdende zu verstehen. Aber könnte es nicht sein, daß der verborgene Seinsbereich, in dem die durch Allah schon vor aller Zeit festgelegten Schöpfungsakte gleichsam überzeitlich und noch ohne Bindung an den Ort, an dem sie in Erscheinung treten sollen, vorhanden sind, plausible Erklärungen für das Verstörende bereithält? Denn es ist doch unbestritten, daß Allah in seinem Schöpfungshandeln stets weise vorgeht! Diese göttliche Weisheit sollte, wenn auch nicht im einzelnen nachvollzogen, so doch wenigstens erahnt werden.

Al-Ġazālī war sich dessen bewußt, daß der Verweis auf Allahs Gewohnheit und auf die grundsätzliche Weisheit eine leere Formel bliebe, wenn kein Bezug zur Frömmigkeitspraxis bestünde. In seiner Schrift „Die Nische der Lichter" schafft er das geistige Rüstzeug, um als treuer Aschʿarit eben doch einen Schimmer jener unermeßlich großen Weisheit zu erhaschen, mit der Allah zu Werke geht. Der Titel spielt auf Sure 24, Vers 35, an, auf den sogenannten Lichtvers. Er lautet: „Allah ist das Licht der Himmel und der Erde. Mit seinem Licht verhält es sich wie mit einer Lampe in einer Fensternische. Die Lampe brennt in einem Glas, das wie ein funkelnder Stern ist. Gespeist wird (die Lampe durch das Öl) eines gesegneten Olivenbaumes, weder östlich noch westlich, dessen Öl fast schon leuchtet, ehe es von einer Flamme berührt wurde – Licht über Licht! Allah leitet zu seinem Licht, wen er will, und er prägt den Menschen Gleichnisse. Allah weiß alles." Mehrfach gebrochen dringt das Licht, das Allah ist, in die von ihm geschaffen werdende Welt hinein. Das Licht aber ist zugleich eine Metapher für das in seinem Schöpfungshandeln manifest werdende „Wissen", desgleichen für sein Bestimmen. Hatte al-Ġazālī in seiner Abhandlung „Der Erretter aus dem Irrtum" das wahre Wissen als ein im Herzen des Glaubenden aufscheinendes Licht beschrieben, durch das er ohne den meist vergeblichen Umweg über theologische Klügeleien zur Verwirklichung der gottgegebenen Daseinsordnung angeleitet wird, so versteht er den Lichtvers des Korans als eine Beschreibung der Vermittlung des göttlichen Bestimmens in den offenkundigen

[45] Vgl. zehntes Kapitel (Was sind Sunniten?).

Seinsbereich hinein. Das aber bedeutet, daß dieses Bestimmen in Allahs unmittelbarer Umgebung, im verborgenen Seinsbereich, in einer sehr viel reineren Form anzutreffen ist. Beide Bereiche unterscheiden sich durch den Grad der Reinheit des Bestimmens, wobei vorausgesetzt ist, daß diesem im offenkundigen wegen des Auftretens des Bestimmten in materieller, sinnlich wahrnehmbarer Fassung eine Trübung widerfährt. In vergleichbarer Weise tritt zum göttlichen Licht, dem Licht des Wissens, sobald es sich im Offenkundigen zeigt, das Dunkel hinzu.

„Wisse, daß die (geschaffen werdende) Welt von zweierlei Art ist", schreibt al-Ġazālī in der „Nische der Lichter", nämlich „geistig und körperlich, sinnlich und verstandesgemäß, eine obere und eine untere. Diese Ausdrücke liegen im Sinn nahe beieinander und unterscheiden sich nur hinsichtlich des Blickpunktes. Betrachtest du die Welten ihrem Wesen nach, sind sie körperlich bzw. geistig verfaßt; beobachtest du sie im Hinblick auf das, wodurch sie jeweils wahrgenommen werden, so sind sie sinnlich bzw. verstandesgemäß; betrachtest du schließlich das Verhältnis, in dem beide zueinander stehen, so sind sie eine obere und eine untere. Bisweilen nennt man die eine ‚die Welt der (göttlichen) Herrschaft' (arab.: *ʿālam al-mulk*) und des Offenkundigen (arab.: *aš-šahāda*), die andere die Welt des Verborgenen (arab.: *al-ġaib*) und ‚der (göttlichen) Souveränität' (arab.: *ʿālam al-malakūt*)."[46] In Sure 69, Vers 38 f., schwört Mohammed „bei dem, was ihr wahrnehmt (*tubṣirūna*) und was ihr nicht wahrnehmt", wie oben dargelegt wurde.[47] Al-Ġazālī stellt in der „Nische der Lichter" den leiblichen Gesichtssinn (arab.: *al-baṣar*), über den jeder Gesunde verfügt, dem geistigen Wahrnehmungsvermögen (arab.: *al-baṣīra*) gegenüber, dessen Betätigung auch mit dem Begriff „Schmecken" (arab.: *aḏ-ḏauq*) bezeichnet wird. Was im Koran als eine Opposition erscheint – wahrnehmbar, nicht wahrnehmbar –, wird nun, vierhundert Jahre später, mit einer aus derselben Wortwurzel abgeleiteten Terminologie als aufeinander verweisend beschrieben.

Hierbei setzt al-Ġazālī voraus, daß sich beide Seinsbereiche, der offenkundige und der verborgene, zueinander wie unten zu oben verhalten. Unten, im Bereich des Materiellen und sinnlich Wahrnehmbaren, betätigt sich das leibliche Auge und registriert die geschaffen werdenden Vorgänge. Dem zum Schauen Begabten ist dabei bewußt, daß das Sehen mit dem leiblichen Auge noch nicht das Eigentliche des Schöpfungsgeschehens erschließt. Dies gelingt erst der geistigen Sehkraft, die dem Verstand gleichsam einen „Aufstieg in den Himmel" (arab.: *al-miʿrāǧ*) ermöglicht, einen Einblick in die Weisheit Allahs, die jeglichem Schöpfungsgeschehens unterliegt. Der Visio-

---

[46] Zitiert bei Tilman Nagel: Im Offenkundigen das Verborgene. Die Heilszusage des sunnitischen Islams, Göttingen 2002, 205.

[47] Vgl. oben, 206.

när betritt über das Unten das Oben und begreift, weshalb sich Allahs Bestimmen, von der oben waltenden Weisheit geprägt, unten so auswirkt, wie es sich auswirkt. Was unten widersinnig scheint, ist oben stets im höchsten Maß sinnvoll.[48]

Was es im einzelnen mit dem nunmehr dem Spekulieren zugänglichen verborgenen Seinsbereich auf sich habe, wurde in der Folgezeit unter verschiedenen Gesichtspunkten weitläufig erörtert. Zumal der Sufismus ergriff diese Gelegenheit, sein Gedankengut in eine weithin gebilligte Form zu gießen.[49] Aber auch die anderen Felder islamischer Gedankenarbeit blieben nicht unberührt von der Möglichkeit, dem Fragwürdigen des „Offenkundigen" durch einen Blick ins „Verborgene" seinen Stachel zu nehmen. Die Überzeugung, die Probleme des „Offenkundigen" seien nur Schein und würden sich bei einem Blick ins „Verborgene" als nichtexistent erweisen, da sie einzig einer mangelhaften Wahrnehmung der Weisheit Allahs zuzuschreiben seien, war so stark und allgegenwärtig, daß die spätantike philosophische bzw. naturphilosophische Tradition sich nicht entfalten konnte.[50]

4. Das Ende des Schöpfungshandelns Allahs

Dem ohne Unterbrechung ablaufenden und zwischen positiven und negativen Aspekten immer wieder abwechselnden Schöpfungshandeln Allahs stülpte Mohammed die Botschaft vom Ende der Zeiten und vom Weltgericht über. Sie sollte der Lehre, daß es nur einen einzigen Gott gebe und daß dieser jegliche „Beigesellung" streng bestrafe, kräftigen Nachdruck verleihen. Wie sich im Laufe der Darstellung der Konzeption des muslimischen Jenseits ergab, wurde das Jüngste Gericht nicht befriedigend in die koranischen Verkündigungen eingeschmolzen. Der verborgene Seinsbereich, im Koran vor allem als das Gebiet des nicht Wahrnehmbaren, Abwesenden aufgefaßt, lenkte mehr und mehr das Nachsinnen über eine jenseits des „Natürlichen" liegende Wirklichkeit auf sich. Diese „höhere" Wirklichkeit konnte, da alles Diesseitige unmittelbar das Werk Allahs ist, ebenfalls nur Allahs fortwährendem Bestimmen unterworfen sein. Mit anderen Worten, das ununterbrochene Schöpfungshandeln einerseits und die Schöpfung „am Anfang" nebst ihrer Zerstörung „am Ende" andererseits harmonieren nicht miteinander. Schon in der Streitschrift des Origenes gegen Celsus war dies ein wichtiges Thema gewesen.[51]

---

48 Im Offenkundigen das Verborgene, 211–217.

49 Vgl. vierzehntes Kapitel (Was ist Sufismus?).

50 Vgl. fünfzehntes Kapitel (Was ist islamischer Rationalismus?).

51 Vgl. erstes Kapitel (Was ist der Islam?), II. 4.

Auch ein scharfsinniger muslimischer Denker wie der sunnitische Gelehrte Faḫr ad-Dīn ar-Rāzī (gest. 1210) hatte dieses Problem erkannt und in Worte zu kleiden versucht. In der Tora lese man, Gott habe die Welt in sechs Tagen geschaffen. Die alten, heidnischen Araber hätten davon gehört. Allah habe die Araber im Koran aufgefordert, den Götzendienst zu unterlassen. „Denn euer (wahrer) Herr ist der, von dem ihr verständige Leute habt sagen hören, er habe die Himmel und die Erde in all ihrer Größe und Majestät in sechs Tagen geschaffen." Die Juden, die die Heiden darauf hingewiesen hätten, daß Allah die Welt in sechs Tagen geschaffen habe, waren verständig, meint ar-Rāzī, und sie hatten insofern recht, als sie die „Beigesellung" tadelten, aber sie hatten natürlich nicht recht, indem sie von einem sechstägigen Schöpfungsvorgang sprachen. „Euer Herr ist Allah, der die Himmel und die Erde in sechs Tagen schuf und dann auf dem Thron Platz nahm. Er macht, daß die Nacht den Tag bedeckt, indem sie ihn, angespornt, einzuholen sucht, und die Sonne, den Mond und die Sterne (schuf er), sie sind durch seine Fügung (euch) dienstbar. Wahrlich, er hat sich das Schaffen und das Fügen vorbehalten! …" (Sure 7, 54). Diese Worte sind die Wahrheit, und das Fügen des Geschaffenwerdenden steht wie dieses selber für das nicht mit einem benennbaren Anfangsereignis zu verknüpfende Schöpfungshandeln Allahs.[52]

Noch größer sind die Schwierigkeiten, die sich aus dem Spannungsverhältnis zwischen einem nach dem Gericht in Form von Paradies und Hölle erhalten bleibendem Schöpfungshandeln einerseits und der Lehre vom Aufhören des göttlichen Schöpfungshandelns am Ende der Zeiten andererseits ergeben. Denn wenn alles, was nicht Allah selber ist, von seinem Schöpfungshandeln abhängt, und wenn das Ende des Diesseits gleichbedeutend mit dem Ende des göttlichen Schöpfungshandelns ist, was ist dann mit Paradies und Hölle? Diese Frage ist naheliegend und unabweisbar. Seit dem späten 8. Jahrhundert hat man sich mit diesem Problem beschäftigt. Man konnte der Zwickmühle entkommen, wenn man bestimmte Verse des Korans wörtlich nahm und Aussagen überging, die ihnen widersprechen. So versichert Mohammed in Sure 3, Vers 131 und 133, den Glaubenden, daß sowohl die Hölle als auch das Paradies „vorbereitet" seien, also noch nicht existieren (vgl. Sure 18, 102 und Sure 48, 6). Denn, so argumentierte ʿAbbād b. Sulaimān, ein Rationalist des 9. Jahrhunderts, am Ende der Zeiten spreche Allah sein „Sei zunichte!", und das Diesseits sei nicht mehr; bestünden zuvor Paradies und Hölle, so müßten auch sie nun vernichtet sein. Doch davon sagt der Koran nichts. Vielmehr erfolgten doch jetzt erst die Auferweckung, die Rückkehr (arab.: *al-maʿād*) der Geschöpfe sowie deren Aburteilung.

---

52 Tilman Nagel: „Natur" im von Allah gelenkten Diesseits, in: Böttigheimer/Fischer/Gerwing (Hgg.): Sein und Sollen des Menschen, Münster 2009, 241–252, hier 241 f. Vgl. hierzu zweites Kapitel (Wer ist Allah?), II.

Damit ist allerdings die Frage noch nicht beantwortet, wie Paradies und Hölle ohne das fortwährende Schöpfungshandeln bestehen könnten: dieses sei doch spätestens mit dem Jüngsten Gericht zu Ende. Den Glaubenden wollte man trotzdem nicht die Hoffnung auf das Paradies nehmen. Der ebenfalls der rationalistischen Strömung des Islams zuzurechnende Abū l-Huḏail al-ʿAllāf (gest. vermutlich 841) wollte beiden Vorstellungen gerecht werden, dem Einzug ins Paradies und dem Ende des Schöpfungshandelns. Er meinte, die Seligen würden sich sehr wohl des Paradieses erfreuen, allerdings würden sie, sobald sie dorthin gelangt seien, in eine ewige Bewegungslosigkeit verfallen, denn Allah bringe nicht mehr die Voraussetzungen für ein dem irdischen vergleichbares Dasein hervor.[53] Für die Sunniten, die sich an den Koran und das Hadith hielten, und auch für die Schiiten waren solche Überlegungen nichts als Übermut. Wenn der Koran sagt, die auf dem Pfade Allahs Gefallenen seien nicht tot, sondern genössen ein Leben in der Gegenwart des Herrn (Sure 3, 169), dann muß es sich tatsächlich so verhalten. Und hat nicht Mohammed bei seinem Aufstieg durch die sieben Himmel auch einen Blick in das Paradies und die Hölle tun dürfen?[54] Mit einem Denkverbot hatte man im sunnitischen Islam die unlösbaren Fragen, an denen sich die Rationalisten die Zähne ausbissen, vom Tisch gewischt: Alles dies ist wörtlich wahr, aber es ist verderblich und fruchtlos, es mit dem Menschenverstand ergründen zu wollen.[55]

Die meisten Muslime überspielten die metaphysische Ungewißheit in Betreff der Welt nach dem Jüngsten Gericht, indem sie sich an das Verbot, nach dem Wie zu fragen, hielten und sich zum Ausgleich um so eifriger mit dem Was beschäftigten, wie aus den vorhin erwähnten Erläuterungen Ibn Ḥağar al-Haitamīs zu ersehen ist. Indessen machte den tiefer Blickenden die Einsicht doch Angst, daß Allah so, wie er das Schöpfungshandeln einst begonnen hatte, wodurch die Welt aus dem Nichts hervorgegangen war, es eines Tages abbrechen werde; alles werde dann sogleich in das Nichts zurückfallen. Gerade in Kreisen, die sich ernsthaft mit dem „Verborgenen" befaßten, zeigte man sich wegen dieses unweigerlich bevorstehenden Endes alles Seienden außer Allahs selber höchst beunruhigt. Allah ist das Licht der Himmel und der Erde, belehrt der Koran den Muslim. Allahs Licht, seine Schöpferkraft, strahlt hinaus in das Nichtseiende, das man sich nicht als einen leeren Raum vorstellt, sondern als eine unübersehrbar große Ansammlung schwarzer, lichtloser Partikeln. Allahs Licht fällt auf etliche davon, sie bewegen sich hin und her wie die Stäubchen

---

53 Josef van Ess: Theologie und Gesellschaft im 2. und 3. Jahrhundert Hidschra, 6 Bde., Berlin/New York 1991–1889, IV, 551–558.

54 Vgl. siebzehntes Kapitel (Wovon berichten die „großen Erzählungen" des Islams?), II. 2.

55 Vgl. zehntes Kapitel (Was sind Sunniten?) sowie elftes Kapitel (Was sind Schiiten?).

in einem Lichtstrahl, der in einen abgedunkelten Raum fällt: Das ist der Augenblick ihres Daseins. Wenn Allah sein Licht, seine Schöpferkraft, wieder bei sich behält, dann bleibt allein das Nichtseiende.

Und das wird eintreten! Denn was ist Allah die durch ihn geschaffen werdende Welt wert? Weniger als ein Mückenflügel, sagt man im Sufismus und spitzt damit eine im Islam allgegenwärtige beklemmende Ahnung zu. Denn der Welt selber ist nichts zueigen. Daß der Mensch mit Allah das Sein gemeinsam hat, bietet in Wahrheit keinen Trost, lehrte der Ägypter Sidi ʿAlī al-Ḫauwāṣ (gest. 1538). Denn „der Genuß der Existenz nach dem (davorliegenden) Nichtsein ist ohnegleichen, und die Vorstellung der (erneuten) individuellen Nichtexistenz bereitet den Seelen einen heftigen Schmerz, dessen Maß allein denen bekannt ist, die (viel) von Allah wissen. Jede Seele entsetzt sich daher vor dem Nichtsein aus Furcht, sie könnte ihm oder etwas, das ihm nahekommt, überantwortet werden."[56] Unverankert in einem unermeßlichen Raum des Nichtseienden ist das Seiende, das Diesseits. Könnte man sich ihm gegenüber klüger verhalten als jemand, der selber darüber hinaus ist, diesem Diesseits einen Wert beizumessen?

III. Zusammenfassung und vergleichender Blick auf das Christentum

Der Islam weist wesentliche Bestandteile der religiösen Entwicklung der Spätantike zurück. Wie in anderem Zusammenhang nachgewiesen wird, lehnt er die Versittlichung der Gotteserkenntnis ab. Allah ist an seinem fortwährenden Schöpfungshandeln zu erkennen; Abraham, dem ersten Muslim, zeigte Allah, wie er mit dem Diesseits verfährt. Denn er wollte, daß Abraham diesbezüglich Gewißheit erlange (Sure 6, 75), was auch bedeutet: Gewißheit hinsichtlich der Lehre, daß Allah die einzige selbständig handelnde Macht ist und daß jegliche Annahme weiterer eigenständiger Mächte die schlimmste Verfehlung darstellt, nämlich die „Beigesellung". Bereits Philo von Alexandrien und nach ihm christliche Kirchenväter beharrten darauf, daß wahre Gotteserkenntnis nur bei gleichzeitiger Übung von Tugend und Gerechtigkeit möglich sei, also mit einer Läuterung des Erkennenden einherzugehen habe.[57] Gott zu erkennen, mündet in ein *Be*kenntnis zu ihm, das ein Übersteigen des Gegebenen voraussetzt: Man muß den Weg zur sittlichen Vervollkommnung der eigenen Person eingeschlagen haben. Dem Muslim wird ein solcher Weg nicht abverlangt, im Gegenteil, er hat unablässig Allah als die eine alles bestimmende und schaffende Macht zu bezeugen, zu bezeugen

---

[56] Aš-Šaʿrānī, ʿAbd al-Wahhāb: al-Ǧawāhir wad-durar, Ed. Kairo 1998, 115 f.

[57] So z. B. schon Justin der Märtyrer (2. Jahrhundert n. Chr.) (Hans Freiherr von Campenhausen: Griechische Kirchenväter, Stuttgart 1955, 16).

mithin, daß anderes als das, was ist, gar nicht sein kann. Denn, wie al-Ġazālī feststellte, der Muslim lebt prinzipiell in der besten aller möglichen Welten, der durch Allah fortwährend geschaffen werdenden, und was sich allenfalls vervollkommnen ließe, wäre sein Islam, die Auslieferung seiner Person an Allah.

Ein linearer Geschichtsverlauf, verstanden als eine sittliche Vervollkommnung des Menschen, findet daher in der islamischen Botschaft vom fortwährend alles erschaffenden Allah, dessen Werk unabhängig von ethischen Grundsätzen zwischen dem Menschen Nützlichem und Verderblichem wechselt, keinerlei Verankerung.[58] Die Übertretung des Verbots, die Früchte eines bestimmten Baumes zu essen, führt die Menschen laut Koran auch nicht zur Fähigkeit zwischen gut und böse zu unterscheiden. Diese ist nicht erforderlich, denn der Mensch soll lediglich seine völlige Abhängigkeit von Allah bezeugen. Die Drohung mit der Zerstörung der Welt und einem darauf folgenden Endgericht dient einzig dazu, dieser Forderung Nachdruck zu verleihen. Die ab dem 11. Jahrhundert Gewicht gewinnende Unterscheidung zwischen dem offenkundigen und dem verborgenen Seinsbereich erfüllt die Aufgabe, die Idee der unübersteigbaren Vollkommenheit des göttlichen Schöpfungswerkes plausibel zu erhalten. In diesem Werk waltet die Weisheit Allahs, die dem beschränkten Einsichtsvermögen des gewöhnlichen Menschen unauslotbar bleibt.

Anders als die Muslime finden die Christen hier und jetzt keine Vollkommenheit vor, sie sind erst auf dem Weg dorthin; das „Reich Gottes" ist ihr Ziel. Einzelne Menschen mögen schon in dieser Welt einen solchen Grad der Vervollkommnung erreichen, daß man sie als Vertreter des verheißenen künftigen Heilszustandes achten soll. Die *civitas Dei* ist erst für das Ende der Zeiten zugesagt. Sie wird aber nicht einfach ein Ort ins Unendliche verlängerter Genüsse sein. Schon im antiken Judentum war man sich sicher, daß die Gottesherrschaft nicht zu haben sein werde, ohne daß man sich „unter das Joch der Gebote" beuge. Wenn Jesus vom „Reich Gottes" spricht, hat er nicht schlichte „paradiesische" Zustände im Sinn, sondern ein Dasein, in dem die Macht der Dämonen gebrochen ist (Lk 11, 20). Deren oberster Herr ist der Teufel. Indem Jesus Dämonen vertreibt, arbeitet er auf das Reich Gottes hin, das als himmlische Gegebenheit bereits existiert, aber eben noch nicht auf der Erde. – Insofern kann das Diesseits nicht, wie al-Ġazālī unter islamischen Voraussetzungen behaupten kann, die beste aller möglichen Wel-

---

[58] Der islamische Rationalismus, der annimmt, es werde am Jüngsten Tag eine gerechte Aburteilung der Geschöpfe stattfinden, ist zu der Behauptung gezwungen, Allahs Schöpfungshandeln müsse stets so ausfallen, daß der Mensch auch tatsächlich aus eigenen Kräften die schariatischen Normen erfüllen könne. Die erdrückende Mehrheit der Muslime konnte sich eine solche Einschränkung der Bestimmungsmacht Allahs nicht vorstellen (vgl. fünfzehntes Kapitel: Was ist islamischer Rationalismus?).

ten sein. – Bis in die Gegenwart hinein versteht man im Christentum unter dem „Reich Gottes“ die vollständige Befreiung des Menschen zu einem sittlichen Leben. Hier und jetzt wird diese vollständige Befreiung nicht zu erreichen sein. Aber „am Ende“ wird dieser Zustand eintreten: Die erlösten Geschöpfe werden zusammen mit dem dreieinigen Gott in einer nach seinen Gesetzen geordneten Gemeinschaft leben.[59]

59 Einen ausführlichen Überblick über die Thematik bietet der Artikel „Reich Gottes“ in Religion in Geschichte und Gegenwart, vierte, völlig neu bearbeitete Auflage Band VII, Tübingen 2004, 202–217.

Achtes Kapitel

Was sind Imamat, Kalifat und Sultanat?

I. Einführung

Seit dem ausgehenden 19. Jahrhundert haben islamische Staaten die Organisationsform der europäischen übernommen. Deswegen sind die Europäer in der Gegenwart zumeist des Glaubens, daß die Begriffe „Staat", „Recht", „Demokratie" usw. in der islamischen Welt den gleichen Inhalt haben wie bei ihnen. Das ist aber mitnichten der Fall. Es ist in der islamischen Welt niemals zu einer ergebnisoffenen Auseinandersetzung über die grundlegenden Differenzen zwischen der eigenen und der importierten oder aufoktroyierten politischen Kultur gekommen. Vielmehr wurde und wird bis auf den heutigen Tag versucht, sich mit Hilfe von Begriffstricksereien vorzugaukeln, daß die eigene, die islamische politische Kultur von Anfang an die westliche in veredelter, unübertrefflicher Weise enthalte. Indem dies von den tonangebenden Kreisen eines muslimischen Landes für plausibel erachtet wird, verflüchtigen sich die Kernideen, die in Europa hinter den exportierten Organisationsformen stehen, ganz und gar, und in die fremden, nunmehr leeren Begriffshülsen vermag die islamische Tradition ungehindert einzuströmen. Im Augenblick können wir einen solchen Vorgang in der Türkei beobachten. Worin diese islamische Tradition besteht, das soll auf den folgenden Seiten skizziert werden.

Der fortlaufend durch Allah geschaffen werdende Kosmos bezeugt, indem er der Wahrnehmung durch die fünf Sinne offensteht, das andauernde Schöpfungshandeln Allahs. Er wird daher der offenkundige, wörtlich: der bezeugende (arab.: *aš-šāhid*), Seinsbereich genannt. Anders als die übrige Schöpfung, sind die Dschinnen und die Menschen diejenigen Geschöpfe Allahs, die, wenn dieser es ihnen bestimmt, die Bezeugung (arab.: *aš-šahāda*) zu verweigern vermögen. Denn ihnen ist die Gabe des Verstandes beschieden worden, die sie, durch den Satan oder andere Allahs allumfassendes Schöpfertum leugnende Gestalten verführt, von dieser Bezeugung abbringen kann. Allah schafft die Dschinnen und die Menschen aber nur zu dem Zweck, daß sie ihn verehren und anbeten. Der Verstand soll sie dazu aufrufen, dies bewußt zu tun. Die Riten, allen voran das rituelle Gebet, haben die Aufgabe, den Muslim im Zustand des Verehrenden festzuhalten, also den Verstand davor zu schützen, daß er zur „Beigesellung" verleitet wird. Die Gesamtheit der Muslime, der im Islam Verharrenden, bilden die *umma*, die beste je auf

Erden gestiftete Gemeinschaft (Sure 3, 110). Die Vereintheit im Islam in seiner ursprünglichen Bedeutung der Auslieferung des Gesichts, d.h. der ganzen Person, an Allah ist somit die Grundlage des Gemeinwesens, die man nicht als religiös, gesellschaftlich oder politisch definieren kann, sondern die alles dies in einem ist.[1]

Da es kein Wesen gibt, das nicht durch Allah geschaffen und daher auf ihn hin geprägt ist (vgl. Sure 30, 30) (arab.: *al-fiṭra*), bildet die gesamte Menschheit grundsätzlich ein einziges Gemeinwesen. Im verborgenen Seinsbereich, in dem alles, was durch Allah geschaffen wird, frei von der ihm durch Allah zugewiesenen Zeitlichkeit existiert, haben nämlich alle „Nachkommen der Söhne Adams" vor Allah ihre unmittelbare und allumfassende Abhängigkeit von ihm bezeugt (Sure 7, 172). In dieser Vorstellung kommt der universale Machtanspruch des Islams zum Ausdruck, der die militärische Gewalt gegen Andersgläubige einschließt, in denen man ja eigentlich Muslime zu sehen hat, die ihrer wahren Prägung abspenstig gemacht worden sind. Das islamische Gemeinwesen darf nicht in seinen Anstrengungen erlahmen, deren widergöttliches Dasein zu unterbinden und sie in die Ergebenheit gegen Allah zurückzuzwingen.

Die unauflösbare Verquickung von religiösem Anspruch und gesellschaftlicher und politischer Machtentfaltung erregt schon in der ältesten überlieferten Außenwahrnehmung des Islams Kritik. So berichtet ein zum Christentum konvertierter Jude in einem Brief, den er 634 im palästinensischen Cäsaräa an einen Glaubensbruder richtete, in Arabien sei ein Prophet aufgetreten; da dieser mit dem Schwert bewaffnet sei, könne es sich freilich nicht um einen echten Propheten handeln; auch sei er ein Lügner, da er behaupte, die Schlüssel zum Paradies zu besitzen.[2] Es ist bemerkenswert, daß im Hadith Mohammed vergleichbare Aussagen zugeschrieben werden. „Sechsfach wurde mir vor allen (übrigen) Propheten ein Vorzug gewährt: Mir wurde die Gesamtheit des Mitteilbaren gegeben; mir wurde der Sieg (allein schon) durch den Schrecken gewährt; mir wurde die Kriegsbeute gestattet: für mich wurde der ganze Erdboden für rituell rein und als Gebetsplatz nutzbar erklärt: ich wurde zur gesamten Schöpfung entsandt; mit mir wurde (die Reihe) der Propheten abgeschlossen."[3] Im Koran finden sich Anklänge an diese maßlosen Ansprüche. Mohammed läßt sich von Allah, seinem Alter ego, versichern, daß die Schrift als eine Darlegung von „allem" herabgesandt wurde (Sure 16, 89; Sure 6, 38). Seine Anhänger werden die Ost- und die Westgegenden der Welt erben (Sure 7, 137);[4] Allah holt ihm alles Land

[1] Vgl. das erste, zweite, zwölfte und dreizehnte Kapitel.

[2] Robert G. Hoyland: Seeing Islam as Others Saw it, New Jersey 1997, 57.

[3] Muslim b. al-Ḥaǧǧāǧ: Ṣaḥīḥ, masāǧid 5.

[4] Tilman Nagel: Mohammed. Leben und Legende, München 2008, 238f.

„zurück" (Sure 59, 6f.).[5] Nicht die Schlüssel zum Paradies hält Mohammed in den Händen, sondern die Schlüssel zu allen Schätzen der Erde.[6]

Indem Allah die Muslime zu einer einzigen Glaubensgemeinschaft (arab.: *al-umma*) zusammenfaßt, nämlich zur muslimischen, die die beste je gestiftete sein soll, wird nach Mohammeds Ansicht die ursprüngliche Verfaßtheit der Menschengemeinschaft wiederhergestellt. „Die Menschen bildeten eine einzige Gemeinschaft. Da berief Allah die Propheten als Verkünder einer guten Botschaft und als Warner, und mit ihnen schickte er die Schrift mit der Wahrheit herab, damit sie unter den Menschen entscheide, worüber sie untereinander uneins geworden waren. Uneins trotz der klaren Beweise waren aber nur diejenigen geworden, die die Schrift schon erhalten hatten, was aus Herrschsucht geschehen war, die sie gegeneinander richteten. Daher führte Allah mit seiner Erlaubnis diejenigen, die gläubig wurden, zum Wahren von dem, worüber sie uneins geworden waren. Denn Allah leitet zu einer geraden Straße, wen er will" (Sure 2, 213). In dieser für Mohammed typischen wenig luziden Formulierung gibt er sein Geschichtsverständnis zu erkennen: Die ursprüngliche Einheit der Menschen ging verloren, weil sie sich im Streit von der Wahrheit entfernten, und zwar obwohl ihnen diese bereits durch Propheten mitgeteilt worden war. Nun kommt es darauf an, die Einheit zurückzugewinnen, was mit Allahs Erlaubnis möglich sein wird. In der bei zahllosen Anlässen rezitierten ersten Sure bitten die Muslime, Allah möge sie die „gerade Straße" führen (Sure 1, 6).

Wer Allah und dessen Gesandtem gehorcht (Sure 4, 13), der ist ein Mitglied dieser „besten Gemeinschaft", der wird in das Paradies eingehen. Allah und sein Gesandter sind die einzige Instanz, vor die alle Konflikte zur Entscheidung gebracht werden müssen (Sure 4, 59). Selbst die Beduinen, die sich Mohammed nicht für seine kriegerischen Unternehmungen zur Verfügung halten können, werden durch Allah nicht zurückgewiesen, sofern sie ihm und seinem Gesandten gehorsam waren (Sure 49, 14f.). Die Loyalität zu Allah und seinem Gesandten ist die Voraussetzung für das Bestehen im Gericht. Sie wird aber durch nichts wirksamer bekundet als durch die Teilnahme am rituellen Gebet, das in reinem Zustand vollzogen wird: Nach der Befreiung von jeglicher materieller und immaterieller Trübung[7] kommt im Muslim das Geschaffenwerden (arab.: *al-fiṭra*) durch Allah ohne Einschrän-

---

[5] Ebd., 360f., 958.

[6] Z.B. Muslim b. al-Ḥaǧǧāǧ: Ṣaḥīḥ, masāǧid, 7.

[7] Die Läuterungsgabe (arab.: *az-zakāh*) reinigt den Menschen von der immateriellen Befleckung durch ichsüchtige Bestrebungen, die ihn aus der bruchlosen Eingefügtheit in Allahs Schöpfungshandeln hinausdrängen und somit die gleiche Wirkung haben wie die materielle Unreinheit (vgl. das zwölfte Kapitel: Was versteht der Muslim unter Religion?).

kung zum Ausdruck. Das unter Einhaltung dieser Voraussetzungen geleistete rituelle Gebet ist deswegen die wichtigste Institution des muslimischen Gemeinwesens: Es ist, wie es in einem Hadith heißt, der Schlüssel zum Paradies.[8]

II. Das Imamat

1. Das kleine Imamat

Im Begriff des Imamats, der Leitung sowohl des rituellen Gebets als auch des islamischen Gemeinwesens überhaupt, manifestiert sich mithin die macht- und gesellschaftspolitische sowie religiöse Eigentümlichkeit islamischer Herrschaft. In beiden Fällen besteht das Wesen dieses Amtes darin, das sich Muslime an eine Person binden, die in ihrem Namen und zu ihrem Nutzen das bewußte Verharren in der Geschaffenheit (arab.: *al-fiṭra*) durch Allah gewährleistet. Was nun das kleine Imamat, die Funktion des Vorbeters, betrifft, so bezweckt sie die Entlastung der Mitglieder der durch den Imam angeleiteten Gemeinschaft von der Sorge um die regelgerechte Ausführung der Riten. Verstöße gegen die Ausführungsvorschriften der Riten, etwa ein falscher Zeitraum, würden diese ungültig machen und daher den Islam der beteiligten Glaubenden beeinträchtigen. Zwei Hadithe verdeutlichen diesen Umstand: „Wenn jemand den Leuten vorbetet und dabei den richtigen Zeitpunkt trifft, so wird dies ihm und ihnen gutgeschrieben. Wer (als Vorbeter) hierin fehlt, zu dessen Lasten wird dies angerechnet, nicht aber zu Lasten der Leute (denen er vorgebetet hat).“ „Zu den Vorzeichen der (letzten) Stunde gehört es, daß sich die Leute in einer Moschee um die Aufgabe des Vorbeters reißen und folglich niemanden finden, der ihnen vorbetet.“[9]

Da das rituelle Gebet dem Glaubenden das Paradies aufschließt und da der Vorbeter, der Imam, dafür die Verantwortung trägt, daß diejenigen, die sich an ihn binden, den Ritus den Regeln entsprechend ausführen, stößt man in der Literatur auf zahlreiche Überlegungen betreffs seiner Qualifikationen. Das Hadith bewahrt allerdings die Erinnerung daran, daß es in der frühesten Zeit hierfür keine festen Regeln geben konnte. Es kam vor, daß ein junger Bursche diese Aufgabe wahrnahm, eben weil er zu den ersten eines Stammes gehört hatte, die den Islam angenommen hatten. Im übrigen zeigt sich eine eigenartige Verquickung von religiösem Verdienst und gesellschaftlichem Rang. Denn einerseits soll der Vorbeter derjenige unter den Betenden sein,

---

[8] Aḥmad b. Ḥanbal: Musnad, alte Ausgabe, III, 330.

[9] Abū Dāʾūd: Sunan, ṣalāh 58 f. Der Imam hat freilich nicht die Pflicht, die Einhaltung der rituellen Reinheit des Beters zu kontrollieren. Dies ist ein eigenes Gebiet der Scharia und wird daher auch nicht unter dem Kapitel „Gebet“ abgehandelt.

der es am besten versteht, den Koran vorzutragen; wenn hierfür mehrere in Frage kommen, dann derjenige unter diesen, der am frühesten die Hedschra vollzog, und finden sich selbst unter diesem Kriterium mehrere Gleichartige, dann möge das Lebensalter entscheiden. Allerdings ist zu beachten, daß ein Fremder niemals im Anwesen des Eigentümers vorbeten soll. Je weiter die Anfänge des Islams in die Vergangenheit rückten, desto unwirklicher wurden derartige Überlegungen. An die Stelle des Verdienstes um den Aufstieg des Islams trat die Gelehrsamkeit in den Fragen der Daseinsordnung und die Sicherheit in den Riten. Allerdings kann die professionelle Eignung weiterhin durch den gesellschaftlichen oder machtpolitischen Rang überspielt werden. Frauen sind vom Imamat ausgeschlossen; Mohammed soll jedoch einer Verwandten seiner ersten Ehefrau Ḫadīǧa gestattet haben, in ihrem Hause diese Aufgabe wahrzunehmen.[10]

Bei diesen Erörterungen wird stillschweigend an das Imamat in einem größeren Personenkreis, beispielsweise in einer Moschee, gedacht. Doch ist selbst in kleinsten Gruppen von Betern ein Imam zu bestimmen; denn es ist grundsätzlich um ein Vielfaches Verdienstvoller, den Ritus in einer Gemeinschaft auszuüben als allein. Sobald man aber zu dritt ja, auch nur zu zweit ist, muß einer die Aufgabe des Vorbeters übernehmen; das sollte derjenige unter den Teilnehmern sein, der am geläufigsten den Koran vorträgt. Auch in einem solchen Fall gilt, daß der Vorbeter die Verantwortung für den einwandfreien Vollzug trägt. Sollte ihm ein Fehler unterlaufen, dann wird ihn Allah nicht denjenigen anrechnen, die den Imam „nachahmen". Deren Pflicht liegt allein in der Befolgung der Gesten, die der Vorbeter vormacht.[11] Es liegt demnach bereits im Konzept des „kleinen Imamats" ein Moment der Machtausübung begründet. Diese rechtfertigt sich dadurch, daß sich die Teilnehmer einer Person unterordnen, die im Augenblick des Vollzugs als Sachwalter Allahs agiert und dessen Interesse an einer regelkonformen Ausübung der Riten wahrnimmt. Dadurch kann der Zweck, zu dem er die Menschen und die Dämonen geschaffen hat, nämlich angebetet zu werden (Sure 51, 56), erfüllt werden. Diese Erfüllung ist das oberste Gebot, das selbst die ärgsten moralischen Bedenken außer Kraft setzt. Denn laut Mohammed ist das rituelle Pflichtgebet hinter jedem Muslim auszuführen, „mag er ein redlicher Mann oder ein Übeltäter sein, ja sogar, wenn er unverzeihliche Verfehlungen (arab.: Pl. *al-kabāʾir*) begeht".[12]

---

[10] Abū Dāʾūd: Sunan, ṣalāh 60 f.

[11] Muslim b. al-Ḥaǧǧāǧ: Ṣaḥīḥ, masāǧid, 245–276, 289–293.

[12] Abū Dāʾūd: Sunan, ṣalāh 63.

2. Das große Imamat

„Der Begriff Imamat wurde geprägt zur Bezeichnung der Nachfolge (arab.: *al-ḫilāfa*) im Prophetenamt insofern, als dieses die Daseinsordnung (arab.: *ad-dīn*) und die Führung in den Dingen des Diesseits in sich begreift.“[13] – „Das ‚große Imamat‘ wird wie folgt definiert: rechtmäßiges allgemeines Verfügen über die Menschheit, mithin eine allgemeine Führerschaft in den Dingen der Daseinsordnung und des Diesseits als Nachfolge des Propheten.“[14] Fast ein Jahrtausend liegt zwischen diesen beiden Versuchen, das Wesentliche islamischer Staatlichkeit knapp zu umreißen. Der erste stammt aus der Feder des berühmten Staatsrechtlers al-Māwardī (gest. 1059), eines schafiitischen Kadis und Diplomaten in den Diensten der Bagdader Kalifen, der zweite findet sich in der 2007 abgeschlossenen kuweitischen Enzyklopädie des islamischen Rechts. Beide leiten die dem „Imam“,[15] dem islamischen Staatsoberhaupt zu Gebote stehende Herrscherbefugnis, die sich im Prinzip auf die ganze Menschheit erstreckt, aus dem Prophetentum Mohammeds ab, das auch inhaltlich uneingrenzbar ist. Die Glaubensausübung und sämtliche irdischen Angelegenheiten sind einbezogen.

Indessen rücken al-Māwardī einerseits und die Autoren der Enzyklopädie andererseits das große Imamat, die potentiell die Menschheit erfassende dem Prophetentum Mohammeds nachfolgende Machtausübung, in einen je eigentümlichen Zusammenhang mit dem kleinen Imamat, der Leitung der rituellen Pflichtgebete. Al-Māwardī stellt fest, daß es zwei Arten von Moscheen gebe, deren erste dem großen „Imam“, dem Herrscher, untersteht. Sie umfaßt gewöhnliche Moscheen, Freitagsmoscheen und Pilgerstätten (arab.: Pl. *al-mašāhid*). Dort dürfen nur Personen, die durch diesen „Imam“ berufen wurden, als Vorbeter fungieren, „damit die Untertanen nicht in Dingen, die (dem großen Imam) übertragen sind, unabhängig von diesem handeln“. Hierbei kommt es nicht darauf an, daß der zum Vorbeter Bestellte der am besten Geeignete ist.[16] Zur zweiten Art von Moscheen – al-Māwardī nennt sie dem gemeinen Volk gehörend (arab.: *ʿāmmīja*) – äußert er sich nicht weiter.

Hier sind einige Bemerkungen zum Charakter des Freitagsgottesdienstes notwendig. Dieser entstand nicht in Mekka, sondern in Medina, vermutlich

---

[13] al-Māwardī: al-Aḥkām as-sulṭānīja wal-wilājāt ad-dīnīja, Leseausgabe, Kairo 1960, 5.

[14] al-Mausūʿa al-fiqhīja, 45 Bände, Kuweit 1994–2007, VI, s.v. al-imāma aṣ-ṣuġrā (fortan IS), § 1.

[15] „Imamat“ bzw. „Imam“ sind keineswegs, wie man bisweilen hören kann, spezifisch schiitische Begriffe. Sie bezeichnen im sunnitischen staatstheoretischen Schrifttum die legitime Herrschaft über die *umma* der Muslime bzw. den Inhaber dieser Herrschaft.

[16] al-Māwardī, 100.

schon vor der Ankunft des aus Mekka dorthin vertriebenen Propheten. Denn schon ungefähr zwei Jahre vorher hatte sich in Medina eine Gemeinschaft von Anhängern der Lehren Mohammeds zusammengefunden. Dieser schickte zwei seiner Gefolgsleute nach Medina, die die dortigen Muslime im Koran und im rituellen Gebet unterweisen sollten. Diese Geschehnisse fallen genau in die Jahre, in denen Mohammed sich als den zweiten Abraham zu begreifen beginnt. Der abrahamische Tag der gemeinschaftlichen Gottesverehrung mußte vor denjenigen liegen, an denen die Juden und die Christen sich zu diesem Zweck versammelten. Denn Abraham war weder Jude noch Christ gewesen, sondern ein Gottsucher, ein Ḥanīf, wie Mohammed in Medina hervorheben wird (Sure 3, 67). Abraham praktizierte demnach die ursprünglichen, unverfälschten gottgewollten Riten, die Mohammed nun wieder einführt. Im Freitagsgottesdienst, den aufzusuchen eine schariatische Pflicht aller Männer ist, kommen die Glaubenden zur Gottesverehrung zusammen, was Allah als die beste Gemeinschaft rühmt, die je gestiftet worden sei (Sure 3, 110). Sie bekundet im Freitagsgottesdienst ihre Ergebenheit gegenüber „Allah und seinem Gesandten", den Machthabern der medinensischen Gemeinde. Diesen „hoheitlichen" Charakter bewahrt der Freitagsgottesdienst auch, nachdem sich das islamische Herrschaftsgebiet weit ausgedehnt hat. Es ist nun der Statthalter des Kalifen, der, jedenfalls in der Theorie, den Freitagsgottesdienst abzuhalten hat und der stellvertretend für den Kalifen oder Sultan die Ergebenheitsbekundungen entgegennimmt. Auch wenn die alte Regel, derzufolge nur eine Freitagsmoschee in jeder größeren Stadt oder Ansiedlung bestehen darf, längst nicht mehr beachtet wird, so kommt der Freitagspredigt gerade in den nichtislamischen Ländern, in denen sich muslimische Minderheiten gebildet haben, erhebliche Bedeutung zu.[17] Ihr Inhalt wird vielfach von islamischen Behörden der Ursprungsländer bestimmt und verfolgt das Ziel, die Umwandlung der muslimischen Loyalität in eine Loyalität gegenüber der säkular-freiheitlichen Grundordnung des Landes, in das man eingewandert ist, zu verhindern.[18] Denn wie sollte ein Prediger je die ihm zuhörenden Muslime zur Ergebenheit gegenüber einer „ungläubigen" Obrigkeit aufrufen?

Kommen wir nun zu al-Māwardī zurück! Wenn er im folgenden die Frage, wie in den „Imamatsmoscheen" beim Ausfall des berufenen Vorbeters die Vertretung geregelt werden muß, und verwandte Probleme bis ins kleinste erörtert, leuchtet ein, daß er auf dieser scheinbar alltäglichen Ebene einen staatspolitisch hochwichtigen Gegenstand abhandelt, nämlich die Sicherung der Herrschaft des großen „Imams" als des Nachfolgers Mohammeds. Dies

---

[17] Vgl. achtzehntes Kapitel (Wie sieht der Islam die Nichtmuslime?), III. und IV.

[18] Constantin Schreiber: Inside Islam. Was in Deutschlands Moscheen gepredigt wird, Berlin 2017.

wird noch deutlicher, wenn er in anderem Zusammenhang rät, der Nachfolger oder Stellvertreter Mohammeds, also der große „Imam“, möge muslimische Usurpatoren als seine Statthalter anerkennen, damit seine Funktion in den betroffenen Gebieten erhalten bleibe und, indem so der Gehorsam in der Daseinsordnung und auch in den rein diesseitigen Belangen dem Scheine nach wiederhergestellt werde, die Bewohner jener Gebiete dem Zustande der Sündhaftigkeit entkämen.[19] Die Analogie zu den Aufgaben des „kleinen Imamats“ fallen ins Auge: Der Inbegriff der Amtstätigkeit des großen wie des kleinen Imams liegt in der Sicherung der Anrechenbarkeit der unter ihrer Anleitung vollzogenen Riten auf das Jenseitsverdienst der Glaubenden. Grundsätzlich darf es nur *einen* „großen Imam“ geben, wie denn Mohammed in Medina der einzige Machthaber in der „besten Gemeinschaft“ war.

Mit dem Einsetzen der Eroberungswellen in den letzten Lebensjahren Mohammeds und vor allem nach seinem Tod konnte diesem Grundsatz keine Genüge mehr geschehen. Der Nachfolger bzw. Stellvertreter des Gottesgesandten setzte in den Metropolen der eroberten Länder Statthalter ein, die für ihn die Aufgabe der Sicherung der Anrechenbarkeit des Ritenvollzugs erfüllten. Die bis zum Aufblühen der Sufigemeinschaften im 12. Jahrhundert weitgehend eingehaltene Regel, daß es in jeder größeren Stadt nur eine Moschee geben dürfe, in der als sichtbarer Ausdruck der hoheitlichen Bedeutung die Freitagspredigt gehalten und dem fernen Nachfolger Mohammeds die Ergebenheit der Glaubenden zugesichert wurde, unterstreicht den machtpolitisch-religiösen Charakter des „großen Imamats“. Mit dem Anwachsen der Metropolen wurde es üblich, in topographisch gegeneinander abgrenzbaren Vierteln je eine Freitagsmoschee zuzulassen. Die Meister der Sufigemeinschaften sahen sich in einem besonderen Verhältnis zu Mohammed und beanspruchten für die Anwesen, in denen sie wirkten, dann ebenfalls den Status einer Freitagsmoschee und hielten entsprechende Gottesdienste ab. Heutzutage ist die hoheitliche Funktion des Freitagsgottesdienstes verloren; nach wie vor gibt es Moscheen, die der Kontrolle der Machthaber unterstehen, aber selbst in den zahllosen privaten Beteinrichtungen kann man die freitäglichen Predigten hören, vor allem in den nichtislamischen Ländern.

Zurück zu al-Māwardī! Ihm gerät bei der Definition des Imamats, unter dem er das „große“ versteht, einzig die Herleitung aus dem Wirken Mohammeds in den Blick; die „dem gemeinen Volk gehörenden“ Moscheen erwähnt er nur beiläufig. Anders entwickelt die kuweitische Enzyklopädie den Gegenstand. Dort liest man unmittelbar nach der Definition des großen Imamats: „Das kleine Imamat, dasjenige beim rituellen Pflichtgebet, besteht in der Bindung des Gebets(-vollzugs) des Betenden an einen anderen Betenden

[19] al-Māwardī, 34.

gemäß Bedingungen, die die Scharia festlegt. Denn jemand wird nur Imam, wenn der Nachahmende sein Gebet an dasjenige des ersteren bindet, und in dieser Bindung besteht das Wesen des (kleinen) Imamats." Daß man dem Vorbeter zumindest während eines Teils des rituellen Gebets Folge leistet, ist der Kern der Sache.[20]

Worauf aber stützt sich die Autorität des Vorbeters? Wie die Autoren der Enzyklopädie bekräftigen, ist bei der Beantwortung dieser Frage zu bedenken, daß ein Imam den Nachahmenden gegenüber in der Position desjenigen ist, der ihnen etwas gewährleistet, nämlich die Richtigkeit des Vortrags der zu rezitierenden Koranverse und des Bewegungsablaufs der Niederwerfungen, mithin die Anrechenbarkeit der vollzogenen Riten auf das Verdienstkonto, das bei Allah geführt wird, und damit letzten Endes das Erreichen des Daseinszweckes des Menschen als eines verstandesbegabten Geschöpfes.[21] Der Nachahmende überträgt die Verantwortung für die Mehrung seiner Anwartschaft auf das Paradies dem Vorbeter – gleich wie nach al-Māwardī der „große Imam" als Nachfolger Mohammeds diese Bürde auf der höchsten Ebene schultert. Gewährleistung aber ist immer ein Akt eines Höherrangigen zugunsten eines Niederrangigen, heißt es in der Enzyklopädie.[22] So ist einsichtig, daß ein Vorbeter weder körperliche noch geistige Gebrechen aufweisen darf, was natürlich auch für den großen „Imam" gilt. Unter den solchermaßen Geeigneten haben die Schariagelehrten den Vortritt.[23] Allerdings wird diese am Zweck der Handlung ausgerichtete Rangfolge der Eignung durch einen anderen Gesichtspunkt durchbrochen. Sollte der Ritus innerhalb eines privaten Anwesens oder auf dem Territorium eines Stammes vollzogen werden, dann hat der Eigentümer bzw. der Vorbeter des Stammes das Imamat der Riten inne, selbst wenn unter den Betenden jemand sein sollte, der diesen an Kenntnis der Scharia oder an anderen islamischen Tugenden übertrifft. Dieser aus den Eigentums- bzw. aus den überkommenen Machtverhältnissen resultierende Vorrang wird nur aufgehoben, sobald sich unter denen, die sich zum rituellen Gebet bereit machen, ein Amtsträger des großen „Imams" befindet. „Auf keinen Fall soll jemand einem Mann mit Amtsvollmacht (arab.: *as-sulṭān*) vorbeten", soll Mohammed verfügt haben, „und nur mit dessen Erlaubnis darf der Eigentümer in seinem Haus auf dem Ehrenplatz sitzen".[24] Ein Amtsträger, erläutern die Autoren der Enzyklopädie, hat als Vorbeter tätig zu werden, sofern er wenigstens über das vorgeschriebene Mindestmaß an Wissen vom Koran und von den Bewegungsabläufen gebietet. Denn seine

---

20 IS, § 1.
21 Ebd., § 9.
22 Ebd., § 10.
23 Ebd., § 15.
24 Ebd., § 14.

Befugnis ist allgemein,[25] umfaßt also, wie es für den „großen Imam" gilt, die Angelegenheiten der Welt und der göttlichen Daseinsordnung.

Die Bindung der Beter an den Vorbeter und dessen Garantie für die auf das religiöse Verdienst anrechenbare Ausführung des Ritus bilden, so die Enzyklopädie, auf der Ebene des alltäglichen Glaubensvollzugs genau die Konstellation von Führung und Geführten ab, die auf der Ebene darüber zwischen dem „Imam der Menschheit" und den Muslimen statthat. Als Mohammed auf den Tod erkrankte, sprach er: „Befehlt Abū Bakr, er möge den Leuten vorbeten!" Die Tatsache, daß Mohammed seinem Gefährten Abū Bakr den Vorzug für das „kleine Imamat" gab, hätten die übrigen Prophetengenossen so ausgelegt, daß Abū Bakr hernach zur Wahrnehmung des „großen Imamats" ausersehen sei.[26] Er wurde zum Nachfolger (arab.: *al-ḫalīfa*) des Propheten, übernahm die Führung der Muslime in allen Angelegenheiten der Welt und der Daseinsordnung und verwirklichte die Bestimmungen der Scharia. In diesem Sinne habe sich beispielsweise der berühmte Historiker Ibn Ḫaldūn (gest. 1406) geäußert. Abū Bakr erlangte eine allumfassende, weder territorial noch der Sache nach eingeschränkte Zuständigkeit. Der „große Imam" hat die islamische Herrschergewalt inne. Wenn diese regional definiert werden kann – wie das heute bei allen islamischen Staaten der Fall ist –, könne man allerdings nicht von einer Nachfolge (arab.: *al-ḫilāfa*), einem Kalifat, sprechen, versichert die Enzyklopädie. Ihre Autoren betonen jedoch, daß es zu unterschiedlichen Epochen ein Kalifat ohne wirkliche Herrschergewalt gegeben habe, etwa gegen Ende der Bagdader Abbasidendynastie, desgleichen Herrschergewalt ohne eine Nachfolgeschaft des Gesandten Allahs, beispielsweise unter den Mamluken. Diese dem Inhalte nach etwas fragwürdigen Bemerkungen zur Geschichte leiten über zu einer auf die Gegenwart bezogenen Bestimmung des Begriffs Machtausübung (arab.: *al-ḥukm*), der sich auf Personen beziehe, die die allgemeine Herrschergewalt wahrnähmen.[27]

Das Bemühen, für die territorial definierten muslimischen Staatsgebilde aus der Vergangenheit heraus wenigstens eine nicht säkularisierbare, Religion und Politik umschließende allgemeine Kompetenz zu retten, wird an dieser Stelle greifbar. Die Autoren der Enzyklopädie versichern dem Leser, gemäß der Scharia sei es notwendig, ein „großes Imamat" zu schaffen. Dies hätten die Prophetengenossen unmittelbar nach dem Ableben Mohammeds durch ihre Handlungsweise bekundet, nachdem sie den Wunsch des auf den Tod Erkrankten vernommen hätten. Die wichtigsten unter ihnen hätten sich sogleich versammelt, um einen Nachfolger zu bestimmen. Sogar die Pflicht der Vorbe-

---

[25] Ebd., § 15.

[26] Ebd., § 4.

[27] al-Mausūʿa al-fiqhīja, VI, s.v. al-imāma al-kubrā (fortan IK), §§ 4–5.

reitung des Leichnams zur Bestattung hätten sie hintangestellt. Über alle Zeitalter hinweg sei die Pflicht der Einsetzung eines „großen Imams" niemals angezweifelt worden; sie zu vernachlässigen, sei eine schwere Sünde.[28] Denn in einem solchen Fall wäre die muslimische Gemeinschaft nicht mehr in der Lage, die Anwartschaft auf das Paradies zu sichern. „Imam" nenne man ihr Oberhaupt nämlich in Anlehnung an den „Imam" des rituellen Gebets, dessen Handlungen zu folgen ist, da sie der Scharia entsprechen und deren Einhaltung gewährleisten.[29] Die Tauglichkeitsmerkmale für die Ausübung des „großen Imamats" ähneln denjenigen, die für das kleine qualifizieren. Doch selbst wenn ein Imam seines Amtes als Vorbeter waltet, der hierfür nicht tauglich ist, soll der Muslim, der dies erkennt, sich hinter ihm einreihen. Denn für die Anstiftung zum Aufruhr, den der Einspruch gegen den untauglichen Vorbeter auslösen könnte, zöge Allah ihn zur Rechenschaft, nicht aber für eventuelle Fehler beim Vollzug des Gebets, für die allein der untaugliche Imam geradestehen müsse. Höher noch als beim „kleinen Imamat" wird die Notwendigkeit beim „großen Imamat" eingeschätzt, einen verbrecherischen Amtsinhaber zu ertragen. Nur wenn keine Unruhen zu befürchten seien, dürfe man ihn aus dem Amt drängen. Manche Prophetengenossen hätten hinter frevlerischen Imamen gebetet, nur um die Geschlossenheit der muslimischen Gemeinschaft nicht aufs Spiel zu setzen.[30]

Das „kleine" wie das „große Imamat" gewährleisten die Voraussetzungen zur regelgerechten Verehrung Allahs, dem eigentlichen Daseinszweck der muslimischen Glaubensgemeinschaft – neben den unablässigen Anstrengungen zur Ausdehnung ihres Herrschaftsbereichs, bis schließlich der „große Imam" seine Funktion für die ganze Menschheit wahrnimmt. Diese Gewährleistung schlägt sich in einem Machtverhältnis nieder; denn sie geschieht in beiden Imamaten vom Stärkeren zum Schwächeren hinab: Nachahmung hat nur statt, wenn demjenigen, den man nachahmt, ein „stärkerer Status" eignet als dem Nachahmenden; allenfalls Gleichrangigkeit wäre vorstellbar. Dies hebt die Enzyklopädie ausdrücklich hervor.[31] Denn jedes rituelle Gebet ist,

---

28 Vgl. hierzu zehntes Kapitel (Was sind Sunniten?) und elftes Kapitel (Was sind Schiiten?).

29 IK, § 7.

30 Ebd., § 12. Im allgemeinen waren die Maßstäbe für die Ausübung des „kleinen Imamats" strenger; so wollten manche Rechtsschulen einen verbrecherischen Vorbeter nur beim Freitagsgebet und bei hohen Festtagen dulden (*IS*, § 5). Hieran ist abzulesen, wie wichtig im Zusammenhang mit dem Vollzug der Ritualpflichten die Eintracht der muslimischen Gemeinschaft ist.

31 IS, § 19. Daher kann niemals eine Frau Männern vorbeten. Sie darf höchstens anderen Frauen vorbeten und hat dabei mitten unter ihnen zu stehen (ebd., §§ 7–8), weil offenbar einer Frau eine herausgehobene Position grundsätzlich verwehrt ist. Vgl. hierzu neunzehntes Kapitel (Was lehrt der Islam über die Frauen und die Ehe?), II. und III.

sofern es, wie dringend empfohlen, in der Gemeinschaft (arab.: *al-ǧamāʿa*) vollzogen wird, ein Akt von Über- und Unterordnung.

3. Die islamische Ausübung von Macht über andere

Das kleine wie das große Imamat setzen die Ausübung von Macht über andere voraus. Trotz dem in der heutigen Zeit ständig wiederholten Bruchstück von Sure 42, Vers 38, in dem es heißt, für die Muslime sei es kennzeichnend, daß sie einander in ihren Angelegenheiten berieten, besteht der Kern des islamischen Gemeinwesens darin, daß einige wenige Gewalt über die anderen ausüben. Diese Wahrnehmung von Gewalt über andere (arab.: *al-wilāja*) ist keineswegs an eine Zustimmung dieser anderen gebunden. Denn diese Gewalt ergibt sich nach islamischer Vorstellung aus dem minderen Rang der solchermaßen Beherrschten gleichsam „natürlich". Die kuweitische Enzyklopädie des islamischen Rechts widmet diesem Thema einen sehr ausführlichen Abschnitt. Sie leitet den Begriff *wilāja*, wie es üblich ist, aus der Wortwurzel *w-l-j* ab, die das Nahesein bedeutet. Allah ist derjenige, der den Glaubenden nahe ist (arab.: *al-walī*), heißt es in Sure 2, Vers 257, was aussagen soll, daß Allah der wesensmäßig überlegene Sachwalter ist. *Wilāja* bezeichnet daher die Funktion des aus einem Vorrang resultierenden Machtausübens, dessen „edelste" Art sich durch das Verfügen über das „Wissen" rechtfertigt – das aus den autoritativen Texten abgeleitet wird.[32]

In der Fachterminologie der Schariagelehrten meint die allgemeine *wilāja* „den Vollzug (des Inhalts) einer Aussage zu Lasten eines anderen, gleichviel, ob dieser es will oder es ablehnt. So umfaßt (der Begriff) das große Imamat sowie eine (hoheitliche) Funktion wie das Richteramt, die Marktaufsicht, die Beantwortung von Petitionen, die Polizei usw. Desgleichen schließt (der Begriff) die Vormundschaft ein, die eine erwachsene Person im Vollbesitz ihrer Kräfte über eine andere, der dieser Vollbesitz abgeht, in Dingen des Personenstands und des Vermögens ausübt." Die Enzyklopädie kennt weitere Definitionen, so etwa die Betrauung eines anderen mit der schariarechtlich zulässigen Sachwalterschaft der Belange des Betrauenden, wie dies im Falle von Stiftungen geschieht; ferner ist im Verfahren der Talion ein Vertreter der Interessen des Getöteten zu bestellen. Unter die spezielle *wilāja* fallen das Recht des Ehemannes, seine widerspenstige Gattin zu züchtigen, desgleichen die Erziehungsgewalt des Vaters und des Lehrers.[33]

---

[32] Diese Aussage belegt eindrucksvoll die Selbsteinschätzung der „Wissenden", d. h. der (Scharia)Gelehrten (arab.: Pl. *al-ʿulamāʾ*) als der Sachwalter des das islamische Gemeinwesen konstituierenden gottgegebenen „Wissens" (vgl. hierzu dreizehntes Kapitel: Wie sieht der Islam den Menschen?).

[33] al-Mausūʿa al-fiqhīja, Bd. XLV, 135 f., s.v. *wilāja*. Vgl. neunzehntes Kapitel (Was lehrt der Islam über die Frauen und die Ehe?), II. 1.

Die *wilāja* Allahs ist, wie nicht anders zu erwarten, allumfassend. Sie ist auf dem Gehorsam der Glaubenden errichtet. Ist dieser gegeben, dann nähert sich ihnen Allah, indem er sie liebt und sie nicht einen Augenblick sich selber überläßt. Die Menschen, die eine *wilāja* ausüben, haben sich an die Vorschriften der Scharia zu halten und, wie in Sure 4, Vers 58, gefordert wird, diese *wilāja* als ein ihnen anvertrautes Gut zu betrachten und ihre Amtspflichten redlich zu erfüllen.[34]

Alle Inhaber einer allgemeinen *wilāja*, d.h. der oberste Imam und seine Amtsträger, müssen unentwegt nach dem „Gebieten dessen, was billigenswert ist, und dem Verbieten des Verwerflichen" handeln. Vor allem aber haben sie sich ständig von den Schariagelehrten beraten zu lassen. Das Wesirat, die Ämter des Kadis, der Polizei, der Führung des Dschihads sowie der Kriege, die gegen innere Feinde gerichtet sind, und die Aufgaben der Steuer- und Tributeintreibung sind dem „großen Imam" unterstellte Funktionen. Sie dienen dazu, in Stellvertreterschaft des Propheten die Daseinsordnung zu bewachen und das Diesseits zu lenken. Denn, wie Ibn Ḫaldūn festgestellt habe, hat der „große Imam" die Pflicht, die Allgemeinheit dazu zu bringen, ihre diesseitigen und jenseitigen Interessen durch Beachtung der Scharia zu wahren. Die diesseitigen Angelegenheiten haben nämlich grundsätzlich eine jenseitige Dimension, da sie durch Mohammed stets im Hinblick auf ihre Konsequenzen im Jenseits betrachtet und bewertet wurden.[35]

Das im Begriff der *wilāja* verborgene Verständnis von Ausübung der Herrschergewalt durchdringt alle Lebensbereiche. Es schließt die, wie man in Europa sagt, geistliche Macht in sich wie auch die durch Waffengewalt zur Geltung gebrachte, die als die Grundlage des Gemeinwesens angesehen werden wird, sobald die im religiösen Charisma wurzelnde Macht des „großen Imamats" schwindet. Wichtig ist ferner der Umstand, daß eine klare begriffliche Trennung zwischen der durch die Organe des Gemeinwesens ausgeübten Macht und der Gewalt, die dem privaten Bereich zuzurechnen ist, nicht gegeben ist. Denn die in der schariatischen Terminologie vorwaltende Unterscheidung zwischen allgemein (arab.: *ʿāmm*) und speziell (arab.: *ḫāṣṣ*) bedeutet ja nichts anderes, als daß die Ausübung beispielsweise der väterlichen Gewalt nur einen Sonderfall derjenigen Gewalt darstellt, die dem „großen Imam" zuzugestehen ist. Wir stoßen hier erneut auf einen bedeutsamen Aspekt des Islams als einer Gemeinwesenreligion: Der dem Muslim abverlangte Gehorsam gegen Allah kommt in einem Gefüge von Unterordnung zum Ausdruck, und dieser Unterordnung fehlt, auf welcher Stufe auch immer, das

---

[34] al-Mausūʿa al-fiqhīja, Bd. XLV, 146.

[35] Ebd., 152–156. Zu Ibn Ḫaldūns Begründung des vollgültigen Fortbestandes des islsmischen Gemeinwesens vgl. Tilman Nagel: Die erdrückende Last des ewig Gültigen, Kapitel XVIII.

Element der Einsicht und der aus ihr resultierenden Freiwilligkeit. Selbst beim „kleinen Imamat“ ist es nicht gegeben; denn bei jedem in Gemeinschaft vollzogenen Pflichtgebet ist, wie erinnerlich, die Bestellung eines Imams obligatorisch, dessen Art des Vorbetens unbedingt nachzuahmen ist, selbst wenn sie fehlerhaft sein sollte.

III. Das Kalifat

1. Die Anfänge

Al-Māwardī schrieb seine Abhandlung über die islamische Machtausübung, als das abbasidische Kalifat eine schwere Krise durchlebte. Faktische Machtmittel standen dem Kalifen nur noch in ganz unzureichendem Maße zur Verfügung. Die Spaltung der islamischen Welt in einen – größeren – sunnitischen und einen schiitischen Teil war zu einem wesentlichen Moment abbasidischer Politik geworden, seit im Jahre 909 im Gebiet des heutigen Tunesien das schiitische Kalifat der Fatimiden entstanden war. Anders als alle vorherigen schiitischen Gebilde hatte es keine kurze Lebensdauer. Im Jahre 969 dehnten die Fatimiden ihre Macht an den Nil aus, besetzten danach die Levante und wurden zu einer ernsten Bedrohung für die Abbasiden. Überdies betrieben die Fatimiden eine regsame Propaganda für die schiitische Sache und gewannen ihr auch unter den regionalen Machthabern des Ostens der islamischen Welt viele Anhänger. Der abbasidische Kalif seinerseits sah sich genötigt, sich zum entschiedenen Förderer des Sunnitentums zu erklären und damit endgültig die Rolle eines über den islamischen Parteiungen stehenden „Stellvertreters des Gottesgesandten“ aufzugeben bzw. diese Rolle als die Förderung der Sunniten, der Mehrheitsrichtung, aufzufassen. Seine Machtmittel hierfür waren, wie schon angedeutet, äußerst beschränkt, zumal er selber in Bagdad unter der Kuratel des schiitisch gesonnenen iranischen Geschlechts der Bujiden stand.

Es mußte al-Māwardī als einem loyalen Funktionär der Abbasiden darauf ankommen, das Imamat – er unterscheidet in seinen Schriften nicht zwischen einem kleinen und einem großen – als die Wahrnehmung der angeblich unbeschränkten Machtfülle des Propheten zu definieren. Wie Mohammed einst, so ist jetzt der abbasidische „Imam“ der Garant für die Aufrechterhaltung der Daseinsordnung; ein Muslim, der diesen Grundsatz anficht, verstößt gegen den Islam und verspielt die Anwartschaft auf das Paradies. Wesentlich ist daher für al-Māwardī die Annahme, daß sich die Funktionen des Imams unmittelbar von denen Mohammeds herleiten. – Daß die kuweitische Enzyklopädie einen anderen Gesichtspunkt hervorhebt, nämlich die Aufgabe, die Masse der Glaubenden vor unzureichendem Ritenvollzug zu bewahren, wurde im vorigen Kapitel erörtert. – Al-Māwardī schreibt dagegen, der Begriff Imamat sei zur Bezeichnung der Nachfolge (arab.: *al-ḫilāfa*) im Prophetenamt gebildet worden, d. h. zur Bezeichnung des Kalifats.

In den Überlieferungen über die medinensischen Kriegszüge Mohammeds stößt man wiederholt auf den Begriff des „Platzhalters" (arab.: *al-ḫalīfa*). Mit diesem Wort belegt man auch in anderem Zusammenhang den Mann, den ein kampfbereiter Stamm damit beauftragt, beim Troß zurückzubleiben. In Medina bekommt die Aufgabe mehr Bedeutung, denn dieser *ḫalīfa* hat in den Fällen, in denen Mohammed selber ins Feld zog, die rituellen Gebete der Zurückgebliebenen zu leiten.[36] Die Sunniten leiten aus dem Umstand, daß Mohammed, sobald er auf den Tod erkrankt war, seinen Gefährten Abū Bakr bat, den in der Moschee Wartenden vorzubeten, den Wunsch des Propheten ab, dieser möge auch die Leitung der Glaubensgemeinschaft übernehmen. Diese Ansicht legt das, was nach Mohammeds Ableben geschah, als dessen Absicht aus und wird daher unzutreffend sein.

Die medinensische Gemeinde war schon etliche Zeit vor Mohammeds Tod durch tiefe Zerwürfnisse belastet, die sich daraus ergeben hatten, daß der Prophet nach der Inbesitznahme Mekkas im Januar 630 seine dortigen Sippenangehörigen, die ihn bis zu diesem Zeitpunkt bekämpft hatten, in vieler Hinsicht begünstigte, was ihm sowohl die frühen mekkanischen Auswanderer als auch die medinensischen „Helfer" verübelten. Denn diese beiden Gruppen, denen die Gemeinschaft der Muslime ihr Überleben verdankte, sahen sich um den Lohn ihrer Anstrengungen betrogen. Als Mohammed gestorben war, forderten die „Helfer" für sich selber den Befehl über einen der nach Norden geplanten Raubzüge. Es soll ʿUmar b. al-Ḫaṭṭāb (Kalif von 634–644) gewesen sein, der die drohende Spaltung des jungen Gemeinwesens verhinderte, indem er vorschlug, Abū Bakr, den Vertrauten des Dahingeschiedenen, zu dessen Nachfolger (arab.: *al-ḫalīfa*), zum „Kalifen" zu erklären. Daß die bis vor kurzem den Muslimen feindlich gesonnenen führenden Sippen Mekkas die Macht usurpierten, wurde auf diese Weise unterbunden, und als Abū Bakr schon zwei Jahre später verstarb, hatte ʿUmar seinen Einfluß so weit gefestigt, daß er anscheinend ohne nennenswerten Widerstand zum „Nachfolger des Nachfolgers des Gesandten Allahs" avancierte. Seine Herrschaft belegt eindrucksvoll, was er unter diesem Amt verstand.

ʿUmar gab wenig auf ererbtes Prestige. Den mekkanischen Vornehmen verbot er, bei den in Gang gekommenen Eroberungen führende Posten zu bekleiden. Um zu demonstrieren, daß seine Macht ihren Ursprung in Maßnahmen Mohammeds hatte, nahm er den Herrschertitel „Befehlshaber der Glaubenden" (arab.: *amīr al-muʾminīn*) an. Mohammed hatte ihn einem Vertrauten verliehen, den er noch vor der Schlacht bei Badr mit Vorstößen gegen mekka-

---

[36] Tilman Nagel: Mohammed. Leben und Legende, München 2008, 497.

nische Karawanen beauftragt hatte.[37] Dieser Titel, der dem Kalifen bis in die Neuzeit erhalten blieb, dokumentiert ʿUmars Selbstverständnis: Die Herrschaft über das von Mohammed ins Leben gerufene Gemeinwesen gebührt den frühen Auswanderern, niemandem sonst. Gerade im Bruch mit Mekka erkannte ʿUmar die Gründungsstunde des muslimischen Gemeinwesens, die Hedschra bestimmte er daher als den Beginn der islamischen Zeitrechnung, deren Jahr, wie Sure 9, Vers 36, vorschreibt, zwölf Mondmonate umfaßt. Die Macht der alten mekkanischen Elite hatte sich nicht zuletzt darauf gestützt, daß sie die in kurzen Abständen notwendigen Schaltmonate bestimmen und die Pilgersaison dadurch im Winter festhalten konnte. Außerdem veranlaßte ʿUmar die bis heute gültige Zusammenstellung der als einzelne Texte zirkulierenden Suren, wobei darauf geachtet wurde, daß ihr mekkanischer Wortlaut erhalten blieb und mundartliche Lautgebungen, die sich bei Lesern aus anderen Stämmen eingeschlichen hatten, ausgemerzt wurden. Äußerst zurückhaltend soll man mit Textfragmenten verfahren sein, deren Zugehörigkeit zu dem – durch die häufige Rezitation ja weithin bekannten – Text nicht zweifelsfrei erwiesen war. Die Mohammedschwärmerei junger Männer, die erst in den Jahren des Triumphes Muslime geworden waren, sah ʿUmar mit Skepsis. Er untersagte, die in diesen Kreisen kolportierten Sprüche niederzuschreiben: Er fürchtete um die Unversehrtheit der koranischen Botschaft. Die alten Kämpfer, diejenigen, die schon 624 bei Badr ihre Haut zum Markte getragen hatten, sollten es überdies sein, die den größten Gewinn aus der reichlich eingeheimsten Kriegsbeute ziehen durften. Darum schuf ʿUmar ein Dotationssystem, in dem der Zeitpunkt des Beginns des Kampfeinsatzes für den Islam über die Höhe der Zuwendungen entschied, wenngleich der Väterruhm, ein wesentliches Element des Prestiges in der vorislamischen Gesellschaft, nicht gänzlich unberücksichtigt zu bleiben brauchte.[38]

Nachfolge des Gottesgesandten hieß für ʿUmar, die Zeit bei der Inbesitznahme Mekkas anzuhalten. Der Islam, die Weggabe der eigenen Person an Allah, bedurfte nach seiner Ansicht des aus vorislamischer Zeit herrührenden „Adels“ nicht. Schon bei ʿUmar trifft man auf die Überzeugung, im Medina des Propheten sei die nicht mehr überbietbare Vollendung der Geschichte in der Gestalt der durch Allah und seinen Gesandten beherrschten Glaubensgemeinschaft erreicht worden. „Nachfolge“ Mohammeds bestehe somit im Bewahren dieser Vollendung wider alle Wechselfälle der Geschichte. Es wird ʿUmar vielleicht nicht umsonst unterstellt, er habe das Ableben Mohammeds nicht wahrhaben und jeden, der diese Nachricht verbreitete, wie einen Aufrührer bestrafen wollen.[39] Wie oft in der islamischen Geschichte werden

---

[37] Ebd., 301.
[38] Ebd., Kapitel VI.
[39] Ebd., 495.

Versuche eines solchen Anhaltens, ja Zurückkehrens größtes Leid auslösen! Bereits unter ʿUmar mißlang die Eindämmung des Ehrgeizes der spätbekehrten Mekkaner. Die Pest raffte seinen Statthalter in Palästina und Syrien dahin, einen frühen Auswanderer seines Schlages. An dessen Stelle mußte er mit Muʿāwija b. abī Sufjān (gest. 680) einen Sohn des Mannes setzen, der die Mekkaner in ihren Kriegen gegen das Medina des Propheten angeführt hatte.

Das ʿumarsche Dotationssystem, das das frühe Verdienst um den Islam zum wesentlichen Kriterium der Verteilung der in Medina einkommenden Kriegsbeute sowie der Einkünfte aus den von den Unterworfenen bearbeiteten eroberten Ländereien erhob, überlebte sich schnell. Daß alte Kämpfer, nunmehr ohne etwas zu leisten, den Löwenanteil des plötzlichen Reichtums einstrichen, sorgte verständlicherweise für Unmut. Es kam hinzu, daß die Eroberungskriege schon ein viertel Jahrhundert nach Mohammeds Tod nur noch wenig Ertrag einbrachten: Sie führten in immer fernere Weltgegenden, verschlangen also immer mehr Kosten, während die Zahl der von der Aussicht auf raschen Gewinn Angelockten viel zu rasch anstieg. Bereits kurz nach der Mitte des 7. Jahrhunderts war die „beste Gemeinschaft" nicht mehr zu finanzieren, und nicht zuletzt aus diesem Grund wurde die Autorität des nunmehrigen „Nachfolgers", ʿUṯmān b. ʿAffāns (reg. 644–656), durch die Wühltätigkeit von Aufrührern untergraben, die in mehreren Teilen des eben zusammengeraubten islamischen Machtbereichs auf die „Ungerechtigkeit" der Verhältnisse hinwiesen und dabei die Zeit priesen, da der Gesandte Allahs noch selber die Zügel in der Hand hielt. Manche fabulierten sogar davon, daß Mohammed gar nicht tot, sondern nur entrückt sei und demnächst wiedererscheinen werde.

Nahrung fand dieses Gedankengut an einer Interpretation der vergangenen Jahrzehnte, die sich im grundsätzlichen von derjenigen unterschied, die ʿUmar und seine Anhänger propagierten. Nicht der Bruch mit Mekka ist hier der Ausgangspunkt der islamischen Geschichte; diese beginnt weit früher, bei Abraham, und das Licht der Prophetenschaft sei von ihm aus an Mohammeds unmittelbare mekkanische Vorfahren gelangt. Die Konstrukteure dieser Erbfolge legten übrigens wert auf den Umstand, daß die Mütter der jeweiligen Erbträger Freie und keine Kebsweiber gewesen seien. Wenn man dies alles in Betracht zog, war die Nachfolge Mohammeds ganz und gar regelwidrig verlaufen, denn Abū Bakr, ʿUmar und ʿUṯmān wiesen die Kriterien nicht auf, die aus dieser „Erbfolge" abzuleiten waren. Dies galt jedoch für ʿAlī b. abī Ṭālib, einen Sohn von Mohammeds Oheim Abū Ṭālib. In den für Mohammed schwierigen mekkanischen Jahren hatte Abū Ṭālib die Hand über seinen verwaisten Neffen gehalten. ʿAlī, um Jahrzehnte jünger als Mohammed, spielt in den Überlieferungen zur Prophetenvita keine prominente Rolle – ein Mangel, den die Phantasie seiner Anhänger im Laufe der Jahrzehnte und Jahrhunderte mehr als wettmachen sollte.[40] Es steht allerdings fest, daß ʿAlī, ohne sich zu exponieren, in den Jahren, in denen die Unzulänglichkeiten des Regiments der „frühen Auswanderer" zutage traten, zum Hoffnungsträger der Unzufriedenen wurde. Ohne diesen Strömungen steuern zu können, sah er sich 656 zum Führer des islamischen Gemeinwesens erhoben, nachdem ʿUṯmān von Protagonisten ebenjener Kräfte in Medina ermordet worden war.

Um die „richtige" Interpretation dieser Ereignisse streiten sich die Muslime bis auf den heutigen Tag.[41] Im Zusammenhang mit dem Thema dieses Kapitels ist hervorzuheben, daß sich aus dem tiefen Zerwürfnis, das sich in einem folgenschweren Bürgerkrieg und nicht enden wollenden gewaltsamen Konflikten entlud, zwei nicht miteinander zu vereinbarende Konzepte der Nachfolgeschaft Mohammeds entwickelten. Das eine hielt an der ʿumarschen Illusion fest und lehrte, daß es notwendig sei, streng alles das zu befolgen, was über die medinensische Urgemeinde und ihre wichtigsten Persönlichkeiten überliefert wird; unter dieser Voraussetzung werde es möglich sein, jene Jahre zu wiederholen, die als der Höhepunkt der Menschheitsgeschichte gelten. Das andere Konzept ist der Auffassung verpflichtet, daß in der Nachkommenschaft ʿAlīs oder auch in der Nachkommenschaft eines der Oheime Mohammeds, z.B. des ʿAbbās b. ʿAbd al-Muṭṭalib, ein Funke jenes Charismas fortbestehe, der einst den Propheten Mohammed zur Wahrnehmung seines der Rechtleitung Allahs unterstehenden Herrscheramtes befähigt habe. Daneben fand in unterschiedlichem geschichtlichen Zusammenhang die Auffassung Anhänger, Kalif könne nur derjenige sein, der seine Herrschaft auch tatsächlich durchzusetzen vermöge, auch unter dem Einsatz von Waffen.

2. Formen des Kalifats

Vor dem Ausbruch des Bürgerkrieges war ʿUṯmān ermordet worden. Die Feinde ʿAlī b. abī Ṭālibs nahmen nicht widerspruchslos hin, daß er jetzt den Titel des „Befehlshabers der Glaubenden" führte. Den Widerstand der „alten Genossen" und ihrer Gefolgsleute vermochte ʿAlī rasch zu brechen. Aber es zeigte sich nun, daß sein Anhang selber alles andere als homogen war. Als Muʿāwija b. abī Sufjān mit der Frage, ob er nicht berechtigt sei, für den Tod seines engen Verwandten ʿUṯmān Blutrache zu fordern, im syrisch-palästinensischen Raum, Truppen um sich zu sammeln begann, wurde es für ʿAlī gefährlich. Zwar vermochte er diesen Feinden genügend Kampfkraft entgegenzusetzen, aber als sie vorschlugen, den Zwist durch Schiedsmänner schlichten zu lassen, und ʿAlī einwilligte, da sagten sich unentbehrliche Teile

---

40 Vgl. elftes Kapitel (Was sind Schiiten?), II. 2.

41 Vgl. desweiteren das zehnte Kapitel (Was sind Sunniten?).

seines Anhangs von ihm los. Diese später Charidschiten genannten Gruppen verübelten es ihm, daß er durch den Verzicht auf die militärische Entscheidung dem Ratschluß Allahs vorgegriffen habe. Sie wurden ʿAlīs schärfste Feinde, in den Kriegen gegen sie rieb er seine Kräfte auf, Ende 660 oder Anfang 661 fiel er einem charidschitischen Attentäter zum Opfer.

Schon vor diesem tragischen Ereignis hatte sich Muʿāwija als Kalif huldigen lassen. Da er den Banū Umaija angehörte, einem Klan, der im vorislamischen Mekka höchstes Ansehen genossen hatte, konnte seiner Machtausübung das Lebenswerk Mohammeds weder in der Form der Unterstützer ʿAlīs, noch gar gemäß dem Verständnis der frühen Auswanderer Legitimität verleihen. Sein Kalifat war in den Augen seiner Lobredner die Frucht des hohen Ranges, den Allah den mekkanischen Vorfahren verliehen hatte. Mohammed und dessen Wirken in Mekka und Medina wurden zu Durchgangsstadien umgedeutet. Sie waren zwar notwendig, aber keineswegs die alles entscheidenden gewesen, die die Herrschaft über die Araber herbeigeführt hatten. Deshalb galt es, das Kalifat anders zu bestimmen, als es für den Anhang ʿUmars respektive ʿAlī b. abī Ṭālibs naheliegend gewesen war. Es war nicht als die Nachfolge des Gottesgesandten auszulegen, sondern als die „Stellvertreterschaft Allahs“. Allah verhelfe den Kalifen zur Herrschaft, er stehe hinter allen Maßnahmen, die sie träfen. Die Sendung des Kalifen erfülle sich darin, daß er die „einträchtige Gemeinschaft“ (arab.: *al-ǧamāʿa*) der Glaubenden herstelle.

Diese Gemeinschaft wurde damals als ein System genealogischer Verwandtschaftsbeziehungen verstanden, dessen Spitze die mekkanischen Quraišiten einnahmen, der Stamm des Propheten, aber eben auch anderer Klane wie etwa der Banū Umaija. Loyalität zum omaijadischen Kalifen bedeutete zugleich Loyalität zu einem fiktiven Stammesgefüge, das eine unmittelbare Verbindung zwischen den Quraišiten und Ismael behauptete und auf diese Weise einen Anschluß an die koranische Verkündigung herstellte. Denn in Sure 2 erzählt Mohammed, wie einst Abraham und Ismael auf Allahs Befehl die Kaaba errichteten (Vers 124–130). Zwei Faktoren ist es zuzuschreiben, daß dieser Kalifatsideologie keine Dauer beschieden war. Zum einen regte sich nach dem Tod Muʿāwijas unter vielen der solchermaßen unter das omaijadische Joch gezwungenen Araber hartnäckiger Widerstand, denn sie betrachteten sich ihrer Überlieferung nach nicht als Ismael-Araber und lehnten daher die „offizielle“ Genealogie und die aus ihr resultierende Pflicht der Ergebenheit gegenüber den Omaijaden ab. Zum anderen führten die erfolgreichen Eroberungszüge dazu, daß in steigender Zahl Angehörige der unterworfenen Völker, mithin Nichtaraber, den Islam anzunehmen wünschten. Die materiellen wie die gesellschaftlichen Unterschiede zwischen Muslimen und Andersgläubigen waren zu groß, als daß sie von den Unterlegenen auf unabsehbare Zeit ertragen worden wären. Muslim zu werden, war damals allerdings nur möglich, wenn man sich einem arabischen Klan affiliieren ließ. Daß man nur auf dem Umweg über eine Einfügung in das Arabertum zum Islam konvertieren konnte, war auf die Dauer nicht durchzusetzen, und folglich war die Konstruktion einer genealogischen Loyalität zum Scheitern verurteilt.

Im Begriff der „einträchtigen Gemeinschaft", wie er unter ʿAbd al-Malik (reg. 685–705) propagiert wurde, schwingt denn auch schon ein spezifisch religiöser Ton mit. Er spielt auf die anderen Arten des Kalifats an, die in den Kämpfen des Bürgerkriegs und den Jahren danach ihre Anhänger gefunden hatten. Da waren die Söhne der frühen Auswanderer, die sich nach wie vor für die wahren Erben der Macht über die Muslime ansahen und die bis in die 80er Jahre den Omaijaden im Hedschas und zeitweise im Irak schwer zu schaffen machten. Daneben gab es schiitische Gruppierungen, die nach dem Tode ʿAlīs in dem einen oder anderen seiner Nachkommen den legitimen Anführer der Muslime sahen. Schließlich hatten auch die charidschitischen Gemeinschaften je ihre eigenen Führer, die weder durch das frühe Verdienst um den Islam, noch durch die Abstammung vom Propheten, noch überhaupt wegen eines außerhalb der Person liegenden Vorzugs zur Stellung des „Befehlshabers der Glaubenden" berechtigt waren, sondern allein wegen ihrer erwiesenen Fähigkeit im Kampf. Indem ʿAbd al-Malik b. Marwān den Kalifen als den Sachwalter der „einträchtigen Gemeinschaft" ausgab, machte er sich eine Vorstellung zunutze, die für das rituelle Gebet grundlegend ist: Es soll möglichst in Gemeinschaft vollzogen werden, wie vorhin schon dargelegt wurde; denn dann vermag der Satan sich an niemandem zu vergreifen. Für einen kurzen Augenblick glückte es ʿAbd al-Malik, die drei konkurrierenden Konzepte islamischer Machtausübung in der Nachfolge des Propheten mattzusetzen, wovon der 692 mit einer diesbezüglichen Inschrift versehene Felsendom in Jerusalem Zeugnis ablegt.

Ausgelöscht waren die drei anderen Kalifatsideen dadurch aber keineswegs. Im Gegenteil, nur ein halbes Jahrhundert sollte es dauern, bis das omaijadische Kalifat dahinsank und das abbasidische die Macht über die islamische Welt mit Ausnahme des gerade erst eroberten Andalusiens errang. Die Werber der Abbasiden hatten es verstanden, aus Anleihen bei jenen drei Konzepten eine Umsturzbewegung aufzubauen, die die Omaijaden als Kalifen des Satans diffamierte, eben weil sie weder eine enge Verwandtschaft mit Mohammed nachweisen konnten, noch dem Vorbild des Propheten gefolgt seien, wie es das inzwischen aufgekommene Sunnitentum forderte, das in Abū Bakr und ʿUmar seine unübertrefflichen Ahnherren sah. Die abbasidische Propaganda schwieg sich im übrigen geschickt darüber aus, wer denn der neue „Befehlshaber der Glaubenden" sein solle. Man sprach von dem Mitglied aus der Familie Mohammeds, mit dem die Muslime einverstanden sein würden, und konnte mit dieser Formel auch die Zustimmung charidschitischer Gruppen gewinnen.[42] Das Versprechen, der künftige Kalif solle aus einer Beratschlagung (arab.: *aš-šūrā*) hervorgehen, mag auf sie anziehend gewirkt haben.

Fortsetzung der medinensischen Urgemeinde, Bewahrung des in Mohammed und seiner Familie wirksamen Charismas, Wahl des „Befehlshabers der Glaubenden" wegen seiner erwiesenen Tauglichkeit: diese drei gegen die Omaijaden ins Feld geführten Konzepte, unvereinbar wie sie waren, sollten das neue, wahrhaft islamische Kalifat auszeichnen. Doch es kam anders. Die Vertreter der aufblühenden sunnitischen Gelehrsamkeit verweigerten den Abbasiden ihre Unterstützung; die Schiiten sahen sich getäuscht, weil nicht ein Nachkomme ʿAlīs, sondern ein Mann aus der Familie des ʿAbbās, eines Onkels Mohammeds, die Macht ergriff; und von einer wie immer gearteten Beratschlagung war natürlich nicht mehr die Rede, sobald die Macht des ersten Abbasiden gesichert war. Stattdessen schuf sich die neue Dynastie eine neue Kalifatstheorie. Bereits Mohammed habe dem ʿAbbās versprochen, daß seine Nachkommen herrschen würden; nicht unter den Nachkommen ʿAlīs, sondern eben unter den Abbasiden sei das wahre Charisma vererbt worden. Dieses zeige ich in einer übermenschlichen Fähigkeit des abbasidischen Kalifen, die göttliche Rechtleitung des Gemeinwesens zu gewährleisten. Es schien sich eine Herrschaftsform herauszubilden, in der dem Kalifen in der Funktion des „Imams der Rechtleitung" die Aufgabe eines religiösen Oberhaupts zufallen werde. Dazu kam es aber nicht. Zum einen setzte schon im 9. Jahrhundert eine Regionalisierung des riesigen Reiches ein, die die faktische Machtausübung durch den Kalifen durchkreuzte. Zum anderen errangen die Kalifen niemals die Kontrolle über den Inhalt der im 9. und 10. Jahrhundert heranreifenden Schariagelehrsamkeit und der sie tragenden Theologie.[43]

Dem Verfall der Mittel zur Durchsetzung der Herrschaft entsprach die Ohnmacht auf geistigem Gebiet. Allein der weithin für ernst genommene Anspruch, der Kalif symbolisiere den Fortbestand des Lebenswerkes Mohammeds, hielt die Institution am Leben. Erst als im 10. Jahrhundert in Nordafrika und dann in Ägypten das schiitische Kalifat der Fatimiden an die Macht gelangte und sich zu einem bedrohlichen Nebenbuhler der Abbasiden entwickelte, sahen sich letztere genötigt, entschlossen auf die sunnitische Karte zu setzen und sich die militärische Unterstützung eben erst zum Islam übergetretener Nomaden zu sichern, die zu den innerasiatischen Türkvölkern gehörten. Diese Unterstützung war freilich nicht kostenlos, sie nötigte die Abbasiden vielmehr zu einer erheblichen Einschränkung ihres Machtanspruchs, wobei jedoch das Prestige, das sich aus ihrer Zugehörigkeit zur Familie Mohammeds herleitete, nur vorübergehend in Gefahr geriet.

---

[42] Tilman Nagel: Untersuchungen zur Entstehung des abbasidischen Kalifats, Bonn 1972, 134.

[43] Vgl. das sechste, zehnte und fünfzehnte Kapitel.

IV. Das Sultanat

Al-Māwardī, der schon erwähnt wurde, war Zeuge dieser folgenreichen Vorgänge. Die faktische Herrschergewalt des abbasidischen Kalifen war bereits seit etwa 800 geschrumpft; damals hatte Hārūn ar-Rašīd (reg. 786–809) sich aus den Amtsgeschäften zurückgezogen und diese mehr und mehr seinem Wesir überlassen. Dieser Vorgang konnte von späteren Kalifen nicht mehr rückgängig gemacht werden. Zur Aufrechterhaltung eines Mindestmaßes an militärischer Stärke warb man Söldnertruppen an, die schon bald nicht mehr mit Geld entlohnt werden konnten. Den höheren Offizieren mußte man Ländereien als Dienstlehen überschreiben, die allerdings nicht vererbbar waren. Die schon erwähnten zentrifugalen Kräfte wurden auf diese Weise verstärkt. Al-Māwardī bemühte sich in seiner staatstheoretischen Abhandlung über die Bestimmungen islamischer Machtausübung darum, dieser wenig erfreulichen Lage gerecht zu werden, ohne den Anspruch des Kalifen auf das universelle Imamat aufzugeben. Als Angehöriger der Quraiš, des Stammes des Propheten, und näherhin der Banū Hāšim, der Nachfahren des Urgroßvaters Mohammeds, ist er ein legitimer Kalif. In den Auseinandersetzungen mit dem Kalifat der Fatimiden, deren Abstammung von ʿAlī zweifelhaft war,[44] waren solche Fragen von größtem Gewicht.

Dem Kalifen in seiner Eigenschaft als Imam erkennt al-Māwardī zehn Amtspflichten zu: Er hat die gottgegebene Daseinsordnung zu bewahren und sich dabei nach dem Vorbild der Altvorderen (arab.: *as-salaf*) zu richten; unter streitenden Parteien muß er nach Maßgabe der Scharia eine Schlichtung herbeiführen; er muß im Gebiet des Islams die öffentliche Sicherheit gewährleisten; er ist für die Vollstreckung der koranischen Strafen[45] zuständig, die bei Delikten verhängt werden, die die Souveränität Allahs antasten; die Grenzfesten des islamischen Gebiets sind so gut zu bemannen, daß feindliche Übergriffe jederzeit abgewehrt werden können; er ist dafür verantwortlich, daß der Dschihad nicht zum Erliegen kommt;[46] die von der Scharia vorgeschriebenen Abgaben müssen eingezogen werden; diese Einnahmen müssen sachgerecht verwaltet werden; er darf sich nicht dem Genuß hingeben, sondern muß stets ein waches Auge darauf haben, daß die Machtausübung (arab.: *as-sijāsa*) den islamischen Regeln entspricht. Wesentliche Aufgaben, die hier aufgezählt werden, setzen das Verfügen über militärische Mittel voraus, die dem Kalifen nicht mehr zu Gebote standen. Al-Māwardī hoffte, diesen Widerspruch dadurch zu lösen, daß er bestimmte Aufgaben an Funktionsträger delegierte. Deren Zuständigkeit galt ihm, da von der Allzu-

---

[44] Vgl. elftes Kapitel (Was sind Schiiten?).
[45] Vgl. sechstes Kapitel (Was ist die Scharia?).
[46] Vgl. neuntes Kapitel (Was ist der Dschihad?).

ständigkeit des Kalifen in der Funktion des Imams der Muslime abgeleitet, als begrenzt, und zwar regional bzw. der Sache nach. Er denkt sich das universelle islamische Reich als ein Netz von durch den Kalifen verliehenen Funktionen.

Indessen entsprach dies keineswegs der Wirklichkeit. Regionale Machthaber waren oft nichts weiter als Usurpatoren. De facto war in deren Bereich die Ausübung des Imamats durch den Kalifen nicht möglich. Al-Māwardī schlägt vor, daß man in solchen Fällen überprüfe, ob in dem betreffenden Gebiet die Scharia beachtet werde. Könne man das bestätigen, dann sei die Usurpation nachträglich zu legitimieren, indem man den Machthaber zu einem vom Kalifen eingesetzten Funktionsträger erkläre. Denn auf diese Weise gewinne die gottgegebene Daseinsordnung wieder ihre volle Gültigkeit.[47] Das aber ist für die Muslime des usurpierten Gebiets unerläßlich; denn anderenfalls vollzögen sie die Riten nicht in einer auf ihr Jenseitsverdienst anrechenbaren Form, eben weil zumindest die freitäglichen Gottesdienste nicht von einem Vertreter des „großen Imams“ geleitet würden. Auch für die Usurpatoren war daher die nachträgliche Legitimierung durch den Kalifen höchst erstrebenswert, weil erst sie ihr Ansehen bei ihren Untertanen festigte und den spezifisch machtpolitisch-religiösen Charakter der „besten Gemeinschaft“ zum Ausdruck brachte.

Ein weiterer bedeutsamer Sachverhalt ist zu berücksichtigen, wenn man die staatstheoretische Schrift al-Māwardīs angemessen bewerten will. Er verfaßt sie in der Epoche, in der sich die Schariagelehrten als die das Selbstverständnis der Sunniten bestimmende Gruppierung durchgesetzt haben. Die Schaffung der Medresse als der Lehranstalt, die ganz auf die Vermittlung und Absicherung des von ihnen gepflegten „Wissens“ ausgerichtet ist, sowie die breite Anerkennung, die der Mufti als der Fachmann für die Bewertung sämtlicher Lebensregungen nach Maßgabe schariatischer Normen erringt,[48] legen die Vermutung nahe, daß ein islamisches Gemeinwesen auch ohne einen Kalifen existieren könnte – wenn nur nicht die Überzeugung vorherrschte, daß das „große Imamat“ durch eine Person verkörpert werden müsse, die genealogisch mit Mohammed verbunden zu sein habe. Der Rechtsgelehrte al-Ǧuwainī (gest. 1085), ein Zeitgenosse des Aufstiegs des seldschukischen Sultanats, wagte es, diesen Rest der überkommenen islamischen Herrschaftsidee beiseitezuräumen. Er argumentierte, daß ein „Imam“, der zur tatsächlichen Ausübung der Macht nicht in der Lage sei, seine Legitimität einbüße. Die eigenständige Wahrnehmung der Regierungsgeschäfte sei ebenso wichtig wie die körperliche Unversehrtheit und die geistige Gesundheit und in jedem

[47] Tilman Nagel: Staat und Glaubensgemeinschaft im Islam, Zürich/München 1981, I, 353–355.

[48] Vgl. sechstes Kapitel (Was ist die Scharia?).

Fall wichtiger als die Zugehörigkeit zu den Quraišiten. Al-Ǧuwainī dachte vermutlich daran, daß Niẓām al-Mulk (gest. 1092), der große Wesir der ersten seldschukischen Sultane, der beste Kandidat für diese neu konzipierte islamische Machtausübung sei.[49] Denn ihm gelang es, das Ungestüm der aus Innerasien in das Kulturland eingebrochenen Nomadenverbände so weit zu zügeln, daß sie den Belangen des sunnitischen Islams dienstbar schienen.

Schon bevor al-Ǧuwainī seine Gedanken in einer Abhandlung entwickelte, die er dem Wesir widmete, hatte die sunnitische Geschichte eine dramatische Wende genommen. Nur durch das Eingreifen seldschukischer Krieger war der abbasidische Kalif al-Qā'im (reg. 1031–1075) im Jahre 1055 vor fatimidisch gesonnenen Aufrührern gerettet worden. Togrilbeg, der oberste unter den seldschukischen Klanführern, nötigte dem Kalifen, gleichsam als Belohnung, eine Verschwägerung mit den Abbasiden ab. Im Februar 1058 hatte der Kalif in Bagdad eine weitere Zeremonie zu veranstalten: Mit dem Mantel des Propheten bekleidet und auf einem sieben Ellen hohen Thron sitzend, empfing al-Qā'im den Seldschuken Togrilbeg in Audienz; dieser erhielt seinen Platz auf dem Fußschemel vor dem Thron angewiesen; al-Qā'im fand lobende Worte für Togrilbegs Verdienste um den Frieden, ließ ihm Ehrengewänder um die Schultern legen und eine Krone aufs Haupt setzen. Dann umgürtete man Togrilberg mit einem Schwert und redete ihn als den „König des Ostens und des Westens" an. Der Herrschertitel „die höchstgepriesene Herrscherautorität", arabisch „as-Sulṭān al-mu'aẓẓam", den sich der Seldschuke schon etliche Jahre vorher zugelegt und den al-Māwardī für nicht hinnehmbar erklärt hatte, war dadurch de facto legitimiert. Nach al-Māwardīs System der Delegierungen war Togrilbeg nun zu einem islamischen Machthaber mit weder räumlich, noch zeitlich, noch inhaltlich begrenzten Zuständigkeiten geworden. Togrilbegs damaliger Wesir hatte mit ihm vor dem Kalifen gekniet, und al-Qā'im hatte Togrilbeg gemahnt, den Wesir als den Abgesandten und Stellvertreter des Kalifen zu betrachten, als denjenigen mithin, der die Seldschuken anhalten sollte, stets nach Maßgabe der Scharia zu verfahren. Um dieser Aufforderung Nachdruck zu verleihen, hatte al-Qā'im dem Wesir ein Stück Stoff aus dem Mantel des Propheten überreichen lassen.[50]

Als al-Ǧuwainī die vorhin genannte Abhandlung verfaßte, mochte ihm diese Szene vor Augen gestanden haben. Ein mächtiger Wesir konnte eher für die schariagemäße Herrschaft der Sultane sorgen als einer der machtpolitisch unbedeutenden abbasidischen Kalifen. Wie Niẓām al-Mulk selber diesen Vorschlag aufnahm, wissen wir nicht. Er ist der Autor eines Werkes über die Machtausübung, die *sijāsa*, deren Überwachung al-Māwardī zu den zehn Aufgaben des Kalifen rechnete. Bei Niẓām al-Mulk sind es die Schariage-

---

49 Tilman Nagel: Die Festung des Glaubens, München 1988, 272–347.

50 Ebd., 68–73.

lehrten, die diese Aufgabe übernommen haben; ständig solle sich der Sultan mit ihnen beraten. So wird islamische Herrschaft denkbar, ohne daß ein Kalif, ein durch Abstammung legitimierter „Imam", als Quelle jeglicher Macht fungieren müßte. Prophetenworte, die besagen, daß die Schariagelehrten die Nachfolger des Propheten seien, kannte man seit langem.[51]

Mit der Entstehung des Sultanats kam im 11.Jahrhundert der Typus von islamischer Machtausübung auf, der bis in die Gegenwart fortlebt und seit dem ausgehenden 20. Jahrhundert die zum Teil zwangsweise aufgenommenen Anleihen bei der europäischen politischen Zivilisation wegräumt. Davon wird das nächste Kapitel handeln. Zunächst muß das Wesen des Sultanats näher beleuchtet werden. Streng genommen, ist es die von der Person eines Kalifen als des Sachwalters des Imamats losgelöste Form der Machtausübung. Wie erinnerlich, ist das hinter einem Imam vollzogene rituelle Gebet wesentlich verdienstvoller als dasjenige, das man alleine ausführt. Den Vorbeter muß man nachahmen, selbst wenn ihm Fehler unterlaufen. Sie werden nur ihm zur Last gelegt, nicht denen, die unter seiner Anleitung beteten. Insofern ist der Imam ein Schutzschild gegen den Zorn Allahs. Ähnliches gilt für das „große Imamat". Zwar liest man im Hadith oft, daß ein Imam nur Gehorsam verdiene, wenn seine Befehle der Daseinsordnung entsprechen. Doch stößt man häufig auf die Vorstellung, daß die Loyalität gegenüber einem verbrecherischen Imam der Führungslosigkeit der „besten Gemeinschaft" vorzuziehen sei, zumindest, solange dieser das rituelle Gebet ausführen lasse.[52]

Solche Hochschätzung der Ordnung innerhalb der *umma* der Muslime steht, wie unmittelbar einleuchtet, in einem engen Zusammenhang mit dem Grundsatz, daß die Muslime die Gemeinschaft der Menschen bilden, die willentlich ihr Selbst der einen schaffenden Kraft ausliefern, deren Wirken nicht gemäß einer von Menschen ersonnenen Moral bewertet werden kann.[53] Es ist nicht erforderlich, daß ein Mitglied der „Familie des Propheten" für die Aufrechterhaltung der Riten sorgt; das vermögen auch die Schariagelehrten zu leisten. Das Sultanat kann daher letztlich auch ohne die Legitimierung durch einen Kalifen bestehen, wie dies etwa im Falle der osmanischen Herrscher (seit dem ausgehenden 13. Jahrhundert bis 1924) belegt ist.

In einem wesentlichen Gesichtspunkt unterscheiden sich allerdings die gesellschaftlichen Verhältnisse im Osmanischen Reich von denjenigen des 11. Jahrhunderts. Zusammen mit den Inhabern der Waffengewalt bilden nun die Schariagelehrten die führende Schicht, die mit dem Begriff *ʿaskarī*, d.h.

---

51 Beispielsweise Abū Dāʾūd: Sunan, ʿilm 1.

52 Vgl. z.B. Muslim b. al-Ḥaǧǧāǧ: Ṣaḥīḥ, imāra 65 f.

53 Vgl. zweites Kapitel (Wer ist Allah?).

militärisch, bezeichnet wird. Ihr untergeordnet ist die gesamte übrige Bevölkerung, nämlich die „Herden" (arab.: Pl. *ar-raʿāǧā*, türk.: *râya*), die für erstere den Unterhalt erwirtschaften müssen.[54] Denn eines ist im Sultanat anders, als es noch unter den Abbasiden gewesen war, schreibt schon al-Ǧuwainī: Die Kalifen hätten sich der Pflicht zum Dschihad im wesentlichen durch den alljährlichen Sommerfeldzug gegen das Byzantinische Reich entledigt; jetzt aber, unter den Sultanen, sei die Ausdehnung des „Hauses des Islams" der eigentliche Staatszweck.[55] Die Fiktion der „einträchtigen Gemeinschaft" der Muslime, geführt durch den einen Imam, weicht einer schroffen Zweiteilung, die sich in dem Begriff der „Herde" ausdrückt, der im frühen Islam wegen des Fehlens des Sachverhalts bei der Charakterisierung des islamischen Gemeinwesens nicht verwendet wird.

Die sultanische Machtausübung stellt sich als eine keinesfalls spannungsfreie Symbiose zwischen dem Militär, dem der Herrscher entstammt, und den Schariagelehrten dar, mithin als eine islamisch legitimierte Despotie. Ihr Kern ist die *siǧāsa*, worunter man die Mittel und Methoden der Wahrung der Macht des Sultans verstand. Da die Bewahrung der Macht das erstrangige Ziel des auf Ausdehnung angelegten Staatswesens ist, braucht die *siǧāsa* nicht der Scharia zu entsprechen. Der Sultan darf beispielsweise zur Finanzierung des Staatszwecks Zölle und Steuern einziehen, die in der Scharia nicht vorgesehen sind; er darf zum Schutz der öffentlichen Ordnung Strafbestimmungen erlassen, die nicht aus dem Koran oder dem Hadith hergeleitet werden können. Willige Gelehrte, die auf die durch den Sultan vergebenen Pfründen spekulierten und die nötigen Fetwas abfaßten, ließen sich finden. Aber es regte sich auch Widerstand: Man forderte, daß sich die *siǧāsa* an den Bestimmungen der Scharia zu orientieren habe. Desweiteren trugen diese den reinen islamischen Lehren oft hohnsprechenden Verhältnisse dazu bei, daß sich die Sufigemeinschaften ausbreiteten; deren Meister, die sich meist in der Nachfolge des Propheten oder prominenter Prophetengenossen sahen, ahmten zusammen mit ihrer Anhängerschaft die frühislamische „beste Gemeinschaft" nach und milderten auf diese Weise die Konsequenzen, die der sultanische Despotismus für die „Herde" mit sich brachte.[56]

---

[54] Vgl. siebzehntes Kapitel (Wovon berichten die „großen Erzählungen" des Islams?), III. 2.

[55] Tilman Nagel: Raja – ein Schlüsselbegriff islamischer Staatlichkeit und seine Geschichte, in: Reinhard Lauer/Hans Georg Majer (Hgg.): Osmanen und Islam in Südosteuropa (Abhandlungen der Akademie der Wissenschaften zu Göttingen, neue Folge 24), Berlin 2014, 37–101, hier 50–81.

[56] Vgl. vierzehntes Kapitel (Was ist Sufismus?).

V. Das islamische Gemeinwesen und die europäische politische Zivilisation

1. Geschichtlicher Überblick

Das Sultanat bedarf nicht der Legitimierung durch das Kalifat, wie eben gezeigt wurde. Das Streben nach der Verwirklichung islamischer Machtausübung, durch die Schariagelehrten kanalisiert, ist in sich gerechtfertigt, insofern es dem Ziel Allahs dient, nämlich der Unterwerfung der Menschheit unter die ihrer *fiṭra* gemäße Daseinsordnung. Im mamlukischen Ägypten bestand das abbasidische Kalifat, dessen ursprüngliche Linie mit der Zerstörung Bagdads durch den Mongolen Hülegü im Jahre 1258 ausgelöscht worden war, seit der zweiten Hälfte des dreizehnten Jahrhunderts fort, bis die Osmanen das Land 1517 eroberten. Der unter mamlukischer Kuratel stehende Abbaside konnte nur selten in der Tagespolitik eine Rolle spielen, aber im Selbstverständnis der Ägypter war seine Gegenwart in ihrem Lande eine Tatsache von großer Bedeutung. Im mamlukischen Hofzeremoniell, insbesondere bei der Inthronisierung des von den obersten Militärs festgelegten Sultans, wurde dies sichtbar. Daß die Osmanen nach ihrem Sieg über die Mamluken die prominenten Mitglieder der Kalifenfamilie nach Konstantinopel verschleppten, wo sie ihre Bedeutung nicht wiedererlangten und sich ihre Spur verliert, wurde von den zeitgenössischen Ägyptern als eine schwere Kränkung ihres Landes verstanden.

Ein aus dem mamlukischen Ägypten stammendes Handbuch der islamischen Machtausübung hatte bereits im frühen 14. Jahrhundert die Funktion des abbasidischen Kalifen mit derjenigen des Papstes im Reich der „Franken“ verglichen.[57] Dieser Vergleich hinkt, denn der abendländische Dualismus zwischen Papst und Kaiser geht auf die Tatsache zurück, daß sich das Christentum, anders als der Islam, kein eigenes Gemeinwesen schuf, sondern sich in einem bestehenden, dem Römischen Reich, als die bestimmende religiöse Botschaft durchsetzte, aber nie mit den überkommenen Institutionen der Machtausübung identisch wurde. Die Lehre von den zwei Schwertern, dem weltlichen und dem geistlichen, verleiht diesem Sachverhalt Ausdruck. Im Islam durchdringen einander die beiden Aspekte der Machtausübung und bleiben dank der Fiktion der Delegierung der Herrschaft in all ihren Aspekten ungetrennt.

Im Friedensvertrag von Kütschük-Kainardscha, den Katharina die Große 1774 dem von ihren Armeen besiegten Osmanischem Reich auferlegte, wurde die europäische Auffassung von Kaiser und Papst zum ersten Mal auf die islamischen Verhältnisse übertragen. Rußland wollte sich den künftigen

---

[57] Tilman Nagel: Staat und Glaubensgemeinschaft im Islam, I, 440.

Zugriff auf die Krim und das Kuban-Gebiet sichern. Die dortigen muslimischen Herrscher waren bis dahin von der Hohen Pforte abhängig gewesen. Fortan sollten Rußland und das Osmanische Reich von Einmischungen in die inneren Angelegenheiten beider Gebiete Abstand nehmen. In religiösen Angelegenheiten sollte bei ihnen jedoch die Stimme des Sultans, „des Imams der Gläubigen und Kalifen der Einheitsbekenner" gelten.[58] Es muß dahingestellt bleiben, ob wegen solcher Regelungen in Europa die Meinung genährt wurde, man könne das Osmanische Reich in einen Staat nach europäischem Muster umwandeln. Der erste Schritt hin zu einer Trennung der religiösen von der politischen Macht schien vollzogen zu sein. Der „Großherrliche Schriftsatz von Gülhane" aus dem Jahre 1839 und dessen Bekräftigung nach dem Ende des Krimkriegs 1856 waren wesentliche Maßnahmen, mit denen das Reich auf europäischen Druck hin ein osmanisches Staatsbürgertum sowie ein europäisch organisiertes Rechtswesen zu schaffen suchte. Diese Schritte waren mit dem Versprechen der europäischen Mächte verbunden, die Integrität des Reiches zu wahren. Diese Versprechen wurden jedoch gebrochen. Allen voran Rußland bedrängte die Osmanen mit militärischer Gewalt; als Faustpfand für die angeblich ausgebliebenen Reformen besetzte es in den 70er Jahren des 19. Jahrhunderts große Teile des osmanischen Territoriums auf dem Balkan und drang im Frühjahr 1878 bis kurz vor Konstantinopel vor, ehe die Garantiemächte die Russen in die Schranken wiesen. Sie hatten kein Interesse daran, daß die Meerengen dem Zaren in die Hände fielen. Der Sultan Abdülhamid II. (reg. 1876–1909) schloß aus solchen Erfahrungen, daß Reformen im europäischen Sinne dem Reich nicht gelohnt würden, und errichtete, nachdem er sie zum Teil rückgängig gemacht hatte, eine Despotie. Zugleich berief er sich auf den Kalifentitel, dem man dem Sultanat einst in Unkenntnis der islamischen Verhältnisse aufgenötigt hatte: Er machte die „geistliche" Autorität in Regionen geltend, die Rußland beanspruchte,[59] das seinerseits sich als die geistliche Schutzmacht der Armenier durchzusetzen bemüht war. Der Völkermord an den Armeniern während des Ersten Weltkriegs hat seine Vorgeschichte auch in jener unbedachten Analogie zwischen Kalif und Sultan einerseits und Papsttum und Kaisertum andererseits.

Die abdülhamidsche Despotie endete 1909 mit der jungtürkischen Revolution. Nicht zuletzt in den arabischen Teilen des Reiches hatte man gehofft, nunmehr zu gleichberechtigten osmanischen Bürgern zu werden, und zwar unabhängig von der Zugehörigkeit zum Islam. Auch den Armeniern, die durchweg Christen waren, hatte man eine Gleichberechtigung in Aussicht gestellt. In Wirklichkeit schwenkten die „Jungtürken" rasch in eine chauvini-

---

[58] Ebd., II, 176 f.
[59] Ebd., II, 179.

stische Politik ein, die alle diese Erwartungen zunichte machte. Die Folge war die Niederlage im Ersten Weltkrieg; der Friedensvertrag von Sèvres sah den Verlust sämtlicher arabischen Gebiete vor sowie eine Besetzung Anatoliens durch die Siegermächte, zu denen sich die Griechen gesellten. Von Ankara aus organisierte Atatürk (1880–1938) den Widerstand. In Lausanne gelang es der neu erstehenden Türkei 1923 einen Vertrag auszuhandeln, der wesentlich günstiger als der von Sèvres war und der Türkei ihre heutigen Grenzen zusicherte. 1922 hatte der letzte Sultan seine Herrschaft verloren, sein Nachfolger fungierte bis 1924 als Kalif, bis Atatürk auch diesem Amt ein Ende setzte.

Die Mitte der 20er Jahre des 20. Jahrhunderts hatte für die Geschichte der Vorstellungen von islamischer Machtausübung weitreichende Folgen. Die im Westen weithin geteilte Vermutung, islamische Staaten, sofern sie wie die Türkei unabhängig seien, würden den Weg zur Übernahme der europäischen politischen Zivilisation einschlagen, erfüllte sich nicht. Zwar wurden die westlichen Organisationsformen – etwa der Parlamentarismus – aufgegriffen; ihr Vorhandensein war schließlich die Voraussetzung für das Mitwirken im „Konzert der Mächte", aber aus der Rückschau darf man feststellen, daß eine fruchtbare Verschmelzung des eigenen Erbes mit dem Import nicht gelang. Atatürk gewann mit der Abschaffung des Kalifats einen gegen die möglichen Einwände der Schariagelehrten abgeschotteten Spielraum für seine Entscheidungen, einen Spielraum, der unter dem Schlagwort des Laizismus zu einem Programmpunkt der von ihm ins Leben gerufenen Staatspartei erhoben wurde. Eine Überwindung des islamisch-sunnitischen Charakters der Türkei lag aber nicht in seinen Absichten. Das Kalifat könne aufgehoben werden, weil es in den Begriffen Republik und Regierung mitenthalten sei, erklärte Atatürk 1924.[60] Im selben Jahr gründete er die regierungsamtliche Religionsbehörde, der die Aufgabe übertragen wurde, zu gewährleisten, daß der sunnitische Islam in der nunmehrigen Republik Türkei regelkonform gelebt werde. Die zahlreichen Anleihen an der westlichen Zivilisation, die in den folgenden Jahrzehnten zu verzeichnen waren, schienen tatsächlich die Umwandlung des Osmanischen Reiches in einen der westlichen politischen Zivilisation verpflichteten Nationalstaat Türkei zu bezeugen. Eine ernsthafte, vertiefte Debatte darüber, was denn wohl die aufgenommenen Elemente der westlichen Zivilisation für das islamische Verständnis von legitimer Machtausübung bedeuteten, blieb aus. So konnte der Einfluß der von Atatürk geschaffenen Religionsbehörde sich in dem Augenblick stark ausweiten, als islamisch orientierte Parteien die Macht erlangten.

Die Abschaffung des Kalifats durch Atatürk stieß in den arabischen Ländern auf erheblichen Widerhall. Auch hier, etwa in Ägypten, stellte sich die

---

[60] Ebd., II, 204.

Frage, wie weit die Schariagelehrsamkeit bei der Verwestlichung des Gemeinwesens zu beachten sei. König Fu'ād I. (reg. 1922–1936) verfolgte den Plan, die Geltung der Scharia auf das Ritualrecht und auf das Personenstandsrecht zu begrenzen. Ihm spielte 1925 ein Buch in die Hände, das der an der al-Azhar-Hochschule ausgebildete Richter ʿAlī ʿAbd ar-Rāziq (1887–1966) verfaßt hatte. Dieser versuchte den Nachweis zu führen, daß der Prophet niemals den Aufbau einer „weltlichen" Machtausübung angestrebt habe. Für den Verfasser hatte dieses Buch höchst unangenehme berufliche Konsequenzen.[61] Vor allem aber löste es heftige Reaktionen auf der Seite der dem Überkommenen verpflichteten Muslime aus. Sie formulierten auf vielfache Weise, was sie auf keinen Fall wollten: den Abschied von islamischen Grundsätzen der Machtausübung. So blieb auch in Ägypten alles in der Schwebe: Die Verwestlichung des Staates konnte nicht mit dem islamischen Erbe verschmolzen werden, dessen angebliche oder tatsächliche Gefährdung in einem ausufernden Schrifttum beklagt wurde.

In anderen Regionen der islamischen Welt bildete sich zwischen den beiden Weltkriegen die Überzeugung heraus, daß es einen islamischen Staat nur innerhalb eines Gemeinwesens geben könne, das selber durch und durch islamisch sei. Das politische Programm der Errichtung eines islamischen Staates Pakistan auf dem Territorium Britisch-Indiens geht in diese Zeit zurück. Die Wortführer, unter anderen Muhammad Ali Dschinnah (1876–1948) und Muhammad Iqbal (1873–1938), hatten die Hoffnung, daß sich in einem islamischen Gemeinwesen die der europäischen politischen Zivilisation entliehenen Institutionen, etwa der Parlamentarismus, bewähren würden, da sie nun als etwas Eigenes wahrgenommen werden könnten. Schariagelehrte wie Abū l-Aʿlā Maudūdī (1903–1979) pflichteten dem bei, hielten jedoch für notwendig, daß ein islamischer Staat nur dann die konzeptuell in diesem Begriff enthaltenen Ziele erreichen könne, wenn gleichsam von unten her eine strenge, nicht rückgängig zu machende Islamisierung ins Werk gesetzt werde. Überdies müsse gewährleistet werden, daß das Parlament nur Gesetze verabschiede, deren Vereinbarkeit mit der Scharia erwiesen sei.

Die iranische Revolution von 1979 machte die islamische Überformung vorgefundener „westlicher" Institutionen von Anfang an zu ihrem Prinzip. In seiner Propagandaschrift „Die Herrschaft des Rechtsgelehrten" stellt Chomeini (1902–1989) fest, daß sich die islamische Herrschaft von sämtlichen bekannten Arten der Machtausübung insofern unterscheide, als sie an ewig gültige Bedingungen geknüpft ist, die in den autoritativen, letzten Endes auf Allah zurückgeführten Quellen Koran und *sunna* verbrieft sind. Da kein Mensch das Recht habe, eigenmächtig Gesetze zu schaffen, wurde in der is-

---

61 Ausführlich: Muḥammad ʿAmmāra: Al-islām wa-uṣūl al-ḥukm li-ʿAlī ʿAbd ar-Rāziq, Beirut 1972.

lamischen Republik der Parlamentarismus zwar nicht aufgehoben. Doch steht über den Abgeordneten die Kommission der Schariaexperten, die alle Beschlüsse dahingehend überprüft, ob sie mit dem gottgegebenen Recht zu vereinbaren sind.[62]

2. Die Mehrdeutigkeit der Begriffe

Wenn man in einem deutsch-arabischen Wörterbuch den Begriff „Politik" aufsucht, findet man den Eintrag „*sijāsa*". Nun wurde vorhin dargelegt, daß dieses arabische Wort die Summe der Maßnahmen und Anordnungen zusammenfaßt, die ein Sultan mit dem Ziel ergreift, seine Macht zu erhalten. Diese *sijāsa*, wörtlich „das Kommando innehaben",[63] bezeichnet ab dem 19. Jahrhundert die Ansätze zur Anwendung westlicher Methoden der Herrschaft, mithin der gewöhnlich unschariatischen Mittel der Sicherung der Machtausübung. Zugleich wird das Wort zur Wiedergabe einer im Islam unbekannten Gegebenheit verwendet, der Politik als einer alle Mitglieder des Gemeinwesens, alle „Bürger" angehenden gemeinsamen Sache. Die „Politik" weckt die Assoziation des Vorhandenseins einer „*polis*", die „*sijāsa*" diejenige einer nicht durch die Scharia kanalisierten Herrschergewalt. Folglich ist im islamischen Denken der Kernbegriff der westlichen politischen Zivilisation mit einem negativen Beigeschmack belastet, der einzig durch die vollständige Islamisierung der Machtausübung behoben werden kann.

Man kann ferner beobachten, wie ursprünglich dem islamischen Kontext zugehörige Begriffe bei der Begegnung mit der europäischen politischen Zivilisation eine neue Bedeutung annehmen, ohne daß diese jedoch die alte völlig verdrängt. So empfiehlt der Koran in Sure 3, Vers 95, den Anhängern Mohammeds, sie sollten der „Kultgemeinschaft Abrahams (arab.: *millat Ibrāhīm*), eines Hanifen", nacheifern. Diese sei seinerzeit die einzig richtige gewesen. Als Benennung für die nun entstehende islamische Glaubensgemeinschaft eignet sich der Begriff *milla* jedoch nicht; denn die islamische ist nach Mohammeds Verständnis die letzte und insofern von derjenigen Abrahams unterschieden, als sie die gesamte Menschheit einschließen wird. Sie heißt *umma* (vgl. Sure 3, 110). Der Koran wendet dieses Wort auch auf nicht näher definierte Gruppen bzw. Gemeinschaften an (z.B. Sure 6, 38 oder Sure 11, 48). Desweiteren berufen sich die Gegner Mohammeds darauf, daß

---

[62] Näheres: Tilman Nagel: Staat und Glaubensgemeinschaft, II, 310–320. Über die Bezugnahme arabischer Verfassungen auf den Islam vgl. die inzwischen überholte, aber immer noch aufschlußreiche Arbeit von Monika Tworuschka: Die Rolle des Islam in den arabischen Staatsverfassungen, Walldorf 1976.

[63] Nach den arabischen Nationalwörterbüchern meint die Wortwurzel ursprünglich das Lenken bzw. Zähmen von Pferden oder Kamelen.

ihre Ahnen schon einer *umma* angehört hätten, sie selber also nicht des Beitritts zur mohammedschen *umma* bedürften (Sure 43, 22 f.). In diesem Zusammenhang weist das Wort bereits den heilsgeschichtlichen Nebensinn auf, der dann in Medina, in Sure 3, Vers 110, vorherrschen wird.

Die Wörter *milla* und *umma* werden ebenfalls in das Vokabular aufgenommen, mit dem Begriffe der westlichen politischen Zivilisation wiedergegeben werden. Im Türkischen erscheint *milla* in der Form *millet* und kann den der europäischen politischen Zivilisation entlehnten Begriff der Nation meinen: für das Adjektiv *millî* geben die Wörterbücher „national" an. Die bekannte türkisch-islamische Vereinigung Millî Görüş fühlt sich aber keineswegs einer „nationalen" Weltsicht verpflichtet, sondern verficht als Fortsetzerin der *millat Ibrāhīm* eine entschieden islamische Auslegung des Daseins. Auch das Wort *umma* wird verwendet, um den europäischen Begriff der Nation in das islamische Denken einzugemeinden. Die Staatsangehörigkeit, die Zugehörigkeit zu einer *umma*, ist in islamischer Sicht jedoch ein mehrdeutiger Sachverhalt, da stets auch die Zugehörigkeit zum „Haus des Islams", zur einen islamischen *umma*, gemeint sein kann.[64] Das Konzept der einen islamischen *umma* wird daher von islamischen Autoren als der Weg zur Lösung der Schwierigkeiten angepriesen, die mit der Wirklichkeit des Nationalstaats westlicher Prägung angeblich bzw. tatsächlich verbunden sind.[65]

3. Die verschwimmenden Grenzen islamischer Staatlichkeit

Im Alltag des diplomatischen Geschäfts mögen die einander widersprechenden Assoziationsfelder wichtiger Begriffe, mit denen man arbeitet, belanglos sein – solange beide Seiten sich darüber verbindlich verständigt haben, was jeweils gemeint ist. Es bleibe freilich dahingestellt, ob die Frage der Mehrdeutigkeit der Begriffe, die durch die Verpflanzung einer fremden politischen Zivilisation in die islamische entstanden ist, nicht doch beim Umgang mit der islamischen Welt stärker berücksichtigt werden müßte. Eine umfassende begriffsgeschichtliche Untersuchung dieses großen Gebiets steht noch aus und ist angesichts der eilig niedergeschriebenen Projektanträge und Symposiumsbeiträge, die heute den Universitätsbetrieb ausmachen, in absehbarer Zukunft wohl nicht zu erwarten.

So wird man sich weiter darüber wundern, weshalb „der Islam die Lösung" aller Probleme, gerade auch derjenigen, sein solle, die die europäische politische Zivilisation über die Menschheit gebracht habe. Und wer die poli-

---

64 Vgl. Tilman Nagel: Das islamische Reicht. Eine Einführung, Westhofen 2001, 109 f.

65 Ders.; Staat und Glaubensgemeinschaft, II, 223–237.

tische Korrektheit der Korrektheit in der Sache voranstellt, wird den von islamischer Seite lautstark vorgetragenen Behauptungen lieber beipflichten, als sich auf eine mühselige, quellengestützte Untersuchung einzulassen.

Der Islam ist die Lösung, und Mohammed, genauer: Allah, ist doch der Stifter der „besten Gemeinschaft“, und er hat sie als eine demokratische gestiftet. Denn hat er nicht in Sure 42, Vers 38, festgestellt, daß die Muslime über ihre Angelegenheiten miteinander beraten sollen? Solche Beratschlagung (arab.: *aš-šūrā*) ist doch das Wesen der Demokratie! Wie aber ist ein solcher Rat zusammengesetzt, welche Befugnisse hat er, wen binden seine Beschlüsse? Darüber findet sich nichts, abgesehen von der Bemerkung, daß die wahren Glaubenden diejenigen seien, die sich streng der Erfüllung ihrer islamischen Ritualpflichten widmen. So bleibt die Aussage von Sure 42, Vers 38, gänzlich unklar, aber dem Muslim, der von der unübersteigbaren Vollkommenheit des Islam überzeugt ist,[66] genügt sie allemal.[67]

Zu verstehen ist diese Haltung aus der Tatsache, daß Kalifat und Sultanat, ja, jegliche Machtausübung im Namen des Islams, sowohl mit Bezug auf das Territorium, als auch auf ihren Sachinhalt, nicht definierbar ist. Der islamischen Machtausübung fehlt das Moment der Territorialität; ebenso wenig kennt sie die Vorstellung der Begrenzung in der Sache und daher auch keine Gewaltenteilung, keine einander nach allgemein anerkannten Regeln in Schach haltenden Kräfte, die ja nach islamischer Auffassung ein Ausdruck der Uneinigkeit wären. Der Islam aber hat die Aufgabe, die „ursprüngliche“ Eintracht der Menschheit wiederherzustellen (Sure 2, 213). Die Scharia erfaßt das Denken, Reden und Handeln des Einzelnen und unterwirft jeden am Menschen zur Erscheinung kommenden Akt seines Denkens, Redens und Handelns einer Bewertung gemäß der als gottgegebenen betrachteten fünfstufigen Skala, die von „pflichtgemäß“ bis „verboten“ reicht.[68] Da diese Bewertungen auf die Autorität Allahs zurückgehen, wären Kräfte bzw. Institutionen, die einander bei der Durchsetzung dieser Bewertungen kontrollierten, überflüssig und führten lediglich zu Meinungsverschiedenheiten, vor denen der Koran so nachdrücklich warnt (Sure 3, 105). Vor allem aber würde das islamische Prinzip der Unterordnung, der *wilāja*, aufgehoben. Die Machthaber, die sich die Erkämpfung der Geltung der Scharia angelegen sein lassen, müssen im Innern für Eintracht sorgen, deren Bindemittel ebenjene *wilāja* ist. Sie haben ferner unverwandt ihr Augenmerk darauf zu richten, daß der Krieg um die Ausdehnung des Gebietes des Islams nicht zum Erliegen kommt. Die Aufgabe des Untertanen wie des Herrschers innerhalb dieses

---

66 Vgl. erstes Kapitel (Was ist der Islam?).

67 Vgl. neunzehntes Kapitel (Was lehrt der Islam über die Frauen und die Ehe?), III. 2.

68 Vgl. sechstes Kapitel (Was ist die Scharia?), III. 1.

nach innen wie nach außen gerichteten Kampfes hat sich am „Befehlen des Billigenswerten und am Verbieten des Verwerflichen“ und an der Pflicht des „Rufes zum Islam“ zu orientieren. Zusammenstöße einzelner Muslime mit den islamischen Machthabern sind daher nicht ungewöhnlich. Der Beweggrund ist aber nicht eine Eingrenzung der Machtausübung als solcher, sondern der Vorwurf, daß diese nicht streng genug den schariatischen Vorgaben und Zielen verpflichtet sei.[69]

---

[69] Vgl. hierzu ausführlich das neunte Kapitel (Was ist der Dschihad?).

Neuntes Kapitel

Was ist der Dschihad?

I. Vorbemerkung

Die islamische Machtausübung erfaßt die Menschen zum Zwecke ihrer Vereinigung im rituellen Gebet. Der Freitagsgottesdienst, an dem teilzunehmen die Pflicht all derjenigen ist, die dazu imstande sind, versinnbildlicht die Ergebenheit der Glaubenden gegen den in der Predigt zu nennenden obersten Imam, als dessen Vertreter der jeweils im Gebetsritus amtierende fungiert – jedenfalls in der Theorie:[1] Das islamische Gemeinwesen stellt sich als die Gemeinschaft der Allah das Gesicht Anheimgebenden dar,[2] eine Gemeinschaft, die dem Ideal nach alle Menschen umfaßt. Solange allerdings der Satan noch Menschen dazu verleiten kann, nicht im Islam, in der Hingewandtheit zu Allah, zu leben, wird das islamische Gemeinwesen unvollständig sein. Seine Mitglieder sind daher gehalten, auf ein Ende dieses Übelstandes hinzuwirken.

Die Mohammed und seinen Anhängern übertragene Aufgabe des „Befehlens des Billigenswerten und Verbietens des Verwerflichen" (arab.: *al-amr bil-ma'rūf wan-nahj 'an al-munkar*) (Sure 7, 157) und des Rufes zum Islam (arab.: *ad-da'wa*) obliegt grundsätzlich den Machthabern, aber sie muß auch von den einzelnen Muslimen wahrgenommen werden, und zwar jederzeit. Das islamische Gemeinwesen, im Grundsatz die in unterschiedlicher Weise fortgesetzte medinensische Urgemeinde, also die nicht der Vervollkommnung zugängliche „beste Gemeinschaft, die auf Erden gestiftet wurde" (Sure 3, 110), hat kein umgrenzbares Territorium; desgleichen ist ihre Zuständigkeit allumfassend gemäß den allumfassenden Bewertungen, die die Scharia für jegliches Denken, Reden und Tun des Menschen bereithält; das islamische Gemeinwesen kennt kein Gewaltmonopol, denn es ist nicht damit zu rechnen, daß die ebenfalls unumgrenzbaren Aufgaben, die bis zur vollständigen inneren wie äußeren Islamisierung der Welt erfüllt werden müssen, jemals von den Machthabern allein wahrgenommen werden können.

Hier öffnet sich ein unüberschaubar weites Feld der Tätigkeit, die der einzelne Glaubende je nach Situation als Teilhaber an einer durch den Machtha-

---

1 Vgl. hierzu achtes Kapitel (Was sind Imamat, Kalifat und Sultanat?).

2 Vgl. hierzu erstes Kapitel (Was ist der Islam?).

ber geleiteten Unternehmung oder auf sich selber gestellt in Angriff nehmen soll. In allgemeiner Weise ist damit der Dschihad umschrieben, eine Kraftentfaltung, ohne die das islamische Gemeinwesen seine Existenzberechtigung verlöre.[3] Der Dschihad, die gemäß einem Mohammed in den Mund gelegten Wort je nach den obwaltenden Gegebenheiten mit dem Herzen, mit der Zunge oder mit der Hand gegen andere Personen auszuübende „Anstrengung", ist daher die Daseinsgrundlage des islamischen Gemeinwesens und seines von Allah beabsichtigten Wachstums. Die Grundzüge des Dschihads beschreibt Mohammed in den medinensischen Suren, also im Zusammenhang mit dem Ziel, das er als Prophet[4] zu verwirklichen hat: das Billigenswerte zu befehlen und das Verwerfliche zu verbieten und auf diese Weise die beste Gemeinschaft aufzubauen.

II. Der Dschihad im Koran

Allah macht, daß der Schatten tagsüber schrumpft, dann zieht er ihn wieder in die Länge; wenn es Allah beliebte, könnte er ihn auch anhalten. Die Nacht gibt Allah den Menschen, damit sie unter ihr wie unter einem Gewand der Ruhe pflegen, tagsüber gehen sie ihrer Arbeit nach. Die Winde sind Allahs Boten, denn sie kündigen Regen an, mit dem Allah die erstorbene Erde belebt. Mit solchen Beispielen wandelt Allah seine Botschaft ab, und trotzdem verharren die meisten Menschen in Undankbarkeit, im Unglauben! Wenn Allah es wollte, könnte er in jeder Ortschaft einen Warner berufen. „Du aber gehorche nicht den Undankbaren! Streng dich vielmehr gegen sie mit (dieser Botschaft) tüchtig an!" (Sure 25, 45–52). Dies ist der älteste koranische Beleg für den Begriff Dschihad. Allerdings taucht das Wort hier noch nicht als ein Abstraktum auf, das eine bestimmte gottgefällige Handlung benennt, sondern lediglich als ein auf das finite Verbum „streng dich an" bezüglicher Infinitiv ebendieses Verbums: „streng dich gegen sie mit Hilfe des (Korans) ein tüchtiges Anstrengen an" (arab.: *ǧāhid-hum bi-hī ǧihād*^{an} *kabīr*^{an}).[5] Dies ist eine im Arabischen gängige Konstruktion der Bekräftigung einer Aussage.

Das Verbum *ǧāhada* bezeichnet die gegen eine Person ins Werk gesetzte Anstrengung, in diesem Fall die Mohammed durch Allah abverlangte An-

---

[3] Diese kriegerische Anstrengung kann sich auch gegen Muslime richten, sofern man diese als ungläubig betrachtet, sei es weil sie einer feindlichen Richtung des Islams angehören, sei es daß man ihren Lebenswandel als nicht islamisch genug verurteilt. Vgl. hierzu zehntes Kapitel (Was sind Sunniten?) und elftes Kapitel (Was sind Schiiten?).

[4] Vgl. hierzu drittes Kapitel (Wer war Mohammed?).

[5] Die gleiche Situation wird in Sure 29, Vers 8, vorausgesetzt.

strengung, die die Mekkaner von ihrem Unglauben abbringen soll (vgl. Sure 29, 69). Auf die gleiche Weise bringt Mohammed in Sure 31, Vers 15, die „Anstrengung“ zum Ausdruck, die heidnische Eltern aufwenden, um ihren Sohn, der zum Islam gefunden hat, von dem Irrtum zu überzeugen, der diesem Entschluß zugrundeliege. „Anstrengung“ muß man aber vor allem als ein Gefolgsmann Mohammeds aufbringen, und so kann dieser aus der Rückschau verkünden: „Dein Herr (verzeiht) denjenigen, die die Hedschra erst vollzogen, nachdem sie (in Mekka) von ihrem Glauben abgebracht worden waren, dann aber Anstrengungen leisteten und Geduld (im Ausharren im Islam) zeigten: Dein Herr ist (ihnen gegenüber) hiernach verzeihend und barmherzig“ (Sure 16, 110).

In Sure 2, die etwa anderthalb Jahre nach Mohammeds Vertreibung aus Mekka entstand, ist der aus Mohammeds Sicht unerläßliche Krieg gegen seine Heimatstadt eines der wichtigen Themen. Mekka hat ihn vertrieben, aber nicht nur das: Man verbietet ihm auch die Teilnahme an den alljährlichen Pilgerriten. Er bzw. Allah, sein Alter ego, fordert daher die Anhänger auf, gegen die Mekkaner zu kämpfen, ja, man möge sie töten, wo immer man sie antreffe, und solle sie „vertreiben, von wo sie euch vertrieben“. Jemanden vom wahren Glauben abzubringen, sei schlimmer als alles Töten.[6] Bedenken kommen Mohammed jedoch wegen des traditionellen Kampfverbots auf dem geheiligten Boden um die Kaaba; aber mit der Annahme, daß auch die Mekkaner sich dort mit Waffengewalt gegen die muslimischen Eindringlinge wehren würden, verwirft er diese Bedenken. Enden dürfe der Kampf erst, wenn niemand sich mehr erkühne, die Muslime zum Abfall von ihrem Glauben zu drängen (Sure 2, 190–193).

Diese Verse entstehen, als Mohammed bereits Maßnahmen zum Krieg gegen Mekka getroffen hat, freilich noch ohne die Mitwirkung der Medinenser. Diese waren nach dem altarabischen Fremdenrecht nur dazu verpflichtet, ihm und seinem Anhang Schutz zu gewähren, nicht aber dessen kriegerische Machenschaften zu fördern. So war Mohammed, als er Sure 2 formulierte, nur in der Lage, Streifscharen gegen mekkanische Gebiete zu entsenden, die sich einzig aus „Auswanderern“ zusammensetzten.[7] In dem dringenden Ap-

---

[6] Vielleicht gehört, wie es die muslimische Koranwissenschaft lehrt, der berüchtigte 4. Vers von Sure 47 wirklich schon in diese frühe Zeit: „Wenn ihr die Ungläubigen trefft, dann schlagt ihnen den Kopf ab. Wenn ihr sie kampfunfähig gemacht habt, fesselt sie. Dann könnt ihr sie später begnadigen oder freikaufen lassen, sobald der Krieg endet.“ Allah könnte seine Feinde natürlich selber bezwingen, aber er will die Anhänger Mohammeds auf die Probe stellen. Die Werke derjenigen, die „auf dem Pfade Allah getötet wurden“, wird er gerecht zu beurteilen wissen.

[7] Ins einzelne gehende Schilderung dieser Verhältnisse bei Tilman Nagel: Mohammed. Leben und Legende, München 2008, 297–300; ders.: Mohammed. Zwanzig Kapitel über den Propheten der Muslime, München 2010, neuntes Kapitel.

pell, die Glaubenden sollten für durch den Übertritt zum Islam in Not geratene Personen spenden (Sure 2, 215), offenbart sich die heikle Lage der Muslime. Ihm folgt der Aufruf: „Euch ist das Kämpfen vorgeschrieben, selbst wenn es euch zuwider ist. Schon möglich, daß ihr etwas verabscheut, obwohl es gut für euch ist! Denkbar auch, daß ihr etwas liebt, das schlecht für euch ist! Allah weiß Bescheid, ihr aber nicht!" Aber ist im geheiligten Pilgermonat das Kämpfen wirklich erlaubt, möchte man von Mohammed wissen. Dazu läßt sich Mohammed durch Allah versichern: Zu dieser Zeit zu kämpfen, sei eine folgenschwere Angelegenheit; aber nach Ansicht Allahs sei es noch schwerwiegender, Menschen vom Befolgen des „Pfades Allahs abzuhalten, ihm und dem geheiligten Gebetsplatz (an der Kaaba) Unglauben zu erzeigen und dessen (ritentreue) Verehrer von dort zu vertreiben. Das Abbringen (vom wahren Glauben) ist schlimmer als das Töten. (Eure Feinde) hören nicht auf, gegen euch zu kämpfen, um, wenn sie es können, euch von eurer Daseinsordnung abzubringen." Wer sich auf dergleichen einlasse, sei ein Ungläubiger und werde auf ewig in der Hölle gequält werden. Was folgt daraus? „Diejenigen, die glauben, und diejenigen die die Hedschra vollzogen und sich auf dem Pfad Allahs anstrengen, die dürfen auf die Barmherzigkeit Allahs hoffen. Denn er ist verzeihend und barmherzig" (Sure 2, 216–218).

Der Zusammenhang, in dem hier von der „Anstrengung auf dem Pfade Allahs" die Rede ist, verbietet es, von irgendwelchen unkriegerischen Leistungen zu sprechen: Der Islam soll mit Waffengewalt behauptet werden. Die von Muslimen in einem solchen Zusammenhang und unter Verweis auf die obigen Äußerungen des Korans immer wieder vorgebrachte Behauptung, es gehe allein um die Verteidigung des Islams, setzt, wie es auch sonst im Streitgespräch mit Muslimen geschieht, stets die gleichsam allem Denkbaren überlegene „Wahrheit" des Islams voraus, und demgemäß auch seine Kompetenz, jede geschichtliche Gegebenheit nach Maßgabe dieser „Wahrheit" abschließend zu bewerten.

Krieg zum Zwecke der Ausdehnung des Machtbereichs Mohammeds und der Glaubenden ist, sofern man sich diese Sicht der Dinge zueigen macht, grundsätzlich gerechtfertigt.[8] In religiöser Hinsicht, nicht nach dem altarabischen Nachbarschafts- und Fremdenrecht, spricht nichts dagegen, daß sich die Medinenser, die dem vertriebenen Mohammed und den mekkanischen Auswanderern Unterkunft gewähren, an dem Raubzug gegen eine mekkanische Handelskarawane beteiligen, die von Norden her am Rande der Küstenebene entlangzieht. Mohammed überredet viele Medinenser, die sich von der Aussicht auf leichte Beute locken lassen, zum Mittun. Für ihn nicht vorhersehbare Umstände führen allerdings dazu, daß er diese Karawane ver-

---

[8] Alle Kriege, die die Muslime führen, sind somit prinzipiell Verteidigungskriege. Vgl. hierzu unten, 294–296.

fehlt und stattdessen auf eine wohlgerüstete mekkanische Truppe trifft, die zur Sicherung der Karawane ausgesandt worden ist. In einer blutigen Schlacht bei der Örtlichkeit Badr erstreitet er mit den Seinen einen verlustreichen Sieg. In Sure 8 läßt er sich über dieses Geschehen aus, das auf die Zuverlässigkeit seines Prophetentums einen Schatten warf: Die Muslime hofften, sie würden ein leichtes Spiel haben; sie erschraken, als sie bemerkten, was ihnen bevorstand. Aber Allah war auf ihrer Seite und unterstützte sie mit seinen Engeln, so daß der Ausgang gewiß war. Auch in scheinbar aussichtsloser Lage ist dem Wort des Propheten Folge zu leisten (Sure 8, 5–29). Der Sieg wird in den Beleg dafür umgemünzt, daß Allah seinen Propheten niemals dem Untergang preisgibt. Wenn Mohammed die Glaubenden anspornt, dann vermögen zwanzig von ihnen zweihundert Feinde zu bezwingen: Doch solch einer harten Prüfung werde Allah künftighin die Glaubenden nicht wieder unterziehen; nur noch eine doppelte Anzahl werden sie niederkämpfen müssen (Sure 8, 65 f.).

Dann kommt Mohammed auf die tiefgreifende Veränderung zu sprechen, die durch die Beteiligung von Medinensern am Kriegszug gegen die mekkanische Karawane eingetreten ist. „Diejenigen, die gläubig wurden, auswanderten und unter Einsatz ihres Vermögens und ihres Lebens den Dschihad auf dem Pfade Allahs führten sowie diejenigen, die erstere beherbergten und unterstützten, die sind untereinander (loyale) Freunde. Diejenigen jedoch, die gläubig wurden, aber nicht auswanderten, an deren Freundschaft habt keinen Anteil, ehe sie ebenfalls auswandern. Sollten diese euch um der Daseinsordnung willen um Hilfe bitten, dann obliegt es euch, ihnen zu helfen, allerdings nicht gegen einen Verband, mit dem ihr einen Bund eingegangen seid. Allah durchschaut alles, was ihr tut. Diejenigen, die ungläubig sind, sind untereinander (loyale) Freunde. Wenn ihr euch nicht daran haltet, dann entstehen im Land die Neigung, euch vom Islam abzubringen, sowie große Verderbnis" (Sure 8, 72 f.). Mohammed versucht, sich über die Lage klar zu werden, die nach Badr eingetreten ist. Die mekkanischen Auswanderer und er einerseits und die Medinenser, die sich in den Überfall auf die Mekkaner hineinziehen ließen, sind fortan auf Gedeih und Verderb aneinander geschmiedet. Das Band ist die Kampfgemeinschaft, die sie nun zwangsläufig bilden, wie die Jahre 625 bis 630 zeigen werden. Etwas Wesentliches unterscheidet allerdings die Medinenser von den mekkanischen Gefolgsleuten Mohammeds: Letztere hatten sich aus ihrem angestammten Sippenverband zu lösen, die Hedschra zu vollziehen. Dies war die Konsequenz ihres Eintritts in den Glauben. Auf sich selber gestellt, haben sie keine andere Zukunft als eben den „Dschihad unter Einsatz des Vermögens und Lebens". Die Interessen dieser beiden Gruppen, die das Gemeinwesen des Propheten in Medina ausmachen, sind durchaus nicht gleich, wie sich gegen Ende des Wirkens Mohammeds erweisen wird. Schon jetzt beschwört er deren Eintracht: „Diejenigen die gläubig wurden, auswanderten und den Dschihad auf dem Pfade Allahs führten, sowie diejenigen, die erstere beherbergten und unterstützten, das sind die wahren Glaubenden. Sie haben Vergebung und edlen Lebensunterhalt zu erwarten“ (Vers 74). In den Raum hinein, in dem muslimische und nichtmuslimische Verbände leben und offenbar die Gefahr droht, vom wahren Glauben abzukommen, ruft er: „Diejenigen, die später gläubig wurden, dann auswanderten und auf eurer Seite den Dschihad führen, die gehören zu euch …“ (Vers 75).

Der Dschihad erscheint in diesen Versen als der Lebenszweck von Männern, die zum Islam übergetreten sind und dann bzw. deswegen mit ihrem überkommenen Lebenskreis, ihrer Sippe, gebrochen haben (arab.: Pl. *al-muhāǧirūn*). Dieser Bruch, die „Hedschra“, unterscheidet sie von den in Medina heimischen Unterstützern, den „Helfern“ (arab.: Pl. *al-anṣār*), die in ihren Geburtsverbänden blieben. Die aufmerksame Lektüre des umfänglichen Quellenmaterials belegt, daß die medinensischen Sippen keineswegs allesamt begeisterte Anhänger Mohammeds gewesen waren. Im Gegenteil, sie hatten sich in der Not der Kriege gegen Mekka, in die Mohammed sie verwickelt hatte, mit ihm als dem starken Mann abfinden müssen, und Mohammed ahnte, daß hinter der nach außen bekundeten Ergebenheit erhebliche Vorbehalte gegen ihn bestanden. Mohammed schmäht die Besonnenen als Heuchler (arab.: Pl. *al-munāfiqūn*). Schon in Sure 8 läßt er seine Wut an ihnen aus und droht ihnen künftige Strafen an: Da sagen „die Heuchler und diejenigen, deren Herzen angekränkelt sind: ‚Diese hier haben sich (vom Stolz auf) ihre (göttliche) Daseinsordnung verführen lassen!‘[9] Wer sich jedoch auf Allah verläßt, der wird sehen: Allah ist mächtig und weise! Wenn du (d.h. Mohammed) sehen könntest, wie es ist, wenn die Engel den Ungläubigen auf das Gesicht und auf den Hintern schlagen: ‚Und nun kostet die Strafe des Höllenbrandes!‘“ (Vers 49f.). Eine Bewegung durch eine „Hedschra“ Entwurzelter erkennt im „Dschihad auf dem Pfade Allahs“ die Aufgabe, die ihr gestellt ist und für die ihr höchster Lohn im Diesseits – die Aufteilung der Kriegsbeute ist ein wichtiger Gegenstand der Dschihad-Überlieferungen – und im Jenseits zusteht. Solange Medina unter den mekkanischen Angriffen zu leiden hatte, die durch Mohammeds Badr-Abenteuer ausgelöst worden waren, erhielt die Beschwörung der dank der Gläubigkeit gegebenen Gemeinsamkeit der Interessen von „Auswanderern“ und „Helfern“ den inneren Frieden aufrecht. Der Hinweis, Allah überprüfe die Standfestigkeit der Glau-

---

[9] In Sure 2 hatte Mohammed kurze Zeit vorher versucht, seinen Anhängern einen wesentlichen Teil der göttlichen Daseinsordnung zu verkünden und damit die Verpflichtung zu erfüllen, die er mit der Beanspruchung der Prophetenschaft kurze Zeit vor seiner Vertreibung aus Mekka eingegangen war (vgl. hierzu drittes Kapitel: Wer war Mohammed?). In Sure 2, Vers 256, hatte er den Heiden mitgeteilt, daß ihnen nichts anderes bleiben werde, als diese Daseinsordnung anzunehmen.

benden im Krieg, ehe er sie ins Paradies hineinlasse (Sure 3, 142), mag zur Erstickung abweichender Ansichten beigetragen haben.

Spätestens aber, seitdem Mohammed im Januar 630 Mekka eingenommen hatte, verlor die Kampfgemeinschaft der Glaubenden ihre Daseinsberechtigung. Zumindest die Medinenser, die sich einen kühlen Kopf bewahrt hatten, fragten sich, warum die Kriege immer weiter gehen sollten. Ernsthafte Spannungen zwischen Mohammed und den Besonnenen brachen auf.[10] Der Prophet suchte sich nun Unterstützung nicht mehr zu allererst bei den medinensischen „Helfern", sondern bei seinen ehemaligen mekkanischen Feinden, die rasch erkannten, daß das mekkanische Dominanzstreben über Arabien durch das Auftreten Mohammeds zwar vorübergehend beeinträchtigt worden war, nun aber in einem unerwarteten Maß begünstigt wurde. Die Rivalität zwischen den frühen „Auswanderern" und den „Helfern" wurde durch ein weiteres Element ergänzt: Mohammeds Vertrauen auf Mitglieder der mekkanischen Elite, die ihn bis 630 bekämpft hatte, bedeutete für beide eine Brüskierung. In Sure 9 findet man beeindruckende Belege für sein Bestreben, den Dschihad als ein Wesensmerkmal der muslimischen Gemeinschaft herauszustreichen, obwohl die gesellschaftlichen Voraussetzungen hierfür gar nicht mehr gegeben waren und von einer Gefährdung der Existenz des muslimischen Gemeinwesens nicht mehr die Rede sein konnte.

Wie er bereits in Sure 8, Vers 74, andeutete, rühmt er jetzt diejenigen, die sich dem Dschihad widmen, als die „Glaubenden" schlechthin. Sie werden von Allah weit höher eingeschätzt als alle übrigen Muslime (Sure 9, 20). Für Mohammed war es ein Ärgernis, daß nun, da seine Anhängerschaft stark angewachsen war und sein Blick sich auf die Grenzbezirke zum Byzantinischen Reich richtete, längst nicht alle, die den Islam angenommen und ihm damit die Unterwerfung unter seine prophetische Autorität zugeschworen hatten, für diese kriegerischen Ziele zur Verfügung standen. Wirklich „Glaubende", so verkündete er nun, seien nur diejenigen, die sich am Dschihad beteiligten. Wer das nicht könne oder wolle, der dürfe von sich nur sagen, er sei zum Islam übergetreten; ob er es hiermit ehrlich meine, stehe nämlich dahin. Insbesondere die Beduinen, die bei ihrem Vieh, ihrer dürftigen Lebensgrundlage, bleiben müssen, erregen deswegen seinen Unwillen (vgl. Sure 49, 13–15). Die Beduinen neigen eher zum Unglauben und zur Heuchelei als andere. Manche zwar betrachten ihre Tributzahlungen an Mohammed als Gaben, mit denen sie sich Allah annähern; aber andere meinen, sie hätten sich durch eine solche Zahlung von allen weiteren Verpflichtungen freigekauft, und warten ab, wie es mit dem Krieg endet, den die „Glaubenden" führen (Sure 9, 89–99).

---

[10] Vgl. Tilman Nagel: Mohammed. Leben und Legende, 429–462.

Ebenso empört ihn das Verhalten mancher Medinenser. Sobald ihm Allah eine Offenbarung herabschickt, mit der er aufgefordert wird, den „Dschihad auf dem Pfade Allahs“ fortzusetzen (z.B. Sure 9, 41), sagen die Wohlhabenden: „Nicht mit uns! Wir wollen mit denen sein, die zu Hause bleiben.“ Sie sind damit zufrieden, ihre Herzen sind versiegelt, sie haben keine Einsicht! „Aber der Gesandte und diejenigen, die gläubig wurden zusammen mit ihm und die den Dschihad unter Einsatz ihres Vermögens und ihres Lebens führen: Ihnen werden die guten Dinge zuteil, sie sind die Glückseligen“, die die Freuden des Paradieses genießen werden (Sure 9, 86–88). Für die wahren Glaubenden gilt nämlich, wie Mohammed in Vers 111 verkündet: „Allah kaufte den Glaubenden ihr Leben und ihr Vermögen ab um den Preis, daß sie ins Paradies einziehen werden: Sie kämpfen auf dem Pfade Allahs, sie töten und sie werden getötet. Dies gilt als ein wahres Versprechen, gegeben in der Tora, im Evangelium und im Koran, und wer würde seine Verpflichtung getreuer erfüllen als Allah? So freut euch über diesen Handel, den ihr eingegangen seid! Das ist der gewaltige Gewinn!“

III. Der Dschihad im Hadith

1. Der geschichtliche Hintergrund

Der Dschihad als eine allen Muslimen obliegende Verpflichtung, wie sie in den ersten Jahren nach Badr angebracht gewesen sein mag, hatte sich in den letzten Lebensjahren Mohammeds überlebt. Längst mußten nicht mehr die Kräfte der „besten Gemeinschaft“ (Sure 3, 110) dafür aufgeboten werden, um ihr Überleben zu gewährleisten. Gleichwohl bemühte sich Mohammed, die kriegerischen Fertigkeiten zu erhalten, da er sich jetzt von Allah berufen glaubte, weitgespannte Ziele anzusteuern. Die vollständige Unterwerfung der Arabischen Halbinsel unter seine Macht stand bevor. Diese Geschehnisse spiegeln sich bereits in Sure 9 wider. Viele Stämme versicherten Mohammed ihrer Ergebenheit. Dieser entsandte zu ihnen Tributeintreiber, die Abgaben (arab.: Pl. *aṣ-ṣadaqāt*) einzogen und zum Teil an Ort und Stelle an Berechtigte (vgl. Sure 9, 60) verteilten. Die Tribute derjenigen, die von sich nur behaupten durften, sie hätten den Islam angenommen, wie Mohammed ausdrücklich verkündet hatte, waren zum Ausgleich dafür gedacht, daß die anderen sich dem „Dschihad auf dem Pfade Allahs“ hingaben. Es entstand auf diese Weise eine Art Zweiklassengesellschaft: Die „wahrhaft Glaubenden“ befaßten sich mit dem Erwerb eines „hohen Ranges bei Allah“, die anderen, die Muslime, vollzogen die Riten, lebten aber weiterhin in ihren angestammten Gemeinschaften.

Dies waren in aller Kürze die Verhältnisse, als Mohammed starb. Unter hier nicht näher zu schildernden Umständen pflanzten sie sich unter den ersten drei Nachfolgern Mohammeds fort und zeitigten die bis in die Mitte des 7. Jahrhunderts anhaltende erstaunliche Welle islamischer Eroberungen. Man darf sich hierunter allerdings kein in irgendeiner Weise auf eine dauerhafte Inbesitznahme gerichtetes Handeln vorstellen, das ja einen weitsichtigen Umgang mit dem neu errungenen Besitz erforderlich gemacht hätte. Es kam lediglich auf das Einheimsen von Kriegsbeute an, die nach einem bestimmten Schlüssel unter die Dschihadkämpfer und deren Anführer, den Nachfolger Mohammeds in Medina, zu verteilen war. Desweiteren waren die jährlichen Erträge der eroberten Ländereien, vor allem im unteren Irak und in Ägypten, einzuziehen und, zumindest in der Theorie, ebenfalls nach Medina zu überstellen. Niemand wird sich über die in den Quellen oft geäußerten Klagen wundern, daß das meiste davon bei den Heerführern an Ort und Stelle hängenblieb, von denen etliche zu einem geradezu sagenhaften Reichtum gelangt sein sollen.[11]

Begünstigt wurden diese Vorgänge durch das Ergebnis des inneren Machtkampfs, der sich in den letzten Lebensjahren Mohammeds ankündigte. Sobald er verstorben war, verlangten die „Helfer", selber einen Militärführer in den sich ausweitenden Raubzügen zu stellen. Die „frühen Auswanderer" jedoch wußten dies zu verhindern; Kandidaten aus ihrer Mitte, Abū Bakr (reg. 632–634), ʿUmar b. al-Ḫaṭṭāb (reg. 634–644) und ʿUṯmān b. ʿAffān (reg. 644–656) behaupteten die Macht und führten von Medina aus die Geschicke des muslimischen Gemeinwesens, oder genauer: sie bemühten sich, das Sagen in ihren Reihen zu halten. ʿUmar war hierin der erfolgreichste unter ihnen. Er nahm den Herrschertitel „Befehlshaber der Glaubenden"[12] an, den Mohammed einst einem der „frühen Auswanderer" verliehen hatte, die sich schon vor der Schlacht bei Badr in kleinen militärischen Unternehmungen gegen Mekka einen Namen gemacht hatten. Dieser Titel sollte verdeutlichen, daß den prominenten Mekkanern, die Mohammed zuletzt so sehr bevorzugt hatte, im Gemeinwesen der „Glaubenden" keine führende Rolle zukomme. Auch auf andere Weise versuchte ʿUmar zu verhindern, daß sie, die den Islam so lange bekämpft hatten, jetzt zu den Nutznießern der sich überstürzenden Ereignisse wurden. Seine folgenreichste Maßnahme hierzu war der mit seinem Namen verbundene Verteilungsschlüssel der in Medina einkommenden Beute und der Zahlungen, die aus den von fremder Hand bearbeiteten Ländereien stammten. – Es sei nebenbei bemerkt, daß die Mohammed zugeschriebenen autoritativen Aussagen über die sogenannte „islamische Wirtschaft" diese Verhältnisse widerspiegeln und daher über einen eigenständigen

---

[11] Sehr ausführlich bei Tilman Nagel: Mohammed. Leben und Legende, Kapitel V und VI; ferner ders.: Mohammed. Zwanzig Kapitel über den Propheten der Muslime, zwölftes Kapitel.

[12] Vgl. achtes Kapitel (Was sind Imamat, Kalifat und Sultanat?).

Erwerb der Subsistenzmittel so gut wie nichts aussagen. „Islamische Wirtschaft" besteht vor allem im Verteilen, und niemand habe das so gerecht vermocht wie ʿUmar. – ʿUmar nämlich bestimmte den Zeitpunkt, seit dem jemand für den Islam gekämpft hatte, zum wichtigsten Kriterium der Bemessung des Anteils an den genannten Geldern und Gütern. Die „Glaubenden", die bei Badr gefochten hatten, fielen in die höchste Kategorie.

Dem Selbstverständnis ʿUmars und der übrigen „frühen Auswanderer" mag dies entsprochen haben, aber sicher nicht den wirklichen Verhältnissen. Zum einen scheint es, daß er bei der Aufstellung dieses Schlüssels das Prestige mancher mekkanischer Sippen doch hat in Anschlag bringen müssen, zumal sein Plan, ihnen eine Teilnahme an den Eroberungszügen völlig zu verwehren, aus unterschiedlichen Gründen scheiterte. Zum anderen, und das mag noch folgenreicher gewesen sein, war es jüngeren Glaubenskriegern unmöglich, die Dotierungen der Alten je zu erreichen, mochten sie in der Gegenwart auch noch so große Leistungen erbringen. Daher verlor das ʿumarsche System der Dotationen schon seine Plausibilität, kaum daß es ersonnen worden war. Unter seinem Nachfolger ʿUṯmān brach es zusammen. Denn immer mehr Männer eilten zu den Waffen, um bei der Ausdehnung des Machtbereichs des Islams ein Einkommen und einen Platz im Paradies zu erwerben; die Beutezüge aber führten in immer fernere Gegenden, der Ertrag lohnte den Aufwand nicht mehr. So kündigte sich die Frage an, ob das von Mohammed in Sure 9 und in Sure 49 so energisch propagierte muslimische Gemeinwesen, das sich in die Gruppe der den Dschihad Führenden und in die breite Masse der Tribut Leistenden teilte, überhaupt eine Zukunft habe.[13]

2. Der Dschihad im Hadith

In der Sammlung des „gesunden" Hadith al-Buḫārīs ist der Abschnitt über den Dschihad einer der längsten.[14] Al-Buḫārī leitet ihn nach dem Zitat von Sure 9, Vers 111,[15] mit den folgenden Prophetenworten ein: Nächst dem zur rechten Zeit vollzogenen Pflichtgebet und der Pietät gegenüber den Eltern ist der „Dschihad auf dem Pfade Allahs" die vortrefflichste aller Handlungen.[16] „Nach der Einnahme Mekkas gibt es keine Hedschra mehr, sondern ausschließlich Dschihad und Absicht. Wenn ihr (durch den Imam, den islami-

[13] Vgl. drittes Kapitel (Wer war Mohammed?), II. 5. sowie elftes Kapitel (Was sind Schiiten?), III. 1.

[14] Einen Überblick über die zahlreichen Unterkapitel gebe ich in: Angst vor Allah? Auseinandersetzungen mit dem Islam, Berlin 2014, 394.

[15] Vgl. oben, 275.

[16] Vgl. in diesem Zusammenhang die Definition des Islams laut Sure 4, Vers 125: erstes Kapitel (Was ist der Islam?), II. 1.

schen Machthaber) zum Krieg aufgerufen werdet, dann stellt euch ein!" ʿĀʾiša fragte Mohammed: „Gesandter Allahs, du meinst, der Dschihad sei die vortrefflichste Handlung? Sollen wir nicht in den Dschihad ziehen?" Mohammed versetzte: „Der vorzüglichste Dschihad (für die Frauen)[17] ist eine Pilgerreise, die in Ehrfurcht vor Allah unternommen wird." Jemand kam zum Gesandten Allahs und bat: „Nenne mir eine Handlung, die dem Dschihad gleichwertig ist!" Mohammed erwiderte: „Ich finde keine. Denn kannst du, sobald ein Dschihadkrieger auszieht, deinen Gebetsplatz betreten und dort unaufhörlich zum Vollzug des Gebets bereit sein, kannst du fasten, ohne je die Fasten zu brechen? Wer kann denn dergleichen?" Abū Huraira[18] sagte: „Das Pferd eines Dschihadkriegers springt munter (wie) an der langen Leine. Das wird dem (Krieger?) als gute Taten angerechnet."

Zweierlei ist zu diesen Hadithen zu bemerken. Erstens wird die Aussage des Korans, derzufolge der Dschihad als der gewöhnliche Dienst aller Glaubenden zu gelten hat, eingeschränkt. Denn man legt Mohammed den entscheidenden Satz in den Mund: Nach der Einnahme von Mekka kann niemand mehr eine Hedschra zu Mohammed und seiner Anhängerschaft vollziehen. Man kann nicht mehr durch das Austreten aus der eigenen Geburtsgemeinschaft in den Kreis derjenigen gelangen, die, zum Dschihad verpflichtet, des Einzugs ins Paradies sicher sind. Der Dschihad ist von nun an eine den übrigen Ritualpflichten vergleichbare Handlung, die unabhängig vom Verbleib in der eigenen Sippe oder vom Ausscheiden aus ihr durchgeführt werden kann. Denn daß die Gesellschaft in der erdrückenden Mehrheit muslimisch ist, setzt man jetzt stillschweigend voraus. In dieser muslimischen Gesellschaft nehmen einige den Dschihad auf sich und bekräftigen diesen Schritt mit der Erklärung der Absicht (arab.: *an-nīja*).[19] Der Dschihad verwandelt sich aus einer jedem Glaubenden obliegenden Pflicht zum beschwerlichsten Teil des Ritus, den nicht jeder Muslim zu erfüllen hat. Damit kommen wir zum zweiten Gesichtspunkt, unter dem der Dschihad im Hadith erörtert wird: Die Pflichtriten stellen die von „Beigesellung" freie Hinwendung der Person zu Allah auf Dauer;[20] bis zu welchem Grad erfüllt der Dschihad ebendiesen Zweck? Liest man die angebliche Aussage Mohammeds, die dessen Lieblingsfrau ʿĀʾiša verbürgt, dann darf man dessen gewiß sein, daß schon die Wallfahrt nach Mekka die Teilnahme am Krieg „auf dem Pfade Allahs" aufwiegt. Gemeint ist freilich: Ein Mann, der sich für einen Kriegszug „auf dem Pfade Allahs" bereithält, muß von einer Teilnahme Abstand

---

17 Vgl. al-Buḫārī:Ṣaḥīḥ, ǧihād 60.

18 Eine für die Geschichte des frühen Hadith bedeutende Persönlichkeit. Ausführlich behandle ich ihn in: Mohammed. Leben und Legende, 536–540 und 682–684.

19 Vgl. dreizehntes Kapitel (Wie sieht den Islam den Menschen?), II. 2.

20 Vgl. zwölftes Kapitel (Was versteht der Muslim unter Religion?).

nehmen, sofern seine Frau die Pilgerreise durchführen will und keinen männlichen Verwandten findet, der sie begleiten könnte.[21] Auf das Gegenteil läuft allerdings die Antwort hinaus, die Mohammed einem ungenannten Frager erteilt: Wer sich dem Dschihad hingibt, vollzieht geradezu auf Dauer zwei wichtige Ritualpflichten, das Beten und das Fasten, und das brächte doch sonst niemand fertig. Der Dschihad ist eine Lebensweise, deren Verdienstlichkeit für den Krieger selbst durch das muntere Einhergaloppieren seines Pferdes gemehrt wird.

Wie anhand der koranischen Belege schon gezeigt, machen die Ermunterung zum Dschihad, die Rühmung der Männer, die dabei den Tod finden und unverzüglich in das Paradies versetzt werden, sowie die Schilderung der dortigen Freuden und des für andere unerreichbar hohen Ranges einen erheblichen Anteil an den Hadithen aus, die al-Buḫārī als „gesund" eingestuft hat. Der Dschihadkrieger, der als Blutzeuge (arab.: *aš-šahīd*)[22] gefallen ist und sich im Paradies wiederfindet, verspürt den Wunsch, auf die Erde zurückzukehren, um noch einmal auf dem Pfade Allahs das Leben auszuhauchen; ja, sogar zehnmal möchte er dieses Glück genießen, denn so gewaltig ist die Wertschätzung, die ihm jedesmal widerfährt. Das Paradies, so kann man sagen, liegt unter der aufblitzenden Klinge des Schwertes.[23] Zahlreich sind die Unterkapitel, die sich mit den Reittieren, den Gütern, die man in den Dschihad mitnimmt, und mit Begleitpersonen befassen. Dazwischengestreut sind etliche kuriose Anekdoten: Eine Frau erlebte, wie der Prophet schmunzelnd aus dem Schlaf erwachte; nach dem Grund der Heiterkeit gefragt, antwortete er: „Ich wundere mich über Menschen aus meiner Gemeinde ..., die übers Meer reiten wie die Könige auf ihren Ruhebetten." Mohammed möge Allah bitten, daß sie zu diesen gehören werde. Allah werde ihr diesen Wunsch erfüllen, erfuhr sie. Sie wurde mit einem Prophetengenossen verheiratet, der später in Palästina wirkte. Schon früh bedienten sich dort die Muslime einer „Marine" im Kampf gegen die Byzantiner. Als die Dame wieder an Land kam, bot man ihr ein Reittier an. Sie bestiegt es – stürzte sogleich herunter und brach sich den Hals.[24]

Vor dem Angriff ist den Andersgläubigen die Botschaft des Islams in Grundzügen mitzuteilen; sie müssen wissen, daß sie den Verfechtern der

---

21 al-Buḫārī: Ṣaḥīḥ, ǧihād 136.

22 Das Wort *šahīd* wird heute in der Regel als Märtyrer wiedergegeben. Die Assoziationen mit dem christlichen Begriff des Martyriums, die diese Wiedergabe wekken soll, sind jedoch irreführend. Der christliche Märtyrer erleidet einen qualvollen Tod, weil er seinen Glauben bekennt. Der muslimische Blutzeuge sucht den Tod und den Einzug ins Paradies als Lohn dafür, daß er Nichtmuslime tötet. Vgl. im übrigen neunzehntes Kapitel (Was lehrt der Islam über die Frauen und die Ehe?), III. 4.

23 al-Buḫārī:Ṣaḥīḥ, ǧihād 20 und 21.

24 Ebd., 73.

Wahrheit nicht standhalten werden. Mohammed freilich zog es oft vor, selbst seine Mitkämpfer über das Ziel eines bevorstehenden Feldzugs im ungewissen zu lassen. Dem Anführer, dem Imam, schulden die Krieger selbstverständlich unbedingten Gehorsam. Denn hinter ihm ficht man gegen den Feind, er ist ein Schutzschild. Wie beim rituellen Gebet ist er der Garant dafür, daß während der Gefechte die vorbehaltlose Hingabe der Person an Allah statthat: „Wir sind die Letzten und die Ersten“, läßt man Mohammed sagen, nämlich die Letzten, die unter dem Segen Allahs (vgl. Sure 37, Verse 108, 119 und 129) kämpfen, und werden deshalb von ihm am höchsten geehrt. „Wer mir gehorcht, der hat Allah gehorcht; wer sich mir widersetzte, der hat sich Allah widersetzt. Und wer dem Anführer gehorcht, der hat mir gehorcht, und wer sich dem Anführer widersetzt, der hat sich mir widersetzt. Der Imam ist ein Schild, hinter dem man Schutz sucht: Wenn er Gottesfürchtiges befiehlt und gerecht handelt, so wird er dafür belohnt. Wenn er aber anderes anordnet, dann wird das ihm (im Jüngsten Gericht) zur Last gelegt“,[25] nicht aber denen, die unter seinem Befehl kämpfen. Der Dschihad steht nämlich unter der einen Zusage Mohammeds, die vor ihm nie ein anderer Prophet hat geben können: „Ich wurde berufen (zur Verkündung) der Gesamtheit der göttlichen Worte! Durch den Schrecken (den ich verbreite) wurde mir der Sieg zuteil! Als ich schlief, brachte man mir die Schlüssel zu den Schatzhäusern der Erde und legte sie mir in die Hand!“[26] Al-Buḫārī faßt unter dem Stichwort Dschihad eine Reihe weiterer Themen zusammen, die vor allem um die Behandlung der Kriegsgefangenen, um die Verteilung der Beute sowie um die Stellung der Andersgläubigen kreisen, die nach der Niederlage fortan unter islamischer Herrschaft leben müssen. Diese Fragen müssen hier nicht erörtert werden.[27]

IV. Der Dschihad in der Scharia

In der Zeit, als al-Buḫārī (gest. 870) sein Handbuch der „gesunden“ Hadithe zusammenstellte, war die erste Systematisierung dieses Stoffes bereits erfolgt. Schon die Omaijaden hatten mehrfach versucht, Konstantinopel zu erobern, und waren diesem Ziel recht nahegekommen. Sie scheiterten jedoch am mangelnden Nachschub und mußten sich unter zum Teil schmählichen Bedingungen aus Anatolien zurückziehen. Die Absicherung ihrer Vorstöße durch eine von ihnen aufgebaute Flotte vermochte den fehlenden Besitz des anatolischen Hinterlandes nicht wettzumachen. Die Abbasiden griffen die kriegerischen Bestrebungen gegen das Byzantinische Reich auf und schufen

---

[25] Ebd., 106.
[26] Ebd., 118.
[27] Vgl. dazu achtzehntes Kapitel (Wie sieht der Islam die Nichtmuslime?).

ihnen eine auf Dauer angelegte Ausgangsbasis, deren Mittelpunkt ar-Raqqa am Euphrat wurde. Insbesondere Hārūn ar-Rašīds (reg. 786–809) Name ist mit den von dort aus nach Anatolien vorgetragenen Feldzügen verbunden. Bereits als Kronprinz war er 782 bis an den Bosporus vorgestoßen und hatte die Kaiserin Irene zu einem für die Byzantiner sehr unvorteilhaften Friedensschluß gezwungen. Die „Sommerfeldzüge" (arab.: Pl. *aṣ-ṣawā'if*) hinauf nach Anatolien wurden zu einem alljährlich geübten Brauch, mit dem das abbasidische Kalifat der Pflicht zum Dschihad Genüge zu tun hoffte.

In diesem Zusammenhang steht das Werk aš-Šaibānīs (gest. 804), eines Mannes, der von Hārūn zum Kadi von ar-Raqqa berufen worden war: Er verfaßte ein Buch, in dem er die Bestimmungen über den Dschihad und die mit ihm zusammenhängenden Fragen abhandelte. Der Terminus *as-sijar*, d. h. „die Feldzüge", hatte sich für diese Thematik eingebürgert; er weist darauf hin, daß der Dschihad mehr bedeutete als die gegen die Andersgläubigen getätigten kriegerischen Akte. In islamischer Sicht wurden durch diese Akte Rechtsverhältnisse geschaffen, die zuvor nicht gegeben waren und daher einer Regelung bedurften, die möglichst nach den Machtinteressen der Kalifen zu gestalten waren. Dies jedenfalls war die Aufgabe aš-Šaibānīs. Irreführend hat man die *sijar* übrigens auch als „islamisches Völkerrecht" bezeichnet, und in der Tat sind sie das einzige Sachgebiet der Scharia, auf dem die Beziehungen der islamischen Machthaber zu nichtislamischen Herrschern und Territorien zur Sprache kommen. Das westliche Völkerrecht handelt jedoch von im Grundsatz gleichen Rechtssubjekten, während die *sijar* voraussetzen, daß zwischen dem muslimischen und sämtlichen nichtmuslimischen Gemeinwesen eine Gleichheit nicht gegeben ist.[28] Denn die Nichtmuslime sind Menschen, die ihre Geschaffenheit (arab.: *al-fiṭra*) durch Allah verdrängt haben und daher zum wahren Menschsein zurückgeführt werden müssen.[29]

In aš-Šaibānīs *sijar* tritt das Moment des persönlichen Kampfes des Einzelnen „auf dem Pfade Allahs", wie angesichts der Stellung des Verfassers zum Machthaber nicht anders zu erwarten ist, in den Hintergrund. Anders als im Koran, der die Dschihadkrieger zu den wahrhaft Glaubenden erklärt, und anders auch als das Hadith, das das Führen des Dschihads als eine die gewöhnlichen Ritualpflichten aufwiegende, wenn nicht übertreffende Handlung beschreibt und somit das Streben des einzelnen Muslims nach Jenseitsverdienst in den Blick nimmt, leitet aš-Šaibānī seine Darlegungen mit Ratschlägen Mohammeds ein, die sich an den Führer einer Truppe richten. Der Dschihad dürfe sich ausschließlich gegen Ungläubige richten und müsse Grausamkeiten wie die Verstümmelung von gefallenen Feinden oder das Tö-

---

28 Vgl. ebd.

29 Vgl. erstes Kapitel (Was ist der Islam?) und dreizehntes Kapitel (Wie sieht der Islam den Menschen?).

ten von Kindern unterlassen; bevor die Kampfhandlungen beginnen, muß man die Ungläubigen zur Annahme des Islams drängen; willigen sie ein, hat der Kampf zu unterbleiben; sie seien vielmehr aufzufordern, die Hedschra zu vollziehen und sich dadurch ein für allemal der islamischen Obrigkeit zu unterstellen; verweigern sie dies, dann sei ihnen mitzuteilen, daß man sie nur als muslimische Beduinen betrachten werde, denen eine Beteiligung am Dschihad und damit auch am Gewinn von Beute verwehrt sei; sollten sie sogar den Übertritt zum Islam verweigern, dann müßten sie sich unabdingbar den Regelungen unterwerfen, die für Andersgläubige im islamischen Machtbereich gelten und die Kopfsteuer (arab.: *al-ǧizja*)[30] zahlen. Mohammeds Ratschläge enden mit der dringenden Empfehlung, die Sicherheitszusage, die man der sich ergebenden Besatzung einer belagerten Festung bzw. Stadt gewährt, niemals im Namen Allahs oder seines Gesandten zu erteilen; nur im eigenen Namen möge der muslimische Heerführer Sicherheit für Leib und Leben versprechen, denn wolle er diese Zusage irgendwann brechen, sei es von geringerem Gewicht, wenn er sie nur im eigenen Namen gegeben habe.[31]

Der Rückblick auf die medinensischen Zeiten fällt sehr kursorisch aus; die Verhältnisse haben sich von Grund auf gewandelt. Mohammed bemühte sich darum, den Dschihad nach der Einnahme Mekkas fortzusetzen, wobei klar war, daß von da an eine Hedschra, eine Eingliederung des Konvertiten in die medinensische Kampfgemeinschaft der Glaubenden, ein Anachronismus gewesen wäre. Die Gemeinde der Muslime kämpfte nicht mehr um ihre Existenz, sondern um die Ausdehnung ihrer Macht. In den *sijar* aš-Šaibānīs herrscht dieser Gesichtspunkt vor, und er findet seinen Niederschlag in der Zweiteilung der bewohnten Welt in das „Gebiet des Islams“ (arab.: *dār al-islām*) und das „Gebiet des Krieges“ (arab.: *dār al-ḥarb*). Allein diese Terminologie belegt, daß eine friedliche Koexistenz zwischen muslimischer Machtausübung und nicht von Muslimen beherrschten Territorien nicht vorgesehen ist. Mohammeds von den „Helfern“ mit Widerwillen hingenommene Fortsetzung des Dschihads ist bei aš-Šaibānī und allen späteren Autoren, die sich diesem Gegenstand widmen werden, zum Ausgangspunkt aller Erwägungen geworden. In Erinnerung an die frühe medinensische Zeit spricht aš-Šaibānī auch noch von der Hedschra, zu der die ungläubigen Feinde aufzufordern seien. Das mag ein Versehen sein, denn eigentlich soll es nach der Einnahme Mekkas keine Hedschra mehr geben, sondern nur noch den in der ernsten, frommen Absicht (arab.: *an-nīja*) des Einzelnen geführten, d.h. den nicht durch die Obrigkeit gelenkten Dschihad. Es ist

30 Vgl. achtzehntes Kapitel.

31 Majid Khadduri: The Islamic Law of Nations. Shaybānī's Siyar, Baltimore 1966, 76f.

aber auch denkbar, daß aš-Šaibānī bewußt an die Jahre vor der Inbesitznahme Mekkas anknüpft, da er die Regelungen des durch das Kalifat organisierten Dschihads auszuarbeiten hat.

Im „Gebiet des Islams“ herrschen nicht die gleichen Rechtsverhältnisse wie im „Gebiet des Krieges“. Dies ist der Grundsatz, um den aš-Šaibānīs Überlegungen kreisen. Gleichgültig, ob der Bevölkerung eines Territoriums, das durch die Muslime angegriffen wird, bereits zuvor der Übertritt zum Islam nahegelegt wurde oder nicht, es ist in jedem Fall vorzuziehen, daß eine solche Aufforderung vor der Attacke klar und deutlich ausgesprochen wird. Sie wird als die Legitimierung des Angriffs angesehen. In den Maßnahmen der Kriegführung sind den Dschihadkämpfern keine Beschränkungen auferlegt: Sie dürfen bei Tag und bei Nacht losschlagen, sie dürfen die Rückzugsorte der Feinde in Brand setzen oder durch Flutung vernichten. Alle Beute, die sie gewinnen, müssen sie in das „Gebiet des Islams“ verbringen: Dort erst hat die schon von Mohammed praktizierte Teilung zu erfolgen. Das ist der Grundsatz. Aš-Šaibānī erörtert jedoch eine Reihe kniffliger Sonderfragen. Für die Kriegsgefangenen darf laut Sure 8, Vers 67, nicht vor dem endgültigen Sieg Lösegeld ausgehandelt und entgegengenommen werden. Solche Transaktionen müssen im „Gebiet des Islams“ erfolgen. Der Befolgung dieser Regel stehen in der Wirklichkeit oft Hindernisse entgegen. So könnten nicht genügend Muslime zur Verfügung stehen, die sie dorthin geleiten. In einem solchen Fall könne der Befehlshaber die verwundeten Gefangenen töten lassen, nicht jedoch deren Frauen und Kinder. Wenn es sich als unmöglich erweise, die gesamte Beute in das „Gebiet des Islams“ zu schaffen, könne ausnahmsweise die Teilung auch im „Gebiet des Krieges“ durchgeführt werden.[32]

Zwischen dem „Gebiet des Islams“ und dem „Gebiet des Krieges“ werden Waren ausgetauscht; auch Personen, deren ständiger Aufenthaltsort auf der einen Seite ist, betreiben Geschäfte auf der anderen oder besuchen sie aus anderen Gründen. Welchen Rechtsstatus sie und ihr Vermögen in diesem Falle haben, beschreibt aš-Šaibānī anhand von Beispielen. Auf keinen Fall dürfen den Muslimen hieraus Nachteile entstehen. Das gilt ins besondere auch für Abmachungen, die der Anführer der Muslime mit den „Ungläubigen“ schließt. Aš-Šaibānī setzt voraus, daß ein von den Muslimen auf Bitten der Ungläubigen im „Gebiet des Krieges“ geschlossener Friedensvertrag grundsätzlich vorsieht, daß die Ungläubigen die Kopfsteuer zahlen und damit den Status der „Schutzbefohlenen“ (arab.: Pl. *aḏ-ḏimmīјūn*) akzeptieren. In Ausnahmefällen, d. h. wenn die Ungläubigen militärisch überlegen sind, kann auf diese Bedingung verzichtet werden. Freilich ist die Abmachung dann zu

[32] Ebd., 95–99.

befristen. Sind die Muslime in eine Notlage geraten, dann ist sogar gestattet, daß sie ihrerseits den Ungläubigen einen Tribut zahlen. Allerdings sind alle Verträge, die nicht die Muslime im Vorteil sehen, zu befristen.[33] Allenfalls ein Waffenstillstand (arab.: *al-hudna*) kann zwischen den beiden „Gebieten" herrschen, niemals ein dauerhafter Friede.[34] Die Vorstellung, Muslime und Andersgläubige seien gleichrangige Vertragspartner, ist unzulässig.

Bisweilen nimmt aš-Šaibānī in seiner Abhandlung auf Aussagen des Korans und des Propheten Bezug, Erwägungen zur Lösung der praktischen Fragen, die sich aus dem Krieg um die Erweiterung des islamischen Herrschaftsgebiets ergeben, stehen allerdings im Vordergrund. Anders verhält es sich bei den *sijar* al-Auzāʿīs (gest. 774), die uns in ein ganz anderes geistiges Milieu versetzen. Al-Auzāʿī betrachtet den Gegenstand als jemand, der selber in ständige, nicht durch die Herrscher organisierte Kämpfe mit Andersgläubigen verwickelt war. Er verbrachte viele Jahre seines Lebens im freiwilligen Dienst an der Sicherung des „Gebietes des Islams", und zwar in der Umgebung von Beirut. Das Interesse der islamischen Machthaber an solchen Auseinandersetzungen war naturgemäß gering; zu weitgespannten Unternehmungen fehlte der Anlaß, und aufsehenerregende Erfolge waren nicht zu erwarten. Die privat geübte muslimische Frömmigkeit war der wichtigste Beweggrund für derartige meist kleinräumige Grenzgefechte. *Ribāṭ* nannte man diese Lebensweise, in der sich der Glaubenseifer mancher Muslime bekunden konnte, ohne daß sie gezwungen waren, ihre alltägliche Lebensweise gänzlich aufzugeben.

Die von derjenigen aš-Šaibānīs abweichende Sichtweise al-Auzāʿīs tritt sogleich zutage, wenn wir die überlieferten Teile seiner *sijar* zu lesen beginnen. Der Prophet habe die Kriegsbeute immer schon am Ort der Schlacht verteilt, behauptet er – im Gegensatz zu den zitierten Ausführungen aš-Šaibānīs und zu den Ansichten Abū Jūsufs (gest. 798), der ebenfalls in abbasidischen Diensten stand. Al-Auzāʿī nennt etliche bedeutende Kriegszüge, auf denen Mohammed so verfahren sei. Abū Jūsuf muß auf diese „Belege" eingehen und versuchen, sie zu entkräften, um die eigene Meinung durchzufechten. Diesen Streit in den Einzelheiten nachzuzeichnen, würde uns zu weit von unserem Thema entfernen. Der Schariagelehrte aš-Šāfiʿī (gest. 820), dem wir die Kenntnis der Kontroverse verdanken, gibt al-Auzāʿī recht: Die frommen Krieger (arab.: *ahl al-maġāzī*) seien sich darin einig, daß Mohammed mehrfach Beute schon im „Gebiet des Kriegs" verteilt habe; schließlich stehe sie denen zu, die in der Schlacht das Leben aufs Spiel gesetzt hätten, nicht aber den abseits wartenden Hilfstruppen.[35] Diesen Streit zitieren wir,

---

33 Ebd., 154 f.

34 Vgl. zwanzigstes Kapitel (Was ist Islamwissenschaft?), I. 1.

35 aš-Šāfiʿī: Kitāb al-umm, ed. Muḥammad Zuhrī an-Naǧǧār, Kairo 1961, VII, 333–335.

um auf einen wesentlichen Umstand hinzuweisen: Bei der Herausbildung der schariarechtlichen Grundsätze des Dschihads einerseits und der Erfüllung der aus der *fiṭra* resultierenden Pflichten eines jeden Muslims andererseits sind zwei einander widerstreitende Ansätze zu erkennen. Man argumentiert von zwei unterschiedlichen gesellschaftlichen bzw. machtpolitischen Voraussetzungen her. Einmal stehen die Interessen des Machthabers im Vordergrund, das andere Mal erfaßt man den Gegenstand von der Warte des Kriegers aus, der unabhängig vom Herrscher für die Sicherung und Ausdehnung des „Gebiets des Islams" kämpft. Diese beiden Ebenen der Betrachtung des Dschihads deuten sich in dem an, was bereits gesagt wurde, und werden im folgenden klar hervortreten.

Aš-Šāfiʿī bemüht sich darum, aus dem Koran Klarheit über den Status des Dschihads innerhalb der von „pflichtgemäß" bis „verboten" reichenden Skala der schariatischen Bewertungen der Handlungen des Muslims zu gewinnen. „Als nach der Hedschra des Propheten eine Frist vergangen war, in der Allah Gruppen von Menschen mit dem Vorzug begnadet hatte, (dem Propheten) zu folgen, und (diesen Gruppen) dank göttlicher Hilfe eine noch nie gekannte Stärke an Zahl zugewachsen war, da machte ihnen Allah den Dschihad zur Pflicht. (Allah) sagte: ‚Das Kämpfen ist euch vorgeschrieben, obwohl es euch zuwider ist' (Sure 2, 216). Auch sagte er: ‚Kämpft auf dem Pfade Allahs!' (Sure 2, 190 und 244; Sure 3, 167)". Weitere Belege aus dem Koran unterstrichen den Pflichtcharakter des Dschihads, schreibt aš-Šāfiʿī. Aus Worten Mohammeds lasse sich allerdings herleiten, daß Sklaven und Frauen dieser Pflicht nicht unterliegen, ebenso wenig wie Knaben, die noch nicht das Alter der Geschlechtsreife erlangt haben. Diese Regelungen leitet aš-Šāfiʿī aus Handlungen des Propheten ab. Desweiteren hält er es für unzulässig, daß Personen mit körperlichen Gebrechen in den Krieg ziehen. Aber auch dann sollte ein Muslim zu Hause bleiben, wenn die Versorgung seiner Angehörigen während seiner Abwesenheit nicht gewährleistet ist. Sollten muslimische Eltern ihrem Sohn den Dschihad untersagen, sollte er ihnen gehorchen; sind sie allerdings keine Muslime, dann entfällt das Gebot des Gehorsams. Selbst „Beigesellern" kann der „Imam" erlauben, sich auf der Seite der Muslime im Dschihad nützlich zu machen. Freilich darf ein „Beigeseller" nach einem Sieg der Muslime nicht an den erbeuteten Gütern der Ungläubigen beteiligt werden, die Allah mittelbar den Glaubenden „zurückholte" (arab.: *al-faiʾ*).[36] – Der Dschihad, daran sei erinnert, dient dem Zweck, das Eigentum an der durch Allah geschaffen werdenden Welt denen „zurückzugeben", denen es eigentlich gehört, nämlich den Muslimen, deren Leben sich in der vorbehaltlosen Hingewandtheit zu Allah erfüllt. – Die mindeste

[36] Zum Begriff des *faiʾ* vgl. Tilman Nagel: Mohammed. Leben und Legende, 360f., 946; vgl. ferner achtzehntes Kapitel (Wie sieht der Islam die Nichtmuslime?).

Dschihadleistung, die dem „Imam" obliegt, besteht darin, entweder einmal im Jahr selber in den Krieg gegen die Ungläubigen zu ziehen oder Truppen zu entsenden. Die Sorge um das Wohl der Muslime verbietet es dem „Imam", ein ganzes Jahr lang ohne einen triftigen Grund den Dschihad ruhen zu lassen. Überdies soll er die neuen Inhaber des „zurückgeholten Gutes" anregen, Kämpfer gegen ihre unmittelbaren ungläubigen Nachbarn zu mobilisieren.[37]

Diese Ansätze zu einer schariatischen Bewertung des Dschihads entwikkeln sich in eine Richtung weiter, wie sie beispielsweise im Handbuch des Magrebiners Ibn abī Zaid al-Qairawānī (gest. 996) zu studieren ist. Am Beginn der islamischen Geschichte, so lesen wir, sei jeder Muslim zum Dschihad verpflichtet gewesen. Jetzt aber erfülle eine bestimmte Anzahl von Muslimen diese Pflicht für die Gesamtheit. Es sei die Sache des „Imams", Kämpfer zum Dschihad auszuheben und auszurüsten. Die Gesamtheit der Muslime dürfe diese Pflicht nicht vernachlässigen, aber anders als im Falle des rituellen Gebets sei nicht jeder einzelne Muslim gehalten, ihr nachzukommen. Schon in der späten Sure 9 im 122. Vers seien solche Verhältnisse bedacht worden: „Die Glaubenden können nicht allesamt ins Feld ziehen …", heißt es dort.[38] Wer aber dem Aufruf des „Imams" zu folgen hat und wer nicht, bleibt unklar. Wie schon aš-Šāfiʿī kommt Ibn abī Zaid al-Qairawānī auf die Frage zu sprechen, ob ein Schuldner ohne Zustimmung des Gläubigers in den Dschihad ziehen sollte; wer reich ist, sollte auf keinen Fall zögern. Desweiteren sollte jemand, dessen Eltern beide noch leben, nur dann ohne deren Erlaubnis aufbrechen, wenn ein Vordringen des Feindes dies gebietet. Überhaupt müsse man sagen, daß ein Einfall der „Beigeseller" in islamisches Territorium es den Muslimen zur Pflicht macht, zu den Waffen zu greifen und die Eindringlinge nicht nur zu vertreiben, sondern sie auch zu verfolgen und sie, sofern die Kräfte reichen, auch auf ihrem Territorium zu bekriegen. Es sei freilich genau abzuwägen, ob die Aussicht auf einen Sieg der Muslime bestehe. Wenn nicht, dann sei es ratsam, auf den Kampf zu verzichten.[39]

Es deutet sich in diesen Ausführungen die bis heute gängige schariatische Bewertung des Dschihads als einer „Pflicht der hinreichenden Anzahl" (arab.: *farḍ al-kifāja*) an, die sich im Notfall in eine jedem Muslim obliegende „Individualpflicht" (arab.: *farḍ al-ʿain*) wandelt. Indessen sind die Begleitumstände, unter denen das eine oder das andere gilt, so unklar, daß in Wirklichkeit Willkür herrscht. Das geht schon aus den wenigen Andeutungen hervor, die zitiert wurden. Wenn man bedenkt, daß der Dschihad nächst der Organi-

---

37 aš-Šāfiʿī: Kitāb al-umm, VIII, 269 f.

38 Mathias von Bredow: Der heilige Krieg (Ǧihād) aus Sicht der malikitischen Rechtsschule, Beirut 1994 (Beiruter Texte und Studien 44), arab. Text, 8 f.

39 Ebd., 11 f.

sation des Ritenvollzugs der Daseinszweck des islamischen Gemeinwesens sein soll, drängt sich einem der Schluß auf, daß eine alle Muslime gleich erfassende Machtausübung unmöglich ist. Neben den Maßnahmen des „Imams" laufen, seiner Kontrolle entzogen, die Geschehnisse ab, die sich den Initiativen einzelner verdanken, die wegen dieser oder jener Gründe zu der Überzeugung gelangt sind, der Dschihad sei gerade jetzt und hier eine „Individualpflicht".[40]

V. Die Islamisierung der Welt als Staatszweck: das Sultanat

Zweierlei Art von Kommando (arab.: *al-imāra*) hat der Kalif zu vergeben, zum einen das Kommando über die zum Territorium des Kalifats zählenden Länder, zum anderen das Kommando über den Dschihad. Das schreibt al-Māwardī (gest.: 1059), ein schafiitischer Kadi und Diplomat in den Diensten der Abbasiden. Das Kommando, die Statthalterschaft in einer Region, kann der Kalif auf bestimmte Befugnisse beschränken; treten muslimische Usurpatoren auf und vertreiben den Statthalter, so sollte der Kalif die Usurpatoren als seine rechtmäßigen Statthalter anerkennen. Denn anderenfalls würde der Daseinsgrund islamischer Machtausübung nicht erfüllt, nämlich die Organisierung des Ritenvollzugs in einer auf das Jenseitsverdienst anrechenbaren Form.[41]

Das Kommando über den Dschihad gegen die „Beigeseller" ist laut al-Māwardī ebenfalls von zweierlei Art, denn es kann auf die militärischen Aufgaben begrenzt sein, oder es umfaßt weitere Aufgaben, deren Wahrnehmung gewöhnlich dem „Imam" vorbehalten ist, etwa die Verteilung der Beute und den Abschluß von Verträgen mit den „Beigesellern". Al-Māwardī untergliedert jedes Kommando in weitere Unterarten, auf deren nähere Betrachtung man hier verzichten kann. Der Kommandierende solle jedoch im Auge haben, daß seine Streitkräfte nicht einheitlich sind: Einen Teil bilden die Krieger, die in das Heeresregister eingetragen sind und ihren Sold aus der Staatskasse beziehen, den anderen die „Freiwilligen", Bewohner der Steppe, der Dörfer oder auch der islamischen Metropolen, die, wie Allah es empfehle, dem Ruf zur Mobilmachung gefolgt seien (Sure 9, 41). Letztere seien aus den Tributen zu besolden, die den besiegten Feinden auferlegt werden, mit anderen Worten, die „Freiwilligen" bestreiten ihren Lebensunterhalt aus den Erfolgen der Feldzüge. Nicht eingerechnet ist hier das Gut, das man unmittelbar in der Schlacht erbeutet und das nach bestimmten Gesichtspunkten aufzuteilen ist. Der Unterschied zwischen den beiden Gruppen der Krie-

---

40 Vgl. achtes Kapitel (Was sind Imamat, Kalifat und Sultanat?), IV.

41 Vgl. ebd.

ger darf laut al-Māwardī keinesfalls verwischt werden. Das zeigt auch die Bestimmung, daß in beiden je eigene Obmänner zu bestimmen sind, die dem Kommandierenden alles für ihn Wissenswerte mitteilen.[42]

Der Befehlshaber hat die Krieger zu mutigem Standhalten anzuspornen; denn haben die Altvorderen es nicht bei Badr mit weit überlegenen Truppen aufgenommen und trotzdem gesiegt? „Wenn ihr auf die Ungläubigen trefft, dann gilt es, ihnen den Kopf abzuschlagen“ (Sure 47, 4). Umstritten ist, so al-Māwardī, ob dies möglichst während des Gefechts geschehen solle oder erst, nachdem man die „Beigeseller“ gefangengenommen hat. Es ist denkbar, daß die einer Niederlage entgegensehenden „Beigeseller“ sich eine Waffenruhe erkaufen wollen; der Befehlshaber kann darauf eingehen, die vereinbarten Zahlungen gehören zum im Gefecht erbeuteten Gut (arab.: *al-ġanīma*) und werden dementsprechend verteilt. Wenn die Besiegten zusagen, alljährlich solche Zahlungen zu leisten, brauchen sie die Rückkehr der Dschihadkrieger nicht zu fürchten, es sei denn, die Zahlungen blieben aus. Die durch die Besiegten im zweiten und in den folgenden Jahren getätigten Zahlungen gelten indessen schariarechtlich nicht mehr zur Kampfesbeute, sondern zum „zurückgeholten“ muslimischen Eigentum (arab.: *al-fai'*) und kommen auf dem Umweg über den Fiskus allenfalls den ins Heeresregister eingetragenen Dschihadkämpfern zugute.[43]

Die Heraufkunft des Sultanats in der Mitte des 11. Jahrhunderts veränderte die noch von al-Māwardī für maßgeblich erachteten Verhältnisse von Grund auf. Ohnehin war es wohl niemals so gewesen, daß die Organisation des Dschihads ausschließlich in den Händen des islamischen Machthabers gelegen hatte. Schon in den *sijar* al-Auzāʿīs konnten wir einen kurzen Blick in andere Umstände tun. Gerade in al-Māwardīs Zeit hatte das auf Freiwilligkeit beruhende Grenzkämpfertum, der Dschihad im regionalen Maßstab und mit dem Ziel der Vertiefung individueller Frömmigkeit, stark an Anziehungskraft gewonnen. In der zweiten Hälfte des 10. Jahrhunderts war offenbar geworden, daß das abbasidische Kalifat nicht mehr imstande war, auch nur die Abwehr byzantinischer Angriffe zu organisieren. Was al-Māwardī fast einhundert Jahre später als die gewöhnlichen Pflichten des „Imams“ schildern sollte, war schon 961 nicht mehr die Wirklichkeit gewesen: Die Byzantiner eroberten damals Aleppo und vermochten Antiochien bis 1084 zu halten. Das Debakel fand in der islamischen Welt ein großes Echo. Aus dem fernen Chorassan machten sich freiwillige Glaubenskämpfer auf den Weg. Wenig später folgten ihnen weitere Scharen, die wegen ihrer sunnitischen Überzeugungen aber auf dem Weg nach Westen mit schiitischen Fürsten in

42 al-Māwardī: al-Aḥkām as-sulṭānīja wal-wilājāt ad-dīnīja, Leseausgabe, Kairo 1960, 35f.

43 Ebd., 51.

Konflikt gerieten und deswegen erheblich geschwächt an der Ostgrenze des Byzantinischen Reiches eintrafen.[44]

Es leuchtet ein, warum al-Māwardī so entschieden betont, daß das Söldnerheer des „Imams" und jene sich einer Kontrolle entziehenden Scharen nicht aus denselben Quellen versorgt werden dürfen. Auch in Nordafrika kamen, wenn auch erst im späten 11. Jahrhundert, von sunnitischen Glaubenskämpfern gebildete Bewegungen auf, die sich de facto dem Einfluß des Kalifats entzogen. Die Almoraviden – diese betrachteten sich immerhin noch formal vom Bagdader Kalifat abhängig – und die Almohaden verbanden den Kampf um eine strenge Riten- und Schariatreue im Innern mit kriegerischen Aktivitäten gegen Andersgläubige. Daß das Abbasidenreich jetzt nicht gänzlich auseinanderfiel, ist dem Aufkommen des seldschukischen Sultanats[45] zu verdanken, das zu einer sehr lange wirksamen neuen Gewichtung des kriegerischen Moments innerhalb des islamischen Gemeinwesens führte.

Der schafiitische Rechtsgelehrte al-Ǧuwainī (gest. 1085) erlebte den Aufstieg der Seldschuken. Das Bagdader Kalifat mußte deren Anführer als einen sowohl territorial wie auch in den Befugnissen uneingeschränkten Machthaber legitimieren und ihn damit als die eigentliche durch Allah bestellte Herrschermacht (arab.: *as-sulṭān*) einsetzen. Nicht durch die Nachfolge des Propheten war der Sultan zur Machtausübung über die islamische Welt berechtigt, sondern allein dadurch, daß er die faktische Macht in den Händen hielt. Einzig auf diese Machtausübung hin – im Innern wie nach außen – konzipierte al-Ǧuwainī das Gemeinwesen. Bisher war es in der Theorie die Gemeinschaft der Glaubenden, die insgesamt zur Einhaltung der durch Mohammed letztmalig in der Welt kundgetanen Scharia verpflichtet war. Nun aber trat die riesige Masse der Untertanen, die „Herde" (arab.: *ar-raʿīja*, meist im Plural gebraucht: *ar-raʿājā*), der dünnen Schicht der Rechtsgelehrten (arab.: Pl. *al-ʿulamāʾ*) sowie dem Sultan und seinem Machtapparat gegenüber. In osmanischer Zeit sprach man von den *raja* einerseits und dem Militärstand andererseits, zu dem die vom Sultan mit Einkünften bedachten Gelehrten gerechnet wurden.

Nach al-Ǧuwainī ging es nicht mehr an, daß der Kalif seine Dschihadpflichten dadurch entgalt, daß er einmal im Jahre einen Kriegszug gegen die Ungläubigen führen ließ. Denn, wie er darlegt, der Dschihad ist eine dem „Imam" ununterbrochen obliegende Individualpflicht. „Dem Verständigen ist nicht verborgen, daß der Imam in seiner überragenden Stellung und mit seiner allumfassenden Befugnis der Stärkung durch Zurüstungen und Gerätschaften sowie durch das Verfügen über Tiere und Truppen bedarf. Denn er

---

[44] Tilman Nagel: Die Festung des Glaubens, München 1988, 36f.

[45] Vgl. achtes Kapitel (Was sind Imamat, Kalifat und Sultanat?).

läßt sich die Bewachung des islamischen Territoriums angelegen sein, die Bewahrung des Heiligsten sowie das Hinausstreben in die Länder der Ungläubigen. Folglich muß sein Heer ständig in Bereitschaft sein; es muß seine Befehle voller Hingabe und Verlangen erwarten. Daher ist es undenkbar, daß der Imam sich auf Freiwillige verläßt", die naturgemäß ihrem Erwerb nachgehen. Nur dank stehenden Truppen haben Reiche Bestand, meint al-Ǧuwainī.[46]

Das Osmanische Reich und das Sultanat der Mamluken sind Ausprägungen des von al-Ǧuwainī auf den Begriff gebrachten Typs von Gemeinwesen. In beiden Fällen hat die militärische Machtausübung das unangefochtene Übergewicht über jegliche andere „staatliche" Tätigkeit. Bei den Osmanen ist die Gelehrtenschaft, insofern sie in ihrer materiellen Existenz unmittelbar vom Sultan abhängt und diesem und seinem Machtapparat islamische Legitimität verleiht, unmittelbar mit dem Staatszweck, der Ausweitung des Bereichs islamischer Machtausübung, verbunden.[47] Das Sultanat der Mamluken führt dagegen bis zu seinem Untergang im Jahre 1517 das abbasidische Kalifat weiter. Im Intrigenspiel der um das Sultanat kämpfenden Militärführer erlangt es einiges Gewicht, es fehlen ihm aber alle Möglichkeiten faktischer Ausübung von Herrschaft. Da zudem die mamlukische Militärkaste darauf angewiesen war, die Mittel zu ihrer Alimentierung der Bevölkerung ihres eigenen Herrschaftsbereichs abzupressen, der sich während der etwa drei Jahrhunderte ihres Bestehens nicht erweitern ließ, unterlag es schließlich den Osmanen. Denn diese erschlossen sich, indem sie schon in der Mitte des 14. Jahrhunderts auf dem Balkan Fuß faßten, mittels der Ausbeutung Südosteuropas scheinbar unerschöpfliche neue Ressourcen. Diese günstigen Umstände brachten ein der sultanischen Kontrolle weitgehend entzogenes Glaubenskriegertum zur Blüte, das den Krieg gegen die Nichtmuslime als das Zeugnis einer Frömmigkeit verstand, die die Ritentreue des durchschnittlichen Muslims überstieg.

VI. Dschihad als privat geübte Ritenerfüllung

Im Laufe des 19. Jahrhunderts sah sich das Osmanische Reich gezwungen, stillschweigend europäische Grundsätze des Völkerrechts anzuerkennen. Der Dschihad als Staatszweck, der ja die Minderrangigkeit aller nichtislamischen

[46] Zitiert in Tilman Nagel: Raja – ein Schlüsselbegriff islamischer Staatlichkeit und seine Geschichte, in: Reinhard Lauer/Hans Georg Majer: Osmanen und Islam in Südosteuropa (Abhandlungen der Göttinger Akademie der Wissenschaften, neue Folge 24), 37–101, hier 60 f.

[47] Über das im 18. Jahrhundert aufgekommene osmanische „Kalifat" vgl. achtes Kapitel (Was sind Imamat, Kalifat und Sultanat?), V.

Gemeinwesen gegenüber dem die Erde der Herrschaft Allahs unterwerfenden islamischen voraussetzt, schien angesichts der tatsächlichen Machtverhältnisse obsolet geworden zu sein. Im Osmanischen Reich selber wurde dieser Umstand freilich verschleiert. Noch während des Krimkrieges (1853–1856) gab man die europäischen Länder, die an der Seite der Osmanen gegen Rußland kämpften, der eigenen Bevölkerung gegenüber als Vasallen des Sultans aus, die nach dem Recht der *sijar* verpflichtet seien, Hilfe zu leisten. Die europäischen Staaten ihrerseits nahmen an, daß das von ihnen entwickelte Völkerrecht universal gültig und anwendbar sei und kümmerten sich nicht darum, daß sie mit dem Osmanischen Reich einen Vertragspartner gewonnen hatten, der ihre Auffassung von Staat und Recht nicht teilte.[48] Sie vermochten vor allem nicht zu sehen, daß ein islamisches Gemeinwesen wegen des Fehlen des Gewaltmonopols der Obrigkeit nicht in der Lage ist, eine Politik des friedlichen Miteinanders des „Hauses des Islams" einerseits und des „Hauses des Krieges" andererseits durchzusetzen. Wie dargelegt, kann stets eine Minderheit eifernder Muslime der Regierung unterstellen, sie vernachlässige die Pflicht des Dschihads, und infolgedessen ohne Zustimmung dieser Regierung zu den Waffen greifen. Damit berühren wir das wichtige Thema des Dschihads als einer privat geübten Form vertiefter Frömmigkeit und strenger Ritenerfüllung. In den voraufgehenden Kapiteln wurde der nicht von der Obrigkeit organisierte Dschihad schon mehrfach angesprochen. Bereits in der von aš-Šaibānī abweichenden Ansicht al-Auzāʿīs über die sofortige Beuteteilung wurden sie Interessen eines privaten Dschihads greifbar, Bis ins 11. Jahrhundert verbindet sich dieses der Frömmigkeit Ausdruck verleihende Kriegertum mit den Idealen des Sufismus zu einer geschichtsmächtigen Symbiose, die bis in die Gegenwart spürbar bleibt.

Genügsamkeit in den Genüssen dieser Welt, praktiziert wegen der Furcht, durch den Genuß der Welt im Islam, in der Hingewandtheit zu Allah, nachzulassen, war und ist ein wirkmächtiger Beweggrund übersteigerter Ritentreue. Die Vertreter des Sufitums sehen in solcher Furcht eine der kräftigsten Wurzeln ihrer Lebenshaltung. Askese braucht sich aber keineswegs in einem Rückzug aus der Welt zu offenbaren. Im Gegenteil, da diese das fortwährend geschaffen werdende Zeugnis der Existenz Allahs ist, sollte die Abweisung aller Gegebenheiten, die die bruchlose Eingefügtheit in diesen Vorgang stören könnten, in eine aktive Beteiligung an der Beseitigung derartiger Störungen münden. Abū Muslim al-Ḫaulānī war ein Mann, der unter dem Kalifat ʿUmar b. al-Ḫaṭṭābs Ansehen als Glaubenskrieger (arab.: *al-ġāzī*, Pl. *al-ġuzāh*) gegen die Byzantiner erworben hatte. Er hatte sich während eines Feldzuges im Boden seines Zeltes eine Grube ausgehoben; auf deren Grund

48 Hans Kruse: Islamische Völkerrechtslehre, 2. Auflage Bochum 1979, 164–170. Vgl. achtzzehntes Kapitel (Wie sieht der Islam die Nichtmuslime?).

hatte er ein Stück Leder gelegt, dann hatte er sie mit Wasser gefüllt. Er fastete und wälzte sich vor den Schmerzen, die ihm das Hungern bereitete, in dieser Grube. Warum er das tue, wollte man von ihm wissen; schließlich sei auf Reisen und auf einem Feldzug das Fasten nicht obligatorisch. Er antwortete: „Wäre der Kampf schon da, dann äße ich und kräftigte mich für den Kampf. Doch Pferde erreichen ihre Ziele nicht, wenn sie fett, sondern nur, wenn sie mager sind! Vor uns liegen Kampftage, für die wir so handeln."[49]

ʿAbdallāh b. al-Mubārak (gest. 797) ist einer der ersten sunnitischen Autoren, die Sammlungen von Hadithen zur Enthaltsamkeit und zu dem Lebensgefühl zusammenstellten, das die Sunniten zur Verfolgung dieses Ideals antrieb. Es war ein übermächtiges Empfinden des eigenen Ungenügens angesichts der sich damals festigenden Überlieferung über die Urgemeinde in der Zeit des Propheten.[50] Überwältigend ist die Furcht, das durch Mohammed in die Welt gebrachte „Wissen" könnte bei allzu frivoler Lebensweise wieder verschwinden.[51] Um nur ja keinen Verdacht eigener Absichten aufkommen zu lassen, der ja den Islam in Frage stellen könnte, ist der Verzicht auf jegliches Genießen der Dinge dieser Welt dringend anzuraten. Womit könnte man diese Gesinnung besser beweisen als mit der Teilnahme am Dschihad? Im Koran tadelt Allah diejenigen, denen ihr Hab und Gut und ihre Familie mehr bedeuten als der Kampf auf seinem Pfade (Sure 4, 95 und Sure 9, 44–47). Eine Sammlung von 262 Hadithen zu diesen Idealen geht auf ʿAbdallāh b. al-Mubārak zurück. Früher, so belehrte Mohammed seine Anhänger, reisten die Menschen ohne ein ernsthaftes Ziel im Lande umher. Diesen Brauch hat Allah nun durch den Dschihad ersetzt, der gleichsam das „Mönchtum meiner Glaubensgemeinschaft" ist.[52] Allah hat Wohlgefallen an den Wunden, die den Dschihadkämpfern geschlagen werden. Am Jüngsten Tag werden diese Wunden wieder frisch sein wie am Tag da sie geschlagen wurden, Blut wird aus ihnen fließen, das duften wird wie Moschus.[53] Wenn es den Menschen nicht zuviel Sorge bereitet hätte, dann hätte Mohammed am liebsten jeden Feldzug, den er anordnete, selber mitgemacht; wunderbar wäre es gewesen, wenn er jedesmal im Kampf getötet und danach wieder zum Leben erweckt

---

[49] Abū Nuʿaim al-Iṣbahānī: Ḥiljat al-aulijāʾ wa-ṭabaqāt al-aṣfijāʾ, 2. Auflage, Beirut 1968, II, 127. Vgl auch das Beispiel bei Josef van Ess. Dschihad gestern und heute, Julius-Wellhausen Vorlesung 3, Berlin 2012, 26 oben.

[50] Einige wenige markante Beispiele unter vielen: ʿAbdallāh b. al-Mubārak: Kitāb az-zuhd war-raqāʾiq, ed. Ḥabīb ar-Raḥmān al-Aʿẓamī; Malikaun/Indien 1966/7, 17, Nr. 50; 60, Nr. 181; 62, Nr. 187.

[51] Ebd., 281, Nr. 815–827; vgl. fünftes Kapitel (Was ist das Hadith?), ferner zehntes Kapitel (Was sind Sunniten?).

[52] ʿAbdallāh b. al-Mubārak: Kitāb al-ǧihād, ed. Nazīh Ḥammād, Beirut 1971, 35 f., Nr. 16 f.

[53] Ebd., 47 f., Nr. 38–40.

worden wäre, um aufs neue im Dschihad zu sterben und, wieder ins Leben zurückgerufen, sofort wieder in den Dschihad zu ziehen.[54] ʿAbdallāh b. al-Mubārak selber war ein eifriger Dschihadkämpfer, leistete dabei Außerordentliches, wollte aber jeglichem Ruhm aus dem Wege gehen. Als er einmal einen Ungläubigen, der schon mehrere Muslime im Zweikampf getötet hatte, herausforderte und besiegte, verhüllte er sogleich sein Gesicht, um nicht als der Urheber dieser Heldentat erkannt zu werden.[55]

Der Dschihad erscheint in einem Schrifttum, das fast ausschließlich um das mohammedsche Vorbild kreist, nicht als eine durch das islamische Gemeinwesen initiierte und gelenkte Handlung, sondern als eine Erscheinungsform der durch den einzelnen Muslim gelebten Frömmigkeit. Diese wird als eine Nachahmung aller Lebensäußerungen und Handlungsweisen Mohammeds verstanden, unter denen der Krieg gegen die ungläubigen Mekkaner, dann gegen die Nichtmuslime überhaupt, einen herausragenden Platz einnimmt. Der Sufismus, der aus Ansätzen wie dem Asketismus, der ständigen weltverachtenden Selbstkontrolle und dem durch die erzwungene Konzentrierung alles Denkens und Empfindens auf Allah gesicherten Islam erwächst, vermag den Dschihad als eine Frucht dieser Lebenshaltung ohne weiteres zu rechtfertigen. Er ist eine Erscheinungsweise der durch das Ringen (arab.: *al-muǧāhada*) gegen ichhafte Regungen charakterisierten vertieften Frömmigkeit, die nach sufischer Überzeugung die Grundlage der getreuen Erfüllung der Scharia bilden soll.[56]

Es ist daher nicht verwunderlich, daß die Ausübung des Dschihads seit dem 11. Jahrhundert vielfach von Strömungen propagiert wird, die außerhalb des islamischen Gemeinwesens entstehen und sich einer Vertiefung des Islams über die bloße formale Ritentreue hinaus verschrieben haben. Als Beispiele sind die Einsätze von Freiwilligen zur Sicherung der Grenzen gegen die Nichtmuslime sowie zum Angriff auf deren Territorien zu nennen, wie sie vor allem am Südsaum Anatoliens und in Nordafrika bezeugt sind.[57] Bewegungen wie die Almoraviden (ca. 1050–1146) und die Almohaden (1130–1269)[58] belegen, wie sich das Streben nach strenger Schariatreue im Innern mit dem Dschihad nach außen verbinden läßt, wobei die sufische Selbstkontrolle des einzelnen als entscheidend angesehen wird. Da in diesen

[54] Ebd., 42, Nr. 27.

[55] Ebd., Einleitung, 8.

[56] Vgl. vierzehntes Kapitel (Was ist Sufismus?), I.

[57] Für Nordafrika vgl. Heinz Halm: Das Reich des Mahdi. Der Aufstieg des Fatimiden (875–973), München 1991, 200–215.

[58] Speziell zu den Almohaden vgl. Tilman Nagel: Im Offenkundigen das Verborgene. Die Heilszusage des sunnitischen Islams, Göttingen 2002, erster Teil: Ibn Tūmart.

beiden Fällen die auf die Festigung des Islams im Innern und seine Verbreitung nach außen zielende Bewegung sich zu einem islamischen Gemeinwesen entwickelte, erlosch die Begeisterung des Anfangs; ohne sie – ohne die Aussicht auf irdisches Entgelt – fehlte die Lebenskraft.

Auch im Osten der islamischen Welt verbindet sich die sufische Fundierung der islamischen Schariatreue in einer strengen Ausrichtung des Sinnens und Trachtens auf Allah mit dem Krieg „auf dem Pfade Allahs". So hatte ein gewisser Abū Isḥāq Ibrāhīm b. Šahrijār in Fars (gest. 1035) eine Anhängerschar aufgebaut, die sich der Aufgabe widmete, den „Charakter des Gottesgesandten" anzunehmen. Zu den Übungen, die zu diesem Zweck veranstaltet wurden, gehörten Überfälle auf die in jener Gegend damals noch zahlreichen Zoroastrier.[59] Von den vielen Sufigemeinschaften, die sich ab dem 11. Jahrhundert herausbildeten und die von da an die islamische Gesellschaft entscheidend prägten, hatten naturgemäß nur diejenigen die Möglichkeit, die dschihadistische Seite der Nachahmung des Charakters Mohammeds bzw. des Niederringens des Selbst zu praktizieren, die in den hierfür günstigen Grenzgebieten der islamischen Welt tätig waren. Die Ausdehnung des Osmanischen Reiches über den Balkan hinweg bis nach Mitteleuropa bietet das beste Beispiel. Allein auf die Kampfkraft angewiesen, die das Sultanat zu mobilisieren imstande gewesen wäre, hätten diese Kriegszüge kaum so erfolgreich verlaufen können. Vor allem aber hätten die eroberten Gebiete nicht so lange gehalten werden können, wenn nicht die vom Sultan unabhängigen Sufigemeinschaften den Eifer der Glaubenskrieger am Brennen gehalten hätten.[60] Bis ins 19. Jahrhundert hielt sich das osmanische Selbstverständnis, man sei das islamische Gemeinwesen, das den immerwährenden Krieg gegen die Nichtmuslime zu organisieren habe, was vorhin bereits erwähnt wurde. Wenn schon von staatlicher Seite dieses Dogma nie ausdrücklich in Frage gestellt wurde, um wieviel weniger kann dergleichen auf der Seite des einzelnen Muslims erwartet werden, der im festen Willen, im Ringen gegen die widerislamischen Regungen des Selbst erfolgreich zu bleiben, sich zur Konsequenz des Kampfes gegen die Nichtmuslime versteht?

In zeitgenössischen islamischen Staaten gilt es in bestimmten politischen Situationen als angebracht, für den Dschihad zu werben. So veröffentlichte, um auch hierfür ein Beispiel zu geben, ʿAbd al-Ḥalīm Maḥmūd (1910–1978) als Rektor der al-Azhar-Hochschule im Zusammenhang mit dem 1973 geglückten Übergang ägyptischer Truppen über den Suezkanal eine Schrift mit dem Titel *Der Dschihad im Islam*. Es sei angemerkt, daß ʿAbd al-Ḥalīm

---

[59] Tilman Nagel: Staat und Glaubensgemeinschaft im Islam, Zürich/München 1981, I, 401.

[60] Ein Beispiel bei Nathalie Clayer: Mystiques, État & Société. Les Halvetis dans l'aire balkanique de la fin du XVe siècle à nos jours, Leiden 1994, 127–141, 212–217.

Maḥmūd in seinem grundlegenden Werk über die Bestimmungen und Geheimnisse der Gottesverehrung (arab.: *al-ʿibāda*) neben den „Säulen" Gebet, Läuterungsgabe, Fasten und Pilgerfahrt unter anderem den Dschihad zu den Grundformen der Verehrung Allahs zählt. Desweiteren sei nicht vergessen, daß ʿAbd al-Ḥalīm Maḥmūd von Kindheit an im Milieu der in Ägypten verbreiteten Šāḏilīja-Richtung des Sufismus beheimatet und dort auch als Bruder aufgenommen worden war. Der Dschihad, dessen verpflichtenden Charakter er vor dem Hintergrund der politischen Situation Ägyptens in den siebziger Jahren des vergangenen Jahrhunderts hervorheben will, ist als eine Aneignung der mohammedschen Charaktereigenschaften zu verstehen, die einst den Islam zum Triumph führten und dies auch nun wieder bewirken werden.

Im Dschihad geht es um die endgültige Bezwingung jeglicher Anfechtung, wie der Autor unter Heranziehung der einschlägigen Koranstellen und Hadithe ausführt. Der wahre Glaube hängt, wie zu Mohammeds Zeiten, von der Teilnahme am Kampf ab. Angesichts des Verlustes von Palästina ist der Dschihad zu einer „Individualpflicht" geworden, deren Erfüllung der Staat ermöglichen muß. Indem dies geschieht, wird die Einheit der Muslime hergestellt.[61] Selbst der Prophet mußte erleben, wie unzuverlässige Muslime sich vor der Erfüllung ihrer kriegerischen Pflichten zu drücken versuchten, er sah aber auch, daß andere aus Sehnsucht nach dem Dschihad weinten. Dies ist die Gesinnung, die in einer Lage, in der die durch Allah verfluchten Juden wiederum den Islam zu zerstören suchen, jedem Muslim gut zu Gesicht steht. Weshalb auch sollte man sich vor dem Tod fürchten? Allah sagt in Sure 3, Vers 169 bis 171, allen Gefallenen zu, daß sie nicht tot sein werden, sondern die Wonnen des Paradieses genießen, Wonnen so süß, daß sie wünschen werden, noch einmal im Dschihad getötet zu werden, wie Mohammed in einem Hadith ergänzt.[62]

Der Sieg gegen Israel im Oktober 1973 und die Schlacht, die Mohammed bei Badr gewann, sind für ʿAbd al-Ḥalīm Maḥmūd zwei analoge Ereignisse: Die Wende zum Triumph des Islams wurde erzwungen. Einst brach das Zeitalter der unangefochtenen Geltung der Scharia an, und mit dem Oktoberkrieg wurde das Zeitalter der „Abwesenheit der Scharia" beendet.[63] Darauf legt der Autor größten Wert. Der Dschihad des Gottesgesandten, dem die heutigen Krieger nacheifern, zeichnet sich durch besondere Eigenschaften aus: Er ist niemals ein Krieg, der um des Gewinns von Macht willen geführt wird, sondern immer um das Grundsätzliche, nämlich um den Islam; als solcher ist er heilig. Zum zweiten ist er eine optimistische, in die Zukunft weisende

---

61 ʿAbd al-Ḥalīm Maḥmūd: al-Ǧihād fī l-islām, 2. Auflage, Kairo 1988, 17, 20–26, 32, 126.

62 Ebd., 117.

63 Ebd., 154–170.

Handlung; im Grabenkrieg, als die Muslime in Medina von einer feindlichen Koalition bedrängt wurden, legte Mohammed selber mit Hand an, um einen Graben auszuheben, und tatsächlich führte diese Maßnahme am Ende das Scheitern der Feinde herbei. Was aber unterscheidet den Dschihad von jeglichem gewöhnlichen Krieg? In jedem Augenblick ihrer Gefechte gedenken die Muslime Allahs; der Dschihad ist nichts anderes als eine Gehorsamsleistung gegen Allah und infolgedessen ein Akt der praktizierten Eintracht der Muslime.[64]

Diese Worte ʿAbd al-Ḥalīm Maḥmūds wurden nicht ins Leere gesprochen. Ein in den letzten Jahrzehnten besonders aktiver Förderer des nicht nur verkündeten, sondern auch praktizierten Dschihads ist die Muslimbruderschaft. Diese Organisation wurde 1928 von Ḥasan al-Bannāʾ (1906–1949) gegründet. Er stammte aus einer Kleinstadt bei Alexandrien und wuchs in einer Familie auf, die dem Gedankengut der Wahhabiten nahegestanden haben soll. Bereits in seiner Jugend soll er durch Übergriffe auf Christen sowie auf Muslime aufgefallen sein, die nach seiner Ansicht nicht streng genug die Daseinsordnung befolgten. Von 1923 an durchlief er eine Ausbildung zum Lehrer, in Ismailija bekam er 1927 seine erste Stelle. Die Vereinigung der Muslimbrüder, die er 1928 ins Leben rief, verfügte über eine „Spezialorganisation“, die verdeckt operierte und ab der Mitte der vierziger Jahre des vorigen Jahrhunderts durch Attentate auf sich aufmerksam machte. Der ägyptische Premierminister Maḥmūd Nuqrāšī Pascha wurde 1948 ermordet, da er ein Verbot der Muslimbrüder anstrebte. Ḥasan al-Bannāʾ fand 1949 bei einem Anschlag den Tod. Zu diesem Zeitpunkt waren die Muslimbrüder zu einer gut organisierten bewaffneten Bewegung herangewachsen, die über Zweige u.a. in Syrien und Palästina verfügte.

Ḥasan al-Bannāʾs Nachfolger behaupteten, die „Spezialorganisation“ aufgelöst zu haben, was freilich zu bezweifeln ist. Obwohl die Offiziere, die 1952 in Ägypten die Macht übernahmen, nach dem Attentat auf Gamāl ʿAbd an-Nāṣir (Nasser) im Jahre 1954 die Muslimbrüder verfolgten und 1966 einige ihrer führenden Mitglieder hinrichteten, blieben sie gefährliche Propagandisten des Dschihads. Um 1970 entstanden mehrere Gruppierungen um einstige Mitglieder der Bruderschaft. Zu nennen ist vor allem die „Einträchtige Islamische Gemeinschaft“ (arab.: *al-ǧamāʿa al-islāmīja*), die 1981 für die Ermordung des ägyptischen Präsidenten Anwar as-Sadat verantwortlich war. ʿUmar b. ʿAbd ar-Raḥmān, einer der führenden Männer dieser „Gemeinschaft“, wurde als der Drahtzieher des Anschlags verurteilt, der 1993 auf das World Trade Center verübt wurde. Enge Verbindungen der Bruder-

---

64 Ebd., 176–181. Vgl. auch das zwölfte Kapitel (Was versteht der Muslim unter Religion?), IV. 2 sowie das sechzehnte Kapitel (Was ist Salafismus (reformierter Islam)?).

schaft zu den Terroristenführern der letzten Jahrzehnte und zu al Qāʿida lassen sich ebenfalls zeigen.[65]

VII. Weitverbreitete Desinformationen über den Dschihad

1. Der Dschihad, ein „Unfall" der islamischen Geschichte?

Es ist in den letzten Jahren üblich geworden, das Wort Dschihad, zumal wenn es im Koran vorkommt, mit „Einsatz" wiederzugeben. Das klingt viel freundlicher und entspricht zudem den Forderungen der politischen Korrektheit. Denn schwerlich läßt sich die Fiktion vom Islam als der Religion des Friedens aufrechterhalten, wenn man einräumen muß, daß die Verbreitung der Lehren, und das bedeutet, wie gezeigt, vor allem der Macht Mohammeds, von Anfang an ein kriegerisches Geschäft gewesen ist.[66] Gewiß, die medinensischen Helfer waren, nachdem Mekka eingenommen worden war und in der Umgebung Medinas ein Feind nicht mehr ausgemacht werden konnte, der andauernden Waffengänge müde; viele von ihnen hielten deren Ende für geboten. Aber Mohammed war anderer Meinung und drang auf eine Fortsetzung. Die von der Islamwissenschaft vorgetragene Ansicht, „Dschihad hätte sich genauso gut in Gemeindearbeit äußern können, karitativ", eben als ein „Einsatz" beliebiger Art, ist angesichts des koranischen Befunds, der Überlieferungen zur Prophetenvita, der Hadithkompendien, der ausführlichen schariarechtlichen Abhandlungen, der Spezialuntersuchungen zum Thema usw. schlicht als absichtlich irreführend zu verwerfen. Der Dschihad, die Ausdehnung islamischer Herrschaft mit kriegerischen Mitteln, ist keineswegs einer bedauerlichen Notlage geschuldet, die spätestens gegen Ende der Herrschaft Mohammeds in Medina ja nicht mehr bestand, sondern er ist der dem Islam wahlverwandte Weg, sich gegen die Heiden wie die „Schriftbesitzer" durchzusetzen und sie schließlich in das islamische Gemeinwesen hineinzuzwingen. „Die Leidtragenden sahen darin, soweit sie es nicht vorzogen, Muslime zu werden, einen Ausdruck von Gewalt; im Mittelalter sprach man von ‚Feuer und Schwert'." Wie dumm von den Leidtragenden, daß sie einfach nicht einzusehen vermochten: Es war ein „Gebot der Zeit",[67] daß die Muslime sie mit Krieg überzogen!

---

[65] Gut belegte Einzelheiten sind dem Artikel von Cynthia Farahat „The Muslim Brotherhood, Fountain of Islamist Violence" zu entnehmen (Middle East Quarterty, Spring 2017) (http://www.meforum.org/6562/the-muslim-brotherhood-fountain-of-islamist).

[66] Vgl. insbesondere das achtzehnte Kapitel (Wie sieht der Islam die Nichtmuslime?).

[67] So Josef van Ess: Dschihad gestern und heute, 13.

2. Der Dschihad, eine Folge der Kreuzzüge?

Seit den New Yorker Anschlägen vom September 2001 hat sich die Zahl solcher Islamexperten dramatisch erhöht, die in der Presse und vor allem in den Gesprächsrunden des Fernsehens verkünden, der Islam sei in Wahrheit eine oder gar die Religion des Friedens. Diesen Experten ist der Dschihad verständlicherweise ein Dorn im Auge. Etliche von ihnen ziehen sich auf die Behauptung zurück, mit dem wahren Islam habe der „politische Islam", insbesondere der gewalttätige, nichts zu tun. Da die Leser bzw. die Diskussionspartner sich in der Regel höflich zurückhalten und nicht auf eine nähere Erläuterung dringen, bleibt diese Behauptung unwidersprochen. In Anbetracht der von Muslimen gegen ihresgleichen und gegen Nichtmuslime verübten Gewalttaten und angesichts der Entstehung des islamischen Staats im Irak und in Syrien büßt diese Aussage allerdings an Glaubwürdigkeit ein. Da hilft auch das Argument nichts, die Zahl der muslimischen Opfer, die nach einer Dschihadaktivität zu beklagen sind, sei hoch, was gegen die Vereinbarkeit von Islam und Dschihad spreche. Nicht der vom islamischen Gemeinwesen geleitete Dschihad, wohl aber der von eifrigen Glaubenden unabhängig vom bestehenden islamischen Gemeinwesen, ja gegen dessen Willen unternommene Dschihad zielt doch zumindest auch auf die Durchsetzung eines reinen Islams in der gegebenen islamischen Gesellschaft.[68]

Die Gegebenheit des Dschihads ist mithin nicht abzustreiten. Daher hat man zwei Argumentationsstrategien entwickelt, mit denen das Phantasma des Islams als einer Religion des Friedens vom Ärgernis des Dschihads entlastet werden soll. Die eine basiert auf der Behauptung, der „militärische" Dschihad sei die muslimische Reaktion auf die Kreuzzüge, also eine den Muslimen durch die Christen aufgenötigte Verhaltensweise, die daher mit dem ursprünglichen Islam nichts zu tun habe. Nun sind in der Tat während der Kreuzzugszeit Traktate über den Dschihad aus muslimischer Feder überliefert.[69] Sie fassen im wesentlichen das Material zusammen, das der Koran und das Prophetenhadith bereithalten und stützen sich keineswegs auf Vorstellungen, die erst während der Kreuzzüge und in Reaktion hierauf entstanden wären.[70]

---

68 Zum Dschihad gegen Muslime vgl. auch das elfte Kapitel (Was sind Schiiten?).

69 Suhail Zakkār (Hg.): Arbaʿat kutub fī l-ǧihād min ʿaṣr al-ḥurūb aṣ-ṣalībīja, Damaskus 2007. Vgl. dazu mein Buch „Die erdrückende Last des ewig Gültigen", Kapitel XIII.

70 Diese These wird von Jonathan Phillips: Holy Warriors. A Modern History of the Crusades, London 2009, 29 f., propagiert, der eine Zweiteilung des Dschihads annimmt, worüber gleich etwas zu sagen ist (vgl. die zustimmende Besprechung von Michael Borgolte in der Frankfurter Allgemeinen Zeitung vom 26. November 2011, Seite L22).

3. Der „kleine" und der „große" Dschihad

Den Anlaß für diese irrige Auffassung bot ein nichtkanonisches Hadith, das im Jahre 450 der Hedschra (begann am 28. Februar 1058) in Bagdad bezeugt ist. Mohammed soll, nachdem er von einem Kriegszug nach Medina zurückgekehrt war, gesagt haben: „Das war eine gute Ankunft! Ihr seid aus dem kleinen Dschihad zurückgekehrt, um euch dem großen zu widmen." Was dieser denn sei, wollten Mohammeds Kampfgefährten wissen. „Das Ringen (arab.: *al-muǧāhada*) des Gottesknechts gegen seine (widerislamischen) Triebe", soll Mohammed geantwortet haben.[71] Wie unschwer zu erkennen, setzt dieses Hadith die vorhin beschriebene Einbettung des Dschihads in die vom Sufismus empfohlenen Maßnahmen zur strikten Ausrichtung des Muslims auf Allah voraus. Das angebliche Wort Mohammeds entspricht genau dem Stand der Entwicklung, der vorhin für das 11. Jahrhundert beschrieben wurde. Infolgedessen kann es keinesfalls als Beleg dafür benutzt werden, daß der Dschihad ursprünglich den Kampf gegen das Selbst und dann erst, gewissermaßen in einer Phase der den Muslimen durch die Christen aufgezwungenen „Militarisierung", als Krieg gegen Nichtmuslime aufgefaßt worden sei. Nichtsdestotrotz behauptet sich die Unterscheidung zwischen einem „kleinen", d.h. von Mohammed für gering erachteten Dschihad, dem kriegerischen, und einem „großen", der der Formung eines gottgefälligen Charakters diene, als angebliche Wahrheit und wird von Kreisen, die die europäische Bevölkerung mit dem Islam anfreunden wollen, gern und oft wiederholt. Unser kurzer Gang durch die Geschichte des Begriffs, die mit den Aussagen des Korans begann und als ein Beispiel für die neueste Zeit die Darlegungen ʿAbd al-Ḥalīm Maḥmūds heranzog, zeigte uns den Dschihad als ein wesentliches Element des muslimischen Weltverständnisses, das auf die Islamisierung des Diesseits hinarbeitet, und wäre es unter dem Einsatz von militärischen Mitteln.[72]

---

71 al-Ḫaṭīb al-Baġdādī: Taʾrīḫ Baġdād, Ausgabe in 14 Bänden, XIII, 493, Nr. 7345. Zur Sache vgl. Informationen über den Islam 14: Was ist Sufismus?, vor allem Kapitel I. Ferner s. Josef van Ess. Dschihad gestern und heute, 76f.; daß man die Geschäfte eines Kaufmanns *metaphorisch* als einen Dschihad bezeichnen konnte, ist freilich beim besten Willen kein Beleg dafür, daß Dschihad *ursprünglich* einen beliebigen „Einsatz" meint.

72 Vgl. achtzehntes Kapitel (Wie sieht der Islam die Nichtmuslime?), desweiteren das zwanzigste Kapitel (Was ist Islamwissenschaft?).

Zehntes Kapitel

Was sind Sunniten?

I. Vorbemerkung

Die Sunniten bilden unter den Muslimen die weitaus größte Glaubensrichtung. Gewöhnlich wird ihr Anteil an der Gesamtzahl der Muslime mit 85 bis 88 Prozent angegeben. Es handelt sich dabei um eine grobe Schätzung; genauere Zahlen stehen nicht zur Verfügung. Länder, in denen die Sunniten nicht die Mehrheit der Bevölkerung stellen, sind der Irak, Iran, Aserbeidschan, Bahrein und der Libanon, wo die Schiiten überwiegen, sowie das Sultanat Oman, das charidschitisch ausgerichtet ist.[1] Das Wort Sunniten leitet sich von dem arabischen *as-sunna* ab, das das normsetzende Reden, Handeln und stillschweigende Billigen Mohammeds bezeichnet.[2] In arabischen Quellen nennen sich die Sunniten meist *ahl as-sunna*, „Leute der *sunna*", oder *ahl as-sunna wal-ǧamāʿa*, „Leute der *sunna* und der einträchtigen Gemeinschaft". In der zweiten, erweiterten Selbstbezeichnung verbirgt sich der Anspruch, die einzig wahren Erben und Fortsetzer der von Mohammed ins Leben gerufenen islamischen Glaubensgemeinschaft zu sein.

Begründet wird dieser Anspruch mit einer den Sunniten eigenen Auslegung der frühen Geschichte des Islams. Danach hätten sich nach dem Tod Mohammeds im Jahre 632 die meisten und einflußreichsten seiner Gefährten durch ʿUmar b. al-Ḫaṭṭāb dazu bewegen lassen, Abū Bakr (reg. 632–634), einen engen Freund des Propheten, zum Nachfolger zu bestimmen. Dieser und nach ihm der genannte ʿUmar (reg. 634–644) hätten die medinensische Urgemeinde ganz und gar nach dem Vorbild des Gesandten Allahs geleitet. Zahlreich sind die Worte, die die Sunniten Mohammed in den Mund legen, um diese Ansicht zu rechtfertigen. Eines Tages soll er, in der Mitte zwischen Abū Bakr und ʿUmar einherschreitend und sich auf beide stützend, den Umstehenden gesagt haben: „So werden wir alle ins Paradies eingehen." Ein wenig von dem Lehm, aus dem der Mensch einst von Allah geformt wurde, findet sich in seinem Nabel. Wenn der Mensch nach dem Tod bestattet wird, gelangt er in ebenjene Erde zurück, belehrte Mohammed seine Gemeinde.

---

1 Vgl. hierzu elftes Kapitel (Was sind Schiiten?).

2 Vgl. hierzu fünftes Kapitel (Was ist das Hadith?).

„Ich, Abū Bakr und ʿUmar, wir sind aus derselben Erde gebildet, in ihr werden wir auch begraben.“[3]

Schon unter ʿUṯmān b. ʿAffān (reg. 644–656), dem dritten Nachfolger des Propheten, ist es nach der Auffassung mancher Sunniten zu Abweichungen von den durch Mohammed gesetzten Normen gekommen. Die beginnende Mißachtung des verpflichtenden Vorbilds habe dann unter ʿAlī b. abī Ṭālib (reg. 656–660) zur Katastrophe des Ersten Bürgerkriegs und zur Spaltung des islamischen Gemeinwesens geführt. Deswegen war es unter den Sunniten umstritten, ob die von der göttlichen Rechtleitung (arab.: *al-hudā*) bestimmte Epoche der Urgemeinde noch die Kalifate ʿUṯmāns und ʿAlīs umfasse. Im 9. Jahrhundert gewann aber die Ansicht weitgehend ungeteilte Zustimmung, daß unglückliche Umstände die im Grunde an die *sunna* angepaßte Herrschaft dieser beiden überschattet hätten. Man müsse darum die drei Jahrzehnte nach Mohammeds Tod insgesamt als das Zeitalter der „Vier rechtgeleiteten Kalifen“ betrachten, in dem die Urgemeinde fortbestanden habe. Seitdem diese Frist verstrichen sei, müßten die Sunniten gegen die Widrigkeiten dieser Welt ringen, um irgendwann die Normen der prophetischen *sunna* wieder ungeschmälert Wirklichkeit werden zu lassen. In diesem Geschichtsverständnis der Sunniten ist die Verwerfung des Schiitentums stets mitgedacht. Bemühungen um einen Ausgleich, die es gegeben hat, sind fehlgeschlagen. Wie an anderer Stelle dargelegt wird, ist das schiitische Geschichtsverständnis ebenso weit von den historischen Gegebenheiten entfernt wie dasjenige der Sunniten, dessen Hintergrund wir uns jetzt zuwenden.

II. Die Anfänge des sunnitischen Islams

1. Die innere Zerrissenheit der Urgemeinde und der Weg in den Ersten Bürgerkrieg

Daß die medinensische Gemeinde unter der rechtgeleiteten Herrschaft „Allahs und seines Gesandten“ sich durch die Einmütigkeit aller ihrer Mitglieder ausgezeichnet habe, ist eine Idealisierung, die sich nach einer gewissenhaften Lektüre der zur Verfügung stehenden Quellen in Luft auflöst. Warum das Sunnitentum eine solche Fiktion benötigt, wird später zu erörtern sein. Die Wirklichkeit sah ganz anders aus. Als Mohammed nach Medina vertrieben worden war, beseelte ihn der Wunsch, wenn nicht sogleich nach Mekka zurückzukehren, so doch wenigstens an den alljährlichen mekkanischen Pilgerriten teilzunehmen. Es kostete ihn einige Mühe, die Medinenser zum Mitmachen bei einem Überfall auf eine mekkanische Handelskarawane

[3] Tilman Nagel: Rechtleitung und Kalifat, Bonn 1975, 239, 285.

zu überreden. Dieses Unternehmen, dessen Höhepunkt die Schlacht bei Badr war, hätte beinahe mit einem Fehlschlag geendet; der Umstand, daß er als Prophet nicht vorausgesehen hatte, daß den muslimischen Angreifern nicht schlecht gerüstete Kaufleute, sondern gut auf einen Kampf vorbereitete Verteidiger der weitgespannten Interessen Mekkas entgegentreten würden, war seinem Prestige höchst abträglich gewesen (vgl. Sure 8).[4]

Da sich die Mekkaner für jene Attacke rächen würden, waren die Medinenser jedoch von da an, ob sie es wollten oder nicht, zum Kampf an der Seite Mohammeds und der mekkanischen Auswanderer gezwungen. Überdies griff Mohammed kaltschnäuzig in ihre inneren Angelegenheiten ein, indem er zugunsten des mit seiner Sippe verschwägerten Sippenverbandes der Banū Ḫazraǧ das wenige Jahre vor seiner Ankunft in Medina entstandene Machtverhältnis zu verschieben versuchte. Denn durch die Vertreibung bzw. Ermordung der drei jüdischen Stämme nahm er den Rivalen der Ḫazraǧiten, den Banū Aus, wichtige Verbündete. Es verwundert nicht, daß sich heftiger Unmut gegen ihn regte, der sich im Koran in seinen Wutausbrüchen gegen die „Heuchler" entlädt (z.B. Sure 8, 49f. oder Sure 33, 12–22). Solange der Konflikt mit Mekka nicht beigelegt war, blieb den Medinensern nichts anderes, als seine Kriege zu unterstützen. Der Groll der medinensischen Feinde Mohammeds verflog nicht, als Mohammed im Januar 630 in Mekka eingezogen war. Es schien doch nun möglich, daß die ewigen Feldzüge ihr Ende fänden. Im Gegensatz zu seinen Kritikern fürchteten seine treuen Gefolgsleute, er werde fortan von Mekka aus herrschen und nicht nach Medina zurückkehren. Beide Annahmen erwiesen sich als falsch. Nachdem er Mekka formal in Besitz genommen hatte, fühlte er sich dort alles andere als sicher, und er sah zu, daß er die Stadt rasch wieder verließ. Aber auch diejenigen Medinenser, die auf ein Ende der Kriegszüge spekuliert hatten, sahen sich getäuscht. Er weitete sie sogar noch aus und kam dabei mit byzantinischen Interessen in Konflikt, was manchen Medinensern Angst machte. Wichtige Förderer dieser Expansionspolitik waren die spätbekehrten Mekkaner, die, auf ihre Blutsverwandtschaft mit ihm pochend, sich unvermittelt mit bedeutenden militärischen und im weitesten Sinne politischen Aufgaben betraut sahen, was nicht zuletzt die frühen Auswanderer, die sich ohne triftigen Grund zurückgesetzt fühlten, gegen Mohammed aufbrachte.[5]

Als Mohammed im Juni 632 nach einer kurzen Erkrankung starb, hinterließ er ein keineswegs in sich geschlossenes Gemeinwesen. Insbesondere zwei Gruppierungen waren mit den Verhältnissen, wie sie sich in den letzten

---

[4] Vgl. drittes Kapitel (Wer war Mohammed?), II. 5.

[5] Einzelheiten bei Tilman Nagel: Mohammed. Leben und Legende, München 2008, Kapitel V; ders.: Mohammed. Zwanzig Kapitel über den Propheten der Muslime, München 2010, 11. und 12. Kapitel.

Jahren herausgebildet hatten, zutiefst unzufrieden, und beide ergriffen rasch die Initiative. Die medinensischen Stämme wollten nicht mehr die Rolle der stets hilfswilligen Büttel spielen und verlangten, für die anstehenden Feldzüge ebenfalls einen Befehlshaber zu stellen. Die frühen Auswanderer, die zugunsten der neuen mekkanischen Günstlinge Mohammeds in den Hintergrund gedrängt worden waren, verstanden es, in der offenen Situation ihre Interessen durchzusetzen. Es soll ʿUmar b. al-Ḫaṭṭāb gewesen sein, der den Streit um die Führung der weiteren Feldzüge beendete, indem er durchsetzte, daß Abū Bakr, der dank dem Umstand, daß er einst zusammen mit dem Propheten nach Medina geflohen war, ein hohes Ansehen genoß, zum „Nachfolger des Gottesgesandten" bestimmt wurde. Im übrigen blieb der muslimischen Gemeinschaft, so gespalten, wie sie wegen einander widersprechender Interessen der Gruppen auch war, wenig Zeit, einen Ausgleich zu suchen. Viele der eben erst für den Islam gewonnenen Stämme fühlten sich an die Zusagen, die sie dem Propheten gegeben hatten, nicht mehr gebunden. Sogar in unmittelbarer Nähe sah sich Medina bedroht, so daß es darauf ankam, schnell die vorhandenen Kräfte zu bündeln und die abgefallenen Stämme wieder unter die Herrschaft des Islams bzw. seines medinensischen Sachwalters zu zwingen. Dessen kurze Regierungszeit genügte, um dies zu vollbringen, wozu freilich das Geschick und die Brutalität einiger spätbekehrter Mekkaner einen unentbehrlichen Beitrag leisteten.

ʿUmar b. al-Ḫaṭṭāb, den die Sunniten als den gewissenhaftesten und strengsten Nachahmer des Vorbildes des Propheten betrachten, war in Wirklichkeit der Verfechter der Belange der frühen Auswanderer und lehnte den Einfluß ab, den Mohammed gegen Ende seines Lebens den mekkanischen Sippen eingeräumt hatte, die bis 630 gegen ihn und die medinensische Gemeinde gearbeitet hatten. Das sichtbare Zeichen der Gesinnung ʿUmars war die Einführung der mit der Hedschra beginnenden islamischen Zeitrechnung; der Bruch mit den mächtigen Klanen Mekkas eröffnet das Zeitalter des Islams, nicht etwa die Geburt oder die Berufung Mohammeds, die man auch als Ereignisse erwogen hatte, mit denen die neue Ära hätte einsetzen können.[6] ʿUmar gab auch den Anstoß zur endgültigen schriftlichen Fixierung des Korantextes und zur Festlegung der Reihenfolge der Suren, die bereits als einzelne Texte vorlagen. Er sah zudem darauf, daß nicht zum Koran gehörende Aussagen religiösen Inhalts – womöglich Vorstufen des Hadith – nicht niedergeschrieben wurden. Bis zur ersten Hälfte des 8. Jahrhunderts bildete sich, wie an anderer Stelle dargelegt, nämlich die Vorstellung heraus, daß in den niedergeschriebenen Koran nur die Eingebungen eingegangen seien, von denen Allah dies gewünscht habe.[7] Andere Eingebungen habe Mohammed

---

6 Nagel, Mohammed. Leben und Legende, 545.

7 Vgl. fünftes Kapitel (Was ist das Hadith?), II. 1.

wie die Propheten vor ihm nur mündlich weitergegeben. Seit dem Kalifat ʿUmars scheinen demnach Sentenzen im Umlauf gewesen zu sein, die sich mit dem Inhalt des Korans vereinbaren ließen und schließlich in den Ruf gerieten, tatsächlich zu jenen von Mohammed nur mündlich weitergegebenen Aussagen zu gehören. Prophetengenossen, die wesentlich jünger als er selber waren und ihn erst kennengelernt hatten, als er den Gipfel seiner Macht erklommen hatte, mögen zur Verknüpfung seiner Person mit jenem Gedankengut beigetragen haben.[8]

Zur Vorgeschichte des sunnitischen Islams gehört der tiefgreifende gesellschaftliche Wandel, den das Schwinden des Ideals des Kampfes für den Islam andeutet. Bei der Bestimmung der Höhe der Dotationen, die ein Muslim aus den in Medina dank den Eroberungen zusammenströmenden Reichtümern erhalten sollte, hatte ʿUmar dem möglichst frühen kriegerischen Einsatz für den Islam großes Gewicht beigemessen. Dieses Kriterium verlor jedoch allzu rasch seinen Wert. Zum einen sprach der sagenhafte Reichtum, den manche ehemalige Prophetengefährten aufhäuften, den ʿumarschen Grundsätzen hohn, zum anderen mochten sich alle, die wegen ihrer späten Geburt nicht von Anfang an hatten dabei sein können, noch so sehr anstrengen, sie würden nie den Rang der Älteren erreichen. Unzufriedenheit griff unter dem Kalifat ʿUṯmāns um sich, man bezichtigte ihn, der zwar ein früher Genosse des Propheten gewesen war, aber dem mekkanischen Klan entstammte, dem die schärfsten Feinde Mohammeds angehört hatten, der anstößigen Begünstigung seiner engen Verwandten. Aufrührer aus vielen Teilen des im Entstehen begriffenen Reiches, die von der Wallfahrt zurückkehrten, rotteten sich vor ʿUṯmāns Anwesen in Medina zusammen, die Lage spitzte sich zu, einige Heißsporne drangen zu ihm vor und ermordeten ihn. Die Aufrührer, die sich natürlich im Recht sahen, erhoben den Vetter und Schwiegersohn Mohammeds, ʿAlī b abī Ṭālib, zum Kalifen und verbreiteten die Auffassung, ʿUṯmān habe sich in Ausübung seines Amtes grobe Verfehlungen zuschulden kommen lassen. Andere waren der festen Überzeugung, ʿUṯmān sei unschuldig, und sein Statthalter in Syrien, Muʿāwija b. abī Sufjān, müsse an den Mördern die Blutrache vollziehen; daher forderten sie ʿAlī auf, diese Männer, auf deren Unterstützung er schwerlich verzichten konnte, auszuliefern.

Welche der beiden nicht zu vereinbarenden Meinungen war die richtige, die islamische? Niemand vermochte die eine oder die andere mit unwiderlegbaren Argumenten zu untermauern, wenngleich dies mit verbissenem Eifer versucht wurde und bis auf den heutigen Tag versucht wird. Die Spaltung des Gemeinwesens, laut Koran das schlimmste vorstellbare Unheil, das durch das Auftreten Mohammeds endgültig aus der Religionsgeschichte der Menschheit verschwunden sein sollte (vgl. Sure 2, 213), war nun auch unter

---

[8] Nagel, Mohammed. Leben und Legende, 683–687.

den Muslimen aufgetreten. Was konnte unter solchen Umständen der kämpferische Einsatz für den Islam meinen? Der Ruhm eines möglichst frühen kriegerischen Einsatzes für den Islam büßte an Glanz ein, zumal die Zahl seiner Träger nun rasch abnahm. Stattdessen gewann das „Wissen" von den Verhältnissen in der Urgemeinde an Prestige. In ihr hatte es, davon war man überzeugt, dank der uneingeschränkten Wirksamkeit der göttlichen Rechtleitung all die bedrückenden Unzulänglichkeiten der Gegenwart noch nicht gegeben.

2. Erste Spuren des Sunnitentums

Aufrührer taugen auf die Dauer nicht als wesentliche Stützen einer Herrschaft. Diese bittere Erfahrung mußte ʿAlī b. abī Ṭālib machen. Als Muʿāwija, sein als Rächer ʿUṯmāns agierender Gegenspieler, durchsetzte, daß ein aus prominenten Persönlichkeiten bestehendes Schiedsgericht die ursprüngliche Streitfrage klären sollte, nämlich ob Muʿāwija zu Recht den Vollzug der Vergeltung an den Mördern fordere, wurde ʿAlī von einem beträchtlichen Teil seines Anhangs im Stich gelassen; anstatt das Urteil Allahs im Kampf zu suchen, habe er sich mit einem von Menschen ersonnenen Urteil zufriedengegeben. Die letzten beiden Jahre seines kurzen Kalifats verbrachte ʿAlī damit, gegen die Abtrünnigen, die man später mit dem Namen Charidschiten belegte, vorzugsweise im Irak Krieg zu führen. Im Jahre 660 fiel er einem charidschitischen Mordanschlag zum Opfer.[9]

Anders als ʿAlī konnte Muʿāwija von Syrien aus, wo sein mekkanischer Klan, die Omaijaden, unter den Arabern hohes Ansehen genoß, Schritt für Schritt seine Macht sichern. Wohl schon vor ʿAlīs Tod nahm er den Kalifentitel an. Indem er einen der fähigsten Vertrauten ʿAlīs für seine Sache gewann, dehnte Muʿāwija seine Herrschaft auch über den Irak und die Gebietes Irans aus, die seit ʿUmars Zeiten von muslimischen Streifscharen heimgesucht wurden. Da ʿAlī b. abī Ṭālib von den Schiiten als der Stifter ihrer Glaubensrichtung angesehen wird, rechnen die Sunniten das mit Muʿāwija beginnende Kalifat der Damaszener Omaijaden der sunnitischen Geschichte zu. Dafür gibt es jedoch keinen Grund. Die Macht der omaijadischen Kalifen beruhte zuvörderst auf der Loyalität der führenden Persönlichkeiten der arabischen Stämme. Diese bildeten, so lautete die Theorie, ein einziges bei Ismael seinen Ausgang nehmendes genealogisches System. Dessen Mitte besetzten die Quraiš, der Stamm des Propheten, dem ja auch die Omaijaden angehörten. Der Mohammed wie den Omaijaden gemeinsame Ahnherr Quṣaij – er steht sechs Generationen über Muʿāwija, fünf über Mohammed – habe sich einst in Mekka niedergelassen und den Pilgerkult in der Allah ge-

9 Vgl. hierzu elftes Kapitel (Was sind Schiiten?).

nehmen Weise organisiert. So sei Mekka zum Kristallisationspunkt der von Allah angesteuerten Einheit aller arabischen Stämme geworden. Mohammed spielt in dieser Geschichte eine Rolle, aber eben nicht die Hauptrolle. Unter dem Kalifen Muʿāwija tritt dieser Vorgang in das Stadium der Reife ein. „Kalif" bedeutet, zumindest für die Lobredner der Omaijaden, nicht mehr „Nachfolger des Gottesgesandten", wie dies für Abū Bakr bis ʿAlī gegolten hatte, sondern kann nun als „Stellvertreter Allahs" (vgl. Sure 2, 30) interpretiert werden.[10]

Die Bezwingung aller schiitischen und charidschitischen Richtungen läßt sich von der Warte des omaijadischen Herrschers aus als der erfolgreiche Kampf um die Wiederherstellung der einträchtigen Gemeinschaft (arab.: *al-ǧamāʿa*) der Muslime werten. Möglicherweise nachträglich ist dieser Begriff auf Muʿāwijas Einigung mit al-Ḥasan, dem Sohn ʿAlīs, übertragen worden. Al-Ḥasan ließ sich 661 für den Verzicht auf die Nachfolge ʿAlīs mit Geld entschädigen und nahm den schiitischen Gruppierungen den Grund für einen Aufruhr gegen das Kalifat Muʿāwijas. Vor allem aber das Jahr 73 nach der Hedschra (begann am 23. Mai 692) ist als das „Jahr der einträchtigen Gemeinschaft" in die islamische Geschichtserinnerung eingegangen. Der damalige omaijadische Kalif ʿAbd al-Malik b. Marwān (reg. 685–705) hatte sowohl seine schiitischen und charidschitischen Feinde besiegt als auch ein kurzlebiges Kalifat in Mekka, dessen Parteigänger davon geträumt hatten, unter den Söhnen der frühen Auswanderer die Zeiten der Urgemeinde wiederaufleben zu lassen.

Mit Ausnahme des Kalifen ʿUmar b. ʿAbd al-ʿAzīz (reg. 717–720)[11] entwickelten die Omaijaden von Damaskus kein besonderes Interesse an der abseits des Machtzentrums gepflegten Erinnerung an Mohammed, die vor allem auf eine Idealisierung seiner Gestalt hinauslief. Dies alles geschah, ohne daß die Omaijaden versucht hätten, in diese Vorgänge einzugreifen oder sie gar für die eigene Machtausübung nutzbar zu machen. Auch die frühen Abbasiden vermochten nicht, die sich entwickelnde Verklärung der Frühzeit und die Aufladung dieser Geschichtserinnerung mit religiösem Sinn dauerhaft für ihre Machtinteressen zu nutzten. Welch ein folgenreicher Wandel die muslimische Gesellschaft seit der zweiten Hälfte des 7. Jahrhunderts erfaßte, mag ein einziges Beispiel verdeutlichen. ʿUmar b. al-Ḫaṭṭāb hatte in seiner Zeit als „Nachfolger des Nachfolgers des Gottesgesandten" die Bestimmungen über die Höhe der Tribute, die zum Islam übergetretene, jedoch nicht zum Dschihad bereite Stämme aufzubringen hatten, präzisieren müssen. Diese eigenständige, d.h. nicht auf die Autorität des Korans oder Moham-

---

[10] Tilman Nagel: Staat und Glaubensgemeinschaft im Islam Zürich/München 1981, I, 109–129; ders.: Mohammed. Leben und Legende, 681.

[11] Näheres unter Rechtleitung und Kalifat, 67–81; vgl. unten, 312.

meds gestützte Entscheidung ist neben anderen vergleichbarer Art überliefert. Sie wird aber auch dergestalt abgeändert, daß sie als eine Anweisung des Propheten an ʿUmar aufgefaßt werden muß. Es finden sich weitere Beispiele, die belegen, daß die idealisierte Gestalt Mohammeds die Kenntnisse von der islamischen Vergangenheit gleichsam okkupiert[12] und dadurch in der frommen Rückschau zum Stifter von „Wissen" wird, das in Wahrheit gar nicht von ihm stammt. Was auf diese Weise bewirkt wird, ist leicht zu verstehen: Die in das Gedächtnis der muslimischen Glaubensgemeinschaft eingegangenen Ereignisse und viele Regelungen der Obrigkeit erhalten die Eigenschaft von Resultaten göttlicher Rechtleitung (arab.: *al-hudā*). Damit wird ihnen die Autorität beigelegt, wie sie den im Koran zu Buche geschlagenen Anweisungen Allahs zuzuerkennen sind.

In die Zeit um 700 lassen sich zwei Erzählungen datieren, deren Sinn in der Verdeutlichung der allumfassenden und nicht zu durchbrechenden Autorität Mohammeds liegt. In der einen taucht ein Fremder beim Propheten auf, nähert sich diesem freilich mit einer Geste der Vertraulichkeit und läßt sich über den Islam, den Glauben und das rechte Tun aufklären, das laut Mohammed darin besteht, Allah zu fürchten, als lebte man ständig unter seinem prüfenden Blick. „Wißt ihr, wer das war?" wendet sich der Prophet an die Umstehenden, nachdem der Fremde, höchst zufrieden mit den Antworten, sich zum Gehen gewendet hat. „Das war Gabriel!" versichert Mohammed den Verblüfften: Allah hat die Autorität seines Gesandten in einer Weise bekräftigt, die über jeden Zweifel erhaben ist. Und das war auch nötig. Denn der Erzähler dieser Episode, ʿAbd ar-Raḥmān b. Ġanm (gest. nach 684), kennt auch ein Wort, in dem der Prophet Zeiten ankündigt, in denen sich Muslime dem Genuß von Wein und Musik hingeben werden.[13] Wer dergleichen Verlockungen nicht erliegen will, der muß sich unter den Schutz der durch Mohammed nach wie vor den Muslimen vermittelten Rechtleitung flüchten. – Die zweite Erzählung brauchen wir nur zu streifen. Sie handelt davon, wie Mohammed von Jerusalem aus bis in den siebten Himmel emporgetragen wird. Mit Allah handelt er die Fünfzahl der täglichen Pflichtgebete aus: Kann die Wahrheit dessen, was von ihm verbürgt wird, eindrucksvoller bekräftigt werden?[14]

---

12 Tilman Nagel: Mohammed. Leben und Legende, 690–698; vgl. fünfte Kapitel (Was ist das Hadith?).

13 Vgl. meinen Aufsatz „Die Inschriften im Felsendom und das islamische Glaubensbekenntnis", in Arabica XLVII/2000, 329–365, hier 362 f.

14 Vgl. siebzehntes Kapitel (Wovon berichten die „großen Erzählungen" des Islams?), II. 2.

3. Geschichtsverständnis und Wahrheitsgarantie

Das eben beschriebene Streben nach Fundierung des Gemeinwesens in einer durch den Propheten verbürgten göttlichen Wahrheit wird im Augenblick der faktischen Spaltung der Glaubensgemeinschaft geschichtsmächtig. Das hat zur Folge, daß dieses Streben sich innerhalb einander bekämpfender Gruppierungen zu verwirklichen hat: innerhalb der den Omaijaden unterlegenen „Partei ʿAlīs" (*šīʿat ʿAlī*), der Schiiten, sowie der sich von ihnen abspaltenden Charidschiten einerseits und innerhalb der ihren eigenen Interessen lebenden, die Machtausübung und ihre Probleme skeptisch betrachtenden frommen Gelehrten des Hedschas und des Irak andererseits. Diese drei Faktionen, die Schiiten, die Charidschiten und die Gelehrten, die den heilserfüllten Tagen der Urgemeinde nachhingen, pflegten je ein eigenes Bild von den Ereignissen seit dem Tod des Propheten und betrachteten dieses Bild als den je einzig wahren Schlüssel zur Vergegenwärtigung der Rechtleitung.

Die Schiiten glaubten, daß nach dem Ableben des Gottesgesandten dessen Vetter und Schwiegersohn ʿAlī b. abī Ṭālib zum Anführer des medinensischen Gemeinwesens hätte bestimmt werden müssen. Die frühen Auswanderer, ʿUmar b. al-Ḫaṭṭāb zumal, seien als Verräter an der Sache des Islams zu brandmarken, hätten sie doch aus ganz eigennützigen Beweggründen den einzigen rechtmäßigen Kandidaten für die Nachfolge Mohammeds beiseite geschoben. Denn nur in ʿAlī und in dessen Nachkommenschaft finde sich dank der engen Verwandtschaft mit dem Propheten das Charisma, dessen der Imam, das Oberhaupt des muslimischen Gemeinwesens, bedürfe, um wenigstens einen Bruchteil der göttlichen Rechtleitung, deren sich einst die Urgemeinde hatte gewiß sein können, in die sich von ihr entfernenden Zeitläufte herüberzuholen. Die Charidschiten, die zu den Aufrührern gezählt, sich dann aber von ʿAlīs Anhängerschaft getrennt hatten, sahen aus der Rückschau die wahre Fortsetzung der Rechtleitung allein von Abū Bakr und ʿUmar verbürgt. Unter ʿUṯmān und nicht zuletzt durch dessen Schuld hätten sich die Verhältnisse zum Widerislamischen gewendet, weshalb man sich ʿAlī angeschlossen habe. Dieser habe die Hoffnungen, die man in ihn gesetzt habe, bitter enttäuscht, denn er habe sich auf das Schiedsgericht eingelassen, das ihm Muʿāwija aufgedrängt habe. Nur unter Abū Bakr und ʿUmar könne man mit Fug und Recht von einem Fortbestehen der göttlichen Rechtleitung sprechen. Die Einwilligung in das Urteil von Menschen habe dem ein Ende gesetzt. Abgesehen vom Koran verbürge allenfalls das Verhalten jener beiden das Hereinragen göttlicher Rechtleitung in die Gegenwart. Einzig der bewaffnete Kampf gegen alle Muslime, die nicht die charidschitischen Überzeugungen verträten, werde offenbaren, wer in der göttlichen Rechtleitung stehe.[15]

[15] Einzelheiten im elften Kapitel (Was sind Schiiten?).

Die Gelehrten, die sich mit dem verklärten Bild von Mohammed und der Urgemeinde beschäftigten, hatten keine Veranlassung, ein für den politischen Kampf taugliches Gemälde von der Fortdauer der göttlichen Rechtleitung zu entwerfen. Sie bildeten, wie schon angedeutet, keine Parteiung, die im Wettstreit mit den eben genannten um die Herrschaft rang. Nur vorübergehend kamen sie mit der kalifischen Machtausübung in Berührung. Das änderte sich auch nicht, als 749 die Abbasiden das Kalifat übernahmen. Diese waren von einer politisch-religiösen Bewegung an die Macht getragen worden, die unter anderem versprach, anders als die Omaijaden das Herrschen nunmehr am Vorbild des Propheten auszurichten. Versuche der ersten Abbasiden, die Gelehrten, die in diesen Jahrzehnten ihre vermeintliche Erinnerung an die Urgemeinde in die Form des Hadith gossen,[16] für eine Zusammenarbeit zu gewinnen, scheiterten zumeist. Schließlich war es einfacher, vor frommen Zuhörern in Erzählungen von der rechtgeleiteten Vergangenheit zu schwelgen, als in Anbetracht der Zwänge, die jedes Amt mit sich bringen mußte, in Handlungen verstrickt zu werden, die nicht durch das Vorbild Mohammeds gerechtfertigt werden konnten. Die Abbasiden ihrerseits begannen, ihr Herrschercharisma zu betonen, stammten sie doch von ʿAbbās ab, einem Oheim Mohammeds. Um dem islamischen Reich die Rechtleitung zu vermitteln, benötigten sie, wie ihnen nun bewußt wurde, jene Gelehrten gar nicht. Er selber sei der „Imam der Rechtleitung", propagierte der Kalif al-Maʾmūn (reg. 813–833). Inzwischen hatten allerdings die Hadithgelehrten einen für die Herrscher bedrohlichen Einfluß auf die Volksmassen errungen. Ihnen malten sie aus, wie herrlich die Lebensverhältnisse in der Epoche Mohammeds und der „Vier rechtgeleiteten Kalifen" gewesen seien und wie furchtbar weit man von jener Zeit „am Anfang" entfernt sei.

Al-Maʾmūn hielt es für geraten, die herausragenden Persönlichkeiten dieser Gelehrtenschaft einer Inquisition zu unterwerfen, um die Loyalen aus ihrer Mitte von den Feinden des Kalifats unterscheiden zu können. Die Hadithgelehrten verfochten die Ansicht, der Koran repräsentiere das ungeschaffene, mithin das schaffende, göttliche Sein im Diesseits; diese Lehre stützte ihre Überzeugung, daß auch das Hadith selber mehr sei als bloß eine Nachricht von einer Aussage oder einem Verhalten Mohammeds, sondern eine mit übernatürlicher Kraft aufgeladene und daher „wirkende" Botschaft. Al-Maʾmūn wollte die Gelehrten zu der Ansicht verpflichten, der Koran habe den Seinscharakter des Geschaffenen, was bedeutete, daß er wie alles Geschaffene der Veränderbarkeit unterlag. Der „Imam der Rechtleitung" hätte unter dieser Voraussetzung die Möglichkeit, die dem Propheten einst übergebene Offenbarung so auszulegen, wie es den Interessen der kalifischen Macht

[16] Vgl. fünftes Kapitel (Was ist das Hadith?).

entsprach, ohne auf das Hadith Rücksicht zu nehmen.[17] Der Hadithgelehrte Aḥmad b. Ḥanbal (gest. 855) beugte sich nicht den Pressionen der Inquisitoren und wurde daher zum Helden des Bagdader Sunnitentums.

Die theologischen Fragen, waren sie auch noch so schwerwiegend, beschäftigten den einfachen Muslim gewiß nicht. Daß die Partei der Hadithgelehrten – man darf inzwischen von Sunniten sprechen – im Recht sei, las die breite Masse an den Helden der frühen islamischen Geschichte ab, denen sie zuschrieb, daß sie für die Wahrheit gestanden hätten. Die Schiiten lehrten, ʿAlī hätte wegen der verwandtschaftlichen Nähe zum Propheten dessen Nachfolger werden müssen. Die Sunniten konnten keine derart plausible Begründung dafür ins Feld führen, daß es anders gekommen war. Doch man fand einen Hinweis auf Mohammeds Wunsch, Abū Bakr möge die Leitung der Gemeinde übernehmen, in der Überlieferung, daß der Prophet, auf den Tod erkrankt, Abū Bakr gebeten habe, an seiner Stelle die anstehenden rituellen Gebete zu leiten. Man konnte demnach behaupten, Mohammed habe noch zu seinen Lebzeiten mittelbar über seine Nachfolge entschieden, zumal doch im „kleinen Imamat" das „große" mitgemeint ist.[18]

Lange schieden sich im entstehenden Sunnitentum die Geister darüber, ob ʿUṯmān und ʿAlī Bürgen für das Fortwirken der Rechtleitung seien, die bis zum Tode ʿUmars die urgemeindlichen Verhältnisse über Mohammeds Ableben hinaus verlängert habe. Gegen ʿUṯmān bestanden Vorbehalte, weil er seine omaijadischen Verwandten begünstigt habe und auch anderweitig von der Wahrheit abgewichen sei, zumindest etwa ab 650, nachdem die erste Hälfte seines Kalifats verstrichen gewesen sei. ʿAlīs Kalifat haftete in sunnitischen Augen der schwere Makel an, daß es aus einer Rebellion hervorgegangen war und daher nicht als ein Fortbestehen der einträchtigen Gemeinschaft gewertet werden konnte. Unterdessen machten angebliche Aussprüche Mohammeds die Runde, die ankündigten, daß die Nachfolgeschaft des Gottesgesandten dreißig Jahre dauern werde; danach werde die Herrschaft über die Muslime zu einem Königtum entarten, also nicht mehr durch die Rechtleitung ausgezeichnet sein. Nahm man dies für bare Münze, dann bestätigte es die aufkommende Rede von der Epoche der „Vier rechtgeleiteten Kalifen" und dem nach deren Ende anbrechenden Zeitalter des Schwindens des „Wissens". Erst der „Rechtgeleitete" (arab.: *al-mahdī*), der Endzeitherrscher, werde diese Dekadenz in einem gewaltigen Krieg endgültig zurück zur urgemeindlichen Daseinsform wenden.[19]

---

[17] Vgl. fünftes Kapitel (Was ist das Hadith?), II. 3.; fünfzehntes Kapitel (Was ist islamischer Rationalismus?). Ferner Rechtleitung und Kalifat, 116–154 und 400–484.

[18] Vgl. achtes Kapitel (Was sind Imamat, Kalifat und Sultanat?).

[19] Vgl. siebtes Kapitel (Was lehrt der Islam über das Jenseits?).

Als al-Maʾmūn das „Kalifat der Rechtleitung" innehatte, war unter den Sunniten der Streit um die Vierzahl der Rechtgeleiteten entschieden, ʿAlī als ein enger Verwandter und als ein prominenter Genosse des Propheten war aus dieser Reihe nicht auszuschließen. Der Eifer der sunnitischen Gelehrsamkeit richtete sich darauf, aus der Überlieferung zu „beweisen", daß die Lehren, die die Schiiten über ihn und seine Nachkommen verbreiteten, unhaltbar seien. Sie seien keine Träger eines besonderen Charismas, das sie zu einer autoritativen Auslegung der Offenbarung befähige und ihnen die Herrschaft über die Muslime vorbehalte.[20] Niemand aber werde bestreiten, daß ʿAlī in seiner Eigenschaft als Prophetengenosse zu den glücklichen Altvorderen zähle, die einen großen Teil ihres Lebens unter der von Mohammed übermittelten Rechtleitung verbracht hätten und daher, wie alle anderen Genossen Mohammeds, der Nachwelt hiervon Zeugnis ablegen könne. Da die Bewahrung dieses Zeugnisses das hohe Ziel des Sunnitentums sei, müsse man allen Genossen Mohammeds, eben auch ʿAlī, ein ehrendes Andenken bewahren. Muʿāwija freilich, den manche Sunniten ebenfalls noch für einen Bürgen des „Wissens" ansehen wollten, blieb nach der Ansicht der Mehrheit der Sunniten aus der Anzahl der herausragenden Bürgen ausgeschlossen. Formal war zwar auch er ein Prophetengenosse, aber seine Machtergreifung galt doch vielen Sunniten als der Beginn des Königtums, des Niedergangs.

III. Die hauptsächlichen sunnitischen Lehren

1. In der Epoche der Vollendung des Hadith

Während al-Maʾmūn darum kämpfte, dem Kalifat Einfluß auf die Entwicklung von Islam, Gesellschaft und Recht zu retten, hatte sich das Sunnitentum zur womöglich schon bedeutendsten Auslegung der Botschaft des Korans entwickelt. Das Hadith war als eine literarische Gattung vollendet. Durch die Gewährsmännerkette suggerierte es dem Muslim, daß der Vorgang der Rechtleitung, der einst die Geschicke der Urgemeinde bestimmt hatte, bis in die Gegenwart hinein wirksam sei. Aš-Šāfiʿī formulierte um dieselbe Zeit die Lehre, daß es mit Hilfe des Korans und des Hadith gelingen werde, die urgemeindliche Rechtleitung als die wesentliche Grundlage eines spezifisch islamischen Rechts zu etablieren. Seine Überlegungen, zusammen mit denjenigen des Medinensers Mālik b. Anas (gest. 795), wurden in den folgenden Jahrhunderten für die Schariagelehrsamkeit maßgebend.[21] Trotzdem gelang es den Sunniten vorerst nicht, auf die Machtausübung der Kalifen einzuwir-

---

20 Vgl. elftes Kapitel (Was sind Schiiten?).

21 Vgl. sechstes Kapitel (Was ist die Scharia?).

ken. Die von al-Ma'mūn eingesetzte Inquisition wurde unter seinen beiden Nachfolgern al-Mu'taṣim (reg. 833–842) und al-Wāṯiq (reg. 842–847) beibehalten und erst durch al-Mutawakkil (reg. 847–861) aufgehoben. Sie zeitigte nicht das Ergebnis, das sich al-Ma'mūn erhofft hatte. Prominente Sunniten wie Aḥmad b. Ḥanbal überstanden die Pressionen und machten ihre Sache bei der breiten Masse beliebter als zuvor. Nicht der Kalif war im Besitz des „Wissens" von der Rechtleitung, lehrten die Sunniten. Das waren einst die Prophetengenossen gewesen, die inzwischen von der bereits zur Omaijadenzeit beginnenden Verklärung Mohammeds genauso viel profitierten wie dieser selber. Sie hatten über das „Wissen" verfügt, und jetzt mußten doch diejenigen das Sagen haben, die dieses „Wissen" getreulich sammelten, prüften und überlieferten. Eine Verknüpfung dieser Tätigkeit mit dem Kalifat gelang fürs erste nicht.

Dabei hatte sich schon unter dem omaijadischen Kalifen 'Umar b. 'Abd al-'Azīz (reg. 717–720) die Möglichkeit eines Zusammenwachsens von Machtausübung und Hadithgelehrsamkeit abgezeichnet. Indem dieser Herrscher während seines kurzlebigen Kalifats mehrfach Verlautbarungen verbreiten ließ, in denen er sich als einen Verfechter der *sunna* zu erkennen gab, bezog er zugleich in einem damals aufflammenden dogmatischen Streit Stellung, in dem es um die Frage ging, ob dem Menschen neben Allah eine eigene Bestimmungsmacht (arab.: *al-qadar*) zukomme. 'Umar b. 'Abd al-'Azīz leugnete dies und wandte sich damit gegen seine Vorgänger, die die Stellvertreterschaft Allahs, die die omaijadischen Kalifen beanspruchten, als eine Art Freibrief selbst für das anstößige Ausüben von Herrschergewalt verstanden hatten. Jedenfalls hielt man ihnen dies vor, und 'Umar b. 'Abd al-'Azīz hoffte, den spürbar werdenden Widerstand gegen die Omaijaden aufzufangen, indem er den Sammlern des Hadith Avancen machte. Er selber, so wird erzählt, habe Gelehrte mit dem Zusammentragen von Überlieferungen über die Urgemeinde beauftragt. Die *sunna* des Propheten zur Richtschnur der Machtausübung zu wählen, hieß nichts anderes, als formal der Willkür des Herrscherhandelns zu entsagen und zugleich einzuräumen, daß der Mensch nicht in der Lage sei, frei über den Verlauf seines Lebenswegs zu entscheiden. In den kommenden Jahrzehnten sollte diese Problematik das Gemeinwesen intensiv beschäftigen und das entstehende Sunnitentum zu einer einseitig prädestinatianischen Haltung drängen.

Für 'Umar b. 'Abd al-'Azīz war diese allerdings nicht die Hauptsache. Was ihn bewegte, war der Wunsch, das omaijadische Kalifat von dem Odium zu befreien, es sei eine zum Königtum entartete, mithin einer islamischen Grundlage entbehrende Form der Machtausübung. Im Einklang mit den Lehren des Hadithkenners Ibn Šihāb az-Zuhrī (gest. 742)[22] verkündete er: „In

---

[22] Vgl. fünftes Kapitel (Was ist das Hadith?), II. 1.

seinem Buch, das Allah euch gelehrt hat, und in den *sunna*-Vorschriften, die der Gesandte Allahs eingeführt hat und die nichts von euren jenseits- und diesseitsbezogenen Sachen unberücksichtigt lassen, liegen ein großer Gnadenerweis und eine bindende Verpflichtung zum Dank an Allah, so wie Allah euch rechtgeleitet und gelehrt hat, was ihr nicht wußtet.“ Freilich sieht sich ein Kalif immer wieder auch Fragen gegenüber, für die ihm der Koran und das Hadith keine Lösung bieten – die Annahme, letzten Endes sei alles aus diesen beiden autoritativen Texten heraus zu beantworten, wurde erst ein Jahrhundert später von Männern wie aš-Šāfiʿī propagiert und mit einer Methodenlehre untermauert.[23] ʿUmar b. ʿAbd al-ʿAzīz meint noch, daß er irren könne und die Folgen im Gericht werde tragen müssen. Ob in der Möglichkeit des Irrtums nicht doch eine Spur von Bestimmungsmacht des Menschen liege, diskutiert er nicht.[24] Es blieb dem sunnitischen Rationalismus des 10. Jahrhunderts vorbehalten, in diesem so wichtigen Punkt für Klarheit zu sorgen.

Was sich unter ʿUmar b. ʿAbd al-ʿAzīz angebahnt hatte, blieb unvollendet. Ohne Zutun des Kalifats wuchs zusammen mit der Vollendung der Literaturgattung des Hadith das Sunnitentum als die Deutung von Geschichte und Gegenwart des Islams heran, die sich als die Lehre der Mehrheit behaupten und zugleich den Anspruch erheben sollte, sie sei dies seit dem Tod des Propheten, ja seit dessen angeblicher Bestimmung Abū Bakrs zu seinem Nachfolger gewesen. Auf den schon genannten Aḥmad b. Ḥanbal gehen mehrere Texte zurück, die, Katechismen vergleichbar, die wesentlichen Lehren der Sunniten zusammenfassen. Einem dieser Texte stellt Aḥmad Sätze voran, die den weitgefaßten Geltungsanspruch der Sunniten unverblümt mitteilen: „Dies sind die Lehrmeinungen der Leute des ‚Wissens‘, der Vertreter der Überlieferung, der Anhänger der *sunna*. An deren Wurzeln klammern sie sich fest, für sie sind sie bekannt, um der *sunna* willen folgt man (ihnen) seit den Tagen der Prophetengenossen bis in unsere Gegenwart … Wer sich gegen etwas von den im folgenden dargelegten Lehren ausspricht, sie kritisiert oder denjenigen, der sie vertritt, tadelt, der ist einer widerislamischen Neuerung (arab.: *al-bidʿa*) schuldig, steht außerhalb der einträchtigen Gemeinschaft und weicht vom Weg der *sunna* und vom Pfad der Wahrheit ab.“[25]

Zwei Möglichkeiten des Daseins gibt es für den Muslim: Entweder beugt er sich der durch Mohammed verkündeten und vorgelebten *sunna*, die von den Prophetengefährten bewahrt sowie vollständig und unbeschädigt weiter-

---

[23] Vgl. sechstes Kapitel (Was ist die Scharia?), II. 3.

[24] Tilman Nagel: Rechtleitung und Kalifat, 78 f.; ders.: Staat und Glaubensgemeinschaft, I, 290–298. Vgl. ferner fünfzehntes Kapitel (Was ist islamischer Rationalismus?).

[25] Ibn abī Jaʿlā: Ṭabaqāt al-ḥanābila, ed. al-Fiqī, Kairo 1952, I, 24.

gegeben wurde – und mittlerweile dank der Arbeit der Hadithgelehrten vom Schlage Aḥmads leicht zugänglich ist. Oder aber er macht sich seine eigenen Gedanken, die naturgemäß den Inhalt der *sunna* verfehlen und auf eine *bidʿa* hinauslaufen. Der mit diesen beiden Begriffen belegte Gegensatz durchzieht das sunnitische Denken und wird in zahllosen Schriften erörtert und mit warnendem Unterton ein ums andere Mal hervorgehoben. Denn wer sich auf eine *bidʿa* einläßt, der hat sich des Schutzes begeben, den allein die Zugehörigkeit zur einträchtigen Gemeinschaft zu gewährleisten vermag. Die Prophetengenossen, die inzwischen in der Hadithliteratur zu den unanfechtbaren Bürgen der von ihr vermittelten Aussagen geworden sind, dürfen daher nicht kritisiert werden, selbst wenn einzelnen unter ihnen Verfehlungen nachgesagt werden. Dieses *sacrificium intellectus* ist notwendig, da ihre Autorität, diejenige der Zeugen der Wahrheit, auf keinen Fall angetastet werden darf. Das gilt insbesondere von den „Vier rechtgeleiteten Kalifen". Sie werden von der Ereignisgeschichte befreit, deren Kenntnis aus der Historiographie leicht in Erfahrung zu bringen ist. Das für die Sunniten unentbehrliche Bild unverbrüchlich dem Islam verpflichteter Bürgen könnte durch die Kenntnisnahme der berichteten Fakten getrübt werden. Die Probleme der islamischen Rechtsgeschichte der Zeit scheinen durch, wenn Aḥmad, des inhaltlich allumfassenden Charakters der *sunna* gewiß, den Analogieschluß (arab.: *al-qijās*) ablehnt. Denn mit diesem Verfahren werden in den autoritativen Texten nicht unmittelbar erwähnte Sachverhalte den in ihnen erwähnten zugeordnet. Auf diese Weise werden die in den autoritativen Texten nicht erwähnten Sachverhalte dann doch allzu oft nach Maßgabe desjenigen beurteilt, der die Analogie aufstellt. Noch verwerflicher als Analogien sind nach Aḥmad b. Ḥanbal im übrigen die Ansichten (arab.: *ar-raʾj*), die sich ein Rechtskundiger aufgrund eigener Erwägungen von einem Sachverhalt bildet.[26] Die Überzeugungen, die aš-Šāfiʿī zu seiner wirkmächtigen Theorie des „Wissens" und zu seiner Methodenlehre einer völlig auf den autoritativen Texten beruhenden Rechtsfindung anregten, gehören mithin zum Kernbestand des seiner selbst gewiß gewordenen Sunnitentums.[27] Die Sonderfrage nach der Zulässigkeit von durch den Verstand des Sachkenners erdachten Analogien blieb jedoch offen und sollte erst nach Jahrhunderten zu einem tiefen Riß im Sunnitentum führen.[28]

Abū Dāʾūd (gest. 888/9), der Autor eines der „sechs Bücher",[29] ordnet die Hadithe, die nach seiner Meinung die *sunna* ausmachen, nach Sachgebieten: Der Herstellung und Bewahrung der rituellen Reinheit schließt er die rituel-

---

26 Tilman Nagel: Rechtleitung und Kalifat, 269–272.

27 Vgl. sechstes Kapitel (Was ist die Scharia?). Ferner Tilman Nagel: Die erdrükkende Last des ewig Gültigen, Kapitel V (aš-Šāfiʿī).

28 Vgl. sechzehntes Kapitel (Was ist Salafismus (reformierter Islam)?), II. 3.

29 Vgl. fünftes Kapitel (Was ist das Hadith?).

len Pflichten, die Vorschriften über Ehe und Eheauflösung und weitere Bereiche des Alltags an und kommt gegen Ende auf die *sunna* selber zu sprechen, der er einen eigenen Abschnitt widmet. Er beginnt ihn mit einem von den Sunniten immer wieder zitierten Mohammed zugeschriebenen Wort: „Die Juden spalteten sich in einundsiebzig Richtungen, die Christen in einundsiebzig oder zweiundsiebzig. Meine Gemeinde wird sich in dreiundsiebzig Richtungen spalten." Dieser schrecklichen Ankündigung fügt Abū Dā'ūd eine Überlieferung an, die er Aḥmad b. Ḥanbal verdankt. Mohammed habe desweiteren vorausgesagt: „Zweiundsiebzig werden im Höllenfeuer sein, eine im Paradies, nämlich die ‚einträchtige Gemeinschaft'." Diese, so erfährt man aus weiteren Worten des Propheten, meidet den Streit über dunkle Stellen des Korans und verweigert Muslimen, die eigene Ansichten äußern, den Friedensgruß. So habe Mohammed zweieinhalb Monate eine seiner Gattinnen gemieden, die eines ihrer überzähligen Reittiere gegen den ausdrücklichen Wunsch Mohammeds – und sein Wunsch ist doch derjenige Allahs – nicht einer anderen hatte überlassen wollen.[30]

Die Mahnung, man müsse, koste es, was es wolle, an der *sunna* festhalten, meint im übrigen auch den Verzicht auf jegliche Beteiligung an der bereits um 700 beginnenden rationalen Durchdringung islamischer Lehren, worüber später mehr zu sagen sein wird.[31] Abū Dā'ūd weiß, daß der Kalif ʿUmar b. ʿAbd al-ʿAzīz zu einer Stellungnahme im Streit um die Bestimmungsmacht des Menschen verleitet werden sollte; der Kalif habe das aber nicht getan. Er habe darauf verwiesen, daß das Lob des starken Mannes ein Thema der heidnischen Dichtung gewesen sei. Der Islam habe dem ein Ende gemacht, einzig Allah verfüge über Bestimmungsmacht.[32] ʿAbdallāh b. ʿUmar, ein Sohn ʿUmar b. al-Ḫaṭṭābs und ein gern angeführter Zeuge für gute sunnitische Gesinnung, wurde befragt, was von Leuten zu halten sei, die den Koran rezitieren und nach Wissen suchen und trotzdem behaupten, es gebe keine (göttliche) Bestimmungsmacht, sondern alles habe in sich selber einen Anfang. Keinesfalls, lautete die Antwort, und wenn jemand, der diese Meinung vertrete, einen Haufen Gold von der Größe des Berges Uḥud bei Medina für die Sache des Islams spenden wolle, werde Allah das nicht annehmen, ehe der betreffende nicht seine Ansicht ändere. Der Islam setze den Glaubens an Allahs *qadar* voraus, möge die göttliche Bestimmung Gutes oder Schlimmes verhängen, habe Mohammed gesagt, als Gabriel ihn im Auftrag Allahs bezüglich der wahren Glaubenslehren geprüft habe.[33]

---

30 Abū Dā'ūd: Sunan, ed. Muḥammad Muḥjī d-Dīn ʿAbd al-Ḥamīd; 4 Bde., Kairo 1951, IV, 276–278, kitāb as-sunna, 1–5.

31 Vgl. unten, S. 324 f.; ferner fünfzehntes Kapitel (Was ist islamischer Rationalismus?).

32 Abū Dā'ūd, 283 f.

33 Ebd., 308 f.

Gegen aufkommende kritische Fragen zum islamischen Gottesverständnis, das den angeblich ganz und gar transzendenten Allah unablässig mit den Dingen dieser Welt befaßt sein läßt, zeigten sich die Sunniten zunächst hilflos. Sie verstanden es lange Zeit nicht, die ihnen nicht passenden Argumente zu erwägen und Gegenargumente zu formulieren. Als ein gewisser Ǧahm b. Ṣafwān (gest. 746) darüber nachzusinnen begann, ob Allah wirklich als ein personenhafter Schöpfergott vorgestellt werden könne, dessen Bestimmungsmacht sich auf jede noch so nebensächliche Kleinigkeit erstrecke, konterten die Sunniten diesen Angriff auf den Kern des Islams nicht mit eigenen Überlegungen zum Problem. Die ǧahmitischen Ideen konnte man polemisch auf die Frage zuspitzen, wer denn wohl jenen Schöpfergott geschaffen habe. Wenn derartiges zur Sprache komme, solle man Sure 112 rezitieren: „Sprich: ‚Er ist Allah, ein einziger. Allah ist der Festgefügte. Er hat nicht gezeugt und wurde nicht gezeugt. Niemand ist ihm ebenbürtig.'" Dann solle man dreimal nach links ausspucken und bei Allah Zuflucht vor dem Satan erflehen. Allah höre und sehe, heißt es am Schluß des 58. Verses von Sure 4. Der Gesandte Allahs habe dies bei einer Gelegenheit hervorgehoben, indem er den Daumen auf ein Ohr und den Zeigefinger auf ein Auge gelegt habe. Dies, meint Abū Dā'ūd, sei die Widerlegung der ǧahmitischen Lehren.[34] Diese faßten Allah als ein allgegenwärtiges, jedoch impersonales Wirkungsprinzip auf, was der Verheißung Mohammeds, am Jüngsten Tag würden die Glaubenden Allah sehen, „wie man den Mond in der Nacht seiner Fülle" sehe, jede Plausibilität nahm. Dem Sunniten genügt jedoch Mohammeds Zusage, daß dies der Fall sein werde. Und hat Mohammed nicht auch seinen Genossen versichert, daß Allah im letzten Drittel einer jeden Nacht zum untersten Himmel hinabsteige und frage, ob er jemandem einen Wunsch erfüllen oder Verzeihung gewähren solle. Am Tag des Gerichts werde Allah die sieben Himmel mit seiner Rechten zusammenfalten und rufen: „Ich bin der Herrscher! Wo sind denn die gewaltigen Tyrannen, die hochmütigen?" Die sieben übereinander geschichteten Erden wird er mit der Linken zusammenfalten und jene Worte wiederholen.[35] Wie kann man angesichts solcher Aussagen Mohammeds jenen Lehren auch nur ein Quentchen Aufmerksamkeit zuwenden?

Bedrohlich waren für die Sunniten die Auseinandersetzungen über den Seinscharakter des Korans, die sich aus der Frage nach dem Wesen Allahs ergaben. Wenn der Koran wie alles, was der Mensch wahrnimmt, und wie der Mensch selber *geschaffen* (arab.: *maḫlūq*) wäre, dann wäre Allah, der fortwährend alles erschaffende und bestimmende, zusammen mit seinem Wort seinsmäßig aus dem Diesseits hinausgedrängt; der Koran wäre mit al-

---

34 Ebd., 319–322.

35 Ebd., 324.

lem Diesseitigen wesensgleich.[36] Allah wäre außerhalb des Geschehens hier und jetzt. Der wichtigste Pfeiler des Islams, die Erfahrbarkeit des jenseitigen Allah als des im Geschaffenwerdenden immanenten Gegenübers, wäre hinfällig. Die Ausübung der Riten verlöre ihren Sinn, wie denn auch Ǧahm b. Ṣafwān, nachdem ihm der Glaube an die Personalität Allahs abhanden gekommen war, für längere Zeit das rituelle Gebet ausgesetzt haben soll.[37]

Die Entpersönlichung des islamischen Gottesbildes verschleiert die jede Einzelheit des Diesseits, vor allem das Lebensschicksal eines jeden Menschen erfassende überweltliche Kraft, die in der koranischen Botschaft das wesentliche Merkmal Allahs ist. Die sunnitische Lehre, daß der Koran nicht den Seinscharakter des Geschaffenwerdenden habe, ist daher für den Islam konstitutiv. Auch diese Lehre ist, folgt man Abū Dāʾūd, mit überlieferten Aussagen Mohammeds zu untermauern. So pflegte der Prophet seine beiden Enkel al-Ḥasan und al-Ḥusain durch die „vollkommenen Worte"[38] gegen die Bosheiten des Satans zu schützen; schon Abraham habe diese koranischen Sätze benutzt, um Isaak und Ismael gegen Unheil zu feien. „Das ist ein Hinweis darauf, daß der Koran nicht geschaffen ist", schreibt Abū Dāʾūd.[39]

Zum Kern des sunnitischen Islams gehört schließlich die Eschatologie. Sie hat freilich nicht den Sinn, die Glaubenden zu einer eifrigen Erfüllung der auf den autoritativen Texten fußenden schariatischen Normen anzuspornen. Eine Werkgerechtigkeit kennen die Sunniten nicht, verfügt der Mensch doch nach ihrer Überzeugung über keine Bestimmungsmacht, wie schon ʿUmar b. ʿAbd al-ʿAzīz betont haben soll. Gleichwohl sind die vielen Überlieferungen über die Schrecknisse des Jüngsten Tages und die Qualen der Hölle und Wonnen des Paradieses wörtlich wahr und keinesfalls als metaphorisch abzumildern. Abū Dāʾūd räumt diesem Gegenstand mehrere Kapitel in seinem Abschnitt über die *sunna* ein, die nicht im Detail wiedergegeben werden müssen.[40] Wer die Befragung im Grab überstanden und die richtigen Antworten gegeben hat – „Allah ist mein Herr, der Islam meine Daseinsordnung, Mohammed mein Prophet!" – dem wird ein Lager von Kissen bereitet, die aus dem Paradies stammen, er wird in Paradiesgewänder gekleidet und darf durch eine Pforte, die für ihn geöffnet wird, schon in das Paradies schauen.

---

[36] Vgl. zweites Kapitel (Wer ist Allah?) sowie viertes Kapitel (Was ist der Koran?).

[37] Tilman Nagel: Im Offenkundigen das Verborgene. Die Heilszusage des sunnitischen Islams, Göttingen 2002 (Abhandlungen der Akademie der Wissenschaften zu Göttingen, philologisch-historische Klasse, dritte Folge, Band 244), 242–244.

[38] Vgl. fünftes Kapitel (Was ist das Hadith?), II. 1.

[39] Abū Dāʾūd, 325.

[40] Vgl. siebtes Kapitel (Was lehrt der Islam über das Jenseits?).

Dem Ungläubigen wird auf entsprechende Weise ein Vorgeschmack auf das Höllenfeuer vermittelt. Nachdem dann in die Posaune geblasen worden ist und sich alle Menschen vor Allah versammelt haben, beginnt das Weltgericht. Die Glaubensgemeinschaft der Muslime findet sich an diesem drükkend heißen Tag am Wasserbecken ihres Propheten Mohammed ein. Es ist riesengroß, Schöpfgefäße in der Zahl der Sterne reichen aus, um wirklich jeden Muslim zu erquicken. Das ist mit der in Sure 108 genannten Fülle gemeint, die Mohammed zuteil wurde. Als dieser in einem Traum davon erfahren habe, habe beim Erwachen ein Lächeln seine[41] Züge umspielt.

2. Das Problem der Prädestination

Weit über einhundert angebliche Prophetenworte nennt al-Lālakāʾī (gest. 1027), der Verfasser der umfangreichsten Dokumentation der frühen sunnitischen Ideengeschichte, in einem Kapitel, das sich mit dem von Mohammed ausgesprochenen Verbot beschäftigt, sich auf Streitgespräche mit den Verfechtern widerislamicher Neuerungen einzulassen; ihnen auch nur zuzuhören, sei untersagt.[42] Auf die Länge der Zeit hin konnten die Sunniten das Geistesleben, das sich außerhalb ihrer Zirkel in einigen Metropolen der islamischen Welt abspielte, nicht ignorieren oder unter Verweis auf das, wofür ihnen die „Rechtgeleiteten Kalifen" und die Prophetengenossen bürgten, als gegen die Botschaft des Korans und des Propheten gerichtet abqualifizieren. Allerdings stammte das Rüstzeug, mit dem sie beispielsweise gegen die These von der Bestimmungsmacht des Menschen zu Felde zu ziehen lernten, nicht aus ihrem eigenen Arsenal, sondern aus demjenigen ihrer rationalistisch argumentierenden Feinde. Diese hatten sich im 8. und 9. Jahrhundert in der Hoffnung gewiegt, mit Verstandesschlüssen die wahren Anschauungen vom Islam von den falschen zu unterscheiden und in einem zweiten Schritt diesen falschen jegliche Anhängerschaft abspenstig zu machen. So müßte doch die von Allah laut Koran ursprünglich geschaffene Einheit aller Menschen herzustellen sein. Daß die vom „Imam der Rechtleitung" al-Maʾmūn ins Leben gerufene Inquisition das Kalifat diesem Ziel nicht näher brachte, beunruhigte die Sunniten nicht, wohl aber manche Verfechter einer rationalistischen Durchdringung der Lehren des Islams. Sie erkannten, daß Argument und Gegenargument, je scharfsinniger man sie durchdachte, letzten Endes stets gleichwertig waren; in Sachen des Glaubens vermochte der Verstand nicht zwischen wahr und unwahr zu unterscheiden.[43] Die sunnitische Verweige-

---

41 Abū Dāʾūd, 328–330.

42 Hibat Allāh al-Lālakāʾī: Šarḥ uṣūl iʿtiqād ahl as-sunna wal-ǧamāʿa, ed. Aḥmad Saʿd Ḥamdān, Mekka 1402 h, I, 114–150.

43 Rechtleitung und Kalifat, 473 f.

rung des intellektuellen Streits und die Glaubensgewißheit, aus der sie erwuchs, entfalteten Anziehungskraft auf enttäuschte Rationalisten.

Indem sie sich dem Sunnitentum zuwandten, löschten sie freilich nicht ihre einstigen Gedanken aus dem Gedächtnis. Abū l-Ḥasan al-Aš'arī (gest. 935) ist unter den Konvertiten zu den Lehren der *sunna* derjenige, dessen Nachruhm ungeschmälert bis in die Gegenwart reicht. Er steht für die Entschärfung des islamischen Rationalismus im Sinne der sunnitischen Forderung der endgültigen Wahrheitsvermittlung durch den Koran und das Hadith, durch die autoritativen Textgattungen mithin, die seit aš-Šāfi'ī in der Schariagelehrsamkeit als das „Wissen" schlechthin zu gelten haben. Al-Aš'arīs Bekehrung zu diesem „Wissen" soll denn auch wegen der Unmöglichkeit erfolgt sein, mittels rationaler Gedankenführung Aufschluß darüber zu gewinnen, ob ein unmündiges Kind, das der Tod ereilt, ins Paradies kommen wird. Nach der Lehre der Verfechter des Rationalismus, der Mu'taziliten, ist Allah gerecht, so daß den Gläubigen nach dem Ende der Welt das Paradies erwartet, den Ungläubigen die Hölle. Der Allah der Mu'taziliten gestaltet seine fortwährenden Schöpfungsakte so, daß dem Menschen die Gelegenheit gegeben ist, die göttlichen Gesetze zu erfüllen. Aber ist es die Schuld des Kindes, daß es bis zu seinem vorzeitigen Tod keine Gehorsamsleistungen hat erwerben können, die es ebenfalls zum Genuß ewiger Wonnen berechtigt hätten? Wo bleibt in diesem Fall Allahs Gerechtigkeit? Hat Allah hier nicht versagt?

Folgt man al-Aš'arī, dann hilft allein die sunnitische Lehre von der Vorherbestimmung des Daseins- und Jenseitsschicksals aus einem derartigen Dilemma. Wenn man, wie es die Sunniten glauben, dem Menschen jeglichen *qadar* abspricht, dann wird man sich nie in Widersprüche wie den aufgezeigten verwickeln. Allah ist gerecht, das darf nicht bestritten werden, aber seine Gerechtigkeit ist eben nicht mit den Maßstäben des Menschen zu fassen.[44] Die Mu'taziliten hatten das Diesseits, das den durch Allah geschaffenen, der Erfüllung seines Gesetzes günstigen Rahmenbedingungen unterliege, als ein komplexes Gefüge von Materiepartikeln und Akzidentien verstanden; deren Zusammenwirken war nach ihrer Ansicht von der Art, daß der Mensch unter der göttlichen Verheißung des Paradieses und der Androhung der Höllenqualen sein Handeln frei bestimmen, also in eigener Verantwortung gesetzeskonform gestalten kann. Al-Aš'arī und die vielen Sunniten, die sich auf ihn berufen, geben die metaphysischen Grundannahmen der Mu'taziliten nicht auf, aber sie passen sie ihrem Determinismus an. In einem ersten Schritt postulieren sie, daß eine jede Partikel stets nur ein einziges Akzidens aufnehme. So entziehen sie unüberschaubaren, „organischen" Wechselwirkungen zwischen

---

44 Analog dazu ist Allah, wie schon mehrfach betont wurde, grundsätzlich barmherzig, auch wenn er Dinge wirkt, die dem Menschen zum Schaden gereichen, vgl. zweites Kapitel (Wer ist Allah?), II.

Geschaffenem den Boden: Allah legt in jedem Augenblick, in dem das Diesseits besteht, nach seinem dem Menschen unbegreiflichen Ratschluß fest, welche Partikel mit welchem Akzidens versehen sein soll. Mit dieser Theorie ist der *qadar* des Menschen ein für allemal ad absurdum geführt. Jede Handlung, die man an einem Menschen wahrnimmt, ist nicht das Resultat seiner Erwägungen und des gezielten Einsatzes seiner Kräfte und Fähigkeiten, sondern der durch Allah in diesem Augenblick geschaffenen Konstellation der Partikeln und Akzidentien, die wir Diesseitige ebenfalls dank Allahs gleichzeitig in uns geschaffenem Wahrnehmungsakt wahrnehmen. Mit dieser Lehre ist natürlich der Gedanke an irgendeine Werkgerechtigkeit nicht zu vereinbaren. Man braucht ihn nicht, denn er entspringt dem Einsichtsvermögen des Menschen, das mit Bezug auf Allah nicht einschlägig ist, wie schon gesagt wurde. Allahs Barmherzigkeit ist schließlich auch nicht das, was der Mensch sich unter diesem Begriff erträumt.[45] Aus der mangelnden Schariatreue oder aus ihrem Gegenteil, der übereifrigen Gesetzeserfüllung, läßt sich nicht auf das Jenseitsschicksal des Betreffenden schließen. Der Sinn der Grabesstrafe und der in der Überlieferung so farbenreich gemalten Gerichtsszenen kann demnach ebenso wenig ergründet werden. Der Glaubende hat das alles anzuerkennen, ohne eigene Grübeleien darüber anzustellen.[46]

3. Der sunnitische Begriff des Wissens

Der Gottesbegriff des asch'aritisch überformten Sunnitentums ist von einem Widerspruch durchzogen. Zum einen muß der unüberbrückbare Abstand betont werden, der zwischen dem – wie gezeigt, jeder eigenen Seinsmacht beraubten – Geschaffenwerdenden (arab.: *al-maḫlūq*) und dem einen Schöpfer (arab.: *al-ḫāliq*) obwaltet. Zum anderen muß aber begreiflich gemacht werden, daß sich dieser anscheinend so völlig Transzendente ununterbrochen den Geschöpfen, zumal den Menschen und den Dschinnen, in seinem Schöpfungshandeln bezeugt, um von ihnen angebetet zu werden (vgl. Sure 51, 56). Dies muß zumal unter der Prämisse erfolgen, daß der Koran und auch das Hadith die Gegenwärtigkeit des schaffenden Seins Allahs im Diesseits verbürgen.

Bis weit ins 11. Jahrhundert hinein wurde die sunnitische Gotteslehre vom Paradigma des Gegensatzes zwischen dem allmächtigen Schöpfer und dem seinsohnmächtigen Geschaffenwerdenden beherrscht. Um diesen Gegensatz richtig zu begreifen, ist, so der Schafiit und Asch'arit al-Ǧuwainī (gest. 1085), ein mit Notwendigkeit gegebenes Wissen vorauszusetzen, dessen Er-

---

[45] Vgl. zweites Kapitel (Wer ist Allah?), II.

[46] Tilman Nagel: Die Festung des Glaubens, München 1988, 108–162; ders.: Geschichte der islamischen Theologie, München 1994, 143–164.

werb nicht in der Macht des Menschen steht, das also durch Allah geschaffen wird. Das notwendige, nicht durch den Menschen zu erzeugende Wissen kann freilich bei manchen Menschen beeinträchtigt sein; wahrscheinlich denkt al-Ǧuwainī an Irrtümer bezüglich einer Aussage eines Koranverses oder eines Hadithes, die auf unterschiedliche Weise verursacht sein können. Notwendig und ebenfalls nicht durch den Menschen erzeugt ist ferner das apriorische (arab.: *badīhī*) Wissen, das überdies von Schädigungen frei sei. Diese beiden Arten des Wissens seien von Dauer, wer über sie verfüge, könne sie nicht in Zweifel ziehen, beispielsweise das Wissen von der Existenz der eigenen Person oder von der Unmöglichkeit der Vereinbarkeit von Gegensätzen in ein und derselben Substanzpartikel. Beiden Arten stellt al-Ǧuwainī das erworbene, spekulative Wissen gegenüber, das durch die einwandfreie Auslegung eines Beweistextes, also einer nicht in der Verfügungsgewalt des Menschen liegenden Aussage, gewährleistet wird.

Hier gibt sich der sunnitische Schariagelehrte zu erkennen, dessen Arbeitsgrundlage die durch den Propheten übermittelten, von Allah gestifteten autoritativen Texte sind. Durch einwandfreie Schlüsse kann der Mensch ihnen ein Wissen abgewinnen, das sich auf nicht unmittelbar in ihnen ausgesagte Gegebenheiten erstreckt, also beispielsweise einer in den autoritativen Texten eindeutig verbürgten Vorschrift einen analogen Sachverhalt zuordnet. Wichtig, und auf den ersten Blick womöglich befremdlich, ist nun al-Ǧuwainīs Feststellung: „Der Verstand (arab.: *al-ʿaql*) besteht in notwendigem Wissen." Al-Ǧuwainī verwendet hier den Plural von Wissen, eine Ausdrucksweise, die wir im Deutschen nicht nachahmen können. Gemeint sind die nach seiner Ansicht mit Notwendigkeit gewußten Aussagen der autoritativen Texte. Der gesunde Verstand sei eine der Bedingungen dafür, daß ein Muslim der Verpflichtung (arab.: *at-taklīf*) unterliege, die von Allah erlassenen Vorschriften zu erfüllen. Der der Scharia unterworfene Muslim werde dieser aus dem Islam resultierenden Grundbefindlichkeit erst dann gerecht, wenn sich bei ihm das Wissen von den zu wissenden Normen eingestellt hat, die das Fundament seiner einwandfreien Schlüsse bilden. Erst jetzt kann die spekulative Einsicht (arab.: *an-naẓar*) gelingen, daß er diese Normen zu erfüllen hat. Die Erfassung dieses Wissens, ohne die solche Einsicht unmöglich ist, nennt al-Ǧuwainī Verstand, wobei er sich dessen bewußt ist, daß der Begriff Verstand weitere Bedeutungen habe. Er betont, daß der Begriff Verstand nicht auf das durch Einsicht erworbene Wissen zu beziehen ist, sondern daß eben das Vorausgehen des Verstandeswissens die Bedingung für die Einsicht darstellt. Indessen umfaßt dieser Verstand nicht das ganze notwendige Wissen, was man schon daran erkennen könne, daß einem Blinden mancherlei notwendiges Wissen entgehe, er aber trotzdem als verständig gelten könne. Verstand ist demnach „jegliches Wissen, über das ein Verständiger verfügt, sobald davon gesprochen wird, und an dem derjenige nicht teilhat, der nicht verständig ist“.[47] Diese Definition mutet tautologisch an. Sie ist es aber nicht, wenn man sich klarmacht, daß sie stillschweigend den Akt der Vermittlung des Wissens durch Allah (Sure 2, 31) voraussetzt, wie es die im vorigen Teilkapitel erörterte Stiftung des Handelns des Menschen durch Allah erfordert.

Fünfhundert Jahre und länger wird der Streit über das Verhältnis zwischen dem auf Belehrung durch Allah zurückgehenden „Wissen“ einerseits und dem Verstand und den in ihm angelegten Erkenntnismöglichkeiten andererseits dauern. Er wird schließlich eindeutig zugunsten des „Wissens“ entschieden. Dies zeigen die Schriften des zu seiner Zeit berühmten und einflußreichen Ibn Ḥaǧar al-Haitamī (gest. 1567). „Wissen“ ist für ihn das Gehörte, die durch den „lebendigen“ Akt des Überlieferns weitergereichte Kenntnis von den Dingen und Sachverhalten des Geschaffenwerdenden. Nur im Rahmen dieses „Wissens“ hat sich der Verstand zu betätigen. Dies ist ebenfalls gemeint, wenn heutige Muslime so gern davon reden, daß der Islam die „Religion des Verstandes“ sei. Denn nur wenn die Schlüsse des Verstandes sich im Rahmen des „Wissens“ bewegen, gehen sie niemals fehl und ist der Islam bzw. der Muslim stets im Besitz der Wahrheit.[48]

4. Die sunnitische Gotteslehre

Schauen wir jetzt, wie al-Ǧuwainī das Wesen Allahs aus dem Gegensatz zwischen dem Schöpfer und der Welt, dem ununterbrochen Geschaffenwerdenden, herleitet! Zunächst ist nachzuweisen, daß die Welt, nämlich alles Vorhandene abgesehen von Allah, in der Zeit entsteht und vergeht. Dieses in der Zeit Vorhandene besteht zum einen aus Materiepartikeln, deren jeder eine räumliche Ausdehnung zuzuschreiben ist, sowie aus den Akzidentien, die diesen Partikeln anhaften, und zwar je ein Akzidens einer Partikel. Wichtig ist nun der Nachweis, daß alle Partikeln in der Zeit entstehen und vergehen. Da man apriori wisse, daß einer sich in eine bestimmte Richtung bewegenden Partikel durch äußere Einwirkung eine andere Richtung aufgenötigt werden könne, sei das Akzidens „Bewegung in die eine Richtung“ der Partikel nicht wesenseigen, sonder eben etwas, das ihr zugefügt werde, nämlich durch einen frei über sie verfügenden Handelnden.[49] Die Welt ist somit kein aus sich selber bzw. aus in ihr angelegten Eigenschaften und Kräften sich entwickelndes Ganzes, sondern eine sehr große, aber endliche Anzahl von

[47] al-Ǧuwainī: Kitāb al-iršād ilā qawāṭiʿ al-adilla fī uṣūl al-iʿtiqād, edd. Muḥammad Jūsuf Mūsā und ʿAlī ʿAbd al-Munʿim ʿAbd al-Ḥamīd, Kairo 1950, 13–16.

[48] Vgl. fünfzehntes Kapitel (Was ist islamischer Rationalismus?). Ferner Tilman Nagel: Die erdrückende Last des ewig Gültigen, Kapitel XXI. und Kapitel XXV.

[49] al-Ǧuwainī: Kitāb al-iršād, 19.

Partikeln, deren Verhalten je durch eine sich über eine gewisse Zeitspanne erstreckende von außen zugefügte Einwirkung bestimmt ist.

Natürlich bemüht sich al-Ǧuwainī auch um den Nachweis, daß die Welt tatsächlich aus Partikeln mit ihren Akzidentien besteht, wobei er sich in einem engen Zirkel bewegt. Denn weil eine Partikel nie ohne ihr Akzidens existieren kann und weil dieses zeitgebunden ist, muß diese Zeitgebundenheit für die Partikel gelten und folglich auch für die Welt, die Anhäufung der Partikeln. Von der Welt kann daher ausgesagt werden, daß ihre Nichtexistenz (arab.: *al-ʿadam*) vorstellbar ist. Wie aber ist zu zeigen, daß das anfangslos Ewige, mithin das die Partikeln und die Akzidentien Bestimmende nicht ebenfalls nichtexistent sein kann? Das ist die entscheidende Frage, und al-Ǧuwainī beantwortet sie wie folgt: „Es ist unmöglich, daß die Nichtexistenz des anfangslos Ewigen (arab,: *al-qadīm*) zu einem angenommenen Zeitpunkt notwendig sei, dergestalt daß man zu diesem Zeitpunkt die Fortdauer eines endlos ewigen Seins (arab.: *al-wuǧūd al-azalī*) nicht voraussetzen dürfte. Durch einen apriorischen Verstandesschluß weiß man von der Nichtigkeit (dieser Überlegung). Denn nähme man für einen bestimmten Zeitpunkt die Denkbarkeit der Nichtexistenz (des anfangslos Ewigen) an und hielte man gleichzeitig die Fortdauer des (endlos ewigen) Seins anstelle der Nichtexistenz ohne einen diese herbeiführenden Faktor für möglich, so wäre dies ausgeschlossen. Denn alles, was denkbar ist, erfordert einen herbeiführenden Faktor. Die Nichtexistenz ist aber reine Negierung und kann unmöglich auf einen solchen bestimmenden Faktor bezogen werden."[50] Allah, der endlos Ewige, kann nicht ohne die Annahme seiner anfangslosen Ewigkeit gedacht werden.

Damit hat al-Ǧuwainī das Fundament für seinen Nachweis gelegt, daß die Welt einer Kraft bedarf, durch die sie geschaffen wird (arab.: *aṣ-ṣāniʿ*). Als Zeitgebundene ist für die Welt sowohl die Existenz wie die Nichtexistenz vorstellbar; die Welt zählt also zu den möglichen Gegebenheiten. Diese benötigen, damit sie in die Wirklichkeit eintreten, einen dies bewirkenden Faktor, der, wie al-Ǧuwainī darzulegen versucht, nicht eine impersonale „Natur" (arab.: *aṭ-ṭabīʿa*, Pl. *aṭ-ṭabāʾiʿ*) sein darf, sondern eine mit willentlicher Entscheidungsfähigkeit ausgestattete Macht. Daß in den Partikeln angelegte „Naturen" deren Geschicke innerhalb des Partikelgefüges „Welt" bestimmen könnten, hat er mittels der Zurückweisung von den Partikeln wesenseigenen Eigenschaften bereits verneint. Diese Macht, Allah, ist anfangslos ewig; denn wäre er in der Zeit entstanden, so müßte es eine Macht geben, die dies verursacht hätte, und diese brauchte wiederum eine vorausgehende, bestimmende Macht – ein unzulässiger *regressus in infinitum*. Die Eigen-

---

50 Ebd., 21.

schaften dieses Ewigen können prinzipiell nicht diejenigen des Geschaffenwerdenden sein, da er in seiner Einsheit nicht in Substanzpartikeln und Akzidentien zergliedert werden kann.

Da nun die Sunniten die Aussagen der autoritativen Texte im Wortsinn verstehen wollen, stoßen sie auf erhebliche Schwierigkeiten. Wenn es im Koran mehrfach heißt, Allah habe auf seinem Thron Platz genommen (z.B. Sure 7, 54), um sein Schöpfungswerk zu lenken, ist in dieser Formulierung eine Richtungsgebundenheit Allahs – nämlich oben – und folglich seine Körperhaftigkeit ausgesagt. Eine Verähnlichung (arab.: *at-tašbīh*) mit dem Geschaffenwerdenden ist jedoch, wie aus den zitierten Überlegungen erhellt, ganz und gar zu verwerfen. Allahs Wesen ist vom Wesen dessen, was er schafft, völlig verschieden: Es nimmt keine Akzidentien an.[51]

Allerdings könnte man, und damit kommen wir auf das Kernproblem des islamischen Gottesverständnisses zu sprechen, die Tatsache seines fortwährenden Schöpfertums gar nicht begreifen: Es bringt sich ständig zur Geltung, aber trotzdem soll dem Menschen kein Weg offenstehen, es zu erfahren; es soll eine rein abstrakte Gegebenheit bleiben. Unter der Prämisse, daß Allah stets die für die Erfüllung seines Gesetzes günstigen Voraussetzungen schafft, mochte dies den Muʿtaziliten plausibel erscheinen. Die Sunniten, die in den autoritativen Texten die wirkenden Worte Allahs erkennen, mit denen dieser sich im Geschaffenwerdenden vergegenwärtigt, befriedigte ein dem Diesseitigen ganz enthobener, abstrakter Allah jedoch auf keinen Fall. Die dem Menschen nachempfundenen Züge, mit denen der Koran und das Hadith Allah ausstatten, indem sie beispielsweise von seinen Händen reden (z.B. Sure 5, 64), konnte man entweder auf sich beruhen lassen und eine nähere Erkundung des Sinnes verbieten, oder man versuchte, sie metaphorisch zu verstehen, im Falle der Hände Allahs als das Sinnbild seiner Großmut. Der Forderung, Allah als den absolut Einen zu begreifen, hatte man damit strenggenommen noch nicht Genüge getan. Denn Großmut und andere Selbstbekundungen Allahs wie etwa sein Redendsein ließen sich als voneinander unterscheidbare Eigenschaften Allahs auffassen, wie beim Menschen Großmut und Redefähigkeit ja ebenfalls zwei getrennte Gegebenheiten sind. Schloß man unter diesem Gesichtspunkt auf das Wesen Allahs, dann zerfiel dieses in mehrere eigenständige Teilbereiche; man verstieß gegen die Aussage der 112. Sure, derzufolge Allah durch und durch von einer einzigen Eigenschaft sei, nämlich der göttlichen.

Al-Ǧuwainī löst das Problem, indem er darlegt, daß im Geschaffenwerdenden unbestreitbar Allahs Wollen, seine Bestimmungsmacht, sein Wissen, sein Lebendigsein, sein Redendsein zum Ausdruck kommen. Daß Allah, aus der

---

[51] Ebd., 44.

Sicht der Menschen geurteilt, derartige Eigenschaften hat, kann nicht bestritten werden. Diese sind allerdings nicht als Sonderungen seines einheitlichen, göttlichen Seins mißzuverstehen, es sind vielmehr die scheinbar vielfältigen Eigenschaften, in denen sich Allahs einheitliches göttliches Sein den Irdischen offenbart; es sind die Aspekte, unter denen gemäß der beschränkten Auffassungsgabe des Geschöpfes Allahs Wirken in und mit seinem Schöpfungshandeln wahrgenommen wird.[52] Zu diesen Aspekten gehört auch sein Redendsein, das sich laut al-Ǧuwainī im Wissen – „Wissen" verstanden gemäß der vorhin dargelegten Definition –, in der Bestimmungsmacht und in weiteren scheinbaren Eigenschaften manifestiert, die die Geschöpfe als Einwirkungen wahrnehmen.[53] Die Rede Allahs, in Sonderheit der Koran, gehört daher nicht, wie die Muʿtaziliten lehrten, zum Seinsbereich des Geschaffenwerdenden. Allahs Rede bleibt ein Repräsentant des Transzendenten, sie bleibt deswegen für die Anrufung Allahs, für das Erflehen von Hilfe, verfügbar, wie Mohammed es angeblich mit seinem Hinweis auf die „vollkommenen Worte Allahs" empfohlen hat.[54] Die sunnitische Theologie wird mit dieser Gotteslehre dem Wesen der autoritativen Texte des Islams gerecht, die eben mehr sind als bloße Informationen über Allahs Gesetzeswillen und über seine Auffassung von der Geschichte der Menschheit. Wogegen sich al-Ǧuwainī freilich wehren muß, das ist die Überzeugung mancher sunnitischer Eiferer, die die Gegenwärtigkeit des Transzendenten so wörtlich nahmen, daß sie behaupteten, es gehe als eine magische Kraft in die diesseitige Materie ein, wenn man dieser die Form eines koranischen Wortes gebe, oder es verleihe demjenigen Zauberkräfte, der Worte des Korans rezitiere.[55] Eine klare Grenze zur Magie zu ziehen, blieb für die Sunniten ein Problem.

IV. Verflechtungen mit dem Sufismus

In al-Ǧuwainīs Darlegung des sunnitischen Gottesverständnisses wird der Unterschied zwischen dem schaffenden Sein Allahs und dem geschaffen werdenden der Welt andeutungsweise auch mit dem notwendigen Sein Allahs und dem möglichen Sein dessen, was von ihm geschaffen wird, auf den Begriff gebracht. In einer wohl später entstandenen Abhandlung spricht al-Ǧuwainī davon, daß er sich bei der Darlegung des Verhältnisses der Welt zu ihrem Schöpfer einer neuen Methode bedienen wolle. Die Argumentation mit der Notwendigkeit des schaffenden, bestimmenden Seins Allahs und mit der

---

52 Ebd., 61–71.

53 Ebd., 109.

54 Vgl. fünftes Kapitel (Was ist das Hadith?), II. 1.; vgl. ferner viertes Kapitel (Was ist der Koran?).

55 Tilman Nagel: Im Offenkundigen das Verborgene, 347, 354.

Möglichkeit des geschaffen werdenden Seins, die al-Ǧuwainī in dieser verhältnismäßig kurzen Glaubenslehre befolgt, mildert den schroffen ontologischen Gegensatz, indem sie von zwei verschiedenen Seinsmodi spricht.[56] In der Tat wird am Beginn des 12. Jahrhunderts aus dem Gegensatz von schaffendem und geschaffen werdendem Sein der Unterschied zwischen dem absoluten Sein (arab.: *al-wuǧūd al-muṭlaq*) Allahs und dem konditionierten Sein (arab.: *al-wuǧūd al-muqaiyad*) des Geschaffenwerdenden. Nicht die Unterschiedenheit von Allah und Kosmos steht im Vordergrund, sondern das, was sie gemeinsam haben: das Sein.[57] Dieser grundstürzende Paradigmenwechsel in der sunnitischen Theologie erschließt sich einem, sobald man die Verflechtung von Sunnitentum und Sufismus näher betrachtet.

Diese Verflechtung rührt schon aus der Entstehungszeit des Sunnitentums her. Denn der Sufismus, die Einbettung der Schariafrömmigkeit in eine vertiefte, nicht durch Rationalität vermittelte Einsicht in das Wesen Allahs, bediente sich des im Entstehen begriffenen Hadith. Dieses war vorzüglich dazu geeignet, das Sinnen und Trachten des Glaubenden auf die Grundtatsache des Islams zu lenken, auf die völlige Angewiesenheit des Geschöpfes auf Allah. Im Gottesgedenken (arab.: *aḏ-ḏikr*), das laut Sure 29, Vers 45, gewichtiger als die Gesetzestreue ist, wird diese Glaubenswahrheit ununterbrochen im Geist des Menschen wachgehalten, womit auch immer er in seinem äußeren Reden und Tun beschäftigt sein mag. Sich in die *sunna* einzuleben, bedeutet für den Sufi soviel, wie alle ichsüchtigen Regungen aufzugeben. As-Sulamī (gest. 1021), Verfasser eines biographischen Handbuches zum frühen Sufismus, charakterisiert dessen Vertreter, indem er die Hadithe nennt, die diesen als Wegweiser zum Einswerden mit Allah dienten.[58] Erst wenn es um die späteren Vertreter des Sufismus geht, die jüngeren Zeitgenossen as-Sulamīs, verschwinden diese Angaben. Das ist die Epoche, in der sich die Sufis um Meister, Gottesfreunde (arab.: *walī allāh*, Pl. *aulijāʾ allāh*), zu scharen beginnen, die als Stellvertreter des Propheten ihre Adepten Worte des Gottesgedenkens lehren und sie auf dem Pfad der Selbstentäußerung begleiten.

Die Gottesfreunde arbeiten auf die Festigung und Vertiefung des Islams ihrer Anhänger hin. Sie hauchen dem Wissen von den Scharianormen Leben ein: Um deren Beachtung und Erfüllung willen, denen der Verstandesakt des Erfassens dieses Wissens vorausgeht, erzeugen sie in den Glaubenden die das ganze Dasein durchdringende, nie erlahmende Bereitschaft, das Selbst vorbehaltlos Allah anheimzugeben, wie der Islam es fordert. Dies ist die laut al-Ġazālī (gest. 1111), einem der tiefsinnigsten Deuter des Sunnitentums,

---

[56] Ders.: Die Festung des Glaubens, München 1988, 147f.

[57] Ders., Im Offenkundigen das Verborgene, 107, 380–388.

[58] Ebd., 512–518.

unentbehrliche, nicht erst von Gehorsamsakt zu Gehorsamsakt ins Gedächtnis zu rufende, sondern den Habitus des Muslims prägende Maxime, die erst eigentlich dem Gesetzesgehorsam den durch Allah beabsichtigten Sinn unterlegt.[59] Der Koran und das Hadith bezeugen das Hereinragen und die Erfahrbarkeit des göttlichen Seins in das Geschaffenwerdende. Diesem Hereinragen wird nun dank dem Wirken der Gottesfreunde die Eigenschaft des Vergangenen genommen, es gewinnt Aktualität. Denn die Gottesfreunde vermögen, da sie sich mittels harter Übungen der Selbstentäußerung bruchlos dem Schöpfungshandeln Allahs anempfinden, Einblick in jenen verborgenen Seinsbereich (arab.: *al-ġaib*) göttlichen Schaffens zu erlangen, der den fünf Sinnen der gewöhnlichen Menschen verschlossen ist. Sie setzen somit fort, was durch den Propheten Mohammed ein für allemal beendet zu sein schien.[60]

Fühlten sich frühe Sufis mit dem Sunnitentum wahlverwandt, weil dieses auf die Einhegung des Daseins in die aus dem überlieferten Vorbild des Propheten resultierende Rechtleitung zielte, so konnten sich etwa ab dem 11. Jahrhundert Sunniten im geistigen Milieu des Sufismus geborgen fühlen. Es eröffnete ihnen den Weg zu einem spirituellen Erleben dessen, was ihrem Verstand die Hadithgelehrsamkeit, die sunnitische Kernwissenschaft, erschloß. Die großen Hadithkompendien des 9. und 10. Jahrhunderts galten ihnen inzwischen als authentische Quellen zum Wirken Mohammeds; die Sorge, ob alles, was sich in ihnen findet, „gesund" ist, bewegte die Gelehrten nicht mehr. Wichtig war vielmehr die Vermittlung des durch sie verbürgten Vorbildes des Propheten an den gemeinen Mann. Die Bemühungen um die Verwirklichung der Daseinsordnung durften nicht nachlassen. Unter den Autoren, deren diesem Thema gewidmete Schriften bis in die Gegenwart die sunnitische Mentalität formen, nimmt Abū Zakarjā an-Nawawī (gest. 1277) einen der vordersten Ränge ein. In seinem kurzen Leben – er wurde nur 44 Jahre alt – zeichnete er sich durch zahlreiche gelehrte Bücher aus. Zwei von ihnen fehlen kaum je unter den Schriften, die ein gebildeter Sunnit sein Eigen nennt. Es sind dies die Auswahl der vierzig Hadithe, deren Beachtung den Sunniten sicher durch sein irdisches Dasein geleitet, und „Die Wiesen der Frommen. Worte des Herrn der Gottesgesandten", vielleicht das erfolgreichste islamische Erbauungsbuch.[61]

Die sufischen Gemeinschaften finden in Schriften wie diesen die Grundlagen der Bildung. Jeder Muslim sollte sie beherrschen, bevor er sich auf den Pfad (arab.: *aṭ-ṭarīqa*) der Selbstentäußerung im Wirken Allahs begibt. Sunnitische Gelehrte haben diesen Schritt und die Gottesfreunde, die ihn lehren,

---

[59] Vgl. elftes Kapitel (Was sind Schiiten?), III. 3.

[60] Näheres im vierzehnten Kapitel (Was ist Sufismus?), I, sowie im sechzehnten Kapitel (Was ist Salafismus (reformierter Islam)?), III. 3.

[61] Vgl. fünftes Kapitel (Was ist das Hadith?).

mit Mißtrauen, bisweilen auch mit Haß, betrachtet. Denn wurde ihre jahrhundertelange Arbeit nicht auf diese Weise schnöde entwertet? Wieviel Mühe hatte es gekostet, dem sunnitischen Islam im „gesunden" Hadith eine gefestigte Textgrundlage zu verschaffen, und wie viel Mühe kostete es nach wie vor, diese Grundlage vor Entstellungen zu bewahren! Und war es nicht anstößig, daß manche Gottesfreunde behaupteten, sie hätten bei ihrer mit dem verborgenen Seinsbereich kommunizierenden Beschäftigung mit dem Hadith den Propheten nicht nur im Traum gesehen, sondern im Zustand des Wachseins? War das nicht eine geradezu freche Entwertung der entsagungsvollen Arbeit an den Texten?[62] Dieser Konflikt durchzieht die sunnitische Geistesgeschichte seit dem 14. Jahrhundert, und er liegt dem Ruf nach einer Reform des Sunnitentums zugrunde, der ebenfalls schon so lange erhoben wird.[63]

Man sollte aber nicht verkennen, daß es der Verflechtung sunnitischer Gelehrsamkeit mit der sufischen Erziehung des Glaubenden zu einem wahren Muslim zu verdanken ist, daß die Lebenskraft des sunnitischen Islams ungebrochen ist. Für dieses Zusammenspiel sei noch ein Beispiel beigebracht! Es stammt aus der Feder von Burhān ad-Dīn al-Ḥalabī (gest. 1635), dem Verfasser einer umfangreichen, mit sunnitischer Gelehrsamkeit überfrachteten Prophetenvita, der ein Mitglied des sich auf den Ägypter Aḥmad al-Badawī (gest. 1276) zurückführenden Sufiordens war. Über dessen Leben verfaßte al-Ḥalabī eine mit hagiographischen Elementen angereicherte Schrift, in der er auf die Bedeutung des Wortes Derwisch (arab.: *al-faqīr*), d. h. der Bedürftige, zu sprechen kommt. Bedürftigkeit ist von zweierlei Art, nämlich zum einen von materieller. Diese Art ist tadelnswert, ja, sie kommt nach einem Wort des Gottesgesandten dem Unglauben nahe. Materielle Bedürftigkeit führt dazu, daß sich das Herz an den Besitz von Gütern klammert. In mehreren Hadithen gibt Mohammed den Muslimen zu bedenken, daß der wahre Reichtum in der Unabhängigkeit des Selbst von materiellen Gütern liege. Der wahrhaft Bedürftige ist nach dem Verständnis der „Leute des Pfades" derjenige, der „alles abgetan hat, sogar das Selbst, und ihm … die Erfüllung der Begierden verweigert". Darum sage man, ein Bedürftiger sei derjenige, der im Vertrauen auf Allah alle Bindungen des Herzens an das Diesseits abgelegt habe. Sidi Aḥmad al-Badawī kenne insgesamt zwölf Merkmale des Bedürftigen, darunter die ständige Offenheit für die Befehle Allahs und das unerschütterliche Festhalten an der *sunna* seines Gesandten. In dem Worte *al-ʿubūdīja*, dem Knechtsein vor Allah, lassen sich diese Merkmale zusammenfassen. Der Verzicht auf eigenes Wollen ist die vorzüglichste Art der Gottesanbetung (arab.: *al-ʿibāda*) (vgl. Sure 51, 56), denn ein wahrer Gottesknecht (arab.: *al-ʿabd*) überantwortet die Leitung seines Selbst

62 Näheres in „Die erdrückende Last des ewig Gültigen", Kapitel XX–XXII.

63 Vgl. sechzehntes Kapitel (Was ist Salafismus (reformierter Islam)?).

dem Herrn, nachdem er sie dem eigenen Selbst genommen hat; er sagt sich von jeglicher eigenen Kraft los, wo er doch weiß, daß alles das Werk Allahs ist und durch ihn zustande kommt. Das Knechtsein vor Allah ist das Geheimnis, das dem Herzen Abū Bakrs die Würde verlieh, durch die er alle übrigen Prophetengenossen übertroffen habe. – Abū Bakr gilt dem Orden, dem Burhān ad-Dīn al-Ḥalabī angehört, als der geistige Gründervater, und da Abū Bakr ausdrücklich von Mohammed zum Nachfolger bestimmt worden sein soll, muß er auch der vortrefflichste aller Gefährten gewesen sein. – „Das pure Knechtsein, dem keine Spur von Herrsein beigemengt ist, d. h. keinerlei Selbsterhöhung über ein Geschöpf Allahs, sei es im Diesseits, sei es im Jenseits, ist eine machtvolle Seinsart."[64] Der wahre Bedürftige bedarf einzig Allahs. Er lebt nach der *sunna* des Gottesgesandten, deren Normen er aus den autoritativen Texten erfährt. Untermauert sollte dieses Dasein, wie vorhin dargelegt, von der Lebensart des Sufismus sein, vom, wie die „Leute des Pfades" auch sagen, höflichen Anstand (arab.: *al-adab*) gegen Allah.

V. Der Geltungsanspruch der Sunniten

Im Geschichtsverständnis der Sunniten, das in diesem Abriß mehrfach erörtert werden mußte, tritt der Anspruch deutlich zutage, man stelle die einzig wahre Fortsetzung der medinensischen Urgemeine dar. Es gebe demnach keinen Bruch zwischen dem, was Mohammed bis zu seinem Tod im Namen Allahs aufbaute, und dem, was seine Genossen, die nach ihm die Macht ergriffen, unmittelbar danach leisteten. Mohammeds *sunna* sei ihre Richtschnur gewesen. Das Sunnitentum habe mit dem Ableben des Propheten begonnen, es sei daher von Anfang an mit dem Islam identisch gewesen. Alles, was nicht sunnitisch ist, weicht daher vom wahren Islam ab; Schiiten und Charidschiten, um nur diese zu erwähnen, seien Abspaltungen von der einen Glaubensgemeinschaft, die die Eintracht der Urgemeinde, von Anfechtungen unbeirrt, bis in die Gegenwart fortführe. Es wurde gezeigt, daß dieses sunnitische Selbstverständnis mit den historischen Tatsachen nicht viel gemein hat. Doch dergleichen der Geschichtsüberlieferung abgewonnene Einsichten beunruhigen die Sunniten nicht. Denn Mohammed selber hat laut Aḥmad b. Ḥanbal vorausgesagt: „Die Kinder Israel spalteten sich in einundsiebzig Richtungen (arab.: *al-firqa*, Pl. *al-firaq*), von denen siebzig (nach dem Endgericht) zuschanden werden und nur eine errettet wird. Meine Glaubensgemeinschaft wird sich in zweiundsiebzig Richtungen spalten, von denen einundsiebzig zuschanden werden und nur eine gerettet wird!" „Wer ist diese

64 Burhān ad-Dīn al-Ḥalabī: Sīrat as-Saijid Aḥmad al-Badawī, ed. Aḥmad ʿIzz ad-Dīn Ḫalafallāh, Kairo 1964, 28 f.

Richtung, Gesandter Allahs?“ „Die einträchtige Gemeinschaft, die einträchtige Gemeinschaft!“[65] habe Mohammed mit Nachdruck den Fragern eingeschärft.

Den sunnitischen Anspruch, allein die wahren Glaubenden zu vertreten, gab es demnach schon, bevor die machtpolitischen Verhältnisse ihm Schlüssigkeit verliehen. Denn erst das Ausgreifen des schiitischen Kalifats der Fatimiden, das seit 969 von Kairo aus den syrisch-palästinensischen Raum unterwarf und den Bagdader Kalifen bedrohlich naherückte, veranlaßte diese, sich als Sachwalter des sunnitischen Islams auszugeben. Der Abbaside al-Qādir (reg. 991–1031) veröffentlichte 1018 einen Erlaß, in dem er das Sunnitentum zur durch das Kalifat begünstigten Richtung des Islams erhob. Sein Sohn und Nachfolger al-Qā'im (reg. 1031–1075) wiederholte 1042 diese Maßnahme und legte den Text den herausragenden Bagdader Gelehrten zur Unterschrift vor.[66] Mit den Seldschuken und ihren Nachfolgedynastien im arabischen und iranischen Raum, den Mamluken in Ägypten und den Osmanen, um nur diese zu nennen, wurde die islamische Welt in der Tat von sunnitisch ausgerichteten Machthabern beherrscht. Einzig Iran und von ihm beeinflußte Nachbargebiete schieden seit dem 16. Jahrhundert aus den sunnitischen Gebieten der islamischen Welt aus, die sich von Indonesien bis zum Maghreb erstrecken.

Bei nüchterner Betrachtung dieses Sachverhalts kann man den Erfolg des sunnitischen Islams aber nicht bzw. nicht nur dem seit dem 11. Jahrhundert zu beobachtenden Zusammenwachsen von Sunnitentum und Machtausübung zuschreiben. In Rechnung zu stellen ist insbesondere, daß das Sunnitentum in der Tat für eine plausible Interpretation der Botschaft des Propheten Mohammed steht. Dem Islam, der vorbehaltlosen Weggabe der Individualität an Allah, verleiht es einen konkreten, jedermann nachvollziehbaren Gehalt. Dieser ist mehr als nur die Summe der schariatischen Vorschriften. Der Islam konkretisiert sich in einem allumfassenden Lebenszuschnitt, dessen Beachtung den Glaubenden in ständiger Berührung mit dem Transzendenten hält. Dessen eigentümliche Gegenwärtigkeit ist für den sunnitischen Islam, verstanden als ein im Religiösen fundiertes System der Weltanschauung und Weltbewältigung, kennzeichnend. Gerade auch das Vermögen, sich eine sufische Grundierung der Gesetzesfrömmigkeit anzueignen und sie als Höflichkeit gegen Allah zu einem vom Despotismus der Mächtigen scheinbar unerreichbaren Daseinsbezirk zu machen, schuf dem Sunnitentum Stabilität in einer Gesellschaft, die ansonsten von Berechenbarkeit und Gesetz und Ordnung weit entfernt war. Die Gottesfreunde, die Vertreter des Propheten, traten

[65] Aḥmad b. Ḥanbal: Musnad, alte Ausgabe, III, 145. Das Hadith ist, z. T. in Varianten, auch in späteren Hadithsammlungen zu finden.

[66] Tilman Nagel: Die Festung des Glaubens, 58.

zwischen die ihnen ergebenen Anhänger und Adepten einerseits und die Inhaber der Herrschergewalt andererseits und fingen zahlreiche Härten auf, die aus der dem Islam eigentümlichen unmittelbaren Verknüpfung der Forderungen der religiösen Botschaft mit der Machtausübung resultieren.

In der Gegenwart wird die Tatsache, daß die Sunniten die Mehrheit der Muslime stellen, aus ihrer vermeintlichen Mittelstellung zwischen wichtigen islamischen Glaubensansichten abgeleitet. So hätten die Qadariten den Menschen zum Schöpfer seiner Handlungen erklärt, während die strengen Deterministen davon überzeugt gewesen seien, daß der Mensch dem Ratschluß Allahs ausgeliefert sei. Die Mittelposition der Sunniten schreibe dem Menschen eine Wahlmöglichkeit zu; ob seine Wahl allerdings Wirklichkeit werde, sei eine Sache des göttlichen Wollens. Die Charidschiten und radikale Sunniten hätten in ʿAlī b. abī Ṭālib einen Ungläubigen gesehen, die Schiiten hingegen einen sündlosen Imam. Die „Leute der *sunna* und der ‚einträchtigen Gemeinschaft‘" hätten ihn trotz seiner Fehler als den vierten der „Rechtgeleiteten Kalifen" anerkannt.[67] Das ist eine geschichtsferne Konstruktion, die zum Verständnis der Lebenskraft des Sunnitentums nichts beiträgt. Von einem Drang, zwischen miteinander streitenden Glaubensrichtungen einen „Mittelweg" zu suchen, ist in der sunnitischen Geschichte nichts zu spüren. Das Sunnitentum behauptet sich im Islam gerade nicht als ein intellektuelles Gebilde, sondern als eine glaubwürdige Auslegung der zu praktizierenden Daseinsordnung.[68] Die theologischen Streitfragen, in denen die Sunniten, sieht man genauer hin, keineswegs eine Mitte zwischen den Extremen suchten, waren in Anbetracht der Forderung, die eigene Person Allah anheimzugeben und, damit dies geschehe und danach uneingeschränkt fortdauere, seinen Gesetzen Geltung zu verschaffen, doch allenfalls Nebensachen.[69]

---

[67] So z.B. ganz oberflächlich in dem arabischen Artikel „Ahl as-sunna wal-ǧamāʿa" in Wikipedia.

[68] Vgl. Informationen über den Islam 12: Was versteht der Muslim unter Religion?

[69] Wie marginal für einen modernen sunnitischen Gelehrten solche Fragen der Theologie sind, erfährt man bei der Lektüre des Buches über „islamische Orientierungen" von Maḥmūd Šaltūt (Min tauǧīhāt al-islām, Kairo o. J.). Der Verfasser (1893–1963) war von 1958 bis 1963 der Rektor der al-Azhar-Hochschule. Über ihn unterrichtet Wolf-Dieter Lemke: Maḥmūd Šaltūt und die Reform der Azhar, Frankfurt/Main 1980.

Elftes Kapitel

Was sind Schiiten?

I. Die Selbstvergewisserung der Minderheit

Ǧaʿfar aṣ-Ṣādiq (gest. 765), ein Nachkomme ʿAlī b. abī Ṭālibs in der vierten Generation, entnahm dem Koran die folgende Belehrung: Die Imame seien von zweierlei Art; zum einen sage Allah (Sure 21, 73): „Wir bestellten (die Nachkommen Abrahams) zu Imamen, die nach unserem Befehl rechtleiten", also dem Befehl und der Entscheidung Allahs den Vorrang einräumen. Zum anderen verkünde Allah (Sure 28, 41): „Wir bestellten (Pharao und seine Gefolgsleute) zu Imamen, die ins Höllenfeuer rufen", zu Anführern, die ihre eigenen Neigungen und Gelüste für wichtiger nehmen als alles, was im Koran steht.[1] In einer Darlegung der Grundlehren seiner Glaubensrichtung wertet der schiitische Bagdader Gelehrte aš-Šaiḫ al-Mufīd (gest. 1022) diese zwei Sätze des Korans als Belege für einen schon lange vor Mohammed tobenden Kampf zwischen dem Glauben und dem Unglauben. Beide Parteiungen haben ihre „Imame", ihre Anführer: Bei den Glaubenden sind es die Nachkommen eines Propheten, bei den Ungläubigen die Erben des von Allah vernichteten Sachwalters des Unrechts. Niemand wird darüber in Zweifel geraten, für welche Parteiung nach dem Tode Mohammed die Schiiten stehen.

Anders als die Sunniten lassen die Schiiten die islamische Geschichte nicht erst mit der Hedschra beginnen.[2] Ihren Anfang nimmt sie vielmehr schon lange vor Mohammed, nämlich bei Abraham, den Allah, wie in Sure 21 erzählt wird, aus dem Feuerofen errettete, in den ihn der Gewaltherrscher Nimrod geworfen hatte.[3] Abraham aber hatte Nachkommen, die stets das Wort Allahs als ihre Richtschnur gelten ließen; Sure 21, Vers 70, nennt nur Isaak und Jakob, gemeint sind aber alle, die nach Abraham die wahre, die ḥanīfische Gottesbotschaft weitertrugen, unter ihnen Mose und Jesus, bis

---

[1] al-Mufīd, Muḥammad b. an-Nuʿmān al-ʿUkbarī: Kitāb al-iḫtiṣāṣ, ed. Muḥammad Mahdī as-Saijid Ḥasan al-Mūsawī Ḫurāsān, Nedschef 1971, 17.

[2] Tilman Nagel: Mohammed. Leben und Legende, München 2008, 546.

[3] Näheres ausführlich bei Heinrich Schützinger: Ursprung und Entwicklung der arabischen Abraham-Nimrud-Legende, Bonn 1961; Heinrich Speyer: Die biblischen Erzählungen im Qoran, Darmstadt 1961, 142–144.

diese Botschaft schließlich zu Mohammed gelangte (vgl. Sure 2, 131–141). Nach dessen Ableben war sein Vetter und Schwiegersohn der Erbberechtigte (arab.: *al-waṣī*): „Der Befehlshaber der Glaubenden (arab.: *amīr al-mu'minīn*) (ʿAlī b. abī Ṭālib) war die Pforte auf dem Weg zu Allah, zu dem man nur durch sie hindurch gelangt. (ʿAlī) war der Pfad zu ihm; wer einen anderen Pfad wandelt, der geht zugrunde." Genau so gilt es für die rechtleitenden Imame, die Nachfahren ʿAlīs bis in die zehnte Generation: Sie erwählte Allah zu den Säulen der Erde, damit sie nicht samt ihren Bewohnern ins Schwanken gerate (Sure 21, 31), und er bestellte sie zu seinem schlagkräftigsten Argument (arab.: *al-ḥuǧǧa*) wider alle, die auf der Erde leben, und alle unter ihrem Boden.[4]

Der Text al-Mufīds, dem wir weiter folgen, gibt dem Leser in gedrängter Form Aufschluß über die wichtigsten schiitischen Lehren. Der Glaube eines Menschen, so hören wir, wird nicht vollkommen, ehe dieser sich nicht dessen bewußt ist, daß der erste der Imame wie der letzte in ihrer Reihe in gleicher Weise Argumente Allahs gegen den Unglauben sind. Die Imame der Glaubenden gehorchen Allah allesamt in gleicher Weise und beachten die Vorschriften des Erlaubten und Verbotenen. Einzig der Prophet und ʿAlī, sein Vetter und Schwiegersohn, dürfen in dieser Kette der Vermittler göttlicher Bestimmungen einen Ehrenplatz beanspruchen.

Imam ist der höchste Rang, der einem Menschen durch Allah zugeteilt werden kann. Allah erwählte sich Abraham zuerst zu seinem Diener, dann zu seinem Propheten, dann zu seinem Gesandten, dann zu seinem Freund (Sure 4, 125), zum Schluß erst zum Imam, indem er zu ihm sprach: „Ich will dich zu einem Imam der Menschen machen"; Abraham bat: „Auch einige aus meiner Nachkommenschaft!" Allah versetzte: „Mein Versprechen gilt nicht für die Missetäter" (Sure 2, 124). Der Tor kann niemals der Imam des Gottesfürchtigen sein. Betrachtet man die Weltgeschichte als ganze, also die Zeitspanne, die mit dem Einsetzen von Allahs Schöpfungshandeln beginnt, so gilt nach Ǧaʿfar aṣ-Ṣādiq, auf den sich aš-Šaiḫ al-Mufīd beruft, daß das Argument, das auf Allah als den Schöpfer hinweist, schon vor Abraham wirksam gewesen sein muß. Denn es begleitet das Schöpfungshandeln Allahs ununterbrochen – und kann demnach nicht erst durch Abraham der geschaffen werdenden Welt vermittelt worden sein. In ihm aber hat es sich zum ersten Mal „personifiziert", er wurde der erste „Imam".

Die Vorstellung, die Imame seien Argumente Allahs, die er seinen Geschöpfen gibt, damit diese nicht darauf angewiesen sind, allein mit Hilfe ih-

---

4 al-Mufid, loc.cit., ferner 50: verkürztes Zitat von Sure 6, Vers 83 bis 90, wo alle biblischen Gestalten genannt werden, die, nachdem Abraham das Argument gegen seine ungläubige Sippe erhalten hatte, ebenfalls durch Allah rechtgeleitet wurden.

res Verstandes aus den Verhältnissen des Diesseits auf die Existenz eines stets tätigen Schöpfers zu schließen, geht auf den Koran zurück. Allah verfüge über das alles andere entkräftende Argument, heißt es in Sure 6, Vers 149; wenn er wollte, leitete er alle Menschen auf den rechten Weg. Die Welt, wie sie von Allah geschaffen wird, vermag also zu bestehen, ohne daß alle mit dem Verstand Begabten aus ihrer Existenz den einzig richtigen Schluß zu ziehen gewillt sind. Somit ist es kein Widerspruch, daß mit Mohammed und ʿAlī der Höhepunkt der Erfahrbarkeit des Wissens über Allah und seine Gesetze in der Vergangenheit liegt und eine vollkommene Erneuerung jener Verhältnisse gar nicht abzusehen ist.

Die Imame aus der Nachkommenschaft Abrahams, Mohammeds, ʿAlīs bürgen dafür, daß das Argument nicht ungehört bleibt, selbst wenn die Macht in anderen Händen liegt. Einst fragte man Ǧaʿfars Vater Muḥammad al-Bāqir (gest. um 731), warum er jeglichen politischen Ehrgeiz vermissen lasse, wo er doch in Kufa so viele Anhänger habe, die auf seine Befehle warteten. Al-Bāqir antwortete, schon wenn es um Geldspenden gehe, seien die meisten nicht zu Opfern bereit; mit ihrem Blut geizten sie noch mehr. Die Muslime lebten doch in einer Epoche des Waffenstillstands (arab.: *al-hudna*) und gemäß den wesentlichen Vorschriften der Scharia. Erst wenn der Endzeitherrscher zum Kampf aufrufe, würden sich die Verhältnisse ändern: „Dann greift einer nach dem Geldbeutel des Bruders und nimmt, was er braucht, und dieser hindert ihn nicht.“[5] Mit dem Stillhalten wird es dann ein Ende haben.

Was der schiitische Bagdader Gelehrte aš-Šaiḫ al-Mufīd an Überlieferungen zusammenträgt, die vorzugsweise auf die Imame, die Nachkommen ʿAlī b. abī Ṭālibs, aber auch auf andere Gewährsmänner zurückgehen, die zur „Partei ʿAlīs“ (arab.: *šīʿat ʿAlī*) zählten, zeigt uns das Selbstbewußtsein, aber auch das Selbstmitleid einer Gemeinschaft, die sich damit abgefunden hat, eine Minderheit zu bilden. Das Imamat, für dessen irgendwann am Ende der Zeiten anbrechende Herrschaft diese Minderheit steht, erwächst nicht aus Ereignissen der in der Gegenwart des Autors ablaufenden islamischen Geschichte.[6] Es ist vielmehr vor langer Zeit durch Allah bestimmt worden: Allah erwählte sich Abraham zum Diener, zum Propheten, zum Gesandten, zum Freund, und schließlich bestimmte er ihn zum Imam. Unter Abrahams Nachfahren wurde diese Würde vererbt, sie kam auf Mohammed, wie man dem Koran an mehreren Stellen entnehmen kann. Mohammed aber übertrug sie ausdrücklich seinem Vetter ʿAlī, dem Ehemann seiner Tochter Fāṭima. Als er nämlich von seiner letzten Pilgerreise nach Medina zurückkehrte,

[5] al-Mufīd, 18 f.

[6] Vgl. achtes Kapitel (Was sind Imamat, Kalifat und Sultanat?).

nahm er seinen Schwiegersohn bei der Hand und sprach vor der am Teich von Ḫumm rastenden Schar der Wallfahrer: „Wessen Herr ich bin, dessen Herr ist (künftig) ʿAlī!"[7] Für die Schiiten ist in dieser Überlieferung das Entscheidende gesagt: Es war der ausdrückliche Wille des Propheten, daß ʿAlī sein Nachfolger, sein werde, der einzige, der einen Anspruch auf sein Erbe geltend machen dürfe. Die Männer, die die Sunniten als die Fortführer seines Werkes, seiner *sunna*, anerkennen und rühmen, waren nichts als dreiste Usurpatoren.

Die Schiiten bringen zahlreiche Belege dafür bei, daß ʿAlī stets besonders eng zu Mohammed gestanden habe: ʿAlī soll der erste gewesen sein, der sich zur Botschaft des Propheten bekehrt habe; er soll in kühner und selbstloser Weise die Flucht Mohammeds aus Mekka gedeckt haben; ʿAlīs phänomenale Körperkräfte sollen dem Propheten und seinem Anhang im Jahre 628 die Einnahme der Oasenfestung Ḫaibar ermöglicht haben. Noch vieles mehr glauben die eifrig suchenden Schiiten in der Prophetenvita entdeckt zu haben, das für die überragenden Leistungen ʿAlīs und deswegen für sein Recht auf die Nachfolge spreche. Und auch in der Reihe der Imame fand man treffende Beispiele für das Fortwirken des rechtgeleiteten Handelns, das den Gaben entsprang, mit denen Allah schon Abraham ausgezeichnet hatte. Von größtem Gewicht war, wie noch zu erörtern sein wird, die Überzeugung, daß jene Gaben sich in dem Wissen der Imame von der Daseinsordnung und ihrer lebenspraktischen Auslegung niederschlage, der einen Auslegung, die tatsächlich als die eine autoritative anzuerkennen sei. Ihr Inhalt mußte nicht ausschließlich über eine Kette von Tradenten lebendig erhalten werden, er war vielmehr in der Person der Imame in der schiitischen Gemeinde lebendig.[8]

Gleichwohl erscheint die islamische Geschichte in den Augen der Schiiten wie eine Kette von Niederlagen – von ungerechtfertigten, durch böse Machinationen der Feinde des wahren Islams angezettelten Intrigen sowie von durch Verrat und Betrug herbeigeführten Niederlagen. ʿAlī wurde durch Muʿāwija um den Sieg gebracht, der zum Greifen nahe gewesen war. Die Ermordung von ʿAlīs Sohn al-Ḥusain, dem Lieblingsenkel des Propheten, durch die Truppen von Muʿāwijas Nachfolger Jazīd (reg. 680–683) ist das nie verlöschende Fanal des Unrechts und der Verbrechen, die an der kleinen Gemeinschaft der Rechthabenden, der echten Glaubenden, verübt wurden und, solange ihnen der Weg zur Macht versperrt ist, weiterhin verübt werden.

Es scheint, als hätten sich die Schiiten damit abgefunden, daß vor dem Anbruch der Endzeit für sie kein anderes Leben als das der zu Unrecht Ge-

---

7 Heinz Halm: Die Schia, Darmstadt 1988, 10.

8 Tilman Nagel: Rechtleitung und Kalifat, Bonn 1975, 184–197.

miedenen möglich sein werde, ein Leben im Waffenstillstand mit der Masse der allenfalls oberflächlich dem Islam Zuzurechnenden. Sich damit abzufinden, heißt aber nicht, auf die Pflege des Hasses gegen sie zu verzichten. Insbesondere Abū Bakr und ʿUmar b. al-Ḫaṭṭāb[9] gelten ihnen als Verkörperungen des Bösen, zumal da sie in gröblicher Weise die Rechte Fāṭimas, der Tochter des Propheten und Mutter der beiden Söhne ʿAlīs, verletzt haben sollen. Wiederum Ǧaʿfar aṣ-Ṣādiq bürgt bei aš-Šaiḫ al-Mufīd für die das Gemüt der Schiiten aufwühlende Erzählung hiervon, die hier zusammengefaßt sei!

Als Abū Bakr nach dem Tod des Propheten an dessen Stelle die Herrschaft an sich gerissen hatte, ließ er den Treuhänder Fāṭimas davon in Kenntnis setzen, daß sie die Oase Fadak zu räumen habe. – Im Jahre 628 hatte Mohammed nicht nur Ḫaibar erobert. Er hatte auch einen seiner Trupps in das nahegelegene Fadak geschickt, der die dortige Bevölkerung zur Annahme des Islams und damit zur Unterwerfung unter die Herrschaft Mohammeds auffordern sollte. Als man in Fadak vom Schicksal Ḫaibars erfuhr, schloß man mit Mohammeds Sendlingen ein Abkommen, das die Hälfte des landwirtschaftlichen Ertrags dem Propheten zusprach. Unter ʿUmar b. al-Ḫaṭṭāb (reg. 634–644), der die Arabische Halbinsel ganz den Muslimen vorbehalten wollte, wurden die Juden aus den Gebieten nördlich von Medina vertrieben, also auch aus Ḫaibar und Fadak. – Fāṭima, so erzählt Ǧaʿfar aṣ-Ṣādiq, weigerte sich, auf die ihr aus Fadak zufließenden Mittel zu verzichten, da sie die Erbin ihres Vaters Mohammed sei. Daß ein Prophet niemandem etwa vererbe, sei falsch; beispielsweise habe Salomo das Erbe seines Vaters David angetreten. Abū Bakrs Tochter, die den Schiiten besonders verhaßte ʿĀʾiša, habe zusammen mit ʿUmar einen Eid darauf abgelegt, daß Mohammed gesagt habe: „Ein Prophet vererbt nichts." Das war der erste Meineid in der islamischen Geschichte, glauben die Schiiten.

Fāṭima benannte mit Umm Aiman eine Zeugin aus dem unmittelbaren Umkreis Mohammeds, die für sie sprechen sollte. Umm Aiman war im Besitz von Mohammeds Vater ʿAbdallāh gewesen und später mit Zaid b. Ḥāriṯa, einem freigelassenen Sklaven des Propheten, verheiratet worden. Sie trug nun vor, daß der Prophet einmal geäußert habe, Fāṭima sei die Herrin der Frauen das Paradieses; könne man wohl unterstellen, daß diese Fāṭima auf etwas Anspruch erhebe, das ihr gar nicht zustehe? ʿUmar habe von alldem nichts hören wollen, doch Umm Aiman fuhr fort: Sie sei einmal zusammen mit Fāṭima und dem Gesandten Allahs in einem Zimmer gewesen, als plötzlich der Engel Gabriel zu diesem herabgekommen sei, um ihn mitzunehmen

[9] Zu seiner Bedeutung für die Sunniten vgl. zehntes Kapitel (Was sind Sunniten?).

und ihm das Gebiet von Fadak zu zeigen. Im Augenblick sei Mohammed zurückgekehrt, und Fāṭima habe ihn gebeten: „Väterchen, ich fürchte, nach deinem Tod Not zu leiden. Gib mir Fadak!" Mohammed willigte ein und forderte Umm Aiman auf, dies zu bezeugen. Dieses Zeugnis, von einer Frau gesprochen, wollte ʿUmar nicht anerkennen, und auf ʿAlīs Aussage gab er erst recht nichts, weil dieser voll unguten Ehrgeizes sei. Außer sich vor Zorn, habe Fāṭima Abū Bakr und ʿUmar verflucht. Um dem Elend zu entkommen, habe ʿAlī seine Ehefrau mit seinen Söhnen al-Ḥasan und al-Ḥusain vierzig Tage lang auf einer Eselin durch Medina geführt, Fāṭima habe die Menschen vergebens um Hilfe angefleht. Selbst ein Prophetengenosse, den Mohammed einst als Richter in den Jemen entsandt hatte, verweigerte ihr die Unterstützung. Schließlich ließ sich Abū Bakr aber doch erweichen und stellte ihr eine Urkunde aus, die besagte, daß er als Nachfolger des Gottesgesandten Fadak der Tochter des Propheten überschreibe. Das Unglück wollte es, daß sie mit dieser Urkunde ʿUmar in die Arme lief. Dieser verlangte barsch die Aushändigung der Urkunde, und als Fāṭima das ablehnte, trat er ihr in den Unterleib, so daß sie eine Fehlgeburt erlitt. Auch versetzte ihr ʿUmar einen Schlag an den Kopf, „und mir ist, als schaute ich auf ihren Ohrring, als ʿUmar sie schlug", flicht der Erzähler ein. ʿUmar entriß ihr die Urkunde. Wegen dieser Mißhandlung lag Fāṭima fünfundsiebzig Tage krank danieder, dann verstarb sie. Sie hatte ʿAlī als letzten Willen anvertraut, daß Abū Bakr und ʿUmar nicht bei den Totengebeten zugegen sein sollten. So geschah es dann auch, und ʿAlī verwehrte den beiden, ihren Leichnam zu exhumieren, damit auch sie der Tochter des Propheten die letzte Ehre erweisen könnten.[10]

Als ein Muster für die schiitische Geschichtserinnerung mag dieser Text genügen. Abū Bakr und ʿUmar, die den Sunniten als die höchsten Autoritäten nach Mohammed gelten,[11] erscheinen als verbrecherische, meineidige Finsterlinge. Sie sind nicht in der Lage, die unmittelbar durch Allah gestiftete, durch den Engel Gabriel in die Tat umgesetzte Rechtleitung wahrzunehmen, geschweige denn angemessen zu würdigen. Zugleich mit dem rührseligen, Gefühle des Mitleids und der Selbstgerechtigkeit aufwühlenden Charakter der Erzählung ist eine Absage an den sunnitischen Islam verbunden, wie sie schroffer nicht ausfallen kann.

---

[10] al-Mufid, 179–181. Zu Fatima allgemein vgl. Bärbel Beinhauer-Köhler: Fatima bint Muhammad. Metamorphosen einer frühislamischen Frauengestalt, Wiesbaden 2002.

[11] Vgl. zehntes Kapitel (Was sind Sunniten?).

II. Die Schiiten in der frühen islamischen Geschichte

1. ʿAlī b. abī Ṭālib und die Anfänge des Schiitentums

Wie die meisten Schiiten sich selber im Laufe der ersten vier Jahrhunderte der islamischen Geschichte zu sehen gelernt hatten, ist aus den voraufgehenden Zitaten deutlich geworden. Ein knapper Überblick über die Ereignisgeschichte wird die Einsicht in die Merkmale des Schiitentums vertiefen. Die Abneigung, wenn nicht Feindschaft, die zwischen den frühen Auswanderern und der Sippe Mohammeds herrschte, ist keine reine Erfindung der Schiiten.

Weder zum Zeitpunkt des Todes Mohammeds noch in den ersten beiden Jahrzehnten danach gab es unter den Muslimen eine Strömung, die ʿAlī b. abī Ṭālib, dem Schwiegersohn des Propheten, eine herausragende Bedeutung für die Geschicke des sich herausbildenden und rasch ausweitenden islamischen Gemeinwesens zuerkannt hätte. Um die Vormacht rangen die frühen mekkanischen Auswanderer, unter denen ʿUmar b. al-Ḫaṭṭāb der größte Einfluß zufallen sollte. Ihm gelang es, den Wunsch der medinensischen Helfer nach einem eigenen Befehlshaber in den bereits unter Mohammed in Gang gesetzten Eroberungen zu ersticken. Dieser Erfolg war nicht zuletzt deshalb von Dauer, weil ʿUmar die prominenten mekkanischen Klane, die zum Teil bis zur Einnahme Mekkas im Januar 630 Mohammed bekämpft hatten, daran hinderte, sich jetzt zu den machtpolitischen Gewinnern aufzuschwingen. Sie verfügten seit vorislamischer Zeit über gute Verbindungen in den syrisch-palästinensischen Raum, weshalb sie gegenüber den frühen Auswanderern und den medinensischen Helfern im Vorteil waren, als die kriegerische Ausweitung des Herrschaftsgebietes des Islams nach Norden einsetzte.[12]

Wie schon angedeutet, bemühten sich die Schiiten, nachträglich die für sie so schmerzlichen Lücken in der Überlieferung mit angeblichen Heldentaten ʿAlīs zu füllen. Daß der Prophet auf der Rückkehr von der Abschiedswallfahrt ʿAlī mittelbar zu seinem Nachfolger bestimmt habe, ließ sich im übrigen mit der naheliegenden Annahme, ʿAlī als ein Verwandter des Verstorbenen habe die Totenwäsche vorgenommen, zu einer rührseligen Erzählung verknüpfen: Während ʿAlī das von der Pietät Gebotene vollzogen habe, hätten sich führende Prophetengenossen verschworen, ihm sein Recht auf das Imamat zu rauben, indem sie Abū Bakr, einem der Ihrigen, die Nachfolge, das Kalifat, zuschanzten. ʿUmars Politik, das frühe durch Kampf erworbene Verdienst um den Islam zum wichtigsten Maßstab des Ansehens und der Höhe der Dotationen zu bestimmen, schuf naturgemäß viele Unzufriedene, vor allem unter den Angehörigen von Stämmen, deren erinnerte Genealogie

---

[12] Vgl. ebd.

nicht in diejenige gehörte, die ʿUmar als die entscheidende ansah; diese führte zu über eine legendenhafte Gestalt mit Namen Muḍar zu Ismael, dem Sohn Abrahams, hinauf. Die von Mohammed in seinen letzten Lebensjahren betriebene Ausweitung seiner Macht über ganz Arabien nahm auf den Widerstreit zwischen den Arabern der unterschiedlichen genealogischen Linien keinerlei Rücksicht. Im Verlauf der Eroberungszüge, als es nicht zuletzt um die Verteilung der Beute und der Tribute ging, wurde jedoch die Zugehörigkeit zu dem einen oder anderen Stammesgefüge wichtig, wie ʿUmars Handeln belegt. ʿAlī war eheliche Beziehungen zu Frauen eingegangen, die nicht in die über Muḍar zu Ismael verlaufende Genealogie der Quraišiten gehörten. Eine von ihnen, die zu den Banū Ḥanīfa zählte, gebar ihm einen Sohn, den er Muḥammad nannte. Als „Sohn der Ḥanīfitin", Ibn al-Ḥanafīja, sollte er in der frühen schiitischen Geschichte Bedeutung erlangen.

Während des Kalifats von ʿUṯmān b. ʿAffān (reg. 644–656) schrumpfte der Ertrag aus den Eroberungen erheblich. Zudem wurde sichtbar, daß sich etliche der frühen Auswanderer phantastisch bereichert hatten. Aus den erst vor einem Jahrzehnt in Besitz genommenen reichen Provinzen, dem unteren Irak und Ägypten, war aber nicht so viel herauszuholen, wie die zahlreichen Dschihadkämpfer gehofft hatten. Dies war einer der Gründe dafür, daß sich überall in dem kaum gefestigten islamischen Machtbereich Unzufriedenheit bemerkbar machte. Viele begannen, die ihnen unzulänglich erscheinende Gegenwart mit einer Vergangenheit zu vergleichen, die, wenn sie sie selber überhaupt erlebt hatten, vor allem in die Jahre zurückreichte, in denen Mohammed den Höhepunkt seines Erfolgs erklommen hatte. Sollte es im Islam nicht immer so sein, wie es damals – vermeintlich – gewesen war? ʿAbdallāh b. Sabaʾ, angeblich ein aus dem Jemen gebürtiger ehemaliger Jude, ist die Person, die mit den aufrührerischen Ideen in Zusammenhang gebracht wird, die im Irak und in Syrien für Unruhe sorgten. Vor allem aber in Ägypten sollen seine Reden auf fruchtbaren Boden gefallen sein. Er habe gelehrt, daß, so wie Jesus zurückkehren werde, in Bälde die Rückkunft Mohammeds zu erwarten sei; er werde die Gerechtigkeit herstellen, indem er den durch den Kalifen gehorteten Staatsschatz, das „Vermögen Allahs", verteilen werde, denn in Wahrheit sei es das „Vermögen der Muslime". Bald sei er davon abgekommen, die Rückkehr Mohammeds anzukündigen. Er habe vielmehr erkannt, daß mit ʿAlī b. abī Ṭālib ein Mann aus der engsten Familie Mohammeds in der Glaubensgemeinschaft lebe. Dieser sei der von Mohammed eingesetzte Erbberechtigte (arab.: *al-waṣī*).

Ob diese Gedanken einzig auf jenen Mann zurückgehen, kann man nicht wissen. Aber mit ihm werden die Ideen in Verbindung gebracht, die die Aufrührer gegen ʿUṯmān und gegen die seit Mohammeds Tod eingespielten Machtverhältnisse einten. Die Herrschaft des Kalifen konnte nichts Gutes bringen, da sie, solange man die Wiederkehr Mohammeds erwartete, illegitim war oder sogar einen Akt der Usurpation darstellte, da in der Person ʿAlīs der berechtigte Herrscher zugegen war. Die einzelnen Vorwürfe, die man dem Kalifen machte, brauchen hier nicht aufgeführt zu werden. ʿUṯmān hoffte, durch drei Verlautbarungen, die er im Jahre 35 h (begann am 11. Juli 655) verbreiten ließ, den Zorn seiner Feinde zu besänftigen. Die Pilgersaison dieses Jahres fiel in den Juni 656. Die von Mekka über Medina in ihre Heimat zurückkehrenden Wallfahrer sahen sich angeblich durch ʿUṯmān hintergangen, unterbrachen die Rückreise und belagerten ihn in seinem medinensischen Anwesen. Die Lage geriet außer Kontrolle, einige Aufrührer drangen in den Wohnsitz des Kalifen ein und ermordeten ihn.

Die Überlieferungen zu den Einzelheiten sind verwirrend und vielfach widersprüchlich, so daß sie hier nicht erörtert werden können. Jedenfalls erhoben die Rebellen, zum damaligen Zeitpunkt die einzigen handlungsfähigen Kräfte, ʿAlī b. abī Ṭālib zum Kalifen und vermochten bald darauf in der berühmten Kamelschlacht bei Basra zwei der frühen Auswanderer, die dort zu Reichtum gekommen waren, zu besiegen. Ihnen fiel dabei ʿĀʾiša, die Tochter Abū Bakrs und Lieblingsehefrau Mohammeds, in die Hände, die noch zu Lebzeiten des Propheten zur Intimfeindin ʿAlīs geworden sein soll. Von dem Kamel herab, auf dem die Feinde ʿAlīs sie mit in den Krieg geführt hatten, soll sie diese zu mutigem Gebrauch der Waffen angefeuert haben, freilich vergebens. Der Irak wurde nach diesem Sieg die Basis ʿAlīs, von der aus er gegen Muʿāwija, ʿUṯmāns Statthalter in Syrien zu Felde zog. Muʿāwija fühlte sich berechtigt, an den Mördern ʿUṯmāns, seines Verwandten, gemäß Sure 2, Vers 178, die Blutrache vollziehen zu lassen. ʿAlī konnte die Mörder ʿUṯmāns natürlich nicht ausliefern, das hätte das sofortige Ende seiner Herrschaft bedeutet. Am oberen Euphrat kam es 658 zu einem monatelangen Stellungskrieg zwischen ihm und den Truppen Muʿāwijas. Aus ihrer Mitte soll der Vorschlag gekommen sein, den Streit um die Rechtmäßigkeit der Racheforderung von Schiedsmännern schlichten zu lassen. Daß ʿAlī darauf einging, besiegelte sein Schicksal. Denn ein erheblicher Teil seines Anhangs ließ ihn nun im Stich. Als Imam, dem dank der verwandtschaftlichen Nähe zu Mohammed vor allen anderen Muslimen die Befähigung zum Imamat, zur Führung der Glaubensgemeinschaft zueigen sei, dürfe er sich niemals mit einer Entscheidung zufriedengeben, die von gewöhnlichen Menschen getroffen werde. Das Schiedsgericht ging auch nicht zu seinen Gunsten aus, aber das spielte nun keine Rolle mehr. ʿAlī rieb seine Kräfte fortan im Irak mit Kriegen gegen jenen Teil seiner einstigen Anhänger auf, die man später Charidschiten nannte. Im Jahre 660 fiel er dem Mordanschlag eines Charidschiten zum Opfer.[13]

[13] Tilman Nagel: Mohammed. Leben und Legende, München 2008, 574–641.

2. Das Schiitentum bis ins 10. Jahrhundert

Die Anfänge der Geschichte der „Partei ʿAlīs" waren wenig ruhmreich. Im Gegensatz zur von ʿUmar ersonnenen und propagierten hierarchischen, an der Vergangenheit orientierten Ordnung, die auf dem frühen Verdienst um den Islam beruhte, wurde freilich die Idee des charismatischen Herrschertums, die von ʿAbdallāh b. Sabaʾ in die Debatte geworfen worden war, eine in die Zukunft weisende Ideologie islamischer Machtausübung. Sie wurde allerdings von den Charidschiten in schroffer Weise verneint. Denn der, wie sie meinten, Fehltritt ʿAlīs verhinderte, daß im Kampf Allahs Entscheidung offenbar wurde. Das wäre nach Ansicht der Charidschiten jedoch unerläßlich gewesen. In Übereinstimmung mit ihren Kriegen gegen ʿAlīs Anhänger und später auch gegen andere islamische Richtungen entwickelten sie die Ansicht, daß der Führer der islamischen Glaubensgemeinschaft, mit der sie sich selber gleichsetzten, keinesfalls durch eine vornehme Abstammung für seine Aufgaben legitimiert sei, sondern allein dank seiner Tauglichkeit im Krieg. Die Charidschiten stellten deswegen eine sich in viele Untergruppen aufspaltende Bewegung dar, die niemals den Weg zu großräumigen Herrschaftsgebilden von einiger Dauer zu beschreiten verstand. Bereits in der Mitte des 8. Jahrhunderts treten sie von der großen Bühne der islamischen Geschichte ab und überleben lediglich in Randgebieten.

Die Geschicke der Schiiten schienen sich ähnlich zu entwickeln. Der schiitische Häresiograph Saʿd b. ʿAbdallāh al-Qummī (gest. um 912)[14] zeichnet eine in zahlreiche Zweige zerfallende Strömung, in der einzelne Prediger ein zum Teil skurriles Gedankengut verkündeten und auf diese Weise Unzufriedene um sich scharten. Bis auf wenige Ausnahmen erzielten die Unruhestifter keine langfristigen Erfolge, und oft waren Zweifel daran angebracht, ob die Mitglieder der Nachkommenschaft ʿAlīs, in deren Namen jene ihre Propaganda betrieben, auch wirklich hinter ihnen standen. Diese Umstände sind zum einen Muʿāwija zu verdanken, der seine Herrschaft auf die Loyalität der Stammesführer stützte. Indem er deswegen darauf verzichten konnte, die eine oder andere der seit dem Kalifat ʿUṯmāns aufgekommenen politisch-religiösen Parteiungen für seinen Machterhalt zu nutzen, ließ er deren Bestrebungen ins Leere laufen.

Zum anderen konnte Muʿāwija ʿAlīs ältesten Sohn al-Ḥasan davon abbringen, nachdem sein Vater von einem Charidschiten ermordet worden war, nun selber das Imamat zu beanspruchen. Viele Anhänger ʿAlīs, so heißt es, hätten

---

[14] Er soll mit al-Ḥasan al-ʿAskarī (gest. 873/4), dem 11. Imam der Zwölferschia (über sie siehe im folgenden), dem Vater des erwarteten schiitischen Mahdīs, zusammengetroffen sein. Saʿd b. ʿAbdallāh al-Qummī: Kitāb al-maqālāt wal-firaq, ed. Muḥammad Ǧawād Maškūr, Teheran 1963, d–ṭ.

sich das gewünscht, aber al-Ḥasan ließ sich von dem neuen starken Mann überzeugen, daß dieser mit Rebellen, die zwar vom Kampfesmut für ihre angeblich gerechte Sache durchdrungen waren, aber ansonsten über keinerlei Ressourcen verfügten, nicht zu bezwingen war. Al-Ḥasan habe das Imamat gegen Muʿāwijas Geld hergegeben, und immer noch ereifern sich schiitische Autoren darüber, ob dies Klugheit oder Verrat gewesen sei. Als Jazīd im Jahre 680 seinem Vater Muʿāwija im Kalifat nachgefolgt war, hielten Schiiten im Irak die Stunde für gekommen, im Namen al-Ḥusains nachzuholen, was dessen Bruder al-Ḥasan zwanzig Jahre zuvor versäumt hatte. Sie luden al-Ḥusain ein, sich an die Spitze einer Rebellion zu stellen, die zum Umsturz des omaijadischen Kalifats und zur Verwirklichung der schiitischen Wunschträume von der Herrschaft eines charismatischen Imams führen sollten. Das Unternehmen scheiterte kläglich. Bei Kerbela wurden die Rebellen völlig aufgerieben, auch al-Ḥusain fand den Tod. In der schiitischen Geschichtserinnerung wird dieses Geschehen mit zahlreichen die Empörung immer aufs neue erregenden Einzelheiten ausgeschmückt, die einen wahren Kern haben mögen. Es entwickelte sich aus dieser Erinnerung die am Beginn eines jeden Mondjahres zelebrierte Trauerfeier (arab.: *at-taʿzija*), in der die Niederlage al-Ḥusains gegen Jazīd, die Verkörperung des Bösen, nachgespielt wird; die Schaulust Außenstehender findet ihre Befriedigung in den blutigen Selbstgeißelungen,[15] mit denen man die Schuld der Vorfahren abbüßt, die es an der Unterstützung al-Ḥusains haben fehlen lassen.

Die abgrundtiefe Erbitterung der nach eigener Überzeugung völlig zu Unrecht von der Machtausübung ausgeschlossenen „Gerechten", vermischt mit dem Selbstmitleid eben wegen dieser in der Geschichte immer wieder erlittenen „Ungerechtigkeit", kennzeichnet aš-Šaiḫ al-Mufīds Bild vom Schiitentum, wie wir gesehen haben. Es wird bestätigt durch einige vergebliche Aufstände unter den Omaijaden und den frühen Abbasiden, deren vorgebliche oder tatsächliche Führergestalten nicht von al-Ḥusain abstammten. Es seien nur die wichtigsten genannt, und zwar zunächst ohne daß das politisch-religiöse Ideengut charakterisiert wird, das sich bis hin zu aš-Šaiḫ al-Mufīd herausgebildet hat.

Die irakischen Schiiten machten nach dem herben Rückschlag, den der Tod al-Ḥusains für sie bedeutete, schon wenige Jahre später wieder von sich reden. Diesmal traten sie als eine Strömung in Erscheinung, die auf ein akut gewordenes, nicht gelöstes gesellschaftliches Problem verwies: auf den Widerspruch zwischen einer im Prinzip universalen politisch-religiösen Botschaft, die sich in einem Machtgebilde zu verwirklichen begann, das nicht mehr als ein arabisches, von Ismael ausgehendes genealogisches Gefüge aufgefaßt werden konnte. Schon unter ʿUṯmān wurde dieses einst von Mo-

[15] Heinz Halm: Die Schia, 179f.

hammed angestrebte, von ʿUmar der Bemessung der Dotationen zugrunde gelegte Gefüge obsolet. Der Bürgerkrieg, in dem ʿAlī unterlag, und das Kalifat Muʿāwijas hatten den Widerspruch ebenfalls nicht zu lösen vermocht. In Syrien und Palästina, dem Kerngebiet des omaijadischen Kalifats, war er auch weniger spürbar als im Irak, wo im Zuge der Eroberungen tatsächlich ein Nebeneinander von meist nichtarabischen Einheimischen und Arabern entstanden war, die aus der Halbinsel stammten. Letztere, die Sieger, die den Islam gebracht hatten, waren die Herren. Der Übertritt zum Islam hätte den Besiegten die Gleichheit mit den Siegern verschaffen sollen. Doch stand dem das Arabertum der Muslime im Wege: Ein Nichtaraber, der Muslim werden wollte, mußte zuvor Klient (arab.: *al-maulā*, Pl. *al-mawālī*) eines arabischen Stammes werden. Gegen Ende des 7. Jahrhunderts war die Zahl dieser „Klienten" stark angewachsen, doch hofften viele von ihnen vergeblich auf eine rechtliche Gleichstellung mit den ursprünglich arabischen Muslimen. Irgendjemand mußte schließlich den Boden beackern, dessen Ertrag seit den Tagen der Eroberung die Unterworfenen unter den ihnen auferlegten höchst unvorteilhaften Bedingungen zu erwirtschaften hatten. Traten sie zum Islam über, waren sie in der Theorie solcher Benachteiligung ledig. Es verwundert nicht, daß die Eroberer und ihre Erben alles daran setzten, diese Folgen des Übertritts zum Islam zu hintertreiben. So kam es, daß gerade im Irak die Unzufriedenheit unter den *mawālī* rasch wuchs und einen fruchtbaren Nährboden für schiitische Propaganda bildete.

Al-Muḫtār b. abī ʿUbaid (gest. 687) hieß der Mann, der in den Kreisen der *mawālī* mit den schiitischen Parolen der Gerechtigkeit viel Zustimmung fand. Die göttliche Rechtleitung (arab.: *al-hudā*), von der der Koran so oft redet, werde das Unrecht aufheben, und nicht er, al-Muḫtār, werde das vollbringen können, sondern der „Rechtgeleitete" (arab.: *al-mahdī*) aus der Verwandtschaft des Propheten. Anscheinend ohne sich der Zustimmung Muḥammads, des schon erwähnten Sohnes, den ʿAlī mit einer Ḥanīfitin gezeugt hatte, zu versichern, behauptete al-Muḫtār, als dessen Sendling den Aufstand im Irak vorzubereiten und in die Tat umzusetzen. Die verwickelten Umstände, unter denen der Aufstand scheiterte, brauchen hier nicht geschildert zu werden. Die Verknüpfung der Gestalt eines angeblich die aufrührerischen Aktivitäten legitimierenden Imams mit gesellschaftlichen Fragen von weitem Ausmaß, die einer Lösung harrten, verlieh dieser Bewegung eine bedeutende Durchschlagskraft. Anzumerken ist zudem, daß ab jetzt auch Personen als Anführer schiitischer Bewegungen benutzt oder mißbraucht werden, die nicht über Fāṭima vom Propheten abstammen.

Al-Ḥusain hatte einen Sohn, der ʿAlī hieß. Für seinen übereifrigen Vollzug der Gebetsriten berühmt, erhielt er den Beinamen „die Zierde der (Allah) Verehrenden". Er starb um 713. In der Systematik der Imame, mit der die Geschichtsschreibung eine oberflächliche Ordnung in das weit verzweigte

Schiitentum bringt, ist dieser ʿAlī nach ʿAlī b. abī Ṭālib, al-Ḥasan und al-Ḥusain, den beiden Söhnen Fāṭimas, die Nummer vier. Unter den Söhnen jenes Beters erlangte Zaid einige Bedeutung. Er agitierte in Kufa gegen den omaijadischen Kalifen Hišām (reg. 724–743) und zettelte einen Aufstand an, der 740 niedergeschlagen wurde. Zaids Nachkommen agierten im 9. und 10. Jahrhundert als lokale Herrscher im Bergland südlich des Kaspischen Meeres sowie im Jemen, wo sie bis 1962 herrschten.[16] Die Hauptrichtung der Schiiten, der beispielsweise aš-Šaiḫ al-Mufīd angehörte, zählt weder Zaid noch dessen Nachkommen zur Reihe der Imame. Stattdessen setzen sie Zaids Bruder, den schon im ersten Abschnitt dieses Kapitels genannten Muḥammad al-Bāqir an die fünfte Stelle und dessen Sohn, den ebenfalls bereits erwähnten Ǧaʿfar aṣ-Ṣādiq an die sechste.

Mit ihm erreichen wir die frühe Abbasidenzeit, in der die Geschicke des Schiitentums eine entscheidende Wende nehmen. Die abbasidische Bewegung, durch die 749 in Kufa ein Nachfahre des ʿAbbās, eines Oheims des Propheten, an die Macht gebracht wurde, ist selber aus dem Schiitentum hervorgegangen. Muḥammad b. al-Ḥanafīja hatte einen Sohn mit Namen Abū Hāšim. Um ihn scharten sich einige Gefolgsleute, die das Gedankengut, das die Rebellion al-Muḫtārs beseelt hatte, weitertrugen. Nach dem Tod Abū Hāšims wandelten sie sich in eine antiomaijadisch gesonnene schiitische Gruppierung ohne einen wenigstens scheinbaren alidischen Imam. Ihre Wühltätigkeit betrieben sie im Namen desjenigen aus der Sippe Mohammeds, dem die Muslime nach der Beseitigung der Omaijaden zustimmen würden, worunter die Nachfahren ʿAlī b. abī Ṭālibs einen der Ihrigen verstanden. Indessen hatten nicht nur Nachfahren Abū Ṭālibs, sondern auch die Sippen anderer Brüder ʿAbdallāhs, des Vaters des Propheten, Ambitionen auf die Herrschaft erkennen lassen. Besonderes Geschick zeigten die Nachkommen des ʿAbbās, die etwa zur Regierungszeit Hišāms einen umtriebigen Agenten mit dem Decknamen Abū Muslim in den Osten Irans schickten. Dort war man mit dem auf die Stammesordnung bezogenen omaijadischen Arabismus besonders unzufrieden, zumal eine Verschmelzung der einheimischen Bevölkerung mit den Eroberern in Gang gekommen war. Das Symbol dafür war die Tilgung der Stammeszugehörigkeit aus dem Personennamen und deren Ersetzung durch ein Adjektiv, das aus dem Namen des Ortes gebildet wurde, der den Lebensmittelpunkt darstellte.

Abū Muslim machte sich den Rebellen unentbehrlich, förderte ihre Sache nach Kräften und vermochte der Bewegung im entscheidenden Augenblick einen Abbasiden als den nunmehrigen Imam und Kalifen aufzunötigen. Unter dem Herrschernamen as-Saffāḥ huldigten die Abū Muslim ergebenen aus

16 Die zaiditische oder Fünferschia werde ich hier nicht gesondert behandeln, da der Hauptstrom der schiitischen Auslegung des Islams nicht von ihr getragen wird.

Ostiran nach Westen vorgedrungenen Rebellentruppen dem ersten Abbasiden. Bereits dieser Name verrät die politisch-religiöse Herkunft und Ausrichtung der neuen Machthaber. As-Saffāḥ, von den Feinden der Abbasiden als „Blutvergießer" mißdeutet, ist ein Epitheton des erhofften Endzeitherrschers, dessen unübertreffliche „Gerechtigkeit" darin sichtbar werden wird, daß er die Einkünfte des Gemeinwesens großzügig und ohne Rechnungslegung unter seinen Anhang ausstreuen wird. In der im Wortlaut überlieferten Rede, die as-Saffāḥ aus Anlaß seiner Inthronisierung hielt, ist der Gedanke bestimmend, daß nunmehr in einem Endzeitkampf die bösen Mächte der Omaijaden vernichtet worden sind und die Epoche der Erfüllung der irdischen Heilserwartungen der bisher Benachteiligten angebrochen ist. Und so, wie sich die Verhältnisse nun gestaltet haben, würden sie bis zum Ende der Zeiten bleiben.[17]

Solche Versprechungen waren leicht gegeben, sie zu erfüllen war unmöglich. Was sollte es denn im Einzelfall bedeuten, daß die neuen Herren von nun an ihr Amt nach Maßgabe des Propheten führen würden? Wie es nach jedem Umsturz geschieht, so auch nach dem abbasidischen: Nachdem viel Blut geflossen ist, müssen die Überlebenden die Tagesgeschäfte fortführen. Immerhin erkannten die Abbasiden, daß man ein vom Hof aus gesteuertes Rechtswesen aufbauen mußte, das aber ganz und gar nicht als eine Wiederbelebung der medinensischen Urgemeinde verstanden werden konnte. Zwar drangen in die Rechtsprechung allmählich koranische Maximen ein, und auch das in der zweiten Hälfte des 8. Jahrhunderts sich festigende Hadith wurde, wenn es opportun erschien, verwendet. Am wichtigsten aber waren der juristische Sachverstand der Amtsträger und ihre Kenntnis von Präzedenzfällen aus der Zeit der Vier Rechtgeleiteten Kalifen und aus den Jahrzehnten danach.[18]

Das Unruhepotential schiitischen Gedankenguts, das sich nicht an der Wirklichkeit abarbeiten mußte, war durch die abbasidische Machtergreifung nur vorübergehend sediert worden. Schon unter dem zweiten Abbasiden al-Manṣūr (reg. 754–775) brachte es sich in Erinnerung. Die Mehrheit der Schiiten sah sich durch die Vorgänge, die zum Sturz der Omaijaden geführt hatten, schnöde getäuscht: Die Herrschaft war nicht an einen Aliden übergegangen! Am gefährlichsten wurde für al-Manṣūr ein Aufstand im Jahre 762, der vom Hedschas seinen Ausgang nahm und den unteren Irak erreichte. Der Anführer war ein gewisser Muḥammad b. ʿAbdallāh, ein Nachfahre jenes al-Ḥasan, der sich von Muʿāwija den Anspruch auf das Kalifat hatte abkau-

---

[17] Tilman Nagel: Untersuchungen zur Entstehung des abbasidischen Kalifats, Bonn 1972, 70–165; ders.: Rechtleitung und Kalifat, Bonn 1975, 91–96.

[18] Vgl. sechstes Kapitel (Was ist die Scharia?) sowie achtes Kapitel (Was sind Imamat, Kalifat und Sultanat?).

fen lassen. Manches deutet darauf hin, daß dieser Aufstand als eine Reaktion der politisch aktiven Aliden auf den Coup der Abbasiden zu verstehen ist und von langer Hand vorbereitet worden war. In seiner Propaganda machte Muḥammad b. ʿAbdallāh geltend, daß er der echte Endzeitherrscher sei, da sowohl sein Name als auch sein Vatersname mit demjenigen des Propheten identisch seien. Außerdem wies er darauf hin, daß er sowohl von väterlicher, als auch von mütterlicher Seite rein hāšimitischen Blutes sei, wohingegen die Nachkommen des Abbas von Nichtaraberinnen geboren worden seien. Muḥammad b. ʿAbdallāhs Anhänger hoben zudem hervor, daß dieser in seiner Abstammung nicht nur durch Fāṭima, die Tochter des Propheten, ausgezeichnet sei; auch weitere seiner „Mütter" trügen diesen Namen. So wurde er in der Dichtung als „Fāṭimī" gerühmt.[19] Daß der Aufstand nicht zum Erfolg führen konnte, liegt auf der Hand. Den Ressourcen, über die die Abbasiden verfügten – den fruchtbaren Irak, Iran, Ägypten –, hatten die Hedschaser wenig entgegenzusetzen. Immerhin gelang es Idrīs, einem Bruder Muḥammad b ʿAbdallāhs, sich nach einem weiteren erfolglosen Aufstand gegen die Abbasiden aus dem Hedschas nach Nordafrika abzusetzen und dort, mit der Residenzstadt Fes, einen schiitischen Kleinstaat zu gründen, der rund zweihundert Jahre bestand, ehe er durch den Cordobeser Kalifen al-Ḥakam II. (reg. 961–976) vernichtet wurde.

Seitdem Idrīs b. ʿAbdallāh nach Nordafrika geflohen war, ging von der ḥasanitischen Linie der Nachfahren ʿAlī b. abī Ṭālibs für die Abbasiden keine Gefahr mehr aus. In der ḥusainitischen Linie, die auch im Hedschas lebte, gab es ebenfalls Imame, die von einer ergebenen Anhängerschar verehrt wurden. Die Quellen zeigen, daß es nicht mit religiöser Schwärmerei sein Bewenden hatte. Man muß vielmehr von einer Untergrundbewegung sprechen, deren Mitglieder bereit waren, für die Sache der Sippe des Propheten ihr Vermögen zu spenden. Zudem bildete sich um die Nachkommen al-Ḥusains, unter denen zu Beginn des abbasidischen Kalifats Ǧaʿfar aṣ-Ṣādiq (gest. 765) hervorragte, ein Kreis von Adepten, die die Grundlagen einer spezifisch schiitischen Deutung der islamischen Geschichte schufen. Da dergleichen Gedankengut einen umstürzlerischen Beigeschmack hatte, hielt es Hārūn ar-Rašīd (reg. 786–809) für ratsam, Ǧaʿfars Sohn Mūsā al-Kāẓim (gest. 799) auf der Rückreise von einer Wallfahrt mit nach Bagdad zu nehmen, um das schiitische Treiben zu überwachen. Doch auch am Kalifenhof gab es Kreise mit schiitischer Gesinnung, deren Einfluß auf den zweiten Thronfolger Hārūns, auf al-Maʾmūn (reg. 813–833), erhebliche machtpolitische Verwerfungen zeitigen sollte.

[19] Tilman Nagel: Staat und Glaubensgemeinschaft im Islam, Zürich/München 1981, I, 226.

Unter Hārūn erstarkte das Sunnitentum und strebte vor allem in Bagdad nach Einfluß. Sunniten vermochten den ersten Thronfolger al-Amīn (reg. 809–813) für sich einzunehmen. Hārūn wußte dem heraufziehenden Bruderzwist nicht anders zu begegnen, als al-Ma'mūn zum Statthalter über den iranischen Osten des Reiches einzusetzen und mit umfassenden Vollmachten auszustatten, was einer Reichsteilung nahekam. Sei es aus eigenem Ehrgeiz, sei es durch Schiiten verführt, begann al-Ma'mūn bald, nachdem sein Bruder al-Amīn die Nachfolge Hārūns angetreten hatte, eine Rebellion, in deren Verlauf er nach Westen vordrang, das bereits von einem Bürgerkrieg erschütterte Bagdad einnahm und der Herrschaft al-Amīns ein Ende setzte. Al-Ma'mūn ließ eine Herrschaftsideologie verbreiten, die besagte, daß er dank seiner Zugehörigkeit zur Sippe des Propheten – die Abbasiden stammten, wie erinnerlich, von Mohammeds Oheim al-ʿAbbās ab – der „Imam der Rechtleitung" sei und daher berufen, über einen Prozeß des Austauschs rationaler Argumente zu wachen, durch den der Parteienstreit ein für allemal behoben werden sollte. Zudem gebe ihm dieses Imamat das Recht, seinen Nachfolger zu bestimmen, und zwar ohne Rücksicht auf dessen Familienzugehörigkeit. Er halte ʿAlī ar-Riḍā, einen Sohn Mūsā al-Kāẓims, für den Geeignetsten und bestelle ihn daher zu seinem Nachfolger. Es war al-Ma'mūns Glück, daß ʿAlī ar-Riḍā schon 818 starb, so daß der Übergang des Kalifats von den Abbasiden auf die Aliden niemals spruchreif wurde. Al-Ma'mūns streng gegen das Sunnitentum gerichtete Politik, die in einer Inquisition gegen die führenden Männer dieser sich zur Mehrheit entwickelnden Strömung gipfelte,[20] leitete eine Periode religiöspolitischer Wirren ein. Diese endete erst im frühen 11. Jahrhundert mit einem Bekenntnis der Abbasiden zum sunnitischen Islam.[21]

ʿAlī ar-Riḍās Sohn Muḥammad al-Ǧawād (gest. 835) hatte einen Teil seines Lebens wieder in Medina verbringen dürfen; nach al-Ma'mūns Tod wurde er nach Bagdad geholt. Sein Sohn ʿAlī al-Hādī (gest. 868) sowie dessen Sohn al-Ḥasan al-ʿAskarī (gest. 873) standen in Samarra, der damaligen Residenz der Abbasiden, unter Aufsicht.[22] Nach schiitischer Überlieferung sei dann der Druck der Verfolgungen so stark geworden, daß Muḥammad, der Sohn al-Ḥasan al-ʿAskarīs, nicht mehr mit der Gemeinde in direkten Kontakt habe treten können. Er sei, wie man sich seit dem Beginn des 13. Jahrhunderts erzählte, in seinem Vaterhaus verschwunden, sei durch Allah „entrückt" worden, um am Ende der Zeiten als Mahdī auf die Erde zurückzukehren und den endgültigen Sieg des Islams zu erstreiten. Vermutlich hatte al-Ḥasan al-ʿAskarī gar keinen Sohn. Da aber die Erde nach schiitischer

[20] Vgl. zehntes Kapitel (Was sind Sunniten?), II. 3. und fünfzehntes Kapitel (Was ist islamischer Rationalismus?).

[21] Vgl. achtes Kapitel (Was sind Imamat, Kalifat und Sultanat?).

[22] Heinz Halm: Die Schia, 37–41.

Lehre nie ohne einen Imam sein kann, traten in der Anhängerschaft Männer auf, die sich als Botschafter des „Verborgenen“ ausgaben. Diese wirkten bis zum Jahr 941, danach setzte die bis heute fortdauernde Periode der „Großen Verborgenheit“ ein.

Die durch Hārūn ar-Rašīd begonnene und nach al-Ma'mūn fortgesetzte Politik der Unterdrückung der schiitischen Bewegung war zunächst erfolgreich. In weiten Teilen der Anhängerschaft der Imame gab man sich in Rücksicht auf die obwaltenden machtpolitischen Gegebenheiten mit einer quietistischen Auslegung der schiitischen Lehren zufrieden. Bei aš-Šaiḫ al-Mufīd haben wir sie bereits kennengelernt. Allerdings machten sich auch Gruppierungen bemerkbar, die hiermit nicht einverstanden waren. Mußte man nicht nach dem Beispiel des Ḥasaniten Muḥammad b. ʿAbdallāh, vor allem aber nach dem Vorbild der medinesischen Urgemeinde, als wahrhaft Glaubender zu den Waffen greifen, wenn illegitime Machthaber über die Muslime herrschten?[23] Dieser Gedanke gewann seit dem ausgehenden 8. Jahrhundert trotz allen Vorsichtsmaßnahmen der Abbasiden Anhänger. Wie schon während des omaijadischen Kalifats mußten keineswegs immer Personen aus der Nachkommenschaft ʿAlī b. abī Ṭālibs hinter schiitisch getönten Umtrieben stehen. So entstand in der Zeit, als al-Ḥasan al-ʿAskarī verstorben war, in der Gegend von Kufa eine Sekte, die unter dem Namen Qarmaten – so benannt nach einem ihrer Gründer – eine Zeitlang Angst und Schrecken verbreitete. Sie hatte sich zum Ziel gesetzt, die islamische Geschichte zu wiederholen, und zwar nun in der nach ihrer Ansicht richtigen Weise. Sie bestimmte ein Dorf bei Kufa zum „Haus der Hedschra“, zum neuen Medina mithin. Im frühen 10. Jahrhundert schufen sie im Gebiet des heutigen Hofuf ein kleines Reich, das die Pilgerwege vom Irak in den Hedschas bedrohte. Die Qarmaten drangen 930 in Mekka ein und raubten den schwarzen Stein der Kaaba. Erst 951 konnten die Abbasiden dessen Rückführung ermöglichen.

Die Qarmaten behaupteten in ihrer Propaganda, Ǧaʿfar aṣ-Ṣādiq habe neben dem von den Abbasiden unter Kontrolle gestellten Mūsā al-Kāẓim einen Sohn mit Namen Ismāʿīl gehabt, der bereits zu seinen Lebzeiten gestorben sei. Dieser Ismāʿīl bzw. dessen Sohn Muḥammad müsse nach dem Ableben Ǧaʿfars als Imam anerkannt werden. Nicht nur in Nordostarabien, auch im Jemen und in Syrien fanden sich Schiiten zusammen, die mit der „Verborgenheit“ eines Imams unzufrieden waren und sich darauf vorbereiteten, für die Herrschaft eines Aliden aus der Nachkommenschaft Ismāʿīls zu kämpfen. Besonders erfolgreich war ein Werber[24] mit dem Decknamen Abū ʿAbdallāh aš-Šīʿī, der in Mekka Berber vom Stamm der Kutāma traf; er vermochte sie

23 Vgl. drittes Kapitel (Wer war Mohammed?), II. 4. und 5.

24 Arabisch *ad-dāʿī*, wörtlich: Rufer, nämlich ein Verbreiter des Rufs (arab.: *ad-daʿwa*) zum Beitritt zum wahren islamischen Gemeinwesen, nämlich zum schiiti-

für seine Ideen einzunehmen und zog mit ihnen in ihre Heimat bei Constantine. Schon 909 war sein Anhang so groß, daß er Kairuan, die Residenzstadt, der abbasidischen Statthalter in Nordafrika, erobern konnte. Er versprach, daß bald der erwartete Mahdī eintreffen werde. Es werde mithin die erhoffte endgültig richtige islamische Geschichte ins Werk gesetzt werden. Dies geschah im Januar 910, als ein angeblicher Nachfahre Ismāʿīls, in der Propaganda ʿAbdallāh al-Mahdī,[25] genannt, aus Syrien eintraf.

Dies war der Gründungsakt des ersten überregionalen schiitischen Kalifats, das den Abbasiden bis in die zweite Hälfte des 12. Jahrhunderts ein gefährlicher Rivale sein sollte. Die Abstammung ʿAbdallāh al-Mahdīs von Ismāʿīl war freilich eine grobe Fälschung. In Wirklichkeit gehörte er zur Nachkommenschaft ʿAqīl b. abī Ṭālibs, eines Bruders ʿAlī b. abī Ṭālibs. Die genealogische Legitimierung Muḥammad b. ʿAbdallāhs aufgreifend, dessen Aufstand gegen al-Manṣūr gescheitert war, bezeichnete sich die neue Dynastie als Fatimiden. ʿAbdallāh al-Mahdīs Sohn trat mit dem Namen Abū l-Qāsim Muḥammad auf und erfüllte damit die Bedingungen, die einst in der Rebellion gegen die Abbasiden für den wahren Herrscher über die Muslime geltend gemacht worden waren: völlige Übereinstimmung mit dem Namen des Propheten.[26] Der Herrschername, den er bei der Inthronisierung annahm, lautete „derjenige, die die Sache Allahs vollstreckt“ (arab.: *al-Qāʾim bi-amr Allāh*) (reg. 934–946). Die Fatimiden dehnten zügig ihre Macht über den Maghreb aus und besetzten unter al-Muʿizz (reg. 953–975) Unterägypten. Sie entrissen den Abbasiden damit eine ihrer reichsten Provinzen. Dort gründeten sie 969 die Residenzstadt Kairo und brachten im 11. Jahrhundert Palästina und Syrien in ihre Gewalt. 1059 besetzte ein Militärführer im Namen der Fatimiden Bagdad und nahm den abbasidischen Kalifen gefangen. Den Fatimiden gelang es jedoch nicht, diesem Erfolg Dauer zu verleihen. Es war den nach Westen vordringenden Seldschuken zu verdanken, daß der Gefangene freikam. Die Furcht vor der fatimidischen Propaganda, die die ganze damalige islamische Welt mit einem von Kairo aus gesteuerten Netz von Agenten überzogen hatte, blieb unter den Sunniten bis ins 12. Jahrhundert lebendig. Auf die Intellektuellen übte das ismailitische Gedankengut erhebliche Anziehungskraft aus, es war geeignet, das Fundament des abbasidischen Kalifats, das die Bagdader Gelehrten 1018 und 1042 ausdrücklich auf das Sunnitentum eingeschworen hatte, zu zerstören.[27]

---

schen. Der *dāʿī* legt in Abwesenheit des eigentlichen Imams die Grundlagen des kommenden schiitischen Kalifats.

[25] In der antifāṭimidischen Historiographie stets unter dem abschätzigen Diminutiv ʿUbaidallāh genannt.

[26] Heinz Halm: Die Schia, 193–211; Tilman Nagel: Frühe Ismailiya und Fatimiden im Lichte der Risālat iftitāḥ ad-daʿwa, Bonn 1972, 68f.

[27] Tilman Nagel: Die Festung des Glaubens, München 1988, 58.

III. Die Arbeit schiitischer Gelehrter

1. Endzeit und Recht

Wenn der Mahdī, der „Rechtgeleitete“, erschienen ist und die Herrschaft übernommen hat, dann, daran glaubten auch die Sunniten, gelten die von Allah erlassenen Vorschriften ohne Einschränkung. Der Mahdī werde „zu mir gehören“, hatte Mohammed laut einem Hadith geweissagt, „ein Mann mit hoher Stirn und gebogener Nase. Er wird die Erde mit Recht und Gerechtigkeit füllen, wie sie nun mit Gewalttaten und Unrecht gefüllt ist …“[28] Das neue, schiitische Kalifat mußte den Nachweis erbringen, daß es tatsächlich die das Ende der Geschichte einleitende gelungene Wiederholung der Urgemeinde sei, und es mußte, was noch schwieriger war, Rechtsverhältnisse stiften, die diesem Anspruch Genüge taten. Der Kadi Abū Ḥanīfa an-Nuʿmān b. Muḥammad (873–962) legte mit seinen Büchern über das ismailitische Recht und über die Anfänge und den machtpolitischen Erfolg der fatimidischen Werbung (arab.: *ad-daʿwa*) in Nordafrika den Grundstein der Herrschaftsideologie des neuen Kalifats. Anders, als es nach dem abbasidischen Umsturz der Fall gewesen war, stand den frühen Fatimiden in diesem Kadi ein Mann zur Verfügung, der befähigt war, im Namen des Herrschers diese Aufgabe in Angriff zu nehmen. Zweihundert Jahre waren seit der Machtübernahme durch die Abbasiden verstrichen, ein Zeitraum, in dem sich der Islam wesentlich verändert hatte. Es wurde inzwischen nicht mehr bestritten, daß das islamische Recht aus dem Koran und der *sunna* entwikkelt würden müsse.[29] Begünstigend wirkte sich auf die Arbeit an-Nuʿmāns zudem aus, daß er sich, wie er selber betonte, stets auf die Autorität des Kalifen, des regierenden Imams, berufen konnte.[30] Es ist möglich, daß der Abbaside al-Maʾmūn von solchen Verhältnissen geträumt hatte, als er sich zum „Imam der Rechtleitung“ ausrufen ließ, sie waren aber zu seiner Zeit noch nicht erreichbar.

In seinem historischen Abriß der Entstehung des fatimidischen Kalifats beschreibt der Kadi an-Nuʿmān die Parteigänger der Schia als die kleine Schar der Glaubenden (arab.: Pl. *al-muʾminūn*), die er als den inneren Kern der großen Masse der Muslime kennzeichnet. Ǧaʿfar aṣ-Ṣādiq habe den Islam als das Normensystem aufgefaßt, das dem alltäglichen Leben zugrunde liegt. Der Glaube (arab. *al-īmān*) hingegen setze eine stetige Entschlossenheit

---

[28] Abū Dāʾūd: Sunan, al-mahdī Nr. 1. Vgl. siebtes Kapitel (Was lehrt der Islam über das Jenseits?), I. 2.

[29] Vgl. sechstes Kapitel (Was ist die Scharia?).

[30] an-Nuʿmān b. Muḥammad: Iḫtilāf uṣūl al-maḏāhib, ed. Muṣṭafā Ġālib, Beirut o.J., 11.

voraus, die „Absicht“ (arab.: *an-nīja*), wie er mit dem schariatischen Fachausdruck sagt. Die Glaubenden bilden die für die ismailitischen Ziele Gewonnenen. Sie sind den Glaubenden zu vergleichen, die Mohammed in Medina als die wahren Förderer seiner Pläne rühmte und denen gegenüber er die Muslime abwertete (Sure 49, 14), da diese lediglich den rituellen Bestimmungen Folge leisteten.[31]

Innerhalb der Glaubenden bilden die „Nahestehenden“ (arab.: Pl. *al-aulijā'*) den Kreis von Personen, die sich dem Dschihad widmen und dem Unrecht, das überhand zu nehmen droht, mit Gewalt Einhalt gebieten. Es ist nun die Stunde, von der Mohammed sprach, als er eine Zeitspanne der Leiden für die Glaubenden ankündigte: „Fremd begann der Islam. Fremd, wie er begonnen, wird er wieder werden. Seligkeit den Fremdlingen.“[32] Der Gesandte Allahs soll diesen Satz dahingehend ausgelegt haben, daß in solch einer schlimmen Epoche ein Werber[33] Allah um Linderung der Leiden anflehen werde. Allah werde nun verwirklichen, was er den Imamen der Rechtleitung zugesagt habe: Er werde den Mahdī aus der Nachkommenschaft des Propheten berufen, der nach dem Vorbild seines Ahnherrn ʿAlī b. abī Ṭālib die Feinde Allahs vernichten werde. Angesichts des unerträglichen Wütens der Abbasiden sei jener Augenblick gekommen, und in der Tat, der Mahdī habe sich in der Schar seiner Glaubenden gezeigt: Die Epoche der Wahrheit ist angebrochen.[34]

Die Seligpreisung der Fremden rühmt die Rückkehr des Islams zu seinen bescheidenen Anfängen, aus denen der Eifer einer kleinen Schar Glaubender etwas Großes machte. So wird es auch jetzt wieder geschehen, mit dem Unterschied allerdings, daß nun die unübersteigbare Vollendung des Islams geschaffen wird. Der Koran, die Herabsendung (arab.: *at-tanzīl*), war das Wunder, durch das Mohammed sein Prophetentum beglaubigte. Die Imame ihrerseits sind ebenfalls mit einem Beglaubigungswunder begnadet, nämlich mit der Enthüllung (arab.: *at-ta'wīl*) des wahren Sinns der Offenbarung.[35] Man hat in dieser Art, den Koran zu interpretieren, die Rechtfertigung eines esoterischen Antinomismus sehen wollen, gleichsam als höbe der Imam mit seinen Ausdeutungen der Offenbarung deren normative Aussagen auf oder unterlegte ihnen einen den gewöhnlichen Menschen verborgenen Sinn. Da man nicht hinreichend darüber unterrichtet ist, was in den ismailitischen

---

[31] Vgl. drittes Kapitel (Wer war Mohammed?), II. 5. und neuntes Kapitel (Was ist der Dschihad?), II. und III. 1.

[32] Das Hadith findet sich auch in vielen sunnitischen Sammlungen, z.B. Muslim b. al-Ḥaǧǧāǧ: Ṣaḥīḥ, īmān 232.

[33] Vgl. oben, Anmerkung 24.

[34] Tilman Nagel: Frühe Ismailiya 20–29.

[35] Ebd., 33.

Sekten gedacht wurde, darf man dergleichen nicht ausschließen.[36] Aber in dem Augenblick, in dem es um die Festigung der Macht nicht über eine Schar von überzeugten Anhängern, sondern über Muslime überhaupt geht, dürfen deren Ansichten nicht mißachtet werden. Das aber heißt, die *sunna* des Propheten, seit aš-Šāfiʿī neben dem Koran die unentbehrliche Säule der Scharia, darf nicht einfach in der auf den herrschenden Imam zurückgeführten Enthüllung der Weisheit der offenbarten Worte verschwinden.

In seiner rechtstheoretischen Schrift „Die Unterschiedlichkeit der Grundlagen der Rechtsschulen" übernimmt der Kadi an-Nuʿmān daher die Aufgabe, unter Bezugnahme auf die herkömmliche Schariagelehrsamkeit eine Lehre der Rechtsquellen zu entwerfen, die darauf abzielt, das die Vollendung des Islams gewährleistende Beglaubigungswunder der Imame für die Schariagelehrsamkeit fruchtbar zu machen. Deren Methodik durfte aber nicht grundsätzlich in Frage gestellt werden. Wenn nur noch die auf göttlicher Inspiration beruhende Einsichtskraft der Imame zählte, wäre das aber zu gewärtigen. Allerdings, klagt der Kadi an-Nuʿmān, mußten die Muslime mit ansehen, wie nach dem Tod der Vier Rechtgeleiteten Kalifen die Daseinsordnung solchen Rechtsgelehrten in die Hände fiel, die ohne göttliche Anleitung Entscheidungen trafen. In der Fremdheit des Islams, die auf diese Weise hatte eintreten müssen, erstrahlte mit der Ankunft des Mahdīs das Licht, in dem die wahren Normen des Korans und der *sunna* sichtbar werden.[37]

In karikierender Verkürzung schildert der Kadi an-Nuʿmān das von der „Allgemeinheit" (arab.: *al-ʿāmma*) befolgte Verfahren der Identifizierung schariatischer Normen so: Ist eine eindeutige Aussage des Korans zu finden, dann ist sie zu beachten; an zweiter Stelle kommen Belege aus der *sunna* des Propheten; ist ein einschlägiges Hadith nicht aufzutreiben, suche man nach dem Konsens der Prophetengenossen – deren Mehrzahl, wie erinnerlich, in den Augen der Schiiten Verbrecher waren, da sie ʿAlīs Recht auf die Nachfolge des Propheten verletzt hätten. Dieses Verfahren verwandle die gottgegebene Scharia unweigerlich in ein System fehlbarer, von Menschen gesetzter Normen, wie man an den vielen Zwistigkeiten der gewöhnlichen Schariagelehrten (arab.: *al-faqīh*, Pl. *al-fuqahāʾ*) erkennen könne. Dagegen helfen auch nicht der Analogieschluß (arab.: *al-qijās*) und andere methodische Kniffe, die sich die Gelehrten der „Allgemeinheit" ausgedacht hätten. Wenn man endlich zu einer wahrhaft islamischen Scharia gelangen will, dann bleibt nur ein Weg: Wenn eindeutige Aussagen des Korans und klare Belege aus der *sunna* nicht zur Verfügung stehen, dann muß man die nötigen Kenntnisse an der Quelle schöpfen, nämlich beim Imam aus der Nachkommenschaft des

---

36 Vgl. zu diesem Thema Hein Halm: Kosmologie und Heilslehre der frühen Ismāʿīlīya. Eine Studie zur islamischen Gnosis, Wiesbaden 1978.

37 an-Nuʿmān b. Muḥammad: Iḫtilāf uṣūl al-maḏāhib, 33–35.

Propheten! Der Kadi an-Nuʿmān fügt in seine Abhandlung den Text der Ernennungsurkunde ein, die ihm der Kalif und Imam al-Muʿizz (reg. 953–975) im Jahre 954 ausfertigen ließ. Die in Sure 16, Vers 43, erwähnten „Leute des Gottesgedenkens", die man um Rat angehen solle, bezieht al-Muʿizz auf die schiitischen Imame, also auch auf sich selber; wer sich durch die Allah Nahestehenden rechtleiten lasse, der stehe tatsächlich in der Rechtleitung![38] Die gewöhnlichen Schariagelehrten, die nichts als Uneinigkeit verbreiten, können unmöglich mit den in Sure 4, Vers 59, genannten „Zuständigen" gemeint sein, denen die Glaubenden nächst Allah und seinem Gesandten ihre Probleme vorlegen sollen.[39]

Was der Kadi an-Nuʿmān in seiner rechtstheoretischen Abhandlung als ein Programm zur Schaffung einer tatsächlich auf göttlicher Autorität fußenden Schariagelehrsamkeit formulierte, arbeitete er in den „Stützpfeilern des Islams: Das Erlaubte und das Verbotene, die Entscheidungen und Bewertungen gemäß der Familie des Gottesgesandten" aus. ʿAlī b. abī Ṭālib und dessen Nachkommen, allen voran Ǧaʿfar aṣ-Ṣādiq, sind die hauptsächlichen Gewährsmänner für den nicht im Koran auffindbaren Stoff. Zweifelhaft bleibt, ob die fatimidischen Imame auf den Inhalt beträchtlichen Einfluß nahmen. Indem die schiitischen Lehren als die befriedigende Antwort auf Fragen ausgelegt wurden, die die Muslime seit Jahrhunderten beschäftigten, waren allerdings einzelne Schwärmer, die den Imamen göttliche Ehren zuteil werden ließen, nicht zu zügeln. Sie gewannen Gefolgsleute und stifteten Unruhe, so daß die um die Stabilität besorgten Kräfte des Hofes eingreifen mußten. Der Kalif al-Ḥākim, der 996 an die Macht kam, scheint ab 1017 mit den Lehren eines solchen „Übertreibers" geliebäugelt zu haben. Im Februar 1021 verschwand al-Ḥākim unter nicht aufgeklärten Umständen; die von seiner Göttlichkeit überzeugten Schwärmer meinten, er sei „entrückt" worden. Für den Fortbestand des fatimidischen Kalifats bedeuteten sie keine Gefahr,[40] was für den lang andauernden Erfolg von Arbeiten spricht, wie der Kadi an-Nuʿmān sie geleistet hatte.

2. Der verborgene Imam

Das fatimidische Kalifat hielt sich bis 1171 und ging erst im Zusammenhang mit Abwehrmaßnahmen gegen die Kreuzfahrerstaaten unter. Der sunnitische Kriegsherr Saladin (gest. 1193), ein Angehöriger des weitverzweigten kurdischen Fürstenhauses der Aijubiden, war dem letzten fatimidischen Kali-

38 Ebd., 36 f. und 49–51.

39 Ebd., 70–80.

40 Aus dieser Bewegung gingen die Drusen hervor. Heinz Halm: Die Kalifen von Kairo, München 2003, 281–304.

fen an die Seite gestellt worden, um Ägypten hinreichende Mittel für den Krieg abzupressen. Als dieser Kalif starb, hatte Saladin völlig freie Hand. Die Palaststadt würde geplündert, Ägypten war formal wieder für den in Bagdad residierenden Abbasiden gewonnen. Die ismailitische Schia wurde zu einer Sekte, deren Gemeinden zum Teil bis in die Gegenwart fortbestehen. Unter ihnen schafften es die Imame der nordwestindischen Hodscha-Gemeinschaft, deren Imam den Titel Agha Khan, d. i. Herr Fürst, trägt, sogar in die europäische Klatschpresse.

Ismāʿīl, der schon zu Lebzeiten seines Vaters Ǧaʿfar aṣ-Ṣādiq starb, ist das siebte Glied einer mit ʿAlī b. abī Ṭālib beginnenden Siebenerreihe von Imamen.[41] Auf diesen Ismāʿīl berufen sich die Gemeinschaften der „Siebenerschiiten", deren wichtigste, die Fatimiden, wir näher betrachtet haben. In der Epoche ihrer Entstehung, während des Kalifats Hārūn ar-Rašīds, entzogen sie sich der abbasidischen Kontrolle und machten sich eine kämpferische Auslegung des Schiitentums zueigen, wie sie unter dem Abbasiden al-Manṣūr während der Aufstandsbewegung des Ḥasaniten Muḥammad b. ʿAbdallāh und seiner Brüder zutage getreten war. Ismāʿīls Bruder Mūsā al-Kāẓim hingegen und eine Zwölferreihe,[42] die, von diesem ausgehend, mit dem in die Verborgenheit entrückten „erwarteten" Muḥammad endet, verschrieben sich notgedrungen einer quietistischen Haltung, die durch Gelehrte, die für sie Partei ergriffen, des näheren begründet wurde. Aš-Šaiḫ al-Mufīd gehörte zu ihnen.

Das schiitische Gedankengut konnte sich in den zwölferschiitischen Kreisen ohne Rücksicht auf die praktische islamische Machtausübung entfalten. Hieraus ergaben sich gegenüber dem Werk des Kadis an-Nuʿmān folgenreiche Akzentverschiebungen. Der vor allem als Historiograph bekannt gewordene ʿAlī b. al-Ḥusain al-Masʿūdī (gest. 957) entwirft in einem Buch über die Weitergabe des Imamats vom Vater auf den Sohn mittels Vermächtnisses (arab.: *al-waṣīja*) ein Panorama der Weltgeschichte, das mit der Schaffung des Verstandes (arab.: *al-ʿaql*) und des Unverstandes (arab.: *al-ǧahl*) einsetzt.[43] Beide haben fünfundsiebzig Heere zu ihrer Verfügung; der Glaubende sollte genau über sie Bescheid wissen. Der Verstand, das erste Geistwesen, erhielt von Allah den Befehl: „Wende mir den Rücken zu!" und er tat es, dann sprach Allah: „Wende mir das Gesicht zu!" und wieder folgte der

---

[41] ʿAlī b.abī Ṭālib, al-Ḥasan, al-Ḥusain, ʿAlī Zain al-ʿĀbidīn, Muḥammad al-Bāqir, Ǧaʿfar aṣ-Ṣādiq, Ismāʿīl.

[42] Vgl. oben, 347. Nämlich: ʿAlī b.abī Ṭālib, al-Ḥasan, al-Ḥusain, ʿAlī Zain al-ʿĀbidīn, Muḥammad al-Bāqir, Ǧaʿfar aṣ-Ṣādiq, und nun als siebter nicht Ismāʿīl, sondern Mūsā al-Kāẓim, dann ʿAlī ar-Riḍā, Muḥammad al-Ǧawād, ʿAlī al-Hādī, al-Ḥasan al-ʿAskarī, der entrückte al-Mahdī, dessen Wiederkunft von den Zwölferschiiten erwartet wird.

[43] Es sei an die von al-Mufīd beschworenen Imame der Rechtleitung und des Unrechts erinnernt, vgl oben, 332.

Verstand unverzüglich. Der Unverstand, man ahnt es, gehorchte nicht, bekam aber auch fünfundsiebzig Heere zu seiner Verfügung, und so durchzieht die ganze Weltgeschichte der Zweikampf zwischen Verstand und Unverstand. Allah besiedelte die Erde mit Dämonen und Menschenaffen, die 7000 Jahre ihr Unwesen trieben. Dann beschloß er, diese Bewohner durch Menschen zu ersetzen, was die Engel nach den schlechten Erfahrungen der Vergangenheit mit Mißtrauen erfüllte. Allah aber beharrte bei seinem Vorhaben; sie wüßten nicht, was er wisse (Sure 2, 30). Adam, der Nachfolger jener mißratenen Geschöpfe, werde nämlich als das „Argument" (arab.: *al-ḥuǧǧa*) Allahs gegen die dem Unverstand Ergebenen auftreten: „Ich weiß, was ihr nicht wißt!" (Sure 2, 31), bringt Allah die Engel zum Schweigen und fährt fort: „Mit meiner Hand will ich ein Geschöpf schaffen, aus dessen Nachkommenschaft entsandte Propheten hervorgehen werden, Diener, die rechtgeleitete Imame sind, Stellvertreter über meine Kreaturen, und Argumente, die ihnen verbieten, wider mich aufsässig zu sein, sie vor meiner Strafe warnen, zum Gehorsam gegen mich anleiten und sie den Weg zu mir führen, und ich will die Menschenaffen von meiner Erde tilgen und die widerspenstigen, aufsässigen Dämonen von meinen (anderen) Geschöpfen absondern und sie in der Luft und in (fernen) Ländern ansiedeln; ich will einen Vorhang zwischen den Menschen und den Dämonen herablassen, so daß die Nachkommen meiner Menschengeschöpfe die Dämonen nicht sehen und nicht bei ihnen sitzen." Wie hätten sie von diesen Absichten Allahs wissen sollen, entschuldigen sich die Engel. Allah formt Adam aus Ton, befiehlt danach den Engeln, sich vor dieser Gestalt niederzuwerfen, sobald ihr der göttliche Geist eingehaucht worden ist (Sure 15, 28). Dies war das Vorspiel zur Schaffung Adams, mit dem die Einwände der Engel entkräftet wurden.[44]

Damit sind die Grundgegebenheiten der Menschheitsgeschichte nach den 7000 Jahren der Schreckensherrschaft der bösen Dämonen und der mißgestalteten menschenähnlichen Wesen benannt: Das Ringen zwischen Verstand und Unverstand kann seit der Schaffung Adams zugunsten des Verstandes entschieden werden, denn fortan wird die Erde nie ohne jemanden sein, der das treffende Argument verkörpert, nie mehr werden die Menschen dem Unverstand hilflos ausgesetzt sein. Seth ist der Sohn Adams, der als Vermächtnis in der Bundeslade das Wissen und den gewaltigsten Namen Allahs entgegennimmt. Allah schwört in diesem Augenblick, daß er die Erde niemals ohne jemanden lassen werde, der die Aufgabe des *ḥuǧǧa* wahrnehme.[45] Insgesamt sechsundsiebzig Personen nennt al-Masʿūdī, die zu dieser Ehre gelangten, unter ihnen Abraham, Mose und Jesus, aber auch viele andere, deren Namen dem Leser nichts sagen.

---

[44] al-Masʿūdī: Iṯbāt al-waṣīja, 5. Auflage, Qumm o. J., 9–12.

[45] Ebd., 16.

Dann setzt er von neuem an: Es wird der Prophet Mohammed geboren. Er ist aber wesentlich mehr als eines der vorausgehenden Glieder in der Kette der „Argumente“: Er ist der Grund, um dessen willen Adam geschaffen wurde. Als Eva mit Seth niederkam, erblickte sie an ihm bereits das Licht Mohammeds, das fortan in der Kette der Vermächtnisträger weitergereicht wurde. An Abdallāh, Mohammeds Vater, war dieses Licht erkennbar, als er mit Āmina bint Wahb verheiratet wurde. Ihr hatte Allah ebenfalls so viel Licht und Schönheit geschenkt, daß sie für die Herrin ihrer Sippe angesehen wurde. Das Licht ʿAbdallāhs ging zu einem durch Allah bestimmten Zeitpunkt in den Leib Āminas über, an dem Tag, an dem die Wallfahrer bei ʿArafa zu stehen pflegen,[46] um ihre Gegenwart vor Allah zu bekunden. Auf Befehl Allahs öffnete der Engel, der das Paradies bewacht, dessen Pforten, und der Erde wurde die frohe Botschaft zuteil, daß das Licht ʿAbdallāhs in den Leib Āminas übergegangen sei. Alle Götzenbilder stürzten in diesem Augenblick um, auch der Thron des Teufels, der vierzig Tage in diesem Zustand verblieb. Alle Satane mußten erkennen, daß jetzt die Sendung des Propheten Mohammed ihren Anfang nehme, des Mannes, der mit scharfem Schwert den Widersachern Allahs den Garaus machen werde.[47]

Allah lehrte Mohammed alles, was er schon die Propheten vor ihm gelehrt hatte, und noch dazu alles, was diese nicht gewußt hatten. Als es mit Mohammed zu Ende ging, erhielt Gabriel den Befehl, ihm ein Schreiben aus Allahs Hand hinabzubringen. Es wurde Mohammed im Beisein ʿAlī b.abī Ṭālibs, Fāṭimas, al-Ḥasans und al-Ḥusains überreicht: Es enthielt das Vermächtnis Mohammeds an seinen Vetter und Schwiegersohn. ʿAlī, der „Befehlshaber der Glaubenden“, sagte darin zu, daß er die Freunde Allahs unterstützen, die Feinde bekämpfen werde; allerdings werde er all das Unrecht, das ihm und den Seinen angetan werde, erdulden und den Zorn, der in ihm hochkomme, unterdrücken, schließlich werde sogar sein reines Blut ihm den Bart rot färben.[48]

Das Licht, dessen Mohammed bei seiner Zeugung teilhaftig geworden war, stammte aus dem Stück Lehm, aus dem Allah Adam geformt hatte, ja, es war vor schon vor diesem Lehm geschaffen worden. Auch zu ʿAlī gelangte dieses Licht. Da dieser aber nicht der Sohn, sondern der Vetter des Propheten war, muß nun eine Abweichung von der Vater-Sohn-Vererbung begründet werden: ʿAbd al-Muṭṭalib, Mohammeds Großvater, übermachte

---

46 Den 9. Ḏū l-Ḥiǧǧa verbringen die Mekkapilger in der Ebene von ʿArafa und bekunden ihre Anwesenheit vor Allah; sobald die Sonne untergegangen ist, brechen sie zur Örtlichkeit Muzdalifa auf.

47 al-Masʿūdī, 107. Vgl. siebzehntes Kapitel (Wovon berichten die „großen Erzählungen“ des Islams?).

48 al-Masʿūdī, 121.

einen Teil des Licht seinem Sohn ʿAbdallāh, einen anderen jedoch dessen Bruder Abū Ṭālib; über ihn gelangte das Licht an ʿAlī b. abī Ṭālib. Überdies hatte Abū Ṭālib eine Gattin, die nicht gebären konnte – sie sei es gewesen, die die Sorge für den früh verwaisten Mohammed auf sich genommen habe.[49] Der Makel, daß der Prophet keinen Sohn gehabt hatte, den man für einen Vermächtnisträger hätte erklären können, ist auf diese Weise überdeckt. Der Nachweis, daß alle Imame, angefangen mit ʿAlī b. abī Ṭālib, dieses Erbe unbefleckt weitergegeben hätten, fällt al-Masʿūdī nicht schwer.

Al-Ḥasan al-ʿAskarī, der elfte unter ihnen, hatte freilich keinen Sohn, auf den diese Merkmale eines Erbberechtigten zugetroffen hätten. Wieder muß eine Wundergeschichte die Schwierigkeit beheben, die laut al-Masʿūdī so geht: Al-Ḥasan al-ʿAskarī war eine Sklavin wegen ihrer Schönheit aufgefallen, diese sollte nach Allahs Willen die Mutter des nächsten Imams sein; obwohl an ihr keine Zeichen der Schwangerschaft sichtbar waren, gebar sie im Sommer 868 einen Sohn. „Wir, die Allah Nahestehenden, werden nicht im Mutterleib ausgetragen, sondern in den Flanken", habe al-ʿAskarī erläutert. So kam „der Herr der (End-)Zeit" auf die Welt, „der lautere Sproß, der letzte Zeuge Allahs auf der Erde, sein Argument gegenüber den Geschöpfen, erwartet, um den ihm nahestehenden Dienern Befreiung (von ihren Leiden) zu bringen".[50]

Als der „Herr der (End-)Zeit" aus dem Mutterleib glitt, kniete er sogleich auf dem Boden und wies mit dem Zeigefinger in den Himmel hinauf. Dabei sprach er: „Gepriesen sei Allah, der Herr der Welten! Allah verrichte das rituelle Gebet, zu Mohammed und seiner Sippe gewandt![51] Dies wünscht ein erbärmlicher Knecht, den Allah gleichwohl weder verachtet noch hochmütig abweist!" Weiter sagte er: „Selbst die Finsternis behauptete, daß Allahs Argument das siegreiche ist. Erlaubte Allah uns (der Sippe Mohammeds) das Reden, dann schwände aller Zweifel dahin!"[52] Wie Mohammed das „Siegel der Propheten" war, so ist der Erwartete das „Siegel der Erbberechtigten" (arab.: *ḫātam al-auṣijāʾ*). Er ist Allahs Sachwalter, Argument, die Pforte, die zu Allah führt. Schon Muḥammad al-Bāqir, der fünfte in der Zwölferreihe, soll vorausgesagt haben, daß der „Herr der (End-)Zeit" im geheimen geboren wird; daher hat auch niemand ihm gegenüber eine Schutzverpflichtung.[53] Mit Aussagen dieser Art wird sichergestellt, daß sich die Schiiten von keinerlei Schuldgefühlen quälen lassen müssen, wenn sie eben – im Gegensatz zu ihren ismailiti-

---

[49] Ebd., 123–131.

[50] Ebd., 248–251.

[51] Vgl. drittes Kapitel (Wer war Mohammed?), II. 5. Dieser Topos taucht bei den Sunniten mit Bezug auf die Geburt des Propheten auf.

[52] al-Masʿūdī: Iṯbāt al-waṣīja, 251.

[53] Ebd., 252 f.

schen Glaubensgenossen – nicht zu den Waffen greifen. Als al-Masʿūdī sein Buch im Jahre 332 (begann am 4. September 943) beendet, sind seit der Geburt des „Erwarteten" knapp siebenundsiebzig Mondjahre vergangen, von denen vier Jahre und acht Monate noch in die Lebenszeit seines Vaters al-Ḥasan al-ʿAskarī fallen, über zweiundsiebzig Jahre hatte der „Herr der (End-)Zeit" alleine das Imamat inne, rechnet al-Masʿūdī und schließt mit der Bemerkung: „Deshalb lasse ich eine Lücke für den, der nach mir kommt."[54]

3. Gelehrsamkeit in der Zeit der Verborgenheit des Imams

Aḥmad b. Muḥammad b. Ḫālid al-Barqī, ein Gelehrter, dessen Vorfahr in der späten Omaijadenzeit in die Gegend von Qumm verschlagen worden war, faßte das schiitische Hadith nebst den Meinungen über die Zuverlässigkeit der Tradenten in zahlreichen Schriften zusammen, von denen etliche erhalten blieben. Ein wichtiger Teil von ihnen wurde unter dem Titel „Das Buch der schönen Seiten (der Schia)" um 1950 in Qumm gedruckt. Muḥammad al-Barqī, der Vater, gilt als ein Gefährte Mūsā al-Kāẓims, ʿAlī ar-Riḍās und Muḥammad al-Ǧawāds, Aḥmad selber soll bis in die Zeit al-Ḥasan al-ʿAskarīs gelebt haben.[55] Aḥmad al-Barqīs Schrift gewährt uns daher Einblick in die Vorstellungen des sich unter abbasidischer Kuratel herausbildenden quietistischen Schiitentums.

Wenngleich uns nur ein Teil des unter dem Namen Aḥmad al-Barqīs Überlieferten zugänglich ist, wollen wir die Gelegenheit zu einem Blick in jene Zeit nutzen, als al-Maʾmūn sich als den „Imam der Rechtleitung" feiern ließ und ʿAlī ar-Riḍā zu seinem Nachfolger bestimmte. Das Kapitel „Die Leuchten in der Finsternis" behandelt die von den Imamen an die Welt vermittelte Rechtleitung, somit den Hauptgegenstand des schiitischen Selbstverständnisses. Es beginnt, wie es ein Jahrhundert später al-Masʿūdī mit seiner Darstellung der Vermächtnisträger tun wird, mit den Armeen des Verstandes und des Unverstandes, mahnt zum Befolgen der *sunna* des Propheten und erklärt das Streben nach dem Erwerb des „Wissens" zur Pflicht.[56] Allah werde nämlich die Welt nie ohne einen „Wissenden" (arab.: *al-ʿālim*, Pl. *al-ʿulamāʾ*) lassen. Denn nur ein „Wissender" vermag auf die richtige Weise zwischen „erlaubt" und „verboten" zu unterscheiden. In zwei Hadithen steht an der Stelle von „Wissender": „Argument".[57] Dieses Wissen besitzt in vollem Umfang allein Allah; er kennt in allen Einzelheiten den Lauf der Welt. Im Koran ist, wie es

---

[54] Ebd., 263.

[55] Aḥmad al-Barqī: Kitāb al-maḥāsin, ed. as-Saijid Ǧalāl ad-Dīn al-Ḥusainī, Qumm 1950/1, Einleitung, ḥ und jb.

[56] Ebd., 196–198, 220, 225.

[57] Ebd., 234 und 236, Nr. 193 und Nr. 202.

in Sure 16, Vers 89, ausdrücklich heißt, alles dargelegt. Alles dies wird Allah am Jüngsten Tag seinen Dienern vorhalten; sie dürfen nicht behaupten, sie hätten während ihres irdischen Daseins nicht gewußt, was für sie auf dem Spiele stand. Das „Argument" ist stets im Sinn zu bewahren, liest man in der Überschrift eines Abschnitts in den „Leuchten in der Finsternis". Nur eines der dreizehn zu diesem Thema aufgeführten Hadithe enthält jenen Begriff: „Allah zeigt seine Huld Leuten, obwohl an ihnen nichts Gutes ist." Er wird dann sein Argument gegen sie ins Feld führen, und sie werden nichts erwidern können; es ist ratsam, des „Arguments" Allahs immer eingedenk zu sein.[58] Die Personifizierung dieses „Arguments" zu einem unter den Glaubenden stets anwesenden Imam mit reiner Abstammung ist in der Zeit vor der „Verborgenheit" des „Erwarteten Herrn der (End-)Zeit" anscheinend noch kein Gegenstand der schiitischen Gelehrsamkeit.

Das hat sich in der ersten Blütezeit der Zwölferschia grundlegend geändert. Damals, von der ersten Hälfte des 10. bis zur ersten Hälfte des 11. Jahrhunderts, strahlte ihr Einfluß von Qumm bis nach Bagdad aus. Das iranische Fürstengeschlecht der Bujiden, dem auch die Abbasiden ihren Respekt zollen mußten, behinderte die Schiiten nicht – nur zu den in Kairo regierenden fatimidischen Kalifen und ihren ismailitischen Werbern hatten die Zwölferschiiten Abstand zu halten. Am Beginn dieser Epoche steht al-Kulainī (gest. ca. 940) aus Raij, der mit seinem Hadithwerk das Fundament der zwölferschiitischen Gelehrsamkeit auf den Gebieten des Rechts, der Theologie und der Ausübung der Herrschaft legte. Er gliedert sein Hadithwerk in die Abteilung des Grundsätzlichen (arab.: Pl. *al-uṣūl*) und diejenige der Einzelbestimmungen (arab.: Pl. *al-furūʿ*). In der ersten Abteilung, die hier zu erörtern ist, behandelt er die folgenden Themen: Verstand und Unverstand; Vorzüge des „Wissens"; die Einsheit Allahs; das „Argument"; Glaube und Unglaube; die Anrufung (arab.: *ad-duʿāʾ*) Allahs; die Vorzüge des Korans; die vertraute Gemeinschaft. Den weitaus größten Umfang beansprucht das „Argument". Al-Kulainī zeigt sich überzeugt, daß er in einer Zeit lebe, in der der Unverstand überhand nehme. Irrlehren über die Daseinsordnung griffen um sich; wer seine Maximen dem Koran und der *sunna* des Propheten entlehne, der habe Aussicht darauf, im Gericht zu bestehen; wer sich auf das Gutdünken der Rechtsgelehrten der Mehrheit verlasse, auf deren Koranauslegungen, die bar jeglichen „Wissens" sind, der wird scheitern. Letzten Endes wird aber alles gemäß Allahs Willen geschehen, und wer tagsüber gläubig ist, kann am Abend als Ungläubiger enden und umgekehrt.

Wenn Überlieferungen einander im Sinn widersprechen, dann darf man nicht mit eigenem Sachverstand die Wahrheit zu finden hoffen; der Maßstab ist einzig der Koran: Nur das, was mit ihm im Einklang steht, kann richtig

[58] Ebd., 243, 267 sowie 277, Nr. 393.

sein. Der Konsens der Gelehrten ist gewiß auch ein Hinweis auf die Wahrheit einer Aussage; doch al-Kulainī räumt ein, daß er hiervon nur einen geringen Teil kenne, so daß man am ehesten Sicherheit gewinne, wenn man sich auf den „Wissenden“ berufen könne, worunter er jeweils den verbürgenden Imam versteht. Fast alle Tradentenketten enden bei einem aus der Zwölferreihe. Da er diese Methode befolge, werde sein Werk bis zum Tag des Gerichts Geltung haben, glaubt al-Kulainī, fügt aber hinzu: „Ein wenig haben wir den Abschnitt über das ‚Argument‘ ausgedehnt – obwohl wir ihn nicht so vollständig gestalteten, wie er es verdient hätte –, weil es uns zuwider war, dessen Anteil zu schmälern.“[59] Die Furcht, daß die „Wissenden“, die Schariagelehrten, dahingerafft werden könnten, ohne daß genügend jüngere an ihre Stelle träten, bedrückt ihn jedenfalls, und es ist bemerkenswert, daß man unter den Sunniten ganz ähnliche Befürchtungen hegte.[60]

Der innige Glaube an den „Erwarteten“, an das über alle Anstrengungen der Vergegenwärtigung der *sunna*, der Verhältnisse der medinensischen Urgemeinde wachende treffende „Argument“ trennt den Schiiten al-Kulainī von den sunnitischen Kollegen. Sie müssen sich der Mittel bedienen, die al-Kulainī in polemischer Absicht als Gutdünken charakterisiert, nämlich vor allem der verfeinerten und oft überfeinerten Analogiebildung. Daß sie ihren Zweck womöglich gar nicht erreicht, erkannte al-Ġazālī und riet daher zur Schaffung einer vertieften, dem Sufismus nahe kommenden Schariafrömmigkeit, die allein die Verwirklichung der gottgegebenen Daseinsordnung ermöglichen werde.[61] Al-Kulainī glaubt fest daran, daß Allah Mohammeds Vetter und Schwiegersohn ʿAlī zwar nicht das Prophetentum zugestanden habe, aber sämtliches „Wissen“, das der Prophet empfing, teilte er mit jenem, so daß Ǧaʿfar aṣ-Ṣādiq behaupten konnte: „(Unser ‚Wissen‘) ist das Erbe des Gesandten Allahs und ʿAlīs.“ Es wird den Imamen ins Herz gesenkt und bisweilen ertönt es ihnen im Ohr.[62] Die Schiiten sind sich des bevorzugten Ranges, den sie unter den Muslimen wegen der Wahrheit ihres „Wissens“ genießen, sehr wohl bewußt. Nur nach außen hin pflegen sie mit ihnen Umgang, im Innern aber haben sie nichts mit ihnen gemein; sie üben Vorsicht (arab.: *at-taqīja*) gegen die anderen, die der Schild gegen Übergriffe ist und die Wahrheit vor möglicher Entehrung schützt.[63]

Um Auseinandersetzungen mit Sunniten oder mit den Gemeinschaften der ismailitischen Schia, die von Kairo aus unterstützt wurden, aus dem Wege zu

---

59 al-Kulainī: Uṣūl al-kāfī, herausgegeben und mit einer persischen Übersetzung versehen durch Saijid Ǧawād Muṣṭafawī, 4 Teile, Teheran o. J., I, 6–10.

60 Ebd., 147–49, Tilman Nagel: Die Festung des Glaubens, München 1988, 339.

61 Vgl. zehntes Kapitel (Was sind Sunniten?), IV.

62 al-Kulainī, I, 394.

63 Ebd., III, 307–314.

gehen, mag diese Haltung von Nutzen gewesen sein. Allerdings waren die Verhältnisse nicht so, daß sie ständig eine solche Scheu gerechtfertigt hätten. Anhänger der Zwölferschia fanden sich in Bagdad und in Qumm, aber auch in vielen anderen Städten im Osten des Abbasidenreiches. Wer hätte sie dort hindern können, zumindest in ihrem persönlichen Lebenskreis die Speisegebote der Imame zu befolgen oder sich in allgemeiner Weise immer wieder ins Gedächtnis zu rufen, daß sie selber, vielleicht im Gegensatz zu den Nachbarn, den Anweisungen der Imame Rechnung trugen. Schiitische Gelehrte konnten freilich nicht überall um Rat angegangen werden. Um dieser Mißlichkeit zu begegnen, schuf Ibn Bābūje al-Qummī (gest. 991) ein Handbuch der zwölferschiitischen Scharia, dem er den Titel gab: „(Ratgeber desjenigen), dem kein Rechtsgelehrter zur Seite steht“. Sein Vorbild war, wie er selber in der Einleitung schreibt, ein medizinisches Brevier für alle, die keinen Arzt aufsuchen können. Ibn Bābūje sind, da er Laien im Auge hat, die Überliefererketten nicht wichtig, desgleichen verzichtet er auf die Anführung der Parallelen eines Hadithes. Er verdichtet den Stoff dergestalt, daß er dem Typus des Fetwas ähnelt.[64] Nur in den Metropolen, so dürfen wir schließen, gab es eine zwölferschiitische Gelehrtenschaft, die mit den Sachkennern der sunnitischen Rechtsschulen vergleichbar gewesen wäre.

4. Die Entstehung eines zwölferschiitischen „Klerus“

Die Wahrheitsgarantie, die der verborgene „Herr der (End-)Zeit“ gab, mußte auf die Länge der Zeit hin in kennzeichnender Weise das Verhältnis der Gelehrten zu den Glaubenden prägen. Unter hier nicht nachzuzeichnenden Umständen trat bei den Sunniten, insbesondere im Sufismus, Mohammed selber als im verborgenen Seinsbereich weiterhin zugunsten seiner Gemeinde Wirkender in Erscheinung.[65] Die sunnitischen kanonischen Hadithsammlungen, die bis ins 13. Jahrhundert zu Quellenwerken wurden, deren Autorität nicht mehr angetastet werden durfte,[66] fußten auf tatsächlichen bzw. vermeintlichen Aussagen der Prophetengefährten. Diese genossen zwar durchweg die Verehrung, die den Zeugen der urgemeindlichen Verhältnisse nach Meinung der breiten Masse zustand. Aber anders als die Imame der Zwölferschiiten hatten sie nicht auf Allahs Wunsch hin mit Mohammed das ganze „Wissen“ teilen können. Die Schariagelehrsamkeit der Sunniten konnte sich auf das Material der großen Sammlungen stützen. Die Zwölferschiiten hatten

---

[64] Ibn Bābūje al-Qummī: Man lā jaḥḍuru-hū l-faqīh, ed. Muḥammad al-Āḫūndī, 4 Bände, Teheran 1970, I, 3.

[65] Vgl. vierzehntes Kapitel (Was ist Sufismus?). Tilman Nagel: Die erdrückende Last des ewig Gültigen, Kapitel XX–XXII.

[66] Vgl. fünftes Kapitel (Was ist das Hadith?), III. 2. Ferner: Die erdrückende Last des ewig Gültigen, Kapitel XVI.

dagegen stets zu berücksichtigen, daß der „Erwartete“ ja nicht aus dieser Welt geschieden, sondern – freilich im Zustand der Entrücktheit – immer noch in ihr anwesend war und somit jederzeit erscheinen und berichtigend in die Arbeit der Gelehrten eingreifen konnte.

Mit der Dynastie der Safawiden, die von 1501 bis 1722 die Macht über Iran ausübten, wurde dies zu einem Problem. Der erste safawidische Schah, Ismāʿīl (reg. 1501–1524), legitimierte seine Herrschaft, indem er für sich eine Abstammung von Mūsā al-Kāẓim und womöglich sogar göttliche Charakterzüge beanspruchte.[67] Er selber und seine Anhänger setzten die Schiitisierung ganz Irans in Gang und gerieten, da sie ihre Werbung auch auf Anatolien ausdehnten, in einen scharfen Konflikt mit dem Osmanischen Reich, worauf hier nicht einzugehen ist. Der Aufstieg der Safawiden eröffnete den zwölferschiitischen Gelehrten bis dahin ungeahnte Entfaltungsmöglichkeiten, nötigte sie jedoch auch, sich klar von den Herrschern abzugrenzen. Denn es ging nicht um das Erbe irgendeines Mannes aus der Nachkommenschaft Mūsā al-Kāẓims, das sie zu wahren hätten. Sie waren vielmehr als die Sachwalter des einen „Entrückten“ tätig, der Verkörperung des von Anfang an den göttlichen Schöpfungsprozeß begleitenden „Arguments“, das allein die Arbeit an der Fruchtbarmachung des Korans und der *sunna* und an der Auslegung dieser beiden autoritativen Textgattungen für den Daseinsvollzug legitimierte.[68] Die Grundzüge dieser Arbeit waren am Beginn der Herrschaft der Safawiden und der Schiitisierung Irans seit zweihundert Jahren bekannt und anerkannt.

Den bedeutenden im Irak wirkenden Gelehrten al-Ḥillī (gest. 1325), der die zwölferschiitische Methode der Herleitung schiitischer Rechtsnormen unter dem Gegensatz von Verstand und Unverstand und unter der Autorität des „Entrückten“ durchdacht hatte,[69] hatte man als ersten mit dem Ehrentitel „Wunderzeichen Allahs“ (arab.: *āјat Allāh*)[70] bedacht. Die Kenntnis des Korans und der *sunna* des Propheten, vermittelt durch die Imame, befähigen, so al-Ḥillī, den schiitischen Gelehrten zur selbständigen Suche (arab.: *al-iǧtihād*) nach Lösungen schariatischer Fragen; der Verstand ist die Voraussetzung dafür, daß dabei die unentbehrlichen logischen Schlüsse gezogen werden. Es bedarf mithin einer intensiven, umfangreichen Ausbildung, um die Aufgaben

---

[67] Hans Robert Roemer: Persien auf dem Weg in die Neuzeit, Stuttgart 1989, 229–233.

[68] Heinz Halm: Der schiitische Islam, München 1994, 124. Rula Jurdi Abisaab: Converting Persia. Religion and Power in the Safawid Empire, London 2004 betont das Interesse safawidischer Herrscher an einer durch den zwölferschiitischen Klerus gesicherten Kontrolle der Bevölkerung.

[69] Vgl. Näheres im fünfzehnten Kapitel (Was ist islamischer Rationalismus?).

[70] Vulgo Ajatollah.

eines *muǧtahid* zu übernehmen.[71] Wie für den sunnitischen Mufti, so ist auch für den schiitischen *muǧtahid* die subjektive Ehrlichkeit seiner Einsichten das entscheidende Kriterium. Sie können durchaus „falsch“ sein, weshalb man den Zwölferschiiten rät, sich möglichst nur an die Entscheidungen eines lebenden *muǧtahid* zu halten, da die Erkenntnisse eines toten überholt sein könnten. Die Sunniten benötigen dieses Prinzip nicht, da ohnehin jeder Mufti die ihm vorgelegte Frage eigenständig und *de lege artis* zu beantworten hat.

Der entrückte, erwartete Imam ist die höchste Instanz der zwölferschiitischen Auslegung des Korans, der *sunna* des Propheten und der durch die Imame verkörperten zutreffenden Deutung dieser beiden Gattungen göttlicher Rechtleitung. Die Überlieferungen über das Grundsätzliche, wie al-Kulainī sie im ersten Teil seines Werkes ausbreitet, können nicht auf das Kapitel über den Verstand verengt werden, um daraus zu schließen, die zwölferschiitische „selbständige Suche“ sei allein durch den Verstand geleitet und daher „frei“. Der Verstand hat nach islamischer Deutung, die auch für die Schiiten gilt, die Aufgabe, den Glaubenden im Gehorsam gegen die gottgegebenen Normen festzuhalten. Eben diesem Ziel ist die intellektuelle Tätigkeit des *muǧtahid*, des „Wunderzeichens Allahs“ wie auch des obersten in der Hierarchie der Schariagelehrten, des „Zufluchtsorts der Nachahmung“ (arab.: *marǧaʿ at-taqlīd*), verpflichtet. Unter ihm bilden die Angehörigen der beiden unteren Ränge die Gemeinschaft der zur Wahrung und Mehrung des schariatischen Charakters des Reiches Berufenen, die im Namen des lebenden, aber entrückten „Arguments“ tätig sind, nicht aber im Namen des Herrschers.[72]

IV. Die schiitische Revolution

Diese grob skizzierten Umstände geben eine Ahnung davon, wie spannungsreich das Verhältnis des zwölferschiitischen Klerus zu den Machthabern sein kann. Muẓaffar ad-Dīn (reg. 1896–1907), einer der letzten Herrscher der in Iran seit dem 18. Jahrhundert regierenden Dynastie der Qadscha-

---

[71] Im sunnitischen Islam werden seit dem 11. Jahrhundert ähnliche Voraussetzungen für die Ausübung des Amtes des Muftis gefordert. Der Mufti übt seine Tätigkeit im Rahmen einer der Rechtsschulen aus, die oft mit den Institutionen der Machtausübung verbunden waren. Vgl. sechstes Kapitel (Was ist die Scharia?).

[72] Die zwölferschiitischen Gelehrten gliedern sich in die Ränge des *muǧtahid*, den man nach einem langjährigen Studium erwirbt; über diesem steht die Würde des „Arguments“ bzw. der „Autorität des Islams und der Muslime“ (*ḥuǧǧat al-islām wal-muslimīn*), darüber diejenige des „Wunderzeichens Allahs“ (Ajatollah). Die Träger dieser Würde können den Ehrentitel „größtes Wunderzeichen Allahs“ (*āјat Allāh al-ʿuẓmā*) oder „Instanz der Nachahmung“ (*marǧaʿ at-taqlīd*) erhalten (vgl. Heinz Halm: Der schiitische Islam. Von der Religion zur Revolution, München 1994, 145 f.).

ren, mußte mit ansehen, wie in Unruhen ein Teil der schiitischen Gelehrtenschaft gegen den Thron Partei ergriff und sich auf die Seite derjenigen stellte, die die Despotie des Schahs durch eine Verfassung und ein Parlament einzuhegen hofften. Der Scharia als dem gottgegebenen Schutzschild gegen jegliche Willkürherrschaft müsse man zur Geltung verhelfen; die Scharia nämlich sei das Licht, das Allah den Muslimen geschenkt habe. Es wäre ein verhängnisvoller Irrtum, die Verfassung, deren Verkündung man anstrebe, an europäischen Maximen auszurichten. Die Vorherrschaft Europas sei die Ursache allen Übels, keineswegs dessen Heilmittel. Freilich gab es auch Gelehrte, die sich gegen eine Beteiligung an der Machtausübung aussprachen; sie meinten, man dürfe nicht die Rechte des „Erwarteten" schmälern. Die Repräsentanten des durch ihn verkörperten „Wissens" dürften niemals an seiner Stelle die Macht ausüben.[73]

„Die Herrschaft des Rechtsgelehrten" lautete der programmatische Titel der Propagandaschrift, mit der das „Wunderzeichen Allahs" Chomeini (1902–1989) die Rolle des Ideengebers der Revolution von 1979 errang, dem die Herrschaft der Pehlewidynastie zum Opfer fiel. Es sei daran erinnert, daß der Kadi an-Nuʿmān einst das Wirken der sunnitischen Rechtsgelehrten mit Skepsis betrachtete, weil ihre Methoden der Auslegung der autoritativen Texte unweigerlich zu Zwistigkeiten führen. Da jeder schiitische *muǧtahid* unter der Schirmherrschaft des „Entrückten" arbeitet, ist dergleichen nicht zu befürchten. Die „islamische Regierung", von der Chomeini spricht, soll auf allen Ebenen und mit allen ihren Funktionsträgern dem islamischen Gesetz folgen. Seine Begründung für die Errichtung eines Machtapparats „in der Epoche der Verbogenheit" ist freilich sehr banal: Übergriffe gegen die Muslime müssen verhindert werden. Allah hat aber für diese Epoche keine Person bestimmt, die die Bewältigung dieser Aufgabe zu ihrer Sache zu machen hätte. Solle man deshalb den Islam aufgeben, fragt Chomeini und antwortet natürlich, daß dies niemals geschehen dürfe. Es sei doch wohl so, daß Allah auch nach dem Verschwinden des zwölften Imams den Fortbestand des islamischen Gemeinwesens für richtig halte. Es fänden sich unzählig viele Rechtsgelehrte, die hervorragende Kenner des Gesetzes und darüber hinaus von unbescholtenem Charakter seien. „Wenn sie zusammenkommen, können sie in der Welt eine Regierung allgemeiner Gerechtigkeit bilden."[74]

Wenn nun ein Rechtsgelehrter, der die beiden Voraussetzungen der Kenntnis des Gesetzes und der Unbescholtenheit aufweist, aufsteht und eine Regierung bildet, dann besitzt er eben jene Amtsbefugnis, über die der Prophet Mohammed verfügte, und alle Menschen sind verpflichtet, ihm Gehorsam zu

---

[73] Tilman Nagel: Staat und Glaubensgemeinschaft im Islam, Zürich/München 1981, II, 278–280.

[74] Ḫumainī: Ḥukūmat-e islāmī, 4. Auflage o. O. 1971, 62 f.

leisten. Die Annahme, daß die Befugnisse des Gottesgesandten umfangreicher gewesen seien als diejenigen des ersten oder zwölften Imams und deren Befugnisse wiederum weiter gereicht hätten als diejenigen eines Rechtsgelehrten, erklärt Chomeini für einen Irrtum. Gleichwohl sei die Machtausübung des Rechtsgelehrten nicht mit der des Propheten oder eines Imams gleichzusetzen. Der Unterschied im Rang bleibe erhalten, es bestehe jedoch die Gleichheit in der Amtspflicht. Es wäre doch absurd, wenn der Gottesgesandte, einer der Imame und der Rechtsgelehrte den Ehebruch mit einer je unterschiedlichen Anzahl von Peitschenhieben ahndeten. Nur in der Pflicht der Anwendung der Scharia seien der Imam und der herrschende Rechtsgelehrte gleich. Darüberhinaus verfügt nur der „Erwartete“ über die Würde der Stellvertreterschaft Allahs im Kosmos, dergestalt, daß sämtliche Substanzpartikeln sich vor ihm demütigen. Gemäß einer schiitischen Überlieferung haben der Gesandte Allahs und die Imame schon als Licht existiert, bevor Allah mit dem Schöpfungshandeln begann.[75] So wird man Chomeini nicht vorwerfen können, daß er mit seiner Theorie der Ausübung der Macht durch den Rechtsgelehrten, d. h. durch ihn selber, die Grundsätze der Zwölferschia verletze.

Ohne weiteres konnte zur Förderung des Umsturzes die alljährlich von neuem inszenierte Aufgebrachtheit der Schiiten über den Tod al-Ḥusains im Jahre 680 eingesetzt werden. Al-Ḥusain stilisierte man zu einem Revolutionär, der, seines Unterganges gewiß, den Kampf gegen das schlechthin Böse, die Omaijaden aufnahm, eine Heldentat, die für alle Schiiten zum Fanal des Kampfes gegen die Pehlewidynastie umgedeutet wurde.[76] Was das Resultat dieses Kampfes sein werde, war für den kühlen Taktiker der Machtausübung Chomeini nie ein Gegenstand des Zweifelns: die Herrschaft des Rechtsgelehrten, seine eigene also und diejenige seiner Gefolgsleute innerhalb des schiitischen Klerus, eine Machtausübung, die das angeblich so überlegene „Wissen“ des *muǧtahid*s institutionell verankerte und folglich die demokratischen Prinzipien mindestens ebenso entschieden verachtete, wie dies unter dem aus dem Lande verjagten Schah der Fall gewesen war.[77]

---

[75] Ebd., 68. Vgl. siebzehntes Kapitel (Wovon berichten die „großen Erzählungen“ des Islams?), IV. 3.

[76] Tilman Nagel: Staat und Glaubensgemeinschaft, II, 320–327.

[77] Ebd., II, 280–320.

Zwölftes Kapitel

Was versteht der Muslim unter Religion? Die Riten des Islams

I. Vorbemerkung

„Diejenigen, die das rituelle Gebet vollziehen" (arab.: *al-muṣallūn*), so lautet der Oberbegriff, den Abū l-Ḥasan al-Aš'arī (gest. 935) im Titel seines detailreichen Überblicks über die muslimischen Glaubensrichtungen verwendet, um das allen Gemeinsame zu benennen. In diesem Gemeinsamen, im rituellen Gebet (arab.: *aṣ-ṣalāh*), ist der Streit (arab. *al-iḫtilāf*) der Islambezeuger aufgehoben. Über ganz andere Fragen ist nämlich der Zwist ausgebrochen, den darzustellen al-Aš'arī sich vorgenommen hat: zuerst über die Berechtigung zur Machtausübung nach Mohammeds Tod, und dann unter 'Uṯmān b. 'Affān (reg. 644–656) über die Art und Weise der Machtausübung. Manche Muslime, al-Aš'arī meint die späteren Schiiten, hätten 'Uṯmān mit ungerechtfertigten Vorwürfen überzogen, die „Leute der *sunna* und der Geradheit" hätten die Beschuldigungen zurückgewiesen. Diese Meinungsverschiedenheiten seien bis auf seine Tage nicht beigelegt, schreibt al-Aš'arī,[1] und man muß hinzufügen, daß sie bis heute fortbestehen.[2]

Die Ritualpflichten bilden den Kern des Handelns des Menschen, das sich aus dem Islam,[3] der vorbehaltlosen Überantwortung der Person an Allah, ergibt und dieser Lebenshaltung Dauer und Festigkeit verleiht. Es gibt niemanden, der sich als Muslim versteht und gleichzeitig leugnet, zur Ausübung der durch Allah geforderten Riten der Gottesverehrung gehalten zu sein. Diese Pflicht folgt aus Sure 51, Vers 56, wo Allah dem Muslim sagt: „Ich habe die Dämonen und die Menschen nur dazu geschaffen, daß sie mich anbeten" oder „mir dienen." Dieser Dienst (arab.: *al-'ibāda*) wird in den folgenden beiden Versen von den heidnischen Bräuchen der Götterverehrung

---

[1] „Die Lehrmeinungen der Islambezeuger und der Streit derjenigen, die das rituelle Gebet vollziehen" lautet der vollständige Titel. Abū l-Ḥasan 'Alī b. Ismā'īl al-Aš'arī: Maqālāt al-islāmīǧīn wa-'ḫtilāf al-muṣallīn, ed. Muḥammad Muḥjī d-dīn 'Abd al-Ḥamīd, 2. Auflage, Kairo 1969, I, 44 und 49.

[2] Vgl. zehntes Kapitel (Was sind Sunniten?) sowie elftes Kapitel (Was sind Schiiten?).

[3] Vgl. erstes Kapitel (Was ist der Islam?).

unterschieden. Anders als die Götzen verlangt Allah, der der alleinige Ernährer aller Geschöpfe ist, von den Menschen keine Speisung, keine Gaben, sondern eben den Vollzug der Riten, den schon Mohammed als eine bewußte, verstandesgeleitete Handlung der beiden Klassen von mit dem Verstand ausgerüsteten Geschöpfen auffaßte. Alles, was auf der Erde und in den Himmeln ist, singt unablässig Allahs Lob (Sure 59, 24; Sure 62, 1; Sure 64, 1); nichts gibt es, was das nicht täte, „aber ihr (Menschen) vermögt das nicht zu verstehen“ (Sure 17, 44), eben weil den Menschen die Spontaneität der nicht mit dem Verstand begnadeten Schöpfung abgeht.

Allah, der fortwährend das Diesseits schafft und ohne dessen unermüdliche Tätigkeit nichts wäre, verdient um dieser Tätigkeit willen eine ebenso unermüdliche Dankbarkeit, die in einer niemals nachlassenden Anbetung und Verehrung zum Ausdruck kommt, bei allen Kreaturen, die nicht mit dem Verstand begnadet wurden, auf spontane Weise, bei den Menschen und Dämonen in bewußtem Vollzug. Die Wahrung der Unversehrtheit des Verstandes (arab.: *al-ʿaql*), etwa durch den Verzicht auf berauschende Getränke, ist daher eines der fünf wesentlichen Rechtsgüter der Scharia.[4] Hierbei ist stets im Auge zu behalten, daß die Riten nicht um eines abstrakten göttlichen Prinzips willen ausgeübt werden, sondern um des als Person vorgestellten Schöpfergottes willen. Der als Person, als Herrscher von seinem Thron herab, das Diesseits bis in alle Einzelheiten ins Werk setzende Allah ist das Gegenüber des Muslims, der sich im Ritenvollzug befindet. Mit dem Verblassen des Bildes des mit allen Einzelheiten dieser Welt befaßten Schöpfers und Richters verblaßt auch der Sinn der Riten.[5] Wenn sich der Muslim vor dem Gebet in die Richtung der Kaaba wendet, dann darf dies nicht als eine bloße Geste der Sammlung mißdeutet werden. Es ist eine Hinwendung zu dem Ort, an dem Allah gegenwärtig ist. Die Ansicht, man könne die Ritualpflichten auch erfüllen, wenn man sich irgendwohin wende, konnte sich nicht durchsetzen.

Dies wäre die naheliegende Schlußfolgerung aus der Allgegenwart Allahs gewesen, wie man sie beispielsweise aus Sure 28, Vers 88, erschließen könnte: „Ruf neben Allah keinen anderen Gott an! Es gibt nur ihn! Alles wird zugrunde gehen außer seinem Antlitz: Ihm steht die Entscheidung zu, und zu ihm werdet ihr zurückgebracht werden.“ Oder: „Was ihr an Wucher begeht, damit es unter den Gütern der (anderen) Leute anwachse, das wächst bei Allah nicht. Wenn ihr aber die Läuterungsgabe (arab.: *az-zakāh*) aufbringt, indem ihr das Antlitz Allahs (erstreben) wollt, dann gehört ihr zu denen, die (ihr Vermögen) verdoppeln“ (Sure 30, 39).“ Das Wort „Antlitz“ ist in solchen Fällen seiner konkreten Bedeutung verlustig gegangen und meint

---

[4] Vgl. sechstes Kapitel (Was ist die Scharia?), III. 1.; ferner fünfzehntes Kapitel (Was ist islamischer Rationalismus?).

[5] Vgl. zweites Kapitel (Wer ist Allah?), insbesondere III.

nur „Allah“ oder „Allahs Huld“. Die Ausübung der Riten geschieht aber stets in der als real empfundenen Gegenwart Allahs. Sie wird vorausgesetzt, wenn es gilt, die Bedingungen zu beschreiben, unter denen der Vollzug gültig ist.[6] Die Stiftung der Gebetsrichtung (Sure 2, 144) ist der treffende Beleg hierfür. Allah spricht Mohammed an: „Wir sehen, wie du das Gesicht am Himmel hin und herwendest. Darum wollen wir dich in eine Gebetsrichtung wenden, mit der du einverstanden bis. Wende also dein Gesicht in die Richtung des heiligen Gebetsortes (in Mekka)! Wo immer ihr seid, wendet das Gesicht dorthin ...“ Die Lokalisierung des heidnischen „Obergottes“ Allah in der Kaaba wird durch Mohammed nicht überwunden.[7] Auch der eine und einzige Allah bewahrt für den Muslim, der die Riten vollzieht, Charakterzüge einer ihm gegenüberstehenden Gottheit.

II. Die Riten im frühen Islam

1. Die Riten im Koran

Der Koran handelt von den Riten unter zwei stets wiederkehrenden Stichwörtern, der Läuterungsgabe (arab.: *az-zakāh*), die eben schon erwähnt wurde, und dem rituellen Gebet (arab.: *aṣ-ṣalāh*). Zunächst betrachten wir die Läuterungsgabe, denn das Erfordernis der Reinheit vor jeglicher Handlung der Verehrung Allahs wird bereits in der ältesten Äußerung Mohammeds erhoben, die man als Teil der an ihn ergangenen Offenbarungen bzw. als Teil der Rede Allahs in den Koran aufnahm: „Der du dich (mit deinem Gewand) verhüllt hast! Steh auf und warne! Rühme deinen Herrn! Deine Kleidung, die reinige, meide die Beschmutzung!“ (Sure 74, 1–5). Mohammed erhält von seinem Herrn den Auftrag, seine Mitmenschen zu warnen, wovor, wird noch nicht gesagt. Um diese Botschaft auszurichten, soll er seine Kleider *reinigen* – hier wird bereits die arabische Wortwurzel verwendet, mit der man das umfangreiche ritualrechtliche Sachgebiet der Läuterungsgabe bezeichnen wird. Die rituelle Reinheit (arab.: *aṭ-ṭahāra*) ist immer wieder gewissenhaft herzustellen, bevor man überhaupt mit einer der Pflichthandlungen beginnt. Was Mohammed vorträgt, ist ein Text, dessen Urschrift im Himmel verwahrt und dort nur von Reinen berührt wird, nunmehr wird sie in die Welt hinabgesandt (Sure 56, 79 f.). Ebendiese Botschaft, die Mohammed unermüdlich vorträgt und die er niederschreiben lassen wird, steht auf rituell reinen Blättern, wird Mohammed später in Medina sagen (Sure 98, 2). Der-

---

[6] Tilman Nagel: Im Offenkundigen das Verborgene. Die Heilszusage des sunnitischen Islams, Göttingen 2002, 505 f.

[7] Ders.: Mohammed. Leben und Legende, München 2008, 78–82, Allah als der „Herr des Hauses“, der Kaaba.

gleichen gilt bis heute: Vor dem Rezitieren des Korans sollte ein Muslim dafür sorgen, daß er rituell rein ist. Auch in der Hadithgelehrsamkeit ist ein entsprechendes Verhalten wünschenswert.[8]

Sich zu reinigen, wie Mohammed es in Sure 74 fordert, bedeutet nicht nur, einen bestimmten Zustand des Leibes herzustellen, damit dieser der Begegnung mit Allah würdig sei. Der Schmutz, den zu meiden angeraten wird, ist nicht nur materiell gemeint. So erzählt Mohammed in Sure 27 und Sure 7 von Lot und von dem sündhaften Verhalten (arab.: *al-fāḥiša*), dem dessen Landsleute frönten. Von Unwissenheit (arab. *al-ǧahl*) verblendet, wollten sie auf die mahnenden Worte Lots nicht hören. Stattdessen drohten sie: „Vertreibt die Sippe Lots aus eurer Ortschaft! Das sind Leute, die sich reinigen" (Sure 27, 56; vgl. Sure 7, 82). Versatzstücke aus biblischen Geschichten, hier derjenigen von Lot, spiegeln Mohammeds eigenes Lebensschicksal wider, wie er glaubt.[9] Sein und seiner Gefolgsleute Lebenszuschnitt ist von Reinheit gekennzeichnet und deshalb den Heiden ein Ärgernis. Das Heidentum wird mit Schmutz in Verbindung gebracht, was Mohammed beispielsweise in dem medinensischen Vers 33 von Sure 33 zum Ausdruck bringt. Es geht an dieser Stelle um das züchtige Verhalten der Frauen, die möglichst in ihren Wohnungen bleiben sollen; wenn sie sich in die Öffentlichkeit begeben müssen, dann sollen sie sich nicht aufputzen, wie dies in der „Unwissenheit" Brauch ist, und sie sollen Allah und dessen Gesandtem gehorchen. „Denn Allah will von euch allen,[10] ihr Leute des Hauses,[11] den Schmutz entfernen und euch ganz und gar reinigen."

„Das Haus", im Koran eine häufige Bezeichnung für die Kaaba, ist zu reinigen, wie schon Abraham aufgetragen wurde; Allah befahl ihm: „Geselle mir nichts bei, reinige mein Haus für die, die es umkreisen, für die, die dort zum Gebet stehen, für die, die sich dort niederwerfen, und rufe unter den Menschen zur Wallfahrt auf! …" (Sure 22, 26 f.). In Sure 2, Vers 125, erinnert Mohammed an diesen Auftrag, den Abraham einst erhielt. Damals erwählte Allah „das Haus" als den Ort, zu dem die Menschen wiederkehren. Die dortige Gedenkstätte, die Abraham gewidmet ist, möge man für rituelle Gebete nutzen, denn Abraham und sein Sohn Ismael waren einst beauftragt worden, „das Haus" zu reinigen. Aber nicht nur im unmittelbaren Zusammenhang mit der Verehrung Allahs gilt die Reinheit, die nicht zuletzt als eine

---

[8] Vgl. viertes Kapitel (Was ist der Koran?), IV. Ferner fünftes Kapitel (Was ist das Hadith?), II. 4. und III.

[9] Vgl. viertes Kapitel (Was ist der Koran?), III.

[10] Die Männer sind nun ausdrücklich einbezogen.

[11] Sobald es ein Schiitentum gibt, wird man diesen Vers auf die Familie des Propheten beziehen. Vgl. Rudi Paret: Der Koran. Kommentar und Konkordanz, Stuttgart 1980, zu Sure 11, Vers 71–73.

lautere Gottergebenheit zu verstehen ist, als unabdingbar für das Handeln des Anhängers der Propheten. Auch vor dem Kampf bei Badr „überkam euch Schläfrigkeit, weil (Allah) euch Sicherheit gab, und er ließ vom Himmel Wasser herabkommen, um euch dadurch zu reinigen, den Schmutz des Satans von euch zu nehmen, euren Herzen Kraft einzuflößen und euren Füßen Standhaftigkeit zu verschaffen." Den Engeln gab Allah ein, den Glaubenden beizustehen, die Herzen der Ungläubigen wurden von Entsetzen ergriffen, die Glaubenden töteten ihre Feinde oder machten sie kampfunfähig (Sure 8, 11 f.). Als Mohammed in seinen letzten Lebensjahren wegen seiner ständigen Kriege auf wachsenden Widerstand traf und etliche Muslime eine eigene Gebetsstätte einrichteten,[12] ließ sich Mohammed von Allah anweisen: „Steh darin niemals (zum Gebet)! (Nur) ein Gebetsplatz, der vom ersten Tag an auf Gottesfurcht gegründet ist, ist es wert, daß du dich darin aufstellst, denn darin sind Männer, die es lieben, sich zu reinigen. Allah liebt diejenigen, die sich reinigen!" (Sure 9, 108).

Die Reinheit hat freilich eine lebenspraktische Seite, die im Ritualrecht fast alle Aufmerksamkeit auf sich zieht. Im Koran klingt dergleichen nur bisweilen an. So gibt Mohammed in Sure 2 vor, nach den Auswirkungen der Monatsblutung gefragt worden zu sein. Frauen, die darunter leiden, seien zu meiden, befindet er, denn sie seien von einem Übel betroffen. „Nähert euch ihnen nicht, ehe sie rein geworden sind. Sind sie aber rein geworden, dann kommt zu ihnen derart, wie Allah es euch befahl. Allah liebt die Bußfertigen und diejenigen, die sich reinigen" (Vers 222). Diese Worte sind wieder an alle gesprochen, nicht etwa nur an die Frauen. Indessen schweigt sich der Koran darüber aus, wie denn die Frauen nach dem Ende der Blutung die rituelle Reinheit wiedererlangen sollen. Darf man annehmen, daß hierüber in der medinensischen Gemeinde ein Einverständnis herrschte, das sich aus einer niemals angefochtenen Praxis ergab und daher keiner genaueren Beschreibung bedurfte?

Anders steht es mit der Reinheit als der Vorbedingung für das rituelle Gebet. In Sure 5, die Mohammed laut Vers 3 als eine Art Vollendung der von ihm verkündeten gottgegebenen Daseinsordnung ansah, verfügt er darüber folgendes: „Ihr, die ihr glaubt! Wenn ihr euch zum rituellen Gebet aufstellt, dann wascht euch vorher das Gesicht und die Hände bis zum Ellenbogen und streicht euch über den Kopf und über die Füße bis zu den Knöcheln. Wenn ihr im Zustand der großen Unreinheit seid, dann reinigt euch. Seid ihr krank oder auf Reisen oder kommt einer vom Abort oder habt ihr die Frauen berührt und findet dann kein Wasser, so begebt euch an einen guten (d. h. rituell unbedenklichen) hochgelegenen Ort und streicht euch mit (dem dort befindlichen Sand) über das Gesicht und die Hände. Allah will euch keiner (unnö-

---

[12] Vgl. Tilman Nagel: Mohammed. Leben und Legende München 2008, 315, 460 f.

tigen) Mühe aussetzen, vielmehr will er euch reinigen. Er will an euch seine Gnade vollenden. Hoffentlich seid ihr dankbar“ (Vers 6). Sonderlich klar ist dieser Text nicht. Vor dem Gebet ist grundsätzlich die Waschung des Gesichts und der Hände notwendig, man wischt sich mit nassen Händen über den Kopf und die Füße. Was aber ist die „große Unreinheit“, und wie gewinnt man, wenn man in sie geraten ist, die Reinheit zurück? Und ist die Ersatzreinigung mit Sand nur in den genannten Fällen gestattet? Wieder hat man den Eindruck, daß der Koran nur Dinge ausspricht, die als eine Erläuterung und Ergänzung einer gängigen Praxis gedacht waren.

Unanfechtbar ist freilich der Grundsatz, daß der Islam einen Lebenswandel verpflichtend macht, der, wie zuvor schon erörtert, über den Ritenvollzug hinaus durch Reinheit ausgezeichnet sein soll. Schon im vorislamischen Kaabakult spielte die Reinheit eine wichtige Rolle, aber zumindest für Fremde war sie nur während der Umrundung der Kaaba einzuhalten. Gehörte man nicht zu den Begünstigten, denen ein Angehöriger des mekkanischen Kultbundes der „Strengen“ reine Kleidung verschaffte, dann mußte man die Kaaba nackend umkreisen.[13] Aus einem von al-Buḫārī überlieferten Hadith läßt sich schließen, daß dies seit der Verkündung des Islams verpönt war.[14] Die Aufforderung von Sure 74, Vers 4, die Kleidung zu reinigen, liest sich vor diesem Hintergrund wie eine Verallgemeinerung des einst nur für die „Strengen“ geltenden Brauchs, die Kaaba bekleidet zu umschreiten, freilich in rituell reinen Gewändern. Die Kleidung zählt laut Mohammed nämlich wie alle Kulturgüter zu den von Allah geschaffen werdenden Dingen, deren Nutzung den Glaubenden zusteht (Sure 7, 31 f.). Wieder freilich bleibt der Leser im ungewissen, wodurch ein Kleidungsstück rituell verschmutzt und wie dessen rituelle Reinheit hergestellt werden kann.

Wenn der Gesandte Allahs in Sure 74, Vers 5, den Rat empfängt, den Schmutz zu meiden, dann ist damit allerdings nicht ausschließlich eine materielle Verunreinigung gemeint, sondern vor allem eine heidnische oder durch den Satan geprägte Gesinnung und deren Konsequenzen. Die Ägypter, die von den sieben Plagen heimgesucht werden, bitten Mose, er möge bei Allah das Ende eines solchen „Schmutzes“ erwirken, da sie fortan an den Einen glauben wollten. Als Allah diese Bitte erfüllte, wurden sie ihrer Zusage untreu (Sure 7, 134 f.). Beim Schlachten der Opfertiere während der Wallfahrt achte man darauf, daß man nicht dem Schmutz der Götzenverehrung verfalle (Sure 22, 30). Reinigung kann demnach auch bedeuten, sich aller heidnischer Vorstellungen zu entledigen, um eine ungetrübte Beziehung zum Islam zu entwickeln. Etliche Medinenser und vor allem Beduinen aus der Umgebung

---

[13] Rituelle Nacktheit ist ein Zeichen von Reinheit. Vgl. Tilman Nagel: Mohammed, Leben und Legende, 57.

[14] al-Buḫārī: Ṣaḥīḥ, ḥaǧǧ 91.

erregten Mohammeds Zorn, weil sie nicht vorbehaltlos seinen Befehlen folgten. Allah rät ihm: „Nimm aus ihrem Vermögen einen Tribut (arab.: *aṣ-ṣadaqa*), durch den du sie reinigst und läuterst und sprich zu ihnen gewandt eine rituelles Gebets! Das wird sie beruhigen ... Du weißt doch, daß Allah von seinen Knechten die Buße annimmt, desgleichen die Tribute ...“ (Sure 9, 103 f.) Ein Tribut vermag die Atmosphäre zwischen dem Propheten und den übrigen Menschen zu reinigen (vgl. Sure 58, 12 f.). Im obigen Fall der Widerspenstigen läutert der Tribut auch das Verhältnis der Schuldigen zu Allah, was mit dem Verbum ausgedrückt wird, das derselben Wurzel zuzuordnen ist wie die Läuterungsgabe (arab.: *az-zakāh*).

Lauterkeit soll die Beziehung auszeichnen, die der Islam zu Allah, dem allmächtigen Gegenüber des Menschen, stiftet. Wie Mohammed den Begriff verwendet, erhellt aus einem Abschnitt von Sure 24, die in die medinensische Zeit gehört. „Denen, die es gern hätten, daß sich unter den Glaubenden sündhaftes Verhalten ausbreite, steht im Diesseits wie im Jenseits eine schwere Strafe bevor. Allah weiß Bescheid, ihr aber nicht. Nämlich daß Allah verzeiht und vergibt: Zeigte er nicht an euch seine Huld und Barmherzigkeit, (wäret ihr verloren). Ihr, die ihr glaubt! Folgt nicht den Schritten des Satans! Wer den Schritten des Satans folgt, nun, der Satan befiehlt euch sündhaftes, verwerfliches Tun. Gäbe es nicht die Huld und Barmherzigkeit Allahs, führte keiner von euch jemals ein lauteres Leben. Allah aber läutert, wen er will!“ (Vers 19–21). Die in der Gunst Allahs Stehenden sollten sich nicht zu schade sein, die Verwandten, die Armen und diejenigen zu unterstützen, die um des Pfades Allahs willen ausgewandert sind (Vers 22). Lauterkeit ist das Gegenteil eines durch den Satan bestimmten Lebens. So ist die Läuterungsgabe schon in frühmekkanischer Zeit eine Spende, die das Vermögen des Glaubenden vermindert und dem Zweck dient, den Islam, die vorbehaltlose Hingewandtheit zu Allah, zu festigen. Der Gottesfürchtige bleibt vom Höllenfeuer verschont, „der, der sein Vermögen gibt, um sich zu läutern, obwohl niemand bei ihm eine Wohltat guthat, die entgolten werden müßte, sondern einzig um das Antlitz seines höchsten Herrn zu erstreben! (Dieser Spender) wird gewiß zufrieden sein!“ (Sure 92, 17–21). Die Läuterungsgabe und das rituelle Gebet werden im Koran als die beiden Leistungen verstanden, mit denen der Islam seit jeher auf Dauer gestellt worden ist; den Propheten vor Mohammed wurde dies eingegeben (Sure 21, 73). So ist die *zakāh* neben dem rituellen Gebet die zweite wesentliche Handlung des Muslims, mit der er die Daseinsordnung verwirklicht. (vgl. Sure 4, 125).[15]

Sie wurde allerdings von Mohammed nie einer klaren Regelung unterworfen, was auch schwierig gewesen wäre. Allah kann die Muslime dazu ermuntern, das Verhältnis zu ihm auf die Lauterkeit zu gründen, aber ein eindeuti-

[15] Vgl. erstes Kapitel (Was ist der Islam?), II.

ges Regelwerk hierfür gibt es zu Mohammeds Zeit noch nicht – ebenso wenig wie für die übrigen Ritualpflichten. Die Tribute hingegen, die das Verhältnis zu Mohammed bzw. zum islamischen Gemeinwesen regeln, werden in der Epoche der Eroberungen, deren Beginn noch in die Lebenszeit des Propheten fällt, als eine Ersatzleistung für den Verzicht auf die Teilnahme am Dschihad aufgefaßt und bis in Einzelheiten festgelegt.[16] Es ist nicht verwunderlich, daß, sobald die Grundlagen für die Einhebung der *ṣadaqāt* mit dem Ausbleiben der durch den Dschihad angeeigneten fremden Güter entfallen, die Läuterungsgabe sich zu einer Art Steuer mit festen Hebesätzen entwickelt, ohne jedoch ihren ursprünglichen Sinn ganz einzubüßen.

Auch der Ablauf des rituellen Gebets und die Anzahl der täglichen Pflichtgebete lassen sich nicht dem Koran entnehmen. Aus der Posse um die sogenannten „satanischen Verse" weiß man immerhin, daß die Mekkaner die im Ritus vorgesehenen Niederwerfungen ablehnten.[17] Diese sind der Kern der Anbetung Allahs. Die nicht mit dem Verstand begnadeten Kreaturen, etwa die Bäume und die Sterne, führen sie unentwegt aus (Sure 55, 6). Viele Menschen, ungläubig, wie sie sind, tun dies nicht einmal, wenn ihnen der Koran vorgetragen wird (Sure 84, 21), der schließlich Allahs Gegenwart im Geschaffenwerdenden bezeugt.[18] Widerwillig sollen sich führende Mekkaner zu dieser Form des Gebets bereitgefunden haben, sofern Mohammed ihnen zugestehe, weiterhin die Gottheiten anzurufen, die sie als Allahs Töchter ansahen. Mohammed erkannte nachträglich, daß ihm die Verse, in denen er diesen Kompromiß verkündet hatte, durch den Satan eingeflüstert worden seien (vgl. Sure 22, 52–55).[19] Etwa achtzehn Monate vor seiner Vertreibung aus Mekka widerfuhr Mohammed eine Vision; er wurde durch die sieben Himmel geführt und erhielt den Auftrag, die fünf Pflichtgebete vorzuschreiben; wie diese zu verrichten seien, soll ihm gemäß der späteren islamischen Legende der Engel Gabriel gezeigt haben.[20]

Umstritten ist, ob die Fünfzahl der täglichen Pflichtgebete schon durch Mohammed angeordnet wurde. Im Koran wird sie allenfalls mittelbar erwähnt, nämlich in Sure 2, Vers 238. Neben „den Gebeten" wird hier den Glaubenden insbesondere das mittlere ans Herz gelegt. Nur wenn mit dem Plural mindestens vier gemeint sind, kann es ein mittleres geben, und das mittlere von zweien kann nicht gemeint sein, weil in diesem Fall nicht der

---

16 Vgl. neuntes Kapitel (Was ist der Dschihad?), III. 1.

17 Vgl. drittes Kapitel (Wer war Mohammed?), II. 3.

18 Koranexemplare vermerken in der Regel, an welchen Stellen eine Niederwerfung angebracht ist.

19 Tilman Nagel: Mohammed. Leben und Legende, 122 und 212.

20 Vgl. siebzehntes Kapitel (Wovon berichten die „großen Erzählungen" des Islams?), II. 2.

Plural, sondern der Dual verwendet sein müßte. Der Gebetsruf wurde in Medina eingeführt, desgleichen die Gebetsrichtung nach Mekka (Sure 2, 144). In Mekka hatte man unmittelbar an der Kaaba gebetet und sich dabei so aufgestellt, daß man die Kaaba in Richtung Nordwest vor sich hatte, mithin in Richtung Jerusalem. In Medina war dieser Brauch hinfällig; für Mohammed war die Kaaba als der Orientierungspunkt der Riten jedoch wesentlich wichtiger als Jerusalem. Nicht umsonst trug er seinen Anhängern ebenfalls in Sure 2 auf, notfalls mit Gewalt die Teilnahme an den mekkanischen Pilgerriten zu erwirken (Vers 190–193).

Zwei Voraussetzungen waren für die im Koran allerdings unzureichend dokumentierte Ergänzung und Festigung der Riten in Medina entscheidend. Zum einen hatte sich bereits etwa zwei Jahre vor Mohammeds Vertreibung aus Mekka eine Schar von Anhängern seiner Lehre gesammelt, die Mohammed durch Abgesandte im Koran und im rituellen Gebet unterweisen ließ. Unter diesen Anhängern, die nicht über die den Mekkanern selbstverständliche Kultstätte Allahs verfügten, kam wahrscheinlich auch der Freitagsgottesdienst auf, den Mohammed beibehielt und zu einer Ergebenheitsbekundung gegenüber „Allah und seinem Gesandten“ umdeutete.[21] Neben der Trennung vom „natürlichen“ Mittelpunkt des islamischen Kultes ist die Erweiterung des göttlichen Auftrags in Rechnung zu stellen, die Mohammed ebenfalls etwa zwei Jahre vor der Vertreibung verkündete: Er sei nicht mehr nur der Gesandte Allahs, sondern auch dessen Prophet, der den Menschen das „Billigenswerte“ befehle und ihnen das „Verwerfliche“ verbiete (Sure 7, 157).[22]

In Medina hatte er, zumal unter dem Druck der neuen Gegebenheiten, dringend zu erfüllen, was er in Aussicht gestellt hatte. Er tat dies vor allem in Sure 2, die ungefähr anderthalb Jahre nach der Vertreibung entstand. Fündig wurde er für seine Zwecke im jüdischen religiösen Gesetz,[23] von dem er sich allerdings prinzipiell distanzierte. Die Juden hatten einst Mose mit der Ausführung des von Allah geforderten Tieropfers hingehalten und sich deswegen den Zorn des Schöpfers zugezogen (Sure 2, 67–71). So sind denn die Opferkamele die Zeichen (arab.: Pl. *aš-šaʿāʾir*) der wahren kultischen Verehrung Allahs (Sure 2, 158 und Sure 22, 36), wie überhaupt die Wallfahrt nach Mekka (vgl. Sure 5, 2). Deren Ablauf wird in Sure 2, Vers 196 bis 200, wiederum in sehr allgemeinen Aussagen beschrieben: Die nur im Monat Ḏū l-Ḥiğğa, dem letzten des Mondjahres, an bestimmten Tagen möglichen Zeremonien der Wallfahrt (arab.: *al-ḥağğ*) und diejenigen der jederzeit durchführ-

---

21 Tilman Nagel: Mohammed. Leben und Legende, 273–275. Vgl. achtes Kapitel (Was sind Imamat, Kalifat und Sultanat?), II. 2.

22 Vgl. drittes Kapitel (Wer war Mohammed?), II. 4.

23 Einzelheiten bei Bertram Schmitz: Der Koran, Sure 2 „Die Kuh“: ein religionshistorischer Kommentar, Stuttgart 2009.

baren kultischen Verehrung der mekkanischen Stätten, der sogenannten „kleinen Wallfahrt" (arab.: *al-ʿumra*), sollen vollständig vollzogen werden. Wer nicht die erforderliche Anzahl von Opfertieren aufbringen kann, der mag so viele beschaffen, wie er kann. Erst wenn die Tiere den Ort erreicht haben, an dem sie geschlachtet werden sollen, darf man sich das Haupthaar scheren, mithin den Weihezustand verlassen, in dem man sich bis dahin befunden hat. Wer die „kleine" mit der regulären Wallfahrt verbinden will, mag Opfertiere nach seinen Möglichkeiten herbeiführen; gelingt ihm das nicht, so muß er ersatzweise eine bestimmte Anzahl von Tagen fasten. Während der Tage des Ritenvollzugs muß sich der Pilger des Geschlechtsverkehrs enthalten und soll jeglichen Streit vermeiden. Sobald man von der Örtlichkeit ʿArafāt aus den rituellen Lauf ausgeführt habe, möge man Allahs an der Kaaba gedenken und ihm für die Herabsendung der Rechtleitung danken. Hiernach spricht der Koran noch einmal vom gerade erwähnten kultischen Lauf, was nur unter gewaltsamer Auslegung mit den heute geltenden Zeremonien zur Übereinstimmung zu bringen ist.

Die kultische Pflicht des Fastens im Ramadan (Sure 2, 183–187), dem neunten Monat des Mondjahres, wird von Mohammed als die Fortführung einer schon von den Propheten vor ihm angeordneten Form der Gottesverehrung aufgefaßt. Die Muslime sollen das Fasten den ganzen Monat über einhalten; denn im Ramadan sei ihm, Mohammed, zum ersten Mal die Rechtleitung eingegeben worden. Vom Morgengrauen bis zu dem Zeitpunkt, an dem die Sonnenscheibe unter den Horizont gesunken ist, hat man sich jeglicher Aufnahme von Speisen oder Getränken zu enthalten. Des Nachts hingegen soll man essen und trinken, und selbst der Geschlechtsverkehr ist erlaubt, was, wie aus Vers 187 hervorgeht, ein Zugeständnis an die Muslime ist; sie hätten die strengeren Regeln, die ursprünglich gegolten hätten, allzu oft übertreten.

2. Die „fünf Säulen des Islams"

Selbst wenn man die in Sure 2 genannten Vorschriften, die einen nach unseren Vorstellungen profanen Gegenstand betreffen (wie z. B. den Nachlaß, Vers 180–182),[24] außer acht läßt, so muß man einräumen, daß das Dasein des Muslims von rituellen Pflichten beherrscht ist. Der Tageslauf richtet sich nach den Zeitspannen, innerhalb deren die Pflichtgebete zu verrichten sind; und die Stunden ohne Gebetspflicht sind im Idealfall dem Gedenken Allahs

[24] Nicht ohne Grund stehen in den Schariawerken die Abschnitte über die rituelle Reinheit und die Ritualpflichten vor den Abschnitten zu den zwischenmenschlichen Beziehungen, zu dem also, was wir profan nennen würden. Vgl. sechstes Kapitel (Was ist die Scharia?).

zu widmen, worüber später zu handeln sein wird. Überdies ist während der „ritenfreien“ Zeiten unablässig zu erwägen, ob und wie man in einen Zustand der rituellen Unreinheit geraten ist und wie dieser vor Beginn der anstehenden nächsten Pflichthandlung zu beheben ist. Der Appell (arab.: *ad-daʿwa*), der nach islamischer Überzeugung von der Botschaft des Propheten ständig sowohl an die Andersgläubigen als auch an die Muslime ergeht, erfordert keine Antwort, die sich nach einem Zeitmaß und nach deutlich definierbaren Umständen berechnen ließe. Er zielt vielmehr auf eine unwiderrufliche und den ganzen Menschen erfassende Umgestaltung des Daseins nach der Richtschnur der gottgewollten Ordnung (arab.: *ad-dīn*). Die Pflichtriten sind deren wichtigstes, die islamische Gesellschaft in charakteristischer Weise formendes Segment. Die Einzelheiten ihres regelgerechten, auf das Jenseitsverdienst anrechenbaren Vollzugs leiten sich aus dem unter Mohammed gültigen Brauch seiner Anhängerschaft her, der, wie erörtert, im Koran nur unzureichend dokumentiert ist.

Die islamische Gemeinde durchlief, nachdem Mohammed in Medina Fuß gefaßt hatte, eine Periode, in der das Ideal der kämpferischen Gläubigkeit (arab.: *al-īmān*) von Mohammed weit höher eingeschätzt wurde als die Ritentreue, der Islam (vgl. Sure 49, 14).[25] Je mehr die Welle der Eroberungen erlahmte, desto stärker definierten sich die Glaubenden als Muslime, als Menschen, die sich vorbehaltlos Allah zugewandt haben und dies durch die Verrichtung der Riten sichtbar machen. Es kam nun darauf an, eine neue Bestimmung der Gläubigkeit zu finden, vor allem aber den Islam zu definieren. In Anlehnung an den Schluß von Sure 2 erstreckt sich der Glaube auf Allah, seine Engel, seine offenbarten Bücher und seine Gesandten. Darüber hinaus bezeugt man den Glauben nicht nur durch das „Es gibt keinen Gott außer Allah, Mohammed ist sein Gesandter“, sondern nach der Ansicht der meisten Muslime auch durch ein Tun. Dieses lasse sich in mehr als sechzig oder mehr als siebzig Unterarten einteilen, deren vorzüglichste laut einem oft zitierten Hadith das Rezitieren der Bezeugungsformel sei und deren unscheinbarste darin bestehe, Unrat von der Straße zu entfernen.[26] Im Glauben an Allah leben, heißt nichts anders, als das ganze Dasein entsprechend diesem Glauben ablaufen zu lassen.

Islam, die Hingabe der eigenen Person an Allah, meint im Unterschied zu dieser sehr allgemeinen Bestimmung der Gläubigkeit, die bewußte Erfüllung des Daseinszwecks, den Allah den Dämonen und Menschen laut Sure 51, Vers 56 zugedacht hat: ihn anzubeten, zu verehren. Indem der Islam in den Mittelpunkt der von Allah mittels seines Gesandten ins Leben gerufenen

---

[25] Vgl. drittes Kapitel (Wer war Mohammed?), II. 5. und neuntes Kapitel (Was ist der Dschihad?), II. und III.

[26] Muslim b. al-Ḥaǧǧāǧ: Ṣaḥīḥ, īmān 58.

„besten Gemeinschaft" (Sure 3, 110) rückt, findet man eine Formel, die besagt, was dieser Islam eigentlich sei. Auf fünf Säulen (arab.: *ar-rukn*, Pl. *al-arkān*) ruht der Islam, soll Mohammed befunden haben: zuerst auf den Einsheit Allahs bzw. auf der Bezeugung, daß es keinen Gott gebe außer Allah und Mohammed sein Gesandter und Diener sei; auf der Verrichtung des rituellen Gebets; auf der Läuterungsgabe; auf dem Fasten im Ramadan; auf der Pilgerreise nach Mekka.[27] Die rituelle Reinheit zählt nicht zu den Säulen. Mit ihren zahlreichen Detailbestimmungen ist sie vom Gebet bis zu den Pilgerriten eine Begleiterscheinung des Ritenvollzugs und verlangt, wenn sie sorgfältig beachtet werden soll, umfassende Kenntnisse. Hier können die Vorschriften nicht im entferntesten nachgezeichnet werden.

3. Formalisierung und Anrechenbarkeit

Im Koran werden die Gebetszeiten nicht definiert. Im Hadith dagegen wird man hierüber unterrichtet. Als Mohammed bei seinem Aufstieg durch die sieben Himmel mit Allah die Fünfzahl der täglichen Pflichtgebete ausgehandelt hatte, kam Gabriel mit ihm auf die Erde herab und führte die einzelnen Gebete, deren Ablauf nicht gleich ist, bis in einzelne vor; Mohammed ahmte ihn genau nach und befahl den Muslimen, ihrerseits ihn genau nachzuahmen. Für jedes der Pflichtgebete ist ein Zeitabschnitt des Tages vorbehalten, hierüber belehrte Mohammed seine Gemeinde wie folgt: „Die Zeit des Frühgebets (arab.: *ṣalāt al-faǧr*) ist, solange noch nicht der oberste Rand der Sonnenscheibe sichtbar geworden ist. Die Zeit des Mittagsgebets (arab.: *ṣalāt aẓ-ẓuhr*) beginnt, wenn die Sonne den Zenit überschritten hat (und dauert so lange), bis der Nachmittag gekommen ist. Die Zeit des Nachmittagsgebets (arab.: *ṣalāt al-ʿaṣr*) ist, solange die Sonne noch nicht gelb geworden ist und dauert, bis ihr oberster Rand hinter den Horizont gefallen ist. Die Zeit des Sonnenuntergangsgebets (arab.: *ṣalāt al-maġrib*) beginnt, sobald die Sonnenscheibe verschwunden ist, und dauert bis zum Einbruch der Dämmerung. Die Zeit des Nachtgebets (arab.: *ṣalāt al-ʿišāʾ*) ist von da an bis zur Mitte der Nacht."[28] Die Hadithsammlungen kennen andere Formulierungen, die jedoch in gleicher Weise den Sonnenlauf in Zeitsegmente teilen, während deren das jeweilige Gebet verrichtet werden muß. Da es als besonders verdienstvoll gilt, dies am Beginn eines jeden Abschnitts zu tun, ist aus diesen allgemeinen Angaben die für jeden Ort geltende Uhrzeit zu errechnen, die, abgesehen vom Mittagsgebet, von Tag zu Tag variiert. Da nicht einmal Mohammed alle Gebete zur vorgeschriebenen Zeit hat durchführen können, enthalten die Sammlungen Hadithe, die über von ihm vorgenommene Ver-

---

27 Ebd., īmān 19–22.

28 Ebd., masāǧid, 166 f. und 174.

schiebungen bzw. Zusammenfassungen zweier Gebete berichten. Die heutige Erwerbstätigkeit ist nicht mit derartigen Unterbrechungen zu vereinbaren, die sich zudem noch fortlaufend verschieben. In den Überlieferungen über die Ausnahmen, die sich der Prophet erlaubte, vermag der Muslim eine Rechtfertigung für den eigenen, den heutigen Lebensumständen angepaßten Umgang mit den Gebetszeiten suchen. Eigentlich aber hat die Daseinsordnung, der Kern der Religion, stets den Vorrang zu beanspruchen. Nur deren rechtzeitige Erfüllung bewirkt, daß das betreffende Gebet vollständig auf das Jenseitsverdienst angerechnet wird, was wiederum für das Bestehen der Prüfungen und des Gerichts am Ende der Zeiten von erstrangigem Gewicht ist – obwohl Allah seine Urteile gänzlich ohne Rücksicht auf das Verdienst fällt, das man erworben haben mag.[29]

Das Hadith behandelt die Daseinsordnung vorwiegend als eine Fülle von Einzelbestimmungen, deren Mißachtung schwerwiegende jenseitige, vielfach auch diesseitige Folgen nach sich ziehen kann. Um einen Eindruck vom Inhalt dieser Texte zu ermöglichen, seien hier die Überschriften der 55 Kapitel zusammengefaßt, die das „Buch über die Moscheen und Plätze, an denen das rituelle Gebet verrichtet werden kann" in der Hadithsammlung des Muslim b. al-Ḥaǧǧāǧ (gest. 874) aufweist. Zur Einführung stellt der Prophet fest, daß der Gebetsplatz um die Kaaba der älteste ist, der der Menschheit geschenkt wurde. Allerdings sei er, Mohammed, der einzige Prophet, dem Allah den gesamten Boden der Erde als einen grundsätzlich rituell reinen Ort des Gebets angewiesen habe. Mit anderen Worten, es gibt keinen geweihten Ort, der nur von Personen betreten werden dürfte, die zum Umgang mit Sakramenten berechtigt wären; denn Sakramente gibt es nicht. Ein kurzer Blick auf Mohammeds Gebetsplatz in Medina sowie auf die Verlegung der Gebetsrichtung gen Mekka eröffnen das eigentliche Thema. Es ist löblich, Gebetsplätze einzurichten, allerdings nie über Gräbern.

Hiernach geht Muslim b. al-Ḥaǧǧāǧ zu Einzelheiten des Vollzugs über: Es ist empfehlenswert, während man sich nach unten neigt, die Hände auf die Knie zu legen, sie sollen nicht übereinandergelegt und dann zwischen den Beinen gehalten werden; es ist statthaft, sich auf die Fersen zu hocken. Es ist unzulässig, während des Ritenvollzugs private Gespräche zu führen; allerdings darf man Formeln der Verfluchung des Satans hersagen. Man darf Kleinkinder mitbringen, muß sie aber während der Niederwerfung beiseitetun. Der Imam darf nach dem Vorbild Mohammeds auf einem Podest stehen, damit die Glaubenden ihn besser nachahmen können.[30] Eine Verkürzung des Ablaufs ist verboten. Es ist zu mißbilligen, den Kies des Bodens des Gebetsplatzes geradezustreichen; allenfalls ein Kieselstein darf bewegt werden. Es

[29] Vgl. erstes Kapitel (Was ist der Islam?), II. 5.

[30] Vgl. achtes Kapitel (Was sind Imamat, Kalifat und Sultanat?), II.

ist verboten, vor sich hinzuspucken, schließlich steht man Allah von Angesicht zu Angesicht gegenüber. Man darf beim Gebet Sandalen tragen; Kleidung mit Mustern sollte man vermeiden, da sie andere vom Gebet ablenken könnte; aus dem gleichen Grund sollte man nicht in der Nähe des Essens beten, das man danach zu verspeisen gedenkt. Vor dem Gebet sollte man keinen Knoblauch verzehren. Während des Gebets darf man sich nicht um entlaufenes Vieh sorgen. Auch kann es sein, daß der Satan den Beter in Verwirrung stürzt, so daß dieser nicht weiß, ob er bereits alle Pflichtteile ausgeführt hat; in einem solchen Fall soll man dort neu ansetzen, bis wohin gekommen zu sein man sich sicher ist. Es ist verdienstvoll, Passagen des Korans zu zitieren; gelangt man an eine Stelle, an der eine Niederwerfung vorgesehen ist, dann vollziehe man sie. Wie man während des Gebetsritus sitzt und die Hände auf die Oberschenkel legt, wie man das Gebet beendet, ist genau festgelegt. Nach dem Schluß empfiehlt es sich, Allahs zu gedenken (arab.: *aḏ-ḏikr*) und ihn um Schutz vor der Grabespein anzuflehen; auch um Schutz vor anderen Übeln darf man beim Gebet bitten, in Sonderheit in dem Augenblick der Ruhe zwischen dem *Allāhu akbar* und der Koranrezitation.

Im Zusammenhang mit den Gebetszeiten belehrt Muslim b. al-Ḥaǧǧāǧ den Glaubenden, daß er nie in Hetze, sondern stets gemessenen Schritts die Moschee aufsuchen soll. Kommt er nach dem Beginn, dann braucht er den Teil des Ritus, bei dessen Vollzug er eingetroffen ist, nicht zu wiederholen. Mahnungen, das Morgengebet und das Nachmittagsgebet nicht zu versäumen, belegen, wie schwierig es schon in frühislamischer Zeit war, den Tageslauf ganz auf die Verehrung Allahs auszurichten. Nach Möglichkeit soll man jedes Gebet am Beginn des jeweiligen Zeitabschnittes verrichten, denn das ist der Augenblick, in dem sich die Glaubensgenossen versammeln, und die Einreihung in die Gemeinschaft (arab.: *al-ǧamāʿa*) erhöht das Verdienst beträchtlich. Dies wird in mehreren Kapiteln unter verschiedenen Gesichtspunkten dargelegt. Sobald der Gebetsruf erschallt, breche man also von zu Hause auf. Je mehr Schritte jemand zur Moschee zu gehen hat, desto mehr erhöht sich der Kontostand seines Verdienstes, desgleichen, wenn er recht früh in der Moschee eintrifft und lange auf den Beginn der Riten warten muß. Ein weiter Weg tilgt im übrigen viele Verfehlungen. Derjenige taugt am ehesten für das Imamat, der am besten den Koran rezitiert. Wenn ein Unglück die Muslime befallen hat, ist es notwendig, während des ganzen Ritus eine über das übliche Maß hinausgehende Unterwürfigkeit zu bekunden. Mit Regeln für das Nachholen versäumter Gebete schließt Muslim b. al-Ḥaǧǧāǧ dieses Buch seines Kompendiums des „gesunden" Hadith.

Wesentlich mehr Material als der Koran bietet das Hadith demjenigen, der wissen möchte, wie er das rituelle Gebet auszuführen hat. Indessen sind alle die Mohammed in den Mund gelegten Aussagen nur für denjenigen von Nutzen, der dies ohnehin regelmäßig tut. Ähnliches gilt für die anderen rituellen

Pflichten. Was bei der Lektüre der diesbezüglichen Bücher in den Hadithsammlungen auffällt, sind die bis ins Kleinliche reichenden Einzelheiten, die zu beachten sind, wenn eine rituelle Pflichthandlung gültig vollzogen werden und deswegen anrechenbar sein soll. So muß sich der Muslim in den Kapiteln über das Ramadanfasten sagen lassen, daß für den Beginn des Monats die Sichtung der Mondsichel maßgebend sei; sei sie von Wolken bedeckt, dürfe man das Datum schätzen. Auch für das Fastenbrechen müsse man den Neumond erblicken; bei Bewölkung solle man zur Sicherheit dreißig statt neunundzwanzig Tage fasten. Diese Ungewißheit ist für den Glaubenden erträglich. Viel unangenehmere Folgen hat es für ihn, wenn er tagsüber das Fasten bricht, ohne es zu wollen, etwa indem er Erbrochenes hinunterschluckt. Die Folgen eines solchen Mißgeschicks sind umstritten. Auch wenn man bei der vorgeschriebenen rituellen Waschung von dem durch die Nase einzusaugenden Wasser zuviel verschluckt, kann das einen Teil der Bemühungen um religiöses Verdienst zunichte machen.

Weit stärker ist der Druck, nur ja keinen Irrtum zu begehen, während der Pilgertage in Mekka, an denen die meisten, wenn überhaupt, nur einmal im Leben teilnehmen. Die einzelnen Abschnitte der Zeremonien – die Predigt in der Moschee um die Kaaba am 7. Ḏū l-Ḥiǧǧa, am nächsten Tag die Wanderung über die Örtlichkeiten Minā und Muzdalifa in die Ebene ʿArafāt und, sofern in dem Gedränge möglich Besteigung einer „Berg der Barmherzigkeit" genannten Anhöhe, am 9. Ḏū l-Ḥiǧǧa Warten vom Mittag bis zum Sonnenuntergang, danach der Lauf nach Muzdalifa; am nächsten Tag begibt man sich wieder nach Minā, wobei an drei Stellen der Satan mit Kieseln „gesteinigt" wird, der hier Abraham erschienen und von ihm auf diese Weise vertrieben worden sein soll. Die eigentlichen Pilgerzeremonien finden hiermit ihren Abschluß; man ruft fortan nicht mehr die Formel „Dir zu Diensten, Allah", mit der man die vergangenen Zeremonien begleitet hat. Man schlachtet nun die Opfertiere, läßt sich das Haupthaar scheren und tritt wieder in den alltäglichen Lebenszustand ein – alle diese Zeremonien müssen pünktlich und fehlerfrei absolviert werden. Bei den Menschenmassen, die in Mekka zusammenströmen, ist dies oft nur unter rücksichtslosem Einsatz der Körperkräfte möglich. Dies gilt besonders für die siebenmalige Umrundung der Kabba und die siebenmalige Zurücklegung der Strecke zwischen Ṣafā und Marwa, die ursprünglich die „kleine Wallfahrt" ausmachten, nun aber vor bzw. nach den geschilderten Zeremonien stattzufinden haben. Nur die wenigsten Pilger erkämpfen sich die Gelegenheit, des schwarzen Steins in der Ostecke der Kaaba ansichtig zu werden. Die Tage der Wallfahrt sind zum einen Tage tiefempfundener Gottgläubigkeit und innerer Erhebung, sie sind aber auch von der Furcht überschattet, durch noch nicht einmal selbstverschuldete kleine Fehler oder Versäumnisse das größte und erhabenste Verdienst zu entwerten, das dem Muslim aus seiner Ritenfrömmigkeit erwachsen kann.

III. Der „Katechismus“

Die Formalisierung der Pflichtriten nebst einigen aus ihnen hergeleiteten empfehlenswerten Handlungen der Gottesverehrung wie etwa der Zusatzgebete (arab.: Pl. *at-tarāwīḥ*), die in den Nächten des Ramadan nach dem Nachtgebet auszuführen sind, wird in den Handbüchern der Scharia vervollkommnet; die Bestimmungen zur Reinheit und zu den Pflichtriten machen deren größten Teil aus. Haarspalterische Erörterungen über winzige Details in den Fragen des Verlusts und Wiedergewinns der Reinheit oder des irrtümlichen Brechens des Fastens füllen viele Seiten und bleiben nicht selten ohne eine klare Entscheidung. Der gemeine Mann kann dem allen keine Aufmerksamkeit widmen; er muß zusehen, wie er den Alltag mit den wichtigsten Vorschriften der Daseinsordnung zur Deckung bringt. Er erfährt dies aus Schriften, die mit christlichen Katechismen insofern vergleichbar sind, als sie einen Abriß des Glaubens vermitteln, aber natürlich einen ganz anderen Inhalt haben. Der islamische Katechismus gibt dem Leser zwar einen Überblick über den Glauben – nämlich an Allah, seine Engel, seine offenbarten Schriften, seine Gesandten und das Jüngste Gericht sowie an die göttliche Vorherbestimmung. Der wichtigste, umfangreichste Teil beschäftigt sich jedoch mit den fünf Säulen, unter denen wiederum dem rituellen Gebet der mit Abstand breiteste Raum zugestanden wird.

Diese Schriften, die auch für Konvertiten gedacht sind, nennt man auf türkisch *İlmihal*. Das Wort setzt sich aus dem arabischen *ʿilm*, Wissen, und *ḥāl*, Zustand oder Befindlichkeit, zusammen. Es beschreibt das, was der Muslim wissen muß, um die zuvor knapp umrissenen Glaubenslehren in eine Lebenspraxis umzuwandeln und zu verwirklichen. „Wissen“, wie es Allah schon Adam lehrte (Sure 2, 31),[31] ist im Idealfall immer schon Handeln, wie es sich aus dem Islam im ursprünglichen Sinn ergibt.[32] Bereits während der Herausbildung der Literaturgattung des Hadith im 8. Jahrhundert machten dessen Vorreiter sich die enge Verknüpfung, die zwischen „Wissen“ und Handeln bestehen müsse, unter Bezugnahme auf Sure 12, Vers 68, klar. Jakob hatte seinen Söhnen, die wegen der Hungersnot nach Ägypten gezogen waren, um Getreide zu beschaffen, dringend geraten, sich vor dem Erreichen der Hauptstadt voneinander zu trennen und sie durch mehrere Tore zu betreten, damit sie nicht allesamt gefangengesetzt würden. „Als sie nun einzogen, wie ihr Vater ihnen befohlen hatte, half ihnen das nichts gegen Allah. Es war nur ein Bedürfnis in Jakob gewesen, das er sich erfüllt hatte. Er hat nämlich ‚Wissen‘, das wir ihn lehrten. Die meisten Menschen aber wissen nicht Bescheid.“ Der Rat Jakobs, der sich als nutzlos erwies – Josef erkennt, wer die

---

[31] Vgl. dreizehntes Kapitel (Was lehrt der Islam über den Menschen?), III.

[32] Vgl. erstes Kapitel (Was ist Islam?), II.

Fremden sind –, entsprang nicht dem „Wissen“, das Allah ihn lehrte, sondern einer Grille, die Jakob sich nicht hatte verkneifen können. Echtes „Wissen“ dagegen, gestiftet durch Allahs Unterweisung, schlägt sich in gelingenden Handlungen nieder.[33] Solches „Wissen“ vermittelt der „Katechismus“, und zwar den jeweiligen Zustand, die jeweilige Befindlichkeit des Muslims betreffend und dementsprechend im bestmöglichen Handeln (vgl. Sure 4, 125) Wirklichkeit werdend. Ein *İlmihal* stellt demnach in einer für jeden Muslim verständlichen Form die aus der vorbehaltlosen Weggabe der Person an Allah resultierenden Handlungsweisen dar.

Werfen wir nun einen Blick in den „kleinen *İlmihal*“, ein „illustriertes Lehrbuch mit religiösem Grundwissen nach der hanafitischen Rechtsschule“![34] Stichwortartige Erläuterungen zum Glauben an Allah, die Engel, die Offenbarungsschriften, die Gesandten, den Jüngsten Tag sowie an die Vorherbestimmung bilden den ersten, recht kurz gehaltenen Teil. Die Ausführungen zu den einzelnen Themen sind, wie es der Textgattung entspricht, apodiktisch, aber trotzdem nicht immer aufeinander abgestimmt. So liest man zum letztgenannten Thema: Die Bestimmungsmacht (arab.: *al-qadar*) Allahs ist uneingeschränkt, Allah verfügt über „absolute Entscheidungsgewalt“. Zugleich aber versichert der Autor, der Mensch besitze ein „begrenztes Entscheidungs- bzw. Wahlrecht“, das mit dem Lenken eines Autos verglichen wird. Allah legt auch die Richtung fest, in die man das Auto steuert. Wenn der Mensch hierbei Aufsässigkeit gegen Allah empfindet, trägt er die Verantwortung für die möglichen Folgen. Denn Allah hat die Fahrt in die vom Menschen gewählte Richtung gewollt, weil der Mensch, sein „begrenztes Wahlrecht“ nutzend, sie gewollt hat. Dieses „Wahlrecht“ kommt dem Menschen zu, weil anderenfalls Allah ihn zum Guten oder Bösen zwänge und das Jüngste Gericht seinen Sinn verlöre. „Weil der Mensch für alle seine Taten selbst verantwortlich ist, gehört es sich für ihn nicht, in Aufsässigkeit zu sein, vielmehr ist es erforderlich, sich der … Vorhersehung und Bestimmung hinzugeben und mit dem, was auf einen zukommt, seinen Frieden zuschließen.“ Der unauflösbare Widerspruch zwischen Allah, dem der Zeit enthobenen, alles lenkenden und regelnden Schöpfer einerseits und dem den in der Zeit agierenden Menschen Aburteilenden andererseits, der sich schon im Koran bemerkbar machte, tritt auch in diesem zeitgenössischen Lehrtext zutage. Kennzeichnend ist in diesem Zusammenhang, daß der *İlmihal* keinerlei Hinweise auf irgendwelche ethischen Maximen enthält, sondern dem Muslim einzig die Unterdrückung jeglicher Aufsässigkeit und die Befolgung der Rechtleitung rät. Um Allah huldvoll zu stimmen, möge man ihm einen Tribut (arab.: Pl. *aṣ-ṣadaqāt*) darbringen, soll

---

[33] aṭ-Ṭabarī: Ǧāmiʿ albajān fī tafsīr āj al-qurʾān, zu Sure 12, 68; Faḫr ad-Dīn ar-Rāzī: Mafātīḥ al-ġaib, zu Sure 12, 38.

[34] Bearbeitet von Mehmet Ünal Tosun, Istanbul 2014.

Mohammed empfohlen haben, das „bewahrt vor Unheil und erhöht die Lebensdauer“.[35]

In Sure 58, Vers 12 f., forderte Mohammed von seinen Anhängern, die ihn sprechen wollten, eine solche Gabe; in diesem Hadith wird derartiges Verhalten auf die Beziehung zwischen dem als Despoten gedachten Allah und den Glaubenden übertragen. Mohammed hatte im Koran desweiteren gesagt, wenn man ihm den Tribut schuldig bleibe „und Allah sich euch zuwendet“, dann möge man wenigstens das rituelle Gebet verrichten, die Läuterungsgabe abführen und Allah und seinem Gesandten gehorchen. Die von Allah ausgehende gegenseitige Zuwendung von Schöpfer und Geschöpf, ausgedrückt mit dem Verbum *tāba*,[36] heilt den Mangel an Spendierfreudigkeit, die einen Gunsterweis des Herrschers Allah auslösen könnte. Immerhin werden der Ritenvollzug und der Gehorsam gegen ihn und seinen Gesandten den Islam festigen.

Der Ritenvollzug ist das Handeln, mit dem die eben angesprochene, immer wieder aufbrechende Unstimmigkeit im islamischen Gotteskonzept verschleiert wird. Wer, der Rechtleitung folgend, peinlich genau die von Allah vorgeschriebenen Akte der Gottesverehrung einhält, der bleibt ein wahrer Muslim und sollte sich über die Fragen der Vorherbestimmung und des Jüngsten Gerichts nicht den Kopf zerbrechen. Die fünf Säulen treten in den Mittelpunkt seines Daseins. Die erste besteht im Aussprechen der Bezeugung, daß es keinen Gott außer Allah gibt und Mohammed sein Knecht und Gesandter ist. Der *İlmihal* schiebt hier, bevor er zur zweiten Säule, dem rituellen Gebet, übergeht, eine kurze Übersicht über die schariatischen Bewertungskategorien einer Handlung ein; ihre Kenntnis nützt bei der nun folgenden Darlegung der Pflichten, deren Ausführung „notwendig“ ist, aber beispielsweise durch „empfehlenswerte“ Maßnahmen ergänzt werden kann.

Das rituelle Gebet sei die wertvollste der von Allah geforderten Handlungen der Anbetung (arab. *al-ʿibāda*). Es umfaßt sechs pflichtgemäße Voraussetzungen der Ausführung, die ihrerseits wiederum in sechs Pflichtelemente gegliedert ist. Die sechs Voraussetzungen sind die Behebung der kleinen wie der großen rituellen Unreinheit. Die weiteren vier Voraussetzungen sind die Bedeckung der Schamgegend, die Wendung nach der Gebetsrichtung, das Eintreten der rechten Zeit, die Formulierung der Absicht, das Gebet zu verrichten. Zahlreiche Vorschriften regeln die Erfüllung dieser Voraussetzungen. Im *İlmihal* stehen der Verlust und der Erwerb der Reinheit im Vordergrund. Der Muslim muß wissen, daß die große Verunreinigung nach dem Geschlechtsakt bzw. nach dem Samenerguß eintritt; bei Frauen ist sie ferner

[35] Kleiner *İlmihal*, 45.

[36] Vgl. erstes Kapitel (Was ist der Islam?), II. 2. und II. 3.

durch die Monatsblutung bedingt. Die Beseitigung der großen rituellen Unreinheit erfordert eine Waschung des ganzen Körpers, wobei auch die Nasenhöhle und der Mund auszuspülen sind. Der *İlmihal* hebt hervor, daß sich für Muslime mit Zahnkronen hier ein Problem ergibt: Nicht der ganze Zahn kann durch die Spülung gereinigt werden! Nach der Meinung der Schariagelehrten sei es aber statthaft, sich eine Zahnkrone anfertigen zu lassen, sofern sie nicht allein „der äußeren Ästhetik" dient.[37] Die „kleine Waschung" zur Behebung einer geringfügigen rituellen Unreinheit ist im Grunde vor jedem Gebet nötig, es sei denn, man hätte seit dem letzten Gebet nicht den Abort aufgesucht, nicht einen Wind fahren lassen, sich nicht betrunken, nicht den Verstand verloren, keine Ohnmacht erlitten. Auch das Schlafen im Schneidersitz hebt die rituelle Reinheit auf, nicht jedoch, wenn man so schläft, daß das Gesäß, insbesondere der After, festen Halt gefunden hat.[38] Dergleichen leichte rituelle Verunreinigungen hebt man durch die kleine Waschung auf, die im wesentlichen den Vorgaben in Sure 5, Vers 6, zu folgen hat. Allerdings sind dabei zahlreiche Einzelheiten zu berücksichtigen. Zu unterscheiden sind die Maßnahmen der Waschung, die Pflicht sind, von denen, die zu empfehlen sind, etwa die Waschung der Finger mit den Fingerspitzen zu beginnen. Bedenklich wäre es freilich, nur die Pflichtelemente durchzuführen. Mit insgesamt zwölf Abbildungen nebst Erläuterungen zeigt der *İlmihal*, wie zu verfahren ist. Beim Waschen der einzelnen Körperteile soll man die Glaubensbezeugung hersagen. Danach ist es erlaubt, im Stehen und in die Gebetsrichtung gewandt „ein paar Schlückchen aus dem Wasser, das noch im Krug ist, zu trinken".[39]

Hat man diese und zahlreiche weitere Einzelheiten beachtet und auch die übrigen Voraussetzungen erfüllt, kann man mit dem Gebet beginnen, das seinerseits auch in sechs Pflichtelemente gegliedert ist. Als erstes ist „*Allāhu akbar*" zu rufen; die erste Silbe „*Al-*" darf nicht in unzulässiger Weise gedehnt werden, denn sonst ist das Gebet ungültig. Zweitens stellt man sich hin, um drittens einige Verse aus dem Koran oder kurze Suren zu rezitieren, allerdings so leise, daß nur man selber es hören kann. Das vierte Element ist die Beugung des Rumpfes, bis Kopf und Rücken eine waagerechte Haltung einnehmen. „Dabei legen Frauen die Finger leicht auf die Kniescheiben, und Männer umschließen diese zur Gänze und spreizen die Finger." Der Blick ist auf den Boden geheftet. Das fünfte Element ist die Niederwerfung. „Dabei werden, nachdem man sich von der Beugung des Rumpfes wiederaufgerichtet hat, Stirn, Nasenspitze, Zehenspitzen, beide Knie und Hände, also insgesamt sieben Körperteile mit dem Boden vereinigt." Während der Niederwer-

---

[37] Kleiner *İlmihal*, 88.

[38] Ebd., 69.

[39] Ebd., 72.

fung „blicken die Augen auf die Nasenflügel. Die Hände liegen direkt neben dem Gesicht – Finger geschlossen – in der Gebetsrichtung“. Zuletzt ist das „abschließende Sitzen“ Pflicht. Hierbei „stellen die Männer den rechten Fuß so auf, daß die Zehen in Gebetsrichtung zeigen, und setzen sich auf den waagerecht ausgebreiteten linken Fuß. Frauen hingegen setzen sich auf den linken Oberschenkel und strecken die Füße leicht nach rechts aus.“ Die Hände liegen bei Männern wie Frauen locker auf den Knien, die Finger in Gebetsrichtung, und die Augen blicken auf den Schoß.[40]

Es versteht sich, daß der *İlmihal* dies alles mit Illustrationen veranschaulicht. Desweiteren nennt er viele empfehlenswerte Einzelheiten, aber auch insgesamt sechsundfünfzig Umstände, die bedenklich sind und von Allah verabscheut werden: von den Regeln abweichende Körperhaltungen, die einzelnen Elemente früher als der Imam beginnen, ohne Trennwand gemeinsam mit Frauen in einer Reihe beten und vieles mehr. Ungültig wird ein Gebet, wenn man sich während des Vollzugs eines der Elemente dreimal kratzt oder sich dreimal ein Haar ausreißt, wenn man absichtlich hustet oder den Schambereich enthüllt usw.

Die sechs Elemente bilden, in der richtigen Anordnung absolviert, eine Bewegungsabfolge (arab.: *ar-rakʿa*). Jedes der fünf Pflichtgebete setzt sich aus mehreren solcher Abfolgen zusammen, so das Morgengebet aus zweien, wobei vier zu empfehlen sind. Wie diese miteinander zu verbinden sind, ist wiederum Gegenstand umfänglicher Regelungen. Es sei nur darauf hingewiesen, daß für das Freitagsgebet gesonderte Voraussetzungen und Ausführungsbestimmungen gelten, desgleichen für die Gebete an Festtagen und, besonders wichtig, für das Nachholen versäumter Gebete. Der *İlmihal* schärft den Lesern ein, sich in alldem keine Nachlässigkeit zu erlauben, denn die erste Frage, die im Jüngsten Gericht dem Menschen gestellt werde, sei diejenige nach der Erfüllung der Gebetspflicht, wie Mohammed gesagt habe. Wer nur unbefriedigend entgegnen könne, der werde auch bei den weiteren Fragen nur mangelhaft antworten können. Würde jemand statt eines einzigen versäumten Pflichtgebets Millionen für gute Zwecke spenden und es danach vielfach nachholen, so hätte er seine Pflicht gegenüber Allah nicht erfüllt.[41] Angesichts dieser überragenden Bedeutung, die dem möglichst in Gemeinschaft vollzogenen Pflichtgebet zukommt, kann sich der *İlmihal* mit der Behandlung der Läuterungsgabe, des Fastens und der Pilgerfahrt recht kurz fassen.

Auf einige dürre Angaben zu kleinen und großen Verfehlungen – große sind beispielsweise die „Beigesellung“, das Töten eines Menschen, die Ver-

40 Ebd., 116 f. und 134 f.

41 Ebd., 182 f.

leumdung einer ehrbaren Frau, Ehebruch und Unzucht, Fahnenflucht, Zauberei, Zinsnehmen, Stehlen, Alkoholgenuß, Aufsässigkeit gegen muslimische Eltern – folgen Gebete, mit denen man Verzeihung erlangt, sowie Anrufungen Allahs, die vor den Fährnissen des Alltags schützen. Mit einigen Fragen an muslimische Kinder klingt der *İlmihal* aus: „Bist du Muslim?“ „Lob sei Allah, ich bin es!“ „Seit wann bist du Muslim?“ „Seit der Zeit, die wir ‚Belâ‘ nennen.“ „Was versteht man unter ‚Belâ‘?“ „Man nennt das ‚Mîsâk‘. Darunter verstehen wir die Zeit, als Allah unsere Seelen erschaffen und ihnen die Frage gestellt hat: ‚Elestu bi-rabbikum?‘ (Bin ich nicht euer Herr?), und sie antworteten: ‚Belâ‘ (Doch, das bist du). Ich bin seitdem Muslim.“[42] … „Wer ist der erhabenste aller Menschen in Vergangenheit, Gegenwart und Zukunft?“ „Der Gesandte Allahs Muhammad Mustafa …“[43]

IV. Der Sinn der Daseinsordnung

1. Die „Geheimnisse der Säulen des Islams“

Religion geht im Vollzug der Daseinsordnung auf. Sie ist das durch Allah selber vorgeschriebene Handeln, das sich aus dem Islam ergibt, dem vorbehaltlosen Weggeben der eigenen Person an den unausrechenbaren Despoten Allah. Das „Wissen“ von dieser Daseinsordnung manifestiert sich im Handeln, das ihm entspringt und entspricht (vgl. Sure 4, 125). Im zur Reife gelangenden Sunnitentum war man, wie oben kurz erörtert, der Überzeugung, daß mit „Wissen“ eigentlich das Handeln gemeint sei. Es verwundert freilich nicht, daß die auf Unterweisung zielende, lehrbuchartige Zusammenfassung dieser Einsicht zu einem Regelwerk von Äußerlichkeiten führt, die sich dem schlichten Gemüt als das Wesentliche darstellen. Wegen der an anderer Stelle beschriebenen engen Verflechtung von Verantwortung für die Durchführung der Ritualpflichten und Machtausübung drängt sich das Problem der Kontrollierbarkeit des Ritenvollzugs in den Vordergrund. Die Lehre von den fünf Säulen, die nach dem Tod des Propheten, des durch Allah autorisierten Gestalters des Ritenvollzugs, Verbreitung und allgemeine Anerkennung fand, weist in diese Richtung. Die in der Herrschaftsinstitution des Sultanats geschaffene Symbiose von Machtausübung einerseits und Schariaauslegung und Schariaanwendung andererseits[44] droht die Veräußerlichung zum Prinzip zu erheben. Indessen war zu eben der Zeit, in der das Zusammenwirken von Schwertträgern und Gelehrten Wirklichkeit wurde, vor allem unter den Sun-

---

[42] Sure 7, Vers 172; vgl. dreizehntes Kapitel (Wie sieht der Islam den Menschen?), II. 2.

[43] Kleiner *İlmihal*, 263, 268.

[44] Vgl. achtes Kapitel (Was sind Imamat, Kalifat und Sultanat?).

niten eine Strömung kräftig geworden, die sich gegen die Veräußerlichung der Beachtung der Daseinsordnung stemmte: der Sufismus.[45]

Das sufische Gedankengut, das man nicht als die Sache einer intellektuellen Elite oder einer herrschaftsfeindlichen Bewegung mißverstehen darf, entfaltete sich vielmehr zusammen mit der Überzeugung, daß die Daseinsordnung in einem „Wissen“ bestehe, das sich im Ritenvollzug und in der Beachtung der Scharia zu verwirklichen habe; diese Verwirklichung werde allerdings nur gelingen, wenn man den wahren Sinn, das „Geheimnis“, der in kontrollierbare Form gebrachten Daseinsordnung nicht aus den Augen verliere. Oder, wie al-Ġazālī (gest. 1111) sagte, wenn man das vielfältige „Wissen“ von der Daseinsordnung mit Leben[46] erfüllte. Innerhalb des Sunnitentums und auch unter den Schiiten nahmen sich Gelehrte mit sufischen Neigungen der Aufgabe an, den Sinn dafür wachzuhalten, daß unter den bisweilen befremdlichen Quisquilien der Scharia, deren Befolgung unstrittig geboten sei, der eigentliche Kern des Islams liege, nämlich die Auslieferung des Selbst an Allah, die durch eben jene Scharia auf Dauer gestellt und zum Gehalt der muslimischen Existenz gemacht werden soll.

Ein eindrucksvolles Beispiel für diese Arbeit der Freilegung des Eigentlichen der Daseinsordnung ist ʿAbd al-Wahhāb aš-Šaʿrānīs (gest. 1563) „Die Geheimnisse der Säulen des Islams“. Aš-Šaʿrānīs Leben ist von der tiefgreifenden Veränderung bestimmt, die die osmanische Eroberung Ägyptens im Jahre 1517 auslöste; in der Zeit danach stieg er zu einem der führenden Gottesfreunde[47] Kairos auf. Seine Vorstellungen von Allah, von der durch ihn geschaffen werdenden Welt und von dem Ort des Menschen in ihr und vor seinem Schöpfer legte er in vielen, teils umfangreichen Schriften dar, deren Wirkung bis in die Gegenwart nicht erloschen ist.

Die erste Säule, die Glaubensbezeugung, hat Allah in Sure 3, Vers 18, vorgegeben: „Allah bezeugt, daß es keinen Gott außer ihm gibt. Das bezeugen auch die Engel und diejenigen mit ‚Wissen‘. – (Keinen Gott gibt es außer ihm), der durchsetzt, was recht und billig ist, keinen außer ihm, dem Mächtigen, Weisen.“ Aš-Šaʿrānī fragt sich, wer „diejenigen mit ‚Wissen‘“ seien, die Allah in diesem Vers zusammen mit den Engeln und sogar mit sich selber in einem Atemzug nennt. Dem Sinn dieser Formulierung kommt er auf die Spur, indem er sich klarmacht, daß von „Wissen“, nicht von Glauben die Rede ist. Die Engel bezeugen die Einsheit Allahs wegen eines Wissens, das sich bei ihnen mit Notwendigkeit – d.h. ohne irgendwelche Aktivitäten

45 Vgl. vierzehntes Kapitel (Was ist Sufismus?), I.

46 Diesen Gedanken vermittelt der Titel seines monumentalen, bis in die Gegenwart immer wieder studierten Hauptwerks: Die Belebung des „Wissens“ von der Daseinsordnung, arabisch Iḥjāʾ ʿulūm ad-dīn.

47 Über die Gottesfreundschaft vgl. vierzehntes Kapitel (Was ist Sufismus?).

des Verstandes, den sie ja gar nicht haben – einstellte, sobald Allah sich vor ihnen manifestierte. Dies war ein Geschehen, das den argumentativen Gottesbeweis überflüssig machte. „Diejenigen mit ‚Wissens'" hingegen nutzten den ihnen durch Allah anerschaffenen Verstand und bezeugten seine Einsheit. Ebendies besage der Ausspruch Abū Bakrs: Wer mit dem „Wissen" stirbt, daß es keinen Gott außer Allah gibt, gelangt zweifellos ins Paradies. Abū Bakr sagte jedoch nicht: Wer „weiß", daß Mohammed der Gesandte Allahs ist … Denn das kann man nicht aus einer Betrachtung des durch Allah geschaffen werdenden Kosmos in Erfahrung bringen, man muß es glauben; der Glaube aber setzt eine Unterweisung voraus. Hieraus ergibt sich, daß die „Wissenden" aus den Perioden ohne Geltung einer Scharia – aš-Šaʿrānī nennt einige arabische „Wissende" aus der Zeit vor Mohammed – am Jüngsten Tag jeweils als eine aus einer Person bestehende Glaubensgemeinschaft abgeurteilt und dann ins Paradies gebracht werden. Das ist der Lohn dafür, daß sie sich das „Wissen" durch Verstandesschlüsse erarbeitet haben. Der Muslim, der ja nach der Berufung Mohammeds lebt, hat den Vorteil, daß er von der Einsheit Allahs durch die Verkündigung Mohammeds „weiß", selbst wenn er in der Lage ist, dies wie jene Einzelgänger in den Epochen ohne Scharia mit dem Verstand zu erschließen.[48]

Zwei Dinge unterstreicht aš-Šaʿrānī mit diesen Überlegungen: Erstens gibt es ein „Wissen", das vor den Offenbarungen liegt und, richtig erschlossen, einen ebenfalls vor dem Höllenfeuer bewahrt; der Inhalt dieses „Wissens" kann dem nicht widersprechen, was den Muslimen durch die Scharia vermittelt wird. Zweitens aber ist dieses Wissen nur wenigen Auserwählten zugänglich. Nun aber, nachdem Mohammed berufen worden ist und Allahs Rede übermittelt hat, kann man laut aš-Šaʿrānī die Bezeuger der Einsheit Allahs in fünf Ränge gliedern. Den untersten, den Rang der breiten Masse, besetzen diejenigen, die allein mit dem Herzen, dem Sitz des Verstandes, die Botschaft vernommen haben, an sie glauben und Allah fürchten und lieben, indem sie die Worte der Verheißung des Paradieses und der Androhung der Hölle ernstnehmen. An zweiter Stelle kommen alle, die sich über die Botschaft Gedanken machen und aus dem, was existiert, auf den Einen Geber der Existenz schließen. Ihr Motto lautet: „Ich nehme nichts wahr, ohne dahinter Allah wahrzunehmen." Im dritten Rang wird diese Einsicht vertieft: „Da der Schöpfer alle Dinge hervorbringt und die Gestalten der vorhandenen Dinge vollkommen sind, können sie nicht aus sich selber entstehen. Sie bedürfen vielmehr eines ständigen Geschaffenwerdens. Wenn dieses Geschaffenwerden ihnen nur einen Augenblick nicht zuströmte, würden sie zunichte." Selbst die Berge, die der Mensch für unverrückbar fest hält, können

---

[48] aš-Šaʿrānī: Asrār arkān al-islām, ed. ʿAbd al-Qādir Ḥamd ʿAṭā, Kairo 1980, 26f.

sich dank Allahs Wirken von der Stelle bewegen wie die Wolken (Sure 27, 88). Es kommt aber nicht allein darauf an, die Angewiesenheit des Diesseits auf das fortwährende Schöpfungshandeln Allahs zu begreifen, vielmehr muß erkannt werden, daß Allah selber in diesem Handeln gegenwärtig ist: „Er ist mit euch, wo immer ihr seid!" (Sure 57, 4). Im vierten Rang ist diese Wahrnehmung des Geschaffenwerdenden derart gesteigert, daß man ausschließlich durch die Gegenwärtigkeit Allahs hindurch auf das Geschaffenwerdende zu blicken vermag. Im fünften endlich ist sogar die Wahrnehmung des Schöpfungshandelns geschwunden; hiermit wird die wahre Erkenntnis der Einsheit Allahs erreicht. Man hat sich ganz in das Gedenken des Geliebten versenkt; das Herz ist gänzlich frei von jeglichem Diesseitigen, frei für das ununterbrochene Gedenken des Einen. Es ist wie ein makelloser Spiegel geworden, auf dem nichts anderes als Allah erscheint; es ist das „Wissen" von der Einsheit Allahs, über das Allah selber verfügt, wie er in Sure 3, Vers 18, verkündet, und das er dem Menschen zusammen mit dem „Wissen" schenken kann.[49]

In den Rängen zwei bis fünf, die allerdings den schlichten Schariagehorsam der Masse weit hinter sich lassen, findet aš-Šaʿrānī das eigentliche Fundament des Islams, der Überantwortung des Selbst an den Schöpfer. Der wahre Sinn der Ritualpflichten weist weit über deren formal einwandfreien Vollzug hinaus. Im Idealfall entspricht das rituelle Gebet des Glaubenden genau demjenigen der Engel, die, wie an der zitierten Koranstelle gesagt wird, spontan bezeugen, daß es keinen Gott außer Allah gibt. Der gesamte Bewegungsablauf, der gemäß den schariatischen Einzelvorschriften den Anschein der Vielfältigkeit hat, ist in Wahrheit nichts weiter als ein in sich geschlossener Akt der Annäherung an Allah, ein Aufstieg zum vollkommenen Innewerden Allahs, so daß der Beter „von Segen und Licht, von Barmherzigkeit und Freude, von Demut und Liebe" zu Allah überwältigt wird. Es kommt dem Glaubenden zu Bewußtsein, daß irgendwelche Taten mit solcher Auszeichnung durch die Gnade des Schöpfers nicht das Geringste zu tun haben. Die Einsicht in die Nichtigkeit der Taten regt aber nicht dazu an, auf rituelle Handlungen der Annäherung an Allah zu verzichten. Im Gegenteil, sie wecken den Wunsch, gerade wegen der eigenen Geringheit dem unendlichen Anspruch Allahs auf Verehrung irgendwie gerecht zu werden. Wie dies zu leisten ist, teilt Allah ihm in Sure 29, Vers 45, mit, wo es heißt: „Allahs zu gedenken (arab.: *aḏ-ḏikr*) ist noch gewichtiger", nämlich als das rituelle Gebet. Denn Allahs zu gedenken, ist, im Sinne der zuvor beschriebenen fünf Ränge, die höchste Stufe der dem Geschöpf möglichen Annäherung an Allah.

---

49 aš-Šaʿrānī: Asrār arkān al-islām, 32f. Vgl. vierzehntes Kapitel (Was ist Sufismus?).

Das Gebet unterlassen, bedeutet umgekehrt, sich wider die geschaffen werdende Ordnung des Kosmos zu wenden. „Das Existierende in all seinen Teilen befindet sich, solange es vorhanden ist, ununterbrochen im rituellen Gebet zu Allah gewandt ..., denn es ist ... im Rang der Knechtschaft vor Allah. Wer alles Existierende genau betrachtet, sieht, daß es dem äußeren wie dem inneren Sinne nach das rituelle Gebet vollzieht." Nichts gebe es, das ihn nicht rühme, auch wenn die Menschen das nicht begriffen, sagt der Koran in Sure 17, Vers 44; wer in den Himmeln und wer auf der Erde ist, wirft sich vor Allah nieder (Sure 13, 15). Wer äußerlich alle Pflichtteile des Gebets ausführt, dabei zugleich des eigentlichen Sinnes eingedenk ist, diesen mit dem Verstand und dem Geist erfaßt und den sieht, der mit all den Pflichtteilen vergegenwärtigt wird, der betet, wie es sein sollte. Wem dies nicht gelingt, der ist dennoch dem Wollen Allahs unterworfen, Allah müsse man um Verzeihung anrufen.[50]

Die Läuterungsgabe dient der Abwehr vielfältiger Unreinheit, sowohl materieller als auch ideeller Art. Sie zu entrichten, reinigt das Äußere und das Innere und vermag sogar schwersten Strafen zuvorzukommen, etwa der Kreuzigung oder der Zweiteilung, mit welcher zur Mamlukenzeit aufsässige Angehörige des Militärs hingerichtet wurden. Wie man aus Sure 9, Vers 103, wisse, habe Mohammed widerspenstige Beduinen mit einer Tributleistung belegt. Erst wenn der Schuldige die Läuterungsgabe erbracht habe, könnten ihm freiwillige Zusatzleistungen (arab.: *an-nāfila*, Pl. *an-nawāfil*) diesseitigen wie jenseitigen Gewinn eintragen. Allgemein sei festzustellen, daß die Läuterungsgabe die Bindung des Herzens an das Eigentum lockere und dadurch der Gottesverehrung gemäß den übrigen Ritualpflichten höchst förderlich sei.[51]

Es ist eine Platitüde, daß das Fasten den Menschen von der Knechtung durch seine Begierden befreien soll. Aš-Šaʿrānī verankert diesen Gemeinplatz aber in einer These, die seiner Lehre von den fünf Rängen entspricht. „Wisse, daß die Vollkommenheit des Fastens beim Menschen darin besteht, daß er die Dinge besitzt, nicht aber sie ihn. Er unterwirft sie sich dank seiner Stellvertreterschaft (Sure 2, 30), nicht die Güter dürfen ihn unterwerfen, indem sie für ihn zur Anfechtung werden ..." Allahs Herrsein manifestiert sich darin, daß er einer derartigen Anfechtung durch Güter grundsätzlich überhoben ist. Fasten mit Blick auf den Menschen heißt, nach Maßgabe der dem Menschen eigenen Kräfte dieser göttlichen Eigenschaft nachzustreben. Der Mensch ist, anders als Allah, nicht völlig bedürfnislos; der Mensch ist eben nicht durch und durch einförmig (vgl. Sure 112), und deswegen ist er auf

---

[50] aš-Šaʿrānī: Asrār arkān al-islām, 45–47.

[51] Ebd., 50 f.

von außen kommende Kräfte und Stoffe angewiesen, durch die er in seiner Zusammengesetztheit erhalten wird. Einmal im Jahr, nämlich im Ramadan, ahmt er, wenngleich höchst mangelhaft, tagsüber die Unabhängigkeit Allahs nach, ähnlich wie er während der Pflichtgebete und der Pilgerreise aus der Knechtung durch die Dinge flüchtet und sich unter den Schutz Allahs begibt.

Genau besehen, ist der wahre Fastende jemand, der seine Glieder vor jeglicher Übertretung der Scharia schützt. „Wie lieb sind mir das Fasten und das Fastenbrechen der scharfsinnigen Leute! Wie kann man nach der Methode der Dummköpfe fasten und des Nachts wach bleiben" und sich der Völlerei hingeben, wie es im Ramadan Brauch ist? Alles Geschaffenwerdende abgesehen vom Menschen und von den Dämonen, den beiden verstandesbegabten Gattungen, fastet unaufhörlich; denn alles übrige, das durch Allah fortwährend geschaffen wird, ist durch seine Fügung (arab.: *al-amr*) an die ihm durch Allah zugedachten Wirkungen gebunden. Das Schwere verharrt an seinem Ort, und auch das Leichte steigt nicht über seinen Ort empor: „Ihm liefert (das Gesicht) vorbehaltlos aus, wer in den Himmeln und auf der Erde ist" (Sure 3, 83); „die Daseinsordnung ist nach Allahs Entscheidung der Islam" (Sure 3, 19); „wer etwas anderes als den Islam als Daseinsordnung begehrt, dem wird man das nicht durchgehen lassen" (Sure 3, 85). Das Fasten des „Wissenden" erfüllt sich darin, daß er strikt vermeidet, der Sklave eines anderen als Allahs zu sein.[52]

Die Wallfahrt erscheint aš-Šaʿrānī als eine der wichtigsten Säulen der Daseinsordnung. Wenn in Sure 48, die nach der Inbesitznahme Mekkas durch Mohammed im Januar 630 entstand, von dem Talgrund die Rede ist (Vers 24), in dem die Kaaba liegt, dann ist das eine Anspielung darauf, daß sie nach allen Himmelsrichtungen abgeschirmt ist. Wie das Herz im Leib geborgen ist, so die Kaaba in ihrer Senke gegen die Welt. Nach oben hin, im Himmel über der Kaaba, schwebt schützend über ihr ihr himmlisches Urbild (arab.: *al-bait al-maʿmūr*). Blickt man aus dem Talgrund nach Süden, dann hat man die Engel zur Rechten Allahs vor sich, das Paradies. Den Norden nehmen die Höllenwächterengel ein. Im Osten öffnet sich das Diesseits, nach Osten hin dort gelangt man in den Irak, woher laut einem bekannten Prophetenwort jegliche Anfechtung (arab.: *al-fitna*) kommt. Gegenüber, nach Westen hin, zeigt sich die Gegend, aus der die dem Forschen des Menschen unzugänglichen Ratschlüsse Allahs Macht über das Herz gewinnen. Für diese Unzugänglichkeit und Verborgenheit ist der Westen das Symbol, denn dort sinken die Gestirne unter den Horizont. Über dem Herzen aber, über der Kaaba, befindet sich der Thron Allahs. So ist nach aš-Šaʿrānī die Kaaba der Inbegriff des Herzens, des Verstandesorgans des Menschen: Sein Ort im geschaffen werdenden Kosmos

[52] Ebd., 56–59.

und seine Bestimmtheit durch Allah werden ihm schon beim Betreten des Haram-Gebietes, von dem Andersgläubige ausgeschlossen sind, nahegebracht.

Die Zeremonien, die der Muslim während der Pilgertage zu durchlaufen hat, legt aš-Šaʿrānī nun ganz im Sinne dieser Topographie und der ihr zugeschriebenen Symbolik aus. Sobald der Wallfahrer die Grenze des Haram-Gebietes erreicht, hat er sich für den nun beginnenden Weihezustand (arab.: *al-iḥrām*) vorbereitet zu haben: Genähte Kleidung hat er abgelegt zum Zeichen, daß sein Inneres von jeglicher Verstrickung in das Diesseitige entblößt ist. Das ungenähte Gewand, in das er sich nun hüllt, symbolisiert die Demut vor Allah, die ihn während der Pilgertage nicht verlassen darf. „Dir zu Diensten, Allah!" ruft er von nun an viele Male mit lauter Stimme: Er hat den Ruf Allahs vernommen! „Ihr, die ihr glaubt! Willfahrt Allah und seinem Gesandten, wenn dieser euch zu dem ruft, was euch Leben schenkt! Wisset, daß Allah zwischen den Menschen und sein Herz tritt" (Sure 8, 24) und ihn auf diese Weise vom Diesseitigen abschneidet und ganz zu seinem Schöpfer wendet. Warum aber ruft man laut das „Dir zu Diensten, o Allah"? Nicht etwa weil Allah taub wäre oder abwesend, nein, einzig um alles, was einen an die Welt bindet, im Meer der Unterscheidbarkeit zu versenken.

Überspringen wir, wie aš-Šaʿrānī die Riten der Pilgertage auslegt und kommen wir gleich an deren Ende. Die Pilger haben die Nacht in Muzdalifa zugebracht. Sobald der Morgen graut, stehen sie dort in Erwartung des Erscheinens der Sonne, um nach Minā aufzubrechen.[53] „So ist auch das Innere des Muslims, sobald es gänzlich geläutert und an den Ort der Nähe gelangt ist und (voller Erwartung) die (erleichternde) Kühle der Vergebung und der Beschirmtheit spürt; dann schaut es auf die unantastbare Majestät Allahs. Es gedenkt Allahs, wie er gebietet und verbietet." Dieses Gottesgedenken,[54] das vielleicht vorzüglichste, ist dadurch ausgezeichnet, daß das Innerste des Menschen der Wahrheit der göttlichen Gebote und Verbote unvermittelt innewird, damit es nach solcher Läuterung nie wieder beschmutzt werde.[55] Wenigstens annäherungsweise ist eine Verankerung im Islam erreicht, wie sie laut aš-Šaʿrānī in den Rängen zwei bis fünf möglich sein soll; das „Wissen", das hinter den Riten verborgen ist, wird durch deren regelgerechte Ausführung und durch das von ihnen angeregte Nachsinnen erahnt und es kann seine Wirkung entfalten.

[53] Vgl. oben, 380.

[54] Das laut Sure 29, Vers 45, noch gewichtiger ist als das rituelle Gebet, vgl. oben, 31.

[55] aš-Šaʿrānī: Asrār arkān al-islām, 62–64, 68.

2. ʿAbd al-Ḥalīm Maḥmūds (1910–1978) Auslegung der Riten

ʿAbd al-Ḥalīm Maḥmūd, der seine Laufbahn mit dem glanzvollen Amt des Rektors der al-Azhar-Hochschule in Kairo beendete, schuf ein umfangreiches Werk über die muslimische Glaubenspraxis. Er bearbeitete sein Thema allerdings ganz anders als aš-Šaʿrānī. Aufzuweisen, inwiefern die fünf Säulen des Islams, regelgerecht verwirklicht, den Glaubenden zum Sinn des Islams in seiner ursprünglichen Bedeutung der vorbehaltlosen Hingewandtheit zu Allah, ist nicht ʿAbd al-Ḥalīm Maḥmūds Leitidee. Er setzt in den Titel seiner Untersuchungen nicht den Begriff der fünf Säulen, sondern spricht von der Anbetung bzw. Verehrung (arab.: *al-ʿibāda*) Allahs, dem Zweck, zu dem der Mensch geschaffen wurde und wird (Sure 51, 56). Natürlich beanspruchen auch bei ʿAbd al-Ḥalīm Maḥmūd die fünf Ritualpflichten den weitaus größten Raum, aber er nähert sich seinem Gegenstand, indem er das gesamte Dasein des Muslims in den Blick nimmt und nicht nur die – gewiß höchst bedeutsamen – Zeitspannen des „Stehens vor Allah".

Allah lehrte Adam das wahre „Wissen". Sich davon zu entfernen, dagegen zu rebellieren, es zu ändern, ist nichts weiter als Irrtum, schreibt ʿAbd al-Ḥalīm Maḥmūd und gibt zu erkennen, daß er unter ganz anderen Voraussetzungen denkt, denken muß als aš-Šaʿrānī. Daß man gegen das gottgegebene „Wissen" rebellieren könnte, und zwar grundsätzlich und nicht gegen manche Einzelheiten und deren Auslegung, das wäre aš-Šaʿrānī eine abwegige Vorstellung gewesen. Der ägyptische Gelehrte des 20. Jahrhunderts sieht sich eben hierdurch herausgefordert. Solange es den Menschen auf der Erde gebe, sei er versucht, an den göttlichen Eingebungen herumzumanipulieren und deren Inhalt auf, wie er vermeint, „gesunde" Grundlagen zu stellen: Die Gebote der Daseinsordnung seien zu dem Zweck erlassen worden, das Gemüt zu besänftigen; sobald dies geschehen sei, könne man auf sie verzichten. Ähnlich die Handlungen der Gottesverehrung: Ihr Ziel sei die Annäherung an Allah, habe man sie gefunden, bedürfe man ihrer nicht mehr.[56]

In der Zeit des vorislamischen Heidentums folgten die Menschen dem Urteil ihrer Veranlagung und ihres Verstandes. Dann kam der Prophet und lehrte die Menschen, der Scharia zu folgen. Der gesunde Verstand fordert seitdem, nach Maßgabe der Scharia zu urteilen. In der Gegenwart ist dies allerdings zu einem Problem geworden. Denn was den Kosmos und die Natur betrifft, so hat sich der Verstand aus der Rechtleitung durch die Daseinsordnung gelöst. Aber gerade auf dem Gebiet der verborgenen Dinge, des Immateriellen, fallen die Entscheidungen des Verstandes höchst disparat aus, sind also unzuverlässig. Sein freies Wirken darf man hier auf keinen Fall

---

[56] ʿAbd al-Ḥalīm Maḥmūd: al-ʿIbāda. Aḥkām wa-asrār, Kairo 1968, I, 16.

zulassen. Das bedeutet aber keineswegs, daß der Verstand mit der Daseinsordnung nichts zu tun habe. Im Gegenteil, sie leitet ihn zu den richtigen Urteilen bezüglich Wahrheit und Irrtum an. „Die Daseinsordnung widerspricht nie dem Verstand, denn dieser ist die Wahrheit. Wenn der Verstand etwas für richtig erkennt, das der Daseinsordnung zuwiderläuft, dann ist ein entstellter Verstand (am Werke).“ Der Verstand zeugt nur menschengemachte Ergebnisse und kann daher niemals Aussagen der göttlichen Botschaft entkräften. „Nein!, Bei deinem Herrn! Sie glauben nicht, ehe sie nicht dich (Mohammed) in ihren Zwistigkeiten entscheiden lassen. Sie empfinden dann allerdings in ihrem Inneren keine Bedrückung wegen deiner Entscheidung und stimmen dir uneingeschränkt zu“ (Sure 4, 65). Die göttliche Rechtleitung, der der Prophet Anerkennung verschafft, löst alle Konflikte; wer Verstand hat, fügt sich ihr.[57] Auf welchem Gebiet des muslimischen Daseins aber könnte diese Rechtleitung reiner zutage treten als auf dem Gebiet der Riten, die dem klügelnden Verstand entzogen sind? Ist erst die unbestreitbare Wahrheit der gottgegebenen Riten wieder ein unerschütterliches geistiges Eigentum des Muslims geworden, dann werden ihm auch die übrigen Bereiche der Scharia wieder zu einem unveräußerlichen Eigentum.

Anders als aš-Šaʿrānī sieht sich ʿAbd al-Ḥalīm Maḥmūd genötigt, gewissermaßen das Pferd von hinten aufzuzäumen. Die Mahnung zur Aufrichtigkeit (arab.: *al-iḫlāṣ*) der Gottesverehrung, die unter anderem durch die den Ritualvorschriften Genüge tuende Absichtserklärung (arab.: *an-nīja*) gewährleistet wird, eröffnet die Erörterung des Sinns der Pflichtriten: „Wir sandten dir (Mohammed) das Buch mit der Wahrheit hinab. Darum bete Allah an, indem du für ihn die wahrhafte Daseinsordnung befolgst! Nur Allah verfügt über die wahrhafte Daseinsordnung“ oder: „Nur Allah hat die (Beachtung der) wahrhaften Daseinsordnung zu fordern“ (Sure 39, 2 f.). Der Koran enthält die Diagnose und das Heilmittel für die Leiden der Zeit bereit.[58]

Die erste Säule, die Bezeugung der Einsheit Allahs und der Gesandtenschaft Mohammeds, ist nach ʿAbd al-Ḥalīm Maḥmūd nicht einfach die von der Masse der Glaubenden millionenfach wiederholte Formel. Sie steht vielmehr mit zweierlei in einem unauflöslichen Zusammenhang, nämlich mit dem Gottesgedenken (arab.: *aḏ-ḏikr*) und mit dem rituellen Gebet, der zweiten Säule also. Das Gottesgedenken, das bei aš-Šaʿrānī erst gelingt, wenn der Muslim einen höheren Rang als den des schlichten Schariagehorsams erreicht hat, ist nun zur Voraussetzung wahrer Gottesverehrung geworden. In Sure 3, Vers 191 bis 194, spricht Mohammed von den Verstandesbegabten, die an dem fortwährenden Schöpfungsgeschehen den Einen erkennen und daher

---

[57] Ebd., 24–27.

[58] Ebd., 37 und 52.

unaufhörlich Allahs gedenken; sie werden am Ende der Zeiten dem Höllenfeuer entgehen. Im Hadith findet ʿAbd al-Ḥalīm Maḥmūd zahlreiche Belege, die diese Ansicht bekräftigen. „Niemals sitzen Menschen beieinander und gedenken Allahs, ohne daß sie von Engeln umringt sind und sich die Barmherzigkeit auf sie niedersenkt", soll Mohammed versprochen haben, oder: „Niemals gedenkt ein Gottesknecht meiner in seinem Innern, ohne daß ich (Allah) seiner vor einer Schar meiner Engel gedächte, und niemals gedenkt jemand meiner in einer Schar, ohne daß ich seiner in der höchsten Schar[59] gedächte" und ihn dadurch als künftigen Bewohner des Paradieses identifizierte. Im Gottesgedenken lassen sich mehrere Formen unterscheiden. Man kann Allah unablässig um Vergebung anflehen; man kann aus dem Koran rezitieren, wobei man sich laut ʿAbd al-Ḥalīm Maḥmūd auf Passagen konzentrieren sollte, die Mohammed zu diesem Zweck ausdrücklich empfohlen habe. Insbesondere der fünfte Vers der ersten Sure verdiene es, ständig wiederholt zu werden: „Dich beten wir an, bei dir suchen wir Hilfe!" Zusammen mit der Sure 112, der Sure der aufrichtigen Gottesverehrung – „Sprich: ‚Er ist Allah, ein einziger. Allah ist der Festgefügte. Er hat nicht gezeugt und wurde nicht gezeugt. Niemand ist ihm ebenbürtig'" – verbürge jener Vers 5 von Sure 1 die „Zerschmetterung der persönlichen und materiellen Götzenbilder" und „reinige den Menschen von allen Arten der ‚Beigesellung'".ʿAbd al-Ḥalīm Maḥmūd verweist in diesem Zusammenhang auf die Sufibruderschaften, in denen das Gottesgedenken, bestehend aus der Bitte um Vergebung, der Bezeugung der Einsheit Allahs und der Formel „Allah vollziehe zum Gesandten gewandt Gebete!" (Sure 33, 56), das entscheidende Drittel aller Andachtsübungen ausmache. „Wir bitten Allah, daß er uns am Ende unseren Lebensumständen und unseren Worten nach zu den Menschen des ‚Es gibt keinen Gott außer ihm!' mache, und zwar im Innern wie nach außen hin, so daß wir die Welt verabschieden, ohne uns nach ihr umzudrehen, sondern mit ihr abschließen und die Begegnung mit Allah lieben ..." habe al-Ġazālī gesagt.[60]

Es mag auf ʿAbd al-Ḥalīm Maḥmūds Sozialisierung in einer Sufibruderschaft zurückzuführen sein, daß er deren Frömmigkeitsübungen empfiehlt, bevor er überhaupt die Darstellung der weiteren vier Säulen des Islams in Angriff nimmt. Das für ihn besorgniserregende Eindringen der in den Augen der Mehrheit so begehrenswerten westlichen Zivilisation in die islamische Welt mag zu dieser Auslegung der Ritualpflichten beigetragen haben. Deren peinlich genaue Erfüllung bildet den Kern des islamischen Widerstandes gegen dieses Geschehen. Die ausführliche Behandlung der Pflichtgebete, der

---

[59] Die „höchste Gefährtenschaft" der Paradiesbewohner.

[60] ʿAbd al-Ḥalīm Maḥmūd: al-ʿIbāda, I, 62, 66, 68–85. Vgl. hierzu auch das vierzehnte Kapitel (Was ist Sufismus?).

Läuterungsgabe und des Fastens wecken im muslimischen Leser die Einsicht in die Notwendigkeit der Behauptung des Islams gegen die Versuchungen der Gegenwart; der Muslim soll mittels des Vollzugs der Pflichtriten die Bereitschaft erwerben, das Unislamische abzuwehren.

Als eine Zusammenfassung des Sinnes aller Pflichtriten und des Islams überhaupt betrachtet ʿAbd al-Ḥalīm Maḥmūd die Wallfahrt nach Mekka. Der Ausruf „Dir zu Diensten, o Allah!" lassen das ganze Wesen des Menschen von Licht erstrahlen, es erliegt ganz und gar dem Wirken der göttlichen Leitung. Es sind Worte, die auf trefflichste Weise das aller Welt, so auch dem Menschen, zugrundeliegende Prinzip zum Ausdruck bringen: die aufrichtige Anbetung.[61] „Das Wort Islam, das die ewige Daseinsordnung Allahs bezeichnet, gibt in aller Deutlichkeit das Ziel zu erkennen, das Allah mittels seiner Botschaft bezweckt, deren Kern über die Zeitalter hinweg unverändert bleibt. Dieses Ziel ist die vorbehaltlose Weggabe (arab.: *al-islām*) des Gesichts an Allah,[62] die Zustimmung zu ihm, das Betreten seines Bereichs. Mit Bezug auf den einzelnen meint das: Vollkommenheit, mit Bezug auf die Gesellschaft: Sicherheit und Zuversicht." Unterschiedlich sind die Ritualpflichten, die den Menschen zur vorbehaltlosen Weggabe seiner Person an Allah führen. Unter ihnen zählen die Pilgerzeremonien zu den erhabensten. Denn sie vereinen sich zu einer großartigen, ergreifenden Gesamtheit von spirituellen Symbolen. Werden die Zeremonien regelgerecht durchgeführt, so geleiten sie den Muslim hinein in den Bezirk des Göttlichen. Sie münden in die lautere, ehrliche Umkehr (arab.: *at-tauba*) zu Allah.[63]

Diese Umkehr, die Abwendung von allem Weltlichen, Nichtislamischen, bleibt laut ʿAbd al-Ḥalīm Maḥmūd nicht auf das Spirituelle, auf die religiöse Erfahrung, begrenzt. Die Daseinsordnung, durch die der Glaubende seinen Islam in einem unermüdlichen rituellen Handeln bekundet, findet ihre notwendige Ergänzung im Dschihad, sei es im Frieden, sei es im Krieg. „Euch ist das Kämpfen vorgeschrieben, obgleich es euch zuwider ist. Es ist gut möglich, daß ihr Dinge verabscheut, die gut für euch sind, und daß ihr Dinge liebt, die schlecht für euch sind. Allah ist wissend, ihr seid es nicht!" (Sure 2, 216). Der Prophet sagte in eben diesem Sinne: „Wer stirbt ohne an einem Kriegszug teilgenommen zu haben oder ohne sich zu einem Kriegszug zugeredet zu haben, der stirbt in einer der Arten der Heuchelei." Zahlreich seien die Koranverse und die Hadithe, die diese Ansicht bekräftigen. Der Dschihad im Frieden meine, so ʿAbd al-Ḥalīm Maḥmūd, die Vorbereitung auf den Krieg: das Erlernen des Bogenschießens, des Reitens. Denn sobald ein Feind

---

61 ʿAbd al-Ḥalīm Maḥmūd: al-ʿIbāda, II, 149.

62 Vgl. erstes Kapitel (Was ist der Islam?), II. 2.

63 ʿAbd al-Ḥalīm Maḥmūd: al-ʿIbāda, II, 179.

auf das Gebiet des Islams vorgedrungen sei, werde das in Sure 2, Vers 216, erwähnte Kämpfen zu einer jedem Muslim obliegenden Pflicht[64] – wie seinerzeit in Medina, als dieser Vers entstand. Seite um Seite füllt er mit Aussagen aus dem Koran und dem Hadith, die diese Erweiterung der Ritualpflichten erfordern. Rufen wir uns ins Gedächtnis, daß er das Buch, das hier in Rede steht, 1968 veröffentlichte. Das ägyptische Debakel im Junikrieg gegen Israel lag gerade ein Jahr zurück. Die „Religion" Islam, der aufrichtige Vollzug der göttlichen Daseinsordnung (arab.: *ad-dīn*), meint ein Handeln, das stets die Riten umfaßt, von dort aus aber auf alle Lebensbereiche übergreift.[65]

---

64 Vgl. neuntes Kapitel (Was ist der Dschihad?), VI. und VII. 3. sowie sechzehntes Kapitel (Was ist Salafismus (reformierter Islam)?).

65 Ebd., 197f., 201. Vgl. auch neunzehntes Kapitel (Was lehrt der Islam über die Frauen und die Ehe?), III. 3.

Dreizehntes Kapitel

Wie sieht der Islam den Menschen?

I. Das Problem

An den Anfang dieses Kapitels stelle ich eine kurze persönliche Bemerkung, den Hinweis auf eine Rede vor dem Deutschen Bundestag und eine Notiz aus der Süddeutschen Zeitung vom 6. März 2015. Das Schulministerium von Nordrhein-Westfalen faßte im Jahre 1980 den Beschluß, den muttersprachlichen Unterricht für türkische Kinder auch zu einer Unterweisung im Islam zu nutzen und einen entsprechenden Lehrplan ausarbeiten zu lassen. Eines der Kernthemen des ersten Schuljahrs lautete: „Wir lernen uns im Religionsunterricht kennen" und diente dem Ziel, den Überlegenheitsdünkel muslimischer Erstkläßler gegenüber ihren anderen Mitschülern zu mildern. Die muslimischen Schüler waren ja meistens zum ersten Mal außerhalb der gegen Einflüsse von außen abgeschotteten häuslichen Umgebung mit der Wirklichkeit einer säkularisierten Gesellschaft konfrontiert. Bei der Mitarbeit an dem Lehrplan wurde mir allein anhand dieses Themas vor Augen geführt, wie tief die mentale Kluft ist, die die muslimischen Einwanderer und auch die Konvertiten von der deutschen bzw. europäischen Gesellschaft trennt.

Am 15. März 2016 konnten sich Abgeordnete des Deutschen Bundestags von dieser Kluft überzeugen, als sie sich aus allerhöchstem Munde den Islam erklären ließen. Der Rektor der Kairoer al-Azhar-Hochschule Ahmad Muhammad al-Tayyeb, in der Presse als der sunnitische Großimam tituliert, erhielt die Gelegenheit, den Volksvertretern die Vorzüge des Islams anzupreisen. Danach stellte er sich einigen Fragen. Die Botschaft des Islams sei sehr klar und einfach, unterstrich er, und sie sei, da von Allah stammend, immer gültig. Vor allem aber sei sie eine einzige Botschaft, die keinerlei Varianten zulasse. In diesem Zusammenhang erteilte er den im Kreise einiger Intellektueller gehegten Träumereien von einem Euro-Islam, der sich einigen westlichen Ideen öffnen solle, eine klare Absage. Ebenso deutlich fiel die Ablehnung jeglicher Säkularisierung aus: Der Islam werde niemals dulden, daß das Wort des Menschen mehr gelte als die ewig gültigen Aussagen Allahs.[1]

---

1 Zusammenfassung des Auftritts vor dem Bundestag: https://email.t-online.de/em#f=INBOX&m=113627948262931, heruntergeladen am 29. März 2016.

Diesen Feststellungen Ahmad Muhammad al-Tayyebs entsprechen die Erfahrungen, die man in Europa tagtäglich mit Muslimen macht: Diejenigen unter ihnen, die bewußt für europäische „Werte" eintreten, insbesondere für die in Europa entstandene Idee der Menschenrechte, befinden sich in der Minderheit. Die erdrückende Mehrheit machen andere aus. Dafür nur ein Beispiel: Als im März 2015 eine Ethiklehrerin in der vierten Klasse einer Grundschule die Morde an Redakteuren der Zeitschrift „Charlie Hebdo" zur Sprache brachte, sagten einige der muslimischen Schüler, jene seien mit Recht getötet worden, denn wer Mohammed zeichne, verdiene den Tod. Auch Ansichten wie „Christen muß man töten" oder „Juden stehen auf einer Stufe mit Schweinen" bekamen die Lehrer zu hören, als sie versuchten, der Sache auf den Grund zu gehen.[2] Was einen erstaunt, ist die Tatsache, daß man in Politik und Publizistik immer noch vorgibt, überrascht und schockiert zu sein, und alles am liebsten abtut, indem man von Einzelfällen spricht. In Wahrheit geben die Kinder wieder, was sie im muslimischen Milieu Tag für Tag hören, und zwar keineswegs nur im „extremistischen". Die radikale Abwertung von Nichtmuslimen ist ein häufig wiederkehrendes Thema des Korans und der Prophetenüberlieferung, des Hadith, und prägt zumindest unterschwellig die Haltung der Mehrheit der eingewanderten Muslime zur aufnehmenden Gesellschaft. Verdeckt durchgeführte Mitschnitte von Predigten in ganz gewöhnlichen dänischen Moscheen haben dies im März 2016 noch einmal belegt und in aufrüttelnder Weise gezeigt, daß eine aus lauter Entgegenkommen bestehende sogenannte Integrationspolitik ganz und gar kontraproduktiv ist.[3]

Ich werde mich der in diesen Beispielen verborgenen Problematik, der Frage nach dem muslimischen Menschenbild, in zwei Schritten nähern. Im ersten werde ich, beginnend mit einem vergleichenden Blick auf das Christentum, die dogmatischen Voraussetzungen dieser Grundhaltung darlegen. Im zweiten will ich untersuchen, wie sich diese Voraussetzungen im Menschenverständnis des Islams, nicht zuletzt in den zeitgenössischen islamischen Vorstellungen von den Menschenrechten, niederschlagen. Unter einem anderen Blickwinkel wird in diesem Teil des Buches vieles erneut zur Sprache gebracht, das in anderen Kapiteln bereits dargelegt wurde. Am Schluß werde ich, freilich nur obenhin, die „großen Erzählungen" des Islams berühren, die ein ums andere Mal jenes Menschenverständnis bekräftigen, ohne daß es stets explizit zur Sprache kommt.[4]

---

[2] http://www.sueddeutsche.de/bayrern/hasstiraden-von-grundschueler …, heruntergeladen am 5. Dezember 2015. Vgl. achtzehntes Kapitel (Wie sieht der Islam die Nichtmuslime?).

[3] http://www.pi-news.net/2016/03/schraenkt-daenemark-die-religionsfreiheit-ein? Vgl. Ferner Constantin Schreiber: Inside Islam, Berlin 2017.

[4] Vgl. siebzehntes Kapitel (Wovon berichten die „großen Erzählungen" des Islams?).

II. Die dogmatischen Wurzeln des islamischen Menschenbildes

1. Grundlagen des christlichen Menschenbildes

Nach dem Bericht über die Taufe Jesu im Jordan und über seine Versuchung durch den Satan erzählt das Evangelium des Matthäus, wie Jesus seine Jünger beruft. Er beginnt danach, im Lande zu predigen. An den Anfang dieses Wirkens stellt Matthäus die Bergpredigt. Nach den bekannten Seligpreisungen kommt Jesus sogleich zum Kern seiner Botschaft: „Ihr sollt nicht wähnen, daß ich gekommen bin, das Gesetz oder die Propheten aufzulösen, sondern zu erfüllen ... Denn ich sage euch: Es sei denn eure Gerechtigkeit besser als die der Schriftgelehrten und Pharisäer, so werdet ihr nicht in das Himmelreich kommen" (5, 17 und 20). Dann folgen die erschreckenden Mahnungen Jesu: „Ihr habt gehört, daß geschrieben steht, ich aber sage euch ...!" Von den gewöhnlichen Menschen nicht zu leisten ist die Erfüllung des Gesetzes, von dem Jesus spricht. „Ihr habt gehört, daß gesagt ist: ‚Du sollst nicht ehebrechen.' Ich aber sage euch: ‚Wer eine Frau ansieht ihrer zu begehren, der hat schon mit ihr die Ehe gebrochen im Herzen'" (5, 27).

Um zu verstehen, wovon in der Bergpredigt die Rede ist, müssen wir den eben genannten Hinweis aufgreifen: Wollt ihr Zuhörer in den Himmel kommen, dann muß eure Gerechtigkeit besser sein als die der Schriftgelehrten und der Pharisäer. Zu Jesu Lebzeiten ist das Judentum auf dem Weg zu einer formalistischen Gesetzesreligion. Gottes Wohlwollen erwirbt man nach Ansicht der Gelehrten durch das Einhalten der komplizierten Regeln, die den Daseinsvollzug bis in die kleinste Kleinigkeit bestimmen. Da man unablässig mit einer oder mehreren Bestimmungen in Konflikt geraten kann, gibt es zahlreiche „legale" Ausflüchte und Hintertürchen, die die Einhaltung der verletzten Regeln vorspiegeln. Von außen nahm man das Judentum als eine Religion der Gesetzesfrömmigkeit wahr: Es war bekannt, daß es zahlreiche Vorschriften zu erlaubten und nicht erlaubten Speisen gab, zum Sabbat, zu den Riten im familiären Kreis und in der Synagoge. Wie diese Vorschriften aus den Aussagen der Tora abzuleiten sind, ergründen die Schriftgelehrten; die Pharisäer machen es sich zur Pflicht, sie besonders genau zu befolgen. Sie erachten dies für ein gottgefälliges Verhalten, mit dem sie den gewöhnlichen Juden überlegen sind. Doch Jesus sagt, auf solche Haarspaltereien, auf solche verwickelten Regelungen, deren Sinn sich manchmal nur einem verschrobenen Geist erschließen mag, komme es nicht an. Wenn ihr das Himmelreich erlangen wollt, dann müßt ihr den *Sinn* des Gesetzes begreifen, und ihr selber müßt euren *Sinn* dementsprechend ändern, so daß ihr dem zu folgen vermögt, was das Gesetz eigentlich von euch fordert. Das ist eine Aufgabe, die viel größer ist als alle die kleinkarierten Vorschriften, auf deren Beachtung sich die Pharisäer so viel einbilden.

Die Evangelien erzählen davon, wie Jesus selber die das Gesetz übersteigenden Maximen seinem öffentlichen Auftreten zugrundelegt. Er geht zu den Aussätzigen, er heilt die Unheilbaren und sagt den Huren, sie sollten fortan nicht mehr sündigen: Wenn sie dies einhalten, werden sie wie auch die vom Aussatz Geheilten vollgültige Mitglieder einer neuartigen Gemeinschaft sein, die freilich nicht mit derjenigen identisch ist, aus der sie wegen ihres Lebenswandels und ihrer Unreinheit ausgestoßen worden sind. Und er geht zu den Zöllnern, den Vertretern des römischen Staates, der in der Sicht der Juden ja nicht nur eine Besatzungsmacht ist, sondern vor allem ein widergöttliches Gebilde. Dieses hat zwar Gesetze, aber diese Gesetze gehen nicht auf eine Offenbarung zurück. Das jüdische Gemeinwesen ist zu Jesu Zeit auf dem Weg zu einer Theokratie, wie sie sich einige Jahrhunderte später im rabbinischen Judentum vollendet. Rom hingegen erlegt sein keineswegs durch einen göttlichen Gesetzgebungsakt geschaffenes Recht den eroberten Ländern auf und läßt deren Bewohner daran teilhaben, indem sie römische Bürger werden. Der Apostel Paulus war ebenfalls in den Genuß des römischen Bürgerrechts gekommen.

Um Jesus anzuschwärzen, fragten ihn eines Tages die Pharisäer, ob es recht sei, dem Kaiser in Rom Steuern zu zahlen. Ein Ja hätte Jesus zu einem erklärten Feind alles Jüdischen gemacht, ein Nein hätte ihn als einen Aufrührer gegen die römische Besatzung erscheinen lassen. Jesus ließ sich von den Pharisäern eine Münze geben. Ihr war das Bild des römischen Kaisers aufgeprägt, so daß ein Pharisäer sie eigentlich gar nicht hätte im Besitz haben dürfen. Da sprach Jesus zu ihnen: „So gebet dem Kaiser, was des Kaisers ist, und gebt Gott, was Gottes ist!“ Und sie verwunderten sich über ihn (Mk 12).

Von der Bergpredigt an widersetzte sich Jesus der Schaffung einer Gottesherrschaft im Diesseits, deren Gesetze und Vorschriften endgültig und vollkommen sind. Da hatte ihn gerade der Satan versucht. Er hatte ihn auf einen hohen Berg geführt, ihm die Reiche aller Welt gezeigt und zu ihm gesprochen hatte: „Dies alles will ich dir geben, so du niederfällst und mich anbetest!“ (Mt 4, 8). Das Reich, in welchem der Sinn des Gesetzes vollständig und endgültig erfüllt sein wird, ist aber nicht von dieser Welt. Diese Welt ist stattdessen der Ort des unablässigen Ringens um die Erfüllung des Gesetzes. Diese Welt ist keine Theokratie, die dem Menschen endgültig und unveränderlich wahre Vorschriften auferlegen würde: Diese Welt ist nach Jesu Ansicht eine Welt der ständigen Annäherung an die Wahrheit, eine Welt der Suche, wie sie nur unter der Maßgabe der Freiheit erfolgen kann. Dies betont Paulus, der römische Bürger, in seinem Brief an die Galater: „Zur Freiheit hat uns Christus befreit! So steht nun fest und lasset euch nicht wiederum in das knechtische Joch fangen!“ (5, 1), nämlich in das Joch der pharisäischen formalen Gesetzeserfüllung.

Der Staat, der von dieser Welt ist, hat seine Berechtigung. Die Obrigkeit „ist Gottes Dienerin, dir zugut“, sagt Paulus im Römerbrief, sie erhält die Ordnung aufrecht, und daher ist sie befugt, Steuern einzuziehen. „So gebet nun jedermann, was ihr schuldig seid! … Seid niemand etwas schuldig, außer daß ihr euch untereinander liebet; denn wer den anderen liebt, der hat das Gesetz erfüllt. Denn was da gesagt ist: ‚Du sollst nicht ehebrechen; du sollst nicht töten, du sollst nicht stehlen; dich soll nicht gelüsten‘ und was noch mehr geboten ist, das wird in diesem Wort zusammengefaßt: ‚Du sollst deinen Nächsten lieben wie dich selbst.‘ Die Liebe tut dem Nächsten nichts Böses. So ist nun die Liebe des Gesetzes Erfüllung“ (Röm 13). Die Freiheit, den Sinn der göttlichen Gebote zu erfassen und in redlicher Anstrengung ihrer Verwirklichung zugrunde zu legen, findet ihren Grund in der Liebe, wie Paulus an dieser Stelle sagt.

Wir berühren hier das Vermächtnis des Christentums, das sich vor allem im lateinischen Europa hat entfalten können, ganz deutlich bei Augustinus und seiner Unterscheidung zwischen der – im Diesseits unentbehrlichen – *Civitas terrena* und der am Ende der Zeiten erwarteten *Civitas Dei.* Im Hochmittelalter zeigt sich diese Unterscheidung in der politischen Theorie von den zwei Schwertern, dem weltlichen und dem göttlichen, und sie manifestiert sich in der Aufklärung und ihrer Forderung, das Weltliche als einen Bereich eigener Art zu verstehen, der einer eigenen, nicht mehr unbedingt religiös fundierten Verantwortlichkeit unterliegt.

Der Islam behauptet, seit 1400 Jahren im Besitz der endgültigen Lösung aller Menschheitsprobleme zu sein, Religion und Machtausübung gemäß dem Willen Allahs zu einem einzigen Ganzen zusammengefügt zu haben. „Die Liebe höret nimmer auf“, schreibt dagegen Paulus den Korinthern. „Unser Wissen ist Stückwerk, wenn aber kommen wird das Vollkommene, so wird das Stückwerk aufhören … Wir sehen jetzt durch einen Spiegel in einem dunklen Wort, dann aber von Angesicht zu Angesicht. Jetzt erkenne ich stückweise, dann aber werde ich erkennen, gleichwie ich erkannt bin“ (1. Kor 13). Vorerst, vor der Verklärung am Jüngsten Tag, in diesem Äon, bleiben uns „Glaube, Hoffnung, Liebe, diese drei; aber die Liebe ist die größte unter ihnen“.

Daß die Bemühungen des *Menschen* um die Erfüllung des Sinnes des Gesetzes, um die Verwirklichung des Geistes der Gebote, nicht gänzlich fehlgehen können, folgt aus der Lehre von der Gottesebenbildlichkeit des Menschen. Gott schuf den Menschen nach seinem Bilde, heißt es im Buch Genesis (1, 27). In Jesus, dem Sohn Gottes, findet die Ebenbildlichkeit ihre Vollendung. Indem der Mensch ihm nachstrebt, ringt er um die Verwirklichung der in ihm angelegten Gottesebenbildlichkeit: Der Christ hat die Fähigkeit, schon hier und jetzt an der Herrlichkeit teilzuhaben, „die (Gott) für sein Volk im Reich des Lichtes bereithält" (Kol 1, 11–14). Im Sohn leuchtet die Herrlichkeit des Vaters, Gottes, auf; der Sohn entspricht vollkommen dem Wesen Gottes: Durch sein starkes Wort hält der Sohn die Welt zusammen und befreit die Menschen von ihrer Urschuld (Heb 1, 3). „Wer mich sieht, der sieht den Vater", sagt Jesus bei Johannes (14, 9). „Der erste Adam wurde aus Erde gemacht", schreibt Paulus den Korinthern. Doch dieses noch von Mängeln behaftete, sündhafte Ebenbild Gottes hat dank Jesu Wirken die Gelegenheit erhalten, sich ihm, dem himmlischen Adam, anzugleichen: „Jetzt gleichen wir dem Menschen, der aus Erde gemacht wurde. Später werden wir dem gleichen, der vom Himmel gekommen ist" (1 Kor 15, 47–49). Der irdische Adam läutert sich aber nicht ohne eigenes Zutun zum himmlischen. Er verfügt über die Fähigkeit, sich zu vervollkommnen.[5]

Die Verheißung, die für den Christen in der Gottesebenbildlichkeit liegt, muß der Muslim entbehren. Im Koran fehlt jede Anspielung auf diese Vorstellung.[6] Schon der ältesten der in Zitaten erhalten gebliebenen Sammlungen von Mohammed zugeschriebenen Aussprüchen, dem „Schriftstück des Hammām b. Munabbih" (gest. ca. 719), ist sie allerdings bekannt: „Allah schuf Adam nach seiner Gestalt", soll Mohammed gesagt haben. Aber damit der Sinn, den dieser Satz im jüdischen bzw. christlichen Glauben hat, verdeckt wird, soll Mohammed ergänzt haben: „(Adams) Körpergröße betrug (ursprünglich) sechzig Ellen ... Jeder, der in das Paradies gelangt, betritt es in der Gestalt Adams."[7] Das Possessivsuffix im Ausdruck „nach *seiner* Gestalt" soll sich demnach auf Adam beziehen, keinesfalls auf Allah. So unentbehrlich war dieser Zusatz über Adams Größe, daß ʿAbdallāh, der Sohn Aḥmad b. Ḥanbals (gest. 855), bei einer Fassung des betreffenden Hadithes, die ohne die „Richtigstellung" tradiert wurde, ausdrücklich anmerkt, im Buch seines Vaters stehe sie; es sei aber ungewiß, ob der Vater sie auch in diesem Fall bei der *mündlichen* Weitergabe erwähnt habe.[8] In einer anderen weit verbreiteten Variante sagt Mohammed wiederum: „Allah schuf Adam nach seiner Gestalt", und verbindet diesen Satz mit der Mahnung, man möge im

---

[5] Vgl. erstes Kapitel (Was ist der Islam?), II. 4.

[6] In islamischen Erklärungen zu den Menschenrechten findet man bisweilen eine Erwähnung der Gottesebenbildlichkeit des Menschen (z.B. Sami A. Aldeeb Abu-Sahlieh: Les musulmans face aux droit de l'homme, Bochum 1994, 465), ohne daß hieraus irgendeine Konsequenz gezogen würde. Es geht einzig darum, aufzuzeigen, daß der Islam das Judentum und das Christentum in sich schließe, wie manche Apologeten meinen (vgl. erstes Kapitel: Was ist der Islam?).

[7] Zitiert in Aḥmad b. Ḥanbal: Musnad, Nachdruck der Bulaqer Auzsgabe, Beirut o.J., II, 315.

[8] Ebd., 323.

Kampf dem Feind nicht das Gesicht verunstalten. Diese Mahnung wird jedoch auch unabhängig von jenem Satz überliefert, der somit als eine nachträgliche, nicht recht passende Begründung für das Verbot der Entstellung des *Gesichts* zu verstehen ist, das der Muslim im Ritenvollzug Allah zuwendet:[9] Allah soll somit ein verstörender Anblick erspart bleiben, wenn der Muslim beim Vollzug der täglichen Pflichtgebete von Angesicht zu Angesicht vor ihn tritt.[10]

2. Das frühislamische Menschenverständnis

„Allah bezeugt, daß es keinen Gott außer ihm gibt, desgleichen die Engel und diejenigen mit Wissen", lautet der erste Teil des 18. Verses von Sure 3. Mit Recht erkennt man in diesen Worten einen Anklang an die erste Hälfte der zweigliedrigen islamischen Glaubensbezeugung. Was aber heißt: „Es gibt keinen Gott außer Allah"? Gewiß, es ist vom Monotheismus die Rede. Aber der islamische Monotheismus bedeutet nicht, daß der eine Gott die Welt „am Anfang" geschaffen hat und den Geschöpfen die Möglichkeit einräumt, sie in eigener Verantwortung zu gestalten. Der islamische Monotheismus meint vielmehr, daß es grundsätzlich, im Diesseits wie im Jenseits, von Ewigkeit zu Ewigkeit, keine andere „Macht und Kraft" gibt außer Allah.[11] Alles, was der Mensch mit seinen Sinnen wahrnimmt, und auch er selber, ist in jedem Augenblick nichts weiter als das Resultat des fortwährenden Schöpfungshandelns des Einen, der, wie es in Sure 2, Vers 255, in deutlicher Abgrenzung gegen das Gottesverständnis der Juden und Christen heißt, niemals ruht. Indem Allah fortwährend tätig ist (Sure 55, 29), stiftet er in ununterbrochenem Hervorbringen alles, was der Kosmos ist bzw. was diesen ausmacht: Alles, mag es dem Menschen gut oder schlecht erscheinen, ihm zum Nutzen oder Schaden gereichen, ist insofern, als es das Resultat göttlichen Handelns ist, als eine göttliche Wohltat, als ein Ausdruck göttlicher Barmherzigkeit zu werten (Sure 55). Indem die Welt nicht einen Augenblick ihres Vorhandenseins in sich selber besteht, ist ihr ganz auf Allah angewiesenes Sein unüberbrückbar anders als dasjenige ihres ständigen Schöpfers verfaßt. Das bedeutet zugleich, daß es für die Beurteilung des Schöpfungshandelns Allahs und die Bewertung, die der Mensch diesem Handeln zuspricht, keinerlei gemeinsame Maßstäbe gibt. Allah steht unerreichbar weit über der Urteilskraft des Menschen, so daß diesem nichts anderes bleibt, als die Ergebnisse des göttlichen Handelns barmherzige Wohltaten zu nennen.

---

[9] Muslim b. al-Ḥaǧǧāǧ: Ṣaḥīḥ, al-birr waṣ-ṣila wal-ādāb, Nr. 115 f.

[10] Vgl. hierzu sechstes Kapitel (Was ist die Scharia?) und zwölftes Kapitel (Was versteht der Muslim unter Religion?).

[11] Vgl. hierzu zweites Kapitel (Wer ist Allah?).

Wenn Paulus davon sprechen kann, daß der Mensch, sofern er Jesus Christus „nachfolgt", schon hier und jetzt beginnen kann, sich zum „himmlischen Adam" zu vervollkommnen, dann setzt das voraus, daß hier und jetzt sowie dereinst gleiche Normen gelten. Daß der Mensch das Ebenbild Gottes sei, hat unter dieser Bedingung seinen Sinn. Ein Ebenbild Allahs kann der Mensch hingegen gar nicht sein.

Daß den Muslim nichts in eine wesensmäßige Beziehung zu Allah setzt, der allein jegliche Wirklichkeit bestimmt, wird ihm nicht nach einer wie immer gearteten Initiation, etwa einer Taufe, bewußt. Der Muslim kann diese Tatsache, die für ihn alle weiteren denkbaren Tatsachen in sich schließt, nicht als ein *Bekenntnis* aussprechen; er hat sie vielmehr zu *bezeugen*. Die zweigliedrige Formel „Es gibt keinen Gott außer Allah. Mohammed ist der Gesandte Allahs" wird deswegen *šahāda* genannt, d. h. Bezeugung. Jeder Mensch müßte nach islamischer Vorstellung diese Bezeugung unentwegt nachsprechen, denn wie der ganze Kosmos jederzeit unmittelbar zu Allah ist, so ist es auch jeder Mensch von dem Augenblick an, in dem er gezeugt und empfangen wird, und er bleibt es, während er im Mutterleib heranreift und dann geboren wird (vgl. Sure 23, 12–16). Vorherbestimmt ist dem Menschen schon bei der Geburt die Lebensfrist (Sure 40, 67). Im Hadith läßt man Mohammed für weitere Klarheit sorgen. Wohl kaum einem Muslim ist unbekannt, was der Prophet der koranischen Schilderung der Heranbildung der Leibesfrucht durch Allah hinzugefügt haben soll: Ein Engel erhält von Allah den Auftrag, ihr den Geist bzw. das Leben einzuhauchen und „vier Worte" aufzuzeichnen, nämlich den dem Neugeborenen zugemessenen Lebensunterhalt, die Lebensfrist, sein künftiges Handeln sowie ob ihm die Glückseligkeit oder die Verdammnis vorherbestimmt ist. „Denn bei dem, neben dem es keinen Gott gibt! Der eine von euch handelt wie die künftigen Paradiesbewohner, so daß er nur noch eine Elle vom Paradies entfernt ist. Dann aber ereilt ihn das Niedergeschriebene, und er begeht eine Tat der Hölleninsassen und betritt infolgedessen die Hölle. Der andere von euch handelt wie die künftigen Hölleninsassen, so daß er nur noch eine Elle von der Hölle entfernt ist. Dann aber ereilt ihn das Niedergeschriebene, und er begeht eine Tat der Paradiesbewohner und betritt infolgedessen das Paradies."[12]

Drastischer kann man die grundsätzliche Unvereinbarkeit der Urteile des Menschen über gut und böse einerseits und der Vorgehensweise Allahs andererseits schwerlich ausdrücken. Einen Grund, weswegen Allah die einen zum Paradies erwählt, die anderen in die Hölle schickt, sucht man vergebens; denn der Unglaube, die Verstöße gegen Allahs Daseinsordnung sind ja nicht

---

[12] Wichtige Belege: al-Buḫārī: Ṣaḥīḥ, al-qadar Nr. 1; Muslim b. al-Ḥaǧǧāǧ: Ṣaḥīḥ, al-qadar, Nr. 1; in beiden Quellen im Anschluß daran weitere Überlieferungen in diesem Sinn.

durch den betreffenden Menschen gewirkt, sondern manifestieren sich an ihm und durch ihn nach Allahs unauslotbarem Ratschluß. Allah hat eben entschieden, daß er die Hölle mit Menschen und Dämonen anfüllen will; er hätte durchaus alle in der wahren Daseinsordnung vereinen können (Sure 11, 118 f.). In der Schöpfungsgeschichte des Alten Testaments tritt der Mensch als das Ebenbild Gottes auf den Plan, der Sündenfall öffnet ihm die Augen für gut und böse, und eben wegen der Fähigkeit, beides voneinander zu unterscheiden, wird er „sein wie Gott". Im Koran ist davon nicht die Rede. Allah verbietet Adam und seiner Gattin, die Früchte eines bestimmten Baumes zu essen. Der Satan flüstert ihnen ein, Allah habe das Verbot nur deshalb verhängt, weil beide anderenfalls das ewige Leben erwürben. Diese Aussicht ist zu verlockend, sie können nicht widerstehen. Allah vertreibt sie aus dem Paradies und gesteht dem Satan zu, die Nachfahren der ersten beiden Menschen mit jeglicher Art von Heimtücke zu verführen (Sure 7, 20–25). Freilich empfing Adam im Augenblick, in dem er vertrieben wurde, „von seinem Herrn Worte (der Verheißung). (Allah) wandte sich ihm wieder zu. Er ist ja derjenige, der sich stets zuwendet, der Barmherzige!" (Sure 2, 37 f.). Allah stellte von sich aus zwischen sich und Adam die Beziehung her, die im Koran mit Bezug auf Abraham als Islam bezeichnet wird.[13]

Jeder Mensch, den Allah im Mutterleib heranwachsen und dann in das Diesseits eintreten läßt, unterliegt während des irdischen Daseins in jedem Augenblick der göttlichen Bestimmung, die bereits vor dem Beginn des Schöpfungshandelns festgelegt wurde. Infolgedessen wird niemand die Last eines anderen tragen müssen (Sure 53, 38). Wer sich rechtleiten läßt, dem geschieht dies allein zu seinem eigenen Vorteil, und wer in die Irre geht, der wird im Endgericht die Folgen erleiden (Sure 17, 15): Irgendwelchen Beistand wird er dann nicht finden (z. B. Sure 45, 10), es wird niemandem etwas nützen, wenn er auf seine Reichtümer und auf mächtige Freunde verweisen kann. Was Allah vor aller Zeit auf einer Tafel eingetragen hat, das ist nach Mohammeds Vorstellung der Koran (Sure 85, 22), der in Worte gefaßte Aspekt des Schöpfungshandelns.[14] Im Hadith begegnet man dagegen der wesentlich weiter reichenden Vorstellung, die in der vorhin zitierten Überlieferung mit den „vier Worten" angedeutet wird: „Allah existierte vor jeglichem Ding, während sein Thron über dem Wasser schwebte, und er schrieb jegliches Ding auf die Tafel."[15] Der Islam als die vorbehaltlose Weggabe der Person an Allah folgt aus der Vorherbestimmtheit einer jeden Lebensregung. Hieraus wiederum ergibt sich, daß jeder Mensch, insofern er durch Allah im Mutterleib geformt

---

[13] Vgl. erstes Kapitel (Was ist der Islam?).

[14] Vgl. viertes Kapitel (Was ist der Koran?).

[15] Aḥmad b. Ḥanbal: Musnad, Nachdruck der Bulaqer Ausgabe, Beirut o. J., IV, 431.

wurde und insofern sein Dasein in der durch Allah im voraus festgelegten Weise abläuft, ein Muslim ist. Jeder Mensch befindet sich daher in der einen ihm durch Allah anerschaffenen Beziehung zu seinem Schöpfer.

Diese Beziehung schlägt sich freilich nicht allein in dem nieder, was mit jedem einzelnen Menschen nach Allahs Ratschluß geschieht und was er gemäß der göttlichen Bestimmung tut, sondern reicht weit hierüber hinaus. Denn in gleicher Weise, wie Allahs Bestimmen jenseits der diesseitigen Zeit vonstatten geht, so hat auch die Existenz eines jeden Menschen eine jenseits des Hier und Jetzt liegende Dimension. Der Koran spricht von ihr in Sure 7, Vers 172 f.: „Einst entnahm Allah dem Rücken der Söhne Adams deren Nachkommenschaft und ließ sie zu ihren Lasten Zeugnis ablegen: ‚Bin ich nicht euer Herr?' Sie antworteten: ‚Ja, (das) bezeugen wir!' Am Jüngsten Tag sollt ihr nicht sagen können: ‚Davon hatten wir keine Ahnung!' oder: ‚Unsere Vorväter vor unserer Zeit waren Beigeseller. Wir sind deren Nachfahren. Willst du uns ins Verderben stürzen für etwas, das (jene) Verfechter von Nichtigkeiten taten?'" Die zwischen dem Menschen, und zwar jedem einzelnen, und Allah bestehende Beziehung wurde mithin schon weit vor dem irdischen Dasein gestiftet, und sie bleibt in Kraft über den Tod hinaus. Sie hat sich in der Grabespein zu bewähren und offenbart ihre unüberschätzbare Tragweite am Jüngsten Tag.[16]

In ganz allgemeiner Form spricht der Koran in Sure 30, Vers 30, diese Vorstellung aus: „Richte dein Gesicht auf die Daseinsordnung, wie ein Hanif es tut! (Verharre) in der Art der Geschaffenheit (arab.: *al-fiṭra*), in der Allah die Menschen schafft! Denn niemand kann Allahs Schöpfung austauschen. Das ist die ewig gültige Daseinsordnung, aber die meisten Menschen wissen nicht Bescheid." Eine andere Art der Geschaffenheit als die islamische gibt es nicht. Das Hadith verleiht dieser Aussage die Eindeutigkeit und Folgerichtigkeit, die man im Koran noch vermissen mag. „Jedes Kind wird in der (durch Allah bestimmten) Art der Geschaffenheit geboren. Es sind die Eltern, die es zum Juden, Christen oder Zoroastrier machen. Jedes Stück Vieh bringt ein vollständiges Junges zur Welt; bemerkt ihr (unter den Jungen) je eines mit abgeschnittenen Ohren?"[17] Die Kinder, die Allah im Mutterleib gestaltet, sind bei der Geburt vollständig, nämlich Muslime. Wenn dem Neugeborenen die Verdammnis bestimmt ist, dann werden die Eltern es in einer anderen Religion erziehen, ihm also wesentliche Elemente des Menschseins rauben. Wie sich zeigen wird, spielt die Idee des jedem Menschen anerschaffenen vollständigen Menschseins, das sich nur der Muslim bewahrt, in den

---

[16] Vgl. siebtes Kapitel (Was lehrt der Islam über das Jenseits?), II. 2. Ferner vierzehntes Kapitel (Was ist Sufismus?), II. 2.

[17] : al-Buḫārī: Ṣaḥīḥ, tafsīr sūrat ar-Rūm; Muslim b. al-Ḥaǧǧāǧ: Ṣaḥīḥ, al-qadar, Nr. 22 und 25.

heutigen muslimischen Vorstellungen von den Menschenrechten und vom Reifezustand der Menschheit eine tragende Rolle. Die Überzeugung, daß die fehlende Zugehörigkeit zum Menschsein mit der Zugehörigkeit zu einer nichtmuslimischen Glaubenslehre oder Weltanschauung gleichzusetzen ist, prägt zudem das muslimische Bild der Weltgeschichte.[18]

Kommen wir nun zu einer weiteren Kernaussage, die der Koran zu unserem Thema trifft. Denn weshalb macht sich Allah, der im Koran und in der islamischen Theologie die Züge eines Willkürherrschers trägt, überhaupt die Mühe, einen den Geschöpfen undurchschaubaren Plan zu fassen und ein entsprechendes Schöpfungshandeln zu vollziehen, das ihm freilich, wie ebenfalls Sure 2, Vers 255, versichert, keine schwere Last ist? Die Antwort findet sich in Sure 51, Vers 56, wo Allah sagt: „Ich habe die Dämonen und die Menschen nur geschaffen, damit sie mich anbeten" oder „meine Diener sind." Viel Tinte ist im Islam darüber geflossen, daß die unbelebte Natur, die Pflanzen und die Tiere unaufhörlich Allah, die einzige Wirkkraft und den einzigen Grund ihres flüchtigen diesseitigen Daseins, rühmen. Sie alle tun dies spontan, sie können nicht anders. Die Dämonen und die Menschen können auch anders, denn sie können mit Allahs vorherigem Einverständnis durch die Tücke des Satans dazu gebracht werden, den Verstand, die Gabe Allahs, die sie auszeichnet, dazu zu mißbrauchen, sich eine eigene Leistungsfähigkeit zuzuschreiben. Die anderen Geschöpfe sind dazu nicht in der Lage, da ihnen der Verstand fehlt. Mit anderen Worten: Die Dämonen und die Menschen – ich spreche fortan nur von letzteren – vermögen die allen Geschöpfen durch Allah anerschaffene ursprüngliche Seinsart, die *fiṭra*, zu überdecken. Der Verstand, den Allah ihnen geschenkt hat, sollte ihnen jedoch eigentlich sagen, daß ein solches Überdecken, d.h. die Inanspruchnahme eigener Bestimmungsmacht, verstandeswidrig ist.[19]

Damit dem Muslim dergleichen auch irrtümlich nicht unterlaufen kann, wird ihm empfohlen, zumindest vor jeder rituellen Handlung im stillen eine den Sinn auf diese Handlung lenkende Absichtserklärung (arab.: *an-nīja*) zu formulieren. „Die Handlungen – gemäß den Absichtserklärungen!" lautet ein immer wieder zitiertes Hadith. Es ist mehrdeutig, denn es kann meinen, daß eine Handlung nur mit der ausdrücklichen Bekundung der Willentlichkeit des Vollzugs auf das Jenseitskonto angerechnet werden kann. Doch ist auch die sehr beliebte Deutung zu hören, daß bei einem Vorhaben, das trotz guter Absicht mißlingt, nicht das Scheitern zählt, sondern allein schon, daß die gute Absicht gefaßt wurde. Wahrscheinlich ist diese Auslegung als eine Art Arrangement mit der Prädestination zu verstehen.

---

18 Vgl. fünfzehntes Kapitel (Was ist islamischer Rationalismus?), I. 1. und achtzehntes Kapitel (Wie sieht der Islam die Nichtmuslime?).

19 Vgl. fünfzehntes Kapitel (Was ist islamischer Rationalismus?).

Wir sind jetzt auf ein weiteres Koranzitat vorbereitet, auf das sich die Behandlung unseres Themas gründet. Es findet sich in Sure 4, Vers 125: „Wer hätte eine bessere Daseinsordnung (arab.: *ad-dīn*) als derjenige, der sein Gesicht vorbehaltlos Allah übergibt, dabei recht handelt und der Kultgemeinschaft Abrahams ... folgt?" In dieser rhetorischen Frage, deren Antwort „Niemand!" auf der Hand liegt, verbirgt sich der Begriff Islam. „Vorbehaltlos weggeben", auf arabisch *aslama,* hier wie mehrfach im Koran mit dem Objekt „das Gesicht" als Metapher für die ganze Person verbunden, meint die der *fitra* angemessene Haltung, mit der der Mensch zum Ausdruck bringt, daß Allah die einzige Wirkkraft ist. Das Verbalnomen von *aslama* lautet *islām*, das aktive Partizip *muslim.* Der *islām*, das Weggeben des Gesichts, ist der Inbegriff der einzig wahren Daseinsordnung, arabisch *dīn*, ein Wort, daß meist irreführend mit „Religion" wiedergegeben wird. Mit dem modernen europäischen Begriff „Religion", der ein durch ein Credo, ein Glaubens*bekenntnis*, begründetes persönliches Verhältnis zu einem Gott bezeichnet, der sich der Menschen in ihrer Sündhaftigkeit annimmt, hat der Inhalt von *dīn* aber wenig gemein.[20] Am besten ist *dīn* als die lebenspraktische, vorzugsweise rituelle Konsequenz aus der dem Menschen anerschaffenen *fiṭra* bzw. aus dem *islām*, der vorbehaltlosen Weggabe des Gesichts an Allah, auszulegen. Sure 4, Vers 125, bestimmt den *dīn* als das rechte Handeln, die gelebte Form der Weggabe des Gesichts.[21]

3. Der Allah Dienende

Damit komme ich zu der Frage, worin eigentlich die gelebte Form dieses *islām* besteht. Was in Sure 4, Vers 125, mit dem Begriff „recht handeln" wiedergegeben wurde, meint keineswegs ein selbstverantwortetes, an durchdachten ethischen Maximen ausgerichtetes Vorgehen mit dem Ziel der individuellen wie auch gemeinschaftlichen guten Daseinsfristung. Nicht durch irgendwelche Leistungen, wie immer man sie bestimmen mag, soll der Rang des Menschen innerhalb der – muslimischen – Gesellschaft und im Rahmen der durch diese gewährleisteten islamischen Machtausübung definiert werden, sondern allein durch den Grad der Gottesfurcht. Die Identität eines jeden Muslims bzw. seine Position im Gefüge des von Mohammed als eine Einheit blutsverwandtschaftlicher Beziehungen vorgestellten islamischen Gemeinwesens sollen jeweils eindeutig aus der Reihe der Väter und Vorväter abzuleiten sein. Allerdings soll der Stolz auf den Väterruhm, wie er in der Heidenzeit üblich gewesen ist, ein für allemal abgetan sein (Sure 49, 13).

---

[20] Vgl. zwölftes Kapitel (Was versteht der Muslim unter Religion?).

[21] Näheres siehe erstes Kapitel (Was ist der Islam?), II. 2.–4.

In diesem Zusammenhang muß darauf verwiesen werden, daß Sure 51, Vers 56, im Dienst an Allah, in seiner unermüdlichen Verehrung, den Zweck erkennt, zu dem Allah die Dämonen und die Menschen schafft. Dabei stellt sich Mohammed vor, daß die übrigen Kategorien der Geschöpfe dies wesensmäßig tun, mithin gar nicht zu etwas anderem verleitet werden können. Dämonen und Menschen sind mit dem Verstand begabt, deswegen ist es möglich, daß ihnen der Satan gemäß göttlicher Vorherbestimmung die „Beigesellung" schmackhaft machen kann, wie er einst selber sich ein eigenes Urteil anmaßte und einen Befehl Allahs, der ihm widersinnig erschienen war, mißachtete (Sure 15, 39–42). Sich mit dem Ruhm der Väter zu brüsten, wäre ebenfalls eine Abirrung von der Frömmigkeit, die sich stets dessen bewußt bleibt, daß auch das Ansehen, das einige Ahnen genossen haben mögen, einzig das Werk Allahs ist. Um jegliche Handlung, sei sie ritueller oder alltäglicher Art, von solchen Begleitregungen freizuhalten, empfiehlt es sich, wie vorhin erwähnt, sich eine entsprechende Absicht (arab.: *an-nīja*) ins Bewußtsein zu rufen. Man soll sie leise vor sich hin sprechen. Sie besteht in der Versicherung, die nun folgende Tat einzig im Streben nach dem „Antlitz Allahs" (Sure 30, 39; Sure 76, 9) zu vollziehen, keinesfalls aber, um vor den übrigen Menschen als besonders gottesfürchtig zu gelten. Im Sufismus ist solche bis ins Selbstquälerische gesteigerte Skrupelhaftigkeit ein bis in die feinsten Winkel hinein erörtertes Thema.[22] Gewöhnlich aber bewahrt den Muslim die Absicht, die er sich in den Sinn ruft, vor einer „beigesellerischen" Mißwidmung der folgenden Handlung und bewirkt, daß sie ohne Abstriche als Verehrung Allahs gewertet werden kann. Der von Muslimen gern zitierte Satz, daß die Taten gemäß den Absichten beurteilt werden, zielt daher nicht allein auf die Beschönigung der Diskrepanz zwischen dem angestrebten Sinn und dem tatsächlich erreichten Ergebnis. Mohammed erklärt die wahre Funktion der Absicht mit einem Traum, den er einst hatte: Etliche Männer lassen sich in der Kaaba von einem Quraišiten vorbeten, sorgen also aufs beste für die regelgerechte Ausführung des Gebets; dann treten sie eine Wanderung durch die Wüste an und versinken allesamt. Der Ort ihres Untergangs ist ein und derselbe, aber sie werden in höchst verschiedener Weise auferweckt werden. Denn manche begaben sich im Bewußtsein der Gefahr auf den Weg, andere waren zur Reise gezwungen und wieder andere liefen einfach nur mit. „Allah wird sie gemäß ihren Absichten auferstehen lassen."[23]

Wie im Kapitel über die Frage „Wer war Mohammed?"[24] erörtert wird, unterschied dieser in Medina sehr genau zwischen denjenigen seiner Anhänger,

---

[22] Vgl. vierzehntes Kapitel (Was ist Sufismus?).

[23] Häufig belegtes Hadith, hier: Muslim b. al-Ḥaǧǧāǧ: Ṣaḥīḥ, fitan Nr. 8.

[24] Drittes Kapitel (Wer war Mohammed?).

die lediglich den Islam bezeugten, und denjenigen, die „glaubten", d. h. unter Einsatz ihres Vermögens und ihres Lebens „auf dem Pfade Allahs" den Dschihad führten. Diese kämpferische Auslegung von Gläubigkeit läßt sich nicht die ganze islamische Geschichte hindurch aufrechterhalten. Sie verschwindet allerdings nie völlig und tritt als ein destabilisierendes Moment islamischer Machtausübung bis in die Gegenwart unter bestimmten Voraussetzungen immer wieder in Erscheinung. Dieser den muslimischen Menschen als einen Diener Allahs auszeichnende kriegerische Grundzug sei hier nur erwähnt, da ihm ein eigener Text gewidmet ist.[25] Jetzt ist es uns um die Gemeinschaft der „Gottesfürchtigen" zu tun, die jedoch, wie an anderer Stelle dargelegt wird, die Veranlagung zu einer endogenen Radikalisierung in sich trägt.[26]

„Islam", „Glaube" und „rechtes Tun" als die drei Formen, in denen der Muslim den ihm in Sure 51, Vers 56, zugedachten Status des unentwegt willentlich und ohne eine Regung der „Beigesellung" Allah verehrenden Dieners zum Ausdruck bringt, werden in einer bis in die Gegenwart erzählten Episode verdeutlicht, in der sich der Engel Gabriel bei Mohammed über das Wesen der von ihm verkündeten Religion belehren läßt. Eines Tages nämlich, als sich Mohammed seinen Anhängern zeigte und mit ihnen sprach, trat ein Fremder hinzu und fragte: „Gesandter Allahs, was ist der Glaube (arab.: *al-īmān*)?" Mohammed antwortete: „Der Glaube besteht darin, daß du an Allah, seine Engel und seine Gesandten glaubst sowie daran, daß du ihm begegnen wirst, und an die Auferweckung am Jüngsten Tag." „Und was ist der Islam?" „Daß du (einzig) Allah anbetest und ihm nichts beigesellst, das rituelle Pflichtgebet einhältst, die obligatorische Läuterungsgabe abführst und im Ramadan fastest." „Und was ist das rechte Handeln (arab.: *al-iḥsān*)?" „Daß du Allah anbetest, als könntest du ihn sehen; denn wenn du ihn auch nicht zu sehen vermagst, so sieht er doch dich!" „Und wann bricht die letzte Stunde an?" „Der Gefragte weiß das nicht besser als der Frager! Doch ich werde dir von ihren Bedingungen berichten: Wenn eine Frau ihre Herrin gebiert, so ist das eine der Bedingungen; wenn die Barfüßigen und Nackten die Oberhäupter der Menschen sind, dann ist das eine der Bedingungen neben fünf weiteren von denen nur Allah weiß. Denn Allah verfügt über das Wissen von der Stunde. Er sendet den Regen herab, er weiß, was im Mutterleib verborgen ist." Der Fremde ging. „Holt ihn zu mir zurück!" befahl Mohammed. Man versuchte es, aber vermochte niemanden mehr zu sehen. „Das war Gabriel", erläuterte Mohammed, „er kam, um die Menschen ihre Daseinsordnung zu lehren".[27]

---

[25] Vgl. neuntes Kapitel (Was ist der Dschihad?); ferner sechzehntes Kapitel (Was ist Salafismus (reformierter Islam)?).

[26] Vgl. erstes Kapitel (Was ist der Islam?), II. 4.

[27] al-Buḫārī: Ṣaḥīḥ, tafsīr sūrat Luqmān.

Dieses schon in der mittleren Omaijadenzeit bezeugte Hadith[28] zitiert die ersten Verse von Sure 2, in denen der Glaube in gleicher Weise definiert wird. Sure 2 entstand etwa achtzehn Monate nach der Hedschra, jedoch noch vor der Schlacht bei Badr. Erst dieses Ereignis legte Mohammed nahe, den Glauben als die unbedingte und unablässige Kampfbereitschaft seiner Anhänger zu propagieren, wie er dies in Sure 8, Vers 72 und 74, in aller Deutlichkeit tut. In diesem Sinne sagt er in Sure 49, Vers 14, daß die Beduinen, die dem Islam beigetreten sind, sich nicht der Gläubigkeit rühmen dürfen; sie stehen, da sie mit ihrem Vieh von Weideplatz zu Weideplatz ziehen müssen, nicht der medinensischen Kampfgemeinschaft der Gläubigen zur Verfügung. Indem das Ideal der kämpferischen Gläubigkeit während des Ersten Bürgerkriegs (656–660) kompromittiert wurde, öffnete man sich wieder der in die Zeit vor Badr zurückgehenden Deutung des Glaubens. Sie setzte sich allerdings niemals als die allein anerkannte durch. Die kämpferische drängte unter gewissen machtpolitischen Voraussetzungen immer wieder in den Vordergrund, wovon in anderem Zusammenhang ausführlich gesprochen wird.[29]

In der „besten Gemeinschaft" soll der Väterruhm nichts mehr gelten, am Ernst der an den Tag gelegten Gottesfurcht indessen soll man den Rang eines jeden Muslims erkennen, meinte Mohammed (Sure 49, 13). Das ist eine mehrdeutige Aussage, die die beiden von ihm verkündeten Spielarten von Glauben umgreift. Die theologische Durchdringung seiner Botschaft, die erst nach dem erwähnten Bürgerkrieg einsetzte, wurde sich schon im ausgehenden 7. Jahrhundert dieser Mehrdeutigkeit bewußt. Der Ritenvollzug war den Muslimen, die sich mit solchen Fragen nicht befaßten, genug des Schutzes gegen die Einflüsterungen des Satans, und sie werden nicht darüber nachgegrübelt haben, ob sie den Ritualpflichten aus eigener Kraft oblagen oder ob dies einzig der Vorherbestimmung Allahs zu verdanken war. Was zählte, war die Gewißheit, daß sie sich des Zustandes des „Weggegebenhabens des Gesichts" zuallererst durch die Erfüllung dieser Pflichten versicherten, an erster Stelle des rituellen Pflichtgebets, arabisch *ṣalāh*. Dieses Wort ist dem Christlich-Syrischen entlehnt, wo es die Verbeugung bedeutet. Während der fünf täglichen Pflichtgebete steht der Muslim vor Allah von Angesicht zu Angesicht und vollzieht die Verbeugung und andere Gesten der Ehrerbietung. „Von Angesicht zu Angesicht" ist dabei mehr als eine Redensart. Der in Sure 51, Vers 56, ausgesprochene Daseinszweck des Geschaffenwerdenden impliziert nach muslimischer Vorstellung eine Gegenseitigkeit der Zuwendung, die zwischen dem Schöpfer und dem Geschöpf statthat. In Schriften

---

[28] Vgl. Nagel: Die Inschriften im Felsendom und das islamische Glaubensbekenntnis – Der Koran und die Anfänge des Ḥadīṯ, in: Arabica XLVII/2000, 329–365, hier 363.

[29] Vgl. neuntes Kapitel (Was ist der Dschihad?) und sechzehntes Kapitel (Was ist Salafismus (reformierter Islam)?).

über die Riten wird dieser Gesichtspunkt häufig in den Vordergrund gerückt, worauf ich hier aber nicht näher eingehen kann. Die *ṣalāh*, das einzelne rituelle Gebet, markiert einen bestimmten Abschnitt des Tageslaufs, in dem der Muslim der *fiṭra* gerecht wird und in dem er grundsätzlich dagegen gefeit ist, vom *islām* abzuweichen. Die islamische Frömmigkeitsströmung, die man Sufismus nennt, arbeitet darauf hin, derartige Abschnitte so weit auszudehnen, daß sie möglichst die ganze Tages- und Lebenszeit ausmachen.[30]

Auch die ebenfalls schon früh im Koran genannte Läuterungsgabe, *zakāh*, dient der Wahrung der *fiṭra*. Sie ist als eine Bußabgabe gedacht, die den Menschen, der doch geneigt ist, sich mehr Güter anzueignen, als Allah für ihn bestimmt hat, von derartigen Verstößen gegen den *islām* reinigen soll.[31] Schon im Koran fallen in die Daseinsordnung überdies nicht nur Ritualpflichten, sondern auch Regelungen für, wie wir sagen würden, profane Angelegenheiten wie die Aufteilung von Nachlässen. Nach muslimischer Vorstellung war die Daseinsordnung zum Zeitpunkt des Todes Mohammeds im Jahre 632 vollständig durch den Koran sowie durch Mohammeds vorbildliches, normsetzendes Handeln bekanntgemacht worden. In Sure 5, Vers 3, findet sich eine Anspielung auf diesen Gedanken. In Wahrheit dauerte es vier Jahrhunderte, bis die Schariagelehrten den Anspruch zu erheben wagten, sie könnten aus dem Koran und dem Hadith eine allumfassende Daseinsordnung herleiten, die nicht nur die Riten, sondern auch jegliches Tun, Reden und Denken nach Maßgabe des *islām*s, der Weggabe des Gesichts an Allah, zu bewerten und dadurch zu normieren wisse.

4. Die Handlungsfähigkeit des Menschen

Damit kommt uns das Wirken des historischen Mohammed näher in den Blick. In Sure 7, Vers 157, macht er sich anheischig, nicht nur zum Gesandten Allahs berufen zu sein, der die Menschen darüber belehrt, daß sie dem unaufhörlichen schaffenden Allah ebenso unaufhörlichen Dank schulden und daß Allah im Jüngsten Gericht überprüfen wird, inwieweit sie dieser Pflicht nachgekommen sind. Mohammed erklärt sich nunmehr auch zum Propheten, der, wie es fortan im Koran immer wieder heißt, „das Billigenswerte befiehlt und das Verwerfliche verbietet". Er behauptet nun, nicht nur der Mann zu sein, der den *islām* zu verkünden hat, sondern eben auch den Muslimen die Einzelheiten der aus dem *islām* folgenden Daseinsordnung aufzuerlegen hat. Diese Daseinsordnung zeichnet sich durch ihre Unverfälschtheit aus, denn sie tilgt die eigenmächtigen Ergänzungen der Juden und Christen, z. B. die

[30] Vierzehntes Kapitel (Was ist Sufismus (reformierter Islam)?).

[31] Einen Überblick über die Ritualpflichten findet man im sechsten Kapitel (Was ist die Scharia?) und im zwölften Kapitel (Was versteht der Muslim unter Religion?).

komplizierten Speisegebote und das Mönchtum, und ist damit der abrahamischen, der natürlichen, gleich, die ebenfalls allein der *fiṭra* verpflichtet gewesen sein soll. Ein zur muslimischen Selbstvergewisserung immer wieder zitierter Koranvers, Sure 3, Vers 110, sagt in diesem Sinne. „Ihr (Muslime) seid die beste Gemeinschaft, die je unter den Menschen hervorgebracht wurde. Ihr befehlt das Billigenswerte und verbietet als Verwerfliche und glaubt an Allah!"

Der Muslim ist ein Mensch, dessen irdischer Wandel und dessen Handeln in den Einzelheiten fremdbestimmt sind. Zugleich ist ihm die Pflicht übertragen, für den Triumph des Islams, der wahren Daseinsordnung, zu sorgen, wobei der Grad, in dem er diese Pflicht erfüllt, ebenfalls von Allah im voraus festgelegt ist und – was den Muslim vom Calvinisten unterscheidet – nichts über seine Erwählung zum Paradies oder Verdammnis zur Hölle aussagt. Denn Allah geht nach Kriterien vor, die kein Mensch zu durchschauen vermag. Er ist nicht nur der unabhängig von allen diesseitigen Voraussetzungen Schaffende, sondern auch der gänzlich unabhängig Richtende. In der islamischen Theologie, vor allem der sunnitischen, lehrt man daher, daß Allah das aus sehr vielen, aber endlich vielen Substanzpartikeln bestehende Diesseits in jedem Augenblick neu schafft, die Partikeln neu konfiguriert. Das, was geschaffen wird, weist in sich selber keinerlei Kontinuität auf. Auch für den Menschen gilt dies. Schüfe Allah die Welt nicht von Augenblick zu Augenblick, dann existierte sie nicht, und somit auch der Mensch nicht. Wenn dieser eine Handlung ausführt, d.h. wenn Allah es wirkt, daß der Mensch in einem bestimmten Augenblick eine Handlung ausführt, dann schafft Allah in dem betreffenden Augenblick in jenem Menschen die zu dieser Handlung notwendigen Fertigkeiten und Kräfte. Eine Dauer, die über das Geschehen der Handlung hinausreichte – und damit womöglich eine Art Unabhängigkeit von Allah bedänge –, haben die Fertigkeiten und Kräfte nicht.

Was im „Befehlen und Verbieten" und im Dschihad manifest wird, ist daher keineswegs ein frei verantwortetes Tun des Menschen. Es ist vielmehr der Nachweis dafür, daß ein Mensch als Muslim harmonisch in Allahs fortwährendes Schöpfungshandeln eingefügt ist. Diese Harmonie mit Allahs Handeln und Bestimmen zeichnet sämtliche Mitglieder der „besten Gemeinschaft" aus. Denn sie sind die Menschen, die „Allah einen guten Kredit geben", den Allah am Jüngsten Tag womöglich reich verzinst, wie Sure 2, Vers 245, in Aussicht stellt. Nicht zuletzt dieser Satz, der in sich alle Facetten der kämpferischen Gläubigkeit enthält, eröffnet allerdings eine Sicht auf das „rechte Handeln", die ohne die Vorstellung von einem gewissen Maß an Selbstverantwortlichkeit des Menschen schwer zu begründen ist. Setzt das „Geben eines Kredits" nicht einen freien Entschluß voraus? Oder, mit den Begriffen der frühen islamischen Theologie gefragt: „Besitzt nicht auch der Mensch Bestimmungsmacht (arab.: *al-qadar*)?"

Im Zusammenhang mit dem Despotismus omaijadischer Kalifen wurde diese Frage vielleicht nicht zum ersten Mal aufgeworfen. Sie wurde aber zum ersten Mal einer größeren Zahl von Muslimen bekannt und führte zu Auseinandersetzungen um das Wesen der Macht des „Stellvertreters Allahs".[32] Hatte der Kalif das Recht, als „Stellvertreter Allahs" (vgl. Sure 2, 30) Anordnungen zu erteilen, nach deren Sinn man ebenso wenig fragen durfte wie nach dem Sinn der einzelnen Schöpfungsakte Allahs? Verfehlungen, die den Kalifen bei ihrer Machtausübung unterliefen, könnten doch wohl nicht von Allah selber gutgeheißen oder gar „geschaffen" worden sein, wo er doch den Menschen seine Rechtleitung übermittelt habe. Schwerlich könne man sich einen Weisen denken, der tue, was er für falsch halte, oder für falsch halte, was er ins Werk setze. Allah könne nicht wollen, daß man seine Gesetze übertrete; er sei gerecht, und deshalb veranlasse er niemanden zu Unrecht und Lüge, und er werde im Jüngsten Gericht keineswegs die Gehorsamen bestrafen, was ja denkbar wäre, wenn er Handlungen des Ungehorsams selber veranlaßte.

Es wird deutlich, daß dieses „qadaritische" Gedankengut, das in den letzten Jahrzehnten omaijadischer Herrschaft manche Muslime bewegte und von den Kalifen fast ausnahmslos als ein Angriff auf ihre Macht verstanden wurde, den Kern des Islams keineswegs antastet: Allahs fortwährendes Schöpfungshandeln und seine Rechtleitung bleiben die entscheidenden Gegebenheiten des Daseins. Nicht die Überzeugung, daß dem Menschen grundsätzlich die Fähigkeit zu selbstbestimmten Handeln gegeben sei, löst die Fragen aus, sondern das bisweilen beobachtete Fehlen der Übereinstimmung des von Allah geforderten Seinsollens mit dem von ihm geschaffen werdenden Sein. Es entzündet sich eine lebhafte Debatte um die Reichweite möglicherweise gegebener menschlicher Bestimmungsmacht. Eng verknüpft wurde sie mit dem Problem der göttlichen Gerechtigkeit. Sollte der Mensch tatsächlich innerhalb der mannigfachen Voraussetzungen seines Handelns, die von Allah geschaffen werden, in eigener Verantwortung sein Tun und Lassen bestimmen können, dann müssen diese Voraussetzungen so beschaffen sein, daß eine Erfüllung des göttlichen Gesetzes überhaupt möglich ist. Den in viele Richtungen zersplitterten Befürwortern der Bestimmungsmacht des Menschen, die man ab dem 9. Jahrhundert unter dem Namen Muʿtaziliten zusammenfaßte, war daher der Gedanke gemeinsam, daß Allah stets Verhältnisse herbeiführe, die dem Muslim die – eigenverantwortliche – Befolgung der göttlichen Gesetze ermöglichten, und daß Allah somit die Muslime am Jüngsten Tag gerecht beurteilen werde.[33]

Daß man Allahs Schöpfungshandeln und auch seine Urteile am Ende der Geschichte an von Menschen gemachte Kategorien binden dürfe, galt aller-

---

[32] Vgl. achtes Kapitel (Was sind Imamat, Kalifat und Sultanat?).

[33] Vgl. hierzu fünfzehntes Kapitel (Was ist islamischer Rationalismus?), II.

dings der erdrückenden Mehrheit der Muslime als eine frevelhafte Vorstellung. Islam meinte doch die vorbehaltlose Weggabe der ganzen Person und die strikte Meidung jeglicher Beigesellung! Seit dem 8. Jahrhundert kursiert ein Text, der in wenigen Worten das für den sunnitischen Islam – und auch für die meisten Schiiten[34] – gültige deterministische Menschenverständnis zusammenfaßt. Die in unserem Zusammenhang wichtigen Passagen der sogenannten „Großen Einsicht (in den Islam)" lauten: Man soll zum Billigenswerten auffordern und das Verwerfliche verbieten; was einen trifft, hätte einen nicht verfehlen können, und was einen verfehlt, hätte einen nicht treffen können.[35] Unversöhnt folgt in dieser Aussage auf die koranische Floskel vom „Befehlen des Billigenswerten", das sich jeder Muslim zur Aufgabe machen soll, eine durch und durch von der göttlichen Prädestination beherrschte Daseinsdeutung. Man hat diesen Widerspruch abzumildern versucht. Indem man lehrte, daß Allah dem Menschen, der etwas Gutes beabsichtige, Erfolg verleihe; denn Allah wolle niemandem den Lohn für Akte des Gehorsam vorenthalten. Fasse der Mensch schlechte Absichten, dann könne es geschehen, daß Allah ihn im Stich lasse, so daß das Schlechte verwirklicht wird; freilich sei auch möglich, daß Allah dem betreffenden Menschen seine Huld schenke und ihn vor einer Tat des Ungehorsams bewahre. Allah verlieh den Menschen nicht nur das Vermögen, seine Gebote zu erfüllen. Er hält sie alle beim Schopf (Sure 11, 56), so daß sie nichts gemäß ihrem Willen vollbringen; jede Handlung muß vielmehr im Einklang mit seinem Willen stehen.[36] Die Vorstellung des Hadith, daß jedem Menschen bei der Geburt bereits das Jenseitsschicksal bestimmt ist, wird in solchen Gedankengängen bekräftigt. Die Tatsache, daß der Mensch unablässig Willensregungen verspürt, wird nicht geleugnet, aber ob sie sich verwirklichen, hängt einzig von Allahs Ratschluß ab.

Die geistig regsame muʿtazilitische Minderheit suchte dem Geheimnis des Handelns des Menschen in einem durch Allah fortwährend geschaffen werdenden Kosmos auf die Spur zu kommen. Sie öffnete sich dabei spätantiken naturphilosophischen Überlieferungen, um zu begreifen, wie denn der Kosmos verfaßt sei, innerhalb dessen der Muslim seine Treue zum göttlichen Gesetz zu bewähren hat, um endlich nach einem gerechten Urteil Allahs in das Paradies einzutreten. Einen wichtigen Part in diesen geistigen Anstrengungen erhielt der Atomismus, unter dessen spätantiken Verfechtern Johannes Philoponos (gest. um 555) häufig im einschlägigen arabischen Schrifttum zitiert wird. Was in den Augen eines Muʿtaziliten geeignet schien, die ge-

---

[34] Vgl. hierzu elftes Kapitel (Was sind Schiiten?), III. 3.

[35] Ulrich Rudolph: Al-Māturīdī und die sunnitische Theologie in Samarkand, E. J. Brill Leiden/Köln 1997, 70.

[36] Ebd., 44.

schaffen werdende Welt und den in ihr handelnden Menschen in einer mit Verstandesschlüssen argumentierenden Deutung zusammenzubringen, um für das Konzept eines eigenverantwortlich die göttlichen Gesetze erfüllenden Muslims zu plädieren, mußte den Anhängern der göttlichen Prädestination als eine gefährliche Gedankenspielerei vorkommen. Abū l-Ḥasan al-Aš'arī (gest. 935) schreibt man das Verdienst zu, diese Gefahr nicht nur gebannt, sondern durch die Auseinandersetzung mit ihr der islamischen Prädestinationslehre den endgültigen Triumph errungen zu haben.

Al-Aš'arī verknüpfte den Atomismus mit der Lehre von der absoluten Bestimmungsmacht Allahs. Die Atome oder besser: die Substanzpartikeln nebst den ihnen anhaftenden Akzidentien, bilden nicht wie bei den Mu'taziliten Körper, deren Aufbau und Wesen, eben weil sie aus „Atomen" zusammengesetzt sind, analysiert werden können. Im Gegenteil, die Asch'ariten argumentierten, daß einem jeden Gefüge aus Substanzpartikeln mit ihren jeweiligen Akzidentien keine Dauer zuzuerkennen sei, da es nur dank Allahs unentschlüsselbarem Ratschluß einen winzigen Augenblick so und nicht anders vorhanden sei und im nächsten Augenblick aufs neue zusammengesetzt werde und immer so fort. Das fortwährende Schaffen Allahs zerfiel somit nach asch'aritischer Ansicht in eine sehr große, aber endliche – das geschaffen werdende Diesseits ist nicht ewig – Anzahl momentaner Schöpfungsakte, deren jeweilige augenblickliche Resultate nicht auseinander abgeleitet werden können. Die Kontinuität von Gegenständen oder Lebewesen bzw. diejenige, die als eine zusammenhängende, allmähliche Veränderung von Sachverhalten wahrgenommen wird, ist nur Schein. Das gilt auch für den Menschen: Auch er wird von Augenblick zu Augenblick in der durch Allah bestimmten Weise neu geschaffen und hat infolgedessen kein Handlungsvermögen. Wenn Allah an ihm eine bestimmte Handlung in Erscheinung treten lassen will, dann verleiht er dem Gefüge aus Partikeln und Akzidentien in dem betreffenden Augenblick die für das Geschehen der Handlung erforderlichen Fähigkeiten und Kräfte.[37]

5. Der Mensch und der verborgene Seinsbereich

Jegliches Planen, Wollen, Handeln des Menschen wird nach asch'aritischer Lehre zu einem okkulten Ereignis, dessen Ursprung Allah als eine dem Menschen unbegreifliche und daher inhaltslose Allmacht aufzufassen ist. Origenes hatte Celsus, der den Kosmos als ein bis in die kleinste Kleinigkeit von oben vermitteltes Zwangssystem geschildert hatte, das einer durch den Men-

---

[37] Vgl. siebtes Kapitel (Was lehrt der Islam über das Jenseits?), II. 3.; ferner vierzehntes Kapitel (Was ist Sufismus?), II. 2. und fünfzehntes Kapitel (Was ist islamischer Rationalismus?).

schen ins Werk gesetzten Vervollkommnung nicht zugänglich war, die Seele des Menschen als eine nach Vollendung strebende Entität entgegengehalten. Sie war die Garantin des freien Willens des Menschen, da sie nicht ein Element des Zwangssystems war. Avicenna (gest. 1037) verfolgte ähnliche Gedanken. Für ihn ging der Mensch nicht in Substanz und Akzidens auf. Er überwand diese materialistische Metaphysik, die daraus folgt, daß der islamische Abraham nicht in Charran ankam.[38] Avicenna kämpfte sein Leben lang dafür, daß es eine immaterielle Substanz gebe, die Seele, die im Tod den Leib wie ein Werkzeug beiseitelegt und sich mit der Universalseele vereinigt. In Gedankenexperimenten versuchte Avicenna, eine Art empirischen Beweises für diese Vorstellung zu erbringen.[39] Daß Avicenna wegen dieser Lehre, die die ganze muslimische Eschatologie einschließlich der Schrecknisse der Grabespein ad absurdum führt, den Nachstellungen sunnitischer Herrscher ausgesetzt war, verwundert nicht. Denn was Abū l-Ḥasan al-Ašʿarī und dessen Schule für das Sunnitentum geleistet hatten, wurde durch die Lehren von der Einzelseele des Menschen und der Allseele verdunkelt: die Definition des seinsmäßigen Abstandes zwischen dem Schöpfer und dem Geschaffenwerdenden bei gleichzeitiger Wahrung der ununterbrochenen Gegenwärtigkeit Allahs bei dem, was er schafft.

Anders gesagt: In dogmatischer Hinsicht hatten die Aschʿariten dem Abstand, der sich aus der Gegenüberstellung von Allah als dem ununterbrochen Schaffenden und dem Diesseits als dem ununterbrochen Geschaffenwerdenden ergibt, auf vermutlich unübertreffliche Art Genüge getan. Aber der islamische Ritenvollzug und die in die Regeln der Scharia gefaßte Daseinsordnung, beides zusammen der Inbegriff des Islams,[40] setzen Allah als ein personales befehlendes und richtendes Gegenüber voraus; desweiteren erlebt sich der Mensch im Alltag als planend, wollend, handelnd. Die Auflösung alles Diesseitigen in von Augenblick zu Augenblick neu konfigurierte Zusammensetzungen von Partikeln konnte daher nicht die letzte Antwort auf die Frage sein, was Allahs fortwährendes Schaffen für den Menschen bedeute. War die Forderung, der Muslim solle die Scharia erfüllen, unter solchen Voraussetzungen nicht vollkommen abwegig?

Um die Wende zum 12. Jahrhundert wurden die Gedanken formuliert, die einen Ausweg aus diesem Dilemma wiesen. Das Wissen, das Allah einst Adam übermittelte (Sure 2, 31–34) und das die Muslime durch das Diesseits führen sollte, bliebe tot, wenn man es unter Zugrundelegung der aschʿaritischen Theologie als eine Richtschnur für den Weg durch das Dies-

---

[38] Vgl. erstes Kapitel (Was ist der Islam?), II. 4.

[39] Einzelheiten bei Tilman Nagel: Die erdrückende Last des ewig Gültigen, Kapitel IX.

[40] Vgl. zwölftes Kapitel (Was versteht der Muslim unter Religion?).

seits in das Paradies verwenden wollte. Man konnte, wie manche Glaubensstarke es taten, als Ausdruck des Gottvertrauens die Hände in den Schoß legen und darauf warten, daß Allah für den Lebensunterhalt sorgen werde, sofern er nicht den Tod der Betreffenden beschlossen habe; in einem solchen Falle werde auch noch so emsiges Bemühen das Lebensende nicht hinausschieben. In seinem monumentalen Hauptwerk, der „Belebung des Wissens von der Daseinsordnung", plädierte al-Ġazālī (gest. 1111), der große sunnitische Theologe und Schariagelehrte, für die Schaffung einer neuen, wahren Lehre von der Einsheit (arab.: *at-tauḥīd*) Allahs. Allah fordert im Koran, jegliche Beigesellung zu unterlassen, aber durfte das den Verzicht auf alles eigene, auch planende Handeln bedeuten? Keineswegs, meinte al-Ġazālī. Sich ohne Wegzehrung auf eine Wanderung durch die Wüste zu begeben, sei eine frevelhafte Herausforderung Allahs. Wie Allah selber im Koran mitteile, sei jede Ernte an ein voraufgehendes Pflügen und Säen gebunden (vgl. Sure 12, 47). Wenngleich nicht ausgemacht sei, daß jede Aussaat die erhoffte Ernte einbringe, so sei es doch Allahs Gewohnheit, auf die Bestellung der Felder eine Ernte folgen zu lassen, deren Höhe allerdings einzig von ihm bestimmt werde. Die wahre Lehre von der Einsheit Allahs bestehe darin, im Vertrauen auf Allahs Gewohnheit tätig zu werden. Das sei kein Zeichen von Beigesellung, denn selbstverständlich sei es nicht die Arbeit des Menschen, die die Resultate herbeiführt, sondern einzig die Huld Allahs.[41]

Zwischen Allahs Bestimmen und dessen Resultate, die sich im Diesseits manifestieren, tritt bei al-Ġazālī und den vielen Autoren, die sich seine Maximen zueigen machen, ein immaterieller Seinsbereich, in dem dieses Bestimmen noch ohne die jeweiligen materiellen Manifestationen gegenwärtig ist. Allerdings ist es weder eine Individualseele, noch eine Universalseele, die diesen immateriellen Bereich einnimmt. Man identifiziert ihn vielmehr mit dem Verborgenen (arab.: *al-ġaib*), das für wahr zu halten laut Sure 2, Vers 3, den glaubenden Muslim ausmacht. In diesem Seinsbereich, der nicht dem göttlichen sondern dem geschaffenen Sein zuzurechnen ist, existieren die Kategorien der Zeit, des Raumes und der Erscheinungsformen der Materie nicht. Gleichwohl waren die „Söhne Adams" nach koranischer Vorstellung einst von Allah zusammengerufen worden, um dem Einen gegenüber zu bezeugen, daß er ihr Herr ist (Sure 7, 172 f.).

Doch in der aktuell dank Allahs fortwährendem Schöpfungshandeln ins Dasein tretenden und wieder verlöschenden Welt, die an Raum und Zeit gebunden ist, gibt es Menschen, die, zu spirituellem Wahrnehmen begabt, in beglückenden Augenblicken zu schauen vermögen, was es mit dem ungetrübten göttlichen Bestimmen auf sich hat. Was sie im Verborgenen er-

---

41 Tilman Nagel: Der Textbezüglichkeit entrinnen? Al-Ġazālīs Erneuerung der Lehre vom *tauḥīd*, in: Der Islam 83/2008, 417–451.

schauen, deuten sie im Hinblick auf das Diesseits, wobei solche Deutungen nicht auf das Hier und Heute bezogen sein müssen, sondern auch das Vergangene und das Zukünftige unabhängig vom Ort des Schauenden betreffen können.

Mit dem Schauen, oder wie man meistens sagt: mit dem „Schmecken" (arab.: *aḏ-ḏauq*) begabte Muslime erschließen ihren Glaubensgenossen das Verborgene, deuten ihnen das, was zugegen und was entfernt ist, was vergangen ist und was kommt, und gewinnen auf diese Weise Macht über den einfachen Mann wie über die Herrscher. Indem sie unmittelbar mit dem göttlichen Bestimmen in Berührung kommen, machen sie sich oft anheischig, besser als die Schariagelehrten zu wissen, worin Allahs Wille besteht. Die Konflikte, die hieraus entstehen, beschäftigen die Muslime bis in die Gegenwart.[42]

Doch nicht nur die Frage nach der verläßlichsten Quelle des Wissens vom göttlichen Gesetz wurde mit einer derartigen Relativierung der auf dem Koran und dem Hadith fußenden Schariagelehrsamkeit aufgeworfen. Es stellte sich das Problem der Aufgabe des Menschen im durch Allah geschaffen werdenden Kosmos ganz neu. Der Mensch ist einzig dazu da, Allah zu dienen und ihn anzubeten, heißt es in Sure 51, Vers 56. Im Einklang mit dem Koran und dem Hadith und nicht zuletzt unter dem Eindruck der farbenreich ausgemalten Eschatologie[43] gilt gemeinhin für selbstverständlich, daß jener „Gottesdienst" in möglichst enger Übereinstimmung mit den Vorschriften der Scharia erfolgen soll. Allah hält den Menschen am Schopf (Sure 11, 56), so daß er nichts wider den göttlichen Ratschluß zu vollbringen vermag, lehrte man im 9. Jahrhundert, und hatte dabei auch die Vergehen gegen die Scharia im Sinn. Unter dem Eindruck der Vorstellung vom verborgenen Seinsbereich, in dem die „vor-raum-zeitlichen" Früchte des göttlichen Schaffensprozesses zugegen sind, schwindet die Kategorie des Seinsollens aus den durch Allah am Menschen zur Erscheinung gebrachten Handlungen. Wie der große Theosoph des Islams Ibn ʿArabī (gest. 1240) schrieb, befindet sich jeder Mensch, ob die an ihm erscheinenden Taten im Sinne der Scharia geboten oder verboten sind, auf der ihm durch Allah bestimmten „geraden Straße" (Sure 11, 56), auf der Straße derjenigen, denen Allah Gnade erweist und nicht zürnt und die nicht in die Irre gehen (Sure 1, 6 f.), mithin im Islam; denn Allah hält ihn „am Schopf". Jeder Mensch ist somit in der Tat ein Muslim, selbst die von Allah zu Freveltaten Bestimmten. Ja, gerade diese leisten Allah einen unschätzbaren Dienst (Sure 51, 56), da er nur dank den von ihm selber gewirkten Freveltaten und mittels der Aburteilung der Missetäter als ein Ge-

---

[42] Ders.: Der Seiltänzer, oder: Die Angst des Muslims vor dem Ich, in Vorbereitung; ferner vierzehntes Kapitel (Was ist Sufismus?).

[43] Siebtes Kapitel (Was lehrt der Islam über das Jenseits?).

setzgeber und Richter in Erscheinung treten kann.[44] Es verwundert nicht, daß die Schariagelehrten gerade gegen dieses folgerichtig zu Ende gedachte Aschʿaritentum, das Ibn ʿArabī als die Vollendung des Islams verstanden wissen wollte, bis in die Gegenwart Sturm laufen.

In der jüngsten Zeit hat der verborgene Seinsbereich eine weitere wichtige Funktion angenommen. Nicht das visionäre „Schmecken" allein eröffnet dem Muslim einen Einblick dort hinein, sondern auch die naturwissenschaftliche Forschung. Mit ihren Methoden erkundet auch sie Allahs verborgenes Bestimmen, freilich unter dem Vorbehalt, daß ihre Erkenntnisse nicht den Charakter von Natur*gesetzen* tragen. Außerdem müssen sie zu dem einst Adam durch Allah übergebenen Wissen gehören, was dadurch nachgewiesen wird, daß sie sich in Aussagen des Korans hineinlesen lassen. So mag der das Wesen der geschaffen werdenden Natur verhüllende Bereich des verborgenen Seins mit dem Fortschreiten der modernen Wissenschaft schrumpfen, der das Lebensschicksal des Menschen bestimmende Bereich des göttlichen Wissens bleibt unangetastet: Nur Allah weiß, wann die Stunde des Gerichts kommt, nur er weiß, wie viel Regen fallen wird, nur er weiß was der im Mutterleib durch ihn herangebildeten Frucht nach der Geburt für ein Lebensweg bestimmt ist (Sure 31, 34).[45]

III. Die islamischen Menschenrechte

Die Begegnung der islamischen Welt mit der westlichen Zivilisation scheint, wenn man diesen Weg der religiösen Legitimierung der modernen Naturwissenschaften bedenkt, unproblematisch zu verlaufen. Indessen ist hervorzuheben, daß die sittliche Seite des Daseins laut Sure 31, Vers 34, den undurchschaubaren Entscheidungen Allahs anheimgestellt bleibt und nicht durch Erwägungen des Verstandes aufgehellt werden kann. Eigenständig über gut und böse zu urteilen, steht dem Menschen nicht zu. Diese Überzeugung wird auch von den sogenannten Reformströmungen des Islams geteilt, die im 19. Jahrhundert den rationalen Charakter des Islams betonen und gegen das Christentum abgrenzen, das den Menschen angeblich als ein seinen Emotionen ausgeliefertes Geschöpf betrachtet. Vereinfacht gesagt, lehrte beispielsweise Muḥammad ʿAbduh (1849–1905), daß es ein Gebot des Verstandes sei, den Koran, der ja das authentische Wort es einen Schöpfergottes Allah sei, aus eben diesem Grunde als die höchste Wahrheit anzuerkennen und zur stets gültigen Richtschnur der Daseinsgestaltung zu wählen. Der Muslim, dem dies eine Selbstverständlichkeit sei, müsse folglich als die am

---

44 Näheres im zweiten Kapitel (Wer ist Allah?).

45 Vgl. Tilman Nagel: Die erdrückende Last des ewig Gültigen. Der sunnitische Islam in dreißig Portraitskizzen, Nr. XXIX.

höchsten entwickelte Stufe des Menschen, als der Mensch auf der Stufe der Reife, betrachtet werden.[46]

Zwei Kernvorstellungen des Islams treten hier in den Vordergrund und werden gegen das westliche, der Aufklärung entstammende Verständnis vom Wesen des Menschen zur Geltung gebracht. Dieses setzt voraus, daß die Schaffung des Menschen damit vollendet ist, daß Gott den aus Ton geformten Leib mit seinem Geist belebt. Auch im Koran findet sich die Annahme, daß Allah zuerst die Gestalt Adams aus Lehm bildete und ihr dann etwas von seinem Geist einhauchte, so daß Adam seitdem über die Fähigkeiten des Sehens und Hörens sowie des Verstehens verfügte (Sure 32, 9). Wie Sure 2, Vers 30 bis 34, zu entnehmen ist, schließt Allah, der Adam zu seinem Stellvertreter (arab.: *al-ḫalīfa*) in der Schöpfung bestimmt, die Schaffung des Menschen jedoch damit ab, daß er ihm das „Wissen" (arab.: *al-ʿilm*) vermittelt.[47] Dank diesem Wissen ist Adam sogar den Engeln überlegen, denn ihnen hat es Allah vorenthalten. Was aber ist dieses Wissen? Es ist alles das, was Allah dem Menschen zu wissen bestimmt hat, alles das, was dazu dient, gemäß der göttlichen Daseinsordnung das Diesseits zu durchwandern.[48]

Diese Ansicht läßt sich aus dem Koran begründen. Dort ist an vielen Stellen vom Menschen (arab.: *al-insān*) an sich die Rede. Der Mensch ist leichtfertig, er neigt dazu, sich zu überschätzen. Er lud die Verpflichtung, Allah bewußt und willentlich anzubeten, ohne zu zögern auf sich; die Himmel, die Erde, die Berge, die ein wesentlich besser gesichertes Dasein als er haben, hatten sich dieser schweren Aufgabe verweigert (Sure 33, 72). So ist zu erklären, daß der Mensch sich zwar in der Not an Allah wendet, aber wenn er dessen Huld genießt, den Einen allzu leicht vergißt (Sure 39, 8). Dies ist eines der häufigsten Motive, mit dem der Koran den Menschen charakterisiert. Er ist der gewaltigen Aufgabe nur ungenügend gewachsen. Aber mit Adam, der wegen seines Frevels aus dem Paradies vertrieben wurde, schickte Allah auch seine Rechtleitung (arab.: *al-hudā*) auf die Erde hinab; die Menschen brauchen, wenn sie sie annehmen, wegen ihres Jenseitsschicksals keinerlei Befürchtungen zu hegen (Sure 2, 38). Nicht umsonst spielt Sure 96, die als die älteste Sure des Korans gilt, auf diese heilswichtige Belehrung des Menschen durch Allahs an: Allah schafft den Menschen aus der Leibesfrucht und

---

[46] Vgl. fünfzehntes Kapitel (Was ist islamischer Rationalismus?), I, sowie sechzehntes Kapitel (Was ist Salafismus (reformierter Islam)?).

[47] Vgl. drittes Kapitel (Wer war Mohammed?), II. 3. Vgl. ferner die schiitische Deutung dieses Vorgangs im elften Kapitel (Was sind Schiiten), III. 1.: die Menschen als die „Nachfolger" der mißgestalteten und nicht der Rechtleitung teilhaftigen Wesen.

[48] Tilman Nagel: Geschichte der islamischen Theologie, München 1994, 239–255. Vgl. siebzehntes Kapitel (Wovon berichten die „großen Erzählungen" des Islams?), IV. 2.

lehrt ihn den Gebrauch des Schreibrohrs. Er lehrte den Menschen, was dieser zuvor nicht wußte (Vers 5).[49]

Zum Menschsein gehört diese Belehrung durch Allah. Nur weil sie erfolgt ist, vermag er die Pflicht, die im *islām* gründet, in der durch Ritentreue gefestigten Anheimgabe seiner Person an den Einen, auch wirklich zu erfüllen. Infolgedessen ist nur der Muslim ein vollständiger Mensch. Niemand wird als Jude, Christ oder Zoroastrier geboren, gleichwie kein Tier unvollständig, also etwa mit abgeschnittenen Ohren, auf die Welt kommt, soll Mohammed erläutert haben. In der vor allem von Muḥammad ʿAbduh propagierten Idee, der Muslim stelle die höchste Entwicklungsstufe des Menschen dar, ist folglich die zweite Kernvorstellung des heutigen islamischen Menschenverständnisses mitgegeben: Der gereifte, alle in ihm angelegten Möglichkeiten wahrende Mensch ist derjenige, der sich der *fiṭra*, der ihm anerschaffenen unmittelbaren Bindung an Allah, bewußt ist und ohne je zu schwanken auf sie sein Dasein gründet.[50]

Seit dem Ende des vergangenen Jahrhunderts haben islamische Organisationen ein ums andere Mal Verlautbarungen verbreitet, die westliche Erklärungen der Menschenrechte nachahmen, ja, vielfach zu übertreffen suchen, indem sie großzügige soziale Rechte proklamieren. Der Mensch sei die edelste Kreatur Gottes, heißt es oft; die Menschen seien untereinander alle gleich, zur Solidarität verpflichtet usw. Meist steht jedoch schon in der Präambel, was der verheißenen Gleichheit kraß widerspricht. So heißt es schon in der ersten diesbezüglichen Proklamation der Organisation der Islamischen Konferenz (heute: Organisation für Islamische Zusammenarbeit)[51] nach der Anrufung Allahs und dem Lob des Propheten Mohammed, alle Mitgliedsstaaten seien sich im Glauben an Allah einig, der den Menschen zu seinem Stellvertreter eingesetzt habe, und stimmten in den durch den Islam festgelegten Rechten und Pflichten des Menschen überein. Was mag es heißen, wenn hiernach Artikel 1 lautet: „… Alle Menschen sind untereinander gleich in ihrer Würde …“?[52] Auch die Kairoer Islamische Menschenrechtserklärung vom August 1990 derselben Organisation stellt an die Spitze den Satz, daß der Mensch der Stellvertreter Allahs auf der Erde sei, und hebt hervor, der Islam sei die natürliche Religion des Menschen (Art. 10). Ihr erster Artikel

---

49 Vgl. hierzu Tilman Nagel: Die erdückende Last des ewig Gültigen, Kapitel XXVI.

50 Zum Topos der Gewißheit, daß der Muslim in der *fiṭra* zu verharren hat, da sie ihn über alle anderen Menschen hinaushebt, vgl. Tilman Nagel: Die erdrückende Last ewig des ewig Gültigen, vierter Teil, passim.

51 Martin Kramer: Islam Assembled. The Advent of the Muslim Congresses, New York 1986.

52 Sami A. Aldeeb Abu-Sahlieh: Les Musulmans face aux droits de l’homme, Bochum 1994, 462.

lautet: „Alle Menschen bilden eine Familie, deren Mitglieder durch die Unterwerfung unter Gott vereint sind und alle von Adam abstammen. Alle Menschen sind gleich an Würde, Pflichten und Verantwortung; und das ohne Ansehen von Rasse, Hautfarbe, Sprache, Geschlecht, Religion, politischer Einstellung, sozialem Status oder anderen Gründen. Der wahrhafte Glaube ist die Garantie für das Erlangen solcher Würde auf dem Pfad zur menschlichen Vollkommenheit. Alle Menschen sind Untertanen Gottes, und er liebt die am meisten, die den übrigen Untertanen am meisten nützen, und niemand ist den anderen überlegen, außer an Frömmigkeit oder guten Taten"[53] (vgl. Sure 49, 13). Wie weit man hier von den allgemeinen Menschenrechte der westlichen politischen Kultur entfernt ist, liegt auf der Hand.

IV. Zusammenfassung

Fassen wir zusammen! Das Menschenbild des Islams scheint auf den ersten Blick von einem schwerwiegenden Widerspruch durchzogen zu sein. Da alles Diesseitige dem unausrechenbaren Schöpfungshandeln Allahs unterworfen ist, fehlt dem Menschen jegliche eigenständige Bestimmungsmacht, jegliche Möglichkeit eigenverantwortlichen Tuns. Den Verstand hat Allah dem Menschen verliehen, damit er sich dessen bewußt werde, daß alle nur denkbare Verehrung und Anbetung einzig Allah gebührt. Damit es dem Satan nicht allzu leicht wird, den Menschen aus dieser Verehrung hinauszulocken, indem er ihm den eigenmächtigen Gebrauch des Verstandes schmackhaft macht, stattete Allah Adam mit dem Wissen aus, das zum einen sämtliche Ritualpflichten umfaßt, zum anderen alles weitere, das zu wissen Allah Adam kundgab. Indem der Muslim die Ritualpflichten vollzieht, weiß er sich vor Allahs Angesicht, und er sollte versuchen, diesen Zustand durch unablässiges Gottesgedenken über die Zeiten des Ritenvollzugs in das profane Leben hinein auszudehnen.

Hierbei unterstützt ihn die Wahrnehmung des Kosmos als des fortwährenden göttlichen Schöpfungshandelns, die zu der Einsicht zu führen hat, daß Allah in jedem Augenblick der eine und einzige Ursprung des Kosmos ist. Was der Mensch, der sein Selbst vollständig Allah überantwortet hat, bei solcher Betrachtung des Kosmos wahrnimmt, entspricht den Maximen des einst durch Allah verliehenen, das Menschsein komplettierenden Wissens. Gerade heute wird dies ganz wörtlich genommen: Alle Erkenntnisse der Naturwissenschaft sind legitim, sofern sie sich im Koran wiederfinden, im durch Allah übermittelten Wissen. Mit anderen Worten: Das Sein des Diesseits steht dem forschenden Geist offen, mit dem Vorbehalt freilich, daß es

---

[53] Ebd., 468f.

keine Natur*gesetze* geben kann, da Allahs Schöpfungshandeln per definitionem nicht an solche gebunden ist. Ganz anders das Seinsollen: Dieses ist dem forschenden Geist völlig verschlossen. Hier gilt allein das, was aus den autoritativen Texten, dem Koran und dem Hadith, zu ermitteln ist und durch Mohammed als den alleinigen Bürgen als wahr garantiert wird. Indem wir uns diese Vorstellung vergegenwärtigen, bemerken wir den unüberbrückbaren Gegensatz zum deistischen Gottesverständnis der Aufklärung, dem u. a. die Idee der Menschenrechte ihre Entstehung verdankt. Wie vorhin erörtert, bleibt dem Christen in diesem Äon, in der Epoche vor dem Anbruch des Gottesreiches, die Vollkommenheit versagt, was seine Energie auf das Diesseits lenkt, das seiner schöpferischen Tätigkeit offensteht und im Idealfall durch diese dem Gottesreich angenähert wird. Jesus ist der Anfang aller Schöpfung, alles hat Gott durch ihn geschaffen, und in ihm findet alles sein letztes Ziel, schreibt Paulus im Brief an die Gemeinde von Kolossae (1, 15–18). Die Menschen sind auf einem Weg, dessen Ende sie erst nach der Erlösung erreichen werden. Womöglich in Anlehnung an dieses Bild verstehen die Muslime seit dem 13. Jahrhundert Mohammed als den Grund des ununterbrochenen göttlichen Schöpfungsprozesses, denn der kosmische, dem verborgenen Daseinsbereich zuzuordnende Mohammed gab sich, kaum daß er geschaffen war, dem Daseinszweck aller Geschöpfe hin, die Allah ins diesseitige Dasein treten läßt: Sie verehren ihren Schöpfer. Nach der Geburt des fleischgewordenen Mohammed haben die Menschen letztmalig das Wissen erlangt, dies in der endgültigen, vollkommenen Weise zu tun. In der bewußten Hingabe an die *fiṭra* gelingt ihnen dies, hier und jetzt.[54]

Der Mensch ist demnach in islamischer Sicht kein Wesen, das mit bestimmten, aus seinem *Menschsein* folgenden unveräußerlichen Rechten und entwicklungsfähigen Anlagen ausgestattet ist.[55] Sein Verstand ist nur dazu da, in ihm die Einsicht zu bekräftigen, daß er sich den Worten Allahs ohne zu fragen zu unterwerfen hat.[56] Denn hat nicht einst der Satan, als er noch ein Engel war, den Befehl Allahs mißachtet, sich vor dem noch unbelebten Adam niederzuwerfen? Dieser sei aus Lehm gebildet, er selber aber, so argumentierte damals der Satan, sei aus Feuer, einem edleren Stoff als Lehm; weswegen also solle er sich vor dem unfertigen Adam niederwerfen und damit eine Geste ausführen, die allein vor Allah ausgeführt werden darf? Jemand anderen als Allah anzubeten, ist doch die schwerste überhaupt denkbare Verfehlung (vgl. Sure 7, 15)! Zweifellos hat der Satan damals einen richtigen Verstandesschluß gezogen, aber dieser Schluß lief darauf hinaus, einem Be-

---

[54] Vgl. siebzehntes Kapitel (Wovon berichten die „großen Erzählungen" des Islams?), IV.

[55] Vgl. achtzehntes Kapitel (Wie sieht der Islam die Nichtmuslime?).

[56] Vgl. fünfzehntes Kapitel (Was ist islamischer Rationalismus?).

fehl Allahs zu widersprechen, und das ist ein falscher Gebrauch des Verstandes. In dieser Vorstellung gründet die schroffe Ablehnung jeglicher Art von „Säkularität", von „positiver", menschengemachter Gesetzgebung, wie sie Ahmad Muhammed el-Tayyeb, der Großimam der al-Azhar-Hochschule, am 15. März 2016 in seiner Rede vor dem Deutschen Bundestag schroff zum Ausdruck brachte. Deshalb auch lehnte er einen Euro-Islam, von dem vor allem Nichtmuslime träumen, rundweg ab. Ein weiteres markantes Beispiel bietet Fethullah Gülen, der irrtümlich oft als ein Verfechter eines den Menschen und seine Bildung in den Mittelpunkt rückenden Islams gerühmt wird. Er stellte klar: „Koran und Hadith sind wahr und absolut. Wissenschaft und wissenschaftliche Fakten sind wahr, solange sie mit Koran und Hadith übereinstimmen. Sobald sie eine andere Position einnehmen oder von der Wahrheit von Koran und Hadith wegführen, sind sie fehlerhaft."[57]

---

57 Zitiert in der Süddeutschen Zeitung vom 16. August 2016.

Vierzehntes Kapitel

Was ist Sufismus?

I. Eine um das Jahr 1000 n. Chr. verfaßte Beschreibung

„Ich entspreche deinem Wunsch, ein Buch zusammenzustellen, das die Namen etlicher bedeutender, wahrhafter Sufis und herausragender Persönlichkeiten aus ihrer Mitte enthält sowie die von ihnen tradierten Hadithe und ihre Aussprüche, ein Buch, das die Generationen und die breite Heerstraße der frommen Asketen aufweist, vom Zeitalter der Prophetengefährten über die, die auf sie folgten, bis zu denen, die wiederum nach diesen kamen. (Es soll von den Leuten handeln), die die wahren Hinweise auf die Beschaffenheit des Kosmos erkannten, sich daher den Daseinszuständen und Daseinspfaden zuwandten, auf den Wiesen und in den Gärten (der Gottesnähe) verharrten und sich von allem Entbehrlichen lossagten, von (den Leuten), die mit den …[1] Übertreibenden und mit den Schaumschlägern nichts zu schaffen haben wollen, die stets versprechen und niemals erfüllen, von Leuten, die sich mit Kleidung und Worten den Sufis ähnlich machen, ihnen jedoch in Lehrmeinung und Taten zuwiderhandeln."

„Dies tue ich, weil du gehört hast, wie in allen Landen wir und die Fachleute der Scharia und der Überlieferung uns über die Frevler und Missetäter unter denen aufregen, die sich zu den Sufis zählen, über die ungläubigen Libertinisten und Pantheisten. Wie sehr man freilich auch die Lügner tadeln und verdammen mag, die Frommen, Guten unter ihnen trifft man damit nicht, ihren Rang an Lauterkeit und Redlichkeit mindert man nicht. Vielmehr gibt man damit offen zu verstehen, wie schroff man sich von den Lügnern distanziert und die Betrüger tadelt, allein um die Aufrichtigen von jeglichem Verdacht freizustellen und die wahren Kenner zu erhöhen."[2]

Diese Sätze liest man in Abū Nuʿaim al-Iṣbahānīs (gest. 1038/9) zehnbändigem Werk über die Geschichte des Sufismus. Daß er es auf Bitten eines ungenannt Bleibenden verfaßt haben will, darf man getrost als eine Floskel werten. Es kommt ihm darauf an, den zahlreichen Kritikern des Sufismus, die in dieser Strömung etwas wider den alltäglich gelebten Islam Gerichtetes zu

---

[1] Ein verschriebenes Wort im Text.

[2] Abū Nuʿaim al-Iṣbahānī: Ḥiljat al-aulijāʾ wa-ṭabaqāt al-aṣfijāʾ, 2. Auflage, Beirut 1968, I, 3 f.

erkennen glauben, den Wind aus den Segeln zu nehmen. Nur gegen die Scharlatane wenden sich „er und die Fachleute der Scharia und der Überlieferungen“, gegen Männer, die es unter dem Deckmantel sufischer Frömmigkeit mit der Einhaltung der Daseinsordnung und mit der Theologie der wesensmäßigen Getrenntheit Allahs von dem fortwährend durch ihn Geschaffenwerdenden nicht so genau nehmen. Vor allem aber will Abū Nuʿaim seine Leser davon überzeugen, daß das Sufitum ein nicht aussonderbarer Teil sunnitischer Lebenspraxis ist, ja, deren von jedem guten Sunniten anzustrebende Vertiefung. Was man hierunter zu verstehen hat, erläutert er in der Einführung zu seinem Werk. Wir begleiten seinen Gedankengang und gewinnen dadurch einen lehrreichen Einblick in eine Auslegung der Daseinsordnung, die über die reine Ritenfrömmigkeit und Schariatreue hinausweist und deshalb die Sache einer Elite ist, zu der freilich jeder Muslim Zugang finden kann.

Die Herabsetzung der „Allah Nahestehenden“ (arab.: *walī Allāh*, Pl. *aulijāʾ Allāh*) – so nennt Abū Nuʿaim in der Regel die Sufis – darf nicht geduldet werden, denn wer sie kränkt, der erklärt Allah den Krieg. In einem sogenannten „heiligen Hadith“, einem Wort, das Allah außerhalb des Korans an Mohammed gerichtet haben soll, wird diese Warnung unzweideutig zum Ausdruck gebracht: „Wer einem der mir Nahestehenden einen Tort antut, dem habe ich hiermit den Krieg erklärt. Mein Knecht nähert sich mir mit nichts Vortrefflicherem als mit dem Vollzug der Pflichten, die ich ihm auferlegte. Doch er nähert sich mir noch weiter mit Zusatzhandlungen (der Verehrung) (arab.: *an-nāfila*, Pl. *an-nawāfil*), bis ich ihn liebgewonnen habe. Wenn das geschehen ist, dann bin ich sein Ohr, mit dem er hört, sein Auge, mit dem er sieht, seine Hand, mit der er zupackt, sein Fuß, mit dem er geht. Wenn mich (dann) mein Knecht bittet, so gebe ich. Wenn er mich um Zuflucht vor etwas anfleht, so gewähre ich sie ihm. Mit nichts, was ich zu tun im Begriff bin, zögere ich so sehr wie mit dem Tod eines Glaubenden; denn er verabscheut den Tod, und ich verabscheue es, ihm ein Leid zuzufügen.“[3] Islam ist die vorbehaltlose Auslieferung des Gesichts, d.h. der Person, an Allah. Im Ritenvollzug hat jeder Muslim diese Lebenshaltung, die den Grund seines irdischen Daseins ausmacht, auf Dauer zu stellen.[4] Daß es Glaubende gibt, die sich über die Pflichtriten hinaus mittels Zusatzhandlungen den Status eines „Freundes Allahs“ zu sichern suchen, dieser Gedanke liegt Mohammed fern. Besonderer Eifer im Ritenvollzug verleiht noch keinen besonderen Rang bei Allah. Lediglich in Sure 17, Vers 79, spricht Mohammed von der Möglichkeit, daß Allah Vigilien, die man als Zusatzleistung

[3] Ebd., 4f. Das Hadith ist sehr weit verbreitet; es kursieren auch einzelne Sätze als selbständige Texte (William A. Graham: Divine Word and Prophetic Word in Early Islam, den Haag/Paris 1977, Nr. 49).

[4] Vgl. erstes Kapitel (Was ist der Islam?) sowie zwölftes Kapitel (Was versteht der Muslim unter Religion?).

erbringt, am Tag der Auferstehung belohnen werde (vgl. Sure 73, 20). Anders verhält es sich mit dem Dschihad, mit dem man sich schon hier einen hohen Rang bei Allah verschafft.[5]

Der Koran deutet demnach noch nicht an, daß Allah ihm besonders „Nahestehende" hat, der Einfachheit halber nenne ich sie fortan Gottesfreunde, Personen, die in ungewöhnlich enger Weise mit ihm verbunden sind. Die Menschen, die den Islam gemeinsam haben, stehen einander nahe, sind mit einander befreundet; in dieser allgemeinen Bedeutung taucht das Wort *walī* vielfach im Koran auf. Desgleichen stehen die Freunde des Satans einander nahe (vgl. Sure 3, 89 oder Sure 4, 76). Allgemein läßt sich sagen, daß die Zugehörigkeit zum Islam einerseits und zu einer anderen Religion andererseits ausschließt, daß zwei Personen einander eng verbunden, miteinander „befreundet" sind (z. B. Sure 5, 51). Beziehungen wie zu einem vertrauten Freund sollen die Muslime zu Allah pflegen: Nie und nimmer, so gestehen am Tag des Gerichts die reumütigen Ungläubigen, hätte es ihnen geziemt, an Allahs, des Schöpfers, Statt geschaffene Wesen zu „Freunden" zu wählen (Sure 25, 18). „Freunde Allahs" können allein die Gottesfürchtigen sein. Dies streicht Mohammed nach dem Sieg bei Badr heraus; Allah bestrafte die Mekkaner, weil sie an den „irrigen" Wallfahrtsriten festhalten (Sure 8, 34 f.).[6] Entsprechend der kriegerischen Auslegung von Gläubigkeit, die die medinensischen Suren beherrscht, ist die „Freundschaft", die Allah mit den Glaubenden pflegt, als eine Garantie des Sieges zu lesen, zu dem die von ihnen ins Werk gesetzten Anstrengungen am Ende führen werden: „Außer Allah, der das Leben und den Tod gibt, habt ihr keinen Freund und keinen Unterstützer!" (Sure 9, 116).

Abū Nuʿaim muß mithin auf Belege aus dem Koran verzichten, um die Gottesfreundschaft als eine „urislamische" Erscheinung zu rechtfertigen. Er begnügt sich mit dem obigen „heiligen Hadith", findet dann aber, sobald es um die Charakteristik des Gottesfreundes geht, des öfteren Gelegenheit, Aussagen des Korans als Andeutungen bestimmter Züge der Gottesfreundschaft aufzufassen. Denn „die Gottesfreunde weisen äußerlich erkennbare, leicht sichtbare Merkmale auf, durch die die Verständigen und Redlichen dazu gebracht werden, sich ihnen zuzuwenden, Merkmale, weswegen die Blutzeugen und Propheten sie um ihre Würde beneiden." Mohammed selber habe dies so ähnlich formuliert, und auf die Frage, wer das sei und wodurch sich dessen Handeln auszeichne, habe er geantwortet: „Leute, die einander dank dem Geiste Allahs lieben, ohne daß sie miteinander verwandt wären oder geschäftliche Beziehungen unterhielten. Ihr Antlitz strahlt Licht aus, sie stehen auf Kanzeln aus Licht, sie werden nicht von Furcht befallen, wenn die Men-

---

[5] Vgl. neuntes Kapitel (Was ist der Dschihad?).

[6] Diese Formulierung ist bereits in der mekkanischen Sure 45, Vers 19, vorgeprägt.

schen sich fürchten, sie sind nicht traurig, wenn die Menschen traurig sind.“ Dann habe Mohammed Sure 10, Vers 62 rezitiert: „Wahrlich, der Freunde Allahs bemächtigen sich keine Furcht und auch keine Traurigkeit.“ Von welcher Art sind nun diese Vorzüge im einzelnen?

An erster Stelle nennt Abū Nuʿaim Wirkungen, die von ihnen ausgehen. Wer mit ihnen zusammen sitzt, den lehren sie die vollkommene Art des Gottesgedenkens (arab.: *aḏ-ḏikr*) und der Pietät gegen den Einen. Die Folge ist, daß Allah seinerseits stets ihrer gedenkt. Die Gottesfreunde haben bei allen Verrichtungen des Alltags stets Allah im Sinn, leben also immer bewußt im Islam. Daher sind sie gegen Anfechtungen gefeit: „Allah hat Knechte, die er ganz besonders schätzt. Er nährt sie in seiner Barmherzigkeit und gewährt ihnen ein Leben in Wohlbehaltenheit. Wenn er sie zu sich holt, dann in sein Paradies. Das sind jene, an denen die Anfechtungen vorübergehen wie in finsterer Nacht – sie bleiben von ihnen unberührt.“

Dürftig mag ihre Speise sein, zerlumpt ihre Kleidung, doch sind gerade sie es, die in einer Notlage Allah um Hilfe anflehen, und Allah erhört sie. Ein solcher Mann war al-Barrāʾ b. Mālik, einst der Kameltreiber Mohammeds, dann an den frühen Eroberungszügen unter ʿUmar b. al-Ḫaṭṭāb (reg. 634–644) beteiligt. Er war zugegen, als ein Heer der „Beigeseller“ den Muslimen schwer zusetzte. In ihrer Not baten die Muslime Barrāʾ, er möge helfen. „Ich beschwöre dich, Herr, laß sie vor uns fliehen!“ rief al-Barrāʾ, und die „Beigeseller“ wandten sich zur Flucht. Ein anderes Mal wiederholte er diese Beschwörung Allahs, fügte ihr jedoch die Bitte an, in die Gegenwart des Propheten versetzt zu werden. Wieder flüchteten die Feinde, al-Barrāʾ aber fiel, wie er gewünscht hatte, als Blutzeuge. „Vor wie manchem Zottigen, der in Lumpen gekleidet ist, schrecken die Blicke der Menschen zurück! Doch wenn er Allah beschwört, erfüllt Allah den Schwur!“, soll der Prophet gesagt haben. Um ihrer Glaubensgewißheit willen spalten sich die Felsen, ihre Eide bringen den Grund unter dem Meer dazu auseinanderzubrechen. Mit diesen Worten faßt Abū Nuʿaim die Fähigkeit der Gottesfreunde zusammen, in Allahs fortwährendes Schöpfungshandeln einzugreifen. Einst führte al-ʿAlāʾ b. al-Ḥaḍramī, der unter Mohammed als Statthalter in Bahrein amtierte, einen Raubzug an. Ein Gewässer machte den Angriff auf die Feinde unmöglich. „O Wissender, o Bedachtsamer, o Hoher, o Gewaltiger!“ flehte al-ʿAlāʾ, „wir sind deine Knechte, auf deinem Pfad kämpfen wir gegen deine Feinde! O Allah, bahne uns einen Weg zu ihnen!“ Al-ʿAlāʾ führte seinen Trupp in das Gewässer und attackierte die Ungläubigen, ohne daß die Filzdecken der Reittiere feucht geworden wären. Was blieb dem Statthalter des sasanidischen Herrschers anderes, als angesichts solchen göttlichen Beistandes, den die Muslime genossen, fluchtartig seinen Posten zu verlassen?[7]

---

[7] Abū Nuʿaim, I, 5–8.

Die Gottesfreunde sind mit ihrer rückhaltlosen Gottergebenheit die Vorreiter aller gläubigen Gemeinschaften und Generationen, schreibt Abū Nu'aim. Um ihretwillen schenkt Allah Regen, um ihretwillen triumphieren die Glaubenden. Wenngleich die Beispiele, die er angeführt hat, aus der Zeit Mohammeds und unmittelbar danach stammen, so brauchen die Späteren nicht zu befürchten, daß sie solchen Beistandes entbehren müßten. Nach einer weit verbreiteten Ansicht soll Mohammed gesagt haben: „Die Zahl der Besten meiner Gemeinde beläuft sich in jeder Generation auf fünfhundert, die Zahl der Ersatzmänner (arab.: *al-badal*, Pl. *al-abdāl*) auf vierzig. Weder die fünfhundert noch die vierzig werden weniger; wann immer einer von (den vierzig) stirbt, ersetzt ihn Allah durch einen von den fünfhundert ..." Abū Nu'aim kennt auch feiner abgestufte Hierarchien von „Ersatzmännern", durch die Allah Leben und Tod, Regen und Wachstum bringt und Unheil abwehrt.

Diese Aufgaben vermögen Gottesfreunde nur zu erfüllen, weil sie durch den Schleier der sinnlichen Wahrnehmbarkeit hindurch den Kern der Erscheinungen erkennen. Das Äußere hemmt nicht ihren Blick auf das Innere, die gewöhnlichen Menschen erfassen nur das Zeitliche des Diesseits, sie aber das, was überzeitlich ist. Sie töten alles Diesseitige, das sie entehren könnte, und lassen bestehen, was sie bestehen läßt. Je mehr sie sich mit dem Diesseits befassen, desto unabhängiger werden sie davon. Werden ihnen weltliche Güter, materielle oder immaterielle, zuteil, so weisen sie sie zurück; nutzt sich die Welt ab, so bemühen sie sich nicht um ihre Erneuerung, stirbt sie in ihrem Herzen, so denken sie nicht daran, sie wiederzubeleben. Vielmehr zerstören sie sie, um durch sie ihr Jenseits zu errichten. Sie veräußern die Welt und erwerben dadurch das Ewige. Sie lieben Allah, sie lieben es, seiner zu gedenken. Sie begehren das Licht, das von Allah ausgeht (vgl. Sure 24, 35), und dieses Licht breiten sie aus. Dank ihren Einsichten hat der Koran Bestand, und dank dem Koran haben sie Bestand; sie verfügen über das Wissen vom Buch, und gemäß diesem Wissen handeln sie. Bei alldem, was sie erhalten, sehen sie niemanden, der es erhält; jenseits dessen, was sie erbitten, kennen sie keine Sicherheit, jenseits dessen, wovor sie sich in acht nehmen, kennen sie nichts, das man fürchten müßte.[8] In vollkommener Weise harmoniert das Sinnen und Trachten der Gottesfreunde mit Allahs Schöpfungshandeln; diesem Handeln bruchlos eingefügt, wie sie sind, vermögen sie, Regen und Wachstum hervorzubringen und Unheil von den Muslimen abzuwenden. Der Koran, die Rede Allahs, ist gleichsam mit der Substanz ihres Leibes verwoben. So ist zu erklären, daß die Liebe zu Allah ihr ganzes Wesen durchdringt und daß alle Arten der Rechtleitung durch sie vermittelt werden: „Wird ihnen (durch Allah) die Wahrheit gegeben, nehmen sie sie an;

---

[8] Ebd., 10.

werden sie um die Wahrheit gebeten, teilen sie sie aus; urteilen sie über die Menschen, so urteilen sie wie über sich selber", heißt es in einem Hadith. Nach außen zeigen sie stets heitere Gelassenheit, aber sie sind sich dessen bewußt, daß ihnen die Verdammnis droht. Ihre Füße stehen auf der Erde, ihre Herzen aber sind im Himmel, bei Allah: „Das kommt denen zu, die mich und meine Drohung fürchten!" (Sure 14, 14).[9]

Diese den Gottesfreunden eigentümliche Daseinsweise schlägt sich in einer spezifischen Art des Redens nieder. Abū Nuʿaim verzichtet darauf, sie in zahlreichen Beispielen vorzuführen, sondern bemüht sich um eine allgemeine Begriffsbestimmung: „Ihre Redeweise ist von dreierlei Art. Die erste besteht in ihren Hinweisen auf die Einsheit Allahs. Die zweite bezieht sich auf das Erstrebte und dessen Rangstufen, die dritte auf den Erstrebenden und dessen (erlebte) Zustände (arab.: *al-ḥāl*, Pl. *al-aḥwāl*)." Diese drei Arten lassen sich in viele Einzelfragen untergliedern. Was dieser sufischen Redeweise einen inneren Zusammenhalt verleiht, ist das Erkennen (arab.: *al-ʿirfān*),[10] dem unabdingbar die Gewöhnung des Erkennenden an den Dienst an Allah zu folgen hat. Zunächst ist das aber nicht der Gesichtspunkt, unter dem Abū Nuʿaim das Thema des „Erkennens" anschneidet. Einst habe der Prophet, so erzählt er, seinen treuen Gefährten Muʿāḏ b. Ǧabal in den Jemen abgeordnet und ihm diese Worte mit auf den Weg gegeben: „Du wirst zu Schriftbesitzern gelangen. Das erste, wozu du sie aufrufen sollst, ist die Verehrung Allahs. Wenn sie Allah erkennen, dann gib ihnen kund, daß Allah ihnen fünf rituelle Gebete am Tag auferlegt hat." Wenn sie dieser Pflicht nachkommen, soll Muʿāḏ sie mit den Regeln der Läuterungsgabe vertraut machen.[11]

Der Sinn, den diese Episode bei Abū Nuʿaim hat, erschließt sich erst, wenn man sich ihre unter den Sunniten weithin erzählte Fassung ins Gedächtnis ruft: Muʿāḏ b. Ǧabal soll im Jemen das Amt eines Kadis ausüben; seine Urteile soll er gemäß dem Koran fällen, sollte sich darin keine einschlägige Bestimmung finden, dann gemäß der *sunna*, und erst, wenn auch hier die Suche nach einer Lösung vergeblich bleibt, mag er sich um eine eigene Entscheidung bemühen.[12] Die Überlieferung spiegelt mithin das idealtypische Verfahren der schariatischen Entscheidungsfindung, wie es im

---

[9] Ebd., 14–17. Die Aussage des Korans steht in einem anderen Zusammenhang: Allah wird nach der Vernichtung der Ungläubigen das Land den Gläubigen schenken, denen, die ihn und seine Drohung fürchten (vgl. achtzehntes Kapitel: Wie sieht der Islam die Nichtmuslime?).

[10] Dieses arabische Wort wird oft leichtfertig mit Gnosis wiedergegeben. Manchmal ist dies jedoch irreführend, wie aus dem von Abū Nuʿaim im Anschluß an diese Aussage angeführten Hadith erhellt.

[11] Abū Nuʿaim, I, 24.

[12] Joseph Schacht: The Origins of Muhammadan Jurisprudence, Oxford 1950, 105.

9. Jahrhundert herausgearbeitet wird,[13] in die Zeit Mohammeds zurück: Sie beruht auf dem „Wissen“ (arab.: *al-ʿilm*), das in der Form von Koran und Hadith ein für allemal und vollständig den Muslimen mitgeteilt wurde. In Abū Nuʿaims Version geht es aber um etwas ganz anderes. Mohammed legitimiert hier nämlich, daß diesem „Wissen“ noch das „Erkennen“ vorausliegt, das den Glaubenden erst eigentlich dazu befähigt, das „Wissen“ in die Tat umzusetzen. Wieder bietet Abū Nuʿaim Worte Mohammeds auf, um diesen sufischen Grundsatz zu rechtfertigen. Jemand kam zum Gottesgesandten und bat ihn: „Unterrichte mich in den abgelegenen Feinheiten des ‚Wissens‘!“ Der Frager habe sich wohl nicht hinreichend mit dem „Anfang des ‚Wissens‘“ befaßt, meinte Mohammed; dieser Anfang sei, daß man seinen Herrn „erkenne“, ferner daß man den Tod „erkenne“. „Geh nun und urteile hier (im Diesseits dementsprechend?), dann komm wieder, damit ich dich in den abgelegenen Feinheiten des ‚Wissens‘ unterrichte!“[14]

Die wahren Sufis, die zum Kern dieser Lebenshaltung vordringen, beachten unermüdlich vier Prinzipien: Sie üben sich in der Erkenntnis Allahs, seiner Namen, seiner Eigenschaften, seiner Handlungen; desgleichen erwerben sie eine immer bessere Kenntnis vom Wesen des Menschen und von allem, was ihn umtreibt und zum Schlechten verleitet; sie vertiefen fortwährend ihre Erkenntnis von den Fallstricken und Einflüsterungen des Satans; die Erkenntnis vom trügerischen Wesen der Welt legt es ihnen nahe, ihr die kalte Schulter zu zeigen. Nachdem die Sufis so das Fundament ihrer Lebenshaltung geschaffen haben, zwingen sie sich zu andauerndem Ringen (arab.: *al-muǧāhada*) gegen sich selber, um die Augenblicke des Gotteserlebens (arab.: *al-waqt*, Pl. *al-auqāt*) zu bewahren, die Gehorsamsleistungen auszukosten, jegliche Sorglosigkeit zu fliehen und das Studium der Worte zu genießen, mit denen die großen Meister ihnen Mut zusprechen. Die Wunderzeichen (arab.: Pl. *al-karāmāt*), die ihnen während ihres Kampfes um die Ausschaltung des Selbst zum Zwecke der Vollendung des Islams widerfahren können, behalten sie für sich. Es steht den Sufis nämlich wohl an, niemanden etwas von ihrem ständigen Ringen um den Islam bemerken zu lassen: Sie sind unter den gewöhnlichen Muslimen gleichsam Fremde: „Wenn Allah einen Knecht liebt, dann erwirbt er ihn für sich und gibt ihm nicht die Gelegenheit, sich um seine Ehefrau und seine Kinder zu kümmern.“ Beneidenswert sei der Gottesfreund, der in dieser Welt nur ein leichtes Gepäck zu tragen habe, der eifrig bete und faste, Allah mit ganzem Herzen diene, der Gottesfreund, der unter den Menschen unerkannt sei, so daß niemand mit dem Finger auf ihn zeige, und der sich mit dürftigen Gütern begnüge, soll Mohammed gemeint haben. Ganz ernst ist es Abū Nuʿaim mit der Zurückgezogenheit und

---

[13] Vgl. sechstes Kapitel (Was ist die Scharia?).

[14] Abū Nuʿaim, I, 24.

der Fremdheit der Gottesfreunde nicht. Denn sie sollen auf die gewöhnlichen Muslime wie Vorbilder wirken. „Sie sind die Botschafter (Allahs) bei den Geschöpfen, sie sind die Gefangenen bei Ihm; es quält sie, von Ihm getrennt zu sein, aus diesem Grunde verwirren sich ihnen vor Bangigkeit die Sinne“, schreibt Abū Nuʿaim.[15]

Wieder ist es Muʿāḏ b. Ǧabal, dem Mohammed das bedrückende Leben des Glaubenden auseinandergesetzt haben soll, des Glaubenden, der sich des Fundaments der Ritenfrömmigkeit bewußt ist, dürfen wir ergänzen. Er ist wie ein Kriegsgefangener Allahs, das Herz steht ständig unter Beobachtung, desgleichen Auge, Ohr, Zunge, Hand, Fuß, Leib, Geschlecht – nie darf der Glaubende auch nur einen winzigen Augenblick seines Herzens gewiß sein! Ihn mag Verwirrung befallen, und was, wenn ihn in solch einem Moment der Tod holt? Angesichts der unabweisbaren Notwendigkeit, immer für das Ende bereit zu sein, ist dem Glaubenden das rituelle Gebet wie eine sichere Höhle, das Fasten wie ein Garten, die Redlichkeit wie sein Wesir, die Schamhaftigkeit wie sein Emir – denn Allah hat unablässig auf ihn acht! Mohammed erinnert Muʿāḏ daran, daß der Koran den Menschen am Verfolg seiner Begierden hindere, sofern Allah dies so bestimmt habe. Niemand aber werde am Jüngsten Tag so glücklich über die Gaben Allahs vor Mohammed treten wie Muʿāḏ.[16]

Mohammeds Worte an Muʿāḏ b.Ǧabal regen Abū Nuʿaim zu einer Zusammenfassung der Merkmale an, in denen sich die sufische Übersteigung der bloßen Ritentreue, zu der jeder Muslim verpflichtet ist, nach seiner Meinung offenbart. Aus den unterschiedlichen „Etymologien“ des Wortes Sufismus, die Abū Nuʿaim durchspricht, hat er keine überzeugenden Hinweise auf dessen Wesen ermitteln können.[17] „Der Sufismus (arab.: *at-taṣauwuf*)“, legt er deshalb dar, „besteht in bezwingenden Zuständen und lauteren Charaktereigenschaften. Diese Zustände gewinnen Gewalt über die Sufis und nehmen sie gefangen. Sie leben diese Eigenschaften aus, so daß sie an ihnen erkannt werden.“ Ihr Streben nach Fremdheit unter den Muslimen ist letzten Endes vergeblich, eben weil die lautere Gesinnung, in der sie ihren Pflichten nachkommen, sie doch verrät. Die Sufis ziert, wie Abū Nuʿaim sagt, die Reinheit des Dienstes an Allah; sie sind dagegen geschützt, auch nur einen Augenblick ihren Islam, ihre Hingewandtheit zu Allah, zu unterbrechen. Indem sie unentwegt mit ihm sind, entfaltet sich in ihnen eine Fähigkeit, die den gewöhnlichen Muslimen abgeht: Als die „Herren der Herzen“ der übrigen Glaubenden verfügen sie über eine Kraft der Wahrnehmung, die ihnen

---

15 Ebd., 26.

16 Ebd., 27.

17 Ebd., 17–23.

das Verborgene enthüllt. Wie die Prophetengefährten und diejenigen, die auf diese folgten, und wie die wahrhaftigen Asketen, die genau zwischen dem Bleibenden und dem Vergänglichen, zwischen wahrer Gottesverehrung und Heuchelei zu unterscheiden wußten, wehren sie alle widergöttlichen Neigungen ab und behalten stets Allah im Sinn. „So sind sie die Leuchten in allen Teilen der Welt, die zu schauen (die Muslime) die Hälse recken. Sie nehmen wir uns zum Vorbild, an sie halten wir uns bis zum Tag der Begegnung (mit Allah)!“[18]

II. Zur Geschichte des Sufismus

1. Die Nähe zum sunnitischen Islam

Die Überzeugung, der „Islam“ eines jeden Glaubenden bestehe nicht allein im „Wissen“ von den schariatischen Pflichten und in deren regelgerechter Erfüllung, entwickelte sich in engem Zusammenhang mit der Entstehung des Hadith. In Abū ʿAbd ar-Raḥmān as-Sulamīs (gest. 1021) Sammlung von Sufibiographien wird dies mehrfach eindrücklich dokumentiert. So weiß er über Sarī as-Saqaṭī (gest. 865 oder 867), eine der herausragenden Gestalten des frühen Bagdader Sufismus, zu berichten, dieser habe den folgenden Spruch des Gottesgesandten überliefert: „... Sag oft: ‚Es gibt keine Macht und keine Kraft außer bei Allah!‘ Denn diese Worte zählen zu den Schätzen des Paradieses!“ Sarī warnte davor, sich auf die Vertiefung und Verfeinerung der Ritualpraxis zu verlegen und sich dann erst die einschlägigen Hadithe zu notieren: Das Ziel erreiche man nur, wenn man sich zunächst mit dem Hadith beschäftige und sich dann von der Ritualpraxis überwältigen lasse.[19] Die am Vorbild Mohammeds ausgerichtete Steigerung der Pflichtfrömmigkeit bewegt sich in der angemessenen Bahn; der Sufi weiß, daß all seine Anstrengungen um eine Annäherung an Allah letzten Endes nicht sein Werk sind, sondern von Allah und von dessen „Macht und Kraft“ ausgehen.

Das sufische Gedankengut verbreitete sich in der muslimischen Gesellschaft zunächst auf dem Wege einer informellen Jüngerschaft. So scharten sich um Sarī Personen, die nach seinem Tod die Ansichten weitertrugen, die sie ihm verdankten, und die ihrerseits Muslime an sich zogen, denen an einer über die reine Ritentreue hinausgehenden Verwurzelung im Islam gelegen war. So heißt es von einem gewissen Masrūq b. ʿAbbās (gest. 911/2), er habe Sarī „begleitet“. Auch Masrūq betätigte sich auf dem Gebiet des Hadith. Das Prophetenwort, dem seine Aufmerksamkeit galt, lautete: „Wer zu mir

[18] Ebd., 27f.

[19] as-Sulamī: Ṭabaqāt aṣ-ṣūfīja, ed. Nūr ad-Dīn Šuraiba, Kairo 1969, 49 und 55.

(Mohammed) gewandt das Gebet vollzieht und dabei spricht: ‚Oh Allah, erwecke ihn am Jüngsten Tag an dem gerühmten Ort[20] nahe bei dir!' der wird meiner Fürbitte teilhaftig." Was as-Sulamī zu Masrūq zu sagen hat, deutet den Hintergrund von Sarīs Mahnung an, das Studium des Hadith habe der Vertiefung der Frömmigkeit voranzugehen. Man fragte Masrūq, was das Gottvertrauen (arab.: *at-tawakkul*) sei; „daß das Herz sich auf Allah verläßt", antwortete er: Das „Wissen" vom rechten Gottvertrauen stammt von Allah selber. Dementsprechend bewertete er den Verstand (arab.: *al-ʿaql*): „Wer nicht mittels seines Verstandes um des Verstandes willen vor seinem Verstand auf der Hut ist, der geht durch seinen Verstand zugrunde." Das sagt Masrūq in einer Zeit, in der das Sunnitentum dabei ist, den Rationalismus zu bezwingen, indem es ihn der sunnitischen Denkweise einpaßt.[21] „Unsere Herzen sind von der Art, daß sie nicht von Natur aus gehorchen, sondern indem sie einer Belastung unterliegen.[22] Wenn wir ihnen eine Erleichterung (arab.: *ar-ruḫṣa*) gestatten, dann, so fürchte ich, werden sie zu weiteren Erleichterungen übergehen. Ich erlaube daher das Anhören von Vierzeilern nur dem, dessen Äußeres und Inneres gerade sind, dessen Zustand gekräftigt und dessen Wissen vollkommen ist."[23]

Wer sich durch Frömmigkeitsübungen, die über das Pflichtmaß hinausgehen, Allah annähern möchte, ist mannigfachen Versuchungen ausgesetzt. Er mag das Gottvertrauen so weit treiben, daß es mit dem überlieferten Vorbild Mohammeds nicht mehr zu vereinbaren ist. Er mag raffinierte Methoden der Unterdrückung des Selbst ersinnen – und sich der Gefahr aussetzen, klüger als Allah, der einzige Gesetzgeber, sein zu wollen. Er mag sich durch Gesang in Ekstase versetzen lassen und dabei die Vorschriften der Scharia aus den Augen verlieren. Das Sufitum hat bis in die Zeit as-Sulamīs Pfade beschritten, die in gefährlicher Nähe zur Aufhebung der vorbehaltlosen Hingewandtheit zu Allah verliefen. So kann es durchaus sinnvoll und der Festigung des Gehorsams gegenüber den Vorschriften der Ritualpflichten förderlich sein, sie in Einsamkeit, in Zurückgezogenheit (arab.: *al-ʿuzla*) von der Wirrsal (arab.: *al-fitna*) der Welt zu vollziehen. Aber ein wesentliches Merkmal des Islams ist die Gottesanbetung in Gemeinschaft (arab.: *al-ǧamāʿa*). Die geistige und gesellschaftliche Eintracht der Muslime kann nicht gewahrt blei-

---

[20] Anspielung auf Sure 17, Vers 79. Dort ist freilich von einem gerühmten Ort oder Rang die Rede, den Mohammed nach der Auferweckung einzunehmen wünscht. Dieser Rang wird meistens als die Erlaubnis zur Fürsprache (vgl. Sure 53, 26) verstanden; es gibt jedoch auch Auslegungen, die diesen Passus als eine Ortsangabe deuten, was angesichts der im Hadith mit dem bestimmten Artikel versehenen Fassung plausibel ist.

[21] Vgl. fünfzehntes Kapitel (Was ist islamischer Rationalismus?).

[22] Vgl. sechstes Kapitel (Was ist die Scharia?).

[23] as-Sulamī, 238 f.

ben, wenn sich viele Muslime zur Vertiefung ihrer rituellen Praxis aus der Gemeinschaft zurückziehen. Nur die wirklich „Wissenden" dürfen dies tun, und nur eine Zeitlang.[24]

Bedrückend ist nämlich die Furcht, der Eifer, mit dem ein Muslim seine Riten ausübt, könnte seinen eigentlichen Beweggrund einbüßen. Man widmet sich mit Hingabe allen Pflichten und erfüllt sie einzig um Allahs willen; unmerklich aber gleitet man ab in eine Selbstbewunderung und in den Wunsch, wegen der Ritentreue die Bewunderung der Mitmenschen zu erregen. Die frühe Sufiliteratur ist voll von Beispielen für die Entartung der Frömmigkeit in „Augendienst" (arab.: *ar-rijāʾ*). Eine ununterbrochene redliche Selbstprüfung ist notwendig, um dergleichen zu vermeiden, wie etwa al-Ḥāriṯ al-Muḥāsibī (gest. 857) betont. Wie immer man Allah verehrt, er allein und niemand und nichts sonst darf die Absicht der Verehrenden auf sich lenken. Sollte jemandem das Mißgeschick widerfahren, daß die Gedanken bei der Gottesverehrung zu etwas anderem abschweifen, dann kann nur echte Reue den Schaden gutmachen und die Ungültigkeit der rituellen Handlung abwenden. Die Reue muß allerdings noch während dieser Handlung empfunden werden und so beschaffen sein, daß der Verzicht auf den Erwerb von Ansehen bei den Mitmenschen für den gesamten Ritenvollzug deutlich wird. Wenn das gelingt, muß die Ritualpflicht nicht noch einmal ausgeführt werden, denn die Handlungen werden gemäß ihrem Abschluß auf das Jenseitsverdienst angerechnet. Wer bemerkt, daß er sich vom „Augendienst" nicht freimachen kann, der solle lieber den Vollzug der Ritualpflicht unterlassen. Der Elite, die mit dem Richteramt, dem Kalifat, der Führung der Truppen, den Bittgebeten und der Erteilung von Fetwas befaßt ist, sollte eine solche Ablenkung durch die Aussicht auf Ruhm nie unterlaufen; denn das Herz dieser Muslime bleibt immer in Berührung mit dem „Wissen".[25]

2. Zeugnisse mystischer Religiosität

Wie Sarī as-Saqaṭī war auch sein berühmtester Schüler al-Ǧunaid (gest. ca. 910) ein gründlicher Kenner des Hadith. „Nehmt euch vor dem Scharfblick des Glaubenden in acht! Denn er schaut (auf euch) mit dem Licht Allahs", soll der Gesandte Allahs gewarnt und dann den 75. Vers von Sure 15 rezitiert haben: „In all dem (was zuvor erwähnt wird, nämlich in der Geschichte von

---

24 Joseph Dreher: Ètude sur l'origine et le sens du mot ʿuzla dans la littérature ascétique et mystique, in: Mélanges de l'Institut Dominicain d'Ètudes Orientales du Caire, XXIII/1997, 197–238.

25 al-Ḥāriṯ b. Asad al-Muḥāsibī: ar-Riʿāja li-ḥuqūq Allāh, ed. ʿAbd al-Qādir Aḥmad ʿAṭā, Kairo 1970, 294 f. und 313 f. Näheres s. Josef van Ess: Die Gedankenwelt des Ḥāriṯ al-Muḥāsibī, Bonn 1961.

Abraham und den drei unbekannten Gästen und in der Geschichte von Lot) liegen Wunderzeichen für die, die genau hinsehen.“ Wer wahrhaft glaubt, an dessen Stelle tritt Allah, so kann man dieses Hadith in banale Worte übertragen. Was in dem Mohammed zugeschriebenen Spruch auf die Wahrnehmungsfähigkeit des Glaubenden beschränkt ist, findet sich in vielen Äußerungen al-Ǧunaids in einem gänzlich entgrenzten, allgemeinen Sinn. „Allah gelangt zu den Herzen von seiner Güte her, und zwar in dem Maße, in dem die Herzen dank dieser Güte zu ihm mittels des Gottesgedenkens gelangen. Schau also auf das, was dein Herz berührt!“ Der Sufismus sei ein Charakteristikum, das, wenn es vorhanden sei, den Menschen auf den rechten Weg bringe. Ein Charakteristikum des Menschen oder des Einen, Wahren, wollte man von al-Ǧunaid wissen. Ein Charakteristikum Allahs in Wirklichkeit, ein solches des Menschen nur dem „Schriftzug“, dem Formalen nach, lautete die Antwort.[26]

Al-Ǧunaid war ein Zeitgenosse Abū l-Ḥasan al-Ašʿarīs, der die Grundzüge der sunnitischen Metaphysik schuf: Dem Menschen selber geht jegliche eigenständige Handlungsmacht ab; es kommen vielmehr an ihm die von Allah ins Werk gesetzten Handlungen zur Erscheinung. Was über diese sich seit der Mitte des 9. Jahrhunderts im Sunnitentum ankündigende Metaphysik hinausgeht, ist die von al-Ǧunaid geäußerte Überzeugung, daß Allah, indem er die Handlungen des Menschen und die dazu notwendigen Voraussetzungen schafft, durch den Menschen erfahren wird – sofern dieser Mensch die Aufmerksamkeit von allem Diesseitigen losreißt: „Nie wirst du ein wahrhafter Knecht Allahs sein, während dich noch irgendetwas, das ihm untersteht, knechtet. Du wirst nie zur klaren Freiheit vorstoßen, während auf dir noch ein Rest des Wesens des Knechtseins ihm gegenüber lastet. Erst wenn du ihm allein Knecht bist, wirst du von allem unter ihm frei sein.“[27] Dem wahrhaften Knecht Gottes ist sogar das Bewußtsein für den Knechtsstatus geschwunden, in dem er sich vor Allah befindet; das Bewußtsein des eigenen Knechtsstatus ist noch etwas Geschaffenes, dem Diesseitigen Angehörendes. Sobald es ausgelöscht ist, wird der Mensch zum wahren Diener Allahs und geht bruchlos in seiner Anbetung auf. Das ist der höchste dem Menschen erreichbare Grad der Freiheit.

In einer kleinen Schrift, die sich mit dem Urbund (arab.: *al-mīṯāq*) beschäftigt, deckt al-Ǧunaid das mythische Fundament dieser Lehre auf. Es findet sich im 172. Vers von Sure 7: „Einst nahm dein Herr aus dem Rücken der Söhne Adams deren Nachkommenschaft und ließ sie wider sich selber bezeugen: ‚Bin nicht ich eurer Herr?‘ und sie sprachen: ‚Ja, gewiß, wir be-

---

[26] as-Sulamī, 156–158. Vgl. dreizehntes Kapitel (Wie sieht der Islam den Menschen?), II. 4. und fünfzehntes Kapitel (Was ist islamischer Rationalismus?).

[27] as-Sulamī, 158.

zeugen es!‘ Am Tag der Auferweckung sollt ihr nicht sagen: ‚Darüber waren wir im ungewissen!‘“ Im Sufitum verlegt man diese Szene in eine Ära vor dem Beginn des göttlichen Schöpfungshandelns, in das anfangslos ewige Zeitalter, in dem Allah existierte, ohne daß etwas von ihm geschaffen und in ein diesseitiges Sein gebracht worden wäre. Allah redete zur Nachkommenschaft der Söhne Adams, obwohl diese nicht auf diesseitige Weise existierten, sondern allein, indem seine Existenz die ihrige war; denn sie waren seiner Existenz inne, nicht aber ihrer eigenen, erläutert al-Ǧunaid.[28]

Vor dem Beginn der Schaffung der diesseitigen Menschen waren sie in Allahs Planen und Sinnen schon vorhanden, allerdings nicht ihrer selber bewußt, sondern eins mit dem göttlichen Sein. Der Sufi verlegt seine Bindung an Allah in eine Vergangenheit vor jeder zeitlich bestimmbaren Vergangenheit; in den islamischen Jenseitsvorstellungen findet man Ähnliches: Allah legt sein künftiges Schöpfungshandeln auf der „wohlverwahrten Tafel“ nieder (Sure 85, 22).[29] Erst dann verwirklicht er es in der Zeit. Der Mythos vom vorzeitlichen Bund läßt die Gedanken der Sufis um die Frage kreisen, welch eine Art von Sein und welche Art von Verbindung jenen bezeugenden Wesen beigelegt werden müsse. Die Antwort hierauf wird zugleich die Antwort auf das Sehnen des Sufis nach einer existentiellen Verwirklichung der Hingewandtheit zu Allah sein, nach einer endgültigen Weggabe der diesseitigen Person an Allah. Wie läßt sich nach dem Eintreten in die Zeitlichkeit jener, wie man meint, unendlich beglückende Zustand wiederholen? Doch sicher nicht über die regelgerechte Erfüllung und Übererfüllung der Ritualpflichten, mag diese auch noch so fest in die vertiefte Frömmigkeit eingebettet sein, wie Abū Nuʿaim sie beschrieb. Den Weg, auf dem man über sie hinausgelangen kann, zeigt der Koran in Sure 29, Vers 45: Das Gottesgedenken (arab.: *aḏ-ḏikr*) hat noch mehr Gewicht als das rituelle Gebet. Es kann unabhängig von den Zeiträumen geschehen, an die die Ritenerfüllung gebunden ist. Schon im frühesten Sufismus widmet man daher diesem Gedenken höchste Aufmerksamkeit. In der Epoche des omaijadischen Kalifen ʿAbd al-Malik (reg. 685–705), trifft man auf den Glauben, das Aussprechen des „Es gibt keinen Gott außer Allah“ allein um Allahs willen sei folgenreicher als die Erfüllung der religiösen Pflichten, denn diese seien erst später offenbart worden. Es sei verdienstvoller, „die Zunge mit dem Gottesgedenken feucht zu halten“, als einhundert Sklaven freizulassen.[30]

---

[28] Ali Hassan Abdel-Kader: The Life, Personality and Writings of al-Junayd, London 1962, arab. Text, 41. Vgl. dreizehntes Kapitel (Wie sieht der Islam den Menschen?), 419, und siebzehntes Kapitel (Wovon berichten die „großen Erzählungen“ des Islams?). IV. 2.

[29] Vgl. siebtes Kapitel (Was lehrt der Islam über das Jenseits?), II. 2.

[30] ʿAbdallāh b. al-Mubārak: Kitāb az-zuhd war-raqāʾiq, ed. Ḥabīb ar-Raḥmān al-Aʿẓamī, Malikaun/Indien, 323 f., Nr. 920 f. und 340, Nr. 959.

Bei al-Ǧunaid ist die Spekulation wesentlich weiter vorangetrieben. Daß die Reinheit der Verehrung Allahs keine „Beigesellung" und keinen Verstoß gegen die Scharia zuläßt, braucht nicht eigens erörtert zu werden. Es geht um eine Annäherung an Allah, die ohnehin nur durch Zusatzleistungen (arab.: Pl. *an-nawāfil*) errungen werden kann. Dann freilich, wenn man darin nicht nachläßt, kann es sein, daß man Allahs Ohr wird, mit dem Er hört, Allahs Sehkraft, mit der Er sieht, Allahs Hand, mit der Er zupackt, wie es in einem weithin bekannten Hadith heißt. Al-Gunaid zitiert es an anderer Stelle, um die Erreichbarkeit des Ziels zu belegen, von dem er gesprochen hat: die Rückgewinnung der vorzeitlichen Urverbundenheit mit Allah.[31]

Nur eine Elite freilich ist von Allah geschaffen, um dieses Ziel zu erreichen. „Das sind jene, denen er in seiner Gegenwart in der anfangslosen Ewigkeit bei sich selber Existenz gab. Die zusammengesetzten Dinge des Diesseits waren noch bei ihm in seiner einheitlichen (göttlichen) Beschaffenheit aufgehoben,[32] als er sie rief. Sie antworteten eilends dank dem Großmut und der Huld, die er ihnen erzeigte. Er selber antwortete so an ihrer Stelle, als er sie in die Existenz brachte: Sie sind der Ruf, der von ihm ausgeht." Da das Schöpfungshandeln noch nicht eingesetzt hat, müssen diese Erwählten zwar einerseits bereits eine Art von Existenz haben, die aber nicht auf den Begriff zu bringen ist, da sie ganz und gar in der Einsheit Allahs aufgeht. Al-Ǧunaid hilft sich über diese Schwierigkeit, indem er der rationalen Theologie die Unterscheidung zwischen dem Wollen (arab.: *al-mašīʾa*) als einer unaussonderbar in das Wesen Allahs einbegriffenen Gegebenheit und dessen sich im Schöpfungshandeln aktualisierenden Willen (arab.: *al-irāda*) entlehnt. Zunächst ein unbestimmbares Element seines Wollens, ergriff sie sein Wille; sie wurden wie Stäubchen (arab.: Coll. *aḏ-ḏarr*), die er gemäß seinem Wollen als seine Geschöpfe in die Lende Adams legte – hier ist nicht von Adams Söhnen die Rede. Im übrigen ist zu bedenken, daß das Nichts nicht als ein leerer Raum aufgefaßt wird. Es gilt vielmehr als eine unbestimmbare Masse von dunklen Stäubchen, die zum Geschaffensein erweckt werden, sobald das göttliche Licht auf sie fällt.[33]

Als Allah diese Stäubchen bezeugen läßt, daß Er ihr Herr ist, haben sie noch nicht die diesseitige Existenz. Deshalb kann al-Ǧunaid in der Beschreibung ihres Zustands wie folgt fortfahren: „Allah sprach sie an, als sie nur insofern vorhanden waren, als Er für sie vorhanden war. Denn sie spürten den Einen Wahren, ohne daß sie sich selber hätten spüren können. So war der Eine Wahre in diesem Zustand im Einen Wahren in einem Sinne vorhan-

---

31 Ali Hassan Abdel-Kader, arab. Text, 33.

32 Vgl. zweites Kapitel (Wer ist Allah?), I.

33 Tilman Nagel: Im Offenkundigen das Verborgene. Die Heilszusage des sunnitischen Islams, Göttingen 2002, 462.

den, den nur er selber wissen und den niemand außer ihm spüren kann." Allah ist Einer (arab.: *aḥad*), heißt es am Beginn von Sure 112. „Einer" ist aber nicht mißzuverstehen als der Gegensatz zu einer Vielheit: Der eine Allah als das Gegenüber der vielen Geschöpfe, das ist gerade nicht gemeint. Gemeint ist vielmehr, daß Allah insofern Singularität zuzuerkennen ist, als die Geschöpfe, die er vorübergehend in die Zeitlichkeit entläßt, eine unaussonderbare Komponente seiner Singularität bleiben. Und diese Singularität kommt ihm von Ewigkeit her zu. Al-Ǧunaid berührt nun wieder den 172. Vers von Sure 7, indem er feststellt, daß Allah, von anfangsloser Ewigkeit her, die Geschöpfe spürte, in sich barg, wider sie Zeugnis ablegte, da er sie im Zustand der Nichtzeitlichkeit (arab.: *al-fanā'*) geschaffen hatte; sie waren „nichtzeitliche vorhandene im Zustand ihrer Nichtzeitlichkeit und ewig Bleibende in ihrem Bleiben (arab.: *al-baqā'*)." Al-Ǧunaid nimmt hier zwei Kernbegriffe der mystischen Tiefenschicht des Sufismus auf. Das Ziel der sufischen Frömmigkeitspraxis ist das Hinübergleiten in die Nichtzeitlichkeit, das im europäischen wissenschaftlichen Schrifttum über den Sufismus meistens undeutlich als Entwerden in Allah bezeichnet wird. Durch das Abstreifen des Zeitlichen, d. h. aller Regungen und Eigenschaften, die ein Ich konstituieren, durch die Vollendung des Islams im ursprünglichen Sinne mithin, erringt man wieder den glückhaften Zustand der Aufgehobenheit in der Singularität Allahs, der überzeitlich und daher von Dauer ist.[34]

Allah aber beabsichtigte, ihnen zu zeigen, worauf sich sein Wissen von den verborgenen Dingen erstreckte: Sein Schöpfungshandeln setzte ein. Die Dinge umringten sie, als Allah seinen Willen über sie ergehen ließ, um sein Wollen dank seiner Überlegenheit, die niemand und nichts mit ihm teilt, Wirklichkeit werden zu lassen. Die vollkommenste Art des Existierens wurde ihnen zuteil, eines Existierens, das ganz unter seiner Macht und Bestimmung steht. Denn eine eigenständige Eigenschaft des Menschen, ein durch Wissen ergründbares Existieren, eine Spur, der man begreifend folgen könnte, gibt es nicht. Das sind nichts als Täuschungen, denen Geister erliegen, die die anfangslose Ewigkeit nicht kennen. Sie ahnen nicht, daß das Kosten der wahren Existenz ein Genuß ist, an den kein zeitlicher Genuß heranreicht. Die wenigen Erwählten aber verzehren sich in brennender Sehnsucht nach Allah, ihrem Geliebten. Die Bilder, in denen al-Ǧunaid von dieser Erfahrung spricht, können hier nicht nachgezeichnet werden. Es ist eine Sehnsucht, die Augenblicke der Erfüllung kennt, diese aber mit stets vermehrtem Leiden an den Zeitspannen der Nichterfüllung begleichen muß. Daß Allah sich vor ihnen immer wieder verbirgt, bereitet ihnen die schrecklichsten Qualen. Erst wenn sie gelernt haben, diesen Wechsel der Erfahrungen – höchste Seligkeit im Augenblick des Übersteigens der Zeitlichkeit, tiefste Bedrückung während

---

34 Ali Hassan Abdel-Kader, 41; vgl. ebd., 32.

der Rückfälle in die Zeitlichkeit – als durch Allah ihnen zugeteilt klaglos hinzunehmen, „haben sie die wahre Gunst Allah errungen und sind in die Gegenwart Allahs emporgestiegen: Allah spricht seinerseits in ihnen ein Zeugnis wider sie (vgl. Sure 7, 172), sie begreifen durch Ihn, was sie von Ihm begreifen, Er gebietet einem jeden von ihnen dort Halt, wohin er mit seinem Begreifen gelangt ist, und trennt davon alles ab, was nur Ihm vorbehalten ist. Denn weit höher als die Eigenschaft der Geschöpfe ist Allah, um vieles mächtiger, als daß die Geschöpfe Ihm ähneln könnten!“[35]

In der breiten sufischen Literatur, von der nur ein winziger Ausschnitt erörtert werden kann, ist der in Sure 7, Vers 172, geschilderte Urbund der verstandesbegabten Geschöpfe mit Allah ein Kernthema. Er ist gleichsam der Beleg dafür, daß die sufische Steigerung der Erfüllung der rituellen Pflichten mittels des Gottesgedenkens zum mystischen Erleben des Abstreifens der Zeitlichkeit und des beseligenden, wenn auch flüchtigen Empfindens der wahren, bleibenden Existenz gelingen kann. Erzwungen werden kann dieses Erleben allerdings nicht, Allah bleibt der unendlich Überlegene. Die mystische Erfahrung, von der al-Ǧunaid spricht, geht, wie geschildert, von der Singularität Allahs als des einzigen aus sich selber heraus Seienden aus (vgl. Sure 2, 255) und hat eine Auslegung des Islams hervorgebracht, die dem spezifischen Monotheismus des Islams gerecht wird. Die Wirkkraft des singulären Allah entfaltet sich gemäß seinem ihm wesensmäßig eigenen Wollen zu einem durch seinen Willen entschiedenen Augenblick in die Zeitlichkeit hinein. Das Ideal des Islams, die Weggabe des Gesichts, der zeitlichen Person, an Allah, eine Rückgabe eigentlich, ist eben das, wovon al-Ǧunaid handelt, und da dieses Erleben, eben weil sich darin der Islam erfüllt, nicht die Sache einer Elite bleiben konnte, durchdringt das sufische Gedankengut weite Bereiche der islamischen Kultur.

3. Die Systematisierung der sufischen Erfahrung

Das von al-Ǧunaid geschilderte Erleben des Einswerdens des Muslims mit Allah, dem Singulären, die *unio mystica*, versteht er als ein Erleben, das nur einem kleinen Kreis von Glaubenden zuteil werden kann. Die vollständige Weggabe der Person, ihre Entzeitlichung, ist nach al-Ǧunaid eine individuelle Erfahrung. Andere Muslime machen sie ebenfalls, aber anders als der regelgerechte Ritenvollzug, der für alle Beteiligten ein gleiches Plus auf dem Jenseitskonto ergibt, kann das Resultat bei jedem, der das Gottesgedenken zum Zwecke des *fanāʾ* und *baqāʾ* praktiziert, höchst unterschiedlich sein. Der Begriff der einträchtigen Gemeinschaft (arab.: *al-ǧamāʿa*), der beim Ritenvollzug von größter Bedeutung ist, fehlt in al-Ǧunaids Schilderung. Da

[35] Ebd., 42 f.

indessen die Erfahrung der Vollendung des Islams als außerordentlich beglückend beschrieben wurde, keineswegs nur von al-Ǧunaid und nur in der von ihm gewählten Art und Weise, entstand das Bedürfnis, den Weg zu ihr als eine Art Lehrprogramm zu erfassen. Welche Schritte mußte der Muslim gehen und in welcher Reihenfolge, um sich ebenfalls ein derart beglückendes Erleben zu sichern?

Im ausgehenden 10. und im 11. Jahrhundert wird der Sufismus von einer individuell geübten Frömmigkeitsvertiefung zu einer erlernbaren Praxis. Solche Unterweisung ist nicht mit der Weitergabe von „Wissen" zu vergleichen, wie sie in der Hadithgelehrsamkeit seit dem 8. Jahrhundert geübt wurde. Es kommt nun vielmehr eine Übermittlung sufischer Praktiken auf, die sich nur in geringem Maß auf autoritative Texte und aus diesen abgeleitete Kenntnisse stützen kann. As-Sulamī bezeugte die enge Verquickung des frühen Sufitums mit dem Studium des Hadith; in den letzten Kapiteln seiner Biographien, die die Verhältnisse um das Jahr 1000 im Auge haben, verschwinden die entsprechenden Bemerkungen. Der Vermittler des *fanā᾽* muß die Autorität, die er gegen einen Zögling geltend macht, aus sich selber gewinnen. Zwischen ihm und seinem Zögling obwaltet nicht das Verhältnis zwischen Lehrer und Schüler, sondern dasjenige des Meisters zum Adepten. Dabei tritt der Meister, aus dem Blickwinkel des Adepten gesehen, an die Stelle Allahs. Galt einem Sufi des 9. Jahrhunderts das zu erstrebende Gottvertrauen dann erreicht, wenn man vor Allah willenlos sei wie ein Leichnam in der Hand des Totenwäschers, so wurde um 1100 dieses Bild auf das Verhalten des Adepten zu seinem Meister übertragen. Es bildeten sich um einen Meister Gemeinschaften eigener Art und mit einem eigentümlichen Comment, in den nur die Zugehörigen eingeweiht wurden.[36]

Diesem Phänomen ist das nächste Teilkapitel gewidmet. Jetzt beschäftigt uns allein die Frage der Systematisierung der von al-Ǧunaid beschriebenen Erfahrungen. Dem ausgehenden 10. und dem 11. Jahrhundert gehören Schriften an, die die sufische Lebensweise als ganze schildern und sie vor den Angriffen ihrer Feinde in Schutz nehmen, die den Sufis ein Abweichen von der schariatischen Daseinsordnung unterstellen. Nicht die bloße Ausübung der durch Allah verordneten Riten sei gefordert, meinte al-Qušairī (gest. 1072/3) in einer berühmt gewordenen Verteidigungsschrift. Diese sei selbstverständlich; doch was wirklich zähle, sei die ehrliche Hingabe an Allah, in der man die Pflichten zu erfüllen habe. Von tiefem Verlangen nach Allah angetrieben und in aufrichtiger Reue über die eigene Unzulänglichkeit oblägen die Sufis ihren schariatischen Pflichten, in einer Gesinnung eben, die sie

[36] Fritz Meier: Ḫurāsān und das Ende der klassischen Ṣūfik, in: Erika Glassen/Gudrun Schubert (Hgg.): Bausteine I (ausgewählte Aufsätze zur Islamwissenschaft von Fritz Meier), Istanbul 1992, 131–156, hier 141 und 153.

von der Mehrheit der Muslime absondere und deren Mißtrauen errege, freilich zu Unrecht.[37]

In einer kurzen Abhandlung versucht al-Qušairī die Schritte auf dem Weg zum „Entwerden“ zu beschreiben und in die, wie er meint, richtige Reihenfolge zu bringen. Es ist somit das Ziel der sufischen Annäherung, das er analysiert, jedoch genauer, als al-Ǧunaid es in der vorhin besprochenen Abhandlung getan hatte. Al-Qušairī setzt voraus, daß der Jünger den Dingen des Diesseits entsagt hat, die Einsheit Allahs richtig zu deuten und alle Vorschriften der Scharia einzuhalten weiß. Mit großer Sorgfalt muß er sich den richtigen Meister gesucht haben. Dieser nimmt ihn an, indem er ihm verspricht, ihn auf den Weg zu Allah zu geleiten; alles, was der Meister vermittle, stamme nicht von diesem, sondern unmittelbar von Allah. Nun lehrt der Meister den Adepten das Gottesgedenken: Immer wieder muß er das Wort „Allah“ aussprechen, bis er schließlich keinen anderen Gedanken mehr zu fassen vermöge als eben „Allah“, selbst wenn ihn die Nachricht vom Tod der Eltern erreichte. Allein den Ritualpflichten habe der Adept jetzt noch nachzukommen; zusätzliche Leistungen (arab.: Pl. *an-nawāfil*) oder Rezitationen aus dem Koran hätten ihn nicht mehr zu interessieren. Mit Allahs Hilfe werden ihm alle diese Dinge gleichgültig, es erlösche dank der Kraft von Allahs Wille auch das Bewußtsein seiner selbst. Schließlich sei durch das Gottesgedenken sogar das Empfinden für das Gottesgedenken geschwunden, tauche aber immer wieder auf. Zwischen solchem Schwinden und Auftauchen abwechselnd, erklimme der Gedenkende Stufe um Stufe, bis er auch dem Wechsel der Zustände entwird und in das Bleiben (arab.: *al-baqāʾ*) hinübergleite: Zunge, Gehör, Gesichtssinn werden ihm genommen, er bezeugt jetzt Allah nur noch mit dem Herzen, und was er mit dem Herzen sagt, ist nur noch ein Aussprechen und nicht mehr das Resultat eines „Wissens“. – Die verstandesmäßige Einsicht in die Einsheit Allahs ist ausgeschaltet, an ihre Stelle ist die unmittelbare Einsicht in seine Singularität getreten. – Eine neue Empfindung mag den Adepten auf dieser Stufe überkommen: die Ehrfurcht. Dann mag er die unmittelbare Nähe zu Allah spüren. Immer wieder wird dieses „Entwerden“ durch ein „Bleiben“ abgelöst, und nach jeder Ablösung nehmen die Empfindungen des Herzens zu. Im Gedenkenden ertönen Arten des *ḏikr*, wie er sie noch nie wahrgenommen hat. Das „Allah“ überwältigt ihm das Herz dergestalt, daß er wähnt, das Gottesgedenken des ganzen Kosmos und dasjenige in seinem Herzen verschmölzen miteinander. Auf dieser Stufe dringt auf den Gedenkenden eine Ahnung zu, die, träfe sie einen Unvorbereiteten, mit dem Weg nicht Vertrauten, diesen töten würde.

---

[37] Richard Hartmann: Al-Ḳuschairīs Darstellung des Sufitums, Berlin 1914; Tilman Nagel: Die Festung des Glaubens, München 1988, 97–107.

Nach diesem Entwerden wird der Gedenkende noch einmal zu einem Bleiben geleitet. Er wird nun, nachdem das Herz jegliches Empfinden des offenkundigen Seinsbereichs eingebüßt hat, des Geheimnisses des verborgenen Seinsbereichs inne: Es bleibt einzig Allah. Der in Allah Entwordene ist „wie ein Meer; so zeigt er sich, und alle Flüsse fließen nun nach (des Entwordenen) Befehl, denn es gibt keine Befehlsgewalt außer derjenigen Allahs". In diesem Zustand hat der Mensch keine eigene Regung. Gingen von ihm zuvor noch Regungen aus, die sich den Empfindungen verdankten, die sein Herz überkamen, so ist er jetzt ohne jegliche Regung. Ist das Meer ruhig, so auch der Entwordene, gerät es in Bewegung, so auch er. Er hört, sieht, bezeugt, was sich ihm zeigt. Das Menschsein hat nun keinerlei Macht mehr, weder im Vollzug des Gottesgedenkens, noch dank den Zuständen, über Macht verfügt nur noch der Schöpfer, Allah.

Jeder dieser Zustände (arab.: *al-ḥāl*, Pl. *al-aḥwāl*), die der Gedenkende durchlebt – das völlige Desinteresse am Diesseitigen, der Verlust der Wahrnehmung des Selbst, dann des von ihm ausgeführten Gottesgedenkens und am Ende das gänzliche Entschwinden des Menschseins – hat nach den von al-Qušairī zusammengefaßten Erfahrungen bestimmte halluzinatorische Begleiterscheinungen. Sobald das Gottesgedenken des „Wissens" nicht mehr bedarf und eine Sache des Herzens geworden ist, kann es geschehen, daß man in Mund und Kehle eine Süßigkeit empfindet, die von den Wurzeln der Zähne ausgeht und Speise und Trank ersetzt; es ist nunmehr äußerst beschwerlich, den Mund zu öffnen.[38]

Als al-Qušairī dieses durch das Gottesgedenken hervorgerufene Aufgehen in der Singularität Allahs beschrieb, trieb man schon seit langem Erwägungen über die Voraussetzungen, die der Muslim erfüllen müsse, um zu einem solchen Erleben fähig zu werden. Das, was al-Qušairī in der eben betrachteten Abhandlung übersprungen hat, führt beispielsweise Abū Naṣr as-Sarrāǧ (gest. 988/9) mit vielen Einzelheiten aus. As-Sarrāǧ, von al-Ǧunaid beeinflußt, den er oft zitiert, unterscheidet die Zustände vom Standplatz (arab.: *al-maqām*). Der Weg vom einfachen die Riten ausübenden Glaubenden zum in Allah Entwerdenden führt über Standplätze bzw. Halteorte, die durch bestimmte Arten der Gottesverehrung und durch eine das Selbst dem Diesseitigen entfremdende Übung (arab.: *al-muǧāhada*) charakterisiert sind. As-Sarrāǧ nennt sieben solcher Halteorte: die reuige Umkehr; die Skrupelhaftigkeit in den Dingen der Ritenerfüllung und der Schariatreue; die Enthaltsamkeit; die Armut oder besser: Bedürfnislosigkeit; die geduldige Hinnahme des Vorher-

38 al-Qušairī: Risālat tartīb as-sulūk, in: ar-Rasā'il al-qušairīja, ed. Muḥammad Ḥasan, Beirut/Saida o. J. 63–67 und 71. Vgl. hierzu Fritz Meier: Qušairīs Tartīb as-Sulūk, in Erika Glassen/Gudrun Schubert (Hgg.): Bausteine I (ausgewählte Aufsätze zur Islamwissenschaft von Fritz Meier), Istanbul 1992, 236–249.

bestimmten; das unanfechtbare Gottvertrauen (arab.: *at-tawakkul*); das vollkommene Einverständnis mit dem Handeln Allahs.

Die Zustände hingegen sind unterschiedliche Arten des Erlebens, die einen während des Aufenthalts an einem Standplatz überkommen können, wie schon al-Ǧunaid gesagt habe. Sie können, anders als die Standplätze, nicht durch Anstrengungen des Muslims herbeigeführt werden, der den Pfad zu Allah eingeschlagen hat. Sie sind einem verborgenen, nicht hörbaren Gottesgedenken zu vergleichen, das nach der Meinung des Propheten der beste *ḏikr* sei. – Dem äußeren Anscheine nach besorgt man seine Tagesgeschäfte, in Wirklichkeit gedenkt man unverwandt Allahs. – Währenddessen kann man von Empfindungen der Liebe zu Allah, der Furcht vor ihm, der Hoffnung, des sehnsüchtigen Verlangens, der zuversichtlichen Erwartung, der Gewißheit der Nähe Allahs bewegt sein, von Zuständen eben. „Wenn das Tun das Herz erreicht hat, finden die Glieder Ruhe", soll ein früher Sufi befunden haben: Das Tun erfolgt unbewußt, das Empfinden für die Anstrengung schwindet, ja, man wird der Anstrengung dergestalt mächtig, daß sie einem zur „Heimat" wird und man ihre Süße genießt.[39]

III. Der Sufismus und die muslimische Gesellschaft

1. Die Früchte der sufischen Erziehung

In der Hadithgelehrsamkeit dreht sich die Unterweisung um die Übermittlung von „Wissen". Sie beherrschte das Feld der Verwirklichung der Daseinsordnung, der muslimischen Lebensgestaltung schlechthin. Das galt selbstverständlich auch für das aufkeimende Sufitum, das, wie gezeigt, um einen vertieften Gehorsam gegen diese Ordnung und deren Stifter, Allah, rang. Für al-Ḥāriṯ al-Muḥāsibī stand daher außer Frage, daß jegliche Praxis niemals ohne die Bindung an das „Wissen" gelingen kann. Denn letzteres ist die Voraussetzung für ein Handeln im Gehorsam gegen Allah.[40] Betrachtet man demgegenüber, was man bei al-Ǧunaid, Abū Naṣr as-Sarrāǧ und al-Qušairī über das höchste Ziel des Sufis und über die Halteplätze liest, die auf dem Weg dorthin durch spezifische Anstrengungen erarbeitet werden müssen, so ist deren sichere Verankerung im „Wissen" möglich, aber augenscheinlich nicht nötig. Es ist die Autorität des Meisters, die den Erfolg des Zöglings gewährleistet. Wie aber ist zu verstehen, daß die Kluft zwischen den Lehren der Meister einerseits und der Schariakenner andererseits nicht

---

[39] Abū Naṣr as-Sarrāǧ: Kitāb al-lumaʿ fī t-taṣauwuf, ed. Reynold Alleyne Nicholson, Nachdruck London 1963, 41–54. Vgl. zu dem Thema auch Annemarie Schimmel: Mystical Dimensions of Islam, Chapel Hill 1975, Kapitel 3 (The Path).

[40] Josef van Ess, Die Gedankenwelt, 80 f. Vgl. oben, 437.

im Laufe der Zeit unüberbrückbar wurde? Anders gefragt: Wie ist zu erklären, daß der Sufismus zu einer weite Kreise der Muslime in seinen Bann ziehenden Erscheinung werden konnte? Der Weg zum „Entwerden" in der Singularität Allahs war, wie al-Ǧunaid und viele andere wußten, nie und nimmer die Sache der breiten Masse.

Die Antwort verbirgt sich in Abū Nuʿaims Einleitung zu seinem Sammelwerk sufischer Biographien. Die sufische Anstrengung sieht er als den Weg, dem von der Daseinsordnung geprägten Lebenszuschnitt Dauer und vor allem die innere Zustimmung des Glaubenden zu sichern. Die beseligenden Augenblicke, in denen der Gedenkende die Zeitlichkeit abstreift, um in der Singularität Allahs aufzugehen, mögen in der Tat nur einer begnadeten Minderheit zuteil werden. Für die ganze Glaubensgemeinschaft entscheidend ist hingegen die Fähigkeit des Sufismus, den Schariagehorsam durch eine Frömmigkeit abzustützen. Wie Muḥammad al-Ġazālī (gest. 1111) erkannte, vermochten dies weder die Imame der Schiiten, noch die rationalistischen Spekulationen der Philosophen. Allein die Sufis seien imstande, den regelgerechten, aber „mechanischen" Ritenvollzug und die Befolgung der Scharia von einem rein äußerlichen Tun in ein die ganze Person bestimmendes Handeln im Gehorsam gegen Allah zu veredeln. Das Ideal der Harmonie von „Wissen" und „Tun", das das Dasein des Muslims beherrschen solle, war nach al-Ġazālīs Überzeugung nicht durch eine höchst gelehrte Auslegung der autoritativen Texte zu verwirklichen. Es mußte vielmehr die sufische Frömmigkeit hinzukommen, denn sie verwandele den riesigen Komplex schariatischer Vorschriften und Bewertungen in ein Leuchten im Herzen des Glaubenden. Das „Wissen" von der Daseinsordnung benötige nicht mehr den Umweg über den die autoritativen Texte auslegenden Verstand, um das Leben des Muslims zu formen.[41]

Diese Einsichten hatte al-Ġazālī in seiner Schrift „Der Erretter aus dem Irrtum" dargelegt, in der er seinen Rückzug von einer hochangesehenen Lehrkanzel der Schariawissenschaft an der erst vor kurzem gegründeten Bagdader Medresse rechtfertigte. Wenige Jahre später begann er mit der Niederschrift seines monumentalen Werkes „Die Belebung der Arten des ‚Wissens' von der Daseinsordnung". Wie der Titel sagt, führt er hier aus, wie gemäß seinen Einsichten das Dasein eines Muslims ablaufen soll, dem ein verlebendigtes „Wissen" von Allah und von der Scharia zu Gebote steht. Nicht das bloße Aussprechen der Bezeugung „Es gibt keinen Gott außer Allah", nicht theologische Spekulationen, auch nicht eine in Selbstgefälligkeit auf die Spitze getriebene Askese führen zur Einsicht in den wahren Eingottglauben (arab.: *at-tauḥīd*). Es ist die Tugend des Gottvertrauens (arab.: *at-tawakkul*), die dies zu vollbringen vermag. In Abū Naṣr as-Sarrāǧs Einführung in das Sufitum, aber auch in anderen Schriften mit dieser Zielsetzung,

41 Vgl. fünfzehntes Kapitel (Was ist islamischer Rationalismus?), III. 1.

bezeichnet dieses Gottvertrauen einen unentbehrlichen Halteort auf dem sufischen Pfad zum *fanāʾ*. Das ist es bei al-Ġazālī nicht, er schreibt seine „Belebung" nicht für die sufische Elite, deren bisweilen heuchlerische Virtuosität des Asketentums er auch in diesem Zusammenhang geißelt. Doch ist *tawakkul* auch keine schariatische Norm. Gemeint ist das Vertrauen darauf, daß Allah die schariagerechten Handlungen des Menschen auch gelingen lassen werde, und solches Vertrauen wiederum nimmt dem Muslim die Furcht vor dem – ja stets durch Allah bestimmten – Versagen, die Furcht auch vor dem Verlust von Ansehen in der Glaubensgemeinschaft, mit anderen Worten, solches Vertrauen auf Allah befreit den Muslim von jeglichem Zwanghaften im Vollzug der Daseinsordnung. Es ebnet den Weg zu einem Dasein, wie es ihm in Sure 2, Vers 256, zugesichert wird.

Unter den Schariagelehrten stieß die „Belebung" auf zum Teil scharfe Kritik. In al-Andalus ließ man die Exemplare des Werkes, deren man habhaft werden konnte, in einem Autodafé verbrennen. Die rasche Verbreitung sowie die Wut der Kritiker belegen, daß al-Ġazālī an eine offene Wunde gerührt hatte. Eine immer weiter verfeinerte Auslegung der autoritativen Texte führte, wenn auch meist nur in Detailfragen, zu höchst widersprüchlichen Ergebnissen. Unsicherheit in einer Daseinsform, in der doch alles endgültig sicher, nämlich durch Allah geregelt, sein sollte, ist ein schwerwiegender Systemfehler, dem man im 12. Jahrhundert unter anderem dadurch beizukommen suchte, daß man nur noch eindeutige Aussagen des Korans und des Hadith als Belege für schariatische Bewertungen gelten lassen wollte.[42] Al-Ġazālī hingegen tastete die Verfahren der herkömmlichen Schariagelehrsamkeit nicht an, er relativierte jedoch das Gewicht ihrer oft spitzfindigen Ergebnisse für das muslimische Dasein. Selber durch einen Meister in das Sufitum eingeführt, sah er in der sufischen Frömmigkeit die Garantie gegen ein Scheitern des Islams.[43]

Al-Ġazālī selber hatte die Erziehung bei einem Sufimeister durchlaufen. Er wußte also, wovon er sprach. Trotz zahlreicher Widerstände breitete sich das von ihm zum Gegenstand seines Hauptwerkes gemachte Leitbild der Einpflanzung des Schariagehorsams in eine sufische Frömmigkeit über die ganze islamische Welt aus. Über Jahrhunderte, ja, bis in die Gegenwart sind die Wirkungen al-Ġazālīs spürbar. Der wichtigste Garant für den Erfolg dieses Gedankenguts waren die Sufibruderschaften, deren Siegeszug im 12. Jahrhundert beginnt. Sie bilden seither ein wesentliches Element der islamischen Gesellschaft bzw. der islamischen Glaubensgemeinschaft.

---

[42] Vgl. sechstes Kapitel (Was ist die Scharia?), sowie sechzehntes Kapitel (Was ist Salafismus (reformierter Islam)?).

[43] Tilman Nagel: Im Offenkundigen das Verborgene. Die Heilszusage des sunnitischen Islams, Göttingen 2002, 70–80; ders.: Der Textbezüglichkeit entrinnen? Al-Ġazālīs Erneuerung der Lehre vom *tauḥīd*, in: Der Islam 83/2007, 414–448.

2. Die Bruderschaften

Die Meister scharen Zöglinge um sich, sie widmen sich deren Erziehung (arab.: *at-tarbija*). So entstehen Gemeinschaften mit einem eigenen Verhaltenskodex, der sich nicht zur Gänze auf die Scharia zurückführen läßt. Denn, wie schon gesagt, mit dem Verschwinden des frühen, auf die völlige Islamisierung der eigenen Lebensführung gerichteten Sufismus rückt der Meister in die Position des Vermittlers des Verhältnisses des Adepten zu Allah. Eine solche Position ist im Islam eigentlich nicht vorgesehen.

ʿAbd al-Qādir al-Gīlānī (gest. 1166) war aus dem Norden Irans nach Bagdad gekommen und hatte sich seither dem Studium der hanbalitischen Schariakunde gewidmet und war auch mit der sufischen Lebensform bekannt geworden. Eines Tages, im Oktober 1127, schaute er den Propheten, der ihn fragte, weshalb er nicht den Menschen predige. Al-Gīlānī entschuldigte sich mit seinen mangelhaften Kenntnissen des Arabischen. „Öffne den Mund!" befahl Mohammed. Siebenmal spie er hinein und zitierte dann Sure 16, Vers 125: „Predige den Menschen und ruf zum Pfad deines Herrn mit Weisheit und guter Mahnung!" Nachdem al-Gīlānī das Mittagsgebet vollzogen hatte, stellten sich bei ihm viele Menschen ein und lauschten seinen Worten. Unter ihnen erblickte er ʿAlī b. abī Ṭālib, der ihn dann ebenfalls als Redner beglaubigte, indem er ihm in den Mund spie. Fortan galt al-Gīlānī als einer der begnadetsten Prediger und Rufer zum Pfad des Herrn, durch dessen Worte sich zahlreiche Menschen, Muslime und andere, zum Islam führen ließen. Sie taten Buße (arab.: *at-tauba*) vor ihm, den ersten Schritt auf dem langen Pfad, der bis zur Entzeitlichung führen kann.[44]

So lautet die Überlieferung von der Ermächtigung ʿAbd al-Qādir al-Gīlānīs zum Predigen, zum Bekehren zu einer Form des Islams, in der die Ritenerfüllung nicht aufgehoben, aber erst durch die Erziehung, die der Meister bietet, ihren Sinn erhält. Die öffentlichen Aufrufe zum Islam waren ein Tätigkeitsfeld al-Gīlānīs; das andere waren die Lehrvorträge, die er einem kleinen Kreis von Jüngern hielt. Eines Tages geriet er dabei in Verzückung und rief aus: „Mein Fuß hier steht auf dem Nacken eines jeden Gottesfreundes (arab.: *walī Allāh*)!" Sogleich sei einer der Anwesenden vor al-Gīlānī getreten und habe sich dessen Fuß auf den Nacken gesetzt, und die übrigen hätten sich tief verbeugt.[45] Dies ist die Gründungslegende der weitverzweigten Qādirīja-Bruderschaften, Gemeinschaften, die in ʿAbd al-Qādir al-Gīlānī ihren Gründer sehen. Auf ihn führen sie die von ihnen gepflegten Sufipraktiken zurück. Er selber aber ist, wie gehört, durch den Propheten beglaubigt

[44] Tilman Nagel: Im Offenkundigen das Verborgene. Die Heilszusage des sunnitischen Islams, Göttingen 2002, 182 und 279–301.

[45] Ebd., 179.

worden sowie auch durch dessen Vetter und Schwiegersohn ʿAlī: Daß er den Islam in seiner ursprünglichen Weise lehre und vorlebe, ist somit gewährleistet.

Daß sich Qādirīja-Sufigemeinschaften schon zu al-Gīlānīs Lebzeiten gebildet hätten, ist nicht nachzuweisen. Im 13. Jahrhundert jedoch entstehen in vielen Teilen der islamischen Welt Gruppierungen, „Wege“ (arab.: *aṭ-ṭarīqa*, Pl. *aṭ-ṭuruq*), die den sufischen Lebensstil, den sie pflegen, al-Gīlānīs Vorbild entlehnt haben wollen. In ihm erkennen sie einen Allah Nahestehenden, einen Gottesfreund von allerhöchstem Rang. Er ist die „Achse“ oder der „Pol“ (arab.: *al-quṭb*) bzw. die „Hilfe“ (arab.: *al-ġauṯ*) an sich, die dem Muslim in seinen Nöten beizustehen vermag. Ihm unterstehen die „Obmänner“, die „Stützen“, die „Frommen“ und schließlich die vierzig „Ersatzmänner“; die unterste Stufe der Hierarchie der Gottesfreunde bilden die „Guten“ und schließlich Tausende von unbekannten, die den „Weg“ gemeistert haben.[46] Nach der qādiritischen Überlieferung soll al-Gīlānī selber kurz vor seinem Tod geäußert haben, Allah habe ihm das Herz gereinigt, so daß es einer blanken Schrifttafel glich, auf die der Inhalt der „Wohlverwahrten Tafel“ (Sure 85, 22) übertragen wurde. Das Diesseits, mit all seinen Ereignissen und Gegebenheiten ist ihm durchsichtig geworden. Gleich mächtig wie Josef vor Potiphar wurde ʿAbd al-Qādir dadurch vor Allah. Allah machte ihn zu seinem Stellvertreter (arab.: *al-ḫalīfa*) (vgl. Sure 2, 30), über ihn verläuft nun das göttliche Schöpfungshandeln, er ist nun an des Propheten Stelle der derzeitige Verweser des Geschaffenwerdenden, dreihundertundsechzigmal am Tag schaut er den Einen.[47]

Die Vorstellungen vom „Entwerden“ in der Singularität Allahs und vom „Verborgenen“ (arab.: *al-ġaib*) fließen im Gedankengut der seit dem 13. Jahrhundert die islamische Gesellschaft durchdringenden Sufibruderschaften zusammen. Auf sie ist jetzt näher einzugehen. ʿAbd al-Qādir al-Gīlānī war nicht der einzige Gottesfreund, auf den sich Ordensgemeinschaften zurückführen. Sein Zeitgenosse Aḥmad ar-Rifāʿī (gest. 1178) wirkte ebenfalls im Irak. Wegen ihrer lauten Übungen des Gottesgedenkens wurden die Anhänger dieses „Weges“ als die „heulenden Derwische“ berüchtigt. Abū l-Ḥasan aš-Šāḏilī (gest. 1258) stammte aus al-Andalus, entfaltete jedoch nachhaltige Wirkungen in Ägypten. Die *ḏikr*-Sitzungen der Gemeinschaften, die in ihm ihren Gründer sehen, sind unauffällig; in ihren Kreisen soll es aber üblich geworden sein, Kaffee zu trinken, um die Müdigkeit zu bekämpfen, die sich während der langen Übungen notgedrungen einstellte.[48] Aḥmad al-Badawīs (gest. 1278) Bruderschaften sind in Ägypten beheimatet. In Tanta befindet

46 Schimmel, 200.
47 Nagel, Im Offenkundigen das Verborgene, 301.
48 Schimmel, 254.

sich sein Mausoleum, zu dem seine Anhänger pilgern. Ǧalāl ad-Dīn Rūmī (gest. 1273) wirkte im Konya der Rumseldschuken. Er hinterließ eines der bedeutendsten Werke der persischen Literatur, „Das dem inneren Sinn der Dinge zugekehrte *maṯnawī*",[49] ein 27 000 Verse umfassendes Werk, das das Sehnen der geschaffen werdenden Welt nach Allah, dem Ursprung des Diesseitigen, in zahlreichen Episoden gestaltet. Rūmī gilt den „tanzenden Derwischen" als ihr Ideengeber. Durch rasche Drehbewegungen suchen sie dem erstrebten Erleben der Einheit mit Allah näherzukommen. Bahā' ad-Dīn Naqšband (gest. 1390) ist der Ahnherr von Bruderschaften, die im islamischen Innerasien und im Osmanischen Reich zu großem Einfluß gelangten. Von ihnen heißt es, daß sie einen nüchternen Sufismus pflegen und sich künstlicher Mittel zur Herbeiführung des *fanā'* wie etwa der Musik oder des Gesangs enthalten.

Diese wenigen dürren Angaben müssen genügen, um einen Eindruck von der Mannigfaltigkeit des sufischen Ordenswesens zu vermitteln. Ab dem 19. Jahrhundert gerieten die Sufis in den Verdacht, am Zurückbleiben der islamischen Welt hinter der Zivilisation des Westens schuldig zu sein. Reform des Islams hieß daher oft soviel wie Ausscheiden der sufischen Elemente aus der islamischen Kultur.[50] Gleichwohl ist es nirgends in der islamischen Welt gelungen, die sufische Lebenspraxis endgültig auszulöschen. Sie schweißt Gleichgesinnte zu Gemeinschaften zusammen, die sich nicht mit den Zirkeln der Machtausübung und des Gelehrtentums decken und daher einen Raum bilden, zu dem die despotische Machtausübung samt ihrer schariatischen Absicherung[51] keinen unmittelbaren Zutritt hat. Ist ein Muslim, sei er ein junger Mann oder ein Familienvater, Adept eines Meisters geworden, dann beansprucht dieser ein Maß an Ergebenheit, das gerade noch die Erfüllung der Alltagspflichten zuläßt. In vergangenen Jahrhunderten war oft nicht einmal das mehr möglich. Der Adept lebte in der durch den Meister geleiteten ganz dem Zweck der sufischen Verehrung Allahs dienenden „Klause". Unter ihr hat man sich einen Gebäudekomplex vorzustellen, der neben einem Versammlungsraum Wohnzellen umfaßte. Je größer das Ansehen eines Meisters als eines Künders des Verborgenen war, desto mehr Spenden flossen ihm zu. So konnten in einer solchen „Klause" Dutzende von Adepten und Mitgliedern der Bruderschaft leben, zum Teil mit ihren Ehefrauen und Kindern; auch zur Unterstützung Armer und Krüppel wurden die einer „Klause" zur Verfügung stehenden Mittel verwendet. Streng waren, wie eben angedeutet, die Anforderungen, die der Meister an die Ergebenheit des Adepten

---

[49] So gibt Jan Rypka, Geschichte der persischen Literatur, Leipzig 1959, 230, den Titel wieder. Ein maṯnawī ist „eine Folge gereimter Distichen", ebd., 100.

[50] Vgl. sechzehntes Kapitel (Was ist Salafismus (reformierter Islam)?), II. 1.

[51] Vgl. achtes Kapitel (Was sind Imamat, Kalifat und Sultanat?), IV.

stellte. Sie zielten darauf ab, das Ideal der Willenlosigkeit „des Leichnams in der Hand des Totenwäschers" zu verwirklichen.

Der Meister nimmt gegenüber dem Adepten die Stellung Allahs oder des Propheten ein. In allen Lebensregungen des „Novizen" vermittelt ihm der Meister die Beziehung zum Schöpfer. Zu ihm tritt der Adept in eine unverbrüchliche „Herzensbindung", die nach dem Urteil der Naqšbandī-Bruderschaften in ihrem Orden besonders eng und fest sei. Sie entspreche dem Band, das einst die Prophetengenossen mit Mohammed vereint habe. Es ist die Pflicht des Adepten, sich in das Bild des Meisters dergestalt zu versenken, daß er in ihm der Welt „entwird" und die Kennzeichen der eigenen Person, des eigenen Menschseins, verschwinden. Nur auf diesem Weg könne man zur wahren Erkenntnis Allahs vordringen.[52] Die eigentümliche Bindung des Schülers an den Meister wird im übrigen nicht nur in den Naqšbandī-Bruderschaften als ein Liebesverhältnis beschrieben. Es nimmt die Liebe und das sehnsüchtige Begehren vorweg, die den nach seiner Entzeitlichung in der Singularität Allahs Strebenden beherrschen. Alle Diesseitigen sind nach sufischer Vorstellung von jener Liebe, von jenem Begehren umgetrieben, da sie an ihrer Geschöpflichkeit leiden, die unerbittlich die Aussonderung aus dem Singulären voraussetzt.

Der Adept kann auf dem Weg seiner Vervollkommnung auch bei anderen Meistern um Erziehung nachsuchen. In den Metropolen wie Kairo, wo viele Meister um Adepten buhlten, konnte dies ein heikler, folgenreicher Vorgang sein, zumal wenn es sich bei dem Adepten um einen Angehörigen der Machtelite handelte. Der Meister bestimmte auch, wann die Zeit der Erziehung vorüber sei. Zum Zeichen, daß aus dem Zögling nun ein eigenständiger Sufi der Bruderschaft geworden sei, übertrug ihm der Meister förmlich die Worte des in seinem Orden gepflegten Gottesgedenkens, legte ihm das Flickengewand (arab.: *al-ḫirqa*)[53] um die Schulter und löste ihm das Stoffende des Turbans, das fortan lose herabhängen durfte. Er durfte, wenn er denn Schüler fand, diesen die gleiche Erziehung angedeihen lassen und konnte, wenn ihm das Glück hold war, zum Herrn einer „Klause" aufsteigen.

Die Gottesfreunde, vielfach auch mit dem arabischen Wort *faqīr* bzw. mit dem persichen *darwīš* benannt, was soviel wie „arm", „bedürfnislos" bedeutet, fanden sich in allen Schichten der islamischen Gesellschaft, in der Stadt und auf dem Land. Es gab Gemeinschaften, die mit ihrem Meister über Land zogen und zum Lohn für das von ihnen veranstaltete Gottesgedenken reich

---

[52] Fritz Meier: Zwei Abhandlungen über die Naqšbandiyya, Istanbul 1994, 32, 106, 114–118, 141 f.

[53] Auch *al-muraqqaʿa*, aus Stoffteilen zusammengestückeltes Gewand, für die Sufis charakteristisch.

bewirtet wurden. Auch einzelne Derwische lebten von Bettelei und nicht selten wohl auch von Scharlatanerien, mit denen sie ihre vorgebliche Frömmigkeit interessant machten. Folgenreich war zudem, daß das Ordenswesen im Militär und unter den Schariagelehrten Fuß faßte. Als Künder des Verborgenen errangen sie Einfluß auf die Mächtigen, die sich gern von ihnen eine lange Herrschaft voraussagen ließen. Da die berühmten Gottesfreunde über einen breiten Anhang verfügten, war deren Gunst für die Inhaber hoher Ämter nicht zuletzt eine Frage der Bewahrung ihrer Position, denn irgendwelche rechtsstaatlichen Grundsätze der Vergabe und des Entzugs von Herrschaftsfunktionen gab es nicht. Folglich durften die Gottesfreunde ihrerseits, wenn sie mit ihren Voraussagen richtig gelegen hatten, auf reichliche Spenden rechnen. Doch auch das Verhältnis zur Masse war zu bedenken. Es gibt Beispiele dafür, daß Gottesfreunde bei den Mächtigen als Fürsprecher für einzelne Personen oder Personengruppen auftraten und die Folgen despotischer Anordnungen zu mildern vermochten. Sowohl unter den einfachen Leuten als auch unter den Herrschenden gibt es Personen, die einen festen Glauben (arab.: *al-iʿtiqād*) an einen Gottesfreund und seinen Einfluß auf das Verborgene hegten. ʿAbd al-Qādir al-Gīlānī hatte ihn unverblümt für sich beansprucht, und zwar als eine Konsequenz seiner Entzeitlichung.

So wuchs den Gottesfreunden spätestens seit dem 13. Jahrhundert eine höchst wichtige und wirksame Rolle in der Gesellschaft zu, die von der muslimischen Staatstheorie nicht zur Kenntnis genommen wird: die Mediatisierung des Despotimus.[54] Denn die Staatstheorie kennt einzig das „große Imamat" als eine Wahrnehmung der Macht anstelle des Propheten. Die Statthalter des Imams als des islamischen Machthabers verfügen über das Recht, in Freitagsmoscheen die Predigt zu halten; sie dürfen dieses Recht delegieren. Freitagsmoscheen sind stets auch Institutionen der Geltendmachung der herrscherlichen Gewalt, die ja über den Propheten von Allah hergeleitet ist. Die „Klausen" der Gottesfreunde beherbergen oft ebenfalls Moscheen, in denen man Freitagspredigten hält, ein Indiz für das Selbstverständnis der Gottesfreunde als durch den Propheten beglaubigte Sachwalter Allahs. Einer Legitimierung durch den „großen Imam" bedürfen sie nicht. Die Gottesfreundschaft wirkt als eine den Gegensatz zwischen den Machthabern und der Masse mildernde informelle Instanz und ist bis ins 19. Jahrhundert ein starker stabilisierender Faktor in der islamischen Gesellschaft gewesen. Ohne sie wären die einfachen Muslime gänzlich der Willkür des „*ʿaskarī*-Standes" und der diesem zugeordneten Schariagelehrten ausgesetzt gewesen. Diese mußten stets um ihre Pfründe fürchten und waren deshalb willens, die Maßnahmen des Machterhalts (arab.: *as-sijāsa*) als dem Islam förderlich zu recht-

---

54 Tilman Nagel: Der Seiltänzer oder: Die Angst des Muslims vor dem Ich, Publikation in Vorbereitung.

fertigen.[55] Umgekehrt wäre der Zugriff auf eine völlig verelendete Bevölkerung schließlich auch sinnlos geworden.

Wie vorhin angedeutet wurde, gerieten der Sufismus und insbesondere die Gottesfreundschaft im 19. Jahrhundert in den Verdacht, die Ursache für das Zurückbleiben der islamischen Welt hinter dem Westen zu sein. Atatürk, der sein Land in wenigen Jahren an die Moderne heranführen wollte, untersagte den Orden ihre Tätigkeit. Als Touristenattraktion durften die „tanzenden Derwische“ noch in Konya auftreten. Inzwischen haben sich die Verhältnisse jedoch grundlegend geändert. Die Bruderschaften bewahrten ihre Traditionen und praktizieren sie nun wieder. Wie weit ihre öffentliche Wirksamkeit reicht, ist schwer zu sagen. Denn auch in den zeitgenössischen islamischen Diktaturen mit allenfalls noch formaler Demokratie können die Bruderschaften Rückzugsräume bilden und stimmt die Gottesfreundschaft nicht lückenlos mit dem Machtanspruch der Herrschenden überein. In Ägypten hat man die Sufibruderschaften auf eine Art von Vereinsrecht verpflichtet. Sie haben bei ihrer Tätigkeit gesetzliche Vorgaben einzuhalten. Diese sind aber so großzügig, daß die Bruderschaften nach wie vor einen lebendigen Bestandteil der islamischen Gesellschaft des Landes bilden. Das belegen neue Orden, die im 20. Jahrhundert entstanden.[56] Es bietet ein eindrucksvolles Schauspiel, wenn zu Beginn des islamischen Jahres in Kairo die vielen Bruderschaften mit ihren Fahnen zur Ḥusain-Moschee ziehen, um dort dem Staatsoberhaupt oder seinem Vertreter ihre Glückwünsche zu überbringen.

3. Der Sufismus, ein Kernthema des muslimischen Geisteslebens

Die Medresse, eine Einrichtung des 11. Jahrhunderts, brachte ein außerordentlich umfangreiches Schrifttum hervor, das sich mit der Auslegung und Anwendung der Daseinsordnung befaßt. Es reicht von scharfsinnigen Untersuchungen zur arabischen Grammatik, zur sprachlichen und inhaltlichen Durchdringung des Korans und des Hadith bis hin zu ausführlichen Debatten über die Grundlagen und über Einzelfragen der schariatischen Formung der „besten Gemeinschaft“. Ab dem 12. Jahrhundert tritt diesem Bereich ein ebenso umfänglicher an die Seite, nämlich das Schrifttum, das sich mit der sufischen Auslegung des schariatischen Daseins beschäftigt. Es reicht von theosophischen Abhandlungen bis zu poetischen Ausmalungen des Weges zur Entzeitlichung und der sehnsüchtigen Liebe zu dem Einen, die den Sufi beglückt und quält. Es beschreibt die Erfahrung der Begegnung mit dem

---

55 Vgl. achtes Kapitel (Was sind Imamat, Kalifat und Sultanat?), IV.

56 Ein Beispiel: Michael Gilsenan: Saint and Sufi in Modern Egypt, Oxford 1973.

Einen, der sich einmal in seiner anziehenden Schönheit (arab.: *al-ğamāl*), ein anderes Mal in seiner abweisenden Majestät (arab.: *al-ğalāl*) manifestiert. Ein Dauerthema, das sich jeder endgültigen Lösung entzieht, ist ferner der von den Schariakennern gegen die Sufis gerichtete Verdacht, sie lehrten die Einsheit des Existierenden (arab.: *waḥdat al-wuğūd*), mithin eine Art von Pantheismus, der zur Aufhebung der schariatischen Pflichten führe. Denn wenn es nur ein einziges, mit dem göttlichen Sein in eins zu setzendes Existierendes gebe, dann werde der Belastung mit dem göttlichen Gesetz der Boden entzogen.

Schon al-Ğunaids Beschreibung des *fanā'*, des Aufgehens in der Singularität Allahs, konnte in der von den Sachwaltern der Scharia kritisierten Richtung ausgelegt werden. Al-Ğunaids Gedanken enthielten aber auch die Grundzüge, gemäß denen die Abwehr dieser Vorwürfe möglich war. Denn die Zeitlichkeit dessen, was der Singuläre aus sich heraus freisetzt und doch an sich selber behält, stand außer Frage, für den Singulären selber gilt sie nicht. Es war Ibn ʿArabī (gest. 1240), der diese Ansätze aufgriff und fortentwickelte. Er stammte aus al-Andalus, verbrachte die meiste Zeit seines Lebens aber in den Kernländern des Islams. Sein Mausoleum in Damaskus wurde in osmanischer Zeit ausgebaut und lange Zeit von Pilgern aufgesucht.

Im Jahre 1190 widerfuhr Ibn ʿArabī in Cordoba eine Vision: Er schaute sämtliche Propheten und Gottesgesandten, unter ihnen Hūd, mit dessen Namen die 11. Sure überschrieben ist. Deren 56. Vers lautet: „Kein Tier gibt es, daß Er nicht beim Schopfe hielte! Mein Herr ist auf einer geraden Straße." Welch eine Freudenbotschaft sei in diesen Worten enthalten! Unvermittelt überkam Ibn ʿArabī diese Erkenntnis. Der Eine, Wahre, dessen Schöpfungshandeln ununterbrochen das Diesseits, das Zeitliche, hervorbringt, läßt das Geschaffenwerdende nie los, es ist immer mit ihm verbunden. Aber nicht nur das! „Mein Herr ist auf einer geraden Straße." Das bedeutet doch, daß jedes der auf immer an ihn gebundenen Geschöpfe sich ebenfalls „auf einer geraden Straße" bewegt, laut Sure 1 der „Straße derjenigen, denen (Allah) seine Huld erweist, denen er nicht zürnt, die nicht in die Irre gehen". Ibn ʿArabī zieht aus Sure 11, Vers 56, den Schluß, daß alle Kreatur, da sie von Allah „am Schopfe gehalten" werde, sich auf einer „geraden Straße" befinde und deshalb, wie in Sure 1 zugesagt wird, in der Huld Allahs steht und nicht in die Irre gehen kann. Freilich sind die Lebensschicksale der Menschen höchst unterschiedlich; nicht wenige Muslime verstoßen gegen die Scharia. Aber, und das glaubte man schon immer zu wissen, auch solche Verstöße waren durch Allah vorausbestimmt. Laut Ibn ʿArabī sind sie allerdings kein Anlaß zur Sorge um das glückhafte Jenseits. Denn diese Verstöße gehören zu „einer geraden Straße", nämlich zu derjenigen, die dem betreffenden Geschöpf zugedacht ist. Jedes Geschöpf befindet sich auf der einen „geraden Straße", die nach Allahs unerforschlichem Willen die seinige ist.

Den Beleg für die Singularität Allahs entdeckt Ibn ʿArabī in Sure 42, Vers 11, genauer gesagt, in einem Teil dieses Verses. Vollständig lautet er: „Der Schöpfer der Himmel und der Erde: Von euch selber gibt er euch (Ehe-) Partner, und auch dem Vieh aus dessen Mitte, und vermehrt euch dadurch. Nichts ist wie Er. Er hört und sieht (alles).“ „Nichts ist wie Er!“ Diese Worte greift Ibn ʿArabī heraus und unterlegt ihnen den Sinn: „Es gibt nur Ihn!“ Wenn sich nichts findet, das Ihm gleichkäme, dann bedeutet das doch, daß es außer ihm nichts gibt. Denn was sich im fortlaufenden Schöpfungsgeschehen manifestiere, sei doch nur Er, ein Aspekt seiner unbegrenzten göttlichen Seinsfülle. In anderen Worten des Korans offenbart sich Ibn ʿArabī eine Bestätigung dieser Erkenntnis. Sure 57 beginnt mit einer Rühmung Allahs, des Schöpfers und Herrn alles Geschaffenwerdenden. „Er ist der Erste und der Letzte, der Äußere und der Innere. Er weiß alles“, fährt Mohammed im dritten Vers fort; er hat die Welt in sechs Tagen geschaffen und sich sodann auf den Thron gesetzt, um sie zu lenken. Er weiß, was in die Erde eindringt und was aus ihr hervorkommt, er weiß, was vom Himmel herabsteigt und was in ihn emporsteigt. Er ist mit euch, wo immer ihr seid, Allah erblickt (alles) was ihr tut“ (Vers 4). Allah ist der Erste, weil alles, was das Geschöpf wahrnimmt, von ihm ausgeht, und er ist der Letzte, nicht etwa, weil er am Ende der Zeiten sein Schöpfungshandeln eingestellt haben wird. Er ist der Letzte, weil seine Singularität „zuletzt“ sich im Geschaffenwerdenden manifestiert, in die Äußerlichkeit, die Wahrnehmbarkeit tritt, während sie bis dahin im Inneren Allahs verhüllt bleibt. Ibn ʿArabī widerruft somit die Linearität des Geschichtsverständnisses, die in Mohammeds ursprüngliche Verkündigung ein fremdes Element einfügte.[57]

Es lag nahe, daß Ibn ʿArabī von seinen Feinden des Pantheismus und der Aufhebung der Scharia geziehen wurde. Denn wenn es außer Allah nichts gibt und wenn infolgedessen jede Kreatur auf der für sie durch Allah gestifteten „geraden Straße“ das Dasein durchmißt, wozu gab es dann überhaupt die Scharia und die Eschatologie? Ibn ʿArabī wehrte die Vorwürfe mit dem Hinweis auf Sure 51, Vers 56, ab: Wenn es außer Allah nichts gibt, dann ist damit noch keinesfalls behauptet, daß das Zeitliche als eine Erscheinungsform des Überzeitlichen mit diesem gleich sei. Vielmehr sage Allah doch, daß er das Zeitliche, insbesondere die Dämonen und die Menschen, nur zu dem Zweck schaffe, daß sie ihm dienen. Der mindere Rang des Geschaffenwerdenden gegenüber dem Überzeitlichen ist in dieser Aussage des Korans unverkennbar. Die Dämonen und die Menschen wandeln je die ihnen zugewiesene „Straße“ und übertreten dabei auch die Scharia. Sie leisten dadurch Allah den unschätzbaren Dienst, dank dem er sich selber als Gesetzgeber

---

[57] Vgl. zweites Kapitel (Wer ist Allah?), II. und viertes Kapitel (Was ist der Koran?), II.

und Richter zu erfahren vermag. Indem die Dämonen und Menschen ihm diesen Dienst leisten, kann Allah mithin einen bedeutsamen, unentbehrlichen Charakterzug seiner unendlichen Seinsfülle zur Geltung bringen. Der Vollzug der Pflichtriten verleiht der Minderrangigkeit des Geschöpfes einen besonders markanten Ausdruck. Wie könnte deutlicher sichtbar werden, welch ein Abstand zwischen dem überzeitlichen Singulären und dem durch ihn in die Zeitlichkeit entlassenen Teil seines allumfassenden Wesens obwaltet?

Ibn ʿArabī sah in sich selber den Vollender des Islams.[58] Da er die im frühen Sufitum entdeckte Singularität Allahs bis in alle Konsequenzen durchdachte und in einem Werk von gewaltigen Ausmaßen niederlegte, kann man diesen Anspruch nicht vorschnell von der Hand weisen. Seine Feinde hielten ihm allerdings zu Recht vor, daß er die Gesetzesbotschaft verdunkle und dadurch einem wesentlichen Aspekt des muslimischen Selbstverständnisses die Rechtfertigung entziehe. Der Streit zwischen der ursprünglichen koranischen Verkündigung des allzuständigen Schöpfergottes einerseits und dem Gesetzeswort andererseits, das dem Propheten gegen Ende seines mekkanischen Wirkens aufgebürdet wurde, setzte sich im Streit um Ibn ʿArabī und seine Lehre fort. Er ist ja auch grundsätzlicher Natur. Die Befürworter Ibn ʿArabīs bemühen sich um eine Verfeinerung seiner Lehren, um sie gegen die, wie sie meinen, ungerechtfertigten Angriffe derjenigen in Schutz zu nehmen, die in ihm den ärgsten Gefährder des von der Daseinsordnung geregelten Lebensvollzugs sehen. Beide Positionen standen einander nicht immer schroff gegenüber. Sie beeinflußten einander auf vielfältige Weise, nicht zuletzt deswegen, weil auch viele Schariagelehrte an dem Erleben der Entzeitlichung teilhatten, das in den Bruderschaften gepflegt wurde.

Der Streit zwischen der einen und der anderen Auslegung der koranischen Botschaft und ihrer Verwirklichung im Dasein des Muslims beherrschte das islamische Geistesleben bis weit in das 19. Jahrhundert hinein und lebt in Ausläufern bis in die Gegenwart fort. Der außenstehende Beobachter erlaubt sich das Urteil, daß die Schriften der dem sufischen Gedankengut Zuneigenden vielfach einen anziehenderen Eindruck erwecken als die Schriften ihrer Gegner. Letztere kommen notgedrungen immer wieder auf die unverbrüchliche Geltung der autoritativen Texte zurück. Erstere dagegen müssen sich in tiefschürfende theosophische Spekulationen einlassen, um in Worte und Argumente zu kleiden, was sich am Ende dem Argumentieren entzieht.

---

58 Tilman Nagel: Im Offenkundigen das Verborgene, 446–494; ders.: Die erdrückende Last des ewig Gültigen, Kapitel XV (Ibn ʿArabī).

Anhang: Zwei weitverbreitete Irrtümer über den Sufismus

Häufig ist die Ansicht zu hören, der „milde, tolerante Sufismus“ stehe in einem schroffen Gegensatz zum „intoleranten Gesetzesislam“, der die Anwendung der Scharia zum Ziel habe. Desweiteren wird vor allem in Debatten um die Integrationsfähigkeit der Muslime gern auf die vermeintliche Tatsache verwiesen, daß der Sufismus „gewaltfrei“ sei, da er den Dschihad nicht kenne. Beide Behauptungen sind unhaltbar, wie aus den vorangehenden Ausführungen erhellt.

Der Sufismus ist als das ernsthafte, das ganze Dasein des Menschen erfassende Ringen um eine peinlich genaue Erfüllung und, wenn möglich, Übererfüllung der schariatischen Pflichten zu verstehen. Dem Sufi ist die rein formale Einhaltung der Scharia nicht genug. Ihm kommt es darauf an, deren Vorschriften so einzuhalten, daß dabei das ganze Sinnen und Trachten einzig auf Allah gerichtet ist. Das möglichst in der Gemeinschaft Gleichgesinnter geübte Gottesgedenken ist das für diesen Zweck probate Mittel. In dem Augenblick, in welchem er hierbei das „Entwerden in Allah“, die Entzeitlichung, erlebt, erlischt in der Tat die Sorge um die Erfüllung der Scharia, denn der Islam, die Weggabe der eigenen Person an Allah, ist nunmehr vollzogen. Ein Ich, das Allahs Bestimmen widerstreben könnte gibt es nicht mehr. Doch immer folgt solchem Erleben die Ernüchterung des Zurückfallens in die Alltäglichkeit, die durch die getreue Verwirklichung der Scharia zu bewältigen ist. Gewiß haben sich Sufis, den Rausch der Verzücktheit vorschützend, das Recht herausgenommen, einzelne Bestimmungen der gottgegebenen Daseinsordnung zu übertreten. In der sufischen Literatur wird dies jedoch als ein Fehlverhalten getadelt, das streng zu unterbinden sei. Nicht umsonst warnen viele Meister davor, den „Weg“ zu betreten, ehe man die schariatische Daseinsordnung gründlich studiert und deren Vorschriften verinnerlicht habe.

Besonders beliebt ist in der westlichen Islamschwärmerei der Topos, der Sufismus verwerfe den Dschihad gegen Andersgläubige, die Ausbreitung des Islams mit Waffengewalt. Stattdessen führe der Sufi einen Dschihad gegen das Selbst, um dessen schariawidrige Regungen im Zaum zu halten. Das sei der wahre, der große Dschihad, den Allah im Koran und der Prophet im Hadith empfehle. Wie oben dargelegt wurde, kennen weder der Koran noch das von den Muslimen als authentisch angesehen Hadith diese Ansicht. Der Dschihad als der bewaffnete Kampf für die Belange des Islams verbindet sich dagegen sehr wohl mit sufischer Lebensführung.[59] Insbesondere das

[59] Ein Beispiel s. Fritz Meier: Die Vita des Scheich Abū Isḥāq al-Kāzarūnī, Leipzig 1948, Einleitung, 39 f.; Tilman Nagel: Staat und Glaubensgemeinschaft im Islam, Zürich/München 1981, I, 402.

„Grenzkämpfertum" (arab.: *ar-ribāṭ*) pflegte sufische Lebensformen, um hierdurch gestählte Krieger heranzubilden, die ihre Waffen gegen „Ungläubige" einsetzten.[60] Daß sich eine sufische Vertiefung der Ritentreue für den Dschihad fruchtbar machen läßt, zeigen Schriften des Rektors der al-Azhar-Hochschule ʿAbd al-Ḥalīm Maḥmūd (gest. 1978), eines praktizierenden Sufis, die an anderer Stelle erörtert werden.[61] Der Dschihad kann schließlich zu einer Individualpflicht des Muslims werden, wenn die Umstände das gebieten, und diese Pflicht ist dann genau wie etwa das rituelle Gebet unter fortwährendem Gedenken Allahs zu erfüllen.

---

60 Heinz Halm: Das Reich des Mahdi. Der Aufstieg der Fatimiden, München 1991, 200–215.

61 Neuntes Kapitel (Was ist der Dschihad?), VI; zwölftes Kapitel (Was versteht der Muslim unter Religion?), IV. 2.

Fünfzehntes Kapitel

Was ist islamischer Rationalismus?

I. Grundsätzliches

1. Islam – die „Religion des Verstandes"

Auf Auguste Comte (1798–1857) geht die Vorstellung zurück, daß die geistige Entwicklung eines jeden Menschen wie auch der Menschheit als ganzer drei Stadien durchlaufe. Im ersten, dem theologisch-fiktiven, versuche er, die Erscheinungen, denen er in seinem Dasein begegnet, aus übernatürlichen Kräften zu erklären. Animistische, polytheistische und monotheistische Fassungen des Übernatürlichen ordnet Comte diesem Stadium zu. Das zweite setzt im Grunde das erste fort, an die Stelle der Gottheiten treten jedoch nun abstrakte Wesenheiten. Die Religion verflüchtigt sich zur Metaphysik. Dadurch wird das dritte Stadium entbunden, in dem der Mensch die Suche nach Endursachen und Letztbegründungen aufgegeben hat. Er erforscht die Erscheinungen dieser Welt, um in ihnen Gesetzmäßigkeiten zu erkennen. Blickt man mit Comte auf die Geschichte der Menschheit zurück, dann wird man bemerken, daß auch sie von diesen drei Stadien bestimmt ist. Das Stadium des Mythos und der Götterwelt und danach das metaphysisch-abstrakte sind im 19. Jahrhundert in das Stadium der Wissenschaft übergegangen, in dem sich der Blick der Menschheit auf die Zukunft gerichtet hat. Das Merkmal des dritten Stadiums ist die Idee des durch die wissenschaftliche Beherrschung des Daseins möglich gewordenen Fortschritts.[1]

Es ist nicht eindeutig festzustellen, inwieweit der Ägypter Muḥammad ʿAbduh (1859–1905), der wirkmächtigste Ideengeber der antiwestlichen islamischen Polemik, die Schriften Comtes gekannt hat. Muḥammad ʿAbduh war ein Gegner der durch den Khediven Muḥammad ʿAlī (reg. 1805–1848) in die Wege geleiteten Verwestlichung „von oben", die Ägypten dem Einfluß europäischer Experten und dem mit ihnen in das Land eindringenden Übergewicht europäischer politischer und wirtschaftlicher Interessen öffnete. Im Jahre 1882 gefährdete ein gegen diese Politik gerichteter Aufstand die Herrschaft des Khediven Taufīq (reg. 1879–1892). Die um Hilfe gebetenen Briten

[1] Vgl. den Artikel „Drei-Stadien-Gesetz" in: Historisches Wörterbuch der Philosophie, III, 294.

erschienen im Juli mit einer Flotte vor Alexandrien und belegten die Stadt mit einem Bombardement. Muḥammad ʿAbduh war in dieser unruhigen Zeit der Herausgeber der amtlichen Zeitung „Die ägyptischen Ereignisse". Nachdem er für die Aufständischen Partei ergriffen hatte, mußte er nach der Erstickung der Unruhen das Land verlassen. Er ging nach Beirut und dann nach Paris ins Exil. Da er des Französischen mächtig war, verfolgte er als aufmerksamer Beobachter die Debatten über den Islam. Dieser sei seit langem von der Entwicklung der Menschheit überholt und habe von der Bühne der Weltgeschichte abzutreten, bekam Muḥammad ʿAbduh dort zu hören. Auch in die islamischen Länder müsse endlich der Fortschritt einziehen.

Schon in Beirut hatte Muḥammad ʿAbduh mit seiner folgenreichsten Schrift, der „Abhandlung über die Einsheit (Allahs)", begonnen. Ihr Ziel ist es, angesichts der unleugbaren Überlegenheit der europäischen Zivilisation die Gleichwertigkeit des Islams, wenn nicht gar dessen Vorrang vor allen übrigen Religionen und Kulturen, unter Beweis zu stellen. Die Bezeugung „Es gibt keinen Gott außer Allah!" bringt den Glauben zum Ausdruck, daß Allah einer ist und keine Teilhabe hat. Folglich müsse man Allah als den Ursprung alles diesseitigen Seins, alles Geschaffenwerdenden, anerkennen. Allah ist der Ausgangspunkt und der Zielpunkt alles Geschehenden. Die Disziplin, die sich der Vermittlung dieser Lehre widme, nenne man das „Wissen von der (göttlichen) Rede" (arab.: *ʿilm al-kalām*). Sie beginne mit dem Streit der Gelehrten der ersten Jahrhunderte islamischer Geschichte, ob die Rede Allahs zum Geschaffenwerdenden gehöre oder ob man sie dem Schöpfungshandeln Allahs zurechnen müsse. Diese Auseinandersetzungen seien mit Verstandesargumenten ausgefochten worden, weswegen man dieses ganze Feld als das „Wissen von der Rede" bezeichnet habe. – Muḥammad ʿAbduh spielt hier mit der Zweideutigkeit, die das Wort *ʿilm*, „Wissen", in seiner Zeit annimmt. Es benennt nach wie vor das gottgegebene, in den autoritativen Texten auffindbare Wissen, in dem die Daseinsordnung gründet. Zugleich dient es seit dem 19. Jahrhundert zur Wiedergabe des modernen europäischen Begriffs der Wissenschaft.

In vorislamischer Zeit sei Theologie betrieben worden; sie habe den Zweck verfolgt, die Menschen mit Wundern zu verblüffen. Nur in geringem Maße habe man sich auf Argumente des Verstandes (arab.: *al-ʿaql*) berufen. Mit der Offenbarung des Korans jedoch sei eine ganz andere Art von Theologie möglich geworden, ein Argumentieren nämlich, das sich rein auf den Verstand verlasse. Da weder die Redeweise noch der Inhalt durch Menschen nachgemacht werden könnten,[2] wird man zu dem Schluß genötigt, daß der Koran göttlicher Herkunft sei. Der Koran selber ermutige immer wieder, sich des Verstandes zu bedienen. Zu wiederholten Malen weist der Koran auf die

[2] Vgl. viertes Kapitel (Was ist der Koran?), V. 3.

Ordnung des Kosmos hin, desgleichen auf das Los der untergegangenen Völker, die wegen der Mißachtung der zu ihnen entsandten Propheten durch Allah vernichtet wurden. Wer dem Verstand freies Spiel läßt, wird unweigerlich zu der Erkenntnis der Wahrheit der koranischen Botschaft von der Einsheit Allahs gelangen. Zum ersten Mal hätten sich in einer heiligen Schrift der Verstand und die Religion[3] (arab.: *ad-dīn*) verbrüdert. Die Muslime seien sich daher einig, daß zur Religion nur gehöre, „was man mittels des Verstandes zu glauben vermag: das Wissen von der Existenz Allahs und von seiner Macht, Gesandte auszuschicken; (das Wissen davon), daß er genau weiß, was er ihnen eingibt, sowie daß er (die betreffenden Gesandten) mit der Berufung auszeichnen will ..., wie (die Muslime) denn auch darüber einig sind, daß die Religion zwar bisweilen Dinge enthält, die über unser Verstehen hinausgehen, aber niemals etwas verkündet, das nach dem Urteil des Verstandes unmöglich ist."[4]

Diesen Darlegungen über die Verstandesgemäßheit der koranischen Botschaft wohnt der Gedanke des religiösen Fortschritts inne: Vor Mohammed herrschte die Irrationalität, mit dem Koran wurde diese bezwungen. Es bleibt Muḥammad ʿAbduh nun die schwierige Aufgabe, das Betätigungsfeld des Verstandes so zu definieren, daß es mit Allahs uneingrenzbarem Vorausbestimmen alles Geschehens, d.h. mit Allahs ununterbrochenem Schöpfungshandeln im Einklang steht. Mit Bezug auf den Kosmos habe der Mensch einen freien Willen (arab.: *al-iḫtijār*), stellt Muḥammad ʿAbduh fest. Wessen Verstand und Wahrnehmungsvermögen einwandfrei arbeiten, der bemerke, daß unaufhörlich Handlungen von ihm ausgehen. Diese fallen allerdings nicht immer so aus, wie man es geplant hat. Jenseits des aus einer Verstandesanalyse des Kosmos hervorgehenden Entschlusses zur Ausführung einer Handlung liegt eine Macht, die alle Entschlüsse zu durchkreuzen vermag, der allmächtige Allah, dessen Existenz zuvor auf Anraten des Korans mit dem Verstand „bewiesen" wurde. Folglich gilt, daß alles, was der Mensch durch seine Handlungen bewirke, Gnadengeschenke Allahs sind. „Auf dieser Tatsache fußen die gottgegebenen (rituellen) Ordnungen (arab.: Pl. *aš-šarāʾiʿ*), sie ist der Grund für die Belastungen (arab.: Pl. *at-takālīf*) (des Menschen mit der Scharia). Wer etwas von alldem leugnet, der hat zugleich geleugnet, daß der Glaube in ihm selber einen Ort hat, nämlich den Verstand, dem Allah die Ehre gibt, seine (d.h. Allahs) Befehle und Verbote (den Menschen) zu übermitteln."[5] Dem Verstand ist es natürlich nicht gegeben, die Geheim-

---

[3] Hier ist selbstverständlich nicht der heutige europäische Begriff von Religion gemeint. Vgl. zum islamischen Begriff erstes Kapitel (Was ist der Islam?) und zwölftes Kapitel (Was versteht der Muslim unter Religion?).

[4] Muḥammad ʿAbduh: Risālat at-tauḥīd, ed. Maḥmūd Abū Raija, Kairo 1966, 20f.

[5] Ebd., 64.

nisse des göttlichen Ratschlusses, mithin die Gründe für ein eventuelles Scheitern seines aus freiem Willen gefaßten Vorhabens, in Erfahrung zu bringen (vgl. Sure 31, 34).[6]

Die Offenbarung des Korans und das Prophetentum Mohammeds markieren nach Muḥammad ʿAbduhs Ansicht die endgültige Wende der Menschheit zum Stadium der Reife, dem Stadium der Herrschaft des Verstandes. Längst versunken ist nun das Stadium kindlicher Religiosiät, in dem nur galt, was man anfassen konnte, und in dem die ichsüchtigen Triebe das Dasein prägten. Damals war es nicht als notwendig empfunden worden, Befehle und Verbote mit dem Verstand zu rechtfertigen. Gehorsam war zu leisten, und geschickt erregte Aufwallungen des Gefühls sollten ihn sicherstellen. Diesem Stadium seien die Religionen der Antike zuzuordnen, meint Muḥammad ʿAbduh. Im nächsten Stadium, für das das Christentum charakteristisch sei, sei der Sinn für die Askese und für die Nächstenliebe geweckt worden. Das habe jedoch nur unter der Voraussetzung geschehen können, daß man die Emotionalität gegen den Verstand abgeschirmt habe. Den Kosmos zu verstehen, sei unerwünscht gewesen. Auf politischer Ebene habe die Feindseligkeit gegen den Verstand endlose Glaubenskriege hervorgerufen.

Auch unter diesem Gesichtspunkt ist der Islam laut Muḥammad ʿAbduh wie eine Erlösung gewesen. Indem er den Verstand von allen Fesseln befreit habe, sei es ihm gelungen, die Menschen auf die Gründe ihrer Zwistigkeiten hinzuweisen und ihnen den Weg zurück zu der ursprünglich gegebenen, von Allah stets gewünschten Eintracht (Sure 2, 213) zu eröffnen. Der Islam, die Daseinsordnung für die geeinte Menschheit, verhindert, daß sich üble Regungen des Menschen auswirken können, indem er ihn den Ritualpflichten unterwirft (Sure 29, 45). In allen Mahnungen, die der Koran ausspreche, betrachte er den Menschen als eine Person, die man mit guten Ratschlägen auf den rechten Weg zu führen habe. Das Diesseits sei der Acker des Jenseits; ein ersprießliches Jenseits werde man nur erringen, wenn man diesen Acker hier und jetzt eifrig bestelle.[7]

2. „Verstand" in den autoritativen Texten

Die Behauptung Muḥammad ʿAbduhs, der Islam sei die Daseinsordnung für die in das Stadium der Reife gekommene Menschheit, wurde in der pole-

---

[6] Zur Rettung des verborgenen Seinsbereich vor den Erkenntnissen der Naturwissenschaft vgl. Tilman Nagel: Die erdrückende Last des ewig Gültigen, Kapitel XXIX/2.

[7] Muḥammad ʿAbduh: Risālat at-tauḥīd, 152–156. Vgl. Annemarie Schimmel u.a.: Der Islam III, (Religionen der Menschheit 25, 3), Stuttgart 1990, 15–32 sowie Tilman Nagel: Die erdrückende Last des ewig Gültigen, Kapitel XXV.

mischen Auseinandersetzung mit dem Westen seither auf vielfache Weise erweitert und variiert. Die islamische Auffassung, daß die Geschichte der Menschheit die Geschichte der Offenbarungen sei, die Allah ihr durch die Propheten habe übergeben lassen, liegt Muḥammad ʿAbduhs „Drei-Stadien-Gesetz" zugrunde. Daß der Islam die Religion des Verstandes sei, ist freilich eine Überzeugung, die nicht erst der geistigen Situation der Muslime im 19. Jahrhundert geschuldet ist.

„Wer nicht mittels seines Verstandes um des Verstandes willen vor seinem Verstand auf der Hut ist, der geht durch seinen Verstand zugrunde."[8] Diese Aussage eines Sufis des 9. Jahrhunderts faßt in knappen Worten zusammen, wie die autoritativen Texte, der Koran und das Hadith, den Verstand und die Rationalität des Menschen beurteilen. Das Fundament bildet die koranische Episode vom Ungehorsam des Satans. Dieser lehnte es ab, sich gemäß dem Befehl Allahs vor dem noch unfertigen Adam niederzuwerfen; dieser sei aus Lehm gebildet, er selber bestehe aus Feuer, einem edleren Element, und brauche deswegen das unedlere nicht zu verehren (Sure 15, 26–33). Allah verweist ihn des Paradieses, erlaubt ihm aber, die Menschen zum Abirren vom Gehorsam zu verführen. Was im Koran nicht eigens ausgeführt wird, ist der aus der Episode resultierende Grundsatz, daß Allahs Befehlen Folge zu leisten ist, selbst wenn sie auf die schwerste Verfehlung hinauslaufen sollten. Denn einen schlimmeren Verstoß gegen den Islam als die anbetende Niederwerfung vor einem Geschöpf, als die „Beigesellung", kann es gar nicht geben. Der Verstand sollte jeglichen Akt der „Beigesellung" verhüten, das ist doch seine wichtigste Aufgabe. Aber die Autorität Allahs setzt jede noch so schlüssige Überlegung des Menschen außer Kraft. Denn richtig eingesetzt, hätte der Verstand dem Satan sagen müssen, daß die Worte Allahs, da sie von diesem stammen, wahr und unverzüglich zu verwirklichen sind. Der Verstand kann die Mißachtung des Verstandes erfordern – das ist die weitreichendste Schlußfolgerung, die die „Religion des Verstandes" aus ihren Prinzipien zu ziehen vermag.

„Verständig sein", das Verbum, das aus der Wurzel des Wortes *ʿaql* gebildet ist, taucht im Koran viele Male auf. Nur mit Allahs Erlaubnis findet der Mensch zum wahren Glauben. „Und Allah schlägt diejenigen mit Unreinheit, die nicht verständig sind" (Sure 10, 100). Das Fehlen von Verständigkeit ist für Mohammed ein Merkmal des Unglaubens, im eben zitierten Beispiel sogar mit dem Begriff der Unreinheit assoziiert. „Verstehen" meint im Koran fast immer, die Zeichen Allahs richtig deuten zu können (Sure 2, 242); „verstehen" ist die Voraussetzung dafür, dem Höllenfeuer zu entgehen (Sure 67, 10). Allah legt den Menschen nämlich alle seine Wunderzeichen dar und verweist sie auf sein Schöpfungshandeln und hofft, daß sie dies und damit

[8] Vierzehntes Kapitel (Was ist Sufismus?), II. 1 und 2.

auch ihn verstehen (z.B. Sure 24, 61); Er läßt die Menschen sterben und Er macht sie lebendig, Er bewirkt den Wechsel von Nacht und Tag, wie kann man dies alles mißverstehen (Sure 23, 80)? Die Ungläubigen brauchen doch bloß im Land umherzuwandern und sich die Trümmer der Wohnstätten durch Allah vernichteter ungehorsamer Völker anzuschauen, um den Ernst der Mahnungen Mohammeds zu erkennen; aber ihr Herz vermag nicht zu verstehen, was sie wahrnehmen (Sure 22, 46). Den Vorrang, den Mohammed vor Mose und Jesus und den der Koran vor der Tora und den Evangelien zu beanspruchen hat, muß man doch angesichts der zeitlichen Abfolge verstehen (Sure 3, 65): Abraham lebte vor Mose und Jesus, und Mohammed, der neue Abraham, steht daher über Mose und Jesus.

Überlegungen zum „Verstand“ spart sich der Koran; das Nomen kommt nicht vor. Der Gebrauch des Verbums „verstehen“, „verständig sein“, zeigt viele Male, daß die so bezeichnete geistige Tätigkeit eine wesentliche Voraussetzung des Glaubens ist: das mit den fünf Sinnen wahrnehmbare Handeln Allahs ist der Beweis, das Zeichen für Seine Existenz und für die aus ihr folgende Dankespflicht, den Islam. Dies ergibt sich aus dem an anderem Ort beschriebenen Weg Abrahams zum Eingottglauben, der auf den durch Philo von Alexandrien beschriebenen Weg „nach innen“, zu einer selbständigen ethischen Bewertung des Seienden und des eigenen Tuns und Lassens, verzichtet.[9] Auch im kanonischen Hadith scheint das Verbum weit häufiger belegt zu sein als das Nomen. Jedoch finden sich aufschlußreiche Aussagen, die das bis jetzt Ermittelte vertiefen.

Der Koran erschließt „das Begreifen des Verstandes, er ist das Licht der Weisheit, die Quelle des ‚Wissens‘, er ist das Buch, das später als alle anderen durch den Barmherzigen herabgesandt wurde“. Er ist eine neue Tora, die „blinde Augen, taube Ohren, verschlossene Herzen öffnet“.[10] Die Offenbarung also leitet den Verstand zu seiner Tätigkeit an. Ein gesunder Verstand und die Ritentreue sind die Vorbedingung für das „Suchen von ‚Wissen‘“, wie aš-Šaʿbī (gest. 727/8), eine der großen Autoritäten der frühen Hadithgelehrsamkeit, kategorisch feststellt. Denn „ist jemand nur ritentreu, nicht aber verständig, sagt er allzu leicht: ‚Dies ist etwas, das nur die Verstandesbegabten begreifen!‘ und sucht es nicht. Ist jemand hingegen nur verstandesbegabt, nicht aber ritentreu, dann sagt er: ‚Dies ist nur etwas für die Ritentreuen!‘ und sucht es nicht.“ „Ich fürchte“, fuhr aš-Šaʿbī fort, „Daß es eines Tages jemand suchen wird, der keine der beiden Bedingungen erfüllt“, also weder verstandesbegabt noch ritentreu ist.[11] Das „Wissen“, das in den autoritativen Texten enthalten ist, ist nur denjenigen ein Gegenstand aufrichtiger Suche,

---

[9] Vgl. erstes Kapitel (Was ist der Islam?), II. 4.

[10] ad-Dārimī: Sunan, faḍāʾil al-qurʾān 1, Medina 1966, II, 312, Nr. 3330.

[11] Ebd., muqaddima 34, I, 87, Nr. 377.

denen die Erfüllung der Ritualpflichten, d. h. die ständige Begegnung mit Allah, eine Selbstverständlichkeit ist und die ihren Verstand einsetzen, indem sie sich dieser Grundgegebenheit ihres Daseins unentwegt bewußt bleiben.

Dies ist der Rahmen, innerhalb dessen sich der nutzbringende Gebrauch des Verstandes bewegen darf. Wird er stets innerhalb dieser Grenzen verwendet, dann zeigt sich seine die „beste Gemeinschaft" konstituierende Funktion. Wessen Verstand getrübt oder gar abhanden gekommen ist, der kann kein Mitglied der *umma* sein. Auf ihn sind die von Allah gesetzten „Grenzen" und daher auch die koranischen Strafen bei deren Übertretung nicht anzuwenden.[12] Der Verstand bzw. dessen Schutz ist daher eines der fünf elementaren Rechtsgüter der Scharia.[13] Solange das Diesseits besteht, haben die muslimischen Männer gegen den Unverstand anzukämpfen. „Ihr Frauen! Spendet und bittet oft um Vergebung! Denn ich sehe, daß ihr am meisten dem Höllenfeuer verfallt!" soll Mohammed gemahnt haben. Warum das so sei, habe eine der zuhörenden Frauen wissen wollen. „Ihr sprecht häufig Verwünschungen aus, und ihr seid euren Ehemännern undankbar. Auch sehe ich nicht, daß jemand von so mangelhaftem Verstand und so schwankendem Eifer bei der Erfüllung der Daseinsordnung einen Verständigen leichter bezwingt als ihr." Woran man denn diese beiden Mängel erkennen könne, fragte die Frau weiter, und Mohammed erläuterte: „Die Mangelhaftigkeit des Verstandes ist daran zu sehen, daß die Zeugenaussage zweier Frauen das Gewicht derjenigen eines einzigen Mannes hat. Die mangelhafte Erfüllung der Daseinsordnung geht daraus hervor, daß die Frau das Nachtgebet nicht vollziehen muß und daß sie im Ramadan essen darf."[14] Die genannten Freistellungen von bestimmten Ritualpflichten beziehen sich auf Schwangere.

Hier und jetzt schließt der vermutete Mangel an Verstand die Betroffenen wenigstens zum Teil aus der Gemeinschaft aus. Das Nahen der Endzeit wird daran zu erkennen sein, daß die Gnadengabe des Verstandes immer mehr Muslimen verlorengeht. Das soll Mohammed vorausgesagt haben: „Vor der (letzten) Stunde werden Heimsuchungen kommen, als müßte man eine finstere Nacht durchqueren. Manche werden morgens als Glaubende aufwachen und am Abend Ungläubige sein oder umgekehrt. Leute werden ihren reinen Charakter um minderwertigen Tand versetzen." Das seien nur noch Gestalten ohne Verstand, Leiber ohne umsichtiges Urteilsvermögen, ins Höllenfeuer stürzende Motten, bemerkte ein Überlieferer zu diesen Worten des Propheten. Eine andere Ankündigung Mohammeds lautet: Vor der Stunde werde ein Gemetzel beginnen, ein Töten. Die Zuhörer fragten: „Mehr, als wir töten?

---

[12] Vgl. z. B. Abū Dā'ūd: Sunan, ḥudūd 17.

[13] Vgl. sechstes Kapitel (Was ist die Scharia?), III. 1.

[14] Muslim b. al-Ḥağğāğ: Ṣaḥīḥ, īmān 132. Vgl. neunzehntes Kapitel (Was lehrt der Islam über die Frauen und die Ehe?).

Schon wir töten doch mehr als 70 000 im Jahr!" worauf der Prophet erläuterte: „Es geht nicht um das Töten der ‚Beigeseller'! Ihr werdet einander töten." Bestürzt riefen die Zuhörer aus: „Wir werden dann doch bei Verstand sein!" „Den Leuten jener Zeit wird man den Verstand rauben!" Menschen wie wertloser Staub werden das Sagen haben; sie werden vermeinen, einem Glauben verpflichtet zu sein, aber das wird nicht der Fall sein. Einer der Tradenten fügt hinzu, daß er befürchte, diese Endzeit stehe bevor; am besten könne man sich vor den Leiden schützen, indem man sich auf sich selber zurückziehe.[15]

In der Hadithsammlung des Schiiten al-Kulainī (gest. ca. 940) stößt man in der ersten Abteilung, die sich mit dem Grundsätzlichen der Daseinsordnung beschäftigt, gleich am Beginn auf ein ausführliches Kapitel, das den Verstand und sein Gegenteil, das törichte Ignorieren (arab.: *al-ǧahl*), behandelt. Denn der Verstand ist die dem Menschen geschenkte Fähigkeit, ohne die die Daseinsordnung überhaupt nicht zur Wirkung gebracht werden könnte. Nur weil der Mensch verstandesbegabt ist, kann zudem das durch Allah gestiftete „Wissen" fortbestehen.[16] Warum das so ist, erfährt man schon im ersten Hadith des Kapitels. „Als Allah den Verstand schuf, verlieh er ihm das Sprechen. Dann befahl er: ‚Wende mir die Vorderseite zu!' und der Verstand tat es. Dann befahl Allah: ‚Wende mir die Rückseite zu!' und der Verstand tat es. Da sprach Allah: ‚Bei meiner Macht und Majestät! Ich habe kein Geschöpf geschaffen, das mir lieber wäre als du! Ich werde dich nur ansprechen, um die zu erreichen, die ich liebe. Wahrlich, nur dir gebe ich Befehle und Verbote, nur dich bestrafe und belohne ich!'"[17] Der Verstand allein ist das Bindeglied, das dem Menschen die göttlichen Gesetze verdeutlichen kann, ihm aber auch begreiflich macht, weswegen er die Huld Allahs genießt oder dessen Zorn verfällt. Adam durfte zwischen dreien wählen, dem Verstand, der Scham und der Daseinsordnung. Er entschied sich für den Verstand, worauf Gabriel die beiden anderen fortscheuchen wollte. Sie aber wehrten sich: „Uns ist aufgetragen, immer mit dem Verstand zusammen zu sein!" „Dann sei es so!", gab Gabriel nach und stieg wieder in den Himmel empor. Mittels des Verstandes erwirbt der Glaubende das Paradies. Allerdings muß er stets auf der Hut sein. Denn dem Verstand zum Verwechseln ähnlich ist die zum Verneinen neigende Klügelei (arab.: *an-nakrāʾ*), eine teuflische Gabe. Wer hätte sie in den Augen eines Schiiten besser einzusetzen vermocht als Muʿāwija, der erste Omaijade und siegreiche Gegenspieler ʿAlīs?[18]

---

[15] Aḥmad b. Ḥanbal: Musnad, Bulaqer Ausgabe, IV, 273 sowie 392, 406, 414.

[16] al-Kulainī: Uṣūl al-kāfī, herausgegeben und mit einer persischen Übersetuzung versehen durch Saijid Ǧawād Muṣṭafawī, 4 Teile, Teheran o. J., I, 6.

[17] Ebd., 10 f., Nr. 1.

[18] Ebd., 11, Nr. 2 und Nr. 3.

Ǧaʿfar aṣ-Ṣādiq (gest. 765), der sechste Imam in der von den Zwölferschiiten anerkannten Reihe, wurde eines Tages nach dem Ansehen gefragt, das ein Mann von vorbildlicher Ritentreue bei Allah genieße. Ǧaʿfar wollte zunächst wissen, wie es sich mit dem Verstand des betreffenden verhalte. Der Frager wußte das nicht, worauf ihm Ǧaʿfar diese Geschichte erzählte: Auf einer einsamen, üppig mit Pflanzen bewachsenen Insel lebte ein Mann ganz der Gottesverehrung. Die Engel bewunderten ihn und waren daher befremdet, als Allah ihnen zeigte, wie gering der Jenseitslohn sein werde. Allah verlieh einem der Engel Menschengestalt und schickte ihn zu dem einsamen Gottesverehrer hinab. Er wolle mit ihm Allah anbeten, sagte der Engel zu dem Einsamen, denn die Insel sei für diesen Zweck hervorragend geeignet. „Keineswegs!" erwiderte der Mann, „unser Herr hat keine Tiere, die das Gras abweiden. Es verdorrt ohne Nutzen!" Da habe Allah dem Engel eingegeben, daß der Jenseitslohn vom Maß des Verstandes abhänge.[19] Ein hohes Maß belegt jemand, der die Vorschriften des göttlichen Gesetzes sorgfältig einhält, ohne dabei an Allah Kritik zu üben, und sei es nur in einer Nebensache. Aus den von Allah geschaffen werdenden Gegebenheiten Möglichkeiten zu deren Verbesserung herzuleiten, ist keine legitime Tätigkeit des Verstandes und schmälert das Verdienst der Treue zur Scharia.

Die Scham, die Zurückhaltung gegenüber Allah, und die Schariatreue sind die Gefährten des Verstandes, hörten wir. Aus dem Verstand und seinen beiden Begleitern gewinnt der Glaubende fünfundsiebzig Streitkräfte, die in einen unaufhörlichen Kampf gegen die ebenfalls fünfundsiebzig Heere der Ignoranz verwickelt sind. Mūsā al-Kāẓim (gest. 799), der siebte Imam der Zwölferschiiten, erläutert dies in allen Einzelheiten einem seiner Anhänger: Der Verstand ermöglicht dem Glaubenden, aus den materiellen Erscheinungen des Schöpfungshandelns auf den einen Schöpfer zu schließen; desgleichen ist es der Verstand, der zum Glauben an das Jenseits, an den Paradieseslohn und an die Höllenstrafen nötigt; die Menschen der breiten Masse vermögen den Verstand allerdings nicht richtig zu nutzen, denn durch ihn vervollkommnet Allah seine „Argumente" (arab.: Pl. *al-ḥuǧaǧ*).[20] Hier wird die Sonderstellung greifbar, die der Verstand bei den Schiiten beansprucht. ʿAlī b. abī Ṭālib und die Imame aus seiner Nachkommenschaft werden, wie an anderer Stelle besprochen,[21] als die personifizierten „Argumente Allahs" gegen die sich auf ihr Nichtwissen berufenden Menschen (vgl. Sure 6, 148 f.) betrachtet. Wer das rechte Maß an Verstand besitzt, der wird aus dem geschaffen werdenden Diesseits und aus der Existenz der Imame die richtigen, für den Eintritt in das Paradies unerläßlichen Schlüsse ziehen. Auch wird er

[19] Ebd., 12 f., Nr. 8.
[20] Ebd., 14, Nr. 12.
[21] Vgl. elftes Kapitel (Was sind Schiiten?), I.

sich, anders als jener Beter auf der Insel, davor in acht nehmen, die klaren Einsichten, die er mittels des Verstandes erworben hat, durch weitgespannte Hoffnungen zu trüben und das mahnende Beispiel, das in Allahs Wirken deutlich wird, um der eigenen Gelüste willen zu übersehen.[22]

Eifrig soll der Glaubende die Heere des Verstandes gegen diejenigen der Ignoranz einsetzen. Das Maß des Verstandes, nach dem er im Endgericht beurteilt wird, ist ihm durch Allah zugeteilt worden; es kann nicht durch Erziehung vergrößert werden. Allenfalls lernt man, so zu tun, als verfügte man über viel Verstand.[23] Der Verstand ist es, der dem Glaubenden zum „Wissen" verhilft, wie al-Kulainī im anschließenden Kapitel ausführt. Das bedeutet aber keinesfalls, daß mit Hilfe des Verstandes gezogene Analogien zu wahren Aussagen in den Dingen der Daseinsordnung führen könnten. Im Gegenteil, sie entfernen die Glaubenden von ihr.[24] In diesem Punkt setzen sich die Zwölferschiiten deutlich von den großen sunnitischen Rechtsschulen ab, die damit ringen, das unzureichende Material der autoritativen Texte durch vielfältige Analogien auf die letzten Endes nicht in diese Texte zu bannende Wirklichkeit anzuwenden. Während die Sunniten,[25] allen voran aš-Šāfiʿī, damit rangen, das vermeintlich von den Prophetengenossen herrührende Hadith als die den Koran ergänzende Weisheit zu begreifen und für die Daseinsordnung fruchtbar zu machen, schienen sich Ǧaʿfar aṣ-Ṣādiq und seinen Anhängern andere Einsichten zu öffnen. Mit seinen Ausführungen schließt al-Kulainī das Kapitel über den Verstand ab. „Allein im Verstand liegen der Anfang aller Dinge, ihre Stärke und ihr Gedeihen, nur durch ihn, den Allah zur Zierde und zum Licht der Geschöpfe machte, gewinnen sie Nutzen. Mittels des Verstandes erkennen die Diener ihren Schöpfer … und daß er sie lenkt und sie die Gelenkten sind, daß er bleiben wird, sie aber vergehen … Durch den Verstand unterscheiden sie das Gute (arab.: *al-ḥasan*) vom Häßlichen (arab.: *al-qabīḥ*) und begreifen, daß Ignoranz Finsternis bedeutet und Licht ‚Wissen'. Das alles ist, worauf der Verstand sie verweist." Aber hätten die Menschen dann nicht am Verstand ihr Genügen? Nein, meint Ǧaʿfar aṣ-Ṣādiq, durch den Verstand allein erkennt man zwar, daß Allah der Schöpfer ist. Aber daß man diesem Schöpfer gegenüber Liebe wie auch Abneigung, Gehorsam wie auch Ungehorsam erzeigen kann, darauf verweise einen der Verstand nicht. Dergleichen erfahre man nur durch die Aufnahme von „Wissen", bei der der Verstand Hilfe leisten müsse. Dem Verstandesbegabten obliege die Pflicht unermüdlichen Suchens nach dem „Wissen".[26]

---

[22] al-Kulainī: Uṣūl al-kāfī, I, 19, Nr. 12.

[23] Ebd., 27, Nr. 16 und Nr. 18.

[24] Ebd., 72, Nr. 7 und Nr. 9.

[25] Abgesehen von den Hanbaliten; vgl. dazu sechzehntes Kapitel (Was ist Salafismus (reformierter Islam)?), II.

[26] Al-Kulainī, 33 f.

II. Allah, der Mensch und die Daseinsordnung

1. Die Bestimmungsmacht des Menschen

In Sure 2 schildert Mohammed, wie Allah den Menschen schafft: „Damals sprach dein Herr zu den Engeln: ‚Ich bin im Begriff, auf der Erde einen Stellvertreter (arab.: *al-ḫalīfa*) einzusetzen.‘ Sie entgegneten: Willst du auf ihr jemanden einsetzen, der dort Unheil stiftet und Blut vergießt, wo wir dich doch ständig rühmen und preisen?‘ (Allah) sagte: ‚Ich weiß, was ihr nicht wißt.‘ Er lehrte Adam alle Namen. Hierauf legte er (die benannten Dinge) den Engeln vor und forderte: ‚Nennt mir deren Namen! …‘ Sie versetzten: ‚Du (allein) bist gelobt! Wir verfügen doch über kein Wissen, abgesehen von dem, was du uns gelehrt hast. Du bist es doch, der wissend und weise ist!‘ Darauf befahl er Adam: ‚Nenne ihnen die Namen!‘ Als Adam dies getan hatte, sprach Allah: ‚Habe ich euch nicht gesagt, daß *ich* die Geheimnisse von Himmel und Erde kenne‘“ (Vers 30–33, verkürzt). Die Schaffung des Menschen findet ihren Abschluß, indem Allah Adam das „Wissen“ mitteilt. Es befähigt den Menschen, dem Willen des Einen gemäß das Diesseits zu meistern, d. h. die göttliche Daseinsordnung zu verwirklichen. Als Adam und seine Gattin zusammen mit dem Satan aus dem Paradies verbannt werden, empfing er „von seiten seines Herrn Worte, und dieser wandte sich (Adam) wieder zu. (Allah) ist der Barmherzige, der sich stets (den Geschöpfen) zuwendet. Wir (d. h. Allah) sprachen: ‚Geht alle zusammen hinunter aus (dem Paradies)! Wenn aber von mir her Rechtleitung zu euch kommt, dann brauchen diejenigen, die meiner Rechtleitung folgen, keine Angst zu haben, und sie werden (am Tag des Gerichts?) nicht betrübt zu sein!‘“ (Sure 2, 37 f.). Nur diejenigen, die aus den Zeichen des Schöpfungshandeln nicht auf den Einen, den anzubetenden Allah, zu schließen vermögen, werden der Höllenstrafe überantwortet (Vers 39).

Es liegt auf der Hand, daß der Koran im Bericht über die Schaffung des Menschen auf Gen 2, 19 anspielt, wo erzählt wird, wie Gott die Tiere und schafft und sie vor Adam bringt, um zu sehen, wie dieser sie nennt. „Und der Mensch gab jedem Vieh und Vogel unter dem Himmel … seinen Namen.“ Daß die Engel gegen die Erschaffung des Menschen Einwände erheben, kommt auch in der rabbinischen Literatur vor. Sie sind auf das neue Geschöpf eifersüchtig, da dieses, indem es den Tieren ihre Namen verleiht, augenscheinlich klüger als sie ist. Wirklich aufmerken läßt einen jedoch, was Philo von Alexandien, der jüdische Zeitgenosse Jesu und ein wirkmächtiger Ideengeber des frühchristlichen Schrifttums, zu dieser Stelle des Buches Genesis zu sagen hat: Gott führte alle Tiere zu Adam, „da er sehen wollte, welchen Namen er jedem beilegen würde, nicht, weil er darüber im Zweifel war – denn nichts ist Gott unbekannt –, sondern weil er wußte, daß er die

Denkkraft im Menschen mit selbständiger Bewegung ausgestattet hatte, um nicht selber Anteil am Bösen zu haben".[27] Es zeigt sich somit, daß der Koran Adam die Unterscheidung zwischen gut und böse entweder nicht zutraut oder nicht zumutet. Das Gottesverständnis des Korans erfordert dies auch nicht. Denn Adam wird nach der Verstoßung aus dem Paradies die göttliche Rechtleitung (arab.: *al-hudā*) zuteil, nachdem er zuvor durch Allah selber im „Wissen" unterrichtet worden ist. Die Namen der geschaffen werdenden Dinge werden als eine Metapher für alles „Wißbare" gedeutet,[28] als Inbegriff des „Wissens" (arab.: *al-ʿilm*) von der Daseinsordnung, die der Mensch unter Einsatz seines Verstandes nicht ermitteln kann. Der Verstand hat vielmehr die Aufgabe, den Menschen in der Daseinsordnung festzuhalten, so daß er im Gericht bestehen kann. Auch das von Ǧaʿfar aṣ-Ṣādiq vorhin angesprochene Unterscheidungsvermögen zwischen gut und häßlich hat ja nur die Aufgabe, den Menschen ein für allemal auf das gottgegebene „Wissen" festzulegen.

Der Muslim ist von dem Zwang befreit, sich über gut und böse Rechenschaft zu geben. Ganz anders denkt Philo von Alexandrien. Auch er zweifelt nicht daran, daß Gott alles weiß und sicher auch zu allem die Macht hat. Aber Gott räumt Adam die Gelegenheit ein, den zu selbständigem Denken geschaffenen Verstand einzusetzen. Der Mensch vermag eigenständige Entscheidungen zu treffen, wie Origenes in der Streitschrift gegen Celsus hervorhebt.[29] Die christliche Theologie hat den Widerspruch zwischen der Allmacht Gottes und der Freiheit des Menschen nicht aufzuheben vermocht. Aber sie hat auch die Freiheit nicht aufgehoben. Selbst die Prädestinationslehre der Calvinisten wird nicht so aufgefaßt, als schüfe ein unmittelbar im Diesseits gegenwärtiger Gott jede noch so winzige Lebensregung. Das Handeln des Menschen bedarf, wenn es gemäß dem gottgewollten Guten gelingen soll, des göttlichen Beistands (lat.: *concursus divinus*), der aber keineswegs als die Schaffung der betreffenden Handlung durch Gott selber mißverstanden werden darf.[30] Die Botschaft des Korans und vermutlich schon das Hanifentum heben diesen Widerspruch hingegen auf, indem sie die Entscheidung zwischen gut und böse angesichts des allumfassenden Schöpfungshandelns Allahs für irrelevant erklären, da sie der Betrachtungsweise des Menschen verhaftet bleibe und somit für Allah nicht gelten könne; wichtig ist allein die im Anbetungsritus und in der Schariatreue abzugeltende Dankes-

---

27 Zitiert in Heinrich Speyer: Die biblischen Erzählungen im Qoran, 2., unveränderte Auflage, Darmstadt 1961, 53.

28 So z.B. Muḥammad ʿAbduh in dem von Rašīd Riḍā zusammengestellten Korankommentar (Tilman Nagel: Geschichte der islamischen Theologie, München 1994, 244f. und 254f.).

29 Vgl. erstes Kapitel (Was ist der Islam?), II. 4.

30 Auf diesbezügliche Erläuterungen durch Karl Rahner machte mich Herr Pfarrer Rutte, Heidelberg, aufmerksam, wofür ich ihm danke.

schuld. Wer sie abgilt, „der braucht keine Angst zu haben“ und wird am Tag des Gerichts nicht betrübt sein müssen.

Die Entlastung von der Pflicht, Gewissensentscheidungen zwischen gut und böse zu treffen, schlägt sich allerdings in einem schwerwiegenden Nachteil nieder: Kritik an einem Fehlverhalten eines Glaubensbruders geht nur dann nicht ins Leere, wenn sie sich auf eine eindeutige schariatische Bestimmung berufen kann; eine frei zu ermittelnde Zuordnung einer Tat zu den allgemeinen Kategorien gut und böse bzw. „gut“ (arab.: *ḥasan*) und „häßlich“ (arab.: *qabīḥ*), wie man in der islamischen Theologie sagt, ist dem Menschen ja nicht möglich. Dieser Mangel kam manchen Muslimen zu Bewußtsein, sobald die Frage der gottgefälligen Machtausübung dringlich wurde. Dies geschah in der Omaijadenzeit, als das System der schariatischen Bewertung aller Handlungen noch nicht existierte. Vorausgegangen waren das Erleben des Ersten Bürgerkriegs und die Erfahrung, auf der Grundlage des Korans keine Entscheidung darüber fällen zu können, welche der beiden Parteiungen im Recht gewesen sei. Beiden Seiten blieb einzig, die jeweiligen Feinde des Unglaubens zu zeihen; man konnte zudem die Entscheidung Allah anheimstellen und auf das Jüngste Gericht vertagen.

Ob ʿAlī oder seine Feinde im Recht gewesen seien, war ein Streit über Vergangenes. Doch auch über das Gegenwärtige begann man in der Omaijadenzeit zu streiten. War es tragbar, daß die Kalifen sich als Stellvertreter Allahs (Sure 2, 30) feiern ließen und jegliche Maßnahme zu ihrem Machterhalt als gottgewollt ausgaben? Konnten sie alles, was sie befahlen, als ein Resultat der Bestimmungsmacht (arab.: *al-qadar*) Allahs rechtfertigen? Die Widerstände, die sich gegen solche Anmaßung regten, entsprangen der Annahme, daß auch das Geschöpf eine Bestimmungsmacht besitze und je nach dem, wie es diese Bestimmungsmacht im Diesseits gebraucht habe, von Allah im Gericht beurteilt werde. Die Verheißung des Paradieses und die Androhung der Höllenstrafe (arab.: *al-waʿd wal-waʿīd*), die man dem Koran allenthalben entnehmen könne, sei keine leere Formel, sondern bitter ernst.

Unter dem Namen Qadariten wurden die Verfechter einer dem Menschen eigenen Bestimmungsmacht in der späten Omaijadenzeit bekannt. Eine geschlossene Gruppierung bildeten sie nicht. Sie sind vielmehr als ein Zweig der vielschichtigen gegen das Kalifat opponierenden Strömung zu verstehen, deren Nutznießer dank besonderen Umständen im Jahre 749 die Abbasiden wurden. An dieser Strömung hatte das qadaritische Gedankengut jedoch nur einen geringen Anteil. Denn sowohl dem im Entstehen begriffenen Sunnitentum als auch den Richtungen der Schia ging es um die Schaffung einer islamischen Machtausübung, die sich am medinensischen Vorbild orientierte, über das die Sunniten wie auch die Schiiten inzwischen bestens unterrichtet zu sein glaubten. Die qadaritische These von der eigenen Bestimmungsmacht und Verantwortlichkeit des Menschen, vor allem des Herrschers, hatte darin keinen Platz. Auf welche Aussagen des Korans und der Altvorderen hätte sie sich auch stützen können angesichts der übermächtigen und für den Islam wesentlichen Lehre, daß Allah, die einzige Macht und Kraft, mittels seines ununterbrochenen Schöpfungshandelns im durch ihn geschaffen werdenden Diesseits gegenwärtig ist? Schroff wurden die Qadariten von den Sunniten abgelehnt. Sie führten gegen sie ein angebliches Wort des Propheten ins Feld: „Jede Glaubensgemeinschaft hat ihre Zoroastrier. Die Zoroastrier meiner Glaubensgemeinschaft sind diejenigen, die sagen: ‚Keine (göttliche) Bestimmungsmacht!' Wenn sie erkranken, stattet ihnen keinen Besuch ab, wenn sie sterben, haltet euch von den Bestattungszeremonien fern!"[31] Die Zoroastrier deuten das Weltgeschehen als einen Zweikampf zwischen dem guten Ahuramazda und dem bösen Ahriman, nehmen also aus islamischer Sicht die Existenz von zwei Schöpfern an. Nach Meinung der Sunniten denken die Qadariten genauso, denn ein nicht der Bestimmungsmacht Allahs unterworfener Mensch wäre doch ein zweiter, vom ersten unabhängiger Schöpfer.

Die Vorstellung, der Mensch könne für sein Handeln selber die Verantwortung tragen und müsse es daher mit Argumenten absichern, zu denen ihn der Verstand geleite, kann also im Islam nur schwer Fuß fassen. Der omaijadische Kalif ʿUmar b. ʿAbd al-ʿAzīz (reg. 717–720) widmete diesem Thema gleichwohl seine Aufmerksamkeit. Der Damaszener Ġailān, ein entschiedener Verfechter der Bestimmungsmacht des Menschen, sandte ihm ein Schreiben, in dem er Kernthesen seiner Richtung darlegte. Der Islam sei in Verfall geraten, weil die Herrscher unter Berufung auf Allahs *qadar* Verordnungen erließen, die, würden sie ausgeführt, einem guten Jenseitslos der Muslime höchst abträglich seien. Allah fordere zur Beachtung der Rechtleitung auf; man könne nicht annehmen, daß er den Kalifen gestatte, die Gemeinde der Untertanen auf einen anderen Weg zu führen. Allah könne nicht wollen, daß man seine Gesetze übertrete. Al-Ḥasan al-Baṣrī (gest. 728) legte nach Aufforderung durch ʿUmar b. ʿAbd al-ʿAzīz dar, wie er das Problem sah: Der Kalif dürfe despotische Befehle nicht einfach als den Vollzug der göttlichen Vorherbestimmung rechtfertigen; er trage für die Gemeinschaft der Muslime eine Verantwortung, wie sie dem Hirten für die Herde obliege. Der Koran und die im Entstehen begriffene *sunna* des Propheten seien die Richtschnur, gemäß der der verantwortungsbewußte Hirte sein Amt versehe.[32]

Die Frage nach der Bestimmungsmacht des Menschen und nach der mit ihr verknüpften Eigenverantwortlichkeit, die vor allem am Jüngsten Tag akut werden würde, wird von al-Ḥasan al-Baṣrī sogleich unter Heranziehung der

---

31 Aḥmad b. Ḥanbal: Musnad, Bulaqer Druck, II, 86.

32 Tilman Nagel: Rechtleitung und Kalifat, Bonn 1975, 71–94 und 109–115.

Textgattung Hadith beantwortet: In den autoritativen Texten ist die einst Mohammed übergebene Rechtleitung auffindbar und wirksam. Durch sie, aber auch durch die Setzung der Rahmenbedingungen, unter denen die Menschen sich zu bewähren haben und die für alle unterschiedlich sind, werden die am Jüngsten Tag zur Debatte stehenden Resultate des Tuns und Lassens bestimmt. Indem Allah dies abwägt, wird er gerechte Urteile fällen, die dem Grundsatz der „Verheißung und Androhung“ Rechnung tragen.

2. Die Geschaffenheit des Korans

Das Bemühen der Qadariten, dem Menschen eigene Verantwortung und damit die freie Wahl seines Handelns zu sichern, fanden nur bei einer Minderheit der Muslime ein offenes Ohr. Der Immanentismus des Islams war übermächtig, so daß die Ideen der Qadariten kaum Gelegenheit zur Entfaltung erhielten. Der omaijadische Kalif Jazīd III. (reg. 744) hatte seinen Vorgänger al-Walīd II. (reg. 743–744) wegen dessen ausschweifenden Lebenswandels ermorden lassen, um selber die Macht zu ergreifen. Er rechtfertigte sein Verbrechen mit den qadaritischen Lehren Ġailāns, aber ehe er das Kalifat auf sie ausrichten konnte, starb er, anscheinend eines natürlichen Todes. Auch die Abbasiden fanden an den qadaritischen Vorstellungen keinen Geschmack. Al-Mahdī (reg. 775–785) ließ Männer verfolgen, die in den Verdacht geraten waren, Qadariten zu sein. Mit dem Anspruch des „Imamats der Rechtleitung“, der sich um diese Zeit entwickelte, hätten sie schwerlich einverstanden sein können.[33]

Die Kritik an den Machthabern, die in der qadaritischen Lehre von der Handlungsfreiheit und Bestimmungsmacht des Menschen liegt, konnte keinen Einfluß auf das islamische Herrschertum gewinnen. Der islamische Rationalismus, der in diesen Lehren enthalten war, entfaltete sich außerhalb der Höfe. Dies geschah, seitdem eine Metaphysik aufkeimte, die sich gegen den Immanentismus stemmte. Sie kreiste um die Frage nach dem Seinscharakter des Korans: War die göttliche Rede (arab.: *kalām Allāh*) wirklich dem göttlichen, schaffenden (arab.: *ḫāliq*) Sein zuzuordnen oder nicht doch dem geschaffen werdenden (arab.: *maḫlūq*)? Für das letztere sprachen allerlei Merkwürdigkeiten des Korans. Konnte beispielsweise die ungeschaffen-ewige Rede Allahs davon sprechen, daß der Eine sich von den Dämonen belauschen lasse; nun aber, seit der Berufung Mohammeds, jage man sie fort, indem man mit Sternschnuppen nach ihnen werfe (vgl. Sure 72, 8 f.). Dergleichen sei des Höchsten unwürdig, solche Ärgernisse seien nur zu beheben, indem man sie als metaphorische Aussagen hinweginterpretiere.

Anwürfe gegen das koranische Gottesbild scheinen vor allem aus dem Osten der iranischen Welt gekommen sein, wo der Buddhismus im 8. und

33 Vgl. achtes Kapitel (Was sind Imamat, Kalifat und Sultanat?), III. 2.

9. Jahrhundert noch blühte. Gemäß seinen Lehren kann die koranische Botschaft vom Einen ständig schaffenden Schöpfergott und seinen menschlichen Zügen nur befremden. Wie kann dieser Eine, Transzendente mit dem Diesseitigen in Berührung stehen? Wie kann er auf einem Thron sitzen, wie sich Abraham zum Freund erwählen, wie mit Mose reden? Wenn der Islam mit dem Abstraktionsgrad, den andere Religionen erreicht haben, kompatibel sein soll, dann darf man das nicht beim Wort nehmen. Ein gewisser Ǧaʿd b. Dirham, der sich die Skepsis gegen derartige Aussagen des Korans zueigen gemacht hatte, wurde 743 unter dem letzten Omaijadenkalifen hingerichtet. Ein Zeitgenosse, Ǧahm b. Ṣafwān (gest. 746), dachte ähnlich, sprach in allgemeiner Form aber auch die Schlußfolgerungen aus, die aus der Ablehnung eines vermenschlichten Gottesverständnisses zu ziehen waren: Allah, nunmehr unbeschreibbar, mußte als ein allgemeines schöpferisches Prinzip gelten, dem keine Eigenschaften aus dem Erfahrensbereich des Menschen beigelegt werden dürfen; eine „Entleerung“ (arab.: *at-taʿṭīl*) des Gottesbildes war unumgänglich. Das hieß aber auch, daß die Riten des Islams, die Allah als ein Gegenüber des Allah Anbetenden auffassen,[34] ihren Sinn einbüßen. Die koranische Rede mit all ihren Schwächen gehört demnach dem geschaffen werdenden Seinsbereich zu. Hiermit sind auch die magischen „vollkommenen Worte“,[35] in denen sich in besonderer Dichte der übernatürliche Charakter der durch Allah inspirierten Worte offenbart, „kraftlos“ geworden. Die Vergegenwärtigung der in der Urgemeinde wirksamen Rechtleitung ist deswegen nicht möglich. Ein gänzlich unanschauliches, „entleertes“ Gottesverständnis, das man fortan ǧahmitisch nennt, läßt sich zwar mit rein rationalen Argumenten entwickeln und befürworten, verliert aber die Beziehung zu den wichtigsten religiösen Eigenheiten des Islams.

3. Die Muʿtaziliten

Die Lehren von der Bestimmungsmacht des Menschen und von der Zugehörigkeit des Korans zum geschaffen werdenden Seinsbereich wachsen zu einer rationalistischen, in sich freilich nicht einheitlichen Auslegung des Islam zusammen. Dies geschieht seit der zweiten Hälfte des 8. Jahrhunderts. Die Anhänger dieser Auslegung, die stets eine Minderheit unter den Muslimen bleiben, werden unter dem Namen Muʿtaziliten[36] zusammengefaßt. Für

[34] Vgl. zwölftes Kapitel (Was versteht der Muslim unter Religion?) sowie zweites Kapitel (Wer ist Allah?), III.

[35] Vgl. fünftes Kapitel (Was ist das Hadith?), II. 1.

[36] Der Ursprung und die Bedeutung dieses Namens sind umstritten. Häufig wird behauptet, er beziehe sich darauf, daß sich die Muʿtaziliten aus dem zerstörerischen Parteienzwist zwischen den Sunniten und den Schiiten „zurückgezogen“ (arab.: *iʿtazalū*) hätten, wie im folgenden dargelegt wird.

das Verständnis der muʿtazilitischen Lehren ist es nützlich, sich ins Gedächtnis zu rufen, daß zu eben dieser Zeit das Sunnitentum heranreift.

Als einer der ersten Vertreter des muʿtazilitischen Gedankenguts gilt Abū l-Huḏail al-ʿAllāf (gest. um 845). Während die Sunniten einerseits und die Schiiten andererseits genau zu wissen meinten, welche der beiden Parteien des Ersten Bürgerkriegs im Recht gewesen sei, nämlich die Anhänger Muʿāwijas bzw. die Anhänger ʿAlī b. abī Ṭālibs, hatten die Muʿtaziliten erkannt, daß diese Frage wegen des Fehlens eines übergeordneten Maßstabs nicht entschieden werden könne. Weder durften die Sunniten ʿAlī und seine Parteigänger als der Hölle verfallene Ungläubige verunglimpfen noch umgekehrt die Schiiten Muʿāwija. Sowohl die einen wie die anderen befänden sich in einer Zwischenstellung zwischen Glaubenden und Ungläubigen, eine der beiden Seiten habe gewiß schwere Verfehlungen auf sich geladen, aber man wisse eben nicht, welche. Es leuchtet ein, daß diese Haltung weder von den Sunniten noch von den Schiiten gebilligt werden konnte. Sie verdankte sich einem Verstandesschluß, der aus der vertrackten Problematik gezogen wurde, um zu einem Ausgleich zu gelangen, was im übrigen bis heute nicht geschehen ist – und auch nicht geschehen konnte. Denn für beide Richtungen sind die Schuldlosigkeit und damit verknüpft die Wahrheitsliebe ihrer jeweiligen Protagonisten unentbehrlich, stützt sich doch hierauf wiederum die Wahrheit ihres Islams.

In der Lehre von der Einsheit Allahs greift Abū l-Huḏail die ǧahmitischen Ansätze auf. Allah, der Schöpfer, muß wesensmäßig von seinem Schöpfungswerk verschieden sein und darf deswegen nicht mit Attributen belegt werden, die der Erfahrungswelt der Diesseitigen entnommen sind. Nun soll aber nicht geleugnet werden, daß Allah unentwegt schaffend mit dieser Welt befaßt ist. Allah ist in der Tat „sehend“ und „hörend“. Das sind aber keine von Ewigkeit zu Ewigkeit einen Teil seines Wesens ausmachende Eigenschaften. Nähme man das an, dann wäre Allah teilbar und nicht der Eine. „Sehend“ und „hörend“ sind folglich nur Handlungsmomente, mit denen Allah sich gegenüber seinem Schöpfungswerk zur Geltung bringt, solange er dieses ablaufen läßt. Abū l-Huḏail behält die von Ǧahm b. Ṣafwān vorgenommene Hinausdrängung des göttlichen Wirkens aus dem Geschaffenwerdenden bei und eröffnet den Weg zu einem Kompromiß, der die wesentlichen Elemente der koranischen Rede von Allah rettet, zumindest dem Scheine nach. Denn der Koran selber gehört laut Abū l-Huḏail zum geschaffen werdenden, diesseitigen Seinsbereich. Dem Koran fehlt somit das wesentliche Merkmal, das ihn und seine Verwendung im Ritenvollzug der Sunniten und Schiiten auszeichnet und das letzten Endes die Herleitung der Scharia aus den autoritativen Texten nicht nur rechtfertigt, sondern zwingend erfordert.

Wenn nun die Rede Allahs ihres überweltlichen Charakters entkleidet ist, dann folgt daraus zweierlei: Ihre Botschaft ist auf die Irdischen zugeschnitten, bedient sich also einer Ausdrucksweise, die die Menschen im Arabien Mohammeds begreifen konnten; folglich ist die koranische Botschaft nicht überzeitlich gültig. Ihr über das alte Arabien hinausreichender Wert liegt allein darin, daß sie die jedem Menschen mögliche geistige und sittliche Reifung fördert. Der mit eigener Bestimmungsmacht ausgestattete Mensch könnte selbständig auf die zu seiner diesseitigen Lebensfristung notwendigen und daher durch Allah seiner Beurteilung im Jüngsten Gericht zugrunde gelegten Gesetze kommen. Abū l-Huḏail glaubte, daß jeder Mensch in seiner Kindheit sich eigenständig die Existenz des einen Allah erschließen könnte und zudem die grundlegenden Gebote finden würde, die sich aus der Existenz des Einen ergäben. In einem höheren Reifegrad, den allerdings nicht jeder erreiche, gelinge die Einsicht in das Sittengesetz. Nach muʿtazilitischer Überzeugung bedürfte es demnach der Offenbarungen nicht, um ein Allah gefälliges Dasein zu führen. Die Eigenständigkeit des Denkens ermöglicht daher die Unterscheidung zwischen dem „Guten“ und dem „Häßlichen“.[37]

Insofern als die göttlichen Gebote dem mit dem Verstand herleitbaren Sittengesetz entsprechen und den sich im Schöpfungshandeln manifestierenden Absichten des Einen entspringen, wird Allah am Jüngsten Tag über jeden Menschen ein gerechtes Urteil sprechen. Es ist keineswegs so, daß Allah Gebote erläßt und dann bewirkt, daß manche Geschöpfe ihnen zuwiderhandeln. Ein solches von Willkür zeugendes Vorgehen Allahs, das die Sunniten wie die Schiiten als selbstverständlich voraussetzen – Allah hat eben zu allem Macht –, halten die Muʿtaziliten für unmöglich. Im Gegenteil, sie lehren, daß Allah dem Menschen, den der Verstand zu den Gesetzen führt, entgegenkommt, indem er die Bedingungen für deren Erfüllung schafft, das hierfür Tauglichste (arab.: *al-aṣlaḥ*), wie die Muʿtaziliten sagen.

Die Muʿtaziliten waren sich darüber im klaren, daß ihre Lehren das Gedankengut einer Minderheit seien. In der Tat verschwanden sie bis ins 13. Jahrhundert fast völlig aus der islamischen Geistesgeschichte und wurden durch wissenschaftliche Editionen erst im 20. Jahrhundert auch in der islamischen Welt wieder bekannt. Noch Muḥammad ʿAbduh wußte von den „Verfechtern der Gerechtigkeit (Allahs) und seiner Einsheit“ vermutlich nur aus den kritischen, ablehnenden Referaten älterer sunnitischer Autoren. Ihre fünf Grundsätze, die Gerechtigkeit Allahs, dessen Einsheit – beides gedacht gemäß den eben erörterten Grundsätzen und durchaus nicht nach den Ansichten des auf den autoritativen Texten beruhenden Islams der Sunniten und Schiten –, die Bestimmungsmacht des Menschen, die Wahrheit der Verheißung des Paradieses und der Androhung der Höllenstrafe und schließlich die Zwi-

---

[37] Alfred Nasri Nader: Le système philosphique des Muʿtazila, Beirut 1956, 245 f. Tilman Nagel: Rechtleitung und Kalifat, 145, 348–365. George F. Hourani: Islamic Rationalism. The Ethics of ʿAbd al-Jabbār, Oxford 1971, 48–128.

schenstellung der Parteiungen des Ersten Bürgerkrieges bewirkte, daß sie seit ihren Anfängen außerhalb des breiten Stromes islamischer Religiosität blieben. Der nicht zu behebende Mangel ihrer Lehren bestand in der Zurückdrängung des Immanentismus, dessen den Ritenvollzug, die Schariatreue und die sufische Frömmigkeit fundierender Charakter ihrem Denkgebäude weitgehend fehlte.

4. Die Ascharʿiten

Nicht über die autoritativen Texte durfte der Verstand sich nach Ansicht der Sunniten und der Schiiten erheben, das Feld seiner Betätigung sollte innerhalb dieser Texte liegen und durch deren Aussagen determiniert sein. Muḥammad ʿAbduh war bei weitem nicht der erste Muslim, der diese Ansicht verfocht. Sunnitischen Gelehrten und mutatis mutandis auch den zwölferschiitischen[38] Kollegen ist dies seit einem Jahrtausend eine Selbstverständlichkeit. Diesem Sachverhalt hat jetzt unsere Aufmerksamkeit zu gelten.

Schon in der zweiten Hälfte des 9. Jahrhunderts, in jenen Jahrzehnten, in denen die Sammelwerke des „gesunden“ Hadith entstanden, wandten sich Muslime enttäuscht vom Rationalismus ab. Mit Argumenten des Verstandes war augenscheinlich eine von jedermann gebilligte Gesetzesordnung nicht zu errichten. So bekannte der Literat Ibn Qutaiba (gest. 889) freimütig, daß er in der Jugend die Kunst des *kalām*, der auf den Verstand zurückgreifenden Theologie, bewundert habe. Doch niemals habe sich in solchen Debatten eine der streitenden Parteien geschlagen gegeben, man habe immer verstiegenere Argumente vorgetragen und sei nie zu einem von allen akzeptierten Ergebnis gelangt. Allmählich sei ihm klar geworden, daß allein die *sunna* des Propheten einen festen Boden der Daseinsführung biete.[39] Er war sich im übrigen dessen bewußt, daß die Immanenz Allahs in seiner Rede, mithin der transzendente Seinscharakter des Korans, für die Wahrung der Autorität seiner Aussagen unabdingbar sei. Die Worte des Korans, selbst wenn sie von einem Menschen niedergeschrieben oder rezitiert werden, sind, während dies geschieht, nicht der Ausfluß des Handelns des betreffenden Menschen. Vielmehr ist in ihnen das Nichtgeschaffene, Transzendente gegenwärtig.[40]

Es ist schwierig, diese These zu begründen, die aber unabdingbar schien, um dem Koran und dem von den Muʿtaziliten abgelehnten Hadith die für unentbehrlich erkannte Autorität zuzuerkennen. Wenn man die göttliche Allmacht, die sich im ununterbrochenen Schöpfungshandeln niederschlägt, recht

---

[38] Es sei in diesem Zusammenhang auf al-Kulainī verwiesen, dessen Hadithwerk vorhin ausführlich gewürdigt wurde.

[39] Zitiert in Tilman Nagel: Rechtleitung und Kalifat, 473 f.

[40] Tilman Nagel: Im Offenkundigen das Verborgene, 248–258.

bedachte, dann galt die Gegenwärtigkeit des Transzendenten nicht nur für den Akt des Koranvortrags, sondern für jede Regung, die man an einem Geschöpf wahrnimmt. Die Frage, was das Handeln des Menschen eigentlich sei, war folglich nunmehr den Sunniten und Schiiten gestellt, die die Ungeschaffenheit des Korans propagierten. Die entschiedenste Antwort gaben seit dem 10. Jahrhundert Abū l-Ḥasan al-Aš'arī (gest. 935) und seine Schüler und Enkelschüler. Sie waren von der Vorstellung durchdrungen, daß das Geschöpf über keinerlei eigene Bestimmungs- und Handlungsmacht verfüge. Nur Allah besitzt *qadar*, und zwar als eine unaussonderbare Komponente seines Wesens, das sich ganz und gar vom Wesen des Geschaffenwerdenden unterscheidet. Der Mensch beobachtet die Natur, wie der Koran es zu wiederholten Malen vorschlägt, und gewinnt daraus die Erkenntnis, daß allein Allah es ist, der Wachstum und Verwelken, Leben und Tod schafft. Die Asch'ariten übertragen diese These auf das Handeln des Menschen. Wann immer von ihm eine Regung ausgeht, ist sie nicht sein Werk, sondern durch Allah so und nicht anders bewirkt. Der Mensch hat keine über diesen einen Augenblick des Ablaufs der betreffenden Regung hinausreichende Handlungsfähigkeit. Denn die Kräfte, Fertigkeiten und Fähigkeiten, die zu deren Vollzug notwendig sind, werden durch Allah im Augenblick dieses Vollzugs in dem betreffenden Menschen geschaffen.

Nach dem mu'tazilitischen Rationalismus, der das Transzendente aus dem Diesseits hinausdrängte – und dadurch den Islam als die Überantwortung der Person an den Einen, ständig Schaffenden seiner im Kultus erfahrbaren Plausibilität beraubte –, mündet die asch'aritische Einpflanzung des Rationalismus in das Sunnitentum konsequenterweise in die Hinausdrängung der Person aus dem Diesseitigen. Im 11. Jahrhundert fand diese Entwicklung ihren Abschluß. Die Lehre von den Attributen Allahs konnte unschwer diesen Gegebenheiten angepaßt werden. Vor allem die Schlußklauseln vieler Koranverse, die Allah als „hörend", „sehend", „mächtig" usw. rühmen, bieten reichlich Material für eine Lehre von den Attributen Allahs. Da die Schöpfung als wohlgeordnet wahrgenommen wird, müssen sich diese Eigenschaften Allahs in seinem fortwährenden Handeln niederschlagen. „Hörend", „sehend" usw. können, da sie von einem der Erfahrung des Menschen nicht zugänglichen Sein, nämlich dem göttlichen, ausgesagt werden, nicht mit den vom Menschen geltenden Entsprechungen verwechselt oder gleichgesetzt werden. Das wäre ein verwerflicher Anthropomorphismus (arab.: *at-tašbīh*), eine „Verähnlichung" Allahs mit seiner Schöpfung.[41] Im Grunde lehrt das Asch'aritentum einen allmächtigen, allzuständigen Allah, über den die Irdischen außer eben seiner Allmacht usw. nichts aussagen können. Desgleichen löst sich der Sinn des Gesetzes auf. Denn was soll die Scharia, die Augen-

---

[41] Vgl. hierzu Tilman Nagel: Die Festung des Glaubens, München 1988, 134–156.

blicksbewertung eines am Menschen wahrnehmbar werdenden Handelns, wenn dieses Handeln ohnehin nicht nur nicht von ihm herrührt, sondern weder mit in ihm angelegten Kräften, noch mit etwaigen Absichten zu tun hat? Diese sind ja auch nur Allahs Werk. So bleibt nur die resignative Idee, daß die am Menschen wahrnehmbaren Handlungen nichts weiter als Zeichen dafür sind, wie Allah im jeweiligen Augenblick das Verhältnis des betreffenden Menschen zu den Regelungen der Scharia bestimmt. Beliefe sich das göttliche Bestimmen nur auf den Beistand, wie dies in der christlichen Theologie gelehrt wird, dann bliebe für die Kräfte und Fähigkeiten des Menschen wie auch für seine planenden Absichten Raum. So aber büßen die Handlungen des Menschen im Hinblick auf sein Jenseitsschicksal ihre Bedeutung ein. Ein schwacher, allerdings dem System zuwiderlaufender Schimmer der Sinnhaftigkeit menschlichen Tuns glimmt in der Lehre von der Abschlußhandlung: Die letzte Lebensregung eines Sterbenden ist ein Hinweis auf sein Jenseitsschicksal, auf Paradies oder Hölle. Was in seinem Leben vorher an Handlungen an und durch ihn offenbar wurde, ist diesbezüglich ohne Gewicht.[42]

III. Die göttliche Weisheit oder Maß und Zahl

1. Die im Schöpfungshandeln verborgene Weisheit

Der immanentistische Grundzug des Islams war zu mächtig, als daß der Einsatz des Verstandes ohne Rücksicht auf das „Wissen“ oder gar gegen dessen Inhalt bei der Masse der Muslime hätte auf Zustimmung treffen können. Das „Wissen“, bei dessen Erschließung aus den autoritativen Texten die Ratio des Menschen ihren legitimen und höchst erwünschten Beitrag zu leisten hatte, war seinem Wesen nach mehr als „Information“, es war der Inbegriff der ständigen Befaßtheit Allahs mit seinem fortwährend vonstatten gehenden Werk. Wenn man diesen Inhalt des Islams verinnerlicht hat, dann ist es verwerflich, nach Art des Satans unter Mißachtung dieses „Wissens“ eigenständig nach Normen zu suchen.

Von den Bemühungen um eine aus selbständig suchender Rationalität gewonnene Ethik, die entsprechend den muʿtazilitischen Lehren unumgänglich waren, gab der Kadi ʿAbd al-Ǧabbār (gest. ca. 1025) in seinen Schriften Rechenschaft.[43] Sein jüngerer Zeitgenosse Avicenna (Ibn Sīnā) (gest. 1037) schrieb um 1023 seine „Geschichte von Ḥaij b. Jaqẓān“, vom „Lebendigen,

---

[42] Ebd., 110.

[43] Vor allem im zweiten Teil seiner „Erläuterung der fünf Prinzipien“ (Šarḥ al-uṣūl al-ḫamsa, ed. ʿAbd ar-Raḥmān Abūzīda, 2 Teile, Algier 1990, II, 1–333).

dem Sohn des Wachenden", wie der Name zu übersetzen ist. „Lebendig" ist der Mensch, da er dank seines Intellekts der Vervollkommnung zuzustreben vermag. Sein partikularer Intellekt ist wesensmäßig mit dem aktiven Intellekt verbunden, der niemals ruhenden Emanation aus dem unbewegten Beweger, dem Ursprung des Seienden. Avicennas „lebendiger" Mensch ist folglich im Zustand der „Wachheit", was nichts anderes heißt, als daß er der ständigen Kontrolle seiner Regungen und Gedanken fähig ist.[44] In der Seelenlehre, über die gleich zu sprechen ist, schafft Avicenna diesen die asch῾aritische Metaphysik verneinenden Vorstellungen eine anthropologische Grundlage.

Anderthalb Jahrhunderte später taucht die Figur des Ḥaij b. Jaqẓān erneut in der islamischen Literatur auf. Die Schrift des Andalusiers Abū Bakr b. Ṭufail (gest. 1186) „Ḥaij b. Jaqẓān" wurde mehrfach in europäische Sprachen übersetzt und bisweilen als eine Art „Aufklärung" avant la lettre gefeiert.[45] Ḥaij b. Jaqẓān tritt als ein Weiser auf, der der Seele die Schlüssel zu allem erdenklichen Wissen übergibt. Nicht durch Mohammed übermittelte autoritative Aussagen führen zur Kenntnis der wahren Daseinsordnung, sondern die Kunst, die niederen, auf den Genuß des Materiellen erpichten Triebe zu beherrschen, eine Kunst, die der philonische Abraham in Charran lernte, die im Koran jedoch nicht erwähnt wird.[46] Die auf diese Weise errungene Daseinsordnung entspricht in ihren Konsequenzen denjenigen der offenbarten Religionen, um es aufs äußerste verkürzt zu sagen.

Spekulationen, ob ein auf einer Insel aufwachsender Mensch wohl eigenständig zum Eingottglauben und zu einer der Scharia vergleichbaren Daseinsordnung finden werde, bewegten zwischen Avicenna und Ibn Ṭufail weitere islamische Gelehrte. Daher muß erst noch geklärt werden, ob Ibn Ṭufail wirklich von mu῾tazilitischen Überzeugungen angetrieben wurde. Der Theologe und Schariakenner al-Ǧuwainī (gest. 1085) litt unter der Furcht, daß, sollte das Diesseits noch lange bestehen, das göttliche Gesetz in Vergessenheit geraten könnte. Leute auf einer Insel, die keinen Zugang zu Schariagelehrten hätten, könnten die einzelnen Normen nicht ersinnen, und so entfiele für sie die Belastung (arab.: *at-taklīf*).[47] Ibn Ṭufail könnte auch eine Fortsetzung einer diesbezüglichen Diskussion bezweckt haben. In jedem Fall blieb die Frage der Übereinstimmung des „natürlichen" Vorgehens Allahs in seinem Schöpfungswerk mit den Aussagen der autoritativen Texte (arab.: *aš-*

---

[44] Encyclopedia of Islam, zweite Ausgabe, s.v. Ḥayy b. Yaḳẓān.

[45] Abū Bakr b. Ṭufail: Ḥayy b. Yaqẓān Der Philosoph als Autodidakt, Übers., mit e. Einl. u. Anm. herausgegeben von Patric O. Schaerer, Hamburg 2006.

[46] Erstes Kapitel (Was ist der Islam?), II. 4.

[47] al-Ǧuwainī: Ġijāṯ al-umam, edd. Fu᾽ād ῾Abd al-Mun῾im und Muṣṭafā Ḥilmī, Alexandrien o.J., 378.

šar') auf der Tagesordnung, wenngleich es prinzipiell schon im Koran „gelöst" war. Denn in der Daseinsordnung gibt es kein Zwingen (Sure 2, 256).[48] Unter anderem Gesichtspunkt wird dieses Thema im nächsten Teilkapitel akut werden.

Die rationale Ethik und die damit zusammenhängende partielle Hinausdrängung des göttlichen Wirkens und Bestimmens aus dem Diesseits blieb die Sache einer kleinen Minderheit. Nicht zuletzt der die theologischen Probleme überspielende gemeinschaftliche Ritenvollzug, gefestigt und vertieft durch den Sufismus, stellte sich der mu'tazilitischen Auffassung des Islams entgegen, desgleichen auch der Rezeption des naturphilosophischen Erbes, das seit dem 8. Jahrhundert durch Übersetzungen, meist aus dem Syrischen, muslimischen Intellektuellen bekannt wurde und mu'tazilitisches Gedankengut zu bekräftigen schien. So griff Avicenna, wie eben schon angedeutet, die antike Seelenlehre auf und beschäftigte sich sein Leben lang mit dem Nachweis ihrer Stichhaltigkeit. In dem ausschließlich aus Substanzpartikeln und deren Akzidentien aufgebauten islamischen Kosmos hatte eine immaterielle Substanz, die den Leib des Individuums lenkt, ihn im Tode wie ein nicht mehr gebrauchtes Werkzeug beiseitelegt und sich wieder mit der Universalseele vereinigt, keinen Platz. Nicht zuletzt die islamische Eschatologie mit den Schreckensbildern der Grabesstrafe und der Höllenqualen[49] verlor ihre Bedrohlichkeit, ja erschien als ein haltloses Phantom. Die Angst vor dem Tod, die viele Muslime umtreibt, erklärte Avicenna für unnötig, eben weil die Seele von den Empfindungen des Schmerzes frei sei. Avicenna ersann ein Gedankenexperiment, mit dessen Hilfe er das Vorhandensein einer Seele – wir würden sagen: eines Selbstbewußtseins – nachzuweisen glaubte. „Kehr zu dir selber zurück und erwäge: Wenn du ganz gesund bist ..., wirst du dann das Daseins deines Selbst (arab.: *aḏ-ḏāt*) übersehen und dich selber" – oder: deine Seele – „negieren können? Ich meine nicht, daß ein Verständiger dies vermag." Angenommen, ein Mensch von gesundem Verstand und unversehrtem Körper befände sich in einer Lage, in der er die Glieder seines Leibes nicht wahrnehmen könne, in einem finsteren, geschlossenen Raum mithin. Weiter sei angenommen, daß der Betreffende mit gespreizten Gliedern aufgehängt sei, also nicht aus eigener Kraft stehen müsse, und daß ihn eine stille, weder zu kalte, noch zu warme Luft ihn umgebe, kurz, daß seine fünf Sinne keinerlei Reizung erfahren. „Dann würdest du finden, daß dein Selbst nichts wahrnähme außer der Gegebenheit seines Seins." Wodurch komme diese Wahrnehmung zustande, fragt Avicenna weiter und gelangt zu dem Schluß: Das Wahrgenommene ist weder ein Medium, das einen Sinnesreiz übermittelt, noch ist es die Gesamtheit des Leibes. Es ist auch nicht eine vom

---

48 Vgl. erstes Kapitel (Was ist der Islam?), II. 3.

49 Vgl. siebtes Kapitel (Was lehrt der Islam über das Jenseits?), I. 2.

Selbst ausgehende Handlung oder Regung. Das Wahrgenommene und zugleich Wahrnehmende sei vielmehr die Seele, „die über die Teile deines Leibes und folglich auch über ihn als ein Ganzes verfügt“.[50]

Diese, eine immaterielle Substanz, ist eine einzige, deren Kraft in die einzelnen Gliedmaßen ausstrahle. Denn nur so sei zu erklären, daß ein koordiniertes Handeln der Glieder zu beobachten sei. Die Seele nun sei zu einer Vervollkommnung fähig. Denn ihr wohne eine Kraft inne, die man als Intellekt bezeichnen könne. Sie mache die Seele bereit, elementare Verstandesschlüsse zu ziehen, die noch nicht auf Sinneswahrnehmungen und Erfahrungen zurückgingen. Diese Kraft sei der in Sure 24, Vers 35, erwähnten Lichtnische zu vergleichen. Mohammed verkündet an dieser Stelle: „Allah ist das Licht der Himmel und der Erde. Sein Licht ist wie eine Nische, in der eine Lampe brennt. Die Lampe in einem Glas so klar wie ein funkelnder Stern wird vom Öl eines gesegneten Ölbaums gespeist, der weder im Westen noch im Osten steht. Fast leuchtet sein Öl schon, ehe das Feuer es berührt hat – Licht über Licht! Allah führt zu seinem Licht, wen er will …“ Sobald die elementaren Verstandesschlüsse gezogen, die unableitbaren Axiome verinnerlicht seien, setze der im Koranvers beschriebene Vorgang des Erkennens ein. Die Seele vermag nun die sekundären Verstandesschlüsse zu ziehen, sie zu erwerben, wie Avicenna sagt. Das mag durch Nachdenken geschehen – das sei mit dem Ölbaum gemeint – oder durch ein intuitives Erfassen der Dinge –eine Anspielung auf das Öl. Die in einem Menschen angelegte Verstandeskraft sei dem Öl zu vergleichen. Sei sie voll ausgereift, leuchte sie fast schon, ehe sie durch Feuer entzündet worden sei. Wichtig sei das Vermögen der Seele, sich die durch den Verstand erfaßten Gegebenheiten *in actu* vorzustellen, „indem sie geschaut werden, wie sie sich im Geiste (arab.: *aḏ-ḏihn*) darstellen. Sie sind dann Licht über Licht.“ Die Seele besitzt die Fähigkeit, sich das durch den Verstand Erfaßte immer wieder zu vergegenwärtigen, ohne daß ein erneutes Erwerben nötig wäre.[51]

Avicenna befreit, indem er diese Gedanken ausarbeitet, die Muslime nicht nur von der Furcht vor dem Tode, sondern löst ihren Verstand aus der Gefangenheit in der aschʿaritischen Augenblicksbezogenheit des Erkennens. Haben die Möglichkeiten der Seele, Gedanken und Wahrnehmungen unter Berücksichtigung der Axiome zu verarbeiten, den Grad der Vollkommenheit erreicht, dann ist der Mensch nicht mehr auf Lernen und Grübeln angewiesen.[52] Die Entdeckung der Seele erschließt einen Vorgang des Erkennens, der nicht nur unter dem Gesichtspunkt der Entkräftung der Eschatologie die Schriftgelehr-

---

[50] Ibn Sīnā: al-Išārāt wat-tanbīhāt maʿa šarḥ Naṣīr ad-Dīn aṭ-Ṭūsī, ed. Sulaimān Dunjā, 4 Bde., 2. Auflage Kairo o. J., II, 343–358.

[51] Ebd., II, 388–394.

[52] Ebd., II, 395.

samkeit des Islams in Frage stellt, sondern vor allem die Scharia an sich entwertet. Denn sowohl die Axiome als auch über diese vermittelt die weiteren Einsichten kommen ohne die autoritativen Texte aus. Die Rechtfertigung dieses Erkenntnisvorganges mit dem koranischen Lichtvers, also mit einem autoritativen Text, kann schwerlich verdecken, wie kühn Avicenna die herkömmliche Gelehrsamkeit herausforderte. Er führte gleichsam Abrahams Weg zu dem durch Philo beschriebenen Ziel, den Weg, den der Koran schon nach dem Auszug aus Chaldäa abbricht.[53] Und mit der Entdeckung der Seele, die ihn bis an sein Lebensende umtrieb, eröffnete Avicenna dem Muslim die Gelegenheit zur Selbstvervollkommnung, die freilich ohne den Verzicht auf die Schariafrömmigkeit nicht zu erlangen sein würde.

Al-Ġazālī (gest. 1111), der vielleicht wirkmächtigste sunnitische Denker, ist ohne Avicenna nicht zu verstehen. Allerdings war al-Ġazālī zeit seines Lebens ein Verfechter des Sunnitentums in der schafiitischen schariarechtlichen Ausprägung. Ihm war während seiner Lehrtätigkeit an der Bagdader Niẓāmīja-Medresse ein grundlegender Mangel dieser Denktradition aufgegangen: Zwar war es möglich, durch immer vertracktere Analogieschlüsse formal für jeden Sachverhalt eine schariatische Bewertung zu konstruieren. Was jedoch nicht ohne weiteres gelang, war die Verwirklichung des solchermaßen errungenen „Wissens" im Daseinsvollzug; „Wissen" und Handeln harmonierten nicht miteinander. In der sufischen, aus dem unentwegten Gedenken Allahs erwachsenden Offenheit des Herzens für Allahs Gesetzeswillen glaubte al-Ġazālī, das Mittel zur Heilung der Disharmonie gefunden zu haben. Es ging ihm um ein „Wissen", das sich unmittelbar in einem gottgefälligen Handeln niederschlagen konnte, weil es nicht erst über spitzfindige Operationen des Verstandes aus den autoritativen Texten hergeleitet werden mußte. Daß letztere gleichwohl ihre für den Muslim unanfechtbare Bedeutung behielten, stand nicht in Frage.[54]

Die autoritativen Texte sollten jedoch, so al-Ġazālī, in einer Gesinnung redlichen Gottvertrauens beachtet werden. Die aschʿaritische Metaphysik, die die Seinsohnmacht des Geschaffenwerdenden lehrte, behielt ihre Gültigkeit. Allah ist von den Überlegungen der Geschöpfe unabhängig und kann in jedem Augenblick hervorbringen, was ihm beliebt. Jedoch sind üblicherweise manche Handlungen der Geschöpfe mit bestimmten Ergebnissen verknüpft. Die Bestellung des Ackers führt gewöhnlich zu einer Ernte, die zwar nicht der Bauer bewirkt, die Allah aber nach dessen Arbeit heranwachsen läßt. Die Arbeit ist nicht die Ursache der Ernte, aber es ist ein Zeichen der Weisheit (arab. *al-ḥikma*) Allahs, daß er üblicherweise zeitlich nach der Feldbestellung eine Ernte ermöglicht. Die Wahrheit der Augenblicksbezo-

---

53 Vgl. erstes Kapitel (Was ist der Islam?), II. 4.

54 Vgl. vierzehntes Kapitel (Was ist Sufismus?), III. 1.

genheit der asch'aritischen Metaphysik wird durch al-Ġazālī nicht bezweifelt. Aber sie wird von der Gewohnheit Allahs überwölbt, auf die der Glaubende vertrauen soll.

Diese Gewohnheit ist die dem Irdischen faßbare Erscheinungsform der Weisheit Allahs. Wie jeglicher Ratschluß des Einen Wahren ist diese Weisheit nicht durch den Verstand zu erkunden. Sie kann lediglich geschaut werden. Wie al-Ġazālī in einer Abhandlung an zahlreichen Beispielen zu zeigen suchte, kann man sie überall im Geschaffenwerdenden beobachten. Welche Weisheit verbirgt sich beispielsweise in der Gestalt der Vögel? Al-Ġazālī beginnt mit einem Zitat aus dem Koran: „Hat man denn nicht die Vögel gesehen, wie sie (Allah) dienstbar sind in der Luft des Himmels? Einzig Allah hält sie dort! Darin liegen Zeichen für Leute, die glauben" (Sure 16, 79). Daran knüpft er seine Überlegungen: Allah hat an den Vögeln nichts Schweres, nur Leichtes geschaffen, damit sie fliegen können; er gab ihnen keine Hände, aber die Beine, mit denen sie sich nicht nur über den Boden fortbewegen, sondern die sie nutzen, um sich in die Luft zu erheben. Manche Vögel haben zwischen den Zehen eine harte Haut wie auch an den Beinen. Diese Haut ist dick und grob, damit die Beine nicht durch Gefieder vor Hitze und Kälte geschützt werden müssen. Diese Beschaffenheit der Beine und Füße zeugt von der Weisheit Allahs, denn diese Vögel suchen sich ihre Nahrung im Schlamm oder im Wasser. Wären die Beine gefiedert, wäre das für die Vögel schädlich, da sich das Gefieder an diesen Stellen mit Wasser und Schlamm vollsaugen würde, was dem Fliegen abträglich wäre. In der Art, wie die Vögel sich ernähren und fortpflanzen, findet al-Ġazālī weiteren Stoff zur Untermauerung seiner These von der Weisheit Allahs, die sich im Schöpfungshandeln offenbart.[55]

Das Geschaffenwerdende insgesamt ist ein Zeichen für die Weisheit des Schöpfers, es ist die Metapher für die Wirklichkeit seines Schöpfungshandelns. Diese Wirklichkeit ist folglich nicht hier, im offenkundigen Seinsbereich zu erfahren, sondern im verborgenen, und dieser ist nicht mit dem Verstand zu entschlüsseln, sondern allein durch das Schauen, das „Schmecken" (arab.: *aḏ-ḏauq*), zu dem nur wenige Menschen begabt sind. In seiner Abhandlung „Die Nische der Lichter" beschäftigt sich al-Ġazālī mit diesem Thema, und, wie der Titel schon sagt, knüpft er seine Betrachtungen an den Lichtvers (Sure 24, 35). Damit bewegt er sich in den Fußstapfen Avicennas, den er im übrigen gut studiert hat. Anders als bei diesem ist es bei al-Ġazālī der Koran, der den Anlaß zur Suche gibt, und auch das Gesuchte unterscheidet sich von demjenigen Avicennas: Es ist nicht die Vollkommenheit der zum reinen Erkennen bereitgemachten Seele, sondern eben die in der Offenbarung wie auch

---

[55] al-Ġazālī: al-Ḥikma fī maḫlūqāt Allāh, in: Maǧmūʿat rasāʾil al-imām al-Ġazālī, Beirut 1994, I, 31–35.

im Schöpfungshandeln verborgene Weisheit Allahs. Al-Ġazālī legt den Lichtvers als die Schilderung des Aufstiegs vom Sehen im natürlichen Licht zum Schauen im höheren, geistigen Licht aus, in dem nicht nur die geschaffen werdenden Dinge an sich sichtbar werden, sondern auch deren Ursache.

Was der Koran verkündet, sind die Symbole des Wirklichen. In fünf Stufen vermag sich der Mensch zu deren eigentlicher Botschaft vorzuarbeiten. Die Wahrnehmungsfähigkeit, die erste, ist schon im Säugling angelegt, sofern er gesund ist; die zweite wird von der Vorstellungskraft besetzt, die die einmal wahrgenommenen Bilder bewahrt und bei bestimmten Gelegenheiten zu evozieren vermag; die dritte ist der Verstand, der aus Wahrnehmungen und Vorstellungen Schlüsse ziehen kann; viertens tritt die Denkkraft in Aktion, die die Verstandesschlüsse bewertet und deren Möglichkeiten unbegrenzt sind, da Verstandesschlüsse immer wieder miteinander kombiniert werden können und dadurch weitere hervorbringen; die fünfte Stufe erreichen nur die Propheten und wenige Gottesfreunde: Sie schauen das Verborgene. Hierdurch wird die Unbegrenztheit der Verstandesschlüsse eingehegt, wozu der Verstand nicht in der Lage wäre. Mit dem Zitat von Sure 42, Vers 52, schließt al-Ġazālī die Darlegung der fünf Stufen: „So gaben wir dir (Mohammed) einen Geist aus unserer Fügung ein. Vorher wußtest du weder, was die Schrift ist, noch, was der Glaube. Wir aber gaben dir (die Offenbarung) als ein Licht, durch das wir die Diener rechtleiten, die wir rechtleiten wollen. Du aber leitest nun zu einer geraden Straße.“[56] Die Fügung (arab.: *al-amr*) ist nach koranischem Sprachgebrauch das Medium, durch das Allahs Lenkung des Schöpfungsgeschehens in diesem zur Wirkung gebracht wird, und ein Teil dieser Fügung ist der Geist (arab.: *ar-rūḥ*) (vgl. Sure 17, 85), der durch Allah den Propheten und den Gottesfreunden eingegeben wird, also nicht zu den Gaben gehört, über die der gewöhnliche Mensch verfügt.

Nicht die rationale Durchdringung des Seienden, die nach Avicenna dem Menschen gelingen kann, da ihm eine Seele eigen ist, sondern die wie beim koranischen Abraham von der Wahrnehmung des Materiellen ausgehenden Sinneseindrücke und deren Verarbeitung durch den Verstand propagiert al-Ġazālī in seiner Auslegung des Lichtverses. Für ihn ist es die göttliche Eingebung, die bei den wenigen Erwählten den Prozeß des Erkennens krönt. Die im Schauen errungene Einsicht in die göttliche Weisheit ist das Höchste, was dem Menschen gewährt wird.

[56] Al-Ġazālī: Miškāt al-anwār, ed. ʿAfīfī, Kairo 1964, 76–78.

2. Maß und Zahl

„Die innere Widersprüchlichkeit (der Lehren) der Philosophen“ ist die Schrift al-Ġazālīs betitelt, in der er seine Vorbehalte gegen die Möglichkeiten eines nicht durch die Offenbarung eingegrenzten Rationalismus zur Sprache bringt. Große Namen wie Sokrates, Plato oder Aristoteles blendeten manche Muslime, so daß sie über die islamischen Pflichten der Verehrung Allahs spotteten, klagt al-Ġazālī gleich im Vorwort. Es geht ihm um die Entzauberung der Naturphilosophie, die auf oberflächliche Muslime dank der vorgeblich rationalen Betrachtung der Erscheinungen dieser Welt eine ungute Anziehungskraft ausübe. Und das völlig zu Unrecht, meint er. Denn das Denken der (Natur-)Philosophen ist in sich selber keineswegs widerspruchsfrei, noch läßt es sich bruchlos mit der koranischen Botschaft zur Deckung bringen. Indessen wäre es höchst schädlich, die durch Geometrie oder ähnliche Erkenntniswege erlangten Einsichten in den Weltenlauf als unislamisch zu leugnen. So ist nicht zu bestreiten, daß eine Sonnenfinsternis dadurch hervorgerufen wird, daß der Mond vor die Sonne rückt und die Erde gegen deren Licht abschirmt. Worauf es bei der Erforschung des Diesseits ankomme, sei zuerst die Festigung der Einsicht, daß die Erde in der Zeit geschaffen wird und daß sie das Werk des Einen, des ungeschaffenen Schöpfers ist. Die Frage, ob die Erde eine Kugel oder eine andere Form habe, ist demgegenüber nach al-Ġazālī zweitrangig.[57] Er entlastet auf diese Weise einen sehr großen Teil der autoritativen Texte von der Notwendigkeit, sich an den Lehren der Naturphilosophie messen zu lassen. Deren Gewicht ist gering, wenn man sie gegen die Botschaft des Korans und des Hadith auszuspielen versucht. Die (Natur-)Philosophen vermochten im übrigen, nicht schlüssig zu beweisen, daß die Seele eine geistige, in sich selber subsistierende und immaterielle Substanz sei.[58] Wie solle es möglich sein, daß die Universalseele sich in individualisierter Form auf einzelne Körper verteile? Auf diese Frage findet al-Ġazālī bei seinen Gegnern keine befriedigende Antwort.

Was die autoritativen Texte sagen, ist immer wahr, mag der Mensch nun seinem Erkenntnisdrang durch eine Erkundung des Diesseits Befriedigung verschaffen oder nicht. Sinnvoller und der Glaubenstreue dienlicher ist es nach al-Ġazālī in jedem Fall, das Geschaffenwerdende als ein Zeugnis für die Existenz des einen Schöpfers zu begreifen und in ehrfürchtigem Staunen über seine Weisheit zu verharren. Diese von al-Ġazālī empfohlene Gläubigkeit findet ihr Genügen daran, in den verborgenen Seinsbereich hinüberzuspähen, und ist sich der Unzulänglichkeit des Verstandes bewußt. Durch solches Schauen wird es gelingen, die autoritativen Texte und die beobachte-

---

[57] al-Ġazālī: Tahāfut al-falāsifa, ed. Sulaimān Dunjā, Kairo o. J., 59, 66f.

[58] Ebd., 260–267.

ten Eigenschaften und Funktionsweisen des Geschaffenwerdenden als eine widerspruchsfreie Einheit zu erfassen.

Ganz anderer Ansicht als al-Ġazālī war der andalusische Gelehrte Averroes (Ibn Rušd) (gest. 1198). Auch er war wie ersterer in den Schariawissenschaften hervorragend ausgewiesen, entstammte aber, wie noch auszuführen sein wird, einer anderen geistigen Tradition. Mit „Der inneren Widersprüchlichkeit der (ġazālīschen) ‚Inneren Widersprüchlichkeit' " schuf er ein Werk, das weithin als eine Magna Charta des islamischen Rationalismus angesehen wird. Averroes, Verfasser eines im mittelalterlichen Europa viel studierten Aristoteleskommentars, wird als der Gelehrte gefeiert, der nicht nur der Philosophie den Weg bereitet, sondern auch die Theologie von der geistigen Erstarrung befreit habe.[59] Für den islamischen Kulturkreis gilt das allerdings nicht, wie sich zeigen wird.

Greifen wir die vorhin erörterte Frage auf, die die (Natur-)Philosophen laut al-Ġazālī nicht zu beantworten gewußt hätten: Wie könne sich die Universalseele in jeweils individualisierter Form auf die Einzelmenschen verteilen? Averroes zeigt in diesem Zusammenhang, daß al-Ġazālīs Sicht der Dinge ein Weltbild voraussetzt, das außer den Geschöpfen nur den einen Schöpfer kennt, der sie nach seinem undurchschaubaren Ratschluß ins Leben ruft und sterben läßt. Tatsächlich aber zerteile sich die Universalseele nicht in die zahlreichen Individualseelen. Wie der Verstand jedes Menschen, der Intellekt (arab.: *al-ʿaql*), ein einziger, gleicher sei, der sich in seinen Funktionen von einem Gesamtintellekt herleite, so stifte die Seele in allen Individuen die gleichen Fähigkeiten, etwa diejenige der Wahrnehmung, deren *Inhalt* allerdings je nach Individuum und Situation höchst unterschiedlich sei. Indessen betont Averroes, daß der Gesamtintellekt eben wegen der Universalität seiner Axiome und Urteilskriterien dem Menschen die Möglichkeit allgemeiner Schlüsse gewährt.[60] Es wird an diesen wenigen Bemerkungen, die dem umfangreichen Buch „Die innere Widersprüchlichkeit der (ġazālīschen) ‚Inneren Widersprüchlichkeit' " entnommen wurden, deutlich erkennbar, daß Averroes der aristotelischen Philosophie offen gegenübersteht. Ihm ist die Einteilung des Seienden von der unbelebten Materie bis zum Menschen in Stufen von jeweils höherer Komplexität eine Selbstverständlichkeit. Den Gipfel dieser Stufen nimmt der selber unbewegte Beweger ein, den Muslime mit Allah gleichsetzen mögen. Was Averroes' Denken von demjenigen al-Ġazālīs grundsätzlich unterscheidet, sind die Daseinsstufen. Bei al-Ġazālī ist

---

[59] So die begeisterten Äußerungen des Herausgebers in Raif Georges Khoury (Hg.), in: Averroes (1126–1198). Der Triumph des Rationalismus, Heidelberg 2002, 8.

[60] Averroès: Tahafot at-tahafot, Texte arabe, établi par Maurice Bouyges S. J., Beirut 1930, 574 f.

jedes Geschöpf als ein Einzelnes in seinem ganzen Dasein unmittelbar zu Allah. Averroes leitet die Existenz eines jeden Menschen ebenfalls von einer einzigen höheren Macht her. Diese trägt aber keine personalen Züge, und ihr Zugriff auf den einzelnen Menschen ist dank den auf den jeweiligen Daseinsstufen wirkenden Fähigkeiten und Kräften vermittelt. Diese sind einer Durchdringung durch den Verstand zugänglich.

Aus eben diesem Grund feiert man Averroes als einen Befreier des Verstandes aus den Fesseln der Theologie. Die Ergründung des Geschaffenwerdenden nach Maß und Zahl hat im islamischen Westen, anders als im Osten, eine lange Tradition. Der Cordobeser Gelehrte Ibn Ḥazm (gest. 1064) schreibt in seinem breit angelegten Überblick über die ihm bekannte Religionsgeschichte der Menschheit, man habe seit der Antike das Schöpfungshandeln Allahs zu entschlüsseln versucht und sich dabei der Erkenntnishilfen „Zahl“ und „natürliche Veranlagung“ bedient. Diese Methode habe zu stimmigen Ergebnissen geführt, jedoch vielfach auch zu haltlosen Spekulationen und, weit schlimmer, zu einer Verachtung der durch die autoritativen Texte verbürgten Scharia. Allah habe in Sure 16, Vers 125, die Menschen zum Nachdenken über sein Schöpfungswerk aufgefordert. Erst wer dieses in allen Ausprägungen durchschaue, der „nimmt die gewaltige Bestimmungsmacht (arab.: *al-qudra*) Allahs wahr und erlangt Gewißheit, daß all dies die sichtbar werdende Kunstfertigkeit und der Wille eines frei entscheidenden Schöpfers ist“. Den Erforschern des göttlichen Schöpfungshandelns stehen die Verteidiger der alleinigen Geltung der autoritativen Texte gegenüber, die unter Vernachlässigung der Naturerkenntnis bisweilen den schrecklichsten Unsinn für wahr erklärten. Es könne aber nicht sein, daß ein Wort des Propheten gegen eine mit dem Verstand erschlossene Einsicht in die Tatsachen des Diesseits ausgespielt werde. Ibn Ḥazm war davon überzeugt, daß eine enge Vertrautheit mit der aristotelischen Logik den Weg zu einer Aufhebung des lästigen Widerstreits zwischen der rationalen Erfassung des Geschaffenwerdenden und der Scharia eröffnen werde.

Die Tradition der „naturwissenschaftlichen“ Analyse des Kosmos beginnt in al-Andalus mit einem um das Jahr 1000 bezeugten Astronomen Maslama al-Maǧrīṭī.[61] Allerdings findet sich schon in der Weisheit Salomonis (11, 20) die Aussage, Gott ordne die Schöpfung nach Maß, Zahl und Gewicht, was wie bei Ibn Ḥazm als ein Beleg für die göttliche Macht gewertet wird. Ob dieses Wort des Alten Testaments in al-Andalus fruchtbar wurde, muß ungeklärt bleiben. Was jedoch beachtet werden muß, ist die Tatsache, daß Ibn Tūmart (gest. 1130), der Gründer der Almohadenbewegung und wie Ibn Ḥazm ein scharfer Kritiker einer in selbstgenügsamen Spitzfindigkeiten er-

---

61 Tilman Nagel: Im Offenkundigen das Verborgene. Die Heilszusage des sunnitischen Islams, Göttingen 2002, 121 f.

stickenden Schariagelehrsamkeit, in seinen Schulungstraktaten genau Ibn Ḥazms Ansichten verficht: Allahs Schöpfungshandeln ist mit den Methoden der Mathematik und der Naturlehre zu ergründen; eben deswegen ist es ein Beweis für die umfassende Bestimmtheit des Geschaffenwerdenden durch Allah.[62] Ibn Tūmart schuf mit den Almohaden, den „Bezeugern der Einsheit Allahs", eine machtpolitisch sehr erfolgreiche Bewegung, deren Kader regelmäßig in den Inhalt seiner Schriften eingewiesen wurden. Die Almohaden gründeten in Nordwestafrika ein eigenes Kalifat und setzten 1145 nach al-Andalus über, um die beginnende Reconquista aufzuhalten, was ihnen immerhin bis 1212 gelang.

Als junger Mann kam Averroes mit den Mächtigen der Almohaden in Berührung. Wie einer seiner Lehrer diente er ihnen als Hofarzt. Vermutlich um 1159 erhielt er von Abū Jaʿqūb Jūsuf (regierte als Kalif von 1164–1183) den Auftrag, die Schriften des Aristoteles zu kommentieren.[63] Diese Arbeit verschaffte ihm dauerhaften Ruhm, vor allem im lateinischen Europa, wo im Gegensatz zur islamischen Welt unter den Gelehrten ein lebhaftes Interesse an den Schriften des Stagiriten bestand und man zudem einige seiner Schriften nur dem Titel nach kannte.

3. Die Vereinbarkeit von Überlieferung und Rationalität

Wie schon Ibn Ḥazm andeutete, stand die naturphilosophische Erkundung des Schöpfungshandelns Allahs unter dem Druck, sich gegenüber den Aussagen der autoritativen Texte zu rechtfertigen. Das mit dem Verstand Erschlossene (arab.: *al-maʿqūl*) war an dem zu messen, was durch Überlieferung mitgeteilt (arab.: *al-manqūl*) wurde. Letzteres hatte weit größeres Gewicht, denn es umfaßte Allahs unmittelbare Rede, den Koran, sowie das im Hadith verbürgte rechtgeleitete Tun und Lassen des Propheten. Averroes nahm sich dieses Themas in einer programmatischen Abhandlung an, der er den Titel „Entscheidende Aussage über die Verbindung, die zwischen der Weisheit und der Scharia besteht" gab. Den Begriff der Weisheit verwendet Averroes nicht im Sinne al-Ġazālīs als die Unauslotbarkeit göttlichen Handelns, die nur staunend geschaut werden kann.

Den Zweck der Abhandlung bestimmt Averroes so: „Ist nach Maßgabe der autoritativen Texte die Beschäftigung mit der Philosophie und dem durch Logik gewonnenen Wissen erlaubt?" Die Beantwortung dieser Frage soll nicht von einer neutralen Warte aus erfolgen, sondern ebenfalls unter Zugrundelegung jener autoritativen Aussagen (arab.: *aš-šarʿ*), denen somit

62 Ebd., 105–116.

63 Dominique Urvoy: Ibn Rushd (Averroes), London 1991, 33.

ausdrücklich das letzte Wort übertragen wird. Und natürlich auch das erste: Wie Ibn Ḥazm leitet auch Averroes die Pflicht zur Erkenntnis Allahs aus dem Koran ab, der die Menschen auffordert, aus der Schöpfung auf den einen Schöpfer zu schließen. „Haben sie denn nicht das (göttliche) Herrschen über die Himmel und die Erde erwogen und (alles), was Allah schafft!“ (Sure 7, 185). Dies sei eine eindeutige Aufforderung, unter Nutzung auf dem Verstand und auf autoritativen Aussagen beruhender Analogieschlüsse das Schöpfungshandeln zu durchdringen, ganz wie Abraham es tat (vgl. Sure 6, 75).[64] Denn wenn die Schariagelehrten aus dem Hinweis: „Denkt darüber nach, ihr Leute mit Scharfblick!“ (Sure 59, 2) das Gebot herleiten, schariatische Analogien zu bilden, um wieviel mehr kann sich der die Erkenntnis Allahs Erstrebende berechtigt fühlen, hierbei Verstandesanalogien aufzustellen? Wenn dies so ist, dann gilt es, zu den Büchern der Alten zu greifen, um deren Methoden zu studieren und von deren Erfahrungen zu profitieren.[65]

Auch mit der Schariagelehrsamkeit, meint Averroes, stehe es so: Auch sie sei im Laufe von Jahrhunderten entwickelt worden, weshalb der Kenner ohne die Schriften der Frühzeit des Islams nicht auskomme. Wenn manche Gelehrte bei der Erkundung des Schöpfungswerkes Fehler machten, werde dadurch keineswegs das Verfahren an sich in Frage gestellt. Denn wenn die Scharia, die die Wahrheit ist, die Muslime zu Überlegungen aufruft, die zur Erkenntnis der Wahrheit führen, dann weiß man doch ganz sicher, daß solche auf Beweise hinauslaufenden Überlegungen nicht zu Schlüssen führen können, die den autoritativen Texten widersprechen.[66] Averroes bestreitet nicht, daß viele Gelehrte bei der schwierigen Suche nach der Wahrheit Irrtümern aufgesessen sind. Doch gilt für sie das gleiche wie für die nach ernsthafter Suche fehlgehenden Schariagelehrten: Sie sind vor Allah entschuldigt. Drei Gattungen von Indizien führen zur Einsicht in die Existenz Allahs, des Prophetentums sowie des ewigen Glücks im Paradies und der ewigen Höllenpein: diejenigen der autoritativen Texte, die im Disput gewonnenen und die durch Beweisverfahren errungenen. Das treffe auch auf die Scharia zu, wer das leugne, sei ein Ungläubiger.[67]

Die autoritativen Texte dienen dem Zweck, das wahre Wissen und das wahre Handeln sicherzustellen. Das wahre Wissen erstreckt sich auf Allah und alles, was dank seinem Schöpfungshandeln existiert. Die breite Masse der Glaubenden ist nur in der Lage, unmittelbar aus den autoritativen Texten diese Wahrheit aufzunehmen. Die durch den Disput zu Überzeugenden stel-

---

64 Vgl. erstes Kapitel (Was ist der Islam?), II. 4.

65 Ibn Rušd: Faṣl al-maqāl fī-mā baina l-ḥikma waš-šarīʿa min ittiṣāl, ed. Muḥammad ʿAmmāra, Kairo 1983, 22–26.

66 Ebd., 31.

67 Ebd., 44 f.

len höhere Ansprüche an den Weg zur Aufdeckung der Wahrheit, die höchsten haben diejenigen, die für die zur absoluten Gewißheit führenden Beweise aufgeschlossenen sind. Sie bilden eine winzige Minderheit, und Averroes hält es wie Avicenna für falsch, die von ihnen bevorzugten Auslegungen den für die Masse bestimmten Büchern anzuvertrauen.

Averroes wirft den zu seiner Zeit seit langem eingewurzelten islamischen Denkrichtungen wie etwa dem Asch'aritentum vor, die drei durch den Koran autorisierten Methoden der Unterweisung verlassen zu haben. Die ersten Muslime hätten noch gewußt, daß man die Koranverse möglichst in ihrem offensichtlichen Wortsinn verstehen müsse. Erst später sei das Bedürfnis aufgekommen, den Koran nach eigenen Einsichten auszulegen (arab.: *at-ta'wīl*),[68] was zu unguten Abweichungen von der Scharia geführt habe. Gegen dieses Übel helfe nur die Rückkehr zum Korantext selber. Soweit als irgend möglich, müsse man sich auf dessen schlichten, offensichtlichen Wortlaut berufen. Nur in solchen Fällen dürfe man sich auf eine Auslegung einlassen, in denen jedermann die Notwendigkeit einer Auslegung einleuchte. Nur die Minderheit der zu induktiven Beweisverfahren Begabten vermöge zu erkennen, wann ein Vers, dessen Sinn die Mehrheit für offensichtlich halte, einer Auslegung unterzogen werden dürfe. Die koranischen Aussagen zum durch Allah gestaltet werdenden Kosmos und zu dem ihm unterliegenden Gesetz sind nämlich allen einsichtig. Sie weisen drei Eigenschaften auf, die sich aus dem Wundercharakter (arab.: *al-i'ǧāz*)[69] des Korantextes ergeben: Kein Text überzeugt die Massen so unerschütterlich wie der Koran; dank seiner besonderen Prägung bezwingt er den Geist fast aller Menschen, bis auf die schmale Elite, die bei manchen Versen die Notwenigkeit der Auslegung erkennt; solche Verse enthalten „für die Leute der Wahrheit" Hinweise „auf die wahre Auslegung". Averroes ist sich dessen sicher, daß er mit den Einsichten, die er hier vorträgt, die angedeuteten Mängel des mu'tazilitischen und asch'aritischen Umgangs mit den autoritativen Texten behoben habe. Er will einen rationalistischen Umgang mit dem Koran nicht in die breite Masse der Glaubenden einsickern lassen, da dies nur Unheil stifte und unerwünschte, zur koranischen Botschaft in Wahrheit nicht passende Vorstellungen (arab.: *al-bid'a*, Pl. *al-bida'*) freisetze.[70]

Schon al-Ġazālī wollte das Problem der Unvereinbarkeit autoritativer Aussagen mit dem durch jedermann beobachteten Befund im Geschaffenwerdenden zwar unter Einsatz des Verstandes untersuchen. Im Falle einer unmöglichen Harmonisierung sollte aber die autoritative Aussage gelten, und zwar nach einer resignierenden Berufung auf die Allmacht Allahs, dem eben alles

[68] Vgl. viertes Kapitel Was ist der Koran?, V. 2.

[69] Ebd., V. 3.

[70] Ibn Rušd: Faṣl al-maqāl, 64–67.

möglich sei. Der Ausweg in das Verborgene, wo man Allahs Weisheit erspähen könne, sofern man dazu befähigt sei,[71] überspielt mit großem, lang anhaltendem Erfolg das Unbefriedigende dieser Lösung. Averroes, der in einer Denktradition steht, die das Schöpfungswerk nach Maß und Zahl zu erforschen bestrebt ist, macht sich über die Folgen einer eigenständigen rationalistischen Auslegung der autoritativen Aussagen keine Illusionen. Um das Gemeinwesen der Glaubenden nicht zu gefährden, will er den Einsatz des eigenen Verstandes einer Minderheit vorbehalten. Stillschweigend erkennt er an, daß der Koran der eine Leitstern alles rationalen Denkens ist und bleiben muß. Dem Satan ist es schließlich übel bekommen, daß er sich dem Befehl Allahs aufgrund eigener Überlegungen widersetzte.

Die Frage der möglichen Vereinbarkeit der autoritativen Aussagen mit den durch den Verstand erschlossenen Einsichten in den Kosmos ist auch nach Averroes vielfach erörtert und stets zugunsten der ersteren entschieden worden. Dabei konnte es zu seltsamen Auffassungen über die Welt kommen, nur damit die Aussagen von Koran und Hadith „gerettet" wurden.[72] Daß Averroes als Kommentator des Aristoteles in der islamischen Welt eine Durchbrechung der Herrschaft der autoritativen Texte (arab.: *aš-šarʿ*) zugunsten einer befreiten Rationalität bewirkt habe, will man in der Islamwissenschaft, sofern sie sich mit der Rezeption der Antike durch einzelne Muslime befaßt, gerne glauben. Doch allein schon der Umstand, daß Averroes als ein ausgewiesener Schariagelehrter für die ungefährdete Geltung des *šarʿ* kämpft und daher nur wenigen seine Einsichten zugänglich machen will, macht deutlich, daß die antike Philosophie unter den Muslimen zwar einige ernsthafte Interessenten fand, aber im ganzen gesehen auf einem verlorenen Posten stand. Das liegt nicht nur an dem möglich gewordenen Einblick in das Verborgene, von dem ab dem 12. Jahrhundert mehr und mehr die Rede ist.

Es liegt vor allem an einem Wesenszug des islamischen Rationalismus selber, der merkwürdigerweise in der Erforschung der Rezeption der antiken Philosophie durch Muslime kaum eine Rolle spielt.[73] In Averroes' „Entscheidender Aussage" ist er allgegenwärtig. Die an die Geltung des *šarʿ* gebundene Tätigkeit des Verstandes stellt immer nur fest, was für einen Augenblick, einen einzigen durch Allah gewirkten Sachverhalt gilt. Die Scharia ermittelt die göttliche Bewertung einer Handlung, die Metaphysik erkundet Allahs Schöpfungshandeln. Dieses ist gemäß der aschʿaritischen Metaphysik, die das Sunnitentum beherrscht, von Augenblick zu Augenblick, und zwischen den Augenblicken besteht keine analysierbare Beziehung. Der islamischen Rationalität fehlt das ihre Augenblicksbezogenheit überspannende

[71] Tilman Nagel: Die erdrückende Last des ewig Gültigen, Kapitel XI (al-Ġazālī).
[72] Ein Beipiel ebd., Kapitel XVII (Ibn Taimīja).
[73] Vgl. zwanzigstes Kapitel (Was ist Islamwissenschaft?).

Element der Vernunft,[74] der selbständigen Reflexion der durch den Verstand ausgedeuteten Wahrnehmungen. An der Stelle der Vernunft ist Allah als die eine Quelle der autoritativen Texte allgegenwärtig. Die Weisheit seines Handelns manifestiert sich im Kosmos und im Gesetz. Der innere Zusammenhang der beides konstituierenden Gegebenheiten kann allenfalls geschaut werden, und zwar in der Zeit- und Ortlosigkeit des Verborgenen.

---

[74] Für die in Europa spätestens seit Immanuel Kant übliche Unterscheidung zwischen Verstand und Vernunft gibt es im islamischen Schrifttum keine Entsprechung. Der Begriff *ʿaql* wird von wohlmeinenden Übersetzern je nach Belieben auch mit „Vernunft" wiedergegeben, wodurch der Sinn für den deutschen Leser, der Verstand und Vernunft voneinander zu unterscheiden weiß, verfälscht wird.

Sechzehntes Kapitel

Was ist Salafismus (reformierter Islam)?

I. Heutige Erscheinungsformen des Salafismus

1. Die Flagge des Islamischen Staates

Bärtige Männer, meistens schwer bewaffnet, schwingen ein schwarzes Tuch: die Flagge des Islamischen Staates. In weißen Schriftzügen steht im oberen Drittel der erste Teil der islamischen Glaubensbezeugung: „Es gibt keinen Gott außer Allah!" Das untere Drittel nimmt ein kreisrunder weißer Fleck ein, in dem in schwarzen Buchstaben der zweite Teil geschrieben steht: „Mohammed ist der Gesandte Allahs!" Die drei arabischen Wörter sind aber nicht von oben nach unten angeordnet, wie man erwarten würde, sondern von unten nach oben. „Mohammed" steht unten, „Allah" oben. Dieser Aufbau der Flagge ist von erhellender Symbolik. Er verdeutlicht dem Kenner in trefflicher Weise die Grundideen einer weit in die Vergangenheit zurückreichenden Auslegung des Islams und der sich für den Glaubenden aus seinem Islam ergebenden Pflichten, die man mit Recht als Salafismus bezeichnet. Abwegig ist indessen die im Westen oft geäußerte Ansicht, dieser Salafismus sei eine Entartung eines erst im Zusammenhang mit dem Zusammenstoß mit der europäischen Zivilisation entstandenen „politischen" Islams. Erst jetzt hätten Muslime, gleichsam zur Abwehr des übermächtig erscheinenden Fremden, sich auf den frühen Islam und dessen Träger, die „frommen Altvorderen", *as-salaf aṣ-ṣāliḥ*, berufen.

Entschlüsseln wir die Botschaft der Flagge! Zuerst ist ihre schwarze Farbe zu bedenken. Sie taucht schon in der frühen islamischen Geschichte als ein Banner auf, unter dem sich Muslime versammeln, die der Überzeugung sind, die Welt werde von widerislamischen Kräften beherrscht, die, was als besonders niederträchtig verdammt wird, vorgeben, Muslime zu sein. Die aufständischen, die vom Osten Irans aus gegen die Omaijaden zu Felde zogen und schließlich im Jahre 749 in Kufa den ersten Abbasiden, as-Saffāḥ (reg. 749–754), zum Kalifen ausriefen, nutzten schwarze Standarten als ihre Erkennungszeichen im Kampf. Dieser galt ihnen als der in Hadithen angeblich von Mohammed vorausgesagte große Endkampf der irdischen Geschichte, in dem alles Widergöttliche ein für allemal bezwungen werden wird. Verkörpert in der Gestalt des „großen Lügners" (arab.: *ad-daǧǧāl*), übt es eine illegitime

Herrschaft über die Muslime aus.[1] Die Glaubenden sollten alle ihre Kräfte aufbieten, um diese Tyrannei zu zerschlagen. Niemals werde fortan den Glaubenden Gewalt angetan, denn die Herrschaft der Rechtleitung nach dem Vorbild Mohammeds sei angebrochen, versprach man der Menge bei der Inthronisierung as-Saffāḥs.[2]

Das oberste Gebot, das der Muslim nach salafistischer Ansicht während seines ganzen Dasein unentwegt in allen Konsequenzen erwägen und in seinem Dasein verwirklichen muß, ist die Bezeugung, daß es keinen Gott außer Allah gibt. Deswegen nimmt der Schriftzug des ersten Gliedes der muslimischen Glaubensbezeugung[3] den oberen Raum des schwarzen Tuches ein. Die Ein-Gott-Bezeugung der Salafisten ist allerdings so streng, daß der Prophet, der im zweiten Glied der Bezeugung angesprochen wird, nicht im Schriftbild vor oder über Allah zu stehen kommen darf; daher die Anordnung der drei Wörter von unten nach oben.

2. Ein salafistischer Schulungstext

Im Internet kursieren salafistische Schulungstexte in vielen Sprachen. Nur wenige erreichen über platte Vorschriften zur lebenspraktischen Verwirklichung des Ein-Gott-Glaubens hinausgehende Aussagen. Die „Kurze Beschreibung des Minimums an Dogmatik, das notwendig ist, um als Muslim zu gelten" ist ein in russischer Sprache verfaßter Text, der vermutlich aus der Ukraine stammt, da deren Gesetze und zudem krimtatarische Zeremonien erwähnt werden. Ich gebe den Inhalt so ausführlich wie nötig wieder, da er als Grundlage für die weitere Beschäftigung mit dem Salafismus und seinen geschichtlichen Wurzeln hervorragend geeignet ist.[4]

Der Text setzt mit einigen sehr allgemeinen, nicht aufeinander abgestimmten Aussagen über den Eingottglauben (arab.: *at-tauḥīd*) ein. „Ich glaube, daß der *tauḥīd* die Grundlage des Islams und des Glaubens ist. Um des *tauḥīd*s willen schuf Allah die Menschen und die Dschinnen (vgl. Sure 51, 56), um des *tauḥīd*s willen schickte er seine Gesandten. Die Unantastbarkeit des Eigentums und des Lebens hängt davon ab, daß in den Menschen der *tauḥīd* vorhanden ist. (Allah befahl gegen die Menschen zu kämpfen, bis sie alles verwerfen, vor dem sie sich anstelle Allahs verbeugen.)".[5]

---

[1] Vgl. siebtes Kapitel (Was lehrt der Islam über das Jenseits?), I. 2. Vgl. ferner Tilman Nagel: Untersuchungen zur Entstehung des abbasidischen Kalifats, Bonn 1972 und Moshe Sharon: Black Banners from the East, 2 Bände, Jerusalem 1983 und 1990.

[2] Tilman Nagel: Rechtleitung und Kalifat, Bonn 1975, 91–95.

[3] Vgl. erstes Kapitel (Was ist der Islam?), II. 4.

[4] Quelle: qaadiy@gmail.com/www.tawhiid.com (2012).

[5] Klammern im Original.

Die Bezeugung, daß es nur einen Gott gibt, ist der größte Akt von Gerechtigkeit, den ein Mensch ausführen kann, sie hat am Jüngsten Tag am meisten Gewicht. Denn jeder, der den *tauḥīd* bezeugt, wird früher oder später ins Paradies gelangen, und hätte er noch so viele Verfehlungen auf sich geladen. Im Gegensatz dazu ist die „Beigesellung" (arab. *aš-širk*) die schwerste denkbare Verfehlung, die durch noch so viele gute Taten nicht aufgewogen werden kann. Denn die Eingottbezeugung ist das Recht, das Allah gegen seine Knechte geltend macht. Somit ist der *tauḥīd* der Grund weswegen man die Menschen in gute und schlechte einteilt, der einzige Maßstab, nach dem man seine Umwelt beurteilt. Ein sündhafter Bekenner des *tauḥīd* ist viel besser als der wohltätigste, beste Polytheist (arab.: *al-mušrik*). „Denn die Polytheisten sind Schmutz, haben keinen Ruhm, keine Würde, sie sind unsere Widersacher." Allenfalls mit nicht feindseligen Polytheisten kann es eine korrekte Beziehung geben, die jedoch keine Begünstigung ihres Polytheismus nach sich ziehen darf. Der *tauḥīd*, zu dem man die Menschen aufrufen muß, ist der erste und wesentliche Teil des Islams und der Glaubenslehre. Das rituelle Gebet, die Läuterungsgabe und das Fasten sind ihm nachgeordnet. Dem *tauḥīd* sind überhaupt alle Handlungen des Islams nachgeordnet, ohne die Eingottbezeugung bleiben sie wertlos. Hingegen ist die Unterlassung der Pflichtriten bei Vorhandensein des *tauḥīd*s nur eine Verfehlung.

Der *tauḥīd*, durch Allah in jedem Menschen angelegt, entspricht der ursprünglichen Natur des Menschen. Die „Beigesellung" trat erst danach als eine Krankheit auf. Der *tauḥīd* geht auf die Zusage zurück, die Allah den Söhnen Adams abnahm. „Bin ich nicht euer Herr?" fragte Allah sie, und sie antworteten: „Ja, das bezeugen wir." (Sure 7, 172 f.). Kein Mensch kann also behaupten, er habe von der Verpflichtung zum *tauḥīd* nichts gewußt. Jeder, der „Vielgötterei" übt, ob er die Bedeutung der Formel „Es gibt keinen Gott außer Allah" kennt und ausspricht oder nicht, sich zum Islam zählt oder nicht, ist ein „Beigeseller". Jeder, der es verabsäumt, einen solchen Muslim für einen Ungläubigen zu erklären (arab.: *at-takfīr*), ist selber der Vielgötterei verfallen.

Nach diesen einführenden Bemerkungen, deren Rigorosität im ganzen Text durchgehalten wird, wendet sich der Verfasser den Stufen der Eingottbezeugung zu. Deren erste ist das Wissen und besagt, daß man den beschriebenen unversöhnlichen Gegensatz von *tauḥīd* und „Beigesellung" kenne und sich stets die Pflicht vergegenwärtige, den Muslimen Treue (arab.: *al-walāʾ*) zu erzeigen und sich von den „Beigesellern" loszusagen. Das Werkzeug, mit dem man dieses Wissen festhält und kultiviert, ist der Verstand. Auf der zweiten Stufe folgt das Empfinden. Der wahre Eingottbezeuger liebt Allah und alle seine Glaubensbrüder. Er gibt niemals dem Zweifel einen Raum. Das Empfinden beweist sich nicht zuletzt im Abscheu gegen die „Beigeseller", deren gesellschaftliche Ordnung (arab.: *aṭ-ṭāġūt*) er haßt und von denen er sich lossagt. Das Organ des Empfindens ist das Herz.[6] Das Wissen und das Empfinden formen das Handeln, die dritte Stufe des Bezeugens des *tauḥīd*, das stets auf die Gesellschaft Bezug nimmt. Das Verhalten zu der ihm feindlich gesonnenen ungläubigen Gesellschaft bildet die vierte Stufe seines *tauḥīd*. Der Salafist, der die Eingottbezeugung ernstzunehmen hat, wird unermüdlich danach streben, die Beziehungen zu den Menschen entsprechend dem *tauḥīd* zu gestalten. Er hat folglich die Menschen unbeirrbar zur Annahme des *tauḥīd* aufzufordern und ihnen den *širk* zu verbieten. Er muß Treue und Lossagung entsprechend seiner Eingottbezeugung praktizieren, den „Beigesellern" Feindschaft erzeigen, ihnen nicht beistehen in ihren polytheistischen Handlungen; er darf sich nicht an Orten aufhalten, wo solche Handlungen verübt werden. Diese vier Stufen, das Wissen, das Empfinden, das Handeln und die Erringung der Herrschaft über das gesellschaftliche Umfeld bilden ein Ganzes; auf keiner von ihnen sind Versäumnisse zulässig.

Es folgen nun praktische Beispiele für die Anwendung der einer jeden Stufe zugeordneten „Werkzeuge". Wer das Wissen vom *tauḥīd* besitzt, muß auch verstehen, daß der Parlamentarismus, die Demokratie, die Teilnahme an Wahlen *širk* sind, desgleichen der Nationalismus, der Humanismus, der Kapitalismus, der Kommunismus. Selbst wenn ein Muslim dies nicht wissen sollte, bleibt er des *širk* schuldig, weil er diese Ideen, deren polytheistisches Wesen er nicht kennt, von den Ungläubigen übernommen hat. *Širk* liegt auch vor, wenn man sich der Gerichtsbarkeit des bestehenden nicht-salafistischen Gemeinwesens, des *ṭāġūt*, unterstellt. Wer zusammen mit einem Muslim, der in der Armee dient oder an Wahlen des *ṭāġūt* teilnimmt, das rituelle Gebet vollzieht, wird selber zu einem „Beigeseller". Der Schulungstext erläutert: „Es gibt einen Ungläubigen A. Wenn (der Salafist) B diesen nicht für einen Ungläubigen erklärt, ist B selber ein Ungläubiger. Wenn C (in diesem Falle) B nicht für einen Ungläubigen erklärt, dann ist auch C ein Ungläubiger" usw. Wenn ein Salafist darauf verzichtet, diejenigen, die seine Überzeugung nicht teilen, aus der Gemeinschaft der wahren Glaubenden auszustoßen, dann wuchert der Unglaube unweigerlich in diese Gemeinschaft hinein. Denn Unwissenheit ist kein Schutz davor, ein Ungläubiger zu werden. Um diese Gefahr zu bannen, sind die Empfindungen entsprechend zu steuern. Liebt ein muslimischer, d.h. salafistisch gesonnener Sohn seine ungläubige Mutter, dann muß er ihr gegenüber ein Minimum an verhohlener Feindschaft empfinden. Ist dies nicht der Fall, dann bedeutet das, daß er der „Beigesellung" gegenüber gleichgültig ist.

Wer eine als „Beigesellung" zu wertende Handlung begeht, ist ein Polytheist; er ist aus der Gemeinschaft der Muslime ausgeschieden. Eine Hand-

---

6 Anpassung an das europäische Menschenverständnis; im islamischen Kulturkreis ist das Herz das Organ des Verstandes.

lung der „Beigesellung" ist allenfalls zu rechtfertigen, wenn ein Muslim sie unter der Androhung des Todes, der Verstümmelung, der Entziehung eines Organs des Körpers oder harter Folter begeht. Leichte Schläge, der Unwille der Mitmenschen, die Mahnungen der Eltern gelten in keinem Fall als ein Zwang, der einen Akt der „Beigesellung" entschuldigen könnte. Somit ist auch das Verhalten des wahren Muslims in der ungläubigen Gesellschaft vorgegeben: Es ist ihm strikt verboten, die „Beigeseller" zu lieben, sich vor ihnen aus Höflichkeit zu verbeugen, gar ihnen gefallen zu wollen. Mit ihnen darf man nicht wie mit wahren Muslimen umgehen. Man hat sie für Ungläubige zu erklären, selbst wenn sie das rituelle Gebet vollziehen. In ihrer Gemeinschaft darf man nicht beten; auf keinen Fall darf man sie als Richter, Vorgesetzte oder Imame akzeptieren. Dies wäre nämlich bereits ein Ausdruck des Unglaubens. Freilich meinen manche Salafisten, es sei statthaft, sich dem Urteil eines für ungläubig anzusehenden Richters zu unterwerfen, sofern dieser entsprechend dem Islam seine Urteile fällt. Dies sei freilich ein Irrtum, der als Unglaube zu verdammen sei. Denn die Haltung des *walāʾ*, zu der ein Muslim verpflichtet ist, meine nur die Loyalität gegen die muslimische Obrigkeit. Solcher Leichtsinn, der darauf hinausläuft, daß Muslime unter einer nichtmuslimischen Staatsmacht leben dürften, ist nicht zu dulden. Ungläubig seien mithin alle Muslime, die die Pflicht des *walāʾ*,[7] der Unterordnung unter eine *im Islam gründende Vormacht*, nicht zu den unabdingbaren Grundlagen des Islams zählen. Zwar verspreche Allah in Sure 2, Vers 141, daß die wahren Muslime für das, was jene nicht Glaubensfesten, also Ungläubigen, getan hätten, im Jüngsten Gericht nicht zur Rechenschaft gezogen würden. Auf eine solche Großzügigkeit Allahs darf man sich jedoch nicht verlassen.

Nunmehr kommt der Schulungstext auf das Verhältnis des echten Muslims zum säkularen Staat zu sprechen. Es kann nur durch und durch negativ sein, denn alles andere bedeutet, dem Polytheismus anheimzufallen. Wer beispielsweise bei den Festtagsumzügen und Paraden etwa der Christen oder Krimtataren zugegen ist, wird zum „Beigeseller", desgleichen, wer aufsteht, wenn die Nationalhymne gespielt wird, obwohl er diesen Akt der Ehrerbietung im Herzen nicht billigt und die Füße bewegt bzw. mit den Augen blinzelt, um das Ritual zu zerstören, wie dies die eben erwähnten Gruppen tun, die das Urteil eines als ungläubig zu bewertenden Richters annehmen.

In Betreff der Staatsbürgerschaft sind unterschiedliche Meinungen möglich. Denn Mohammed bat bisweilen Allah sogar für Ungläubige um Vergebung. Dadurch wurden diese zwar nicht zu Muslimen, aber immerhin wurde ihnen die Höllenstrafe gemildert. Später habe Mohammed von solchen Fürbitten abgelassen. Daraus ist zu schließen, daß man nicht unbedingt jeman-

[7] Vgl. achtes Kapitel (Was sind Imamat, Kalifat und Sultanat?), II. 3. und neunzehntes Kapitel (Was lehrt der Islam über die Frauen und die Ehe?); II. 1.

den um der Staatsangehörigkeit willen zum Ungläubigen erklären muß. Wenn jedoch ein Glaubender das Wesen der im Islam gründenden Unterordnung (arab.: *al-walāʾ*) nicht kennt, nämlich nicht weiß, daß sie anderen Muslimen das Recht einräumt, über einen zu verfügen, und die Pflicht nach sich zieht, sich jenen anderen zu unterwerfen, dann ist die Achtung der Staatsangehörigkeit nicht zu rechtfertigen. Sie läuft auf Unglauben hinaus, und die Unkenntnis dieses Umstandes schützt einen nicht davor, daß man von den wahren Muslimen für ungläubig erklärt wird. Die Frage, welches der Sinn der Staatsbürgerschaft sei, läßt daher nur scheinbar ein unterschiedliches Verständnis zu; denn jegliche Art von Verpflichtung gegen den als ungläubig gewerteten Staat ist aufgehoben.

Bei Ungläubigen zu arbeiten, ist erlaubt, aber nicht wünschenswert, da es diesen einen Nutzen verschaffen kann. Ungläubig ist in jedem Fall, wer im ungläubigen Staat eine Funktion bekleidet. Die Arbeit bei Ungläubigen wird von einigen als eine Frage des unzulässigen *walāʾ* angesehen, der Unterwerfung unter den *ṭāġūt*. Wie schon gesagt wurde, darf man einem ungläubigen Vorgesetzten eine solche Unterwerfung nicht erzeigen. Man muß daher das Arbeitsverhältnis im Vertrag so formulieren, daß der Ungläubige zwar als Person erwähnt, nicht aber als Arbeitgeber oder Vorgesetzter bezeichnet wird. Nicht statthaft wäre ein Text wie: „Ich als (nichtmuslimischer) Arbeitgeber gebe dir Geld, du mußt dafür die genannte Arbeit leisten; wenn du dies nicht willst, dann gib mir das Geld zurück und geh deiner Wege!" Ähnliches gilt, wenn ein Muslim bei den Ungläubigen um Asyl oder um ein Visum nachsucht: Formal gesehen, bittet in einem solchen Fall der Muslim um das Urteil eines Ungläubigen, was unzulässig ist. Das Urteil des Ungläubigen betrifft jedoch hier keine Angelegenheit der Scharia und keinen Gegenstand, der allein die Muslime angeht. Ein Ungläubiger entscheidet vielmehr, ob er sein Eigentum dem Asylanten zum Nießbrauch überlassen will. Niemand tut dem muslimischen Asylanten Zwang an, so daß von *walāʾ*, von irgendeiner Verpflichtung des Muslims, nicht die Rede sein kann. Vielmehr sagt der aufnehmende ungläubige Staat: „Ich erlaube dir, mein Eigentum unter den folgenden Bedingungen zu gebrauchen." Wenn keine dieser Bedingungen der Scharia widerspricht, dann wird der muslimische Asylant nicht zum Ungläubigen.

Die theologischen Grundlagen dieses Verhaltens legt der Schulungstext nun in drei Schritten dar. Im ersten befaßt er sich mit der „Einsheit des Herrseins" (arab.: *tauḥīd ar-rubūbīja*), worunter der Autor die uneingeschränkte Herrschaft Allahs über die materiellen und immateriellen Gegebenheiten des durch ihn geschaffen werdenden Diesseits versteht. Danach wendet er sich der „Einsheit des Gottseins" (arab.: *tauḥīd al-ulūhīja*) zu, die mit der unverbrüchlichen Verehrung Allahs und der ständigen Demut vor ihm zu beschreiben ist. Im dritten Schritt, in der „Einsheit Allahs in seinen Namen" (arab.:

at-tauḥīd fī asmā' Allāh), steht die Lehre von den Attributen Allahs zur Debatte.

Die „Einsheit des Herrseins" stellt den Glaubenssatz in den Mittelpunkt, daß einzig Allah bewirkt, was in und mit seiner Schöpfung vorgeht. Er hält die Fäden der Kausalität in den Händen. Nicht nur in der materiellen Sphäre geht alles auf sein souveränes Handeln zurück, sondern auch in derjenigen der Deutung des von ihm allein gestalteten Handelns: Er bestimmt die Daseinsordnung des Menschen, indem er die Propheten aussendet. Desgleichen beherrscht er allein die geistige Sphäre des Menschen. Denn er hält das Herz des Menschen mit seinen Fingern,[8] er kontrolliert die Empfindungen, er leitet die Menschen zum wahren Glauben oder in die Irre. Zahllos sind die Möglichkeiten, sich bei nicht hinreichender Beachtung dieses Aspektes des *tauḥīd* in „Beigesellung" zu verstricken. So gehören beispielsweise die Philosophen zum *ṭāġūt*, weil sie vermeinen, mit eigener Kraft die Wahrheit finden zu können.

In Bezug auf die materielle Sphäre besagt die Bezeugung der „Einsheit des Herrseins", daß Allah die Menschen und ihre Handlungen erschafft. Diese sind durch Allah vorherbestimmt, niemand außer ihm kann diese Bestimmung ändern. Zugleich aber gilt, daß der Mensch für seinen Willen verantwortlich ist. Will der Mensch etwas Schlechtes, so wird er dafür gerügt und es wird ihm als Fehltritt angerechnet, will er etwas Gutes, so wird ihm eine Belohnung gutgeschrieben. „Der Verstand kann nicht begreifen, wie er diese zwei Prinzipien (Vorherbestimmung und Verantwortlichkeit) vereinen kann. Dieses Thema birgt ein Geheimnis, und darüber zu streiten, auf Einzelheiten einzugehen, Widersprüche zu suchen, ist die Ursache des Verderbens und des Eintretens in den Unglauben." Man muß an die folgenden zwei Grundsätze glauben: Alles, was im Universum geschieht, geschieht nach dem Willen Allahs; der Mensch ist verantwortlich, für eine schlechte Tat wird er bestraft, für eine gute belohnt.

Für die geistige Sphäre gilt, daß wir die Wahrheit nur finden können, indem wir uns auf den Koran und die *sunna* stützen. Alles andere – der Verstand, die Mehrheit in der parlamentarischen Demokratie, die Worte der Führer, Weisen, Scheiche, Theologen usw. – ist Lüge. Alle Menschen, die den eben aufgezählten Gegebenheiten und Personen eine gesetzgeberische Gewalt beimessen, sind „Beigeseller". Vertreter eines solchen „Polytheismus" sind die Philosophen, die Sufibruderschaften und zahlreiche andere Gemeinschaften, die nicht auf dem Boden der Scharia stehen.

---

[8] Anspielung auf ein weitverbreitetes Hadith, demzufolge Allah die Herzen der Menschen zwischen zwei Fingern hält und nach Belieben hin und herwendet; das Bild wird als ein Ausdruck der göttlichen Bestimmungsmacht aufgefaßt (z.B. Muslim: Ṣaḥīḥ, qadar Nr. 17).

Die „Einsheit des Herrseins“ Allahs erwägt die Allmacht, die er in seinem Verhältnis zum Geschaffenwerdenden ohne jede Unterbrechung zur Geltung bringt. In der „Einsheit des Gottseins“ (arab.: *tauḥīd al-ulūhīja*) kommt die sich aus dieser Allmacht ergebende uneingeschränkte Verehrung zur Sprache, die der Mensch ihm schuldet. Sie läßt sich in sechs Bereiche gliedern: 1. Allah ist über alles zu lieben; 2. er ist unentwegt zu fürchten; 3. das Geschöpf hat sich vor Allah zu demütigen; 4. er allein darf um Hilfe angefleht werden; 5. nur auf ihn darf das Geschöpf hoffen; 6. ihm hat es sich zu unterwerfen. Daraus resultieren sechs allgemeine Verhaltensregeln, die, nachdem sie kurz aufgezählt worden sind, ausführlich erörtert und auf die salafistische Wirklichkeit bezogen werden. Ad 1: Allah zu lieben bedeutet, den *ṭāġūt* zu hassen; ad 2: Jemand anderen als Allah zu fürchten, ist „Beigesellung“, da es bedeutet, daß man glaubt, jemand außer Allah könne einem einen Schaden zufügen; ad 3: Sich vor jemand anderem als Allah zu verbeugen, ist „Beigesellung“; das gilt selbst für herausragende Orte des islamischen Kultes. Sich vor der Kaaba zu verbeugen, ist allerdings nur eine „kleine Beigesellung“, denn sie ist in der Tat ein Symbol von höchstem Wert; ad 4: Hilfe bei Toten, auch bei toten Propheten, sowie bei Sufi-Scheichen oder bei Hizir[9] zu erflehen ist „Beigesellung“; ad 5: Da nur Allah einem nützen oder schaden kann, hat sich alle Hoffnung auf ihn zu richten, auf andere zu hoffen, ist wiederum „Beigesellung“; ad 6: Hier wird zusammengefaßt, was über den *ṭāġūt* zu sagen ist.

Insbesondere widmet sich der Schulungstext hier dem für einen Salafisten höchst wichtigen Thema des Umgangs mit einem formal islamischen, jedoch nicht durch und durch islamisierten Staat. Die Basis aller Überlegungen bildet, wie nicht anders zu erwarten, die idealisierte medinensische Urgemeinde, in der die göttliche Rechtleitung unangefochten in Kraft gewesen sei. Wenn Mohammed damals ein Fehler unterlaufen sei, habe Allah diesen sogleich korrigiert. Indem sich die Glaubenden dem Propheten unterworfen hätten, hätten sie de facto die Machtausübung durch Allah anerkannt. Folglich könnten die islamischen Machthaber in der Zeit nach dem Propheten von den Untertanen nur dann Unterwerfung verlangen, wenn bewiesen sei, daß die Befehle und Anordnungen genau dem Koran und der Sunna entsprächen. Der Schulungstext hebt das Recht der islamischen Herrscher hervor, zum allgemeinen Nutzen der Muslime Maßnahmen zu ergreifen, die nicht von Koran und Sunna vorgeschrieben werden. Selbst wenn sich der muslimische Machthaber in Bezug auf die Vereinbarkeit seiner Maßnahmen mit dem Koran und der Sunna in einem Irrtum befinden sollte, schuldeten die Muslime ihm Unterwerfung. Denn die Eintracht der Muslime, die die Entfaltung der Macht

---

[9] Al-Ḫiḍr/al-Ḫaḍir ist in der islamischen Volksfrömmigkeit eine Art „Nothelfer“. Er wird mit dem im Koran anonymen Weisen gleichgesetzt, den Mose eine Zeitlang begleiten durfte (Sure 18, 60–82). Vgl. siebzehntes Kapitel (Wovon berichten die großen Erzählungen des Islams?), III. 1.

des Islams gewährleistet, ist nach weithin geteilter sunnitischer Ansicht ein so hohes Gut, daß despotische Maßnahmen hingenommen werden müssen. Der Verfasser spielt auf Sure 4, Vers 59, an, in dem der Gehorsam gegen Allah, seinen Gesandten und gegen die Inhaber von Befehlsgewalt kategorisch verlangt wird. Auf durch die Scharia geregelten Feldern dürften die wahren Glaubenden allerdings keine Abweichungen dulden. Die „Lossagung" ist in einem solchen Fall unabdingbar.

Auf eine ungläubige Staatsautorität kann Sure 4, Vers 59, natürlich nicht angewendet werden. In nicht durch die Scharia geregelten Angelegenheiten *darf* sich ein Muslim deren Anordnungen fügen, solange er nicht stillschweigend anerkennt, daß der *ṭāġūt* Gesetze erlassen kann. „Es muß angemerkt werden, daß, wenn der *ṭāġūt* in einer ‚Sitzung'[10] mit uns keine zum Unglauben führenden Dinge verlangt, wir eine List anwenden und die Worte des *ṭāġūt* in einem gestatteten Sinn verstehen." Als „Sitzung" wird jedes unmittelbare Zusammensein mit Vertretern der ungläubigen Obrigkeit gewertet, auch ein Telefongespräch. Eine Fernsehsendung betrachten, erfüllt hingegen nicht die Bedingungen einer „Sitzung", da keine unmittelbare Verbindung zum *ṭāġūt* gegeben ist. Der Muslim ist in diesem Fall nicht verpflichtet, eine „Sitzung" mit den Ungläubigen abzubrechen, da eine solche gar nicht stattfindet. Das Prinzip der „Sitzung", d.h. der unmittelbaren Konfrontation des wahren Muslims mit der für ungläubig erklärten Obrigkeit, ist in vielerlei Situationen genau zu beachten. Wird eine „Sitzung", die den Glaubenden in eine mittelbare Anerkennung des *ṭāġūt* zu verstricken droht, nicht abgebrochen, dann kann der Sturz in den Unglauben, den solcher Leichtsinn nach sich zieht, nicht nachträglich aus der Welt geschafft werden. „So fragt uns (die ungläubige Obrigkeit) beispielsweise oft nach dem Paß zur Feststellung der Identität, nicht aber als Beleg dafür, daß wir ihre Gesetze und ihr Recht

---

[10] Der Begriff „Sitzung" (arab.: *al-maǧlis*) ist dem frühislamischen Handelsrecht entnommen. Er bezeichnet dort die Zusammenkunft der Geschäftspartner, über deren Religionszugehörigkeit in diesem Zusammenhang in den autoritativen Texten nichts gesagt wird, und die während dieser Zusammenkunft geführten Unterredungen. Nach dem Ende der „Sitzung" können getroffene Vereinbarungen nicht mehr geändert werden. Unser Autor verwendet diesen Begriff, um die, wie er es sieht, Ausnahmesituation eines unvermeidbaren Kontaktes zwischen dem Glaubenden und dem *ṭāġūt* zu kennzeichnen. Ohne diese Konstruktion müßte er gemäß seinen Vorstellungen von der Pflicht, sich radikal vom *ṭāġūt* loszusagen, jeden Aufenthalt auf dessen Territorium verbieten. Dies kann er aber nicht, da er davon überzeugt ist, daß es zur Zeit auf der ganzen Welt keinen einzigen islamischen Staat gibt, wie im folgenden deutlich wird. Indessen ist die Analogie zum Handelsrecht unvollständig. Denn die während einer „Sitzung" getroffene Vereinbarung sieht einen sofortigen Austausch von Gütern des verabredeten Wertes vor. Der *ṭāġūt*, der dem wahren Muslim seine Leistungen zusagt, erhält jedoch keinerlei Gegenwert, wie vorhin schon anklang. Mit einem Hinweis auf den Nutzen für den Islam ist zudem der gravierende Verstoß gegen die Scharia, die faktische Anerkennung einer nichtislamischen Herrschaft, leicht zu rechtfertigen.

anerkennen, in unseren persönlichen Angelegenheiten hoheitliche Maßnahmen zu treffen." In der Bank, bei der Verhaftung, bei der Grenzkkontrolle verlangt man, den Paß zu sehen. Der Sinn, den der Paß in der Sicht der Ungläubigen hat, ist in solchen Situationen „fern" genug, so daß der wahre Muslim dem Vorgang in diesem Augenblick einen anderen, erlaubten unterstellen kann und dadurch die Anerkennung des Sinnes vermeidet, den der Paß für die ungläubige Obrigkeit hat. Läßt sich ein Muslim allerdings den in der Verfassung verankerten Sinn des Passes aufdrängen, dann wäre es Unglaube, dazu zu schweigen und den Gebrauch des Passes fortzusetzen.

Jegliche konstruktive Zusammenarbeit mit dem ungläubigen Staat ist strengstens untersagt. Die Pflicht, dem *ṭāġūt* unter allen Umständen zu widersagen, darf man nicht einen Augenblick aus den Augen verlieren. Hohe islamische Würdenträger wie Ibn ʿUṯaimīn (1925–2001) und Ibn Bāz[11] (1910–1999) verstießen gegen diese Pflicht, da sie mit dem Staat Saudi-Arabien zusammenarbeiteten, der nach Ansicht des Verfassers des Schulungstextes ebenfalls als *ṭāġūt* zu verdammen ist. Die Genannten hätten es vermieden, dieses Land für ungläubig zu erklären, weil sie dann ihrer Ämter enthoben worden wären. Daher sind sie Ungläubige, und man darf beispielsweise nicht zusammen mit ihnen das rituelle Gebet vollziehen, Fleisch von Tieren essen, die sie geschlachtet haben,[12] sich ihnen bei irgendeiner Angelegenheit anschließen. Denn es ist denkbar, daß sie der Hölle verfallen sind. Zwei große Gelehrte, Ibn Taimīja (gest. 1328) und Ibn Qaijim al-Ǧauzīja (gest. 1350), vertreten nämlich die Meinung, daß solche Männer einer besonderen Prüfung unterzogen und je nach deren Ergebnis der Hölle oder dem Paradies zugewiesen würden. Der Autor klagt, in der heutigen Zeit sei das „Gebiet des Islams" ohnehin verschwunden, es gebe nur die Welt des Unglaubens. Einzig Saijid Quṭb (hingerichtet 1966), den wirkmächtigsten Vordenker der Muslimbrüder, dürfe man ohne Bedenken als einen Glaubenden und somit als einen wahren Muslim bezeichnen.[13]

---

[11] Ibn Bāz und Ibn ʿUṯaimīn waren führnde Vertreter der salafistischen Strömung in Saudi-Arabien. Sie erstrebten eine strenge Islamisierung des Landes und drangen darauf, daß alle juristischen Entscheidungen allein auf den Koran und die *sunna* zu gründen seien (vgl. dazu im folgenden). Ibn Bāz erregte Aufmerksamkeit mit seinem Eintreten für das geozentrische Weltbild, dessen Wahrheit sich aus dem Koran und dem Hadith ergebe.

[12] Laut Sure 6, Vers 121, ist es nicht erlaubt, das Fleisch von Tieren zu verzehren, bei deren Schlachtung nicht der Name Allahs ausgesprochen wurde. Da die Betreffenden als Ungläubige gelten, wird bei Tieren, die sie schlachten, diese Bedingung nicht erfüllt. Denn selbst wenn sie sie beachten, können sie sie eben nicht erfüllen, da sie Ungläubige sind.

[13] Der Autor gibt sich mit dieser Bemerkung als ein Anhänger der Muslimbrüder zu erkennen, die sich von den durch Saudi-Arabien unterstützten Salafisten absetzen, da letztere von einem mit dem Westen zusammenarbeitenden Staat gefördert werden.

Die „Einsheit Allahs in seinen Namen" (arab.: *at-tauḥīd fī asmā' Allāh*) ist das kürzeste Kapitel des Schulungstextes. Es faßt die sunnitischen Lehren über die Namen und Attribute Allahs zusammen. Auch auf diesem Feld kann sich der wahre Muslim nur allzu leicht in die schwere Verfehlung der „Beigesellung" verstricken. Sie zerfällt in zwei Kategorien, nämlich erstens in den Fehler, den geschaffenen Dingen und Lebewesen Eigenschaften Allahs beizulegen, und zweitens in den Irrtum, Allah Namen und Eigenschaften des von ihm Geschaffenenwerdenden beizulegen und dadurch dem verbotenen Anthropomorphismus aufzusitzen.

II. Schlüsselbegriffe des Salafismus

1. Allah

Wie schon durch die Flagge des Islamischen Staates angedeutet wird, ist Allah der Leitbegriff aller salafistischen Belehrung und Propaganda. Der Salafismus bewegt sich damit ganz und gar in den Geleisen des – sunnitischen wie schiitischen – Islams. Was die Salafisten jedoch umtreibt und dazu antreibt, besonders rigoros den Glaubenden wie den für den Islam zu Gewinnenden die das Dasein gestaltende und bestimmende Macht Allahs einzuschärfen, ist die Furcht vor der Glaubenslosigkeit und vor dem Verschwinden des Islams. Keine andere Religion ist schließlich derart diesseitsbezogen wie der Islam und dem Wesen nach vom machtpolitischen Erfolg abhängig. Man könnte daher meinen, der Salafismus sei eine Reaktion auf die derzeit in der islamischen Welt gegebene Gefahr des Abgleitens in die Glaubenslosigkeit, eine Gefahr, als deren Ursache man vorschnell den Siegeszug der westlichen Zivilisationsgüter identifiziert. Dies mag in vieler Hinsicht plausibel erscheinen. Wie wir sehen werden, empfanden jedoch schon die Ideengeber des Salafismus, die zum Teil weit vor dem Eindringen der westlichen Zivilisation lebten, ebendiese Gefahr des Scheiterns der Botschaft des Islams. Weit vor dem 19. Jahrhundert formulierte Gedanken über die Abwehr des befürchteten Scheiterns bilden die Grundlage gerade auch des heutigen Salafismus.

Ehe die engen Verbindungen nachgezeichnet werden können, die zwischen den alten und den jüngsten Formen des Salafismus bestehen, sind die beiden Pole zu charakterisieren, die das Dasein des wahren Muslims fortwährend unter höchster Spannung halten: Allah und der *ṭāġūt*. Es ist die Spannung zwischen wahr und falsch, die dem Muslim nicht nur einmal, sondern ununterbrochen Entscheidungen abverlangt. Ein auf deutsch vorliegender Schulungstext mit dem Titel „Die Erklärung des Begriffes Ilaah"[14] beschreibt

[14] Arabisch *ilāh* bedeutet „ein Gott"; dem Autor geht es darum, zu zeigen, daß es neben den zahlreichen „falschen" Göttern" nur den einen „richtigen" gibt, Allah.

diese Situation als einen Kampf gegen die „falschen Götter in den ehemaligen islamischen Gebieten", könnte sich daher beispielsweise auf Bosnien beziehen. Vermutlich hat er aber allgemein die Länder der islamischen Welt im Auge, die sich nach salafistischer Überzeugung dem Unglauben zugewandt haben. Die wahren Muslime befinden sich in einem Abwehrkampf gegen die falschen Götter und müssen über den einen wirklichen Gott, über Allah, belehrt werden. „So kann man ... sehen, wie viele falsche Götter existieren, die behaupten, die Besonderheiten Allahs zu besitzen, ohne sich zu schämen, und (die) sich in dieser Sache anstrengen, um diese Besonderheiten für sich zu beanspruchen."[15]

Auch Nichtmuslimen, die sich von der wohlfeilen Zivilisationskritik an dem vermeintlich rein materialistischen Lebenszuschnitt des Westens beeindrucken lassen, mag die Rede von den „falschen Göttern" plausibel erscheinen. Wenn man den Text über diese einführenden Bemerkungen hinaus durchliest, sieht man sich jedoch getäuscht. Es werden lediglich Belegstellen aus dem Koran, ferner Hadithe und Fetwas vorgetragen, die einzig darauf hinauslaufen, daß der von allen diesseitigen Entscheidungskriterien unabhängige Allah ein despotisches Regiment über sein Schöpfungswerk führt. Niemand und nichts kann gegen ihn aufkommen. Er ist auch der Herr über sämtliche Empfindungen, die sich in einem Menschen regen. Der Glaubende wird sich stets dessen bewußt sein, daß er die Liebe, die er zu einem Geschöpf Allahs fühlt, nur fühlen darf, wenn er sich dessen bewußt ist, daß sie eigentlich Allah zu gelten hat; denn dieser schafft die geliebte Kreatur. Die sufische Monomanie des unentwegten Gedenkens Allahs[16] (vgl. Sure 29, 45) scheint hier im Spiel zu sein. Die sufische Auffassung des Islams ist jedoch, wie sich zeigen wird, mit der salafistischen Auslegung von Religion, die seit dem 14. Jahrhundert auf die schroffe Gegenüberstellung von absolutem Herrn und absolutem Knecht hinausläuft, nicht zu vereinbaren. Denn die sufische Erziehung zum ständigen Gottesgedenken liegt in den Händen von Meistern. Nach salafistischer Auffassung sind derartige Führer auf dem Weg zu Allah strengstens abzulehnen. In der Epoche der Altvorderen habe es sie noch nicht gegeben.

Muḥammad b. ʿAbd al-Wahhāb (1702/3–1792), der Gründer der wahhabitischen Richtung des Islams, ist der Autor einer kurzen Abhandlung, in der die Bedeutung der Bezeugungsformel „Es gibt keinen Gott außer Allah" in dem eben erwähnten Sinn dargelegt wird. Sie darf nur im vollen Bewußtsein

---

Zur Orthographie: In manchen Schulungstexten wird das lange a, in der wissenschaftlichen Transkription ā, durch ein doppeltes a wiedergegeben.

[15] Die Erklärung des Begriffes Ilaah, www.tawhed.com.de, Allgemeine Erläuterung.

[16] Vgl. vierzehntes Kapitel (Was ist Sufismus?), passim.

ihrer ungeheuren Tragweite ausgesprochen werden. Anderenfalls wäre sie Heuchelei und würde denjenigen, der sie dergestalt mißbraucht, auf den tiefsten Grund der Hölle stoßen. Die Formel bedeutet zum einen die Verneinung der Existenz einer Gottheit außer Allah und zum anderen eben die Bekräftigung der Existenz des Einen. Zu Lebzeiten Muḥammad b. ʿAbd al-Wahhābs war, so hören wir, unter der ungebildeten Masse eine Verwirrung bezüglich des Begriffs „Allah" eingetreten, zumal sich manche „Beigeseller" als Mittler zwischen Allah und den Menschen aufgespielt hätten. Als Mohammed zum Gesandten Allahs berufen worden sei, habe es „Beigeseller" gegeben, die zwar geglaubt hätten, daß Allah der höchste Herr sei und das Geschehen im Diesseits lenke. Obwohl diese „Beigeseller" sogar die Pflichtriten ausgeführt hätten, seien sie keine Muslime gewesen, eben weil sie Allah nicht als die einzige Wirkkraft anerkannt hätten; sie hätten andere als ihn um Hilfe angefleht. Deswegen seien sie Ungläubige gewesen. Dies habe in besonderem Maß für die Christen und ihren Glauben an Jesus gegolten. – Wahrscheinlich spielt der Text hier auf Aussagen wie Sure 2, Vers 253, an, in denen Mohammed von „Schriftbesitzern" spricht, die gläubig geworden seien: Die meisten von ihnen seien freilich Missetäter, heißt es in Sure 3, Vers 110.

Der wahre Islam fordert jedoch unerbittlich, an der Grundlage der Daseinsordnung festzuhalten, nämlich am Prinzip „Es gibt keinen Gott außer Allah". Dieses Prinzip ist in jedem Falle hochzuhalten, und das heißt immer auch, den *ṭāġūt* für ungläubig zu erklären und zu hassen sowie auch jene für ungläubig zu erklären und zu hassen, die den *ṭāġūt* nicht für ungläubig erklären und nicht hassen. Dies ist unabdingbar, da der Unglaube zu Muḥammad b.ʿAbd al-Wahhābs Zeit schlimmer sei als der Unglaube, gegen dessen Verfechter Mohammed zu kämpfen gehabt habe. Unter den nunmehrigen „Beigesellern" nähmen manche für sich in Anspruch, über das Wissen und die Fähigkeit zu eigenständigen Entscheidungen (arab.: *al-iǧtihād*) in Sachen der Scharia zu verfügen und zudem ständig Askese und Gottesverehrung zu üben. In Notlagen aber riefen sie beispielsweise ʿAbd al-Qādir al-Ǧīlānī (gest. 1166)[17] um Beistand an oder berühmte Prophetengefährten oder den Gesandten Allahs. Übler noch als das ist, daß sie selbst bei Personen des *ṭāġūt* Hilfe suchen.[18]

---

17 Einer der herausragenden muslimischen Gottesfreunde, den zahlreiche Sufigemeinschaften als ihren Gründer ansehen. Vgl. vierzehntes Kapitel (Was ist Sufismus?), III. 2.

18 Muḥammad b. ʿAbd al-Wahhāb: Maʿnā lā ilāha illā llāh = Die Bedeutung von Laa Ilaaha Illa Allaah, arabisch und deutsch, www.tawhed.de.

2. Große, kleine und verborgene „Beigesellung"

Unendlich vielfältig sind die Gelegenheiten, bei denen ein wahrer Muslim in eine Berührung mit dem *ṭāġūt* kommt. Das läßt sich nicht vermeiden, solange die Gesellschaft, in der er lebt, nicht islamisiert ist, gleichgültig, ob sie in formalem Sinne muslimisch oder von den durch Menschen geschaffenen Gesetzen der Ungläubigen geprägt ist. Wenn ein wahrer Glaubender genau begriffen hat, was der Bezeugungssatz „Es gibt keinen Gott außer Allah" bedeutet, hat er keine ruhige Minute mehr. Dies eben unterscheidet ihn von den zahllosen lauen Muslimen, die zwar ihre Ritualpflichten erfüllen, vielleicht auch in Sufigemeinschaften das Gottesgedenken pflegen, aber ansonsten in den Tag hinein leben. Es genügt keineswegs, darauf zu sehen, daß man die für den gewöhnlichen Menschen wichtigen Regeln der Scharia einhält. Der wahrhaft Allah Verehrende und Anbetende beginnt zu verstehen, daß man überall und jederzeit in die versteckten Fallen der „Beigesellung", des *širk*, tappen kann. Wendet sich die sufische Daseinsfristung mehr und mehr dem stillen, inneren Gedenken Allahs zu, so nehmen im Salafisten in Anbetracht allgegenwärtiger Gefahren der „Beigesellung" die Skrupel überhand, von denen jede seiner Handlungen begleitet ist. Im Schulungstext des vorangehenden Kapitels ist dies an einigen Beispielen zu beobachten.

Ein „Beigeseller" ist jemand, „der ein Recht, eine Befugnis oder eine Eigenschaft Allahs, sei es in der Göttlichkeit, in Seiner Herrschaft oder in Seinen Namen und Eigenschaften", irgendeinem Geschöpf gibt und dadurch Allah Teilhaber zur Seite stellt. Mit dieser Begriffsbestimmung beginnt ein Schulungstext, der sich eingehend mit diesem Thema auseinandersetzt. Die Einteilung der „Beigesellung" in eine große, eine kleine und eine verborgene verrät, daß es um einen Sachverhalt geht, dessen feingesponnene Erscheinungsweisen den Anlaß zu ständiger selbstkritischer, ja selbstquälerischer Sorge geben.[19]

Die große „Beigesellung" wird Allah niemals verzeihen, es sei denn, man übte aufrichtige Reue. Der Koran warnt ernsthaft vor diesem schweren Fehltritt. „Ungläubig sind diejenigen, die sagen: Allah sei der Messias, der Sohn Marias. Ihr Söhne Israels! Verehrt Allah, euren und meinen Herrn! Denn wer Allah einen Teilhaber ‚beigesellt', dem verweigert Allah das Paradies, seine Bleibe wird das Feuer sein. Niemand wird den Frevlern zur Seite stehen" (Sure 5, 72). Den Gegensatz zur „Beigesellung" bildet die Rechtleitung, die Allah nach seinem Belieben den Menschen angedeihen läßt; „würden sie sich in ‚Beigesellung' verstricken", wären alle irdischen guten Taten am Jüngsten Tag nichts wert (Sure 6, 88). Die Schulungstexte bevorzugen eine

---

[19] Die Erklärung des Begriffes Schirk. Auszug aus dem Buch Hadha huwa t-Tauhid, www.tawhed.de.

strenge Gliederung des Stoffes. So wird der Leser auch hier darüber belehrt, daß es vier Arten der großen „Beigesellung" gebe. Erstens machen sich manche Menschen nicht klar, daß Bittgebete wie auch der Dank im Falle der Erhörung sich einzig an Allah zu richten haben. Laut Sure 29, Vers 65, erflehen viele Menschen den Beistand Allahs, bevor sie ein Schiff besteigen, aber wenn sie die Fahrt heil überstanden haben, verhalten sie sich wie „Beigeseller", indem sie nicht dem Einen danken, sondern andere Gründe für das glückliche Ende in Erwägung ziehen. Große „Beigesellung" liegt ferner vor, wenn man die Absicht zu einer Handlung faßt und dabei vergißt, daß man sie einzig um Allahs willen in Angriff nimmt (vgl. Sure 11, 15 f.). Drittens gehört zur großen „Beigesellung" der Gehorsam gegen Geschöpfe (vgl. Sure 9, 31). Wegen der vielen Gefahren, denen das Leben unter einer ungläubigen Staatsmacht und Gesellschaft ausgeliefert ist, muß sich der Salafist auf diesem Bereich besonders bedroht fühlen. Schließlich hat sich der Salafist stets von neuem zu vergegenwärtigen, daß jegliche Regung der Liebe einzig Allah zu gelten hat (vgl. Sure 2, 165). Mit diesem kurzen Hinweis ist natürlich nicht nur die Liebe zu falschen Gottheiten gemeint, sondern auch zu Menschen, die einem sehr nahestehen.

Die kleine „Beigesellung" kann man nicht in so klare Regeln fassen. Im Grunde fallen hierunter alle Taten, Worte und Gedanken, die zwar nicht als Gottesverehrung gewertet werden können, also außerhalb des Zweckes liegen, zu dem Allah die Dämonen und die Menschen schafft (vgl. Sure 51, 56). Auch solche – wir würden sagen: profanen – Lebensäußerungen müssen ja im Gedenken Allahs vollzogen werden. Geschieht dies nicht, dann ist gemäß einem Wort Mohammeds von Heuchelei zu sprechen, und eine positive Anrechnung auf das Tatenkonto wird ausgeschlossen sein. Noch weit verhängnisvoller ist die verborgene „Beigesellung". Sie ist allgegenwärtig und kaum je wahrnehmbar; sie gleicht nach einem Wort Mohammeds einer schwarzen Ameise, die in dunkler Nacht über einen glatten, schwarzen Felsen huscht. Der Prophet habe dringend empfohlen, so oft wie irgend möglich, Allah um Vergebung für die unerkannt gebliebenen Akte der „Beigesellung" anzuflehen.

3. Die ständigen Versuchungen des *ṭāġūt*

Unwissenheit kann niemals ein Entschuldigungsgrund sein, schärft eine andere kurze Abhandlung den Salafisten ein.[20] Deshalb ist die unermüdliche Beschäftigung mit dem *ṭāġūt*, seiner Bedrohlichkeit, aber auch mit seinen Verlockungen, neben der Erfüllung der Ritualpflichten die wohl wichtigste Aufgabe des Salafisten. Ein wiederum in russischer Sprache im Internet auf-

---

[20] Beweise, dass Unwissenheit kein Entschuldigungsgrund ist, al-muwahidun.com.

findbarer Text beschäftigt sich besonders ausführlich mit diesem Thema. Seine Ausgangsthese lautet: „Der Glaube ist eine der Natur des Menschen immanente Eigenschaft." Es liegt demnach in der Natur des Menschen, daß er den Botschaften der Salafisten seine Aufmerksamkeit widmet. Denn es gibt zwei Möglichkeiten, gemäß denen diese Natur sich verwirklichen kann: Dies geschieht entweder im wahren Islam mit seinem Bezeugungsruf „Es gibt keinen Gott außer Allah!" oder eben, indem der Mensch in Heidentum und Vielgötterei abstürzt. Jeder Mensch sieht sich vor diese Alternative gestellt. Wer die einzige Möglichkeit des Vordringens zur Wahrheit ungenutzt läßt, der verfällt dem *ṭāġūt*.

Was dieser sei, haben muslimische Gelehrte der ferneren Vergangenheit, unter ihnen der vorhin genannte Ibn Qaijim al-Ǧauzīja (gest. 1350), nach Meinung des Verfassers dieses Schulungstextes deutlich definiert: „*Ṭāġūt* ist etwas, das seine Grenzen vor Allah überschreitet, etwa, dem man dient, dem man sich unterwirft und dem man wider das Gesetz des Islams folgt. Als *ṭāġūt* gilt ferner eine Person, die nicht gemäß dem regiert und Recht spricht, was Allah herabsandte, und die sich nicht von der *sunna* seines Propheten leiten läßt. Ein *ṭāġūt* ist schließlich jemand, vor dem man sich neben Allah oder sogar anstelle Allahs verbeugt." Dementsprechend listet der Verfasser fünf Kategorien auf, vor denen man sich hüten muß: An erster Stelle steht der Satan, vor dem Allah in Sure 36, Vers 60, warnt; dann sind alle Herrscher zu meiden, die nicht den Gesetzen Allahs folgen, sondern solchen, die sie selber erarbeitet haben (vgl. Sure 5, 44); dann folgen die Organe eines nicht auf den Gesetzen Allahs basierenden Staates und vor allem dessen Parlament, dessen gesetzgeberische Tätigkeit den *ṭāġūt*-Zustand fortwährend verschlimmert; Wahrsager und Zauberer behaupten, sie könnten aus eigener Kraft Schaden oder Nutzen stiften (vgl. Sure 72, 26 f. und Sure 2, 102); schließlich ist jeder dem *ṭāġūt* zuzurechnen, der für sich selber Ehrungen sucht, er wird die Höllenstrafe erleiden (vgl. Sure 21, 29).

Der vorliegende Schulungstext begnügt sich aber nicht damit, die gängigen Schlagworte mit Zitaten aus dem Koran, aber auch aus dem gelehrten Schrifttum der Vergangenheit zu untermauern. Er bemüht sich immer wieder um eine enge Verknüpfung dieses Stoffes mit brennenden Fragen der – nicht islamisch geprägten – Zivilisation der Gegenwart. So fügt er an die obige Aufzählung folgendes an: „*Ṭāġūt* sind nicht nur steinerne oder hölzerne Idole, wie wir sie mit dem Heidentum assoziieren. Vielmehr können als solche Idole der Verstand des Menschen, die Wissenschaft, die Kultur, die natürliche Zuchtwahl, Parteien, politische Führer, herausragende Persönlichkeiten, Ideologien, Theorien, Konzepte, die Karriere, der Wohlstand, die Zugehörigkeit zu einer Nation, Volkstraditionen, Liebe, materielle Güter, gemeinmenschliche Werte, Gesundheit und vieles andere gelten. Alles, was dem Menschen mehr als der Glaube bedeutet, kann sich früher oder später in einen *ṭāġūt* verwandeln (Sure 35, 3).“ Kurz zusammengefaßt: Die gesamte durch die Geschichte und Kultur des Westens bestimmte, heute maßgebliche Zivilisation hat dem wahren Muslim verwerflich zu sein.

Die Ablehnung des *ṭāġūt* ist folglich die unentbehrliche Gegenseite der Bezeugung „Es gibt keinen Gott außer Allah“. Sollte diese Ablehnung nicht vollgültig durchgeführt werden, so ist auch die Bezeugung „Es gibt keinen Gott außer Allah“ nicht stichhaltig. In diesem Sinne wird Ibn Qaijim al-Ǧauzīja zitiert: „Allah hat tatsächlich befohlen zu bekunden, daß man nicht an den *ṭāġūt* glaubt; denn er erwähnte das ‚Nichtglauben‘ noch vor dem Glauben an Allah, dergestalt daß er in der Bezeugung des Eingottglaubens die Ablehnung vor die Bekräftigung stellte: Es gibt keinen Gott – die Ablehnung – außer Allah – die Bezeugung. Bis auf den heutigen Tag wird niemand ein wahrhaft Glaubender, der nicht in vollem Sinne sein ‚Nichtglauben‘ an den *ṭāġūt* erklärt. Allah sagte (Sure 2, 256): ‚Derjenige, der nicht an den *ṭāġūt* glaubt, sondern an Allah, klammert sich an den verläßlichsten Griff, der niemals bricht.‘“ In der Sammlung von Prophetenüberlieferungen des Muslim b. al-Ḥaǧǧāǧ (gest. 874) heißt es: „Ich hörte den Gesandten Allahs sagen: „Wer spricht: ‚Es gibt keinen Gott außer Allah‘, und dabei das Nichtglauben an alles bekundet, vor dem man sich abgesehen von Allah verneigt, dessen Eigentum und Blut sind verboten, und seine Abrechnung liegt (am Jüngsten Tag) bei Allah.“ Die aufrichtige Ablehnung des *ṭāġūt* geschieht nicht nur mit Worten, sondern mit Handlungen, die dem Eingottglauben entsprechen. Solche Handlungen schützen das Eigentum und das Leben und bewahren vor dem Höllenfeuer.

Mit dieser von Ibn Qaijim al-Ǧauzīja aus einem Hadith abgeleiteten Umkehr der Bezeugungspflicht öffnet man der zuvor beobachteten nie zur Ruhe kommenden Sorge vor einer verborgenen „Beigesellung“, und mag sie noch so grundlos erscheinen, ein weites Tor ins Unbegrenzbare. Mit denen, die sich auch nur ein wenig von solcher Sorge befreien, hat der wahre Muslim keine Gemeinsamkeit mehr. Die Grenze, die ihn von dem Menschen trennt, der dem *ṭāġūt* auch nur einen Schritt weit entgegenkommt, zeichnet sich nie so klar ab wie im Dschihad. Allah ist einzig mit den Glaubenden (Sure 8, 19): „Und dies nicht nur im Sinne einer Materialisierung des Antagonismus zwischen Muslimen und Ungläubigen in der Schlacht, sondern auch in subjektiven Prozessen, die im Herzen eines jeden einzelnen Muslims ablaufen. Beim Dschihad, wenn die Liebe zu Allah die einzige Priorität wird, wenn das Paradies das einzige Ziel, der Glaubende zum Bruder, der Ungläubige zum Feind wird, wer immer er auch sei, dann erstrahlt der Eingottglaube in seinem Zenith.“ Nur das offene Widerstehen kann vor der Versuchung bewahren. Je nachgiebiger sich die Beziehungen des Unglaubens zu den Muslimen gestalten, desto härter muß die Position der Muslime gegen diesen Unglauben sein. „Damit die Grenze zwischen Islam und Unglauben klar und deutlich sei, damit man in den Muslimen den Haß auf die Ungläubigen nähre und bewahre.“ So hat sich laut dem Schulungstext ein Muslim geäußert, der sich dem Dschihad widmete.

Der *ṭāġūt*, die Verkörperung des verführerischen Satans, tritt dem wahren Muslim heutzutage vor allem in der Gestalt des säkularen Staates gegenüber. Laut Sure 4, Vers 59, sind alle Streitfälle „vor Allah und seinen Gesandten“ zu bringen. Die „demokratische Religion“ hingegen verfügt, daß sie dem Parlament und den weltlichen Gesetzen anheimgestellt werden müssen. „Verachtung gilt euch und denjenigen, vor denen ihr euch anstelle Allahs verbeugt! Wollt ihr euch nicht eines Besseren besinnen?“ (Sure 21, 67). Die Demokratie ist eine Frucht der Säkularisierung, durch die der Sittenverfall und der moralische Niedergang vorangetrieben werden. „Denjenigen, die sich durch die von den Demokraten erteilte Erlaubnis, den Teil der Religion Allahs zu predigen, der der Verfassung nicht widerspricht, haben verführen lassen, raten wir, sich an den demokratischen *ṭāġūt* mit der Forderung zu wenden, denjenigen, der vom Islam abgefallen ist, den Ehebrecher, den Dieb, den Trunkenbold zu bestrafen. Sie mögen den Demokraten vorschlagen, das Volk zur Keuschheit zu verpflichten, Obszönitäten, Prostitution, Ehebruch, Homosexualität und andere Arten von Unzucht zu verbieten. Und wenn man euch antwortet, daß dies der Religion der sogenannten Demokratie sowie ihren Freiheiten widerspricht, dann werdet ihr in aller Deutlichkeit sehen, vor wem ihr euch verbeugt!“ Muslime, die sich von den Ideen der Demokratie haben fortreißen lassen, sind nicht mehr Glieder der Gemeinschaft der an den einen Allah Glaubenden. Sie sind auf einen der vielen Irrwege geraten, an deren Ende der Satan wartet, der sie ins Höllenfeuer ruft.

Der Mensch ist eben schwach und läßt sich durch unislamische Ideen beeindrucken. Die Versuchung ist groß, „unangenehme“ Elemente des Islams aufzugeben. „Die Schwäche des Glaubens und die Neigung zum Defätismus führen in dieser Lage oft zu katastrophalen Metamorphosen der Glaubensfestigkeit, wenn Muslime einen Islam ohne Scharia als Norm anzunehmen beginnen, eine Verehrung ohne Dschihad, einen Eingottglauben ohne Allah als den einzigen Gesetzgeber, wobei sie aktiv an der Anknüpfung freundschaftlicher Beziehungen zu den Ungläubigen beteiligt sind und – im besten Falle – weniger aktiv ihre Distanz zu solchen Monotheisten zeigen, die die Position (der Muslime) nicht teilen.“ Solcher Defätismus sei eine schlimme Krankheit. Obwohl die islamische *umma* viele Mitglieder hat, die sich zu ihrer Religion bekennen, erscheint sie daher als schwach und inert. Viele Muslime kennen heute den Koran auswendig, vermögen viele Hadithe zu zitieren, sie erfüllen ihre rituellen Pflichten, aber den wahren Eingottglauben beachten nur wenige von ihnen. Die Liebe zu dieser Welt und der Haß, den sie gegen den Tod empfinden, machen sie ohnmächtig. Dies sind die Folgen einer ideologischen Indoktrinierung. Doch es gibt auch die Minderheit, die

die Wahrheit auszusprechen wagt. „Aus meiner Gemeinde wird eine Gruppe, die für die Wahrheit kämpft, nicht aufhören zu siegen – bis zum Jüngsten Tag." Dieses Prophetenwort ist in der Sammlung des Muslim überliefert.[21]

Von zahlreichen Zitaten aus dem Koran durchzogen, aber auch von Bemerkungen, die auf die älteren Religionsgelehrten wie auch auf zeitgenössische saudische Schariakenner zurückgehen, versucht dieser Schulungstext, die salafistische Tradition vor allem für den Abwehrkampf gegen die westliche Zivilisation zu nutzen. Es ist aber auch an diesem Dokument deutlich geworden, daß die Schlüsselbegriffe des Salafismus wesentlich älter sind. Sie werden in der heutigen Propaganda vor allem mit dem Ziel eingesetzt, die muslimische Angst zu beschwichtigen, der Islam könnte bei der Bewältigung der ihm durch Allah gestellten Aufgaben versagen: nämlich den Glauben daran abzusichern, daß das Dasein sich in einem fortwährend durch Allah geschaffen werdenden Kosmos abspielt. Ob diese Aufgaben bei der ungeheuren Fülle des inzwischen Menschenmöglichen auf derart schlichte Weise erfüllt werden können, bleibe dahingestellt. Während der Geschichte des Islams hat man sich in Situationen befürchteten Scheiterns des öfteren auf die Altvorderen (arab.: *as-salaf*) berufen, ein Sachverhalt, dem wir uns jetzt zuwenden.

III. Salafismus und Reformdruck

1. Auf dem Weg zum Wahhabismus

„Generation um Generation gehen die Guten, Frommen dahin, und von der Gerste bleibt nur die Spreu!" soll Mohammed gesagt haben.[22] Über dem ganzen Sunnitentum liegt diese wehmütige Stimmung. Werden die Verhältnisse womöglich nie wieder so sein wie unter dem Propheten? Alle Anstrengung der Glaubenden mit den Gelehrten an ihrer Spitze müssen darauf gerichtet sein, soviel wie möglich von der Epoche der medinensischen Urgemeinde lebendig und gegenwärtig zu halten. Während sich das Hadith im 9. und 10. Jahrhundert als die Literaturgattung festigt, die für diesen Zweck bestimmt ist, sind die „Altvorderen" noch kein Gegenstand spezifischer theologischer Erwägungen. Die Umstände, unter denen sie einst lebten, sind doch in den Überlieferungen greifbar, so daß für aš-Šāfiʿī (gest. 820) eine allseitig im medinensischen Vorbild geborgene Daseinsgestaltung möglich und geboten ist.[23]

Die Übereinstimmung mit der Urgemeinde des Propheten ließ sich, wie man bald bemerkte, in der Schariagelehrsamkeit nur unter gewundenen Ana-

---

21 Abschnitte aus „Tag'ut, podgotovleno redakcijej saita Tauhid".

22 ad-Dārimī: Sunan, raqāʾiq Nr. 11.

23 Vgl. fünftes Kapitel (Was ist das Hadith?), II. 3. und II. 4. sowie sechstes Kapitel (Was ist die Scharia?), II. 3.

logien herstellen. In der auf dem strengen Ritenvollzug aufbauenden vertieften Frömmigkeit begnügte man sich in jenen Tagen schon mit weniger sicher verbürgten Überlieferungen, was den strengen Spezialisten des „gesunden“ Hadith ein Dorn im Auge war. Das Eindringen der Metaphysik in das Sunnitentum, für das vor allem der Name al-Aš'arīs (gest. 935) steht,[24] führte dazu, daß Aussagen naturphilosophischen Inhalts ebenfalls dem schariatischen auf die autoritativen Texte ausgerichteten Wahrheitsgebot unterworfen wurden. Al-Ġazālī (gest. 1111) war einer der ersten Sunniten, der sich mit diesem Problem auseinandersetzte; eine Harmonisierung, das erkannte er, war meistens nicht möglich oder nicht ratsam. Er entschied sich dafür, bei Widersprüchen zwischen Aussagen, die auf durch den Verstand ausgelegten Sinneswahrnehmungen beruhten, und solchen, die durch Überlieferung verbürgt waren, diese letzteren für wahr zu erklären. Dies war unumgänglich, wenn der Koran und das Hadith, die unangefochtenen Grundlagen von Machtausübung und Gesellschaft, ihre Gültigkeit behalten sollten. Im verborgenen Seinsbereich, so lautete al-Ġazālīs Trostbotschaft, könnte man schauen, wie all das Ungereimte gemäß der im Offenkundigen nicht immer begreifbaren Weisheit Allahs seinen angemessenen Platz finde.[25]

Wirklich zufrieden ist al-Ġazālī mit dieser Lösung nicht gewesen. Das bloße Aufkommen der Theologie ist für ihn bereits ein Übel. Die Altvorderen (arab. *as-salaf*) seien so glücklich gewesen, dieses Übel noch nicht zu kennen; ihre spontane Gläubigkeit habe jeglichen Rationalismus entbehrlich gemacht. Auch jetzt sollten sich nur diejenigen auf Verstandesargumente einlassen, die in den Lehren des Islams gefestigt seien. Der streng einzuhaltende Zwang zur Teilnahme an den Pflichtriten werde das Interesse an feinsinniger Theologie erfolgreich ersticken.[26]

Al-Ġazālī war selber an der Tatsache verzweifelt, daß man die Gewißheit schariatischer Urteile von einzelnen Überlieferungen abhängig zu machen suchte, zu denen man sich vom gegebenen Sachverhalt her über verwickelte Pfade der Analogie einen Weg bahnen mußte. Und dann sollte das Ergebnis tatsächlich dem schafiitischen Ideal der verlebendigten Urgemeinde entsprechen? Unter den Anhängern des „Imams der *sunna*“ Aḥmad b. Ḥanbal (gest. 855), die sich im 11. Jahrhundert allmählich zu einer eigenständigen, freilich noch einflußlosen Rechtsschule formten, zog man dies ernsthaft in Zweifel. Es gebe Hunderttausende von Überlieferungen, schon Aḥmad habe jedoch festgestellt, daß sich die Schariagelehrsamkeit gerade auf 1200 stütze. Die

---

[24] Vgl. zehntes Kapitel (Was sind Sunniten?), III. 2.

[25] Die hier in dürren Worten angedeutete Problematik behandle ich aus führlich in meinem Werk „Die erdrückende Last des ewig Gültigen“, Kapitel XI.

[26] al-Ġazālī: Ilǧām al-ʿawāmm ʿan al-ḫauḍ fī ʿilm al-kalām, ed. M. M. al-Baġdādī, Beirut 1985, 52–55.

Rechtskenner täten gut daran, sich eingehender mit dem Hadith zu beschäftigen, anstatt mit waghalsigen Gedankenkonstruktionen zu operieren. Da seien selbst schwach verbürgte Überlieferungen besser. Der erste große Rechtstheoretiker der Hanbaliten, der Bagdader Ibn ʿAqīl (gest. 1119), brachte die von seiner Schule diagnostizierten Mängel der siegreichen Schulen wie folgt auf den Begriff: Es komme darauf an, ob ein Hadith, das auf einen schariatisch zu bewertenden Sachverhalt bezogen werden solle, auch wirklich einschlägig sei; es müsse sorgfältig untersucht werden, ob dem Hadith, von dem aus man zu einer Bewertung gelangen möchte, tatsächlich die erhoffte schariatische Beweiskraft (arab. *ad-dalāla*) eigen sei. Schon die Altvorderen hätten diesbezüglich stets Überlegungen angestellt: Passe das betreffende Hadith zum Sachverhalt oder nicht?[27]

Auch hier also ein Verweis auf die Altvorderen, allerdings nicht als ein Seufzer über einen Verlust, sondern als ein Ausblick auf eine Schariawissenschaft, die tatsächlich leisten werde, was sie verspreche. Es sollte allerdings noch Jahrhunderte dauern, ehe die hanbalitische Art des *fiqh* in einer größeren Region der islamischen Welt die alleinige Führerschaft an sich reißen würde. Auf ein tragendes Motiv des salafistischen Verständnisses vom Islam trifft man unterdessen bei dem großen schafiitischen Theologen Faḫr ad-Dīn ar-Rāzī (gest. 1210), der zeit seines Lebens über das Problem der Vereinbarkeit der Aussagen der autoritativen Texte (arab.: *aš-šarʿ*) mit den Schlüssen des Verstandes nachdachte. In seiner Schrift „Die Grundlage der Heiligung (Allahs)“ tritt er wie al-Ġazālī dafür ein, daß erstere in Konfliktfällen das entscheidende Wort behalten müssen. Den tiefsten Grund hierfür findet er in der Unantastbarkeit der numinosen Würde Allahs. Die Altvorderen unterwarfen sich spontan den Folgen, die aus dem weit übermenschlichen Wissen Allahs resultieren. Die „fest im Wissen Verwurzelten“ der späteren Jahrhunderte schließen sich deren Bespiel an. Sie kennen inzwischen Verstandesbeweise dafür, daß Allah alles weiß und niemals Unsinniges daherredet. Deswegen ist ihnen genauso klar wie den Altvorderen, daß der unbekannte Sinn dunkler Stellen des Korans, welcher auch immer es sein mag, in jedem Falle wahr und richtig ist.[28]

Ein äußerst wichtiger Ideengeber auf dem Weg zu einer durch Herrschermacht geförderten Blüte der hanbalitischen Rechtsschule war der schon erwähnte Ibn Qaijim al-Ǧauzīja, ein Schüler des streitbaren syrischen Hanbaliten Ibn Taimīja. Ibn Qaijim al-Ǧauzīja hinterließ neben vielen anderen Schriften ein Buch mit dem in der Übersetzung schwerfällig klingenden Titel *Unterweisung derjenigen, die im Namen des Herrn der Welten Urteile unter-*

27 Die erdrückende Last des ewig Gültigen, Kapitel XII. 3.

28 Näheres in „Die erdrückende Last des ewig Gültigen“, Kapitel XIV, Teilkapitel 1, 3 und 5.

zeichnen. Das Justizwesen steht im Mittelpunkt der Untersuchung, und es ist klar, daß ein, wie der Verfasser meint, mißbräuchlicher Einsatz von Überlieferungen zu beklagen ist. Ibn Qaijim geht diese Frage freilich von allgemeineren Erwägungen aus an, die in die Zukunft weisen.

Die Prophetengenossen hätten niemals die Aussagen des Korans in Frage gestellt, behauptet Ibn Qaijim al-Ǧauzīja. Sie wären immer dann, wenn ihnen etwas unklar gewesen sei, „Allah und seinen Gesandten" um Rat angegangen, wie es ihnen in Sure 4, Vers 59, vorgeschrieben worden sei. Ein anderes Verhalten sei gar nicht statthaft gewesen, denn im nächsten Vers fahre Allah fort: „Hast du (Mohammed) denn nicht auf diejenigen geschaut, die behaupten, an das zu glauben, was dir und schon vor dir herabgesandt wurde? Sie wollen das Götzentum (arab.: *aṭ-ṭāġūt*) um eine Entscheidung bitten. Dabei wurde ihnen befohlen, das Götzentum als ungläubig zu verdammen! Der Satan will sie weit in die Irre führen!" Sich nicht mehr mit dem *ṭāġūt* einzulassen, hatte Mohammed schon in Sure 2, Vers 256, seinen Anhängern eingeschärft. Wie widersinnig ist es da, den *ṭāġūt* sogar um Entscheidungen zu ersuchen, die doch einzig Allah vorbehalten bleiben müssen! Ibn Qaijim al-Ǧauzīja spitzt die politische, gesellschaftliche und kultische Loyalität des Glaubenden auf die Alternative Islam oder *ṭāġūt* zu. Wie an mehreren Beispielen gezeigt, beziehen die salafistischen Propagandatexte ihre Logik aus ebendiesem Gegensatz, der natürlich an Beispielen aus dem Erfahrungsbereich heutiger Muslime bzw. Konvertiten zum Islam veranschaulicht wird.

Ibn Qaijim al-Ǧauzīja ist mit dem Zitat von Sure 4, Vers 59 f., aber noch nicht am Ziel. Wenn Allah und sein Gesandter eine Sache entschieden hätten, dann dürfe kein Muslim noch eigene Überlegungen in der betreffenden Sache anstellen (Sure 33, 36). Ausdrücklich warnt der Koran davor, sich gegenüber Allah und seinem Gesandten ein Wort anzumaßen. Wer gegen diese Regel verstoße, der müsse darauf gefaßt sein, daß alle seine Pläne scheiterten (Sure 49, 1 f.). Nie dürfe ein Glaubender eine Sache zusammen mit Mohammed betreiben und dabei irgendeine Eigenmächtigkeit begehen (Sure 24, 62). Aus diesen Mahnungen des Korans schließt Ibn Qaijim al-Ǧauzīja, daß Muslime eine bestimmte Aussage, eine im „Wissen" abgesicherte Meinung, erst dann vertreten, wenn sie Mohammed diesbezüglich um Erlaubnis gebeten haben. „Das Vorliegen dieser Erlaubnis erkennt man daran, daß die Beweiskraft (arab.: *ad-dalāla*) dessen, was (der Gesandte Allahs) übermittelte, zeigt, daß er dies gestattete."[29] Mit anderen Worten: Eine Schariawissenschaft, die für einzelne Entscheidungen unübersichtliche Pfade der Analogie beschreitet, kann gar nicht im Sinne „Allahs und seines Gesandten" sein. „Beweiskraft" und „Wahrheit" sind die zwei Seiten ein und derselben Medaille.

---

[29] „Die erdrückende Last des ewig Gültigen", Einführung in den vierten Teil, Teilkapitel 2.

2. Muḥammad b. ʿAbd al-Wahhāb (gest. 1792)

In Ibn Qaijim al-Ǧauzījas Ausführungen verbirgt sich eine scharfe Kritik am *fiqh* der drei weitverbreiteten Rechtsschulen, der Hanafiten, Malikiten und Schafiiten. Sie alle betrachten, wenn auch mit Nuancierungen, die Analogieschlüsse als einen unentbehrlichen Teil ihrer gelehrten Tätigkeit. Nur auf diesem Wege können die Vorschriften der Scharia aus den autoritativen Texten entborgen werden. Irgendwann sei dem jungen Muḥammad b. ʿAbd al-Wahhāb aufgegangen, daß nicht nur der *fiqh*, der bei genauem Hinsehen eben gar nicht in der vom Propheten gewünschten und durch Allah vorgeschriebenen Art und Weise betrieben wurde, dringend einer Reform bedürfe. Auch die beduinische Gesellschaft des Hedschas müsse reformiert bzw. islamisiert werden. Wahrscheinlich brachte Muḥammad b. ʿAbd al-Wahhāb deren, wie er glaubte, unislamischen Zustand mit der verfehlten Schariagelehrsamkeit in Zusammenhang. Von seinem Vater, der an verschiedenen Orten das Amt eines Kadis bekleidete, in den Grundlagen der Scharia unterwiesen, begab sich Ibn ʿAbd al-Wahhāb unter anderem nach Basra und nach Medina, wo er mit seinen rigorosen Ansichten eher auf Unwillen als auf Zustimmung stieß. Sein Vater starb 1740, und von da an soll er sich ganz der Propagierung eines von allen götzendienerischen Beimischungen gereinigten Islams gewidmet haben. Ungefähr fünf Jahre später fand er in Muḥammad b. Saʿūd (gest. 1746), dem Fürsten von ad-Dirʿīja, und in dessen Nachfolgern zuverlässige Gönner. Militärische Stärke und Stärke des rechten Glaubens seien wie zu Mohammeds Zeit eine erfolgreiche Verbindung eingegangen, worauf die wahhabitische Propaganda gerne verweist.

Wahrscheinlich schon in die vierziger Jahre des achtzehnten Jahrhunderts geht ein kurzer Text Ibn ʿAbd al-Wahhābs zurück, der bis in die Gegenwart das wahhabitische wie auch das salafistische Grundwissen über den Islam vermittelt: „die Drei Prinzipien". Er ist in der für solche Literatur üblichen apodiktischen Redeweise verfaßt. Nach der Basmala heißt es ohne jede einleitende Formulierung: „Wir müssen vier Gegenstände lernen. Der erste ist das Wissen; dieses besteht in der durch Beweise erlangten Kenntnis Allahs, seines Propheten und der Daseinsordnung. Der zweite ist das Handeln gemäß diesem Wissen. Der dritte ist die Aufforderung (arab.: *ad-daʿwa*) hierzu. Der vierte bezeichnet das Ausharren (arab.: *aṣ-ṣabr*) hierbei, selbst wenn man dabei gekränkt und geschädigt wird." Es springt sogleich ins Auge, daß für das seit Jahrhunderten bearbeitete Problem der befriedigenden Verknüpfung von Wissen und Handeln, das al-Ġazālī in so lange nachwirkender Form erörtert hatte, hier eine voluntaristische Lösung vorgeschlagen wird. Al-Ġazālī hatte gehofft, eine Prägung gemäß den Idealen sufischer Frömmigkeit werde das Herz des Glaubenden spontan für die hingebungsvolle Befolgung der Scharia öffnen. Auf die Überzeugungskraft der Schariagelehrsamkeit mochte sich al-Ġazālī nicht verlassen.[30] Die sufische Erziehung, die ihm vorschwebte, wird von Ibn ʿAbd al-Wahhāb nicht in Erwägung gezogen; an ihre Stelle tritt der schroffe Zwang.

Muḥammad b. ʿAbd al-Wahhāb findet seine Überzeugung kurz und bündig in Sure 103 zusammengefaßt: „Beim Nachmittag! Der Mensch erleidet Verlust (im Jenseits), außer denjenigen, die glauben, fromme Werke tun und einander die Wahrheit und das Ausharren anraten." In diesem Koranvers sind die vier Gegenstände in ihrer Reihenfolge genannt. Schon aš-Šāfiʿī habe darauf aufmerksam gemacht, daß in diesen knappen Sätzen alles Notwendige gesagt sei, und al-Buḫārī habe zudem betont, daß in diesen Versen die Reihenfolge benannt sei, in der die Kenntnis des Islams zur Wirkung gebracht werde: Zuerst das Wissen, dann das entsprechende Reden und danach das Handeln, das sich durch Beharrlichkeit auszuzeichnen hat. Auch hierfür hat Ibn ʿAbd al-Wahhāb einen Belegvers parat: „Wisse, daß es keinen Gott gibt außer Allah, und bitte für deine Verfehlungen um Vergebung!" (Sure 47, 19).

Unvermittelt schließt sich der nächste Schritt an. Jeder Muslim und jede Muslimin müßten die folgenden drei Gegenstände lernen und danach handeln. Erstens: Allah hat uns geschaffen und ernährt uns; er läßt uns nicht ohne Anleitung, sondern schickte uns einen Gesandten. Wer diesem gehorcht, gelangt ins Paradies, wer nicht, stürzt in die Hölle. Der koranische Beleg hierfür ist Sure 73, Vers 15 f. Zweitens: Allah duldet nicht, daß man ihm jemanden beigesellt, keinen Engel und auch sonst niemanden, den Allah sich zum Vertrauten wählte. Den Beleg hierfür bietet Sure 72, Vers 18, wo es heißt, daß Allah die Kultstätten sich allein vorbehält. Drittens: Wer dem Gesandten gehorcht und die Einsheit Allahs bezeugt, darf niemals der Freund eines Menschen sein, der Allah und seinen Gesandten anfeindet, selbst wenn es der nächste Verwandte wäre. Als Beleg führt Ibn ʿAbd al-Wahhāb Sure 58, Vers 22, an; Mohammed werde keine Menschen kennenlernen, die einerseits an Allah und den Jüngsten Tag glauben, andererseits jedoch mit Leuten Freundschaft pflegen, die Allah und seinen Gesandten befehden; die Ergebenheit gegen Allah und seinen Gesandten ist stärker als alle Bindungen der Verwandtschaft; sie sind die Partei Allahs (arab.: *ḥizb Allāh*), der das Paradies zugesagt ist. Die Glaubenden bilden die ḥanīfische Gemeinschaft Abrahams, ihr sollen sich alle Menschen anschließen, denn einzig zur ḥanīfischen Gottesanbetung schafft Allah die Menschen (Sure 51, 56). Jegliche „Beigesellung" ist zu unterlassen.

Wiederum unvermittelt wechselt der Text das Thema. Wenn man einen Muslim frage: „Welches sind die drei Grundlagen, die jeder Mensch kennen muß?" so möge er antworten: „Jeder Gottesknecht muß seinen Herrn kennen,

[30] Vgl. zehntes Kapitel (Was sind Sunniten?), IV, sowie vierzehntes Kapitel (Was ist Sufismus?), III. 1.

seine Daseinsordnung und seinen Propheten Mohammed." Der Herr ist der eine, dessen Knecht der Mensch ist, der eine, der durch den Menschen verehrt wird (arab.: *al-maʿbūd*). Als Elemente solcher Verehrung (arab.: *al-ʿibāda*), die Allah den Menschen befahl, gelten der Islam, der Glaube, das gute Handeln. letzteres erfüllt sich in der Anrufung Allahs, in der Furcht, der Hoffnung, dem völligen Gottvertrauen, in dem Begehren, Allah nahe zu sein, in der panischen Furcht vor ihm, in der Demut, in der Angst und der Hinwendung zu ihm, darin, ihn um Hilfe und um Schutz gegen den Satan und die Dämonen anzuflehen, in dem Tieropfer, dem Gelübde. Hierfür werden nun Belege aus dem Koran angeführt.

Die Daseinsordnung hält man ein, indem man unter Bezugnahme auf koranische Belege einzig Allah anerkennt, ihm gehorcht und sich von den Menschen, die „Beigesellung" begehen, lossagt. Die Daseinsordnung umfaßt drei Stufen: den Islam, den Glauben, das gute Handeln. Jede Stufe besteht ihrerseits in Handlungselementen (arab.: *ar-rukn*, Pl *al-arkān*), so beruht der Islam auf fünfen: der Bezeugung, dem rituellen Gebet, der Läuterungsgabe, dem Ramadanfasten, der Pilgerreise. Der Glaube, die zweite Stufe, umfaßt mehr als siebzig Zweige; ihr bedeutendster ist die Bezeugung „Es gibt keinen Gott außer Allah", ihr geringster wird erfüllt, wenn man Unrat vom Weg entfernt. Einer dieser Zweige ist die Schamhaftigkeit; sie besteht ihrerseits aus sechs Handlungselementen: aus dem Glauben an Allah, seine Engel, seine heiligen Bücher, seine Gesandten, an den Jüngsten Tag sowie an die alleinige Bestimmungsmacht Allahs, betreffe sie Gutes oder Böses. Das gute Handeln, die dritte Stufe der Daseinsordnung, weist nur ein Handlungselement auf: daß du Allah verehrst, als ob er dich sähe, denn wenn du ihn auch nicht siehst, so sieht er doch dich. Als Beleg hierfür verwendet Ibn ʿAbd al-Wahhāb ein vielzitiertes Hadith, in dem erzählt wird, wie der Engel Gabriel inkognito Mohammed über die Fundamente des Islams ausfragt und, wer hätte anderes erwartet, die zutreffenden Antworten erhält.

Die Kenntnis des Propheten Mohammed, die dritte der Grundlagen, umfaßt dessen Stammbaum bis hinauf zu Abraham sowie wichtige Ereignisse aus seinem Leben. In Sure 74, Vers 5, wurde ihm der Befehl erteilt, den Schmutz des Heidentums zu meiden, ja, sich ganz von der „Unwissenheit" loszusagen; zehn Jahre rief er seine Stammesgenossen zum Eingottglauben auf, dann brachte man ihn in den Himmel empor, wo ihm die fünf rituellen Pflichtgebete auferlegt wurden. Mit der Hedschra verließ er das Territorium der „Beigesellung" und zog zum Ort des Islams. Seine Gemeinde wird bis zum Jüngsten Tag Bestand haben. Die Muslime, die Mekka nicht verließen, also nicht die Hedschra vollzogen, werden in Sure 4, Vers 97, scharf getadelt; diese Schwächlinge werden in der Hölle landen; Allahs Erde ist weit genug, um nach einer Hedschra darauf eine Seinem Gesetz unterstehende Gemeinschaft zu bilden (Sure 29, 56). Die Möglichkeit zur Hedschra wird erst bei Beginn des Jüngsten Tages enden. In Medina verkündete Mohammed alle rituellen Bestimmungen des Islams sowie das Prinzip des Befehlens des Billigenswerten und des Verbietens des Verwerflichen. „Dies ist seine Glaubensordnung; es gibt nichts Gutes, auf das er seine Gemeinde nicht hingewiesen hätte, nichts Böses, vor dem er sie nicht gewarnt hätte. Das Gute auf das er hinwies, sind die Bezeugung des Eingottglaubens sowie alles, was Allah liebt und gutheißt, das Böse, vor dem er warnte, sind die ‚Beigesellung' sowie alles, was Allah verabscheut und ablehnt." Mohammed ist zu allen Menschen entsandt worden; wer das leugnet, ist ein Ungläubiger. Allah berief vor Mohammed in jeder Gemeinschaft einen Gesandten, der sie zur Verehrung Allahs aufforderte und ihnen die Verehrung des *ṭāġūt* untersagte (Sure 16, 36). Ibn Qaijim al-Ǧauzīja stellte fest, daß es zahlreiche *ṭāġūt*e gebe; die hauptsächlichen seien fünf: der Satan; jeder, der damit einverstanden ist, daß man ihn verehrt; wer die Menschen auffordert, dies zu tun; wer für sich beansprucht, Verborgenes zu wissen; wer nicht gemäß dem urteilt, was Allah herabgesandt hat. Der Beweis hier für ist Sure 2, Vers 256: „In der Glaubensordnung gibt es kein Zwingen. Denn der richtige Weg ist nun klar vom Irrtum unterschieden. Wer jetzt also nicht an den *ṭāġūt* glaubte, dafür aber an Allah, der hat den festesten Halt ergriffen." In einem Hadith heißt es: „Der Kopf aller Dinge ist der Islam, die Säule aller Dinge ist das rituelle Gebet, die Spitze des Höckers ist der Dschihad auf dem Pfade Allahs."[31]

Muḥammad b. ʿAbd al-Wahhāb zeigt sich in seinen Schriften davon überzeugt, daß er eine Seite des islamischen Eingottglaubens ins grelle Licht gerückt habe, die bis in seine Zeit keine hinreichende Beachtung gefunden habe. Die Bezeugung „Es gibt keinen Gott außer Allah" enthalte nicht nur eine Affirmation: Allah ist der einzige Gott. Sie bekräftige auch eine damit verbundene schroffe Negation: Außer Allah gibt es keinen Gott. Nur Allah ist Göttlichkeit (arab.: *al-ulūhīja*) zuzuerkennen.[32] Infolgedessen geht jeder, der die Bezeugung ausspricht, eine Verpflichtung ein: Die „Beigesellung" ist mit Stumpf und Stiel auszurotten. Diese ist den meisten Muslimen meistens gar nicht bewußt. Sie glauben daran, daß es nur einen Gott gibt. Aber sie erhoffen sich in Notlagen Hilfe, indem sie Mohammed und die übrigen Propheten anrufen. Sie legen in deren Namen Gelübde ab. Weit verbreitet sind magische Praktiken, mit denen man Schaden abwehren möchte. Das alles sind ganz und gar widerislamische Handlungen. Ibn ʿAbd al-Wahhāb erregt den Unwillen vieler Glaubensgenossen, indem er rundheraus erklärt, daß die

[31] Explanation of the Three Fundamental Principles of Islaam by Shaykh Muhammad ibn Saalih al-'Unthaymeen, Birmingham 1997, arabischer Text auf den Seiten 11–21.

[32] Esther Peskes: Muḥammad b. ʿAbd al-Wahhāb im Widerstreit. Untersuchungen zur Rekonstruktion der Frühgeschichte der Wahhābīya, Beirut 1993, 225.

Verehrung der Gottesfreunde[33] ein Verstoß gegen das Kerngebot des Islams sei. Vor allem die verborgenen, den Muslimen gar nicht zu Bewußtsein kommenden „kleinen Beigesellungen“ führen geradeswegs in die Hölle. Wer eine schwere Verfehlung begeht, hat dagegen immer noch die Aussicht auf das Paradies.[34]

Es ist keineswegs so, daß Muḥammad b. ʿAbd al-Wahhāb in seinen zahlreichen Schriften nur mit dem Koran argumentierte, nur ihn zur Untermauerung seiner Sätze heranzöge. Er bedient sich auch der Überlieferungen, deren Inhalt Mohammed verbürgt. Er hält sich dabei aber strikt an die von seinen hanbalitischen Ahnen geforderte Methode. Die Hadithe haben nur Beweiskraft für Aussagen, die sich unmittelbar aus ihrem Text ergeben. Sechs Grundsätze müsse man beachten, wenn man als Gelehrter seiner Berufung gerecht werden wolle. Den Anschlägen des Satans sei es zuzuschreiben, daß die Grundsätze in Vergessenheit geraten seien. Er hat den Muslimen eingeredet, daß die Gottesfreunde in Fragen der Lebensführung ein besonderes Vertrauen verdienten. Der Streit über einander widersprechende schariatische Bestimmungen habe derart überhand genommen, daß man inzwischen sogar die Ansicht verfechte, ebendieser Streit sei das Kennzeichen wahrer Schariagelehrsamkeit und ein Beleg für die göttliche Barmherzigkeit.[35] Das Ziel einer einheitlichen Anwendung der Daseinsordnung habe man aus den Augen verloren, eben weil man nicht Allah, sondern irgendwelche Gelehrte als Autoritäten anerkenne, ein Fehlverhalten, das Allah im Koran den Juden vorwirft (Sure 9, 31).

Aus dem strikten Eingottglauben führt bei Muḥammad b. ʿAbd al-Wahhāb ein direkter Weg zu einer grundsätzlichen Kritik am zu seiner Zeit vorherrschenden Islam. Dieser habe sich von seinen Grundsätzen abgewandt und sei in eine vielfältige „Beigesellung“ abgeglitten. Die magischen Bräuche, die er bei den Beduinen seiner Heimat beobachtet, sind im Vergleich zu den Entartungserscheinungen des sich gelehrt gebenden Islams nur ein kleines Übel. Daß im Sufismus Menschen als Vermittler bei Allah angesehen werden, ist eine schwerwiegende Fehlentwicklung. Desgleichen hat die von den drei einflußreichsten Rechtschulen, den Hanafiten, Malikiten und Schafiiten betriebene Schariagelehrsamkeit dazu geführt, daß seit Jahrhunderten die Mus-

---

33 Vgl. zehntes Kapitel (Was sind Sunniten?), IV, sowie vierzehntes Kapitel (Was ist Sufismus?), III.

34 Muḥammad b. ʿAbd al-Wahhāb: Kitāb at-tauḥīd, Online-Ausgabe Abschnitt 9, Kapitel 6.

35 In der klassischen islamischen Rechtswissenschaft galt die Unmöglichkeit, über Analogieschlüsse aus den autoritativen Texten ein einheitliches Recht aufzubauen, als eine schwere Hypothek. Sie wurde jedoch in einen Beweis der Barmherzigkeit Allahs umgedeutet (Tilman Nagel: Das islamische Recht, Westhofen 2001, 284–286).

lime bei vielen konkreten Fragen des Alltags nicht mehr in Erfahrung bringen können, was die gottgegebene Daseinsordnung ihnen vorschreibt. So fühlt sich auch Muḥammad b. ʿAbd al-Wahhāb gedrängt, die seit frühislamischer Zeit immer wieder angestimmte Klage zu erheben, daß der wahre Islam in seiner Umwelt wie ein Fremdling geworden ist. Abhilfe kann nur geschehen, indem man die ganze Tragweite der Bezeugung „Es gibt keinen Gott außer Allah" ermißt und sie dann auch ohne Wenn und Aber zur Lebensmaxime erwählt. Selbst die Autorität des Propheten Mohammed, die das Dasein des Muslims prägt, muß hinter diejenige Allahs zurücktreten.[36]

IV. Der Salafismus und die Reform des Islams

Der Salafismus will die Verhältnisse restaurieren, die nach seiner Ansicht unter den Altvorderen der medinensischen Urgemeinde geherrscht haben. Die Muslime seien, so ist man sich sicher, von einer spontanen Gläubigkeit durchdrungen gewesen, die der verwickelten und im Ergebnis höchst fragwürdigen Verstandesoperationen habe entraten können. Daß es keinen Gott außer Allah gibt, wurde von allen in der ganzen Tiefe verstanden. Niemand bedurfte einer entsprechenden Unterweisung. Bedrückend sind dagegen die jetzigen Mißstände: Wer sich über eine schariatische Bestimmung unterrichten will, muß unübersichtliche Kompendien durcharbeiten, wird mit zahlreichen einander wenigstens in Teilen widersprechenden Lehrmeinungen konfrontiert und bleibt oft ratlos zurück. Dabei geht es um heilswichtige Angelegenheiten. Wer beispielsweise die rituelle Reinheit in einer gegebenen Situation nicht regelgerecht herstellt, setzt die Möglichkeit des Paradiesgewinns aufs Spiel. Und können in solcher Not die Tröstungen eines Sufimeisters weiterhelfen, unter dessen Anleitung man für einen Augenblick zwar Allah ganz nahekommt, im nächsten aber von grausamer Ernüchterung gepackt wird?

Solche Probleme ließen Ibn ʿAbd al-Wahhāb am zu seiner Zeit gelebten Islam verzweifeln. Ein halbes Jahrhundert nach seinem Tod war ein weiteres hinzugekommen, womöglich nicht für die breite Masse, wohl aber für die Schariagelehrten, die bis dahin die unangefochtenen Interpreten des Weges durch das Diesseits zu einem glücklichen Jenseits gewesen waren. Die technische Zivilisation Europas machte in der islamischen Welt ihren Einfluß geltend. Wollten islamische Staaten nicht in der politischen und militärischen Bedeutungslosigkeit versinken, dann mußten sie sich darum bemühen, von Europa zu lernen. Sie mußten sich auf eine Kultur einlassen, deren Erzeugnisse unentbehrlich wurden. Man konnte sie importieren, und man konnte geeignete Leute nach Europa entsenden, wo sie sich schulen lassen sollten. Vor allem Ägypten, formal eine Provinz des Osmanischen Reiches, aber un-

---

[36] Ausführlich in „Die erdrückende Last des ewig Gültigen", Kapitel XXIII/1–3.

ter den Khediven seit dem frühen 19. Jahrhundert weitgehend unabhängig, öffnete sich dem neuen, fremden Geist und lieferte sich Kräften aus, die einerseits auf die Übernahme der westlichen Zivilisation hinarbeiteten, andererseits aber von der breiten Mehrheit der Bevölkerung nicht zu Unrecht als verderblich angesehen wurden, zumal sie mit dem überkommenen Weltverständnis des Islams nicht im mindesten zu vereinbaren waren.

Der Islam schien binnen weniger Jahrzehnte gleichsam aus der Zeit gefallen zu sein. Der Ägypter Muḥammad ʿAbduh (1849–1905) war der wirkmächtigste muslimische Autor des späten 19. Jahrhunderts, und er schuf die Grundlinien der muslimischen Antwort auf die bis dahin ungekannten Herausforderungen, vor denen die islamische Welt stand. Er hatte neben der üblichen Ausbildung in den wichtigsten Gegenständen islamischer Gelehrsamkeit die französische Sprache erlernt. Seine Verwicklung in den Widerstand gegen die Politik der Verwestlichung, die die Khediven – inzwischen mehr getrieben als aus freiem Willen – führten, hatte ihn in den 80er Jahren in die Verbannung gezwungen, die er teils in Beirut, teils in Paris zubrachte. Die Vorstellungen von der zivilisatorischen Mission, die Frankreich in der islamischen Welt zu erfüllen habe und die darauf hinausliefen, daß der Islam über kurz oder lang von der Weltbühne abtreten werde, wird Muḥammad ʿAbduh aus nächster Nähe kennengelernt haben.

Er antwortete darauf mit einer Reihe von Schriften, die die Überlegenheit des Islams aufzeigen sollten. Er zeichnete seine Religion als diejenige, die, da sie die Religion des Verstandes sei, für die Menschheit im Stadium der Reife bestimmt sei.[37] Der wahre Islam, der seine weltgeschichtliche Mission noch vor sich haben sollte, konnte in Anbetracht der Machtentfaltung der technisch-wissenschaftlichen Zivilisation Europas nicht der traditionelle sein. Er durfte nicht von einem Rechtssystem geknebelt sein, dessen Urteile in einer durch Jahrhunderte gewucherten verschlungenen Auslegungspraxis gesucht werden mußten. Auch mußte sich der künftige, die gereifte Menschheit in sich aufnehmende Islam von allen volksreligiösen Beimengungen, von magischen Elementen und vom sufischen Entwerden des Individuums in Allah trennen. Diese Charakterzüge, die der Gefühlsbindung der Muslime an ihre Religion Beständigkeit und Kraft verliehen, sollten durch den Verstandesakt der Eingottbezeugung ersetzt werden, der auf alle jene „unwissenschaftlichen" Elemente verzichten konnte. Es ist daher naheliegend, daß das von Muḥammad ʿAbduh inspirierte Schrifttum über die erhoffte glänzende Zukunft des Islams Themen aufweist, die als salafistisch zu kennzeichnen sind und die im Wahhabismus einen mächtigen Förderer finden sollten, freilich erst nach Muḥammad ʿAbduhs Tod. Er selber lehnte den Sufismus keineswegs rundweg ab, sondern betrachtete nur bestimmte „unislamische" Bräuche mit Skepsis.

---

[37] Vgl. fünfzehntes Kapitel (Was ist islamischer Rationalismus?), I.

Zum Verständnis des wahhabitischen Einflusses auf islamische Autoren, die sich mit einer Reform des Islams beschäftigten, ist im übrigen in Rechnung zu stellen, daß das saudische Herrscherhaus, dessen Aufstieg zur führenden Macht auf der Arabischen Halbinsel 1902 unter ʿAbd al-ʿAzīz b. Saʿūd (gest. 1953) begann, eine von den Interessen der europäischen Großmächte unabhängige Politik zu führen vermochte. Anders das Osmanische Reich und seine Nachfolgestaaten: Sie hatten sich, freiwillig oder dem Zwang gehorchend, dem politischen und vor allem dem zivilisatorischen Einfluß des Westens, insbesondere der Siegermächte des Ersten Weltkriegs, geöffnet. Wer damit unzufrieden war, schaute auf den saʿūdischen Herrscher. Auch in Britisch-Indien blickten viele Muslime nach Arabien, wo das Haus Saʿūd in den 20er Jahren die Herrschaft der durch die Zusammenarbeit mit den Briten kompromittierten Scherifen von Mekka beendete und die beiden heiligen Städte Mekka und Medina in Besitz nahm. Muḥammad Rašīd Riḍā (gest. 1935), der berühmteste Schüler Muḥammad ʿAbduhs, bemühte sich um eine „wahhabitische" Auslegung der in den Einzelheiten wenig konkreten Reformideen seines Meisters. Schon 1911 äußerte er sich über das Mohammed in den Mund gelegte Wort: „Die Meinungsverschiedenheiten meiner Glaubensgemeinschaft sind ein (Zeichen von) Barmherzigkeit." Wie Ibn ʿAbd al-Wahhāb sah Muḥammad Rašīd Riḍā in dieser plumpen Rechtfertigung nicht enden wollender Zwistigkeiten der Schariagelehrten ein Übel, von dem der Islam befreit werden müsse.[38]

Der Sufismus sei eine Frömmigkeitsströmung, wie es sie nur im Islam gebe, meinte Muḥammad ʿAbduh. Durch fremdes Verschulden sei sie auf Abwege gedrängt worden. Muḥammad Rašīd Riḍā urteilte in den 20er Jahren streng abwertend: Zu Lebzeiten des Propheten habe es den Sufismus nicht gegeben. Die Sufis schadeten dem Islam, da sie sich von der Lebens- und Denkweise der Altvorderen entfernt hätten. Mit allen islamischen Richtungen, die auf fremde Vorstellungen zurückgingen, verhalte es sich so. Sie seien auszutilgen. Eine Reform des Islams müsse daher viererlei anstreben: Um weitere Spaltungen der Glaubensgemeinschaft zu vermeiden, müsse gelten, daß jeder, der sich der Daseinsordnung unterwerfe, von allen Muslimen als Muslim anerkannt werde. Mit dieser Forderung unterscheidet sich Muḥammad Rašīd Riḍā deutlich vom Salafismus wahhabitischer Prägung. Zweitens solle man nach dem Vorbild der frommen Altvorderen allein den Koran und das „gesunde" Hadith als Wegweiser durch das Diesseits wählen. Kommentare, die Gelehrte zu autoritativen Texten geäußert hätten dürften beachtet werden, sollten aber drittens nie als Grund für Parteinahmen und Zwistigkeiten mißbraucht werden. Unter der Rechtleitung durch Koran und

[38] Fatāwā l-Imām Muḥammad Rašīd Riḍā, ed. Ṣalāḥ ad-Dīn al-Munaǧǧid, Beirut 1970, III, 1014–1020.

sunna könne man viertens die technische Zivilisation übernehmen, wodurch der Wiederaufstieg des Islams möglich werde.[39]

Die Wiederherstellung der Verhältnisse der medinensischen Urgemeinde, des heilen Islams der Altvorderen unter Einschluß der Errungenschaften der westlichen Zivilisation, sofern sie der Festigung und Ausbreitung islamischer Machtausübung förderlich ist, wurde seit den 20er Jahren des vorigen Jahrhunderts zum integrierenden Gedankengut muslimischer Strömungen, die man in Presse, Rundfunk und Fernsehen gern mit dem Eigenschaftswort „islamistisch" belegt. In Unkenntnis der historischen Gegebenheiten spricht man davon, daß dieser „politische" Islam, der einem friedlichen, apolitischen gegenüberstehe, ein Phänomen eigener Art sei und durch die Leiden, die der Kolonialismus über die islamische Welt gebracht habe, hervorgerufen worden sei.[40] Daß diese Behauptung unhaltbar ist, wurde hier unter Hinweis auf grundlegende andere Kapitel dargelegt.

Es bleibt die Aufgabe, kurz von den wichtigsten zwei Bewegungen zu sprechen, die sich der Verwirklichung jenes Gedankenguts verschrieben. An erster Stelle ist die Muslimbruderschaft zu nennen. Ihr Gründer Ḥasan al-Bannā' (1906–1949) setzte sich zum Ziel, unter der im Entstehen begriffenen Schicht der Arbeiter und Angestellten das Bewußtsein für die Bedeutung des Islams am Leben zu erhalten. Die sich wegen der Verwestlichung der Lebensweise abzeichnende Trennung zwischen der Machtausübung, der Gesellschaft und der Kultur dürfe nicht zugelassen werden, verkündete er beispielsweise in einer programmatischen Rede vor Studenten im Jahre 1938. Es sei zuzugestehen, daß es im zeitgenössischen Staat einen Sektor hoheitlicher Tätigkeit gebe, der allein der Aufrechterhaltung der Herrschermacht und daher der öffentlichen Ordnung diene. Dieser Sektor, die *sijāsa*,[41] könne von Parteilichkeit geprägt sein, mithin von unislamischen Entscheidungen. Jedoch sei darauf hinzuwirken, daß hier und erst recht in allen Angelegenheiten von grundsätzlichem Gewicht einzig der Islam Geltung behalte bzw. wiedererlange und dadurch Eintracht einkehre. Der Verzicht auf eine islamische Verfassung, auf islamische Gesetze ziehe nichts weiter nach sich als eine Privatisierung des Islams, wie sie der Prophet gerade nicht gebilligt habe. Die Muslimbrüder wissen sich daher verpflichtet, unermüdlich zu einer Islamisierung von Politik und Gesellschaft aufzufordern. Sie gerieten deswegen Ende der 40er Jahre in einen schroffen Gegensatz zur damaligen ägyptischen Regierung. Ein Mitglied der Bruderschaft ermordete am 28. Dezember 1948 den Ministerpräsidenten. Unvermindert anhaltende Spannungen entluden

---

39 Einzelheiten entnehme man meiner Studie „Die erdrückende Last des ewig Gültigen", Kapitel XXV/1–4.

40 Zwanzigstes Kapitel (Was ist Islamwissenschaft?).

41 Vgl. achtes Kapitel (Was sind Imamat, Kalifat und Sultanat?), IV. und V. 2.

sich am 12. Februar 1949, als Ḥasan al-Bannā' auf offener Straße erschossen wurde. Die zunächst angestrebte Zusammenarbeit zwischen den ägyptischen Offizieren, die 1952 die Königsherrschaft beendeten, und den Muslimbrüdern scheiterte, da letztere rasch erkannten, daß es den siegreichen Revolutionären nicht um eine Islamisierung Ägyptens ging. Nach Ḥasan al-Bannā's Tod entwickelte sich in den schweren Auseinandersetzungen mit dem von Gamāl ʿAbd an-Nāṣir (Nasser) angeführten Regime Saijid Quṭb zum herausragenden Intellektuellen der Muslimbrüder. Er büßte 1966 seine Überzeugungen mit dem Tod, aber seine Schriften sind noch heute in den einschlägigen Kreisen sehr einflußreich.[42]

Die Muslimbrüder stellen den breiten Strom salafistischen bzw. reformislamischen Ideenguts dar, der sich unabhängig vom Geld des Hauses Saʿūd und anderer reicher Gönner bildete, die auf der Arabischen Halbinsel die Macht innehaben. Unmittelbar aus dem saudischen Wahhabitentum ging eine andere Strömung hervor, die, da sie sich nicht eigenständig und „von unten her" entwickelte, von Fördergeldern abhängig blieb. Ihre Ideengeber, deren Namen in manchen Schulungstexten immer wieder auftauchen,[43] nehmen für sich in Anspruch, nicht im überkommenen Wahhabitentum zu verharren, sondern eigenständig, wie es die hanbalitische Schule verlangt, die autoritativen Texte und auch die Schriften von Ibn Taimīja und Ibn Qaijim al-Ǧauzīja studiert zu haben. Die Abhängigkeit der Überzeugungen terroristischer Gemeinschaften von den Lehren solcher Sunniten sind offensichtlich; sie im einzelnen nachzuweisen, dürfte sehr mühevoll sein. Im übrigen gibt es scharfe ideologisch-religiöse Auseinandersetzungen unter den Gruppen und Grüppchen, die dem Salafismus zuzurechnen sind. So haben sich bosnische Salafisten über die Frage zerstritten, ob Ibn Taimīja tatsächlich geduldet habe, daß Menschen, die den Islam annahmen, noch einige ihrer vorislamischen Rechtsbräuche beibehielten. Eigentlich hätte er sie für Ungläubige erklären müssen. Umfangreiche, aufwendig gedruckte Publikationen über solche Themen lassen die finanziellen Mittel erahnen, die solchen Gemeinschaften zur Verfügung stehen.[44]

---

42 Vgl. oben, 504. Vgl. ferner „Die erdrückende Last des ewig Gültigen", Kapitel XXVII.

43 Unter ihnen ist besonders Muḥammad b. Ṣāliḥ Āl ʿUṯaimīn (1925–2001) (vgl. oben, 12 f.) zu nennen, dessen Broschüren mit Ratschlägen und Anweisungen zur islamischen Gestaltung des Alltags in deer arabischen Welt überall zu finden sind.

44 Ein Beispiel: Ebu Muhammad: *Odbrana osnove dina i Šejhul-islama od tvrdnji nosioca neznanja. Tehakum i mjesto tekfira mušrika u vjeri*, Wien 2010. Über die in Deutschland aktiven salafistischen Strömungen, ihr Gedankengut und auch über die Verankerung des Salafismus im „gewöhnlichen" sunnitischen Islam unterrichtet der von Thorsten Gerald Schneiders herausgegebene Sammelband „Salafismus in Deutschland. Ursprünge und Gefahren einer islamische-fundamentalistischen Bewegung", Bielefeld 2014.

Siebzehntes Kapitel

Wovon berichten die „großen Erzählungen" des Islams?

I. Allgemeines

Alle Religionen haben ihre „großen Erzählungen". Sie berichten über die Zeit „am Anfang", als die Gründergestalten lebten und litten, über denkwürdige Geschehnisse, die den Sieg der Lehre ankündigten, über Begebenheiten, die jeden Zweifel an deren Wahrheit zerstreuten. Die Religion lebt ja nicht vom Dogma und von den scharfsinnigen Gedanken der Theologen, die diese Wahrheit mit den Argumenten der Metaphysik zu festigen bestrebt sind. Sie lebt viel eher von der Ergebenheit, die die zur Leitung des Kultes Bestellten in den Anhängern immer aufs neue zu wecken verstehen. Was dem Glaubensbekenntnis der Christen, das im Gottesdienst gemeinschaftlich gesprochen wird, die das Leben und die Weltsicht prägende Kraft verleiht, ist nicht dessen theologische Auslegung; es sind die Erzählungen, die in diesem Bekenntnis anklingen: Die Schöpfungsgeschichte, die Erzählung von der Geburt Jesu, der herzzerreißende Bericht von seiner Passion, Kreuzigung, Auferstehung und Verklärung, die Botschaft vom Pfingstwunder.

Auch der Islam hat seine „großen Erzählungen". In den Darstellungen der wichtigsten Aspekte und der ins Auge fallenden Besonderheiten dieser Religion werden sie jedoch gewöhnlich übersehen. Den Schwerpunkt der europäischen Beschäftigung mit dem Islam bilden, gewiß nicht zu Unrecht, die Glaubenslehren, die Scharia und die kultischen Pflichten sowie die gesellschaftlichen und machtpolitischen Konsequenzen des Wirkens Mohammeds. Aber dies alles gewinnt die nach dem Empfinden des Muslims kaum je erlahmende Anziehungskraft nicht allein aus sich selber. Die Lehren für sich genommen nähren noch nicht die ständige Sorge, die aus ihnen folgenden Pflichten immer wieder zu erfüllen oder sich zumindest den Anschein zu geben, sie zu erfüllen. Es sind jene Erzählungen, die dem Muslim ein ums andere Mal den Propheten Mohammed vor Augen stellen, den einzigen vollkommenen Menschen, der allen Forderungen gerecht wurde und dessen Vorbild jedermann nacheifern soll.

Dem Muslim geht es keineswegs um die ganze Prophetenvita, die der Historiker aus zahllosen Quellenzeugnissen erarbeitet. Der Muslim entfacht seinen Glauben zu immer neuer Stärke, indem er sich die Höhepunkte dieser ins Hagiographische gesteigerten Vita vergegenwärtigt. Da ist die Schilderung des Berufungserlebnisses, der Überwältigung durch den Boten Allahs, der Mohammed zum Rezitieren der göttlichen Worte zwingt. Den nächsten Höhepunkt der Vita des Propheten bildet der Aufstieg in die sieben Himmel. Er begegnet dabei den früheren Propheten, die nicht zögern, in ihm den größten und letzten in ihrer Schar zu erkennen. Schließlich handelt er mit Allah die Fünfzahl der täglichen Pflichtgebete aus: Das ist nach der Überzeugung des Muslims der Beweis dafür, daß er und seine Anhänger in den Besitz der einzig wahren Daseinsordnung gelangt sind. Die Siege des Kriegsherrn Mohammed belehren den Muslim über den Lohn, den Allah den Kühnen und Standhaften in Aussicht stellt, die für die Machtentfaltung dieser Daseinsordnung ihr Leben und ihr Vermögen einsetzen, wie es in Sure 8, Vers 72, heißt. Der verfremdete spätantike Alexanderroman, der in Sure 18 anklingt, gab und gibt dem Muslim die Gewißheit, daß seine Gemeinschaft, die beste, die Allah je unter den Menschen stiftete, zur Eroberung der Welt berufen ist und den rechten Weg eingeschlagen hat. Andere, spätere Erzählungen widmen sich den Kriegen gegen das Byzantinische Reich und den Raubzügen der Osmanen auf dem Balkan: Alle diese Begebenheiten fügen sich in das Selbstbildnis des Muslims ein, des unermüdlichen Kämpfers für den Sieg der Sache Allahs.

Je größer der zeitliche Abstand zu Mohammed wird, desto heftiger wird das Verlangen der Glaubenden, sich nicht nur der heilsgeschichtlichen Einmaligkeit der Gestalt ihres Propheten zu vergewissern, sondern zugleich aus dieser Einmaligkeit das stärkste Argument für die Wahrheit ihres Glaubens abzuleiten. Was der Verstetigung des Glaubenseifers diente, soll nun als das inhaltliche Minimum einer obligatorischen Bezeugung gelten, das bei Androhung von Strafe nicht unterschritten werden darf.[1] Im Zuge solcher Bestrebungen löst sich die fromme Spekulation ganz von der historischen Gestalt Mohammeds. Man glaubte zu wissen, daß Mohammed, noch ehe er in Mekka sein irdisches Dasein begann, durch Allah geschaffen und zum Zielpunkt aller irdischen Geschichte bestimmt worden war. Daher gedenken die Muslime am Geburtstag ihres Propheten nicht so sehr des Beginns eines Lebensweges mit weitreichenden historischen Folgen. Sie feiern vielmehr den Dreh- und Angelpunkt der durch Allah gelenkten Heilsgeschichte, die mit der Schaffung des Ur-Mohammed einsetzte und mit der Geburt des Menschen und Propheten Mohammed in ihre zweite und entscheidende Phase eintrat: die Phase, in der die Menschheit so reif geworden ist, daß sie sich nicht mehr dem Islam, der gottgewollten Daseinsordnung, widersetzen wird.

---

[1] Vgl. drittes Kapitel (Wer war Mohammed?) sowie zehntes Kapitel (Was sind Sunniten?).

II. Höhepunkte der Prophetenvita

1. Die Berufung

Schon die ersten Jahrzehnte des Lebens Mohammeds zeigen sich dem Muslim angefüllt mit Hinweisen auf die künftige Aufgabe, die Allah ihm zugedacht hat. Mohammeds Großvater ʿAbd al-Muṭṭalib hätte, so erzählt man, wegen eines Gelübdes seinen Sohn ʿAbdallāh opfern sollen, aber Allah verhinderte dies. Die Mekkaner, die ʿAbd al-Muṭṭalibs Neigungen zum Eingottglauben mißbilligten, waren schließlich mit der Schlachtung von siebzig Kamelen zufrieden. „Dann", berichtet Ibn Isḥāq (gest. 767), einer der Sammler biographischer Überlieferung über Mohammed, „ging ʿAbd al-Muṭṭalib fort, indem er ʿAbdallāh bei der Hand nahm, und kam mit ihm an einer Frau aus der Sippe der Banū Asad b. ʿAbd al-ʿUzzā vorbei – es war eine Schwester Waraqa b. Naufals –, die bei der Kaaba stand. Als diese ʿAbdallāh ins Gesicht geblickt hatte, fragte sie: ‚Wohin gehst du?' ‚Mit meinem Vater!' ‚Du sollst ebenso viele Kamele haben, wie zu deiner Auslösung geschlachtet wurden! Beschlafe mich sogleich!' ‚Ich bin mit meinem Vater, ich kann ihm nicht ungehorsam sein und darf mich nicht von ihm trennen.' ʿAbd al-Muṭṭalib ging mit ihm (aus Mekka) hinaus zu Wahb b. ʿAbd Manāf, der damals sowohl nach der Abstammung als auch nach der Ehre der Herr der Banū Zuhra war. Dieser gab ʿAbdallāh seine Tochter Āmina, die damals die vortrefflichste Quraišitin an Abstammung und Ansehen war. Wie man erzählt, vollzog er die Ehe sofort, als sie ihm zu Besitz gegeben worden war,[2] und sie empfing den Gesandten Allahs. Dann ging (ʿAbdallāh) von ihr fort und gelangte wieder zu der Frau, die ihm jene Sache angeboten hatte. Er fragte sie: ‚Was ist mit dir, daß du mir heute nicht das gleiche anbietest wie gestern?' Sie erwiderte: ‚Das Licht, das gestern mit dir war, hat dich verlassen. Heute steht mir nicht mehr der Sinn nach dir.' Sie hatte nämlich von ihrem Bruder Waraqa b. Naufal, der Christ geworden war, und die (offenbarten) Schriften studiert hatte, vernommen, daß in dieser Gemeinschaft ein Prophet auftreten werde."[3]

Als Mohammed um das Jahr 620 erkannt zu haben glaubte, daß er nicht nur der Gesandte Allahs sei, sondern auch ein Prophet, dem es aufgetragen ist, die wahre, von Abweichungen gereinigte Daseinsordnung zu verkünden, da verkündete er zur Bekräftigung seines Anspruchs, daß sein Erscheinen bereits von der Tora und den Evangelien vorausgesagt werde (Sure 7, 157).[4] Diesem

---

[2] Es handelt sich um eine sogenannte uxorilokale Ehe; die Frau bleibt im Besitz ihrer Sippe. Vgl. neunzehntes Kapitel (Was lehrt der Islam über die Frauen?), I.

[3] Ibn Hišām: as-Sīra an-nabawīja, edd. Muṣṭafā as-Saqqā, Ibrāhīm al-Abjārī und ʿAbd al-Ḥafīẓ Šalbī, 4 Bde, Kairo 1936, I, 164 f.

[4] Vgl. drittes Kapitel (Wer war Mohammed?), II. 1.

Anspruch soll die Episode Genüge tun. Die quraišitische Sippe der Banū Asad b. ʿAbd al-ʿUzzā trat im Gegensatz zu den übrigen dafür ein, Mekka dem byzantinischen Einfluß zu öffnen.[5] Ihr gehörte Mohammeds erste Ehefrau Ḫadīǧa bint Ḫuwailid an. Waraqa b. Naufal wird des öfteren als Zeuge für die Wahrheit der Sendung Mohammeds aufgerufen, die hier durch das Licht des Prophetentums veranschaulicht wird.

Die Episode steht in einer Reihe von weiteren, die bereits bei Ibn Isḥāq die Verflechtung der Genealogie Mohammeds mit dem Eingreifen Allahs in den Gang der Geschichte belegen sollen, wie aus dem eben angedeuteten Lebensschicksal ʿAbd al-Muṭṭalibs hervorgeht. Über Mohammeds Leben bis zu seiner Berufung finden sich fast nur Überlieferungen, die der Bekräftigung seiner Auserwähltheit dienen. Am bekanntesten ist die Begegnung mit dem Mönch Baḥīrā. Als eine quraišitische Karawane, in der sich Mohammed befand, bei dessen Klause in Bostra lagerte, ließ sich Baḥīrā den jungen Mann kommen, prüfte ihn im Gespräch und stellte fest, daß er sich längst vom Heidentum gelöst habe. Dann mußte Mohammed den Rücken entblößen, und der Mönch erblickte, was er erwartet hatte: das Mal des Prophetentums zwischen den Schulterblättern.[6]

Als Mohammed zum Mann herangereift war, wurde er durch Allah zu dessen Gesandtem berufen. ʿĀʾiša, die Tochter Abū Bakrs, des engsten Vertrauten des Gesandten Allahs, die erst neun Jahre alt gewesen sein soll, als dieser mit ihr die Ehe vollzog, legt man den Bericht über das Geschehnis in den Mund, das die Vollendung der Heilsgeschichte einleitete: „Den Anfang der Eingebungen an den Gesandten Allahs bildete das fromme Träumen; jeder Traum, den er hatte, kam zu ihm wie das Licht bei Tagesanbruch. Später wurde ihm das Alleinsein lieb, und er gab sich in der Höhle des Berges Ḥirāʾ der einsamen Andacht hin. Es war eine Gottesanbetung, die etliche Nächte dauerte, ehe er zu seiner Familie zurückkehrte. Er nahm Proviant mit. Dann kehrte er zu Ḫadīǧa zurück, holte erneut Proviant. Schließlich kam (eines Tages) die Wahrheit auf ihn nieder, während er in jener Höhle des Berges Ḥirāʾ weilte: Ein Engel trat zu ihm und befahl: ‚Rezitiere!' und er antwortete: ‚Ich kann nicht rezitieren.'" Der Bericht wechselt nun in die erste Person, Mohammed selber erscheint als Erzähler: „Da packte mich der Engel und preßte mich, bis ich es nicht mehr aushalten konnte; dann ließ er mich los und befahl: ‚Rezitiere!' Ich erwiderte: ‚Ich kann nicht rezitieren.'" Erneut wurde Mohammed niedergedrückt, freigelassen, noch einmal überwältigt, dann endlich teilte ihm der Engel mit, was er rezitieren sollte: „Rezitiere: ‚Im Namen deines Herrn, der erschafft, den Menschen aus einem Blutgerinnsel erschafft! Dein Herr ist der edelmütigste!'" (Sure 96, 1–3). Unvermittelt

---

[5] Tilman Nagel: Mohammed. Leben und Legende, München 2008, 75.

[6] Ebd., 104 f.

hat nun wieder ʿĀʾiša das Wort: „Mit pochendem Herzen brachte der Gesandte (die Worte) nach Hause zurück. Er trat zu Ḫadīǧa bt. Ḫuwailid ein und rief: ‚Hüllt mich ein! Hüllt mich ein!' und man hüllte ihn in ein Gewand, bis das Entsetzen von ihm gewichen war. Dann erzählte er Ḫadīǧa, was sich zugetragen hatte: ‚Ich fürchtete um mein Leben!' ‚Nicht doch!' begütigte ihn Ḫadīǧa, ‚bei Allah! Er wird dich nicht in Schande stürzen. Du achtest doch die Verwandtschaft und trägst die Last der Mittellosen unter ihnen, du sorgst für den Unterhalt der Habenichtse, bewirtest den Gast, hilfst bei Schicksalsschlägen, die Allah verhängt.' Ḫadīǧa begab sich mit ihm zu Waraqa b. Naufal, ihrem Vetter, der in der Heidenzeit Christ geworden war, die hebräische Schrift beherrschte und in dieser Sprache etliches aus dem Evangelium niederzuschreiben pflegte. Mittlerweile war er, ein Greis, schon erblindet. Ḫadīǧa bat ihn: ‚Vetter, hör dir einmal deinen Neffen[7] an!' ‚Worauf bist du verfallen, Neffe?' fragte Waraqa, und der Gesandte Allahs berichtete ihm, was er gesehen hatte. Da belehrte ihn Waraqa: ‚Das ist der Nomos,[8] den Allah auf Mose herabsandte. O wäre ich jetzt jung! O könnte ich erleben, wie deine Leute dich vertreiben!' ‚Werden sie mich denn vertreiben?' fragte Mohammed, worauf jener entgegnete: ‚Gewiß! Denn noch jeder, der etwas verkündete, wie du es tust, wurde angefeindet. Sollte ich deinen Tag noch erleben, dann stehe ich dir mit allen Kräften bei.' Bald darauf aber verstarb Waraqa b. Naufal, und die Eingebungen unterblieben."

In einer Überlieferung folgt nun eine Episode, in der Mohammed jenen Engel, der ihn in der Höhle bedrängt hat, auf einem Thron zwischen Himmel und Erde schaut. Erschreckt flieht Mohammed nach Hause, begehrt, daß man ihn einhülle, und vernimmt, wie Allah ihm die folgenden Worte herabsendet: „Der du dich (in dein Gewand) gehüllt hast! Steh auf und warne! Preise deinen Herrn! Reinige deine Kleider! Meide den Schmutz!" (Sure 74, 1–5).[9] Die in der hier gebotenen Kürze wiedergegebenen Berichte über den Beginn der Offenbarungen vermengen zwei Ereignisse, nämlich den Beginn der Eingebungen, von dem die frühen Korankommentatoren noch wußten, daß er mit den ersten Versen von Sure 74 zusammenfiel, und die Niederschrift dieser Eingebungen in der Form von Suren.[10] Sie wird durch Sure 96 legitimiert, in der Allah als der Edelmütige gepriesen wird, der den Menschen im Gebrauch des Schreibrohrs unterwies (Vers 4). Indem man die Legitimierung

---

[7] Mohammeds Mutter Āmina bint Wahb stammte in mütterlicher Linie von Umm Ḥabīb, einer Tochter des Asad b. ʿAbd al-ʿUzzā ab. Asad b. ʿAbd al-ʿUzzā war zugleich der Vater von Ḫuwailid und Großvater von Waraqa b. Naufal; wahrscheinlich spielen die Worte auf diese weitläufige Verschwägerung an.

[8] Das griechische Wort ist über das Syrische entlehnt. Dort bezeichnet es u. a. die göttlichen Gebote, denen Abraham folgte (vgl. Gen 26, 5).

[9] Tilman Nagel: Mohammed. Leben und Legende, 89 f.

[10] Vgl. viertes Kapitel Was ist der Koran?, II. 1. und II. 2.

des Niederschreibens an den Beginn der Gesandtenschaft Mohammeds verlegt, überdeckt man die Erinnerung daran, daß die erste Phase der Eingebungen nur kurze Zeit dauerte und sich die Offenbarungen erst nach einer Unterbrechung von drei Jahren wieder einstellten. Daß die Verschriftlichung bereits vor Mohammeds Vertreibung aus Mekka einsetzte, ist im Koran mehrfach bezeugt. Aber man kann den genauen Zeitpunkt nicht ermitteln. Die beiden zusammengefaßten Erzählungen verfolgen das Ziel, im Zuhörer die Überzeugung zu festigen, die Eingebungen seien von Anfang an zweifelsfrei belegt, eine Forderung, die aus der Lehre folgt, daß Mohammed die unverfälschte göttliche Botschaft vollständig ausgerichtet habe, sei er doch der unwiderruflich letzte Gesandte Allahs gewesen.

2. Der Aufstieg in den Himmel

Noch öfter trifft man in den Erzählungen über Mohammed auf diesen Glaubenssatz. Er wird jedoch bald von einem zweiten überlagert, nämlich von der Frage nach einem unwiderlegbaren Wahrheitsbeweis für den Inhalt des durch Mohammed Verkündeten: Woran soll man erkennen, daß nicht nur die Worte des Korans, sondern auch die Ansprüche, die Mohammed mit dessen Verkündigung verknüpft, tatsächlich diejenigen sind, die Allah selber erhebt? Die Menschen dazu zu bringen, aus dem Beobachten des Wirkens Allahs in und mit dem Kosmos die von Mohammed gewünschten Schlüsse zu ziehen, genügt nicht.[11] Denn es gilt jetzt, sie von der Richtigkeit und Wahrheit der *Normen* zu überzeugen, zu deren allgemeiner Bejahung das Beobachten führen soll. Auch die Lehre vom Koran als dem Beglaubigungswunder Mohammeds dient dem Zweck, den Anspruch auf das Prophetentum zu bekräftigen. Diese Lehre bezieht sich daher auf den Wundercharakter des Sprachgebildes. In dem Augenblick, in dem Mohammed zu „befehlen“ beginnt, „was recht und billig ist und zu verbieten, was verwerflich ist“, sieht er sich vor die Frage gestellt: „Ist das, was du forderst, wirklich Allahs Wille?“[12] Der Koran selber bezeugt, daß die Mekkaner dem Propheten mit derartigen Fragen zusetzen. In Sure 6 läßt Mohammed sein Alter Ego Allah wie folgt räsonieren: „Wenn wir eine Schrift aus Papyrus auf (die Ungläubigen) hinabgesandt hätten, dann würden sie sagen: ‚Das ist nichts als Zauberei!‘ “ Die Zweifler meinen, am besten wäre zu Mohammed ein Engel herabgekommen, dann hätte man Gewißheit. Doch Allah läßt diesen Einwand nicht gelten; die Ungläubigen fänden rasch einen neuen Grund, sich vor den Konsequenzen der Worte Allahs zu drücken. Nicht einmal die Spuren der

---

[11] Vgl. erstes Kapitel (Was ist der Islam?), II. 4.

[12] Vgl. hierzu drittes Kapitel (Wer war Mohammed?), II. 3. bis II. 5. sowie viertes Kapitel (Was ist der Koran?), II. 4.

untergegangenen, nämlich durch Allah wegen ihres Ungehorsams vernichteten Völker, auf die man überall im Lande stößt, bringen die Ungläubigen zur Einsicht (Vers 7–11). Ebenso bewegt führt Allah in Sure 17, Vers 90 bis 93, über die Verstocktheit der Mekkaner Klage: Selbst wenn er seinem Propheten ein Haus mit einem schönen Garten und einer sprudelnden Quelle schenkte, blieben die Ungläubigen unbeeindruckt; frech bäten sie darum, Allah solle doch Steine auf sie niederregnen lassen, und selbst ein Aufstieg Mohammeds in den Himmel könnte sie nicht eines Besseren belehren.

Oder vielleicht doch? ʿAbdallāh b. Masʿūd, ein Kampfgefährte Mohammeds, erzählt: „Man brachte dem Gesandten Allahs den Burāq, das Reittier, das schon die Propheten vor ihm getragen hatte und das mit seinem Huf stets so weit ausgriff, wie sein Blick reichte. Mohammed wurde daraufgesetzt. Dann verließ sein Begleiter (Gabriel) mit ihm Mekka, und er erblickte (unterwegs) die Wunderzeichen (der Schöpfung) zwischen Himmel und Erde, und gelangte nach Jerusalem. Dort traf er auf Abraham, den Freund Allahs, sowie auf Mose und Jesus mit einer ganzen Schar von Propheten, die sich um seinetwillen versammelt hatten. Mohammed leitete ihr rituelles Gebet. Danach stellte man drei Gefäße vor ihn hin, eines mit Milch, das andere mit Wein, das dritte mit Wasser. Der Gesandte Allahs berichtet: ‚Als sie mir angeboten wurden, hörte ich, wie jemand sagte: Wählt er den Wein, dann geht er in die Irre, und seine Gemeinde genauso. Wählt er das Wasser, dann ertrinkt er, und seine Gemeinde genauso. Wählt er die Milch, dann geht er den rechten Weg, und seine Gemeinde genauso. Also wählte ich das Gefäß mit der Milch und trank von ihr. Da sprach Gabriel zu mir: Du gehst den rechten Weg, Mohammed, du und deine Gemeinde!‘“[13]

Abū Saʿīd al-Ḫudrī, ein anderer Gefährte Mohammeds, erzählt weiter: Der Gesandte Allahs berichtete: „Als ich mit der Angelegenheit in Jerusalem fertig war, brachte man mir eine Leiter so schön, wie ich noch nie eine gesehen hatte. Es war eben jene, auf die die Sterbenden ihre Augen richten, wenn ihre Stunde gekommen ist. Mein Gefährte führte mich auf ihr nach oben und stellte mich vor eine der Pforten des Himmels. Sie heißt ‚Pforte der Schützer‘. An ihr steht ein Engel mit Namen Ismael, dem zwölftausend Engel unterstehen, und einem jeden von diesen wiederum zwölftausend.“ Der Gesandte Allahs flocht ein, daß einzig dieser Engel (mit Namen Ismael) (alle) Heerscharen des Herrn kenne. „Als Gabriel mich hineinführte, fragte (Ismael): ‚Wer ist das, Gabriel?‘ ‚Das ist Mohammed!‘ ‚So ist er wohl schon berufen worden?‘ ‚Gewiß!‘ Da wünschte mir (Ismael) das Beste und bekräftigte das. Wie ich nun den untersten Himmel betrat, sah ich dort einen Mann sitzen, dem die Seelen der Kinder Adams gezeigt wurden. Zu einigen sagte er, wenn sie ihm gereicht wurden, Gutes und freute sich über sie: ‚Eine gute

13 Ibn Hišām: as-Sīra an-nabawīja, II, 38.

Seele, die aus einem guten Leib kommt.‘ Und zu anderen sagte er Pfui! und zog ein finsteres Gesicht: ‚Eine schlechte Seele aus einem schlechten Leib!‘“ Dieser Mann sei Adam, dem die Seelen seiner Nachkommen vorgeführt werden, erfuhr Mohammed von Gabriel. Auch darf Mohammed jetzt einen Blick in die unterschiedlichen Abteilungen der Hölle tun. Da fallen ihm Männer auf mit Lefzen, wie Kamele sie haben; unaufhörlich verschlingen sie faustgroße Steine, die sogleich wieder am After austreten: Das sind diejenigen, die sich widerrechtlich das Vermögen der Waisen angeeignet haben, erklärt ihm Gabriel. – In den illuminierten Fassungen der Himmelreise, deren schönste Beispiele aus dem 15. Jahrhundert stammen, wird die Thematik der den Vergehen angepaßten Qualen breit ausgearbeitet.

Laut Abū Saʿīd al-Ḫudrī führt Gabriel den Propheten nun ohne längeren Aufenthalt durch die weiteren Himmel: Im zweiten begrüßen ihn Johannes der Täufer und Jesus, im dritten blendet ihn Josef mit seiner Schönheit, die derjenigen des Mondes in der Nacht seiner Fülle gleicht. Nach Idrīs[14] im vierten, Aaron im fünften und Mose im sechsten Himmel erblickt Mohammed im siebten einen Mann, der auf einem Podest an der Pforte zum himmlischen Gegenstück der irdischen Kaaba hockt; durch diese Pforte ziehen jeden Tag – bis zum Ende der Zeiten – siebzigtausend Engel ein, ohne je wiederzukehren: So unfaßbar groß ist der Raum, den Allah für die Scharen der Glaubenden freihält! Mohammed bemerkt sogleich die verblüffende Ähnlichkeit zwischen jenem Mann und sich selber. „Das ist dein Vater Abraham“, belehrt Gabriel den Verwunderten. Einige Schritte darf Mohammed in die Gefilde des Paradieses tun. Eine wunderschöne Jungfrau tritt ihm entgegen. „Für wen bist du denn?“ fragt er verwirrt. „Für Zaid b. Ḥāriṯa!“ erfährt er, für seinen Adoptivsohn also, dem er ein Mädchen ausspannen wird, auf das er wider die guten Sitten ein Auge werfen wird. Das wird einigen Wirbel auslösen, aber ein Ergebnis seines Aufstiegs in den Himmel ist nun, daß Mohammed seinen Adoptivsohn mit vollem Recht wird über den Verlust hinwegtrösten dürfen: Auf Zaid wartet im Paradies eine ungleich wertvollere Wiedergutmachung.[15]

Im siebten Himmel begegnete Mohammed dem Herrn. Dieser schrieb ihm und der Gemeinde der Muslime fünfzig rituelle Gebete am Tag vor. Auf dem Weg zurück kam Mohammed wieder bei Mose vorbei. „Wieviele Pflichtgebete hat Allah euch auferlegt?“ wollte er von Mohammed wissen. „Das rituelle Gebet ist eine schwere Last, deine Gemeinde aber ist schwach!“ meinte

---

[14] Mit dem alttestamentlichen Henoch gleichgesetzt; im Koran gilt er als einer der Wahrhaftigen, Allah gab ihm daher einen hohen Rang (Sure 19, 56f.).

[15] Ibn Hišām: as-Sīra an-nabawīja, II, 48f. Zu der Affäre vgl. Tilman Nagel: Allahs Liebling. Ursprung und Erscheinungsformen des Mohammedglaubens, München 2008, 44.

Mose, als er die hohe Zahl vernommen hatte. „Kehre zu deinem Herrn zurück und bitte ihn, daß er dir und deiner Gemeinde die Last erleichtere!“ In der Tat ließ Allah sich erweichen: Er verringerte die Forderung um zehn. Aber auch vierzig erschienen Mose noch zuviel. Mehrfach drängte er Mohammed, weitere Verringerungen bei Allah zu erwirken. So handelte Mohammed ihn zuletzt auf fünf in vierundzwanzig Stunden herunter. Mose äußerte trotzdem noch Bedenken, aber nun schämte sich Mohammed, noch einmal bei Allah vorstellig zu werden. Denn es gilt: „Wer von euch diese (fünf) im festen Glauben an sie und in der Absicht vollzieht, durch sie (frommes) Verdienst anzusammeln, der wird den Lohn für fünfzig vorgeschriebene Gebete empfangen.“[16] Auf der Erde zurück, trat dem Gesandten Allahs wiederum der Engel Gabriel zur Seite und lehrte ihn den Ablauf eines jeden der fünf Pflichtgebete und den jeweiligen Abschnitt des Tageslaufs, in dem es zu verrichten ist.[17] Könnte die Richtigkeit und Wahrheit der Anweisungen, die der Prophet seinen Anhängern erteilt, eindrucksvoller gezeigt werden als durch dieses Geschehen? Es entspricht dem Willen Allahs, was Mohammed befiehlt, und dieser hat Allahs Willen unmittelbar bei diesem selber in Erfahrung gebracht. Auch ist es kein Mangel, daß der Koran keine genauen Regelungen zur Ausführung der rituellen Gebete enthält: Es ist dem Vorbild Mohammeds zu folgen, denn dieser empfing seine diesbezüglichen Kenntnisse ebenfalls aus der Umgebung Allahs. Die Engel selber haben gar nicht die Fähigkeit, Eigenes in die göttlichen Bestimmungen einzufügen, und so kann die Vollständigkeit und Fehlerlosigkeit dessen, was Gabriel dem Propheten übermittelte, nicht angezweifelt werden. Daß der Prophet selber der vollkommen zuverlässige Übermittler alles dessen war, was ihm von Allah her bekannt wurde, wurde bereits an anderer Stelle erörtert.[18]

3. Der Triumph im Krieg

Der Aufstieg in den Himmel bestätigte nicht nur, daß Mohammed der wahre Gesandte Allahs ist, sondern beweist auch, daß alles, was er als Prophet seinen Anhängern im Namen Allahs auferlegt, tatsächlich dem Willen Allahs entspricht: Diese Regelungen bilden das Fundament der „besten Gemeinschaft, die je für die Menschen“ aufgebaut wurde (Sure 3, 110), der Gemeinschaft, die das Rechte befiehlt und das Unrechte verbietet (Sure 3, 104). So verlagert sich der Schwerpunkt des Inhalts der Erzählungen über

---

[16] Ibn Hišām: as-Sīra an-nabawīja, II, 50.

[17] Dieser Zusatz findet sich nicht bei Ibn Hišām, jedoch in vielen anderen Quellen.

[18] Vgl. hierzu drittes Kapitel (Wer war Mohammed?), III. 1. und zehntes Kapitel (Was sind Sunniten?), II. 2. und II. 3.

Mohammed nunmehr auf die Schilderung, wie Allah dank seinem Eingreifen in die Geschicke der noch schwachen muslimischen Gemeinde bewirkt, daß sie sich gegen alle Gefährdungen behauptet und schließlich über innere und äußere Feinde triumphiert. Schon Ibn Isḥāq soll seine Überlieferungen über Mohammeds Lebensweg in drei Abschnitte gegliedert haben: Das „Buch des Anfangs“ beschrieb die Schaffung der Welt und die Geschichte der Propheten vor Mohammed; es folgten die Geburt Mohammeds, die Schilderung der Jahre bis zur Berufung sowie die Zeit bis zur Hedschra; danach beginnt der für die Weltgeschichte wesentliche Teil der Prophetenvita, das „Buch der Kriegszüge“. Die Kriegszüge (arab.: Pl. *al-maġāzī*), oft als der Inbegriff der Prophetenvita verstanden, belegen, wie zielstrebig „Allah und sein Gesandter“ (vgl. Sure 4, 59) handelten, um der Schar der wahren Glaubenden die Macht zu verleihen: Die einzig wahre, weil unmittelbar von dem Einen ausgehende Daseinsordnung wird den Menschen auferlegt. Das ist ein Geschehen, das bis zum Tod Mohammeds nicht vollendet wurde, dessen Vollendung aber den Muslimen aufgetragen ist, damit sich der Sinn des Prophetentums Mohammeds erfülle.

Blickt man auf den Lebensweg Mohammeds zurück, wie er sich aus den einschlägigen Quellen ermitteln läßt, dann erkennt man, daß sich das Verhältnis zu seinen quraišitischen Stadtgenossen schon in der letzten Zeit vor der Hedschra sehr unerfreulich gestaltete. Mohammed stellte mit seinem Eingottglauben die eingespielten Riten in Frage und gefährdete dadurch die Beziehungen der Quraišiten zu den Stämmen, von deren Wohlwollen das Überleben Mekkas abhing. Kein Wunder, daß man dort alles daran setzte, den Störenfried loszuwerden! Er wurde vertrieben und begab sich nach Medina, wohin sein Klan seit langem Beziehungen unterhielt. Die Erzählungen über diese Vorgänge verfolgen das Ziel, Mohammed selber und damit Allah als deren Initiator und Lenker auszugeben, aber im Koran wie auch in den übrigen Quellen finden sich mehr als genug Indizien, die das Gegenteil bekräftigen. Mekkanische Muslime waren schon vor Mohammed nach Medina gezogen und hatten dort Unterkunft bei Klanen gefunden, die mit denjenigen verfeindet waren, bei denen später der Prophet wohnte. Schon in frühen Überlieferungen versucht man, diesen peinlichen Umstand zu überdecken, indem man fabuliert, der Prophet habe sich zunächst bei jenen Flüchtlingen eingestellt und sei lebhaft begrüßt worden, dann aber habe er wieder sein Kamel bestiegen, um zu sehen, wohin es sich mit Allahs Erlaubnis wenden werde – und das seien eben die Klane gewesen, mit denen er verschwägert war.

Eines Tages, so liest man bei Ibn Isḥāq, erfuhr Mohammed, daß am Rande der Ebene, die den Küstenstreifen des Roten Meeres bildet, eine quraišitische Karawane von Norden nach Süden ziehe. Die Eskorte sei schwach, Allah stelle den Muslimen eine leichte Beute in Aussicht. Unterdessen hatte der Anführer der Karawane davon Wind bekommen, daß ihm von Medina her

Ungemach drohen könnte. Er befahl, schneller als gewöhnlich vorzurücken, und entsandte einen Boten nach Mekka, der bewaffnete Hilfe erbitten sollte. Davon ahnte Mohammed nichts. In Medina konnte man sich nicht vorstellen, daß der Gesandte Allahs auf ernsthaften Widerstand stoßen werde, und so schlossen sich ihm viele leichten Herzens an.[19] Gänzlich Untaugliche nahm Mohammed allerdings nicht mit.

Dann freilich erfuhr Mohammed durch einen Kundschafter, daß die Handelskarawane bei der Örtlichkeit Badr lagern werde, doch hätten die Mekkaner fast tausend Mann ausgerüstet, die demnächst in dem fraglichen Gebiet eintreffen würden. „Allah hat mir versprochen, daß eines von beiden für euch sein werde, entweder die Karawane oder die Schlacht!“ habe Mohammed seinen Männern verkündet und dabei bemerken müssen, daß vielen von ihnen der Sinn eher nach gefahrloser Beute als nach einem harten Kampf gestanden habe (vgl. Sure 8, 7). Doch einige Glaubensstarke hätten sich ohne Wenn und Aber für ein hartes Gefecht ausgesprochen. Die mekkanische Karawane verzichtete darauf, bei Badr länger zu verweilen, und entzog sich dadurch dem Zugriff der von Mohammed angeführten Räuber. Stattdessen traf dort das mekkanische Schutzheer ein. Allah ließ es regnen, so daß Mohammed und seine Krieger ihren Durst stillen konnten. Die feindlichen Mekkaner jedoch hatten keinen Zugang zu den Wasserstellen; ihnen schuf der Regen unerwartete Schwierigkeiten, da sie im aufgeweichten Boden nur mühsam die Reittiere zu besteigen vermochten. „Damals ließ Allah dir im Traum die Zahl (der Feinde) gering erscheinen. Hätte er sie dir groß erscheinen lassen, hättet ihr den Mut verloren und wärt miteinander in Streit geraten. Allah aber bewahrte (euch), denn er weiß, was in den Herzen verborgen ist. Damals also, als ihr aufeinandertrafet, ließ er sie in euren Augen gering (an Zahl) erscheinen, und auch euch stellte er in ihren Augen als eine kleine Truppe dar, denn Allah will eine Sache zur Entscheidung bringen, die auszuführen ist. Auf ihn geht alles zurück“ (Sure 8, 43 f.). Es war Allah selber, der es unmöglich machte, die Schlacht zu vermeiden. Denn in seinem Weltenplan war der Sieg der Muslime vorgesehen. Auf beiden Seiten forderte das Gefecht zahlreiche Opfer. Die muslimische Überlieferung weiß davon, daß unter den toten Quraišiten etliche waren, die sich einst durch ihre Feindseligkeit gegen den Gesandten Allahs hervorgetan hatten; nun hatten sie ihre gerechte Strafe erhalten. Mohammed ließ die Leichen der Mekkaner mit Erde bedecken, ritt an den Rand der Grube und rief jeden einzelnen bei seinem Namen. „Würde es euch jetzt nicht freuen, wenn ihr Allah und seinem Gesandten gehorcht hättet?“ Außerdem schickte er Eilboten aus, die seinen Triumph meldeten. Vor allem in Medina, wo er noch viele heimliche Gegner hatte, war seine Herrschaft jetzt entscheidend gefestigt.

---

19 Ibn Hišām: as-Sīra an-nabawīja, II, 257 f.

Die Erzählung von der Schlacht bei Badr, die in allen Biographien des Propheten einen herausgehobenen Platz einnimmt, verfolgt einen doppelten Zweck. Zum einen soll sie belegen, daß Mohammed in jedem Augenblick des Geschehens durch Allah „rechtgeleitet" wurde; zum anderen versinnbildlicht sie den glanzvollen Beginn des islamischen Gemeinwesens, der besten je gestifteten Gemeinschaft. Bereits im kurzen Bericht über das Geschehen klang die Frage an, ob Mohammed hätte voraussehen müssen, daß man nicht auf eine weitgehend schutzlose Karawane, sondern auf eine Kampftruppe treffen werde. Die Frage war schon während der Gefechte aufgekommen, denn die Versprechungen, mit denen Mohammed viele Medinenser zum Mittun verlockt hatte, erwiesen sich als falsch. Seinem Ansehen als dem fortwährend mit Allah verbundenen Propheten drohten empfindliche Einbußen. In Sure 8, Vers 65 f., bemüht er sich um die Eindämmung eines Prestigeverlustes: Allah fordert ihn auf, die Gläubigen auch nach der Schlacht von Badr weiterhin zum Kampf anzuspornen. Wenn nur zwanzig von ihnen den Mut nicht sinken lassen, dann werden sie zweihundert Feinde bezwingen. Nun aber wolle Allah ihnen Erleichterung gewähren, habe er doch bemerkt, wie einige Glaubende Schwäche zeigten. Nicht mehr die zehnfache Anzahl an Feinden, nur noch die doppelte sollen sie mit Allahs Hilfe überwinden müssen.

In Wahrheit, so soll man dem Koran entnehmen, folgte Mohammed nicht einem einzig durch die Aussicht auf leichte Beute gerechtfertigten unüberlegten Entschluß, als er den Aufbruch nach Badr befahl. Die ganze Unternehmung war ein wesentlicher Teil des langfristigen göttlichen Plans, das Diesseits völlig nach der Maßgabe der wahren, der islamischen Daseinsordnung umzugestalten. Nicht einen Augenblick blieb das kämpfende Heer Mohammeds ohne den Beistand Allahs. Ja, schon vorher unterstand Mohammed dem Schutz Allahs. Die Mekkaner schmiedeten Ränke gegen den Propheten, um ihn loszuwerden, und das gelang ihnen auch. Doch nun, nach dem Sieg Mohammeds bei Badr, zeigt sich, daß Allah der bessere Ränkeschmied ist (Sure 8, 30). Daher sollen die Anhänger des Propheten und vor allem dieser selber dessen gewiß sein, daß Allah ihnen die Hand führt. Denn nicht die Muslime töteten die ungläubigen Mekkaner, sondern in Wahrheit war es Allah selber; nicht Mohammed schoß seinen Pfeil ab, es war in Wirklichkeit Allah (Sure 8, 17)! Der Sieg bei Badr wird in den muslimischen Erzählungen zu dem weltgeschichtlich einmaligen Akt aufgewertet, mit dem Allah sein Gemeinwesen ins Leben ruft. Von jenem Zeitpunkt an läuft das Weltgeschehen für jeden Muslim erkennbar auf die Beseitigung fremder, nicht-islamischer Machtausübung und auf deren Ersetzung durch die Herrschaft des Islams zu. Unüberschaubar umfangreich ist das Schrifttum, in dem dieses Thema behandelt wird. Die Literatur über die Feldzüge Mohammeds, die den Kernbestand seiner Vita ausmacht, ist diesem Grundgedanken gewidmet, desgleichen sind es die Überlieferungen über die Eroberungen, die nach Mohammeds Tod einsetzten. Die islamische, die wahre Geschichte einer Stadt oder eines Landstrichs beginnt mit dem Datum der Inbesitznahme durch einen islamischen Kriegsherrn. Er bestimmt einen Gebetsplatz für seine Kämpfer, und indem diese sich dort zum Vollzug der Pflichtriten versammeln, wird der betreffende Ort ein Teil der „besten Gemeinschaft".[20]

Die Muslime, die bei Badr ihr Leben ließen, sind die Blutzeugen des höchsten Ranges. Die Überlebenden jedoch geraten schon in den Jahren kurz nach Mohammeds Tod in den Ruf, die ehrwürdigsten unter allen Prophetengenossen zu sein. Je mehr Badr-Kämpfer an der Eroberung einer Stadt beteiligt gewesen sein sollen, desto größer ist ihre Bedeutung im islamischen Weltkreis. So rühmte sich Kufa, daß sich auf seinem Terrain siebzig Badr-Kämpfer angesiedelt hätten. Tatsächlich aber waren es viel weniger. Daß auf die Listen der Badr-Kämpfer manche Namen aus lokalpatriotischem Stolz gesetzt wurden, läßt sich nachweisen[21] – ein kräftiges Indiz dafür, wie sehr gerade dieser Teil der Vita Mohammeds das Selbstverständnis der Muslime prägt.

III. Die Eroberung der Welt

1. Der muslimische Alexander

In den Verkündigungen, mit denen Mohammed die Mekkaner von der Wahrheit des Islams überzeugen wollte, bezog er sich immer wieder auf den Erzählstoff, mit dem die Hanifen ihre Lehren von Allah, dem einen Schöpfergott und Lenker der Geschichte, zu untermauern pflegten. Dieser Stoff war den Mekkanern gut bekannt, Mohammed konnte sich mit bloßen Andeutungen begnügen, um das den Zuhörern vertraute Geschehen in seinem Sinne zu nutzen.[22] So brauchte er von Noah und dessen Schicksal keine Einzelheiten vorzutragen; es genügte der Hinweis, daß schon Noah vergeblich gegen die Vielgötterei gekämpft und dann aus Verzweiflung Allah um die Vernichtung der Ungläubigen[23] angefleht habe (Sure 71). Die Wirkung solcher Geschichten auf die Mekkaner war allerdings begrenzt. Manche hörten Mohammed zwar zu, winkten dann aber ab: „Geschichten dahingegangener Geschlechter!" (z.B. Sure 6, 25). Einige seiner Feinde beschlossen, ihn in Verlegenheit zu bringen. Sie ließen sich in Hira, das im sasanidischen Macht-

---

20 Vgl. achtes Kapitel (Was sind Imamat, Kalifat und Sultanat?), II.

21 Miklos Muranyi: Die Prophetengenossen in der frühislamischen Geschichte, Bonn 1973, 47–61.

22 Vgl. viertes Kapitel (Was ist der Koran?), II. 2.

23 Unter denen Mohammed hier die Mekkaner versteht, die sich gegenseitig zum Festhalten an ihren Gottheiten Wadd, Suwāʿ, Ǧaġūṯ, Jaʿūq und Nasr ermuntern (Sure 71, 23).

bereich lag, über iranische Heldensagen unterrichten, um ihn daheim der Unwissenheit zu überführen. Denn als der Gesandte Allahs, der in einem fort durch diesen in allem Möglichen unterwiesen zu werden behauptete, müßte er doch auch den Inhalt der persischen Sagen vortragen können, ohne je auf diesseitige Weise von ihnen Kenntnis erlangt zu haben.[24]

Über das Ergebnis dieser Mission geben die Quellen naturgemäß nur unzureichenden Bescheid. Stattdessen finden sich in Sure 18 zwei Erzählungen, mit denen Mohammed sich gegen dieses „Examen" zur Wehr gesetzt haben will. Die eine handelt von den Siebenschläfern, sieben Männern und ihrem Hund, die sich vor Verfolgungen in eine Höhle retteten, dort in einen jahrundertelangen Schlaf versanken und nach dem Ende aller Not wiedererweckt wurden (Sure 18, 10–26).[25] Im Anschluß hieran versucht Mohammed, die Mekkaner mit, wie er zu meinen scheint, ihnen unbekannten Gleichnissen zu beeindrucken. Danach wendet er sich der zweiten Erzählung zu.

„Man fragt dich nach dem Zwiegehörnten. Sprich: ‚Ich werde euch eine Geschichte von ihm vortragen.'" Mit diesen Worten beginnt Mohammed seine Version des Alexanderromans[26] (Sure 18, 83). Diesem Zwiegehörnten „verliehen wir auf der Erde (zu allem) Macht", sagt Allah dann und wiederholt damit die Formulierung, die er auch verwendet, um die Position Josefs in Ägypten zu beschreiben (Sure 12, 21 und 56): Anders als etwa Pharao in Sure 7 ist der Zwiegehörnte ein ausdrücklich durch Allah Bevollmächtigter, darin Josef gleich. Allah fährt fort: „Und wir eröffneten ihm zu allem einen Zugang." Der Zwiegehörnte macht sich zuerst auf den Weg nach Westen, wo die Sonne jeden Abend in einem schlammigen Loch versinkt. Es ist aber nicht der Forscherdrang, der den Zwiegehörnten vorantreibt. Denn dort, im fernen Westen, trifft er auf Menschen, die vom wahren Glauben noch nichts gehört haben. Allah stellt ihm frei, sie entweder streng zu bestrafen oder milde zu behandeln. Der Zwiegehörnte entschließt sich, allein die Bösewichter schon jetzt, im Diesseits, zu bestrafen und die Jenseitspein, die sie zu gewärtigen haben, Allah anheimzustellen (Vers 84–88). Hiernach wendet

---

24 Näheres bei Tilman Nagel: Mohammed. Leben und Legende, München 2008, 223–227.

25 Walter Beltz: Sehnsucht nach dem Paradies. Die Mythologie des Korans, Berlin 1979, 178–180.

26 Unter dem Namen des Kallisthenes, eines Chronisten, der Alexander auf seinen Feldzügen begleitete, jedoch im Jahre 327 v. Chr. durch diesen zum Tode verurteilt wurde, verbreitete man in der Spätantike eine mit legendenhaften Zügen ausgeschmückte Fassung von Alexanders Feldzügen „an die Enden der bewohnbaren Welt". Dieser Stoff wurde in mehrere orientalische Sprachen übertragen (Albrecht Dihle: Griechische Literaturgeschichte. Von Homer bis zum Hellenismus, München 1991, 255 und 327 f.). Als Verkörperung des in der Oase Siwa verehrten Amun Re, der von den Griechen mit Zeus gleichgesetzt wurde, wird Alexander vielfach mit zwei Hörnern dargestellt.

sich Alexander nach Osten, wo er Leute entdeckt, die schutzlos der Sonne ausgesetzt sind. Ein weiterer Feldzug führt ihn zu den Völkern Gog und Magog, die vielerlei Unheil anrichten. Die Menschen, die darunter leiden, bieten ihm ein Entgelt an, wenn er sie vor den Missetätern schütze. Er lehnt einen Lohn ab, fordert sie aber zu tätiger Mithilfe auf. Sie sollen ihm Eisenstangen bringen. Sobald der steinerne Damm fertiggestellt ist, läßt er das Eisen schmelzen und in die Fugen gießen. Die Gog und die Magog konnten diesen Damm weder erklimmen noch durchbohren (Vers 89–97). „Dies ist ein Barmherzigkeitserweis von seiten meines Herrn. Sobald aber die Ankündigung meines Herrn eintritt, wird er ihn einebnen. Die Ankündigung meines Herrn ist wahr. An jenem Tag lassen wir sie durcheinanderwogen. Man stößt in die Posaune, und wir versammeln sie alle (zum Gericht). Den Ungläubigen führen wir an jenem Tag die Hölle vor Augen" (Vers 98–100), und damit erreicht Mohammed wieder das Thema, um das es ihm vor allem geht.

Die Erfahrungen der Eroberungskriege machen aus diesen spärlichen Aussagen des Korans den umfänglichen Bericht vom Schicksal des Zwiegehörnten, des ruhmreichsten Glaubenskriegers des Islams, der bis an die Enden der Welt vordringt und so verfährt, wie Allah es ihm vorgeschlagen hat: Nur die Glaubenden bleiben am Leben. Eingerahmt wird der Bericht von legendenhaften Lebensläufen jemenischer vorislamischer Herrscher, die in weit ausgreifenden Kriegszügen ferne Länder unterworfen haben sollen – ein Widerhall der frühislamischen Eroberungen, von deren Erträgen die Ismael-Araber, unter ihnen die mekkanischen Quraišiten, den Löwenanteil einstrichen. Dies jedenfalls meinten die jemenischen Araber, deren Genealogie nicht auf Ismael zurückging. In ihren Augen waren die Ismael-Araber Emporkömmlinge, deren Herrschaft sich an Tradition und Würde nicht im entferntesten mit der glorreichen Vergangenheit messen konnten, auf die die jemenischen Araber zurückblickten. Der nachkoranische Bericht vom Zwiegehörnten führt den Leser mitten hinein in den Zwist zwischen den jemenischen Arabern auf der einen Seite und den Ismael- bzw. Nordarabern auf den anderen. Das omaijadische Kalifat wird in der Mitte des 8. Jahrhunderts an diesem Zwist zerbrechen.[27] Dieser ereignisgeschichtliche Gesichtspunkt der frühislamischen nachkoranischen Alexandererzählung sei hier nur erwähnt.

Im Mittelpunkt steht die Unterwerfung der Welt unter die Herrschaft des Islams. Der Zwiegehörnte ist der hochmütigste Herrscher der Welt. Eines Nachts träumt ihm, er solle allen Prunk ablegen und sich vor dem einen Allah demütigen, denn es gelte, zwischen Hölle und Paradies zu wählen. Am nächsten Morgen verteilt er all seinen Reichtum unter das Volk. In der nächsten Nacht träumt er, wie er die Sonne und den Mond über das Firmament

[27] Vgl. Tilman Nagel: Untersuchungen zur Entstehung des abbasidischen Kalifats, Bonn 1972, 153–158.

lenke und die Scharen der Sterne ihm folgten. In der dritten Nacht fühlt er sich von Hunger und Durst gepeinigt. Er verschlingt alle Länder, trinkt die Meere bis auf den schlammigen Grund aus. In der vierten schließlich sieht er alle Menschen und Dämonen, die gezähmten und die wilden Tiere vor sich versammelt. Er verteilt alle Kreaturen außer den Raubtieren über die Erde. In Jerusalem werde er über die Bedeutung dieser Träume Aufschluß erlangen, versprechen ihm seine weisen Ratgeber, und so bricht er mit einem gewaltigen Heer aus dem Jemen dorthin auf. „Allah hat dir Macht auf der Erde verliehen und zu allem einen Zugang eröffnet“ (vgl. Sure 18, 84), versichert man ihm. Die Sterne seien die Herrscher der Erde, die ihm folgen würden; alle Länder werde er erobern, alle Meere befahren. Aus einem weiteren Traum schließt man, daß er zunächst in den Westen aufbrechen solle. Er folgt diesem Hinweis, tötet die Ungläubigen, macht Gefangene, siedelt unterworfene Völkerschaften um. Kairuan erreicht er, setzt nach al-Andalus über und trifft dort Menschen, die von Jafeth, dem Sohn Noahs, abstammen: Basken, Goten, Franken, Gallizier, Berber. Weiter als bis dorthin werde nie ein Mensch vordringen, wird ihm mitgeteilt. Der Zwiegehörnte solle sich damit zufriedengeben, denn er habe vor den Dämonen und Menschen des Westens ein klares Zeugnis von dem einen Allah abgelegt.

Mit vielen Episoden, deren Wiedergabe sich hier verbietet, sind die Kriegszüge des Zwiegehörnten nach Osten und nach Indien ausgeschmückt. Überall vernichtet er die Widerspenstigen und verbreitet den wahren Glauben. Nachdem er ein letztes Mal aus dem Osten zurückgekehrt ist, beschließt er, noch einmal die Pilgerriten an der Kaaba zu vollziehen. Er kommt aber nicht mehr bis Mekka. Ein Traum kündigt ihm den Tod an, und sich in den Ratschluß Allahs fügend, spricht er Verse, in denen er sein Leben überschaut: Ihm wurde mehr als allen übrigen Menschen zuteil; aus allen Weltgegenden hat er Völker herbeigeholt und zu einem mächtigen Heer vereinigt; den Westen wie den Osten durchquerte er, die Gläubigen auf den rechten Weg weisend, die Ungläubigen mit dem Tode bestrafend; die Gog und Magog sperrte er hinter einem Damm ein; aber der Wunsch nach ewigem Leben blieb unerfüllt. Diese Ausgestaltung der koranischen Episode aus Sure 18 gewährt dem Leser einen lebendigen Eindruck vom Weltbild und von der Mentalität des Glaubenskriegertums der Omaijadenzeit.[28] In der islamischen Literatur späterer Jahrhunderte wurde der Alexander-Stoff mehrmals aufgegriffen. Am berühmtesten ist die persische Fassung, geschaffen von Niẓāmī aus Ganǧe (gest. 1209), die auch in deutscher Übersetzung vorliegt.[29]

---

[28] Tilman Nagel: Alexander in der frühislamischen Volksliteratur, Walldorf 1978, 9–32.

[29] Niẓāmī: Iskandar-nāme. Das Alexanderbuch, aus dem Persischen übertragen von J. Christoph Bürgel, Zürich 1991.

Niẓāmīs Werk gliedert sich in zwei große Teile, deren erster sich vor allem mit den Kriegszügen beschäftigt. Auch bei dem persischen Autor verfolgen sie das Ziel, die wahre Religion auszubreiten. So läßt Alexander beispielsweise alle Feuerheiligtümer zerstören. Wie schon der frühislamische Zwiegehörnte, so verkörpert auch Niẓāmīs Alexander das Idealbild eines – islamischen – Herrschers, der stets auf die Ausweitung des Machtbereichs der „wahren" Religion bedacht sein muß.[30] Wie es in der Epoche des Sultanats erforderlich ist, läßt sich Alexander von Weisen beraten.[31] Dieses Motiv tritt schon neben, genauer: vor die koranische Erzählung, die auch durch Niẓāmīs Text durchscheint. Mose faßt den Entschluß, bis an das Ende der Welt zu wandern. Dort, nahe der Quelle des Lebenswassers, trifft er auf einen im Koran namenlosen Diener Allahs, der in der Gunst des Einen steht. Mose bittet, sich ihm anschließen zu dürfen. Dies wird ihm unter der Bedingung gestattet, daß er sich nie nach den Gründen für die befremdlichen Handlungen des Unbekannten erkundigen werde. Als Mose zum dritten Mal gegen diese Abmachung verstößt, muß er sich von dem Fremden trennen (Sure 18, 60–82). In der frühislamischen Erzählung ist dieser Weise, der Einblick in das Transzendente hat, der ständige Begleiter des Zwiegehörnten und trägt bereits den Namen, unter dem er als eine Art Nothelfer in der islamischen Volksfrömmigkeit große Beliebtheit erringen wird: al-Ḫaḍir oder al-Ḫiḍr.[32] Bei Niẓāmī zeigt er sich gleich zu Beginn als derjenige, der dem Dichter Mut macht, das gewaltige Werk der Alexander-Dichtung in Angriff zu nehmen und sich nicht zu scheuen, die ausgetretenen Pfade zu verlassen. Wie schon in der frühislamischen Erzählung die Ereignisse der Zeit ihren Niederschlag fanden, so auch bei Niẓāmī. Er läßt seinen Helden in der kiptschakischen Steppe siegreich gegen die Russen kämpfen. – Auf der Gegenseite spiegeln sich jene Ereignisse des 12. Jahrhunderts im russischen „Epos von der Heerfahrt Igors" wider. – Im zweiten Teil seines Werkes verarbeitet Niẓāmī vor allem Weisheitsliteratur. Nur vereinzelt bezieht er sich auf den Stoff der frühislamischen Alexandererzählung, wie etwa beim Bericht über den Bau des Dammes gegen die Völker Gog und Magog oder beim Rückblick auf sein Leben, in dem er sich unmittelbar vor dem Tode Rechenschaft über seine Taten gibt.[33]

---

[30] Vgl. neuntes Kapitel (Was ist der Dschihad?).

[31] Vgl. achtes Kapitel (Was sind Imamat, Kalifat und Sultanat?), IV.

[32] Patrick Franke: Begegnung mit Khidr. Quellenstudien zum Imaginären im traditionellen Islam, Beirut 2000.

[33] Alexanderbuch, 550–556.

2. Die legendäre *maġāzī*-Literatur

Das „Wissen von den Kriegszügen“ (arab.: *ʿilm al-maġāzī*) nennt man seit frühislamischer Zeit die Geschichte der medinensischen Urgemeinde. Neben den Berichten, in deren Mittelpunkt Schlachten stehen, die als historisch zu werten sind, gibt es eine umfangreiche Literatur, die von frei erfundenen Kriegszügen Mohammeds erzählt. Sie setzen meistens damit ein, daß sich der Prophet inmitten seiner Anhänger befindet und ein Fremder herzutritt, der den Übermut eines ungläubigen Machthabers beklagt. Mohammed und die Seinen können nicht tatenlos bleiben. Sie greifen zu den Waffen und brechen auf, um jenen unter das Joch des Islams zu zwingen. Dieses schlichte Geschehen kann mit vielen Einzelheiten ausgeschmückt sein, die die Bescheidenheit des Lebenszuschnittes der Muslime unterstreichen und den Prunk ihrer Feinde hervorheben sollen.

ʿAlī b. abī Ṭālib, der heldenmütige Recke, verfügt über kein Pferd, das seinen Kräften angemessen wäre. Eines Tages, Mohammed weilt im Kreise seiner Gefährten in der Moschee, bietet ein alter Mann dem Propheten vierzig Pferde an. Sie alle taugen nicht für ʿAlī, Mohammed erwirbt trotzdem einige und erfährt nebenbei, daß ein König namens Zamʿa ein Roß besitzt, das geeignet wäre. ʿAbbās b. ʿAbd al-Muṭṭalib, ein Onkel Mohammeds und der Ahnherr der Abbasidendynastie, erbietet sich, unter Verwendung des eigenen Vermögens das Pferd zu beschaffen. Mohammed gibt ʿAbbās als kostbarste Gabe das Halsband der Fāṭima, seiner Tochter, mit auf den Weg. Nachdem ʿAbbās unterwegs einen Neger erschlagen und beraubt hat, erreicht er den Hof Zamʿas. Dieser und seine Gattin finden an dem Halsband in der Tat höchstes Gefallen, möchten das Pferd aber nicht dagegen eintauschen. Allerdings rät der Wesir dem König, er solle ruhig auf den Handel eingehen, da das Pferd so wild sei, daß es den neuen Eigentümer erschlagen werde, sobald dieser sich auch nur zu nähern versuche. ʿAbbās aber beschwört es im Namen des Propheten und ʿAlīs, und auf der Stelle ist es zahm. Die Rückreise nach Medina bringt ʿAbbās und seine Leute in größte Not, denn Zamʿa, den der Verkauf reut, läßt sie verfolgen. Sie retten sich in ein Kloster und entkommen des Nachts den Belagerern durch eine Lücke in der Mauer, die sich auf ein Gebet hin aufgetan hat. Die Verfolger geben jedoch nicht auf. Von einer Anhöhe aus nach Medina gewendet, ruft ʿAbbās um Hilfe, und schon stellt sich ʿAlī ein. In einem dreitägigen Kampf schlägt er nicht nur die Verfolger zurück, sondern bezwingt auch Zamʿa, der sich geweigert hat, den Islam anzunehmen. Mohammed, der von alldem natürlich weiß, empfängt die Heimkehrenden hocherfreut.[34]

---

[34] Rudi Paret: Die legendäre Maghāzi-Literatur, Tübingen 1930, 114–116.

Geschichten dieser Art nähren bis heute die unter Muslimen weit verbreitete Überzeugung, daß die Wahrheit des Islams in der durch die Feinde nicht aufzuhaltenden Machtentfaltung liege, ob diese nun durch übernatürliche Geschehnisse oder durch muslimischen Opfermut bis hin zur Todesbereitschaft vorangetrieben werde.[35] Unter dem seldschukischen Großsultan Alp-Arslan (reg. 1063–1072) erfochten turkmenische Muslime 1071 den entscheidenden Sieg gegen die Byzantiner; Kleinasien war von nun an ihren Streifscharen schutzlos ausgeliefert. Die Eindringlinge schufen etliche voneinander unabhängige Herrschaften, deren Daseinszweck der Krieg gegen die „Ungläubigen", deren Ausbeutung bzw. womögliche Bekehrung zum Islam war. Diese Ereignisse bildeten den Hintergrund für eine im 15. Jahrhundert aufblühende türkisch-sprachige epische Literatur,[36] die die um des Islams willen erwiesene Opferbereitschaft der Glaubenskrieger (arab.: Sg. *al-ġāzī*, Pl. *al-ġuzāh*) verherrlichte. Wir treffen in diesen Quellen auf Zeugnisse der Mentalität, aus der die sultanische Herrschaftsideologie erwächst, gemäß der die Krieger und die Schariagelehrten zusammen die führende Schicht ausmachen, für deren Wohlergehen die Untertanen (arab.: Pl. *ar-raʿājā*) zu sorgen haben.[37] Die Städte Tokat, Amasya und Sivas umfassend, entstand unter Melik Dānişmend Ġāzī (gest. 1084) ein solches Fürstentum, das etwa ein Jahrhundert seine Eigenständigkeit verteidigte, ehe es den Rum-Seldschuken untertänig wurde, die vom ausgehenden 11. bis zum Anfang der 14. Jahrhunderts in Konya regierten.

Der Inhalt des Epos, das die Heldentaten Melik Dānişmends rühmt, geht wahrscheinlich bis in das 13. Jahrhundert zurück. Es stellt die kriegerischen Leistungen der Titelfigur in einen Zusammenhang mit den Kriegszügen, die schon vorher von anderen gegen das Byzantinische Reich geführt worden waren. Der Melik Dānişmend des Epos achtet auf die islamische Legalität, wie es dem Sultan ziemt: Er bittet den Kalifen, auf byzantinischem Gebiet Eroberungen machen zu dürfen, was ihm erlaubt wird. Einer seiner Gefährten schlägt vor, man solle sofort Konstantinopel einnehmen, wo sich eine Moschee eines Vorfahren befinde. Melik Dānişmend hält dem entgegen, man solle die Truppen teilen. Er beruft sich auf einen Traum, in dem ihn die berühmten Glaubenskrieger der Vergangenheit bei der Hand genommen und die Orte gezeigt hätten, die er zunächst in Besitz nehmen möge. So zieht er mit seinem Heer in das Herz Anatoliens, erobert neben anderen Städten Sivas, aber zeigt sich doch von Schmerz überwältigt: Er wird in diesen Gebieten

---

35 Ebd., 231. Vgl. Tilman Nagel: Allahs Liebling. Ursprung und Erscheinungsformen des Mohammedglaubens, München 2008, 87f.

36 Kurzer Überblick in Irène Mélikoff: La geste de Melik Dānişmend. Étude critique du Dānişmendnāme, Bd. I, Paris 1960, 41–52.

37 Vgl. achtes Kapitel (Was sind Imamat, Kalifat und Sultanat?), IV.

den Tod finden, nicht aber im Kampf um Konstantinopel. – Die Inbesitznahme von Konstantinopel ist seit der Omaijadenzeit das große Ziel des islamischen Glaubenskriegertums und taucht überdies verschiedentlich in Weissagungen über die Endzeit auf.

Melik Dānişmend muß sich damit abfinden, daß der größte denkbare Erfolg des Dschihad ihm versagt bleiben wird. Seine erste Heldentat ist die Bekehrung eines christlichen Kriegers zum Islam. Dieser Mann, er heißt Arṭuḫī, begegnet ihm mit Schmähreden und lädt ihn dann ein, von seinen, den unreinen christlichen Speisen zu essen. Melik Dānişmend lehnt dies natürlich ab. Warum er überhaupt in das Byzantinische Reich gekommen sei, will Arṭuḫī wissen. Um es zu erobern und zum Islam zu bekehren, lautet die Antwort. Tief beeindruckt von dem Mut, den der Islam Melik Dānişmend verleiht, verbringt Arṭuḫī die Nacht und stimmt am Morgen ein Klagelied an: Alle Welt ist von der wahren Sicht der Dinge erfüllt, nur er nicht; alle Welt ist von Gefährten umgeben, nur er nicht; wenn er stirbt, ohne dem Einen zu begegnen, dann wird er fortwährend jammern über die vertane Auferstehung. Melik Dānişmend obsiegt in dem nun beginnenden Zweikampf, den er im Namen Allahs und des Lichtes des erwählten Propheten führt. Die Aufforderung, Muslim zu werden, nimmt Arṭuḫī nun mit Freuden an. Und das lohnt sich für ihn! Melik Dānişmend verhilft Arṭuḫī zu dem Mädchen, daß dieser schon so lange vergeblich begehrte. In den Kämpfen, die sich hieran anschließen, wird Arṭuḫī schwer verwundet. Zuflucht findet er in einem verlassenen Fort, doch entdecken ihn die Feinde bald. In der höchsten Not fleht er Allah um Hilfe an. In diesem Augenblick spaltet sich die Wand, ein grüngekleideter weißbärtiger Mann tritt an ihn heran. „Hebe dein Haupt, denn Allah sendet dir Frieden, Genesung und Huld!“ Der Alte streicht ihm mit den Hand über die Wunden, und schon sind sie geheilt; er setzt ihm auch den Arm, den man Arṭuḫī in der Schlacht abgehauen hatte, wieder an den Rumpf. „Wer bist du“, fragt Arṭuḫī erstaunt. „Ich bin al-Ḫaḍir. Auf Befehl Allahs bin ich gekommen, ich habe über deinen Arm und deine Wunden gestrichen, und Allah hat dich geheilt. Du mußt Melik Dānişmend meinen Gruß übermitteln und auch dieses Gebet, damit er sich meiner erinnere! Wann immer euch ein Unglück zustößt, sagt es her, damit Allah, der Erhabene, dank den darin enthaltenen Segnungen bewirkt, daß euch kein Übel trifft!“ Das Gebet bestand aus lauter arabischen Anrufungen Allahs und Preisungen seiner Barmherzigkeit. Ein wenig vom Geist der islamischen Epen vom Krieg gegen die Ungläubigen mag aus diesem knappen Einblick in das Buch über Melik Dānişmend sichtbar geworden sein.[38] Dieser Geist beherrscht im übrigen auch die osmanische Historiographie, vor allem soweit sie sich mit der Er-

38 Mélikoff, zweites und viertes Kapitel.

oberung des Balkans befaßt.[39] Auf einer allgemeineren Ebene wird dieses Ideengut in den Dichtungen zum Geburtstag des Propheten gepflegt, worüber jetzt zu sprechen ist.

IV. Der Geburtstag des Propheten

1. Die Entstehung eines Gedenktages

Am Beginn der islamischen Geschichte eines Landes steht meistens nicht die Bekehrung des Herrschers bzw. der Bevölkerung. Die islamische Geschichte beginnt damit, daß das betreffende Land durch muslimische Krieger erobert wird, die dort das Gemeinwesen errichten, dessen wichtigster Zweck die rituell gesicherte Einbeziehung aller Menschen in den Kreis derjenigen ist, die „das Gesicht vorbehaltlos Allah überantworten". Die Erzählungen über Mohammeds Leben bestätigen ein ums andere Mal die Wahrheit seines Prophetentums und ebenso die Wahrheit dessen, was er verkündete und was er als ein ewig gültiges Vorbild seinen Anhängern und allen Muslimen vorlebte. Vor allem aber überwölben die Erzählungen von seinem Leben die teils plumpen, teils scharfsinnig ausgeklügelten Methoden, mit denen die Muslime gegenüber den Bekennern anderer Religionen, vor allem aber vor sich selber, die Wahrheit des Islams zu „beweisen" trachten.

Anders als bei den Stiftern der älteren Religionen, gegen die sich die Muslime behaupten mußten, war Mohammeds irdischer Wandel nicht durch außergewöhnliche Wundertaten gekennzeichnet. Man mußte sich Mühe geben, sie in seine Biographie einzuschleusen. Ein Mönch entdeckt an dem Knaben das Mal der Prophetenschaft, oder: Allah schenkte seinem Propheten eine außergewöhnliche, freilich weitgehend fruchtlos eingesetzte Zeugungskraft. Im Vordergrund bleibt jedoch immer der wirkliche Lebenslauf, dessen Wundercharakter den Muslimen erst eigentlich enthüllt werden muß. Aus dem Stoff der Prophetenbiographie müssen die Zeugnisse für Mohammeds einmaligen Rang bei Allah herausgefiltert werden. Solches Schrifttum ist seit dem 11. Jahrhundert erhalten. Ja, man lernt den gesamten Ereigniszusammenhang, wie ihn die Vita Mohammeds vermittelt, als ein einziges durch Allah ins Werk gesetztes Wunder zu begreifen.

Diese Überhöhung des Menschen Mohammed ist nicht losgelöst von der allgemeinen Geschichte der islamischen Kultur zu verstehen. Die Herausbil-

---

39 Als auf ein treffliches Beispiel sei auf das Buch „Vom Hirtenzelt zur Hohen Pforte" (Frühzeit und Aufstieg des Osmanenreiches nach der Chronik „Denkwürdigkeiten und Zeitläufte des Hauses ʿOsman" vom Derwisch Ahmed, genannt ʿAşık-Paşa-Sohn, übersetzt, eingeleitet und erläutert von Richard F. Kreutel, Graz 1959) verwiesen.

dung des Hadith seit dem ausgehenden 7. Jahrhundert und die gleichzeitige Entstehung von Sparten der Gelehrsamkeit, die sich unter verschiedenen Gesichtspunkten mit dem Hadith befassen, belegen eindrucksvoll, wie sehr der Islam zu einer Daseinsweise heranwächst, die jegliches Detail vom Verdikt einer einzigen, allerdings „rechtgeleiteten“ Autorität abhängig machen möchte, um in allem und jedem über die endgültige Wahrheit zu verfügen. Diese Manie, die die Kräfte des autonomen Verstandes zerrüttete, wies dem erinnerten Mohammed eine Aufgabe zu, der er nie und nimmer gerecht werden konnte. Den Schariagelehrten war mehr als allen übrigen Muslimen daran gelegen, Mohammeds unbedingte Autorität darzulegen und ein für allemal zu bewahren. War er schon der einzige Bürge für den Koran, so war er doch auch der einzige Garant dafür, daß die „beste Gemeinschaft“ im Besitz der richtigen Auslegung dieser Botschaft sei, wie dem Muslim beispielsweise am Ende der Erzählung von der Nachtreise eingeschärft wird.

Ein andalusischer Rechtsgelehrter, der Kadi ʿIjāḍ al-Jaḥṣubī (gest. 1149), schuf mit dem „Buch der Heilung durch Kundgabe der Rechte des Erwählten“ das Standardwerk, aus dem auch der moderne Schariagelehrte die Argumente schöpft, mit denen er jeden noch so leisen Zweifel an Mohammed zu ersticken hat. Denn läßt man zu, daß Mohammeds Autorität selbst in einer noch so unwichtigen Sachfrage angetastet wird, dann gibt es kein Halten mehr! Welche schariatischen Bestimmungen könnte man nicht mit innerweltlichen Überlegungen als verstandeswidrig kritisieren? Das darf daher niemals geschehen. Ein nur leichthin geäußerter Spott genügt schon, damit dem Zwangssystem des Islams ein nicht wiedergutzumachender Schaden entstehe. Mohammed muß in jeder Hinsicht vollkommen, fehlerlos, unfehlbar gewesen sein. Das ist die unabdingbare Voraussetzung für die Existenz des Islams, erkennt der Kadi ʿIjāḍ. Wenn Mohammed, wie überliefert wird, einmal mit Bezug auf die Bestäubung von Dattelpalmenblüten einen objektiv falschen Ratschlag gegeben hat, dann ist dies seiner menschlichen, diesseitigen Gestalt anzulasten, in der er nun einmal erscheinen mußte, um überhaupt mit den Diesseitigen in Verbindung zu treten. Der Irrtum ist demnach keineswegs ein Beleg für seine Fehlbarkeit![40]

Die ins schier Unermeßliche gesteigerte Überhöhung Mohammeds brachte ab dem 12. Jahrhundert einige literarische Erzeugnisse zutage, die den Leser ermutigen sollten, das vorbildliche Handeln und Reden Mohammeds möglichst ohne Abstriche dem eigenen Lebenswandel zugrundezulegen. Das Überlieferte ist nicht nur Wissensstoff, sondern Verhaltensmaxime. Das gilt nicht nur für den gemeinen Mann. Gerade auch die führenden Kreise sollen

---

[40] Diese Problematik behandele ich ausführlich in meinem Buch „Allahs Liebling. Ursprung und Erscheinungsformen des Mohammedglaubens“, München 2008, 135–197.

sich, wie Ibn al-Ǧauzī (gest. 1201) in seinem Buch „Die Eigenschaft der Elite“ schreibt, dem Wesen Mohammeds verpflichtet wissen. Islamische Frömmigkeit, wie sie im Sufismus geübt wird, erschöpft sich keineswegs in esoterischem Erleben, sondern erstrebt die seinem Vorbild nacheifernde Anverwandlung seiner Gestalt. Denn, und das ist eine tiefgreifende Veränderung, die die islamische Kultur in dieser Epoche erlebt, Mohammed ist keineswegs der Welt abgeschieden; er ist nach wie vor gegenwärtig, und zwar im verborgenen Seinsbereich (arab.: *al-ġaib*) oder in einer Zwischenzone zwischen dem Diesseits und dem Jenseits.[41] Von dort aus wirkt er nach wie vor zugunsten seiner Gemeinde, und er ist den Frommen, die sich durch strenge Zucht des Leibes und des Geistes hierzu in den Stand setzen, noch erreichbar. Nicht nur im Traum zeigt er sich ihnen, es kann auch geschehen, daß sie ihn sehen, während sie wach sind.[42]

Der abbasidische Kalif an-Nāṣir li-Dīn Allāh (reg. 1180–1225), ein tatkräftiger Förderer des Sunnitentums,[43] bestimmte in Mekka ein Gebäude zum Geburtshaus des Propheten und ließ den Ort, an dem dieser angeblich zum ersten Mal den Erdboden berührt hatte, prunkvoll ausgestalten. Besuchern soll der Raum jedoch nur selten zugänglich gewesen sein. Das Bedürfnis, einen solchen Erinnerungsort zu schaffen, ist ein Indiz dafür, daß zumindest der Kalif und seine Würdenträger den Propheten in einem bisher nicht gekannten Maß in das eigene Dasein hereinziehen möchten. Der lebendige, volkstümliche Ausdruck einer neuartigen Verbundenheit mit Mohammed ist die Feier seines Geburtstags, die um das Jahr 1230 aufkommt, freilich nicht in Mekka, sondern im Irak.

Saladin (reg. 1169–1193) hatte nicht nur gegen die Kreuzfahrer gesiegt, er hatte das schiitische Kalifat der Fatimiden zerstört, und in den Augen der Sunniten zählte das viel mehr als der Triumph gegen die „Franken“. Die Fatimiden hatten jedes Jahr am 12. Tag des Monats Rabīʿ al-auwal in einer Feier der Geburt Mohammeds gedacht. Einer der sunnitischen Heerführer, die nach Saladins Tod die Macht in Syrien und im westlichen Irak ausübten, veranstaltete seit etwa 1230 in Irbil vergleichbare Feiern, die den Charakter von Volksfesten hatten. Koranrezitatoren, Prediger, Dichter, Sufis und Rechtsgelehrte strömten in der Stadt zusammen, Jahrmarktsstände wurden errichtet, an denen Musikanten, Schattenspieler und Gaukler ihre Künste ausübten. Am Vorabend des Geburtstags hielt der Herrscher die Volksmenge mit Speisen und Getränken frei, während die Prediger, die Sufis und die Sänger nicht müde wurden, den Gesandten Allahs zu rühmen.

---

41 Vgl. hierzu vierzehntes Kapitel (Was ist Sufismus?).

42 In meinem vierteiligen Buch „Die erdrückende Last ewig gültiger Rede“ behandele ich diese Problematik im dritten Teil.

43 Vgl. hierzu zehntes Kapitel (Was sind Sunniten?).

Der Dichter Ibn Diḥja (gest. 1235) verfaßte zu diesem Anlaß Lobverse auf Mohammed, die bis heute rezitiert werden: Den Propheten des Islams zeichnen Vorzüge aus, die man bei seinen Vorläufern vergeblich sucht. So erweckte Jesus Tote zum Leben, Mohammed aber vermochte selbst die unbelebte Materie zu beleben; denn als er sich eines Tages in der Moschee von Medina bei der Predigt nicht, wie üblich, an einen bestimmten Balken lehnte, seufzte dieser vor Sehnsucht nach ihm laut auf. Ganz besonders hebt Ibn Diḥja hervor, daß die Gesandten vor Mohammed bisweilen von Zweifeln an ihrer Botschaft geplagt worden seien. Auch Mohammed seien derartige Anwandlungen nicht völlig fremd gewesen. Er wisse nicht, welches Ende es mit ihm nehmen werde, klagt er in Sure 46, Vers 9. In Sure 48, Vers 2f., versichert ihm Allah jedoch, daß er ihm jede Verfehlung verzeihe und ihn zum Triumph führe. Am Jüngsten Tag werde Mohammed der „Herr der Menschen“ sein und Allah um ein mildes Urteil anflehen. Alle Geschöpfe würden seiner Fürsprache bedürfen, selbst Abraham, der „Freund Allahs“.[44]

Feierlichkeiten zum Geburtstag des Propheten auszurichten, blieb aber keineswegs die Sache der Mächtigen. Insbesondere das Sufitum, das sich seit dem 12. Jahrhundert in örtlichen Bruderschaften organisierte, fand in den Festlichkeiten ein breites Betätigungsfeld. Indem man den Gesandten Allahs rühmte, befriedigte man nicht nur das eigene Bedürfnis, sich der Zugehörigkeit zur „besten Gemeinschaft“ zu vergewissern, sondern man vermittelte der Gemeinschaft der Muslime die Botschaft, die Allah einst in Sure 48, Vers 3 bis 5, seinem Propheten eröffnete: „Allah möchte dir (Mohammed) einen starken Sieg verleihen. Er ist es, der die Zuversicht (arab.: *as-sakīna*) den Glaubenden in das Herz senkt, so daß sie noch an Glauben wachsen. Denn Allah stehen die Heere der Himmel und der Erde zu Gebote! Allah ist wissend und weise. Er will die glaubenden Männer und Frauen in Gärten führen, durch die unten Bäche fließen. Ewig werden sie dort bleiben. Und er will ihnen ihre Missetaten zudecken. Das gilt bei Allah als ein gewaltiger Gewinn!“

Die Festlichkeiten zum Gedenken der Geburt Mohammeds, die jeweils in der Nacht zum 12. Rabīʿ al-auwal ihren Höhepunkt erreichen, sind ein Brauch, der das Zusammengehörigkeitsgefühl der Muslime und das Bewußtsein, Glieder der „besten Gemeinschaft“ zu sein, im selben Maße stärkt wie das Opferfest.[45] Seitdem diese Feiern aufkamen, überschneiden sich in ihnen

---

44 Tilman Nagel: Allahs Liebling, 303–307.

45 Schilderungen von Feiern des Geburtstags des Propheten gibt es viele. Ich nenne nur zwei Bespiele: P. Shinar: Traditional and Reformist Mawlid Celebrations in the Maghrib, in: Myriam Rosen-Ayalon (Hg.): Studies in Memory of Gaston Wiet, Jerusalem 1977, 371–413; Michael Gilsenan: Saint and Sufi in Modern Egypt. An Essay in the Sociology of Religion, Oxford 1973, 47–51.

die Interessen der Machthaber, sich als legitime Erben des Propheten darzustellen, mit denen des gemeinen Mannes, der immer aufs neue hören möchte, wie sicher er auf den Einzug ins Paradies rechnen kann: Mohammed, der „Herr der Menschen", wird über die Gewalt verfügen, bei Allah das entscheidende, günstige Urteil zu erwirken.

2. Das „Mantelgedicht" des al-Būṣīrī (gest. 1294)

Ibn Diḥja vertiefte und erweiterte in den Versen, die er zum Ruhme Mohammeds dichtete, die durch die Erzählungen der Prophetenvita abgesicherten Glaubenswahrheiten: Mohammed wurde von Allah zum Propheten berufen; er hat die göttliche Botschaft vollständig und unverfälscht den Menschen überbracht; sämtliche Regelungen, die Mohammed im Koran oder mittels des Hadith ausrichtete, sind wahr. Bei Ibn Diḥja vollendet das Auftreten Mohammeds die von Allah gelenkte Weltgeschichte: Die ganze Menschheit ist von dem Geschehen betroffen, das sich um die Gestalt des islamischen Propheten abspielt. Und wie auch nicht? Ist doch nach muslimischer Überzeugung der Islam die einzige dem Menschen mögliche Antwort auf das fortwährende Schöpfungshandeln Allahs! Dieser Gedanke findet sich in vielen Lobgedichten auf den Propheten, die seither bei den Feiern zu seinem Geburtstag vorgetragen werden. Eines der bekanntesten und beliebtesten stammt von einem Ägypter namens al-Būṣīrī. Es gehört dem 13. Jahrhundert an, einer Zeit, in der man bereits fest daran glaubte, daß Mohammed im verborgenen Seinsbereich gegenwärtig sei und am Leben seiner Gemeinde teilnehme.[46]

Al-Būṣīrī war nach eigenem Bekunden ein Mann, der sich als Schreiber im Dienste der Mächtigen seinen Lebensunterhalt verdient hatte. Das sei ein Geschäft, das einen allzu oft zur Unwahrhaftigkeit nötige, und je älter man werde, desto stärker peinige einen deswegen die Reue. Es werde dann Zeit, daß man sich dem Einen zuwende und vor allem dessen Gesandtem, auf den der Glaubende die Hoffnung setzen dürfe, daß er am Ende der Zeiten nicht die schwere Strafe werde erleiden müssen, die ihm ob der vielen Verfehlungen gebühre. Die Seele, das Ich des Menschen, sei nur allzu leichtfertig, wie oft erliege es unschariatischen Verlockungen und rede sich ein, es sei nichts dabei! Die Seele – die stets zum Verstoß gegen das Gesetz drängt (vgl. Sure 12, 53) – öffnet sich den Einflüsterungen des Satans. Es gilt, sich ihr standhaft zu widersetzen; es gilt, vor dem Tod durch freiwillige Leistungen der Frömmigkeit jene Nachlässigkeiten auszugleichen.

---

[46] Hierüber Tilman Nagel: Die erdrückende Last ewig gültiger Rede, dritter Teil: Der Äon des fleischgewordenen Mohammed.

Niemand anders als der Prophet selber ist für al-Būṣīrī hierin das großartige, freilich unerreichbare Vorbild. Denn Mohammed, obschon selber ohne Fehl, kasteite sich unentwegt vor Allah. Er stand im Gebet, bis ihm die Füße anschwollen; er schnürte sich Steine auf den Leib, um die Schmerzen des Fastens zu mildern. Aber ist überhaupt denkbar, daß der eine Mensch Not spüren könnte, um dessen willen die Welt aus dem Nichtsein hervorgebracht wurde? Dieser einmalige Rang, den der Prophet im Kosmos einnimmt, ist so gewaltig, daß dem Verstand des Menschen die Fähigkeit abgeht, ihn zu erfassen. Selbst unter den Gottesgesandten, die vor ihm aufgetreten waren, leuchtet Mohammed wie die Sonne, sie aber gleichen den Sternen, die ihr schwaches Licht nur im Finstern zur Geltung zu bringen vermögen. Am Tag, als Mohammed geboren wurde, stürzte der Iwan der Chosroen in Ktesiphon zusammen; der Untergang des Reiches der Sasaniden war besiegelt. Andere Wunderzeichen belegten, daß mit der Geburt des Gesandten Allahs das überkommene Gefüge der Welt zu bestehen aufhörte. Selbst der Herrscher der Dämonen kündigte seinem Volk an, daß ihre schiefe Daseinsordnung aufgehoben sei.

Wunder, die den Menschen unmißverständlich zeigten, wer nun unter ihnen weilte, nennt al-Būṣīrī nur wenige. Als der Prophet, aus Mekka vertrieben, sich auf den Weg nach Medina machte, begleitete ihn sein Freund Abū Bakr. Vor den Verfolgern suchten sie in einer Höhle Schutz, und alsbald webte eine Spinne ein Netz vor dem Eingang, so daß man nicht vermutete, jemand habe sich im Innern verborgen. Doch alle solche Ereignisse werden von dem größten Wunder überstrahlt, mit dem der Prophet seine Sendung beglaubigte. Das sind die wahren „Wunderzeichen" (arab: *al-āja*, Pl. *al-ājāt*). Es sind die Verse des Barmherzigen, die durch den Mund Mohammeds im Diesseitigen zum Ertönen gebracht wurden und die doch ganz dem Einen zugehören, dessen Wesen anfangslos ewig ist. So sind diese Verse jenseits der Zeit, indem sie uns von ferner Vergangenheit wie auch von der künftigen Auferweckung künden: Sie bleiben uns, und dadurch übertreffen sie alle die Wunderzeichen der früheren Gottesgesandten, deren Beglaubigungswunder nicht mehr vorhanden sind. Was aber ist das größte Wunderzeichen des Propheten? Des Nachts wurde er von Mekka nach Jerusalem versetzt, und von dort aus stieg er durch die Himmel empor, bis er dem Einen so nahe war wie zwei Bogenspannweiten (Sure 53, 9). Wie ihren Herrn begrüßten Mohammed die früheren Gesandten, als er einen Himmel nach dem anderen durchmaß, um endlich Allah so nahe zu sein wie niemand vorher. „So empfingst du Ruhm wie niemand außer dir, an jeglichem Ort schrittest du vorbei ganz ohne Nebenbuhler! Gewaltig ist das Maß der Ehren, die man dir erwies, mächtig die Fülle der Gnadengaben, die zu erreichen man dir gewährte! Welch eine Freudenbotschaft für uns, die Leute des Islams! Uns steht ein Eckpfeiler der göttlichen Sorge zu, der niemals einstürzen wird! Da Allah denjenigen, der uns zum Gehorsam gegenüber ihm aufforderte, den edelsten Gesandten nannte, sind wir die edelste aller Gemeinschaften."

Was aber folgt daraus? „Die Kunde von Mohammeds Berufung entsetzte die Herzen der Feinde, gleichwie das Brüllen des Raubtiers die schutzlose Herde in Panik treibt. Immer wieder trifft (Mohammed) sie in der Schlacht, bis sie, von Speeren durchbohrt, dem Fleisch auf der Schlachtbank gleichen. Gerne würden sie fliehen, und sie wären fast glücklich darüber, wären sie (abgehackte) Gliedmaßen, die von Adlern und Geiern fortgetragen würden." So sehr werden die Gegner der wahren Daseinsordnung von Furcht beherrscht, daß sie gar nicht bemerken, wie die Tage dahingehen. Einem Gast gleich, hat sich der Islam bei ihnen niedergelassen mit vielen Recken, die nach Fleisch verlangen. Wie ein wogendes Meer bedeckt das heldenhafte Heer das Land, sich Allah weihend, rottet es den Unglauben mit Stumpf und Stiel aus. Einig und mächtig ist endlich die Glaubensgemeinschaft des Islams, nachdem sie zuvor wie ein Fremdling gewesen war. Auf wessen Seite der Gesandte Allahs steht, vor dem verstummen selbst die Löwen, wenn er auf sie zuschreitet. Jeder Freund des Propheten wird triumphieren, jeder Feind wird zerschmettert.

Im letzten Teil des Gedichts verlegt sich al-Būṣīrī auf das Bitten und Flehen: Gewiß hat er in seinem Leben zahllose Verfehlungen auf sich geladen. Die Poesie und der Dienst an den Mächtigen trugen ihm einen bösen Zierat ein, den er nun um den Hals trägt wie ein Opfertier, das nach Mekka getrieben wird. Aber noch ist die Reue nicht zu spät. Denn, so singt al-Būṣīrī, „ich habe vom Propheten her einen Schutz, heiße ich doch Mohammed, und welcher Mensch würde seine Schutzverpflichtung wohl besser einhalten als er? ... Edelster aller Gesandten! Außer dir habe ich niemanden, bei dem ich Schutz suchen könnte, wenn am Ende der Zeiten das alles erfassende Unheil eintrifft. Gesandter Allahs, dein Ruhm wird nicht durch mich geschmälert, wenn sich der großmütige Allah mit dem Namen ‚der Rächer' schmücken wird. Aus deiner Freigebigkeit, Mohammed, kommt das Gute der Welt wie das Schlechte,[47] zu deinem Wissen gehört das Wissen von der Tafel und dem Schreibrohr! Darum, Seele, verzage nicht, ist dein Fehltritt auch noch so schlimm. Denn gegenüber dem Verzeihen (das der Prophet gewährt) sind selbst die schweren Sünden nur läßliche Vergehen!"[48]

Al-Būṣīrī, der schwer erkrankt war, als er diese Verse schuf, sagte sie viele Male auf, und eines Nachts sei ihm Mohammed im Traum erschienen. Er habe dem reuigen Dichter über das Gesicht gestrichen und ihn mit einem Mantel

[47] Vgl. zweites Kapitel (Wer ist Allah?), II.

[48] Suzanne Pinckney Stetkevych: The Mantle Odes. Arabic Praise Poems to the Prophet Muḥammad, Indiane University Press 2010, 244–252.

bedeckt, dadurch andeutend, daß er al-Būṣīrī verzeihe. Als al-Būṣīrī erwachte, bemerkte er, daß er genesen war. Wenig später begegnete ihm ein Derwisch, der ihn darum bat, ihm die Verse zu überlassen; denn er habe im Verborgenen geschaut, wie sich der Prophet beim Hören dieser Verse vor Entzücken hin und hergewiegt und dann über den Dichter einen Mantel geworfen habe. Al-Būṣīrī erfüllte den Wunsch des unbekannten Derwischs, und als „Mantelgedicht“ wurden die Verse alsbald in der ganzen islamischen Welt bekannt.

3. Der kosmische Mohammed

Bei al-Būṣīrī stießen wir eben auf einen befremdlichen Gedanken: Der Freigebigkeit des Propheten, seiner Großmut, entspringe das ganze Diesseits, und sein Wissen umgreife, was Allah vor aller Zeit mit dem Schreibrohr auf der „wohlverwahrten Tafel“ niederschrieb. Bevor Allah mit dem Schöpfungshandeln begann, legte er alles, was zu einem bestimmten Zeitpunkt in die irdische Existenz treten und zu einem anderen wieder aus ihr getilgt werden sollte, mit sämtlichen Einzelheiten fest. Aber die meisten Menschen glauben das nicht, klagt Mohammed in Sure 85. Sie lassen sich nicht darüber belehren, daß Allah die Zweifler vernichtete, etwa den Pharao und seine Gefolgschaft, aber Allah ist hinter den Ungläubigen her und bekommt sie alle zu fassen. Was er, der Prophet, vorträgt, ist ein rühmenswerter Koran, niedergelegt auf einer wohlverwahrten Tafel (Sure 85, 21 f.). Was mittels des göttlichen Schöpfungshandelns fortwährend in dieser Welt bewirkt wird, geschieht nach einem vor der Zeit festgelegten Plan. Der Koran, den der in die irdische Existenz gelangte Mohammed verkündet, ist selber ein Aspekt dessen, was auf der Tafel steht. Das Schöpfungshandeln, das der Mensch beobachtet, nicht zuletzt an sich selber (Sure 41, 53), ist identisch mit dem göttlichen Gesetzeswort, das sich als Rede Allahs im Koran niederschlägt. Von Allah aus betrachtet sind Reden und schöpferisches Tun ein und dasselbe. Und auch die Zweckbestimmung dieses göttlichen Redens und Tuns ist eine einzige, die in Sure 51, Vers 56, mitgeteilt wird: „Ich habe“, sagt Allah, „die Dämonen und die Menschen nur geschaffen, damit sie mich anbeten.“ Der ganze Schöpfungsvorgang dient keinem anderen Zweck, und es gibt keinen Menschen, der diesen Zweck vollkommener erfüllt hätte als Mohammed. Doch schon vor dessen Geburt, ja vor dem Einsetzen des uns Irdischen erfahrbaren Schöpfungshandelns überhaupt, galt diese Zweckbestimmung, eine immaterielle von Allah geschaffene Gegebenheit. Diese Gegebenheit, der Ur-Mohammed, lag und liegt dem konkretisierten Handeln und Reden Allahs voraus. Dies ist der Gedanke, auf den al-Būṣīrī anspielt: Alles, was Schöpfungshandeln ist, und alles göttliche Reden erfolgt in Erfüllung seiner Zweckbestimmung durch den Ur-Mohammed hindurch. Indem es durch ihn hindurch und von ihm aus ins Dasein tritt, ist es Anbetung des einen Schöpfers.

Schon Adam, den Allah als seinen Stellvertreter in der Schöpfung einsetzte (Sure 2, 30–33), hat das diesbezügliche Wissen von Allah erhalten: Es ist das Wissen schlechthin, das Allah dem verstandesbegabten Teil der Schöpfung, den Dämonen und den Menschen, zugedacht hat.[49] Indessen konnte es sich im ersten Äon der Weltgeschichte noch nicht in dem Maße behaupten, wie es dem Schöpfungshandeln angemessen gewesen wäre. Allah entsandte vielfach Propheten, die das Wissen verkündeten, aber die angesprochenen Völker erwiesen sich bis auf wenige Ausnahmen als widerspenstig; sie gehorchten den Propheten nicht und wurden daher von Allah schwer bestraft, bisweilen sogar vernichtet. Häufig spricht der Koran hiervon, in besonders gedrängter Form in Sure 26. Ingesamt gesehen, wird Allah die Menschen des ersten Äons jedoch milde beurteilen: Der entscheidende, der größte der letzte in der Reihe der Gottesgesandten war noch nicht erschienen. Mit seiner Geburt beginnt der zweite Äon.

Die Feiern zum Geburtstag des Propheten verfolgen den Zweck die Vorgeschichte der Geburt Mohammeds, des Beginns des zweiten Äons, den Muslimen ins Gedächtnis zu rufen und ihnen dadurch den einzigartigen Rang bewußt zu machen, den sie in der durch Allah geschaffen werdenden Welt innehaben. Ein 1877 in Ägypten veröffentlichtes Buch handelt den ersten Äon in zwölf Kapiteln ab, die den Tagen des Monats Rabīʿ al-auwal entsprechen, die vergehen mußten, ehe Mohammed das Licht der Welt erblickte. „Als der erhabene Allah seine Schöpfung ins Dasein bringen wollte, ließ er vor allem anderen das Licht (Mohammeds) hervortreten“, lesen wir. „Dann schuf er daraus alle Kreatur entsprechend seinem Vorauswissen, gleichviel, ob sie zur translunaren oder zur sublunaren Sphäre gehören sollte. Hiernach berief er (Mohammed) zum Propheten und schloß mit ihm einen Bund des Inhalts, daß er, Allah, der Herr sei.“ Adam war damals noch nicht gestaltet worden. „Weißt du eigentlich, wer ich bin?“ soll Mohammed eines Tages seinen späteren zweiten Nachfolger ʿUmar b. al-Ḫaṭṭāb (reg. 634–644) gefragt haben. „Ich bin derjenige, dessen Licht Allah vor allem anderen schuf. (Sofort) warf es sich vor Allah nieder und verharrte in der Niederwerfung siebenhundert Jahre. Das erste, was sich vor Allah niederwarf, war also mein Licht, und das ist keine Prahlerei! Weißt du eigentlich, ʿUmar, wer ich bin? Ich bin derjenige, aus dessen Licht Allah den Thron schuf, desgleichen den Fußschemel, desgleichen die Tafel und das Schreibrohr, desgleichen die Sonne und den Mond, desgleichen das Augenlicht, desgleichen den Verstand, desgleichen die Erkenntnis im Herzen der Gläubigen, und das ist keine Prahlerei!“ Der Mohammedkosmos nahm, indem er geschaffen wurde, sogleich seine Pflicht wahr, den Einen anzubeten. Indem mit der Geburt des fleischgewordenen Mohammed der zweite Äon anbrach, warf auch der eben geborene Säugling sich vor Allah nieder.

---

49 Vgl. dreizehntes Kapitel (Wie sieht der Islam den Menschen?), III.

Jeglicher Schöpfung ist demnach die „mohammedsche Wesensart“ in unveräußerliche Weise eigen. Die Gedanken, die in unserer Quelle hierzu geäußert werden, überspringen wir. Sie laufen darauf hinaus, daß der kosmische Urmohammed der Gottesgesandte ist, dem sich alle Kreatur zu unterwerfen hat. Mohammeds einzigartiger Rang wurde „allen Geistwesen und Engeln offenbar gemacht, damit sie (ihn) erkannten und bestätigten, als Adam noch im Lehmzustand war … ‚Ich wurde geehrt, indem mir das Prophetentum eingeflößt wurde, als die Schaffung des Vaters aller Propheten (also Adams), ja des Vaters aller Menschen noch nicht abgeschlossen war …‘ “ Noch während Adam unfertig war, schloß Allah mit dem Urmohammed, der als Stellvertreter aller künftigen Menschen angesehen wird, einen Bund. Alle Menschen sind hiermit auf Allah als ihren Herrn verpflichtet, sind also ihrem Wesen gemäß Muslime.[50] Als dann Adam fertiggestellt ist, wiederholt Allah den Bundesschluß mit allen Nachkommen des ersten Menschen, wie in Sure 7, Vers 172, erzählt wird.[51]

Diese Geschehnisse fallen in die ersten beiden Tage des Rabīʿ al-auwal. Der dritte bis siebte ist den Ereignissen gewidmet, die zur Verstoßung aus dem Paradies führen, die aber den künftigen Erdbewohnern keine Erblast aufbürden. Denn, wie man im Zusammenhang mit dem sechsten Rabīʿ al-auwal erfährt, das Licht des Urmohammed ist die Wurzel alles geschaffen werdenden Seins, dessen Segenskraft unermeßlich ist. Im zweiten Äon ist Mohammed dank diesem Licht überall gleichzeitig gegenwärtig, sei es als ein Abbild, sei es tatsächlich. Ab dem siebten Tag münden die Ausführungen in die gängige Vorgeschichte der Geburt Mohammeds ein, wie sie seit dem frühen 8. Jahrhundert erzählt wird: Das göttliche Licht wird unter seinen Vorvätern in reiner Weise weitergereicht, bis es von Mohammeds Vater ʿAbdallāh auf Mohammeds Mutter Āmina bint Wahb übergeht. So ist gewährleistet, daß mit der Geburt Mohammeds Allahs Weltenplan und die konkrete Ausformung des Diesseits vollständig zur Deckung gelangen.[52] Die Erfüllung der Bestrebungen Allahs, die nun nicht nur möglich, sondern erforderlich wird, ist, wie schon dargelegt wurde, von jetzt an die Aufgabe der Muslime.

V. Resümee

Die fundamentalen Lehren des Islams, sein Verständnis von Allah und von der durch ihn geschaffen werdenden Welt, seine Auffassung von den Aufga-

---

[50] Vgl. erstes Kapitel (Was ist der Islam?), II. 2.–4.; dreizehntes Kapitel (Wie sieht der Islam den Menschen?), II. 2. und III.

[51] Vgl. vierzehntes Kapitel (Was ist Sufismus?), II. 2.

[52] Tilman Nagel: Allahs Liebling. 346–356.

ben des Menschen in ihr und vom Ausgangspunkt und vom Ziel der durch Allah bestimmten Geschichte, alles dies läßt sich in gesonderten Untersuchungen auf den Begriff bringen. Dem dienen die einzelnen Abhandlungen des vorliegenden Buches. Es ist bisweilen schwer zu vermeiden, daß diese Abhandlungen ihren jeweiligen Gegenstand so sehr in den Vordergrund rükken, daß der große Zusammenhang, in dem jedes Thema steht, überblendet wird. Kaum je hat der Anhänger einer Religion ihre sämtlichen theologischen und gesellschaftlichen Prämissen und Konsequenzen vor Augen, wenn er sich oder anderen Rechenschaft von dem geben will, was er als die höchste Wahrheit betrachtet. Die „großen Erzählungen" befreien ihn von der Last einer derartigen ins einzelne gehenden Rechenschaft. Denn in ihnen ist alles das enthalten, nur eben nicht in systematisierter Form; von ihnen her könnte alles das entfaltet werden, wonach der nach einem in sich stimmigem Aufschluß suchende Geist fragen mag.

Wechseln wir die Blickrichtung, dann stellen wir fest, daß die systematisierten Betrachtungen vom Inhalt der „großen Erzählungen" getragen werden. Denn dieser Inhalt ist es, der dem durchschnittlichen Glaubenden die theologischen Gedankengänge erträglich macht und, sollten sie sich als zu große Zumutungen erweisen, ihm notfalls erlaubt, über sie hinwegzusehen. Denn was erfährt der Muslim aus den Erzählungen? Er erfährt, daß Allah, der niemals ruhende Schöpfer, den Propheten Mohammed berufen und ihn mit der letztmaligen Übermittlung der einen, ewig wahren Botschaft betraut hat: Der Schöpfer verlangt, daß die Geschöpfe in ihm die einzige selbständig wirkende Kraft im Universum erkennen, ihn entsprechend seinen Gesetzen anbeten und jegliche Beigesellung unterlassen. Der Aufstieg Mohammeds bis in den siebten Himmel belegt mit einer Gewißheit, die durch theologische oder metaphysische Spekulationen gar nicht zu erreichen wäre, die Wahrheit des Prophetentums Mohammeds wie auch die Wahrheit dessen, was er überbringt.

Ab dem 13. Jahrhundert wird diese Bekräftigung des islamischen Anspruchs auf universale Wahrheit, die aus den Ereignissen der Prophetenbiographie hervorgehen soll, mit einer Argumentation überwölbt, die sich auf das gesamte Schöpfungshandeln Allahs bezieht. Da Allah die Welt nur zu dem Zwecke schafft, daß sie ihn anbete, liegt allem Schöpfungshandeln die Schaffung des Urmohammed voraus, der der Inbegriff jenes Zweckes ist. Mit der irdischen Geburt Mohammeds beginnt der Äon, in dem die implizite Zweckbestimmung der Schöpfung explizit geworden ist. Niemand hat noch ein Recht, sich dieser Zweckbestimmung zu verweigern. Die Muslime greifen zu den Waffen, um den Unglauben zu vernichten.

Dieser Themenkomplex bleibt bis in die Gegenwart erhalten. So schrieb Aḥmad Šauqī (1868–1932), einer der bedeutendsten arabischen Dichter des frühen 20. Jahrhunderts, ein Gegenstück zu al-Būṣīrīs „Mantelgedicht“. Mohammed wird als der Lehrmeister des Krieges gerühmt. Freilich sind es bei Šauqī die „Parteigänger Jesu“, die den Krieg gegen die Muslime vorbereiten, letztere aber schlagen unerschrocken zurück, führen sie doch das Schwert allein um Allahs willen:[53] Im zweiten Äon, in dem niemand dem Islam fernbleiben darf, ist daher jeder Waffengang, an dem sich Muslime beteiligen, ein Krieg zur Verteidigung des Islams.[54] Der Islam ist schließlich, so Muḥammad ʿAbduh (1849–1905), die Religion der gereiften Menschheit, und deshalb sind die Muslime dazu verpflichtet, der Herrschaft ihrer Religion auch mit Waffengewalt zum Sieg zu verhelfen.[55]

Der Vollzug der Ritualpflichten geschieht im Islam stets mit der Blickrichtung auf ein machtpolitisches Ziel: die (Wieder-)Vereinigung der Menschheit zu der einen, einträchtigen Gemeinschaft, zu der Allah sie ursprünglich geschaffen habe (Sure 2, 213). Der Freitagsgottesdienst und die Pilgerriten sind die wesentlichen obligatorischen Vorwegnahmen dieser Eintracht. Der zwischen der „Pflicht der hinreichenden Anzahl“ und der „Individualpflicht“ schwankende Dschihad[56] zeigt den Weg von der Vorwegnahme zur endgültigen Verwirklichung. Den alljährlich erneuerten Ansporn, diesen Weg beherzt zu beschreiten, geben die Feier des Geburtstags des Propheten, die aus diesem Anlaß vorgetragenen Verse und das Sendungsbewußtsein, das sie wachrufen und nähren.

---

[53] Stetkevych, 203 und 232 f.

[54] Vgl. hierzu neuntes Kapitel (Was ist der Dschihad?). Tilman Nagel: Die erdrückende Last des ewig Gültigen, Kapitel XXV.

[55] Tilman Nagel: Allahs Liebling, 359–365. Vgl. hierzu sechzehntes Kapitel (Was ist Salafismus (reformierter Islam)?).

[56] Vgl. achtes Kapitel (Was sind Imamat, Kalifat und Sultanat?); neuntes Kapitel (Was ist der Dschihad?); zwölftes Kapitel (Was versteht der Muslim unter Religion?).

Achtzehntes Kapitel

Wie sieht der Islam die Nichtmuslime?

I. Mohammed und die Ungläubigen

1. Der koranische Befund

Bereits in der mekkanischen Phase seines Wirkens ist Mohammed von der Vorstellung durchdrungen, daß die „Glaubenden“, die die Botschaft der zu ihnen gesandten früheren Propheten annahmen, und die Ungläubigen nicht zusammen auf einem Territorium leben können. In den Debatten mit den Mekkanern, die sich durch seinen Anspruch, er sei der Gesandte Allahs, nicht beeindrucken lassen, verweist er auf das Schicksal untergegangener Völker. Die ungläubigen Landsleute Noahs, desweiteren die ʿĀd und die Ṯamūd,[1] sie alle wurden von Allah vernichtet, mahnte Mohammed; die Mekkaner freilich zweifelten an seinen Worten. Er aber vertraute auf Allah und hielt den Drohungen seiner Feinde, sie würden ihn und seinen Anhang aus der Stadt vertreiben, die Zusage Allahs entgegen: „Wir werden die Missetäter umbringen. Euch jedoch werden wir das Land nach deren Ende als Wohnort geben. Das wird denen gewährt, die mich und *meine* Drohung fürchten!“ (Sure 14, 13 f.). So gewiß, wie Allah die Himmel und die Erde schafft, vermag er die Ungläubigen zu beseitigen und durch neue Geschöpfe zu ersetzen (Sure 14, 19).

Am ehesten, vermutet Mohammed, werden sich die Mekkaner durch das Beispiel der Anhänger des Pharao aufrütteln lassen, der sich gegenüber dem Gottesgesandten Mose wie ein Gewaltherrscher aufführt, ja, sich selber für den höchsten Herrn ansieht (Sure 79, 24). Die Anhängerschar des Pharao lebte in Wohlstand, Allah aber vernichtete sie und ersetzte sie durch andere Menschen (Sure 44, 25–28, vgl. Sure 26, 57–59 und Sure 28,5). In Sure 7, die in die späte Zeit seines Wirkens in Mekka gehört, entwickelt er diese Szenerie in besonders eindrücklichen Wendungen. Pharaos Ratsversammlung, mit demselben Wort *al-malaʾ* bezeichnet wie die mekkanische, deren Feindseligkeit Mohammed fürchtet, rät dem Herrscher, gegen Mose und sein

[1] Zwei legendäre arabische Völkerschaften, die die bei ihnen berufenen Propheten nicht anerkannten und deswegen durch Allah vernichtet wurden (z.B. Sure 26, 123–159).

Volk vorzugehen. Denn dieser habe die ägyptischen Zauberer im Wettstreit nur bezwungen, um die angestammten Bewohner aus ihrer Stadt zu vertreiben (Sure 7, 123).[2] Pharao beschließt, er werde die Söhne der Juden töten, die Ehefrauen aber am Leben lassen (Vers127), um sie in die Sklaverei zu verkaufen (?). Mose tröstet, indem er davon erfährt, sein Volk: „Ruft Allah um Hilfe an und faßt euch in Geduld! Denn ihm gehört das Land. Er wird es denjenigen unter seinen Dienern, die ihm belieben, zum Erbteil geben. Am Ende obsiegen die Gottesfürchtigen." Die Juden beklagen sich kleinmütig, daß sie schon, bevor Mose zu ihnen gekommen sei, und nun noch immer drangsaliert würden, worauf dieser sie aufzumuntern sucht: „Wahrscheinlich wird euer Herr eure Feinde töten und euch als deren Nachfolger im Lande einsetzen und schauen, was ihr tun werdet" (Vers 129). Allah ersäuft das Heer Pharaos, die Juden sind endlich vor seinen Nachstellungen sicher. „Wir gaben als ihr Erbteil den Leuten, die unterdrückt worden waren, die Ostgegenden und die Westgegenden des Landes, das wir segneten," resümiert Allah das Geschehen und spricht dann seinen mekkanischen Gesandten an: „Es vollendete sich an den Kindern Israel das schönste Wort deines Herrn, weil sie ausharrten, und wir zerstörten, was Pharao und seine Leute getan und gebaut hatten" (Vers 137).

Mit welchen Vorstellungen Mohammed die Kriege gegen Mekka führte, nachdem er aus der Stadt vertrieben worden war, läßt sich an diesen Ausführungen des Korans unschwer ablesen. Es ging zwar zunächst allein darum, von den Mekkanern die Erlaubnis zur Teilnahme an den alljährlichen Pilgerriten zu ertrotzen.[3] Aber die Möglichkeit, daß in Mekka oder anderswo eine mohammedsche Gemeinde neben einer andersgläubigen bestehen könnte, sah er nicht. So stoßen wir in einer Reihe von Ermahnungen, die Mohammed in Medina an die offensichtlich nicht mehr durchweg ergebenen Anhänger richtet, auf die folgenden beschwörenden Sätze: „Allah gehört, was in den Himmeln und auf der Erde ist. Wir (d.h. Allah) wiesen schon die Schriftbesitzer vor euch und nun euch an: ‚Fürchtet Allah!' Solltet ihr ungläubig werden, so wißt, daß Allah gehört, was in den Himmeln und auf der Erde ist. Allah ist (von euch) unabhängig, er ist zu rühmen. Allah gehört, was in den Himmeln und auf der Erde ist, Allah ist der beste Sachwalter! Wenn es ihm beliebt, dann entfernt er euch, ihr Leute, und bringt andere! Dazu hat Allah die Macht!" (Sure 4, 131–133). In der 9. Sure, die im vorletzten Lebensjahr Mohammeds entstand, verwendet er ebendieses Argument, um den

---

[2] Hier wird der Hintergrund der koranischen Erzählung greifbar: Die Mekkaner verdächtigen Mohammed, er wolle sie vertreiben. Vgl. drittes Kapitel (Wer war Mohammed?), II. 4. Zum Austausch einer bösartigen Bevölkerung gegen eine gehorsam, die Menschen, vgl. elftes Kapitel (Was sind Schiiten?), III. 2.

[3] Vgl. drittes Kapitel (Wer war Mohammed?).

erlahmenden Eifer im Kriegführen anzustacheln: „Ihr, die ihr gläubig geworden seid! Sagt man euch: ‚Macht euch zu einem Feldzug auf dem Pfade Allahs bereit!' dann bleibt ihr träge am Boden liegen. Gebt ihr euch etwa mit dem diesseitigen Leben zufrieden anstatt mit dem Jenseits? Das Gute des diesseitigen Lebens zählt im Vergleich zum jenseitigen nur wenig! Erhebt ihr euch nicht zum Feldzug, dann wird euch Allah schmerzhaft bestrafen und euch gegen andere Leute austauschen, ohne daß ihr ihm schaden könntet! Allah hat zu allem die Macht!" (Vers 38 f.). Selbst als der Prophet, von den Mekkanern vertrieben, in höchster Gefahr nach Medina gezogen sei, habe Allah ihn geschützt. Darum sei es nur recht und billig, daß die Muslime nun dem Ruf des Propheten zum Dschihad Folge leisteten, und zwar nicht nur, wenn es sich um ein Ziel in der Nähe handele (Vers 40–42).

Die Kämpfe gegen die drei jüdischen Stämme Medinas, die mit deren Vertreibung und teilweiser Ausrottung endeten, spiegeln sich ebenfalls im Koran wider. Besondere Beachtung verdient in diesem Zusammenhang die 59. Sure. Denn in ihr kündigen sich bereits die späteren muslimischen Grundsätze an, die bei der Inbesitznahme der Territorien der Nichtmuslime Geltung erlangen. „Was in den Himmeln und auf der Erde ist, spendet Allah Lobpreisungen, denn er ist der Mächtige, Weise. Er ist es, der die Ungläubigen unter den Schriftbesitzern aus ihren Wohnsitzen vertrieb zum ersten Versammeln"[4] (Vers 1 f.). Nach Mohammeds Vorstellung gibt es unter den „Leuten der Schrift", den früheren Empfängern von Offenbarungsbüchern, einige, die seinen Verkündigungen zuneigen, wenngleich die meisten von ihnen Frevler seien (Sure 3, 110). Zu letzteren rechnet er die jüdischen Stämme, die sich seinem Machtanspruch widersetzten und, wie er behauptete, mit den Mekkanern verschwörerische Beziehungen unterhielten. Die Juden mußten ihre Wohntürme verlassen, wurden zusammengetrieben, ihres wertvollen Eigentums beraubt, aus Medina verjagt oder auch massakriert.[5] Mohammed bezeichnet die gewaltsame Versammlung als das für diese Juden schon im Diesseits einsetzende Strafgericht Allahs: „Wir schenken das Leben und den Tod, zu uns führt der Weg, am Tag, da die Erde sich über (den Toten) spaltet, so daß sie (herbei) eilen. Das ist eine Versammlung, für uns ein Leichtes!" (Sure 50, 44). Diese und ähnliche Aussagen älterer Suren

---

4 „Tag der Versammelns" (arab.: *jaum al-ḥašr*) ist eine Bezeichnung des Jüngstens Gerichts; die Geschöpfe werden zur Aburteilung zusammengetrieben. Was mit den jüdischen Stämmen geschieht, ist das Vorspiel dessen, was ihnen am Jüngsten Tag widerfahren wird. Vgl. siebtes Kapitel (Was lehrt der Islam über das Jenseits?), I. 2.

5 Zum geschichtlichen Hintergrund vgl. drittes Kapitel (Wer war Mohammed?). Einzelheiten findet man bei Tilman Nagel: Mohammed. Leben und Legende, München 2008, 357–370; ders.: Mohammed. Zwanzig Kapitel über den Propheten der Muslime, München 2010, zehntes Kapitel.

hat Mohammed im Sinn und bezieht sie jetzt auf das Schicksal, das er den Juden bereitet.

Er fährt in Sure 59 fort: „Ihr (Muslime) vermutetet nicht, daß sie herauskommen würden, und sie vermuteten, daß ihre Festungen sie gegen Allah schützen würden. Allah aber kam (über sie), von wo aus sie nicht damit rechneten. Er warf ihnen das Entsetzen in die Herzen; so zerstörten sie ihre Wohnplätze mit ihren eigenen Händen und mit denen der Glaubenden." Um ihnen eine Rückkehr unmöglich zu machen, mußten sie selber beim Niederreißen ihrer Häuser Hand anlegen. „Bedenkt das, ihr Klarsichtigen! Hätte Allah ihnen nicht die Verbannung auferlegt, hätte er sie schon im Diesseits bestraft. So aber steht ihnen im Jenseits die Strafe des Höllenfeuers bevor!" (Vers 2 f.). Sie haben sich nämlich Allah und seinem Gesandten widersetzt, und wer sich Allah widersetzt, hat eine schwere Strafe zu gewärtigen. Wie immer die Glaubenden mit den Palmen der Juden umgingen, ob sie sie stehenließen oder fällten, es geschah mit Allahs Willen, denn er wollte die Missetäter entehren (Vers 4 f.). „Was Allah aus der Hand (der Juden) für seinen Gesandten zurückholte, das ist das, zu dessen Gewinn ihr weder Pferde noch andere Reittiere in Galopp versetzen mußtet. Vielmehr verleiht Allah (allen) seinen Gesandten Verfügungsgewalt über das, was ihm beliebt. Allah hat zu allem Macht. Was also Allah für seinen Gesandten von den Bewohnern der Ortschaften zurückholt, das gehört Allah, dem Gesandten, den Verwandten, den Waisen, den Armen und dem Sohn des Weges. Es soll nicht unter den Reichen aus eurer Mitte kursieren. Was euch der Gesandte gibt, das nehmt! Was er euch aber untersagt, das rührt nicht an! Fürchtet Allah, denn seine Vergeltung ist heftig!" (Vers 6 f.). Bei der Auslöschung des medinensischen Judentums handelt Mohammed nach seinem Verständnis anstelle Allahs und in seinem Sinne. Die Güter, die die Muslime auf diese Weise gewinnen, sind nicht als Kriegsbeute aufzufassen, die, wie es der von Mohammed im wesentlichen übernommene Brauch war, unter den Anführer und die Kämpfer zu verteilen war. Unter Berücksichtigung der Vorstellung, daß Allah nicht auf ewig duldet, daß Ungläubige Land zueigen haben, das in Wirklichkeit allein den Glaubenden gehören darf, wird durch den Übergang solchen Landes an die Muslime eine Irregularität geheilt. Nutznießer dieses Vorganges können nicht einzelne Kämpfer sein, die zu diesem Ergebnis gar nichts beitrugen. Es steht allein dem Gesandten Allahs zu, über die Verwendung des zurückgeholten Guts (arab.: *al-fai'*) zu befinden: Es ist eine Angelegenheit des muslimischen Gemeinwesens.

Mohammed behält sich also die Verwendung vor, und dabei leiten ihn, wie er in Vers 7 sagt, die Interessen der Glaubensgemeinschaft, die er von seiner Person her bestimmt: Er und seine Verwandten – ein sehr weit dehnbarer Begriff – stehen im Vordergrund, es folgen Waisen, Arme und Personen, die aus ihren Verwandtschaftsbeziehungen gerissen wurden, weil sie sich dem

„Weg" anschlossen. Mohammed präzisiert im 8. Vers den Kreis der Empfangsberechtigten: Es sind die armen Ausgewanderten, die um des Islams willen aus ihren Wohnstätten vertrieben und ihres Eigentums beraubt wurden, die, indem sie Allah und seinen Gesandten unterstützen, Huld und Wohlgefallen Allahs erstreben; es sind diejenigen, die Medina als Wohnsitz innehatten und schon vor den Auswanderern gläubig geworden waren,[6] dann die Auswanderer liebgewannen und in ihrer Brust gegen sie keinen Neid wegen irgendwelcher Vorteile, die jene genossen, aufkeimen ließen; und schließlich diejenigen, die nach ihnen kamen und Allah baten, er möge aus ihren Herzen jeglichen Groll gegen die verbannen, die ihnen im Glauben zuvorgekommen seien (Vers 9 f.). Die nur mühsam überdeckten inneren Spannungen[7] der Urgemeinde läßt Mohammed in diesen Sätzen Revue passieren und gibt dabei die Hoffnung zu erkennen, daß das „zurückgeholte Gut" dazu beitragen werde, sie zu mildern. In den folgenden Versen von Sure 59 läßt Mohammed seinem Zorn über die Heuchler, die heimlich gegen ihn arbeiten, freien Lauf. Zur Thematik des Verhältnisses zu den Nichtmuslimen sagen sie nichts weiter aus.

Der Begriff des „zurückgeholten Gutes" enthält den Gedanken, daß es innerhalb des Gemeinwesens der Muslime eine Gleichberechtigung nur unter Muslimen geben kann. Nur Muslime haben in einem Gemeinwesen Platz, nur Glaubende, die dem Islam als der ständigen Hinwendung der Person an Allah Ausdruck verleihen, können vollgültige Glieder sein und daher auch einen rechtmäßigen Anteil an dem Unterhalt (arab.: *ar-rizq*) haben, den Allah seinen Geschöpfen zur Verfügung stellt. Auch dieser fließt mit vollem Recht nur den Glaubenden zu. So hatte Allah einst den Sabäern reichlichen Unterhalt zugemessen und sie aufgefordert, die Gaben zu genießen, freilich Allah dafür den geziemenden Dank abzustatten. Sobald sie ihre Dankesschuld vernachlässigten, zerstörte Allah die Quelle ihres Wohlstands, und sie mußten sich fortan kümmerlich von dornigem Gestrüpp ernähren (Sure 34, 15–17). Ein Anrecht auf „edlen Unterhalt" haben nur die Muslime, vor allem diejenigen unter ihnen, die sich dem Dschihad widmen (Sure 8, 4 und 73) und auf diese Weise mit ihrem Leben und ihrem Vermögen für die Ausbreitung des Islams streiten.

Daß es innerhalb des Machtbereichs „Allahs und seines Gesandten" Angehörige einer anderen Daseinsordnung als derjenigen des Islams gebe, sehen die im Koran zur Sprache kommenden Vorstellungen Mohammeds nicht vor.

---

[6] Es hatte sich bereits vor der Ankunft Mohammeds eine Schar von Anhängern seiner Verkündigungen in Medina zusammengefunden (Nagel: Mohammed. Leben und Legende, 253–256).

[7] Einzelheiten bei Nagel: Mohammed. Leben und Legende, Kapitel IV. 6, IV. 7 sowie Kapitel V.

In Sure 2, Vers 256, fordert er die Anhänger des Heidentums nachdrücklich auf, nun, da die wahre Daseinsordnung für jedermann offenkundig geworden sei, ihr beizutreten und dem Götzentum (arab.: *aṭ-ṭāġūt*) endgültig zu widersagen. Am Beginn von Sure 9, im Bewußtsein der über weite Teile der Arabischen Halbinsel errungenen Macht, wiederholt er diese Forderung und erläutert die Umstände ihrer Verwirklichung. Die „Beigeseller", mit denen er einen Vertrag geschlossen hat, dürfen sich noch vier Monate frei im Lande bewegen (Vers 1 f.). Im übrigen aber verkünden „Allah und sein Gesandter" am Tag der Wallfahrt, daß sie fortan mit den „Beigesellern" nichts mehr zu schaffen haben; „wenn ihr (Heiden) euch reumütig zu Allah wendet, dann ist das am besten für euch, doch wendet ihr euch ab, so wißt, daß ihr euch der Gewalt Allahs nicht entziehen könnt! Kündige denen, die ungläubig sind, eine schmerzhafte Strafe an! Abgesehen von den ‚Beigesellern', mit denen ihr einen Vertrag geschlossen habt und die euch nichts schuldig geblieben sind und auch niemanden gegen euch unterstützt haben – haltet ihnen gegenüber den Vertrag bis zu der mit ihnen vereinbarten Frist ein! Denn Allah liebt die Gottesfürchtigen. Sind aber die heiligen Monate verstrichen, dann tötet die ‚Beigeseller', wo immer ihr sie trefft, ergreift sie, kesselt sie ein, stellt ihnen jegliche Art von Hinterhalt! Wenn sie aber bereuen, das rituelle Gebet verrichten und die Läuterungsgabe erlegen, dann laßt sie laufen! … Wenn dich ein ‚Beigeseller' (nach dem traditionellen Rechtsbrauch) um Schutz bittet, so gewähre ihn ihm, damit er die Rede Allahs höre, dann laß ihn sein sicheres Gebiet erreichen. Das geschehe, weil (die ‚Beigeseller') unwissende Leute sind. Wie aber können sie bei Allah und seinem Gesandten in einem Vertragsverhältnis stehen, es sei denn, es handele sich um jene, mit denen ihr am heiligen Gebetsplatz (in Mekka) eine Verabredung getroffen habt – solange sie vertragstreu sind, seid auch ihr es!" (Vers 3–7). Wenn sie freilich nur von Vertragstreue reden, aber anders handeln, dann mögen die Muslime sie bekämpfen. Brüderlichkeit gibt es nur zwischen denen, die die rituellen Gebete verrichten und die Läuterungsgabe abführen (Vers 9–12).

Brüderlichkeit und Rechtsgenossenschaft beruhen einzig auf dem Vollzug der gottgegebenen Daseinsordnung, die den Glaubenden immer wieder in eine von ritueller Reinheit gekennzeichnete unmittelbare Beziehung zu Allah stellt.[8] Der Islam ist die unabdingbare Voraussetzung, um als Mitglied in der „besten Gemeinschaft" geduldet zu sein. Im Umkehrschluß gilt, daß Muslime nicht in einer anderen Religionsgemeinschaft leben können, weil eine solche ihrem Wesen nach nicht berechtigt ist, das Land zueigen zu haben und des Lebensunterhalts, den Allah gewährt, teilhaftig zu sein. Zu Mohammeds Zeit stellte sich dieses Problem noch nicht, wohl aber die Frage, wie man mit „Schriftbesitzern" umzugehen habe, die in den sich ausweitenden muslimi-

[8] Vgl. erstes Kapitel (Was ist der Islam?).

schen Machtbereich gerieten, aber nicht die Prophetenschaft Mohammeds anerkannten. Der schon zitierte 110. Vers von Sure 3 deutet an, daß es Schriftbesitzer gebe, die an die Lehren Mohammeds glauben. Woran Mohammed bei diesen Worten denkt, bleibt offen. In Sure 9 kommt er mittelbar wieder auf diesen Personenkreis zu sprechen: „Bekämpft unter den ‚Schriftbesitzern' diejenigen, die nicht an Allah und den Jüngsten Tag glauben, die nicht für verboten erklären, was Allah und sein Gesandter für verboten erklärten, und die nicht die wahre Daseinsordnung einhalten, bis sie die Kopfsteuer (arab.: *al-ğizja*) demütig und eigenhändig entrichten" (Vers 29). „Schriftbesitzer", die die Eigenständigkeit ihrer Lehren bewahren wollen, können, sofern sie im islamischen Machtbereich leben, gegenüber den Muslimen nur minderrangig sein. Durch die mit einer Demutsgeste verbundene Einhändigung einer Kopfsteuer, einer Art Bußabgabe zur Sühnung der Weigerung, in den Islam einzutreten, können sie immerhin ihr Leben sichern.

2. Ergänzungen aus der Prophetenvita

Es ist Allah selber, der laut Koran während der vormohammedschen Religionsgeschichte Gemeinschaften schwer strafte oder sogar vernichtete, die die ihnen übermittelte Botschaft der Propheten mißachtete. Im Koran sind es „Allah und sein Gesandter", die dementsprechend vorgehen.[9] Geradezu verzweifelt sucht man in Europa seit langer Zeit nach einem koranischen Beleg für die wider alle Erfahrung hartnäckig behauptete These, der Islam sei eine tolerante Religion. Daß es, wie Sure 2, Vers 256, verkündet, „kein Zwingen *in* der Daseinsordnung" des Islams gebe" – so der Wortlaut der einschlägigen Passage –, heißt aber nicht, daß kein Zwang *zu* einer bestimmten Daseinsordnung, nämlich zur islamischen, bestehe. Im Fortgang desselben Verses wird den Zuhörern ins Gedächtnis gerufen, daß nunmehr, mit der Offenbarung der wahren Daseinsordnung, jede Rechtfertigung für ein Festhalten am Götzentum (arab.: *aṭ-ṭāğūt*) entfallen sei. Im gleichen Sinn sagt Mohammed am Ende der 22. Sure, die schon von Abraham befolgte Daseinsordnung verlange den Muslimen keine ungewöhnlichen Leistungen ab; sie nötige allein zur rituell lauteren Begegnung mit Allah, die im Pflichtgebet und mittels Erlegung der Läuterungsgabe statthabe. In Anbetracht der völlig der Natur des Menschen folgenden abrahamisch-islamischen Gottesverehrung sei es nicht zuviel verlangt, sich für den Dschihad bereitzuhalten (Vers 78).[10]

---

[9] Vgl. siebzehntes Kapitel (Wovon berichten die „großen Erzählungen" des Islams?).

[10] Vgl. zwölftes Kapitel (Was versteht der Muslim unter Religion?) sowie zwanzigstes Kapitel (Was ist Islamwissenschaft?). Zur Sache s. auch Tilman Nagel: Mohammed. Leben und Legende, 166.

Enthält der Koran keinerlei Beleg für Mohammeds Toleranz gegenüber Andersgläubigen, die ja auch einen schroffen Bruch mit dem von ihm verkündeten Gedankengut bedeuten müßte, so glaubt man wenigstens in der Prophetenvita fündig zu werden. Insbesondere die „Gemeindeordnung“, die Mohammed erließ, erscheint bei flüchtiger Betrachtung als eine Regelung des Verhältnisses der Muslime zu den jüdischen Stämmen in Medina, mit denen Mohammed, wie in den Überlieferungen zu seiner Vita an einer Stelle vermerkt wird, ein Abkommen geschlossen habe. Liest man den Text genau, so wird man sogleich feststellen, daß man keineswegs dieses Abkommen vor sich hat – dessen Inhalt nicht überliefert ist. Vielmehr geht es um die Rechtsstellung der jüdischen Proselyten in den arabischen Stämmen Medinas, die mit ihren nunmehr muslimischen Stammesbrüdern zumal in Kriegszeiten, eine einzige Gemeinschaft bilden, wenngleich sie ihr Judentum bewahren dürfen. Womöglich bezieht sich der letzte Vers von Sure 8, demzufolge die Verwandten einander noch näher stehen als die Dschihadkämpfer, auf diese Regelung. Von irgendeiner Einbeziehung der drei rein jüdischen Stämme in ein durch den gemeinsamen Besitz des Gebiets von Medina definiertes Gemeinwesen kann nicht die Rede sein.[11] Im Gegenteil, Mohammed beseitigt die jüdischen Stämme, sobald er es für opportun hält.

Akut wird die Frage des Verhältnisses des islamischen Gemeinwesens zu Andersgläubigen, insbesondere zu „Schriftbesitzern“, die ihre Religion nicht aufzugeben gewillt sind, erst in den letzten Lebensjahren Mohammeds. Sein kampfloser Einzug in Mekka im Januar 630 gab ihm das Ansehen des mächtigsten Mannes auf der Arabischen Halbinsel, und wie es der Brauch war, suchten ihn in Medina Abordnungen der Stammesverbände auf, um ihn ihrer Ergebenheit zu versichern. Soweit man die vorislamische Geschichte Arabiens kennt, folgte aus solchen Ergebenheitsadressen nie eine gefestigte, dauerhafte Herrschaft. Mit welchen Mitteln hätten die solchermaßen geehrten Männer ihre Macht in eine wirksame Regierung umwandeln sollen? Weder der Idee nach, noch entsprechend den Möglichkeiten der Verwirklichung war dergleichen bislang denkbar. Die Abordnungen, die sich nach Medina begaben, hatten keine langfristigen Folgen ihrer Begegnung mit Mohammed im Sinn.

Gleichwohl waren die losen Vereinbarungen, die sie mit Mohammed abschlossen, so folgenreich, daß al-Wāqidī (gest. 823), ein Sammler von Nachrichten über den frühen Islam, bei etlichen Stämmen noch die Schriftstücke zu sehen bekam, die deren Gesandte einst aus Medina mitgebracht hatten.[12]

---

[11] Mohammed. Leben und Legende, 342–345; Mohammed. Zwanzig Kapitel über den Propheten der Muslime, zehntes Kapitel.

[12] Vgl. die Berichte, die al-Ḫaṭīb al-Baġdādī über seine Tätigkeit zusammengetragen hat (Ta'rīḫ Baġdād, Ausgabe in 14 Bänden, III, 3–20, Nr. 939).

Sein Schüler Ibn Saʿd (gest. 844/5) überliefert den Inhalt in seinem monumentalen Werk über die Anfänge des Islams und über die Träger des Wissens von jenen Ereignissen, die für den Muslim die wichtigsten der Weltgeschichte sind. Da liest man beispielsweise: „ʿAbdallāh b. ʿAlas aṯ-Ṯumālī und Muslija b. Hizzān al-Ḥuddānī kamen mit einer Gruppe von Leuten aus ihrem Stamm zum Gottesgesandten (nach Medina), nachdem dieser Mekka eingenommen hatte. Sie traten in den Islam ein und schworen dem Gottesgesandten den Huldigungseid zu Lasten ihres Stammes. Der Gottesgesandte ließ ihnen ein Schreiben ausfertigen, das die Höhe des aus ihrem Viehbestand zu leistenden Tributs festlegte." Es folgt der Name des Schreibers, dann werden zwei Prophetengenossen als Zeugen genannt. Aus einer Küstenregion des Persischen Golfs suchten den Propheten Männer aus dem Stamm Aslam auf; sie hätten den Islam angenommen und glaubten an Allah und seinen Gesandten. Mohammed möge ihnen ein Ansehen verleihen, das sie vor den anderen Arabern auszeichne, denn sie seien mit den medinensischen „Helfern" blutsverwandt; als Gegenleistung versprachen sie, in guten wie in schlechten Zeiten stets für ihn Partei zu ergreifen. In dem Schreiben, das Mohammed ihnen mitgab, war wiederum die Höhe des Tributs genannt.

Die Zusage, fortan den Islam zu befolgen, war mit der Annahme verbunden, daß Mohammed die Hoheit über das Gebiet des betreffenden Stammes zustehe, was in der Verpflichtung zur Leistung von Tributen zum Ausdruck kommt. Schon kurze Zeit vor der Inbesitznahme Mekkas, als Mohammed die nördlich von Medina gelegene Oasensiedlung Ḫaibar belagerte, stellte sich bei ihm ein Angehöriger des Stammes Ǧuḏām ein, schenkte ihm einen Sklaven und bekehrte sich zum Islam. Mohammed verpflichtete ihn, seine Sippe „zu Allah zu rufen". Wer dem Ruf folge, der gehöre zur „Partei Allahs" (arab.: *ḥizb Allāh*), eine Bezeichnung des islamischen Gemeinwesens, die in späten Suren des Korans auftaucht (vgl. Sure 5, 56; Sure 58, 22). Wer den Übertritt zum Islam ablehne, dem bleibe eine Frist von zwei Monaten, nämlich bevor er vogelfrei werde (vgl. Sure 9, 1–5). Ein Mann aus demselben Stamm, Farwa b. ʿAmr, versah in byzantinischen Diensten das Amt eines Statthalters bei arabischen Stämmen an der Südgrenze des Reiches. Auch er ließ dem Gesandten Allahs mitteilen, er habe den Islam angenommen, und schenkte ihm ein weißes Maultier. Die Byzantiner sahen dies als einen Verrat an; sie wußten, daß Farwa sich mit diesem Akt der Ergebenheit gegenüber dem Kaiser entzogen hatte. Sie nahmen Farwa gefangen und richteten ihn hin.[13]

In der Tat steuerte Mohammed nach der Einnahme Mekkas auf eine Ausdehnung seiner Macht über die gesamte Arabische Halbinsel zu, und er

---

[13] Ibn Saʿd: Kitāb aṭ-ṭabaqāt al-kabīr, Band I, Teil II, edd. Mittwoch und Sachau, Leiden 1917, 82f.

wartete nicht nur ab, bis die Stämme sich bequemten, Abordnungen nach Medina zu entsenden. Er selber half in etlichen Fällen mit der Androhung von Gewalt nach und schickte seine Vertrauensleute als Tributeintreiber zu den betreffenden Stämmen. Diese Abgaben wurden als eine Art Ersatz für die „Hedschra“ dieser Stämme betrachtet, die sich nicht nach Medina begeben und unter die Dschihadkämpfer einreihen konnten oder wollten. Nachdem Mekka unter Mohammeds Herrschaft geraten war, konnte man, einem angeblichen Wort Mohammeds entsprechend, keine „Hedschra“ mehr vollziehen, aber der Dschihad ging ohne Unterbrechung weiter und mündete in die Eroberungszüge der ersten Jahrzehnte nach seinem Tod.[14]

Was die Anziehungskraft Mohammeds von derjenigen früherer bedeutender Männer, die sich einen Einfluß über ganz Arabien zu sichern suchten, im Grundsatz unterschied, war der Beitritt zu einer Gemeinschaft, die durch die Pflicht zum Vollzug einer Daseinsordnung (arab.: *ad-dīn*) geeint war bzw. geeint sein sollte. Die Unterweisung in den „Kultsymbolen“ (arab.: Pl. *aš-šarā'i'*),[15] in denen der Islam, die vorbehaltlose Weggabe der eigenen Person an Allah, immer wieder zum Ausdruck gebracht wird, wird von Mohammed bisweilen ausdrücklich angeordnet. Etwaige im Streifgebiet eines Stammes liegende Kultstätten sind zu zerstören. Wie Mohammed schon in Sure 2, Vers 256, verkündet, hat das Heidentum kein Überlebensrecht. Was aber war mit den „Schriftbesitzern“, vor allem den christlichen Arabern, die sich ebenfalls in Medina einstellten? In der Abordnung der Banū Taġlib befanden sich neben Muslimen auch einige Christen. Mohammed sagte auch ihnen Frieden zu, allerdings unter der Bedingung, daß sie ihre Kinder nicht mehr taufen ließen. Desweiteren enthielt er ihnen die Abschiedsgeschenke vor, die er üblicherweise den Heimkehrenden Neumuslimen überreichen ließ.[16] Weniger großmütig verhielt sich Mohammed gegenüber den Christen von Naǧrān, denen er erlaubt hatte, ihren Glauben weiterhin zu praktizieren. Das wurde ihnen aber nicht kostenlos gewährt. Er stellte ihnen weitreichende Forderungen: Ihm gehöre jegliche „gelbe, weiße und schwarze Frucht“ – wahrscheinlich sind alle Gegenstände aus Gold, Silber und Eisen gemeint – sowie alle Sklaven; er könne ihnen dies alles belassen, wenn sie ihm alljährlich im Monat Raǧab und im Monat Ṣafar je eintausend Gewänder im Gewicht von einer Uqija übersenden,[17] wobei überschüssiges oder zu geringes Gewicht durch Zahlungen auszugleichen ist (?); Panzerhemden, Pferde, Kamele oder Kriegsgerät, die sie sich (in Kämpfen?) aneigneten,

[14] Näheres bei Tilman Nagel: Mohammed. Leben und Legende, 398–440.

[15] Beispiel: Ibn Sa'd, Band I, Teil II, 63, Zeile 24.

[16] Ebd., 55.

[17] Offenbar sehr feine Gewebe. 1 Uqija entspricht 125 gr. (Walther Hinz: Islamische Maße und Gewichte, Leiden Köln 1970, 35).

werden ihnen abgenommen, allerdings ebenfalls gegen Zahlung; bis zu zwanzig Tage haben sie Mohammeds Boten zu beherbergen, nicht jedoch länger als einen Monat; überdies haben sie diesen, falls im Jemen Unruhen ausbrechen, leihweise dreißig Panzerhemden, dreißig Pferde und dreißig Kamele zu überlassen, für die seine Boten bürgen. Die Bewohner von Naǧrān unterstehen dafür der Protektion Allahs und dem Schutz (arab.: *aḏ-ḏimma*) des Propheten Mohammed, des Gesandten Allahs. Sie dürfen freilich den Status ihrer Bischöfe, Mönche und Klosterdiener nicht verändern. Alles, was die Naǧrāner besitzen, soll ihnen verbleiben, abgesehen von Vermögen, das auf Wucher zurückgeht, oder auf eine in der Zeit vor Mohammed beglichene Blutschuld.[18] Die durch Mohammed bzw. Allah getroffene Regelung der Talion (Sure 2, 178) sowie das Verbot von Wucher sollen mithin rückwirkend auf das Eigentum der Naǧrāner angewendet werden. Mohammed zieht mit dieser Bestimmung die Konsequenz aus seinem in Sure 59 erhobenen Anspruch, daß Allah bzw. ihm alles zueigen ist, und rechtfertigt mit dieser Klausel den Umstand, daß die Christen ihr Vermögen behalten: Es muß allerdings „islamisiert" werden.

Wie dieses Beispiel zeigt, hatten Nichtmuslime erhebliche Eingriffe in ihr Eigentum zu erleiden, wenn sie nicht zum Islam übertraten. Was sie besaßen, gehörte, wie erinnerlich, zum durch Allah für die Muslime „zurückgeholten Gut". Die Mißachtung des Eigentumsrechts von Nichtmuslimen belegt auch ein Schreiben an die Juden von Maqnā, einer Ortschaft in der Gegend von Elat. Ihnen sagt Mohammed den Schutz Allahs zu, desgleichen den seinigen, und zwar vor allem Unheil, vor dem er sich selber schützt. „Dem Gesandten Allahs steht euer Tuch zu, ferner alle Sklaven bei euch, die Pferde, die Waffen und Panzerhemden, abgesehen von dem, worauf der Gesandte Allahs oder dessen Gesandter verzichten. Desweiteren habt ihr fortan ein Viertel des Ertrags der Dattelpalmen abzuliefern, sowie ein Viertel dessen, was eure Fischer fangen, und ein Viertel dessen, was eure Frauen spinnen." Die Kopfsteuer und Fronarbeiten sollen ihnen jedoch erlassen sein. Wenn sie Gehorsam zeigen, werden sie von den Muslimen gut behandelt werden. Niemand soll bei ihnen das Sagen haben, der nicht aus ihrer Mitte stammt oder von Mohammed bestimmt wird.[19]

---

[18] Ibn Saʿd, I/II, 35 f.

[19] Ebd., 28.

II. Die „Schützlinge“ auf islamischem Territorium

1. Die „ʿumarschen Bedingungen“

Die seit dem Kalifat ʿUmar b. al-Ḫaṭṭābs (reg. 634–644) mit erstaunlichem Schwung einsetzenden islamischen Eroberungszüge wurden durch einige äußere Bedingungen erheblich begünstigt. Das Land zwischen Elat im Süden und dem Taurus im Norden, Großsyrien und Palästina, wurde außerhalb der Metropolen von einer weitgehend arabisierten Bevölkerung bewohnt. Die Überlieferung zu den Kriegszügen enthält Hinweise darauf, daß die muslimischen Angreifer bisweilen an das Arabertum der Verteidiger appellierten. Die Sasaniden hatten dem Byzantinischen Reich in den Jahren, in denen Mohammed in Mekka von sich reden machte, eine schwere Niederlage beigebracht. Der Kaiser Heraklius (reg. 610–641) restaurierte nach 628 die byzantinische Herrschaft südlich des Taurus. Es gelang ihm jedoch nicht, die neuen Feinde, die aus dem Hedschas in sein Reich eindrangen, auf Dauer abzuwehren. Ägypten, einst ein Teil des Byzantinischen Reiches, war den Dschihadkriegern, die von Palästina her nach Westen vorrückten, schutzlos preisgegeben. Der sasanidische Iran selber versank in ebenjenen Jahren in inneren Wirren und war nicht in der Lage, das Zweistromland gegen die Muslime zu halten. Deren Truppen stießen alsbald über Medien in die nordöstlichen Gebiete Irans vor, verheerten das Land jedoch auch auf Kriegszügen, die im südlichen Irak ihren Ausgang nahmen und vor allem die Persis in Mitleidenschaft zogen.

Man kann nicht davon sprechen, daß die Ergebnisse dieser Feldzüge eine islamische Herrschaft über diese weiten Länder gewesen wären. Eine Islamisierung der in den durchquerten Länden ansässigen Bevölkerung wäre angesichts der geringen Anzahl der Eroberer, die meistens selber erst oberflächlich mit den Lehren Mohammeds bekanntgemacht worden waren, undurchführbar gewesen. Sie lag zudem nicht im Interesse der Okkupanten. Die Vorstellung vom „zurückgeholten Gut“ bot eine allfällige Rechtfertigung für die Ausbeutung der Unterworfenen.

In der islamischen Geschichtserinnerung ist es ʿUmar gewesen, der etwas Ordnung in das Chaos brachte. Er belegte das von den andersgläubigen „Schützlingen“ (arab.: *ahl aḏ-ḏimma*) bestellte Land mit einer Grundsteuer (arab.: *al-ḫarāǧ*), die in der Theorie dem muslimischen Gemeinwesen zugute kommen sollte. Die Voraussetzung dieser Grundsteuer bestand in der Hypothese, daß die „Schriftbesitzer“, indem sie besiegt worden waren, das kollektive Eigentumsrecht (arab.: *ar-riqāb*) an ihren Ländereien und an den nicht ausschließlich zu privaten Zwecken genutzten Gebäuden verloren hatten. Durch die Eroberung war es nach muslimischer Überzeugung den wahren Rechteinhabern zurückgegeben; der Unterhalt (arab.: *ar-rizq*), den Allah unentwegt schafft, fließt denen zu, denen er mit Fug und Recht zusteht.[20] Wir werden gleich noch einmal auf diese Thematik treffen. Indessen war die Wirklichkeit viel komplizierter. Die aus der Zeit vor der Eroberung herrührenden Eigentumsverhältnisse waren kaum zu vereinheitlichen. Sie überlagerten sich nun mit den Ansprüchen der neuen Herren, und etliche von diesen, wer wird es ihnen verdenken, nutzten die sich bietenden Gelegenheiten zu schamloser persönlicher Bereicherung. Die Verteilung der trotzdem sehr üppigen in Medina eintreffenden Gelder und Güter nach dem Prinzip des Verdienstes um den Islam wird, wenn sie sich je hatte durchsetzen lassen, rasch einem Durcheinander gewichen sein, in dem das Recht des Stärkeren der wesentliche Gesichtspunkt war.

Für die unterworfenen Nichtmuslime, in der Mehrzahl Christen, sah die islamische Machtausübung den Status von „Schützlingen“ vor. Der Begriff ist ein Euphemismus, denn in Wahrheit waren sie wehrlose Menschen zweiter Klasse, die den Muslimen zu kostenlosen Dienstleistungen und zu ständiger Ehrerbietung verpflichtet waren. ʿUmar scheint von der Vorstellung besessen gewesen zu sein, die „Insel der Araber“, die im Norden durch den Euphrat und im Westen durch den Nil begrenzte Arabische Halbinsel, in ein rein islamisches Territorium umzuwandeln. Er soll deswegen die Nağrāner Christen aus ihrer Heimat vertrieben haben. Dem widerspricht die Aussage, daß er den Satz der Kopfsteuer, die jährlich zu entrichten war, auf zwölf, vierundzwanzig oder achtundvierzig Silberdirham festgelegt habe, je nach dem Vermögen des Steuerpflichtigen.[21] Desweiteren entstanden unter seinem Kalifat die großen Heerlagerstädte: Basra und Kufa im Irak, Fustat in Ägypten. In ihnen faßte man die aus Arabien zu den Waffen eilenden Beduinen zusammen, um sie in den Krieg gegen die Ungläubigen zu schicken. Auf die Herausbildung eines sich selbst tragenden Gemeinwesens deuten alle diese Umstände nicht hin. Als seit dem ausgehenden 7. Jahrhundert die Einnahmen aus den Raubzügen immer spärlicher flossen sowie die Nichtmuslime ihrer Helotenstellung überdrüssig zu werden begannen und durch den Eintritt in den Islam die gleichen Rechte wie ihre Herren zu erlangen begehrten, offenbarten sich die grundlegenden Mängel des islamischen Gemeinwesens. Durch Zwangsmaßnahmen waren sie nicht zu beseitigen. Die Herrscher mußten sich die Mittel des Machterhalts mit Methoden beschaffen, für die es in der Urgemeinde keine Notwendigkeit und daher auch keine Vorbilder gab. Bis in die Gegenwart bleibt der Unterhalt eines seine Subsistenzmittel selber erwirtschaftenden islamischen Staates ein politisch-religiöses Problem, eben

---

20 Dies las man mit einiger Mühe aus Sure 23, Vers 72, heraus, in der das Wort *ḫarāǧ* vorkommt, allerdings nicht im Sinne des bodenrechtlichen Terminus: „Die *Belohnung* durch deinen Herrn ist am besten; er gibt am besten Unterhalt“ (al-Māwardī: al-Aḥkām as-sulṭānīja, Leseausgabe Kairo 1960, 146).

21 Tilman Nagel: Mohammed. Leben und Legende, 507.

weil die autoritativen Texte, der Koran und das Hadith, ganz andere Verhältnisse widerspiegeln.[22]

Es ist begreiflich, daß in diese Epoche der Text zurückgeht, der in auffälliger Weise die Stellung der Christen im islamischen Gemeinwesen herabsetzt und dabei Gedanken zuspitzt, die sich in den zitierten Abmachungen finden, die Mohammed jüdischen bzw. christlichen Gemeinschaften auferlegte. Der Text geht auf einen muslimischen Überlieferer zurück, der gegen Ende des 7. Jahrhunderts starb, gibt sich aber als eine Verordnung ʿUmar b. al-Ḫaṭṭābs aus. Diese „ʿumarschen Bedingungen" bilden die schariatische Grundlage für die dauerhafte Existenz nichtmuslimischer Gemeinschaften innerhalb des islamischen Gemeinwesens. Die Aussagen dieses Textes bestimmen bis heute die muslimische Sicht auf diesen Sachverhalt.

In den „Bedingungen" treten christliche Bewohner des Fruchtbaren Halbmonds als die Sprecher auf; ihr Adressat ist ein muslimischer Heerführer, dem sie die aufgezählten Zusagen machen, damit er ihnen „Pardon" (arab.: *al-amān*) gewähre. „Als du in unser Gebiet kamst, baten wir dich um Pardon für uns und für unsere Glaubensgemeinschaft (arab.: *al-milla*) unter der Bedingung, daß wir uns zu folgendem verpflichten: Daß wir in unserer Stadt keine neue Kirche errichten und in der Umgebung kein Kloster, keine Einsiedelei, keine Mönchszelle; daß wir keine verfallene Kirche wiederherstellen und keine, die in den Quartieren der Muslime liegt, (benutzen?); daß wir den Muslimen nicht verwehren, in unseren Kirchen des Nachts und am Tag abzusteigen; daß wir deren Türen für die Vorbeiziehenden und für die Krieger auf dem Pfade Allahs offen halten; daß wir weder in ihnen noch in unseren Häusern einen Spion beherbergen und nie einen Verrat an den Muslimen verschweigen; daß wir die Ratsche nur leise betätigen, und zwar im Innern der Kirche; daß wir an der Kirche kein Kreuz öffentlich zeigen; daß wir, falls Muslime es hören könnten, beim Gebet und bei der liturgischen Lesung in den Kirchen nie unsere Stimmen erheben." Das Kreuz oder die Bibel wird man nie auf den Markt der Muslime bringen, Prozessionen zu Ostern und zu Pfingsten werden unterbleiben. In der Nachbarschaft von Muslimen werden die Christen niemals Schweine halten oder Wein verkaufen. Nie werden sie danach trachten, in der Kleidung und in der Sprechweise die Muslime nachzuahmen. Nie werden sie einem Glaubensbruder, der sich zum Übertritt zum Islam anschickt, Steine in den Weg legen; ihren Kindern werden sie freilich nie den Koran beibringen, weil man sie dann mit Muslimen verwechseln könnte, was nicht zuletzt durch Kleidung und Haartracht unterbunden werden soll, die sich deutlich von derjenigen der Muslime zu unterscheiden haben.

---

[22] Vgl. achtes Kapitel (Was sind Imamat, Kalifat und Sultanat?), V. Ein Beispiel für die hieraus erwachsende, vielfach absurde Verklärung der Urgemeinde und des Kalifats ʿUmars: Tilman Nagel: Die erdrückende Last des ewig Gültigen, Kapitel I.

Ferner soll gelten, „daß wir den Muslimen, wenn sie beisammen sind, unsere Ehrerbietung bekunden, ihnen den richtigen Weg zeigen und für sie von unseren Plätzen aufstehen, wenn sie sitzen möchten; … daß wir mit keinem Muslim ein Handelsgeschäft beginnen, es sei denn, er hätte zu bestimmen; daß wir jeden durchreisenden Muslim drei Tage als Gast aufnehmen und so angemessen wie möglich verköstigen. Dies garantieren wir dir, wir, unsere Nachkommen, Ehefrauen und die Armen unter uns. Wenn wir etwas von dem ändern oder verletzen, was wir als Bedingung für die Erlangung des Pardons auf uns nehmen, dann gehen wir des Schutzes verlustig, und du magst an uns verüben, was an Widerspenstigen und Zwietracht Säenden zu verüben ist.“[23]

Es sind im Wortlaut nur wenig abweichende Fassungen dieses Textes überliefert, als deren Urheber ganz allgemein die Christen Großsyriens genannt werden. Der Schariagelehrte Ibn Qaijim al-Ǧauzīja (gest. 1350), dessen umfänglicher Darstellung der Rechtverhältnisse der „Schützlinge“ das obige Zitat entnommen ist, identifiziert in den „ʿumarschen Bedingungen“ vier Themenkreise, die er einer eingehenden schariarechtlichen Erörterung unterzieht: die baurechtlichen Regelungen für die dem christlichen Kultus bzw. der christlichen Religionsausübung dienenden Gebäude; die Verpflichtung der Christen zur Beherbergung reisender Muslime in ihren Kirchen; die Verhinderung von Beeinträchtigung oder gar Schädigung der muslimischen Religionsausübung; die Kenntlichkeit der Christen an besonderer Kleidung und an ihren Reittieren.

Es ist unmöglich, die Fülle des Materials, das Ibn Qaijim al-Ǧauzīja vor dem Leser ausbreitet, hier angemessen zu würdigen. Es seien nur wenige Punkte hervorgehoben. Er legt dar, daß sich der rechtliche Status von nichtmuslimischen Kultbauten danach bestimmt, ob sie in einer Siedlung stehen, die erst durch Muslime errichtet wurde, oder in einem Ort, der von den Muslimen erobert wurde, wobei wiederum zu unterscheiden ist, ob diese Eroberung durch ein Abkommen (arab.: *ṣulḥ^an^*) mit den Besiegten oder durch gewaltsame Inbesitznahme (arab.: *ʿanwat^an^*) erfolgt ist. Es liegt nahe, daß in den rein muslimischen Ansiedlungen wie etwa Basra, Kufa, Fustat, Bagdad der Erhalt von nichtmuslimischen Kultgebäuden, sofern sie dort überhaupt vorhanden sind, am geringsten ist, es sei denn, sie hätten sich auf dem betreffenden Gelände befunden, bevor dieses von den Muslimen zur Einrichtung einer Lagerstadt (arab. *al-miṣr*) requiriert wurde.[24] Der Verlauf der Eroberungen spielt nach dem schariatischen Rechtsverständnis noch nach Jahrhunderten eine grundlegende Rolle für die Bewertung ihres Status – ein weiterer Beleg für die vorhin angemerkte Tatsache, daß die Erin-

---

23 Ibn Qaijim al-Ǧauzīja: Aḥkām ahl aḏ-ḏimma, ed. Ṣubḥī Ṣāliḥ, Damaskus 1961, 659 f.

24 Ebd., 669, 677.

nerung an die nachzuahmenden Verhältnisse der Eroberungszeit die Entstehung eines an den Gegebenheiten der jeweiligen Gegenwart orientierten Gemeinwesens behindern.

Die Pflicht der Christen, die Türen der Kirchen für durchreisende Muslime offenzuhalten, begründet Ibn Qaijim al-Ǧauzīja wie folgt: „(Die Christen) verfügen nicht über das Eigentumsrecht an ihnen, anders als über das an ihren Häusern. Denn verfügten sie darüber, wäre den Muslimen nur mit ihrer Zustimmung gestattet, darin abzusteigen, wie es bezüglich ihrer Häuser der Fall ist. (Die Kirchen) stehen (den Christen) nur zum Nießbrauch zur Verfügung; wenn die Muslime es wünschen, nehmen sie sie von (den Christen) als Absteige. Denn als die Muslime das Land in Besitz nahmen, beließen sie keineswegs die Kirchen und Klöster im Eigentum der Ungläubigen. Sie wurden vielmehr muslimisches Gemeineigentum wie die übrigen Teile des Landes.“[25] Man stößt hier erneut auf den von Mohammed in Sure 59 verkündeten Grundsatz des „zurückgeholten Guts“; die Eigentumsrechte der besiegten Nichtmuslime erlöschen, abgesehen von der durch sie genutzten Wohnung.

Das Verbot der Beeinträchtigung muslimischer Interessen, etwa durch die Unterstützung von Spionen, kann laut Ibn Qaijim al-Ǧauzīja u. a. durch die folgenden ergänzt werden: Verbot der Herabwürdigung des Korans, des Gesandten Allahs oder der Daseinsordnung Allahs durch unziemliche Reden; Verbot der „Unzucht“ mit einer Muslimin; des Versuches, einen Muslim von seiner Daseinsordnung abzubringen; durch das Verbot, einem Muslim den Weg zu verlegen oder jemandem aus dem „Gebiet des Krieges“ auf eine Schwäche der Muslime hinzuweisen. Es sei umstritten, ob diese über die „ʿumarschen Bedingungen“ hinausgehenden Verbote eigens durch die islamische Obrigkeit verkündet werden müßten. Wenn man jedoch berücksichtige, daß man seit vielen Jahrhunderten so verfahre, dann sei eine Erneuerung nicht vonnöten, meint Ibn Qaijim al-Ǧauzīja.[26]

2. Die Kopfsteuer als Strafabgabe?

Rufen wir uns in Gedächtnis, was Mohammed schon in der mekkanischen Phase seines Wirkens über das Schicksal der Ungläubigen zu berichten hat, die die Botschaft der zu ihnen entsandten Propheten ablehnten: Sie wurden vernichtet. Juden, Christen und Angehörige anderer Religionen haben im islamischen Gemeinwesen kein Existenzrecht; sie fristen ihr Leben einzig dank dem Pardon, der ihnen durch die Muslime gewährt wurde. Als Gegen-

---

[25] Ebd., 712.
[26] Ebd., 714.

leistung sind sie zum Zahlen der Kopfsteuer verpflichtet. Mit anderen Worten: Der Rechtsstatus der Heiden und der „Schriftbesitzer“ innerhalb des Machtbereichs des Islams leitet sich aus dem grundsätzlich zwischen den Muslimen und allen Andersgläubigen herrschenden Kriegszustand ab. Als Richtschnur gelten die Verhaltensregeln, die Mohammed den Anführern von Streifscharen eingeschärft habe, bevor er sie in den Krieg schickte. Wenn man auf die Beigeseller stoße, solle man sie zunächst zur Annahme des Islams auffordern; sollten sie dem zustimmen, habe man vom Kampf gegen sie abzusehen. Man möge ihnen in diesem Fall nahelegen, ihr Wohngebiet zu verlassen und die Hedschra nach Medina zu vollziehen, um den bevorzugten Rang eines Dschihadkämpfers zu erlangen.[27] Verweigerten sie diesen Schritt, dann müsse ihnen verdeutlicht werden, daß man sie zwar als Muslime betrachte, ihnen aber keinen Anteil an der Kriegsbeute und am „zurückgeholten Gut“ gewähre. Sie hätten somit den Status der muslimischen Beduinen (vgl. Sure 49, 14). Wenn sie auch dies zurückweisen, dann müßte ihnen die Kopfsteuer auferlegt werden. Sollte auch diese Forderung vergeblich sein, müßten die Waffen eingesetzt werden.

Ibn Qaijim al-Ǧauzīja ist sich im klaren darüber, daß es nicht mehr zeitgemäß sei, die Hedschra nach Medina zu verlangen. Sobald die Bewohner eines Gebiets Muslime würden, sei dies ein Gebiet des Islams. Schwierigkeiten bereitet den Schariagelehrten allerdings, daß in dieser Überlieferung nicht zwischen den „Götzenanbetern“ und den „Schriftbesitzern“ unterschieden wird. Im 29. Vers von Sure 9 werde die Kopfsteuer aber ausdrücklich den „Schriftbesitzern“ aufgebürdet, woraus zu schließen sei, daß gegen die Heiden, die sich nicht zum Islam bekehren, stets Krieg zu führen sei.[28] Ibn Qaijim al-Ǧauzīja pflichtet dieser Auffassung grundsätzlich bei, gibt aber zu bedenken, daß man ein sehr großes Volk wie etwa die Inder nicht auszurotten vermöge; sie zur Kopfsteuer zu zwingen, sei der Erhöhung der Macht und des Ansehens des Islams weit nützlicher, als sie ungeschoren davonkommen zu lassen. Überdies seien, wenn man das billige, die „Götzenanbeter“ sogar noch gegenüber den „Schriftbesitzern“ im Vorteil, obwohl ihr Unglaube doch wesentlich gröber als derjenige der Juden und Christen sei. Diese nämlich bezeugen trotz all ihrem Unglauben, daß es Propheten gegeben habe, daß es einen einzigen Gott gebe, daß im Jenseits Paradies und Hölle für die Abgeurteilten bereitstehen. Überdies enthielten ihre Bücher eindeutige Hinweise auf Mohammed und auf dessen Gemeinde. Den „Schriftbesitzern“ Pardon zu gewähren und das Leben zu schenken, sei daher ein schlagkräftiges Argument gegen alle, die im Grundsatz das Prophetentum und das Jenseits leugnen.[29]

---

[27] Vgl. neuntes Kapitel (Was ist der Dschihad?), II. und III.

[28] Ibn Qaijim al-Ǧauzīja, 4–10.

[29] Ebd., 10 f. und 17.

Auf keinen Fall darf sich ein Muslim zu dem Irrtum hinreißen lassen, die Kopfsteuer sei eine Gabe, die abzuführen die „Schriftbesitzer" ehre, eben weil sie immerhin Empfänger einer göttlichen Botschaft seien. Denn wäre dies nicht der Fall, verdienten sie gemäß der Scharia den Tod. Die Pflicht, die Kopfsteuer zu zahlen, ist demnach unter keinem Gesichtspunkt positiv zu werten. Die Schafiiten seien der Meinung, die Kopfsteuer sei eine Art Entgelt, das Juden und Christen dafür zu bezahlen hätten, daß sie im Gebiet des Islams wohnen dürfen. Die Einkünfte, die das Gemeinwesen erziele, dienten der Erhöhung des Ansehens des Islams. Warum nennt Sure 9, Vers 29, nur die „Schriftbesitzer" als Zahlungspflichtige, nicht aber die „Götzenanbeter"? Die Schafiiten antworten, daß letztere, wenn sie vom Umgang mit den „Schriftbesitzern" erführen, tief beeindruckt vom Islam und seiner Weisheit sein würden und ihm beiträten; dies sei Allah lieber als die Tötung der „Götzenanbeter"; darum das Verschweigen des Schicksals, das letzteren bevorstehe. Ibn Qaijim al-Ǧauzīja kann sich für die von den Schafiiten bevorzugte „fiskalische" Erklärung der Kopfsteuer nicht erwärmen. Hat sich Mohammed in den Auseinandersetzungen mit den heidnischen Mekkanern nicht auf das Zeugnis der „Schriftbesitzer" berufen? Sie würden, so hatte er gehofft, doch bestätigen, daß er mit Recht verkünde, er sei der Gesandte Allahs (Sure 10, 94).

So enthüllt Sure 9, Vers 29, die Weisheit, die darin liegt, daß man die „Schriftbesitzer", anders als die „Götzenanbeter", gegen Zahlung der Kopfsteuer leben läßt: Sie wissen, daß Allah Gesandte beruft und mit der Ausrichtung seiner Botschaft beauftragt. Nun kann man für die Kopfsteuer unter Berücksichtigung des genannten Verses zwei unterschiedliche Gründe namhaft machen: Sie erfolgt, damit man „das Blut der ‚Schriftbesitzer' schütze"; das bedeutet freilich, daß die Kopfsteuer, wenn sie das Entgelt für den Schutz des Lebens wäre, auch das Leben der „Götzenanbeter" schützen könnte, wenngleich deren Unglaube weit gröber als derjenige der Juden und Christen sei. Man kann jedoch ebenso argumentieren, die Kopfsteuer bezwecke die Erniedrigung und Demütigung, sei also eine Strafe. Die regelgerechte Art der Übergabe der Kopfsteuer hat die Geringschätzung der Schriftbesitzer zu symbolisieren. Nun sei die Hand, die etwas austeile, hier die Kopfsteuer, stets die obere, die empfangende Hand die untere. Die Schariagelehrten hätten deshalb darauf bestanden, daß dieses Verhältnis bei der Übergabe der Kopfsteuer umgekehrt werde: Die nehmende, die muslimische Hand muß die obere sein, die gebende die untere. Ibn Qaijim al-Ǧauzīja zitiert die Unmutsäußerungen des Kadis Abū Jaʿlā al-Farrāʾ (gest. 1066): Christen, die als Verwalter für den islamischen Herrscher tätig seien und an den Muslimen Unrecht verübten, etwa indem sie unschariatische Abgaben einzögen, seien keine „Schützlinge" mehr und könnten getötet werden. Wenn nämlich die Lebensumstände eines Christen oder eines anderen Kopfsteuerpflichtigen nicht der im Koran vorgesehenen Demut gegenüber den Muslimen entsprächen, habe dieser kein Recht auf Schutz.[30]

Diese kurze Bemerkung wirft ein Schlaglicht auf die tatsächlichen Lebensumstände der Nichtmuslime. Für Verwaltungstätigkeiten wurden sie gebraucht. Denn diese dienten dem Machterhalt und bewegten sich vielfach außerhalb des von der Scharia abgesteckten Rahmens.[31] Juden und Christen taten sich mit solchen Maßnahmen naturgemäß leichter als strenge Muslime. Die Wahrnehmung solcher Aufgaben brachte es mit sich, daß die mit ihnen betrauten Nichtmuslime den Muslimen gegenüber nicht die Erniedrigten waren; einem Muslim, der ganz im Koran und im Hadith zu Hause war, mußte dieser Umstand Anstoß erregen.

Die Kopfsteuer und die „ʿumarschen Bedingungen“ entfalten ihre Wirkungen in islamischen Staaten bis in die Gegenwart. Wenn es mittlerweile in vielen Verfassungen heißt, der Islam sei eine oder gar die Quelle des Rechtssystems, dann bedeutet das die Minderrangigkeit der autochthonen Andersgläubigen. Diese kann in Gesetzesform gegossen sein. Sie ist aber vor allem im Alltag spürbar und offenbart sich nicht zuletzt in den Werken der heutigen islamischen Gelehrten, die die gleichen Grundsätze vertreten wie Ibn Qaijim al-Ǧauzījas Buch über die Bestimmungen, die „Schützlinge“ betreffend. Sie schöpfen aus den gleichen Quellen wie ihr mittelalterlicher Vorgänger Ibn Qaijim al-Ǧauzīja. So findet sich in der in Kuweit zwischen 1993 und 2007 herausgegebenen Enzyklopädie des Schariarechts ein sehr ausführlicher Artikel über die Kopfsteuer, der im wesentlichen wiederholt, was bereits Ibn Qaijim al-Ǧauzīja festgestellt hat.

Die Kopfsteuer, so heißt es dort in der Definition des Begriffes, ist ein Entgelt, das der „Schützling“ zu zahlen hat. Diese Pflicht leitet sich aus Sure 9, Vers 29, aus den vorhin zitierten Verhaltensmaßregeln, die Mohammed einem seiner Feldherrn mit auf den Weg gegeben haben soll, und nicht zuletzt aus dem Konsens der Schariagelehrten her. Den Sinn bzw. die tiefere „Weisheit“, die in der Kopfsteuer verborgen ist, faßt die Enzyklopädie unter vier Gesichtspunkten zusammen: Sie ist der Ausdruck der Unterlegenheit der Schriftbesitzer gegenüber den Muslimen und das Zeichen ihres Gehorsams gegen die islamische Machtausübung; sie ist ein Mittel, die „Schützlinge“ auf den rechten Weg zu führen; desweiteren ist sie das Mittel, dessen Anwendung den Verzicht auf die Unterdrückung, ja auf die Ausrottung der Andersgläubigen ermöglicht; sie beschert dem islamischen Staat Einnahmen, die er zur Befriedigung seiner elementaren Bedürfnisse benötigt. Sehr viel Raum verwendet die Enzyklopädie auf die Darlegung verschiedener Unterar-

---

30 Ebd., 15, 24.

31 Vgl. achtes Kapitel (Was sind Imamat, Kalifat und Sultanat?), IV.

ten der Kopfsteuer sowie auf die Methoden der Erhebung und der Verwaltung der eingehenden Mittel. Auch die uns bekannte Diskussion der Schariagelehrten über das Wesen der Kopfsteuer – Entgelt für die „Schonung des Blutes" der Schriftbesitzer oder Strafe für ihre Weigerung, den Islam anzunehmen – wird ausführlich nachgezeichnet. Die Verwurzelung des Konzepts der Kopfsteuer im als grundsätzlich vorausgesetzten Kriegsverhältnis zwischen Muslimen und Andersgläubigen scheint am Schluß noch einmal in der Bestimmung auf, daß ein „Schützling" von ihr befreit ist, solange er auf der Seite der Muslime an einem Krieg teilnimmt.[32] Die Problematik, die im Zeitalter der Menschenrechte im Konzept des „Schützlings" und der Kopfsteuer liegt, wird nirgends auch nur angesprochen. Das ist auch gar nicht erforderlich, denn die islamischen Menschenrechtserklärungen beharren darauf, daß erst der Muslim ein Mensch im vollen Sinn ist.[33]

Dieses Gedankengut beschäftigt nicht nur die Gelehrten. Es durchzieht die Predigten in den Moscheen und findet sich selbstverständlich in den populären Koranauslegungen von Muḥammad Mutawallī Šaʿrāwī (1911–1998), die auf Kassetten und in wohlfeilen Heften in der islamischen Welt, soweit sie des Arabischen mächtig ist, verbreitet sind. Šaʿrāwī und zahllose andere seines Schlages vermitteln ihren Zuhörern die Überzeugung, dank der Zugehörigkeit zum Islam nicht zu den Verdammten, sondern zu den Auserwählten dieser Erde zu zählen, zu denen, die berufen sind, die vermeintliche Wahrheit des Islams der ganzen Menschheit aufzunötigen. Für Šaʿrāwī besteht kein Zweifel daran, daß die in Sure 9, Vers 29, über die Andersgläubigen verhängte Kopfsteuer der den Muslimen zustehende Lohn für die Großzügigkeit ist, dank der jene am Leben bleiben dürfen.[34] Denn, wie wir schon aus dem Koran wissen, Allah vernichtete nur im ersten Äon der Menschheitsgeschichte, der Zeit vor der Geburt Mohammeds, selber die Ungläubigen; im zweiten überläßt er dies den Muslimen, um deren Glaubenstreue auf die Probe zu stellen.[35]

---

32 Wizārat al-auqāf: al-Mausūʿa al-fiqhīja (fortan MF), 45 Bände, Kuweit 1993–2007, hier: Online-Ausgabe, XV, 105–147.

33 Vgl. dreizehntes Kapitel (Wie sieht der Islam den Menschen?).

34 Tafsīr Šaʿrāwī, Heft 63, S. 5031.

35 Vgl. siebzehntes Kapitel (Wovon berichten die „großen Erzählungen" des Islams?). Ferner Tilman Nagel: Die erdrückende Last des ewig Gültigen, Kapitel XXIX. Eine leicht zugängliche ausführliche Studie zu dem gesamten Themenbereich ist das Buch von Bat Ye'or: Der Niedergang des orientalischen Christentums unter dem Islam 7.–20. Jahrhundert. Zwischen Dschihad und *Dhimmitude*. Mit einer Einführung von Heribert Busse, Gräfelfing 2002.

III. Das „Gebiet des Islams“ und das „Gebiet des Krieges“

1. Die Zweiteilung der Welt

„Die Menschen waren eine einzige Glaubensgemeinschaft (arab.: *al-umma*). Da entsandte Allah die Propheten als Verkünder guter Botschaften und als Warner und schickte zusammen mit ihnen das Buch mit der Wahrheit hinab, damit es unter ihnen die Entscheidungen fälle über die Dinge, in denen sie uneins geworden waren. Und zwar waren diejenigen, die es erhalten hatten, darüber uneins geworden, nachdem die klaren Beweise zu ihnen gelangt waren; sie hatten einander angegriffen. Da leitete Allah diejenigen, die gläubig geworden waren, bezüglich der Wahrheit, über die sie sich zerstritten hatten, mit seiner Zustimmung auf den rechten Pfad. Allah leitet, wen er will, zu einer geraden Straße“ (Sure 2, 213). Diese Sätze fassen das koranische Bild der Weltgeschichte zusammen und deuten zugleich die Aufgabe an, die Mohammed und die Muslime in ihr zu übernehmen berufen sind. Die ursprüngliche Einheit und Eintracht lösten sich auf, obwohl Allah seine Gesandten mit der Übermittlung des Buches beauftragt hatte, dessen Inhalt allen Zwist überflüssig gemacht hätte. Nun aber ist mit der Gemeinschaft der Glaubenden die Stunde der Wiederherstellung der Eintracht angebrochen. Dies ist die Perspektive, in die der Koran den Kampf der Muslime rückt, und es leuchtet ein, daß der Islam, die Auslieferung der Person an den einen Schöpfer, die ja nicht dem Willen Allahs entsprechende Zwietracht der Menschen überwinden muß. Solange diese Pflicht noch nicht erfüllt ist, waltet zwischen denjenigen, die bereits glauben, und denjenigen, die sich noch nicht dem islamischen Glauben ergeben haben, ein Verhältnis der Feindseligkeit.

Dies ist der Grundgedanke, an dem das islamische Gemeinwesen seine Beziehungen zur nichtislamischen Welt ausrichtet. Muḥammad b. al-Ḥasan aš-Šaibānī (gest. 804), ein Kadi aus der Umgebung Hārūn ar-Rašīds (reg. 786–809), war mit dieser Materie bestens vertraut, erlebte er doch selber die Vorbereitungen, die dieser Kalif zur Eroberung von Konstantinopel traf. Hārūn vermochte dieses Ziel, das schon die Omaijaden mehrfach in Angriff genommen hatten, nicht zu verwirklichen, aber er brachte den byzantinischen Streitkräften schwere Niederlagen bei. Daß die Initiative bei den Unternehmungen gegen das „Haus des Krieges“ in der Hand der Muslimen liege, ist für die islamischen Gelehrten eine Selbstverständlichkeit. Der muslimische Heerführer richtet an sein Gegenüber die Aufforderung, zum Islam überzutreten; wird dieser Appell abgelehnt und weigern sich die Nichtmuslime auch, sich zur Zahlung der Kopfsteuer zu verpflichten, dann haben die muslimischen Krieger das Recht, sie zu töten, und zwar auch die Nichtkombattanten. Allerdings sollte dies nicht geschehen, wenn Verrat im Spiele ist; ferner ist von einer Verstümmelung der Getöteten abzusehen.[36] Den im „Gebiet des Krieges“ operierenden muslimischen Truppen sind alle erdenklichen Mittel zur Bezwingung der Nichtmuslime gestattet: Ortschaften dürfen belagert, die Befestigungsanlagen mit Wurfmaschinen zerstört werden; es empfiehlt sich, die Feinde vom Trinkwasser abzuschneiden, ihre Brunnen dürfen vergiftet werden; sie dürfen mit vergifteten oder mit brennenden Pfeilen beschossen werden. Nur in dem Fall, daß die Feinde Gefangene unter den Muslimen gemacht haben, ist kluge Mäßigung geboten.[37]

Im „Gebiet des Islams“ und im „Gebiet des Krieges“ herrschen nach muslimischer Vorstellung zwei grundlegend voneinander verschiedene Rechtssysteme. Wie die „Schriftbesitzer“ auf islamischem Territorium ihr Eigentum und ihr Leben bewahren, indem sie einen mit den schon erörterten Auflagen verbundenen Pardon (arab.: *al-amān*)[38] erwerben, so gilt dies auch für einzelne Personen, die aus dem „Gebiet des Krieges“ kommen, um im „Gebiet des Islams“ Geschäfte zu tätigen. Sie müssen sich mit einem durch einen Muslim ausgestellten *amān* versehen. Welche Formalitäten dabei einzuhalten sind, ist den Quellen nicht zu entnehmen. Zu beachten ist ferner, daß die Schutzgarantie nur für ein Jahr gilt; bleibt der Fremde länger, so wird er als ein „Schützling“ betrachtet und hat die Kopfsteuer zu zahlen.[39] Es versteht sich im übrigen von selbst, daß ein *amān* nur durch einen Muslim erteilt werden kann, der im „Gebiet des Islams“ lebt. Ein Händler, der sich ständig im „Gebiet des Krieges“ aufhält, aber zum Islam übergetreten ist, darf eine solche Sicherheitsgarantie nicht verleihen, ebenso wenig ein Muslim, der sich als Kriegsgefangener dort aufhält. Denn, so aš-Šaibānīs Begründung, ein solcher Händler oder Gefangener lebt im „Gebiet des Krieges“, ohne im Genuß der muslimischen Abwehrkraft (arab.: *al-manʿa*) zu sein.[40] Der Gesichtspunkt militärischer Machtentfaltung bringt sich bei der schariatischen Beurteilung des Verhältnisses zwischen muslimischen und nichtmuslimischen Gemeinwesen immer wieder zur Geltung.

---

[36] Es ist an die Entstellung des Gesichts gedacht. Da jeder Mensch, also auch die getöteten Ungläubigen, von Allah als Muslim geschaffen wird, würde ein entstelltes Gesicht die Beziehung zu Allah „von Angesicht zu Angesicht“ stören (vgl. erstes Kapitel: Was ist der Islam?, sowie zwölftes Kapitel: Was versteht der Muslim unter Religion?).

[37] Majid Khadduri: War and Peace in the Law of Islam, Baltimore 1955, 105 f.

[38] Einzelheiten bei Hans Kruse: Islamische Völkerrechtslehre, 2. Auflage, Bochum 1979, 70–85.

[39] Willi Heffening: Das islamische Fremdenrecht bis zu den islamisch-fränkischen Staatsverträgen, Hannover 1925, 33 f.

[40] Majid Khadduri (Übers.): The Islamic Law of Nation. Shaybānī's Siyar, Baltimore 1966, 158.

Immer bleibt auch das Rechtsinstitut des „zurückgeholten Gutes“ in Kraft. Wenn jemand auf dem Territorium der Nichtmuslime zum Islam übertritt, nicht jedoch seine Angehörigen, und wenn dann sein Wohnort durch das muslimische Heer erobert wird, dann darf er lediglich seine bewegliche Habe, die er zur Deckung seines täglichen Bedarfs braucht, behalten, desgleichen seine noch nicht religionsmündigen Kinder,[41] die wie ihr Vater als Muslime gelten. Sein unbewegliches Eigentum, also sein Land und seine Häuser, sowie seine erwachsenen Kinder und seine Sklaven fallen unter das „zurückgeholte Gut“ und werden zum Gemeineigentum der Muslime; auf die Erträge des bebauten Landes wird eine Steuer (arab.: *al-ḫarāǧ*) gelegt, deren Einkünfte dem muslimischen Gemeinwesen zufließen. Auch die Ehefrau des Konvertiten und gegebenenfalls ihr noch ungeborenes Kind gehen ihm unter den genannten Voraussetzungen verloren. Wenn ein Nichtmuslim, geschützt durch eine Sicherheitsgarantie, in das „Gebiet des Islams“ einreist und dort den Islam bezeugt und wenn es sich dann trifft, daß die Muslime seinen Heimatort erobern, dann steht sich dieser Unglückliche noch schlechter als der vorher Genannte, denn in einem solchen Fall zählt *alle* seine Habe zum „zurückgeholten Gut“[42] – was ja unter schariarechtlichen Gesichtspunkten auch logisch ist, da er und sein Eigentum nie in den Genuß der muslimischen Abwehrkraft gekommen sind.

Nimmt man an, daß ein Bewohner des „Gebiets des Krieges“ im Besitz eines *amān*, ein *musta'min*, zum Zwecke des Handels das Territorium des Islams aufsucht, dort einen muslimischen Sklaven erwirbt und danach mit diesem in das „Gebiet des Krieges“ zurückkehrt – welchen Status hat dieser Sklave vom Augenblick der Rückkehr seines Herrn an? Er ist sogleich ein freier Mann, eben weil sein Sklavenstatus nun erloschen ist. Ein Muslim kann nicht der Sklave eines Nichtmuslims sein, ein Grundsatz, der jedoch unter der muslimischen Sicherheitsgarantie auf islamischem Territorium außer Kraft ist. Erlischt der Zweck der Sicherheitsgarantie, dann entfällt die Rechtsgrundlage des Sklavenstatus. Der Fall läßt sich aber noch weiter ausspinnen. Denn was gilt, wenn der muslimische Sklave seinen nichtmuslimischen Herrn tötet, sich dessen Vermögen aneignet und auf das islamische Territorium zurückkehrt? Wäre der Mörder dann nicht ein freier Mann und gehörte ihm nicht das Vermögen seines ehemaligen Herrn? Genauso sei es, denn die Sicherheitsgarantie sei nur im „Gebiet des Islams“ in Kraft, wo der Nichtmuslim den muslimischen Sklaven gekauft habe. Mithin hat der muslimische Sklave auf dem nichtmuslimischen Territorium das Recht, seinen

---

[41] Kinder bis etwa zum vollendeten achten Lebensjahr; danach gelten sie als unterscheidungsfähig (arab.: *mumaijiz*) und sind auch schon gehalten, die Pflichtgebete auszuführen.

[42] Khadduri, Siyar, 138 f.

Herrn zu töten und zu berauben, denn der auf islamischem Territorium geschlossene rechtsgültige Kaufvertrag kann nicht als eine über die Grenzen hinweg geltende Sicherheitsgarantie interpretiert werden.[43]

Im Zusammenhang mit der Frage, was ein nichtmuslimischer Inhaber einer Sicherheitsgarantie bei der Heimkehr in das „Gebiet des Krieges" mitnehmen darf, wird das obige Problem jedoch gegenstandslos. Denn, so liest man jetzt, es ist ihm nicht erlaubt, für den Kriegseinsatz taugliche Huftiere, Waffen oder Sklaven mit sich zu führen, die er sich auf islamischem Territorium beschafft hat. Solche Güter sind geeignet die Kampfkraft der Nichtmuslime zu stärken, was natürlich unerwünscht ist. Eisen in das „Gebiet des Kriegs" auszuführen, ist ebenfalls verboten, da aus Eisen Waffen geschmiedet werden.[44] Man muß nämlich im Auge behalten, daß ein Nichtmuslim, der sich mit einer Sicherheitsgarantie im „Gebiet des Islams" aufhält, nach wie vor ein Feind ist; die „ʿumarschen Bedingungen", die die „Schützlinge" ihrer Wehrfähigkeit berauben, sind auf ihn nicht anwendbar.

Wie in den erörterten Fälle, in denen das „zurückgeholte Gut" eine Rolle spielt, der Unterschied zwischen den Rechtsverhältnissen im „Gebiet des Krieges" und der islamischen Daseinsordnung im „Gebiet des Islams" deutlich hervortritt, so noch krasser in der Gültigkeit der rituellen Reinheit. Ein Muslim, der mit einer Sicherheitsgarantie zu den Nichtmuslimen gereist ist, darf mit Waren Handel treiben, die wesensmäßig unrein sind, d. h. nicht wie etwa ein verschmutztes Gewand rituell gereinigt werden können. Dazu gehören beispielsweise Wein und Tierkadaver. Desweiteren darf er Wucher treiben, „zwei Dirham für einen nehmen" und damit gegen das Verbot der unzulässigen Bereicherung verstoßen, die eine symbolische Unreinheit bewirkt und durch die Läuterungsgabe (arab.: *az-zakāh*) gesühnt werden kann.[45] Wie das rituelle Gebet setzt diese „Säule" des Islams das Vorhandensein einer islamischen Obrigkeit voraus, die im „Gebiet des Krieges" naturgemäß fehlt. Umgekehrt ist der nichtmuslimische Inhaber einer Sicherheitsgarantie, der auf muslimischem Territorium verweilt, anders als der „Schützling" nicht den von Allah gesetzten Grenzen (arab.: Pl. *al-ḥudūd*)[46] unterworfen. Diese bringen die Souveränität Allahs zur Geltung, der sich der Nichtmuslim durch sein Verharren in einer „unwahren" Religion entzieht. Begeht er im „Gebiet des Islams" einen Diebstahl, so kann an ihm nicht die koranische Strafe des Abschlagens der Hand vollzogen werden. Ermordet der Inhaber einer Sicherheitsgarantie auf islamischem Territorium einen

[43] Ebd., 160 f.

[44] Ebd., 168 f.

[45] Vgl. zwöftes Kapitel (Was versteht der Muslim unter Religion?).

[46] Vgl. sechstes Kapitel (Was ist die Scharia?).

Muslim oder einen „Schützling“, so hat der Kadi frei zu entscheiden; denn auch das Recht der Vergeltung ist nicht anwendbar.[47]

2. Die Apostaten

Stillschweigend setzen die schariatischen Vorschriften des Umgangs mit den Nichtmuslimen voraus, daß sich das „Gebiet des Islams“ dank den militärischen Aktivitäten der Muslime unaufhaltsam auf Kosten des „Gebiets des Krieges“ ausdehnt. Als eine unerträgliche Anomalie ist daher der Austritt aus dem Islam und die Annahme einer anderen Religion zu werten. Die schariatischen Grundsätze, nach denen „Abtrünnige“ zu bestrafen sind, leiten sich aus den Ereignissen unmittelbar nach dem Tod Mohammeds her. Viele Stämme Arabiens, die ihn erst wenige Jahre zuvor ihrer Unterwerfung versichert hatten, fühlten sich der eingegangenen Verpflichtungen ledig. Manche erklärten, sie wollten zwar weiter die Riten des Islams ausüben, weigerten sich aber, die zugesagten Tribute zu leisten. Die Vertrauten, die Mohammed zu manchen Stämmen geschickt hatte, um die Abgaben zu erheben und dann gemäß den in Sure 9, Vers 60, genannten Regeln zu verteilen – nämlich vorwiegend an Personen, die für den Islam gewonnen werden sollten, sowie an alle, die sich dem Pfade Allahs widmeten –, mußten fluchtartig nach Medina zurückkehren. „Apostasie“ bedeutete den Zusammenbruch der islamischen Herrschaft. Zum Teil mit barbarischen Grausamkeiten gelang es unter dem Kalifat Abū Bakrs (reg. 632–634), die Zersetzung der gerade erst errichteten islamischen Herrschaft über Arabien aufzuhalten und in die Eroberungsbewegung überzuführen, die der Masse der erst vor kurzem zum Islam Übergetretenen unter dessen Banner lohnende Ziele wies.

Aš-Šaibānī erinnert den Leser daran, daß es mehrere zur *sunna* zählende Berichte gibt, die zweifelsfrei belegen, daß ein „Abtrünniger“ sogleich getötet werden kann, wenn seine Abkehr vom Islam ruchbar geworden ist. Ihm müsse zuvor jedoch die Rückkehr zum Islam angeboten worden sein. Erbitte er sich Bedenkzeit, dann seien ihm drei Tage zu gewähren. Sein Vermögen darf erst nach der Hinrichtung unter die Erben verteilt werden. Wenn dem Apostaten die Flucht in das „Gebiet des Krieges“ gelingt, hat er sogleich die Rechte an seinem Eigentum verwirkt. Diese Regel gilt auch, wenn der Betreffende vor dem Abfall vom Islam ein Testament gemacht hat und sich dann auf das Territorium der Nichtmuslime rettet; mit dem Akt der Apostasie erlischt das Testament. Sollte er nunmehr, auf dem „Gebiet des Krieges“, neues Eigentum erwerben und fällt dieses nach einer Eroberung in die Hände der Muslime, haben die muslimischen Erben kein Anrecht darauf, weil es

[47] Khadduri, Siyar, 172 f.

zum „zurückgeholten Gut“ zählt.[48] Wer Muslim ist, kann und darf sich niemals einer anderen Jurisdiktion als derjenigen Allahs unterstellen.

3. Verträge mit den Ungläubigen

Die dem Grundsatze nach schon in den mekkanischen Suren nachweisbare Vorstellung der Zweiteilung der Menschheit in die Glaubenden, dem Ruf der Propheten Folgenden und in die Ungläubigen kommt in der Gegenüberstellung von „Gebiet des Islams“ und „Gebiet des Krieges“ überdeutlich zum Ausdruck. Die Ungläubigen sind durch die Vergewaltigung der ihnen wesensmäßig eigenen Geschaffenheit (arab.: *al-fiṭra*) zu Allah hin gezeichnet.[49] Das Verhältnis zwischen den Herrschaftsgebilden beider Gebiete kann nach muslimischer Überzeugung nur feindlich sein. Mohammed ruft das seinen Anhängern mehrfach im Koran ins Gedächtnis: Der Maßstab für die Wahrheit ist der Koran, ausschließlich in Anlehnung an seine Botschaft sind die Juden und die Christen zu beurteilen; auf keinen Fall darf Mohammed sich von deren Lehren beeindrucken lassen, kein Muslim darf sich einen Juden oder Christen zum Freund wählen (Sure 5, 48–51). Eine Beziehung von gleich zu gleich zwischen der islamischen Glaubensgemeinschaft und den Staaten der Nichtmuslime ist undenkbar. Denn die Muslime sind gehalten, unablässig auf die Vernichtung des Unglaubens hinzuwirken; die Verfechter der wahren Daseinsordnung, die alle anderen abzulösen hat, dürfen sich auf keine Kompromisse einlassen.

Gleichwohl kann während des Kampfes gegen die Nichtmuslime eine Lage eintreten, die es ratsam erscheinen läßt, mit diesen ein Abkommen zu schließen. Auch die in diesem Falle zu befolgenden Regeln finden sich bei aš-Šaibānī. Er erörtert zuerst den für ihn gewöhnlichen Gang eines solchen Ereignisses: Die Ungläubigen bitten um Frieden und unterwerfen sich den Muslimen, wodurch ihr Gemeineigentum in die Kategorie des „zurückgeholten Gutes“ fällt und dem *ḫarāǧ* unterworfen wird.[50] Nun mag es geschehen, daß die Anführer der Nichtmuslime für einen Zeitraum von einigen Jahren um Frieden bitten. Die Muslime dürfen auf diese Bitte eingehen, allerdings nur unter der Voraussetzung, daß die militärische Stärke des „Gebiets des Krieges“ für den Augenblick so groß ist, daß ein Sieg der Muslime nicht zu erhoffen ist. Sollten die muslimischen Truppenführer erkennen, daß sich die Lage zu ihren Gunsten ändert, können sie die Abmachung für null und nichtig erklären und zum Angriff übergehen. Unbefristete Waffenstillstandsvereinbarungen dürfen die Muslime mit den Nichtmuslimen ohnehin nicht ein-

---

[48] Ebd., 195–201.

[49] Vgl. erstes Kapitel (Was ist der Islam?), II. 4.

[50] Khadduri, Siyar, 142–148.

gehen. Selbst wenn die Nichtmuslime sich verpflichten, für die Waffenruhe jährlich einen Tribut zu zahlen, um dadurch zu verhindern, daß sie dem islamischen Recht unterstellt werden, dürfen die Muslime nur darauf eingehen, wenn die im Augenblick obwaltenden Umstände ihnen das nahelegen.[51]

Aš-Šaibānīs Überblick über die sogenannten *sijar*, die schariatischen Regelungen der Feldzüge zur Ausbreitung des Islams, bestimmt die islamischen Vorstellungen zum Verhältnis mit den Nichtmuslimen bis in die Gegenwart. Es wurde im 11. Jahrhundert von dem hanafitischen Rechtsgelehrten as-Saraḫsī (gest. 1090) kommentiert und in dieser Form immer wieder rezipiert. Noch im Jahre 1825 erschien eine osmanische Übersetzung des Werkes as-Saraḫsīs,[52] in einer Epoche, in der aš-Šaibānīs Gedankengut längst von der Wirklichkeit überholt worden war. Denn die erstarkenden, wirtschaftlich und militärisch der islamischen Welt seit dem späten Mittelalter weit überlegenen europäischen Mächte waren nicht gewillt, in den orientalischen Niederlassungen als „Inhaber einer Sicherheitsgarantie“ oder gar als „Schützlinge“ zu agieren.

Gerechtfertigt ist jedoch die Annahme, daß sich der *amān* als das Rechtsinstitut bewährte, das den Europäern, in Sonderheit den nördlichen Anrainern des Mittelmeeres, die Gründung von Handelsstützpunkten auf muslimischem Territorium ermöglicht hatte. Was die Europäer in diesen Niederlassungen jedoch von den Inhabern muslimischer Sicherheitsgarantien unterschied, war die eigene Gerichtsbarkeit, die die Machthaber ihnen zugestanden. Innerhalb des ihnen angewiesenen kleinen Territoriums verfügten die Konsuln und ihre Mitarbeiter und Untergebenen über das Recht, Kirchen zu bauen. In islamischer Sichtweise hatte die Obrigkeit somit auf den wichtigsten, den alles entscheidenden Vorzug des Islams verzichtet, nämlich auf die in der Minderrangigkeit der Nichtmuslime und in der Beschneidung ihres Kultus zum Ausdruck kommende grundsätzliche Überlegenheit des Islams. Nachdem die Kirchenspaltung 1054 unwiderruflich geworden war, hatten italienische Handelsstädte wie Venedig, Pisa oder Genua ihren im Byzantinischen Reich tätigen Konsuln das Recht auf eigenständige Religionsausübung erwirkt, ein Privileg, das man nun auch gegenüber islamischen Machthabern durchzusetzen wußte. Der *musta'min* genießt nach dem schariatischen Recht die Sicherheit seines Lebens und Eigentums. Diese Rechtsnorm wird in Verträgen zwischen den europäischen Handelsstädten und islamischen Machthabern bisweilen dahingehend ergänzt, daß die muslimische Seite über die Klagen zu Schaden gekommener Europäer in einer bestimmten Frist entscheiden und gegebenenfalls Ersatz leisten müsse. Überdies durfte kein europäischer Händler für etwaige Ansprüche von Muslimen, die sich auf das Recht der Vergeltung beriefen, haftbar gemacht werden. Schließlich wurde auch die

[51] Ebd., 154–156.

[52] Kruse, 14.

schariatische Norm außer Kraft gesetzt, daß sich ein *musta'min* höchstens ein Jahr auf islamischem Gebiet aufhalten darf. Es sind freilich auch Verträge überliefert, die vorsehen, daß ein Konsul und seine Diener die Kopfsteuer abführen müssen, wenn sie länger als ein Jahr bleiben.[53]

Obwohl sich während der Zeit der Kreuzzüge vielfältige vertraglich abgesicherte Formen des Zusammenwirkens zwischen Christen und Muslimen ergaben, die im Widerspruch zu schariatischen Normen standen, blieben letztere im Grundsatz unangetastet. Eine Entwicklung hin zu einer jenseits des muslimischen Überlegenheitsanspruchs liegenden Auffassung des Verhältnisses zu den Nichtmuslimen trat auch in Ansätzen nicht ein. Dies bezeugt schon der Umstand, daß die Verträge grundsätzlich befristet waren, mithin als Abmachungen zu gelten hatten, die die muslimische Obrigkeit im Falle der militärischen Übermacht der Nichtmuslime eingehen soll.[54] Man kommt um die Tatsache nicht herum, daß ein Überdenken der eigenen Grundsätze während dieser Epoche, wenn überhaupt, dann auf der Seite der Christen stattgefunden haben könnte, die sich an der Levanteküste auf Dauer niedergelassen hatten und der ständig erneuerten Kämpfe überdrüssig geworden waren.[55]

Auf die Länge der Zeit betrachtet, brachte das Beharren auf dem Überlegenheitsanspruch den Muslimen in den Beziehungen zu den Nichtmuslimen keine Vorteile. Seitdem ab dem 16. Jahrhundert nicht nur Handelsstädte, sondern auch europäische Mächte, allen voran Frankreich, Konsularverträge[56] nach dem skizzierten Muster mit dem Osmanischen Reich abschlossen, wurde dessen Untertanen der Handel mit Europa entwunden. Zudem sicherten sich die nichtmuslimischen Staaten auf diesem Weg einen erheblichen Einfluß auf die Außenpolitik der Sultane. Diese entwickelte sich bis ins 19. Jahrhundert hinein mehr und mehr zu einem Lavieren zwischen den widerstreitenden Interessen der europäischen Mächte. Das Osmanische Reich, aber auch andere islamische Staaten wie etwa Iran, gaben de facto die Kon-

---

[53] Heffening, Fremdenrecht, 127–129.

[54] Dies ist das Fazit der umfangreichen Untersuchung von Michael A. Köhler: Allianzen und Verträge zwischen fränkischen und islamischen Herrschern im Vorderen Orient, Berlin/New York 1991, 430.

[55] Köhler wirft am Ende seiner Arbeit die Frage auf, ob nicht unter Berücksichtigung der Quellen sowohl der europäischen als auch der islamischen Seite die Geschichte der Kreuzzugszeit neu geschrieben werden müßte, und zwar dergestalt, daß man die Quellen nicht mehr „konfrontativ" lesen, sondern als den Beginn eines friedlichen europäisch-arabischen Dialogs verstehen solle. Wie eine eingehende Untersuchung dieser Frage mit Blick auf die muslimische Seite gezeigt hat, kann von einer nachhaltigen Differenzierung des Feindbildes „Franken" indes keine Rede sein (Laila Atrache: Die Politik der Ayyūbiden, Münster 1996).

[56] Diese Verträge wurden Kapitulationen genannt, eine Anspielung auf die nach Kapiteln geordneten Bestimmungen. Der arabische Begriff *imtijāzāt*, wörtlich Privilegien oder Sonderbehandlung, trifft den Sachverhalt besser.

trolle über die Wirtschaft, soweit sie nicht der unmittelbaren Lebensfristung der Bevölkerung diente, aus der Hand. Das „Gebiet des Islams" war nun der Inbegriff der Rückständigkeit; die Notwendigkeit, sich mit den Ursachen des europäischen Machtzuwachses auseinanderzusetzen, wurde durch die erdrükkende Mehrheit der Sachwalter der islamischen Gelehrsamkeit nicht erkannt.

Diese Art von Realitätsverweigerung hat im 20. Jahrhundert eine veränderte Fassung erhalten: Sie richtet sich seither gegen die westliche Zivilisation an sich, zumal die islamischen Staaten sich genötigt sahen, bei eben dieser Zivilisation nun doch beträchtliche Anleihen aufzunehmen. Das „Gebiet des Islams" auf Kosten des „Gebiets des Krieges" auszudehnen, den Dschihad zu führen, wird nun als ein revolutionärer Kampf interpretiert, der, wenn er erfolgreich beendet sein wird, der ganzen Welt den Frieden gebracht haben wird. In diesem Zusammenhang aktualisiert man die sufische Unterscheidung zwischen dem „großen" und dem „kleinen" Dschihad[57] und definiert den ersteren als den waffenlosen „Friedenskampf", dem man leider bisweilen durch den „kleinen", bewaffneten Nachdruck verleihen muß.[58] Indessen ist das Übergewicht der westlichen Zivilisation in der zweiten Hälfte des 20. Jahrhunderts so drückend geworden, daß es der Solidarität aller Muslime und aller muslimischen Staaten bedarf. Die Organisation für islamische Zusammenarbeit mit Sitz in Dschidda, der gegenwärtig 57 Staaten angehören, verfolgt das Ziel, den Zusammenhalt der islamischen Welt durch die Abwehr westlichen Gedankenguts zu festigen[59] und Kritik an Religionen, gemeint ist vor allem der Islam, zu unterbinden.

IV. Muslime als Nutznießer der westlichen Religionsfreiheit

Als das Osmanische Reich im 19. Jahrhundert seine balkanischen Eroberungen bis auf einen kleinen Rest verlor, kamen größere Gruppen muslimischer Bevölkerung unter nichtmuslimische Herrschaft; insbesondere Bosnien war betroffen. War Bosnien nun von einem „Gebiet des Islams" zu einem „Gebiet des Krieges" geworden? Dergleichen sehen die *sijar*, die stillschweigend eine ununterbrochene Entwicklung der Weltgeschichte zum Islam hin voraussetzen, nicht vor. Allerdings hatten Schariagelehrte sich schon einige Gedanken darüber gemacht, wie ein derart schrecklicher Fall zu beurteilen sei. So seien im Libanon Regionen unter eine christliche oder drusische Obrigkeit gefallen, die dort ihre eigenen Richter einsetze, also nicht mehr die

---

57 Vgl. neuntes Kapitel (Was ist der Dschihad?), VII. 3.

58 Kruse, 171 f.

59 Ebd., 203–232. Vgl. vor allem die grundlegende Studie von Martin Kramer: Islam Assembled. The advent of Muslim congresses, New York 1986.

Scharia beachte. Wie der Schariagelehrte Ibn ʿĀbidīn (gest. 1836) in Anlehnung an ältere Lehrmeinungen ausführt, wird ein ganz von islamischen Regionen umschlossenes Gebiet durch die Machtergreifung einer nichtislamischen Obrigkeit nicht zum „Gebiet des Krieges". Denn die dortige nichtmuslimische Bevölkerung muß vor diesem Ereignis den Status von „Schützlingen" besessen haben, und die Muslime der betroffenen Region sind ihrer Religion treu geblieben. Die an die Region angrenzende islamische Obrigkeit könnte zudem leicht ihre Herrschaft über die Nichtmuslime wiederherstellen. Sollte jedoch eine islamische Region, die von anderen islamischen isoliert ist, unter die Hoheit der Ungläubigen geraten, und sollten diese Ungläubigen einen muslimischen Statthalter einsetzen, dann ist der Gehorsam ihnen gegenüber nur das Ergebnis einer befristeten Abmachung oder erzwungenen Heuchelei – und damit kein Verstoß gegen islamische Interessen; denn sie akzeptieren einen den Islam begünstigenden Akt der nichtislamischen Obrigkeit. Regiert jedoch ein ungläubiger Statthalter, dann steht den Muslimen immerhin frei, den Freitagsgottesdienst abzuhalten, von dessen „hoheitlichem" Charakter an anderer Stelle die Rede ist.[60] Desgleichen dürfen sie die großen Feste abhalten. Mit anderen Worten: Ein nichtislamisches Gebiet, indem zahlreiche Muslime wohnen, kann, sofern es zuvor islamisch gewesen ist, weiterhin als islamisch betrachtet werden. Die Teilnahme der muslimischen Einwohner des genannten unter die Herrschaft der Ungläubigen geratenen Gebiets am Freitagsgottesdienst und an den großen Festen, die gewöhnlich nur unter einer islamischen Obrigkeit auf das Jenseitsverdienst angerechnet werden kann, ist unter dieser Voraussetzung ausnahmsweise anrechenbar. Ferner darf der unter dem ungläubigen Statthalter amtierende Kadi von den auf einem solchen Gebiet lebenden Muslimen anerkannt werden. Allerdings haben sie sich grundsätzlich um die Bestellung eines muslimischen Gouverneurs zu bemühen.[61]

Einige Volten sind erforderlich, um die Fiktion des ungeschmälerten Fortbestands des „Gebiets des Islams" glaubhaft zu machen. Seit den sechziger Jahren des vergangenen Jahrhunderts ist jedoch in vielen westeuropäischen Ländern eine ganz neue Situation entstanden, auf die das überkommene Schema „Gebiet des Islams" versus „Gebiet des Krieges" schwerlich anzuwenden ist. Sei es bedingt durch den Zusammenbruch der Kolonialherrschaft, sei es wegen der von der Industrie betriebenen Einwanderung hunderttausender meist ungelernter Arbeitskräfte, sind beachtliche islamische Minderheiten entstanden, die bestrebt sind, auf Dauer in den nichtislamischen Ländern zu bleiben. Im Gegensatz zu den Ländern der islamischen Welt bietet ihnen Westeuropa ein in den Herkunftsregionen ungekanntes Maß an sozialer Ab-

---

60 Vgl. achtes Kapitel (Was sind Imamat, Kalifat und Sultanat?), II. 2.

61 Ibn ʿĀbidīn: Ḥāšijat radd al-muḥtār ʿlā d-durr al-muḫtār, Beirut 1992, IV, 175.

sicherung sowie durch Rechtsstaatlichkeit geprägte Lebensumstände. Schariagelehrte, die ein Überhandnehmen des Einflusses westlicher Daseinsmuster und dessen Rückwirkung auf die in den islamischen Ländern Verbliebenen fürchteten, erinnerten an das in den *sijar* überlieferte Verbot, auf Dauer im „Gebiet des Krieges" zu wohnen. Andere Stimmen verwiesen jedoch darauf, daß es den nach Westeuropa ausgewanderten Muslimen dank der dort von den Verfassungen verbrieften Religionsfreiheit möglich sei, ungehindert den Freitagsgottesdienst und die islamischen Festtage zu begehen: „Wo einem Muslim die Rechtssicherheit nicht versagt wird, handelt es sich nicht um ein Gebiet der Ungläubigen."[62]

Nur bei oberflächlicher Betrachtung hat sich mit dieser Feststellung die Problematik des Verhältnisses zwischen den beiden „Gebieten" aufgelöst, zumindest aus der Sicht des Westeuropäers, der Religion für eine höchst individuelle Angelegenheit hält und keine Mühe darauf verwendet, das ganz andere Verständnis von Religion zu begreifen oder wenigstens ernstzunehmen, das die große Mehrheit der Muslime beherrscht.[63] Nach deren Ansicht, und insbesondere nach der Ansicht der Imame und Verbandsfunktionäre unter ihnen, besteht der Überlegenheitsanspruch des Islams weiter und ist nicht etwa in einer Gesellschaft religiös gleichberechtigter Individuen untergegangen. Sie sprechen sich ganz selbstverständlich das Recht zu, die Religionsfreiheit dahingehend auszulegen, daß der Islam nach wie vor eine allumfassende Lebensweise sei. Diese, die gottgegebene Daseinsordnung, sei in vollem Umfang in die Wirklichkeit des europäischen Alltags zu übertragen.[64]

Schon die 1912 von Österreich-Ungarn erlassene Regelung des Verhältnisses mit den Muslimen, die nach dem Zusammenbruch der osmanischen Herrschaft über den Balkan unter die Hoheit des Habsburger Reiches gelangt waren, sah sich mit diesen Fragen konfrontiert. Die Muslime sollten als eine Körperschaft des Öffentlichen Rechts gelten, aber das war nur möglich, wenn sie ausdrücklich auf die Geltung bestimmter schariatischer Gesetze verzichteten, beispielsweise auf die Vielweiberei. Die Zerschlagung Österreich-Ungarns und die Schaffung des Königreichs der Südslawen nach dem Ende des Ersten Weltkrieges strich diese Frage von der Tagesordnung, und sie wurde zunächst auch nicht als dringlich empfunden, als die erwähnte Masseneinwanderung von Muslimen nach Westeuropa einsetzte. Die Verantwortlichen gaben sich der Illusion hin, die Ideale der westlichen politischen

---

62 Ludwig Hagemann/Adel Theodor Khoury: Dürfen Muslime auf Dauer in einem nicht-muslimischen Land leben?, Altenberge 1997, 122.

63 Vgl. zwölftes Kapitel (Was versteht der Muslim unter Religion?).

64 Ein Beispiel: Die diesbezügliche Forderung des Großmuftis von Bosnien und Herzegowina Mustafa Ceric, ausführlich zitiert in Tilman Nagel: Angst vor Allah. Auseinandersetzungen mit dem Islam, Berlin 2014, 40–43.

Zivilisation würden eine derartige Anziehungskraft entfalten, daß jegliches Eingreifen unnötig sei; es genüge, eine allumfassende Toleranz zu üben.

Erst als sich in den islamischen Verbänden der Wunsch regte, nunmehr den als vorteilhaft angesehenen Status von Körperschaften des Öffentlichen Rechts zu erlangen, wurden die zuständigen deutschen Ministerien darauf aufmerksam, daß man die erheblichen Diskrepanzen zwischen der im Grundgesetz verbürgten freiheitlich-demokratischen Ordnung und den schariatischen Regeln der islamischen Lebensführung nicht unbeachtet lassen dürfe. Zwar glaubte man auf der Seite des deutschen Staates zunächst, sich mit dem Versprechen der Verbandsvertreter zufriedengeben zu dürfen, sie seien bereit, die Normen des Grundgesetzes anzuerkennen. Jedoch wurde bald deutlich, daß die Verbandsvertreter diese Anerkennung einseitig zu ihren Gunsten auffaßten: Der Artikel 4 des Grundgesetzes garantiert die ungestörte Religionsausübung; da sich diese für den Muslim als die Verwirklichung der gottgegebenen Daseinsordnung darstellt, könnten der allmählichen Umgestaltung des „Gebiets des Krieges" in ein „Gebiet des Islams", der allmählichen Islamisierung von unten, keine rechtlichen Hemmnisse in den Weg gelegt werden.

Die „Islamische Charta", die der Zentralrat der Muslime 2002 veröffentlichte, ist diesem Ziel verpflichtet. In § 10 dieses Textes heißt es: „Muslime dürfen sich in jedem beliebigen Land aufhalten, solange sie ihren religiösen Hauptpflichten nachkommen können. Das islamische Recht verpflichtet Muslime in der Diaspora, sich grundsätzlich an die lokale Rechtordnung zu halten. In diesem Sinne gelten Visumserteilung, Aufenthaltsgenehmigung und Einbürgerung als Verträge, die von der muslimischen Minderheit einzuhalten sind." Nicht der Rechtsordnung des aufnehmenden Staates schulden die Muslime Loyalität, sondern der Scharia, die in der gegebenen Lage die Befolgung der „lokalen" Rechtsordnung gebiete (§ 13). Letztere wird mithin durch die „universale" der Scharia mediatisiert. Das wird an Bestimmungen deutlich, die nur notdürftig diesen Sachverhalt verschleiern. So heißt es über das Verhältnis zwischen Mann und Frau: „Der Muslim und die Muslima sehen es als ihre Lebensaufgabe, Gott zu erkennen, Ihm zu dienen und Seinen Geboten" – also der Scharia – „zu folgen", wodurch Gleichheit, Freiheit, Gerechtigkeit, Geschwisterlichkeit und Wohlstand geschaffen würden (§ 6); Koran und *sunna* seien die Grundlage der muslimischen Lebensweise (§ 3). „Zwischen den im Koran verankerten, *von Gott gewährten* (Hervorhebung von mir, Nagel) Individualrechten und dem Kernbestand (sic!) der westlichen Menschenrechtserklärung besteht kein Widerspruch" (§ 6).[65]

---

[65] Vgl. dreizehntes Kapitel (Wie sieht der Islam den Menschen?). Ferner s. Tilman Nagel: Zum schariatischen Hintergrund der Charta des Zentralrats der Muslime in Deutschland, in: Hartmut Lehmann (Hg.) Koexistenz und Konflikt von Religionen im vereinten Europa, Göttingen 2004, 114–129.

Aufhorchen läßt die Aussage, Visum und Einbürgerung seien Verträge, also kündbare Abmachungen, zwischen den europäischen, nichtmuslimischen Staaten und den Muslimen. Diese Formulierung spielt auf die schariatische Konstruktion des „Gebiets des Vertrags" (arab.: *dār al-ʿahd*) an. Sie besagt, daß die islamische Obrigkeit im Interesse des Islams mit den Bewohnern des „Gebiets des Krieges" ein Abkommen schließen darf, das für einen Zeitraum eine Unterbrechung des Kampfes vereinbart, sei es mit einer Gegenleistung der Ungläubigen, sei es ohne eine solche.[66] Ohne von solchen Vorstellungen Kenntnis zu nehmen, haben deutsche Behörden mit muslimischen Verbänden sogenannte Integrationsverträge abgeschlossen. Von muslimischer Seite können sie als die Anerkennung der Überlegenheit der schariatischen Rechtsordnung aufgefaßt werden, die auf die Länge der Zeit hin die „lokale" ablösen wird. Das islamische Schrifttum, in dem diese Gedanken ausgeführt werden, ist leicht zugänglich.

Tariq Ramadan (geb. 1962) zum Beispiel, einer der eifrigsten Werber für eine Islamisierung des Westens, zieht aus der Tatsache, daß die Muslime in den Staaten mit freiheitlich-demokratischer Grundordnung ungehindert den Islam praktizieren, den Schluß, daß der Gegensatz zwischen dem „Gebiet des Islams" und dem „Gebiet des Krieges" nicht mehr bestehe. Ohnehin sei er nicht koranisch, sondern eine Konstruktion der Schariagelehrten, die mit diesen beiden Begriffen die zu ihrer Zeit obwaltenden machtpolitischen Gegebenheiten hätten beschreiben wollen. Der Prophet und der Koran hätten vielmehr stets die Weltgeltung (arab.: *al-ʿālamīja*) des Islams im Auge gehabt; Mohammed habe ohnehin niemals Krieg führen, sondern nur den Menschen predigen wollen. Deswegen habe er denen, die seinen Worten nicht hätten folgen wollen, die Sicherheit von Leib und Leben gegen Zahlung der Kopfsteuer angeboten. Indem heutzutage die Muslime in den nichtislamischen Ländern des Westens in einem „Gebiet der Sicherheit" (arab.: *dār al-amn*) leben, unterstehen sie zwar nicht der Scharia, was aber angesichts der Entfaltungsmöglichkeiten, die sie genießen, zweitrangig sei. Der öffentliche Raum sei säkular definiert, mithin religionsfrei, was ihnen, die ihre islamische Spiritualität nicht nur im Stillen zu bewahren, sondern in die Öffentlichkeit zu tragen berufen seien, mancherlei Diskriminierungen zuziehe.

Trotzdem seien die Begriffe „Gebiet des Islams" und „Gebiet des Krieges auf diese Situation nicht anzuwenden. Viel eher sei sie mit der Lage der frühen Muslime in Mekka zu vergleichen, im „Gebiet des Rufs (zum Islam)" (arab.: *dār ad-daʿwa*). Damals wie heute habe auf den Muslimen die schwere Bürde gelastet, die Ausbreitung des Islams voranzutreiben. Sechserlei bedeutet laut Ramadan heute die Bezeugung (arab.: *aš-šahāda*), daß es keinen Gott außer Allah gebe. Sie bringt die Identität des Muslims zum Ausdruck, die

66 Wizārat al-auqāf: al-Mausūʿa al-fiqhīja, s.v. dār al-ʿahd.

eben nicht aus der Geschichtsgemeinschaft des Verfassungsstaates erwachsen kann; sie lehrt den Muslim, daß er zum zweiten die übrigen Ritualpflichten und zum dritten alle Gesetze des Islams zu beachten habe, jede Nachlässigkeit hierin sei eine Leugnung der islamischen Identität; viertens sei alles zu verwirklichen, was man im Islam unter Glaube (arab. *al-īmān*) verstehe, mithin die Details einer durch und durch muslimischen Lebensgestaltung;[67] fünftens soll der Muslim von alldem den Mitmenschen seines Gemeinwesens ein lebendiges Zeugnis geben, damit sechstens dieses Gemeinwesen sich in ein islamisches verwandle. Denn erst wenn dieses mit der islamischen Glaubensgemeinschaft (arab.: *al-umma*) identisch geworden, mithin der Weltgeltung des Islams Genüge getan sei, dann werde die Loyalität des Muslims uneingeschränkt diesem Gemeinwesen gehören.[68] Wie könnte ein gewissenhafter Muslim je ein loyaler Bürger eines freiheitlichen Rechtsstaates sein, wo er doch beharrlich auf dessen Abschaffung hinzuarbeiten hat? Welche Avancen ihm unwissende Nichtmuslime hierbei machen, wird ihn ein ums andere Mal erstaunen.[69] Aber da er sich im Besitz der göttlichen und daher endgültigen Wahrheit weiß, fühlt er sich berechtigt, solches Entgegenkommen wie etwa Selbstverständliches zu fordern.

---

[67] Vgl. hierzu zwölftes Kapitel (Was versteht der Muslim unter Religion?).

[68] Tariq Ramadan:Les musulmans d'occident et l'avenir de l'islam, Verlag Sindbar/Actes Sud 2003, 113–134. Hierzu vgl. Jeanne-Hélène Kaltenbach/Michèle Tribalat: La République et l'islam. Entre crainte et aveuglement, Paris 2002. Vgl. erstes Kapitel (Was ist der Islam?), Kapitel II: Einleitung und zwanzigstes Kapitel (Was ist Islamwissenschaft?), II. 2.

[69] Für die in dieser Hinsicht aktiven Muslime ist, wie auch Ramadan im genannten Buch breit ausführt, die Islamisierung des öffentlichen Raumes der im Augenblick wichtigste Angriffspunkt (ein Beispiel, vgl. Tilman Nagel: Angst vor Allah? Auseinandersetzungen mit dem Islam, Berlin 2014, 279–304). Vgl. im übrigen Rainer Glagow: Allahs Weltordnung. Der politische Islam als Herausforderung für Demokratie und Gesellschaft, Mering 2010, sowie Bat Ye'or: Europa und das kommende Kalifat. Der Islam und die Radikalisierung der Demokratie. Übers., Hintergründe und Komm. Von Hans-Peter Raddatz, Berlin 2013.

Neunzehntes Kapitel

Was lehrt der Islam über die Frauen und die Ehe?

I. Mohammed und die Frauen

1. Ein Blick in die vorislamische Epoche

Mohammeds Großvater ʿAbd al-Muṭṭalib nahm den Sohn ʿAbdallāh bei der Hand und ging, ihn der Frau zuzuführen, die er für ihn bestimmt hatte und mit deren Sippe er handelseinig geworden war. Unterwegs, so erzählt Ibn Isḥāq (gest. 767), der berühmteste Verarbeiter von Geschichten über den Propheten, trat den beiden eine Frau in den Weg und bot ʿAbdallāh Geschlechtsverkehr an, da sie um sein Haupt ein überirdisches Leuchten bemerkt habe. ʿAbdallāh aber lehnte ihr Ansinnen ab; er müsse seinem Vater gehorchen. Nachdem er und vielleicht auch der Vater die verabredeten Geschäfte verrichtet hatten und nach Mekka zurückgekehrt waren, zeigte jene Frau keinerlei Interesse mehr an ʿAbdallāh; das Leuchten sei verschwunden. Es war, wir ahnen es, durch den Akt der Zeugung des Propheten auf die Leibesfrucht übergegangen.[1]

ʿAbdallāh, das lehrt diese Episode, war nicht vermögend genug, um sich durch einen Vertrag mit einer fremden Sippe eine Ehefrau zu kaufen. Eine so erworbene Frau wäre in sein Eigentum übergegangen und hätte fortan in seinem Anwesen leben müssen. Der Kaufpreis wäre der abgebenden Sippe zugeflossen. Derartige Geschäfte waren vermutlich selten. Viele junge Männer werden nicht das nötige Geld gehabt haben. So blieb für sie nur die sogenannte „uxorilokale Ehe", die Ehe, nach deren Vollzug die Frau bei der Sippe wohnen blieb, in die hinein sie geboren war. Anstatt von einer Ehe sollte man von gekauftem Geschlechtsverkehr sprechen. Die Knaben, die aus einer solchen Verbindung hervorgingen, verblieben in den ersten Jahren vermutlich bei der Mutter. Nach dem Zeugnis der genealogischen Überlieferung, die einen patrilinearen Aufbau zeigt, gingen sie jedoch in den Verband des Erzeugers über. Ein Beispiel dafür bietet ʿAbd al-Muṭṭalib. Sein Vater Hāšim zeugte ihn mit einer im Gebiet von Medina lebenden Frau. Bei den Handels-

[1] Vgl. drittes Kapitel (Wer war Mohammed?) II. 2.

reisen, die ihn wie andere Quraišiten nach Gaza führten, wird er die Verbindung mit ihr eingegangen sein. Nach Mekka gelangte ʿAbd al-Muṭṭalib erst als Knabe. Mädchen, die einer uxorilokalen Verbindung entsprossen, hatten anscheinend nur geringe Überlebenschancen. Sie wurden häufig lebend verscharrt, wie aus Mohammeds Klage in Sure 81, Vers 8 f., zu schließen ist: Am Jüngsten Tag, wenn die Gräber geöffnet werden, wird man diese Mädchen fragen, wegen welcher Schuld sie getötet wurden. Als Grund für diese barbarische Sitte läßt sich die Furcht vor einem zu starken Anwachsen der Zahl der Esser anführen, während eine Ausweitung der Nahrungsressourcen vermutlich kaum möglich war.

Desweiteren bildeten die Frauen eines Stammes oder einer Sippe einen Gegenstand ständiger Sorge um die Ehre der männlichen Mitglieder. Dafür gibt es auch in der Prophetenbiographie ein treffendes Beispiel. Als die Mekkaner 624 befürchten mußten, Mohammed werde ihre von Norden heranziehende Karawane abfangen, brachten sie ihrerseits eine Karawane auf den Weg, die der ihrigen entgegenkommen und diese, falls nötig, gegen den Angriff Mohammeds schützen sollte. Da nach dem Abzug dieser Schutzkarawane Mekka dem Zugriff seiner Feinde nichts entgegenzusetzen gehabt hätte, führte diese Karawane einen großen Teil des Vermögens der Mekkaner mit sich, darunter die Frauen der wichtigen Klane. Denn der Frauenraub war neben dem Frauenkauf ein wichtiges Mittel, um in den Besitz einer Ehefrau zu gelangen. Die Ehre des geschädigten Verbandes war nach einem solchen Vorgang allerdings schwer verletzt. Zuviel weibliche Mitglieder zu haben, bedeutete mithin auch zu viele Möglichkeiten, die Ehre einzubüßen.

In seiner mekkanischen Zeit, also bis zu seiner Vertreibung im Jahre 622, als er das Alter von 53 Jahren erreichte, hatte Mohammed keine Ehefrau zueigen. Vielmehr ging er ein uxorilokales Verhältnis mit Ḫadīǧa bt. Ḫuwailid aus dem quraišitischen Klan der Banū Asad b. ʿAbd al-ʿUzzā ein, die bereits zweimal verwitwet war. Sie war älter als er, allerdings wohl nicht um fünfzehn Jahre, wie erzählt wird. Denn in diesem Falle hätte sie ihm noch als fünfundfünfzigjährige Frau Kinder geboren. Mit dieser Ehe gerät einem eine quraišitische Besonderheit in den Blick. Die quraišitische genealogische Überlieferung beginnt schon einige Generationen vor Mohammed, nicht nur die männlichen Ahnen aufzuzählen, sondern nennt auch die Frauen, mit denen sie verheiratet waren und zählt die Kinder auf, die eine Frau, die mehrfach verheiratet gewesen war, einem jeden ihrer Männer geboren hatte. Beim Studium dieser Quellen gewinnt man den Eindruck, daß die Quraišiten bevorzugt Frauen aus Klanen des eigenen Stammes ehelichten. Waren Kauf und Raub unter den Quraišiten ausgeschlossen? Jedenfalls spielte das Ansehen des einzelnen quraišitischen Klans bei solchen Verbindungen innerhalb des Stammes eine entscheidende Rolle.

Auch davon weiß man aus den Überlieferungen zur Vita des Propheten. Sein Onkel und Ziehvater Abū Ṭālib gab ihm nicht die eigene Tochter Umm Hāni' zur Frau, wie Mohammed es sich gewünscht hatte, sondern verheiratete sie mit dem Angehörigen eines einflußreichen Klans. Stattdessen die Ehe mit Ḫadīğa – es verwundert nicht, daß die islamische Überlieferung begeisterte Worte für dieses ideale Paar findet. In Wahrheit muß man wohl von einer Verlegenheitslösung sprechen. Denn ihr Klan war bei den übrigen Quraišiten nicht mehr wohlgelitten, seitdem einer ihrer Onkel sich dafür eingesetzt hatte, Mekka dem byzantinischen Einfluß zu öffnen. Überdies berichtet die Überlieferung von Possenspielen, mit denen man Ḫadīğas Vater die Zustimmung zur Ehe mit dem Habenichts Mohammed habe abluchsen müssen. Immerhin gelang es Mohammed, zwei Töchter, die Ḫadīğa ihm gebar, mit den Söhnen seines unter den Quraišiten sehr angesehenen Onkels ʿAbd al-ʿUzzā b. ʿAbd al-Muṭṭalib zu verheiraten. Diese Ehen waren jedoch nur von kurzer Dauer. Sobald Mohammed zu predigen begann und Anlaß zu der Befürchtung gab, er werde wie jener Onkel Ḫadīğas den Byzantinern das Wort reden, wurden jene beiden Töchter Mohammeds von ihren Ehemännern verstoßen. ʿAbd al-ʿUzzā b. ʿAbd al-Muṭṭalib wurde zum entschiedenen Feind seines Neffen Mohammed, der ihn in Sure 111 als den Hölleninsassen Abū Lahab, „Flammenvater", schmähte. ʿAbd al-ʿUzzā b. ʿAbd al-Muṭṭalib riet später seinem Neffen dringend, er solle Mekka verlassen. Einen Verwandten Ḫadīğas, der schon vor Mohammed den Kaabakult auf den Eingottglauben hatte umstellen wollen, hatte man aus der Stadt vertrieben.[2]

2. Die Frauenfrage in der medinensischen Urgemeinde

Eng ist Mohammeds Lebensschicksal mit den vorislamischen Formen der Ehe verknüpft. Die unter welchen Voraussetzungen auch immer in Gang kommende Wertschätzung der Frauen, die sich aus der genealogischen Überlieferung ergibt, versandete. Doch auch die beiden gängigen Eheformen, die uxorilokale mit dem Verbleib der Frau in ihrer Sippe sowie die Kauf- und Raubehe, bei der die Frau in das Eigentum der Erwerbers überging und wie anderes Vermögen nach dessen Ableben vererbt werden konnte, blieben unter den besonderen Gegebenheiten, die sich nun geltend machten, nicht bestehen.

Kurz bevor Mohammed aus Mekka vertrieben wurde, hatte er sich durch Allah zum Propheten ermächtigen lassen, zu demjenigen, der „das Billigenswerte gebietet und das Verwerfliche verbietet".[3] Es ist nur zu verständlich,

---

[2] Tilman Nagel: Mohammd. Leben und Legende, München 2008, 103–108. Ders.: Mohammed. Zwanzig Kapitel über den Propheten der Muslime, München 2010, 48 f. und 71 f.

[3] Vgl. drittes Kapitel (Wer war Mohammed?), II. 4.

daß er sich in Medina sogleich einer Situation gegenüber sah, die ihn nötigte, von dieser Zuständigkeit Gebrauch zu machen. Die mekkanischen Auswanderer, die schon vor ihm in Medina eingetroffen waren, hatten, anders als er selber, keinerlei familiäre Bindungen zu medinensischen Klanen. Sie fanden eine Bleibe bei der ausitischen Sippe der Banū ʿAmr b. ʿAuf. Den Grund hierfür darf man in den blutigen Zerwürfnissen zwischen den beiden arabischen Stammesgemeinschaften Medinas, den Ausiten und den Ḫazraǧiten, vermuten. Einige Jahre vor Mohammeds Ankunft hatten die Ausiten den Ḫazraǧiten eine Niederlage beigebracht und diesen die bis dahin andauernde Vorherrschaft entrissen. Dies war nicht zuletzt deshalb möglich geworden, weil es den Ausiten gelungen war, die jüdischen Stämme auf ihre Seite zu ziehen. Die Gründung der medinensischen Gemeinde der Muslime, etwa zwei Jahre vor der Hedschra, war eine Sache der Ḫazraǧiten gewesen, die mit der quraišitischen Sippe Mohammeds, wie vorhin erwähnt wurde, verschwägert waren.[4] Die Ausiten, die durch den Zuzug von Männern aus Mekka an Kampfkraft gewannen, durften nach Mohammeds Beurteilung der Lage nicht zu mächtig werden. Dies ist der verborgene Beweggrund für seine Politik der Vertreibung und Vernichtung der Juden. Vor allem aber mußte er aus den Auswanderern und den Medinensern, soweit sie seiner Verkündigung zugetan waren, eine einträchtige Gemeinschaft heranbilden, um seinem Fernziel, der Islamisierung des Kaabakults und damit der Übernahme der Macht in Mekka, näherzukommen.

Damit stellte sich die Frage nach den Ehebeziehungen der Auswanderer und, vielleicht erst in zweiter Linie, auch der medinensischen „Helfer". In Sure 2 versucht Mohammed, seinem Anspruch als Prophet gerecht zu werden und mit Vorschriften, die von Allah selber erlassen sein sollen, eine einträchtige Gemeinde zu stiften, die ein Abbild der ḥanīfischen, abrahamischen sein soll. Dies gilt auch für die Regelung der Beziehungen zu den Frauen. Daß diese Regelungen ausschließlich aus der Sicht der Männer getroffen werden, darf einen nicht erstaunen. Denn die Gemeinschaft der mekkanischen quraišitischen Klane besteht in Medina unter den „Glaubenden" nicht und damit entfällt die in der genealogischen Überlieferung beobachtete Wertschätzung der Quraišitinnen. In der gottgegebenen ḥanīfischen Daseinsordnung kommt die Frau nur als ein von jeglicher Stammeszugehörigkeit abstrahiertes Gattungswesen vor, auf das einzig die Kategorien „muslimisch" und „nichtmuslimisch" sowie „frei" und „versklavt" angewendet werden.

„Ehelicht keine Beigesellerinnen, bevor sie gläubig werden! Eine gläubige Sklavin ist besser als eine (freie) Beigesellerin, selbst wenn diese euch gefallen sollte. Und verheiratet (eure Töchter) nicht mit Beigesellern, ehe diese gläubig werden. Ein glaubender Sklave ist besser als ein (freier) Beigeseller,

---

[4] Mohammed. Leben und Legende, 250–297.

sollte dieser euch auch gefallen! Jene nämlich rufen zum Höllenfeuer, Allah aber ruft zum Paradies und zur Vergebung, die mit seiner Erlaubnis erfolgt, und erläutert den Menschen seine Wunderzeichen (d.h. Verse). Hoffentlich laßt ihr euch mahnen!" (Sure 2, 221). Man fragt Mohammed nach der Monatsblutung: Während dieser Tage sind die Frauen unrein, die Männer müssen sich des Verkehrs mit ihnen enthalten, bis sie wieder den Zustand der Reinheit erlangt haben. Allgemein aber gilt: „Eure Frauen sind für euch ein Acker. Sucht euren Acker auf, von wo immer ihr wollt! Legt euch (so) einen Vorschuß (auf das Jenseits) an, fürchtet Allah und wißt, daß ihr ihm begegnen werdet. Du aber verkünde den Glaubenden (Gutes)!" (Vers 222 f.).

Zu tadeln ist die Unsitte mancher Männer, um ihren Willen durchzusetzen, einen Eid des Inhalts zu schwören, sie wollten sich künftig des Verkehrs mit ihren Frauen enthalten. Worte sind nicht nur Geschwätz, sondern entfalten Wirkungen.[5] Infolgedessen darf derartiges Gerede nicht ohne Folgen bleiben. Wer es sich zuschulden kommen ließ, der muß eine Frist von vier Monaten verstreichen lassen, bevor er das gewöhnliche Eheleben wiederaufnimmt. „Wenn (die Männer) die Verstoßung (arab.: *aṭ-ṭalāq*) ernst meinen, (dann gilt): Allah ist allhörend und allwissend." Die verstoßenen Frauen müssen in diesem Fall drei Monatsperioden abwarten; ihnen ist, wofern sie an Allah und den Jüngsten Tag glauben, nicht gestattet, zu verbergen, was Allah in ihrem Mutterleib schafft. Ihre – ehemaligen – Ehemänner haben das Recht, sie zurückzuholen, wenn sie eine Versöhnung anstreben sollten. Die wiederaufgenommenen Frauen haben dieselben Rechte und Pflichten wie zuvor. Allerdings stehen die Männer grundsätzlich eine Stufe über ihnen, was in diesem Zusammenhang heißen soll, daß sie die Herren des Verfahrens sein müssen (vgl. allgemein Sure 4, 34). Zweimal darf gegen eine Ehefrau die Verstoßung ausgesprochen werden. Ist dies geschehen, dann ist die Rücknahme der Frau durch den Ehemann mit der Möglichkeit einer nochmaligen Verstoßung nicht erlaubt. Der Ehemann muß sie entweder – endgültig? – behalten oder freigeben. Entschließt er sich zu letzterem, darf er nichts von der Morgengabe zurückfordern. Freilich mag es sein, daß beide fürchten, mit Bezug auf die Ehevorschriften die von Allah gesetzten Grenzen zu verletzen. Sollten beide unter dieser Furcht leiden, dann wird es ihnen nicht als ein Vergehen zur Last gelegt, wenn sie sich darauf einigen, daß sich die Ehefrau durch Überlassung eines Teils der Morgengabe aus der Ehebeziehung loskauft (Sure 2, 223–229, vgl. Sure 65, 1–7).

Auch unter dem Gesichtspunkt des Ehehindernisses der Ungläubigkeit kommen Mohammed die Frauen in seinen ersten diesbezüglichen medinensischen Äußerungen in den Blick, was der Lebenslage der jungen Gemeinde

---

[5] Vgl. viertes Kapitel (Was ist der Koran?) und fünftes Kapitel (Was ist das Hadith?).

entspricht. Die frühen Auswanderer, die sich bei den Banū ʿAmr b. ʿAuf zusammenfanden, hatten ihre ehelichen Bindungen verloren oder konnten sie nicht aufrechterhalten. Die Zertrennung dieser Bindungen steht daher im Vordergrund der Darlegungen. Es kommt, vermutlich ebendieser Situation geschuldet, ein für Mohammed wesentliches Thema hinzu: Die Abstammung eines jeden Menschen muß eindeutig sein. Deshalb führt Mohammed die im alten Arabien unbekannte Wartefrist (arab.: *al-ʿidda*) ein, die verstreichen muß, bevor eine verwitwete oder verstoßene Frau aufs neue eine Ehe eingehen darf. Diese Frist beträgt laut Vers 234 von Sure 2 vier Monate und zehn Tage. Der Eindeutigkeit der Elternschaft dient auch die Bestimmung im 233. Vers: „Die Mütter sollen ihre Kinder zwei volle Jahre stillen, und demjenigen, dem sie die Kinder geboren haben, obliegt es, sie währenddessen zu ernähren und zu kleiden, wie es sich gehört. Niemand wird mit etwas belastet, was er nicht zu tragen vermag. Keine Mutter soll wegen ihres Neugeborenen geschädigt werden, desgleichen niemand, dem sie es geboren hat." Die Eltern dürfen sich darauf einigen, das Kind schon früher zu entwöhnen. Sie dürfen es auch einer Amme übergeben, vorausgesetzt, es werden die ihr gegenüber eingegangenen Verpflichtungen erfüllt. Diese Bestimmung ist im Zusammenhang mit dem folgenden 234. Vers so zu verstehen, daß auch durch eine Milchverwandtschaft, die fast wie eine leibliche eingestuft wurde, die Abstammung eines Kindes keinesfalls verdunkelt werden durfte.

Die Eheschließung ist aus diesem Grund für Mohammed ein durch einen Dritten abzuwickelndes Vertragsverfahren, wie aus den hierauf folgenden Aussagen erhellt. Zwar hält Mohammed es nicht für abwegig, daß ein Mann sich zu Andeutungen über eine von ihm begehrte Frau hinreißen läßt, aber er darf ihr nicht insgeheim Versprechungen machen, sondern soll mit ihr nur Unverfängliches reden. Völlig ungehörig wäre es, einen Ehevertrag erzwingen zu wollen, „bevor die schriftliche Vereinbarung ihre Frist erreicht hat" (Vers 235). Dieser Satz weist vermutlich darauf hin, daß während einer noch nicht abgelaufenen Wartefrist kein Vertrag mit einem anderen Mann ausgehandelt werden darf. Rechtsfolgen hat ohnehin der Vertragsschluß, nicht der Vollzug der Ehe. Denn Mohammed erörtert nun den Fall, daß eine Frau verstoßen wird, noch ehe der vertragliche Ehepartner sie berührt hat. Dieser ist in einem solchen Fall gehalten, ihr einen angemessenen Betrag zu zahlen. Sollte bereits eine feste Summe vereinbart worden sein, dann steht ihr die Hälfte zu (Vers 236 f.). Manche Männer werden durch Allah abberufen werden und Gattinnen hinterlassen. Diese haben das Recht, bis zu einem ganzen Jahr in den Wohnungen der Gefallenen zu leben und aus deren Nachlaß versorgt zu werden, und auch die Verstoßenen haben einen angemessenen Unterhalt zu fordern (Vers 240 f.).

Diese Sätze spielen auf die Lage an, in der Mohammed diese Regelungen vorträgt. Die Kämpfe gegen Mekka, das ihm den Besuch der Kaaba verwehrt, haben zum Zeitpunkt der Entstehung von Sure 2 bereits begonnen; Mohammed treibt seine Anhängerschaft in einen Krieg, um sich die Teilnahme an den jährlichen Pilgerriten und das Recht zu erstreiten, sie nach Maßgabe seiner Lehren umzugestalten (vgl. Sure 2, 190–193). Unmittelbar nach seinen eben zitierten Sätzen über die Ehe kommt er, wie es seine Art ist, unter Bezugnahme auf ursprünglich biblischen Stoff auf das ihn bedrängende Thema zu sprechen: Da gab es einmal Tausende von Israeliten, die ihre Häuser aus Furcht vor dem Tod verließen; „sterbt!" sagte Allah zu ihnen, dann aber ließ er sie, huldreich, wie er ist, am Leben. „Kämpft auf dem Pfade Allahs!" Wer Allah ein Darlehen gibt, der wird es um ein Vielfaches verzinst zurückerhalten (Vers 243–245)! Einst forderten die Israeliten von einem ihrer Propheten, er möge unter ihnen einen König berufen, unter dessen Befehl sie für die Sache Allahs kämpfen wollten. Als ihnen dann der Kampf auf dem Pfade Allahs vorgeschrieben worden war, nachdem sie aus ihren Häusern verjagt worden waren, wollten die meisten nichts davon wissen (Vers 246). – Mohammed spricht hier von den Schwierigkeiten, die er zu überwinden hat, um die frühen Auswanderer und möglichst auch die medinensischen Helfer zu einem Angriff auf die Mekkaner zu bewegen.[6] – Damals war unter den Israeliten der König Saul aufgetreten; dieser hatte ihnen die Bundeslade und damit die Zuversicht einflößende Gegenwart Allahs vermittelt, und so errangen die Israeliten den Sieg über ihre Feinde (Vers 247–252). Mit den Allah in den Mund gelegten Worten: „Das sind die (früheren) Gottesgesandten, die wir auf die eine oder andere Weise auszeichneten" (Vers 253), kehrt Mohammed zu seinem Hauptthema zurück, der Vorbereitung des Kriegs gegen Mekka.

Die Aussagen der Sure 2 über die Frauen kreisen um die Themen der Abgrenzung zu den Ungläubigen sowie um die Bewahrung der Klarheit der Abstammung trotz der kriegsbedingten Unsicherheit der Ehen. Von einer allgemeineren Warte aus nimmt Mohammed in Sure 4 die Frauen in den Blick. „Ihr Menschen! Fürchtet euren Herrn der euch aus einem einzigen Wesen schuf und von diesem her seinen Partner und der dann von beiden her viele Männer und Frauen (über die Erde hin) ausbreitete. Fürchtet Allah, in dessen Namen ihr einander (um Gefälligkeiten?) bittet und achtet die Blutsverwandtschaft! Allah hat euch im Auge!" (Sure 4, 1). Ist mit dem „einzigen Wesen" Adam gemeint, aus dessen Rippe Gott im Alten Testament Eva hervorbringt? Ihr Name wird im Koran nicht genannt, auch nicht im Zusammenhang mit der Verführung durch den Satan (Sure 7, 19–25). Es ist nicht auszuschließen, daß der Beginn von Sure 4 als eine Anspielung auf die in der Spätantike belegte Vorstellung von einem androgynen Urmenschen zu deuten ist.[7] Was aber für die islamische Sicht auf die Frauen entscheidend

[6] Mohammed. Leben und Legende, 297–303.

[7] Kurt Flasch: Eva und Adam. Wandlungen eines Mythos, München 2017.

ist, steht im letzten Teil des Verses: „Achtet die Blutsverwandtschaft!" In der spätmedinensischen Sure 49 verwahrt sich Mohammed dagegen, daß Muslime übereinander spotten oder sich gegenseitig mit herabsetzenden Spitznamen belegen. Solches Verhalten ist derjenigen unwürdig, die zum wahren Glauben gefunden haben. „Wir schufen euch aus Männlichem und Weiblichem und teilten euch in Völker und Stämme, damit ihr einander bekannt werdet. Am meisten ehrt Allah aber denjenigen, der am gottesfürchtigsten ist" (Vers 13). Die Namen der Menschen dürfen keine Anspielungen auf deren zum Spott herausfordernden Eigenschaften enthalten. Sie dienen allein dem Zweck, die Menschen in einem genealogischen Gefüge – Völkern und Stämmen – kenntlich zu machen. Die Namen dürfen auch nicht dazu mißbraucht werden, sich den Ruhm der Vorväter zuzuschreiben. Muslime heben sich allein durch das Maß ihrer Gottesfurcht gegeneinander ab.

Die Blutsverwandtschaft (arab.: Pl. *al-arḥām*) unter den Menschen, die auf der Tatsache beruht, daß die Betreffenden aus ein und demselben Mutterleib (arab.: *ar-raḥim*) hervorgegangen sind, ist, wie Sure 4, Vers 1, den Muslimen ins Gedächtnis ruft, streng zu beachten. Aus ihr leitet sich freilich nur die unter den Irdischen geltende Ordnung ab. Am Jüngsten Tag wird die Zugehörigkeit zur Nachkommenschaft berühmter Personen ohne jeglichen Wert sein (Sure 60, 3). Ist die Frau demgemäß für die Definition des Ortes eines jeden im genealogisch aufgefaßten Gefüge der Menschheit von erstrangiger Bedeutung, so ist sie deswegen noch lange nicht dem Manne in anderer Hinsicht gleichgestellt. Dieser Vorstellung geht Mohammed in Sure 4 nach.

Die weiblichen Waisen, so nimmt er sein Thema nach den einleitenden Worten auf, sind anständig zu behandeln; vor allem darf man deren Vermögen nicht veruntreuen. „Und wenn ihr fürchtet, den Waisen gegenüber nicht rechtens zu handeln, dann heiratet soviel Frauen, wie euch zuträglich (?) erscheint, zwei, drei oder vier! Doch wenn ihr fürchtet, (mit ihnen) nicht ausgewogen umzugehen, dann nur eine oder Sklavinnen aus eurem Eigentum! Das verhindert am ehesten, daß ihr verarmt" (Sure 4, Vers 2 f.). Denn die freien Frauen haben Anspruch auf ein Brautgeld (arab.: *aṣ-ṣaduqa*/*aṣ-ṣadāq*), das ihnen als ihr Eigentum auszuhändigen ist – und nicht in das Eigentum der Sippe der Frau übergeht. Nur mit der Zustimmung der Ehefrau darf der Mann über einen Teil des Brautgeldes verfügen (Vers 4). Sobald die Waisen in das heiratsfähige Alter gekommen sind und ein vernünftiges Wesen erkennen lassen, ist ihnen das treuhänderisch verwaltete Erbe zu überlassen. Es folgen nun Bestimmungen über die Aufteilung einer Hinterlassenschaft, wobei die Männer grundsätzlich den doppelten Anteil der Frauen erhalten. „Das sind die durch Allah gesetzten Grenzen. Wer Allah und dessen Gesandtem gehorcht, den wird Allah in Gärten bringen, durch die unten Wasser fließt …" (Vers 5–13).

Wenn der Ehemann einer Frau stirbt, dann ist es nicht zulässig, daß dessen Erben ihr den ihr zustehenden Anteil am Nachlaß vorenthalten; es geht nicht an, die verwitweten Frauen zu drängen, einen Teil der Brautgabe, die der Verstorbene ihnen gezahlt hat, herauszugeben. Nur wenn sich die Witwen Unzucht zuschulden kommen ließen, ist dergleichen zulässig. Grundsätzlich sollte man die Witwen freundlich behandeln, selbst wenn man sie abscheulich findet. Es könnte sein, daß Allah einen reichlich belohnt (Vers 19). Sollte man eine Frau gegen eine andere austauschen, dann darf man nicht einen Teil der Morgengabe von ihr zurückfordern, war mit deren Aushändigung doch ein strenger Eid verbunden (Vers 20 f.). In diesen Versen zeigt sich die Unsicherheit, die über das durch Mohammed eingeführte Brautgeld herrschte: War es wirklich das Eigentum der Frau geworden? In der uxorilokalen Ehe war das Geld, das die Frau für die Gewährung des Geschlechtsverkehrs und die sich hieraus möglicherweise ergebende Geburt eines Kindes erhielt, an diese Leistung gebunden und wurde nicht als ein unabhängig davon gewährter Lebensunterhalt verstanden. Das war ja auch nicht nötig, da die Frau in ihrer Sippe blieb. Mohammed muß deswegen betonen, daß nun, da das Sippengefüge durch den Islam in Verwirrung gebracht wurde, gerade die Sicherstellung des Unterhalts der Zweck der Brautgabe ist. Auch der Ehemann, der ein großzügiges Brautgeld gewährte, ist nicht berechtigt, einen Teil davon zurückzuverlangen, wenn ihm der Sinn nach einem Ehebund mit einer anderen Frau steht.

Indem die Brautgabe tatsächlich das Eigentum der Frau ist, hat Mohammed deren Rechte verbessert. Das gilt auch insofern, als er den Männern verbietet, die Frauen des Vaters zu ehelichen, womit auch der vorislamische Rechtsbrauch aufgehoben wird, die Ehefrauen eines Verstorbenen dessen männlichen Erben zu übermachen. In Fällen, in denen dies geschehen ist, will Mohammed allerdings das vor der „Gläubigkeit" des betreffenden Mannes eingetretene Resultat dieser als abscheulich und hassenswert charakterisierten heidnischen Regelung bestehen lassen (Vers 22).[8] Dies führt Mohammed zu einer Aufzählung der weiblichen Verwandten, mit denen ein Mann keine Ehe eingehen darf: die Mutter, die Töchter, die Schwestern, die Tanten väterlicherseits und mütterlicherseits, die Töchter des Bruders und der Schwester, „die Mütter, die euch gesäugt haben, und eure Milchschwestern, die Mütter eurer Frauen, die in eurer Obhut lebenden Stieftöchter eurer Frauen; sofern ihr mit letzteren noch keinen Verkehr hattet, so ist (die Ehe mit den Stieftöchtern) keine Verfehlung; (ferner sind euch verboten) die Gattinnen eurer leiblichen Söhne; auch dürft ihr nicht zwei Schwestern heira-

[8] Der erste Teil des 19. Verses wird nicht durchgängig auf den Nachlaß bezogen. Man liest ihn auch als ein Verbot der Vererbung von Ehefrauen. Der arabische Wortlaut läßt beide Möglichkeiten zu.

ten.“ Da diese Verbote im Heidentum nicht galten, dürfen in vorislamischer Zeit gestiftete Verbindungen dieser Art bestehen bleiben (Vers 23).

Die Sicherstellung der Eindeutigkeit der Abstammung ist als der Beweggrund dieser Verbote zu erkennen. Das ergibt sich klar aus dem nächsten Vers, der das Verbot der vertragslosen Ehe bzw. des Geschlechtsverkehrs auf alle ehrbaren Frauen ausdehnt. Ausgenommen sind natürlich die eigenen Sklavinnen, und auch sonst dürfen sich ehrbare Männer Frauen zum Geschlechtsverkehr suchen, die nicht unter die genannten Kategorien fallen, vorausgesetzt, diese bekommen den vereinbarten Lohn. Mohammed denkt hier nicht an Ehen, sondern an vorübergehende Verhältnisse, die die glaubenden Männer allerdings nur mit solchen Frauen eingehen dürfen, die keine sonstigen Liebschaften unterhalten. Sollten diese Frauen Unzucht begehen, haben sie allerdings nur die Hälfte der Strafe zu erleiden, die ehrbaren Gattinnen in solchen Fällen droht. „Dies ist (eine Erleichterung) für diejenigen unter euch, die eine sexuelle Notlage fürchten. Auszuharren ist jedoch besser für euch ... Allah will euch (alles) erläutern, euch auf den Wegen derjenigen, die vor euch waren, rechtleiten und sich euch zuwenden ... Diejenigen aber, die den Begierden folgen, weichen in übler Weise vom rechten Pfad ab. Allah will euch (die Lasten) erleichtern. Denn der Mensch ist von schwachem Charakter“ (Vers 24–28). Den Gedanken, daß der Islam die Religion sei, die mit dem harmoniere, was Allah fortwährend schafft, und daher keine Erschwernisse verlange, äußerte Mohammed auch in anderem Zusammenhang.[9] Hier schlägt er sich in der Erlaubnis nieder, vor dem Islam gegründete Beziehungen zwischen Mann und Frau fortbestehen zu lassen, auch wenn sie dem Ziel einer eindeutigen Elternschaft der Kinder hinderlich sein sollten. Auch der uxorilokalen Ehe vergleichbare Beziehungen dürfen angeknüpft werden, sofern die Sippe der betreffenden Frauen dies erlaubt (Vers 25).

Während Mohammed für die Schwächen der Männer Verständnis zeigt, ist er doch der zu den Heiden gesandte Prophet, der diesen die drückenden Lasten abnimmt,[10] kommt ihm gegenüber den Frauen keinerlei derartige Besorgnis in den Sinn. Den Männern steht ein durch Allah festgelegter Anteil an der Hinterlassenschaft zu, und auch den Frauen weist Allah ihren Anteil zu. Es wäre ungehörig, gegen diesen durch Allah gestifteten Unterschied aufzubegehren (Vers 32). Denn die Männer stehen über den Frauen, eben weil Allah ihnen diesen Vorrang gegeben hat und weil sie aus ihrem Vermögen den Lebensunterhalt der Ehefrauen bestreiten. „Deswegen sind die frommen Frauen unterwürfig und wahren das Verborgene“ – d. h. die Ehegeheimnisse – „weil auch Allah (sie) wahrt. Ehefrauen, deren Widerspenstigkeit ihr fürchtet, die ermahnt, meidet sie auf der Lagerstätte und schlagt sie! Wenn

---

[9] Vgl. erstes Kapitel (Was ist der Islam?), II. 3.

[10] Vgl. drittes Kapitel (Wer war Mohammed?), II. 4.

sie euch (wieder) gehorchen, dann wendet keine Gewalt mehr gegen sie an!" Sollte zwischen den Ehepartnern ein ernstes Zerwürfnis entstehen, dann muß man aus der Sippe des Mannes und aus der Sippe der Frau je einen Schiedsmann bestellen; Allah wird auf diese Weise eine Versöhnung herbeiführen (Vers 34 f.).

Gemäß Allahs Schöpfungshandeln sind Männer und Frauen einander nicht gleich. Das kommt besonders deutlich zum Ausdruck, wenn es gilt, zwei Personen der Unzucht zu überführen. „Wenn eure Ehefrauen Unzucht begehen, dann bringt aus eurer Mitte vier (Männer) bei. Wenn diese (den Akt der Unzucht) bezeugen, dann haltet die Frauen im Hause fest, bis sie sterben oder bis Allah ihnen einen Weg weist." Treiben zwei Männer miteinander Unzucht, dann sind sie zu peinigen, und wenn sie bereuen, dann hat man von ihnen abzulassen (Sure 4, 15 f.). Das überragende Gewicht, das Mohammed, wie schon mehrfach betont wurde, der eindeutigen Herkunft der Kinder beimißt, zeigt sich nicht zuletzt in der 24. Sure, doch auch hier sind Frauen als Zeugen nicht zugelassen.[11] Ein Mann und eine Frau, die der Hurerei (arab.: *az-zinā'*) überführt wurden, erhalten zur Strafe je einhundert Peitschenhiebe; bei der Vollstreckung der Strafe soll eine größere Anzahl von Glaubenden zugegen sein, sie dürfen sich freilich nicht von Mitleid übermannen lassen. Wer der Hurerei überführt wurde, darf künftig nur jemanden heiraten, der die gleiche Untat begangen hat oder ein „Beigeseller" ist. Männer, die ehrbare Ehefrauen der Hurerei bezichtigen, müssen vier männliche Zeugen aufbieten; anderenfalls gelten sie als Verleumder und werden mit achtzig Peitschenhieben bestraft. Auch eine Ehefrau, der ihr Gatte Untreue vorwirft, ohne daß er dafür Zeugen hätte, ist gegen ihn benachteiligt. Wenn er viermal die Richtigkeit seines Vorwurfs beeidet und in einem fünften Schwur die Strafe Allahs auf sich herabruft, sollte er gelogen haben, dann ist es die Sache der beschuldigten Ehefrau, die Bestrafung abzuwenden. Sie muß nun viermal beeiden, daß er lügt und mit einem fünften Schwur den Zorn Allahs für den Fall auf sich nehmen, daß sie die Unwahrheit sagt. (Sure 24, 2–10).

Die koranischen Äußerungen über die Frauen und die Eheverhältnisse setzen stillschweigend voraus, daß „diejenigen, die gläubig wurden", keine Bindungen mit Andersgläubigen eingehen. Wie die eben zitierten Sätze aus der 24. Sure belegen, betrachtet Mohammed die „Ehrbarkeit" als ein Kennzeichen der Zugehörigkeit zur Gemeinschaft der Muslime. Wer erwiesenermaßen nicht mehr „ehrbar" ist, der darf nur unter seinesgleichen oder unter Heiden einen Partner wählen. Die strenge Bestrafung des „Verleumders", der

---

[11] Sie dürfen in solchen Angelegenheiten, die als entscheidend für den Fortbestand des von Allah und seinem Gesandten beherrschten Gemeinwesens gelten, kein Zeugnis ablegen; in Angelegenheiten wie etwa Vermögensfragen gilt ihr Zeugnis nur halb soviel wie das eines Mannes (Sure 2, 282).

für seinen Vorwurf nicht die erforderlichen männlichen Zeugen findet, belegt, daß in der „besten Gemeinschaft" zur Zeit Mohammeds sehr viel verletzendes Gerede über die durch die Hedschra in Unordnung geratenen Beziehungen zwischen Männern und Frauen kursierte. Nur der Huld Allahs sei es zu verdanken, daß diejenigen, die Dinge verbreiten, von denen sie gar nichts wissen können, noch nicht schwer bestraft wurden (Sure 24, 12–20). Es ist nicht auszuschließen, daß Verdächtigungen, die man über Mohammeds Lieblingsfrau ʿĀʾiša in Umlauf gesetzt hatte, der Grund für seine harten Worte in Sure 24 waren.[12] Auch in einem anderen Fall scheute er sich nicht, Allah zugeschriebene Worte für die Schlichtung eines Zwistes unter seinen zahlreichen Ehefrauen einzusetzen (Sure 66, 1–5).

Für die spätere Rechtsentwicklung auf diesem Gebiet ist von erheblichem Gewicht, daß die Bestimmungen über die Verstoßung der Ehefrauen und deren Wartefrist ausdrücklich zu einem Teil der durch Allah gesetzten Grenzen (arab.: Pl. *al-ḥudūd*) (Sure 2, 229; Sure 65, 1) erklärt werden.[13] Das meint nicht mehr und nicht weniger, als daß das muslimische Gemeinwesen durch die mit diesen Vorschriften angestrebte „Reinheit" und Eindeutigkeit der Abstammung definiert ist: Diese Grenzen sind ein wesentliches Element der sich in der „besten Gemeinschaft" (Sure 3, 110) verwirklichenden Herrschaft Allahs. Diese Vorschriften sind für den nüchtern die autoritativen Texte studierenden Muslim deswegen keinesfalls das Resultat der obwaltenden Verhältnisse in der medinensischen Urgemeinde, also wegen vorübergehender diesseitiger Gegebenheiten erlassen, sondern konstitutiv für das Gemeinwesen Allahs. Die mit den Vorschriften untrennbar verbundene Minderrangigkeit der Frau ist Muslimen, die ihre Daseinsordnung gegen westliche Vorstellungen verteidigen wollen, natürlich ein Dorn im Auge. Aber sie läßt sich nur hinweginterpretieren, indem man diesen Texten Gewalt antut und das Prinzip der durch Allah gesetzten Grenzen antastet. Deshalb entfalten solche „Interpretationen" unter Muslimen keine Überzeugungskraft.

II. Die Frauen im Hadith und in der Scharia

1. Die Frau als Gattin

Das Leben der Frau[14] findet seine Erfüllung in der Ehe, deren Inbegriff für Mohammed der Geschlechtsakt ist, und im Gebären von Kindern (vgl.

---

[12] Tilman Nagel: Mohammed. Leben und Legende, 365 f.

[13] Vgl. sechstes Kapitel (Was ist die Scharia?), III. 1.

[14] Ausführlich und facettenreich unterrichtet das Buch von Christine Schirrmacher und Ursula Spuler-Stegemann, „Frauen und die Scharia. Die Menschenrechte im Islam", München 2004, über dieses Thema.

Sure 7, 189). Das besagt schon die berühmte Stelle des Korans, an der die Frauen mit einem eifrig zu bearbeitenden Acker verglichen werden; es ist in das Belieben des Mannes gestellt, ihn aufzusuchen (Sure 2, 223). Widerspenstigkeit von seiten der Frau ist nicht vorgesehen. Denn der Rangunterschied zwischen Mann und Frau ist riesengroß. „Wenn ich jemandem aus dieser Gemeinde befehlen könnte, sich vor einem anderen niederzuwerfen, dann der Ehefrau vor ihrem Gatten (arab.: *al-ba'l*)", soll Mohammed geäußert haben.[15] In Sure 2, Vers 229, wurde die Möglichkeit angedeutet, daß sich die Frau aus einer Ehe loskauft. Die in diesem Zusammenhang verwendete Wortwurzel (*f-d-j*) wird in der Überlieferung zum Leben Mohammeds für den Freikauf von männlichen Kriegsgefangenen verwendet. In der Rede an die Muslime, die Mohammed während seiner letzten Wallfahrt nach Mekka hielt, kennzeichnet er die Stellung, die die Frau bei ihrem Ehemann einnimmt, ausdrücklich als diejenige eines Kriegsgefangenen, der nicht befugt ist, etwas selbständig zu entscheiden. Aus den Berichten über die Kriege Mohammeds geht hervor, daß der Mindestsatz für den Freikauf eines Gefangenen tausend Dirham betrug. Das in der Regel gezahlte Brautgeld belief sich auf fünfhundert Dirham, die Hälfte des Mindestsatzes eines männlichen Gefangenen. Wie erinnerlich, stellte Mohammed in Sure 2, Vers 282, fest, daß die Zeugenaussage eines Mannes diejenige von zwei Frauen aufwiegt.[16]

In der erwähnten Rede fordert Mohammed von den Ehemännern, sie hätten die Frauen sorgsam und freundlich zu behandeln, angemessen zu ernähren und zu kleiden. Sie hätten die Frauen von Allah zu treuen Händen erhalten, und dank seinem Wort verfügten sie „über deren Scheide". Diese rigide Unterstellung der Frau unter die Macht und die Launen des Ehemannes erregte schon zu Mohammeds Zeiten Widerspruch. Denn indem sie das im Hadith *mahr*[17] genannte Brautgeld entgegennahm, war sie, anders als in den uxorilokalen Bindungen vorislamischer Zeit – lebenslänglich dessen „Gefangene" und Tag für Tag dessen Herrschaft unterworfen; sie lebte in dessen Anwesen. Mohammed soll einer Frau, die wissen wollte, weshalb er nur den Männern Gutes verkünde, geantwortet haben, der Ehefrau stehe allein schon, wenn sie schwanger werde, der Jenseitslohn eines Fastenden und eines Dschihad-Kämpfers zu, und jeder Schluck Muttermilch, mit dem sie ihren Säugling nähre, werde als eine gute Tat auf ihrem Jenseitskonto vermerkt.[18]

---

[15] Tilman Nagel: Mohammed. Leben und Legende, 334. Eine Frau darf niemals Männern vorbeten (Informationen über den Islam 8: Was sind Imamat, Kalifat und Sultanat?, Kapitel II, Anmerkung 31).

[16] Mohammed. Leben und Legende, 313 und 332–334.

[17] Dieser Begriff taucht im Koran nicht auf.

[18] Mohammed. Leben und Legende, 333 f.

In den nach Sachthemen geordneten Hadithsammlungen werden die diesen grundsätzlichen Ansichten verpflichteten Überlieferungen unter dem Kapitel *nikāḥ* dargeboten. Lassen wir Revue passieren, was Abū Dā'ūd (gest. 888/9) unter dieser Überschrift mitteilt! Nach den arabischen Lexikographen meint das Wort *nikāḥ* die innige Verschmelzung zweier Wesenheiten, gleichwie beispielsweise der Regen in die aufnehmende Erde eindringe.[19] Es ist demnach nicht an einen von diesem Akt unabhängigen Bund gedacht. Wesentlich für das islamische Verständnis des *nikāḥ* ist die Ansicht, daß er die Wollust des Mannes mindere. So beginnt Abū Dā'ūd sein Kapitel mit diesem Ausspruch Mohammeds: „Wer unter euch den Beischlaf ausüben kann, der heirate! Denn das beruhigt am ehesten den (begierigen) Blick und erhält dem Geschlecht Ehrbarkeit. Wer von euch nicht heiraten kann, der möge fasten! Denn das tötet ihm die Lust." Indessen soll Mohammed darin nicht den Hauptzweck der Ehe gesehen haben. Ganz im Sinne der Trostworte, die er der Frau sagte, die sich gegenüber den Männern benachteiligt fühlte, soll er jemandem von der Ehe mit einer reichen, schönen, jedoch unfruchtbaren Frau abgeraten haben: „Ehelicht heißliebende, gebärfreudige Frauen! Denn ich bin im Begriff, mit euch die (anderen) Religionsgemeinschaften an Zahl zu übertreffen."[20] Dies hat freilich unter Einhaltung der bereits im Koran mehrfach erörterten Regeln zur Wahrung der Eindeutigkeit der Genealogie zu geschehen. Der Hurer, der wegen dieses Vergehens ausgepeitscht wurde, darf nur eine Frau seinesgleichen ehelichen. Ferner ist zu beachten, daß eine Milchverwandtschaft die gleichen Ehehindernisse nach sich zieht wie eine Blutsverwandtschaft. In bestimmten Fällen kann es jedoch wünschenswert sein, zwischen einem Mann und einer Frau einen so engen Verwandtschaftsgrad zu etablieren, daß eine Heirat ausgeschlossen, der gesellschaftliche Umgang jedoch erlaubt ist. Der Mann muß zu diesem Zweck zehnmal von der betreffenden Frau gesäugt werden; nach ʿĀ'iša wurde diese spät offenbarte Bestimmung kurz vor Mohammeds Tod abgemildert, so daß sie sich nicht im Koran findet: Ein fünfmaliges bezeugtes Säugen genügt nun. Nur zweimal an der Brust zu saugen, ist nach Mohammed jedoch nicht ausreichend. Überhaupt habe Mohammed das Säugen von Erwachsenen abgelehnt; es diene nicht der Stillung des Hungers und sei daher mißbräuchlich.[21]

Wer könnte sagen, ob diese bizarre Regelung zur Umgehung der Aussperrung der Frau aus dem gesellschaftlichen Verkehr jemals angewendet wurde? Sie belegt jedoch, welche weitreichenden Folgen die Bestimmungen über die Ehehindernisse hatten. Die Frau als Gegenstand der Begierde des Mannes,

---

19 Dieses Beispiel wird zitiert in Edward William Lane: An Arabic-English Lexicon, Teil I, Bd. VIII, London 1893, s.v. n-k-ḥ.

20 Abū Dā'ūd: Sunan, nikāḥ 1 und 4 = ed. Muḥammad Muḥjī d-Dīn ʿAbd al-Ḥamīd, Kairo 1950, Nr. 2046 und Nr. 2050.

21 Ebd., Nr. 2052, Nr. 2062 f., Nr. 2058–2060.

die sie – nach muslimischer Vorstellung schuldhaft – fortwährend weckt, darf wegen dieser Eigenschaft nicht frei in Situationen des Alltags auftreten; sie könnte die Wollust der Männer erregen, was, bis zu Ende gedacht, die Eindeutigkeit des genealogischen Gefüges gefährdet und die von Allah gesetzten „Grenzen" verletzen müßte. Das probate Mittel, dies wirksam zu verhindern, die Verschleierung der Frau, scheint in der Zeit, aus der das Material des Hadith stammt, noch nicht gang und gäbe gewesen zu sein. Denn anderenfalls wäre schwerlich nur am Rande davon die Rede. Im Koran fordert Mohammed, die Frauen sollten das Halstuch (arab.: *al-ḫimār*) derart anlegen, daß es den Ausschnitt des Gewandes bedecke; überhaupt sollten sie ihre Reize verbergen, die außer dem Ehemann nur die nahen männlichen Verwandten, die Sklavinnen und die Bediensteten sehen dürfen, die so jung sind, daß der Geschlechtstrieb noch nicht in ihnen erwacht sei (Sure 24, 31). Daß sich Frauen gefällig kleiden und herausputzen, ist Mohammed ein Graus. Selbst Frauen, die das Heiratsalter längst hinter sich gelassen haben, sollten auf solche heidnischen Sitten verzichten (Sure 24, 60). Ganz und gar verpönt ist ein solches Fehlverhalten für gläubige Frauen. Sie bleiben am besten im Haus, verrichten die rituellen Pflichten und „gehorchen Allah und seinem Gesandten" (Sure 33, 33). Diese Mahnung richtet Mohammed zwar an seine eigenen Frauen, aber da alles, was er tut, für alle Muslime vorbildlich ist, überträgt man diese Gebote auf alle Frauen. Denn muslimische Männer und Frauen sollen stets demütig und bescheiden sein und sich strenger Schamhaftigkeit befleißigen, wie Mohammed wenig später hinzufügt (Sure 33, 35).

Das Wort, das im Koran ein Halstuch bezeichnet, taucht im Hadith als ein Stück Stoff auf, mit dem sich Mädchen während des rituellen Gebets bedekken müssen, sobald die erste Monatsblutung eingetreten ist[22]. Grundsätzlich muß beim Ritenvollzug die Schamgegend verhüllt sein, so daß man annehmen darf, daß in den erwähnten Hadithen nicht von der Verschleierung der Frau im öffentlichen Raum die Rede ist. Auch das Wort *ḥiǧāb*, die heutzutage gängigste Bezeichnung für das die Frau gänzlich verhüllende Tuch, hat im Koran und im Hadith noch nicht diesen Sinn. Im Koran benennt es eine abschirmende Scheidewand, die Allah beispielsweise zwischen seinem Gesandten und den Ungläubigen errichtet, damit er nicht von ihnen belästigt wird und sie dem ihnen vorbestimmten Höllenschicksal anheimfallen (Sure 17, 45 f.). Eine Scheidewand soll auch die Frauen des Propheten vor dem unmittelbaren Kontakt mit Personen bewahren, die seine Wohnung aufsuchen (Sure 33, 53). Im Hadith bleibt diese Bedeutung erhalten. In den Überlieferungen zu Sure 33 meint es nach wie vor eine Abtrennung oder einen Vorhang, der den Gästen Mohammeds den Blick auf seine Frauen verwehrt.[23]

---

[22] Ebd., ṣalāh 83 f. = Nr. 641 f.

[23] al-Buḫārī: Ṣaḥīḥ, tafsīr sūrat al-aḥzāb.

Im 24. bis 28. Vers von Sure 4 dachte Mohammed über Erleichterungen für Männer nach, die allzu sehr unter ihrer Wollust litten. Vorausgesetzt, die Frauen, auf die ein Muslim sein Auge geworfen hatte, waren ehrbar, hatten also keine weiteren Liebhaber, so war eine vorübergehende Verbindung gegen „Lohn" zulässig. Nach sunnitischer Lehre soll Mohammed diese Erlaubnis in der Rede auf seiner letzten Wallfahrt widerrufen haben.[24] Die Zeitehe (arab.: *al-mutʿa*) ist somit verboten; nach schiitischer Ansicht ist sie hingegen zulässig. Der Streit hierüber dauert bis in die Gegenwart an.

Da die Frauen aus dem öffentlichen Verkehr ausgeschlossen sind, ist es ihnen unmöglich, selbständig eine Ehe anzubahnen. Dieses Geschäft, das mit der Unterzeichnung eines Ehevertrags enden sollte, wird auf der Seite der künftigen Gattin durch einen Vormund (arab.: *al-walī*) wahrgenommen. Ohne einen solchen komme keine regelgerechte Ehe zustande, soll Mohammed mehrfach betont haben. Angeblich erfüllte für ihn sogar der König von Äthiopien einmal die Aufgaben eines Vormunds; Mohammed hegte nach der Einnahme von Mekka im Januar 630 den Wunsch, sich mit dem Klan Abū Sufjāns, des ehemaligen Anführers der Mekkaner, zu verschwägern. Dessen Schwester Umm Ḥabība war mit ihrem Ehemann und einigen anderen Mekkanern in das christliche Äthiopien ausgewandert, um vor den Nachstellungen durch die Feinde der neuen Religion sicher zu sein. Sie war verwitwet, und so bat Mohammed den Negus, die Verehelichung Umm Ḥabības in die Wege zu leiten. Sobald sie in Medina eingetroffen war, vollzog Mohammed die Ehe.[25] Eine Witwe, die nach schariatischer Ansicht nicht mehr wie in vorislamischer Zeit männlichen Verwandten des Verstorbenen vererbt werden konnte, bedarf, wie das Beispiel lehrt, ebenfalls eines Vormunds; ohne ihre ausdrückliche Zustimmung darf dieser jedoch keinen Ehekontrakt abschließen. Anders verhält es sich mit einer Jungfrau. Man nimmt an, daß sie zu schamhaft sei, um selber ihr Einverständnis zu bekunden. Daher wird ihr Schweigen als Zustimmung ausgelegt; eine Ablehnung muß sie allerdings äußern.

Eine Vormundschaft (arab.: *al-wilāja*) ist nach schariatischer Definition die Wahrnehmung finanzieller und den Personenstand betreffender Handlungen für eine aus Gründen, die in der Daseinsordnung liegen, minderrangige Person. Sie ist die auf einen besonderen Bereich beschränkte Ausübung der das Gemeinwesen konstituierenden allgemeinen (Staats-)Gewalt. Diese gipfelt in den Befugnissen des „großen Imams", der dafür Sorge zu tragen hat, daß die Machtausübung Allahs nach unten weitergegeben wird. Das Recht, gegen Niedere Gewalt anzuwenden, ist ein Widerschein des entsprechenden unumschränkten Rechts Allahs, das ja der seinsmäßigen von den Glaubenden durch

---

24 Abū Dāʾūd: Sunan, Nr. 2072 f.

25 Ebd., Nr. 2083–2086; Vgl. Nagel, Mohammed. Leben und Legende, 940 f.

den Islam bezeugten Überlegenheit entspringt – freilich einer unendlichen Überlegenheit.[26] Gemäß der kuweitischen Enzyklopädie des islamischen Rechts ist die spezielle *wilāja*, die durch Befugte über bestimmte Gruppen von Personen ausgeübt wird, in der seinsmäßigen Unterlegenheit dieser Gruppen begründet, die von dreierlei Art sein kann. Die erste ist die Minderjährigkeit (arab.: *aṣ-ṣiġar*), aus der das Recht des Vaters zur Erziehung folgt, desgleichen das Recht, seine unmündigen Kinder zu verheiraten. Zweitens erfordert die Geistesgestörtheit (arab.: *al-ǧunūn*) die Bestellung eines Vormunds. Drittens begründet die Weiblichkeit (arab.: *al-unūṯa*) die Notwendigkeit eines solchen Vorgehens. Sie ergibt sich aus der Tatsache, daß Allah laut Sure 4, Vers 34, die Männer über die Frauen erhoben hat. Die durch die Weiblichkeit begründete Unterwerfung unter die Gewalt eines Vormunds erstreckt sich, wie die Verfasser der Enzyklopädie betonen, lediglich auf die Aushandlung des Ehevertrags und auf die Ahndung der Widersetzlichkeit der Ehefrau durch den Ehemann. Einzig die Hanafiten lassen eine Ehe gelten, die die Frau eigenständig ausgehandelt hat; vorausgesetzt ist allerdings, daß sie bei klarem Verstand und volljährig ist und den Status einer Freien genießt. Nach den anderen Rechtsschulen darf auch eine solche Frau nicht ohne die Hilfe eines Vormundes heiraten; dieser hat allerdings die Wünsche der Frau zu berücksichtigen. Anders verhält es sich mit der Jungfrau, die zur Ehe mit dem durch den Vormund gewählten Gatten gezwungen werden darf. Die Hanafiten wollen den Zwang nur bei einer Minderjährigen gelten lassen, ebenso einige Hanbaliten. Denn als Volljährige hat auch die Frau einen ausgereiften Verstand, weswegen man von ihr die Wahrnehmung der religiösen Pflichten verlangt. Warum sollte sie nicht selber ihren Ehemann bestimmen dürfen?[27]

Die Höhe des Brautgeldes ist ein wichtiger Gegenstand des Ehevertrags. Für Umm Ḥabība soll Mohammed 4000 Drachmen aufgewendet haben. Das muß allerdings als eine Ausnahme gelten. Gewöhnlich pflegte Mohammed nur 10,5 oder 12,5 Uqija Silber[28] zu berechnen.[29] Nach unten hin gibt es gemäß den Überlieferungen, die Abū Dāʾūd zusammenstellt, keine Grenze. Selbst ein völlig mittelloser Mann soll sich eine Ehefrau verschaffen können, habe Mohammed gemeint; es reiche aus, wenn er sie zwanzig Verse aus dem Koran lehre. Das sei ihre Morgengabe.[30] Mit der Rechtswirklichkeit haben solche Hadithe und auch weitere, die sich mit auffälligen Abweichungen vom Üblichen befassen, gewiß wenig zu tun.

---

[26] Vgl. achtes Kapitel (Was sind Imamat, Kalifat und Sultanat?), II. 3.

[27] al-Mausūʿa al-fiqhīja, Bd. XLV, Kuweit 2006, 168–174.

[28] Walther Hinz: Islamische Maße und Gewichte, Leiden 1955, 35: ein Uqija sind 40 Dirham bzw. 125 Gramm; 12,5 Uqija ergeben demnach 500 Dirham.

[29] Abū Dāʾūd: Sunan, Nr. 2105–2108.

[30] Ebd., Nr. 2111–2113.

Daß die Bedingungen, unter denen ein Mann sich „das Recht auf die Scheide" gesichert hat, strengstens einzuhalten sind, soll Mohammed betont haben. „Wenn der Mann die Frau auf seine Liegestätte ruft, sie sich aber weigert und nicht kommt, so daß er die Nacht im Zorn verbringt, dann sprechen die Engel bis zum Morgen über sie Verwünschungen aus." Allgemein gilt, was in Sure 4, Vers 34, verkündet wird: Widerspenstige Frauen sind, wenn alle übrigen Mittel versagen, mit Schlägen zur Raison zu bringen. Denn der Ehemann ist ihnen gegenüber in vielfältiger Weise verpflichtet: Er muß sie ernähren und kleiden. Im Hadith heißt es demgegenüber, er solle sie nicht schlagen, vor allem aber nicht ihr Gesicht entstellen. Doch wenn sie sich ihm gar nicht fügt, darf er verfahren, wie ihm der Koranvers rät, und er darf dessen gewiß sein, daß Allah ihn am Jüngsten Tag deswegen nicht zur Rechenschaft ziehen wird.[31]

Ist der Ehemann im Begriff, eine Frau zu ehelichen, soll er Allah anflehen: „Ich bitte dich um das Gute in ihr, um das Gute, das du in ihr angelegt hast, und ich nehme meine Zuflucht zu dir vor ihrem Bösen und vor dem Bösen, das du in ihr angelegt hast!" Die gleichen Worte soll er sprechen, wenn er einen Diener erworben hat, und auch wenn er einen Kamelhengst gekauft hat, soll er sie sagen, indem er den obersten Teil des Höckers ergreift. Abū Dā'ūd ergänzt dieses Hadith mit einem Zusatz aus anderer Quelle: Der Ehefrau bzw. dem Diener soll er an die Stirnlocke fassen und Allahs Segen herabrufen. Vor dem Geschlechtsakt soll er sprechen: „Im Namen Allahs! O Allah, halte den Satan von uns fern und von dem, was du uns bescherst!" Sollte ihnen ein Kind bestimmt sein, dann wird ihm der Satan nichts anhaben können.[32]

Die Vorstellung, daß die Ehefrau das Eigentum des Mannes ist, klang schon in Sure 2, Vers 229, und in der Rede Mohammeds an, die er bei seiner letzten Teilnahme an den mekkanischen Pilgerriten gehalten haben soll. Sie ist, wie dem eben zitierten Hadith zu entnehmen ist, in ihrer Rechtsstellung einem gekauften Sklaven oder Kamelhengst zu vergleichen. In eben dem Kapitel, in dem Abū Dā'ūd dies darlegt, findet sich folgende Überlieferung: Die medinensischen Helfer, die Heiden waren, lebten mit jüdischen Stämmen zusammen und waren geneigt, diesen ein gewisses Maß an Autorität in den Dingen eines gottgefälligen Lebenswandels zuzugestehen; nun sei es bei den jüdischen Schriftbesitzern Brauch gewesen, den Geschlechtsakt nur auf der Seite liegend zu vollziehen, und die Aus und die Ḫazraǧ hätten das übernommen. Den mekkanischen Auswanderern sei eine solche Einschränkung gänzlich fremd gewesen. Als Mohammed ein Streit hierüber zu Ohren gekommen sei, habe Allah ihm den 223. Vers von Sure 2 offenbart: „Eure Frauen sind

31 Ebd., Nr. 2140–2147.

32 Ebd., Nr. 2160 f.

für euch ein Acker. Sucht euren Acker auf, von wo immer ihr wollt!" nämlich indem die Frauen den Männern beim Akt der Zeugung die Vorderseite oder die Rückseite zukehren oder auf dem Rücken liegen.[33]

Es liegt nahe, daß das Recht zur Auflösung der Ehegemeinschaft prinzipiell nur dem Mann zusteht. Denn nur der Eigentümer kann sich von seinem Eigentum trennen und nicht umgekehrt. Die Vergleiche mit dem Diener, dem Kamelhengst, dem in beliebiger Weise aufzusuchenden Acker belehren einen in aller Deutlichkeit, wohin Mohammeds als gottgewollt gerechtfertigte Festigung der Patrilinearität die Frauen führt. In Sure 24, Vers 6 bis 10, hatte Mohammed angeordnet, daß, sollten sich die Ehegatten gegenseitig der Untreue bezichtigen, beide je viermal ihre Unschuld beeiden und danach einen Schwur leisten sollten, in dem sie für den Fall, daß sie gelogen hätten, die Strafe Allahs auf sich herabrufen. Eine Frau, die der Sippe ihres Ehemannes einen Bankert unterschiebt, wird nie ins Paradies gelangen, ebenso wenig wie ein Mann, der ein von ihm gezeugtes Kind nicht anerkennt.[34] In der Heidenzeit, in der das Eigentum des Mannes an der Frau, die er schwängerte, nicht eindeutig war, bestand die Möglichkeit, daß ein Mann Kinder als die seinigen anerkannte, die gar nicht von ihm gezeugt worden waren. Das Ziel der Eindeutigkeit der Abstammung läßt sich mit einem solchen Vorgehen nicht vereinigen. Deshalb muß nun gelten: „Im Islam gibt es keine Beanspruchung (eines Kindes). Die Verhältnisse der Heidenzeit sind vergangen. Das Kind gehört zu dem Bett (in dem es geboren wurde), und dem Hurer gebührt die Steinigung!"[35]

Der Sicherung einer, wenn auch in Zweifelsfällen nur formal zu bestimmenden Abstammung dienen nicht zuletzt die Regeln zur Verstoßung der Ehefrau einschließlich der Bestimmungen zur Wartefrist, die der Koran in der 2. Sure darlegt. Grundsätzlich hat die Ehefrau nicht das Recht, von sich aus das Eigentumsverhältnis zu verlassen, in das sie durch den Ehevertrag übergeführt wurde. Wenn eine Frau von ihrem Mann begehrt, aus dem Ehevertrag entlassen zu werden, ohne daß ihr ein Übel angetan worden wäre, dann wird sie nie den Duft des Paradieses genießen, warnte Mohammed. Bei Abū Dā'ūd findet man jedoch einen Fall, in dem durch Mohammed eine Ehe auf Wunsch der Frau aufgelöst wurde. Die Morgengabe, die sie erhalten hatte, konnte sie in vollem Umfang rückerstatten, und daher lebte sie danach wieder in ihrer Sippe.[36] In der Schariagelehrsamkeit konstruiert man aus diesem Fall die Beendigung der Ehe, indem die Frau sich des Brautgeldes „entledigt" (arab.: *al-ḫulʿ*). Da aber nur der Ehemann das Recht hat, eine

33 Ebd., Nr. 2164.
34 Ebd., Nr. 2263.
35 Ebd., Nr. 2274.
36 Ebd., Nr. 2226–2230.

Verstoßung auszusprechen, ersinnt die Schariagelehrsamkeit ein Verfahren, in dem dieser Grundsatz gewahrt bleibt.[37]

2. Die Unreinheit der Frau

Die autoritativen Texte sind das Material, aus dem die Schariagelehrten ihr Gebäude von Bestimmungen errichten. Durch sie wird, so hoffen sie, der gesamte Daseinsvollzug des mit der Beachtung der Scharia belasteten (arab.: *al-mukallaf*) Muslims den auf Allah zurückgehenden Bewertungen (arab.: *al-ḥukm*, Pl. *al-aḥkām*) unterworfen.[38] Ein indo-muslimischer Verfasser des 19. Jahrhunderts beginnt ein Werk, in dem er die Aussagen der autoritativen Texte über die Frauen zusammenträgt, mit der folgenden Überlegung: Wenngleich die Frauen „die Hälfte dieser Glaubensgemeinschaft (arab.: *al-umma*) darstellen, ja vielleicht sogar ihre Mehrheit bilden“ und den Männern in der „wahren Scharia“ gleichgestellt seien, hätten Allah und sein Gesandter sie doch mit einigen nur für sie geltenden Vorschriften belastet, die einen Teil des Wissens von der Daseinsordnung ausmachen. Hervorzuheben sei, daß ein großer Teil des Wissens von der *sunna* des Propheten allein durch ʿĀʾiša, die jüngste Ehefrau Mohammeds, den Glaubenden überliefert worden sei. Die herausragende Bedeutung einer Frau bei der Weitergabe des „Wissens“, auf dem die Daseinsordnung beruht, ist daher nicht zu bestreiten.[39] Die Erniedrigung der Frau liegt allein in der ihr durch Allah anerschaffenen Unreinheit, nicht an einem anderweitigen Mangel.

Der omanische Rechtsgelehrte Nūr ad-Dīn ʿAbdallāh b. Ḥamīd as-Sālimī (1867–1914) zitiert diese Erwägungen und schließt an sie einen kurzen Überblick über die Regelungen an, die nur die Frauen betreffen. An erster Stelle nennt er die Unreinheit der Menstruierenden und der Wöchnerin. Die Beschneidung der Männer ist Pflicht, die Beschneidung der Frauen hingegen eine Handlung der Höflichkeit[40] gegen Allah, vergleichbar dem Entfernen der Schamhaare. Hingegen ist es den Frauen untersagt, die Haupthaare zu scheren. Der Sinn dieser Vorschriften scheint darin zu liegen, daß eine Angleichung des Erscheinungsbildes von Männern und Frauen im Hadith untersagt wird.[41] Denn anders als bei den Männern, bei denen nur die Schamgegend als eine zu bedeckende Blöße (arab.: *al-ʿaura*) gilt, hat bei den Frauen der ganze

---

[37] al-Mausūʿa al-fiqhīja, Kuwait 1993–2007, s.v. al-ḫulʿ.

[38] Vgl. sechstes Kapitel (Was ist die Scharia?), I.

[39] Muḥammad Ṣiddīq Ḥasan Ḫān Bahādur: Ḥusn al-uswa bi-mā ṯabata min Allāh wa-rasūli-hī fī n-niswa, Nachdruck Beirut o. J., 3 f.

[40] Vgl. Nagel: Die erdückende Last des ewig Gültigen, Kapitel VI.

[41] Belege bei Wensinck: Concordance et indices de la tradition musulmane, III, 62, linke Spalte.

Leib diesen Status. Ausgenommen sind nur das Gesicht, die Hände und die Füße. Auch die Stimme der Frau wird schariarechtlich als eine zu bedeckende Blöße gewertet, weil ihr Ertönen für die Männer eine Anfechtung (arab. *al-fitna*) sein könnte. Deshalb kann eine Frau nicht zum Gebet aufrufen, es sei denn, ihr Gebetsruf würde durch einen Mann wiederholt. Ist das nicht der Fall, dann ist das rituelle Gebet, das hiernach vollzogen wird, ungültig. Desgleichen kann eine Frau nicht Männern vorbeten. Anders als den Männern obliegt den Frauen auch nicht die Pflicht, den Freitagsgottesdienst aufzusuchen; daß sie bei dieser Gelegenheit eine Predigt hält, ist natürlich ganz ausgeschlossen. Bei den Pilgerriten und den Bestattungsbräuchen hat die Frau in vielfacher Weise hinter den Männern zurückzustehen. Daß ihr Erbteil nur der Hälfte desjenigen eines gleichberechtigten Mannes entspricht und daß ihre Zeugenaussage nur die Hälfte derjenigen eines Mannes zählt, wurde schon gesagt. In Prozessen, in denen es um die Verletzung der durch Allah gesetzten Grenzen oder um die Talion geht, darf sie gar nicht als Zeugin gehört werden.[42]

Das Einsetzen der Monatsblutung schließt die Mekkapilgerin von zu bestimmten Terminen zu vollziehenden Umrundungen der Kaaba aus.[43] Die vorübergehende rituelle Unreinheit der Frau ist ein Sachgebiet, auf dem sich der Scharfsinn der Schariagelehrten entfaltet hat. Hierbei tritt die Vorstellung deutlich zutage, daß die Frau, vor allem wenn sie die vorübergehenden Merkmale ihres Geschlechtes aufweist, eben die Menstruation und den Zustand der Wöchnerin, von der dem Menschen gewöhnlich obliegenden Pflicht der Gottesverehrung (vgl. Sure 51, 56) ausgeschlossen ist. Seit dem 10. Jahrhundert ist ein Hadith bezeugt, das den Ausschluß der Frauen aus dem zu unverwandter Gottesverehrung berufenen Teil der Menschheit plausibel machen soll. Gabriel berichtet Mohammed, wie er einst von Allah zu Eva geschickt worden sei, als diese ihre erste Blutung erlitten habe. Voller Schrekken habe sie Allah gefragt, was mit ihr geschehe. Allah habe geantwortet: „Dich und Deine Nachkommen will ich so bluten lassen, wie du (die Frucht) vom Baum gerissen und ihn zum Bluten gebracht hast. Das soll deine Buße sein und deine Reinigung."[44] Es ist mithin Allahs ausdrücklicher Wille, daß die Frau immer wieder Zeitabschnitte der Unreinheit zu überstehen hat, in denen sie an der Erfüllung des Zwecks, zu dem Allah die mit dem Verstand begabten Wesen geschaffen hat, gehindert ist. Denn nur wer rituell rein ist, darf sich der Gottesverehrung widmen.

Der Schariagelehrsamkeit öffnet sich hier ein weites Feld spitzfindiger Deutungsmöglichkeiten und kleinlicher Bewertungen gemäß dem schariati-

---

42 Nūr ad-Dīn as-Sālimī: Maʿāriǧ al-āmāl ʿalā madāriǧ al-kamāl bi-naẓm muḫtaṣar al-ḫiṣāl, Oman 2010, II, 7–13.

43 Ebd., 10.

44 Ebd., 17.

schen Fünferschema, das von „pflichtgemäß“ bis „verboten“ reicht. So rechnet man damit, daß die durch die Monatsblutung ausgelöste Unreinheit durchschnittlich fünfzehn Tage dauert. Wie aber verhält es sich mit den Ritualpflichten, wenn die Reinheit schon früher einsetzt. Natürlich muß die Frau dann wieder der Gebetspflicht genügen und im Ramadan das Fasten fortsetzen. Was aber, wenn sie sich getäuscht hat und einige Tage nach dem vermuteten Ende die Blutung noch einmal beginnt? Waren dann nicht die in der Zwischenzeit ausgeführten Riten ungültig oder sogar ungesetzlich, da sie während des noch andauernden Zustands der Unreinheit vollzogen worden waren?

3. Die Bedeckung der Blöße

Der Mann muß, zumal wenn er den Gebetsritus ausübt, die Schamgegend bedeckt halten. Seine Blöße reicht vom Bauchnabel bis zum Knie, wobei die Gelehrten streiten, ob diese Vorschrift einschließlich dieser beiden Körperpartien gemeint ist oder nicht. Die Blöße der Frau, das hörten wir schon, ist ihr ganzer Körper, abgesehen vom Gesicht und von den Handflächen. Ob auch die Füße unbedeckt bleiben dürfen, ist umstritten. Eine wörtliche Auslegung des in den autoritativen Texten genannten Wortes „Handflächen“ besagt, das auch der Rücken der beiden Hände bedeckt zu halten ist. In Sure 24, Vers 31, schreibt Mohammed den Frauen vor, sie sollten von „ihrem Schmuck“ nur das zeigen, was unter gewöhnlichen Umständen sichtbar ist, mithin eben ihre Kleidung und allenfalls die Finger- und die Ohrringe. Doch selbst dann und selbst, wenn man sich vor Anfechtung sicher wähnt, ist es schariarechtlich bedenklich, daß ein Mann und eine Frau einander anschauen.[45] So mußte der Prophet eines Tages ʿAlī b. abī Ṭālib mahnen, dem ersten Blick auf eine Frau keinen zweiten folgen zu lassen. Solche Vorsicht braucht der Mann freilich nicht walten zu lassen, wenn er einer Greisin gegenübersteht. Vor einer ungläubigen Frau hat sich die Muslimin übrigens genauso zu verhüllen wie vor einem fremden Muslim. Hingegen reicht die Blöße einer Muslimin vor einer anderen Muslimin nur so weit wie bei einem muslimischen Mann, nämlich vom Bauchnabel bis zum Knie. So verhält es sich auch, wenn die Muslimin mit einem Mann zusammenkommt, der so eng mit ihr verwandt ist, daß eine Heirat ausgeschlossen ist. Freilich weisen die Rechtsschulen in Einzelheiten Unterschiede auf.[46]

Die schariarechtliche Literatur kennt drei Kleidungsstücke, mit denen die Frau ihren Körper bzw. bestimmte Partien des Körpers verhüllen muß, sofern

---

[45] Daß es unzulässig ist, daß sie einander berühren, etwa einander zur Begrüßung die Hand geben, sei nur nebenbei erwähnt.

[46] al-Mausūʿa al-fiqhīja, s.v. al-ʿaura (XXXI, 27–37).

sie den Kreis ihrer engen Verwandten verläßt. Das Halstuch (arab.: *al-ḫimār*) bedeckt das Haupthaar, die Schläfen und den Hals. Daneben wird vielfach ein Stück Stoff zur Verhüllung der Gesichtszüge verwendet (arab.: *an-niqāb*), das, obschon nicht ausdrücklich geboten, den Mann davor schützen soll, durch den Blick in das Gesicht einer fremden Frau in Versuchung geführt zu werden, wie dies nach Vorstellung der Schariagelehrten nur zu leicht geschehen kann. Die Bedeckung der Blöße der Frau, also ihres ganzen Körpers, erfolgt durch das schleier- oder zeltartige Gewand (arab.: *al-ḥiǧāb*), das so beschaffen sein muß, daß weder die Figur der Frau noch gar die Farbe ihrer Haut erahnt werden kann. Will die Muslimin darin ganz sicher gehen, daß sie die Blöße vollständig verhüllt und in keiner Weise die Begehrlichkeit eines Mannes weckt, dann kombiniert sie diese drei Typen in einem einzigen Kleidungsstück, das man Burka (arab.: *al-burqaʿ*) nennt. In den autoritativen Texten wird dieses Kleidungsstück noch nicht erwähnt.[47]

4. Die Unmündigkeit

Nicht nur der Körper, sondern auch die Stimme der Frau gilt als eine Blöße. Vom Alltag außerhalb der Familie ist die Frau daher ausgeschlossen. Die körperlichen Reize, die für die Männer eine Anfechtung darstellen, vermag sie zwar durch eine entsprechende Kleidung zu verhüllen, aber was ist mit ihrer Stimme, die sie im Umgang mit der Außenwelt schon aus geringfügigstem Anlaß einsetzen muß? Wenn sie etwas sagen muß, dann nur in gedämpfter Sprechweise. Aber am besten ist es, sie bewegt sich außerhalb der Wohnstätte der Familie nur in Begleitung eines Vormunds (arab.: *al-walī*), der in ihrem Namen redet, während sie stumm neben ihm steht.

Die für die Glaubensgemeinschaft wichtigste Abmachung, die eine Frau mit einem Mann eingehen kann, der nicht mit ihr verwandt ist, ist der Ehekontrakt. Dieser wird von den Schariagelehrten keineswegs als eine private Angelegenheit betrachtet. Denn die Ehe stehe den Ritualpflichten (arab.: Pl. *al-ʿibādāt*) äußerst nahe. Eine Ehe einzugehen, sei für den Muslim wünschenswerter als sich als Eheloser ganz den Ritualpflichten zu widmen. Auch der Dschihad sei der Erfüllung der Pflichtriten engverwandt.[48] Wenngleich der Dschihad zu den Ritualpflichten gerechnet werde, so müsse man doch anerkennen, daß die Ehe die Voraussetzung für die Erfüllung des Zwecks des Dschihads ist, denn sie garantiert das Vorhandensein der Muslime und damit des Islams. Der Dschihad hingegen ist nur der Grund für die Existenz des Is-

---

[47] Zu diesem Thema ist die grundlegende Studie von Claudia Knieps: Geschichte der Verschleierung der Frau im Islam, Würzburg 1993, heranzuziehen.

[48] Vgl. neuntes Kapitel (Was ist der Dschihad?) sowie zwölftes Kapitel (Was versteht der Muslim unter Religion?), IV. 2.

lams. Freilich wird auch die Meinung vertreten, daß der Dschihad die Voraussetzung für das Vorhandensein der Muslime und des Islams ist, da mittels des Dschihads viele Menschen vom Unglauben zum Islam geführt werden. Indessen werden vermutlich durch die Ehe mehr Muslime gewonnen als durch den Dschihad.[49] Gleichwie die Riten eine Angelegenheit der Gemeinschaft der Glaubenden sind, die in deren Vollzug zur Wirklichkeit wird und ohne die Ausübung der Riten gar nicht existierte,[50] so auch die Ehe: Sie gewährleistet den Fortbestand und die Erweiterung der *umma*, wie schon Mohammed festgestellt haben soll,[51] kann also keine Privatangelegenheit sein.

In einer Angelegenheit von gemeinmuslimischem Interesse[52] kann eine Frau nach schariatischer Vorstellung nicht in eigener Verantwortung die Stimme erheben. Sie benötigt einen männlichen Vormund. Er ist die Person, die den Vertrag aushandelt und unterzeichnet. Hierbei setzt man gemeinhin voraus, daß dies mit dem Einverständnis der Frau geschieht, sofern sie den Status einer Freien hat, erwachsen und bei klarem Verstand ist. Umstritten ist unter den Rechtsgelehrten, ob eine Jungfrau ihre Zustimmung zu dem Vertrag äußern muß oder ob ihr schüchternes Schweigen als eine solche gewertet werden darf. Ist der Vormund der Vater oder ein anderer sehr naher Verwandter, dann hat dieser nach Ansicht mancher Gelehrter das Recht, sein Mündel zur Annahme des Vertrags zu zwingen.

5. Die Mannesehre und die Steinigung

Tritt die Frau außerhalb ihrer Wohnstätte in Erscheinung, so ist nach der Ansicht der Schariagelehrten stets zu befürchten, daß von ihr Unzucht (arab.: *az-zinā'*) ausgeht. Das aber ist nach der Beigesellung und nach der unberechtigten Tötung eines Muslims das schwerste Verbrechen, das ein Muslim begehen kann; es wird mit der Verbannung in die Hölle bestraft (Sure 25, 68 f.). Al-Ǧazīrī (1882–1941), der Verfasser eines in der ersten Hälfte des 20. Jahrhunderts entstandenen und seither viel benutzten Handbuchs des islamischen Rechts, hebt ebenfalls die von der Unzucht ausgehende Gefahr für das islamische Gemeinwesen hervor. Denn was wäre der Geschlechtsverkehr eines

---

49 Ibn al-Humām Kamāl ad-Dīn Muḥammad b. ʿAbd al-Wāḥid: Šarḥ fatḥ al-qadīr lil-ʿāǧiz al-faqīr; Nachdruck Beirut o. J., III, 98.

50 Vgl. achtes Kapitel (Was sind Imamat, Kalifat und Sultanat?), II.

51 Vgl. oben, 606.

52 Unverheiratete Frauen sind nach schariatischer Auffassung eine Unregelmäßigkeit in der muslimischen Gemeinschaft. Sie sind, sofern keine Verwandten mit dieser Aufgabe betraut werden können, durch den Kadi zu verehelichen. Diese Vorstellung ist noch heute lebendig. So wird ledigen Konvertitinnen, bisweilen zu deren Überraschung, von ihren nunmehrigen Glaubensbrüdern mit großem Nachdruck ein Ehemann präsentiert.

Mannes mit einer Frau, an der er nicht das vertraglich verbriefte Eigentumsrecht hat, anderes als eine gröbliche Mißachtung der von Allah festgelegten Grenzen, innerhalb deren sich der Alltag des Gemeinwesens der Glaubenden abzuspielen hat? Die Schariagelehrten haben angesichts der Tragweite der Angelegenheit sehr detaillierte Voraussetzungen ermittelt, die erfüllt sein müssen, ehe man von Unzucht sprechen kann. Die irdische Bestrafung variiert nach dem Status der Beteiligten – eheerfahren oder nicht, frei oder Sklave bzw. Sklavin – und kann nur verhängt werden, wenn die Umstände, die die Bestrafung erfordern, durch voneinander unabhängige Zeugen bestätigt werden.

Allerdings führt die Annahme, daß die Frau, wenn unbeaufsichtigt, zur Unzucht neige, zu einer Einschränkung ihrer Bewegungsfreiheit jenseits ihrer Wohnstätte. So hätten die Frauen des Propheten, die als Vorbild dienen, das Haus nur aus schariarechtlich einwandfreien Gründen verlassen, etwa um auf die Pilgerfahrt zu gehen, die Eltern, Kranke oder nahe Verwandte zu besuchen. Daß sie dabei stets züchtig gekleidet gewesen seien, versteht sich von selbst. Wenn Allah schon mit den Frauen des Propheten so streng gewesen sei, um wie viel mehr müsse man wohl um die gewöhnlichen Musliminnen fürchten, die unter den Augen der Leute auf den Straßen umhergehen? Das fragt sich der besorgte Gelehrte des 20. Jahrhunderts und zitiert ein Hadith: „Die Frau ist Blöße. Geht sie aus dem Haus, nimmt sie der Satan in den Blick. Der Barmherzigkeit ihres Herrn ist sie mitten in ihrer Wohnung am nächsten." Daß die Frau ihre Wohnung verläßt, kann mithin bereits eine schwere Verfehlung sein und Unheil verursachen, vor allem wenn sie Schmuck angelegt und sich parfümiert hat. Sie gibt ihre Reize zu erkennen, wie dies heutzutage oft geschehe, und führe die Männer dadurch in Versuchung. Ein solches Verhalten sei schariarechtlich verboten. Nur bei vorliegenden einwandfreien Begründungen, wie eben schon festgestellt wurde, ist es der Frau erlaubt, das Haus zu verlassen, und dies nur unter Wahrung bestimmter Vorsichtsmaßnahmen: Sie muß alles verbergen, was sie anziehend macht; sie muß sich von einem Mann begleiten lassen, der mit ihr so eng verwandt ist, daß eine Ehe unmöglich ist (arab.: *al-maḥram*); sie muß ihren Weg so wählen, daß sie Ansammlungen von Männern meidet, wodurch sie entscheidend zur Verhinderung von Anfechtungen beiträgt.

Mit frei in der Öffentlichkeit auftretenden Frauen assoziieren die Schariagelehrten die schwere Verfehlung der Unzucht, die, wie aus dem vorhin dargelegten auf das islamische Gemeinwesen orientierten Charakter der Ehe folgt, dieses selber gefährdet bzw. dessen durch Allah gesetzte Grenzen verletzt. Die Unzucht ist Laut Sure 24, Vers 2, mit einhundert Peitschenhieben zu ahnden und hat die Ausstoßung aus der Gemeinschaft der ehrbaren Muslime zur Folge, wie ebenfalls schon angedeutet wurde. Die Bestrafung soll öffentlich erfolgen, damit die Schande den Delinquenten das Leben derart vergällt, daß sie den Tod vorzögen, meint al-Ǧazīrī.[53] Denn eines der fünf Rechtsgüter, deren Wahrung sich die Scharia angelegen sein läßt, ist mißachtet: die Ehre (arab.: *al-ʿirḍ*).[54] „Allah liebt die nicht, die Übergriffe begehen" (Sure 5, 87, vgl. Sure 2, 194), lautet der Koranvers, mit dem die Schariagelehrten jedem, dessen Vermögen, körperliche Unversehrtheit oder Ehre beeinträchtigt werden, das Recht auf Selbstverteidigung geben. Die Ehre zu verteidigen, insbesondere die im vertraglich erworbenen Recht auf die Geschlechtsteile der Ehefrau beruhende Mannesehre, ist daher nach der schariatischen Bewertungsskala eine Pflichthandlung. Nach einem Wort des Propheten ist derjenige, der in Verteidigung des Islams fällt, ein Blutzeuge (arab.: *aš-šahīd*);[55] das treffe auch auf diejenigen zu, die bei der Verteidigung ihres Vermögens oder ihrer Ehefrau bzw. Sippe den Tod finden. Die Unzucht und alles, was ihr vorausgeht, sind unbedingt zu unterbinden; dies zu unterlassen, wäre eine Verfehlung (arab.: *al-iṯm*). Der Angegriffene steht im übrigen nicht für den Schaden gerade, den er anrichtet, indem er sich verteidigt. Kommt der Missetäter zu Tode, dann ist der Verteidiger keine Talion schuldig.[56]

Werden ein Mann und eine Frau der Unzucht überführt, dann wird an ihnen gemäß Sure 24, Vers 2, die zum Schutz der durch Allah gesetzten Grenzen fällige Strafe vollstreckt. An dieser Stelle im Koran ist von Peitschenhieben die Rede, nicht aber von der Steinigung (arab.: *ar-raǧm*). Wie im Falle der Herstellung einer Milchverwandtschaft durch fünf- oder zehnmaliges Säugen fehlt auch hier ein legitimierender Koranvers. Doch sei diese Strafe durch annähernd vielwegig überlieferte Aussagen Mohammeds gerechtfertigt. Sie trifft jeden ehrbaren (arab.: *muḥṣan*) Muslim, der uneingeschränkt mit dem göttlichen Gesetz „belastet" (arab.: *mukallaf*) ist und dem seine Untat zweifelsfrei nachgewiesen wurde. Das gleiche gilt für die beteiligte Frau. Die Vollstreckung darf allein durch das islamische Staatsoberhaupt freigegeben werden, eben weil das zu sühnende Verbrechen sich gegen das islamische Gemeinwesen insgesamt richtete. Die Steinigung des Mannes hat zu erfolgen, ohne daß er gefesselt oder sonst an freier Bewegung gehindert wird. Die Frau hingegen ist bis über die Brust in ein Erdloch zu stecken, denn es muß vermieden werden, daß während des Aktes der Tötung ihre Blöße sichtbar wird. Neben einem Imam sollen möglichst viele muslimische Männer diesem Vorgang beiwohnen, der außerhalb der Ortschaft im freien Feld veranstaltet werden soll. Die Zeugen, aufgrund deren Aussage das Urteil gefällt wurde, müssen mit dem Werfen der Steine beginnen.[57]

---

[53] al-Ǧazīrī: Kitāb al-fiqh ʿalā l-maḏāhib al-arbaʿa, Nachdruck Kairo o. J., V, 39–41.
[54] Vgl. sechstes Kapitel (Was ist die Scharia?), III. 1.
[55] Vgl. neuntes Kapitel (Was ist der Dschihad?), II. 2.
[56] al-Mausūʿa al-fiqhīja, XXVIII, 92–94, s.v. ṣijāl, sowie XXX, 37 f., s.v. ʿirḍ.
[57] Ebd., XXII, 93, s.v. raǧm.

III. Die Muslimin in der Gegenwart

1. „Die neue Frau“

Die islamischen Bestimmungen über die Frauen zeugen von einer abgrundtiefen Furcht der Männer vor dem Weiblichen. Das Weibliche stellt in den Augen der Schariagelehrten sowie der Imame, Kadis und Muftis, die gemäß deren Einsichten die „beste Gemeinschaft“ formen, eine ständige Bedrohung dar. Ließe man die Frauen ohne strenge Kontrolle, dann bräche die von Allah gewollte patrilineare Gesellschaftsordnung zusammen, und das wäre das Ende des Islams mit all seinen Versprechungen, die er den Männern macht: nämlich die endgültige Wahrheit und damit den letztgültigen Zugang zum jenseitigen Glück zu besitzen, auf dieser Wahrheit ein Gefüge der Ausübung von Macht zu errichten und dieses aller Kritik entzogene Gefüge mit dem Einsatz aller denkbaren Mittel, auch brutaler Gewalt, zum Triumph zu führen.[58]

Daß ein solcher Zusammenhang zwischen dem die islamische Welt prägenden Despotismus und der Unterdrückung der Frau bestehe, war für den Ägypter Qāsim Amīn (1865–1908) eine Tatsache. Man konnte die schrecklichen Mängel der Länder, die sich zur islamischen Glaubensgemeinschaft rechneten, zu beheben suchen, indem man die Despotie durch politische Reformen zuminderst milderte, oder, und das war die Überzeugung Qāsim Amīns, indem man die Frau aus der Stellung der Sklavin des Mannes befreite: „Es gibt einen Zusammenhang zwischen dem Zustand der Politik und dem Zustand der Familien. Die Form der Regierung beeinflußt die häuslichen Sitten, und diese wiederum das Gefüge der Gesellschaft. Im Osten finden wir die Frau als Sklavin des Mannes, und diesen als Sklaven der Regierung. In dem Maße wie die Frauen ihre persönliche Freiheit genießen werden, werden die Männer ihre politische Freiheit genießen. Beides ist engstens miteinander verbunden. Die Tatsache, daß der Muslimin die Möglichkeit einer Unabhängigkeit mittels des Erwerbs ihres Lebensunterhalts fehlt, ist die Ursache für den Verlust ihrer Rechte. Dem Mann allein ist jedes Recht zueigen, und so betrachtet er die Frau wie ein niedliches Tier, dessen Bedürfnisse er erfüllt, um sich mit ihm zu amüsieren.“[59]

Diese bösen Worte fassen die Einsichten Qāsim Amīns zusammen: Eine Wende zum Besseren in der großen Politik wird es nicht geben, solange die

---

58 Diesen Aspekt der islamischen Frauenfrage, der hier nur am Rande zur Sprache kommen kann, erörtert Hans-Peter Raddatz ausführlich in seinem Buch Allahs Frauen. Zwischen Djihad und Demokratie, München 2005.

59 Qāsim Amīn: al-Muʾallafāt al-kāmila herausgegeben und bearbeitet von Muḥammad ʿAmāra, 2 Teile, Kairo 1976, I, 73 und 77.

Befreiung der Frau aus den schariatischen Fesseln, die in den vorangehenden Kapiteln beschrieben wurden, nicht gelungen ist. Diese Fesseln erblickt er vor allem im sunnitischen Islam; andere Glaubensrichtungen des Islams, etwa die Muʿtaziliten, die Charidschiten und bestimmte Gruppierungen der Schiiten gewährten den Frauen mehr Freiheit. Ob dies wirklich der Fall ist, bleibe dahingestellt. Was die Frau in Qāsim Amīns Augen zu einem Gegenstand herabwürdigt, an dem der Mann ein Besitzrecht erwirbt, das ist die Verschleierung. Freilich möchte er sich nicht für die Zerstörung jeglichen Empfindens von Schamhaftigkeit aussprechen. Bei den „Westlern" sei dergleichen bereits zu beobachten. „Wir (Muslime) aber gingen zu weit, indem wir die Verhüllung der Frauen forderten und sie zwangen, nur ja nicht vor den Augen der Männer zu erscheinen. Dadurch machten wir sie zu einem Gerät oder zu einer erwerbbaren Ware und beraubten sie aller auf dem Verstand und der Gesittung beruhenden Vorzüge, über die sie gemäß ihrer humanen Beschaffenheit (arab.: *al-fiṭra*) verfügt. Zwischen diesen beiden Extremen gibt es eine Mitte, die schariatische Verhüllung (arab.: *al-ḥiǧāb aš-šarʿī*), und das ist es, wozu ich aufrufe."[60]

Allah schuf die Welt, damit der Mensch sie nutze, und es gebe in den autoritativen Texten keinerlei Belege dafür, daß Männer und Frauen einen je unterschiedlichen Anteil daran hätten. Indem die Frau gezwungen werde, sich derart zu verhüllen, daß allenfalls die Handflächen sichtbar sind, werde sie von dieser Teilhabe ausgeschlossen. Die Frauen, die auf dem Lande ihrer täglichen Arbeit nachgingen, könnten diese Vorschriften ohnehin nicht einhalten. Aber auch in der Stadt, etwa vor Gericht, sei eine völlige Verhüllung nicht zu rechtfertigen, da sie der Täuschung Vorschub leiste. Lese man den Koran genau, dann werde man finden, daß dort in der Tat nur von dem *ḫimār* genannten Tuch die Rede ist (Sure 24, 31), mit dem sie den Ausschnitt ihres Gewandes bedecken sollen. Die Scharia erlaubt demnach den Frauen, das Gesicht sowie die Handflächen zu zeigen, so daß einer Teilhabe am öffentlichen Leben nichts im Wege stehe, und darum gehe es ihm, schreibt Qāsim Amīn.[61]

Denn eine noch so sorgfältige Erziehung, wie sie Mädchen in manchen Familien genössen – sie lernten das Lesen und das Schreiben, beherrschten eine fremde Sprache und das Klavierspielen –, befähigte sie noch nicht zu einem eigenständigen Dasein, wie sie es gelernt hätten, wenn man sie nicht ab dem zwölften Lebensjahr in einen Schleier gehüllt und vom Umgang mit den Menschen außerhalb der Familie ferngehalten hätte. Im übrigen könne man beobachten, daß die Frauen auf dem Lande und die Beduininnen, die notgedrungen auf die über das schariatische Maß hinausgehende Verhüllung

---

60 Ebd., I, 81; II, 43.

61 Ebd., II, 47–49.

verzichten, keineswegs die Männer in dem Maße gefährden, wie die Schariagelehrten das annehmen. Aber sei es nicht so, daß eine mangelhafte Erziehung jede Verhüllung aufzuheben verstehe?[62] Qāsim Amīn ist sich darüber im klaren, daß die Mehrheit seiner Glaubensgenossen die westliche Art des Umgangs mit den Frauen, die ihnen gegenüber auf Ritterlichkeit und Respekt gegründet sei und sie gerade nicht aus der Gesellschaft ausschließe, für schändlich erachte. Er gibt aber zu bedenken, daß die Muslime dieses Urteil nicht über eine unzivilisierte Völkergemeinschaft aussprechen, sondern über diejenige, die einen unvorstellbaren Aufstieg erlebt habe.[63] In Europa brachte das Zeitalter der wissenschaftlichen Entdeckungen die Befreiung der Frau mit sich. In der islamischen Welt müsse man nur zu den wahren Grundlagen der Scharia zurückfinden, damit auch hier die neue befreite Frau endlich die Bühne der Öffentlichkeit betrete, hofft Qāsim Amīn.[64]

2. Die Frauenfrage und der Fortbestand der Scharia

Bei Qāsim Amīn, der seine Schriften um die Wende zum 20. Jahrhundert verfaßte, klingt ein Gedanke an, der in der letzten Zeit angesichts des Zustroms zahlreicher der europäischen Kultur ablehnend gegenüberstehender Muslime oft geäußert wurde: Die unabweisbare Notwendigkeit der Teilhabe der eingewanderten Musliminnen an der europäischen Gesellschaft werde dazu führen, daß sich die Muslime insgesamt dem Comment der aufnehmenden Gesellschaft anpassen würden. Dieser könnten dadurch die unangenehmen Mühen einer Auseinandersetzung mit den der europäischen Kultur zuwiderlaufenden Grundzügen des Islams erspart bleiben. Man kann die Aussagen Qāsim Amīns aber auch ganz anders auffassen: Die Eingliederung der eingewanderten Musliminnen in die aufnehmende europäische Gesellschaft ist nicht durch die Unterdrückung einiger muslimischer Sitten und Bräuche zu bewerkstelligen, sondern erfordert eine an die Wurzeln gehende Veränderung des Islams. Denn, wie Qāsim Amīn feststellte, bildet die Versklavtheit der Frau ja nur eine Facette der Macht des Mannes, dem die Scharia stets recht gibt und noch dazu das Recht, dieses Rechthaben mit allen Mitteln durchzusetzen.

In der ersten Hälfte des 20. Jahrhunderts kam in der islamischen Welt eine Diskussion über die Position der Frau in der Scharia und in der islamischen Gesellschaft in Gang. So unterschiedlich die hierbei vertretenen Meinungen auch waren, Übereinstimmung herrschte zwischen den Beteiligten, daß es eine „Frauenfrage" gebe. Wie nicht anders zu erwarten, krankten diese Dis-

---

[62] Ebd., II, 60–64.

[63] Ebd., II, 219.

[64] Ebd., II, 119–122.

kussionen daran, daß alle, die sich zu Wort meldeten, stillschweigend voraussetzten, daß die Antwort auf die nicht zu leugnenden Probleme in den autoritativen Texten, insbesondere im Koran, zu finden sein müsse. Die Vorstellung, man solle die gleichberechtigte Teilhabe der Frau am politischen, wirtschaftlichen, intellektuellen Leben aus einem Begriff von Humanität herleiten, der von den für göttlich geltenden Vorschriften der Scharia freigekommen sei, kann sich nicht behaupten. Mit anderen Worten: Eine Gedankenarbeit, die darauf abzielt, die Untauglichkeit autoritativer Texte aus dem 7. Jahrhundert für die Welt des 20. Jahrhunderts nachzuweisen, unterbleibt. Die eine Veränderung zum Besseren anstrebende Richtung räumt zwar ein, daß die Botschaft des Korans durch die Epoche und die Weltgegend ihrer Verkündigung geprägt sei; die strenge Unterordnung der Frau unter die Macht des Mannes sei damals angemessen gewesen. Die Schariagelehrten hätten es jedoch versäumt, die entsprechenden Bestimmungen den sich wandelnden gesellschaftlichen und kulturellen Verhältnissen anzupassen.

Dieser Vorwurf ist freilich wohlfeil, denn die Scharia ist nun einmal, wie sie ist; die verklärte medinensische Urgemeinde ist nun einmal das Maß aller Dinge, wie auf allen Bereichen des als allumfassend gedachten Islams zum Ausdruck kommt. Die Herausbildung von nicht unmittelbar durch die göttliche Botschaft beherrschten Sektoren des Daseins, wie sie für die Säkularisierung kennzeichnend ist, fehlt in der islamischen Kultur. Sie wäre aber die unentbehrliche Voraussetzung für eine Emanzipierung der Frau, wie übrigens auch für die Aufnahme des Islams in eine säkularisierte Gesellschaft.

So aber finden wir schon in der Literatur des frühen 20. Jahrhunderts, die sich mit der Frauenfrage befaßt, zwei Ebenen der Argumentation. Auf der einen hebt man wortreich hervor, daß die Unterordnung der Frau unter den Mann nicht mit Sachgründen gerechtfertigt werden kann, denn sie sei dem Mann in religiöser, moralischer und intellektueller Hinsicht gleichwertig. Einzig in der Körperkraft stehe sie ihm nach. Die Bevorzugung des Mannes, wie der Koran sie lehrt, nehme eben auf diesen Umstand Rücksicht, sei mithin in der modernen Welt überholt.[65] Auf der zweiten Ebene ficht man gegen die Aussagen der autoritativen Texte, die die archaischen Ansichten über das Verhältnis der Geschlechter bekräftigen. Dies geschieht aber nicht, indem man diese Ansichten für überholt und deswegen für irrelevant erklärt. Vielmehr bemüht man sich, da ja die Gültigkeit der autoritativen Texte nicht in Frage gestellt werden darf, um deren Auslegung im Sinne der dank dem modernen Lebenszuschnitt eingetretenen Gleichberechtigung von Mann und Frau. Da diese Texte nun einmal nichts in diesem Sinne hergeben, wendet man viel Rabulistik auf, um sie gleichwohl hierfür heranzuziehen. Man

---

[65] Rudi Paret: Zur Frauenfrage in der arabisch-islamischen Welt, Tübingen 1934, 30–32.

macht sich dabei die in der Schariagelehrsamkeit erfundene Methodik zunutze, mit der man dort die Widersprüchlichkeit zweier autoritativer Aussagen zu ein und demselben Gegenstand hinwegdeutet: Allah ist bei der Verkündung der Scharia schrittweise vorgegangen, um die Glaubenden nicht zu überfordern. So habe er die Vielweiberei des arabischen Heidentums zunächst auf vier Ehefrauen beschränkt (Sure 4, 3). Mit der im selben Vers erlassenen Klausel, daß diese vier gerecht zu behandeln seien, habe Allah aber dargelegt, wohin sich die Scharia zu entwickeln habe: Da niemand vollkommen gerecht sei, sei das Endziel der Scharia die Einehe.[66]

Unzählige Male ist dieser Gedanke in den Auseinandersetzungen über die islamische Polygamie schon geäußert worden. Der Mangel solcher willkürlichen „Auslegungen" der autoritativen Texte liegt natürlich darin, daß sich immer nur ein kleiner Teil der Muslime davon überzeugen läßt; die anderen haben stets die Aussagen mit ihrem wortgetreuen Sinn auf ihrer Seite. Der Koran fordert nun einmal nicht die Monogamie, und da er die ewig gültige Wahrheit ist, muß man Argumente dafür beibringen, daß die Polygamie die für die Menschheit geeignete Form der Ehe ist: Selbst in den Ländern, in denen sie Gesetz ist, komme sie im Alltag selten vor; indem der Islam die Polygamie nicht etwa vorschreibe, sondern lediglich erlaube, sei er näher an der Lebenswirklichkeit der Menschen und gebe darüber hinaus den Kindern, die aus solchen Beziehungen hervorgingen, einen klaren Rechtsstatus.[67]

Die vielfältigen Aspekte der auf den beiden skizzierten Ebenen erörterten Situation der Frau in der islamischen Welt sowie auch der Frau in den nach Europa eingewanderten muslimischen Familien sind mittlerweile in einer sehr umfangreichen Literatur beschrieben und analysiert worden.[68] Es bleibe dahingestellt, ob man die Bestrebungen, die muslimische Frau aus dem nicht nur durch die Scharia, sondern auch durch tradierte Lebensanschauungen engmaschig geflochtenen Netz ihrer Fremdbestimmung zu befreien, unter dem Begriff des Feminismus zusammenfassen soll. Neue Arbeiten zu dem Thema betonen, daß es sich um eigenständige Bewegungen handele, die keineswegs durch Einflüsse aus dem Westen angestoßen worden seien. Man unterscheidet zwei Typen von islamischen Frauenrechtsbewegungen. Der eine, den man als säkular charakterisiert, strebt die Gleichberechtigung von Mann und Frau im öffentlichen Raum an; gleiche Beteiligung an Politik und Machtausübung, gleiche Zugangsmöglichkeiten zu Berufen und Ämtern sind die wesentlichen konkreten Ziele. Der Islam als ein umfassen-

66 Ebd., 51 f.

67 Ebd., 53–55.

68 Dieses Schrifttum leidet bisweilen, wie nicht anders zu erwarten, unter Sensationsfreude. Eine nüchterne Bestandsaufnahme bietet das Buch von Irene Schneider: Der Islam und die Frauen, München 2011.

des politisch-religiöses System der Daseinsgestaltung wird ausgeblendet und zumindest, soweit die Selbstbestimmung der Frau betroffen ist, stillschweigend entmächtigt. Hierin liegt die Schwäche dieses Ansatzes; er kann stets als „unislamisch“ verunglimpft werden.

Der zweite Typ wird als „islamischer Feminismus“ bezeichnet. Er nutzt das in den autoritativen Texten ab und an aufscheinende Menschheitspathos: Den Menschen (arab.: *al-insān*), nicht den Mann, lehrte Allah den Gebrauch des Schreibrohrs (Sure 96, 1 f.), der Mensch ist dem Ränkespiel des Satans ausgesetzt (Sure 25, 29), der Mensch, nicht der Mann, nahm es auf sich, in Allah den Einen, den fortwährend Schaffenden zu verehren (Sure 33, 72). Allah schuf die Menschen aus einem einzigen Wesen, heißt es im ersten Vers von Sure 4. Liest man genauer, dann wird im Anschluß an die Worte „… schuf euch aus einem einzigen Wesen“ freilich doch auf die Nachrangigkeit Evas angespielt: „… und aus (diesem einzigen Wesen) das Gegenstück, und aus diesen beiden viele Männer und Frauen …“ Sure 4 ist im übrigen der Text, der klipp und klar den Vorrang des Mannes vor der Frau verkündet (Vers 34). Der „islamische Feminismus“ sieht sich daher gezwungen, mit allen nur denkbaren Mitteln gegen die offenen und die versteckten Hinweise auf die Vorrechte des Mannes anzuargumentieren, von denen die autoritativen Texte überquellen.[69]

Die beiden Typen von frauenrechtlicher Literatur haben das Ziel gemeinsam. Der „islamische Feminismus“ freilich steht in der Gefahr, von den beharrenden Kräften mißbraucht zu werde, wie dies auch in anderen Fällen der Konfrontation mit westlichen zivilisatorischen Gegebenheiten geschieht. So wird beispielsweise gesagt, der Islam benötige die Belehrung über die Demokratie nicht, da er selber der Gründer dieser Form der Machtausübung durch Verteilung von Kompetenzen sei; denn Sure 42, Vers 38, beschreibe die Muslime als eine Gemeinschaft, die der Beratung pflege.[70] Um die Gleichberechtigung von Mann und Frau als ein urislamisches Prinzip vorzutäuschen, heißt es beispielsweise in der sogenannten „Islamischen Charta“ des Zentralrats der Muslime in Deutschland unter der Überschrift „Der Muslim und die Muslima haben die gleiche Lebensaufgabe“: „Der Muslim und die Muslima sehen es als Lebensaufgabe, Gott zu erkennen, Ihm zu dienen und Seinen Geboten zu folgen. Dies dient auch der Erlangung von Gleichheit, Freiheit, Gerechtigkeit, Geschwisterlichkeit und Wohlstand.“[71]

---

[69] Margot Badran: Feminism in Islam. Secular und Religious Convergences, Oxford 2009, 306–308.

[70] Vgl. achtes Kapitel (Was sind Imamat, Kalifat und Sultanat?), V.

[71] Tilman Nagel: Zum schariatischen Hintergrund der Charta des Zentralrats der Muslime, in: Hartmut Lehmann (Hg.): Koexistenz und Konflikt von Religionen im vereinten Europa, Göttingen 2004, (114–129) 125.

Die Untersuchungen zur Frauenrechtsfrage und zum Feminismus in der islamischen Welt wecken in Europa die naive Hoffnung, die Frauen unter den eingewanderten Muslimen würden über kurz oder lang darauf drängen, daß die in der Scharia festgelegte Unterordnung der Frau unter den Mann aufgehoben werde. Hieraus werde eine Delegitimierung der Scharia insgesamt folgen, so daß der aufnehmenden Gesellschaft die unangenehme Aufgabe der Anpassung des Islams an ihre eigenen Prinzipien erspart bleibe. Diese von der islamophilen Politik und Presse verbreitete und von „liberalen" Muslimen gestützte Meinung wird durch eine inzwischen umfangreiche Literatur als Fehleinschätzung entlarvt. In der breiten Masse der muslimischen Familien finden derartige Debatten kein Echo, und es sind gerade die Frauen, die mit allen Mitteln versuchen, ihre Töchter an einer Wahrnehmung der Rechte zu hindern, die ihnen eine freiheitliche, säkularisierte Gesellschaft gewährt.[72]

---

[72] Beispiele für viele andere: Sabatina James: Sterben sollst du für dein Glück. Gefangen zwischen zwei Welten, Knaur Taschenbuch 2010, und Zana Ramadani: Die verschleierte Gefahr. Die Macht der muslimischen Mütter und der Toleranzwahn der Deutschen, Europa Verlag 2017.

Zwanzigstes Kapitel

Was ist Islamwissenschaft?

I. Die Erziehung des Menschengeschlechts, erster Teil

1. Der Islam als eine Häresie

In ihren Anfängen, die bis ins Mittelalter zurückreichen, weist die europäische Auseinandersetzung mit dem Islam polemische Züge auf. Das Bemühen, sich Aufschluß über die Lehren der Mohammedaner, wie man meistens sagte, zu verschaffen, richtet sich jedoch stets auf eine Kenntnis der Aussagen wichtiger Originalquellen, allen voran des Korans. Einen Meilenstein im Zeitalter des Buchdrucks stellt das im Jahre 1543 in Basel von Theodor Bibliander publizierte Sammelwerk „Machumetis Saracenorum principis eiusque successorum vitae, ac doctrina, ipseque Alcoran …“[1] dar. Im ersten Teil findet man die auf das Jahr 1143 zurückgehende lateinische Koranübersetzung des Petrus Venerabilis (gest. 1156). Im zweiten Teil folgen zunächst die „Summa totius haeresis Saracenorum“ von demselben Autor sowie Auszüge aus der Hadithliteratur, deren in den Augen des Nichtmuslims oft befremdlicher Inhalt den Abscheu vor dem Islam nahelegt. Ein in christlich-arabischen Handschriften bezeugtes fiktives Zwiegespräch zwischen einem Muslim und einem Christen, in dem letzterer dank seinem Wissen von der frühen islamischen Geschichte den Islam als eine fehlgeleitete Religion charakterisiert, rundet das Werk Biblianders ab. Die lateinische Übersetzung dieser „Doctrina Mahumet“ genannten Schrift stammt aus dem Umkreis von Petrus Venerabilis.[2]

Im 17. Jahrhundert setzt sich die Arabistik als ein Forschungsgegenstand an etlichen europäischen Universitäten durch. Der Islam an sich stand dabei nicht im Mittelpunkt. Die Aufmerksamkeit richtete sich vielmehr auf die in den damals bekannten semitischen Sprachen bezeugte nahöstliche Religiosität, die ihren Anfang mit den Juden und dem Alten Testament nahm. Ein gutes Beispiel für diese Betrachtungsweise, die den Islam als eine Erschei-

---

[1] „Die Lebensläufe Mohammeds, des Fürsten der Sarazenen, und seiner Nachfolger sowie (deren) Lehre und der Koran selber.“

[2] Hartmut Bobzin: Der Koran im Zeitalter der Reformation. Studien zur Frühgeschichte der Arabistik und Islamkunde in Europa, Beirut 1995, 48–51.

nung einer einzigen nahöstlichen Religionsgeschichte wertet, bietet das Buch von Johann Heinrich Hottinger (1620–1667) mit dem Titel „Thesaurus Philologicus seu clavis scripturae: Qua quicquid fere Orientalium, Hebraeorum maxima & Arabum habent Monumenta de Religione".[3] Was die orientalischen Schriftdenkmäler, vor allem diejenigen der Hebräer und auch der Araber über die Religion aussagen, will Hottinger zusammenfassen. Er hatte das Arabische in Leiden, dem damaligen europäischen Zentrum der Arabistik, gelernt und vertrat das Fach von 1655 bis 1661 in Heidelberg, wo es schon seit 1604 einen arabistischen Lehrstuhl gab. Neben dem Hebräischen und dem Arabischen verfügte er über Kenntnisse im Syrischen, damals Chaldäisch genannt, sowie im Äthiopischen. Diese Kenntnisse machte er in einer vergleichenden Studie über die semitischen Sprachen fruchtbar. Desgleichen gab er in einer Schrift darüber Auskunft, welche orientalischen Quellen zu seiner Zeit für ein Studium der orientalischen Religionsgeschichte zur Verfügung standen.[4]

Den Islam bekommt Hottinger in seinem „Thesaurus" an mehreren Stellen in den Blick. Mohammed sei ein Schwindler (lat.: *impostor*) gewesen, aber immerhin ein geschickter, wovon die rasche Ausbreitung der von ihm ins Leben gerufenen Lehre zeuge. Er habe sein Gift in eine von Religionsstreitereien zerrissene Christenheit[5] geträufelt, das so wirksam sei, daß die Muslime zäh an ihrem Aberglauben festhielten und zu dessen Verteidigung größte Mühen auf sich nähmen. Welche Gründe kann man dafür ins Feld führen?. Zum einen nennt Hottinger die Siege des islamischen Reiches – er war der Zeitzeuge der Festigung der osmanischen Macht auf dem Balkan –, die den Muslimen für die Wahrheit ihrer Religion bürgten. Zweitens hindere die Liebe zu ihren muslimischen Verwandten den einzelnen Muslim, seine Religion zu verlassen. Drittens aber, und hier zeigt sich Hottinger als ein Feind des Katholizismus, seien es die päpstlichen, vielleicht besser: papistischen Irrtümer, die den Muslimen den Übertritt zum Christentum entscheidend erschwerten. Hottinger nennt in diesem Zusammenhang die Verehrung der Heiligen und der Engel, den Zölibat der Priester, die Weihe von Geschöpfen, die Bilderverehrung, die betrügerische Berufung auf Wunder, die Ohrenbeichte, die vielen kirchlichen Feiertage und zuletzt die Messe selbst. Daß die Versuche der Jesuiten, Muslime zu bekehren, vergeblich seien, ist für Hottinger die natürliche Folge des

---

3 „Schatz der Sprachgelehrsamkeit oder Schlüssel zur (heiligen) Schrift: Durch ihn wird erschlossen, was immer die Zeugnisse der Orientalen, vor allem der Hebräer und Araber, über die Religion aussagen." Ich benutzte die dritte, erweiterte Auflage Zürich 1696.

4 Promtuarium sive Bibliotheca orientalis, Heidelberg 1658.

5 Hottinger denkt an die Auseinandersetzungen mit der monophysitischen Christologie, die seit Justinian (reg. 527–565) das Byzantinische Reich erschütterten und sich bis in die Grenzzonen zur Arabischen Halbinsel hinein auswirkten.

Katholizismus.[6] Fast könnte man bei der Lektüre dieser Zeilen meinen, zum Protestantismus würden die Muslime gern überlaufen.

Indessen taugten derartige vom Christentum her gedachten „Erschwernisse" eher zur Polemik unter den Protestanten und Katholiken als zur Erhellung des Wesens des Islams. Verweist nämlich der Katholik auf die von den Protestanten abgelehnten Eigenheiten seiner Konfession, dann erscheint der Islam als eine Art von verwerflichem Luthertum: Mohammed bestehe auf der alleinigen Geltung des Korans, wie Luther allein seine Auslegung der Schrift gelten lasse; die Muslime lehrten, daß sich der Islam in siebzig Sekten spalten werde, genau dies geschehe mit dem Luthertum; der Islam lehne Bilder ab, genauso hielten es die Lutheraner; der Islam kenne keine Werkgerechtigkeit, das Luthertum auch nicht; der Islam verwerfe den freien Willen, das Luthertum ebenso. Bis in absurde Einzelheiten hinein lassen sich solche Vergleiche ziehen, die freilich weder zur Verdeutlichung der Lehren des Protestantismus noch des Islams etwas beitragen.[7]

Dem Interesse der Niederlande an zuverlässigen Informationen über den Islam ist schon im 17. Jahrhundert eine auf die Auswertung einschlägiger arabischer Quellen gestützte Darstellung des Gegenstandes zu verdanken. Zwar sei man in den Niederlanden in den Abwehrkampf gegen die Osmanen nicht einbezogen, doch in den Handelsniederlassungen habe man stets mit Muslimen zu tun. In einem Teil der äußerst umfangreichen Beschreibung Asiens von Olfert Dapper (1636–1689) stößt man auf ein langes Kapitel über den Islam, das sich hauptsächlich auf die 1650 in Oxford erschienene arabische Fassung des Geschichtswerks von Abū l-Farağ Ibn al-ʿIbrī (Barhebraeus) (gest. 1289) stützt. Ediert wurde dieser Text durch Edward Pocock (1604–1691), der ihm überdies Zusätze aus anderen arabischen Autoren beifügte, durch die insbesondere die Grundzüge des islamischen Kultus und der Glaubenslehren erhellt wurden.[8]

Die Darstellung dieser Gegenstände verzichtet infolgedessen auf den fortwährenden Vergleich mit christlichen Lehren. Sie widmet sich nach der Wiedergabe der Anfänge des Islams ausführlich den wichtigsten Glaubensrichtungen, z. B. den Muʿtaziliten und den Qadariten, die dem Menschen eine eigene Bestimmungsmacht zuerkennen, sowie den eine solche ablehnenden Ğabriten. Dann kommt sie auf die Schiiten und die Charidschiten zu sprechen, ehe sie auf die Sunniten eingeht, die als die rechtgläubigen Muslime vorgestellt werden. Nach diesen die Theologie des Islams behandelnden Ka-

---

[6] Thesaurus Philologicus, 59–62.

[7] Adrian Reland: Zwey Bücher von der Türckischen oder Mohammedischen Religion, Hannover 1716, Vorrede.

[8] Johann Fück: Die arabischen Studien in Europa bis in den Anfang des 20. Jahrhunderts, Leipzig 1955, 85–87.

piteln wendet sich der Autor den „Hauptstücken der Lehre“ zu, worunter er die Ritualpflichten unter Einschluß der Regeln über die Gewinnung der rituellen Reinheit und der Beschneidung versteht.[9] Erst dann nimmt er die Unterschiede zum Christentum in den Blick, führt die muslimischen Aussagen über Adam und die übrigen muslimischen Propheten an und wendet sich den muslimischen Mutmaßungen über die Evangelien und den Heiligen Geist zu. Den Schluß dieses Kapitels bildet ein Überblick über die neunundneunzig Namen Allahs, die einen Grundstein der islamischen Frömmigkeit bilden. Dappers Werk wurde schon 1681 auf deutsch herausgegeben[10] und hätte eine wesentliche Quelle für die im 18. Jahrhundert unter dem Vorzeichen der Aufklärung entbrennende Diskussion über den Deismus und seine vermeintliche Vorbildung im Islam sein können.

Eine gute Generation später faßte der Utrechter Orientalist Adrian Reland (gest. 1718), indem er auf islamische Quellen zurückgriff, die wichtigsten Lehren dieser Religion zusammen, listete die populären Irrtümer hierüber auf und gab dem Buch als dritten Teil die Zusammenfassung eines Traktats über das „Kriegsrecht der Türcken“ bei. Reland beschreibt zuerst die „Fünf Säulen“ des Islams und den Inhalt des Glaubens nach der Aussage von Sure 2, Vers 285: Allah, seine Engel, seine Bücher, seine Gesandten vor Mohammed. Dem fügt Reland den an anderen Stellen und in der einschlägigen Literatur genannten Glauben an den Jüngsten Tag und an Allahs Vorherbestimmung hinzu. Genau beschreibt er danach die Vorschriften der rituellen Reinheit und den Ablauf der einzelnen Ritualpflichten. Daß diese Regelungen einer Erklärung unter Zugrundelegung von Maßstäben der Vernunft nicht offenstehen, wurde schon von früheren Autoren bemerkt; Reland bekräftigt diesen Befund.

Zu Unrecht schreibe man den Muslimen mancherlei seltsame Lehren zu, etwa daß der Mensch aus einem Blutegel gezeugt werde. Dies sei eine falsche Übersetzung des in Sure 96, Vers 2, genannten Blutgerinnsels (arab.: *al-ʿalaq*). Den oft geäußerten Vorwurf, das von Mohammed versprochene Paradies sei nichts weiter als ein Ort fleischlicher Lüste, versucht Reland mit

---

[9] Dapper hängt in diesen Partien seines Werkes gänzlich von Edward Pococks „Notae in quibus aliquam-multa quae ad Historiam Orientalium apprime illustrandam faciunt …“ ab, die dieser 1648, zwei Jahre vor dem eigentlichen Text des Barhebraeus (Specimen Historiae Arabum sive Gregorii Abul Farajii Malatiensis de Origine et moribus Arabum, Oxford 1650) veröffentlichte. Die „Notae“ sind zehnmal so umfangreich wie der eigentliche Text und enthalten zahlreiche wörtliche oder zusammenfassende Zitate aus dem einschlägigen arabisch-islamischen Schrifttum nebst lateinischer Übersetzung. Zum ersten Mal wird dem europäischen Leser ein Einblick in die Theologie des Islams und ihre Kernfragen geboten.

[10] Olfert Dapper: Umbständliche und eigentliche Beschreibung von Asia/in sich enthaltend die Landschafften Mesopotamien/Babylonien/Assyrien/Anatolien oder Klein=Asien nebenst einer vollkommenen Vorstellung des Glücklichen/Wüsten und Steinigten Arabiens, Nürnberg 1681, 5o1–553.

dem Hinweis zu entkräften, dem Propheten sei es darum zu tun gewesen, die Zustimmung der „irdisch gesinnten“ Araber zu gewinnen, und deswegen habe er „dem Leib sein Vergnügen lassen“ müssen. Es sei auch nicht wahr, daß die Muslime der Ansicht seien, daß jeder, der an Gott und den Jüngsten Tag glaube, der Hölle entgehen werde. Aus Sure 2, Vers 62, könne man dergleichen herauslesen. Doch, betont Reland, an Gott zu glauben, heiße in islamischer Sicht immer, „alle Lehrsätze Mohammeds annehmen“.[11] Mohammeds Verkündigung trägt, wie aus diesen beiden Beispielen ersichtlich ist, für Reland zum einen zweckrationale Züge. Sie ist aber nicht als ein Beispiel einer in diesseitigen Zwecken aufgehenden Botschaft mißzuverstehen, deren transzendente Dimension das alltägliche Leben des Menschen nichts mehr angeht. Im Gegenteil, die Ausführungen über das Kriegsrecht heben ohne Umschweife hervor, daß die Vernichtung der Ungläubigen das Endziel islamischer Machtentfaltung ist. Ein dauerhafter Friede mit dem Osmanischen Reich sei daher nicht zu erwarten.[12] Eben deswegen hält es Reland für erforderlich, die Offiziere der gegen die Osmanen im Feld stehenden Truppen vom Kriegsrecht ihrer Feinde in Kenntnis zu setzen. Reland legt unter anderem dar, daß die Teilnahme am Krieg gegen die Andersgläubigen eine der *umma* obliegende „Pflicht der hinreichenden Anzahl“ (arab.: *farḍ al-kifāja*) ist, die, wenn das islamische Reich in Schwierigkeiten gerät, sich zu einer „Individualpflicht“ (arab.: *farḍ al-ʿain*) wandelt. Die Regeln des Umgangs mit den Schriftbesitzern, die als „Schutzbefohlene“ auf dem von Muslimen eroberten Territorium bleiben, schließen die Abhandlung.

2. Die europäische Fiktion des reinen Monotheismus

Olfert Dappers und Adrian Relands an autochthonen Quellen ausgerichtete Darlegungen über den Islam bilden das Rückgrat des ausführlichen Artikels über den „Muhammedischen Glauben“ in dem von Johann Heinrich Zeidler verlegten „Großen vollständigen Universallexikon“.[13] Dieser Artikel ist insofern bemerkenswert, als er an einer Stelle verrät, wie sich eine neue Interpretation des Islams ankündigt. Daß er eine Sonderrichtung innerhalb einer umfassend zu überblickenden vorderasiatischen Religionsgeschichte sei, verliert an Plausibilität. Stattdessen entdeckt man Gemeinsamkeiten mit den Sozinianern und gelangt zu der Ansicht, daß der Islam der „Deisterey und der Naturisterey“ ziemlich günstig sei.[14]

---

[11] Reland, 60 und 101.

[12] Vgl. neuntes Kapitel (Was ist der Dschihad?), IV, sowie achtes Kapitel (Was sind Imamat, Kalifat und Sultanat?), IV. Reland, 148 f.

[13] Halle/Leipzig 1739, XIX, 508–515.

[14] Ebd., 512.

Fausto Sozzini (1539–1604) war einer der erfolgreichsten Verkünder der im 16. Jahrhundert aufkommenden antitrinitarischen Strömung innerhalb des Christentums. Er wirkte vor allem in Siebenbürgen und in Polen, wo er erheblichen Einfluß auf das Geistesleben gewann, nicht zuletzt durch das 1603 in Raków gegründete Gymnasium, das bis zu der 1638 erzwungenen Schließung zeitweise mehr als eintausend Schüler gehabt haben soll. Da die Dreifaltigkeit nicht in der Offenbarung aufscheine, alles religiöse Wissen aber auf diese Quelle zurückgeführt werden müsse und da darüberhinaus einzig die Vernunft als eine über die Wahrheit entscheidende Instanz angerufen werden könne, seien die dem Eingottglauben widersprechenden Dogmen des Christentums zu verwerfen.[15] In der einsetzenden Aufklärung fand dieses Gedankengut unter den Gebildeten viel Zustimmung. Eine inhaltliche Berührung mit den Lehren des Islams ergibt sich z.B. in Sure 4, Vers 171: „Ihr Schriftbesitzer! Geht in eurer Daseinsordnung nicht zu weit und sagt über Allah nur die Wahrheit! Der Messias ʿĪsā, der Sohn der Marjam, ist nur Allahs Gesandter und (Allahs) Wort, das er Marjam zukommen ließ, und (ʿĪsā) ist nur Geist" – nicht Leib – „von (Allah)! Glaubt also an Allah und seine Gesandten und sagt nicht: ‚Drei!' (Derartiges) unterlaßt, das ist besser für euch! Allah ist nur ein Gott! Hoch erhaben ist er darüber, daß ihm ein Kind sein könnte, wo ihm doch alles gehört, was in den Himmeln und auf der Erde ist. Es genügt, Allah als Sachwalter zu haben!"

Im Deismus in seinen vielen Spielarten ist das Verhältnis zwischen Vernunft und Offenbarung deutlich zugunsten der ersteren verschoben. Daß es Gott als den Weltschöpfer und Richter über die Menschen gibt, wurde nicht bestritten. Aber ein mit bestimmten geschichtlichen Vorgängen verknüpftes Offenbarungsgeschehen, dessen Inhalt für die Lebensführung des Menschen Verbindlichkeit hätte erlangen können, wurde nicht anerkannt. Der Vernunft des Menschen, die anders als der Verstand in seiner islamischen Ausdeutung ohne göttliche Vorgaben die Maximen des Daseins schaffen sollte, traute man zu, eigenständig eine Moral zu ersinnen. Wenn deren Grundsätze aus der dem Menschen eigenen Vernunft heraus entwickelt würden, dann müsse man von natürlicher Religion sprechen, schrieb William Wollaston (1660–1724) in einer diesem Gegenstand gewidmeten Abhandlung. Indem man die Vernunft einsetze und dabei stets die Wahrheit im Auge habe, verfolge man sein Lebensglück.[16] Hierbei ist vorauszusetzen, daß ein Handeln in Abwägung von gut und böse nur von einem Wesen erwartet werden kann, das zu der entsprechenden Unterscheidung, zum Treffen einer diesbezüglichen Wahl

---

15 Religion in Geschichte und Gegenwart, 4. Auflage, Tübingen 2004, VII, s.vv. Rakówer Katechismus, Sozinianer, Sozzini.

16 „Pursuit of happiness by the practice of reason and truth" (William Wollaston: The Religion of Nature Delineated, Ausgabe London 1724, 52).

sowie zum eigenständigen Handeln fähig sein muß.[17] Es ist für Wollaston klar, daß diese natürliche Moral individuelle Züge trage.

Indem der Deismus bzw. die Lehre von der natürlichen Religion die Wahrheit von der Vernunft abhängig machen, verwerfen sie nicht nur den Vorgang der Offenbarung, sondern jegliche Wunder, die das Auftreten der Übermittler göttlicher Gesetze begleiten. Allenfalls als Allegorien kann man sie gelten lassen. Damit werden die in der Geschichte bezeugten Ereignisse der Religionsstiftung zu zweckgerichtet und planvoll ins Werk gesetzten Vorhaben. Wunder, wie sie Jesus im Neuen Testament wirkt, darf es im Zusammenhang mit der Verkündigung der natürlichen Religion nicht mehr geben. Alles geht seinen rational beschreibbaren Gang, alles ist mit der Vernunft erklärbar, so auch alles, was über Jesus überliefert wird, meinte der Ire John Toland (1670–1722). Die Abhandlung,[18] in der er dies darlegte, wurde 1697 in Dublin verbrannt. Toland entwich nach London, wo er die Nachstellungen der Kirche nicht zu fürchten brauchte.

Der Islam, das erfährt man in der von Diderot (1713–1784) zwischen 1750 und 1780 herausgegebenen „Encyclopédie“, ist eine Schöpfung Mohammeds, der erkannt hatte, daß er die Sittlichkeit seiner Landsleute heben müsse. Ihm sei bewußt geworden, daß er dies nur erreichen konnte, indem er sich als ein Prophet ausgab. Was er angeordnet habe, sei mit dem genannten Ziel zu erklären. Die Beschneidung beispielsweise solle dem Mißbrauch der Zeugungskraft vorbeugen. Nachteilig sei allerdings anzumerken, daß die Ritualpflichten, die der Natur des Menschen zuwider seien, keiner anderen Religion eine derart den Verstand einlullende Wirkung verliehen. Anders als die Juden des Zeitalters des Alten Testaments, die von ihnen besiegte Völker niemals in ihren Kult aufgenommen hätten, seien die Muslime so klug, allen Unterworfenen den Islam aufzuzwingen. Wie jede heilige Schrift, die einer vorgeblichen Offenbarung entstamme, enthalte der Koran zahlreiche Verstöße gegen die Gesetze der Physik. Solche Unwissenheit könne man Gott schlechterdings nicht nachsagen.[19] So ist das Urteil der französischen Aufklärung über den Islam höchst zwiespältig. Mohammeds Lebenswerk besteht in zweckgerichteten Maßnahmen, zu denen auch die für den Islam charakteristische Machtausübung gehört. Von einer Freisetzung der Vernunft des Menschen kann man aber nicht sprechen. Dieser Grundfehler ist dem Umstand anzulasten, daß Mohammed das, was er verkündete, für eine göttliche Offenbarung erklärte.

---

[17] Ebd., 7.

[18] John Toland: Christianity not Mysterious. Or a Treatise shewing that there is nothing in the Gospel contrary to Reason nor above it and that no Christian Doctrine can be properly call'd a Mystery, London 1702.

[19] Encyclopédie ou Dictionnaire raisonné, IX, 1765, s.v. Mahométisme.

In den Schriften Voltaires (1694–1778) kommt die zwiespältige Beurteilung des Islams nach dem Maßstab der Vernunft treffend zum Ausdruck. Sein Drama „Mahomet“ entwirft vom Stifter des Islams ein äußerst negatives Bild: Mohammed ist ein skrupelloser Machtmensch. Allerdings beruft sich Mohammed im Koran nirgends darauf, daß er Wunder gewirkt habe. So wird er für Voltaire zum Idealtyp des Verkünders der aufgeklärten natürlichen Religion, die „weise, streng, keusch und menschlich“ sei: Weise, weil sie den Polytheismus ablehnt, streng, weil sie den Alkoholgenuß und das Glücksspiel verwirft, keusch, weil sie die Zahl der Ehefrauen auf vier begrenzt; menschlich, weil sie auf die Almosen mehr Wert legt als auf die Pilgerfahrt. Dazu komme die Toleranz, die die „Encyclopédie“ dem Islam noch abgesprochen hatte.[20]

Viele europäische Intellektuelle, die sich als die Verfechter der Aufklärung verstanden, träumten von einem reinen Deismus, der die Existenz eines Gottes anerkannte und auch lehrte, daß dieser Gott die Welt „am Anfang“ geschaffen habe. Da er den Menschen die Vernunft geschenkt habe, erwarte er von ihnen, daß sie ihr Dasein eigenständig nach vernünftigen Gesichtspunkten gestalteten. Die Vernunft freilich, die dem Menschen zu Gebote steht, ist während der Geschichte nirgends und niemals vollkommen zum Durchbruch gelangt. Ehe dies eintreten wird, hat der Mensch eine lange Erziehung zu durchlaufen. Daß diese im Begriff sei, an ihr Ziel zu kommen, werden viele Intellektuelle geglaubt und gehofft haben. Die auf Offenbarungen und auf den Berichten von Wundern beruhenden Lehren der christlichen Kirchen betrachtete man als Hemmnisse, die jene Erziehung erschwerten. Um so willkommener war die Botschaft von einer Religion, die, wie man unterstellte, von vernunftwidrigen Lehren weitgehend frei sein sollte.

Gotthold Ephraim Lessing (1729–1781) schuf in der Zuversicht, die Entwicklung der Menschheit laufe auf den von der Vernunft beherrschten Endzustand zu, ein Zukunftsgemälde, das er 1780 vollständig veröffentlichte, allerdings ohne sich zur Autorschaft zu bekennen. Er nannte es „Die Erziehung des Menschengeschlechts“. Sowohl der einzelne Mensch als auch die ganze Menschheit unterliegen einer Entwicklung, die auf das postulierte vernünftige Dasein zuläuft. Dem Menschen als einzelnem und dem Menschengeschlecht als ganzem ist es bestimmt, jenem Dasein zuzustreben. Der einzelne bedarf dazu der Erziehung, die Menschheit der Offenbarung. Die Erziehung gebe dem einzelnen nichts, worauf er nicht auch selber hätte kommen können; sie beschleunigt und erleichtert jedoch die Einsicht in das Vernünftige. Die Offenbarung vermittle dem Menschengeschlecht ebenfalls nichts, was die Vernunft nicht von allein hätte erschließen können, bewirke aber einen rascheren Fortgang zum vernunftgeleiteten Dasein. Die sich sel-

---

20 Zitiert in Tilman Nagel: Islam. Die Heilsbotschaft des Korans und ihre Konsequenzen, Westhofen 2001, § 1.

ber überlassene Vernunft habe die Menschheit dazu verführt, das Unermeßliche, dem sie sich gegenübergesehen habe, in mehrere ermeßliche Gottheiten aufzuspalten. Auf natürliche Weise sei Vielgötterei entstanden, und man könne nicht abschätzen, wielange die Menschheit in diesem Irrtum verharrt hätte, wenn Gott jetzt nicht eingegriffen hätte. Die Wahrheit des Eingottglaubens wollte er allerdings nicht jedem einzelnen Menschen offenbaren; er zog es vor, einem einzelnen Volk die entscheidende Erziehung zu vermitteln, nämlich den Juden. Ihnen gereichte die Offenbarung des Monotheismus zur Erziehung, zum zügigen Fortschreiten auf dem Pfade der Vernunft. Auf ihm waren die übrigen Völker weit zurückgeblieben, wie dies bei Kindern geschehe, die man „für sich aufwachsen läßt".[21]

Die Offenbarung hatte die Juden zur Vernunft geleitet, und dann habe ihre Vernunft begonnen, die Auslegung der Offenbarung zu bestimmen. Lessing gewinnt mit dieser Volte die Möglichkeit, vernunftwidrige Züge des Alten Testaments als die Überbleibsel einer auf das kindliche Gemüt angepaßten Offenbarung hinwegzudeuten. Jesus habe endlich eine neue Stufe der Offenbarung vermittelt und die Erziehung vorangetrieben. Die Lehre von der Dreieinigkeit weise den Menschen darauf hin, daß „Gott in dem Verstande, in welchem endliche Dinge *eins* sind, unmöglich eins sein könne; daß auch seine Einheit eine transzendentale Einheit sein müsse, welche eine Art von Mehrheit nicht ausschließt".[22] Die Lehre von der Erbsünde meine, daß der Mensch auf der ersten Stufe seines Menschseins nicht Herr seiner selbst gewesen sei, so daß er den „moralischen Gesetzen" noch nicht habe folgen können. Die „Genugtuung des Sohnes" deutet Lessing dahingehend, daß Gott nach dem Auftreten Jesu, des vollkommenen Menschen, dem Menschengeschlecht die Möglichkeit eröffnen wollte, selbständig die moralische Glückseligkeit und Vollkommenheit zu erreichen. Jesu Opfertod erhält seinen Sinn, weil Gott, indem er diese schwerste Verfehlung der Menschheit verzeiht, das Tor zu einem ganz der Moral unterworfenen Dasein aufschließt. Dergleichen Spekulationen erklärt Lessing zu den „schicklichsten Übungen des Verstandes". Dieser „will schlechterdings an geistigen Gegenständen geübt sein, wenn er zu seiner völligen Aufklärung gelangen, und diejenige Reinigkeit des Herzens hervorbringen soll, die uns, die Tugend um ihrer selbst willen zu lieben, fähig macht". Allein schon der Gedanke, die Menschheit solle nie die höchsten Stufen „der Aufklärung und Reinigkeit" erklimmen, ist für Lessing Lästerung. „Die Erziehung hat ihr *Ziel*; bei dem Geschlechte nicht weniger als bei dem Einzeln. Was erzogen wird, wird zu etwas erzogen."[23]

---

[21] Gotthold Ephraim Lessing: Werke, Lizenzausgabe für die wissenschaftliche Buchgesellschaft, Darmstadt 1996, VII, 476–480, VIII, 490–493.

[22] Ebd., VIII, 505.

[23] Ebd., VIII, 507 (Kursive im Text).

Dieses dank seinen Spekulationen identifizierte Ziel stellt Lessing in seinem Drama „Nathan der Weise“ dem Theaterpublikum vor Augen. Das Jerusalem der Kreuzzüge, des näheren die Zeit des Sieges Saladins bei Hattin im Jahre 1187, schien Lessing der geeignete Hintergrund, um mittels einer historischen Gestalt, Saladins, und anderen, erdachten, seinen Ideen eine zum Schein aus der Ereignisgeschichte hergeleitete Überzeugungskraft zu verschaffen. Die Religionszugehörigkeit trennt die Handelnden voneinander. Doch im Verlauf der Ereignisse stellt sich heraus, daß diese Grenzen ohne tiefere Bedeutung sind. Recha, Nathans Ziehtochter, wird durch den Tempelherrn aus einer Feuersbrunst gerettet; aber da sie eine Jüdin ist, weist der Tempelherr ihre Dankesbezeigung zurück. Es bleibt Saladin vorbehalten, den Zorn des Tempelherrn auf den Juden, der sich Christenkinder aneigne, um sie im jüdischen Glauben zu erziehen, zu besänftigen. Wie sich gegen Ende des Dramas herausstellt, ist der Tempelherr selber freilich kein „reiner“ Christ, sondern ein Neffe des Sultans Saladin: Die Linien der Trennung schwinden und Nathan nennt, gleichsam um die Irrationalität dieser Linien vollends zu entlarven, Rechas wahren Namen: Blanda von Filneck. Der Tempelherr, noch nicht im grenzenlosen „Menschengeschlecht“ angekommen, mißdeutet dies als einen Akt der Verstoßung durch den Ziehvater. Aber das ist es ganz und gar nicht. Zwar hat sich ergeben, daß zwischen dem Christen und dem Muslim eine Verwandtschaft besteht, einzig der Jude bleibt ohne eine solche Beziehung. Jedoch ist Nathan nun keineswegs aus allen Bindungen ausgeschlossen. Alle übrigen Hauptpersonen sollten seine Kinder sein, ruft er aus, nicht dank Blutsverwandtschaft freilich, sondern gemäß einem Akt des Willens. Dem Juden Nathan fällt die Rolle des Erziehers des Menschengeschlechts zu, des Erziehers von Menschen, die die Bindungen an eine Religion und auch die Bindungen des Blutes als Gegebenheiten zu betrachten gelernt haben, über die ein vernunftgeprägtes Menschsein hinwegsieht. Es erfüllt sich der Sinn der Ringparabel – so jedenfalls will es dem heutigen westlichen Leser scheinen, der sich vernünftig dünkt, weil er glaubt, das Religiöse aus seinem Dasein getilgt zu haben.

Lessing wollte aber auf etwas anderes hinaus. Das Ziel der Erziehung des Menschengeschlechts ist nicht das Verschwinden der Religion überhaupt. Die Vernunft gebietet vielmehr, daß man, da die Frage nach der wahren Religion ohne Antwort bleibt, jeweils in seiner eigenen Religion vernunftgemäß lebt. In jeder Religion können sich Menschen zeigen, die diesem Ziel nahegekommen sind. In Lessings Drama sind das einmal der Jude Nathan, der, wenn man den später veröffentlichten Erwägungen über die Erziehung des Menschengeschlechts folgt, den Vorteil der das Ziel der Erziehung vorwegnehmenden göttlichen Offenbarung genießt, und zum anderen der Sultan Saladin. Denn dieser verhält sich gerade nicht so, wie man es von einem muslimischen Herrscher in der damaligen Lage erwartet hätte: Er schenkt dem Tempelherrn, der ihn so unerbittlich bekämpft hat, das Leben und läßt sich dann von Nathan, der ihm die Parabel vorträgt, zu der in ihr verborgenen Lehre bekehren (dritter Akt, siebter Auftritt). Der Tempelherr, der Christ, erscheint bei Lessing als der unbesonnene Heißsporn, der dieser Lehre am fernsten steht – ein früher Beleg für die seither noch abertausendemal vorgenommene christliche bzw. westliche Selbstbezichtigung, die bei den meisten Intellektuellen als eine unabdingbare Voraussetzung für die Kenntnisnahme des Fremden gilt. Lessing weiß, daß er für diesen Entwurf seiner Figuren nicht nur Zustimmung ernten wird. Er verteidigt sich mit der Behauptung, daß damals – im Mittelalter – Juden und Muslime die einzigen Gelehrten gewesen seien. Das Klischee vom Abendland, das der finstersten Barbarei verhaftet gewesen sei, während im islamischen Morgenland die Künste und Wissenschaften geblüht hätten, wird bis heute eifrig bemüht und nicht gern hinterfragt. Wegen der hohen Stufe, die Lessing den Weisheitslehren des Morgenlandes unterstellt, ist er überzeugt, daß „der Nachteil, welchen geoffenbarte Religionen dem menschlichen Geschlechte bringen, zu keiner Zeit einem vernünftigen Manne müsse auffallender gewesen sein, als zu den Zeiten der Kreuzzüge, und daß es an Winken bei den Geschichtsschreibern nicht fehlt, ein solcher Mann habe sich nun eben in einem Sultane gefunden".[24]

Bahā' ad-Dīn b. Šaddād (gest. 1234), seit 1188 in den Diensten Saladins stehend, verfaßte die Vita seines Herrn, deren lateinische Übersetzung 1732 in Leiden erschienen war. Lessing nahm das in ihr ausgebreitete unmäßige Herrscherlob für bare Münze, was bereits Friedrich Schiller kritisierte.[25] Aber Lessing konnte sich noch nicht auf weitere Quellen stützen, des Arabischen war er nicht mächtig, und die recht detaillierten Angaben über bestimmte theologische Strömungen im Islam, wie man sie bei Dapper findet, hätte er kaum für sein Thema fruchtbar zu machen können. Das ist ihm nicht vorzuwerfen. Relands Wiedergabe der islamischen Lehre vom Krieg gegen die Andersgläubigen hätte Lessing immerhin nachdenklich stimmen sollen, wenn er sie denn gekannt hat. Die Langzeitwirkung seines „Nathan" war außerordentlich. Noch heutzutage wird das Drama gern aufgeführt, um den uneingeschränkten Zustrom von Flüchtlingen aus der islamischen Welt moralisch zu rechtfertigen, den Islam als eine „tolerante" Religion schönzureden und die aufnehmende Bevölkerung zu erziehen, nun freilich im Sinne einer „liberalen", in Wahrheit unduldsamen Areligiosität. Über die unter ihren Einfluß geratene Islamwissenschaft wird weiter unten zu sprechen sein.

[24] Ebd., II, 748.

[25] Friedrich Schiller: Sämtliche Werke, Winkler Verlag, München 1975, IV, 817–820.

II. Das Studium der Quellen

1. Das Aufblühen der Arabistik

Lessing erklärte seine Spekulationen zu den „schicklichsten Übungen des Verstandes". Diese Übungen, und das ist nun zu beleuchten, liefen ohne Kenntnis des tatsächlichen Islams ab. Es waren die Phantasien eines Intellektuellen, der sich von einigen exotischen Blüten betören läßt, die aus einem fernen Garten zu ihm herüberglänzen, von dessen Wachstumsbedingungen, von dessen Boden und Klima und von der dort geleisteten Fronarbeit er nicht das Mindeste weiß. Er nimmt sie dessen ungeachtet für Belege einer besseren Wirklichkeit, die nach Einsatz aller Werkzeuge der Vernunft auch in seinem Garten erblühen sollte. Große Geister des ausgehenden 18. und des frühen 19. Jahrhundert dachten ähnlich wie Lessing und verirrten sich, wie etwa Goethe, zu der Ansicht, Mohammed habe einen Deismus ohne in Gesetzen konkretisierte Normen und Ideale verkündet. Abraham und Mose seien ihm darin vorangegangen; auch Jesus habe nichts als den einen Gott im Sinn gehabt, „wer ihn selbst zum Gotte machte, kränkte seinen Willen. Und so muß das Rechte scheinen, was auch Mahomet gelungen; nur durch den Begriff des einen hat er alle Welt bezwungen".[26]

Zur selben Zeit, als die Islamschwärmerei in Mode war, schuf Christian Friedrich Schnurrer (1742–1822) einen höchst lehrreichen Überblick über die bis dahin geleisteten arabistischen Studien in Europa. Der „Bibliotheca Arabica" gibt er einen Anhang bei, der in chronologischer Reihenfolge, beginnend mit dem Jahr 1505 und endend 1810, alle gedruckten einschlägigen Bücher auflistet. Es handelt sich zu einem großen Teil um christlich-arabische Literatur und um Schriften, die für die Mohammedanermission gedacht waren. Ferner stößt man auf die Werke bzw. Teile aus Werken christlich-orientalischer Historiker wie Barhebraeus'. Mit der Ausnahme des Korans, der vielfach ganz oder in Teilen publiziert wurde, ist die islamische Literatur abwesend. Das, was die Muslime als die „islamischen Wissensgebiete" bezeichnen, ist jenseits des Korans unbekannt: Es fehlen das Hadith, die Schariagelehrsamkeit, die Korankommentierung, auch die Standardwerke der islamischen Erbauungsliteratur, deren Handschriften weit verbreitet waren, fanden keine Aufmerksamkeit. Mit anderen Worten: Die Pioniertat Pococks, der seiner Ausgabe der Annalen des Barhebraeus die Auszüge aus islamischen theologischen Schriften beigab, deren Dapper sich in seiner Beschreibung Arabiens bediente, blieb unfruchtbar, weil der islamische Unterbau, auf dem diese Ausführungen einzig zu verstehen sind, unzugänglich war. Wer die

26 Gedicht an Marianne von Willemer, Goethes Werke, Hamburger Ausgabe in 14 Bänden, II, 122f.

Übersetzung bzw. Zusammenfassung dieser Texte las, wird sich mit seinem Befremden alleingelassen gefühlt haben.

Auch im 19. Jahrhundert galt für die an vielen Universitäten getriebene Arabistik das islamische Schrifttum als ein Stiefkind. Auf einem Sektor allerdings waren bedeutende Forschritte zu verzeichnen: in der Kenntnis der islamischen Geschichtsschreibung. Hier wurden die Werke bedeutender Autoren der Forschung zugänglich. Im deutschen Sprachraum war Johann Jakob Reiske (1716–1774) der Vorreiter dieser Arbeiten, die das Vorhandensein einer islamischen Welt als einer Gegebenheit eigener Art voraussetzten. Während seiner Studienjahre in Leiden verdiente sich Reiske den Lebensunterhalt, indem er die reichen arabischen Bestände der Universitätsbibliothek ordnete. Dabei schrieb er sich Werke ab, die sein Interesse geweckt hatten, unter anderem die Annalen des aijubidischen Kleinfürsten Abū l-Fidā' (gest. 1331), die unter dem Titel „Kompendium der Geschichte der Menschheit" auch einen Überblick über die Geographie der islamischen Welt bieten. Nach Deutschland zurückgekehrt, wo er sich zunächst mit Gelegenheitsarbeiten durchschlug, verfaßte er eine Studie über die Darstellung der islamischen Geschichte durch den osmanischen Gelehrten Ḥāǧǧī Ḫalīfa Kātib Čelebī (gest. 1658). In dieser erst 1766 gedruckten Schrift spricht Reiske die in seinen Studien gewonnene Einsicht aus, daß der Begriff „orientalisch" nicht geeignet sei, um die Verhältnisse in der islamischen Welt zu kennzeichnen. Man müsse stattdessen das Adjektiv „muslimisch" verwenden.[27] Diese uns banal erscheinende Feststellung verweist auf den Zeitgeist der Aufklärung, der Lessing zu seinen Spekulationen über die Erziehung des Menschengeschlechts angeregt hatte: Es gibt nur eine gemeinorientalische Geschichte, deren früheste und wahrhaftige Zeugnisse die Berichte des Alten Testaments über die „Patriarchen" sind. In der vorislamischen altarabischen Poesie, die bis in das 6. Jahrhundert n. Chr. zurückreicht, glaubten führende Arabisten, authentische Zeugnisse der Lebenswelt dieser „Patriarchen" vor sich zu haben. Reiske scheute sich nicht, die Haltlosigkeit dieser Thesen hervorzuheben, weswegen es mit einer Hochschulprofessur nichts werden konnte.[28]

---

[27] Fück, 113.

[28] Der Göttinger Orientalist Johann David Michaelis (1717–1791) war einer der eifrigsten Verfechter dieser Ideen. Er schrieb einen umfangreichen mehrfach gedruckten Katalog von Fragen u. a. zu Details der materiellen Kultur der Patriarchenzeit, denen die durch den dänischen König ausgerüstete Arabien-Expedition (1761–1767) nach seiner Auffassung nachgehen sollte. Wenn man diese „Fragen an eine Gesellschaft gelehrter Männer" mit dem von Carsten Niebuhr (1733–1815) verfaßten ausführlichen Bericht (Nachdruck Graz 1968, 3 Bände) vergleicht, wird einem klar, wie wenig jene Art von Arabistik mit der Wirklichkeit der islamischen Welt zu tun hatte. Vgl. auch Fück, 119 f.

Reiske erhielt endlich eine Anstellung an der Leipziger Nikolai-Schule. Er hatte auch als Kenner der griechischen Philologie einen ausgezeichneten Ruf erworben, blieb aber Zeitlebens den arabischen Studien verbunden, die ihren schönsten Niederschlag in der Edition und lateinischen Übersetzung des Werkes von Abū l-Fidāʾ fanden. Reiske war es nicht vergönnt, die Früchte seiner arabistischen Arbeit zu sehen. Als er 1774 an der Schwindsucht starb, vertraute die Witwe den Nachlaß Lessing an, der Reiskes Arbeiten mit Aufmerksamkeit zur Kenntnis genommen hatte – die Figur des Sultans Saladin im „Nathan" ist ohne Lessings Interesse an der islamischen Welt nicht denkbar. Lessing übergab den Nachlaß einem dänischen Kammerherrn, und so ist zu erklären, daß zwischen 1789 und 1794 in Kopenhagen endlich doch die Annalen des Abū l-Fidāʾ im arabischen Originaltext nebst einer lateinischen Übersetzung publiziert wurden.[29]

Langsam löste sich die Arabistik aus den Fesseln der überkommenen Ansicht, daß ihr Haupttätigkeitsfeld, die islamische Überlieferung, nichts weiter sei als ein Spezialfall einer gemeinorientalischen Zivilisation, die in Lessings Spekulation über den Weg der Menschheit zur Herrschaft der Vernunft eine tragende Rolle innehatte. Meilensteine der Selbstfindung der Arabistik im 19. Jahrhundert waren weitere Editionen von umfangreichen Geschichtsquellen. Bedeutende Anstöße kamen aus Frankreich, nicht zuletzt ausgelöst durch Napoleons Zugriff auf Ägypten. Bahnbrechend wirkte Silvestre de Sacy (1758–1838), der neben zahlreichen anderen Werken eine „Chrestomatie arabe" für den akademischen Unterricht schuf, die den Mangel an brauchbaren Texten beseitigte. Sie bietet einen ausführlichen Einblick in Quellen zur islamischen Länderkunde und Geschichte. Auch seine „Anthologie grammaticale" enthält wichtige Texte zur islamischen Geschichte und Kultur, so etwa Auszüge aus dem weit verbreiteten Korankommentar des az-Zamaḫšarī (gest. 1143/4) und aus Ibn Ḫaldūns (gest. 1406) „Einführung" in die islamische Geschichtsdeutung. Schüler de Sacys publizierten die ganze „Einführung" sowie eine Übersetzung ins Französische und machten Ibn Ḫaldūn zu einem der wenigen Muslime, der sowohl in der heutigen islamischen Welt als auch bei europäischen Historikern, die sich einen Blick über den Rand der eigenen Domäne zutrauen, nachhaltige Aufmerksamkeit genießt.[30] Es ist hier nicht der Ort, ausführlich über de Sacys Einfluß auf die Entwicklung der arabischen Studien in Europa, namentlich in Deutschland, zu handeln. Festzuhalten ist, daß ihm die Verwirklichung dessen zu verdanken ist, wovon Reiske

---

29 Abulfedae Annales Muslimici arabice et latine, unter Benutzung der Studien Reiskes herausgegeben von Jacob Georg Christian Adler, 5 Bände, Kopenhagen 1789–1794.

30 Vgl. hierzu Tilman Nagel: Die erdrückende Last des ewig Gültigen, Kapitel XIX.

schon geträumt hatte: die Befreiung der Orientwissenschaft von der Nutzung durch eine Vernunfttheologie, die Züge einer anmaßenden, die Andersheit des Anderen mißachtenden Ideologie aufwies.

Drei umfangreiche arabische Werke, die im 19. Jahrhundert ediert wurden, erweiterten und vertieften in besonderem Maße das der Forschung zugängliche Wissen von der Geschichte der islamischen Welt. Der Schwede K. J. Tornberg (1807–1877), ein Schüler de Sacys, gab die bis ins 13. Jahrhundert reichenden vielbändigen Annalen des Ibn al-Aṯīr (gest. 1232) heraus. Unter der Ägide des Niederländers Reinhart Dozy (1820–1883) wurde unter Beteiligung von Arabisten aus mehreren Ländern al-Maqqarīs (gest. 1631) große Kompilation über das islamische Spanien herausgegeben. Einer der hieran Beteiligten, Dozys Schüler Michel Jan de Goeje (1836–1909), initiierte und leitete die Edition der an Materialreichtum alle übrigen Quellen zur frühen islamischen Geschichte übertreffenden Annalen des aṭ-Ṭabarī (gest. 923). Dies war das größte Gemeinschaftsunternehmen der europäischen Arabistik; es steht für das stark gewachsene Interesse der westlichen Wissenschaft an Informationen aus erster Hand über die Entstehung und Ausbreitung des Islams.[31]

Texte, die man zu den „islamischen Wissensgebieten" rechnen könnte, waren dennoch selten ein Gegenstand editorischer Arbeit. Zwei Gelehrte verdienen es, hier erwähnt zu werden. Ferdinand Wüstenfeld (1808–1899) schuf die erste Ausgabe der Prophetenbiographie des Ibn Hišām (gest. 834), die zwischen 1858 und 1860 im Druck erschien. Bereits vier Jahre später war dieser grundlegende Text in einer deutschen Übersetzung zugänglich.[32] Wüstenfeld stellte der Forschung weitere arabische Texte zur Verfügung, die als Hilfsmittel für ein Eindringen in die Geschichte und die Religionsgeschichte des Islams unentbehrlich sind. Hier seien nur zwei genannt: Das „Biographische Wörterbuch" an-Nawawīs (gest. 1277) und aḏ-Ḏahabīs (gest. 1348) Verzeichnis der Kenner des Korans und des Hadith[33] erschließen zum ersten Mal Quellen zu den Trägern der „islamischen Wissensgebieten". Einen weiteren wesentlichen Schritt in diese Richtung unternahm Ludolf Krehl (1825–1901), indem er eine Edition von al-Buḫārīs (gest. 870) „Sammlung des ‚gesunden' Hadith" erarbeitete und damit erstmalig den neben dem Koran wichtigsten Quellentext der Sunniten in die europäische Forschung ein-

---

[31] Die Arbeit erstreckte sich von 1879 bis 1901. Über die Mitarbeiter s. Fück, 212–214.

[32] Das Leben Mohammed's nach Mohammed Ibn Ishak bearbeitet von Abd el-Malik Ibn Hischam. Aus dem Arabischen übersetzt von G. Weil, 2 Bde., Stuttgart 1864.

[33] Liber concinnitatis nominum id est vitae illustrium virorum auctore an-Navavi, Göttingen 1832; Liber classium virorum qui Korani et traditionum cognitione excelluerunt auctore Abu Abdalla Dahabio, 3 Teile, Göttingen 1833 f.

führte. Krehl selber betrachtete das durch al-Buḫārī zusammengetragene Material[34] als zwar im Sinne einer sunnitischen Rechtgläubigkeit eingefärbt, aber im ganzen doch als authentisch, so daß er es in reichem Maße in eine Lebensbeschreibung Mohammeds einfließen ließ.[35] Daß der wesentliche Zweck des Hadith nicht die Vermittlung von Information über Mohammed ist, sondern die Vergegenwärtigung der durch Mohammed vermittelten Rechtleitung, war noch nicht bekannt, und Ignaz Goldzihers (1850–1921) Einsicht in den vielfach ganz und gar anachronistischen Charakter dessen, was die Hadithe über den Propheten sagen, stand noch bevor.[36]

Seitdem im frühen 19. Jahrhundert in Ägypten der Buchdruck eingeführt worden war, war die europäische Forschung nicht mehr allein auf Handschriften und auf in Europa hergestellte Druckausgaben arabischer Texte angewiesen.[37] Eine Auflistung der im 19. Jahrhundert in Ägypten gedruckten Bücher belegt den deutlichen Unterschied zwischen den Interessen der westlichen Wissenschaft einerseits und den Lesebedürfnissen des muslimischen Publikums andererseits. Viele hundert Titel subsumiert die Autorin dieser Bibliographie allein unter der Rubrik „Islamische Philosophie"; sie faßt diese Rubrik allerdings sehr weit, so daß man hier vor allem Schriften von Autoren der Vergangenheit findet, die sich mit erbaulichen Themen und mit dem islamischen Lebensvollzug befassen. Es folgen dann die „islamischen Wissensgebiete", nämlich zuerst die klassischen Koranwissenschaften; danach kommen die Publikationen zur Koraninterpretation (arab.: *at-tafsīr*), zum Hadith, zur Theologie, zum islamischen Recht, zur Gottesverehrung. Um einen Eindruck von der Unterschiedlichkeit der Sichtweise der europäischen Wissenschaft und des muslimischen Publikums zu vermitteln: Der Edition al-Buḫārīs stehen auf ägyptischer Seite 258 Publikationen zum Hadith gegenüber;[38] meistens handelt es sich um Schriften von Autoren früherer Epochen, um Literatur mithin, die man heute in der arabischen Welt unter dem Begriff des „Erbes" (arab.: *at-turāṯ*) zusammenfaßt.

---

[34] Vgl. fünftes Kapitel (Was ist das Hadith?), II. und III.

[35] Ludolf Krehl: Das Leben des Mohammed, Leipzig 1885, VI. El-Bochâri: Le recueil des traditions mahométanes, publié par Ludolf Krehl, Bd. I–III, Leiden 1862–1868, Bd. IV, publié par. Th.W. Juynboll, Leiden 1908.

[36] Vgl. dazu im folgenden, III. Hat die Veröffentlichung der Goldziherschen Erkenntnisse mit der jahrzehntelangen Verzögerung des Erscheinens des vierten Bandes von al-Buḫārī zu tun?

[37] Es sei in diesem Zusammenhang auf die wichtigen Druckausgaben für die Islamforschung interessanter Werke hingewiesen, die in Britisch-Indien verlegt wurden (Fück, 176–177).

[38] ʿĀʾida Nuṣair: Al-kutub al-ʿarabīja al-latī nuširat fī Miṣr fī l-qarn at-tāsiʿ ʿašar, Kairo 1990.

2. Quellenstudium und Einsicht in die Eigenständigkeit des Islams

„Muhammed … Der Stifter, Fabrikant, Gesetzgeber und Bibelmacher der türkischen Religion“, so führt ein kleines Nachschlagewerk über das Osmanische Reich aus dem Jahre 1789 den Propheten des Islams ein. Es ist die „aufgeklärte“ Sicht, die in diesen Epitheta zum Ausdruck kommt: Mohammed hat seine religiöse Botschaft „fabriziert“; sie ist das Ergebnis schlauer Überlegung. „Er that bei dem Plan seiner Religion alles, was sein Zeitalter gerade erfoderte. Er entwarf eine Religion, die mit der Denkungsart seines Volkes übereinkam … Bei dem Entwurf seines Korans begünstigte er zugleich sich selbst. Seine Umstände … und sein Verhältniß veranlaßte viele seiner Religionsgesetze; dies beweiset die Unordnung, die Ungleichheit und die Vermischung von widersprechenden Grundsätzen und Begebenheiten.“[39] Was an der islamischen Botschaft nicht sinnvoll erscheint, das ist widrigen Umständen und der Charakterschwäche eines kurzsichtigen Egoismus’ Mohammeds anzulasten. Die mangelnde Bildung des Verfassers auf dem Gebiet, zu dem er sich äußert, hätte ihn daran hindern sollen, sein Vorhaben in Angriff zu nehmen. Aber man könnte ihm auch dafür danken, daß er ohne Bedenken alle damals gängigen Klischees bemüht, um Mohammed als einen Religionsgründer zu zeichnen, der mit Religion eigentlich nichts zu tun hat. Daß Mohammed zweckmäßig handelte, wie er handelte, klang schon öfter an. Es gibt an Mohammed und an seiner Botschaft keine Merkmale, die eben deswegen nicht auch jeder andere Mensch aufweisen könnte. Jeder Mensch hätte in vergleichbarer Lage und in Verfolg ähnlicher Ziele Ähnliches gesagt und getan.

Die im 19. Jahrhundert außerordentlich schnell wachsende Kenntnis von zumeist schriftlichen Zeugnissen der islamischen Kultur weckte den Sinn dafür, daß die Dinge so einfach nicht waren; andere Klischees fanden Zustimmung. So glaubte man zu wissen, daß im Orient eine statische, sich allem Fortschritt widersetzende Zivilisation vorherrsche, die durch den Islam nicht etwa überwunden, sondern geradezu verstärkt werde. Ernest Renan (1823–1893) war ein Verfechter dieser Vorstellungen, denen Muḥammad ʿAbduh (1849–1905) seine Hypothese vom Islam als der Religion des Verstandes und deswegen der Menschheit in ihrem Reifestadium entgegensetzte.[40] Solche fruchtlosen ideologischen Debatten verstellen, wie später gezeigt wird, bis auf den heutigen Tag, den Weg zu einer den Tatsachen nahekommenden Einsicht in die Eigenheiten der jeweils fremden, hier der islamischen Kultur.

---

[39] Johann Traugott Plant: Türkisches Staats-Lexicon, Hamburg 1789, 129 f., 132.

[40] Vgl. fünfzehntes Kapitel (Was ist islamischer Rationalismus?), I. 1.

Als, wie geschildert, ein internationales Gremium von Arabisten an der Herausgabe der Annalen aṭ-Ṭabarīs arbeitete, wurde der Alttestamentler Julius Wellhausen (1844–1918) einer der genauesten Leser der erscheinenden Bände. In den Texten des Alten Testaments hatte er ein dynamisches Spannungsverhältnis zwischen Prophetie und Priestertum bemerkt. Dieses Verhältnis zu ergründen, war die Leitidee seiner religionsphänomenologischen Auslegung der erforschten Überlieferung. Wellhausen verzichtet auf jegliche Bewertung des Wahrgenommenen als gut oder schlecht, widersinnig oder sinnvoll; er versucht, auf einen wissenschaftlich haltbaren Begriff zu bringen, was er zu erkennen vermag. Die Nachrichten über das altarabische Heidentum, die Wellhausen einer Vielzahl damals zugänglich gewordener Quellen entnimmt, hatten ihn zu der Frage angeregt, wie wohl der „Wildling" beschaffen gewesen sei, auf den die Propheten und Priester „das Reis der Thora Jahve's" gepfropft hätten. Wellhausen meinte eine Analogie zwischen den Gegebenheiten zu erkennen, in die hinein zuerst die Propheten des Alten Testaments und dann die Priester gewirkt hätten, und denjenigen, die Mohammed bei der Verkündigung seiner Botschaft vorgefunden habe. Aṭ-Ṭabarīs Annalen boten jetzt das Anschauungsmaterial zum Studium eines Falles des Übergangs vom Heidentum zu einer monotheistisch ausgerichteten Form eines Gemeinwesens, in der der Prophet und seine Nachfolger die Herrschaft Gottes auf Erden vergegenwärtigen.[41]

Ganz so viel, wie Wellhausen es erwartet haben mochte, verhalf die Analogie zwischen den Verhältnissen des Alten Testaments und denjenigen Arabiens in der frühesten Geschichte des Islams nicht zu einem wechselseitigen tieferen Verständnis. In seinem bahnbrechenden Buch „Das Arabische Reich und sein Sturz",[42] das die Epoche bis zum Ende der Omaijadenzeit nachzeichnet, rückt die Erforschung der von aṭ-Ṭabarī verwendeten Quellen und die Frage nach deren Glaubwürdigkeit rasch in den Mittelpunkt. Vor den Augen des Lesers rollt die Geschichte eines Gemeinwesens ab, in der der hochgesteckte Anspruch, um der Herrschaft Allahs willen die Eintracht der Glaubenden zu erzwingen, in einem schroffen Gegensatz zu den kleinlichen Interessen eines unbezähmbaren Stammespartikularismus steht.

Von welcher Art aber sind die Kräfte, die bis in die Gegenwart trotz mannigfaltiger zentrifugaler politischer und gesellschaftlicher Effekte unter den

---

41 Rudolf Smend; Deutsche Alttestamentler in drei Jahrhunderten, Göttingen 1989, 107; Tilman Nagel: Die Entdeckung der islamischen Geschichte, in: Rudolf Smend/Hans-Heinrich Voigt: Die Wissenschaften in der Akademie (Abhandlungen der Akademie der Wissenschaften zu Göttingen, Philologisch-Historische Klasse, Dritte Folge, Bd. 247 Mathematisch-Physikalische Klasse, Dritte Folge, Bd. 51), Göttingen 2002, 199–212.

42 Julius Wellhausen: Das Arabische Reich und sein Sturz, erste Auflage 1902, zweite Auflage, Berlin 1960.

Muslimen ein Zusammengehörigkeitsgefühl nähren, das für die Zukunft eine tatsächliche Einheit aller Muslime ersehnt – wie immer diese beschaffen sein mag? In dieser Sehnsucht treffen wir auf einen Charakterzug, der sich nicht aus einem Vergleich mit den Lebensverhältnissen des alttestamentlichen Israel oder aus anderen allgemeinen Erwägungen über den Orient erklären läßt, ebenso wenig aus einer Hypothese über die mit Notwendigkeit erfolgende Erziehung des Menschengeschlechts. Denn, auch wenn es den Anhängern des Dogmas von der einen und einheitlichen Menschheit, in der kein Mensch einem andern fremd sein darf, nicht zupaß kommt, diese islamische Sehnsucht findet ihre Erfüllung ausschließlich in einem islamischen Gemeinwesen, das die Nichtmuslime nicht als vollwertige Mitglieder anerkennt.[43]

Alfred von Kremer (1829–1889) war der Gelehrte, der dank seinem Lebensweg berufen war, von dem eigentümlichen muslimischen Zusammengehörigkeitsgefühl aus seinen Blick auf das reiche islamische Schrifttum zu werfen, das den Kollegen in Europa nur in Bruchstücken und ohne dessen „Sitz im Leben“ bekannt war. Erst die Bekanntschaft ermöglicht jedoch ein angemessenes Verständnis des Überlieferten. Von Kremer studierte Arabisch in Wien, wo man der tatsächlich verwendeten Sprache, nicht aber dem idealisierten Hocharabischen, die meiste Aufmerksamkeit widmete. Schon als Zwanzigjähriger hatte sich von Kremer längere Zeit in Syrien aufgehalten und sich in das Vulgärarabische eingearbeitet, so daß er 1856 zum Dolmetscher am k.u.k. Generalkonsulat in Alexandrien berufen wurde. Bis 1881 bekleidete von Kremer verschiedene Ämter im Staatsdienst; unter anderem war er 1876 Mitglied der europäischen Kommission, die sich mit den ins Uferlose gewachsenen ägyptischen Staatsschulden befaßte.

Während seiner fast dreißigjährigen Tätigkeit im Nahen Osten versäumte er keine Gelegenheit, arabische Handschriften zu studieren und seine Erkenntnisse in zum Teil umfangreichen Werken der europäischen Öffentlichkeit mitzuteilen. Hier ist vor allem seine „Culturgeschichte des Orients unter den Chalifen“ zu nennen.[44] Die in diesem Werk erörterten Fakten und Ideen finden ihr Fundament in einem schon vorher veröffentlichten Buch, dem von Kremer den Titel „Geschichte der herrschenden Ideen des Islams. Der Gottesbegriff, die Prophetie, die Staatsidee“ gab.[45] Dieses Buch ist das erste, das Rechenschaft darüber zu geben bemüht ist, was den Islam „im Innersten zusammenhält“. Der religiöse Sinn, die „Glaubensinnigkeit“ der Muslime hätten ihn, wie von Kremer freimütig bekennt, davon überzeugt, daß er sich unter Menschen befinde, „die anders organisirt“ seien als die zweifelsüchtigen modernen Europäer. „Es dünkte mich der Mühe werth, zu untersuchen,

---

43 Vgl. hierzu achtzehntes Kapitel (Wie sieht der Islam die Nichtmuslime?).

44 Zwei Bände, Wien 1875–1877.

45 Erste Auflage Leipzig 1868; photomechanischer Nachdruck Darmstadt 1961.

ob eine Civilisation, in welcher das religiöse Gefühl alles beherrscht und das politische Leben fast ganz dem ersteren geopfert wird, nicht ebenso grosse Berechtigung habe, wie jene Europas, wo die politische Bildung allein vorherrscht und hiedurch allmälig das religiöse Element in immer engere Grenzen zurückgedrängt wird.“ Die sieben Jahre, die von Kremer in Alexandrien amtierte, hätten ihn gelehrt, die „Licht- und Schattenseiten“ der Kultur des Islams klar voneinander zu unterscheiden. Dabei sei ihm das eingehende Studium der arabischen Literatur zugute gekommen. „Ich lernte einsehen, dass der Islam der Gegenwart eben nicht anders richtig beurteilt werden könne, als im Zusammenhange mit der ganzen Culturgeschichte des arabischen Volks, deren letzte Entwicklungsform wir im modernen Oriente erblicken.“[46]

Sowohl die im alltäglichen Umgang mit Muslimen gesammelten Erfahrungen als auch die umfangreiche Lektüre arabisch-islamischer Quellen unterschiedlichen Inhalts bestärkten von Kremer in der Überzeugung, daß ein echtes Verständnis des Islams bzw. seiner Kultur immer wieder den Rückgang auf das erfordere, was über die Anfänge überliefert wird. Dies ist im Zusammenhang mit der Entfaltung des islamischen Gottesbegriffs besonders klar zu erkennen. Von Kremer erschließt aus dem Koran den Verlauf der mohammedschen Einsicht in das Wesen des Einen, von dem Mohammed sich berufen glaubt. Mohammeds „Auffassung der Gottheit war weniger auf das Wie derselben, als auf ihr Sein oder Nichtsein gerichtet“. Der Koran versuche ein ums andere Mal, die Existenz Allahs plausibel zu machen; auf anderes habe Mohammed nicht geachtet, und so seien die vielen Anthropomorphismen des Korans zu erklären. Die „Naturmenschen“, denen er diese Lehren vortrug, hätten daran nichts Anstößiges gefunden. Nach dem Tod Mohammeds seien dann die theologischen Streitereien ausgebrochen.[47] Von Kremer zeichnet deren wichtigste Etappen nach und zitiert dann als die Ansicht der siegreichen Orthodoxie den Abū Ḥanīfa (gest. 765) zugeschriebenen Katechismus. Mehr Gewicht legt er allerdings auf einen Text al-Ġazālīs (gest. 1111), dessen monumentales Werk über die Belebung der Wissensarten von der Daseinsordnung[48] – bei von Kremer: „Wiederbelebung der Religionswissenschaften“ – vielen Muslimen nächst dem Koran als das wichtigste ihres Glaubens gilt: Allah ist einer, hat keine Gefährten; er ist unkörperlich, womit die Anthropomorphismen hinfällig sind; allerdings hat er die Fähigkeiten, zu seinem Schöpfungswerk in Beziehung zu treten. Er ist allmächtig, allwissend, hat einen Willen, Sehkraft und Gehör, vermag zu reden. Die

46 Vorwort, X f.

47 Ebd., 8 f.

48 Vgl. vierzehntes Kapitel (Was ist Sufismus?), III. 1. Ferner Tilman Nagel: Die eerdrückende Last des ewig Gültigen, Kapitel XI.

Werke, die er in und mit seiner Schöpfung wirkt, sind in jeder Hinsicht gerecht; es darf ihm jedoch nicht die menschliche Idee der Gerechtigkeit unterstellt werden.[49] Daß es keine den göttlichen wie den menschlichen Daseinsbereich übergreifende Idee der Gerechtigkeit gibt, ist nach dem Urteil von Kremers der wesentliche Mangel des islamischen Gottesbegriffs. Allah ist der Ursprung des Guten wie des Bösen, und er entgilt die Handlungen der Geschöpfe ebenfalls nach seinem unauslotbaren Ratschluß.[50]

Auch die islamische Vorstellung von Prophetie läßt sich nur bei oberflächlicher Betrachtung mit derjenigen des Alten Testaments vergleichen. Wellhausen fehlte der Einblick in die reiche islamische Literatur, die von Kremer sowohl in der Form der ersten Druckerzeugnisse als auch in erworbenen Handschriften zur Verfügung stand. Das Problem der Unfehlbarkeit der Propheten spielt im Alten Testament keine Rolle, da die Auslegung des Gesetzes nicht mit der Gestalt Moses verbunden ist. Der Prophet des Islams hingegen wird zu der einen bis in die Gegenwart hinein unangefochtenen Autorität, durch deren Beipflichten sämtliche Regungen des muslimischen Daseins legitimiert werden müssen. In der Prophetie bzw. in deren Anmaßung und in der Inanspruchnahme eines prophetischen Charismas sieht von Kremer daher die Ausgangsbasis wiederkehrender umstürzlerischer Bewegungen, deren letzte, diejenige des Muḥammad ʿAlī aus Schiraz, der seit 1835 als „Bāb“, d. h. als das „Tor (zum Wissen)“ von sich reden machte. Von seinen Anhängern als der „Herr der Endzeit“ gerühmt, geriet er in den Verdacht, sich das Prophetentum anzumaßen, und wurde 1849 getötet.[51] Eng mit der islamischen Auffassung von Prophetie und ihren durch die islamische Geschichte hindurch erkennbaren Nachwirkungen ist die islamische Staatsidee verflochten. Die Verknüpfung von weltlicher und geistlicher Macht, die im Lebensweg Mohammeds ihren Anfang nimmt, ist der prinzipielle Unterschied zu den europäischen Verhältnissen, wie sie sich bis in 19. Jahrhundert entwickelt haben. Von Kremer ist der Ansicht, daß de facto mit dem Entstehen des Sultanats im 11. Jahrhundert eine Trennung von geistlicher Autorität, die dem abbasidischen Kalifat verblieben sei, und weltlicher Macht eingetreten sei. Allerdings habe das völlige Schwinden der kalifalen Würde dazu geführt, daß das Sultanat auch die geistliche Autorität usurpiert habe; anders als in Europa seien somit im Islam „die weltliche und geistliche Macht vollständig vereinigt in einer Hand“ geblieben; das „Lebensprincip des Islams“ wurde nicht in Frage gestellt.[52]

---

[49] Herrschende Ideen, 44–46.
[50] Ebd., 117.
[51] Ebd., 202–222.
[52] Ebd., 425.

III. Islamwissenschaft als „Provenienzforschung“

1. Ignaz Goldziher (1850–1921)

Schon lange sei den Wissenschaftlern der Gedanke geläufig gewesen, daß Mohammed im Koran vieles dem Judentum entlehnt. Wenn man diese Vorstellung aus dem Reich der Vermutungen in dasjenige der wissenschaftlichen Erkenntnis verpflanzen wolle, genüge es freilich nicht, Aussagen des Korans mit Zitaten aus dem jüdischen Schrifttum zusammenzustellen. Es müsse vielmehr das ganze Leben und Wirken Mohammeds einer Betrachtung unterzogen werden, um deutlich zu machen, welche Umstände ihn zu einer Entlehnung bestimmter jüdischer Ideen veranlaßt haben könnten. Mit diesen Überlegungen leitet Abraham Geiger (1810–1874) seine 1834 publizierte Untersuchung „Was hat Mohammed aus dem Judenthume aufgenommen?“ ein. Den größten Anteil an den von Geiger identifizierten Übernahmen machen die koranischen Erzählungen aus, die Stoff verarbeiten, der auf das Alte Testament zurückgeht. Wesentlich schmaler fallen die Kapitel über die jüdischen Glaubens- und Lebensansichten aus. Auch die hebräischen Fremdwörter sind laut Geiger im Koran nicht sehr zahlreich.[53]

Geigers seinerzeit von der Bonner Philosophischen Fakultät preisgekrönte Studie war der Vorläufer einer großen Zahl von Schriften zum Islam, deren Verfasser herausbekommen wollten, aus welchen Kulturen der Islam sich was angeeignet habe. Angesichts der Tatsache, daß der Islam, verglichen mit anderen Religionen, im hellen Licht der Geschichte entstanden ist und seine Macht in kurzer Zeit über weite Teile Asiens, Afrikas und Europas ausdehnte, lag eine solche Betrachtung nahe. Daß „aufgeklärte“ Wissenschaft der Religion als einem eigenständigen gestaltenden Faktor wenig oder gar keine Aufmerksamkeit zollt, lag und liegt an den Vorlieben des Zeitgeistes und wird nicht gern „hinterfragt“. Dabei hätte die Fülle einschlägiger Quellen, die in der zweiten Hälfte des 19. Jahrhunderts aus dem islamischen Orient zu beziehen waren, den aufgeklärten Blick, wäre er vorurteilsfrei, diesbezüglich aufklären können.

Die Kenntnisnahme des Inhalts der im Orient gedruckten Bücher verzögerte sich jedoch. Sie entsprachen nicht den philologischen Ansprüchen, die aus der klassischen Philologie in die Arabistik Eingang fanden und beispielsweise bei der Edition der Annalen aṭ-Ṭabarīs beachtet wurden. Meist handelt es sich bei den orientalischen Drucken um die Wiedergabe des Textes einer einzigen Handschrift, ohne daß man Textvarianten verzeichnet oder gar gegeneinander

---

[53] Abraham Geiger: Was hat Mohammed aus dem Judenthume aufgenommen, 2., revidierte Auflage, Leipzig 1902. Zu den zahlreichen Anleihen beim Judentum vgl. jetzt Bertram Schmitz: Der Koran Sure 2 „Die Kuh“. Ein religionshistorischer Kommentar, Stuttgart 2009.

abgewogen hätte. Aber für den an der Sache, nicht nur am Text Interessierten ist die Verfügbarkeit einer mangelhaften Ausgabe immer noch besser als deren Unverfügbarkeit. Der Ungar Ignaz Goldziher war ein Gelehrter, der nach diesem Grundsatz seine Forschungen betrieb und sich zudem durch von Kremers Art, den Islam zu studieren, angeregt fühlte. Nach der Schulbildung wandte er sich zuerst judaistischen Themen zu. Sein Aufenthalt in Leipzig, Leiden und Wien weckte jedoch seine Aufmerksamkeit für arabistische Themen. Nachdem er sich 1872 in Budapest habilitiert hatte, erhielt er im Herbst 1873 die Gelegenheit, für ein halbes Jahr nach Syrien und Ägypten zu reisen. Anders als viele Fachkollegen der damaligen Zeit konnte sich Goldziher aus eigener Anschauung ein Bild von der islamischen Welt machen, wenngleich ihm die enge Vertrautheit von Kremers naturgemäß abging. Jedenfalls beschäftigte sich Goldziher seit dem Ende der siebziger Jahre fast ausschließlich mit Gegenständen des Islams und schlug dabei die ideengeschichtliche Richtung ein, die von Kremer so eindrucksvoll inauguriert hatte.

Als bahnbrechend betrachtete die Fachwelt Goldzihers „Muhammedanische Studien“, die in zwei Bänden 1889 und 1890 erschienen. Vor allem der zweite Band, der sich mit der Entwicklung des Hadith beschäftigte, zeitigte langanhaltende Wirkungen. Goldziher wies anhand zahlreicher Beispiele nach, daß man bis dahin die Aussagekraft des Hadith über die Zeit Mohammeds maßlos überschätzt hatte. Die Gutgläubigkeit, mit der sich beispielsweise Ludolf Krehl, aber nicht nur er, dieser Quelle bei der Darstellung des Lebens des islamischen Propheten bedient hatte, war nicht zu rechtfertigen. Es ist nicht übertrieben, wenn man feststellt, daß mit Goldzihers Hadithstudien eine bis heute nicht beendete Phase eines immer radikaler vorgetragenen Skeptizismus bezüglich der Möglichkeit der Erkenntnis der frühesten Geschichte des Islams aus autochthonen Quellen einsetzt. Sie erfaßt schließlich auch den Koran, den man nicht mehr einer historischen Person Mohammed zuschreiben zu dürfen meint. Stattdessen soll es sich um ein Konglomerat prophetischer „Logia“ unterschiedlicher Art handeln, die unter nicht näher benennbaren geschichtlichen Umständen bis ins 9. Jahrhundert zu einem Korpus mit dem Namen Koran zusammengefügt worden sein sollen.

Goldzihers Gelehrtenruhm drang weit über Ungarn und über den deutschsprachigen Raum hinaus. So erhielt er eine Einladung in die Vereinigten Staaten von Amerika, wo er im Herbst 1908 eine Reihe von Vorträgen über den Islam halten sollte. Aus gesundheitlichen Gründen mußte Goldziher die Reise absagen. Die deutsche Fassung des vorbereiteten Textes wurde 1910 unter dem Titel „Vorlesungen über den Islam“ veröffentlicht, der 1924 und 1963 weitere Auflagen folgten.[54] Wie Goldziher im Vorwort zur ersten Auf-

[54] Nachdruck der Ausgabe von 1924: Wissenschaftliche Buchgesellschaft Darmstadt 1963.

lage betont, sind diese Vorlesungen „lediglich den religiösen Momenten des Islams“ gewidmet und sehen von der politischen Geschichte weitgehend ab. Das Ziel sei, die Kräfte herauszuarbeiten, die an der Herausbildung des Islams zu einer „ethischen Weltanschauung“, zu „einem gesetzlichen und dogmatischen System“ mitgewirkt hätten. Obwohl der Islam keine „einheitliche Kirche“ darstelle, habe er eine „endgültige rechtgläubige Gestalt“ gewinnen können. Trotzdem meint Goldziher, daß das geschichtliche Leben des Islams in den Abarten zur Geltung komme, die er aus sich gezeugt habe.[55]

Schon in diesen Sätzen kündigt sich der eigenartige Widerspruch an, der Goldzihers wissenschaftliche Leistungen prägt. Er hat tiefschürfende Untersuchungen zu wichtigen Aspekten der islamischen Kultur- und Geistesgeschichte geschaffen, hingegen nie zu bestimmen versucht, was denn den Islam innerhalb der Religionsgeschichte der Menschheit auszeichnet. Was ist der spezifisch religiöse Gehalt der koranischen Botschaft im Vergleich beispielsweise zu den Lehren des frühmittelalterlichen Christentums, von denen sich Mohammed doch mit deutlichen Worten absetzt (vgl. Sure 4, 171–173)? Es seien vor allem von außen her eindringende geistige Einflüsse, die die geschichtliche Gestaltung des Islams bewirkten. Goldziher deutet an, daß es „innere, aus dem eigenen Wesen der Institution hervorquellende“ „vorwärtstreibende Kräfte“ gebe. Welche das sind oder sein könnten, bleibt ungewiß. So sind die einzelnen Felder der islamischen Religionsgeschichte, mit denen Goldziher sich befaßt, ohne einen beschreibbaren Mittelpunkt. Die dogmatische Entwicklung des Islams „geschieht im Zeichen hellenistischer Gedanken, seine gesetzliche Ausgestaltung läßt den Einfluß des römischen Rechts nicht verkennen, seine staatliche Gliederung, wie sie sich im ʿabbasidischen Chalifat ausformt, zeigt die Verarbeitung persischer Staatsgedanken, sein Mystizismus die Aneignung neuplatonischer und indischer Gedankengänge“. Allerdings habe der Islam die Fähigkeit bewiesen, diese fremden Bestandteile zu einem organischen Ganzen zu verschmelzen, „so daß ihr fremder Zug sich nur der scharfen Zerlegung prüfender Forschung offenbart“.[56]

Die „Ureigenheit“ des Islams kann nicht im Vordergrund seiner Vorlesungen stehen, erklärt Goldziher; denn Mohammed habe das Verhältnis des Menschen zum Übersinnlichen nicht durch eigene Einsichten bereichert. Vielmehr sei seine Verkündigung eine „eklektische Komposition religiöser Vorstellungen“, von denen er selber tief ergriffen gewesen sei. Er habe diese Vorstellungen jüdischer, christlicher und noch anderer Herkunft benutzt, um in seinem Volk eine religiöse Stimmung zu wecken und es zu einer Lebensführung gemäß dem göttlichen Willen zu drängen, den er erkannt zu haben überzeugt war. Im Hadith, dessen fehlende Authentizität Goldziher herausge-

55 Goldziher (1963), 2.

56 Ebd., 3.

stellt hatte, trat der für den Islam charakteristische Eklektizismus ungehemmt in Erscheinung. Wie er erkannt hatte, bestand ja auch keine inhaltliche Bindung des Hadith an spezifische Lehren Mohammeds – die es im übrigen ohnehin nicht gab. So wird das Hadith zu einem Sammelbecken, das die auf die Moral des Korans gegründeten „zarteren Regungen des ethischen Sinnes" auffing, desgleichen den Einspruch gegen das bloße Formelwesen der Glaubenspraxis, mit dem das frommere Gemüt nicht zufrieden sein konnte.[57]

Es bleibt ein eigenartiger Widerspruch zwischen Goldzihers Arbeiten zur islamischen Religions- und Geistesgeschichte einerseits und dem Forschungskonzept, das er in seinen „Vorlesungen" propagiert und mit diesen Worten umreißt: „Es ist eine der anziehendsten Aufgaben für Forscher, die diesem Teil der religiösen Literatur" –nämlich dem Hadith –„ihre Aufmerksamkeit widmen, an diesen bunten Materialien die weitverzweigten Quellen nachzuweisen, aus denen sie geschöpft, die Bestrebungen zu enthüllen, deren Belege sie sind." Wenn man in sein letztes großes Werk schaut, „Die Richtungen der islamischen Koranauslegung", dann bemerkt man, wie wenig diese Vorgaben seine Arbeit bestimmten. Es ist eine im – auch hier nicht näher definierten – Islam selber angelegte Kraft, die die innere Stimmigkeit des Dargelegten gewährleistet. Nicht einmal bei der Auseinandersetzung mit den sufischen Korankommentaren stößt man auf die oben postulierten indischen Ursprünge. Goldziher begnügt sich mit einigen Hinweisen auf sehr allgemeine Parallelen in antiken Mysterienreligionen und im Neuplatonismus. Daß diese Parallelen aber als die Ausgangsbasis des Sufismus betrachtet würden, davon kann keine Rede sein.[58]

2. Der Islam als eklektizistische Religion

Goldziher selber machte aus den Vorstellungen, die er in seinen so überaus erfolgreichen „Vorlesungen" äußerte, offensichtlich kein Dogma. Dennoch zeitigten sie erhebliche Wirkungen und wurden unbedacht übernommen. So schreibt Richard Hartmann (1881–1965) in seinem 1944 erschienenen, 1987 und 1992 erneut aufgelegtem Buch „Die Religion des Islam", Mohammed sei ein religiöser Ekstatiker gewesen. Wegen welcher Umstände er hierzu geworden sei, wisse man nicht. Jedenfalls habe er in sich den Zwang gefühlt, „seinen in materiellen Interessen versunkenen Mitbürgern den Spiegel des sittlichen Gewissens" entgegenzuhalten. Ekstase ist freilich ein den Menschen beherrschender Affekt und ist nicht als der Quell religiöser Erkenntnis zu betrachten. Deshalb klingt es plausibel, daß Richard Hartmann Moham-

---

[57] Ebd., 40.

[58] Ich benutze die Ausgabe Leiden 1952; Goldzihers Vorwort zur ersten Ausgabe von 1920 zeigt, daß der Text im wesentlichen schon 1913 fertiggestellt war.

meds Botschaften jegliche Originalität abspricht. Alles, was Mohammed verkündet habe, sei schon von älteren Religionen gelehrt worden. Das Fehlen von eigenen religiösen Überzeugungen ermöglicht es Mohammed, in Medina als „Realpolitiker“ aufzutreten. Juden und Christen hätten den gleichen Glauben, wie er ihn verkünde, habe Mohammed gemeint. Das politische Kalkül habe nun in den Vordergrund treten können, ohne daß der Ruf zum Islam ganz übertönt worden wäre. Doch sei der Islam von da an eine „eminent politische Religion“ geworden.[59]

Gehen wir noch einmal drei Jahrzehnte zurück, in die Jahre kurz vor dem Ersten Weltkrieg! Eine gefestigte Kenntnis des Islams wurde schmerzlich vermißt, seitdem man sich in den Kolonien ernsthaft mit den realen Erscheinungsformen dieser Religion befassen mußte. Aus diesem Grunde wurde am 1908 gegründeten Hamburger Kolonialinstitut ein Lehrstuhl für Geschichte und Kultur des Orients eingerichtet, der mit Carl-Heinrich Becker (1876–1933) besetzt wurde. Becker rief 1910 die Zeitschrift „Der Islam“ ins Leben und verlieh dadurch seiner Überzeugung Ausdruck, daß der Islam einen Forschungsgegenstand eigener Art darstelle. Mit der sorgfältigen Edition meist arabischer Quellen und mit deren Übertragung in eine europäische Sprache war es nach seiner Ansicht nicht getan. Es fehlte die Deutung dieser Quellen im Lichte der spezifischen Welt- und Menschensicht, die sich in diesen Texten kundgibt. Becker selber bemühte sich, diese Sichtweise wenigstens grob zu skizzieren.

Die Thesen Goldzihers stellte er nicht zur Debatte. Daß der Islam das Ergebnis eines Eklektizismus ist, dessen formende Kräfte unbekannt und daher ungenannt bleiben, gilt auch für Becker. Zwar wertet er den Islam als eine eigenständige religiöse Erscheinung, sagt aber im selben Satz, daß er von seinen „Vorgängern“, dem Judentum und dem Christentum, „inhaltlich und formal abhängig“ sei.[60] Becker setzt, wie schon viele europäische Gelehrte vor ihm, stillschweigend eine Entwicklungslinie der Religionsgeschichte voraus, die vom Judentum über das Christentum zum Islam verläuft und mit diesem ihren Abschluß erreicht. Worin besteht das Eigenständige des Islams, das es, wenn man Becker beim Wort nimmt, doch geben muß? Gewiß nicht in spezifisch religiösen Ideen! Juden und Christen habe Mohammed für Religions- und Volksgemeinschaften gehalten, denen er die seinige, die Araber, als gleichartig an die Seite habe stellen wollen: Auch sie sollten über eine religiöse Botschaft verfügen. Deren mit den Lehren der beiden älteren Religionen übereinstimmender Inhalt ist wegen der Funktion, die Mohammed

[59] Richard Hartmann: Die Religion des Islam, Berlin 1944 (Kolonialwissenschaftliche Forschungen 5), 13, 17.

[60] Carl-Heinrich Becker, Abriß der islamischen Religion, in: ders.: Islamstudien I, Hildesheim 1967, 331–385, hier 331.

ihm beilegte, das spezifisch Islamische: In ihrem islamischen Gewand bringen die Lehren der beiden Vorgängerreligionen eine machtpolitische Wirkung hervor, die in der Weltgeschichte einmalig ist und bis in die Gegenwart anhält.[61]

Aus dem atemberaubenden machtpolitischen Erfolg der von Mohammed initiierten Gemeinschaft erklärt sich für Becker der Umstand, daß die islamische Zivilisation im Laufe ihrer Geschichte zahlreiche fremde Traditionen aufnahm. Die Gebiete, in denen diese heimisch waren, gerieten unter islamische Herrschaft. In dieser Lage vermochten die Träger der betroffenen älteren Kulturen die diesen innewohnenden gestalterischen Kräfte nicht mehr zur Geltung zu bringen. Da dem Koran eine eigene religiöse Botschaft fehlte, traten die fremden Zivilisationen, die in den Machtbereich des Islams geraten waren, zu den bereits vorhandenen jüdischen und christlichen Bestandteilen hinzu. Dies gilt beispielsweise für die Kultur Irans und auch für die griechisch geprägte Antike, deren Erbe mit der Eroberung des östlichen Mittelmeerraumes in islamische Verfügungsgewalt gelangte. Unter Umständen, die Becker nicht näher erläutert, lebte die Antike im Islam lediglich weiter, während sie in Europa „neu geboren“ worden sei. Hierdurch sei in Europa eine gänzlich neue Auffassung vom Menschen entstanden, es sei „nicht nur die Form, sondern das Wesen der antiken Einstellung zu Mensch und Leben“ entdeckt worden. Das europäische Christentum habe in der Spätantike mit den überkommenen geistigen Traditionen gebrochen, dann aber im Mittelalter sich von neuem der antiken Überlieferung angenommen und sie wieder „erlebt“. „Das große unterscheidende Erlebnis des Abendlandes ist eben der Humanismus“, stellt Becker fest.[62]

Becker erarbeitete mit diesen Überlegungen einen Rahmen, innerhalb dessen sich die Islamforschung bewegen und ein unüberschaubar weites Feld an Themen untersuchen konnte. Zwar fehlte nach wie vor eine Vorstellung von dem, was die Religion des Islams eigentlich sei. Eine diesbezügliche Vorstellung schien jedoch entbehrlich, da eine Betrachtung und Beschreibung der mannigfaltigen Gegenstände der vorderasiatischen und nordafrikanischen islamischen Kulturgeschichte ihre Rechtfertigung in sich selber trug: Die Verbreiterung des Wissens vom Islam, nämlich die Vermehrung der ans Licht gehobenen Gegenstände seiner eklektizistischen Kultur und das Aufzeigen der wahrscheinlichen Herkunft dieser Gegenstände sind immer willkommen und beherrschen die Islamwissenschaft bis in die Gegenwart. Niemand wird leugnen, daß diese Art der Forschung nicht nur nützliche, sondern auch bewundernswerte Ergebnisse gezeitigt hat.

---

[61] Vgl. auch ders.: Der Islam als Problem, ebd., 1–23.

[62] Ders.: Der Islam im Rahmen einer allgemeinen Kulturgeschichte, ebd., 24–39, hier 34.

Ein einziges Beispiel soll dem Leser die Leistungsfähigkeit solcher Provenienzforschung veranschaulichen. In breitem Strom gelangte die antike naturphilosophische, pharmazeutische und medizinische Überlieferung in die islamische Zivilisation. Hierüber näheren Aufschluß zu gewinnen, war in der zweiten Hälfte des 20. Jahrhunderts ein beliebtes Thema islamwissenschaftlicher bzw. arabistischer Arbeiten. Albert Dietrich (1912–2015) edierte, übersetzte und kommentierte die arabische Fassung des von dem Griechen Dioscurides (1. Jahrhundert n. Chr.) geschriebenen Handbuchs der Arzneimittelkunde. Der unbekannte, dem 12. Jahrhundert zuzurechnende arabische Kommentator hatte, wie sich zeigte, das Grundwerk durch eigene erläuternde Bemerkungen erweitert, wobei er sich vielfach auf eigene Beobachtungen stützte. Überdies hatte er Ergänzungen aus seinem Umfeld, Spanien und Nordafrika, aufgenommen. Dietrich weist diese über den ursprünglichen Text hinausgehende Überlieferung mit größtmöglicher Genauigkeit nach, und so gewinnt man am Beispiel des pharmazeutischen Wissens einen lebendigen Eindruck von der islamischen Kultur, die sich aus ganz unterschiedlichen Quellen speist.[63]

IV. Die Erziehung des Menschengeschlechts, zweiter Teil

1. Die Ausmerzung der Fremdheit

Unter dem Titel „Islam. Einheit und Vielfalt einer Weltreligion“ erschien vor kurzem ein Sammelband, der Beiträge verschiedener Verfasser zu Teilaspekten der islamischen Kultur bis hin zu bildender Kunst und Architektur enthält. Was das Verbindende dieser Beiträge sei, fragt der Leser allerdings vergebens. In einer „Vorbemerkung“ stellt Rainer Brunner, der Herausgeber, fest, daß es nicht darum gehe, tagespolitische Fragen zu beantworten. Wenngleich die „sozialen und politischen Akteure“ auf allen Seiten darauf beharrten, daß „religiöse Identitäten“ die „bestimmenden Bezugsgrößen“ seien, gehe es in diesem Band nicht darum, was der Koran oder der Prophet zu diesem oder jenem Thema zu sagen habe. Diesen Blick auf die islamische Kultur und auf die Schwierigkeiten der Eingliederung der Muslime in ein säkular ausgerichtetes Gemeinwesen lehnt Brunner entschieden ab. Er wertet ihn als eine verfehlte Erscheinungsform des „postsäkularen“ Zeitalters, in das die deutsche Gesellschaft inzwischen eingetreten sei. Symptomatisch für

---

63 Dioscurides Triumphans. Ein anonymer arabischer Kommentar (Ende 12. Jahrh. n. Chr.) zur Materia medica. Arabischer Text nebst kommentierter deutscher Übersetzung herausgegeben von Albert Dietrich, 2 Teile, Göttingen 1988 (Abhandlungen der Akademie der Wissenschaften in Göttingen, philologisch-historische Klasse, dritte Folge 173).

diese Fehlentwicklung sei die Forderung, an staatlichen Schulen einen islamischen Religionsunterricht einzuführen.[64] Mit anderen Worten: Gäbe es nicht den Irrtum, im Islam eine Religion zu sehen, stünde der „Integration" der Zuwanderer aus der islamischen Welt keinerlei Hindernis entgegen. Man fragt sich freilich, aus welchen Gründen der Herausgeber den Titel „Einheit und Vielfalt einer Welt*religion*" gebilligt hat. Es kann sich in seinen Augen doch nur um eine sinnfreie Phrase handeln.

In einem Gespräch, das der Deutschlandfunk im Juni 2016 ausstrahlte, erhielt Brunner die Gelegenheit, sich zu den Instituten der „Islamischen Theologie" zu äußern, die an mehreren Universitäten in Analogie zu den Fakultäten der evangelischen und katholischen Theologie eingerichtet werden bzw. schon eingerichtet worden sind. Die christlichen Fakultäten bilden Pastoren, Pfarrer, Religionslehrer im Einvernehmen mit der jeweiligen Kirche aus. Einer an Universitäten aufzubauenden „Islamischen Theologie" fehlt ein solcher Ansprechpartner. Seine Stelle nehmen Beiräte ein, die aus Delegierten der in Deutschland agierenden Islamverbände bestehen. Diese sind nicht an wissenschaftlicher Erkenntnis interessiert, sondern an der Ausübung politischen und gesellschaftlichen Drucks auf das freiheitlich-säkulare Gemeinwesen, um mittelfristig dessen öffentlichen Raum einer islamischen Kontrolle zu unterwerfen.[65] Da die Professoren der christlichen theologischen Fakultäten sich seit Jahrhunderten dem Wettbewerb, der Antriebsfeder des wissenschaftlichen Erkenntnisstrebens, stellen müssen und die Theologie sich zudem seit Jahrhunderten in einem Umfeld „profaner" Wissenschaften zu bewähren hat, werden Lehre und Forschung auf einem Niveau betrieben, das von den entsprechenden Institutionen der islamischen Welt nicht im entferntesten erreicht wird. Dort stehen nach wie vor die Bearbeitung der autoritativen Texte und die Anwendung ihrer normativen Aussagen auf möglichst alle Lebensbereiche auf der Tagesordnung; theologische Reflexionen, die den Kreis des Überlieferten verlassen und durch Anleihen bei der Philosophie, Gesellschaftslehre oder Religionsphänomenologie zu neuen Einsichten vorzudringen suchen, sind verpönt.

Aber es sind nicht diese Umstände, die Brunners Bedenken gegen eine „Islamische Theologie" erregen. Die Verbände würden ihren Einfluß über die Lehrerausbildung auf den islamischen Religionsunterricht an den Schulen geltend machen. Eine solche „Deutungshoheit" der Verbände sei abzulehnen, denn „über Jahre, Jahrzehnte hinweg haben Islamwissenschaftler, Historiker,

---

[64] Rainer Brunner (Hg.): Islam. Einheit und Vielfalt einer Weltreligion, Stuttgart 2016, 9f.

[65] Ein Beispiel: Man fordert, an allgemeinbildenden Schulen Gebetsräume zum Vollzug der von der Scharia gebotenen Pflichtriten einzurichten. Vgl. Tilman Nagel: Angst vor Allah? Auseinandersetzungen mit dem Islam, Berlin 2014, 279–304.

Sozialwissenschaftler – im übrigen auch Journalisten und Feuilletonisten immer wieder geduldig darauf hingewiesen, dass es so etwas wie den Islam nicht gebe. Das, was zwischen Marokko und Indonesien stattfindet, hat zwar natürlich irgendwo eine gemeinsame Basis, sonst würde es ja keinen inneren Zusammenhalt geben, aber es ist doch von vielerlei lokalen Ausformungen gekennzeichnet." Eine „Islamische Theologie" sei ein Unding, eben weil *der* Islam nicht existiere, sondern nur zahlreiche konfessionelle und regionale Strömungen. Ohnehin könne man jegliche Art von Theologie nicht wissenschaftlich betreiben, da alle Äußerungen unter dem Glaubensvorbehalt stünden. Ein großes Thema, das der islamischen Theologie in Deutschland gleichwohl aufgegeben wäre, sei eine historisch-kritische Lesart des Korans zu finden, so daß dessen Aussagen mit „der Moderne" vereinbar würden.[66]

Der Sammelband „Islam. Einheit und Vielfalt einer Weltreligion" ist ganz und gar dem Credo verpflichtet, daß es den Islam an sich nicht gebe, wohl aber die von ihm geprägte Gemeinschaft und ihre Institutionen, die den politischen und sozialen Zusammenhalt aller Muslime gewährleisten sollten.[67] Was die islamische „soziopolitische Dynamik" auslöst, bleibt rätselhaft, wenn man Überlegungen über die geistige, gesellschaftliche und machtpolitische Gestaltungskraft des Religiösen von vornherein aus der Betrachtung ausschließt. Sobald man diesen Ausschluß zur Vorbedingung von wissenschaftlicher Erkenntnis erhebt, gibt man das vorurteilsfreie Erkenntnisstreben auf und unterwirft sich einer Ideologie. In den „Anmerkungen zur Geschichte der Islamwissenschaft" erklärt Sabine Mangold-Will die Auffassung des Faches, der sich die Autoren des Sammelbandes verpflichtet fühlen bzw. fühlen sollen. Sie weist auf den Streit hin, der um 1930 darüber entbrannt war, ob die Islamwissenschaft als eine eigenständige Disziplin neben den orientalischen Philologien, vor allem der arabischen, bestehen solle. Es war besonders dem Niederländer Christian Snouck Hurgronje (1857–1936) zu verdanken gewesen, daß innerhalb der Orientalistik die Überzeugung Raum gewinnen konnte, die Aufgabe einer Wissenschaft vom Islam liege darin, die von dieser Religion geprägte Zivilisation aus sich selber heraus zu verstehen.[68] Wie Alfred von Kremer empfing auch Christian Snouck Hurgronje[69] die entscheidenden Anstöße zu dieser Ausrichtung seiner Arbeit durch die intime Bekanntschaft mit der islamischen Welt; wie von Kremer verknüpfte er dieses Wissen mit den Früchten einer intensiven Arbeit am überlieferten Schrift-

---

66 http://www.deutschlandfunk.de/islamische-theologie-islam-im-singular, heruntergeladen am 2.3.2017.

67 Anton Escher: Geographie des islamischen Raumes, in: Islam. Einheit und Vielfalt, 33.

68 Vgl. Carl-Heinrich Becker: Ignaz Goldziher, in: ders.: Islamstudien II, 499–513, hier 500.

69 Johann Fück: Die arabischen Studien in Europa, 231–233.

tum. Mangold-Will mißdeutet die Tatsache, daß sich die Islamwissenschaft aus der orientalischen Philologie heraus entwickelte, als eine Abkehr von der Philologie: „Islamkunde in ihrer Entstehung war Anti-Philologie.“[70] Der sauber edierte und einwandfrei übersetzte Text ist in der Islamwissenschaft in der Tat nicht mehr das Ziel der Forschung, sondern sollte deren Ausgangsplattform sein. Indem man die Quellentexte nach Maßgabe der Ziele, wie sie Snouck Hurgronje formuliert hatte, untersuchte und auswertete, habe man sich jedoch auf eine kritikwürdige Selbstvergewisserung eingelassen, behauptet Mangold-Will. Man habe sich den Islam als das – minderwertige – Gegenbild des eigenen von Säkularität bestimmten Gemeinwesens zurechtgelegt.[71]

Eine solche sehr weitreichende Unterstellung bedürfte einer ausführlichen Dokumentierung, die in dem genannten Beitrag fehlt. Die im Sinne von Brunner ideologisierte Islamwissenschaft bedarf ihrer freilich nicht mehr. Die in Edward Saids (1935–2003) Buch über den „Orientalismus“ vorgebrachten Behauptungen über die Beweggründe der westlichen Erforschung des Orients werden längst als Wahrheiten betrachtet, die man nicht anzweifeln könne und dürfe. Laut Said seien im 19. Jahrhundert in der westlichen Welt die imperialistische Machtpolitik und die wissenschaftliche Erforschung des Orients eine unheilvolle Allianz eingegangen. Deren Ziel sei es gewesen, die zivilisatorische Dominanz des Westens als eine unabänderliche, seit langer Zeit wirkende Gegebenheit darzustellen. Dabei sei die Gegenüberstellung von Abendland und Morgenland, der von der westlichen Wissenschaft konstruierte Gegensatz, nichts weiter als ein Irrtum, von dem sich die Islamforschung radikal zu trennen habe. An seine Stelle habe in den „postkolonialen Studien“ die Vollendung der Aufklärung zu treten.

Daß Saids Behauptungen selber in weiten Teilen böswillige Unterstellungen sind, geht schon allein aus den wenigen Beispielen der europäischen Orientkunde hervor, die in diesem Kapitel besprochen wurden. Selbstverständlich hat es auch Publikationen über die islamische Welt gegeben, die von ihr ein möglichst ungünstiges Bild zeichneten. Aber gerade die strenge Bindung aller Einsichten an die Aussagen der Quellen, die in ständig zunehmender Vielfalt zur Verfügung stehen, macht eine immer genauere Überprüfung von Forschungsergebnissen möglich. Diese Arbeit erfordert allerdings auch eine bisweilen mühevolle Auseinandersetzung mit dem Inhalt der Quellen, eine Anstrengung, die nicht durch das Zitieren von Gemeinplätzen der Soziologie ersetzt werden kann. Die Vollendung der Aufklärung, also die Verbannung des Religiösen aus der Reihe der fruchtbaren Fragemöglichkeiten, schafft eine artifizielle Gleichheit aller Menschen und interpretiert die

---

70 Rainer Brunner (Hg.), 53.

71 Ebd., 47f., 54.

Fremdheit weg. Gegenstand der Islamforschung wird der Mensch an sich, der sich in nichts außer seiner geographisch definierten Herkunft von den Menschen unterscheidet, die eine andere Region der Erde besiedeln. Im Grunde müßte Brunner, um nur ihn zu nennen, die islamische Welt als ein Studienobjekt aufgeben und sich ganz auf die Vollendung der Erziehung des Menschengeschlechts verlegen. Lessings Vorstellungen wären insofern abzuändern, als sich alle drei Ringe der Parabel als wertloser Flitter erwiesen hätten, die auf den Müllhaufen der Geschichte gehörten. Denn jeder von ihnen symbolisiert etwas, das es gar nicht gibt.

2. Die Tilgung der Geschichte

Die Ausmerzung der Fremdheit wird von denen, die sie zu ihrer Sache machen, nicht als ein Forschungsziel verstanden, sondern für den Nachweis der eigenen moralischen Überlegenheit über all jene ausgegeben, die sich ihrem Thema vor dem Hintergrund eines intensiven Quellenstudiums nähern. Als ein Beispiel für die Unzulänglichkeit eines hierauf verzichtenden Vorgehens sei der Aufsatz von Guido Steinberg über den Salafismus genannt, der sich in dem erwähnten Band „Islam. Einheit und Vielfalt einer Weltreligion" findet.

Steinberg erkennt, daß der Salafismus bzw. Islamismus[72] mit einem Streben nach Reform des überkommenen Islams zusammenhängt. Aber was ist der überkommene Islam und inwiefern sollte man im 18. Jahrhundert, als das Wahhabitentum entstand, innerhalb des Islams ein Bedürfnis gespürt haben, den Islam zu reformieren und was hätte man im Zuge einer solchen Reformierung verändern sollen? Diese Fragen werden nicht einmal ernsthaft gestellt. Sie können ja auch nicht gestellt werden, wenn es unter den Menschen keine Fremdheit mehr gibt und wenn gemäß der Ideologie des „aufgeklärten" Menschen die Religion, die Vermittlerin des Eindrucks des Fremdseins, gar nicht existiert. Das Gedankengut der Wahhabiten kann unter dieser Voraussetzung nur aus „natürlichen" Ursachen hervorgegangen sein. Diese, das räumt Steinberg ein, seien noch nicht hinreichend erforscht. Aber als wichtigste kommt der westliche Kolonialismus in Frage. Dieser Vorschlag taugt freilich nicht viel. Denn der Hedschas, in dem Muḥammad b. ʿAbd al-Wahhāb (gest. 1792), der wichtigste Verkünder des reformierten bzw. salafistischen Islams, wirkte, lag in der Mitte des 18. Jahrhunderts nicht im Faden-

---

[72] Die von Olivier Roy, L'échec de l'islam politique, Paris 1992) eingeführte Unterscheidung zwischen Islamismus (strebt eine Machtübernahme und die Islamisierung des Staates und der Gesellschaft von oben an) und Neo-Fundamentalismus bzw. Salafismus (strebt eine Islamisierung der Gesellschaft von unten an) wirkt künstlich und ohne Erklärungskraft. Vgl. sechzehntes Kapitel (Was ist Salafismus (reformierter Islam)?), I.

kreuz der europäischen Länder, die sich ein Kolonialreich schufen. Wenn im indischen Islam ein Gelehrter wie Šāh Walī Allāh (gest. 1762) über eine Neufassung der schariatischen Methode der Ableitung von Normen aus den autoritativen Texten nachdachte, so ist dessen Werk nicht mit dem Schulungs- und Propagandaschrifttum Muḥammad b. ʿAbd al-Wahhābs in Beziehung zu bringen, nur weil beide Autoren Zeitgenossen des Kolonialismus waren. Auf dem indischen Subkontinent hatte die kolonialistische Landnahme in der Mitte des 18. Jahrhundert in der Tat eingesetzt. Gleichwohl ist dieser Umstand nicht ausschlaggebend für Šāh Walī Allāhs Nachdenken über die Möglichkeiten der Ableitung schariatischer Normen aus den autoritativen Texten. Steinberg merkt selber, daß die These, der Salafismus sei durch den Kolonialismus hervorgerufen, auf sehr wackligen Füßen steht. Deshalb verfällt er auf Naturkatastrophen und politische Krisen, die den Wahhabismus entbunden hätten.[73]

Mit dem Allgemein-Menschlichen in seiner politisch korrekten Auslegung durch den heutigen Westler kommt man in der Erfassung und Beschreibung der islamischen Welt und ihrer Zivilisation nicht eben weit. Muḥammad b. ʿAbd al-Wahhābs Reformbestrebungen wurzeln in seiner hanbalitischen Bildung. Die Hanbaliten hatten schon seit Jahrhunderten die bisweilen verstiegenen Interpretationen, mit denen ihre schafiitischen, hanafitischen und malikitischen Konkurrenten den autoritativen Texten die Normen der Scharia abzugewinnen trachteten, mit erheblichem Mißbehagen beobachtet. Maßten sich nicht Gelehrte, die in dieser Kunst brillierten, eine Gesetzgeberrolle an, wie sie einzig Allah zusteht? Deswegen pochte Ibn ʿAbd al-Wahhāb nach dem Vorbild mancher älterer hanbalitischer Autoren so sehr auf die Einheit Allahs und auf das Verbot der Beigesellung und verwarf gleichzeitig das Sufitum, dessen Lehrmeister ihre Adepten ebenfalls zu einer Beigesellung verführten.[74] Kenntnisse der islamischen Religions- und Geistesgeschichte hätten Steinberg leicht auf eine stichhaltige Interpretation der Phänomene geführt, um die es ihm in seinem Aufsatz geht.[75]

Allerdings hätte er sich zu diesem Zweck von der Position des moralisch Überlegenen herabbegeben müssen, die diejenigen unausgesprochen für sich behaupten, die dem Islam wie allen übrigen Religionen keine spezifische die Kultur prägende Kraft zuerkennen. Mit Bezug auf die islamische Welt wird so die vor dem Kolonialismus liegende Geschichte für unbeachtlich erklärt. Was

---

[73] Guido Steinberg: Reformismus, Islamismus und Salafismus in der arabischen Welt, in: Islam. Einheit und Vielfalt, 501–526, hier 501 f.

[74] Vgl. hierzu sechzehntes Kapitel (Was ist Salafismus (reformierter Islam)?) und vierzehntes Kapitel (Was ist Sufismus?).

[75] Ich betone, daß ich Steinbergs Aufsatz hier nur als ein Paradigma für den Hauptstrom der gegenwärtigen Islamwissenschaft bespreche, der zahlreiche mehr oder minder beflissene Mitläufer aufweist.

zählt, ist die Sicht auf den Islam als ein Opfer der Verwestlichung, und es sind die durch den Westen verursachten Erscheinungen und Sachverhalte, die allein der Erforschung wert sind. Denn der Westen trägt die Schuld an allem „Islamischen", das ihn unangenehm berührt und ihm zum Teil schwersten Schaden zufügt. Hätte es nicht den Kolonialismus und die Bedrängnis durch die westliche Zivilisation gegeben, dann sähe man sich einem friedfertigen, weil areligiösen Islam gegenüber. Dies lehrt uns Thomas Bauer in seinem Buch „Die Kultur der Ambiguität. Eine andere Geschichte des Islams". Die These Bauers lautet: Die Muslime hätten schon immer Anleihen bei anderen Kulturen aufgenommen und dabei nicht gefragt, ob der Koran sie gestatte; in der Schariagelehrsamkeit habe man selten zu einem bestimmten Sachverhalt ein eindeutiges Urteil gefunden; man habe sich in dieser Mehrdeutigkeit bestens eingerichtet und wohlgefühlt; erst die Begegnung mit der westlichen Kultur, die stets eindeutige Aussagen fordere, habe auch die Muslime zu eindeutigen Aussagen gedrängt und dadurch das Entstehen des radikalen Islams verursacht. Wenn man eine „andere Geschichte des Islams" erwartet, wird man allerdings enttäuscht. Zuerst ist bei Bauer die Theorie da, die dann durch einige Zitate „belegt" wird. Insbesondere die islamische Literatur des 19. und 20. Jahrhunderts, die doch seine Thesen reichlich bestätigen müßte, ist nur ganz schwach vertreten.[76] Bauer hat offensichtlich nie ernsthaft Werke islamischer Theologen und Rechtsgelehrter studiert; sonst wäre ihm aufgefallen, wie sehr sie um die Eindeutigkeit des Inhalts der autoritativen Texte ringen, bis hin zur Verzweiflung. Das bekannteste Beispiel ist al-Ġazālī.[77]

Die Tilgung der Geschichte des Islams der Epochen vor dem Zusammenprall mit der europäischen Zivilisation gibt den Weg frei für mancherlei Spekulationen, deren Ziel nicht darin liegt, den Islam in seinen Facetten zu verstehen, sondern ihn als eine eigenständige Erscheinung innerhalb der Menschheitsgeschichte hinwegzuinterpretieren.[78] Notwendig ist hierbei, wie

---

[76] Thomas Bauer: Die Kultur der Ambiguität. Eine andere Geschichte des Islam, Berlin 2011. Am Ende zeigt sich, daß Bauer von der Ideologie des „Feindbildes Islam" durchdrungen ist. Er hält die Annahme für nicht hinterfragbar, daß Europa als geistig-kulturelle Einheit sich in bewußter Ablehnung des Islams herausgebildet habe (402). Die Behauptungen Saids haben sich zu Glaubenswahrheiten verfestigt.

[77] Er gab seine Bagdader Lehrkanzel auf, eben weil die schafiitische Methode der Schariawissenschaft nicht zum islamischen Ideal der Übereinstimmung von „Wissen" und „Handeln" führte. Man lese Abū Ḥāmid Muḥammad al-Ghazālī: Der Erretter aus dem Irrtum, übersetzt und mit einer Einleitung … versehen von Abd-Elsamad Elschazli, Hamburg 1988.

[78] Ein erschreckendes Beispiel ist die Posse um die angebliche autochthone islamische Aufklärung, die einen Teil der Islamforscher in den 80er und 90er Jahren des vergangenen Jahrhunderts in Atem hielt: Bernd Radtke: Autochthone islamische Aufklärung im 18. Jahrhundert? Theoretische und filologische Bemerkungen. Fortführung einer Debatte, Utrecht 2000; Tilman Nagel: Aufklärung im Islam? – Aufklärung über

schon gesagt wurde, die Leugnung des Religionscharakters des Islams. Stattdessen soll sich das Erkenntnisstreben einzig auf den „politischen Islam" richten, unter dem man eine rein diesseitsbezogene Ideologie der Machtausübung verstehen soll. Der Politologe Bassam Tibi behauptet, der Gründer dieser von ihm „Islamologie" genannten Forschungsrichtung zu sein, die sich bewußt jeglicher Erwägungen der religiösen Dimension des Islams enthalten möchte. Nach seiner Überzeugung hat die „Islamologie", da sie den Blick allein auf die für den Politologen interessanten Phänomene richtet, einen unschätzbaren Vorteil: Man kann auf das Studium der in den islamischen Kultursprachen verfaßten Quellen verzichten.[79]

An deren Stelle treten die an westlichen Forschungsgegenständen ausgearbeiteten und erprobten sozial- und politikwissenschaftlichen Theorien. Sie lassen sich zu den Materialien in Beziehung setzen, die zur Politik, zu den wirtschaftlichen und gesellschaftlichen Verhältnissen islamischer Länder erhoben und meistens auf englisch publiziert werden. Die entschiedene Abwendung von der orientalischen Philologie soll die Verheißung wahrmachen, die mittelbar in Edward Saids Schelte der Arbeit der philologischen Erschließung des geistigen Erbes der islamischen Welt ausgesagt ist: Eine Indienstnahme der Orientphilologie für die Schaffung eines fiktiven Orients zum Zwecke der Stärkung des Selbstbewußtseins der „Westler" kann es nicht mehr geben, sobald diese von den autochthonen Quellen des Orients nichts mehr wissen.[80] Die Schwierigkeiten, die ein säkularisiertes Gemeinwesen mit der Eingliederung einer Bevölkerungsgruppe hat, die die Säkularisierung verwirft, werden durch die „Islamologie" nur verhüllt. Es ist jedoch unerläß-

---

den Islam! in: Thomas Göller (Hg.): Grundlagen der Religionskritik, Würzburg 2017, 209–249. Ein weiteres Beispiel für die Art von „Islamforschung", die die Eigenständigkeit ihres Forschungsgegenstandes in einem allgemeinen Menschentum aufzulösen bestrebt ist, bietet die Studie „Das islamische Recht. Geschichte und Gegenwart" von Mathias Rohe (1. Auflage Müncheen 2009). Um eine Kompatibilität der Scharia mit europäischen Rechtssystemen vorzutäuschen, blendet er das Ritualrecht aus, das einen sehr großen Teil des schariatischen Schrifttums ausmacht, und übergeht den Transzendenzbezug der Scharia, der gerade für zeitgenössische Muslime den entscheidenden Vorteil der Scharia gegenüber dem westlichen Recht ausmacht. Als Gewährsmann für diese Sicht nennt er einen einzigen muslimischen Rechtskenner, übrigens ohne zu verschweigen, daß dieser unter den Schariagelehrten eine von diesen abgelehnte Minderheitenposition einnimmt.

[79] Tibi selber tut dies in vielen seiner Veröffentlichungen natürlich nicht. Es ist das Dilemma der an unseren Universitäten betriebenen den internationalen Beziehungen gewidmeten Politologie, daß sie den Studenten keine einschlägigen Sprachkenntnisse abverlangen darf. So bleibt den Dozenten nichts weiter, als aus der Not eine Tugend zu machen.

[80] Zur Erfindung der „Islamologie" und ihren Methoden vgl. Thorsten Hasche: Quo vadis, politischer Islam? AKP, al-Qaida und Muslimbruderschaft in systemtheoretischer Perspektive, Bielefeld 2015, 26–28, 70.

lich, daß sie zum Gegenstand einer offenen Debatte gemacht werden. Es ist schwerlich denkbar, daß die Muslime, zumal die nach Europa eingewanderten, spontan darin einwilligen werden, nach westlichem Vorbild ihre politischen Bestrebungen von ihren religiösen Überlieferungen zu lösen. Ob die Politologie auf die Dauer ohne das Studium der umfangreichen sie betreffenden Literatur auskommen kann, die in arabischer, persischer, türkischer Sprache publiziert wird, vermag ich nicht zu sagen. Daß auch in der Islamwissenschaft die Meinung vertreten wird, die intime Kenntnis der ihren ureigenen Gegenstand betreffenden Quellen sei eher schädlich als nützlich, in jedem Fall aber entbehrlich, zeugt von einer Lust am eigenen Untergang.[81]

V. Was ist der Islam?

Eine solche Debatte, die zumal in Europa dringend notwendig ist, kann nicht geführt werden, ohne daß die Vertreter einer jeden Seite, diejenigen des freiheitlichen säkularisierten Gemeinwesens und diejenigen der Muslime, voneinander ein fundiertes Wissen erworben haben. Nur unter dieser Voraussetzung können sie einander achten und in ein mit überprüfbaren Sachargumenten geführtes Streitgespräch eintreten. Die Islamwissenschaft hat seit Jahrzehnten die Neigung, sich in viele Spezialthemen aufzuspalten, die meistens nach geographischen Forschungsschwerpunkten definiert werden. Dieser Umstand ist der Tatsache geschuldet, daß die islamische Welt sich als ein Mosaik von Ländern darbietet, die als selbständige Handelnde in der Weltpolitik mitwirken und als solche durch die tägliche Berichterstattung in den Medien wahrgenommen werden. Trotzdem darf sich der Islamwissenschaftler nicht scheuen, das überregionale Zusammengehörigkeitsgefühl, das Muslime verschiedener Herkunft bekunden, als eine Gegebenheit von höchstem gesellschaftlichem und politischem Gewicht aufzufassen und zu ergründen. Dies wird aber nicht gelingen, indem sich die im Westen tätigen Fachvertreter für die jeweils vorherrschenden Ziele der politischen und wirtschaftlichen Führungsschichten der Länder einspannen lassen, in denen sie tätig sind. Es ist hierzulande seit langem sehr erwünscht, die Unterschiede zwischen der westlichen und der islamisch geprägten politischen Zivilisation

81 So kommen die Autoren des Sammelbandes „Islamfeindlichkeit. Wenn die Grenzen der Kritik verschwimmen" (herausgegeben von Thorsten Gerald Schneiders, 2., aktualisierte Auflage Wiesbaden 2010) gänzlich ohne den real existierenden Islam aus. Der Leser erfährt nicht, ob die monoton beklagte „Islamophobie" Anstoß an bestimmten Teilen des islamischen Gedankenguts nimmt und wie die von den Kritikern beanstandeten Auffassungen in der islamischen Denktradition verankert sind. Die Vermutung liegt nahe, daß die meisten Autoren des Sammelbandes gar nicht in der Lage wären, ihre Aussagen anhand von einschlägigen Materialien zu konkretisieren. Folglich kommen sie über Unmutsäußerungen nicht hinaus.

hinwegzudeuten.[82] Die Suche nach Erkenntnis darf aber nicht mit noch so ehrenhaften Erziehungszielen vermischt werden.[83]

Die Öffentlichkeit hat Anspruch auf eine umfassende und intellektuell redliche Unterrichtung durch die Islamwissenschaftler.[84] Die Muslime ihrerseits dürfen erwarten, daß sie und ihre religiösen, geistigen und zivilisatorischen Traditionen von der Forschung in ihrer Eigenart so zutreffend wie irgend möglich beschrieben und erläutert werden. Die Frage: „Was ist der Islam?“ behält gerade auch für sie ihren untilgbaren Wert, eben weil sie sich einer Welt gegenübersehen, die in der Mehrheit ihre Glaubensüberzeugungen nicht teilt und die ihrem durch den Koran so deutlich ausgesprochenen absoluten Geltungsanspruch nicht Folge leisten wird. Was bedeutet dieser Umstand für den Muslim, der seinen Glauben nicht auf die leichte Schulter nimmt und trotzdem einen Ausgleich mit einer säkularisierten Umwelt sucht?

Was also ist der Islam, und wie verhalten sich seine Fundamente zu denjenigen, auf denen das säkulare Gemeinwesen ruht? Das sind die Fragen, denen die Islamwissenschaft nicht ausweichen darf, ja, die den Kern ihres Gegenstandes ausmachen. Zu den Früchten derartiger Arbeiten gehört das von Joseph Schacht (1902–1969) geschaffene Studienbuch „Der Islam mit Aus-

82 Dies führt zu verhängnisvollen politischen Fehleinschätzungen wie beispielsweise der Vermutung, die irakische Bevölkerung sehne sich nach westlicher Demokratie und werde die USA, sobald sie in den Irak einmarschierten, als Befreier bejubeln. Zu den Irrtümern einer eher ideologisch statt wissenschaftlich argumentierenden Orientforschung vgl. die Studie von Martin Kramer: Ivory Towers on Sand. The failure of Middle East studies in America, Washington 2001.

83 Der Religionswissenschaftler Jacques Waardenburg sprach schon 1973 von der Gefahr, daß der Islamwissenschaftler seine Sympathien für manche Vorgänge in islamischen Ländern nicht zurückzustellen vermöge. Er hatte dabei den Umstand im Auge, daß spätestens seit dem Zweiten Weltkrieg der Islam nicht mehr ein den Forscher unberührt lassender Gegenstand sein könne, sondern den Beobachter der Entwicklungen in der Dritten Welt leicht zu Stellungnahmen verleite, die seine wissenschaftlichen Erkenntnisse beeinflussen (Changes of perspective in Islamic studies over the last decades, in: Humaniora Islamica I/1973, 247–260, hier vor allem 257). Das Problem der Eingliederung muslimischer Minderheiten in ein säkulares Gemeinwesen war, als Waardenburg diesen Aufsatz schrieb, noch nicht dringlich. Indem es bald darauf in die Tagespolitik und vor allem in die Wahlkämpfe westlicher Gemeinwesen geriet, wuchs die Versuchung, die Ergebnisse der Erforschung des Islams an den Wunschvorstellungen der politischen Mehrheitsmeinung zu orientieren.

84 Die in der letzten Zeit an mehreren Universitäten gegründeten Institute der Didaktik des islamischen Religionsunterrichts werden in den Medien in der Regel als Institute der Islamwissenschaft bezeichnet. Es muß sich noch zeigen, ob sie die Verantwortung für einen Islamunterricht zu übernehmen bereit sind, der den Schülern nicht nur Mohammed als die Verkörperung alles wünschbaren Guten auftischt, sondern sie auch in die Problematik des muslimischen Daseins in einem säkularisierten Gemeinwesen einführt.

schluß des Qor'ans".[85] Schacht baut diese Schrift auf einer Beschreibung des Islams auf, die aus der Feder Christian Snouck Hurgronjes stammte und 1925 in Chantepie de la Saussayes „Lehrbuch der Religionsgeschichte" veröffentlicht wurde.[86] Grundlegend für das Verständnis des Islams sind nach Maßgabe dieser Beschreibung die Kenntnis des Lebens Mohammeds, der islamischen Herrschaftsinstitutionen, des Rechts, der Theologie und des Sufismus. Schacht verfolgte die Idee, wichtige Texte aus eben diesen Sachgebieten, nämlich der Prophetenüberlieferung, der Schariagelehrsamkeit, der Theologie, der praktizierten Frömmigkeit und des Sufismus, sowie Zeugnisse islamischer Reformer und „Modernisten" dem Leser in Übersetzung zugänglich zu machen. Bis heute ist Schachts Werk das wichtigste und reichhaltigste seiner Art und konzentriert sich in der Tat auf die Bereiche, in denen die Eigenart des Islams besonders klar hervortritt, Bereiche, die in der jetzigen Islamforschung, die die Andersheit und Fremdheit scheut, nicht hoch im Kurs stehen. Indessen war es eine unglückliche Entscheidung Schachts oder der Herausgeber seines Lesebuchs, ausdrücklich auf Zitate aus dem Koran zu verzichten. Bezugnahmen auf den Koran in den übersetzten Texten werden zwar durch Schacht kenntlich gemacht, aber es fehlt dem Lesebuch die Verbindung mit dem, was den Autoren der Texte selbstverständlicher geistiger Besitz gewesen ist. Auch wird der Leser immer wieder schmerzlich eine Einweisung in den Inhalt der Bruchstücke vermissen. Sie sind nur für denjenigen ergiebig, der sich schon gut in der islamischen Dogmatik, im Sufismus usw. auskennt.

Die Religion ermöglicht es einer Gesellschaft, ihrer selbst bewußt zu werden. Dadurch bietet sie ein Grundmuster, in das alle Regungen der betreffenden Gesellschaft eingepaßt werden, von den wirtschaftlichen bis hin zu den geistigen. Die religiös fundierte Weltsicht entspricht allerdings nicht den jeweiligen wissenschaftlichen Erkenntnissen, da die religiöse Weltsicht untrennbar mit der Ritualpraxis verwoben ist. Es ist diese Weltsicht, dieses „Erschauen" des Ganzen, das nach William Montgomery Watt (1909–2006) den Charakter einer Religion bestimmt. Die Vision, die ihr Gründer, im Falle des Islams Mohammed, erlebte und in Worte faßte, ist das nie ganz untergehende Erbe der von ihm ins Leben gerufenen Glaubensgemeinschaft. Die Frage: „Was ist der Islam?" muß sich demnach mehr als allem anderen jener durch den Gründer erlebten Weltsicht und ihren geschichtlichen Erscheinungsformen zuwenden.[87]

---

85 Erschienen in Tübingen 1931 als Band 16 des von Alfred Bertholet herausgegebenen „Religionsgeschichtlichen Lesebuches".

86 4. Auflage Tübingen 1925, I, 648–756.

87 William Montgomery Watt: What is Islam?, London/Beirut 1968, 4.

Watt plädiert dafür, die mohammedsche Botschaft nicht dadurch verstehen zu wollen, daß man sie in ihren Einzelteilen auf ältere Quellen zurückzuführen sucht. Gewiß habe Mohammed selber im Koran hierzu mannigfachen Anlaß gegeben, etwa in Sure 4, Vers 163 f., wo Allah seinem Gesandten versichert, daß er schon vorher Noah, Abraham und anderen Männern Offenbarungen eingegeben habe. Man dürfe nicht in den Fehler verfallen, anzunehmen, daß mit der Nennung solcher Namen zugleich der religiöse Gehalt, der im Alten Testament mit ihnen verbunden ist, in Mohammeds Weltsicht Eingang gefunden habe. In all den Passagen des Korans, in denen Gestalten aus dem Alten Testament oder aus altarabischen Sagen erwähnt seien, gehe es um nichts anderes als um die Bekräftigung der Lehre, daß es den einen Schöpfergott Allah gebe. Selbst wenn man die Existenz von Juden und Christen im alten Arabien in Rechnung stelle, komme man nicht um die Tatsache herum, daß Mohammeds Prophetentum ein unableitbares erneutes Hereinbrechen des Religiösen über die Menschheit gewesen sei. Für den westlichen Religionshistoriker sei es schwierig, für dieses Geschehen die angemessenen Worte zu finden.[88]

Die vollständige und unabänderliche Abhängigkeit des Menschen von diesem Allah, der sich Mohammed unvermittelt zu erkennen gab, die aus dieser Abhängigkeit folgende Verpflichtung zu regelmäßiger kultischer Verehrung des Einen und die Anerkennung der unanfechtbaren Führerschaft des Propheten durch die Gemeinde sind nach Watt die wesentlichen Konsequenzen des Erlebens des Propheten. Die Daseinsordnung (arab.: *ad-dīn*) stellt das Erbe dar, das bis auf den heutigen Tag durch die Überlieferung von Mohammeds Weltsicht und von seiner Erfahrung des Göttlichen legitimiert ist. Wie sich diese Konsequenzen im Laufe der Geschichte in den Institutionen der Machtausübung, vor allem aber im Wirken der großen Denker und der leuchtenden Vorbilder der Frömmigkeit darstellten und bis in die Gegenwart darstellen, das ist das Thema der Studie Watts. Sie bearbeitet genau die Fragen, deren Vorhandensein und erst recht deren Dringlichkeit die Islamwissenschaft leugnet, die das Menschengeschlecht zu einer gleichförmigen Masse erziehen will.

---

[88] Ebd., 15–21.

Indices

I. Themen

II. Personen* und Orte

* b. = *ibn* (Sohn des…); bt. = *bint* (Tochter des…).

III. Fremdsprachige, vorwiegend arabische Termini

IV. Zitierte bzw. im Text erwähnte Koranstellen

Sure 29, 45 38, 78, 128, 326, 389, 392, 439, 463, 506
Sure 29, 51 113
Sure 29, 56 519
Sure 29, 65 509
Sure 29, 69 270
Sure 30, 2–5 105
Sure 30, 29 367
Sure 30, 30 29, 32 f., 135–137, 174, 185, 235, 407
Sure 30, 39 410
Sure 30, 42 117
Sure 31, 15 270
Sure 31, 27 100, 123, 141
Sure 31, 34 223, 421, 463
Sure 32, 9 422
Sure 32, 12 f. 206
Sure 32, 15 f. 207
Sure 33, 12–22 302
Sure 33, 25–27 219
Sure 33, 33 369, 607
Sure 33, 35 607
Sure 33, 36 526
Sure 33, 40 127
Sure 33, 53 607
Sure 33, 56 23, 104, 395
Sure 33, 72 422, 624
Sure 34, 3 119
Sure 34, 15–17 563
Sure 35, 3 511
Sure 36, 60 510
Sure 37 114
Sure 37, 10 206
Sure 37, 108-129 280
Sure 39, 2 f. 218, 394
Sure 39, 8 422
Sure 39, 68–70 119
Sure 40, 11 221
Sure 40, 45 f. 215
Sure 40, 67 405
Sure 41, 16 217
Sure 41, 53 f. 217, 554
Sure 42, 11 53, 55, 79, 456
Sure 42, 37–39 179, 266
Sure 42, 38 624
Sure 42, 51 147
Sure 42, 52 486
Sure 43 121, 129
Sure 43, 2–4
Sure 43, 22 f. 265
Sure 44, 10 211
Sure 44, 25–28 559
Sure 45, 10 406
Sure 45, 17 218
Sure 45, 18 174
Sure 45, 24–26 25
Sure 46, 9 550
Sure 47, 4 270
Sure 47, 7 164
Sure 47, 13 41
Sure 47, 19 518
Sure 47, 31 184
Sure 48, 2 f. 550
Sure 48, 6 229
Sure 48, 13 f. 194
Sure 48, 24 391
Sure 49, 1 f. 516
Sure 49, 2 162
Sure 49, 13–15 274, 409, 412, 600
Sure 49, 14 42, 236, 351, 376, 575
Sure 50, 15 f. 53
Sure 50, 44 561
Sure 51 114
Sure 51, 56 38, 46, 80, 109, 128, 144, 164, 172, 176, 193, 238, 320, 366, 408, 410–412, 420, 456, 496, 509, 518, 554, 613
Sure 53 80, 93 f., 96
Sure 53, 2–13 115
Sure 53, 19–30 121
Sure 53, 38 68, 406
Sure 53, 43 95
Sure 53, 44 58
Sure 53, 49 93
Sure 55 56–59, 78, 95, 120, 208, 404

Zur Transliteration der arabischen Wörter

Haben sich in der deutschsprachigen Literatur bestimmte Schreibweisen arabischer Namen oder Begriffe eingebürgert, werden sie übernommen, auch wenn sie nicht der ohnehin nicht einheitlichen wissenschaftlichen Transliteration entsprechen. Im übrigen halte ich mich an die Umschriftregeln der Deutschen Morgenländischen Gesellschaft. Hierbei bedeuten:

š = wie deutsches sch	ǧ = dsch, etwa wie J in englisch Joe
ḫ = wie ch in Bach	ḥ = tief in der Kehle gebildetes h
h = auch am Ende der Silbe als h zu sprechen, kein Dehnungs-h	
q = gutturales k	ġ = Reibelaut des weichen Gaumens
ʾ = Stimmansatz	ʿ = gepreßter Kehllaut
ṯ = stimmloses englisches *th*	ḏ = stimmhaftes englisches *th*
z = stimmhaftes s	s = stimmloses s
ṭ = emphatisches t	ḍ = emphatisches d
ẓ = emphatisches stimmhaftes s	
ṣ = emphatisches stimmloses s	
ā = langes a	ī = langes i
ū = langes u	